中国林业年鉴

CHINA FORESTRY YEARBOOK 1997

中华人民共和国林业部 编纂

中国林业出版社

林业部图书出版基金资助出版

图书在版编目（CIP）数据

中国林业年鉴 1997/中华人民共和国林业部编纂. —北京：中国林业出版社，1998.11
ISBN 7-5038-2134-5

Ⅰ. 中… Ⅱ. 中… Ⅲ. 林业-中国-1997-年鉴 Ⅳ. F326.2-54

中国版本图书馆 CIP 数据核字（98）第 29088 号

ISBN 7-5038-2134-5

中国林业出版社出版发行
（100009 北京西城区刘海胡同 7 号）
中国科学院印刷厂印刷
1998 年 11 月第 1 版 1998 年 11 月第 1 次印刷
开本：787mm×1092mm 1/16 印张：28.75 插页：50 页
字数：1030 千字 国内定价：98 元
ISBN 7-5038-2134-5/Z・0247

4月5日，江泽民、李鹏、李瑞环、朱镕基、刘华清、胡锦涛等党和国家领导人来到北京天坛公园参加首都全民义务植树活动

樊如均　摄

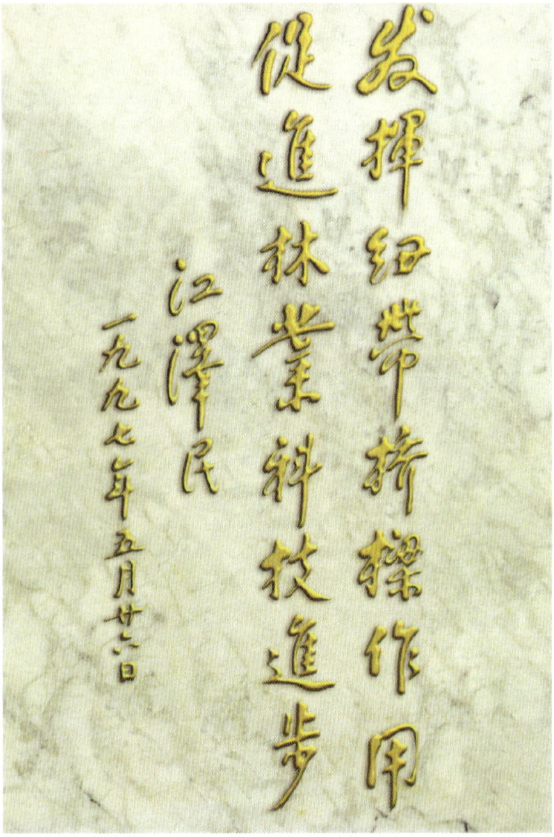

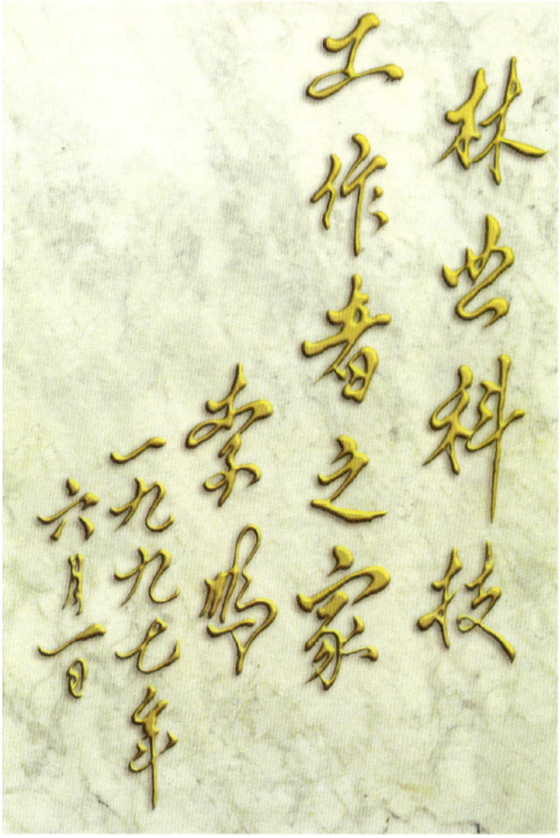

江泽民总书记、李鹏总理为中国林学会成立 80 周年的题词

6 月 16 日，中国林学会成立 80 周年纪念大会在北京召开。国务院副总理姜春云、全国政协副主席朱光亚到会祝贺

蔡　鸿　摄

6月6日，林业部在北京召开大兴安岭火灾区恢复森林资源总结表彰大会。徐有芳部长在会上作了《总结经验　提高认识　再接再厉　进一步开创大兴安岭火灾区森林资源恢复工作的新局面》的讲话

蔡　鸿　摄

9月29日，全国绿化委员会、林业部在北京西山林场举行造林绿化功臣碑奠基仪式。陈耀邦部长出席奠基仪式并作了讲话

蔡　鸿　摄

4月8日，林业部举行中国荒漠化状况新闻发布会。王志宝副部长出席了新闻发布会

蔡　鸿　摄

5月13~15日，亚洲防治荒漠化部长级会议在北京召开。祝光耀副部长担任大会执行主席

蔡　鸿　摄

4月22~27日，刘于鹤副部长率领中国林业代表团访问伊朗。访问期间，刘于鹤副部长同伊朗建设圣战部领导举行了工作会谈

林业部办公厅　供稿

5月,李育才副部长在扑救内蒙古绰尔林业局森林大火期间慰问森警部队指战员

林业部办公厅　供稿

7月25日，中纪委驻林业部纪检组组长、部党组成员李昌鉴代表林业部看望并奖励北京市劳动模范、延庆县农民卫桂英

蔡　鸿　摄

11月7日，国际竹藤组织在北京成立。11月8日，国际竹藤组织总部大楼奠基仪式在北京望京小区隆重举行。部党组成员、中国林业科学研究院院长江泽慧主持了奠基仪式

蔡　鸿　摄

5月4日，部党组成员、人事教育司司长邝国斌参加部机关培养选拔优秀年轻干部工作座谈会

林业部人事教育司　供稿

6月17日，全国绿化委员会、林业部和北京市政府联合在八达岭长城举行纪念世界防治荒漠化干旱日百万人签名活动长城签名仪式，纪念第三个世界防治荒漠化与干旱日

蔡　鸿　摄

中国林业年鉴编辑委员会

中国林业年鉴编辑委员会特约委员

中国林业年鉴特约编辑

林业部办公厅　张永利　阎光锋
林业部政策法规和体制改革司　周金锋
林业部资源和林政管理司　黄采艺
林业部造林绿化和森林经营司　曹国江　曾宪芷
林业部林业产业司　李青文
林业部野生动物和森林植物保护司　刘克敏
林业部林业公安局　陈介平
林业部森林防火办公室　崔洪浩
林业部综合计划司　张锦生
林业部财务司　苏宗海
林业部科学技术司　金　旻
林业部国际合作司　刘洪存
林业部人事教育司　许　鹏　王尚慧
林业部思想政治工作办公室　汤天群
中国林业科学研究院　李智勇　李维长
林业部国有林场和林木种苗工作总站　欧国平
林业部林业工作站管理总站　许　绠
林业部世界银行贷款项目管理中心　程　红
林业部宣传中心　曹　靖
中国林学会　李岩泉
中国治沙暨沙业学会　张相辅
中国水土保持学会　黄　元
中国林业物资供销总公司　李　鹏
中国林产工业公司　吴祖榕
中国国营林场开发总公司　肖纪六
林业部西北华北东北防护林建设局　熊善松
北京市林业局　郭忠信
天津市农林局　张步峰
河北省林业厅　陈英洲
山西省林业厅　刘增光
内蒙古自治区林业厅　夏玉田
内蒙古森林工业（集团）总公司　胡明华
辽宁省林业厅　张洪生
吉林省林业厅　王志新
吉林森林工业（集团）总公司　张玉岩
黑龙江省林业厅　吴梅芳
龙江森林工业(集团)总公司　王文操
大兴安岭林业集团公司　刘庚正
上海市农业局　陈希侠
江苏省农林厅　郦振平
浙江省林业厅　卢苗海
安徽省林业厅　薛胜平
福建省林业厅　陈玉华
江西省林业厅　严　成
山东省林业厅　谢桂英
河南省林业厅　乔新江
湖北省林业厅　陈遵发
湖南省林业厅　宋自力
广东省林业厅　曹仁福
广西壮族自治区林业厅　江秀奎
海南省林业局　张其光
重庆市林业局　周尚前
四川省林业厅　魏寿才
贵州省林业厅　杨胜德
云南省林业厅　王世能
西藏自治区林业厅　李　超
陕西省林业厅　周灵国
甘肃省林业厅　王作谊
青海省农林厅　李　文
宁夏回族自治区林业厅　朱永元
新疆维吾尔自治区林业厅　陈　梦
新疆生产建设兵团林业局　晏安清
沈阳市林业局　李春含
大连市林业局　陈连民
长春市林业局　张国华
哈尔滨市林业局　张敬辉
南京市林业局　吴昌根
厦门市林业局　方超群
青岛市林业局　王世德
武汉市林业局　吴银莲
广州市林业局　莫宇乾
西安市林业局　权东武

中国林业年鉴编辑部

责任编辑　刘士贵　刘　慧　闻　捷
　　　　　周军见　冯峻极　苏晓棠
版式设计　黄　悦
彩图设计　李德浩
封面设计　聂崇文
责任校对　杨　静
校　　对　沈惠英　许　琳　苏　梅
　　　　　吕富鹏　许艳艳　梁翔云

编 辑 说 明

一、《中国林业年鉴》是一部综合反映我国社会主义林业建设重要活动、发展水平、基本成就与经验教训的大型资料性工具书。每年出版一卷，反映上年度情况。1997年卷为第十二卷，收录限1997年的资料。

二、年鉴的基本任务是，为我国林业战线和有关部门的各级生产和管理人员、科技工作者、林业院校师生以及广大社会读者全面、系统地提供我国森林资源消长、森林培育、林政保护、森林工业、林业经济、科学技术、专业理论研究、院校教育以及体制改革等方面的年度信息和有关资料。

三、第十二卷编纂内容设24个栏目。基本数字以林业部综合计划司提供的“林业统计”和林业部资源和林政管理司提供的“1989～1993年森林资源清查”数据为依据。统计资料除另有说明外，均不含台湾省数字。

四、年鉴编写实行条目化，条目标题力求简洁、规范。长条设黑体和楷体两级层次标题。全卷编排按内容分类。索引按汉语拼音字母顺序。条头设【　　】。按分类栏目设书眉。

五、年鉴撰稿及资料收集由林业部机关各司、局，部直属各单位承担；其中“各省、自治区、直辖市林业”由各省（区、市）林业厅（局）承担。所提供的资料、数字较为准确、可靠。

六、释文中的计量单位执行1984年国务院《关于在我国统一实行法定计量单位的命令》和文化部出版局、国家计量局《贯彻〈中华人民共和国法定计量单位〉的联合通知》及国家计量局公布的《〈中华人民共和国法定计量单位使用方法〉的函》等规定。数字用法按国家技术监督局1995年12月发布的《出版物上数字用法的规定》执行。

七、条目、文章一律署名，文责自负。

八、释文中凡提到“党的”、“省（区、市）委”、“县委”字样，均指中国共产党；“××年代”指“20世纪××年代”；“建国以来”，系指中华人民共和国建立以来。

《中国林业年鉴》编辑部

栏　　目（1997）

1. 特　辑 ………………………………………………………………………………………（1）
2. 中国林业概述 ………………………………………………………………………………（9）
3. 重要林业法律法规 …………………………………………………………………………（11）
4. 森林培育与生态环境建设 …………………………………………………………………（34）
5. 森林资源保护与林政管理 …………………………………………………………………（53）
6. 林业公安、检察、法院工作 ………………………………………………………………（75）
7. 政策法规与体制改革 ………………………………………………………………………（80）
8. 林业产业经济 ………………………………………………………………………………（85）
9. 对外开放 ……………………………………………………………………………………（94）
10. 林业科学技术 ……………………………………………………………………………（107）
11. 林业教育 …………………………………………………………………………………（135）
12. 国有林场（苗圃）、林业工作站建设 ……………………………………………………（156）
13. 林业计划统计 ……………………………………………………………………………（162）
14. 林业财务和资产 …………………………………………………………………………（244）
15. 精神文明建设 ……………………………………………………………………………（252）
16. 林业专论 …………………………………………………………………………………（262）
17. 各省、自治区、直辖市林业 ………………………………………………………………（265）
18. 人事劳动 …………………………………………………………………………………（406）
19. 社会团体 …………………………………………………………………………………（418）
20. 大事记与重要会议 ………………………………………………………………………（424）
21. 国际林业信息 ……………………………………………………………………………（429）
22. 先进单位光荣榜
23. 彩图
24. 索引

目　录

特　辑

国家领导人重要讲话 ………………………… 1
江泽民总书记在姜春云副总理《关于陕北地区治理水土流失建设生态农业的调查报告》上的重要批示…………………………………… 1
李鹏总理在姜春云副总理《关于陕北地区治理水土流失建设生态农业的调查报告》上的重要批示 ………………………………………… 2
高举邓小平理论伟大旗帜努力开创我国林业改革和发展的新局面——姜春云副总理在林业部党组扩大会议上的讲话……………… 2

中国林业概述

1997 年的中国林业 ……………………………… 9

重要林业法律法规

中华人民共和国国务院令第 213 号 ……………… 11
中华人民共和国植物新品种保护条例 …………… 11
国务院关于决定接受《濒危野生动植物种国际贸易公约》第十一条修正案的批复 …………… 14
国务院关于发布芦芽山等国家级自然保护区名单的通知 ……………………………………… 14
附件：芦芽山等国家级自然保护区名单 ……… 14
国务院办公厅关于水果、花卉、中药材等植物检疫工作分工问题的函 ……………………… 15
中华人民共和国林业部令第 12 号…………………… 15
林业行政执法证件管理办法 ……………………… 15
中华人民共和国林业部令第 13 号…………………… 16
林木良种推广使用管理办法 ……………………… 16
林业部关于加强对东北、内蒙古国有林区国有林业局林地管理的决定 ……………………… 18
林业部、财政部、中国人民银行、中国农业发展银行关于加强山区综合开发贴息贷款管理工作的联合通知 ………………………… 19
林业部、国家技术监督局关于进一步加强林木种苗质量监督工作有关问题的通知 ………… 21
林业部关于进一步贯彻落实国务院办公厅《关于加强森林资源保护管理工作的通知》的通知 ……………………………………………… 22
林业部印发《关于进一步加强森林病虫害防治工作的决定》的通知 ……………………… 23
关于进一步加强森林病虫害防治工作的决定 …… 23
林业部关于加强国有林区森林复合经营管理工作的若干规定 ……………………………… 25
林业部关于加强育林基金管理的通知 ………… 26
林业部关于加强森林采伐限额管理若干问题的通知 ……………………………………………… 27
林业部关于进一步加强林业行业技术监督工作的通知 ……………………………………… 28
林业部关于印发《林业部部级产品质量监督检验机构管理办法（试行）》的通知……………… 29
林业部部级产品质量监督检验机构管理办法（试行） ……………………………………………… 30
林业部关于印发《林业行业〈关键岗位上岗资格证〉管理暂行办法》的通知 ………………… 31
附件：林业行业关键岗位上岗资格证管理暂行办法 ……………………………………… 31
首批林业行业关键岗位代码 ……………… 32

1997 年重要林业政策法规目录 ………………… 32

森林培育与生态环境建设

林木种苗生产建设 ……………………………… 34
林木种苗生产综述 ……………………………… 34
《林木良种推广使用管理办法》发布施行………… 34
林木良种繁育中心建设 ………………………… 35
林木种苗调剂 …………………………………… 35
国家监督抽查林业种苗质量 …………………… 35
省级林木种苗质量监督检验站 ………………… 35
林木良种审定委员会 …………………………… 36
联合国开发计划署援助的建立湿地松、火炬松改良代种子园项目 ……………………………… 36
全国林木良种基地十大标兵 …………………… 36
苗木生产、经营（使用）许可证制度 ………… 36

森林培育 ………………………………………… 37
综述 ……………………………………………… 37

用材林建设 …… 37
经济林建设 …… 37
飞播造林 …… 38
封山育林 …… 38
竹林培育 …… 38
薪炭林建设 …… 38

防护林建设 …… 39
全国十大林业生态工程建设 …… 39
比利时大使和FAO驻华代表考察“三北”防护林体系建设 …… 39
“三北”地区大力推广杨树伐根嫁接技术 …… 39
“三北”防护林体系建设考察团考察美国 …… 39
中国“三北”009项目第二期工程开始实施 …… 40
“三北”地区召开农田防护林现场交流会 …… 40
京包包兰铁路造林工程实行报账制管理 …… 40
“三北”防护林工程专项资金审计调查 …… 41
长江中上游防护林体系建设工程 …… 41
沿海防护林体系建设工程 …… 41
平原绿化工程 …… 41
太行山绿化工程 …… 42
淮河太湖流域综合治理防护林体系建设工程 …… 42
珠江流域综合治理防护林体系建设工程 …… 42
长江三峡库区及上游地区林业生态工程专题调研 …… 42

森林经营 …… 43
综述 …… 43
国有林区营林生产管理 …… 44
国有林区森林复合经营管理 …… 44
大兴安岭林区启动恢复森林的优化更新工程 …… 44
乡村林业建设 …… 45

森林公园建设 …… 45
新增国家森林公园 …… 45
全国森林公园（森林旅游区）建设及经营 …… 45
全国森林公园十大标兵 …… 46
森林公园管理人员赴加拿大考察和培训 …… 46

全民义务植树 …… 46
综述 …… 46

部门绿化 …… 49
综述 …… 49

荒漠化防治 …… 49
综述 …… 49

环境保护 …… 50
林业可持续发展试验示范区建设 …… 50
三峡库区陆生动植物监测 …… 51

森林生态效益·自然灾害 …… 51
森林生态系统研究 …… 51
林业受灾情况 …… 52

森林资源保护与林政管理

森林资源保护

森林资源保护综述 …… 53

森林病虫害防治 …… 53
《关于加强森林病虫害预测预报工作的通知》印发 …… 53
林业部重申禁止从日本引进樱花树苗 …… 54
森林植物检疫 …… 54
《美国白蛾预测预报办法》发布 …… 54
《国内森林植物检疫收费办法》修改意见 …… 54
森林病虫害实行工程治理 …… 55

自然保护区建设 …… 55
九寨沟、丰林自然保护区加入国际生物圈保护区网络 …… 55
大熊猫放归野外可行性国际研讨会 …… 55
香港米埔成为中国第七块国际重要湿地 …… 55

野生动植物保护 …… 56
野生动植物进出口管理 …… 56
国内鸟类专家考察珍禽朱鹮 …… 56
我国从非洲引进观赏动物 …… 56

森林防火

森林防火综述 …… 57

森林火灾 …… 58
1997年全国森林火灾情况 …… 58
内蒙古绰尔林业局特大森林火灾 …… 60

森林防火体系建设 …… 60
1997年春季森林防火形势分析会 …… 60
中俄双方就执行《中俄森林防火联防协定》举行首次会晤 …… 60

航空护林 …… 61
综述 …… 61

武装森林警察 …… 61
综述 …… 61
武装森林警察部队基层后勤工作检查 …… 62
武装森林警察部队首届篮球比赛 …… 62

森林资源与林政管理

调查规划设计 …… 62
1996 年度全国林木资源消耗量及消耗结构调查 …… 62
国家森林资源连续清查 …… 63
联合国援助建立国家森林资源监测体系项目结束 …… 63
林业测绘工作 …… 63
1996 年度全国人工造林、更新实绩核查及1993 年度保存状况调查结果 …… 64
1997 年平原绿化巩固情况的检查 …… 64
1988～1997 年造林实绩核查 …… 65
中国森林资源监测技术国际研讨会召开 …… 66

森林采伐与采伐限额管理 …… 66
林业部编制和下达 1997 年森林总采伐量计划…… 66
加大林木采伐管理监督检查力度 …… 67
1996 年度林木采伐管理情况检查结果 …… 67

木材流通管理 …… 68
全国开展创建木材检查站文明执法示范单位活动 …… 68
全国木材检查站标准化建设检查验收 …… 68
全国林业系统继续深入开展治理公路“三乱”工作 …… 68

林地林权管理 …… 69
综述 …… 69
东北、内蒙古国有林业局开展综合开发使用林地规划工作 …… 70
1996 年全国征、占用林地情况调查结果 …… 70
全国林地林木权属争议 …… 71

森林资源监督及森林资源资产管理 …… 72
1996 年度东北、内蒙古国有林区“三总量”执行情况检查 …… 72
林业部驻云南省森林资源监督专员办事处成立 … 72
森林资源监督员培训班 …… 72
赴德国首次考察森林资源监督管理工作 …… 73

林业行政执法 …… 73
综述 …… 73
全国林业行政案件统计及分析 …… 73

林业公安、检察、法院工作

林业公安工作 …… 75
林业公安机构 …… 75
警衔评授 …… 75
教育培训 …… 75
反腐倡廉及纪检工作 …… 75
廉政爱民 …… 75
立功创模 …… 76
全国林区治安形势分析 …… 76
全国森林和野生动物案件 …… 76
特大案件督查 …… 76
信访工作 …… 77
林业公安科技工作 …… 77
全国林业公安装备“百县”建设表彰 …… 77
林业公安基层建设工作调查 …… 77

林业检察工作 …… 78
综述 …… 78
全国林业检法工作座谈会 …… 78

林业法院工作 …… 78
综述 …… 78

政策法规与体制改革

林业法制建设 …… 80
《中华人民共和国森林法修正案》进展情况…… 80
林业法规制订 …… 81

林业执法 …… 81
全国人大常委会进行《森林法》执法检查 …… 81
林业行政执法证发放 …… 82
林业“三五”普法 …… 82

林业体制改革 …… 83
综述 …… 83

林业产业经济

林产品生产 …… 85
木材生产 …… 85
木材加工业 …… 85
林业造纸 …… 86
木片生产 …… 86

新兴产业 …… 86
林业多种经营 …… 86
花卉生产 …… 87
第四届中国花卉博览会暨首届中国花卉交易会 … 87

中国花卉协会第三届理事会议召开 …………… 87
组团参加1997年香港花卉展览 …………… 87
第二届全国花木企业家联谊会 …………… 87
森林旅游业 …………… 88

林产品贸易 …………… 88
木材及林产品流通 …………… 88
林产工业产品流通 …………… 88
木材铁路运输 …………… 89
1997年全国木材订货会 …………… 89
1998年全国木材交易订货会 …………… 89

企业管理 …………… 89
林业企业改革 …………… 89
森林工业企业经济运行 …………… 90
国有森林工业企业扭亏增盈工作 …………… 90
林业机电产品进口工作 …………… 90
质量管理 …………… 90
首届全国资源节约综合利用成果展林业馆 …………… 91

部直属公司 …………… 91
部直属公司 …………… 91
中国林业物资供销总公司 …………… 91
中国金龙松香集团公司 …………… 91
中国国营林场开发总公司 …………… 92

对外开放

对外开放综述 …………… 94

重大外事往来 …………… 95
部长级代表团出访 …………… 95

出席重要国际会议 …………… 95
亚洲防治荒漠化部长级会议 …………… 95
国际竹藤组织成立大会 …………… 95
联合国环境与发展特别大会 …………… 95
第十一届世界林业大会 …………… 95
濒危野生动植物种国际贸易公约第十次缔约国大会 …………… 96
联合国防治荒漠化公约第一届缔约方会议 …………… 96
联合国可持续发展委员会第五次会议及政府间森林问题工作组第四次会议 …………… 96
东北亚湿地与水禽保护国际研讨会 …………… 96
林业部与世界自然基金会1997年合作项目年会 …………… 97
世界森林与可持续发展委员会会议 …………… 97
联合国粮食及农业组织第十三届林业委员会会议 …………… 97
国际热带木材组织第二十二届、第二十三届理事会会议 …………… 97

对外科技交流 …………… 98
对外签署的重要协定和协议 …………… 98
组派专业考察组出国考察 …………… 98
接待外国专业考察组 …………… 98
派遣人员出国进修和培训 …………… 98
聘请外国专家来华讲学 …………… 98

对外经济技术合作 …………… 99
中国与日本合作项目 …………… 99
中国与德国合作项目 …………… 99
中国与芬兰合作庆林示范林场项目 …………… 99
中国与加拿大国际发展研究中心合作中国林业科学研究院退化地改造及其社会经济手段研究项目 …………… 100
中国与新西兰合作福建寿宁社会林业项目 …………… 100
中国与澳大利亚国际农业发展研究中心合作项目 …………… 100
中国与联合国开发计划署合作项目 …………… 100
中国与世界自然基金会合作项目 …………… 101
中国与湿地公约合作项目 …………… 101

林产品对外贸易 …………… 101
综述 …………… 101

林业世界银行贷款项目 …………… 102
综述 …………… 102
贫困地区林业发展项目通过世界银行预评估 …………… 103
开展贫困地区林业发展项目社区林业评估 …………… 103
贫困地区林业发展项目可行性研究报告编制 …………… 104
森林资源发展和保护项目资金与财务管理 …………… 104
森林资源发展和保护项目通过世界银行中期评估 …………… 104
森林资源发展和保护项目科研与推广 …………… 105
国家造林项目还贷准备工作 …………… 105
国家造林项目第二次幼林摸底调查 …………… 105
自然保护区管理项目实施 …………… 106
对外联络 …………… 106

林业科学技术

林业科技管理 …………… 107
西北地区林业科技工作座谈会 …………… 107
林业引进国外智力工作 …………… 107
部级重点实验室和工程中心建设 …………… 107
中国林业科学研究院科技体制改革 …………… 107
《全国荒漠化监测主要技术规定》审议论证会 …………… 108

林业科技进步贡献率测算培训班………………… 108
中国林业科学研究院科技成就…………………… 108

科学技术奖励……………………………………… 111
科技成果鉴定……………………………………… 111
1997 年度林业部科学技术进步奖项目 ………… 113

林业科研 ………………………………………… 123
1997 年林业部重点科学技术研究计划 ………… 123
推选国家林业中青年科技骨干…………………… 124
"九五"国家林业科技攻关项目管理 ………… 124
林业技术预测工作………………………………… 125
编制林业新科技革命规划纲要…………………… 125
引进国际先进林业科学技术项目………………… 125
国家计委部门专项（林业）项目………………… 126
国家科委攀登计划林业项目……………………… 126

林业科技推广……………………………………… 126
林业科技推广体系建设…………………………… 126
林业系统"农业科技推广年"工作……………… 127
林业植物新品种保护……………………………… 127
1997 年国家林业星火计划项目 ………………… 127
1997 年林业新技术新产品中间试验项目 ……… 127
1997 年林业科技成果推广项目 ………………… 128
1997 年林业部推广 100 项科技成果项目 ……… 129
国家重点新产品计划林业项目…………………… 131
国家火炬计划林业项目…………………………… 132
全国科技推广表彰的林业先进单位和个人……… 132
国家科委贯彻实施《技术合同法》林业先进单
位和个人……………………………………… 132
林业知识产权保护工作…………………………… 132
全国技术市场金桥奖……………………………… 132

林业标准化 ……………………………………… 132
林业技术监督工作研讨会………………………… 132
林业行业技术监督工作…………………………… 132
林木种苗质量监督工作…………………………… 133
林业标准化示范县试点工作……………………… 133
林业标准复审……………………………………… 133
林业标准数据库…………………………………… 133
1997 年发布林业国家标准、行业标准 ………… 133
国家技术监督局标准化科学技术进步奖林业获
奖项目………………………………………… 133
林业部部级产品质量监督检验机构管理………… 133
1997 年第三季度产品质量（林业种苗）国家监督
抽查结果……………………………………… 133

林业教育

综　合 ………………………………………… 135
林业系统专门人才现状调查及需求预测工作…… 135

林业高等教育……………………………………… 135
北京林业大学、北京林业管理干部学院实行紧
密联合办学…………………………………… 135
北京林业大学与内蒙古林学院联合办学………… 135
西北林学院与西北林业调查规划设计院、陕西
省林业科学研究所联办共建………………… 135
《北京林业大学"211 工程"建设项目可行性
研究报告》通过专家组论证………………… 136
东北林业大学"211 工程"自筹资金重点建设
项目通过专家审定…………………………… 136
1997 年林业部直属普通高等学校招生工作 …… 136
1997 年林业部直属普通高等学校毕业生和毕
业研究生就业工作…………………………… 137
林业部直属普通高等学校自愿赴西藏工作毕业
生和毕业研究生表彰奖励工作……………… 137
林业部直属普通高等学校招生和毕业生就业制
度改革工作研讨会…………………………… 137
林业部直属普通高等学校教学机构设置工作…… 137
国家级教学成果奖励工作………………………… 138
林业部直属普通高等学校专业设置工作………… 138
林业部"九五"普通高等林业教育国家级重点
教材立项工作………………………………… 138
林科授予博士、硕士学位和培养研究生学科、
专业目录修订工作…………………………… 138

林业职业教育和成人教育 ……………………… 140
全国重点普通林业中等专业学校工作座谈会…… 140
评选普通林业中等专业学校优秀教材…………… 140
《林业行业干部岗位培训指导性教学大纲》编
写出版………………………………………… 140
公布第一批林业行业关键岗位培训单位………… 141
林业行业关键岗位持证上岗研讨会……………… 141
《林业行业关键岗位上岗资格证管理暂行办法》
印发…………………………………………… 141
全国农科教结合示范区检查……………………… 141
长江中上游水土保持及环境保护培训项目……… 141
全国普通林业中等专业学校思想政治工作研
讨会…………………………………………… 142
林业部直属中等专业学校招生工作……………… 142
林业部直属中等专业学校分配工作……………… 142
林业部直属院校成人招生工作…………………… 142
1998 年度林业部直属普通高等学校函授、夜大
学成人脱产大专班增设专科专业…………… 143
中国林业成人教育考察团………………………… 143

林业教育信息统计 …………………………… 144
1997～1998 学年初普通高、中等林业院校(系)基本情况……………………………… 144
1997～1998 学年初普通高等林业院校研究生基本情况……………………………… 145
1997～1998 学年初普通高等林业院校(系)分学校学生情况……………………………… 145
1997～1998 学年初普通高等林业院校(系)分专业学生情况……………………………… 146
1997～1998 学年初普通高等林业院校分学校函授、夜大学成人脱产班学生情况 ………… 148
1997～1998 学年初普通高等林业院校教职工基本情况……………………………… 148
1997～1998 学年初普通林业中等专业学校分专业学生情况……………………………… 149
1997～1998 学年初普通林业中等专业学校基本情况……………………………… 152

国有林场（苗圃）、林业工作站建设

国有林场、苗圃建设 ………………………… 156
综述……………………………………… 156
贫困国有林场脱贫工作……………………… 156
全国国有林场十大标兵……………………… 156
全国国有苗圃十大标兵……………………… 157
国有场圃信息网络建设与《林业场圃报》……… 157

林业工作站建设 …………………………… 157
综述……………………………………… 157
林业工作站建设合格县工作………………… 158
全国林业站社会化服务体系建设工作座谈会…… 159
加强基层林业站社会化服务工作…………… 160
加强基地建设和多种经营…………………… 160
“双证”教育初见成效 ……………………… 161

林业计划统计

林业计划・基本建设

林业规划 ………………………………… 162
全国生态环境建设规划（林业专题） …………… 162
林业经济增长方式转变研究………………… 162
长江、黄河流域生态环境林业重点治理工程实施规划……………………………… 163
澜沧江—湄公河次区域经济合作林业规划……… 163

林业计划 ………………………………… 164
林业生产计划安排………………………… 164
森林工业生产计划安排……………………… 164
国有林区森林工业非经营性基本建设投资计划安排……………………………………… 164
林业部直属单位基本建设计划执行情况………… 164
中央级“拨改贷”资金本息余额转国家资本金或豁免情况…………………………………… 165
林业经济结构战略性调整…………………… 165

林业基本建设……………………………… 165
营造林和野生动植物保护…………………… 165
森林工业非经营性建设……………………… 166
林产工业建设……………………………… 166
林业部直属单位基本建设…………………… 166

林业勘察设计行业管理 …………………… 167
林业工程勘察设计行业管理………………… 167
林业工程质量监督和造价管理……………… 167
林业工程建设标准化……………………… 167

林业技术改造与农业综合开发 …………… 167
林业技术改造工作………………………… 167
全国山区综合开发………………………… 167
农业综合开发林业工作……………………… 168
农业综合开发 10 年成果展 ………………… 168
全国农业综合开发工作会议………………… 168
农业综合开发太行山绿化工程（1994～1996）通过国家验收…………………………… 168
三峡对口支援工作………………………… 169
三峡工程移民暨对口支援工作会议………… 169

林业扶贫工作……………………………… 169
综述……………………………………… 169

林业统计

林业经济统计综述………………………… 170

营林生产 ………………………………… 172
全国营林生产主要指标增减情况……………… 172
全国历年造林面积………………………… 172
全国历年迹地更新面积……………………… 173
各地区按林种分的造林面积………………… 174
各地区营林生产主要指标完成情况…………… 175
各地区森林病虫鼠害的情况………………… 176
各地区主要林产品产量……………………… 177
林业系统各地区产业总产值………………… 178
各地区林业重点工程造林面积……………… 179
林业系统各地区营林产品生产情况…………… 181

森工生产 ………………………………… 184
全国历年木材、竹材、木材加工、林产化学产品产量……………………………………… 184

全国按时期木材、竹材、木材加工、林产化学产品产量…… 185
全国工业生产 1997 年主要指标与 1996 年比较…… 185
各地区全部木材、竹材、木材加工、林产化学产品产量…… 186
林业系统各地区工业总产值（按 1990 年不变价格计算）…… 187
林业系统各地区工业总产值（按现行价格计算）…… 190
林业系统各地区工业销售产值（按现行价格计算）…… 193
林业系统独立核算工业企业增加值（按生产法、现行价格计算）…… 196
林业系统各地区独立核算工业企业增加值（按生产法、现行价格计算）…… 197
林业系统各地区国有独立核算工业企业增加值（按生产法、现行价格计算）…… 198
林业系统主要工业产品产、销、存情况…… 199
林业系统各地区主要工业产品生产能力…… 200

劳动工资 …… 201
林业系统国有单位劳动工资 1997 年主要指标与 1996 年比较 …… 201
林业系统各地区分企、事业机关单位个数…… 203
林业系统各地区按行业分年末职工人数…… 205
林业系统各地区按行业分全部职工年工资总额…… 207
林业系统各地区按行业分职工年平均工资…… 209
林业系统工业价值劳动生产率…… 210
林业系统职工伤亡事故情况…… 210

固定资产投资…… 211
林业系统历年基本建设投资完成额…… 211
林业系统固定资产投资主要指标增减情况…… 213
林业系统各地区固定资产投资完成总额…… 214
林业系统各地区固定资产投资施工、竣工房屋建筑面积及竣工房屋价值和造价…… 215
林业系统各地区按事业分的营林基本建设投资完成额…… 217
林业系统各地区营林基本建设投资完成的实物工程量…… 218
各地区林业重点工程投资完成情况…… 219
各地区林业重点工程国家投资完成情况…… 220

林业系统职工基本情况（专项调查） …… 221
林业系统职工基本情况（专项调查）…… 221
林业系统各地区按行业分职工人数…… 223

林业财务和资产

林业财务和资产综述…… 244

财务管理 …… 245
国家对林业继续实行税收优惠政策…… 245
全国森工企业财务状况…… 245
全国国有林场、国有苗圃财务情况…… 246
地方林业事业费主要指标…… 248
全国育林基金收支情况…… 249

资金管理 …… 249
林业部直属企业所得税集中汇缴…… 249
林业部直属事业单位财会制度改革…… 249
国家对大兴安岭林业集团公司扶持政策…… 249
中央级“拨改贷”资金本息余额转为国家资本金…… 250
财政部出台林业事业费和开设边境森林防火隔离带补助费管理办法…… 250
国家设立贫困国有林场专项扶持资金…… 250
国家增加森林病虫害防治专项投入…… 250
山区综合开发贴息贷款…… 250
林业项目和治沙贴息贷款…… 250
国家对开发银行硬贷款给予贴息…… 251
林业部所属两家施工企业争取到技术装备费…… 251

资产管理 …… 251
现代企业制度试点单位…… 251
雷州林业局财务关系划转林业部…… 251

精神文明建设

林业纪检监察…… 252
综述…… 252

林业思想政治工作与精神文明建设活动…… 253
综述…… 253
林业部制定《关于贯彻〈中共中央关于加强社会主义精神文明建设若干重要问题的决议〉的实施意见》…… 254
林业部精神文明建设指导小组成立…… 254
林业系统先进模范事迹报告团…… 255
满归、鹤北林业局获全国万里边疆文化长廊建设成绩显著奖…… 255
全国林业行业思想政治工作特约研究员座谈会…… 255
侯建华同志获《半月谈》思想政治工作创新奖…… 255

评选全国林业行业思想政治工作优秀论文……… 255
中国林业职工思想政治工作研究会表彰优秀信息员………………………………………………… 255

林业行业宣传……………………………………… 255
综述……………………………………………………… 255
党的十四大以来双文明建设成就展览…………… 256
“绿化环境，美化生活”系列报道 ………………… 256
林业行业电视宣传………………………………… 256
《世纪之交看林业》 ……………………………… 257
大兴安岭森林资源植被恢复建设宣传…………… 257
“6·17”防治荒漠化与干旱日全国百万人签名活动………………………………………………… 257
首届“森林文化奖”颁发………………………… 257

林业出版 ………………………………………… 258
中国林业出版社…………………………………… 258
中国林业出版社 1997 年大事记 ………………… 258
《中国的鸟》 ……………………………………… 259
《中国哺乳动物分布》 …………………………… 259
《中国林业的杰出开拓者——梁希》 …………… 259
《当代中国盆景艺术》 …………………………… 259
《中国牡丹品种图志》 …………………………… 259
《中国竹工艺》 …………………………………… 259

林业报刊 ………………………………………… 260
中国林业报社综述………………………………… 260

林业专论

论我国森林生态网络系统工程…………………… 262

各省、自治区、直辖市林业

北京市林业 ……………………………………… 265
概述……………………………………………………… 265
在京中央单位积极参加首都绿化………………… 266
薪炭林建设………………………………………… 266
科学治沙，综合开发……………………………… 266
建立飞播造林集体林场提高造林成效…………… 266
’97 林业科技推广年 ……………………………… 267
林政和资源管理的规范化和制度化加强………… 267
顺义县实现园林城镇建设目标…………………… 267
野生动物保护执法检查…………………………… 267
果品生产求精品、创名牌、争市场、创高效…… 267
山区综合开发……………………………………… 267
全国造林绿化功臣碑上北京 29 位同志有名 …… 268
花卉业成为首都经济发展中的朝阳产业………… 268
北京市成为乡（镇）林业工作站建设合格省（区、市）……………………………………… 268
强化林业信息和调研……………………………… 268
西山林场和温泉苗圃被命名为全国同行业十大标兵………………………………………………… 268

天津市林业 ……………………………………… 268
概述……………………………………………………… 268
《天津市实施〈中华人民共和国森林法〉办法》颁布…………………………………………… 269
蓟县山区综合开发………………………………… 270
天津市林业局“四优”文明工程………………… 270
天津市农业名牌产品——茶淀葡萄……………… 270
武清县果品生产…………………………………… 271
造甲乡林业工作站………………………………… 271
天津经济技术开发区盐滩造林新技术…………… 272

河北省林业 ……………………………………… 272
概述……………………………………………………… 272
《河北省人民政府关于加快太行山造林绿化的决定》颁布………………………………………… 273
平原绿化…………………………………………… 273
国有林场改革……………………………………… 273
林业科技推广年活动……………………………… 274
塞罕坝中密度纤维板车间技改项目……………… 274
河北 4 县列入全国山区综合开发示范县………… 274
森林旅游业………………………………………… 274
林业系统先进事迹巡回报告团…………………… 274
河北展团获第四届中国花卉博览会团体最高奖…………………………………………………… 275
在首届省农业博览会上林果桑花获奖…………… 275

山西省林业 ……………………………………… 275
概述……………………………………………………… 275
飞播造林…………………………………………… 276
基本绿化达标县…………………………………… 276
林业建设基金征收………………………………… 276
山西省评出干果经济林名优产品………………… 276
林业对外开放……………………………………… 276
晋城市实现基本绿化……………………………… 276
榆次市生态示范市建设…………………………… 276
绛县林业系统实体建设…………………………… 276
左云县站场合一发展林业………………………… 277
管涔山森林经营局………………………………… 277
庞泉沟国家级自然保护区………………………… 277
山西省 1997 年林业大事 ………………………… 277

内蒙古自治区林业 ……………………………… 278
概述……………………………………………………… 278
全区山区沙区生态建设现场会…………………… 279

自治区党委、政府关于加快沙区山区生态建设步伐的决定……279
全区国有林场工作会议……279
京包—包兰铁路和 110 国道两侧绿色通道建设工程……279
大青山林业生态建设工程启动……280
兴安盟加快再造兴安步伐……280
全区造林灭荒先进区——赤峰市红山区……280
松山区城子乡黄土丘陵草田林网……280

中国内蒙古森林工业集团……281
概述……281
内蒙古森林工业集团机关机构改革……281
内蒙古森林工业集团公司制改造……282
甘河森林工业公司放开经营辅助产业……282
图里河森林工业公司扭转连续 4 年亏损局面……282
首届“林海艺术节”……283
自治区精神文明现场会……283
内蒙古森林工业集团 1997 年林业大事……283

辽宁省林业……283
概述……283
林业大发展，环境大改观……284
辽宁省种苗工作……285
辽宁省国有林业改革……285
辽宁省国有场圃精神文明建设……286
辽宁省林业标准化……286
乌兰白林业工作站狠抓科技服务……286
大南沟村股份合作制林场……287
国有本溪县碱厂林场……287

大连市林业……288
概述……288

吉林省林业……288
概述……288
全国森林防火现场会推广吉林省经验……289
森工企业集团隶属关系明确……289
《信息参考》刊载吉林森工集团深化改革经验……289
于若木等参观临江林业局……290
全国林业先进模范事迹报告团来吉林演讲……290
吉林省举行防治荒漠化大型签名活动……290
吉林省林木种苗事业……290
辽河流域防护林体系工程建设……290
吉林省“三北”防护林三期工程建设……290
吉林省荒漠化防治……290
森林复合经营在吉林全面推行……290
吉林省林木种苗质量监督检测中心通过质量认证……291
实现连续 17 年无重大森林火灾……291
吉林省率先进入全国卫星林火监测信息网络……291
吉林省出台森林病虫害防治硬性规定……291
吉林省武装森林警察总队举行大型灭火表演……291
吉林省森林病虫害防治……291
吉林省林业工作站建设……291
吉林省乡村林业……291
吉林省对森工企业实行挂牌支持措施……292
吉林森工集团荣列中国大型企业集团第 104 位……292
吉林森工集团再次被命名为吉林省最强企业……292
吉林森工集团签定境外森林开发项目……292
吉林林业’97 科技年活动……292
吉林森工集团职工技术培训中心成立……292
吉林省实施乡村林业产业化发展战略……292
吉林省实行人参产业化生产……293
松江河林业局实行“四费合一”管理……293
泉阳林业局挖掘自身潜力上项目……293
红石林业局清车工作……293
三岔子林场实行场币制度……293
松江河实验小学获奖……293
《吉林省绿化条例》颁布施行……293
《吉林省禁止猎捕陆生野生动物管理若干规定》……293
吉林省废止一批林业行政规章……294
吉林省林业厅向社会推出公开承诺……294
莫莫格自然保护区晋级为国家级自然保护区……294
图们江国家森林公园建立……294
吉林森工集团文联成立……294
白山市林业……294
吉林市林业……294
辽源市林业……295
延边朝鲜族自治州林业……295
白城市林业……295
通化市林业……295
四平市林业……296
吉林省 1997 年林业大事……296

长春市林业……296
概述……296

黑龙江省林业……297
概述……297
林业厅直属单位实行财务包干……298
呼兰县推进林业四项工程建设……298
庆安县开展林业专项严打斗争……298
山河林场熊类实验场……299
泰来县治沙有方……299
野生动物资源调查工作……299

桦南县营造经济林…………………………………… 299
大庆市狠抓绿色生态工程………………………… 300
绥化地区正确处理条块关系……………………… 300
通河县提前完成荒山荒坡绿化任务……………… 301
齐齐哈尔市加强防护林体系管理………………… 301

哈尔滨市林业……………………………………… 301
概述………………………………………………… 301

黑龙江省森林工业 …………………………… 302
概述………………………………………………… 302
清河林业局深化改革强化管理求效益…………… 303
铁力林业局实施企业资产重组…………………… 304
东方红林业局加强管理…………………………… 304
八面通林业局以场自立以副致富………………… 304
兴隆林业局经济出现活力………………………… 305
穆棱林业局产权制度改革………………………… 305
鹤北林业局狠抓主财源提高企业经济效益……… 306
鹤立林业局节支挖潜增效益竭尽全力保工资…… 306
双丰林业局建设林农复合型新林区……………… 307
朗乡林业局五业并举……………………………… 307
桦南林业局发展替代产业………………………… 308

大兴安岭林业集团公司 ……………………… 308
概述………………………………………………… 308
全区经济工作会议………………………………… 309
春季防火工作“五坚持” ……………………… 309
大兴安岭特大火灾区恢复森林资源和生态环境表彰总结大会……………………………………… 310
发展职工自营经济………………………………… 310
两项科技项目列入林业部“948”科技计划 …… 310
林场改革…………………………………………… 310
农林复合经营的社会化服务体系………………… 311
日全食、彗星同现漠河上空……………………… 311
林木产品销售“五统一” ……………………… 311
十八站林业局对木材加工企业全部实行剥离经营……………………………………………………… 311
木材生产作业方式改革…………………………… 312
抚育伐生产质量好于往年………………………… 312
雄关林场组织职工采集山产品…………………… 312
旅游资源开发确定基本思路……………………… 312
鄂伦春族桦树皮手工艺品走出山林……………… 313
双文明林场和十强林场…………………………… 313
木材专项打击取得阶段性成效…………………… 313
大兴安岭林业集团公司 1997 年林业大事 ……… 313

上海市林业 …………………………………… 314
概述………………………………………………… 314
上海市农业局更名为上海市农林局……………… 315
九亭花卉良种基地得到拓展……………………… 315
云南郁金香花展…………………………………… 315
划定沿海国家特殊保护林带……………………… 315

江苏省林业 …………………………………… 315
概述………………………………………………… 315
江苏省森林旅行社………………………………… 317
濮家村股份制绿色企业…………………………… 317
江苏省银杏采叶圃统计…………………………… 318
江宁杜仲茶………………………………………… 318
江苏省森林公园…………………………………… 318

南京市林业 ……………………………………… 318
概述………………………………………………… 318

浙江省林业 …………………………………… 319
概述………………………………………………… 319
浙江省飞播造林…………………………………… 321
“农业科技推广年”活动 ……………………… 322
浙江省花卉业……………………………………… 322
第 11 号台风使浙江省林业受损严重 …………… 322
温州市六大绿色工程……………………………… 322
台州市加强林地管理……………………………… 323
东阳市山区综合开发……………………………… 323
上虞市优高农业专业（示范）村………………… 323
’97 中国竹文化节 ……………………………… 324
江山市山地使用权流转机制……………………… 324
衢州木材工业总公司……………………………… 325
安吉县天荒坪镇林业工作站……………………… 325
浙江省 1997 年林业大事 ……………………… 326

安徽省林业 …………………………………… 326
概述………………………………………………… 326
省委、省政府表彰造林绿化先进………………… 328
裕溪口贮木场扭亏增盈…………………………… 329
祁门县创办第一家社会集资股份合作林场……… 329
武警安徽总队五支队造林绿化…………………… 330
泾县宣纸原料林青檀基地建设…………………… 330
石台县育林基金征收管理………………………… 330
黟县林业专项治理………………………………… 331
安徽省 1997 年林业大事 ……………………… 331

福建省林业 …………………………………… 332
概述………………………………………………… 332
世界银行贷款国家造林项目竣工………………… 333
新西兰援助寿宁县社会林项目建设完成………… 333
永安市试行源头征收毛竹、笋税费……………… 333
武夷山市胶合板厂转换机制……………………… 334

福州国家森林公园经济效益显著…………………… 334
大田县济阳乡砚坑村创办股份合作林场………… 334
漳州市国有林场深化改革…………………………… 335
厦门市建成国家园林城市…………………………… 335
福建省 1997 年林业大事 ………………………… 336

江西省林业 …………………………………… 336
概述……………………………………………………… 336
江西省林业利用外资工作…………………………… 337
江西省发展林果业基地……………………………… 338
江西省建设京九沿线绿化带………………………… 338
铜鼓县发展山区经济………………………………… 339
安远县发展林业庄园经济…………………………… 339
永丰县林办工商企业改革…………………………… 340
东乡县甘坑林场改革经营机制……………………… 340
江西省 1997 年林业大事 ………………………… 341

山东省林业 …………………………………… 341
概述……………………………………………………… 341

青岛市林业 ………………………………………… 342
概述……………………………………………………… 342

河南省林业 …………………………………… 343
概述……………………………………………………… 343
京九绿色长廊工程河南段启动……………………… 343
湿地保护区建设……………………………………… 344
陆生野生动物资源调查……………………………… 344
林业科技……………………………………………… 344
木材检查站建设……………………………………… 344
林业公安……………………………………………… 344
森林病虫害防治……………………………………… 344
经济林生产…………………………………………… 345
林业工作站建设……………………………………… 345
林业生态工程建设…………………………………… 345
全民义务植树………………………………………… 346
利用外资造林………………………………………… 346
河南省林业富山计划………………………………… 346

湖北省林业 …………………………………… 346
概述……………………………………………………… 346
湖北木业集团………………………………………… 347
湖北长江花卉产业有限公司………………………… 347
修建京九、汉宜绿色长廊…………………………… 348
计算机监测森林火灾………………………………… 348
荆门市马河林业工作站开展林业社会化服务…… 348
国有荆门市十里牌林场发展第三产业…………… 348
石首市林业科学研究所科研、推广与产业同步
发展……………………………………………………… 348
宜昌市发展花卉产业………………………………… 349
兴建三峡植物园……………………………………… 349
安陆市发展银杏产业………………………………… 349
荆州市农田林网建设………………………………… 349
神农架古人类高山洞穴遗址景点建成…………… 350
襄樊市拍卖“三荒”经营权……………………… 350
湖北省 1997 年林业大事 ………………………… 350

武汉市林业 ………………………………………… 351
概述……………………………………………………… 351

湖南省林业 …………………………………… 352
概述……………………………………………………… 352
落实退耕还林粮补贴政策…………………………… 352
首次使用卫星导航系统防治松毛虫……………… 353
马尾松脱脂保色研究………………………………… 353
省级林木无性系育种技术重点实验室…………… 353
林业优质种苗工程…………………………………… 353
松脂产量创纪录……………………………………… 353
张家界国家森林公园黄狮寨客运索道建成……… 353
永定区天门山国家森林公园开发天门山………… 353
湖南省农业龙头企业………………………………… 354
湖南省林业分类经营改革…………………………… 354
邵阳市实行国有林场经营管理体制改革………… 354
中芬开展自然保护合作……………………………… 355
靖州县实施林业分类经营…………………………… 355
湖南省实现全面绿化………………………………… 355
湖南省 1997 年林业大事 ………………………… 356

广东省林业 …………………………………… 356
概述……………………………………………………… 356
博罗县加强缓坡林地开发管理……………………… 357
广东省珠江防护林体系工程建设………………… 358
广东省取缔禾花雀美食节…………………………… 358
化州市加强松脂生产管理…………………………… 358
番禺市建立鸟类自然保护区………………………… 358
清远市调处山林纠纷………………………………… 358
广东省林业职工思想政治工作研究会成立……… 359
广东省 1997 年林业大事 ………………………… 359

广州市林业 ………………………………………… 359
概述……………………………………………………… 359

广西壮族自治区林业 ………………………… 360
概述……………………………………………………… 360
国有林场……………………………………………… 361
乡村林场……………………………………………… 362
森林工业……………………………………………… 362

林化工业…… 363
经济林发展…… 364
林政管理加强…… 364
野生动物保护管理…… 365
水源林和自然保护区…… 365
广西壮族自治区 1997 年林业大事 …… 365

海南省林业 …… 366
概述…… 366

重庆市林业 …… 367
概述…… 367
长江流域三峡库区及嘉陵江流域生态环境林业重点治理工程（重庆部分）可行性研究报告…… 367
森林资源连续清查工作…… 367
重庆市 1997 年林业大事 …… 368

四川省林业 …… 368
概述…… 368
多种经营专项贷款利用…… 369
宜宾市开发宜林“四荒” …… 369
达川地区实施科技推广应用…… 370
南充市加强林地管理…… 370
隆昌县木材市场管理…… 370
合江县福宝林场…… 371
四川省 1997 年林业大事 …… 371

贵州省林业 …… 371
概述…… 371
林业扶贫在贵州…… 372
贵州省湿地资源…… 373
1996 年度贵州省森林资源消耗 …… 373
贵州省贯彻《森林法》执行情况…… 373
普定县实施生态重建与发展工程…… 373
黎平县开发松脂资源…… 374
独山县国有林场强化内部管理…… 374
凯里市区风景林爆发云南松毛虫害…… 374
贵州省林业先进单位和先进个人…… 375
贵州省 1997 年林业大事 …… 375

云南省林业 …… 375
概述…… 375
云南省生物多样性保护…… 376
高黎贡山野生动物保护…… 377
英国人参与保护大围山原始森林…… 377
云南省森林火灾连续下降…… 377
云南省发现一猴类新种…… 377
大理森林生长量大于消耗量…… 378
红河有偿出让荒山荒坡…… 378
楚雄森林防火继续实施计划烧除…… 378
昌宁县建成世界最大人工秃杉林基地…… 378
凤庆县加速泡核桃产业发展…… 378
禄丰县推广沼气…… 378
姚安县推进林业产业化建设…… 379
永仁县把林业建成可持续发展产业…… 379
云南省山区综合开发示范县——双柏县…… 379
石屏县发现大面积原始森林…… 379
耿马县注重保护生态环境…… 380
云南省 1997 年林业大事 …… 380

西藏自治区林业 …… 380
概述…… 380

陕西省林业 …… 381
概述…… 381
生态工程规划…… 381
山区综合开发…… 382
“农业科技推广年”活动 …… 382
全球环境基金项目…… 382

西安市林业…… 382
概述…… 382

甘肃省林业 …… 383
概述…… 383
兰州市大砂沟绿化工程…… 384
甘肃省莲花山森林公园…… 384
甘肃省“三北”地区林业生态工程建设…… 384
天水市北道区发展家庭小林场…… 385
秦王川农田防护林建设…… 385
花卉产业…… 385
插管灌根庭院经济模式…… 385
杨树伐根嫁接毛白杨新技术…… 386
区（乡）林业工作站建设…… 386
全省 4000 名林政人员持证上岗 …… 386
甘肃省 1997 年林业大事 …… 386

青海省林业 …… 387
概述…… 387
全国山区综合开发示范县——大通县…… 388
东部地区实施重点工程造林…… 388
造林绿化千佳村——湟源县小高陵村…… 388
青海湖自然保护区…… 389
全国先进木材检查站——青海民和享堂木材检查站…… 389

青海省编制黄河源头生态治理工程项目规划…… 389
可可西里国家级自然保护区……………………… 389
贵德县被评为全国乡（镇）林业工作站合格县 …………………………………………………… 389
野生动物资源普查……………………………… 390
青海省 1997 年林业大事 ……………………… 390

宁夏回族自治区林业 ………………………… 391
概述……………………………………………… 391
宁夏兴果富民一期工程建设…………………… 391
宁南山区扶贫开发工程………………………… 392
宁夏枸杞基地建设……………………………… 392
盐池县柳杨堡乡林业工作站…………………… 392
中卫县林业公安派出所………………………… 392
六盘山国有林业局沿川木材检查站…………… 392
宁夏回族自治区 1997 年林业大事 …………… 393

新疆维吾尔自治区林业 ……………………… 394
概述……………………………………………… 394
实施科技兴林战略……………………………… 395
阿尔泰山林业局调整产业结构………………… 395
巴音郭楞蒙古自治州林业建设………………… 396
新疆维吾尔自治区 1997 年林业大事 ………… 396

新疆生产建设兵团林业 ……………………… 397
概述……………………………………………… 397
果树“两高一优”丰产攻关…………………… 397
农八师林政管理工作…………………………… 398
花卉产业………………………………………… 398
农八师石河子总场林业工作站花卉生产……… 398
农七师 126 团林业工作站……………………… 398
农二师焉耆垦区防治杨毒蛾…………………… 399
新疆生产建设兵团 1997 年林业大事 ………… 399

创业人物 ……………………………………… 399
卫桂英…………………………………………… 399
曲宪忠…………………………………………… 400
刘亚民…………………………………………… 400
焦树仁…………………………………………… 400
赵向东…………………………………………… 401
徐　纯…………………………………………… 401
李耀民…………………………………………… 401
潘世珍…………………………………………… 401
金　涛…………………………………………… 401
李家方…………………………………………… 402
武少斌…………………………………………… 402
张灿明…………………………………………… 402
曾繁耀…………………………………………… 403
宋小军…………………………………………… 403
姬学仁…………………………………………… 403
王　毅…………………………………………… 404
邵立山…………………………………………… 404
张永建…………………………………………… 404
玉素音·司迪克………………………………… 404
李书长…………………………………………… 404
段世鹏…………………………………………… 405
何永安…………………………………………… 405

人事劳动

林业部领导成员 ……………………………… 406

新任林业部部长、党组书记………………… 406
陈耀邦…………………………………………… 406

林业部机关各司局负责人 …………………… 406

中纪委、监察部驻林业部纪检组、监察局负责人 ……………………………………… 408

审计署驻林业部审计局负责人 ……………… 408

林业部直属单位负责人 ……………………… 408

各省、自治区、直辖市林业（农林、农业）厅（局）负责人 ………………………… 411

新当选中国工程院院士 ……………………… 414
陈俊愉…………………………………………… 414
张齐生…………………………………………… 414

1997 年国务院批准享受政府特殊津贴人员 ……………………………………………… 414

英模人物 ……………………………………… 415
杨桂茹…………………………………………… 415
范继卿…………………………………………… 415
吴　燕…………………………………………… 415
田翠英…………………………………………… 415

新设机构 ……………………………………… 415
防治荒漠化管理中心成立……………………… 415
中林审计事务所成立…………………………… 415
林业部 GEF 湿地项目办公室成立 …………… 415
特有工种职业技能鉴定站成立………………… 415

人事劳动工作…… 416
林业部干部人事工作座谈会…… 416
林业部机关培养选拔优秀年轻干部工作座谈会…… 416
林业部机关首次从高校应届毕业生中考试录用公务员…… 416
年轻干部挂职锻炼…… 416
跨世纪学术和技术带头人重点培养对象…… 416
林业部明确中国科学院院士、中国工程院院士有关待遇…… 416
林业部直属普通高校教师岗位设置工作研讨会…… 416
林业部会计系列高级专业技术职务评审委员会组建…… 417
林业行业五个试点工种《国家职业技能鉴定规范》颁布实施…… 417

社会团体

中国林学会…… 418
党和国家领导人为中国林学会成立80周年题词…… 418
中国林学会成立80周年纪念大会…… 418
中国林学会第九次全国会员代表大会…… 418
中国林学会第九届理事会组成名单…… 418
中国林学会第九届理事会各工作委员会组成名单…… 418
中国林学会第三届梁希奖授奖项目名单…… 419
中国林学会第三届陈嵘奖授奖项目名单…… 419
学术活动…… 420
科普活动…… 420
国际活动…… 420

中国野生动物保护协会…… 420
中国野生动物保护协会内部清理整顿…… 420
大学生绿色营赴西藏林区考察…… 420

中国水土保持学会…… 421
综述…… 421
山区可持续发展学术讨论会…… 421

中国林业经济学会…… 421
综述…… 421

中国林产工业协会…… 422
综述…… 422

中国林业体育协会…… 422
综述…… 422
中国林业体育协会参加全国第八届运动会…… 422
1997年中国林业体协举办的比赛…… 423
1997年中国林业体育协会参加的全国比赛…… 423

大事记与重要会议

1997年中国林业大事记…… 424

重要会议…… 427
全国森林防火工作现场会…… 427
全国森林病虫害防治工作会议…… 427
全国国有场圃和种苗工作会议…… 428
全国林业公安基层建设工作会议…… 428

国际林业信息

世界花卉产业…… 429
德国森林资源监督管理…… 431

先进单位光荣榜

彩　图

索　引

特　辑

国家领导人重要讲话

江泽民总书记在姜春云副总理《关于陕北地区治理水土流失建设生态农业的调查报告》上的重要批示

看了这个调查报告，感到很高兴。陕北地区治理水土流失，改善生态环境的措施和经验是好的。

我国是一个有几千年历史的文明古国。包括甘肃、陕西在内的黄河流域，是我们中华民族的主要发祥地。陕西曾经是周、秦、汉、唐等十三个王朝的建都之地，在古代历史上相当长的时间内，陕西、甘肃等西北地区，曾经是植被良好的繁荣富庶之地，所谓“山林川谷美，天材之利多”就是古来描绘陕西一带的自然风物的。司马光的《资治通鉴》中描述盛唐时期陕、甘的发展情景是：“闾阎相望，桑麻翳野，天下称富庶者无如陇右”。后来由于历经战乱的破坏，加上自然灾害和滥砍滥伐造成的损失，导致了陕、甘等西北地区的严重沙化、荒漠化，经济文化的发展也因此受到极大制约。

历史遗留下来的这种恶劣的生态环境，要靠我们发挥社会主义制度的优越性，发扬艰苦创业的精神，齐心协力地大抓植树造林，绿化荒漠，建设生态农业去加以根本的改观。经过一代一代人长期地、持续地奋斗，再造一个山川秀美的西北地区，应该是可以实现的。

江泽民

1997 年 8 月 5 日

李鹏总理在姜春云副总理《关于陕北地区治理水土流失建设生态农业的调查报告》上的重要批示

春云同志：

调查报告已看过，陕北水土保持经验值得重视。

抗日战争年代，延安的山是光秃秃一片，一发大水，延河泥浆就滚滚而来。今日延安已变了模样，满山遍野种植了苹果树，宝塔山周围松柏长青，乔儿沟进行了小流域治理，谷子亩产有的达到1000斤。

榆林本是不毛之地，沙漠化十分严重。日本农业专家原正市告诉我，榆林已种上了水稻，这得益于防护林的营造和地下水源的开发。陕北蕴藏着丰富的煤炭和天然气资源，随着铁路建设和能源开发，昔日荒凉的陕北可能成为全国富饶繁荣地区之一。

“黄河之水天上来，奔流到海不复回”。然而黄河经过黄土高原，夹带着大量泥沙，淤积下游河床，迫使黄河决口改道，成为中华民族心腹之患。建国以来黄河经过综合治理，已做到五十年岁岁安澜，成绩巨大。然而黄河并未根治，对下游人民造成重大灾难的危险依然存在。

小浪底有较大的死库容，它的建成为我们开展黄土高原水土保持提供了良好的机遇。我建议，根据江泽民总书记关于“大抓植树造林，绿化荒漠，建设生态农业”，“再造一个山川秀美的西北地区”的指示精神，请您组织有关部门，提出一个治理黄土高原水土流失的工程规划，争取十五年初见成效，三十年大见成效，为根治黄河做出应有的贡献。

上次谈到的小浪底水库建成后，下游河道整治和堤防加固工程也一并考虑进去。《规划》制定出来后，报党中央、国务院审批。

李 鹏

1997年8月12日

高举邓小平理论伟大旗帜 努力开创我国林业改革和发展的新局面

——姜春云副总理在林业部党组扩大会议上的讲话

（1997年8月9日）

同志们：

趁你们召开部党组扩大会议的机会，我来看看大家，顺便就林业工作讲一些看法。根据中央决定，林业部领导班子作了调整，徐有芳同志调任黑龙江省省委书记，陈耀邦同志接替徐有芳同志的工作。徐有芳同志政治上、业务上都很强，为人正直，作风正派，在林业部工作期间，认真贯彻执行党中央、国务院的指示精神，坚持党的基本路线和基本理论，坚持两手抓，为林业的改革与发展做了大量的工作，是很有成就的。特别是在生态防护林建设，山区综合开发，林业实行分类经营，以及搞活森工企业等方面，都提出了许多很好的思路、意见和建议，并取得了明显成效。以他为班长的林业部党组班子团结一致，大家兢兢业业，为发展我国林业作出了重要的贡献。陈耀邦同志长期在农业战线和综合部门工作，对农林水的情况非常熟悉，政治上坚定、敏锐，思路清晰，经验丰富，为人宽厚，作风扎实，相信他完全能够当好"班长"，带领"一班人"创一番大业。希望大家积极维护他，支持他的工作。耀邦同志到任不久，就主持召开这次林业部党组扩大会议，认真学习江泽民总书记在中央党校省部级干部进修班毕业典礼上的重要讲话，结合林业工作实际，全面总结近年来林业工作经验，研究讨论面向 21 世纪林业发展的指导思想、目标任务、方针政策和重大措施，非常适时，也非常重要。这表明了林业部党组贯彻江泽民同志"5·29"讲话，高举邓小平建设有中国特色社会主义理论伟大旗帜的坚定性；也体现了林业部党组理论联系实际，以邓小平建设有中国特色社会主义理论，指导林业改革开放和现代化建设的高度自觉性。昨天晚上，耀邦同志向我汇报了会议情况，他告诉我会议开得很好，大家集思广益，献计献策，收获很大。我相信，通过召开这样的会议，一定会在林业部司局级以上的领导决策层，进一步形成一种认真学习的风气，民主讨论的风气，积极探索的风气，求真务实的风气。长期坚持下去，将会不断提高部党组"一班人"和领导层的思想理论水平和决策水平，为加快林业发展，使整个林业以新的姿态跨入 21 世纪，打下坚实的基础。这次会议对推进我国林业的改革开放，开创林业建设的新局面，将会产生积极的影响。根据会议的主题，我讲三个问题：

一、认真学习江泽民总书记重要讲话，深刻领会其精神实质

（一）充分认识江泽民同志"5·29"讲话的重要意义。

邓小平同志逝世以后，全国和全世界都在关注中国改革和发展的走向。在这世纪之交、承前启后的关键时刻，江泽民总书记于 5 月 29 日在中央党校省部级干部进修班毕业典礼上发表了重要讲话。江泽民同志以无产阶级政治家的革命胆略和伟大气魄，以马克思主义者的敏锐洞察力，站在跨世纪的历史高度，准确把握社会历史发展规律，就关系我国社会主义前途命运的一系列根本性问题，作了全面、深刻、精辟的论述。这个讲话是我国新的历史时期治党治国的纲领性文件，对今后一个相当长的时期内建设有中国特色社会主义将发挥巨大的指导作用，也为即将召开的党的十五大作了很好的思想和理论准备。这个重要讲话，充分表明了以江泽民同志为核心的第三代党中央领导集体，把邓小平同志开创的建设有中国特色的社会主义事业全面推向 21 世纪的决心，集中反映了全党全国人民的共识和心愿，代表了全国各族人民的根本利益，在国内外产生了重大、深远、良好的影响。我们必须充分认识讲话的重大现实意义和深远历史意义，紧密联系林业工作实际，认真学习好这个讲话，把思想和行动统一到讲话精神上来。

（二）深刻理解江泽民同志"5·29"讲话的精神实质。

江泽民总书记"5·29"讲话的内容十分丰富，内涵十分深刻，在学习中我们要把握住讲话的核心内容，深刻领会其精神实质。

旗帜问题是江总书记首先强调的问题，他说："旗帜就是方向，旗帜就是形象。我们说坚持十一届三中全会以来的路线不动摇，就是高举邓小平建设有中国特色社会主义理论旗帜不动摇"。通过学习要弄懂，为什么要高举这一旗帜不动摇，怎样才能高举这一旗帜不动摇。高举旗帜，就是要用邓小平建设有中国特色社会主义理论指导我们的改革开放和现代化建设。邓小平理论第一次比较系统地回答了中国这样的经济文化比较落后的国家如何建设社会主义，如何巩固和发展社会主义的一系列基本问题。他用马克思主义的立场、观点和方法，继承、丰富和发展了毛泽东思想，是马克思主义同中国实际相结合的最新成果，是当代的马克思主义。十一届三中全会以来近20年的实践充分证明，按照邓小平的理论、路线去做，我们的社会主义事业就蓬勃发展，国家就兴旺，社会就进步，人民生活就改善。我们务必要牢记历史的经验和教训，无论遇到什么风浪，都始终保持清醒的头脑，高举邓小平理论的伟大旗帜不动摇。

关于社会主义初级阶段，江泽民总书记指出："这是邓小平建设有中国特色社会主义理论的重要基础，是我们制定路线、方针、政策的根本出发点。""我们讲一切从实际出发，最大的实际就是中国现在处于并将长期处于社会主义初级阶段。"在学习中，我们要重温邓小平同志关于社会主义初级阶段理论的重要论述，以及他提出的符合社会主义初级阶段的正确路线、方针、政策，排除"左"和右的干扰，始终坚持以经济建设为中心，坚持四项基本原则，坚持改革开放。我们在制定发展林业的指导思想、方针、政策时，也必须立足于我国正处于社会主义初级阶段这一基本国情，坚持实事求是，一切从实际出发。

在改革和发展问题上，我们要深刻领会江泽民总书记提出的"社会主义的根本任务是解放和发展生产力，中国解决所有问题的关键在于依靠自己的发展，改革开放是发展的强大动力"的论述；深刻领会江泽民总书记提出的关于转换经济体制、优化经济结构、发展科学技术、提高对外开放水平，着力解决好建立比较完善的社会主义市场经济体制和保持国民经济持续快速健康发展两个关键性问题，以及相关的一系列重大改革的思路和方针，并用以指导我们的工作。

关于党的建设，我们要按照江泽民总书记重要讲话精神，大力加强各级领导班子建设，努力建设一支高素质的干部队伍。要充分认识加强党的建设的极端重要性，提高贯彻执行江总书记关于加强理论学习，搞好作风建设和廉政建设，增强党的团结等各项任务要求的自觉性。

（三）学习江泽民同志"5·29"重要讲话，要紧密联系林业实际，用以指导工作。

学习江泽民同志"5·29"重要讲话，要发扬理论联系实际的优良学风，注重研究解决林业改革和发展中遇到的新情况、新问题。江总书记指出，对待马克思主义理论"一定要以当代中国社会主义改革开放和现代化建设实际问题为中心，以我们正在做的事情为中心，着眼于马克思主义理论的运用，着眼于提高对实际问题的理论思考，着眼于新的实践和新的发展。"听说你们在这次会议上，以总书记的重要讲话为指导，注重分析我国的林业形势，总结经验，就造林绿化、森工企业、山区综合开发、森林资源保护、发展林业科学技术等问题，提出了许多好的建议，形成了比较清晰的改革与发展的思路，这很好。希望大家按照江总书记的讲话精神，把新时期党的基本理论、基本路线、基本方针与林业工作的实际紧密结合起来，认真研究解决林业发展的重大问题，不断探索有中国特色社会主义林业发展路子，把我国的林业推向新的发展阶段。

二、当前林业改革与发展需要抓住的几项重点工作

林业是国民经济的重要组成部分，承担着改善生态环境、促进和保障经济发展的双重使命。我们党的三代领导核心都非常重视林业的发展。1981年，在邓小平同志的亲自倡导下，全国人大通过了关于开展全民义务植树运动的决议。从此，我国林业步入了以全社会办林业、全民搞绿化为主要特征的新的发展时期。江总书记发出"全党动员，全民动手，植树造林，绿化祖国"的号召，体现了中央第三代领导集体对林业的高度重视和关心。各级党委和政府认真贯彻党中央、国务院的有关指示精神，不断加大林业建设的力度，林业部和林业战线的广大干部、职工和广大人民群众为林业的发展做出了巨大的努力和奉献，成绩是显著的，应该充分肯定。目前，全国已有

12 个省区基本上完成了宜林荒山造林任务，森林覆盖率由 80 年代初的 12%提高到现在的 13.92%。就全国而言，基本上做到了森林资源总生长量大于总消耗量，结束并扭转了长期以来森林蓄积量持续下降的局面，保持了森林面积和蓄积量持续“双增长”的良好态势。人工林保存面积居世界首位，林业生态工程建设初步改变了我国过去生态环境建设布局分散，整体效益不高的状况，开始走向规模化、工程化、系统化的发展道路。林业对社会直接提供的木材、人造板、森林食品、药材、花卉等产品的供给能力明显增强。总之，我国林业的发展为整个国民经济的发展作出了重要贡献。

我国是一个农业和人口大国，处在社会主义初级阶段，走一条人口、经济、社会、环境和资源相互协调的可持续发展道路，是中国面向 21 世纪的必然选择。森林是优良生态环境的主体，实施可持续发展战略，林业战线肩负着重大、特殊的使命和责任。这就需要我们对基本国情、林情进一步统一认识，从实际出发，把林业置于国家经济和社会发展的全局去合理定位，紧紧围绕改善生态环境，确保经济持续发展，解决人民日益增长的物质文化生活需要，集中力量发展林业生产力。为此，我想强调以下几点：

（一）要按照可持续发展的要求，加快推进生态环境建设。

实施可持续发展战略，改善生态环境，必须大力发展林业。林业在生态环境建设中发挥着不可替代的主体作用。我国自“三北”防护林工程、平原绿化工程实施以来，相继又开展了长江中上游、沿海、太行山等防护林工程和防沙治沙工程，近期还启动了黄河中游、珠江、淮河、太湖、辽河防护林工程建设。这些工程的展开，无疑对治理国土，改善生态环境，发挥了积极作用。但是，就全国而言，生态环境局部治理、整体恶化的现象还未能得到有效遏制。水土流失还在加剧，大江大河泥沙淤积越来越严重，荒漠化的面积还在扩大，水旱灾害频繁，给人民生产生活造成的损失越来越严重。这种状况不能再继续下去了。我们必须更新思想观念，真正按照自然规律和经济规律，加快治理水土流失、优化生态环境的步伐。要规划全国性生态建设工程体系，把生态环境建设作为一项重大的战略任务来抓。要以长江、黄河两大流域为重点，建设跨世纪的大型生态保护治理工程，形成一个既与现有的十大工程配套，又与各省区的小流域、小范围治理相辅相成的重点突出、构架合理、覆盖全国的跨世纪、跨流域、跨省区生态治理工程体系。要像抓计划生育和土地管理那样抓生态环境的保护和治理，通过几代人坚持不懈地努力，使我国生态环境从遏制恶化到初步治理，进而走向良性发展的轨道。

（二）要加速林业结构调整步伐，推动林业产业化发展。

通过林业结构调整，积极培育林业支柱产业，构筑比较发达的林业产业体系，带动林业经济的全面发展和质量、效益的整体提高，是林业面向 21 世纪的重要课题。林业结构调整要从抓林业产品入手，重点发展木浆造纸、人造板、松香等产品深加工，重视发展木本粮、油和果、药材等经济林产品的生产和加工，延长产业链；鼓励发展森林旅游业、森林食品和花卉等林业新兴产业；实施名牌精品战略和深加工战略，要选择市场需求大、产业关联紧密、科技含量高、经济效益好、辐射面大、联动作用强的优势项目和名牌产品，作为重点发展的产业龙头和骨干，实行产加销、贸工农一体化，推进林业的产业化经营。

要调整企业组织结构，按专业化分工协作的要求和择优扶强的原则，以资本为纽带对林业企业进行重组。通过企业组织结构的调整，构筑龙头作用突出、产业层次分明、规模经济效益显著的林业产业体系。

（三）要认真抓好山区综合开发，促进农业和农村经济的全面发展。

去年，中央农村工作领导小组决定，由林业部牵头实施全国山区综合开发示范工作。这是实现山区农业增产、农民增收和奔小康的客观需要。一年多来，通过组织发动，59个山区综合开发示范县的工作已初步展开。在有关部门的有效协作和配合下，在地方党委和政府的领导下，项目启动情况良好。目前，山区综合开发已积累了不少经验，一些地方在改变生产条件上，采取改土、治水、兴林、修路、通电等措施；在生产经营上，按产业化要求组织生产、加工、销售，取得了很好的效益。山区开发在很大程度上是发展林业，山区综合开发的成功与否，在某种程度上决定于林业的开发。希望林业部门把山区综合开发作为一项重要任务，加大力度，切实抓好。同时，要进一步抓好荒漠化地区的综合治理和合理开发，遏制荒漠化的蔓延，扩大沙漠绿洲，建设生态经济圈，发展绿洲经济。

（四）要进一步深化林业改革，尽快取得突破性进展。

林业部提出了跨世纪的林业发展战略，争取到下世纪中叶在我国建立起比较完备的林业生态体系和比较发达的林业产业体系，并制定了《林业经济体制改革总体纲要》，明确提出了实行林业分类经营改革，推进林业"两个根本性转变"，尽快建立起适应社会主义市场经济的林业经济体制和新型的林业经营管理与发展模式。对林业部提出的改革和发展战略，我是赞同的。现在的问题是如何使林业的战略构想变成现实。当前林业的改革开放，首先是解放思想，转变观念，突破计划经济体制下形成的传统的思维定式，突破单一原材料和初级产品生产的产业结构，突破单一的公有制实现形式，突破单一的组织经营方式和单一的计划配置资源的方式。要改革政企合一、企事合一和条块分割的管理体制，改革经营主体责权利分离的经济关系。要坚持生产关系一定要适应生产力发展水平的原则，根据林业的特点，以"三个有利于"为判断是非的标准，加大林业改革、开放的力度。大胆利用一切反映社会化生产规律的经营方式和组织形式，着力于体制、机制、制度创新。要结合林业分类经营改革的推进，建立国有林业资产监管、运营体系，确保国有林业资产保值增值。要积极探索促进森林资源资产有偿流转的办法，盘活资产存量，提高林业企业的经济效益。

（五）要注重林业经济增长方式的转变，努力提高林业整体素质和经济效益。

党的十四届五中全会提出，实现"九五"和2010年我国经济和社会发展的奋斗目标，关键是实行两个具有全局意义的根本性转变。转变经济增长方式与推进经济体制改革需要同步推进，相辅相成。林业部门在这方面已经做了许多工作。但是应该看到，林业经济增长方式的转变还刚刚开始。要在现有工作基础上积极进取，加快转变的进程。要认真解决好商品林专业化、社会化程度低，形不成规模效益；防护林树种单一、树种结构不当和林木质量差；片面追求灭荒速度，忽视管护，保存率低；森林企业特别是林产工业建设中搞大而全、小而全，盲目建设、重复建设等问题。林业要持续发展，不能把主要立足点放在外延扩大上，必须切实保护和合理利用资源，走内涵挖潜、资源节约型的路子。林业发展要坚定不移地转移到依靠科技进步和提高劳动者整体素质上来，转移到以提高经济效益为中心的轨道上来，实施科教兴林战略，大力提高林业的科技含量。要注重林业高新技术的开发、应用和引进吸收，加快现有科技成果的推广应用。要特别注重推广林木优良品种，实施林业"种子工程"。生态林业建设要因地制宜，科学营造、管护，提高投资效益；林业产业建设，要注重保护资源，合理开发，做到青山长在，永续利用。希望通过林业行业一个时期的努力，以林业分类经营为突破口，按照公益林和商品林的不同特点和规律，建立相应的经营模式、管理体制和运行机制，较快较好地实现林业经济增长方式的转变。

（六）要继续发动组织全民搞绿化，建立保护和发展林业的政策扶持体系、法律体系。

改革开放以来，林业获得长足发展，很重要的是调动广大群众植树造林的积极性，建立地方各级党政领导干部任期目标责任制，各行各业积极参与，实行全社会办林业。今后一个时期仍要继续实行“国家、集体、个人一起上”，“中央、地方、部门一起上”的方针，要更广泛地动员全社会的力量参与林业建设，更扎实有效地开展全民义务植树运动。真正把国土绿化纳入各级政府国民经济和社会发展总体规划，进一步完善、落实领导干部保护和发展森林资源任期目标责任制，进一步增强全社会的绿化意识，加快国土绿化的进程。

积极探索建立与市场经济相适应的林业投入保障机制，逐步形成一套较为完整的政策扶持体系。各级政府财政根据事权财权划分，在生态环境体系建设的投入中要发挥主导作用。公益林业建设要按照“谁受益，谁负担”，“社会受益，政府投入”的原则，由政府调控和协调资金投入。争取尽快颁布《森林生态效益补偿基金征收管理办法》。对于商品林业，要作为基础产业，逐步推向市场，并在国家政策引导和保护下，开展多渠道、多形式、多元化投入，并实行高科技、高投入、高产出经营，以取得最佳的经济效益。要从立法、执法监督、法制教育等方面，加大林业法制建设的力度。尽快完成《森林法》修订的任务，抓紧制定《防治荒漠化法》等法律，建立起一套具有我国特色、反映林业发展需求的法律保障体系。

三、对林业部领导干部的几点希望

今天到会的都是林业部司局级以上的领导干部，在领导全国林业改革和发展方面，负有重要责任。我国林业事业发展如何，能否取得新的更大成就，关键是有没有一支思想好、作风硬、业务精、素质高的林业干部队伍，有没有一个坚强的领导核心去带领这支队伍。对此，在座的同志们起决定性作用。应当说，林业部的领导班子是坚强有力的，干部队伍素质是好的。当然，面对新的形势任务，无论是领导班子还是干部队伍，都需要进一步加强和提高。我想借此机会，提几点希望。

（一）要加强理论学习，不断提高领导干部的政治素养。

首先要切实加强邓小平建设有中国特色社会主义理论的学习，对邓小平同志关于社会主义的本质特征、社会主义的发展道路、社会主义的发展阶段、社会主义的根本任务、社会主义的发展动力、社会主义建设的外部条件、社会主义的政治保障、社会主义建设的战略步骤、社会主义的领导力量和依靠力量等一系列重大理论阐述，要全面系统学习，深刻领会其精神实质。在学习中，要联系改革开放和现代化建设的实践、联系当前面临的形势任务、联系林业工作实际、联系自己的工作和思想实际，回顾历史，总结经验，研究问题，开阔思路，提高认识，学会运用马克思主义的立场、观点、方法分析问题，指导实践，提高自身的政治素养，提高运用党的基本理论、基本路线解决实际问题的能力。在这方面，江泽民同志为我们树立了很好的榜样。江泽民“5·29”讲话就是运用邓小平建设有中国特色社会主义理论解决中国重大实践问题的典范。

在认真学习马克思主义理论的同时，还要切实加强社会主义市场经济知识、现代管理知识、现代科学技术知识、法律知识、历史知识和其它方面知识的学习。建议大家也了解一些国外林业的管理方法、管理制度、政策法规等方面的知识，学习和借鉴一切有利于我们的东西。总之，要提高我们领导干部的政治、业务素养和驾驭全局、领导林业改革开放和现代化建设的能力。

（二）坚持解放思想，实事求是，研究新情况，解决新问题。

解放思想，实事求是，既是马克思主义创立的思想基础，也是马克思主义、毛泽东思想、邓小平理论的精髓。改革开放以来，林业各项事业虽然取得了很大的成绩，但林业面临的形势仍很严峻，任务十分艰巨，对此必须有清醒的认识。如何在新形势下，进一步加快林业建设步伐，为我国实现国民经济和社会发展第二步战略目标，实施可持续发展战略创造良好的资源和环境条件，是摆在我们林业战线每一个领导干部面前的重大课题。只有解放思想，实事求是，一切从实际出发，才能正确认识新情况，找到解决新问题的有效途径、办法。

（三）坚持抓大事、办实事、求实效。

按国务院分工，林业部承担着国土绿化、防治荒漠化、生物多样性保护、山区综合开发、林业行业管理和林业行政执法职能，任务艰巨繁重。完成这些工作任务既要做持久的努力，又要有紧迫感；既要谋划长远，又要着眼当前；既要抓好全局，又要突出重点。要从实际出发，区别不同情况，实行分类指导，积极稳妥地推进林业的改革与发展。工作千头万绪，情况纷繁复杂，做为领导干部、特别是主要领导干部，一定要抓主要矛盾，抓大事，抓关键，不能埋头事务，穷于应付。要进一步转变作风，深入实际，调查研究，了解真实情况，总结实践经验，找出规律性的东西、带根本性的东西，提出切中要害的意见和办法，为党中央、国务院以及各级领导对林业发展实行正确决策当好参谋。既要防止和克服因循守旧，默守陈规，又要防止讲空话、讲大话、讲套话、讲官话的作风，树立求真务实、扎实办事的良好风气，把林业改革和发展搞得更有成效。

林业在经济和社会可持续发展中的地位和作用，越来越受到全党全社会的重视。林业战线既有不小的困难，又面临着极好的发展机遇，在座的同志们责任重大。希望部党组的同志，大力加强领导班子建设，加强党风廉政建设，讲学习，讲政治，讲正气，以身作则，带动、教育和培养年轻一代的林业干部，继续发扬自力更生、艰苦创业精神，创造性地开展工作。相信陈耀邦同志作为“班长”，一定会和部党组其他同志一起带领林业部和林业战线的同志们，以新的姿态、新的面貌，把林业改革开放和现代化建设全面推向 21 世纪。让我们紧密地团结在以江泽民同志为核心的党中央周围，在邓小平建设有中国特色社会主义理论和党的基本路线指引下，认真贯彻党中央、国务院的路线、方针、政策，团结一致，奋发努力，全面推进林业的改革与发展，为绿化祖国、改善生态环境做出应有的贡献，以优异的成绩迎接党的十五大的胜利召开。

中国林业概述

1997 年的中国林业

1997 年，在邓小平理论和党的十五大精神指引下，在党中央、国务院的关怀和重视下，在各级党委和政府的正确领导下，在各部门的大力支持下，经过林业系统广大干部职工和林农群众的共同努力，林业改革和发展工作，又有了新的进展，并在一些方面取得了新的突破。

造林绿化事业继续保持了较好的发展势头 全年共完成人工造林 435.5 万公顷，飞播造林 61.7 万公顷，封山育林 2863.4 万公顷，“四旁”植树 33.8 亿株。全民义务植树运动不断深化，以城乡一体化为特征的新的造林绿化高潮在部分地区开始形成。重点林业生态工程建设力度进一步加大。在建的六大工程建设，通过调整结构和强化管理，工程建设的质量和效益明显提高；新上的四大工程，试点工作进展顺利；特别是根据江泽民总书记、李鹏总理关于生态环境建设的重要批示精神，通过调查研究，在长江、黄河流域和重点风沙区进一步规划了青海黄河上游、陕甘晋蒙黄河中游、四川西部长江流域、重庆嘉陵江以及三峡库区、云南金沙江流域、黄土高原风沙区等 6 个新的项目，并为项目启动做了大量的前期准备工作。工业原料林、经济林、竹林、木本粮油、木本药材、花卉等基地建设蓬勃发展，林业集约化经营水平进一步提高。启动了林木种苗建设工程，优化了良种繁育基地布局，强化了种苗质量监测。

资源林政管理工作进一步加强 针对采伐限额管理工作中出现的新情况、新问题，强化了对采伐限额的指标管理、林木采伐管理及执行情况的监督检查。进一步规范了国有林区综合开发使用林地管理，毁林开垦的势头得到了初步遏制。林政核查工作进一步加强，在坚持开展“三总量”检查、消耗量调查的基础上，1996 年起又开展了林木采伐管理情况的抽查，从源头上加强了对森林资源的管理。基层林业工作站建设稳步发展，全国 82%的乡（镇）建立了林业工作站，已有 849 个县基本达到现阶段的建站要求。

森林和野生动植物资源保护工作取得了新的成绩

森林防火工作，通过总结推广吉林省的经验，促进了“全社会抓保护，全民搞防火，政府负全责”机制的形成。全国森林火灾受害率连续 10 年保持历史最低水平。野生动植物和湿地资源调查工作全面展开。濒危物种救护、繁育和进出口管理工作取得进展，全国 14 个濒危物种拯救中心和 17 个濒危物种进出口管理办事处已全部完成组建工作。经国务院批准，发布了《关于进一步加强森林病虫害防治工作的决定》，全面部署了防治工作，提出了森林病虫害防治工作的目标任务、政策措施以及实施工程治理的总体方案。为适应森林资源保卫工作的要求，进一步加强了林业公安的队伍建设、业务建设、法制建设、装备和基础设施建设。

林业产业发展和山区综合开发进一步加快 通过发挥各种投资的导向作用，进一步加强了对林业产业发展的宏观指导，促进了产业和产品结构的调整。松香出口招标、木片经营出口管理、木材及林产品流通、林产品生产许可证管理体制进一步理顺。通过调查研究，总结推广了有关省（区）林业产业化经营的经验。全国林业系统总产值 1918 亿元，比 1996 年增长 11.7%。山区综合开发成效显著，经过几年示范，规模和效益进一步提高，显示出广阔的开发前景。

林业改革不断深化 分类经营改革试点工作和建立森林生态效益补偿制度均取得新的进展。以减人增效、转产分流、实施再就业工程为重点的国有林区改革与发展工作成效明显。东北、内蒙古国有林区森工企业比 1996 年减亏 7740 万元，减亏幅度为 54.7%，其中内蒙古大兴安岭森工集团 1996 年亏损 3595 万元，1997 年实现扭亏增盈，盈利 369 万；吉林省森工企业盈利 4451 万元，比 1996 年增加盈利 3250 万元，增利幅度 270%。国有林区森工企业累计分流富余人员近 30 万人。在调查研究的基础上，提出了以实施天然林保护工程，实行分类经营为主要内容的森工企业战略性结构调整的总体思路，并在 9 个森工企业开展了试

点工作。国有林场、苗圃在调整组织结构，加快人事、用工、分配制度改革，优化外部环境方面取得了新的进展。贫困场圃问题引起了国家的高度重视，安排了专项资金进行扶持。

林业法制建设取得了重大突破 经过4年多的努力，《森林法修正案（草案）》已经国务院第六十二次常务会议审议通过，并在10月份召开的全国人大常委会第二十八次会议上进行了初步审议。国务院发布的《野生植物保护条例》已开始实施。林业普法、执法、执法监督和执法体系建设进一步加强。

科教兴林工作迈出新的步伐 制定了《林业科技体制改革总体规划》，加大了林业科技体制改革的力度。各地采取措施积极优化科研院所布局，进行学科调整和人才分流，提高了林业科研院所的技术开发能力。中国林业科学研究院体改试点工作取得进展，并开始在面上发挥示范作用。根据“农业科技推广年”工作的要求，开展了大规模的送技术下乡活动，组织推广了一批先进适用的科技成果。研究编制了《林业新科技革命规划纲要》，确定了要集中力量重点突破的领域和目标。研究制定了《林业部关于深化林业教育改革的决定》，进一步推进了林业高校管理体制改革和招生并轨及收费制度改革，坚持并完善了林业行业职业资格证书制度和关键岗位持证上岗制度。

林业的各项投入进一步增加 仅中央一级共筹集各类林业资金67亿多元，比1996年增加13亿多元。其中国家预算内基建拨款9.45亿元，增加0.64亿元；技改及小型基建贷款13.7亿元，增加1亿元；财政无偿投入的各种资金2.45亿元，增加1.16亿元；财政拨给的各项事业费4.5亿元，都比1996年有较大幅度的增加；林业政策性专项贴息贷款总规模37亿元，增加10亿元。同时，对林业实行了更加优惠的税费政策。各地普遍加强了资金管理和审计监督，提高了林业资金的使用效益。

林业国际合作进一步扩大 成功地承办了亚太地区防治荒漠化部长级会议，圆满地完成了第一个总部设在中国的政府间国际组织——国际竹藤组织的组建工作。我国与国外政府间和部门间的合作渠道已分别扩大到7个和19个。全年共争取各种无偿合作项目11个，受援金额达2935万美元。世界银行贷款2亿美元的贫困地区林业发展项目预评估顺利通过。森林资源发展和保护项目已通过中期评估。加蓬森林资源开发与利用项目已完成立项工作。在巴西的华西公司扭转了多年亏损的局面，实现了盈利。

林业宣传工作取得新的进展 在各地的配合下，组织开展林业社会宣传活动100多项，在中央级新闻单位发表林业新闻1000多条。特别是重点组织了贯彻江泽民总书记关于生态环境建设重要批示、“世纪之交看林业”、纪念世界防治荒漠化与干旱日百万人签名、双文明成就展等一批大型林业宣传活动，在社会上产生了强烈反响。林业自身舆论阵地建设进一步加强。中国林业报发行量首次突破10万份。

行业精神文明建设进一步加强 各地认真坚持“两手抓、两手都要硬”的方针，进一步加强了林业行业思想政治工作，认真开展纠正行业不正之风、廉政建设、减轻林农负担等工作，使林业行业的精神面貌和社会形象有了新的变化。通过组织开展林业系统两个文明建设先进模范事迹巡回报告活动，进一步弘扬了“开拓创新，真抓实干，艰苦奋斗，无私奉献”的行业精神。在林区经济比较困难的情况下，保持了林区社会的基本稳定。

在肯定成绩的同时，也必须看到，林业改革和建设中还存在不少薄弱环节，林业的现状还不能适应国民经济和社会可持续发展的要求。一是随着造林绿化重点逐步向中西部地区推进，难度越来越大，工作中出现了一些新的情况。二是随着森林资源的不断发展，森林“三防”工作特别是林木、林地管理的任务越来越重。同时，在新形势下森林资源保护管理工作也遇到了许多新矛盾、新问题。三是不少林业企业、林场、苗圃、自然保护区和森林公园还面临很多困难，在管理体制、经营机制、工作指导、政策扶持等方面，都需要进一步改革、调整或强化。四是林业经营粗放，管理落后，结构不合理，效益低下的状况还很严重，依靠科技进步，促进林业发展的任务十分艰巨。 （杨百瑾）

重要林业法律法规

中华人民共和国国务院令

第 213 号

现发布《植物新品种保护条例》，自 1997 年 10 月 1 日起施行。

总　理　李　鹏

1997 年 3 月 20 日

中华人民共和国植物新品种保护条例

第一章　总　则

第一条　为了保护植物新品种权，鼓励培育和使用植物新品种，促进农业、林业的发展，制定本条例。

第二条　本条例所称植物新品种，是指经过人工培育的或者对发现的野生植物加以开发，具备新颖性、特异性、一致性和稳定性并有适当命名的植物品种。

第三条　国务院农业、林业行政部门(以下统称审批机关）按照职责分工共同负责植物新品种权申请的受理和审查并对符合本条例规定的植物新品种授予植物新品种权（以下称品种权）。

第四条　完成关系国家利益或者公共利益并有重大应用价值的植物新品种育种的单位或者个人，由县级以上人民政府或者有关部门给予奖励。

第五条　生产、销售和推广被授予品种权的植物新品种（以下称授权品种)，应当按照国家有关种子的法律、法规的规定审定。

第二章　品种权的内容和归属

第六条　完成育种的单位或者个人对其授权品种，享有排他的独占权。任何单位或者个人未经品种权所有人(以下称品种权人）许可，不得为商业目的生产或者销售该授权品种的繁殖材料，不得为商业目的将该授权品种的繁殖材料重复使用于生产另一品种的繁殖材料；但是，本条例另有规定的除外。

第七条　执行本单位的任务或者主要是利用本单位的物质条件所完成的职务育种，植物新品种的申请权属于该单位；非职务育种，植物新品种的申请权属于完成育种的个人。申请被批准后，品种权属于申请人。

委托育种或者合作育种，品种权的归属由当事人在合同中约定；没有合同约定的，品种权属于受委托完成或者共同完成育种的单位或者个人。

第八条　一个植物新品种只能授予一项品种权。两个以上的申请人分别就同一个植物新品种申请品种权的，品种权授予最先申请的人；同时申请的，品种权授予最先完成该植物新品种育种的人。

第九条　植物新品种的申请权和品种权可以依法转让。

中国的单位或者个人就其在国内培育的植物新品种向外国人转让申请权或者品种权的，应当经审批机关批准。

国有单位在国内转让申请权或者品种权的，应当按照国家有关规定报经有关行政主管部门批准。

转让申请权或者品种权的，当事人应当订立书面合同，并向审批机关登记，由审批机关予以公告。

第十条　在下列情况下使用授权品种的，可以不经品种权人许可，不向其支付使用费，但是不得侵犯品种权人依照本条例享有的其他权利：

（一）利用授权品种进行育种及其他科研活动；

（二）农民自繁自用授权品种的繁殖材料。

第十一条　为了国家利益或者公共利益，审批机关可以作出实施植物新品种强制许可的决定，并予以登记和公告。

取得实施强制许可的单位或者个人应当付给品种

权人合理的使用费，其数额由双方商定；双方不能达成协议的，由审批机关裁决。

品种权人对强制许可决定或者强制许可使用费的裁决不服的，可以自收到通知之日起3个月内向人民法院提起诉讼。

第十二条 不论授权品种的保护期是否届满，销售该授权品种应当使用其注册登记的名称。

第三章 授予品种权的条件

第十三条 申请品种权的植物新品种应当属于国家植物品种保护名录中列举的植物的属或者种。植物品种保护名录由审批机关确定和公布。

第十四条 授予品种权的植物新品种应当具备新颖性。新颖性，是指申请品种权的植物新品种在申请日前该品种繁殖材料未被销售，或者经育种者许可，在中国境内销售该品种繁殖材料未超过1年；在中国境外销售藤本植物、林木、果树和观赏树木品种繁殖材料未超过6年，销售其他植物品种繁殖材料未超过4年。

第十五条 授予品种权的植物新品种应当具备特异性。特异性，是指申请品种权的植物新品种应当明显区别于在递交申请以前已知的植物品种。

第十六条 授予品种权的植物新品种应当具备一致性。一致性，是指申请品种权的植物新品种经过繁殖，除可以预见的变异外，其相关的特征或者特性一致。

第十七条 授予品种权的植物新品种应当具备稳定性。稳定性，是指申请品种权的植物新品种经过反复繁殖后或者在特定繁殖周期结束时，其相关的特征或者特性保持不变。

第十八条 授予品种权的植物新品种应当具备适当的名称，并与相同或者相近的植物属或者种中已知品种的名称相区别。该名称经注册登记后即为该植物新品种的通用名称。

下列名称不得用于品种命名：

（一）仅以数字组成的；

（二）违反社会公德的；

（三）对植物新品种的特征、特性或者育种者的身份等容易引起误解的。

第四章 品种权的申请和受理

第十九条 中国的单位和个人申请品种权的，可以直接或者委托代理机构向审批机关提出申请。

中国的单位和个人申请品种权的植物新品种涉及国家安全或者重大利益需要保密的，应当按照国家有关规定办理。

第二十条 外国人、外国企业或者外国其他组织在中国申请品种权的，应当按其所属国和中华人民共和国签订的协议或者共同参加的国际条约办理，或者根据互惠原则，依照本条例办理。

第二十一条 申请品种权的，应当向审批机关提交符合规定格式要求的请求书、说明书和该品种的照片。

申请文件应当使用中文书写。

第二十二条 审批机关收到品种权申请文件之日为申请日；申请文件是邮寄的，以寄出的邮戳日为申请日。

第二十三条 申请人自在外国第一次提出品种权申请之日起12个月内，又在中国就该植物新品种提出品种权申请的，依照该外国同中华人民共和国签订的协议或者共同参加的国际条约，或者根据相互承认优先权的原则，可以享有优先权。

申请人要求优先权的，应当在申请时提出书面说明，并在3个月内提交经原受理机关确认的第一次提出的品种权申请文件的副本；未依照本条例规定提出书面说明或者提交申请文件副本的，视为未要求优先权。

第二十四条 对符合本条例第二十一条规定的品种权申请，审批机关应当予以受理，明确申请日、给予申请号，并自收到申请之日起1个月内通知申请人缴纳申请费。

对不符合或者经修改仍不符合本条例第二十一条规定的品种权申请，审批机关不予受理，并通知申请人。

第二十五条 申请人可以在品种权授予前修改或者撤回品种权申请。

第二十六条 中国的单位或者个人将国内培育的植物新品种向国外申请品种权的，应当向审批机关登记。

第五章 品种权的审查与批准

第二十七条 申请人缴纳申请费后，审批机关对品种权申请的下列内容进行初步审查：

（一）是否属于植物品种保护名录列举的植物属或者种的范围；

（二）是否符合本条例第二十条的规定；

（三）是否符合新颖性的规定；

（四）植物新品种的命名是否适当。

第二十八条 审批机关应当自受理品种权申请之日起6个月内完成初步审查。对经初步审查合格的品种权申请，审批机关予以公告，并通知申请人在3个月内缴纳审查费。

对经初步审查不合格的品种权申请，审批机关应当通知申请人在3个月内陈述意见或者予以修正；逾期未答复或者修正后仍然不合格的，驳回申请。

第二十九条 申请人按照规定缴纳审查费后，审批机关对品种权申请的特异性、一致性和稳定性进行实质审查。

申请人未按照规定缴纳审查费的，品种权申请视为撤回。

第三十条 审批机关主要依据申请文件和其他有关书面材料进行实质审查。审批机关认为必要时，可以委托指定的测试机构进行测试或者考察业已完成的种植或者其他试验的结果。

因审查需要，申请人应当根据审批机关的要求提供必要的资料和该植物新品种的繁殖材料。

第三十一条 对经实质审查符合本条例规定的品种权申请，审批机关应当作出授予品种权的决定，颁发品种权证书，并予以登记和公告。

对经实质审查不符合本条例规定的品种权申请，审批机关予以驳回，并通知申请人。

第三十二条 审批机关设立植物新品种复审委员会。

对审批机关驳回品种权申请的决定不服的，申请人可以自收到通知之日起3个月内，向植物新品种复审委员会请求复审。植物新品种复审委员会应当自收到复审请求书之日起6个月内作出决定，并通知申请人。

申请人对植物新品种复审委员会的决定不服的，可以自接到通知之日起15日内向人民法院提起诉讼。

第三十三条 品种权被授予后，在自初步审查合格公告之日起至被授予品种权之日止的期间，对未经申请人许可，为商业目的生产或者销售该授权品种的繁殖材料的单位和个人，品种权人享有追偿的权利。

第六章 期限、终止和无效

第三十四条 品种权的保护期限，自授权之日起，藤本植物、林木、果树和观赏树木为20年，其他植物为15年。

第三十五条 品种权人应当自被授予品种权的当年开始缴纳年费，并且按照审批机关的要求提供用于检测的该授权品种的繁殖材料。

第三十六条 有下列情形之一的，品种权在其保护期限届满前终止：

（一）品种权人以书面声明放弃品种权的；

（二）品种权人未按照规定缴纳年费的；

(三)品种权人未按照审批机关的要求提供检测所需的该授权品种的繁殖材料的；

(四)经检测该授权品种不再符合被授予品种权时的特征和特性的。

品种权的终止，由审批机关登记和公告。

第三十七条 自审批机关公告授予品种权之日起，植物新品种复审委员会可以依据职权或者依据任何单位或者个人的书面请求，对不符合本条例第十四条、第十五条、第十六条和第十七条规定的，宣告品种权无效；对不符合本条例第十八条规定的，予以更名。宣告品种权无效或者更名的决定，由审批机关登记和公告，并通知当事人。

对植物新品种复审委员会的决定不服的，可以自收到通知之日起3个月内向人民法院提起诉讼。

第三十八条 被宣告无效的品种权视为自始不存在。

宣告品种权无效的决定，对在宣告前人民法院作出并已执行的植物新品种侵权的判决、裁定，省级以上人民政府农业、林业行政部门作出并已执行的植物新品种侵权处理决定，以及已经履行的植物新品种实施许可合同和植物新品种权转让合同，不具有追溯力；但是，因品种权人的恶意给他人造成损失的，应当给予合理赔偿。

依照前款规定，品种权人或者品种权转让人不向被许可实施人或者受让人返还使用费或者转让费，明显违反公平原则的，品种权人或者品种权转让人应当向被许可实施人或者受让人返还全部或者部分使用费或者转让费。

第七章 罚 则

第三十九条 未经品种权人许可，以商业目的生产或者销售授权品种的繁殖材料的，品种权人或者利害关系人可以请求省级以上人民政府农业、林业行政部门依据各自的职权进行处理，也可以直接向人民法院提起诉讼。

省级以上人民政府农业、林业行政部门依据各自的职权，根据当事人自愿的原则，对侵权所造成的损害赔偿可以进行调解。调解达成协议的，当事人应当履行；调解未达成协议的，品种权人或者利害关系人可以依照民事诉讼程序向人民法院提起诉讼。

省级以上人民政府农业、林业行政部门依据各自的职权处理品种权侵权案件时，为维护社会公共利益，可以责令侵权人停止侵权行为，没收违法所得，可以并处违法所得5倍以下的罚款。

第四十条 假冒授权品种的，由县级以上人民政府农业、林业行政部门依据各自的职权责令停止假冒行为，没收违法所得和植物品种繁殖材料，并处违法所得1倍以上5倍以下的罚款；情节严重，构成犯罪的，依法追究刑事责任。

第四十一条 省级以上人民政府农业、林业行政部门依据各自的职权在查处品种权侵权案件和县级以上人民政府农业、林业行政部门依据各自的职权在查处假冒授权品种案件时，根据需要，可以封存或者扣押与案件有关的植物品种的繁殖材料，查阅、复制或者封存与案件有关的合同、帐册及有关文件。

第四十二条 销售授权品种未使用其注册登记的名称的，由县级以上人民政府农业、林业行政部门依据各自的职权责令限期改正，可以处1000元以下的罚款。

第四十三条 当事人就植物新品种的申请权和品种权的权属发生争议的，可以向人民法院提起诉讼。

第四十四条 县级以上人民政府农业、林业行政部门的及有关部门的工作人员滥用职权、玩忽职守、徇私舞弊、索贿受贿，构成犯罪的，依法追究刑事责任；尚不构成犯罪的，依法给予行政处分。

第八章 附 则

第四十五条 审批机关可以对本条例施行前首批列入植物品种保护名录的和本条例施行后新列入植物品种保护名录的植物属或者种的新颖性要求作出变通性规定。

第四十六条 本条例自1997年10月1日起施行。

国务院关于决定接受《濒危野生动植物种国际贸易公约》第十一条修正案的批复

国函［1997］91号

林业部：

国务院决定接受《濒危野生动植物种国际贸易公约》第十一条的修正案。接受书由外交部部长签署。具体手续由外交部办理。

中华人民共和国国务院

1997年10月7日

国务院关于发布芦芽山等国家级自然保护区名单的通知

国函［1997］109号

各省、自治区、直辖市人民政府，国务院有关部门：

芦芽山等18处国家级自然保护区名单已经国务院审定，现予发布。

芦芽山等18处国家级自然保护区在我国生物多样性保护等方面具有代表性和典型性，建立国家级自然保护区，进一步加强保护和管理，对于保护我国濒危物种资源，维护生态平衡，改善生态环境具有重要意义。自然保护区所在地人民政府及国务院有关部门要严格按照《中华人民共和国自然保护区条例》等有关法律法规的规定，对自然保护区的工作加强领导和协调，妥善处理好自然保护区与当地经济建设和居民生产、生活的关系，抓紧组织编制自然保护区的保护和建设规划，逐步增加投入，不断完善自然保护区的配套设施建设，建立健全精干的管理机构，制定严格的保护措施，强化统一管理，努力提高管理水平，把自然保护区保护好、管理好。

各地人民政府和国务院有关部门不得随意调整或改变国家级自然保护区的性质、范围、界线，如确需调整或改变的，须报国务院审定。

附件：芦芽山等国家级自然保护区名单

中华人民共和国国务院

1997年12月8日

附件：芦芽山等国家级自然保护区名单

（共18处）

山西省

芦芽山国家级自然保护区

内蒙古自治区

锡林郭勒草原国家级自然保护区

达里诺尔国家级自然保护区

西鄂尔多斯国家级自然保护区

辽宁省

大连斑海豹国家级自然保护区

丹东鸭绿江口湿地国家级自然保护区

吉林省

莫莫格国家级自然保护区
黑龙江省
凉水国家级自然保护区
饶河东北黑峰国家级自然保护区
江苏省
大丰麋鹿国家级自然保护区
安徽省
升金湖国家级自然保护区
河南省
伏牛山国家级自然保护区
广东省
湛江红树林国家级自然保护区
四川省
贡嘎山国家级自然保护区
龙溪—虹口国家级自然保护区
贵州省
习水中亚热带常绿阔叶林国家级自然保护区
青海省
青海湖国家级自然保护区
可可西里国家级自然保护区

国务院办公厅关于水果、花卉、中药材等植物检疫工作分工问题的函

国办函〔1997〕19号

农业部、林业部：

为了保证《植物检疫条例》的贯彻实施，经国务院领导同意，现将水果、花卉、中药材等植物检疫的工作分工通知如下：

一、水果（核桃、板栗等干果除外）、花卉（野生珍贵花卉除外）、中药材由农业部门的植物检疫机构负责检疫；但是，省级人民政府已经规定由林业部门植物检疫机构检疫的，可以按其规定执行。

二、在植物检疫工作中，各地方农业、林业部门的植物检疫机构应当密切配合，相互承认检疫证明，不得重复检疫，重复收费。

中华人民共和国国务院办公厅
1997年3月10日

中华人民共和国林业部令

第12号

《林业行政执法证件管理办法》已于1996年12月27日经林业部部长办公会议审议通过，现予发布施行。

部长　徐有芳
1997年1月6日

林业行政执法证件管理办法

第一条　为了规范林业行政执法行为，确认林业行政执法资格，加强对林业行政执法证件的管理，保障林业行政主管部门和林业行政执法人员依法行使职权，根据国家有关规定，制定本办法。

第二条　林业行政执法证件的申领、发放和管理适用本办法。

第三条　县级以上林业行政主管部门，法律、法规授权的组织以及林业行政主管部门依法委托的组织的林业行政执法人员，在林业行政执法活动中，应当持有并按规定出示《林业行政执法证》。

林业行政执法人员是指县级以上林业行政主管部门，法律、法规授权的组织以及林业行政主管部门依法委托的组织中，按照业务分工，具有林业行政执法职能机构的执法工作人员和分管的行政负责人。

陆生野生动物和野生植物行政主管部门可以在法定权限内委托符合法定条件的组织实施行政处罚。

第四条　《林业行政执法证》是从事林业行政执法活动的统一有效证件，由林业部统一制定。实行统一管理，分级发放的原则，按统一格式，分别标明林业行政执法的执法范围和种类。

第五条 部省级林业行政主管部门执法人员的《林业行政执法证》由林业部法制工作机构统一发放；地州级以下林业行政主管部门执法人员的《林业行政执法证》由省级林业行政主管部门法制工作机构组织发放，林业部负责监督。

发证机关必须严格控制证件的发放，加强证件的管理。

第六条 《林业行政执法证》的持证者除必须符合本办法第三条规定的条件外，还必须具备下列条件：

（一）林业行政执法人员必须是在岗直接从事林业行政执法工作的人员；

（二）经过林业行政主管部门组织的资格性岗位培训，取得《岗位培训合格证书》；

（三）经过林业行政执法资格性培训，考试考核合格；

（四）遵纪守法、秉公执法、清正廉洁；

（五）身体健康、作风正派、责任心强。

第七条 县级以上地方林业行政主管部门应当将符合本办法规定条件的人员，登记造册，持花名册和有关证明材料，经逐级审核后，向发证机关申请办理《林业行政执法证》。

第八条 申领《林业行政执法证》前，应当对林业行政执法人员进行培训。

部省级林业行政主管部门执法人员的执法资格性培训，由林业部统一组织；地州级以下林业行政主管部门执法人员的执法资格性培训由省级林业行政主管部门组织。

培训应当使用林业部编制的教学计划、教学大纲和教材。省级林业行政主管部门应当根据林业部制定的教学计划、教学大纲和教材，结合地方性法规和地方政府规章的规定编写培训辅导教材。

第九条 《林业行政执法证》实行一人一证制度。持证人员必须按照证件中规定的执法范围和种类从事林业行政执法活动，不得转借他人。

第十条 《林业行政执法证》实行每二年审查注册制度，持证人员所在机关应当根据发证机关的要求，将证件报送注册。经审查不合格的林业行政执法人员，发证机关不予注册，取消林业行政执法资格并及时收回证件。

到期未经审查注册的《林业行政执法证》，自行失效。

第十一条 《林业行政执法证》如有遗失或者损毁，应当及时向发证机关报失，经发证机关审核并声明作废，待一个月确认无误后，可以补发。持证人员离开林业行政执法岗位，所在林业行政主管部门应当收回其《林业行政执法证》，并及时上交发证机关。

第十二条 有下列行为之一，情节轻微的，发证机关有权督促违法人员所在林业行政主管部门给予批评教育，责令限期改正或者暂扣执法证件；情节严重、尚未构成犯罪的，依法给予行政处分，并由发证机关及时收回违法人员的《林业行政执法证》；构成犯罪的，由司法机关依法追究刑事责任。

（一）超越职权或者非公务活动使用《林业行政执法证》；

（二）使用伪造或者冒用《林业行政执法证》；

（三）以欺骗等手段骗取《林业行政执法证》；

（四）伪造《林业行政执法证》；

（五）利用《林业行政执法证》以权谋私、违法乱纪；

（六）其他违反证件管理的行为。

第十三条 违反本办法中的有关规定，无权发放或者擅自乱发《林业行政执法证》，其行为无效，上级林业行政主管部门应当责令改正，情节严重的，应当依法给予直接负责的主管人员和其他直接责任人员行政处分。

第十四条 本办法由林业部负责解释。

第十五条 本办法自发布之日起施行。

中华人民共和国林业部令

第13号

《林木良种推广使用管理办法》已于1997年6月5日经林业部部长办公会议审议通过，现予发布施行。

部长 徐有芳

1997年6月15日

林木良种推广使用管理办法

第一章 总 则

第一条 为了加强林木良种推广使用管理，发展高产、优质、高效益的林业，根据《中华人民共和国种子管理条例》和国家有关规定，制定本办法。

第二条 本办法所称林木良种，是指经省级以上林木良种审定委员会审定或者认定通过并发给合格证书的林木种子。

未具有林木良种审定或者认定合格证书的林木种子，不得作为林木良种推广使用。

第三条 本办法所称林木良种推广使用，是指通过试验、示范、培训、指导以及咨询服务等，把林木良种应用于林业生产的活动。

从事林木良种推广使用活动，必须遵守本办法。

第四条 县级以上林业行政主管部门应当采取措施鼓励选育林木良种，并对选育林木良种成绩显著的单位或者个人给予奖励。

第二章 组织协调

第五条 县级以上林业行政主管部门负责本行政区域内的林木良种推广使用管理工作。具体工作由其设置的林木种子管理机构组织实施。

县级以上林业行政主管部门应当加强对林木良种推广使用管理工作的领导，将林木良种推广使用管理工作作为领导任期责任制的内容，进行考核。

第六条 县级以上林业行政主管部门应当建立由林木种子管理机构、林业科技推广机构、林业科研单位和院校以及群众性科技组织相结合的林木良种推广体系。

县级以上林业行政主管部门应当建立林木良种推广使用示范基地。

第七条 林木良种推广使用计划，由省级以上林业行政主管部门根据林业发展规划和林木良种生产能力制定并组织实施。

第八条 林业科技推广机构的主要任务是：

（一）提供与林木良种推广使用有关的技术、信息服务；

（二）对推广使用的林木良种进行试验、示范；

（三）指导下级林业科技推广机构、群众性科技组织的林木良种推广使用工作。

第九条 林业科研单位和院校应当根据林业经济发展的需要，开展林木良种技术开发和推广工作，加快林木良种的推广使用。

国有林场和苗圃应当带头进行林木良种推广使用示范，并为林农提供推广使用技术服务。

第十条 从事林木良种推广使用工作的专业技术人员，应当具有中专以上学历，经县级以上林业行政主管部门考核并发给资格证书；对专业技术人员的职称评定应当以考核其林木良种推广使用工作的业务水平和实绩为主。

县级以上林业行政主管部门应当有计划地组织对从事林木良种推广使用工作的人员进行技术培训和考核。

第三章 推广使用管理

第十一条 营造速生丰产用材林和经济林，应当使用林木良种。

前款规定之外的工程造林、其他使用国家投资或者由国家扶持造林的项目和国有林场造林，应当根据林木良种推广使用计划分别不同的树种核定良种使用率，实行目标管理，逐步实现造林良种化。

国家重点林业生态建设工程，应当建立使用相应的林木良种造林的示范林。

第十二条 推广使用的林木良种，应当具有《林木良种合格证》。《林木良种合格证》由省级以上林木种子管理机构或者其委托持有《林木种子生产许可证》的林木良种生产单位依据相应的《林木种子质量检验合格证》核发。

第十三条 推广使用林木良种培育的苗木，由县级以上林木种子管理机构或者其委托单位根据《林木良种合格证》核发相应的《良种壮苗合格证》。《良种壮苗合格证》应当存入造林单位的造林档案。

第十四条 在推广林木良种时，推广林木良种的单位或者个人应当同时向造林单位或者个人提供林木良种的育苗、培育等配套技术。

第十五条 对推广使用林木良种的单位或者个人，可以给予适当的经济补贴。具体补贴办法执行各省、自治区、直辖市林业行政主管部门的规定。

第十六条 县级以上林业行政主管部门应当按照《中华人民共和国农业技术推广法》第二十三条的规定，向同级人民政府争取在财政拨款和农业发展基金中安排一定比例的资金份额，用于林木良种的推广使用。

县级以上林业行政主管部门应当安排适当的资金，用于林木良种的推广使用。

任何单位或者个人不得截留或者挪用林木良种推广使用资金。

第四章 监督与奖惩

第十七条 县级以上林业行政主管部门应当加强对林木良种推广使用工作的监督。

对必须使用林木良种的造林项目，县级以上林木种子管理机构应当派人参加造林验收。使用林木良种人工播种或者飞机播种造林的，应当将《林木良种合格证》作为验收内容；使用林木良种培育的苗木造林的，应当将《良种壮苗合格证》作为验收内容。

第十八条 未按照规定使用林木良种造林的项目，林业行政主管部门可以取消林木良种推广使用的经济补贴，并可酌减或者停止该项目下一年度的投资。

对前款行为，林业行政主管部门可以给予警告，并可处1000元以下的罚款。

第十九条 违反本办法规定，核发《林木良种合格证》或者《良种壮苗合格证》的，由林业行政主管部门或者其委托的林木种子管理机构给予警告，并撤销其核发《林木良种合格证》或者《良种壮苗合格证》的资格；情节严重的，可以处1000元以下的罚款。

第二十条 伪造《林木良种合格证》或者《良种壮苗合格证》的，由林业行政主管部门或者其委托的林木种子管理机构予以没收，并可处1000元以下的罚款；有违法所得的，可处违法所得3倍以内的罚款，但最多不得超过30000元。

第二十一条 在林木良种推广使用工作中有突出或者显著贡献的单位或者个人，林业行政主管部门应当给予奖励。

第五章 附 则

第二十二条 《林木良种合格证》和《良种壮苗合格证》，由省、自治区、直辖市林业行政主管部门按照规定的格式统一印制。

第二十三条 本办法由林业部负责解释。

第二十四条 本办法自发布之日起施行。

林业部关于加强对东北、内蒙古国有林区国有林业局林地管理的决定

林资字［1997］9号

吉林省、内蒙古自治区林业厅，内蒙古、吉林、龙江、大兴安岭森工（林业）集团公司，林业部驻内蒙古自治区、吉林省、黑龙江省、大兴安岭林业集团公司森林资源监督专员办事处：

为严格执行《森林法》及其实施细则和国务院、林业部有关保护管理林地的规定，遏制林地资源流失势头，对进一步强化东北、内蒙古国有林区国有林业局林地的保护管理工作，特作如下决定：

一、提高认识，正确处理好各项关系

林地是森林资源的重要组成部分，是林业实现可持续发展的根本基础。近年来，一些国有林业局由于管理薄弱，工作粗糙，对占用林地没有科学规划和依法审批，存在盲目开荒，甚至毁林开垦的现象。特别是个别地方单位乱批乱占、非法侵占国有林业局经营的林地，大肆开荒和毁林种粮。这种状况发展下去，势必造成林地大量流失，对生态环境带来严重破坏，潜伏着林地荒漠化的隐患。各省林业厅、森工（林业）集团公司和国有林业局，要进一步提高保护林地重要性的认识，进一步增强保护管理林地的责任感和紧迫感，牢固树立保护林地就是保护森林资源的意识和以林为主的经营思想，认真履行国家赋予林业局合理经营、严格保护林地的职责，把加强林地管理作为当前一项最重要工作抓紧抓好。

根据林业规划，对近期不能造林绿化的林地进行开发利用，要处理好眼前解困和长远富裕的关系；正确处理好以林为主与多业并举的关系；正确处理好开发利用林地与保护发展森林资源的关系。要以切实加强林地保护管理为前提，科学规划，正确引导，决不允许以任何借口或理由毁林开垦，破坏森林资源。

二、坚持原则，制定科学合理的用地规划

（一）国有林业局要在确保森林面积、蓄积持续增长的基础上，经过科学论证，确定一定比例，划定区域范围，进行合理布局，认真编制局级临时开发利用林地包括“荒山、荒地”的规划。

（二）规划要与森林经营方案、造林绿化规划等相衔接，体现因地制宜，以林为主，科学经营，全面发展的原则，优化林地资源配置，发挥最大资源效益。

（三）在规划中要制定年度实施计划。对开发用地必须做到规划、计划落实，地类、地块落实，使用方式、使用期限落实，并实行总量控制和有偿使用。

（四）已经编制过规划的，要按照以上要求，进行修正、完善。

三、依法办事，认真履行用地审批手续

（一）要坚决执行《森林法》及其实施细则的有关规定，严禁毁林开垦。凡郁闭度0.2（含0.2）以上的林分，不允许改变其用途。

（二）对采伐迹地、火烧迹地、低产林改造，要严格按照《森林采伐更新管理办法》的规定，在当年或次年内完成更新造林任务。

（三）对确需临时开垦的疏林地、灌木林地，要纳入规划，单列审批，严格控制，确保3～5年还林。

（四）在不影响森林防火需要的情况下，利用防火线、防火隔离带种植农作物以及利用幼林地空间或在林冠下搞多种经营的，不属于改变林地用途。

（五）凡有林权争议的林地，在争议解决之前，任何单位和个人不得开发使用。

（六）国有林业局编制的规划必须按照批准权限履行报批手续，经批准后实施。具体的审批权限是：2000亩（含2000亩）以上的，由林业部或其委托的单位审批；2000亩以下的，由省林业厅、森工（林业）集团公司或其委托的单位审批。

国有林业局与其他单位合作开发林地改变林地用途的，不论面积大小，都要报林业部或其委托单位审批。

规划上报批准之前，要经同级森林资源监督机构签署审核意见。

（七）国有林业局在组织实施规划中，要严格按照《林业部关于实行使用林地许可证制度的通知》（林资通字［1995］6号）和有关规定，申请办理临时用地批准手续，在领取《使用林地许可证》后，方可实施。

（八）国有林业局在使用林地中，凡需要采伐林木的，必须根据森林采伐管理的有关规定，办理林木采伐批准手续，坚持凭证采伐。所有采伐的林木均要纳入企业当年的森林采伐限额管理。

（九）根据《森林法》和国务院国办通［1989］36号文件的规定，由林业部核发的国有林权证是确认森林、林木和林地权属的法律凭证。地方各级政府及其有关部门无权核发《开荒证》等其他具有改变权属或林地用途性质的凭证。国有林业局及其上级主管部门要坚决维护林权证的法律地位，依法抵制各种侵权行为，认真把施业区的林地管住、管好。

四、加强领导和监督检查，确保依法使用林地

（一）各级林业（森工）主管部门要切实加强对规划实施工作的领导和管理。主要领导要亲自抓，分管领导具体负责。资源林政等有关主管部门和森林资源监督机构，要各司其职，严格审批规划，认真组织实施，加强监督检查。

（二）各森林调查规划设计单位要严格遵守有关森林资源调查设计的规程规范，坚持实事求是、按章办事原则，严肃认真地做好拟临时开发利用林地的调查规划和现场设计工作。

（三）对违反本决定未纳入规划，或未报经批准，或弄虚作假骗取批准而开发使用林地的，一律视为非法使用林地。资源林政管理和林业执法部门要按照《森林法》、《林地管理暂行办法》等有关规定严肃查处。对已造成林木和林地资源损失的，要依法追究当事人的法律责任。

（四）越权批准的规划和发放的《使用林地许可证》，一律无效。上级主管部门要及时制止该规划实施，撤销有关批文，吊销《使用林地许可证》，同时要追究原批准单位和用地单位主要负责人及有关责任人的行政责任。

（五）对因领导、组织、管理不力，不按批准的规划实施，造成盲目开垦林地、毁林开垦或逾期不还林的，林业部将通过扣减森林采伐限额和调控计划、财务资金以及项目安排等措施加强管理。

（六）各省林业厅、森工（林业）集团公司和国有林业局林政管理、资源监督和林业公安等执法部门，要认真履行职责，加大执法力度，随时稽查规划的实施和使用林地许可证制度的执行情况，发现问题要严肃处理，并及时向上级主管部门报告。特别是对乱批乱占和侵占、蚕食林地搞开发，造成森林资源破坏的案件，要依法予以严厉惩处。

（七）各省林业厅、森工（林业）集团公司和国有林业局，要对1992年以来开发利用林地情况进行一次全面清理。对外部违法批准和侵占的，要坚决依法收回；对内部乱批乱占的，要限期纠正，该补办审批和补偿手续的，要补办手续。要严格按照国家有关保护管理林地的规定和本决定要求，认真查找本地区、本单位林地保护管理的漏洞和工作薄弱环节，分析存在的问题和原因，并据此制定切实加强林地保护管理的具体措施和办法。坚决刹住乱批乱占林地和毁林开垦的歪风。

中华人民共和国林业部

1997年1月30日

林业部、财政部、中国人民银行、中国农业发展银行关于加强山区综合开发贴息贷款管理工作的联合通知

林财字［1997］11号

各省、自治区、直辖市林业（农林）厅（局）、财政厅（局）、人民银行分行、农业发展银行分行：

为了进一步搞好全国山区综合开发，加快全国山区县经济发展，国务院及中央农村工作领导小组第十八次会议决定，“九五”期间安排山区综合开发专项贴息贷款，用于部分县（市）山区综合开发的示范工作。为提高山区综合开发贴息贷款的管理水平，管好、用好并及时回收贷款，落实好山区综合开发贴息贷款的贴息政策，合理、正确计算应贴息资金和分配管理工作，充分调动各管理部门积极性，提高项目建设水平及经济效益，现将有关事项通知如下：

一、充分认识加快山区综合开发的重要意义

我国山区面积占国土总面积的70%，山区人口占全国人口的56%。全国2100多个县（市）有1500多个在山区。山区经济的状况如何直接关系到我国国民经济的持续发展。加快山区综合开发，发展山区经济，是解决我国人多地少，开辟新的生产领域，培育新的经济生长点，缓解农村剩余劳动力就业压力的有效途径。是关系到广大山区特别是中西部山区脱贫致富，经济振兴和保持社会稳定，增进民族团结，改善生态环境，

促进经济、社会持续发展，确保本世纪末全国实现小康目标的全局性、战略性问题。国务院决定建立山区综合开发专项贴息贷款，这是为扶持山区综合开发而采取的一项优惠政策，充分体现了国家对山区开发工作的高度重视和大力支持。

各示范县林业、财政、农业发展银行要按照县山区综合开发领导小组的统一部署，和有关部门密切配合，充分利用国家给予的优惠政策，切实重视这项工作，进一步提高对山区综合开发示范工作的认识，要在用好、管好山区综合开发贴息贷款的同时，按照“连片开发，集中使用”的原则，统筹安排各项资金，对山区综合开发示范工作给以倾斜，更好地为山区经济建设服务。

二、各示范县林业、财政、农业发展银行要按照国家产业政策和行业发展规划，在地方党委、政府的领导下，制定切实可行的山区综合开发规划，上报全国山区综合开发协调小组审批。

三、山区综合开发贴息贷款的管理

根据全国山区综合开发示范县的总体规划，山区综合开发贴息贷款用于支持国务院确定的山区综合开发示范县，由中国人民银行安排，中国农业发展银行负责发放和管理。此项贷款原则上暂按《中国农业发展银行农业综合开发贷款管理办法》管理。山区综合开发贴息贷款实行项目管理，贷款的主要任务是在山区综合开发示范县的总体规划指导下，以增强山区经济整体实力为目标，开发利用山区优势资源，促进山区优势资源的深度开发和多层次增值，改善山区基本生产条件，提高生产力水平，促进山区经济全面发展。

（一）贷款使用范围及用途

根据“九五”期间我国农村经济发展战略和山区综合开发示范的总体目标，信贷支持山区综合开发示范工作的指导思想，走以市场为导向，以经济效益为中心，以科技为保证，以“改土，治水，植树，修路，通电”为基本内容，农林牧副渔、“山水林田路电”统筹规划，一、二、三产业协调发展，因地制宜，综合开发，努力实现经济、社会和生态效益的统一。

山区综合开发贴息贷款的使用范围仅限于国务院确定的山区综合开发示范县（市）。

（二）贷款对象

山区综合开发贴息贷款的对象是：山区综合开发示范县（市）内，在农业发展银行开立帐户，符合贷款条件的林业、农业、水利、交通等部门的国有企业，集体企业，各种类型的合资（合作）企业及从事山区综合开发的其它经济实体。

（三）贷款程序

银行贷款遵照《关于支持山区综合开发试点加强贷款管理的通知》（农发行字［1996］140号）执行，即申请山区综合开发贴息贷款的项目必须列入山区综合开发示范总体规划，由项目单位经有权部门立项后，向当地基层农业发展银行（代理行）提出借款申请；基层农业发展银行初审后，逐级上报省农业发展银行；各省级农业发展银行对基层农业发展银行上报的项目进行筛选后，统一上报中国农业发展银行总行；中国农业发展银行总行按照项目管理程序，参照林业部提出的年度贷款项目及计划建议，进行贷款项目的原则批复，抄报全国山区综合开发协调小组，并抄送财政部及各省级财政部门；省农业发展银行收到总行项目批复和贷款计划后，按规定权限进行评估论证，对审定批准的贷款项目报中国农业发展银行总行备案；基层农业发展银行按照上级农业发展银行下达的信贷计划和项目批复，认真组织项目实施，规范贷款手续，切实加强信贷管理。

林业部作为国家山区综合开发示范工作的主管部门，配合银行部门做好贷款的管理工作。各示范县山区综合开发主管部门根据示范县山区综合开发规划建立贷款项目库，对经过示范县所在的基层农业发展银行（代理行）初审评估可行的贷款项目进行分类、整理，并经示范县财政部门审核同意后，向省级山区综合开发主管部门正式行文上报；省级山区综合开发主管部门将上报计划汇总，送同级农业发展银行和财政部门进行评估筛选，经审核同意后，省级林业、财政部门联合上报林业部和财政部各一式两份；林业部对上报计划进行审查、筛选，与财政部协商后，向中国农业发展银行总行提出年度山区综合开发贴息贷款项目和贷款计划建议。

（四）贷款期限和利率

山区综合开发贴息贷款的期限，要根据贷款的具体用途、生产周期和借款单位的综合还款能力确定。一般3～5年，最长不超过7年，贷款宽限期为1～2年。用于植树造林，建立速生丰产林基地的贷款期限为7年；发展经济林等种植业、修建山区道路贷款期限为5年；改造中低产田、兴建中小水利设施、兴建和改善山区通电设施、开发山区资源为主的多种经营贷款期限为3年。贷款使用农业综合开发会计科目。

山区综合开发贴息贷款利率按中国人民银行统一制定的法定利率执行。结息办法按农业综合开发贴息贷款的结息办法执行。

四、山区综合开发贴息贷款财政贴息资金的管理

各级财政部门要积极配合山区综合开发主管部门、农业发展银行，参与山区综合开发规划的制定和贴息贷款项目的审查与管理，对要求财政贴息的贷款项目，要积极参与项目的调查、评估、论证，并认真进行审核。对未经同级财政部门审核同意的贷款项目，财政部门一律不予贴息。为了管好用好财政贴息资金，提高资金使用效益，促进山区经济发展，“九五”期间，按以下办法贴息：

（一）按实际贷款数额贴息

“九五”期间，财政部门在中国人民银行每年安排的山区综合开发贴息贷款的规模内，按实际贷款数额

贴息。

（二）定期贴息

财政部门不分山区综合开发贴息贷款的用途，贴息期限一律3年。

（三）定比例贴息

山区综合开发贴息贷款，中央财政和地方财政各按3.0%的年贴息比例给予贴息，其余贷款利息由借款单位承担。

山区综合开发贴息贷款在贴息期间，银行贷款利率不论上调或下调，中央财政和地方财政均按本通知确定的年贴息比例给予贴息，不再变动。财政贴息资金列“林业事业费”预算支出科目。

（四）年度中央财政贴息资金的申请与管理

各省财政、林业（农林）厅（局）务于每年的10月底以前将本年度的中央财政贴息资金申请报告，上报财政部和林业部。并于下年的3月31日以前将上年度财政贴息资金使用管理情况的总结报财政部和林业部。未能及时按要求报总结和贴息资金申请报告者，扣减当年或下年度部分贴息资金。申请中央财政贴息资金的办法、表格设计及具体要求，由财政部和林业部另行规定。

五、加强山区综合开发贴息贷款各管理部门之间的合作

山区综合开发建设是一项涉及多学科、多部门的庞大系统工程，需要各部门乃至全社会的大力支持。各有关部门要根据职责分工，充分发挥行业优势，结合行业职能和特点，积极做好行业指导和服务工作。各示范县要根据全国山区综合开发总体规划、县规划和有关政策提出贷款项目，经有关部门立项后，建立项目库。国家和省级山区综合开发主管部门要对各示范县所建项目库中的项目，从宏观经济政策方面进行审查、指导。对已实施的项目加强检查管理，主动接受银行及财政部门的监督检查，及时向有关部门通报山区综合开发贷款项目执行情况；银行部门要根据全国山区综合开发规划、各示范县规划和信贷政策，在各示范县建立项目库中择优选择项目给予支持，并对贷款项目实行严格监督，确保项目贷款及时收回；财政部门要按照国家的有关规定，认真落实财政贴息政策，严格把关，杜绝虚报、冒领财政贴息现象，充分发挥财政资金的导向作用。林业、财政和农业发展银行等部门要密切配合，相互支持，同心协力，共同管好此项贴息贷款，促进山区经济健康发展。

中华人民共和国林业部
中华人民共和国财政部
中国人民银行
中国农业发展银行
1997年2月25日

林业部、国家技术监督局关于进一步加强林木种苗质量监督工作有关问题的通知

林科字［1997］18号

各省、自治区、直辖市林业（农林）厅（局）、技术监督局，内蒙古、吉林、龙江、大兴安岭森工（林业）集团公司：

林木种子和苗木是林业生产重要的生产资料，目前我国每年造林用种量1500多万千克，年用苗量200多亿株。这些种子和苗木质量优劣直接关系到能否实现全国造林绿化纲要目标。近年来，随着林木种苗经营渠道不断增多，假冒伪劣林木种苗造成经济损失的事件时有发生，并出现了几起大案要案，社会影响很大。为了进一步提高林木种苗质量，杜绝假冒伪劣种苗危害国家利益，根据《中华人民共和国标准化法》、《中华人民共和国产品质量法》、《中华人民共和国种子管理条例》等有关法律、法规的规定，林业部和国家技术监督局决定进一步加大对林木种苗质量的监督抽查和后处理力度。现将有关问题通知如下：

一、监督的对象是种苗生产、经营、使用的单位和个人。种子是指《中华人民共和国种子管理条例林木种子管理实施细则》中规定的种子；苗木是指造林绿化用的苗木。被抽查单位和个人经营的种子、苗木如已卖出，可以跟踪抽查。

二、监督检验的依据是《林木种子检验方法》(GB2772—81)、《林木种子》(GB7908—87)、《容器育苗技术》（LY/T1000—91）和《主要造林树种苗木》(GB6000—85）等国家（行业）标准和有关规定；无国家（行业）标准的，执行地方标准。

三、各级林业主管部门和有关单位要进一步加强林木种苗的质量意识，提高林木种苗的管理水平。各级林木种苗质量检验人员，要严格执行相关标准，把好质量关。

四、各省、自治区、直辖市林业主管部门和技术监督部门，要结合实际情况制定本地区林木种苗抽查计划，并对抽查中发现的质量问题及时研究和处理。

五、各级林业主管部门和技术监督部门要按国家有关法律、法规和规定，做好产品质量监督的相关处理工作。对种苗质量不合格的单位和个人，视其情节轻重给予通报批评、限期整改、没收种苗、罚款、吊销生产或经营许可证等处罚。对于问题严重的单位，建议其主管部门对其负责人给予行政处分。

中华人民共和国林业部
国家技术监督局
1997 年 3 月 31 日

林业部关于进一步贯彻落实国务院办公厅《关于加强森林资源保护管理工作的通知》的通知

林资字［1997］24 号

各省、自治区、直辖市人民政府，国务院各部委、各直属机构：

国务院办公厅《关于加强森林资源保护管理工作的通知》（国办发［1994］64 号*）下发以后，各地认真贯彻落实，加强了森林资源保护管理工作，使一些地区严重的乱砍滥伐林木、乱划滥占林地和乱捕滥猎野生动物的问题，得到初步控制。但是，近年来，不少地方破坏森林资源的歪风又重新抬头，局部地区愈演愈烈，森林资源保护管理形势严峻。一是乱砍滥伐和超限额采伐严重；二是非法征占用林地和擅自改变林地用途的问题突出；三是木材流通秩序混乱，非法收购、运输和经营加工木材问题严重；四是破坏森林资源案件居高不下，大案、要案和恶性案件上升。破坏森林资源歪风重新抬头的根本原因是，一些地方没有把国务院办公厅《关于加强森林资源保护管理工作的通知》的各项要求真正落到实处。

根据国务院领导同志的指示，地方各级人民政府，特别是一些森林资源破坏比较严重的地方，一定要高度重视，把贯彻落实国务院办公厅《关于加强森林资源保护管理工作的通知》，作为当前一项重要而紧迫的工作，真正落实领导责任制，加大工作力度，采取切实有效措施，坚决把破坏森林资源的歪风压下去。为进一步贯彻落实国务院办公厅《关于加强森林资源保护管理工作的通知》，再重申和强调以下几点：

一、必须严格执行森林采伐限额制度，坚决制止超限额采伐

地方各级人民政府要按照《国务院关于各省、自治区、直辖市“九五”期间年森林采伐限额问题的批复》（国函［1995］120 号）的要求，认真履行政府职能，严格执行限额采伐和凭证采伐制度，坚决制止超限额采伐。各级林业主管部门要进一步规范和完善年森林采伐限额指标、林木采伐许可证和伐区调查设计管理工作。国有、集体企事业森林经营单位要建立伐区调查设计、审批、验收责任制。凡需要抚育或更新采伐防护林、特用林，必须严格按照有关法律、法规的规定报批，并办理采伐许可证，纳入年森林采伐限额管理，接受林业主管部门的监督。林业部将对各地的执行情况进行重点检查，并通报全国。

二、必须认真执行使用林地许可证制度，坚决制止随意侵占、破坏林地

地方各级人民政府要高度重视林地保护管理工作，坚持使用林地许可证制度和征占用林地补偿制度，强化对林地管理的检查监督。林权证是森林、林木和林地所有权、使用权的法律凭证，必须维护林权证的权威性。目前，尚未颁发林权证的，要依法抓紧做好核发林权证工作。已经办理林权证的林地，不需要再办理土地使用证。对 1995 年以来非法征、占用林地以及毁林开荒情况要进行一次清理，该纠正的要坚决纠正，该补办手续的要限期补办手续，该补偿的要如数兑现补偿，该退耕还林的要坚决退耕还林。今后，凡征占用林地和改变林地用途，必须依照国家有关规定和法定权限，先经县级以上林业主管部门审核同意或批准，并办理《使用林地许可证》。凡征、占用林地后需要采伐林木的，要凭《使用林地许可证》办理采伐证，凭证采伐。要严格控制征占用防护林和自然保护区林地。东北、内蒙古国有林区森工企业经营范围内的林地属国家所有，除国务院或委托林业部依法批准外，不得以任何理由占用或划拨。

三、必须加强木材流通管理，严格执行凭证运输制度

要坚持国家关于重点产材县由林业部门统一管理和组织进山收购木材的政策。东北、内蒙古国有林区木材由森工企业专营，严禁个体经营者进入林区收售木材。坚持实行木材经营加工许可证制度，林业、工商、税务、物价等有关部门要加强对木材经营、加工单位的监督管理。要进一步规范木材市场秩序，坚决打击非法

---

* 参见《中国林业年鉴 1994》第 23 页。

经营、加工木材活动。凡运输木材必须持有县级以上林业主管部门核发的木材运输证。铁路、交通等部门要支持和协助林业部门做好对承运木材的监督检查。

四、必须加强自然保护区和野生动植物资源的保护管理

地方各级人民政府在批准建立保护区时，要及时颁发林权证。已经建立保护区的地方，不得再批准建立森林公园或划建风景名胜区。要坚决制止非法侵占自然保护区土地的行为。凡占用保护区土地进行经营性活动的，必须按规定程序，征得保护区上级主管部门同意。要加强野生动植物资源的保护管理，坚决打击乱捕滥猎、乱采滥挖和非法经营、加工珍稀野生动植物的违法犯罪行为。

五、必须加大森林资源保护管理执法力度

要进一步加大执法力度，规范执法行为，严格执行好森林资源保护管理方面的法律法规和制度，做到有法必依、执法必严、违法必究。对破坏森林资源的违法犯罪活动，发现一起，处理一起，依法打击。建立破坏森林资源大案、要案的通报制度。建立健全林业行政执法监督机制和林政稽查制度，强化执法监督。地方各级人民政府要加强对资源林政、林业公安工作的领导，强化基层管理和执法队伍建设，积极解决编制、经费、装备设施等实际问题，逐步改善工作条件。各级森林资源保护管理和执法队伍要努力加强自身建设，不断提高执法水平，为保卫国家森林资源作出应有的贡献。

各省级林业主管部门要把贯彻落实情况于1997年10月底前向林业部写出书面报告。

中华人民共和国林业部

1997年5月6日

林业部印发《关于进一步加强森林病虫害防治工作的决定》的通知

林护字［1997］27号

各省、自治区、直辖市人民政府，国务院各有关部委及直属机构：

经国务院批准，现将《关于进一步加强森林病虫害防治工作的决定》印发给你们，请结合各地实际情况，认真执行。

中华人民共和国林业部

1997年5月13日

关于进一步加强森林病虫害防治工作的决定

（已经国务院批准，1997年4月14日）

森林病虫害是我国森林的主要灾害之一。全国现有森林病虫种类8000多种，其中对森林造成严重危害的有200多种。近年来，在党中央、国务院重视和各级政府的领导下，通过各有关部门的大力支持和广大防治工作者的共同努力，森林病虫害防治工作取得了一定的成效。但是，在一些地方由于对森林病虫害的严重性认识不足，工作不到位，措施不得力，我国森林病虫害的发生率仍然很高，危害十分严重。目前，松材线虫病等危险性病虫害在一些省（区、市）呈扩大蔓延趋势，杨树蛀干害虫在“三北”地区危害猖獗，突发性害虫相继在一些地区爆发成灾，松毛虫等历史性害虫发生面积居高不下，森林鼠害也在不少地区毁灭了大量的新植林和幼林，已直接影响到我国林业的健康发展。“八五”期间，我国森林病虫害年均实际发生面积1.2亿亩，每年因森林病虫害造成的全部经济损失达50多亿元。这不仅给国家造成了重大的经济损失，也对社会经济和生态环境带来了严重影响。随着我国造林绿化步伐加快，人工林面积迅速增加，森林病虫害将进入高发期，防治工作的形势将更加严峻。为了扭转我国森林病虫害严重发生的趋势，对进一步加强森林病虫害防治工作的有关问题决定如下。

一、提高认识，明确目标，全面推进森林病虫害防治工作

加强森林病虫害防治工作，对于巩固造林绿化成果，有效地保护森林资源，促进国民经济和社会的可持续发展具有十分重要的意义。各级政府和全社会要进一步提高认识，增强工作的责任感和紧迫感，积极采取有效措施，下大力气遏制森林病虫害严重发生的势头，把灾害损失降低到最低限度。为此，确定我国森林病虫害防治工作"九五"到2005年的目标是：在有林地面积不断增加的情况下，全国森林病虫害发生率控制在6%以下，防治率、监测覆盖率和种苗产地检疫率分别提高到65%、75%和85%以上，从根本上扭转我国森林病虫害严重发生和危害的局面。为了实现这一目标，必须认真贯彻《森林病虫害防治条例》，进一步深化改革，强化管理，突出重点，整体推进，逐步建立适应社会主义市场经济发展的森林病虫害防治管理体制和运行机制，全面推进我国森林病虫害防治工作。

二、加强营林工作，实行综合治理

森林病虫害的发生和危害与林业生产活动直接相关。要认真贯彻"预防为主、综合治理"的方针，必须从种苗工作抓起，大力选育抗病虫品种，有计划地组织建立抗病虫品种繁育基地和无检疫对象苗圃，加强种苗生产基地的病虫害防治，严把种苗关。植树造林要坚持适地适树的原则，大力提倡营造混交林和封山育林，改善林木生长环境和条件，保护生物多样性，充分发挥生物的调控作用。重点林业工程建设，必须把森林病虫害防治措施纳入造林规划设计，实行同步规划、同步实施、同步检查验收制度。禁止使用带有危险性病虫的林木种苗造林。要加强对中幼龄林的抚育管理，及时清理受病虫感染的林木和火烧迹地受害严重的过火林木，及时清理采伐迹地。对因病虫危害而进行的采伐和更新造林，要分别纳入采伐限额计划和造林更新计划。

三、突出重点，切实抓好森林病虫害的除治工作

我国森林病虫害种类多、分布广、危害大，防治工作的任务十分繁重。要根据《森林病虫害防治条例》的要求和事权划分的原则，实行分级管理、分级负责的制度。凡重大的或危险性森林病虫害，由国家统一组织编制防治规划，划定治理区，实行工程治理。地方各级政府要根据森林病虫害的发生情况，确定本地区的治理对象，实行重点防治。当前要突出抓好松材线虫病、杨树蛀干害虫、松毛虫、美国白蛾、大袋蛾、日本松干蚧、松突圆蚧、湿地松粉蚧、杨树溃疡病、森林鼠害等重点森林病虫害的除治工作，建立和完善森林病虫害限期除治通知书制度。要充分调动广大人民群众的积极性，积极开展群防群治工作。毗邻地区要组织开展联防联治，根除防治死角。在防治工作中，要坚持生物防治和化学防治相结合的综合防治措施，大力提倡生物防治，科学使用化学农药，防止环境污染，保护有益生物，促进可持续发展。要加强防治基础设施建设，有计划、有重点地建设好一批简易飞机场、生物农药厂、林药加工厂等，配备轻型飞机、喷药作业车、机动施药机械、森防检疫专用交通工具等设备，重点扶持林药生产，不断提高防治能力和防治水平。

四、加强预测预报工作，增强森林病虫害防治工作的科学性

预测预报工作是加强森林病虫害防治的基础性工作。要按照分级管理、分工负责的原则，中央负责国家级森林病虫害预测预报网络建设，编制网络建设规划，确定测报对象，指导全国预测预报工作。地方各级政府要分级建立森林病虫害预测预报网点，合理配备测报或病虫情调查人员，进一步加强预测预报工作。对危害严重的主要病虫害，设立中心测报点，把系统调查与一般调查结合起来，坚持专业测报与一般测报相结合，进一步建立健全森林病虫害预测预报体系，及时掌握森林病虫害的发生趋势和动态。要进一步完善森林病虫鼠情调查联系报告制度，划定护林员、测报员森林病虫鼠情调查责任区。对危险性和突发性重大病虫鼠情要组织开展专项调查，要进一步改善测报手段，统一和完善测报方法，建立测报信息档案数据库，定期发布森林病虫鼠害测报信息，提高测报工作的科学性、及时性和准确性。

五、切实加强检疫工作，严格控制森林病虫害的传播和蔓延

森林植物检疫是一项政策性、社会性较强的行政执法工作，也是控制危险性病虫害传播蔓延的预防性措施。要根据《进出境动植物检疫法》和《植物检疫条例》的规定，进一步加强森林植物调运检疫管理和进出口管理，严防危险性病虫的传入和传播。木材检查站要认真履行森林植物检疫检查职责，严格执行"两证"（运输证、检疫证）查验制度。任何单位和个人，不得以任何理由阻碍森林植物检疫人员依法执行检疫任务。对于特大疫情发生区，经省、自治区、直辖市人民政府批准，依法设立森林植物检疫检查站，开展森林植物检疫工作。要建立和完善产地检疫合格证制度和森林植物检疫对象普查制度，切实加强产地检疫工作，定期开展森林植物检疫对象普查。要加强森林植物检疫费的收取和使用管理。森林植物检疫费只能用于发展森林植物检疫事业，不得挪作他用。

六、多渠道筹集资金，加大森林病虫害防治工作的投人力度

增加投入是加强森林病虫害防治工作的关键。要认真贯彻执行"谁经营、谁防治"的责任制度，坚持以地方投入为主、国家适当补助为辅的原则，多渠道筹集资金，形成多渠道、多形式、多层次的投入机制，努力增加森林病虫害防治工作的投入。要逐步增加中央和地方的基本建设投资，保证森林病虫害防治体系建设投资的稳步增长。各级财政要逐步增加森林病虫害防治经费和预测预报、森林植物检疫对象普查等专项经费。要进一步提高森林病虫害防治经费在育林基金支出中的比重，主要森林病虫害发生区不得低于本年度育林基金实际支出的3%，重点灾区应达到4%以上。要强化森林病虫害防治经费的管理，建立效益跟踪检查和专项审计制度，对森林病虫害防治经费不得随意挤占和挪用。

七、加强科学研究，不断提高防治水平

森林病虫害防治工作必须依靠科学技术。各地要加强森林病虫害基础理论研究，注重森林病虫害防治应用技术的研究，集中力量解决防治工作中的重大技术问题。对重大的和危险性的森林病虫害研究要纳入国家重点科技攻关计划，组织有关部门和单位协同攻关。要建立和完善科技成果推广运行机制，加强森林病虫害防治示范工程建设，加快科技成果的转化。要积极开展多渠道、多层次、多形式、全方位的国际合作与交流，引进国外先进技术和防治手段，不断提高科学防治的水平。

八、切实加强领导，确保森林病虫害防治工作的健康发展

森林病虫害防治是各级政府的一项重要职责。各级人民政府要把森林病虫害防治工作列入重要议事日程，纳入本地区国民经济和社会发展规划、减灾计划和各级领导任期目标责任制，切实加强领导。健全森林病虫害防治机构，稳定专业队伍。在发生爆发性或危险性森林病虫害的地区，各级人民政府要组织有关部门建立临时指挥机构，广泛发动群众，动员社会各方面的力量，并在财力、物力等方面给予支持和保证，确保森防工作的顺利进行。铁路、民航、交通、海关、气象、物资供应、计划、财政、工商行政管理等有关部门要加强协调，积极配合，共同做好森林病虫害防治工作。在森林病虫害严重发生时，要在物资供应、交通运输、民航作业计划等方面给予优先安排。各有关部门和企事业单位对其所属的森林和林木，要积极开展森林病虫害防治工作。对森林病虫危害严重而未及时采取有效措施的，不能列入造林绿化先进单位；对因森林病虫害造成重大损失和严重影响的，要取消造林灭荒或绿化达标资格，以保证我国森林病虫害防治工作的健康发展。

林业部关于加强国有林区森林复合经营管理工作的若干规定

林造字［1997］45号

各省、自治区、直辖市林业（农林）厅（局），内蒙古、吉林、龙江、大兴安岭森工（林业）集团公司，林业部各司局、各直属单位：

森林复合经营是森林经营的一种重要方式。搞好森林复合经营，对加快森林资源培育，提高林地生产力和经营效益，缓解林区经济危困具有重要意义。为加强对此项工作的管理，规范运作行为，确保森林复合经营工作的健康、有序、顺利进行，林业部对国有林区森林复合经营管理工作重申和制定如下规定：

一、加强对森林复合经营的领导。森林复合经营是森林经营制度的一项重大改革。各级林业、森工主管部门及国有林业局，要把森林复合经营作为林业建设的一项重要工作来抓，认真编制中长期发展规划，并纳入林业发展“九五”规划和年度计划，有计划、有组织地实施。

二、森林复合经营必须坚持“以林为本，立体经营，综合开发，全面发展”的方针，并遵循下列原则：

（一）坚持在林地林权清楚、林地用途不变的前提下进行；

（二）坚持因地制宜、统筹规划、合理布局、集约经营，并兼顾经济、生态、社会三大效益；

（三）有利于森林资源培育，提高林地生产力；有利于森林保护和水土保持；有利于企业富余劳动力转移，安置林业职工就业，增加职工收入。

三、森林复合经营原则上在国有林业局内由职工、家属承包经营。凡国有林业局对外采用租赁、转让、联营、股份制等形式经营，发生产权变动的，必须按林业部、国家国有资产管理局《关于森林资源资产产权变动有关问题的规范意见（试行）的通知》（林财字［1995］67号文）的规定报批，未经批准不得变动。已经变动的，要限期补办审批手续。对不补办手续的一律收回林地使用、经营权。

四、开展森林复合经营的单位和个人，必须向国有林业局提出申请，已开展森林复合经营的还应提交上年度森林复合经营检查验收合格证，经核准后，签订森林复合经营合同书，签发森林复合经营许可证。合同书要明确经营地块、期限、品种、营林质量标准、森林防火责任及双方的权力和义务等，具体合同格式由省级林业（森工）主管部门制定。

五、各国有林业局开展复合经营，一定要保证完成《全国造林绿化规划纲要》规划的宜林荒山荒地造林绿化任务。采伐迹地、火烧迹地及低产林改造要按《森林采伐更新管理办法》的规定，进行采伐与更新。坚决禁止在采伐迹地先种地、再退耕还林和毁林开荒。为便于森林复合经营，对培育大径材、不进行间伐的用材林、某些经济林、长期进行林农间作和机械作业的造林，密度可以适当降低。宜林荒山营造速生丰产林，允许先熟化土地3～5年后再造林。大面积集中连片的土地熟化，要在熟化土地的同时，按一定距离营造防护林带。

六、森林复合经营必须保证营林生产质量。开展森林复合经营林地的造林更新，要统一规划、统一设计，选用优良树种和优质苗木。森林复合经营林地人工更新造林的质量，必须达到林业部有关人工更新造林评定标准的要求：林分郁闭度达 0.3 以上（不含本数，下同）；新造幼林第四年至郁闭前，保存株数（包括天然目的树种幼树）达到规定株数的 80%以上，其中人工幼树不得少于 60%；造林不满三年，人工苗栽植株数不低于 1500 株/公顷，当年成活率 85%，三年面积保存率达到 90%。按时完成幼林抚育任务，保证幼林抚育质量。

森林复合经营作业要在幼苗、幼树两侧留出一定生长空间；经营品种，严禁种植藤本植物和引起或诱导病、虫、鼠害及降低地力的植物；经营措施，要有利于保护和促进幼林、幼树生长。坡度大、容易发生水土流失的林地不允许间作。

七、各级营林部门主管森林复合经营工作。资源林政、多种经营等部门要通力合作，分工负责，共同做好森林复合经营的规划计划、审批、经营许可证的发放，以及技术指导、检查监督等各项管理工作。

八、认真搞好检查验收。国有林业局每年要对森林复合经营进行一次全面的检查验收，报上级林业（森工）主管部门。各省级林业、森工主管部门要进行抽查，并将检查验收情况上报林业部。

九、森林复合经营验收合格的单位和个人，国有林业局要签发森林复合经营合格证。对在森林复合经营工作中作出突出成绩的单位和个人要予以表彰。对不按合同规定内容作业，擅自扩大面积、改变地点、经营品种，作业质量不合格的单位和个人，要批评教育，并限期在一年内纠正。拒不改正的，主管部门应中止合同，收回森林复合经营许可证，停止经营。各省级林业（森工）主管部门对抽查不合格的国有林业局，要进行通报批评或行政处分。

十、各省级林业（森工）主管部门要制定森林复合经营管理办法，建立行政领导和企业法人责任制，严格进行审批和考核。对审批森林复合经营和发放经营许可证中弄虚作假的人员，所在单位要按国家有关规定给予行政处分。对未经审批擅自开展复合经营、或擅自改变林地用途、或因开展复合经营造成林木或林地破坏的单位和个人，除收回林地外，要按《森林法》及有关规定进行处罚。

中华人民共和国林业部

1997 年 7 月 14 日

林业部关于加强育林基金管理的通知

林财通字［1997］24 号

各省、自治区、直辖市林业（农林）厅（局），内蒙古、吉林、龙江、大兴安岭森工（林业）集团公司：

征收育林基金是国家为扶持林业发展的一项极为重要的经济政策。长期以来，育林基金对培育发展我国森林资源，发挥了很大的促进作用。但是，当前，一些林业主管部门在育林基金的提取、征收、使用和管理中存在许多问题。有的为增加利润变相少提或少征；有的漏提或漏征；有的违反规定挤占、挪用育林基金。特别是有的省、自治区用育林基金平衡地方财政预算，有的还对育林基金征收有关税费等等。致使育林基金改变了使用方向，没有发挥其应有作用。为此，经研究，对进一步加强育林基金管理通知如下：

一、各级林业部门要认真履行职责，必须按国家规定的标准足额提取和征收育林基金，任何单位不得以任何理由随意少提或少征。

（一）东北、内蒙古国有林区林业企业必须按照林业部、财政部《关于东北、内蒙古国有林区统配木材调价增收的处理和林价（育林基金）的计提等财务问题的通知》（林财字［1991］74 号）的规定，按木材销售收入 26%提取林价（育林基金）。对实行林价制度的东北、内蒙古森工企业按立木提取的林价亦不得低于按木材销售收入 26%提取的水平；其他国有林区森工企业按照财政部、林业部《关于国有林区森工企业财务改革若干问题的补充规定》［（87）财农字第 252 号］文件规定，按木竹销售收入的 21%提取育林基金，按该比例执行有困难的，可适当降低，但不得低于 15%，现行提取标准高于 21%的可保留。

（二）集体林区的育林基金和更新改造资金（即维简费）按照《关于整顿和调整南方集体林区木材费用负担的通知》（经重［1988］122 号）规定，对产区木竹经营单位按其收购后第一次销售价的 20%计征（育林基金为 12%，更新改造资金为 8%），个别省、自治区执行有困难的，可以适当降低提取标准，但不得低于销售收入的 15%。

二、加强育林基金的管理，严格按照国家规定的支出范围使用育林基金。

各级林业主管部门要高度重视育林基金的管理工作，制定加强育林基金管理的具体办法，建立健全育林基金的检查、监督制度。要立即组织力量，根据国家的有关规定，对育林基金的提取、征收、使用和管理进行全面的检查，对少提、少征、漏提、漏征的要限期补提或补征，对挤占、挪用或使用不合理的要坚决予以纠正。对限期内没有补提或补征的，挤占、挪用或不合理使用没有纠正的，要严肃处理，并追究有关领导责任；对继续挤占、挪用或不合理使用育林基金的单位，各级林业主管部门应给予一定的制裁，林业部也将采取调控措施予以制裁。

三、健全预决算制度，管好用好育林基金。各级森工企业主管部门和采运企业必须按照财农字[1987]第252号的文件规定，将育林基金的收支，纳入省、自治区森工企业主管部门和采运企业的财务计划和会计决算。各级林业（森工）财务主管部门必须对育林基金的提取、征收、使用实行统一管理，加强育林基金的会计核算，严格预决算制度，把育林基金切实管好用好，充分发挥资金的使用效益。

中华人民共和国林业部

1997年3月5日

林业部关于加强森林采伐限额管理若干问题的通知

林资通字［1997］40号

各省、自治区、直辖市林业（农林）厅（局），内蒙古、吉林、龙江、大兴安岭森工（林业）集团公司，林业部各司局、各直属单位：

为进一步完善和规范森林采伐限额管理，严格执行森林采伐限额制度，根据《森林法》和中共中央、国务院等有关法规和政策的规定，现就进一步加强森林采伐限额管理有关事宜通知如下：

一、强化宏观调控力度，认真抓好森林采伐限额指标管理。

（一）国务院批准各省（含自治区、直辖市，下同）的年森林采伐限额总量和按采伐类型、消耗结构的各分项限额，均为每年采伐林木蓄积的最大限量，不得突破，不得相互挪用。但农村居民自留地和房前屋后个人所有的零星林木以及本通知另有规定的除外。

各省必须严格按照国务院批准的年森林采伐限额总量及其采伐类型、消耗结构分项限额，直接分解下达到编制森林采伐限额的单位。

（二）各省林业主管部门根据国务院批准的森林采伐限额制定年度森林采伐量指标。年度商品材采伐量计划的执行不得超过年商品材限额指标。允许在国务院批准的年森林采伐限额内预留不大于10%的指标以备森林经营单位在发生自然灾害、征占用林地等不可预见因素采伐林木时使用。但预留指标的使用必须严格履行审批程序，并将预留指标的使用情况报林业部备案。

定向培育的工业原料林、速生丰产林的年度森林采伐量指标，要按照县级以上（不含县级）林业主管部门批准的森林经营方案或规划设计所确定的采伐方式、面积、期限，在相应采伐类型和商品材年度森林采伐量指标中单列并优先安排。抚育采伐量指标不足的，可以占用主伐量指标。

各省林业主管部门每年8月底前必须将下年度森林采伐量指标报林业部。

根据国办发［1994］21号文件精神，林业部代表国家管理东北、内蒙古国有森工企业的森林资源，由林业部制定下达年度森林采伐量指标。

（三）各省林业主管部门制定的年度森林采伐量指标，在逐级分解下达过程中，不得层层截留。集体森林经营单位和集体经济组织以及个人的林木采伐指标，由县级林业主管部门在年度森林采伐量指标内按其森林资源状况下达。

（四）因重大自然灾害等特殊情况确需突破国务院批准的年森林采伐限额的，由省级人民政府向国务院提出申请，由国务院或委托林业部批准。东北、内蒙古国有森工企业，由各森工（林业）集团公司提出申请，报林业部批准。

（五）森林采伐限额由各级林业主管部门的资源林政管理机构统一管理和组织实施，并负责对本辖区内非林业部门的森林采伐限额执行情况，依法加强管理和监督。凡存在多部门管理森林采伐限额的，必须加以纠正。

二、严格执行凭证采伐制度，切实加强林木采伐管理。

（一）林木采伐许可证是采伐森林和林木的法律凭证。采伐林木的单位和个人必须按照林木采伐许可证的规定进行采伐。各级林业主管部门要认真执行林业部《关于加强林木采伐许可证管理的通知》（林资字［1989］138号）的规定，切实加强林木采伐许可证的管理工作。林木采伐许可证的印制格式必须符合林业部的规定，并由省级林业主管部门统一印制和管理。林木采伐许可证的核发工作由资源林政管理机构确定专人负责，并严格执行持证上岗制度。

核发林木采伐许可证必须在年森林采伐量指标内发放。发证前，要对采伐林木的单位和个人提交的伐区调查设计文件或依据材料进行严格审核，伐区调查设计不合格或者依据不足的，不得发放林木采伐许可证。林木采伐后，要对凭证采伐情况组织检查。

（二）国有、集体森林经营单位和集体经济组织采伐森林和林木，必须实行伐区调查设计、审批、拨交和验收制度。伐区调查设计必须由具有调查设计资格的单位和持有调查设计岗位证书的人员完成。伐区调查设计要严格按照有关技术规程执行。

（三）凡征、占用林地需要采伐林木的，必须由林权单位凭县级以上林业主管部门核发的《使用林地许可证》申请林木采伐许可证。所采伐的林木纳入年度森林采伐量指标管理。

凡林地使用权依法出租或林木有偿转让需要采伐林木的，必须由林木所有者向县级以上林业主管部门申请林木采伐许可证，所采伐的林木纳入年度森林采伐量指标管理。

严禁采伐有林权争议的森林和林木。

三、积极慎重地进行年森林采伐限额管理改革试点。

（一）实行森林采伐限额总量控制、允许年度间进行适当调剂的试点，要结合本地实际，在领导重视、机构稳定、制度健全、管理基础好的森林经营单位进行。

（二）各试点单位必须编制实施方案，经省级林业主管部门审查，报林业部批准后实施。

四、强化森林采伐限额执行情况的监督检查。

（一）各级林业主管部门要实行分级负责，建立和完善监督检查制度，要主动配合同级人民政府对年度森林采伐限额执行情况进行监督检查。

（二）建立健全森林采伐限额执行情况定期统计报告和通报制度。各省林业主管部门在每年10月底前，要将上年度森林采伐限额、年度森林采伐量指标执行情况和林木采伐管理情况的检查结果报林业部。

县级以上林业主管部门必要时应对重点采伐单位的森林资源采伐消耗和重点木材经营（加工）单位的木材来源进行审计和追踪审计，并将检查情况或审计结果书面报同级人民政府和上级林业主管部门。

林业部要对全国森林采伐限额执行情况的检查结果上报国务院，并通报全国。

五、依法管理森林采伐限额，加大执法力度。

（一）要进一步落实中共中央、国务院关于建立各级领导干部，特别是县级领导干部保护和发展森林资源任期目标责任制的要求，认真把森林采伐限额执行情况与责任制考核挂钩，兑现奖惩，对任期内超限额采伐的，必须依法追究有关领导人员的责任。

（二）凡违反国家规定，截留、挪用森林采伐量指标或者超森林采伐限额采伐的，由上级林业主管部门责令纠正，并相应扣减超森林采伐限额单位的下年度采伐量指标或采取宏观调控措施予以调控。情节严重的，要依法追究有关人员的责任。

未经林业部批准，擅自进行年森林采伐限额5年总量控制和年度间调剂的，按前款处理。

（三）凡超过森林采伐限额或年度森林采伐量指标或者越权核发林木采伐许可证的，要依法追究发证单位领导的责任；对直接责任人除取消其发证资格外，由其所在单位给予行政处分；情节严重的，依法处理。

对审核伐区调查设计不严，随意发放林木采伐许可证的，按前款处理。

（四）凡违反本通知和国家有关规定进行伐区调查设计和伐区验收，或弄虚作假、徇私舞弊的，要追究设计或验收单位领导人的责任；对其直接责任人员由其所在单位给予行政处分，并取消其设计或验收资格。

（五）凡无采伐许可证采伐林木，或采伐有林权争议林木，或毁林开荒的，依照《森林法》的有关规定对直接责任人员进行处理。

（六）采伐林木的单位或个人不按林木采伐许可证规定采伐的，林业主管部门应停止其采伐；情节严重的，依照《森林法》的有关规定对直接责任人员进行处理。

（七）凡森林采伐限额执行情况检查和审计人员玩忽职守，滥用职权，徇私舞弊的，由其所在单位或有关机关给予行政处分。

本通知适用于毛竹采伐限额管理。

中华人民共和国林业部

1997年4月7日

林业部关于进一步加强林业行业技术监督工作的通知

林科通字［1997］76号

各省、自治区、直辖市林业（农林）厅（局），内蒙古、吉林、龙江、大兴安岭森工（林业）集团公司，林业部各司局、各直属单位：

为贯彻实施国务院1996年颁发的《质量振兴纲要》，落实第三次全国农业标准化工作会议和第四次全国技术监督工作会议精神，将林业行业技术监督工作推向一个新的阶段，现将进一步加强林业行业技术监督工作的有关事项通知如下：

一、提高认识　加强领导

技术监督工作是科技与生产的纽带和桥梁，是林业行业建立“两大体系”、实现“两大转变”的重要技术基础。各级林业主管部门要充分认识并重视技术监督在林业发展中的重要作用，切实加强林业行业技术监督统筹规划和组织领导工作，把技术监督工作更好地与林业生产实际结合，将提高林业工程、产品、服务质量、增加效益列入重要议事日程，在引导、协调、监督、服务等方面创造良好的外部环境，建立相应的工作运行机制。各级林业主管部门都应确定专人具体负责此项工作并给以必要的经费支持，要对其正常开展工作提供便利条件，在科技体制改革中，技术监督机构应作为“稳住”部分，保证从事技术监督工作人员享有与科研、教育一线人员相同的待遇。

二、完善“体系” 保障功能

林业技术监督体系包括林业标准体系和林业监测体系，是林业技术服务体系重要组成部分。各级林业主管部门一方面要不断强化标准化、计量这两项基础工作，完善林业标准体系，特别是要紧密结合林业重点工程建设项目，确定标准的制、修订计划，做到生产的各个环节有标可依，坚决杜绝无标生产；另一方面要以提高质量为中心，利用现有的各种条件，搞好企业管理人员的贯彻标准培训，引导企业建立健全质量管理和质量保证体系，鼓励企业吸纳国内外先进技术和采用国外先进标准，加快质量认证（采用国际标准 ISO9000 系列）和环境认证（采用国际标准 ISO14000 系列）的步伐，实施名牌战略，为提高企业在国内外市场中的竞争能力服好务。要加强质量检验机构的建设，不断提高检验监测队伍素质和技术水平，逐步完善有关制度、程序和规定，使林业行业质量检验监测工作进一步规范化、制度化和网络化。

三、进一步强化监督力度

对标准实施的监督和实施质量监督抽查是政府规范企业市场行为、提高产品（服务）质量的重要手段。要充分发挥质检机构在质量监督工作中的作用，进一步加大对林业重点工程、重要产品的标准实施和产品质量进行监督抽查力度。在实施对工业产品进行监督抽查和统检的同时，加强对林木种苗的抽查工作，力争到 2000 年使林木种苗的抽查合格率在 1997 年的基础上再提高 5 个百分点。各省、自治区、直辖市林业主管部门应根据本地区的实际情况制定相应质量抽查计划，通过强化监督力度使林业质量意识、质量水平有一个大的提高，以推动林业标准化的实施和林业经济建设的发展。

四、抓好试点 推广经验

各省、自治区、直辖市林业主管部门要根据本省（区、市）的具体情况，在搞好调查研究的基础上，选择一两个县作为林业综合标准化工作试点，特别是全国林业技术开发试验示范区、科技兴林示范县要率先全面开展林业标准化工作。对一些有代表性的大中型林业企业标准化工作状况要进行重点调查和总结，及时推广质量效益型企业标准化工作好的经验。要为企业标准化同国际接轨创造条件，为推进企业走向国际市场探索新路子。

五、积极开展国际交流活动

开展国家间标准化工作交流，有助于了解国外经济生产发展方向，对消除国际间贸易壁垒，促进企业和产品走向国际市场有着重要意义。要积极参加国际标准化组织（ISO）的有关活动，开展双边交流。及时掌握国际上林业产品标准化工作动向，特别是有关质量认证和环境认证等方面的发展趋势。

六、增加投入 保证经费

各级林业主管部门要积极开辟资金渠道，增加投入以保证有关标准的制、修订和质检机构的基本建设资金，同时要广泛吸纳社会资金。鼓励和引导企业和社会集团集资开展标准化和检验测试以及有关方面研究工作，并积极争取国际上科技和质量检验等方面的合作项目。要进一步加强科研与标准结合力度，在安排科研项目时应充分考虑制定标准或规程的可能性，以便将科研成果在生产中迅速推开，提高转化率。对生产上急需的标准和影响较大的检验标准的前期科研应优先考虑列入科研计划。

七、加强职业道德建设

各级林业主管部门要加强对技术监督机构的管理，严格按照国家有关规定实施监督管理，不断提高林业行业技术监督队伍的思想政治素质，即要树立执法监督意识也要树立技术服务思想，使林业技术监督队伍切实成为一支“政府需要、企业欢迎、群众信赖”的队伍，按照“科学、公证、廉洁、高效”的原则工作，为林业经济的发展作出应有的贡献。

中华人民共和国林业部

1997 年 6 月 26 日

林业部关于印发《林业部部级产品质量监督检验机构管理办法（试行）》的通知

林科通字［1997］105 号

林业部部级产品质量监督检验机构，林业部各有关司局、直属单位：

现将《林业部部级产品质量监督检验机构管理办法（试行）》予以印发，请遵照执行。

中华人民共和国林业部

1997 年 8 月 25 日

林业部部级产品质量监督检验机构管理办法（试行）

第一章 总 则

第一条 为进一步加强林业部部级产品质量监督检验机构（以下简称林业质检机构）的管理，更好地为林业建设服务，根据国家有关法律、法规和规定制定本办法。

第二条 林业质检机构是由林业部授权、对授权产品质量进行检验的机构。

第三条 国家级林业质检机构在接受国家技术监督局管理的前提下，同时接受本办法的管理。

第二章 职 责

第四条 林业质检机构的主要任务：

(1) 承担国家和林业部指定的产品质量监督抽查和统检工作。

(2)受委托对实行生产许可证产品的质量、重要新产品投产的鉴定以及经国家有关部门认可后进行质量认证的产品的检验工作。

(3) 受委托对科技成果进行检测鉴定。

(4)受委托对发生质量争议的产品进行仲裁检验。

(5) 其他性质的检验工作。

(6)研究开发新的检验技术、方法及仪器设备，对省级及省级以下的林业质检机构进行技术指导和人员培训。

(7)承担或参与国家标准、行业标准的制、修订和有关标准的试验验证工作。

第五条 林业质检机构要严格按照被授权和认定的检测范围进行工作。检验工作要相对独立以保证其公正性。检验人员要认真负责，检验报告的数据要准确可靠，检验结论要科学合理。

第六条 林业质检机构在执行监督任务时，要严格按照有关制度办事。对检验结果和有关技术资料要严格保密，未经批准，不得公布与泄漏。

第七条 林业质检机构应及时向上级主管部门反映有关产品质量状况和执行检验任务中存在的问题和处理建议。

第三章 认 定

第八条 申请林业质检机构的单位，要向林业部提出报告和有关材料，经林业部审定并组织有关专家对申请林业质检机构的单位进行资格考核后，批准授权。

第九条 经林业部批准授权的林业质检机构经国家技术监督局组织计量认证合格后开展工作。

第十条 林业质检机构的资格与计量认证每5年进行一次。到期需要复查的质检机构，要提前半年向林业部提出申请，由林业部按国家规定进行。

第四章 管 理

第十一条 被授权和认定的林业质检机构，原隶属关系不变，其规划与发展纳入林业技术监督体系，由林业部组织制定。

第十二条 林业质检机构是非赢利性质的技术服务单位，其挂靠单位应保证其事业费用并积极创造条件保证检验工作的开展。

第十三条 林业质检机构在执行监督抽查检验（国家统检除外）时，不准向被检单位收费，其费用由下达任务部门拨给。林业质检机构进行其它性质的检验和服务时，其费用由双方按有关法律、法规和规定自行商定。

第十四条 被检单位对林业质检机构有关检验工作持有异议时，可以向林业部提出书面报告，林业部在收到报告之日起一个月内提出处理意见。

第十五条 林业质检机构的组织机构、技术骨干应保持相对稳定。

第十六条 林业质检机构的检验人员要加强学习有关的法律、法规、政策及专业知识和标准等业务知识，不断提高其检验水平。林业质检机构的工作人员实行持证上岗制度。上岗考核由林业部组织进行，每3年考核一次。

第十七条 林业质检机构的工作人员必须奉公守法、秉公办事，不得接受被检单位任何形式有碍公务的礼品、纪念品和吃请等。

第十八条 林业质检机构要加强对检验仪器设备的保管管理，并要积极争取挂靠单位和有关部门的支持，更新或增加必要的设备。同时，在检验费中要考虑对仪器设备的折旧的补充，以保证其检验手段的先进性和权威性。

第十九条 林业质检机构制定重要技术文件时要经林业部批准，对重要情况和问题要及时报告。

第五章 奖 惩

第二十条 对管理水平高、团结协作、成绩突出的质检机构，给予表彰和相应的奖励。对作出突出成绩的个人，可评选为技术监督工作先进个人并给予奖励。

第二十一条 对管理混乱、制度不能贯彻执行，工作质量差并造成不良后果的单位，视情节轻重，给予批评教育，限期整改，直至取消其检验资格。对连续考核认为不合格、不称职的工作人员应予辞退。

林业部关于印发《林业行业〈关键岗位上岗资格证〉管理暂行办法》的通知

林人通字［1997］140号

各省、自治区、直辖市林业（农林）厅（局），内蒙古、吉林、龙江、大兴安岭森工（林业）集团公司，林业部各司局、各直属单位：

根据《林业行业关键岗位持证上岗管理暂行办法》有关规定，我部统一印制了林业行业《关键岗位上岗资格证》。为加强林业行业《关键岗位上岗资格证》的管理，制定了《林业行业〈关键岗位上岗资格证〉管理暂行办法》，现印发给你们，请认真遵照执行。

根据工作需要，决定建立关键岗位人员情况年报制度。每年12月31日前由省级林业主管部门（部属单位）将本省（本单位）《林业行业关键岗位人员情况汇总表》报林业部成人教育领导小组办公室（人事教育司）。

附件：1. 林业行业《关键岗位上岗资格证》管理暂行办法
2. 首批林业行业关键岗位代码
3. 林业行业《关键岗位上岗资格证》验印审批表
4. 林业行业《关键岗位上岗资格证》注册登记记录
5. 林业行业关键岗位人员情况汇总表

中华人民共和国林业部
1997年11月19日

附件*

林业行业关键岗位上岗资格证管理暂行办法

第一条 为确认林业行业关键岗位人员的职业资格，加强林业行业《关键岗位上岗资格证》（以下简称《上岗资格证》）的管理，根据国家有关规定和《林业行业关键岗位持证上岗管理暂行办法》，制定本办法。

第二条 《上岗资格证》是林业行业的职业资格证书。凡国家林业主管部门规定需持证上岗的关键岗位，自规定持证上岗之日起，未取得《上岗资格证》的人员不得上岗。

从事林业行政执法工作的关键岗位人员，依照《林业行政执法证件管理办法》规定取得的《林业行政执法证》，视为林业行政执法《上岗资格证》。

第三条 《上岗资格证》是林业行业关键岗位人员上岗资格凭证。该证书由林业部统一印制，林业部、各省、自治区、直辖市林业主管部门（含东北、内蒙古国有林业企业集团，以下简称省林业主管部门）统一颁发和管理。

第四条 申请领取《上岗资格证》的人员必须具备下列条件：

（一）省级以上林业主管部门公布的林业行业关键岗位在岗人员；

（二）持有林业部统一印制的《岗位培训合格证书》（林业部厅教字［1996］64号文规定者除外）；

（三）身体健康、作风正派、责任心强；

（四）经上级林业主管部门考核合格。

第五条 关键岗位人员所在单位向上级林业主管部门申请领取《上岗资格证》，必须提供以下材料：

（一）申请者的考核材料；

（二）申请者获取的《岗位培训合格证书》；

（三）申请者文化程度（学历）证明。

第六条 具备条件者可向本单位提出申请领取《上岗资格证》，并提供有关证明材料；关键岗位人员所在单位将有关材料统一报送省级林业主管部门审查，并填报《林业行业〈关键岗位上岗资格证〉验印审批表》，由省级林业主管部门审批；省级林业主管部门向符合条件者颁发《上岗资格证》。

林业部直属单位直接向林业部办理申请领取所在单位关键岗位人员《上岗资格证》事宜。

第七条 《上岗资格证》扉页盖林业部印章；次页

* 附件林业行业《关键岗位上岗资格证》验印审批表、林业行业《关键岗位上岗资格证》注册登记记录和林业行业关键岗位人员情况汇总表略。

证书号码以林业部或省、自治区、直辖市为单位统一编号（东北、内蒙古国有森工企业集团所颁发的《上岗资格证》单独编号），格式为“林业资格×（部或省、自治区、直辖市简称或森工集团代字）证字××（颁发年份后两位数）××（岗位代码）××××号”，“工作单位”填写所在工作单位的全称，“照片”处贴申请者二寸免冠近照；第三页岗位名称应写全称，“省级以上林业主管部门”处盖省级以上林业主管部门印章；第四页“注册登记记录”在每次注册登记日期上由主管部门验印。

第八条　每年一月、七月由发证部门受理《上岗资格证》申请领取及注册登记事宜。

《上岗资格证》每两年交发证部门进行一次注册登记，同时填写《林业行业〈关键岗位上岗资格证〉注册登记记录》。登记的内容包括：

（一）持证人的思想政治表现和职业道德状况；

（二）持证人参加适应性岗位培训情况；

（三）持证人工作情况，包括业绩、失误状况等；

（四）持证人工作变化情况（在岗、转岗等）。

凡未按期注册登记，以及违反《林业行业关键岗位持证上岗管理办法》第二十条规定的，其《上岗资格证》自动失效。

第九条　本办法由林业部负责解释。

第十条　本办法自印发之日起实行。

首批林业行业关键岗位代码

代码	岗位名称
01	省级林业调查规划（勘察）设计院院长
02	林木采伐消耗管理人员
03	木材运输检查人员
04	木材运输证管理人员
05	木材经营（加工）监督管理人员
06	森林资源监督人员
07	林地、林权管理人员
08	国有治沙站站长（林场场长）
09	国家级自然保护区管理局局长
10	省级林业主管部门野生动植物保护管理处(站)长
11	地级林业主管部门野生动植物保护管理站站长(办公室主任)
12	县级野生动植物保护管理站站长
13	乡镇野生动植物保护管理站站长
14	省级森林病虫害防治（检疫）站站长
15	地级森林病虫害防治（检疫）站站长
16	森林植物检疫员
17	省级森林防火办公室主任
18	地级森林防火办公室主任
19	县级森林防火办公室主任
20	航空护林中心主任（总站站长）
21	航空护林站站长
22	省林业科技推广站站长（中心主任）
23	地林业科技推广站站长（中心主任）
24	县级林业科技推广站站长（中心主任）
25	木材检验员
26	国有林场场长
27	国有苗圃主任
28	国家级森林公园主任
29	省级林木种苗管理站站长
30	林木种子检验员
31	乡（镇）林业工作站站长

1997年重要林业政策法规目录

林业部关于深化林业教育改革的决定

林人字［1997］63号

林业部关于调整林业工程建设定额日工资标准的通知

林计通字［1997］6号

林业部关于开展林木采伐管理情况检查的通知

林资通字［1997］15号

林业部关于颁发《木材加工安全技术规程》的通知

林产通字［1997］23号

林业部关于发布“机台木”等9项行业标准的通知

林科通字［1997］48号

林业部关于部署全国重点保护野生植物资源调查工作的通知

林护通字［1997］79号

林业部关于部直属企业部分职工实行综合计算工时工作制和不定时工作制的通知

林人通字［1997］85号

林业部关于印发《加强基本建设项目审计的几项规定》的通知

林审通字［1997］81号

林业部关于印发《全国防沙治沙工程“九五”实施计划》的通知

林计通字［1997］89号

林业部关于印发《林业行业干部岗位培训指导性教学大纲》的通知

林人通字［1997］91号

林业部关于颁发《林业公路养护管理规程》的通知

林产通字［1997］100号

林业部办公厅关于建立森林旅游安全事故报告制度的通知

厅场字［1997］24号

林业部办公厅关于进一步加强森林植物检疫工作的通知

厅护字［1997］32号

林业部办公厅关于印发《林业部直属事业单位非经营性基本建设投资项目管理规定（试行）》的通知

厅计字［1997］36号

林业部办公厅关于印发《美国白蛾预测预报办法》的通知

厅护字［1997］71号

森林培育与生态环境建设

林木种苗生产建设

【林木种苗生产综述】

林木种子生产 据31个省（区、市）和4个计划单列市林木种苗管理部门统计，1997年全国共采收林木种子15 606 436千克，比1996年减少3 491 069千克。其中全国27个主要造林树种种子共采收8 775 699千克，比1996年减少2 911 418千克，占全国林木种子采收量的56%，其它树种种子采收6 830 737千克。采种基地采收种子2 060 301千克，比1996年增加393 301千克，占全国种子采收量的13.2%。

用材林树种 用材林树种种子采收量为5 409 817千克，其中采收量比1996年增加的树种有侧柏、马尾松、华北落叶松，共增加623 348千克。减少的树种有油松、刺槐、云南松、红松、杉木，共减少4 550 912千克。林木种苗管理部门在组织林木种子收购中发挥着主渠道作用，1997年共收购（包括委托收购）林木种子9 246 134千克。

经济林树种 经济林树种种子采收量较1996年有大幅度提高，共采收2 072 226千克，比1996年增加的树种有核桃、银杏，共增加了1 189 251千克。减少的树种相对较少，只有油茶、油桐等树种，种子采收量下降。

灌木树种 灌木树种种子采收量为387 056千克，比1996年减少139 982千克，减少的树种有沙枣、沙棘。

良种生产 1997年共采收良种609 492千克，占全国种子采收量的3.9%，种子园产量比1996年减少291 000千克，其中种子园种子254 673千克，母树林种子354 819千克。杉木、湿地松等树种的良种产量比1996年有大幅度的减少。

苗木生产 1997年全国共完成育苗面积18.56万公顷，其中新育苗面积12.16万公顷；总产苗量289.50亿株，容器育苗26.54亿株，良种苗85.70亿株；在总产苗量中可供造林用合格苗木177.54亿株。花卉面积4766.85公顷，产量37.99亿株（盆）。

与1996年相比，育苗面积1.26万公顷，产苗量33.42亿株，容器育苗2.88亿株，良种苗13.71亿株。

从统计结果来看，1997年林木种苗生产基本上满足了全国造林绿化所需种苗的供应。但良种使用率偏低这一问题仍较为突出。

种苗生产建设投资 据31个省（区、市）和4个计划单列市统计，1997年全国林木种苗建设投资总计13083万元，其中：中央投资3695万元，省、地、县等地方配套投资9388万元。按建设项目分，良种基地3840万元，采种基地230万元，苗圃5991万元，种子库418万元，其它建设项目2604万元。

1997年林业部安排林木种苗专项投资2246万元，其中：林木种子生产基地建设投资1144万元，苗圃投资1102万元。“三北”防护林、长江中上游防护林、沿海防护林、治沙、京津周围绿化等林业重点工程完成种苗基建投资2753万元。

林木种子基地建设 截至1997年底，全国共建良种基地630处（其中部省合建238处），总面积为79 196公顷（其中部省合建39 937公顷）。其中种子园15 420公顷（其中部省合建9923公顷），母树林46 308公顷（其中部省合建19 584公顷），采穗圃929公顷（其中部省合建588公顷），实验林6329公顷（部省合建5032公顷），无性系繁殖圃1326公顷（其中部省合建596公顷），良种示范林7622公顷（其中部省合建3842公顷），其它1152公顷（其中部省合建732公顷）。采种基地152处（其中部省合建54处），可采种面积为1 224 706公顷（其中部省合建788 169公顷）。浙江、四川、贵州三省良种繁育中心已经部综合计划司批准开始建设。

（隗合飞 高 举）

【《林木良种推广使用管理办法》发布施行】 1997年6月5日，经第六次林业部部长办公会议审议通过，林业部制定的《林木良种推广使用管理办法》（以下简称《办法》）已以第13号令发布施行。《办法》包括总则、组织协调、推广使用管理、监督与奖惩、附则等五章，共二十四条。

截至1996年底，我国已建立主要造林树种林木良种基地624处，总面积70 328公顷。应用于生产的新品种有200多个，年可生产林木良种100万千克左右，优良无性系原种穗条3亿条，遗传增益平均在10%以上。如果充分利用好目前生产的良种，每年可供植苗造林100万公顷以上，相当于当前我国植苗造林任务的25%左右，但目前我国林木良种使用率在20%左右，并且有的地方出现了良种少而有余的不正常现象，给林木良种推广工作造成了很大困难，个别地区良种使用率不到10%，使来之不易的良种造成了极大的浪费，严重影响了良种生产者的积极性。《办法》的颁布实施，为林木良种的推广和使用做到了有法可依，使林木良种推广工作纳入了法制化轨道，将会极大地促进林木良种的推广和使用。

《办法》中贯彻了以下三条主要原则：一是林木良种推广坚持林业各部门齐抓共管、统一协调的原则，二是林木良种推广采取事先保证和事后监督相结合的原则，三是奖优罚劣的原则；确立了推广体系和两项制度：即建立由林木种子管理机构、林业技术推广机构、林业科研单位和院校以及群众性科技组织相结合的林木良种推广体系，执行林木良种推广使用经济补贴制度和实行《林木良种合格证》与《良种壮苗合格证》制度；并对林木良种推广使用中出现的问题作出了明确、具体的奖励与处罚规定。 （罗军民）

【林木良种繁育中心建设】 为规范林木良种繁育中心建设，各省按照《林业部综合计划司关于林木良种繁育中心建设项目管理有关问题的通知》（林计基字[1996]93）的要求，编报了林木良种繁育中心建设可行性研究报告，林业部经过详细的审核后，对贵州、浙江、四川三处林木良种繁育中心建设可行性研究报告进行了批复。以林计批字[1997]13号文批复了贵州省黎平县林木良种繁育中心建设可行性研究报告，该中心建设规模169.5公顷，总投资260万元；以林计批字[1997]72号文批复了浙江省名特优经济林良种繁育中心项目可行性研究报告，该中心建设地点浙江省衢县林场，建设规模100公顷，项目总投资363.4万元；以林计批字[1997]73号批复了四川省成都经济林林木良种繁育中心项目建设可行性研究报告，建设地点为成都市金堂县和龙泉驿区，建设规模71.5公顷，项目总投资270万元。三处林木良种繁育中心建设可行性研究报告的正式批复，标志着我国林木良种繁育中心建设逐步走上了规范化、标准化建设轨道。

（欧国平）

【林木种苗调剂】 林业部国有林场和林木种苗工作总站于10月3～12日在张家界召开了全国林木种苗调剂会，对50多个树种的种子、12个树种的苗木进行了余缺调剂。由部统一组织，调剂林木种子90万千克，苗木1242万株。1997年林木种子可采收量为1700万千克，除少部分树种外，种苗供应基本能保证造林用种苗。1997年大多数树种结实为平年。由于1998年北方大部分省（区）造林任务大，需种苗量较大，北方一些主要造林树种种苗供应较为紧张，油松、花棒种子有较大缺口；南方各省（区）种苗供应充足，质量、遗传品质较高。

1997年由于气候干旱，油松结实为小年，种子产量较低，1998年缺口在20万千克左右；花棒种子缺7.9万千克，侧柏、云杉、桦树、沙棘、杨柴等树种也有少量缺口。

主要造林树种中，杉木、云南松、湿地松、樟子松、池杉等树种为结实平年，种子供求基本平衡。马尾松、刺槐、红松、华山松、柏木等树种，结实中等或中等偏上，1998年种子供大于求。

核桃、板栗、香椿、山杏、毛桃等经济树种种苗需求量为供过于求。

部分外来树种如雪松、尾叶桉、火炬松、藏柏、加勒比松等仍需小量进口。 （王襄平）

【国家监督抽查林业种苗质量】 1997年林业部种苗产品首次被列入国家技术监督局部署的产品质量国家监督抽查任务，由林业部北方林木种子检验中心完成，于1997年10月14日发布了《国家技术监督局1997年第三季度产品质量国家监督抽查通报》。

本次抽查涉及辽宁、陕西两省的40个从事林业种苗生产、经营和使用的单位；抽查了14个单位用于飞播造林的油松、花棒、踏郎、紫穗槐、白沙蒿等5个树种的53个种批的种子；抽查了28个单位用于世界银行造林等工程造林的油松、刺槐、合作杨等17个树种（品种）的29个苗批（样地）的苗木。此次抽查林业种苗产品的抽样合格率为93%，在抽查的52个产品中名列第9，陕西、辽宁两省的53个种批的林木种子质量平均合格率为85%，29个苗批的苗木质量平均合格率为96.6%。 （王维丽）

【省级林木种苗质量监督检验站】 1997年，广东、湖北、内蒙古三省（区）成立了省级林木种苗质量监督检验站（以下简称种苗质检站），至此，全国已建立省级种苗质检站16个。三省林木种苗质检站是按照国家技术监督局技监监发[1990]第34号《质量监督检验站审查认可细则》文件要求，通过了审查认可和计量认证。三省种苗质检站均设在省林业厅林木种苗站，行政上由省林业厅领导，业务上受省技术监督局领导。

三个种苗质检站是该省省级法定的种苗产品质量监督检验机构，具有第三方公正地位的中介服务性质，种苗质检站出具的检验结果具有法律效力。林木种苗质检站的主要职责和任务为承担本省林木种苗产品的

质量监督检验和质量争议的仲裁检验；接受社会的委托检验；负责本省林木种苗质量检验的业务咨询和技术培训。 （王维丽）

【林木良种审定委员会】 为了加强对林木良种的管理，及时审定和推广现有的林木良种，继河北、山西、内蒙古、辽宁、黑龙江、福建、江西、浙江、湖北、湖南、四川、贵州、广东、广西、陕西、甘肃、宁夏、新疆等18个省（区）和龙江森工集团成立林木良种审定委员会后，1997年，安徽和河南省成立了林木良种审定委员会。

安徽、四川省林木良种审定委员会审（认）定通过了板栗、杉木、马尾松、柳杉4个树种的优良品种13个。安徽省审定通过并公布的6个板栗优良品种是：WS-板栗1号——处署红，WS-板栗2号——大红袍，WS-板栗3号——大油栗，WS-板栗4号——软刺早，WS-板栗5号——二新早，WS-板栗6号——黄栗浦；四川省认定并公布的优良品种是：川认（9701）柳杉·母（改），川认（9702）杉木·园（嫁一代），川认（9703）杉木·园（嫁一改），川认（9704）杉木·园（嫁一改），川认（9705）马尾松·园（嫁一代），川认（9706）杉木·园（嫁一代），川认（9707）马尾松·区。 （罗军民）

【联合国开发计划署援助的建立湿地松、火炬松改良代种子园项目】 由联合国开发计划署援助的建立湿地松、火炬松改良代种子园项目（编号为CPR/91/153），自1992年9月开始正式实施以来，经过5年的建设，已按计划完成。1996年8月，由联合国开发计划署、中国国际经济技术交流中心、林业部的专家教授和项目官员组成的项目终期评审组，通过现场考察进行了验收。该项目是中国政府与联合国开发计划署合作的“加强林业”项目中6个分项目之一，由联合国开发计划署援助68.01万美元，中国政府分摊投入5万美元，国内配套250万元人民币，由广东省林业厅具体组织实施。

在项目实施过程中，聘请了一批国际著名的林木育种专家来华指导种子园的建设，同时派遣中国专家出国考察和接受培训，并从美国、澳大利亚、巴西和津巴布韦等国家引进了一批湿地松、火炬松优良家系及相关的先进仪器设备，取得了较好的成果。主要有：一是对原有的100个湿地松、120个火炬松无性系进行了评定，选出了50个湿地松、75个火炬松无性系用于营建改良代种子园；成功地引进了新的、已经改良的湿地松家系307个、无性系7个和火炬松家系461个，营造了外引家系基因资源林，为今后这两个树种的育种提供了丰富的遗传资源。二是建立了改良代种子园87公顷（其中湿地松52公顷、火炬松35公顷），无性系收集圃16.2公顷、收集无性系304个（其中9公顷湿地松收集无性系136个、7.2公顷火炬松收集无性系168个），营造试验林53.4公顷（其中湿地松27.1公顷、火炬松26.3公顷）；改良代种子园的营建，大大提高了这两个树种的材积增益。三是湿地松、火炬松育种计划的制订和实施，对我国今后湿地松、火炬松良种繁育的发展和提高提出了明确的方向和途径，并为我国建立和完善这两个树种的育种群体创造了有利条件，提供了科学依据，将对我国其他树种的改良提供良好的发展模式。四是结合改良代种子园的营建，开展了火炬松高产无性系研究和利用早期测定、采用指数选择提供建园亲本无性系（优树）的精确度研究等研究项目，取得了阶段性成果。 （罗军民）

【全国林木良种基地十大标兵】 为了树立典型，弘扬先进，进一步推动种苗事业的健康发展，林业部决定表彰10个林木良种基地建设标兵单位。在全国624处林木良种基地中，经过自下而上申报、考评，评选出全国林木良种基地十大标兵单位，在1997年7月召开的全国国有场圃和种苗工作会议上进行了表彰，颁发了荣誉证书和奖牌。全国林木良种基地十大标兵单位是：

内蒙古自治区宁城县黑里河林场林木良种基地
辽宁省清源县大孤家林场林木良种基地
吉林省永吉县林木良种繁育中心
浙江省衢县名特优经济林良种繁育中心
福建省顺昌县洋口国有林场林木良种基地
江西省信丰县林木良种场
山东省冠县苗圃林木良种基地
河南省卢氏县东湾林场林木良种基地
广东省台山市红岭种子园
宁夏回族自治区中宁县轿子山经济林良种繁育中心 （罗军民）

【苗木生产、经营（使用）许可证制度】 种源清楚，品质优良的苗木，是发展“高产、优质、高效”林业的基本保证。为加强苗木行业管理，规范苗木的生产、经营和使用，杜绝伪劣假冒现象，提高苗木产量和质量，部分省（区）实行了苗木生产、经营或使用许可证制度。截至1997年底，河北、吉林、山东、福建、广东、甘肃等6省实行了苗木生产、经营或使用许可证制度。其中吉林、山东、福建、广东省对林业苗木生产、经营全部实行许可证制度，河北、甘肃对经济林苗木生产、经营实行许可证制度。

申办苗木生产、经营许可证的基本条件是：生产者必须有相应的土地和生产设施，有熟悉苗木生产和管理的技术人员；经营者要有相应的资金、营业场所、贮藏保存设施、苗木质量检验仪器和设备，有能正确识别苗木种类、鉴定苗木质量的技术人员。

申办苗木生产、经营许可证的程序是：从事苗木生产经营的单位和个人，必须向当地县级以上人民政府林业行政主管部门提出申请，并填写《种苗生产许可证申请表》和《种苗经营许可证申请表》，经林业行政主

管部门审核后，对符合条件的，发给苗木生产、经营许可证。 （陈恩军）

森 林 培 育

【综　述】

落实批示精神，加大领导力度　在江泽民总书记、李鹏总理重要批示和国务院“陕北会议”精神推动下，重视生态环境建设、加快造林绿化成为各级党政领导的共识。林业部党组两次召开扩大会议，认真学习研究、部署落实植树造林的各项工作措施，向各地发出了《关于迅速掀起今冬明春植树造林高潮，加快生态环境建设步伐的通知》，组织了4个督查组，分赴江西、重庆、河南、辽宁等重点省（市）进行植树造林督促检查，召开了部分重点省（区）植树造林汇报会。甘肃、江西、河南等省以省委、省政府的名义召开工作会议，研究部署林业建设工作。河北、广东、浙江、新疆、内蒙古、四川等省（区）党委、政府发出《决定》、《办法》、《通知》，加快林业改革与发展步伐。西藏自治区林业厅春季发出了《关于开展1997年春季植树造林工作的紧急通知》，夏季发出了《关于认真做好1997年雨季直播造林工作的通知》，掀起了春季、雨季植树造林高潮。

提早部署行动，连片规模治理　江西省植树造林比往年提早发动、提早部署、提早行动，在全面完成全年植树造林任务的基础上，相继开展了秋、冬两次造林整地攻坚战，到年底前就全面完成次年整地任务。重庆市植树造林安排部署和整地造林的时间较以往提前了1个月。江西省上饶地区造林整地设立了51个主战场，每个主战场日上劳动力1000多人，声势浩大。河南省新安县组织集中会战，日出动劳动力27.2万人，动用机械6800辆台，炸药48.4吨，雷管5万发，连续大干81天，动用土石方7480万立方米，完成高标准整地2270公顷。

注重经济效益，发展特色林业　许多地方把植树造林，发展林业作为培植地方经济新的增长点，作为群众脱贫致富新的门路，因地制宜地发展经济林、用材林、竹林和商品花卉等，各种特色林业兴起。湖南省桃江县坚持“以竹兴县”的战略，1996年改造了3300多公顷低产竹林。山东省大力发展名特优新经济林，共营造名特优新经济林8.5万多公顷，占全省年造林总面积的50%以上。西藏自治区在低产田中建立果粮间作实验基地，收到了良好效果。

强化调查研究，严格检查督导　3月，林业部组成5个调查组，分赴山西、内蒙古、四川、重庆、云南、甘肃6省（区、市）市调查督导。陕西省在“陕北会议”后，派出5个调查组深入10个地市，进行调查摸底，以制定全省生态林发展规划。西藏自治区林业厅在调查研究的基础上，代政府起草了《关于加快造林绿化步伐的实施意见》。北京市林业局抽调49名干部组成1个巡回指导组和3个分片工作组，深入到春季造林第一线进行检查、协调、指导。陕西、山西省林业厅分别组织6个工作组，由厅长带队，分赴各地检查指导工作。江苏省政府9月份抽调人员严格按照部颁平原绿化标准，对全省12个县（市）进行了全面复查。安徽省林业厅发出了《关于开展林业整地检查评比工作的通知》，派出了5个检查组进行检查评比，评比结果以省政府《政办通报》方式进行表彰和奖励。

（李世东）

【用材林建设】　1997年用材林建设的特点是：一是面积逐年下降；二是用材林树种多样化，随着南方杉木用材的滞销，北方杨树虫害加剧，用材林造林树种多样化，一些地方开始发展珍贵树种用材林；三是外商营造用材林势头出现，如广东省目前有8家大型外商造林项目。四是承包、拍卖、股份制营造用材林势头迅猛，浙江、江苏、江西等省一些经商者开始向山头进军，购买成片的荒山营造用材林。 （陈应发）

【经济林建设】　1997年，我国经济林建设继续保持良好发展势态。全年共计营造经济林137.1万公顷，占人工造林总面积的36.7%，其中云南省营造经济林14.6万公顷，高居全国各省之首。湖北省营造经济林占人工造林的比例最高，达50.4%，高于全国平均水平14个百分点。全国主要经济林产品产量均有较大幅度增长，全国共生产核桃24.8万吨、板栗37.8万吨、油茶籽85.7万吨、油桐籽45.3万吨，分别比1996年增长3.9%、11.1%、23.2%、10.6%。

主要工作　①加强经济林基地建设。1997年林业部利用国家农业综合开发基金3800万元，在全国的23个省（区、市）97个县（市），重点扶持开发木本粮油、名特优新品质20多个，完成建设任务0.07万公顷，占计划的101.3%。为保证基地顺利进行，林业部先后派人深入到四川、湖北、湖南等省进行检查和指导，有关省（区、市）严格执行林业部制订的有关项目管理办法，保证了基地建设任务的顺利完成，并在全国发挥很好的示范和辐射作用。②研究确定跨世纪营林先导示范项目。经林业部部办公会议研究确定，在河北省涿鹿县、山西省汾阳县、辽宁省沈阳市、山东省乐陵县实施优质高效经济林示范项目；在湖南省耒阳、常宁、衡阳、衡东、攸县、醴陵，江西省宜春、上栗、分宜和渝水的10个县（市）实施油茶低改优质高效示范项目。要求通过项目的实施，为我国经济林建设面向

21世纪，实现高产优质和高效提供典型经验和示范样板。③召开经济林生产座谈会议。3月份，林业部针对当前我国部分地区出现“卖果难”、“果贱伤农”的现象，专门邀请河北、陕西等7省（区）主管经济林工作的处长和28个经济林生产重点县（市）林业局长，分批在北京进行座谈，分析形势，研究对策。会议认为各地发展经济林必须以市场为导向，以提高经济效益为中心，积极调整树种、品种结构，突出发展名特优新品种，增强市场竞争能力。同时，要加强信息交流，防止因盲目发展而给生产者带来不必要损失。

存在问题　一是部分地区发展经济林存在盲目性；二是优质苗木供给不足，影响造林质量和速度；三是经济林建设资金相对不足。（樊喜斌）

【飞播造林】　1997年，全国有26个省（区、市）开展飞播造林，完成播种面积92万公顷，其中宜播面积77万公顷。总用种量329万千克，每公顷播量3.6千克，先后调机48架，播种3230架次，飞行3992小时；总投入资金11 211万元，其中林业部、财政部分别扶持1260万元、1000万元，地方配套资金共8951万元，占总投入的80%。飞播造林每公顷直接成本120元。

落实全国飞播造林40周年纪念大会精神　陕西、四川、贵州、浙江等10多个省（区）及时转发林业部、国家计委、财政部、民航总局、中国人民解放军空军联合作出的《关于进一步加强全国飞播造林工作的决定》，提出具体要求，表彰飞播先进集体和个人。山西省成立省飞播造林大队，制定了《山西省飞播造林实施方案和管理办法》，全面推行飞播造林任务承包合同责任制，全年完成飞播造林15万公顷，是1996年的2倍。全国26个省（区、市）完成《1996～2010年飞播造林规划》。增加广东省梅州为全国飞播造林示范基地。

科技含量增加　贵州、云南、河南、陕西、河北、广西等省（区）推广GPS导航作业法，充分利用了可飞行日，落种准确率平均90%以上，节省飞播经费15%～20%。全国混播面积已占飞播总面积52.7%。被列为1996年林业部推广100项重点科技成果之一的多效复合剂拌种，1997年全面推广应用，飞播种子药剂处理平均达80%以上。

加大补植补播　巩固飞播成果　南方部分省（区）实现基本造林灭荒后，普遍将工作重点转移到对飞播林的经营管理，使之尽快成林成材。福建省在完成1.3万公顷补植补播任务后，还完成飞播中幼林抚育间伐5.3万公顷。

存在问题　①飞播成本上涨，地方负担加重。与1983年相比，飞播成本已上涨了4倍。由于中央扶持资金一直维持10年前的水平，地方配套资金现已占飞播投入的80%，飞播地县多为贫困区，地方压力越来越大，使有些地方不得不因资金困难而减少飞播面积。

②天气干旱，成效偏低。1997年雨季，我国北方遭几十年不遇的特大干旱，持续时间长达二三个月，河北、河南、山西等省飞播出苗远低于往年，如河南省平均出苗率仅为4.8%；山西省平均出苗率43%。吉林省因干旱将1997年飞播任务推迟到1998年来完成。

（刘道平）

【封山育林】　随着《1989～2000年全国造林绿化规划纲要》任务的逐步完成，封山育林也成为各省（区、市）加快灭荒进程的有效措施。封山育林在快速恢复森林植被，调整林种树种结构，保护生物多样性，改善生态环境等方面，起到了重要作用。（李怒云）

【竹林培育】　1997年，南方竹子主产区都把竹子列为林业的新兴产业来抓，全年共完成新造竹林8.9万公顷，低产竹林改造11.2万公顷。

’97中国竹文化节　由林业部和浙江省人民政府主办、由安吉县人民政府承办的’97中国竹文化节9月8～10日在安吉县隆重开幕。姜春云副总理、陈慕华副委员长及陈耀邦部长分别为文化节题了词。文化节紧紧围绕“弘扬竹文化，开发竹产业，发展竹经济”主题，召开了中国竹子之乡联谊会、举办大型书画摄影展、经贸洽谈会、营造竹子友谊林等。

全国竹业工作现场经验交流会　9月8～10日在浙江省安吉县召开，会议全面分析了全国竹业发展的形势和任务，代表们总结、交流了近几年来竹业工作的成绩与经验，讨论修改了《全国竹业“九五”计划和2010年规划》。

中国竹产业协会第二次会员代表大会　9月8～10日在浙江省安吉县召开，审议通过了修改后的《中国竹产业协会章程》，选举产生了中国竹产业协会第二届理事会，中国林业科学研究院院长江泽慧当选为中国竹产业协会第二届理事会的会长。

国际竹子研讨会　9月8～10日在浙江省安吉县来自15个国家的100名竹子研究专家参加了竹业走向21世纪国际竹子研讨会，进行了广泛的学术交流和探讨。

先导示范工程　在充分论证的基础上，选择浙江省安吉县、临安市和福建省建瓯县为竹子先导示范工程示范县，这3个县将在竹子建设原有的基础上，瞄准国际先进水平，采用最新科技成果，采取科学管理办法，组织试点示范，超前试验，为21世纪我国竹业的发展树立样板、提供经验、探索路子。

出版《中国竹林培育》一书　林业部造林绿化和森林经营司与中国竹产业协会组织各有关生产、管理、教学、科研单位，历时两年多，编写完成了《中国竹林培育》一书。（许传德）

【薪炭林建设】　1997年是全国森林能源工程“九五”实施计划的第二年。全国营造薪炭林面积13.549万公顷，占全国人工造林面积的3.5%。辽宁、甘肃、黑龙江、青海等省仍在较大规模发展，分别完成造林面积26 370公顷、22 310公顷、15 200公顷、10 570公顷，为上年的110%、211%、151%和131%。

扩大重点县建设　以《全国森林能源工程“九五”实施计划》为蓝图，在原有37个重点县启动建设的基础上，又扩大启动10个重点县，使重点县建设增加到47个。

加大投入　甘肃省政府把发展薪炭林纳入振兴贫困地区经济工程，将用于营造薪炭林的扶贫资金由过去的75万元猛增到375万元，造林范围由过去的三地（州）5个县扩大到六地（州、市）的21个县。

效益提高　黑龙江省灌木柳薪炭林成了农村经济新的增长点。木兰县薪炭林除为61%的农户提供薪材外，还建起62个条编厂和3000多个条编户，条编产品达658个货号，出口到美国、日本等18个国家，年获利税600万美元。县政府还出台了造薪炭林免交农业税、征购粮和提留等优惠政策，刺激了农村发展薪炭林的热情，1997年全县发展灌木柳薪炭林3000多公顷。

（郭怀让）

防护林建设

【全国十大林业生态工程建设】　1997年，全国十大林业生态工程建设进展顺利。据统计，全年共完成人工造林199.8万公顷，飞播造林46.7万公顷，封山育林161.5万公顷。“三北”防护林体系建设三期工程全面启动，对重点项目开展了招标制、报账制等管理试点，100个重点县工程建设明显加快。长江中上游防护林体系一期工程按照分类指导原则，着力抓了工程内部结构调整和林种、树种结构优化，在实现基本消灭宜林荒山县开展了区域规模综合治理。沿海防护林建设工程基干林带建设进一步加快，按国务院批复设立的沿海国家特殊保护林带的保护工作全面启动。平原绿化工程进一步加大检查力度，初步扭转了滑坡趋势，高标准试点工作进展顺利。太行山绿化工程建设向纵深发展，8个重点示范项目建设成效显著。防沙治沙工程建设力度不断加强，综合治理成效明显。淮河太湖流域综合治理防护林体系建设工程、黄河中游防护林工程、辽河流域综合治理防护林体系建设工程、珠江流域综合治理防护林体系建设工程四个新起动的林业生态工程试点工作也取得了新进展。（曹国江）

【比利时大使和FAO驻华代表考察“三北”防护林体系建设】　应中方邀请，6月5～11日，比利时驻华大使馆特命全权大使克莱尔·尚尔阁下与联合国粮农组织驻华代表处代表库瑞希先生一行考察团在林业部国际合作司、“三北”防护林建设局有关领导的陪同下，来到宁夏、陕西、新疆等地对“三北”防护林体系建设作了为期一周的参观考察。

比利时政府与中国的林业部门有着多年的合作关系。1990年无偿援助480万美元的“三北”地区造林、林业研究、规划与开发项目一期工程顺利结束，项目建设取得了显著的阶段性成果，项目二期尚在筹划之中，考察团此行对项目的发展有着重大影响。

代表团成员参观了位于宁夏郊区的北方荒漠试验研究中心、陕西西安的市内园林绿化、新疆吐鲁番盆地的防护林建设，和当地林业部门座谈，详细地了解了工程建设的状况及前景。考察人员一致认为“三北”防护林体系建设规模大、成效显著，对保障和促进“三北”地区生态环境转变有着重要的意义。

（“三北”防护林建设局）

【“三北”地区大力推广杨树伐根嫁接技术】　利用虫害木伐根嫁接毛白杨改造出源地技术是河北农业大学的一项重大科研成果。具有“当年砍伐嫁接，当年恢复成幼林，当年发挥防护效应”并可有效地控制天牛的扩散和蔓延，具有方法简便、技术实用，见效迅速等特点。这项技术得到了三北地区党政领导及有关业务部门的高度重视，大力推广。

“三北”地区降水稀少，自然条件严酷，林种、树种单一，三北一、二期工程期间，营造的杨树占到了相当大的比重，然而近几年来，大面积的杨树遭受到天牛危害，损失惨重。严重打击了当地人民群众植树造林的积极性，已成为三北防护林体系建设的一大障碍。杨树伐根嫁接毛白杨更新不用整地，不用刨伐根，不用深坑植苗，技术简单，成活率高，是抗御天牛危害的极佳方法。这一技术诞生后立即在三北地区引起重视。为将该技术尽快应用到三北工程中，三北局采用开现场会和办培训班相结合的方法进行生动有效的宣传，使各地各级领导和广大干部群众真正认清了该项目的优越性、推广的必要性和紧迫性。从而出现了各地干部群众抢购毛白杨种条，大力推广这项技术的可喜局面。

（“三北”防护林建设局）

【“三北”防护林体系建设考察团考察美国】　应美国农业部的邀请，经林业部和宁夏外办批准，“三北”防护林体系建设考察团一行9人于9月7～26日对美国林业生态建设的有关问题进行了考察，现场参观了西部荒漠半荒漠沙生植被区、东部天然次生林区和夏威夷热带雨林区。并深入到Edinbuyg林区以及国家森林公园和自然保护区对林业生产经营情况进行了调查，和美国农业部林务局林业管理处处长助理道格拉斯·

迈克勒瑞等 6 位官员和有关方面的专家就有关林业政策法规、美国林业概况、国际合作、森林生态系统、森林保护等方面的问题进行了座谈。

20 世纪初以来，美国十分重视林业生态建设，把林业建设作为经济可持续发展的重大战略措施，调整了美国林业政策，使美国林业步入了一个良性循环的新发展阶段，森林面积逐步得到了稳定，林分质量明显改善。美国现有森林面积达 2.96 亿公顷，占总土地面积的 32.3%。自本世纪 20 年代以来，森林面积一直保持稳定发展水平，单位面积的立木生长量明显增加，现在每公顷森林的活立木蓄积量比 1950 年增加了 30% 以上，森林的蓄积量有了明显的提高，到 1986 年森林蓄积量是 1920 年的 3.5 倍，森林生长量超过采伐量 37%，实现了森林面积和森林蓄积双增长的良性循环。

考察团认为，值得借鉴的经验很多。美国公民环境意识和绿化意识强，把改善生态环境作为一项可持续发展的战略来抓；建立了强有力的林业法规体系，并严格执法；实行激励机制，在财政、税收等方面给予扶持；实行分类经营，科学营林；加强森林保护，提高林木利用率。 （“三北”防护林建设局）

【中国“三北”009 项目第二期工程开始实施】 1998 年 1 月 1 日三北 009 项目二期工程已正式开始实施，各地在认真总结项目一期工程经验教训的基础上，充分做好各方面的宣传和准备工作，并于 1998 年 1 月 7 日在北京召开了中国三北 009 项目协调小组第八次全体（扩大）会议，会议对二期工程建设作了全面具体的研究部署。

中国三北 009 项目是三北地区造林、林业开发、规划与研究项目（GCP/CPR/009/BEL）的简称，是比利时政府通过联合国粮食与农业组织以信托基金方式对中国林业进行的一项技术开发合作无偿援助项目。项目一期工程于 1990 年 8 月 7 日正式签字立项，1991 年正式启动实施，1997 年结束。项目设在内蒙古自治区奈曼旗、吉林省凌海市、辽宁省彰武县、吉林省白城市通榆县，分为四个建设区。

项目一期 8 年以来（含预备期、过渡期），在建设区各级政党和部门领导的大力支持下，在国内外专家的精心指导下，经过建设区广大干部群众的共同努力，各项计划圆满完成，在林木育种与改良、育苗造林技术研究等方面取得了可喜成绩，在技术培训和考察方面取得显著成效，为项目发展奠定了物质基础。

比利时政府已正式承诺，将在 1998 年至 2000 年三年内，继续以信托基金方式，通过粮农组织提供 160 万美元的援助进行二期项目建设。建设地包括除辽宁省凌海市以外的其他三个建设区，确定的总体目标为提高科尔沁沙地水土保持能力，在保护环境的前提下，以可持续性的方式提高和管理林产品及其他服务的产出，以改善这一地区社会经济状况。

（“三北”防护林建设局）

【“三北”地区召开农田防护林现场交流会】 1997 年 5 月 27 日，在吉林省长春市和黑龙江齐齐哈尔市召开了农田防护林现场交流会。这是三北防护林工程开展以来，第五次以农田防护林建设为主题的现场经验交流会。参加会议的有三北地区各省（区、市）林业厅（局）的厅（局）长，三北办（站），造林处的负责同志，重点地（盟、市）政府主管领导和林业处（局）长，重点县（旗）的县（旗）长，以及新闻单位的同志共 170 多人。林业部祝光耀副部长对开好这次会议提出了具体要求，并作了书面讲话。黑龙江省孙魁文副省长到会讲了话，林业部三北局张建龙局长作了工作报告。

会议的主要任务是认真贯彻落实中央农村工作会议精神和三北防护林二期工程总结表彰暨三期工程动员会议精神，研究在新形势下农田防护林建设完善提高和加快发展的有关问题，推动三北地区农田防护林建设再上新水平。

会议期间，代表们参观了吉林省长春市的农安、德惠、宽城和黑龙江省齐齐哈尔市的拜泉、克山、克东、依安等县市区农防林建设现场，并认真讨论了祝光耀副部长的讲话和张建龙同志的报告，召开讨论了三北地区农田防护林建设的目标和任务，圆满完成了会议的各项既定议程。

通过现场参观、经验交流和讨论，代表们一致认为，这次会议内容丰富，收获很大，开阔了眼界，学到了经验，拓宽了思路，明确了方向。同时也感到差距大、启示大、压力大，要加倍努力，变压力为动力，决心在本世纪末的最后几年内，真抓实干，奋起直追，把农防林建设搞上去。 （“三北”防护林建设局）

【京包包兰铁路造林工程实行报账制管理】 “三北”防护林建设局在京包包兰铁路实行报账制管理工程实行报账制管理，是对重点工程建设项目深化改革、强化管理的重要措施。

为整体推进京包——包兰铁路两侧的造林绿化，确保工程建设任务的全面完成，林业部三北局决定从 1997 年 1 月开始对该工程实行报账制管理办法。采用报账制管理办法，就是在认真做好规划设计的基础上，根据年度计划签定造林合同，合同进行检查，对合格的施工单位，兑现承包合同，拨付造林资金。

报账制具体作法是工程建设资金按重点项目集中投放的原则，每年根据工程建设任务量和每亩造林补助标准，核定各省的金额，从三北工程建设经费中切出一定资金（以每亩地造林补助 20 元）作为专项建设经费，实行资金与任务、质量效益挂钩，在该项目进度与质量实施全过程监督的基础上，对当年完成的合同造林任务进行检查，当年完成计划任务达到质量标准的，签发验收合格证，各省（区、市）林业厅（局）凭各县

（旗、市）验收合格证到三北局兑付造林补助费，无合格证的县（旗、市）不予兑付当年造林补助费。

报账制管理的实施充分调动了各地有关单位的积极性，经检查验收1997年度工程合格造林面积占计划面积的90%。（“三北”防护林建设局）

【“三北”防护林工程专项资金审计调查】 1997年，国家审计署驻林业部审计局根据国家审计署安排，对“三北”防护林专项资金的使用、管理情况进行了专项审计调查。

“三北”防护林体系建设开展20年来，在国家专项资金严重不足的情况下，采取国家补助、地方配套、多方集资、群众投劳的方式，到1996年底，共完成投资1761亿元。

1978～1996年，“三北”防护林建设共完成中央专项资金近10亿元。其中国家预算内基建投资7.2亿元，支援不发达地区发展资金2.4亿元，财政专款0.37亿元。为了管理和使用好专项资金，充分发挥中央资金的导向作用，林业部“三北”局先后制定了《“三北”防护林建设工程管理办法》、《“三北”防护林体系建设计划管理办法》和《“三北”防护林体系建设资金管理办法》，使“三北”防护林工程的计划管理、资金使用有章可循，有法可依，保证了国家资金使用效果，对推动整个工程建设的发展起到十分重要的作用。通过对审计调查，认为“三北”防护林工程建设以来国家投放的近10亿元专项资金使用方向正确，管理有序，运转良好，已产生了良好生态效益、经济效益和社会效益。（“三北”防护林建设局）

【长江中上游防护林体系建设工程】 全年共完成重点工程63万公顷（植苗造林24.3万公顷，直播造林1.8万公顷，飞播造林3.1万公顷，低效低产林改造7.5万公顷，封山育林17.3万公顷，幼林抚育9.0万公顷），“四旁”植树60 344万株，容器育苗45 632万袋。主要做了以下工作：

生态效益监测网络 4月在成都市组织举办了长江中上游防护林体系建设（以下简称长防林）工程生态效益监测与评价技术培训班，采取现场教学，为工程区各地培训了业务骨干，同时，制定了《长防林工程效益监测与评价技术实施方案》，下发各地执行。目前，工程区已建立核心观测站10个，一般观测站12个，并在每个工程县建立了固定标准样地，1998年将正式对工程建设的森林生态效益进行监测与评价。这项工作的开展，为在全国林业生态工程中开展效益监测与评价工作做出了示范。

造林质量 通过对工程人工造林实绩进行核查，长防林工程人工造林面积核实率连续已5年保持100%，合格率1997年达98.3%，列全国十大林业生态工程首位。

微机数据信息管理 从1995年开始，林业部长防办和西北林业调查设计院联合研制开发了长防林工程信息管理系统软件，并于1996年8月在西安市举办了长防林工程信息管理培训班，初步建立了长防林工程数据管理系统。1997年，长防办又聘请软件技术人员到各省（区、市）咨询和指导，完善数据管理系统。

全国长防办专职主任座谈会 5月份在北京召开了全国长防办专职主任座谈会，组织制定了“灭荒”县开展区域规模综合治理实施方案，加快了工程建设的内部结构调整步伐。

工程建设宣传工作 在江泽民总书记和李鹏总理对生态环境建设做出重要批示后，为加强林业生态建设工程的宣传，长防办与中国林业报社联合开展了长防林工程建设系列图片专栏报道，以工程区各省（区、市）为单元，开辟了12个专版宣传长防林建设成效，受到林业部领导的高度评价。（李 冰）

【沿海防护林体系建设工程】 1997年，工程区11个省（区、市）共完成造林22.6万公顷，为全年计划的157%。其中防护林7.8万公顷，用材林4.9万公顷，经济林5.5万公顷，薪炭林4.4万公顷；“四旁”植树1.03亿株；营造海岸基干防护林带1453.9千米；北方泥质海岸造林试点工作进展顺利，已完成预订计划任务；沿海国家特殊保护林带划界工作已经结束，一些重要地段已经竖立了永久性界碑，特殊保护林带进入了有法可依，规范化的管理新阶段。

为了认真贯彻落实部颁《沿海国家特殊保护林带管理规定》，沿海各省精心组织力量进行特殊保护林带的划界工作。通过近一年的努力，各省沿海国家特殊林带基本划定。全国共划定沿海国家特殊保护林带总长度16 102.4千米，面积达25.3万公顷，其中沙岸长度3698.2千米，岩岸长度6274.9千米，泥岸长度6129.3千米。辽宁、河北、福建、广东、海南等省已经在一些重要的地段竖立了统一制作的永久性的界碑。

（王福祥）

【平原绿化工程】 截至1997年底，全国已经有829个县实现平原绿化达标，占全国2000年达标规划918个县的90.3%。据北京、河北、河南、山东、山西、广东、上海、湖南、四川等11个省（区、市）统计，全年新建农田林网183.5万公顷，更新、改造、完善农田林网268.6万公顷，新完成路、沟、渠绿化40 435千米，新建园林村近600个，总共植树1.7亿株。

全国共新增绿化达标县34个，达标地区4个，与1996年相比多达标6个县；海南省实现全省绿化达标，致使全国实现全省（区、市）绿化达标的由原来的11个增加到12个。

全国高标准平原绿化试点工作座谈会 6月13～16日，林业部造林绿化和森林经营司在湖北省公安县、石首市召开了全国高标准平原绿化试点工作座谈会。全国37个高标准平原绿化试点县林业局长及其所在省（区、市）林业厅主管处长出席了会议。林业部造林绿化和森林经营司副司长张志达主持会议并做会议总结。会议参观了公安县、石首市平原绿化建设现场。讨论了全国平原绿化高标准，研究了全国平原绿化高标准建设的思路。湖北、山西、江苏三省和公安、鹿邑、大兴、涡阳、张家港、祁县、石首7个试点县（市）在会上作了典型发言。

加强管理，严格检查 5月初，林业部造林绿化和森林经营司与资源和林政管理司合作，在河北省安平县参加绿化达标核查，研究简化平原绿化核查办法。决定平原绿化核查面积，以县为单位不超过该县平原土地面积的3%～5%，1平方公里样方数，大县不超过40个，小县不少于15个。核查内容，南方为路沟渠绿化，北方为农田林网。在全国1994～1996年达标县中，对23个县进行了达标核查，有19个县达到了核查要求。并组织了对安徽、河北、湖南省的11个县进行了交叉检查。

1997年平原绿化达标单位

省（区、市）＼达标单位	县（市、区）	地（市）
河　北	沧县、献县	
辽　宁	大洼县、盘山县	
黑龙江	安达市、讷河县、绥滨县	绥化地区
浙　江	舟山市普陀区、温州市瓯海区、义乌市、温州市龙湾区、奉化市、台州市路桥区、三门县	
江　西	万年县、余江县、樟树市、波阳县	
安　徽	长丰县、肥西县、明光市、巢湖市、含山县、凤阳县、定远县、和县、肥东县	合肥市、滁州市、巢湖地区
海　南	定安县	
新　疆	新和县、拜城县、库尔勒市、阿克陶县、疏勒县、于田县	

广筹资金 各地积极广泛筹集建设资金，许多地方已扩大范围到机关企事业单位、私营业主。浙江省为实现7个县达标，全林业厅职工，每人捐献一个月工资。该省苍南县太岳集团公司投资500多万元，建杜仲基地。宁夏有3333多公顷平沙造田、引水灌溉，种银杏、麻黄等的沙产业，是一些企事业单位，个体私营大户投资开发的。

推广适用技术，提高造林质量 北京市定1997年为"林业科技推广年"，造林中普遍推广薄膜覆盖保墒、修枝截干、浇足底水，应用ABT生根粉和保水剂等综合抗旱造林技术。良种壮苗，大规格苗占80%以上。宁夏全区重点推广低产园改造，无毒苹果栽培技术，抗旱造林技术，节水灌溉，抗天牛树种选育等10多个实用技术项目。全区50%的造林采用了一项或多项实用技术。因此造林成活率，保存率都大大提高，普遍达90%以上。

实行分类指导，走集约经营之路 广东省因地制宜把全省平原绿化分三种类型进行指导。一是珠江三角洲平原风景林区；二是粤西平原防护林、商品林区；三是粤东城郊型林区。安徽省分别按照达标、巩固、完善提高三个不同的目标要求抓全省平原绿化工作。

（李清玉）

【太行山绿化工程】 1997年，太行山绿化工程重点示范区完成人工植苗造林4.7万公顷，占计划任务104.2%，飞机播种造林6.9万公顷，占计划任务275.7%，封山育林8.2万公顷，占计划任务97.9%。在重点示范项目区的推动下，全区完成绿化造林52.4万公顷。5月，国家农发办组织了对山西省太行山绿化工程重点示范县的阶段验收，林业部组织太行山区四省（市）的主管部门对河南、河北、北京三省（市）的太行山绿化工程重点示范项目进行了阶段验收。1997年4月，林业部委托北京林业管理干部学院，举办了第一期太行山绿化工程县县级领导干部研究班。

（吕绍古）

【淮河太湖流域综合治理防护林体系建设工程】 1997年，共完成人工造林4.3万公顷，为全年计划的225%，其中营造防护林2.8万公顷，用材林0.7万公顷，经济林0.8万公顷。（王福祥）

【珠江流域综合治理防护林体系建设工程】 1997年，该工程首批启动的广东高要、广西灵川、金秀、藤县、岑溪、容县、云南弥勒、建水、宜良、富宁和贵州盘县、望谟、罗甸等13个县共计完成重点工程造林3.3万公顷，比1996年增加82.6%。（陈应发）

【长江三峡库区及上游地区林业生态工程专题调研】

1997年是举世瞩目的三峡工程建设实现大江截流关键时刻，根据中央农村工作领导小组办公室的安排，7～12月，由林业部造林绿化和森林经营司牵头，组织林业部有关司局和中国社会科学院、四川省林业勘察设计研究院、四川省林业科学研究院等单位的60余位专家，深入到湖北、湖南、四川、重庆、云南、贵州、陕西等省（市），开展了长江三峡库区及上游地区林业生态工程建设专题调研，在科学论证的基础上，提出长江上游地区生态环境综合治理的总体规划和分步实施的具体计划。

通过4个多月实地调查和资料收集，充分运用全国森林资源清查结果和有关统计资料，利用卫星遥感资料对四川省部分地区的森林变化情况进行分析研究，形成了《利用TM卫片对长江中上游防护林一期工程部分区域建设成果和生态效益及川西地区天然林变化情况的典型分析》、专题汇报录像片《三峡工程话隐患》和四个专题调研报告，即《长江三峡库区及上游地区林业生态工程与三峡工程建设和国民经济发展的关系研究》、《长江三峡库区及上游地区森林资源现状及林业生态体系结构研究》、《长江中上游防护林体系一期工程建设经验、问题及治理模式研究》、《建设长江三峡库区及上游地区林业生态工程的途径及生态、社会、经济效益分析与评价研究》，在此基础上，完成了《关于建设三峡库区及上游地区林业生态工程的调研报告》。

通过这次调研，基本摸清了三峡库区及上游地区的社会、自然、经济发展情况和林业资源情况，多方面分析了库区泥沙的来源、形成根源和恶化形势，总结了近年来实施长江中上游防护林等生态工程取得的治理模式和经验，按照中央领导同志关于“植树造林和水土保持工作要有大动作、新思路”和“要建设跨世纪生态工程”的指示精神，提出了从根本上综合治理三峡库区及上游地区生态环境、解决泥沙淤积问题的基本思路、配套政策措施和具体实施方案。提出了在长江上游开展三峡库区及嘉陵江流域、云南金沙江流域、川西林区及乌江流域四个重点治理区建设的范围、目标、任务、资金概算、管理模式和预期效益分析的初步规划方案。

调研结束后，林业部党组又专门召开会议进行研究，将调研成果直接应用于拟于1998年启动的《长江、黄河流域生态环境林业重点治理工程规划》和《全国生态环境规划——林业部分》，并上报中央农村工作领导小组办公室，为党中央、国务院有关林业生态建设和改革政策决策起到了重要参考作用。 （李 冰）

森 林 经 营

【综 述】 1997年按照分类经营要求，对不同培育目的的森林，科学合理地选择经营方式。保护天然林，集约经营人工林，加快速生丰产林、中幼林抚育等后备森林资源的培育，积极探索森林的可持续经营。继续推进国有林区营林产业化经营、公司制运作，集体林区乡村林业股份合作制等森林经营机制改革。

分类经营森林 林业部组织调研、编制《国有林区天然林资源保护工程》，国有林区公益林、商品林、兼用林比重从目前的16.3%、17.2%、66.5%，规划到2000年调整为44.7%，22.7%，32.6%。国有林区公益林从目前的688万公顷，占16.3%，到2000年提高到1883万公顷，占44.7%，其中西南林区从23.7%提高到72%，西北林区从59.7%提高到77.0%，东北、内蒙古林区从10.3%提高到32%。20个省（区、市）建立了林业分类经营领导机构，其中10多个省（区、市）制定了试点方案。

中幼林抚育 据1997年调查统计，1989～1995年全国核实完成中幼林抚育2161万公顷，完成《1989～2000年全国造林绿化规划纲要》同期任务2364万公顷的91%，尚有202万公顷未能完成，其中湖南、广东仅完成同期规划任务的30%和16%，1997年全国完成中幼林抚育508万公顷，比1996年增长21%，东北、内蒙古国有林区完成62万公顷，比1996年增长38%。据森林资源清查资料，全国年均增加森林面积204万公顷，按50%用材林计，每年新增用材林幼龄林急待抚育面积102万公顷，截至1997年，全国森林抚育累计欠账1933万公顷。

强化管理 完善《森林经营工程规划实施方案》，参与编制《中国热带林保护与发展规划》，为实施21世纪议程《中国热带林可持续经营项目》奠定基础。完成《低产林改造技术规程》国标的审定、报批工作，制订了《乡村林业、花卉、经济林岗位规范》，调研、座谈讨论、经验交流国有林区营林公司制、乡村林业股份合作制改革，制订《林业部关于加快国有林区营林改革与发展若干问题的暂行规定》、《林业部乡村林业股份合作制管理办法》。印发《林业部关于加强国有林区森林复合经营管理若干问题的规定》、《林业部关于全国森工系统第五次更新造林普查情况的通报》，林业部授予甘肃省洮河林业局冶力关林场苗圃等11个苗圃国有林区标准化苗圃称号，林业部表彰全国森工系统人工林百万亩企业、森林抚育百万亩企业、营林先进单位和育林功臣。召开大兴安岭1987年“五六”特大火灾区恢复森林资源总结表彰大会，总结一期工程，表彰奖励13个先进单位和100个先进个人，部署启动火灾区优化更新工程（二期工程）。

调研、编制国有林区天然林保护工程6个营林项目 林业部编制了国有林区天然林保护工程规划与实施方案，并将营林项目纳入规划之中。规划通过生态公益林培育与恢复、珍贵大径材、工业原料林、常规用材林、经济林与森林复合经营等6个营造林项目建设，到2000年分流森工队伍56万人，其中生态公益林管护9万人，营造林建设15万人，森林复合经营32万人。

（胡培兴）

【国有林区营林生产管理】 1997年，国有林区营林，全年完成采伐迹地森林更新51.1万公顷，比1996年增长13%，迹地更新率达到101%，还清了一部分历史欠账，人工更新造林完成23.3万公顷，比1996年减少5.7%，完成计划的103%，森林抚育完成72.1万公顷，比1996年减少8.1%，育苗0.25万公顷，生产苗木35亿株，比1996年减少12.5%。

1997年印发了《林业部关于全国森工系统第五次更新造林普查结果的通报》，公布了普查核实建国以来至1995年末营林生产主要指标情况，并对更新跟不上采伐的云南省巨甸等8个林业局、“八五”期间人工更新造林保存率低于80%的内蒙古毕拉河等11个林业局、人工林面积减少的吉林省三岔子等6个林业局进行了通报。并依据普查结果表彰先进，印发了《林业部关于表彰全国森工系统人工林百万亩企业、森林抚育百万亩企业、营林先进单位和育林功臣的通报》，表彰100名育林功臣、53个营林先进单位、29个森林抚育百万亩国有林业局、17个百万亩人工林国有林业局。印发了《林业部关于授予甘肃省洮河林业局冶力关林场苗圃等11个苗圃“国有林区标准化苗圃”称号的通知》，表彰了11个西南、西北国有林区标准化苗圃。根据内蒙古大杨树林业局人工更新造林保存面积不足百万亩，保存率40.6%的事实，印发了《林业部关于撤消内蒙古大杨树林业局“营造百万亩人工林优秀企业”荣誉称号的通报》。落实中央领导有关指示，积极配合林业部综合计划司，调研、编制完成天然林保护工程生态公益林、珍贵大径用材林、短轮伐期原料工业林、常规用材林、森林资源恢复等六大营林项目规划，参加吉林省湾沟、大石头林业局、黑龙江省苇河、铁力、大海林林业局、大兴安岭新林、塔河林业局、内蒙古甘河、图里河林业局等9个试点单位《国有林区天然林保护工程规划方案》的审查工作。宣传发动春季营林生产，调度营林生产动态，委托国有林区各省（区）营林质量专职检验机构检查营林生产完成的数量和质量，抽查部分省（区）更新造林完成情况。

（胡培兴　周力军）

【国有林区森林复合经营管理】

现状 据统计，1997年林粮间作面积7万公顷，比1996年1.27万公顷增长447%，熟化丰产林用地11.4万公顷，比1996年6.47万公顷增长76%，经济林建设面积4.8万公顷，比1996年2.13万公顷增长125%。截至1997年累计，东北、内蒙古国有林区森林复合经营面积48.87万公顷次，创产值收入21.6亿元，其中：林粮间作14.93万公顷次，产量15.5万吨，每公顷产量1050千克，产值收入8.6亿元；熟化丰产林用地25.27万公顷次，产量43.5万吨，每公顷产量1717.5千克，产值收入12.1亿元；经济林8.67万公顷，产值收入1亿元，东北、内蒙古林区完成退耕还林面积3.5万公顷。1997年东北“四大家”林粮（药、果）间作产值收入11 512万元、面积7万公顷。1997年熟化丰产林用地11.4万公顷，种植农作物产量20万吨，产值收入3.1亿元。1997年采集红松种子4万吨，年产值收入4亿元，其中出口创汇1000万美元。

主要方式 ①造林的同时，采取大行距，间作、套种经济作物。②在营造丰产林前3～5年内熟化土地种植农作物。③发展经济果树林。

主要问题 ①注重农作物效益，忽视森林资源的培育和保护，新造幼林地毁林开荒现象严重。②概念模糊，多头管理。对此，印发了《林业部关于加强国有林区森林复合经营管理工作的若干规定》，规定森林复合经营要履行申请、报批手续，并严格检查验收和考核，森林复合经营造林密度可以适当降低，坡度大、容易发生水土流失的林地不允许间作，各级营林部门负责森林复合经营工作，对森林复合经营不合格的单位进行通报批评、行政处分、处罚、停止经营等处理办法。

（周力军）

【大兴安岭林区启动恢复森林的优化更新工程】 1987年大兴安岭特大火灾区恢复森林资源和生态环境工作，经过广大林业工作者10年的辛勤努力，达到恢复更新标准的林分总面积为96.4万公顷，完成了林业部批复的更新规划设计任务104.3万公顷的92.4%，以针叶树为优势的恢复更新林分占70.4%，达到了规划设计要求和部颁标准，全面实现了森林资源恢复更新规划目标，并通过灾区森林资源恢复更新，改变了过去依靠天然更新的落后经营方式，建立了良种壮苗繁育基地，人工林建设取得历史性突破，生态环境恶化的趋势得到遏制。1997年6月6日林业部在北京召开总结表彰大会，国务院有关部委、大兴安岭林业集团公司及西林吉、图强、阿木尔、塔河林业局、科技对口支援科研院校单位、新闻单位记者代表共计130余人参加了会议，会上宣读了《林业部关于表彰大兴安岭特大火灾区恢复森林资源和生态环境工作先进单位和先进个人的通报》，表彰了为大兴安岭火灾区森林资源恢复做出突出贡献的13个先进单位和100名先进个人。根据火灾区全面恢复森林资源任务尚很艰巨的现状，大会决定从1998年开始启动火灾区恢复森林资源的优化更新二期工程，用10年时间完成14.4万公顷的人工更新、38.8万公顷的低价值杨桦林改造任务，全面恢复大兴安岭火灾区森林资源，实现大兴安岭森林的可持

续经营。（胡培兴　周力军）

【乡村林业建设】 1997年，全国乡村林业发展平稳，乡村林场继续在山区综合开发兴林富民中发挥重要作用。全国乡村林场累计达到15.4万个，比1996年增长1%，年末实有场员98万人，其中技术人员6.6万人，分别比1996年增加2.5%、7.3%。经营面积1866.7万公顷，其中有林地面积1533.3万公顷，分别比1996年增长3.5%、7.1%，林木蓄积量56亿立方米、毛竹蓄积量9.9亿根，分别比1996年增长1.2%、50.8%；中幼林抚育195万公顷，比1996年增长4.0%，木材产量876万立方米，与1996年持平，毛竹产量5932万根，比1996年增加43.7%。产值收入达到37.6亿元，与1996年基本持平。自给有余和基本自给的乡村林场8.9万个，占总数的57.9%，比1996年增长1.6%。全国乡村林业产值收入500万元以上的74个县，其中辽宁省宽甸县达到9800万元，浙江省临安市达到4200万元；产值收入100万元以上的林场达到76个，其中临安市玲珑山林场达到2400万元。经济林面积达到195.7万公顷，比1996年增长15.6%。多种经营收入总计达13亿元，占总收入的34%。据不完全统计，目前全国乡村林业股份合作制组织已达3万个，约占乡村林业经济组织的20%。浙江省临安市、贵州省锦屏县、安徽省祁门县、辽宁省宽甸县股份合作林场已占80%以上，在乡村林业建设中发挥了典范作用。

（徐　鹏）

森林公园建设

【新增国家森林公园】 1997年，林业部批准建立17处国家森林公园，由森林公园更名为国家森林公园的有6处，共23处。其中新建的17处国家森林公园，是经中国森林风景资源评价委员会委员实地考察，并于11月21日召开的中国森林风景资源评价委员会第四次会议评审通过，经林业部审核，以林场批字[1997]104号文件批复同意。这17处国家森林公园是：天津九龙山国家森林公园，河北长寿山国家森林公园，辽宁沈阳国家森林公园，吉林图们江国家森林公园，黑龙江龙凤、桃山、金泉、乌苏里江国家森林公园，江苏西山国家森林公园，湖南花岩溪国家森林公园，广东圭峰山国家森林公园，广西大瑶山国家森林公园，四川福宝国家森林公园，云南棋盘山、灵宝山国家森林公园，陕西天华山国家森林公园，甘肃麦积国家森林公园。

另外，林业部根据浙江省林业厅的报告，以林场批字[1997]18号批复同意，将1990～1992年林业部已批准建立的浙江雁荡山等6处森林公园更名为国家森林公园，名称分别确定为雁荡山国家森林公园、双龙洞国家森林公园、溪口国家森林公园、华顶国家森林公园、九龙山国家森林公园和天童国家森林公园。截至1997年底，经林业部批准建立的国家森林公园已达292处，规划经营面积537万公顷。（许　晶）

【全国森林公园（森林旅游区）建设及经营】 1997年森林公园建设在“树立形象、突出特色、提高效益、敢为人先”的思想指导下，以森林公园建设上档次为发展目标，在继续加强森林公园硬件建设的同时，重点强化了软件管理建设。森林公园的建设、管理、经营等各项工作开始走上良性发展的轨道。

截至1997年底，全国已建立森林公园870处，规划经营面积748万公顷。在自然保护区开辟森林旅游小区47处，开放狩猎场、野生动植物园等其他森林旅游区52处。总经营面积达1000万公顷。全国森林公园（旅游区）年总投资78 902万元，加强了公园道路、水电、通讯等基础设施建设和宾馆、商店、娱乐中心等旅游服务设施建设，进一步完善了旅游景点、景区。目前，全国森林公园已拥有旅游车船3342台（艘）、接待床位97 654张、程控电话39 511门，开通游览路线13 415万公里。很多地方的森林旅游基本形成吃、住、行、游、购、娱一条龙服务体系。同时，加大了公园环境建设和环境保护的力度，全年投入环保资金6650万元，营造风景林23 385公顷，改造林相21 116公顷，增设了垃圾箱、厕所等环保设施，极大地改善了旅游区的生态环境，提高了旅游品位。在进行这些必要建设的基础上，各公园也十分注重软件管理建设。

为了在全社会树立起森林公园的良好形象，推动森林旅游快速、健康发展，林业部于1997年4月3日发出通知（林场通字[1997]35号），决定在全国开展创建“文明森林公园”活动，并对创建活动提出了基本要求。

凭借’97中国旅游年的有利时机，各森林公园充分依托自身优势，不断开发新型旅游产品。陕西楼观台森林公园筹建温泉游泳馆，开发疗养保健项目；朱雀森林公园开发避暑旅游；江西明月山森林公园建立野生杜鹃园、木兰园；三百山森林公园开展“港胞饮水探源旅游月”活动；广东西樵山森林公园举办学生植物考察营活动等。深受旅游者喜爱。

森林公园还积极面向市场，展开市场营销，主动参与市场竞争，拓宽客源，扩大影响。林业部向全社会推出全国森林公园十大标兵单位，在中央电视台对我国森林公园5年来的建设成就进行专题报道，加大了森林公园的整体宣传力度，提高了森林公园的知名度和社会影响力。

1997年，林业部还完成了《全国森林公园建设及森林风景资源保护规划》(1998～2050)，完成了《全国森林公园建设与森林旅游业发展纲要(征求意见稿)》，为我国森林公园建设的总体发展明确了目标与方向。

（俞　晖）

【全国森林公园十大标兵】　为了树立典型，弘扬先进，进一步推动我国森林公园建设和森林旅游事业，1997年7月林业部通过评选，对在艰苦创业、多方集资、规范管理、培养人才、对外宣传、开拓市场、提高效益等方面做出突出成绩的10个森林公园，授予全国森林公园十大标兵单位称号。全国森林公园十大标兵单位是：

河北省承德磬槌峰国家森林公园
山西省管涔山国家森林公园
浙江省千岛湖国家森林公园
安徽省琅琊山国家森林公园
福建省福州国家森林公园
山东省腊山国家森林公园
湖南省张家界国家森林公园
广东省流溪河国家森林公园
四川省瓦屋山国家森林公园
甘肃省吐鲁沟国家森林公园　（俞　晖）

【森林公园管理人员赴加拿大考察和培训】　经国家外专局批准，林业部森林公园和公有林管理培训团一行21人于10月31日至11月29日赴加拿大遗产部国家公园局、加拿大自然资源部林务局、班夫等12个国家公园（省立公园）进行了为期1个月的培训和实地考察，对加拿大国家公园的经营管理状况、特点和经验进行了重点了解和学习。

培训团在考察与培训后认为，加拿大国家公园经营管理在以下5个方面特点突出：①重视规划设计。根据国家公园法案，新建立的公园必须在建立之后5年内作出建设与管理计划，经议会批准后实施，以后每隔5年调整计划或重新制订计划；经批准的公园建设与管理计划是国家公园局监督管理该公园资源及各项业务活动的重要依据。②重视环境保护。在国家公园规划设计中始终体现保护的原则，国家公园严格实行分区制，一般分为特别保护区、荒野区、自然环境区、户外游乐区和公园管理区；国家公园为了保护环境，宁可牺牲其它利益。③重视公共参与、公共教育。国家公园从开始建立到以后具体管理的每一项工作，特别是有关涉及自然资源和环境保护的问题，必须考虑公众的意见，每一公园不仅设有游客中心，还设有博物馆或展览室，并配有丰富的图片、幻灯、录像等宣传材料，为游客免费提供各种各样的导游手册、地图。④重视法规建设。国家公园局的每一项工作，国家公园的每一项建设、每一项活动都要严格执行国家公园法案。⑤重视科学研究。目前国家公园局正在组织实施一项国家公园生态系统定位观测科研项目，意在长时间地监测游人活动对公园生态系统的影响，如果游人活动超出生态系统的承受能力，立即采取措施加以调整。

借鉴加拿大的管理经验，结合我国森林公园的实际，考察团认为发展我国森林公园事业，目前应加强以下几个方面工作：①在指导思想上，始终坚持森林公园的社会公益性质，大力发展森林旅游事业；②进一步重视森林公园的规划设计工作，保证森林公园持续健康发展；③要结合中国实际，努力探索我国森林公园的建设模式；④注重宣传，建立森林公园与森林旅游信息库，扩大森林公园的对外影响，尽快使我国森林公园走向世界。

（胡春姿）

全民义务植树

【综　述】　1997年，各地各部门以迎接香港回归和党的十五大胜利召开为契机，认真贯彻落实中央领导关于生态环境建设重要批示精神，在农村，普遍把义务植树与重点林业生态工程建设和公路、铁路绿色通道工程建设相结合；在城市，许多地方把义务植树与城市周边大环境绿化、市区绿化相结合，全民义务植树运动深入发展。据统计，1997年全年参加义务植树人数5.24亿人次，完成植树25.8亿株，两项指标均比1996年有所提高；全国城市建成区绿化覆盖率达到24.4%，大连、南京、厦门、南宁城市达到了“园林城市”标准；湖南、安徽两省宣布基本实现了全面绿化。全民义务植树工作取得了较大成绩。

宣传发动工作进一步深化　1997年2月，在北京召开了全国绿化委员会第16次全体会议，会议部署了全年绿化工作，表彰了1996年度全国绿化奖章获得者(附件)。各地各部门认真贯彻会议精神，加大宣传力度，加强领导；3月9日，全国绿化委员会办公室在北京天坛公园组织了部分中央、国务院领导和在京参加会议的部分人大代表近50人参加了植树活动，拉开了春季植树造林的序幕，各地各部门在此期间也组织了本地区本部门的义务植树和造林活动。为贯彻落实江泽民、李鹏同志关于生态建设的重要批示，9月4日中共中央宣传部和全国绿化委员会在北京人民大会堂联合召开了学习批示的座谈会，有关部门的领导和专家

参加了会议。

表彰奖励工作得到加强 1996年初，全国绿化办公室对1996～1997年度的“四佳”、“400佳”评选工作做了部署，1997年是核查验收年，在总结经验的基础上，制定了《关于全国造林绿化“百佳县”、部门造林绿化“四百佳”核查验收有关事宜的通知》，对每项核查内容确定了评分标准，用量化指标来验收，规范了此项工作。

1996年第15次全国绿化委员会全体（扩大）会议作出了树立造林绿化功臣碑的决定，经过近1年的准备，1997年9月29日，在北京西山国家森林公园内举行了奠基仪式，全国绿委、林业部有关领导，功臣代表，设计、施工等单位代表参加了奠基仪式。

丰富了全民义务植树的内含 各地在开展植纪念树、造纪念林的活动中，不断拓宽领域，增加新的种类，如’97香港回归林、伊甸园幸福林等，上海、天津等地开展了认养、认种、认护林木绿地和古树名木试点工作，以丰富义务植树的内函。

加强了立法工作 到1997年，江西、吉林、天津等省（市）人大常委会制定颁布了义务植树条例，规范了全民义务植树运动的管理。

附件

1996年度全国绿化奖章获奖者

北京市

李永芳 张佐双 邓其胜 姚宝生 郜锡忱 秦元文
郝留彦 严怀德 王瑞宝 周仁吉 阎永发 段玉增
蔡占山 张申寿 巩彦庭

天津市

薛玉民 毛君明 徐运刚 刘广胜 孙广荣 曹洪善
于学义 任文治 李学彤 张洪岭 王开连

河北省

李　清 张纪太 王华芳 孙志刚 傅贵武 马贵山
侯庆元 刘秉善 王洪起 韩　友 周怀军 佟占锋
王连旺 周杰锋 郭玉德 李兴源 魏昌振 宋士隆
徐殿仓

山西省

张国彦 曹振声 耿怀英 白晚才 景会元 刘　武
刘志光 杨心田 陈庚锁 李书贤 丁允文 刘胜军
郝涛玲 阎晋民 任向东 刘春元 曲文宏 靳晓有
刘玉成 王启兴

内蒙古自治区

王家祥 齐振邦 刘　伟 蔡士昌 井维廷 王　禄
张文信 李景阳 佟守元 张　瑞 惠中元 张　孝
张友礼 云生雨 贾文印 马振海 宋海银

辽宁省

刘延江 张荣杰 林春财 陈毅菲 赵绪斌 郭秀珍
王延春 许鸿儒 李昌耀 齐福玉 沈双春 乔尚铎
李国香 葛景林 冷占文 戴凤珠 郭晓鹏 张启贤
孙学斌 李庆贵

吉林省

李德明 刘延春 关清康 张恩祥 臧胜业 梁德恩
丛洪深 姜恩雨 王世录 刘勤良 兰俊英 冯顺福
黄锡贵 邢明山 张家利 赵云峰 赵海莉 曾宪君
于斌成

黑龙江省

孙俊福 李　衡 谷向生 张兴忱 戴树功 陈景禄
张春达 杨文学 车志文 宣占起 戴　杰 周文起
徐　纯 刘光友 王延生 腾连锁 于　林 张　毅
袁振东

上海市

李元发 张金宝 储顺楼 陈燮荣 褚国强 王星兴
杨为公 孟忠伟 陆金毛 薛沛建 汪明章 杨祥宝
郭小云 姜祖效

江苏省

徐守盛 诸吉沼 陈林荣 苏金必 张炳武 凌振宇
邹长松 王庆龙 李锡鹏 滕雅元 顾　杰 贾晓根
孙力行 张晓翎 秦振华 徐锡宝

浙江省

王以澜 张祖安 张中栋 袁长寿 张若萍 李宝龙
金剑荣 朱廷安 周伟明 梅振新 张亚恩 田　云
施惠芳 张春仙

安徽省

薛远年 巩志钧 宁寿康 王仁海 张世云 蔡传山
李振华 王　文 许功才 李和中 何友保 李宏开
马元飞 方家和 李本正 岳顺心 柯选顺 江玉芝
卞国金

福建省

陈伙法 许国璋 范继文 范泽华 蔡海煌 叶澄登
魏治奖 杨汉章 詹光汉 卓金标 黄清淇 林亚地
陈九坎 周　宏 邵德峰 龚顺兴 廖备祥 郭承焯

江西省

陈金生 何德龙 刘彬生 杨生如 谢忠仁 张震宁
邹龙昌 封义堂 曹胡牛 喻庆麟 罗民炜 梅　峰
林政熹 周森发 卢汉民

山东省

汪心泉 于道江 李奉田 张思树 宫夕云 王伯祥
张恒顺 康俊才 肖明仁 赵　炬 王振平 孙兆法
刘如斌 刘新芝 王　平 王振胜 阎原田

河南省

马新高 郭国明 王延明 段运劳 李占安 梁永钊
连子恒 李根生 杨成武 王全乐 常法武 谢振生
徐泽民 石扶生 马玉生 周宗良 傅文灿 卢留杰
桑智卿

湖北省
黎乾九 杨裕才 黄耀刚 罗昌斌 詹显明 潘军正
陈世金 陈明洁 成诗林 廖德成 冉林全 解光华
郑承金 何儒方 汪柏浮 艾介文 易光义 王良辉
湖南省
钟昭礼 胡民生 王丰年 刘芳英 潘淑兰 黄启发
姚自立 唐开山 方柱中 黄鸣臬 李祖仁 唐绩祚
胡 越 刘厚文 唐云安 姚 净 李光辉 梁辉秀
广东省
张惠忠 黄煜祯 刘 创 胡寿康 钟卫国 李红星
梁兆祺 关汉栋 陈振荣 傅宗合 陶镇强 黎启泓
陈仕奎 谭均权 钟心锐 林盛昌 张运来 叶奕钦
邓德逸 林志仁
广西壮族自治区
李世蒿 谢覃辉 倪金华 梁耀严 廖业中 李国瑾
林宗权 陆书居 温改好 黄文秀 王宗盛 张昌珍
孙绍同 陆春乾 韦遵达
海南省
吴立煌 符元生 许声道 林典川
四川省
古志远 庞再敏 吴经正 晏文剑 甄国康 谢榜文
李光槐 刘林高 涂志贤 陈香泉 董时富 魏世权
黄生国 侯泽寿 杨人俊 周登全 许必坤 毛 生
胡孝怡 雷永年 覃天沛
贵州省
张培元 邬奏明 张英祥 赵 蓉 戴延强 易胜金
万家菊 禹水松 刘安新 安景光 戴 杰 卢华忠
杨 远 石远璋
云南省
杨新凯 朱家忠 田必茂 李朝康 叶汝湘 纳汝山
成思忠 朱永禄 王辅相 刘鼎权 苏有华 张文兴
西藏自治区
曾维礼 仁增群丹 索朗桑布 蒋洪林
陕西省
傅启芳 王俊儒 崔占鳌 汪全智 张春民 刘希乾
赵建国 胡德慧 问国政 齐军智 吴圣地 侯有刚
甘肃省
包秉忠 李兴业 赵建有 薛德一 胡全声 张玲珑
刘建明 忽葱林 杨全生 王有华 刘统汉 刘文郁
罗炳文 马福友 李延胜
青海省
刘 耀 张洪勋 巢永芳 舒志凯 张照甫 华 果
王明滴 关 浚 郭晶山
宁夏回族自治区
张红武 姜季良 王维国 侯建海 吴洪志 姚建国
韩怀敏
新疆维吾尔自治区
邢 彪 刘银佩 孙兴望 马梦祥 龙永海 杨 光
买合木·艾海提 张渭斌 仲兆海 姚永锋 李新华
郭依坤 樊祥明
中共中央直属机关
周年虎 陈忠义
中央国家机关
王绩芬 赵克山 王保仲 廉建国
国家教委
秦桂香 李 勇
建设部
林善光 洪 瀛 钟汉淇 张晓民 张吉富
煤炭部
刘锡成 张子荣 李景一 许文兴 张清华 傅兴华
王成举
机械部
齐治清 彭步京
电子部
杨锡新 周 群
冶金部
郑国晏 岳书卯 李崇涛 严必忠
化工部
李海臣 王玉山
铁道部
范生康 薛社贤 赵 刚 李世凡
交通部
王永刚 王绍云 李自铭
水利部
熊 铁 于倬德
农业部
王晓华 陈玉贵 李海军 王贵卿 赵景峰
中国民航总局
李文革 吴昌平
中国轻工总会
胡小刚 李立午 刘玉明
中国石油天然气总公司
李伯昌 彭兆申 叶德汉 喻德令
中国石油化工总公司
董革新 任会联 蒋玉鑫
中国有色金属工业总公司
杨世杰 杨其峰 刘铁军 张起文 孙金海
中国人民解放军
刘学思 李庆范 郑玉峰 王威宗 林汉明 阳方根
阎学亭 崔庆民 吕晓常 田东涛 陈福才 万中林
李清友 宋书杰 常润展 贲权民 赵 新
中国人民武装警察部队
唐成贵 潘玉龙 闫玉鹏 丁国强 陈友华
新疆生产建设兵团
艾山吾加热合买提 王生扭

（曾宪芷）

部　门　绿　化

【综　述】 1997年，各部门系统认真贯彻落实全国绿化委员会第十六次全体会议精神，广泛深入地开展绿化美化工作，取得了显著成绩。据中央直属机关、冶金部、中国石油天然气总公司等11个部门不完全统计，全年参加义务植树633.64万人次，植树5333.71万株，种草654.92万平方米，并栽植了大量的绿篱和花木，投入资金3.74亿元。有85人获得全国绿化奖章。冶金、有色、煤炭等部门的矿山复垦工作取得新进展，复垦面积达1958.1公顷。

京九绿色长廊工程　1997年全面启动“京九绿色长廊”工程，并以此为龙头，带动全国铁路、公路、江河绿化。该工程是一项跨区域、跨部门的重点生态工程，全长2536公里，涉及9个省（市）的林业、铁路、交通、水利、城建等部门，工程规划面积41.67万公顷，工程建设期限4年（1997～2000）。京九沿线各地自年初开始，迅速投入规划设计和实施。9月，全国绿委办公室在安徽省阜阳市召开了“京九绿色长廊”工程建设现场会。11月审定通过了“京九绿色长廊”总体规划。

解放军、武警　全年造林3395公顷，抚育林木2.6万公顷，四旁植树621万余株，栽种花灌木1195万丛，铺草坪354万平方米，创建园林式营院173个，支援地方出工173.5万人次，义务植树996万株，参加国家重点绿化工程79项，空军出动飞机611架次，飞播造林12.7万公顷，培训绿化骨干1300人。组织了部队绿化大检查。

铁道、交通系统　铁路全年完成植树2725万株，在铁路沿线造林或补植1828.1公里。5月份铁道部在哈尔滨市召开绿化现场会，参观了哈长线的标准化林带和双城堡林场，部署了“京九绿色长廊”工程。9月份铁道部绿化办组织对全国铁路沿线绿化大检查。交通系统全年新植路树2.8万公里，栽植乔木8298万株，灌木43.5万株，绿篱322万米，铺草坪1232万平方米。到1997年底，全国公路绿化里程已达57.3万公里，创建花园式公路站及道班200多个。

妇联、共青团　全国妇联继续开展以义务植树、美化环境、垦荒造林、营造“三八”纪念林和各类“三八”绿色基地为主要内容的“三八”绿色工程活动。有1.2亿城乡妇女参加义务植树、防护林体系建设和小流域治理，共植树50亿株，面积达400多万公顷。营建各类“三八”绿色工程基地176 518个。共青团中央以“迎香港回归，京九植绿护绿活动”为重点，组织城乡青少年广泛开展植绿护绿活动。3月、4月，京九铁路沿线500多万青少年参加了“迎香港回归，京九植绿护绿活动”。全国已建青少年植绿护绿队30.5万支，科技服务队1.2万支，示范林2.6万处，管护绿地3.7万处，有200多个城市建立了各种形式的纪念林基地。

（杨淑艳）

荒 漠 化 防 治

【综　述】 1997年8月，江泽民总书记、李鹏总理就生态环境问题作出重要批示，明确指出：要“大抓植树造林，绿化荒漠，建设生态农业”，“再造一个山川秀美的西北地区”。党的十五大进一步强调，要实施可持续发展战略，坚持保护环境的基本国策，加强“植树种草，搞好水土保持，防治荒漠化、改善生态环境”。这是党的第三代领导集体作出的一项重大战略决策。国际上，联合国召开了《防治荒漠化公约》第一届缔约方大会，建立了一套促进和推动国际社会在防治荒漠化领域交流与合作的机制。

亚洲防治荒漠化部长级会议　5月13～15日，在北京召开了亚洲地区执行《联合国防治荒漠化公约》部长级会议，共有44个国家、10个国际组织和9个非政府组织的157名代表参加。我国以林业部部长徐有芳为团长、林业部副部长祝光耀和外交部部长助理杨文昌为副团长的代表团出席了会议。姜春云副总理出席开幕式并代表中国政府向大会致词。国家主席江泽民会见了会议代表。

经过与会代表的共同努力，会议完成了各项议程，通过了亚洲防治荒漠化部长级会议《北京宣言》，达到了增进友谊、加深了解、扩大共识、促进合作的目的，取得了圆满成功。

中国防治荒漠化协调小组会议　2月17日，国务院副总理姜春云听取了防治荒漠化工作汇报。国务院副秘书长刘济民以及协调小组各成员单位出席了会议。中国防治荒漠化协调小组组长、林业部部长徐有芳就全国防治荒漠化工作进展情况、今后工作安排和需要解决的问题等作了汇报。姜春云副总理听取汇报后发表了重要讲话。会议认为，近几年来，由林业部牵头，各有关部门密切配合，在防治荒漠化方面做了大量卓有成效的工作。但从整体上看，我国荒漠化仍在扩展，形势非常严峻，防治荒漠化的任务十分艰巨。会议要求进一步统一思想认识，动员各方面的力量，尽快扭转沙进人退的被动局面，努力开创我国防治荒漠化事业的新局面。

中国荒漠化状况新闻发布会 在进行全国沙漠、戈壁及沙化土地普查和完成《中国荒漠化报告》的基础上，5月8日王志宝副部长举行了中国荒漠化状况中外记者新闻发布会，公布了普查最新结果：我国荒漠化土地面积为262.2万平方千米，占国土总面积的27.3%。全国沙漠、戈壁及沙化土地面积为168.9万平方千米，占国土总面积的17.6%。近年来沙化土地平均每年以2460平方公里的速度在扩展。

防治荒漠化工程建设专题调研 根据中央农村工作领导小组安排，中国防治荒漠化协调小组组织开展了防治荒漠化工程建设问题的调研。成立了以陈耀邦部长和中央农村工作领导小组办公室主任段应碧为顾问，祝光耀副部长任组长、李育才副部长任副组长的调研工作领导小组，从7月初开始，调研组对新疆、青海、甘肃、宁夏、内蒙古、陕西、河北等省（区）进行了调查，利用卫星遥感资料对7个不同类型区的荒漠化土地动态变化进行了分析。形成了《我国防治荒漠化面临的严峻形势和对策建议》的调研总报告和《防治荒漠化工程建设专题调研汇报》材料。

规划编制

1.《遏制荒漠化推进实施方案》。根据国务院姜春云副总理在2月17日听取中国防治荒漠化协调小组工作汇报会上关于“防治荒漠化应有一个长远的、科学的规划”的要求，编制了《遏制荒漠化推进实施方案》，明确了遏制荒漠化扩展的指导思想，制定了阶段目标、方针原则、实施措施等。

2.《全国防沙治沙规划“九五”实施计划》。在《1991～2000年全国防沙治沙规划》的基础上，编制了《全国防沙治沙规划“九五”实施计划》。进一步突出了重点，明确了任务。以林计通字［1997］89号文下发各地执行。

3.《全国生态建设规划》防治荒漠化部分。与计划司配合，编制了《全国生态建设规划》防治荒漠化部分。

联合国开发计划署援助中国防治荒漠化能力建设项目 3月中至4月初，项目评估团赴宁夏、陕西、内蒙古等地进行了实地考察。评估团对项目给予较高评价，认为项目符合实际，操作性强，反映了需要国际社会支持的迫切性。项目于5月通过评估并启动实施。该项目是联合国开发计划署本项目周期批准的第一个项目，总投资150万美元，其中联合国开发计划署援助110万元，中方配套40万元。

项目聘用了4名外国专家和9名国内专家。7月20～22日召开了项目工作计划研讨会，制定了1997～2000年工作计划。11月13～17日举办了中国防治荒漠化高级管理人员防治荒漠化意识培训班。组织宁夏沙坡头、内蒙古鄂尔多斯生态站和中国林科院磴口实验站培训基层技术骨干和农牧民450人。11月27日、28日举办了中国防治荒漠化监测与评价暨数据网络建设研讨会。

《中国荒漠化监测总体技术方案》 制定了《中国荒漠化监测总体技术方案》。明确了荒漠化监测的范围、手段及周期，购置了300多万元的荒漠化监测仪器设备，为启动全国荒漠化监测工作奠定了基础。

《全国荒漠化监测主要技术规定》通过审议 12月27日，林业部科学技术委员会邀请专家，对中国荒漠化监测中心编制的《全国荒漠化监测主要技术规定》进行审议论证，并予通过。

世界防治荒漠化日宣传纪念活动 在全国31个省（区、市）同时开展了防治荒漠化百万人签名活动，签名长卷达1997.617米，并于6月17日在北京长城举办了签名仪式，徐有芳部长出席仪式并发表了重要讲话，联合国驻华有关官员参加了仪式。

防治荒漠化管理中心 经中央机构编委会办公室批准，在林业部设立防治荒漠化管理中心。

（张相辅）

环 境 保 护

【林业可持续发展试验示范区建设】 林业可持续发展试验示范区建设是贯彻落实《中国21世纪议程林业行动计划》的一项重要内容，是实施中国林业可持续发展战略的基地，对研究解决我国林业可持续发展的重大理论和技术问题，探索我国林业实现可持续发展的途径和措施，具有重要意义。7月30日，李育才副部长主持召开会议，成立了林业可持续发展试验示范区建设领导小组，确定了河北省平山县、广东省湛江市、江西省铜鼓县、黑龙江省穆棱林业局作为第一批林业可持续发展试验示范区。随后又将林业部与联合国开发计划署共同开展的“森林可持续经营能力建设、研究与推广”项目设立的中国林业科学研究院亚热带林业试验中心（江西省大岗山）、黑龙江省林业科学研究院五营试验中心及甘肃民乐县（祁连山水源林研究所）3个项目试验区纳入可持续发展试验示范区建设范围，林业可持续发展试验示范区数量由4个扩大到7个。试验示范区的林业可持续发展规划已经基本编制完成。（刘韶辉）

【三峡库区陆生动植物监测】 自1996年9月三峡库区生态环境监测网络启动以来，林业部负责的陆生动植物监测子系统即开展了野外本底调查工作。经过16个月的努力，到1997年12月底，野外本底调查工作基本结束。通过本底调查，基本上查清了三峡库区陆生动物种类、植被类型及其分布；资源性动植物种类；珍稀濒危动物和国家重点保护植物及库区特有动植物种类、数量及分布；库区古大树种数量及状况；搜集整理了动植物种类的文字和图形资料；建立了三峡库区陆生动植物监测信息系统版本1.0；并着手整理三峡库区动、植物名录。（刘韶辉）

森林生态效益·自然灾害

【森林生态系统研究】 随着我国国民经济的快速发展，我国的环境问题日益突出，以林业为主体的生态环境建设也因此受到政府及社会各方面的关注。1997年我国的森林生态系统研究在以下6个方面取得了进展。

森林生态系统能量利用 对鼎湖山季风常绿阔叶林林冠结构与冠层辐射的研究表明（任海等，1997年），该群落的叶面积指数在水平方向的分布是均一的，但在垂直方向上则是非均匀的，整个群落对光能的截取率为96.3%，其中最上层乔木截获了总入射光强的78.28%，下层乔木及灌木层只截获17.83%；另外群落的叶倾角对冠层辐射也有一定影响。对四个杨树无性系在不同温度和相对湿度条件下的净光合速率进行了比较研究（胡新生等，1997年），结果表明其光饱和点、光补偿点、表观光量子产量、气孔传导度和最大的净光合速率对温度和相对湿度的响应特征不同。对农林复合系统光能利用率进行了研究（梦平，1997年），认为多层次结构及空间的充分利用是光合作用率提高的基础。

森林生态系统养分循环 对青冈常绿阔叶林的碳素动态研究结果表明（李铭红等，1997年）：植物群落中碳素含量的变化幅度不大，一般在10%以上。对第二代杉木幼林生态系统生物地球化学循环的研究表明（田大伦等，1997年）：集水区由降水输入的N、P、K、Ca、Mg元素总量为58.110千克/（公顷·年），径流输出为42.290千克/（公顷·年），净积累15.820千克/(公顷·年)，说明集水区杉木幼林生态系统处于输入为主的生态恢复过程。另外石培礼对桤柏混交林的氮素积累与生物循环作了研究。

森林生态系统水分循环 对气候变化对我国森林降水截留规律的可能影响研究结果表明(王兵等，1997年)：就我国总体而言，高、低纬度降水量增加，而中纬度降水减少，到2030年全国森林综合截留量平均增加5.1%。另外王兵等对中国若干森林水文要素地理分布规律作了研究，利用地学模型、GIS等技术对其分布规律作了模拟。张合平等作了杉木林集水区人为干扰的径流。

森林生态系统生物量和生产力 温达志等研究了鼎湖山锥栗＋黄果厚壳桂＋荷木群落的生物量，该群落植被生物总量为295.640吨/公顷，并测出了不同层次的生物量。垂直分配结构，生物量随林分高度级的增加而增加，并列出了生物量排在前十位的物种，对第二代杉木幼林生物量的定位研究结果表明（刘煊章等，1997年），与第一代同龄杉木幼林相比，第二代杉木幼林在生物量、净生产力等方面均减少，减少幅度达31.47%，引起有关人士的高度重视。另外吕勇对长江中上游马尾松林生物量的变化作了研究，姚东和研究了柳杉林生物量的时变特征。

森林生态系统的组成、组分及生物多样性 田大伦等1997年研究了杉木人工林群落特征，按龄级用区系排队法和极点排序法进行了类型划分，共分为7大群落类型，分别阐述了各类型的外貌结构、物种组成等。杜道林等作了栲树种群生态定位动态研究。结果表明：栲树种群为缙云山森林群落演替项目群落常绿阔叶林的优势种群，其生态位宽度随群落演替过程基本呈增长趋势，而资源利用却是∧形。孙伟中等研究了长白山北坡椴树阔叶红松林群落主要树种分布格局。马克平、刘灿然等针对北京东灵山地区植物群落多样性，从几种森林群落的种与多度关系，样本大小对多样性测度的影响，群落组成随海拔梯度的变化等方面作了系统的研究。另外，熊芳等研究了八大公山多样性与物种分布格局。

森林生态系统经营管理 林思祖等1997年作了杉木人工林经营质量管理及选控图应用的研究，根据选控图原理，用214株解析木建立选控系统，结果表明该系统能准确而灵敏地对杉木人工林经营措施进行质量管理。周晓峰等针对黑龙江流域的生态脆弱性提出了相应的林业对策，针对林业上“重取轻予”，使资源过度消耗，生态环境明显恶化的现象，指出转变观念，且采取公平的补偿制度，以充分发挥森林的涵养水源等作用，实现林业的持续发展。（程瑞梅）

【林业受灾情况】 1997年，我国部分省（区）先后发生了不同程度的洪水、干旱等自然灾害，受灾省（区）的林业系统受灾十分严重。截至11月，全国林业系统企事业单位因洪水和干旱造成的直接经济损失达85亿元，其中：水灾损失51亿，旱灾损失34亿元。

进入5月份，广东、广西、云南、江西、福建、浙江等省（区）受西南季风的影响普降大到暴雨，局部地区大暴雨。这次降雨历时长，雨量大，范围广，致使上述地区发生了洪涝灾害，给林业系统的企事业单位造成了一定的经济损失。新疆、贵州、山西等省（区）的林业企事业单位也相继遭受洪水侵袭，经济损失严重，仅新疆林业因洪水造成的直接经济损失达2亿多元。山西平陆林业受灾面积1.6万公顷，直接经济损失达7988万元。贵州苗圃受淹163公顷，新造林地受淹6460多公顷，洪水冲毁林区公路250公里，冲走木材2030立方米，直接经济损失近3亿元。与此同时，江苏、山东两省进入5月份以后降雨明显偏少、气温偏高，出现了大面积的严重旱情，使林业生产受到严重影响，特别是苗圃受旱灾影响很大。江苏滨海苗圃1997年定向培育的10万株沿海防护林良种刺槐苗出苗率仅为30%。山东青岛春季新造林4200公顷，旱死近50%，新建完善林网5.9万公顷，旱死40%左右。不少国有场圃树木、苗木大批死亡，部分地区职工吃水也出现困难，直接经济损失超过8000万元。

面对每年日趋严峻的自然灾害，林业部领导给予了高度的重视。年初李育才副部长对1997年林业防灾抗灾工作就做了批示，要求认真做好抵御自然灾害的准备工作，尽力减少灾害造成的损失，使林业的防灾抗灾工作进一步制度化、规范化。

1997年，林业部为了帮助受灾林区尽快地恢复生产，重建家园，在经费十分紧张的情况下，从自有资金中为受灾省（区）解决救灾经费300万元，及时划拨到受灾省（区）。 （胡元辉）

森林资源保护与林政管理

森林资源保护

【森林资源保护综述】 1997年，林业部继续通过加强法制建设、实施濒危野生动植物拯救工程、深化自然保护区建设和湿地保护管理、加强基础建设和对外合作交流，野生动植物资源保护和森林病虫害防治工作取得新的成效。

法制建设 修改和修订了《国家重点野生植物保护名录》、《国家重点野生动物保护名录》、《陆生野生动物资源保护管理收费办法》等法规文件，拟订、制订或发布了《黑熊养殖利用技术规范》、《鸟类环志技术规程》、《林业部关于抢救病饿大熊猫管理规定》等技术规章。

濒危野生动物拯救工程 大熊猫、朱鹮、扬子鳄、海南坡鹿、麋鹿、高鼻羚羊、野马七大物种拯救工程继续取得进展。大熊猫保护区由实施大熊猫保护工程前的14处增加到25处；卧龙大熊猫繁殖研究中心当年繁殖成活大熊猫幼仔3只，共人工繁殖成活14只，全国人工繁殖成活大熊猫数已达42只。朱鹮从1981年的7只增加到102只；扬子鳄从80年代初从野外引种的200条发展到5000多条；海南坡鹿由80年代初26头发展到700多头；麋鹿在野外已灭绝，自1986年引种79头繁育成功，现发展到600多头；在野外已灭绝的高鼻羚羊，经引种驯化现有30多只；野外已灭绝的野马，1985年至今共引种18匹，现发展到100匹。

自然保护区建设和湿地保护管理 开展了国家级自然保护区评审，向国务院提报8处拟晋升国家级的自然保护区。1997年，林业系统建设和管理的自然保护区574处，面积6100万公顷，其中国家级73处。全球环境基金生物多样性保护湿地项目前期准备工作已经开展，成立了项目指导委员会和项目办公室。香港米埔保护区成为我国第七个列入国际重要湿地名录的保护区。全球环境基金中国自然保护区管理项目稳步推进，已进入加强自然保护区管理、提高机构能力、建立信息系统和支持保护区科研的阶段。全国湿地资源调查、野生动物资源调查和野生植物资源调查继续进行，举办了全国野生动植物资源调查技术培训班。

对外合作与交流 出席了在津巴布韦召开的濒危野生动植物种国际贸易公约第十届成员国大会和在瑞士召开的迁徙野生动物保护公约成员国大会，与湿地国际和日本环境厅在北戴河共同主办了东北亚地区水禽与湿地保护国际研讨会，与美国、德国开展了大熊猫繁殖合作研究，与日本、澳大利亚和俄罗斯分别进行了候鸟及栖息环境保护情况交流和虎的保护合作交流等。有4个保护区被纳入东北亚鹤类保护网络，3个保护区被纳入东亚—澳大利亚涉禽保护网络。

病虫害防治 召开了全国森防工作会议，会议传达贯彻经国务院批准的《关于进一步加强森林病虫害防治工作的决定》，使我国森防工作在政策上有了依据，在资金上有了来源，进入了一个新的发展阶段。制定了《苏、浙、皖三省松材线虫病综合治理总体方案》，加大了对松材线虫病的防治力度。 （刘德望）

森林病虫害防治

【《关于加强森林病虫害预测预报工作的通知》印发】 11月27日，林业部发出通知，要求各地加强森林病虫情的调查和预测工作。一是要定期预报森林病虫情。每年1月底以前，以书面和季度报表的形式，预报本地区全年森林病虫害发生的总面积，主要森林病虫害的发生面积和发生趋势。年底对预报情况作出验证报告和工作总结；对新发现的危险性病虫害疫情，以及大面积暴发的病虫害，要立即报告；各地要固定专人做好预测工作并按规定时间上报；要根据预测情况，建立和完善森林病虫害限期防治通知书制度，实行依法防治。二是要认真落实森林病虫害防治目标管理指标。调查监测覆盖率是森防目标管理指标的重要内容，各地要把总指标层层分解，责任到人，努力扩大调查监测覆盖面，提高监测覆盖率和预测的准确性；对常发性的病虫害，要定期做好调查，对危险性和突发性病虫害，要组织专项调查，力争早期发现，把灾害控制在初发阶段。三是切实加强病虫情调查和预测工作的领导。主管领导要亲自抓，解决测报工作中的实际问题。在安排防治项目，制定防治方案，进行防治决策时，都必须以病虫情调查预测报告为依据。四是应建立健全森林病虫害预测预报网络，加大病虫情调查预测经费的投入。要加强测报站（点）建设，调整充实测报人员；要搞好技术培训，提高人员素质，增加科技含量；要加大测报经费的投入，配备必要的仪器设备，改善测报手段，提高测报的科学性和准确性，提高预测水平。　（蔡炳城）

【林业部重申禁止从日本引进樱花树苗】 自中日建交以来，日本国政府和民间团体向我国赠送和交换的樱花树苗很多，据调查和海关查获的结果，从日本国引进的樱花树苗能携带多种病虫害，如冠瘿病、根腐病、干腐病和介壳虫、蚜虫及植物寄生性线虫等，其中冠瘿病现已被列为国内森林植物检疫对象，其危害寄主相当广泛，常给果树、经济林造成严重损害，为此，林业部曾于1986年发出过《关于禁止从日本引进樱花树苗的通知》。

1997年是中日邦交正常化25周年，日方提出赠送樱花树苗，国内要求引进樱花树苗的单位很多。据海关反映，1997年还有个别地方擅自审批樱花树苗进口，甚至个别人员未经申报，私自将樱花树苗带入海关，给国内检疫工作带来困扰和麻烦。为杜绝危险性病虫害传入我国，林业部再次重申禁止从日本引进樱花树苗，并明确规定各省（区、市）森林病虫害防治检疫部门不具有审批从日本引进樱花树苗的权力，对违反规定的，要追究有关领导的责任。如为表示友好，可请日方另选适合我国生长的经济林木或观赏树种（松树除外），予以赠送。　（郭立新）

【森林植物检疫】 自国务院发布《植物检疫条例》以来，我国森林植物检疫（以下简称森检）事业迅速发展，森检队伍不断壮大，森检网络初具规模，对于防止危险性病虫害的传播蔓延、保护我国林业生产安全发挥了很大作用。但是，我国森检事业仍然面临着森检机构不够健全，检疫人员不够稳定，设备落后，交通工具匮乏，达不到准确、快速、简便、高效的检疫要求；森检人员执法不严；非法调运林木、种子、苗木，造成危险性病虫害的传播蔓延。近些年来，随着我国改革开放，与国外交往日益频繁，境外引种的单位和个人逐年增多，加大了危险性病虫害传播蔓延的机会和可能性。为保护我国森林资源安全，加强森检工作势在必行。

1997年3月，全国人民代表大会重新修订了《中华人民共和国刑法》，对动植物检疫机关的检疫人员徇私舞弊和玩忽职守行为构成的犯罪，作出了明确规定，对包括森检人员在内的检疫人员严格执法提出了更高的要求。林业部以新《刑法》的颁布为契机，发出了《关于进一步加强森林植物检疫工作的通知》，要求各地要切实加强对森检工作的领导，加大森检法规宣传力度，真正把森检工作当做一件大事来抓；强调要规范森检行政执法和执法监督行为，在执行森检任务和查处案件时，坚决禁止乱收费、乱罚款、滥用职权、徇私舞弊、玩忽职守、行贿受贿的不良行为，做到有法可依，执法必严，违法必纠，树立良好的职业形象；提出要强化产地检疫和调运检疫管理，重申在重大疫情发生区，经省（区、市）人民政府批准，在未设木材检查站的交通要道，可以依法设立森检检查站，开展森检工作；还要求各地加强森检科学研究和森检人员的岗位培训，增加森检工作的科技含量，提高森检人员素质和森检水平。　（郭立新）

【《美国白蛾预测预报办法》发布】 8月28日，林业部办公厅印发了《美国白蛾预测预报办法》，发送美国白蛾发生区的有关省（区、市）林业厅（局）执行。

美国白蛾是一种可危害200多种植物，食性杂的检疫害虫，目前虽只在我国的局部地区发生，但仍在继续扩散、蔓延。

《办法》分为虫情普查、系统虫情调查和预测方法三部分。虫情普查是根据美国白蛾的生物学特性，规定了普查时间、次数，普查的地点，普查树种，普查的方法，以及发生面积的统计和普查材料的汇总等，普查着重于查清美国白蛾的发生地区，发生面积等，供基层测报员、虫情调查人员调查虫情使用。系统虫情调查主要是设立若干固定标准地，系统观察各虫态的发生期、发生量，以及各虫态的死亡因子等，积累系统虫情资料，供重点测报站、点进行虫情调查和预测使用。预测方法中介绍了发生期、发生量的预测方法。　（蔡炳城）

【《国内森林植物检疫收费办法》修改意见】 《国内森林植物检疫收费办法》（以下简称收费办法）是1988年由林业部、财政部、国家物价局联合发布实施的，为补充森林植物检疫（以下简称森检）执法事业发展的资金来源起到了重要的作用。近年来，各地森检部门遇到了一些《收费办法》无法解决的困难和问题，尤其是收费标准太低，造成森检事业收不抵支，已影响到正常执法工作；同时，随着植物检疫事业的发展，《收费办法》中的部分条款已不符合新修改的《植物检疫条例》、

《植物检疫条例实施细则（林业部分）》的规定。

为搞好提高森检收费标准工作，1997年林业部在认真总结经验和广泛征求各省（区、市）森检部门意见的基础上，向国家计委和财政部提出了关于修改《国内森林植物检疫收费办法》的意见。在意见中，提出了应提高森检收费标准问题；对《收费办法》中部分过时条款予以删除，增加补充一些与新修订的《植物检疫条例》和《植物检疫条例实施细则（林业部分）》的相关内容问题；修改在实际工作中不利于操作的关于产地检疫的收费规定，明确规定实施产地检疫可以收取产地检疫费，将危险性病虫害控制在调运之前；还提出应对检疫管理环节中的境外引种疫情监测和复检进行收费的规定。（郭立新）

【森林病虫害实行工程治理】 为了进一步贯彻落实经国务院批准的《关于进一步加强森林病虫害防治工作的决定》和全国第三次森林病虫害防治工作会议精神，扭转"灾后救灾"、"非计划性抗灾"的被动局面，遏制森林病虫害发生日趋严重的势头，保护森林资源，促进林业建设的健康持续发展，林业部提出了对全国主要森林病虫害实行工程治理的意见。

森林病虫害工程治理以生态意义重大的防护林、特种用途林和经济价值高的用材林、经济林为保护重点，采用综合技术手段和工程项目管理办法，有计划、有步骤地对危害严重、发生普遍或危险性的病虫鼠害实行预防为主，综合治理，并通过以点带面、逐步推广的方式，把森林病虫灾害损失减少到最低程度，达到持续控灾减灾的目的。

森林病虫害工程治理项目坚持"谁经营、谁防治"的责任制度，执行分级审批、分级管理，先作试点，逐步建立起国家、省（区、市）两级森林病虫害工程治理项目管理体系。国家级森林病虫害工程治理工作由林业部统一部署和领导，项目有关省、市、县要成立相应的项目领导机构，负责工程治理的指挥、协调、指导和日常管理。工程治理项目管理强调生产环节和行政管理上的协调统一，要分析并找出林业生产各环节上导致病虫害严重发生的主导因素，提出相应的调整和改进措施，并纳入项目中实施。根据《森林病虫害防治条例》和中央、地方事权划分原则，工程治理项目资金以地方投入为主，国家适当补助，要建立多渠道、多层次、多形式的资金筹集机制，以确保治理工作的顺利完成。（吴　坚）

自然保护区建设

【九寨沟、丰林自然保护区加入国际生物圈保护区网络】 1997年，四川九寨沟和黑龙江丰林国家级自然保护区被联合国教科文组织批准加入国际生物圈保护区网络，至此，我国参加该网络的保护区达到14个，其中10个自然保护区属林业系统。自1971年，联合国教科文组织发起建立国际生物圈保护区网络后，截至1997年，共有87个国家的352个保护区参加。

此次加入该网络的九寨沟保护区位于四川省，总面积64 297.3公顷，由区内的九个藏族村寨得名，以保护大熊猫、金丝猴等珍稀野生动物及其自然生态环境为主，是我国著名景区。整个景区由118个高山湖泊组成，并有飞瀑、彩泉、钙化倒木等奇观，风光秀美奇绝，被称为"童话世界"。丰林保护区位于黑龙江省伊春市，总面积18 165.4公顷，是东北亚天然红松林分布带的中心区域，以保护原始阔叶红松林生物地理群落及环境为主，并有马鹿、驼鹿、猞猁等国家保护物种栖息。红松占整个树木总量的74.5%，平均林龄达到220岁，素有"红松故乡"之称。（周志华）

【大熊猫放归野外可行性国际研讨会】 由林业部主办、世界自然基金会协办的大熊猫放归野外可行性国际研讨会于9月25～29日在四川省卧龙国家级自然保护区召开，近50位代表出席会议，其中包括来自中国、加拿大、美国、南非等国的19位著名生物学家。该研讨会围绕大熊猫放归野外的可行性，就动物放归的概念和要求，大熊猫保护、研究和管理现状，其他物种的野外放归研究经验等进行了讨论，并形成了会议报告。报告认为，目前的保护工作重点是加强对野生大熊猫种群和栖息地的保护及研究，放归野外不是优先的，建议采取一系列行动来推进大熊猫保护。这次会议全面总结了近5年来的大熊猫保护、管理和科研状况，科学解答了大熊猫放归野外的可行性问题，向国际社会宣传了我国政府在保护大熊猫方面取得的大量成就，加强了林业部门与国际社会的交流合作，并为今后大熊猫保护工作提出了一系列有重要价值的意见和建议。（周志华）

【香港米埔成为中国第七块国际重要湿地】 香港米埔湿地自然保护区位于香港特别行政区新界西北部，北纬22°29′～22°31′，东经113°59′～114°03′，总面积1500公顷，由广泛的泥滩地及其周围的红树群落，以及沿海的虾、鱼塘组成。内栖息有鸟类250种，其中有涉禽46种。冬季迁徙鸟达15万只，包括占全球总数16%的黑脸琵鹭和近5%的黑嘴鸥。该湿地保存了南中国渐绝迹的红树群落，是香港现有最大的红树沼泽，在我国珠江三角洲具有重要的生物和生态作用。

1975年，香港野生动物保护法将米埔定为受保护湿地，由香港渔农处主管。1995年9月，米埔湿地被列入《关于特别是作为水禽栖息地的国际重要湿地公约》(以下简称《湿地公约》中的《国际重要湿地名录》。1997年7月1日香港回归后，联合国教科文组织正式确认《湿地公约》继续适用于香港特别行政区，香港米埔湿地在《湿地公约》中的身份也转入中华人民共和国名下，成为我国继吉林向海、黑龙江扎龙、江西鄱阳湖、湖南东洞庭湖、海南东寨港、青海湖鸟岛之后的第七块国际重要湿地。　　(张　旗)

野生动植物保护

【野生动植物进出口管理】　1997年，国家濒危物种进出口管理办公室在野生动植物进出口管理方面开展了各项工作：

1.17个办事处完成组建任务，并陆续开展工作。

2.做好野生动植物进出口管理。严格按照《濒危野生动植物种国际贸易公约》(以下简称《公约》)和我国法律、法规的规定，办理进出口批文500多份，核发各种允许进出口证明书1200多份。对养熊业、狍子、蛇类、灵长类的贸易情况进行调查；对大宗贸易物种兰花、云木香、西洋参的产区进行了调查，提出解决处理有关问题的意见。按照财政部、国家税务总局和海关总署的有关文件，办理种用野生动植物进口免税手续。对无证进口西洋参等，非法猎杀走私藏羚羊、猎隼的案件进行了调查处理。

3.加强野生动植物进出口管理的基础建设。与海关总署共同组织编印《进出口野生动植物种商品目录》，使我国的野生动物进出口第一次纳入海关商品目录，为进出口进行有效的监管打下了基础。与有关部门共同协作，建立野生动植物进出口管理数据库。对全国经营野生动植物及其产品的进出口单位进行调查备案。

4.召开全国野生动植物进出口管理工作会议。为认真总结交流改革开放以来我国野生动植物进出口管理工作的经验，进一步加强进出口管理工作，提高我国的履约水平，12月下旬在北京召开了全国野生动植物进出口管理工作会议。

5.深入开展宣传教育工作。为认真履行《公约》，组织编印出版《濒危野生动植物种国际贸易公约及有效决议汇编》及第十届公约大会确定的动植物保护名录。组织编印出版《中国珍贵濒危动物》、《中国哺乳动物分布》。为扩大宣传教育效果，与中央人民广播电台联合举办《野生动物知多少》的连续广播，在《中国林业报》、《民族画报》组织专版，开展濒危物种进出口管理及国家保护野生动物的系列宣传报道。

6.参加第十届《公约》大会及其他涉外活动。6月，以王志宝副部长为团长，中国代表团出席了第十届公约大会。接待了香港《公约》管理机构代表团来访。就中美两国公约管理机构履约问题，赴美考察，进行交流探讨。派员参加了与执行《公约》有关的一系列国际会议。　　(施光孚)

【国内鸟类专家考察珍禽朱鹮】　朱鹮是曾广泛分布我国东北部、朝鲜半岛及日本。自本世纪三四十年代数量急剧减少，我国自60年代之后的20余年未见其踪影。1981年5月我国科技工作者在位于秦岭南麓的陕西洋县姚家沟村重新发现了7只朱鹮，这一发现立即在国内外引起轰动。

在林业部和地方林业部门的共同努力下，朱鹮的栖息地得到有效保护，种群数量已增加到100余只，在北京和洋县初步建立了人工种群。5月中国野生动物保护协会与陕西省野生动物保护协会共同组织国内12名鸟类专家，对陕西洋县朱鹮种群现状及保护管理情况进行了为期6天的专业考察。专家们对朱鹮拯救工作取得的成效，给予了高度评价。认为朱鹮种群的初步恢复，是陕西省和当地自然保护工作者辛勤工作的结果，是我国在拯救濒危野生动物方面做出的巨大贡献，也在我国和世界自然保护历史上写下了光辉的一页。但种群的初步恢复并没有解除朱鹮的濒危状况，特别是当前朱鹮的栖息环境还没有得到根本的改善，关系到种群发展的许多生物学方面的问题还有待深入研究，今后的保护工作仍然十分艰巨。　　(李玉铭)

【我国从非洲引进观赏动物】　我国从90年代初开始到1997年底，已建成深圳、秦皇岛、上海、海南、大连、番禺野生动物园。为了满足野生动物园建设的需要，1997年经林业部批准，中国野生动物保护协会在中国驻坦桑尼亚大使馆、国家动植物检疫局、国家濒危物种进出口管理办公室的大力协助下，成功地从坦桑尼亚引进了一大批观赏动物。

这次引进动物是以两国政府间合作进行的，具体实施由中国野生动物保护协会和坦桑尼亚国家野生动物公司合作进行。共引进长颈鹿15只、非洲象9只、狒狒15只。

这次直接从非洲引进动物对发展我国野生动物园和城市动物园建设事业具有三个方面的重要意义，一是结束了我国所需的非洲展出动物长期用我国国产珍稀动物进行交换的历史，对保护我国珍稀特产动物具有重要意义；二是从非洲原产地引进动物对调换我国

现有非洲观赏动物的血缘，复壮种群具有独特的好处；三是解决了一家动物园无力直接从非洲引进动物的困难。 （宋慧刚）

森林防火

【森林防火综述】 1997年，全国森林防火工作取得了很大成绩，全国森林火灾次数和损失大幅度下降。全国共发生森林火灾2465次，其中森林火警1483次，占60.16%，一般森林火灾980次，占39.76%，重大和特大森林火灾各1次，分别发生在四川省和内蒙古自治区。森林火灾发生率（每10万公顷森林面积发生森林火灾次数）全国平均为1.7次。全国受害森林面积35 440公顷，森林火灾受害率为0.3/1000。因森林火灾死亡12人，受伤81人。与1996年相比，森林火灾次数下降了53.5%，其中重大森林火灾下降了90%，特大森林火灾下降了66.7%。受害森林面积下降了76.5%。

领导重视，工作抓得更加扎实 3月，国务院在吉林省召开了全国森林防火工作现场会，李鹏总理专门批示：森林防火事关重大，要实行管区负责制。姜春云副总理亲临会议并作了重要讲话，全面总结分析了近几年来我国的森林防火工作，肯定了成绩，总结了经验，指出了问题，对我国今后一个时期森林防火工作进行了全面部署。1997年，全国政协还首次组织80多位常委、委员，分别由万国权、何鲁丽副主席带队，考察了内蒙古、黑龙江、云南、广西4省（区）的森林防火工作，为促进全社会关心森林防火，督促各地政府进一步强化森林防火工作，发挥了重要作用。国务院各有关部门切实负起责任，认真研究解决森林防火工作中的一系列重大问题，在防火投入、航空护林飞机、铁路公路运输、通信保障及气象服务等方面做了大量工作。解放军、武警官兵和公安干警积极参加扑火战斗，已经成为森林防扑火的生力军。

地方各级人民政府全面贯彻国务院的部署，切实把森林防火工作作为林区的第一件大事、第一位任务、第一项职责，纳入了日程，摆上了位置。认真落实森林防火行政领导负责制，层层签订责任状，职责清楚，任务明确。各级主要领导亲自抓，分管领导具体抓，平常坚持带班坐阵，发生火灾后亲自组织指挥，把各项责任落到了实处。

突出教育，防火宣传更为深入 各地以全国森林防火工作现场会和吉林省连续16年无重大森林火灾的经验做法为主题，以大兴安岭“五六”特大火灾10周年为借鉴，围绕《森林法》和《森林防火条例》，加大宣传力度，大造防火声势，规模和影响都是空前的。春防期间，国家组织了环保世纪行森林防火采访团，深入林区采访，宣传先进经验，报道成功做法，追踪薄弱环节，在林区引起了很大震动。中央各大新闻单位随同全国政协考察团深入各地，集中宣传报道了森林防火工作，在全国产生了极大影响。中央电视台、中国林业报社等适时制作、播发和刊载火险天气预报和森林防火的宣传文章，增强了森林防火宣传的时效性。

各地把宣传教育工作看作是最关键、最重要的环节，摆上了森林防火工作的重要日程。通过广播、电视、报纸、标语和开展防火宣传月、反思周、防火旗传递等各种方式方法，大力宣传森林火灾的危害性和森林防火的重要性，宣传野外用火的各项规章制度和基本常识，宣传对火灾肇事者的处罚规定和典型案例，宣传吉林省连续16年无重大火灾的经验，宣传大兴安岭“五六”特大火灾血与火的惨痛教训，在全社会形成了浓厚的森林防火氛围，激发和坚定了广大干部职工做好森林防火工作的热情与信心。

强化预防，火源管理更加严格 各地针对我国森林火灾95%以上都是人为造成的实际，以人为重点，狠抓了各项火源的管理。一是严格落实各项火源管理措施。防火期内，各地把严格执行火源管理制度当作第一位的工作，采取巡护、清山、设防、堵卡、签合同、用火审批和联防联保等行之有效的措施，使野外火源得到了比较有效的控制。二是狠抓了重点时期和重点部位的防火工作。各地为了确保这些易出问题的时期和部位不发生问题，舍得下硬功夫，使笨办法，用死看死守或封山、封路、封沟的方式，确保各项制度和措施的落实。

由于近年来野外火源呈明显上升之势，各地在狠抓野外火源管理的同时，以可燃物管理为重点，狠抓了阻隔林火蔓延能力的提高。一是积极稳妥地开展了林内计划烧除工作。各地采取物候点烧和跟霜点烧等办法，在火源管理难度较大的林区和重点经济林及原始林区，对林内或林缘的草塘沟、草甸子、荒地等积极实施可燃物计划烧除工作。二是加快了生物防火林带工程建设步伐。据统计，年内各地按照《全国生物防火林带工程建设规划》，新增生物防火林带4万多千米，全国目前共建成生物防火林带已达32万多千米。三是大力开展了防火隔离带的开设工作，各地结合本地实际，积极开设林农、林草、林间、边境防火隔离带，年内共机耕和火烧开设防火隔离带3.6万多千米，目前已累计建成防火隔离带18万多千米。林内可燃物计划烧除和生物防火林带、防火隔离带建设，在阻止林火蔓延上发挥了十分有效的作用，已逐步成为保护森林资源免受火灾侵害的人为屏障，大大增强了预防工作的主动性。

重点投入，防御能力显著提高 从中央到地方普遍加大了森林防火投入力度。据统计，年内全国共投入森林防火设施建设资金4.4亿元，新建防火瞭望台547座，增配无线电台5534部，风力灭火机1.5万台，开设防火隔离带和修建防火公路近12万千米，使森林防火基础设施建设和装备水平得到了很大改善。

按照姜春云副总理关于“先急后缓、突出重点”的指示精神，在加强面上建设的同时，按项目管理，重点加大了对重点部位、关键环节的投入。一是大力强化了卫星林火监测系统。利用气象卫星监测森林火灾，省时、省工、省力，准确率高。集中近900万元资金，建成了西南、西北两个监测分中心，为140多个重点省、地、市配备了监测终端，在火情监测上发挥了巨大作用。二是重点增加了抗御重大森林火灾能力的投入。采取国家投入、地方配套的办法，组织重点省（区）统一订购了全天候森林防火综合通信指挥车4辆，载人载水履带式森林消防车10辆，并于当年投放重点林区使用。为6个航空护林站建设了飞机化学灭火地面设施，并在东北、内蒙古林区增加了两个化学灭火机群，大大提高了扑救大火的能力和水平。三是大力强化了专业扑火队伍建设。按照全国森林消防队伍建设规划，林业部划出专项资金重点扶持，各地按照“以县建队，队建基地，劳武结合，以劳养武”的原则，年内新建了300多支扑火队，使全国专业扑火队数量达到1171支。

加强管理，部队建设不断增强 为进一步加强部队建设，1997年林业部武装森林警察办公室组织了武装森林警察（以下简称森警）部队首次防扑火理论研讨班，编印了《森警部队防扑火理论研讨班材料汇编》和《森警部队安全工作手册》。各森警总队按照武警总部的统一部署，结合部队的实际情况，严格训练，严格管理，狠抓教育，在党的建设、政治教育、干部管理、军事训练、行政管理及后勤保障等各项工作中都有明显的进步，部队官兵思想稳定，上下团结，战斗力旺盛。在春秋两防扑灭森林火灾的战斗中，森警官兵发挥了“突击队”和“尖兵”作用，特别在扑救内蒙古特大森林火灾的战斗中，用特有的“火场精神”，再一次证明了森警部队的不可替代作用。1997年，通过大力开展飞机化学灭火、吊桶灭火等，航空护林建设进一步加强，作用更加突出。（王汉忠）

森 林 火 灾

【1997年全国森林火灾情况】

森林火灾次数 1997年全国共发生森林火灾2465次，其中受害森林面积1公顷以下的森林火警1483次，占火灾总次数的60.16%；受害森林面积1公顷以上不足100公顷的一般森林火灾980次，占火灾总次数的39.76%；受害森林面积100公顷以上不足1000公顷的重大森林火灾1次（发生在四川省），占火灾总次数的0.04%；受害森林面积1000公顷以上的特大森林火灾1次（发生在内蒙古自治区），占火灾总次数的0.04%。

受害森林面积 1997年，全国森林火灾受害森林面积35 440公顷，其中原始林1588公顷，占4.48%；人工林6968公顷，占19.66%；其余为次生林。

人员伤亡情况 1997年，在森林火灾中受伤（含轻伤、重伤）81人，死亡12人。

“四率”情况

1. 森林火灾发生率（10万公顷森林面积发生森林火灾次数）全国平均1.7次。

2. 森林火灾受害率（火灾受害森林面积同森林总面积的千分比）全国平均0.3/1000。

3. 森林火灾控制率（每次森林火灾受害森林面积）全国平均15.2公顷/次。

4. 森林火灾案件查处率（已查明火因并处理的森林火灾次数与森林火灾总数的百分比）全国平均64.7%。

森林火灾原因分析 已查明火因的森林火灾2037次，占全年森林火灾总数的82.64%。

1. 生产性用火引起森林火灾973次，占已查明火因火灾的47.77%。其中烧荒引起森林火灾792次，占38.88%。

2. 非生产性用火引起森林火灾993次，占已查明火因火灾的48.75%。其中野外吸烟引起373次，占18.31%；上坟烧纸引起132次，占6.50%；小孩玩火引起122次，占5.99%；取暖做饭引起110次，占5.40%；痴呆弄火引起91次，占4.47%。

3. 纵火引起森林火灾33次，占已查明火因火灾的1.62%。

4. 雷击火和其他自然火引起森林火灾16次，占已查明火因火灾的0.79%。

森林火灾情况综合分析

1. 1997年森林火灾总数比1996年和1988～1996年9年平均值分别下降了53.5%和69.3%。

2. 森林火灾受害森林面积比1996年和1988～1996年9年平均值分别下降了76.5%和35.2%。

3. 在森林火灾中受伤人数比 1996 年和 1988～1996 年 9 年平均值分别下降了 31.4%和 65.2%，死亡人数比 1996 年和 1988～1996 年 9 年平均值下降了 86.7%和 80.9%。

4. 由于森林火灾次数的大幅度下降，使森林火灾控制率比 1988～1996 年 9 年平均值上升了 1.1 倍。

5. 1997 年森林火灾案件查处率比 1996 年下降了 3 个百分点，比 1988～1996 年 9 年平均值分别上升了 12.6 个百分点。

6. 1997 年引起森林火灾的主要原因仍是烧荒炼山、野外吸烟、小孩玩火、上坟烧纸、野外取暖做饭，生产性用火和非生产性用火引起的森林火灾比例大致相同。

1997 年的森林火灾次数和受害森林面积明显低于往年，一方面是由于各地坚决贯彻全国森林防火现场会议精神，深入学习吉林省 16 年无重大森林火灾的先进经验，加大了预防和扑救森林火灾的工作力度；另一方面，由于部分省（区）森林火险等级较低，恶劣性的天气较少，从客观上给森林火灾的预防工作创造了一些有利的条件。

1997 年森林火灾统计表

地区	森林火灾数(次)					火场总面积(公顷)	受害森林面积(公顷)			损失林木		人员伤亡				其他损失折款(万元)	出动扑火人工(工日)	出动车辆(台)		出动飞机(架次)	扑火经费(万元)
	计	森林火警	一般火灾	重大火灾	特大火灾		计	其中：原始林	其中：人工林	成林蓄积(立方米)	幼林株数(万株)	计	轻伤	重伤	死亡			计	其中汽车		
全国合计	2465	1483	980	1	1	82 980	35 440	1588	6968	192 236	1801	93	74	7	12	1353	498 739	17 977	15 021	396	2103
北京	11	9	2			64	7		7	16	1						1365	63	63		3
天津	5	5				2											200	8	8		
河北	19	15	4			442	112		112	40	2					9	6000	316	276		7
山西	17	4	13			837	392		392	9814	5					59	24 230	749	465		84
内蒙古	11	9	1		1	58 012	26 112		12								6531	434	401	313	677
辽宁	31	28	3			77	42		42		6						4350	293	271		7
吉林	28	21	7			340	234	68	60	14 763	6					203	6686	404	390	7	76
黑龙江	56	51	5			1792	208	163	39	487	7					28	11 244	567	567	57	59
上海	1	1															10				
江苏	83	76	7			330	103		103	2269	18	5	4		1	17	15 695	579	575		91
浙江	234	63	171			1840	1049	309	740	17 415	151	5	5			12	24 038	613	535		41
安徽	16		16			173	120	4	116	506	25					44	1865	61	56		3
福建	167	21	146			2277	1701		1690	22 424	265	1			1	9	37 376	808	556		64
江西	120	63	57			1 744	600	181	419	5116	69	1			1	26	27 404	621	538		30
山东	58	34	24			305	189		189	765	22					20	12 039	489	471		5
河南	7	7				15	1		1	100							515	64	64		3
湖北	69	47	22			339	193	57	136	895	609					10	9332	211	193		6
湖南	98	44	54			541	221	8	183	3524	23	1	1			9	10 973	386	382		19
广东	181	46	135			1988	1061	1	911	11 269	110	2	2			27	42 887	2928	1691		109
广西	148	70	78			2475	599		563	7394	105	5	1	1	3	104	22 652	1237	733		44
海南	21	15	6			77	42		42	73						1	1574	56	37		3
重庆	165	128	37			686	452	28	423	17 488	71	11	8	1	2		46 721	1449	1311		
四川	267	246	20	1		2283	402	219	183	41 243	33	8	6	1	1	256	59 959	1255	1135	9	154
贵州	273	199	74			1291	540	14	339	8377	82	3	3			113	12 793	561	548		8
云南	221	178	43			3003	350	59	99	6493	87	1			1	4	48 100	1407	1365	10	112
西藏	9	6	3			183	58			3213	58						6190	345	345		66
陕西	76	46	30			945	316	205	112	7227	34	8	7		1	142	42 508	958	935		100
甘肃	17	16	1			98	20		8	1271	3	3	1	1	1	14	1303	30	27		6
青海	2		2			30	19	11	8	1762	3	4	2	2			8830	790	790		32
宁夏	4		4			49	38		38	214	5						280	6	4		1
新疆	50	35	15			743	262	262		8079	1	35	34	1		243	5089	289	289		293

（周俊亮）

【内蒙古绰尔林业局特大森林火灾】 5月2～11日，内蒙古大兴安岭林管局绰尔林业局敖尼尔林场（东经121°22′45″，北纬47°40′08″），因拖拉机跑火引发森林火灾，后波及呼伦贝尔盟柴河林业局和扎兰屯林业局，酿成特大森林火灾。

在扑火过程中，共投入兵力6181人，其中武装森林警察2115人；动用飞机9架，飞行近313小时；出动各种车辆385台；风力灭火机671台；花费扑火费用1675.6万元。

据调查，火场过火面积约5.8万公顷（其中柴河林业局过火面积约3.9万公顷，扎兰屯林业局过火面积约1.2万公顷，绰尔林业局过火面积约0.7万公顷），受害森林面积2.61万公顷。

这次扑火救灾工作得到了国务院、林业部、内蒙古自治区以及地方各级政府和有关部门的高度重视和大力支持。姜春云副总理、罗干国务委员和刘济民副秘书长非常关心火灾的扑灭工作，分别对扑火工作做了重要指示。徐有芳部长、王志宝副部长和森林防火办公室全体人员昼夜值班，上传下达，祝光耀、李育才副部长和部级巡视员蔡延松先后赶赴火场协助指挥扑火。

（尹帮林）

森林防火体系建设

【1997年春季森林防火形势分析会】 2月13日，林业部在北京召开了春季森林防火形势分析会，东北、内蒙古和南方部分重点林业省（区）林业厅和森工企业主管森林防火的负责同志，以及国家气象中心，林业部南方、北方森林防火协调中心和科研、教育单位的有关专家出席了会议。祝光耀副部长到会听取了各地汇报，并作了讲话。

会议对1997年的森林防火形势，包括天气情况、林区自然和社会情况进行了全面认真的分析。1997年春季森林防火的天气形势是，前期降水多，后期十分不利；林区可燃物不断积累，森林火险等级较高；林区生产生活用火迅速增加，存在着重大森林火灾隐患，森林防火形势依然严峻。

从天气情况看，3～5月份，东北、华北和西南大部及新疆北部气温偏高，长江上游大部、东北北部和北疆降水偏少两成左右，气温偏高1℃，且变化剧烈，有明显高温时段，大风次数多，且风力大，高火险日数增多，由于受贝加尔湖气旋影响，爆发性灾害天气时有发生。春防前期比较安全，4月20日至5月末不容乐观。加之天体活动异常，1997年又是火灾周期年，在次生林区和浅山区有发生森林大火的可能性，深山区和大林区相对安全一些。

从林情看，重点林区由于多年没有发生大的森林火灾，林内易燃物不断增加，特别是1996年夏秋降水偏多，林区杂草茂盛，多数地方林内可燃物已超过发生森林大火的界限值；加之1996年冬北方降雪早，秋季烧除防火线多数未能完成任务，在恶劣天气条件下，一旦起火，极易酿成大灾。

从社会情况看，由于多年未发生大火，一些人思想轻敌麻痹；随着林区开发，各类火源明显增加；林区经济危困，森林防火投入不足，森林防火设施设备欠账多；因地方政府换届和机构改革，防火新人多，防火工作经验不足，加上林区经济困难，下岗人员多，一些地方职工队伍不稳，组织群众扑火难度加大。

经分析认为，1997年春季东北、内蒙古重点国有林区森林防火形势严峻，四川甘孜、阿坝、凉山三州，新疆阿尔泰等局部地区火险等级较高，其他地区较平稳。

祝光耀副部长针对1997年的春季森林防火形势，要求各地统一思想，加强领导，重点抓好六项工作：即抓宣传教育，思想认识到位；抓组织动员，领导责任到位；抓火源管理，预防措施到位；抓装备设施，物资准备到位；抓培训演练，扑火队伍到位；抓积案处理，依法治火到位。（王　栋）

【中俄双方就执行《中俄森林防火联防协定》举行首次会晤】 《中俄森林防火联防协定》于1995年6月26日修订生效后，我国政府对落实《协定》工作非常重视，采取措施积极开展工作，在黑龙江、吉林、内蒙古3省（区）建立了绥芬河、虎头、抚远、嘉荫、黑河、呼玛、连崟、珲春、满洲里、吉拉林等10处联防联络站。

1997年8月5～8日，中俄双方在俄罗斯联邦阿木尔州布拉戈维申斯克市举行了首次会晤。会晤期间双方互通了中俄边境地区森林防火情况和建立联防联络站情况，并对双方联络站定期会晤、紧急会晤的时间、方式等问题做了商讨，原则定于1998年在中国举行第二次会晤。最后，双方代表团签署了《会议纪要》，并对首次会晤所取得的成效表示满意。（周俊亮）

航 空 护 林

【综 述】 1997年，东北和西南林区共租用飞机72架。

东北、内蒙古12个航站春秋两个航期共租用民航和解放军航空兵部队飞机64架(固定翼飞机29架，直升机35架)。总飞行时间4070小时(固定翼飞机飞行2471小时，直升机飞行1599小时)。直升机机降1327次，机降扑火队员5068人次，运送扑火物资155吨。固定翼飞机巡护发现火情94起。春航期间组织了两个化学灭火机群，共租用M-18、Y-5和AS-350飞机10架，对大小兴安岭林区火场进行了空中洒灭火剂直接灭火。化学灭火机群对12个火场实施灭火作业32群次112架次，喷洒82-3型航空化学灭火剂约125吨，直接扑灭火线6000米，阻火带约3100米，对快速扑灭火灾减少森林资源损失发挥很大作用。

西南航空护林总站下属6个航站共租用8架飞机(固定翼飞机2架，直升机6架)。总飞行时679小时(直升机491小时，固定翼飞机188小时)。航期共发现和参与58个火场扑救工作，对9个火场实施机降，运送扑火指挥员14人次，扑火队员102人次，空投物资900千克，投撒森林防火宣传单413万份。

全国航空护林18个航站(11个航站属于民航、部队、航空护林合用，7个航站属于航空护林单独使用)地面保障工作多年来都是由民航和部队保障，为了加强对航空护林工作的管理、提高航空护林的效益，黑龙江省嫩江航站经省林业厅和林业部森林防火办公室同意，将民航保障的地面航站接收管理，经过1997年一年的试管理，现已能独立完成航空护林的调度、气象、油料、充电等地面保障工作。 (曹国良)

武装森林警察

【综 述】 1997年，武装森林警察(以下简称森警)部队狠抓领导班子和基层建设两项工程，大力加强政治思想，执勤训练，行政管理，后勤保障等各项工作，圆满完成以森林防火灭火为中心的各项任务，全面加强了部队建设。森警部队全年共扑灭火警火灾328起，其中特大森林火灾4起，重大森林火灾7起，一般森林火灾143起，当日扑灭率91.8%。

1. 思想政治建设进一步加强。部队把加强理论学习作为加强政治建设的头等大事来抓，部队的思想理论水平和政治觉悟有了明显提高。同时加强了干部队伍建设，加强了警民共建、拥政爱民等项工作，部队的政治素质有了进一步提高。

2. 各级党委、领导班子战斗堡垒作用进一步加强。及时配齐和调整了支队以上领导班子。各级党委、支队以上领导班子加强了学习和廉政建设，认真贯彻了民主集中制和党委集体领导下的首长分工负责制，加强了作风纪律建设。各级领导班子内部讲团结、讲奉献，顾大局，坚决和党中央保持一致，成为带领部队建设的带头人。

3. 训练工作日趋正规，训练质量明显提高。部队依据森警部队实际情况制定的《军事训练大纲》和《军事训练工作若干规定》实施训练，使训练工作更加贴近部队、贴近实战，从而取得了较好的效果。年初在全国森林防火工作现场会上，吉林森警部队进行了扑火演练，部队英勇顽强，能打善战，得到了姜春云副总理的肯定和高度赞扬，为森警部队赢得了声誉。7月4～15日，在烟台市举办了有65人参加的首次防扑火理论研讨班。

4. 管理严格，正规化秩序良好。狠抓了部队作风纪律，落实各项规章制度，部队执勤、训练、工作、生活秩序日趋正规。同时继续深入开展无执勤事故、无行政责任事故、无刑事案件的“三无”评比竞赛活动，事故和案件大大减少，从而保证了部队稳定和各项任务的完成。部队全年发生行政责任事故和刑事案件4起，比年平均数下降40%，其中吉林、云南总队实现了“三无”，被评为1997年先进单位。

5. 后勤建设进一步加强，基层建设有了一定的基础。随着经费渠道的逐步理顺，森警部队后勤建设得到进一步加强。在现有资金的情况下，精打细算，开源节流，加强管理，保证重点执勤工作和基层建设。部队中住房难、吃水难、吃菜难、看病难等问题得到了较好解决，干部战士的物质文化生活有了较大改善。基层建设水平较过去有了明显提高。目前，各总队、支队普遍建立了农场、生产基地，各大队、中队积极发展农副业生产，70%以上单位达到了肉菜自给，做到了保障有力。

总之，1997年森警部队呈现了健康发展的好势头。但由于森警部队的领导关系、管理体制不顺，影响和制约着部队的建设发展。同时，随着国家森林防火灭火任务的不断加重，森警部队的任务也越来越重，如何面临当前新形势，进一步加强森警部队建设将是今后面临的一个重大问题。（杨瑞生）

【武装森林警察部队基层后勤工作检查】 为了促进基层后勤建设，强化基层后勤管理，进一步提高后勤保障能力，10月23日至11月6日，林业部武装森林警察办公室组成联合检查组，以《军队基层建设纲要》和《后勤管理条例》为标准，对黑龙江、吉林、内蒙古三个武装森林警察总队所属的六个大队的后勤工作，进行了全面检查。

总的情况是：各级党委、领导十分重视后勤工作，能够把后勤工作当作部队建设的大事来抓，切实加强了对后勤工作的领导，各受检大队坚持按“纲”建队，后勤基层设施建设普遍达到了建设标准，实现了营房营具整齐规范，生产生活设施配套齐全，营区绿化美化和官兵生活方便，创造了拴心留人的环境；各项规章制度在基层普遍得到了贯彻落实，较好地克服了“重供轻管”“重建轻管”现象，有效地避免了因管理不善造成的损失浪费，农副业生产的科技含量不断提高，初步实现了种植、养殖互相促进的良性循环，后勤队伍建设不断加强，后勤工作的管理水平逐步提高。（范富清）

【武装森林警察部队首届篮球比赛】 武装森林警察（以下简称森警）部队常年战斗在深山老林森林防火灭火执勤第一线，任务繁重而艰巨，为了推动森警部队体育活动的开展，活跃部队文化生活，增强官兵体魄，更好地完成森林防火灭火任务，林业部武装森林警察办公室于9月3～5日在长春市举办了有黑龙江、吉林、内蒙古、云南森警总队参加的首届森警部队篮球比赛。经过三天激烈的角逐，黑龙江森警总队代表队夺取冠军。（徐世珍）

森林资源与林政管理

调查规划设计

【1996年度全国林木资源消耗量及消耗结构调查】 1997年，林业部部署4个直属调查规划设计院对全国（不含西藏与台湾）29个省（区、市）1996年度的林木资源消耗量及消耗结构进行了调查。全国共调查了337个县（局）、1045个乡（场）、2896个村（工区）、35 780个城乡居民户以及13 374个木材消耗单位和有关行政管理单位，其结果为：1996年度全国林木资源总消耗量为30 185.3万立方米，毛竹47 895万根。其中：非小四旁消耗量为28 429.8万立方米，占总消耗量的94.2%；小四旁消耗量为1755.5万立方米，占总消耗量的5.8%（附表）。

附表 全国1996年度林木资源消耗量统计

单位：万立方米、万根

林木资源消耗渠道			合计	%	其中	
					非小四旁	小四旁
林木资源总消耗量			30 185.3	100.0	28 429.8	1755.5
商品材	合计		13 758.0	45.6	13 316.6	441.4
	其中	国家上调材	789.9	2.6	789.9	
		销售出省材	3542.0	11.7	3542.0	
		省内销售材	5981.9	19.8	5963.4	18.5
		企事业单位自用材	740.8	2.5	740.8	
		其他	2703.4	9.0	2280.5	422.9
农民自用材			6366.7	21.1	5112.9	1253.8
培植业用材			790.8	2.6	790.8	
烧材	合计		8360.9	27.7	8314.5	46.4
	其中	农民生活烧材	6863.0	22.7	6818.4	44.6
		城镇生活烧材	843.1	2.8	843.1	
		工副业烧材	654.8	2.2	653.0	1.8
灾害性消耗	总消耗	小计	1037.3	3.4	996.3	41.0
		森林火灾	45.2	0.1	45.2	
		病虫害	346.7	1.2	316.4	30.3
		其他灾害	645.4	2.1	634.7	10.7
	转入利用部分		658.9	2.2	631.2	27.7
	实际消耗	小计	908.9	3.0	895.0	13.9
		各种灾害	378.4	1.2	365.1	13.3
		盗伐	530.5	1.8	529.9	0.6
毛竹			47 895.0		47 184.1	710.9

1996年度全国林木资源总消耗量与1994年度基本持平，毛竹消耗量减少了1720.0万根，减少3.5%。

在林木资源总消耗量中，商品材消耗为13 758.0万立方米，比 1995 年度减少了 204.5 万立方米，下降 1.5%，扭转了连续 4 年上升的局面。农民自用材消耗量为 6366.7 万立方米，继续增加了 36.6 万立方米，上升 0.6%。培植业用材消耗量为 790.8 万立方米，减少了 3.7 万立方米，下降 0.5%。烧材消耗量为 8360.9 万立方米，增加了 28.8 万立方米，上升 0.3%，灾害实际消耗量为 908.9 万立方米，增加了 142.0 万立方米，上升 18.5%。

各省林木资源消耗量与 1995 年度相比，下降的有 12 个省，上升的有 17 个省。消耗量上升的 17 个省中，属国有林区省 6 个、集体林区省 3 个、少林省 8 个。东北、内蒙古 85 个森林工业企业局的消耗量比 1995 年增加 105.5 万立方米，上升 2.5%。

1996 年度的全国林木资源消耗量基本得到控制，同时，消耗结构不合理状况也逐步得到改善。但与“九五”年森林采伐限额相比（按可比口径），仍然超出 1156.4 万立方米，超限率达 4.3%。在全国执行采伐限额管理制度的 28 个省中，消耗量未超采伐限额的有 15 个省，超过采伐限额的有 13 个省。其中，超过采伐限额 500 万立方米以上的有云南、黑龙江。

（陈雪峰　吴云飞）

【国家森林资源连续清查】 1997 年，国家森林资源连续清查工作本着进一步完善森林资源监测体系，不断增强提供森林资源信息能力以及强化管理的原则，主要做了三个方面的工作：

1. 根据林业部森林资源连续清查复查计划，1997 年安排天津、山东、广东、重庆、四川及云南 6 省（市）开展森林资源一类调查复查。外业调查固定样地 32 420 个。复查省（市）除与原技术方案相同外，对样地外业调查内容与内业统计进一步完善，在样地现地调查时，要求除按 1994 年《国家森林资源连续清查主要技术规定》第八条地类划分标准确定的地类记录外，同时也按 1996 年林业部颁发的《森林资源规划设计调查主要技术规定》第六条地类分类系统确定的地类进行记录；在权属记载方面，增加国有林业企业局、自然保护区、森林公园；完善内业统计工作以及严格复查成果的上报时间。通过复查，查清了 6 省（市）森林资源现状、消长动态及森林质量变化情况。

2. 1998 年是第五次全国森林资源连续清查的最后一年，在这一年有内蒙古、福建、河南、海南及青海需要开展连清复查，为了确保质量按时完成任务，调查成果及时参加全国森林资源汇总，于 1997 年 12 月资源和林政管理司在北京组织各复查省（区）及林业部 4 个直属调查规划设计院研究、确定了复查技术方案及新技术推广应用的问题，并且对部直属院部署安排了 1994～1998 年全国森林资源汇总统计分析的有关工作。

3. 国家森林资源连续清查是林业的重要基础工作，自 1977 至 1981 年建立体系以来，已经复查过多次，据第四次全国森林资源清查统计，全国设置了 22.7 万个地面样地，其清查成果为林业决策、制定规划、计划提供了科学依据。为了加强对国家森林资源连续清查工作的管理，保证连续清查工作的顺利开展，并使各省（区、市）和部直属院的连续清查管理工作规范化、制度化而制定了《国家森林资源连续清查管理办法（初稿）》。

（陆静娴）

【联合国援助建立国家森林资源监测体系项目结束】 由联合国开发计划署援助的建立国家森林资源监测体系项目经历了近 5 年的执行过程，于 1997 年底完成与超额完成了项目文件所规定的各项工作与产出，通过了由联合国开发计划署组织的最终评估，得到各方的好评，并最后通过由林业部科学技术司组织的技术鉴定。与会专家认为项目所研究与开发的各项成果达到国际先进水平与部分成果处于国际领先的地位。

该项目的完成，为优化我国的森林资源监测体系和采用新技术提供了方法与经验，主要有如下几个方面：①根据用户的要求，优化了森林调查方法，制定了与国际兼容的土地利用现状分类系统，利用卫星遥感信息，提出了更为有效的抽样设计方法，提高了森林面积与蓄积的估计效率。②在森林资源监测中建立了地理信息系统平台，把地面抽样调查与遥感卫星信息结合在一起，使森林资源监测体系具有资源空间分布的信息。③建立森林资源数据库管理系统，根据建立核心数据库的逻辑思想，把有关地面调查、遥感判读信息、地理信息及模型预测等公共信息进行统一管理，形成一个统一的资源信息管理系统，全方位为用户服务。④建立森林资源更新预测数学模型，实现森林资源年度数据更新与预测。

该项目的研究成功，为国家建立了一个新的森林资源管理信息系统，从满足不同用户出发，把抽样技术、遥感技术及地理信息系统技术结合在一起，进行优化设计，使森林资源数据在时空上都有很大的可分析性，能最大限度满足各种用户的要求。森林资源监测工作实现了以下几个转变：①在方法上由过去的以地面调查为主转变为地面调查与遥感、地理信息系统相结合的形式，提高了系统的灵活性。②在信息内容上由过去单一的资源属性转变为既有属性统计又有资源的空间分布，提高了资源数据的可分析性。③在数据更新的过程上由过去的只靠地面定期复查转变为地面定期复查与模型预测相结合的形式，可适当延长复查工作的周期。④在资源信息的管理上，由过去单一的提供资源统计转变为资源信息的综合管理与分析，并强调直接为各种用户服务。

（陈振杰）

【林业测绘工作】 1997 年，林业测绘方面主要做了以下工作：

1. 增强保密意识，进一步加强测绘成果资料管理。主要体现在以下方面：一是在办理索取地形图介绍函过程中，严格按照办理手续，把好审查关，杜绝私自购图或手续不全等现象；并对购图人员加强地形图保密管理方面知识的宣传与教育，要求他们在传递、使用过程中，注意保管好地形图，防止丢失与失密。二是针对个别单位由于工作中的疏忽造成地形图丢失现象，林业部资源和林政管理司配合部办公厅起草了《关于加强测绘成果资料保密管理的通知》，以加强测绘成果资料的保密管理。

2. 做好在京部直属单位购买测绘资料的换函手续办理工作。全年通过林业部资源和林政管理司购买的测绘资料共有23次，地形图共4188幅，范围涉及14个省（区、市）。这些地形图，主要应用于全国森林资源清查、二类调查、野生动物普查、荒漠化监测等专业性调查，以及科研生产中诸如：遥感图像处理、建立地理信息系统、制作专题图等方面，在这些方面提供了重要的基础地理信息，发挥了不可缺少的作用。

3. 继续做好《中国测绘史》编委工作。林业部资源和林政管理司作为《中国测绘史》编委单位，参与完成了包括林业测绘史在内编撰与审稿工作。

（吴云飞）

【1996年度全国人工造林、更新实绩核查及1993年度保存状况调查结果】

人工造林、更新实绩核查 1997年，林业部组织对1996年度全国（天津、上海、西藏除外，下同）人工造林、更新实绩进行核查。本次核查采取随机抽样的办法，共计抽查247个县（局）的792个乡（镇、场），核查15 428个小班，核查总面积为8.3万公顷。

核实率情况 1996年度全国人工造林、更新的面积核实率为95.8%，与1995年度的97.5%相比，下降了1.7个百分点。其中：人工造林的核实率为95.8%，与1995年度的97.9%相比，下降了2.1个百分点；人工更新的核实率为95.4%，与1995年度的94.7%相比，提高了0.7个百分点。

合格率情况 1996年度全国人工造林、更新核实面积的合格率为87.8%，与1995年度的90.6%相比，下降了2.8个百分点。其中：人工造林核实面积的合格率为86.2%，与1995年度的89.8%相比，下降了3.6个百分点；人工更新核实面积的合格率为96.8%，与1995年度的95.9%相比，提高了0.9个百分点。合格率下降，除因一些地区遭受自然灾害外，主要原因是管护不力。

工程造林情况 各项工程人工造林核实面积的合格率依次为：速生丰产用材林99.3%、长江中上游防护林98.2%、太行山绿化工程林97.9%、世界银行贷款项目速生丰产林97.8%、沿海防护林95%、其他工程项目造林83.7%、“三北”防护林81.6%。

各林种核查情况 在1996年度人工造林、更新面积中，各林种所占比例依次为：经济林42.4%、用材林32.9%、防护林21%、竹林2.3%、薪炭林1.2%、特用林0.2%。其中经济林发展最快，在所核查的28个省中，有13个省营造经济林的比重超过了45%。各地在大力发展经济林的同时，经调查，也发现一些问题，如有11个省60%以上的经济林营造在农地上，这部分经济林占用了大量的农耕地，随着市场的变化，存在着较大的不稳定因素；还有一些地方出现毁林造经济林的现象；一些省对发展经济林缺乏合理的规划，存在着盲目性等。

人工造林、更新有关基础工作情况 1996年度管护率为90.6%、检查验收率为84.6%、建档率为77.7%、新造林地抚育率为75.4%、作业设计率为63.9%。除抚育率和建档率比1995年度略有提高外，其他指标都有所下降，说明目前的各项基础工作还不够扎实。

合格面积测算情况 1996年度全国上报完成的人工造林面积为476.5万公顷，经测算，合格面积为421万公顷（西北及内蒙古自治区按成活率≥70%的标准进行测算）。其中，合格面积最多的是内蒙古自治区、河北省和云南省。

保存状况调查 1997年，林业部组织对1993年度全国（上海、天津、西藏除外，下同）人工造林、更新核查合格面积范围内的小班（包括西北及内蒙古自治区成活率≥70%的小班）进行复查。全国共计抽查166个县的576个乡（镇、场），调查了15 965个小班，调查总面积为7.4万公顷。

保存率情况 1993年度全国人工造林、更新保存率为89.7%，与1992年度的92.2%相比，下降了2.5个百分点。其中：人工造林的保存率为89.3%，较1992年度下降了2.7个百分点；人工更新的保存率为94.5%，与1992年度基本持平。经调查，原成活率在41%～84%的7000公顷中，经过补植管护后，合格的面积为3667公顷，保存率为52.1%。保存率滑坡的原因主要是重造轻管，一些地方的管护经费不足、管理力量薄弱、领导重视不够等，都直接影响了人工造林、更新三年后的保存情况。

测算保存面积 1993年度全国人工造林、更新合格面积为507万公顷。经测算，到1997年的保存面积为455万公顷（西北地区及内蒙古自治区含保存率≥65%的面积）。

（闫宏伟）

【1997年平原绿化巩固情况的检查】 为了解我国平原绿化巩固情况，推动平原绿化工作向高水平迈进，1997年林业部组织直属调查规划设计院，对14个省（区）的23个平原县进行检查。根据我国南北方平原不同的特点，北方县，重点调查林网控制面积，兼顾调查道路、河渠的绿化；南方县，重点调查道路、河渠的绿化情况，兼顾调查林网控制农地的面积。

调查结果北方18个县，有14个县达到标准，即农田防护林网（26.7公顷以内）控制面积，占平原农地面积的85%。有4个县没有达到标准。南方5个县道路、河渠的绿化都达到85%以上。

平原绿化总体上呈滑坡趋势。被检的18个北方县与自查（或省查）结果比较，林网控制面积上升的仅1个县，持平的5个县，下降的有12个县，有的县下降的幅度很大；南方被检的5个县与自查（或省查）结果比较，道路、河渠的绿化上升2个县，下降的有3个县。检查时考虑到当前农村实施的家庭承包责任制和有利于机械化作业，将林网控制面积的标准由原来13.3公顷，扩大到26.7公顷；道路、河渠绿化标准由原来两侧植树，减少到一侧植树，虽然标准降低了，但检查结果仍然是下降的县多，上升的县少，而上升的幅度小，下降的幅度大，总体呈滑坡的趋势。

平原绿化滑坡的主要原因分析：①平原县原来林业的经济和技术力量较差，加上达标之后，新上任的领导对林业不够重视；②平原绿化资金严重短缺；③农村实行土地承包制后，因粮食价格上涨，林粮间作几乎全军覆没，六七十年代种植的林网成材砍伐后没有及时更新，或更新后管护不力，使网格面积过大，达不到要求；④近几年道路改扩建频繁，骨干林带砍伐后没有采取有效的措施更新和管护，所以难以恢复；⑤北方一些县连续多年干旱，影响造林成活率。　（周蜀恬）

【1988～1997年造林实绩核查】　为全面了解我国造林绿化的实绩，促进《1989～2000年全国造林绿化规划纲要》的完成，1988～1997年10年来，林业部组织直属调查规划设计院，对我国上一年度上报完成的人工造林、更新面积和成活率及有关管理情况进行了实绩核查，10年来，共计核查136.2万公顷，合计抽查2520个县（市、区、局，下同）次，共抽查10 462个乡，累计核查30.87万个小班。

全国10年人工造林、更新实绩核查结果　人工造林、更新的核实率（核实面积/上报面积）由最初的90%提高到95%以上，最高年份达99.1%，10年平均核实率为96.2%，基本挤掉了造林上报面积的水分。人工造林的合格率(成活率≥85%的合格面积/核实面积)由最初的49%(成活率≥85%的合格面积/上报面积为55.2%)提高到86.2%，最高年份达89.8%，10年平均合格率为71%，造林质量也大幅度的提高。

10年全国共上报人工造林、更新面积5206万公顷，据核查测算，核实面积为497万公顷，合格面积为4098万公顷。全国上报人工造林面积4656万公顷，根据核查测算核实面积为4465万公顷，合格面积为3605万公顷，相当于增加1035万公顷合格的造林面积。

10年来，人工造林、更新面积中，人工造林占87.2%，人工更新占12.8%。其中工程造林占总造林面积的31.8%，近5年来工程造林面积有所增加，工程造林占总造林面积的42.3%。在工程造林中，长江中上游防护林占26.2%，“三北”防护林工程、世界银行速生丰产林工程、太行山绿化工程和沿海防护林工程分别占23.4%、17.2%、3.8%、1.8%。

按权属分：集体造林占58.6%，个体造林占29%，国有占9.5%，国合占2.9%。按林种分：用材林占48.9%，经济林占30.9%，防护林占18.3%，薪炭林和特种用途林分别占1.7%和0.2%，前5年用材林占50%以上，后3年经济林占优势，达50%左右，其中河北、山东、河南、陕西和新疆等省（区）近二三年经济林种植面积超过60%，最高年份，河南省经济林达91.6%，山东省达80.1%。

各省核查情况，各地的核实率与合格率都较核查初期有不同程度的提高，福建省成绩最为突出，多年来一直保持领先地位，山西省、湖南省成绩也较好，内蒙古自治区、宁夏回族自治区近几年核查结果有显著提高。一些省年际间波动较大，是因各县发展不平衡所致。

造林实绩核查10年成效斐然　连续10年的核查促使各级领导重视造林绿化工作。特别自1989年林业部对核查结果进行通报和表彰，对各省震动很大。一些省将各县的核查结果也进行通报，各级领导把植树造林放到重要的议事日程，不少地方领导办绿化示范点，推动了造林绿化事业。这也是近10年造林绿化工作改进的重要因素之一。

造林的数量和质量大幅度提高，为国家节约了大量的造林资金。依据1987年上报合格率为55.2%推算，通过造林实绩核查工作，相当于10年来我国共计多造1035.1万公顷合格的林，按每公顷750元较低的费用计算，10年来共节约77.6亿元的造林资金。

核查结果客观地反映了我国人工造林、更新的实绩。因为核查县、核查乡都是随机抽取的，被抽中的乡所有的造林小班全查。10年来，核查县的覆盖面，已达到能造林县数的70%以上，县数较少的省100%的县已全部核查过。通过30多万个小班核查，获取771.8万多个数据，代表我国当前造林的真实情况。核查初期，有的县核实率为0，合格率最低的县仅有1.6%。近几年核实率和合格率为100%的县越来越多，如福建省5年来核查的45个县次，除1个县合格率为95.5%外，其余各县两率全为100%。

核查结果为领导决策提供可靠的依据。如近3年经济林发展过快，而且相当一部分种植在农地中。据1997年调查1996年度的经济林，新疆100%在农地中，四川、黑龙江、云南、吉林、内蒙古经济林分别在农地中达到93.3%、90.4%、89.3%、88.2%、82.5%，还有5个省60%以上的经济林种植在农地中。

核查工作开展后，造林绿化逐步走向科学化的轨道。为保障造林成活率和提高造林质量，近几年各地注意采用良种、壮苗及新技术造林。通过作业设计、抚育、检查验收、建立造林档案和林地管护等情况的检查，各地重视了这几项工作，这也是核实率和合格率上升的重要因素之一。各省建立了不同形式的省级核查体系，保证上报数据的准确性。　（周蜀恬）

【中国森林资源监测技术国际研讨会召开】　8月24～29日，中国森林资源监测技术国际研讨会在北京召开。研讨会交流与研讨的主要议题是：①在森林资源监测中如何应用遥感技术；②探讨地理信息系统在森林资源监测、管理和评价中的应用；③国家数据库系统和预测模型的建立及计算机技术的应用；④全球定位系统技术的开展与应用。

中国森林资源监测技术国际研讨会由林业部主办，林业部资源和林政管理司、林业部调查规划设计院承办。来自国内外的林业、遥感、地理信息系统、数据库、模型预测等方面的专家、学者、专业技术人员计74人参加了会议，刘于鹤副部长出席了开幕式。

（刘龙惠）

森林采伐与采伐限额管理

【林业部编制和下达1997年森林总采伐量计划】　1997年森林总采伐量计划是根据国务院批准的“九五”期间年森林采伐限额、社会主义市场经济和社会需求编制的。此计划仍按森林总采伐量计划和商品材采伐量计划列为林业部指令性计划管理，对森林总采伐量计划中的其他分项计划按总量控制、分项管理的要求，由各省（区、市）进行分项管理。林业部下达1997年森林总采伐量计划为22 597.70万立方米，其中商品材采伐量计划为9418.04万立方米，出材产量为5726.60万立方米（附表）。

附表　1997年森林总采伐量计划

单位：万立方米

地　区	森林总采伐量	其中：商品材		备注
		森林采伐量	木材产量	
全国合计	22 597.70	9418.04	5726.60	
北　京	18.20	6.62	3.70	
天　津	3.60			
河　北	160.00	80.00	40.00	
山　西	150.00	67.15	34.30	
内蒙古	1062.57	699.93	437.20	
其中：林业厅	321.83	94.53	57.00	
集团公司	740.74	605.40	380.20	
辽　宁	295.90	215.90	131.70	
其中：大连	3.12	1.82	0.99	
吉林	934.07	846.99	518.80	林业厅1997年计划含延边森工企业森林总采伐量283.71万立方米，商品材采伐量283.71万立方米，木材产量175.9万立方米
其中：林业厅	687.46	600.38	365.90	
集团公司	246.61	246.61	152.90	
黑龙江	1990.55	1364.05	838.30	
其中：林业厅	735.64	293.64	180.00	
集团公司	1254.91	1070.41	658.30	
上　海				
江　苏	42.43	26.13	15.00	
浙　江	693.00	273.00	150.00	
其中：宁波	19.11	12.78	6.45	
安　徽	629.60	219.60	130.00	
福　建	2156.69	853.85	555.00	
其中：厦门	8.00	4.80	3.00	
江　西	1103.70	365.70	245.00	
山　东	200.00	120.00	70.00	
其中：青岛	5.60	4.80	3.00	

（续）

地　区	森林总采伐量	其中：商品材		备注	地　区	森林总采伐量	其中：商品材		备注
		森林采伐量	木材产量				森林采伐量	木材产量	
河　南	510.00	125.00	70.00		云　南	3171.94	308.94	190.00	
湖　北	736.00	144.00	90.00		西　藏	179.33	29.33	22.00	
湖　南	1075.40	550.00	330.00		陕　西	601.51	257.51	120.00	
广　东	973.47	673.47	396.00		甘　肃	172.63	81.63	48.00	
其中：深圳	0.80	0.80	0.40		青　海	20.11	13.11	8.00	
广　西	1381.33	537.63	350.00		宁　夏	8.30	2.20	1.30	
海　南	209.52	88.24	60.00		新　疆	215.73	55.73	35.00	
重　庆	271.00	57.20	35.00		其中：建设兵团	7.96	7.96	5.00	
四　川	2200.00	702.28	385.00		大兴安岭集团公司	612.61	530.34	337.30	
贵　州	818.51	122.51	80.00						

（章芳琴）

【加大林木采伐管理监督检查力度】 为切实加强森林资源消耗的“源头”管理，提高森林采伐限额和林木采伐管理水平，促进各地限额管理和林木采伐管理工作的科学化、规范化和制度化建设，林业部决定从1997年起，在全国实行年度林木采伐管理情况检查制度。为此，林业部制定了《林木采伐管理情况检查方案》，下发了《林业部关于开展林木采伐管理情况检查的通知》要求各地每年对森林经营单位上年度的林木采伐管理情况进行检查，并以省（区、市）林业主管部门和森林工业（林业）集团公司为单位将检查结果于每年10月底前报林业部，同时抄报同级人民政府。对检查中发现的问题，要依法严肃处理。属于乱砍滥伐的，要依法追究有关责任人和单位领导的责任。

林业部在各地组织开展自查的同时，对福建、浙江、湖南、湖北、河北、甘肃、新疆7省（区）和吉林森林工业集团总公司1996年度的林木采伐管理情况进行了抽查。结果表明，虽然各级林业主管部门和有关单位在林木采伐管理方面做了大量工作，取得了一定成绩，但林木采伐各个环节的管理依然十分薄弱，问题还很多。主要表现为：①发证率偏低，无证采伐现象严重。②采伐证管理粗放，发放的采伐证多不合格。③伐区凭证采伐率低，超证采伐情况普遍。④伐区调查设计工作粗放，不能适应采伐管理和限额管理的要求。总之，全国林木采伐管理十分薄弱，“源头”管理亟待切实加强。

（谢守鑫）

【1996年度林木采伐管理情况检查结果】 1997年，林业部对福建、浙江、湖南、湖北、河北、甘肃、新疆7省（区）和吉林森林工业集团总公司1996年度的林木采伐管理情况进行了检查。共检查了91个县（局、总场）、432个乡（镇、林场）、81 678张林木采伐许可证和832块伐区（附表）。

附表　1996年度林木采伐管理“五率”抽查结果

单位：%

单　位	县局数	发证率	发证合格率	凭证采伐率	伐区设计率	设计误差率
福　建	14	65.9	99.8	97.4	100.0	3.1
浙　江	12	59.4	63.7	90.4	60.0	16.4
湖　南	12	83.8	69.8	89.3	83.3	12.6
湖　北	12	62.0	60.4	92.2	47.0	9.1
河　北	12	47.2	96.2	88.2	95.2	/
甘　肃	12	81.8	85.3	93.3	61.2	16.0
其中：县市	9	55.4	40.2	92.0	44.9	18.3
森工局场	3	96.7	100.0	93.8	98.7	14.3
新　疆	12	91.3	77.7	93.8	26.3	5.5
其中：县市	8	82.5	59.3	82.6	7.6	9.4
兵团局场	4	97.0	90.6	96.7	86.5	5.4
吉林森工	5	77.1	99.5	95.2	100.0	2.2

发证情况　一是各受检单位发证率普遍较低，无证采伐现象还相当严重。二是采伐证管理粗放，采伐证的印制、核发还很不规范，发证合格率低。突出表现为少数地方使用过期采伐证和采伐证内容填写不全的情况相当普遍。

凭证采伐情况　各地超证采伐还相当严重。河北省69个伐区中，超证采伐的伐区有27个，占39.1%。甘肃、新疆、浙江、湖南、湖北等省（区）都不同程度地存

在超证采伐情况。

伐区调查设计、审批情况　一是目前多数森林经营单位的伐区调查设计工作尚未认真开展，伐区调查设计率还普遍偏低。二是伐区调查设计粗放，误差率偏高，审批不严。（谢守鑫）

木材流通管理

【全国开展创建木材检查站文明执法示范单位活动】 为认真贯彻落实党的十四届六中全会精神和林业部《关于加强林业行业精神文明建设的意见》的要求，大力加强林业窗口行业的精神文明建设，经林业部党组研究决定，1997年，在全国木材检查站中开展创建木材运输检查文明执法示范单位活动。通过层层评选推荐，林业部确定了50个木材检查站为全国木材运输检查文明执法示范单位，它们是：北京市怀柔县汤河口木材检查站，河北省吴桥木材检查站，山西省夏县泗交木材检查站，内蒙古自治区宁城县河洛堡木材检查站，辽宁省新宾满族自治县上夹河木材检查站、本溪满族自治县小市木材检查站，吉林省梅河口市牛心顶木材检查站，黑龙江省双城市林业局兰陵木材检查站，江苏省金坛市成西木材检查站，浙江省淳安县潭头木材检查站、嘉善县里泽木材检查站，安徽省祁门县赤岭口木材检查站、绩溪县38号桥木材检查站，福建省尤溪县尤溪口木材检查站、南靖县牛崎头木材检查站，江西省吉安地区盐码头水上木材检查站、铜鼓县大槽口木材检查站，山东省日照市汾水木材检查站，河南省孟津县雷河木材检查站、鄢陵县柏梁木材检查站，湖北省咸宁市殷家嘴木材检查站、谷城县石花木材检查站，湖南省浏阳市占家岭木材检查站、元陵县太平铺木材检查站，广东省梅州市油坑木材检查站、高要市小湘木材检查站，广西壮族自治区梧州水陆木材检查站、钦北大垌木材检查站，海南省海口市木材检查站、琼山市东门木材检查站，重庆市永川永昌木材检查站，四川省都江堰市木材检查站、四川省雅安木材检查站，贵州省锦屏县乌坡木材检查站、江口县盐井河木材检查站，云南省华坪木材检查站、镇沅县和平木材检查站、腾冲县侍朗坝木材检查站，西藏自治区那曲木材检查站，陕西省宝鸡渭滨区太平庄木材检查站、长安县沣峪口木材检查站，甘肃省腊子口木材检查站，青海省民和享堂木材检查站，新疆维吾尔自治区伊犁地区果子沟木材检查站，宁夏回族自治区六盘山国有林业局沿川木材检查站，内蒙古森工集团根河林业局零点木材检查站，吉林森工集团红石林业局红石木材检查站，龙江森工集团方正林业局十一公里木材检查站、龙江森工集团铁力林业局北关木材检查站，大兴安岭林业集团公司图强木材检查站。

为使这项活动真正取得实效，林业部要求各级林业主管部门要切实加强对这项活动的组织领导，进一步强化对示范单位和木材检查站的执法管理，促进木材检查站依法行政，文明执法。同时，要求确定为全国木材运输检查文明执法示范单位的50个木材检查站要再接再厉、进一步完善措施，健全规章制度，强化内部管理，树立良好形象，真正为全国木材检查站精神文明建设发挥其表率和示范作用。各省（区、市）林业主管部门按照林业部的要求，在积极抓好全国确定的50个木材检查站文明执法示范单位精神文明创建活动的同时，还在本省（区、市）范围确定了一批省级文明执法示范窗口，不断加强组织领导和监督检查。各地木材检查站积极以示范单位为榜样，认真学习、推广他们的经验和做法，在木材运输监督检查执法工作中做到秉公办事、文明执法、热情服务，使这项活动开展得既深入又扎实，取得了良好效果，全面推动了木材检查站的精神文明建设，提高了木材检查站的文明执法水平。

（袁少青）

【全国木材检查站标准化建设检查验收】 为了贯彻林业部1996年《关于对木材检查站标准化建设检查验收有关问题的通知》精神，使木材检查站的标准化建设工作真正落到实处，各省（区、市）林业行政主管部门，根据各地实际情况，制定了木材检查站标准化建设规划、建设标准以及检查验收办法，并按照先易后难和国道、省道优先的原则，将建设规划按年度落实到每一个木材检查站，同时制定切实的措施认真组织了实施。自1990年起，各地对达到建设标准的木材检查站进行了检查验收。林业部根据各地自检验收和申报验收情况，组织了抽查验收。截至1997年底，分别对北京、辽宁、吉林（含吉林森工集团）、福建、山东、江西、广东、海南、四川、贵州、云南、陕西、青海等13个省（市）的标准化木材检查站进行了抽查。经过检查，共有370个木材检查站达到部颁建设标准。通过开展木材检查站建设标准化活动，加快了木材检查站的建设速度，基础设施建设逐步完善，队伍素质明显提高。（杨　净）

【全国林业系统继续深入开展治理公路“三乱”工作】 1997年，全国各级林业主管部门在前两年治理工作基础上，对治理公路“三乱”（乱设卡、乱罚款、乱收费）工作进一步强化了治理措施，加大了治理力度，使治理公路“三乱”成果得到了进一步巩固，取得了较好的效果，总结起来，主要做了以下几方面工作：

1. 各级林业主管部门继续把治理公路“三乱”作

为本系统的一项重点工作，做到常抓不懈，力度不减。年初，为确保南菜北运“绿色通道”畅通，林业部下发了《关于确保“绿色通道”畅通有关问题的通知》，除要求各地林业部门和木材检查站要为保障“绿色通道”畅通提供热情服务，对全国林业系统1997年治理公路“三乱”的任务和主要措施也提出了明确要求。各地方林业部门根据本地实际，都制定了治理工作方案，并按照治理方案狠抓落实，使治理工作不断深入。在8月召开的全国森林资源林政管理工作会议和12月召开的全国林业行政案件统计汇报会议上，都把治理公路“三乱”作为会议的重点内容，做了全面部署。交通部、公安部、国务院纠风办《关于四起公路“三乱”问题查处情况的通报》和国务院纠风办《关于加大治理公路“三乱”督查力度，坚决遏制反弹现象的紧急通知》下发后，林业部立即以部文件给予转发，并针对元旦、春节期间，往往是公路“三乱”易发期的特点，要求各地林业部门结合林业系统治理公路“三乱”的实际，对存在的问题和薄弱环节，采取切实措施，狠抓落实，严防“三乱”反弹。

2. 进一步加强了执法管理，规范执法行为，促进依法行政。各地林业部门按照国务院和林业部的要求，进一步加强了对木材检查站的执法管理，继续对木材检查站的检查项目严格进行清理，严禁超越职责权限实施检查和收费。在规范木材检查站执法行为的同时，严禁给木材检查站下达罚没指标，严禁将木材检查站人员的工资、福利和奖金同罚没收挂钩。

3. 进一步健全了制度、强化了管理，狠抓了培训、提高了素质。目前，全国绝大多数木材检查站都建立健全了岗位责任制度、学习考核制度、财物管理制度、档案管理制度、廉政建设制度和社会监督制度等，基本上做到行为有规范、管理有制度、考核有标准。在队伍培训方面，各地进一步加大了培训力度，1997年，林业部举办了两期木材检查站执法人员培训班，受培训人员近200人。各省、地、县林业部门也普遍加强了对木材检查人员的培训，据统计，全国有95%以上的木材检查人员都经过正式的岗位培训，做到了持证上岗。

4. 进一步加强了监督检查，严肃查处“三乱”案件。1997年，林业部结合木材检查站标准化建设验收工作，先后对12省（区、市）100多个木材检查站进行了监督检查，对检查中发现的问题及时进行纠正。各省、地、县林业部门也都多次组织各种形式的治理公路“三乱”检查组，定期和不定期地上路检查和暗访，对搞公路“三乱”的，做到发现一起，坚决查处一起。在加强上路检查的同时，林业部和各地方林业主管部门，对群众举报的“三乱”案件，及时认真调查处理，件件有落实，保证了群众监督渠道的畅通和作用的有效发挥。

5. 积极开展创建文明执法宣传窗口活动，进一步改善了木材检查站的执法形象。1997年，林业部确定了50个木材检查站为全国木材运输检查执法文明示范窗口。各省（区、市）按照这一模式也在本辖区范围内确定了一批省级文明示范窗口。这些活动的开展，有力地推动了木材检查站的精神文明建设，提高了木材检查站的文明执法水平。

通过以上工作，全国林业系统治理公路“三乱”成果得到了切实巩固，为全国实现国道、省道基本无“三乱”的治理目标作出了贡献，受到了国务院纠风办等有关部门和人民群众的好评。 （袁少青）

林地林权管理

【综　述】 1997年，全面开展了林地林权管理基础性工作，重点突出抓好工作，整个林地林权管理基本走上法制化、规范化的轨道。

1. 进一步加强了东北、内蒙古国有林区国有林业局的林地管理。近年来，东北、内蒙古国有林区为实现企业脱危解困，分流富余人员，在林区实施了农业开发，但因组织管理不善，部分地区一度出现毁林开垦现象。为此，林业部在深入调查研究的基础上，下发了《关于加强东北、内蒙古国有林区国有林地管理的决定》和《关于编制东北、内蒙古国有林区国有林业局综合开发使用林地规划的通知》文件，并于4月份在北京召开了搞好综合开发使用林地规划的工作会议。为确保规划设计工作的质量，防止毁林开垦，林业部派出工作组分别到各集团公司和基层林业局进行了检查，林业部驻东北、内蒙古国有林区监督专员办也加强了对综合开发规划设计的监督检查。到1997年年底各林业局的规划设计工作全部结束。

2. 开展了百县征占林地管理的调查。在1995年、1996年百县征占用林地调查的基础上，1997年又继续开展了征占用林地的调查，通过百县征占林地管理的调查，总结了各地征占用林地管理的经验，分析了存在问题及原因，为制定全国林地管理政策提供了决策依据。指导各省（区、市）按照《林业部关于进一步贯彻落实国务院办公厅〈关于加强森林资源保护管理工作的通知〉的通知》要求，全面开展了清理非法侵占林地的工作，并取得了明显的成效。

3. 加强了征占用林地的审核工作。在全面指导各省（区、市）林业主管部门加强征占用林地初审工作的同时，积极协调与国家土地局的关系，先后依法审核了辽宁莲花电站、江西南车水库、海南美兰机场、黑龙江乌苏里农场、浙江江山市碗窑水库等五项征占用林地工程，对个别项目提出了关键性意见，把住了初审关，使一些拒不缴纳森林植被恢复费的项目，如数进行了补交。

4. 制定政策、完善立法。加强林地林木权属管理的立法工作是整个林地林权管理的核心。权属不清，政策不稳是资源保护管理的重大隐患。根据1997年立法计划，起草完成了《林权登记办法》、《外商投资造林林权管理办法》。加强了对各省林地林权立法的指导，目前全国已有23个省（区、市）制定了有关林地保护管理方面的法律、法规和政策。

5. 配合国务院勘界办，做好勘界工作。林业部是国务院行政勘界领导小组成员，1997年派员参加了两次全国勘界工作会议，并参加了吉林与辽宁、吉林与黑龙江的边界现场勘定工作，为圆满解决两省的边界争议提出了关键性的意见，并得到国务院勘界办的表扬。

（冯树清）

【东北、内蒙古国有林业局开展综合开发使用林地规划工作】 为加强对国有林区林地管理，林业部于1997年2月下发了《关于加强东北、内蒙古国有林区国有林业局林地管理的决定》，并于4月在北京召开了东北、内蒙古国有林区森工系统编制综合开发使用林地规划工作会议，刘于鹤、李育才副部长分别在会上作了讲话，会后下发了《林业部关于编制东北、内蒙古国有林区国有林业局综合开发使用林地规划的通知》。为抓好这项工作，林业部成立了以刘于鹤副部长任组长的东北、内蒙古国有林区综合开发使用林地规划领导小组，办公室设在资源和林政管理司。

这次规划的目的是使综合开发使用林地更加科学化、规范化，促进林区产业结构调整、妥善安置企业富余人员、确保林区的安定和林业的长足发展。规划所指综合开发使用林地，是指多种经营用地和采取耕种农作物的方法熟化速生丰产林基地。规划设计工作以省、部两级林业调查规划设计院为主，林业局的专业设计队伍配合。以林业局为规划设计单位，期限为5年（1997～2001）。用于综合开发的林地总量，应根据林业局目前经济状况、富余人员数量、适合综合开发的自然条件等因素，一般控制在林业局经营总面积的2%，特殊情况控制在5%以下，超过5%的要在规划前报林业部审批。规划设计要以近期（5年以内）的二类调查材料和1995年国有林区更新造林普查资料为基础。凡郁闭度0.2（含0.2）以上的林分、采伐迹地、火烧迹地、低产林改造地、未成林造林地，坡度大于10度的林地，不得纳入规划，严禁毁林开荒。在不影响全国造林绿化规划纲要实施的前提下，可划出一部分荒山荒地作为较长期的综合开发用地，疏林地、灌木林地不得超过5年。

（赵德明）

【1996年全国征、占用林地情况调查结果】 1997年，林业部组织直属林业调查规划院对全国29个省（区、市）和东北、内蒙古国有林区森工（林业）集团公司的林地管理情况进行了调查（附表），重点调查了97个县（市、森工企业局）在1996年内的518项工程、开发区、乡（镇）建设征用、占用林地的情况。调查结果如下：

附表 1996年度征用、占用林业用地统计 单位：公顷

地区	征用、占用林业用地面积							其中：未经林业部门审核面积						
	合计	有林地	树林地	灌木林地	未成林造林地	宜林地	其他林业用地	合计	有林地	树林地	灌木林地	未成林造林地	宜林地	其他林业用地
全国	30 454.7	12 126.4	3920.4	3670.5	1475.6	6433.5	2828.3	15 183.8	4652.7	2134.6	1476.7	991.3	4804.0	1124.5
北京	78.6	66.4	0.3	2.0	0.0	7.1	2.8	5.8	0.0	0.0	0.0	0.0	4.0	1.8
天津	33.3	33.3	0.0	0.0	0.0	0.0	0.0	0.0	0.0	0.0	0.0	0.0	0.0	0.0
河北	181.2	141.7	2.7	4.8	0.0	29.8	2.2	99.2	98.6	0.0	0.0	0.0	0.6	0.0
山西	31.4	30.1	0.0	0.0	0.0	0.0	1.3	0.0	0.0	0.0	0.0	0.0	0.0	0.0
内蒙古	1506.7	1003.7	2.4	6.2	17.3	477.1	0.0	0.0	0.0	0.0	0.0	0.0	0.0	0.0
辽宁	502.7	381.1	5.0	100.8	2.0	9.7	4.1	0.0	0.0	0.0	0.0	0.0	0.0	0.0
吉林	333.1	283.8	23.4	13.9	0.5	8.3	3.2	8.0	3.1	3.0	0.0	0.0	1.5	0.4
黑龙江	1699.2	331.8	165.4	323.5	60.6	157.1	660.8	379.5	46.8	1.3	201.0	60.4	30.5	39.5
上海	1.6	0.2	0.0	0.0	0.0	0.0	1.4	0.0	0.0	0.0	0.0	0.0	0.0	0.0
江苏	237.4	154.3	51.0	0.0	8.0	24.1	0.0	92.5	55.3	0.0	0.0	12.0	25.2	0.0
浙江	1737.7	685.4	335.7	18.0	15.0	366.2	317.4	236.0	135.8	52.8	7.0	5.2	8.8	26.4
安徽	636.6	552.9	24.6	14.9	10.1	13.9	20.2	407.0	366.7	8.4	9.9	2.2	10.1	9.7
福建	1329.5	1070.4	55.4	26.1	56.0	95.4	26.2	188.4	123.9	17.6	0.0	0.3	34.6	12.0

（续）

地区	征用、占用林业用地面积							其中：未经林业部门审核面积						
	合计	有林地	树林地	灌木林地	未成林造林地	宜林地	其他林业用地	合计	有林地	树林地	灌木林地	未成林造林地	宜林地	其他林业用地
江　西	2263.8	831.8	388.4	317.9	167.3	289.3	269.1	1147.9	454.6	165.0	25.7	156.0	155.1	191.5
山　东	1434.5	687.3	42.8	19.3	62.2	8.1	614.8	444.5	101.5	33.7	16.5	58.4	1.9	232.5
河　南	149.3	38.9	23.2	21.5	5.7	55.6	4.4	102.9	31.1	17.9	16.2	4.3	33.4	0.0
湖　北	1143.6	366.3	586.2	65.3	40.8	73.1	11.9	881.3	262.3	513.2	37.3	17.2	48.5	2.8
湖　南	3304.9	1734.2	393.5	254.6	173.9	390.5	358.2	1903.1	903.5	272.7	123.1	96.9	238.1	268.8
广　东	1636.5	1054.3	100.8	68.8	119.6	219.7	73.3	61.3	19.5	25.9	0.8	4.3	1.7	9.1
广　西	6822.0	1317.3	536.4	618.0	609.5	3663.7	77.1	5355.5	967.8	380.7	130.0	457.7	3335.9	83.4
海　南	514.2	514.2	0.0	0.0	0.0	0.0	0.0	182.6	182.6	0.0	0.0	0.0	0.0	0.0
四　川	1384.2	852.9	207.2	155.2	47.4	102.7	18.8	855.4	491.6	135.0	111.2	39.8	65.1	12.7
贵　州	1169.8	311.8	187.5	215.6	69.6	286.6	98.7	1130.0	286.6	183.4	210.1	69.6	281.6	98.7
云　南	1720.1	492.8	402.4	381.3	2.0	181.3	260.3	715.3	47.7	151.4	226.2	1.3	155.0	133.7
陕　西	478.5	71.0	3.4	262.3	5.7	136.1	0.0	204.0	57.2	3.4	3.3	5.7	134.4	0.0
甘　肃	103.5	1.0	0.3	13.3	4.2	84.7	0.0	84.7	0.0	0.0	0.0	0.0	84.7	0.0
青　海	241.9	50.1	21.1	99.2	2.3	67.1	2.1	1.6	0.0	0.0	0.1	0.0	0.0	1.5
宁　夏	20.0	12.0	4.0	4.0	0.0	0.0	0.0	12.0	12.0	0.0	0.0	0.0	0.0	0.0
新　疆	1265.6	59.1	359.7	670.2	13.2	163.4	0.0	685.3	4.5	169.2	358.3	0.0	153.3	0.0

1. 各地加强了林地管理工作，并取得了明显的成效。1996年，各地普遍提高了执行使用林地许可证制度的认识，加强了征用、占用林地的初审，规范了管理工作，完善了管理制度，明确了管理程序。使用林地许可证制度执行情况好于1995年，办证率为59.4%，较1995年的34.3%提高了25个百分点。林业主管部门对征用、占用林地项目的初审率为71.8%，与1995年的70.0%持平。清理侵占林地、鼓励退耕还林工作取得初步成效。

2. 当前林地管理中存在的主要问题。一些地区的林业主管部门对征用、占用林地管理力度不够。表现为：征用、占用林地的办证率和初审率低；对辖区内林地被占情况不了解，不能准时、准确地统计上报征、占用林地的统计报表；没有充分发挥乡（镇）林业工作站管理林地的作用，部分地区林业工作站没有开展林地管理工作。

一些地方政府及有关部门违反林地管理的规定，造成林地管理失控。林业主管部门依法对征用、占用林地进行初审的工作受到较大的阻力。一些地方政府随意减免征占用林地的补偿费，侵犯了林农和企业的合法权益，影响了林业的持续发展。据统计，1997年调查的253项工程和开发区建设，应缴纳森林植被恢复费和林地、林木补偿费约5.485亿元，经核实，此两项收费仅13 719万元，其中协议缴纳和补偿8064万元，占应缴纳和补偿额的14.7%，实际缴纳和补偿5655万元，占应缴纳和补偿额的10.3%。　（曲春宁）

【全国林地林木权属争议】 1996年，全国林地林木权属争议见附表。

附表　1996年全国林地林木权属争议情况统计

地区	总起数		总面积（公顷）	省际		省内	
				起数	面积（公顷）	起数	面积（公顷）
总计	结案	12 520	48 000.3	107	4668.7	12 413	43 331.6
	遗留	25 351	412 664.1	430	49 438.9	24 921	363 225.2
辽宁	结案	17	121.2	—	—	17	121.2
	遗留	94	3279.4	5	686.0	89	2593.4
安徽	结案	41	400.8	—	—	41	400.8
	遗留	215	16 932.3	28	2823.2	187	14 109.1
福建	结案	370	13 015.5	38	1572.0	332	11 443.5
	遗留	461	39 645.2	26	2644.7	435	37 000.5
江西	结案	3	115.3	—	—	3	115.3
	遗留	34	3310.3	—	—	34	3310.3
河南	结案	51	587.1	—	—	51	587.1
	遗留	104	2879.1	—	—	104	2879.1
湖南	结案	2863	11 432.6	43	468.4	2820	10 964.2
	遗留	3477	45 084.0	130	10 314.5	3347	34 769.5

（续）

地区	总起数		总面积（公顷）	省际		省内	
				起数	面积（公顷）	起数	面积（公顷）
广东	结案	1525	3144.4	5	144.6	1520	2999.8
	遗留	2375	63 423.8	51	6131.3	2324	57 292.5
广西	结案	3132	8878.7	18	2426.3	3114	6452.4
	遗留	707	25 653.3	141	6039.2	566	19 614.1
海南	结案	1	5.0	—	—	1	5.0
	遗留	12	273.8	—	—	12	273.8
四川	结案	3592	4193.8	—	—	3592	4193.8
	遗留	17 303	203 466.6	11	17 000.0	17 292	186 466.6

（续）

地区	总起数		总面积（公顷）	省际		省内	
				起数	面积（公顷）	起数	面积（公顷）
贵州	结案	817	2371.7	3	57.4	814	2314.3
	遗留	468	3843.3	27	766.7	441	3077.2
云南	结案	94	3426.9	—	—	94	3426.9
	遗留	94	4359.8	11	3033.3	83	1326.5
陕西	结案	14	307.3	—	—	14	307.3
	遗留	7	512.6	—	—	7	512.6

注：浙江省报表与此表项目不一致，未统计在内。

（赵德明）

森林资源监督及森林资源资产管理

【1996年度东北、内蒙古国有林区“三总量”执行情况检查】 为了进一步强化森林资源和林政管理，严格执行森林限额采伐制度，林业部于1997年3～5月组织驻内蒙古自治区、吉林省、黑龙江省、大兴安岭林业集团公司森林资源监督专员办事处对驻在省（自治区、公司）国有森工企业和县（市）1996年度森林总采伐量计划、木材运输总量计划和木材销售总量计划（简称“三总量”）执行情况进行了检查。共抽查了7个国有森工企业局、7个国有林场和2个市（县）。并发布了《林业部关于对东北、内蒙古有关单位1996年度“三总量”执行情况的通报》。

检查中发现的主要问题：一是超限额采伐林木或超计划生产木材的问题普遍存在；二是不按伐区设计作业，超强度采伐和单纯取材现象严重；三是木材凭证运输制度在多数单位没有得到认真执行，木材运输管理严重失控；四是木材缴库标准执行不严格，非规格材中普遍混有符合缴库标准的商品材；五是森林资源损失浪费现象严重；六是林地管理薄弱，当前比较突出的是毁林开荒的问题。

检查结果表明，近几年来，在“三总量”管理中存在的问题，不仅未得到认真纠正，而且在某些方面有愈演愈烈的趋势。特别是一些单位为了逃避“三总量”检查，无视国家法纪，或修改进场材原始记录，编造假账目，把商品材记入账外销售，或擅自串换分项限额，扩大商品材采伐量；有的单位甚至无证采伐，私下销售木材，拒不入账等，给“三总量”检查工作造成了困难。

《通报》对在本次检查中发现的问题提出了处理意见：一是超计划采伐的单位及其主要领导人，不得参加部、省（区）1997年度先进单位或先进个人的评比。有关人员的1996年度经营承包奖励，一律不得兑现，已经兑现的，要如数予以追回；二是超采严重，森林资源保护管理混乱，造成森林资源严重破坏的单位，建议其上级主管部门依法追究该单位领导人以及其他有关人员的行政和法律责任，并责令这些单位限期整改；三是受检单位及其上级林业主管部门要针对这次查出的问题制定整改措施，并将整改结果于1998年6月底以前报林业部。《通报》要求林业部驻东北、内蒙古地区各森林资源监督专员办事处，负责监督整改措施的落实，并将执行中存在的问题及时向林业部报告。

（刘嗣上）

【林业部驻云南省森林资源监督专员办事处成立】 根据中央机构编制委员会办公室中编办[1994]178号文件批复，林业部驻云南省森林资源监督专员办事处（以下简称专员办）于1997年11月10日正式成立。刘于鹤副部长出席成立大会并讲了话，希望专员办全体同志要不断提高对监督工作重要性和必要性的认识，增强使命感和责任感，依法开展森林资源监督工作，促进云南省资源和林政管理，实现云南林业的可持续发展。云南省黄炳生副省长到会祝贺并讲了话，要求全省各级林业主管部门和企事业单位积极支持，主动配合专员办开展工作，认真对待专员办的各项检查，主动接受监督。专员办设专员（正司局级）1名，副专员（副司局级）1名。处长1名，副处长2名。 （王德荣）

【森林资源监督员培训班】 为使森林资源监督人员更好地掌握有关法律、法规、规章及行政法的知识和技能，提高业务理论水平和实际操作能力，林业部资源和林政管理司委托西南林学院于11月25日至12月14

日举办了森林资源监督员培训班。培训对象是部驻重点林业省（区、公司）森林资源监督专员办事处处级监督人员和东北、内蒙古国有林区驻森工企业森林资源监督办主任。培训全学程20天106学时。通过考试、论文答辩，36名学员全部获得了岗位培训证书。

（王德荣）

【赴德国首次考察森林资源监督管理工作】 根据我国林业发展和森林资源林政管理状况的迫切需要，我国自1989年在内蒙古等重点林业省（区、公司）建立了森林资源监督制度。为进一步借鉴国外林业先进国家经验，林业部资源和林政管理司于1997年9月15日至10月5日组织了部驻内蒙古、吉林、黑龙江、云南等省（区）森林资源监督专员办事处的专员一行8人对德国的森林资源监督管理工作进行了考察。

通过考察，对德国的森林资源、林业立法、森林发展历史及自然林理论与实践、林业机构设置及其职能有了全面了解；对德国的森林资源监督管理的主要做法和特点有了深刻认识；并在此基础上针对我国国情和林情提出了四点体会和建议：一是政府要对林业实行宏观调控，充分发挥林业行业的监督管理职能；二是林业自成体系，实行垂直领导；三是严格执行森林经营方案；四是实行林务官制度。 （薛有祝）

林业行政执法

【综 述】

1. 林业执法工作基础进一步加强，执法条件和执法手段有了改善，执法地位有了较大提高，职能作用得到了较好的发挥，在社会和人民群众中树立了良好的执法形象。全国已有21个省（区、市）建立了林政稽查队伍。执法队伍和机构进一步稳定，充实了执法力量，为建立一支统一、权威、高效的林政执法队伍打下了良好的基础。

2. 加快了立法步伐，制定出一系列新的配套性林业法规，使林业行政执法工作有法可依，依法行政，依法治林。各省在制定森林保护条例等地方性法规中，对林地管理、木材运输、木材经营（加工）、采伐限额管理等方面的工作都纳入法制管理的范围，使林业行政执法进一步充实和完善。林业部总结了几年的执法实践，在制定《木材运输检查监督办法》的基础上，按《森林法》的要求修订了《木材经营管理监督办法》。除此之外，根据资源林政执法工作的要求，先后制定和修订了《木材检查站管理办法》、《林政稽查工作管理办法》、《外商投资造林管理办法》、《林权纠纷调处管理办法》等行政法规或部门规章的初稿。现已按立法程序，征求各省及有关部门意见，力争尽早出台。

3. 加强对林政执法的监督检查，规范执法行为，促进了依法行政。林业部及各地方林业主管部门建立健全了监督检查机制，严格执行《行政处罚法》、《林业行政处罚程序规定》、《林业行政执法监督办法》的要求，加强内部管理，加强对林政执法人员的政治和业务培训，提高执法人员的素质和执法水平。

4. 狠抓木材检查站的建设和管理，推动木材运输检查执法工作的规范化、法制化建设。主要抓以下三方面的工作：一是木材检查站标准化建设已进入全面实施阶段，并取得了初步成效。二是开展创建文明执法窗口活动。三是林业系统治理公路“三乱”基本实现了预期目标。

5. 继续开展林业行政案件的汇总分析工作。1997年度共发生林业行政案件60.57万起，案件查处结案率为95.72%，挽回直接经济损失3.2亿元。案件总数中违法运输木材案件为75.73%，与1996年度相比，盗伐林木案件呈上升趋势。 （林若樱）

【全国林业行政案件统计及分析】

林业行政案件发生及查处情况 据全国31个省（区、市）及新疆生产建设兵团、龙江森工集团、吉林森工集团、内蒙古森工集团及大兴安岭林业集团公司的统计，1997年统计年度（1996年第四季度至1997年第三季度）共发生林业行政案件60.57万起，查处了57.98万起，查处率为95.7%。在所发生的林业行政案件中，盗伐林木案件4.68万起，占案件总数的7.73%；滥伐林木案件3.62万起，占案件总数的5.98%；毁坏林木、苗木案件0.89万起，占案件总数的1.47%；违章运输木材案件45.87万起，占案件总数的75.73%；伪造、倒卖林业票证案件0.04万起，占案件总数的0.07%；违法征占用林地案件0.99万起，占案件总数的1.63%；其他林业行政案件4.48万起，占案件总数的7.40%。

上述各类林业行政案件，共造成损失林木38.61万立方米，林地0.95万公顷，幼树、竹子583.90万株。经查处，挽回经济损失共3.23亿元。其中，补征林业金费4552.09万元，占13.9%；木材变价款16 570.33万元，占50.6%；罚款6491.66万元，占19.8%；没收违法所得2832.45万元，占8.7%；赔偿损失1863.81万元，占5.7%。共收缴木材70.06万立方米，行政处罚44.92万人次。1997年收缴木材较1996年增加11.26万立方米，行政处罚人数1997年比1996年增加3.5万人次。

案件分析 从1997年统计年度林业行政案件发生情况来看，有以下几个特点：

1. 案件发生数量大幅度上升。1997年统计年度林业行政案件发生数为60.57万起，较1996年统计年度的43.78万起，净增加16.79万起。其中，林业行政案件发生数高于1996年度的有北京、天津、上海、江苏、浙江、河南、湖北、湖南、广西、四川（含重庆）、贵州、云南、陕西、甘肃、青海、宁夏等省（区、市）和龙江、吉林、大兴安岭森工（林业）集团公司。增加幅度上万起的有：云南为15 370起，浙江为28 674起，河南为142 888起。

2. 案件查处率有所提高。1997年案件查处率为95.7%，较1996年增加了1个百分点。查处率上升，主要是加大了林政执法力度，加强了对林政执法人员的培训，提高了依法行政的水平和效果。

3. 林木等损失增加，林地损失略有减少。林木损失增加了0.41万立方米，幼树、竹子损失增加量较大，为33.9万株。林地损失由1996年的2.14万公顷减少到0.95万公顷，净减少1.19万公顷。

4. 各类案件数量排序与1996年相同。违法运输木材案件仍居首位，依次为盗伐林木、滥伐林木、违法占用林地、毁坏林木、苗木和伪造、倒卖林业票证。

5. 案件构成比重有所变化。其中违章运输木材案件变化较大，增加了61.9%；毁坏林木、苗木案件增加了12.7%；伪造、倒卖林业票证减少33.3%；其他林政案件比重略有增减。

6. 流通领域形势严峻，违章运输木材案件居首位。违章运输木材案件比1996年的28.34万起增加了17.53万起，但占案件总数比例达75.7%，查处案件挽回的经济损失比1996年增加了211万元。这既反映出流通领域中案件发生频率高，同时也反映了对木材运输案件的查处率也高。

7. 在挽回的经济损失中，其构成比例有所变化。1997年共为国家挽回经济损失3.23亿元，1996年为3.28亿元，总额减少了500万元。从构成比例看，1997年比1996年，没收违法所得所占比例增加25.8%，木材变价款增加15.3%，罚款增加1.6%，补征林业金费减少33.0%，赔偿损失减少38.1%。即1997年查处林业行政案件，没收违法所得、木材变价款所占比重有所增加；补征收的林业金费、赔偿损失所占比重减少较明显；罚款所占比例基本持平。这些变化中可以看出，基本改变了过去那种以罚代法，甚至一罚了之的状况，而注重依法量处，基本克服了执法中的随意性，使整个林政执法工作进一步趋于规范。

存在问题 目前森林资源保护管理中存在以下主要问题，应当引起各级政府和林业主管部门的足够重视。

1. 一些地方在消灭荒山、造林绿化取得一定成绩后，对森林资源的保护管理工作有所放松，保护措施不力。特别是山区、林区多处于贫困、偏远地区，“要想富，就砍树”的现象仍然严重。一些贫困地区的群众和危困的森工企业，依附大木头过活的状况没有发生根本改变。各种林政案件频繁发生，林政执法任务繁重。

2. 法人和其他组织违法作案增加，造成对林木和林地的破坏和损失，以及违法运输木材案件上升。

3. 一些地方和部门保护主义严重，以各种手段干扰执法人员依法办案，严重影响了林政执法效果，还增加了林业行政案件尤其是对大案要案查处的难度，使得有的案件一拖几年都难以查处。

4. 有关保护森林资源的法律法规尚不健全、不配套，一些地方森林资源保护管理工作不到位，依法治林的力度不足。

5. 林政执法机构人员的编制、工资和业务经费、办案经费等实际问题长期没能得到较好的解决。尤其是基层林政执法机构的工作、生活条件差，必要的设施和装备十分落后。这不仅与当前行政执法的要求和林政执法的任务很不相称，而且严重影响到林政执法队伍的稳定和林政执法工作的效果，同时也直接影响了对森林资源的有效保护。（杨 净）

林业公安、检察、法院工作

林业公安工作

【林业公安机构】 1997年，全国林业公安实有机构比1996年增加0.06%；内设机构增加2.57%；派出所占机构总数74.52%，增加1.83%。全国林业公安实有警力比1996年增加0.63%。①年龄结构：30岁以下占警力总数的27.32%，下降1.69%；31～50岁占66.94%，增加1.66%；51岁以上占5.74%，基本持平。②文化程度：大专以上占警力总数的21.06%，增加9.15%；中专、高中占65.6%，下降0.94%；初中以下占13.33%，下降3.75%。③警力分布：县（市）警力占警力总数的87.04%，增加0.17%；地（市）警力占10.28%，增加6.3%；省处（局）警力占1.87%；公安院校占0.72%。④部门人员分类：森保人员占警力总数的7.07%，增加0.44%；治安人员占19.4%，下降0.24%；刑侦人员占3.8%，增加0.36%；法制人员占0.62%，增加0.03%；防火人员占1.4%，增加0.65%；看守所人员占3.25%，下降0.03%，派出所人员占46.94%，下降0.19%。（罗葆文）

【警衔评授】 截至1997年底，全国林业公安系统已授警衔民警占实有民警总数的86.32%。在已授警衔民警中，经林业公安系统审核上报的占87%，经地方公安系统审核上报的占13%。

1997年，警衔衔级结构及比例情况：警监占0.18%，警督占32.89%，警司占62.06%，警员占4.87%。

据调查，未授衔的主要原因：①尚未经培训；②以工代警或合同制民警；③警校毕业生见习期；④新录民警试用期；⑤因故缓授；⑥超龄不予授等。

（章　宏）

【教育培训】 1997年，全国各地林业公安机关十分重视民警文化素质的提高，普遍制订了培训措施，规定达不到中专以上文化程度者将转岗或继续培训。与1996年比，大专以上文化程度的由占20%上升为23%，中专、高中文化程度的占62%，初中文化程度的占15%。

按照公安部《关于做好公安机关人民警察警衔晋升培训工作的通知》精神，在林业部南京人民警察学校和林业部长春林业公安培训中心分别举办了12期晋升警衔培训班，培训学员2000余人。

各地林业公安机关举办各类短期培训班20期，培训学员1000余人。

林业部南京人民警察学校1997年招生320名。

（乔世武）

【反腐倡廉及纪检工作】 1997年，各级林业公安机关高度重视反腐倡廉及纪检工作，全年处理林业公安民警违法违纪48起94人，占总人数的2.29/1000。案件类别和占违法违纪人数比例分别为：违反枪支管理规定的12起23人，占24%；玩忽职守案件4起22人，占23%；贪污2起9人，占9.5%；伤害6起6人，占6.3%；刑讯逼供6起6人，占6.3%；挪用公款2起5人，占5.3%，总的看民警违法违纪率有所下降，但是违反枪支管理条例的问题仍然居多。二是玩忽职守人员较多。三是经济案件增多，领导干部比例加大，充分说明进一步加强队伍建设，提高民警素质的紧迫性。

（乔世武）

【廉政爱民】 1月9日，林业部公安局制定了《关于加强林业公安系统社会主义精神文明建设的规定》，提出了抓好队伍建设的指导思想和目标，以及加强廉政建设，密切警民关系，建立林业公安系统“为人民服务、树公安新风”的“窗口”示范单位等各项具体的加强廉政爱民建设的办法和措施。据统计：全年全国林业公安机关参加抢险救灾1470起，出动警力15 850人次，抢救群众3484人，查找失散、失踪者206人，已找到177人；挽救轻生者76人；抢救护送病危群众1575人；照顾孤寡老人1325人；送还遗失财物1866件；有影响面的好人好事1496件；为英烈、贫困群众捐款273 347.00元。全国林业公安民警拒礼11 091人次，拒贿4697人次，共计15 788人次，涉及金额达3 728 998.00元；收到群众和单位表扬信8269件。

（罗葆文）

【立功创模】 1997年，全国林业公安机关有939个单位、集体受到记功表彰。其中：荣获集体二等功的有31个，三等功的有231个，嘉奖306个；公安部政治部、林业部公安局联合表彰了91个全国林业公安基层建设先进单位；受到其他表彰奖励的有371个单位、集体。全国林业公安民警受到记功表彰的有3031人，占全国民警总数的6.28%。其中：荣记个人一等功的有11人，二等功31人，三等功609人，嘉奖1835人；公安部授予2人全国特级优秀人民警察称号，授予25人全国优秀人民警察称号；林业部公安局授予22人全国林业系统优秀人民警察称号；受到其他表彰奖励的有545人。 （罗葆文）

【全国林区治安形势分析】 全国各级林业公安机关以保护生态环境和森林资源、维护林区治安秩序及社会政治稳定为己任，充分发挥林业公安机关的职能作用，深入持久地开展春季、夏季、冬季严打斗争和专项治理工作，严厉打击了各种破坏森林和野生动物资源的犯罪活动。在抓好严打斗争的同时，各地切实加强基层业务建设，集中警力大力整治林区治安，落实各项综合治理措施，有效地提高了预防、发现和打击犯罪的能力。林区治安形势总体上稳定，各类森林案件有一定幅度的下降，林区各种“热点”问题在一定程度上得到控制。但林区治安也出现了一些新情况和新问题，影响林区治安的不安定因素还未从根本上消除，治安隐患依然存在，甚至在局部地区、重点部位还可能出现较大的波动，形势不容乐观。当前存在的主要问题是：盗伐滥伐林木仍十分突出；以种植、基建、开发为目的的毁林违法事件大幅度增加；因林权纠纷引起的哄抢林木、武装械斗事件重新抬头；破坏野生动物资源的违法犯罪活动相当猖獗；殴打甚至非法拘禁护林人员和公安民警的案件时有发生；木材流通领域的违法犯罪活动仍不可忽视。

造成林区治安形势严峻的主要原因：一是部分基层干部生态保护意识不强，不能正确处理发展经济与保护森林资源的关系，急功近利，追求一时的政绩，使毁林事件增多。二是由于经济利益的驱动，一些不法之徒为牟取暴利，置国家法律于不顾，乱砍滥伐和猎杀、倒卖、走私国家保护的野生动物及其产品。三是地方保护主义严重，行政干预办案，致使有的案件不能依法查处。四是部分群众和少数基层干部的法制观念淡薄，造成毁林案件频繁发生。五是相关的法律法规不配套、不完善，公、检、法机关认识不统一，该批捕的不批捕，该判刑的不判刑，重罪轻判的情况时有发生。

（范鲁安）

【全国森林和野生动物案件】

森林案件情况 据统计，1997年全国林业公安机关共受理各类森林案件125 724起，比1996年下降8.41%。其中：刑事案件6765起，下降24.64%；治安案件13 676起，下降15.48%；受理林业行政案件105 283起，下降6.09%。在刑事案件中，立重大案件1019起，破案988起，破案率为96.96%，立案比1996年下降33.79%；立特别重大案件167起，破案161起，破案率为96.41%，立案比1996年下降43.77%。

全部案件毁坏林地20 129公顷，造成经济损失9389.44万元，其中：损失林木49.69万立方米，毁坏幼树1350.16万株。护林执法人员受伤198人。

全国林业公安机关共查处森林案件124 436起，综合查处率为98.98%。其中：破获刑事案件6467起，破案率为95.59%；查处治安案件13 464起，查处率为98.45%；处理林政案件104 505起，处理率为99.26%。全年共打击处理各类违法犯罪人员172 331人次，其中：逮捕3239人，劳教851人，治安拘留5955人，治安罚款11 290人，警告4760人，林业行政罚款107 574人。破获犯罪团伙624个，抓获成员4046人。

办案为国家挽回经济损失18 076.16万元。收缴木材32.27万立方米。

野生动物案件情况 据统计，1997年全国林业公安机关共受理各类野生动物案件6416起，查处6341起，综合查处率为98.83%。其中：立刑事案件524起，破503起，破案率为95.99%；受理治安案件676起，查处668起，查处率为98.82%；受理行政案件5216起，处理5170起，处理率为99.12%。全国共立重大案件85起，破80起，破案率为94.12%；立特别重大案件69起，破62起，破案率为89.86%。

全部案件造成经济损失1437.51万元。损失野生动物243 878只（头），其中：国家一级保护野生动物1890只（头），国家二级保护野生动物12 829只（头）。

全年共打击处理违法犯罪人员8625人次，其中：逮捕236人，劳教108人，治安拘留337人，警告780人，治安罚款643人，林业行政罚款4885人。破获团伙97个，抓获作案成员447人。

办案为国家挽回经济损失2553.14万元。收缴野生动物509 026只（头），其中：国家一级保护野生动物1941只（头），国家二级保护野生动物41 766只（头）。收缴野生动物毛皮2299张，猎具9011件，车辆83辆，枪596支，其中：军用枪47支。（关旭庆）

【特大案件督查】 1997年，林业部公安局按照林业部、公安部的部署，在全国先后三次组织开展打击破坏森林和野生动物资源违法犯罪活动的严打斗争和专项治理工作，对一些重大、特大案件加大督查、督办力度，使一批有影响的大案、要案得以查处，有效地保护了森林和野生动物资源。全年，仅林业部公安局就重点督查了40余起大案、要案，如广东省徐建刚走私黄猩猩案，陕西省太白山自然保护区毁林案，黑龙江走私虎骨、虎皮案，云南省安宁县毁林案，青海省盗猎藏羚羊案，福建省宁德市毁林案，云南省河口县毁林案，深圳市动物园倒卖野生动物皮张案，内蒙古自治区大杨树地区毁林案，浙江省遂昌县滥伐案，山西省霍州非法拘禁民警案，穆罕莫德·阿力倒卖猎隼案，福建省南平造纸厂假码单案，胡达适得·汗走私猎隼案，海南省毁林案、广西壮族自治区海明林场滥伐案等。这些案件有如下特点：一是森林案件中以毁林开荒和经济开发为目的的恶性案件增多，且损失的林地、林木数量明显增多。如内蒙古自治区大杨树地区发生的毁林开荒案件，毁坏的林地达460余公顷，涉及的人员达几十人；福建省宁德地区的盗伐林木案，涉及木材达9000余立方米。二是政府行为参与的毁林案件增多。如云南省河口县毁林案件，是由地方政府有关部门擅自批准征占林地，造成260余公顷林地遭到破坏。三是野生动物大案上升。四是盗猎、走私藏羚羊和猎隼的案件屡禁不止。如西藏阿里海关查获的走私684.5千克藏羚羊绒的案件和青海省林业公安机关破获的9起盗猎藏羚羊案件，在数量上和规模上都比1996年明显增大。仅北京地区1997年查获的走私猎隼就有60余只。五是单位违法犯罪明显增多。如深圳动物园非法倒卖虎皮案、东北师范大学倒卖虎骨酒案和云南大理白族自治州发生的盗伐红豆杉案等。值得庆幸的是由于宣传工作的加强，法制的逐步完善，群众对森林和野生动物的保护意识明显增强，举报案件增多。在林业部公安局1997年重点督查的40余起案件中，有17起是群众举报的。

（张立保）

【信访工作】 信访工作是公安工作的重要组成部分。据统计，林业部公安局全年共处理反映森林和野生动物被破坏的举报信函148件，比1996年下降29%。上访信中绝大多数是反映盗伐滥伐等毁林事件的。其中反映乡(镇)村一级党政领导干部带头盗伐滥伐等毁林事件的占很大一部分，也有一些是反映林场场长以及林业局长违反《森林法》有关规定带头或参与盗伐滥伐等毁林事件的，这类信件约占34.4%。反映一般村民或其他人盗伐滥伐等毁林事件的占37.8%，反映有关滥捕滥猎野生动物的占5%，反映无证采伐的占3%，反映非法偷盗木材、倒卖林业票证等其他事件的占17%，反映其他问题的约占2%。各级林业公安机关高度重视信访工作，对群众反映的重大、特大毁林事件层层督办，不少省（区）林业公安局（处）接到群众对重大、特大事件的举报不推不拖，及时组成工作组深入基层，认真调查研究，并根据事实依法进行了查处。

（郑 晔）

【林业公安科技工作】 林业部公安局关于加强科技工作，重视科技人才，增加装备科技含量的举措，得到了各级林业公安机关的积极响应。向科技要警力、要效率，已在林业公安系统蔚然成风。1997年，继内蒙古大兴安岭林业公安局机要通信科县(地)级林业公安机关通信和计算机结合应用系统科研项目通过省(部)级鉴定之后，由林业部长春林业公安培训中心提出的森林案件现场伐根、伐痕及锯末形成时间检验方法的研究项目经过林业部科学技术司的反复论证纳入了林业部科技研究项目计划，并拨科研经费10万元。该科研项目从1997年开始到2000年完成。此项目是通过对盗伐、滥伐森林等林木案件中的伐根、伐痕、锯末的检验，鉴定出作案时间、树种以及使用工具，以此作为犯罪证据。这项成果将大大缩短破案时间，节约办案经费，提高破案率，防止因证据不足而影响案件的受理，从而有效地打击犯罪，制止盗伐、滥伐，减少对森林资源的破坏。

（韩彦君）

【全国林业公安装备"百县"建设表彰】 1994年，林业部公安局根据林业公安体系建设规划及加强林业公安基层基础设施建设的总体要求和把装备工作重点转到基层的指导思想，提出3年抓好100个重点林业县林业公安装备和基础设施建设的要求。3年来，被列为重点建设的单位，在当地党政领导的重视、支持和广大民警的不懈努力下，按照"百县"建设的总体部署，不断探索加强装备及基础设施建设的新路子，使装备和基础设施建设比1994年以前产生了质和量的飞跃。经验收100个单位都达到了装备建设标准化，规范化的要求。林业部公安局在1997年召开的全国林业公安装备暨"百县"建设总结表彰会议上对100个达标单位进行了通报表彰并颁发了铜牌。同时，提出了在全国范围内进一步开展装备建设整体推进工程，争取到本世纪末有80%的基层林业公安机关的装备和基础设施建设达到林业公安装备三级建设标准。

（韩彦君）

【林业公安基层建设工作调查】 为全国林业公安基层建设工作会议做准备，林业部公安局于4月开始，先后组织了5个由局领导亲自带队的调查小组深入到全国8个省（区）进行调查，全面了解各地林业公安机关开展基层建设工作情况，总结、推广各地好的经验和做法。通过调查总结出各地在开展林业公安基层建设工作中的6条经验，即：①紧紧依靠党委、政府和林业、公安部门领导的重视和支持，是搞好林业公安基层建设的关键；②统一思想，提高认识，是搞好林业公安基层建设的前提；③加强领导，制定规划，是搞好林业公安基层建设的保证；④以点带面，典型引路，是搞好林业公安基层建设的有效途径；⑤实事求是，分类指导是搞好林业公安基层建设的基本原则；⑥广大干部群众的理解、配合和支持，是搞好基层建设工作的胜利之本。同时还总结出了各地开展基层建设工作促使林业公安机关发生的巨大变化，即6个提高：一是提高了林业公安队伍的整体素质；二是提高了民警的执法水平；三是提高了对破坏森林和野生动物资源犯罪的打击力度；四是提高了整体防范和控制能力，推进了林区社会治安综合治理；五是提高了装备现代化水平，增强了队伍的战斗力和快速反应能力以及机动作战能力；六是

基础设施的改善，大大提高了林业公安的社会地位。（陈介平）

林业检察工作

【综 述】 1997年是林业检察工作取得新成效、新突破、新提高的一年。全国各级林业检察机关以《刑法》、《刑事诉讼法》的实施为契机，以建一流班子、带一流队伍、创一流业绩为目标，继续深入贯彻“严格执法、狠抓办案”的工作方针，强化法律监督职能，进一步推进了反腐败斗争和严打斗争向纵深发展，为保护森林和野生动物资源，稳定林区经济秩序，维护林区社会治安秩序，深化林业体制改革作出了较大贡献。据不完全统计，仅黑龙江、吉林、福建、湖南、四川5省及黑龙江省大兴安岭林区和甘肃省白龙江林区的各级林业检察机关共受理公安机关提请批捕2852人，经审查依法批准逮捕2508人，不批捕252人；受理公安机关移送审查起诉3172人，经审查依法提起公诉2550人，不起诉203人；通过办案为国家和集体挽回经济损失2605.69万元，收缴木材4015.7立方米。

全国各级林业检察机关继续把查处破坏森林资源犯罪工作摆在首位，坚持开展集中打击毁林犯罪的专项斗争。仅吉林省的各级林业检察机关就受理审查批捕的各类毁林犯罪案件90件215人，批捕79件198人，其中重大、特大案犯85人；受理审查起诉各类毁林案件83件202人，决定起诉65件160人，其中重大、特大案犯44人。通过开展严打斗争，有效地遏制了毁林犯罪，保护了森林资源，维护了林业生产秩序。

林业检察干警在办案中重事实、重证据、重调查研究，不轻信口供、不主观臆断。对批捕、起诉案件严审细查，认真复核，严把案件质量关，确保不放纵一个罪犯，不冤枉一个好人，进一步树立了林业检察机关的良好执法形象。仅湖南省的林检部门在批捕阶段就复核案件160件，占审结数的80%，重新取证340份，改变案件定性5人，追捕逃犯3人，防止错捕22人；在起诉阶段复核案件100%，改变罪名1个，新增罪名1个，追诉逃犯3人，防止错诉15人。

各级林业检察机关还结合办案，坚持打防结合、标本兼治原则，采取有效措施，推进综合治理。如吉林省的林业检察机关在综合治理方面一是运用检察建议帮助林业企业建章建制，堵塞管理漏洞，减少不安全因素。仅红石、白石山两院就结合办案发出了25份检察建议，与20个基层单位保持联系，落实了21项建议，促进了企业管理；二是与发案单位建立综合治理联系点，开展检、企共建“安全文明小区”活动，办一案，清一片，保一方平安；三是积极开展法制宣传，加强法治教育，从根本上减少犯罪因素。（段庆浩）

【全国林业检法工作座谈会】 林业部检察院法院工作办公室于3月19日、20日在长沙市召开了全国林业检法工作座谈会。来自黑龙江、吉林、福建、湖南、四川五省的林业检察处和林业审判庭及黑龙江省大兴安岭林区检察分院、中级法院，甘肃省白龙江林区检察分院、陇南地区中级法院分院，黑龙江省森工总局政法委，吉林省林业厅政法办的负责人共16人参加了会议。会议全面总结了全国林业检法机关1996年的工作，表彰了1996年先进单位，并颁发了奖旗。会议着重对林业检法机关当前面临的严峻形势作了实事求是的分析，研究了对策，并就1997年的工作提出了指导性意见。（段庆浩）

林业法院工作

【综 述】 1997年，全国的林业法院认真贯彻全国法院和林业工作会议精神，充分发挥审判职能作用，紧密围绕严肃执法这个中心，推进审判方式改革，为保护森林和野生动物资源安全，维护林区社会治安稳定，保障林业改革和经济发展作出了新贡献。据不完全统计，仅黑龙江、吉林、福建、湖南、四川5省及黑龙江省的大兴安岭林区、甘肃省的白龙江林区的林业审判机关共受理各类案件32 236件，已审结31 533件。其中，受理林业刑事案件(包括黑龙江、吉林两省及大兴安岭和白龙江林区的社会刑事案件）1952件，已审结1898件，通过办理刑事案件为国家、集体、个人挽回经济损失1246.72万元，判处无期徒刑以上刑罚的有52人；受理经济案件6487件，涉及的诉讼标的额为23 719.52万元，已审结6360件，解决诉讼标的22 464.74万元，为林业企业清欠回拖欠款11 362.49万元；受理民事案件13 152件，已审结12 869件；受理林业行政案件941件，已审结909件，解决争议山林面积4108.7公顷；受理林业执行案件5041件，已执行4937件，执行的标的额达12 653.19万元。

随着社会主义市场经济体制的确立，各类林业经济纠纷也伴随着增加。全国各林业法院充分发挥审判职能，加大了对林业经济纠纷案件的审判力度。湖南省的林业审判机构共审结林业经济案件4485件，解决诉讼标的额1834.43万元，已执行标的1447.7万元。如省林业审判庭于11月13日开庭审理了益阳市金丰工贸有限公司诉国有安化洞市林场租赁合同纠纷一案，二审判决撤销了一审的错误判决，使国有安化洞市林场避免直接经济损失达40余万元，有力地维护了国营林场的合法权益。吉林省的各级林业审判机关以为林区经济建设服务为宗旨，进一步加大了清欠力度。全年受理一审经济纠纷案件334件，涉及的诉讼标的额高达6824余万元，比1996年上升了26.4%，审结285件，结案率为85.5%，收回资金4897万元。为缓解林业部门的资金危困，增强林业企业的活力，促进林业经济发展作出了贡献，真正起到了保驾护航的作用。

（段庆浩）

政策法规与体制改革

林业法制建设

【《中华人民共和国森林法修正案》进展情况】 在1996年进行了大量调查研究、征求意见、协调的基础上，1997年《中华人民共和国森林法修正案》的修改工作进入了关键的一年，也取得了突破性的进展。修改工作主要分为两个阶段，一是国务院审查阶段；二是全国人大常委会审议，全国人大法律委员会、全国人大环境与资源保护委员会、全国人大常委会法制工作委员会调研、修改和审议阶段。

国务院法制局征求了财政部、国家土地管理局等22个部门和黑龙江、福建等14个省（区、市）以及中国林业科学研究院等4个科研单位的意见，到广东、福建、河北等省进行了实地调查研究，并与林业部对送审稿进行了反复研究、修改，多次交换意见，形成了《中华人民共和国森林法修正案（草案）》。10月7日，国务院召开了第六十二次常务会议，讨论并原则通过草案，并经修改后提请全国人大常委会审议。陈耀邦部长、王志宝副部长参加了国务院第六十二次常务会议，并作了关于《森林法修正案》有关情况的说明。

《森林法修正案》（草案）提请第八届全国人大常委会以后，在10月召开的全国人大常委会第二十八次会议上进行了初步审议。在会议期间，关于《森林法修正案》的主要工作有：10月27日，全国人大环境与资源保护委员会召开了第十三次全体会议，专门听取了王志宝副部长关于《森林法修正案》有关情况的汇报；全国人大环境与资源保护委员会主任委员曲格平主持，杨纪珂、秦仲达、孙鸿烈等副主任委员参加。10月29日，陈耀邦部长在全国人大常委会第二十八次会议上作了《关于中华人民共和国森林法修正案（草案）的说明》。10月30日，全国人大常委会第二十八次会议分为4个小组初步审议了草案。10月31日，全国人大常委会副委员长王丙乾作关于《森林法》执法检查情况的报告。

全国人大常委会第二十八次会议结束后，《森林法修正案》的调研、修改和协调工作主要有：11月4～15日，全国人大法律委员会副主任委员项淳一、顾问宋汝棼等人到福建省调查研究《森林法修正案》有关问题。11月5日、6日，全国人大常委会法制工作委员会副主任邬福肇带领经济法室主任魏耀荣等人到林业部听取《森林法修正案》的有关情况汇报；陈耀邦部长会见了邬福肇等人；王志宝副部长就森林法修改情况和遇到的有关问题作了专门汇报。11月10日，全国人大法律委员会、全国人大环境与资源保护委员会、全国人大常委会法制工作委员会召开征求《森林法修正案》意见座谈会，曲格平、邬福肇、王涛、王志宝等人参加，参加座谈会的部门有公安部、财政部、海关总署、农业部、建设部、水利部、国家土地管理局、北京市林业局等。11月12～22日，全国人大常委会法制工作委员会副主任邬福肇等人到江西省、广东省就《森林法修正案》有关情况进行调研。

在全国人大法律委员会、全国人大环境与资源保护委员会、全国人大常委会法制工作委员会审查、修改和协调过程中，林业部部领导非常重视做好配合工作，并及时地提供了有关背景材料，针对修改过程中提出的方案及时协调和沟通。王志宝副部长多次召集部有关司局研究东北、内蒙古国有林区确权发证、林业公安机关等的重大问题，准备了专题材料。针对有些省（区）对国家重点林区的森林、林木和林地由国务院授权其林业主管部门发放证书的不同意见，林业部在王志宝副部长的直接指导下，12月2日，向全国人大法律委员会、全国人大环境与资源保护委员会、全国人大常委会法制工作委员会报送了《林业部关于对〈中华人民共和国森林法修正案〉中国有重点林区的森林、林木和林地核发证书有关问题的报告》（林策字［1997］77号）。

在审查修改过程中，全国人大环境与资源委员会法案室草拟的提请全国人大环境与资源委员会全体会议审议的意见、全国人大常委会法制工作委员会对《森林法修正案》提出的具体修改方案，都及时与林业部进行沟通。林业部及时进行研究，并进一步提出修改方案。

通过大量的协调和艰苦细致的工作，《森林法修正案》（草案）对当前林业发展中的重大问题作出了明确的规定，如国家所有的重要林区的森林、林木和林地权属证书的发放问题，关于森林、林木和林地流转问题，关于森林生态效益补偿问题，关于征用或者占用林地必须经县以上林业主管部审核同意的问题，关于珍贵树木及其制品出口管理问题，关于森林（林业）公安机关的地位和作用问题等等。

自1993年8月林业部决定对《中华人民共和国森林法》修改以来，经过林业部、国务院法制局、全国人大常委会法制工作委员会、全国人大法律委员会、全国人大环境与资源保护委员会等4年多努力工作，在大量的调研、协调和修改的基础上，形成了《全国人民代表大会常务委员会关于修改〈中华人民共和国森林法〉的决定（草案）》。（政法司法规处）

【林业法规制订】 1997年，林业法规制订工作主要有：①《中华人民共和国森林法》修改工作。②审查完成了部国有林场和林木种苗工作总站报部审议的《林木良种推广使用管理办法》，并经部长办公会议审议通过，于6月5日以林业部令13号发布。③初步审查了《森林公园管理条例（征求意见稿）》，于5月以林函策字［1997］102号印送国务院各有关部门征求意见。④初步审查了《林权登记管理办法（征求意见稿）》、《基层林业工作站管理办法（征求意见稿）》，并于7月分别以林函策字［1997］102号、林函策字［1997］127号印送国务院各有关部门征求意见。⑤初步审查了《中华人民共和国濒危野生动植物进出口管理条例》、《林业系统法定代表人离任审计管理规定》、《国有林经营方案管理办法》、《木材运输监督检查办法》等法规、规章草案。

与林业工作紧密相关的法律、法规、规章征求意见工作 办理了全国人大法律委员会、全国人大环境与资源保护委员会、全国人大常委会法制工作委员会、国务院法制局、国务院有关部门征求林业部意见的法律、法规和规章草案共70多件，并提出了具体的修改意见。其中与林业关系密切的有：①对《中华人民共和国土地管理法（修改）》提出修改意见。1997年4月，中共中央、国务院发布了［1997］11号文件，要求加强土地管理，据此，国家土地管理局对《中华人民共和国土地管理法》进行了修改。涉及林业管理的主要内容是林地确权发证的问题。林业部几次进行了认真研究，明确提出意见，并准备了详细的材料，说明维持现行土地管理法律、政策的重要性。②对《中华人民共和国刑法》、《中华人民共和国公路法》、《中华人民共和国防洪法》、《中华人民共和国动物防疫法》等法律草案提出修改意见，其中许多意见被采纳。

指导、支持地方省级林业主管部门有突破性的林业法规制订工作 主要有《广东省外商投资造林管理办法》、《湖北省林地管理条例》、《福建省森林资源转让条例》等，并进行总结，为进行全国林业立法积累经验。

（政法司法规处）

林　业　执　法

【全国人大常委会进行《森林法》执法检查】 4月、5月，全国人大常委会组织执法检查组，到江西、福建和云南等省对《森林法》执行情况进行了检查。全国人大常委会副委员长王丙乾、布赫，全国人大环境与资源保护委员会主任委员曲格平、副主任委员杨振怀，全国人大财经委员会副主任委员黄毅诚等参加了检查。林业部对这次执法检查非常重视，部领导多次作出批示并召开会议进行研究，认真准备了向检查组的汇报材料，精心安排了检查地点和检查路线。在检查组举行的全体会议上，徐有芳部长代表林业部向检查组汇报了《森林法》实施以来取得的成绩和存在的问题。在三省期间，检查组听取了所到市县有关林业建设和《森林法》执行情况的汇报，深入到林区察看了速生丰产林建设基地、防护林带、国有林场、乡村林场、自然保护区、木材检查站、木材市场，走访了一些林业企业和农户，多次召开了由人大代表、基层林业干部、林农代表和专家学者参加的座谈会，并在检查结束后与三省人大、政府的主要领导交换了意见。

10月31日，在第八届全国人民代表大会常务委员会第二十八次会议上，王丙乾副委员长代表全国人大常委会执法检查组作了关于检查《森林法》实施情况的报告。报告充分肯定了《森林法》实施以来林业建设取得的成绩，主要表现在“四个坚持”，即坚持依法治林，切实加强森林和野生动植物资源的保护和管理；坚持全党动手，全民动员，加快造林绿化步伐；坚持以林促农，带动地方和农村经济全面发展；坚持科技兴林，促进林业实现两个根本性转变。报告同时指出了目前我国林业发展存在的主要问题，一是森林资源总量不足，人均占有量很少，森林覆盖率低，结构不尽合理，质量有待提高；二是木材供需矛盾尖锐，资源浪费严重；三是林地资源减少趋势加剧；四是野生动植物保护与开发利用矛盾突出，乱捕滥杀野生动物问题在一些地方比较严重。报告还对加强林业法制建设，积极推进林业持续、快速、健康发展提出了建议，要求各级政府继续坚持保护和发展森林资源任期目标责任制，把林业建设真正纳入国民经济和社会发展计划；要稳定和完善适应社会主义市场经济需要的林业政策，对林业实行分类经营；要建立长期稳定的林业经济扶持政策，提高林业投资的总体水平；要推进科技兴林，大力发展林业产业；要继续加强林业法制宣传教育，加大执法力度，完善林业的执法监督机制。

这次执法检查在全国反响很大，人民日报社、法制日报社、中国林业报社和中央电视台等多家新闻单位对这次活动进行了充分报道。全国人大常委会第二十八次会议在审议执法检查报告时，与会委员对报告给予了充分的肯定，并对林业部的工作表示满意。

（文　海）

【林业行政执法证发放】 为提高林业行政执法水平，改善执法队伍整体素质，加强林业行政执法监督管理，依法保护森林和野生动植物资源，促进依法治林，林业部作出了统一发放《林业行政执法证》的决定，并将此作为1997年林业行政执法监督管理和林业“三五”普法工作的重点。

发放《林业行政执法证》是林业系统贯彻《行政处罚法》、规范林业行政执法的重要举措，《林业行政执法证》是林业行政执法人员从事执法活动的具有法律效力的身份证明。《行政处罚法》第三十四条规定“执法人员当场作出行政处罚决定的，应当向当事人出示执法身份证件”；第三十七条规定“行政机关在调查或者进行检查时，执法人员不得少于两人，并应当向当事人或者有关人员出示证件”。《国务院关于贯彻实施〈中华人民共和国行政处罚法〉的通知》（国发［1996］13号）也明确要求“加强对执法人员的资格、证件和着装管理”。《林业行政处罚程序规定》（林业部令第8号）都作出了符合法律原则的规定。《林业行政执法监督办法》（林业部令第9号）第八条也把“执法人员是否具备执法资格，执法是否持有有效的执法证件”作为林业行政执法监督检查的重要内容。

《林业行政执法证》实行统一制作、分级发放、集中监督管理的办法。1997年1月，林业部专门制定和发布了《林业行政执法证件管理办法》，对林业行政执法证件的发放和管理作出了专门规定。明确：“《林业行政执法证》由林业部统一制定，实行统一管理，分级发放的原则。部省级执法人员的林业行政执法证件由林业部法制工作机构统一发放，地州级以下的林业行政执法人员由省级林业行政主管部门法制工作机构组织发放，林业部负责监督。”林业部1996年第十二次和十五次部长办公会议纪要中也对林业行政执法证件的发放和管理工作作出了具体明确的部署。于3月18日召开了全国发证工作研讨会，对实施办法多次进行了修改，于4月份下发。在证件样式的设计和选择上，通过征求有关司局和部分省（区、市）林业主管部门的意见后，报部长作出的决定。为搞好发证前的考试工作，林业部专门编写了复习大纲和辅导教材，对考试的各项工作作出了具体安排，建立了试题库，随时向各地提供考试试题。同时派专人赴设在各地的考场，进行巡视和监督。截至到年底，部省两级累计组织发放《林业行政执法证》7万多份。组织了有关证件发放的新闻报道并收集了有关省（区、市）发证工作经验，解决了发证中存在的一些问题。为加强发证后的监督管理，《林业行政执法证》实行每两年审查注册制度，经审查不合格人员，发证机关不予注册，取消并及时收回证件。每年随机抽取1%～2%的已持证人员进行统一考试，考试不及格的将取消执法资格，并每年对各省抽查人数和及格率进行通报。

绝大多数省对《林业行政执法证》发放工作非常重视，专门开会进行了布置，制定了实施办法，采取了一系列有效措施。甘肃、湖南、贵州、浙江、江苏、四川、广东、吉林、福建、云南等省和北京、上海市起步早、进展快，发证工作已基本结束。（王迪生）

【林业“三五”普法】 从1997年起，林业“三五”普法工作进入全面实施阶段。按照林业部“三五”普法规划的进度安排和全国普法办的要求，本年度林业普法工作以抓好学法用法，促进依法治理为重点，完成了各项工作任务。

1. 年初，林业部召开了全国林业法制工作座谈会，在会上对1997年的林业普法工作进行了专门部署。明确提出要结合《林业行政执法证》的发放，重点学习《行政处罚法》，促进依法治林。在具体工作中要抓好以下几个方面：一是宣传实行依法治国、建设社会主义法制国家的重要意义，宣传林业上涌现出来的学法用法的先进典型，宣传同各种违法犯罪现象作斗争的英雄、模范人物。抓住有影响的重大典型案例，增强宣传教育的效果。二是各省（区、市）林业行政主管部门和森林工业（林业）集团公司，都要制定具体的年度工作计划，按照年度确定的目标、任务，分步骤、分层次、分期分批开展普法工作。坚持分类指导，采取不同的方式、方法，选学不同的内容。三是抓好普法试点，安排落实普法学习的时间，加强普法骨干培训。试点单位每半年要将开展普法工作情况书面报告林业部，并指定一名联络员负责与部普法办联系。

2. 根据林业部“三五”普法领导小组的决定，福建省林业厅、山西省林业厅、北京林业大学为林业部“三五”普法试点单位。1997年试点单位做了大量的工作，积累了不少好的做法和经验。福建省林业厅重点抓机关领导干部学法用法，厅普法办举办了两次普法讲座，厅机关各级领导干部都参加了学习，收到了很好的效果。省厅政策法规处编写了《行政处罚法培训讲义》，分发给全省林业行政执法人员，并举办《行政处罚法》培训班，培训普法骨干110多人。北京林业大学把组织师生学习《香港特别行政区基本法》作为法制宣传教育的重要内容，组织全校师生员工收看专题录像，在宣传橱窗上进行了《香港特别行政区基本法》专栏宣传等活动，举办了《迎香港回归暨"三五"普法教育知识问卷》，在校师生都认真作了答卷。山西省林业厅建立普法责任制，厅普法办同省直九大林业局和市地林业局签定了普法责任状，厅党组书记、厅长也同省普法办签定了普法责任状，以此推动全省林业普法工作。

3.1997年，各地林业主管部门从本地的实际情况出发，采取切实有效的措施，进一步加大了普法工作力度，取得了新的成效。在培训普法骨干方面，山东省林业厅对全省3800名林业行政执法人员普遍进行了培训；在学习重点内容方面，大兴安岭地区分集体和个人两种形式开展了《刑法》和《刑事诉讼法》知识竞赛；在依法治理方面，北京市林业局建立了行政执法责任制度，内容基本包括了林业行政执法的各个方面，并使执法中的各项制度统一起来，将执法权限和范围明确落实到执法人员身上；在加强执法监督方面，河南省林业厅为自觉接受社会监督和加强内部监督，在《河南日报》上公告了全省木材检查站的名单和举报电话，在全省林业系统内聘任林业行政执法监督员，并赋予其一定的职责，对木材检查站和林政稽查队的执法活动进行监督、指导，纠正违法行为。福建省林业厅成立了林业行政执法监督小组，为建立林业行政执法监督机制进行了探索。 （文 海 门 军）

林业体制改革

【综　述】 1997年，林业体制改革继续按照国家体改委、林业部联合颁发的《林业经济体制改革总体纲要》的框架进一步深化。林业分类经营由试点逐步向面上推开，建立森林生态效益补偿制度工作取得重大进展；以减人增效、转产分流、实施再就业工程为重点的国有林区改革与发展成效明显，为天然林保护工程的顺利实施打下了基础；各级各类林业改革试验区进一步发挥了试验示范作用；国有林场、苗圃在调整组织结构，加快人事、用工、分配制度改革，优化外部环境方面取得了新的进展。

林业分类经营试点工作 1997年，林业分类经营试点工作取得新的进展。本着"求实、务实、抓实"的精神，深入研究配套改革，试点工作陆续展开，特别是重视研究公益林业的投入和社会补偿机制，重视与分类经营配套的法律、法规的研究；搞好分类经营实施要点调研工作，制定和实施林业分类经营改革试点方案；做好试点方案的审批工作，正式批复了河北省承德市、四川省宜宾市、广西壮族自治区贺州地区、云南省思茅地区、黑龙江省带岭林业实验局等5个单位的林业分类经营改革实施方案；抓好试点方案的实施工作；国有林场和国有林区发挥带头作用，在分类经营改革方面先行一步，力求探索出国有林分类经营的模式。

建立森林生态效益补偿基金工作 生态公益林建设是一项服务社会、受益全民的公益事业，对提高生态环境效能，转变经济增长方式，提高人民生活质量，实现国民经济可持续发展战略具有重要作用。在全国范围内建立森林生态效益补偿机制，是我国在社会主义市场经济条件下，实现经济建设与生态环境保护协调发展的重大决策。1996年12月财政部、林业部起草的《森林生态效益补偿基金征收管理暂行办法》上报国务院后，1997年林业部就《办法》中的有关问题与国家计委、国税局、水利部、建设部等部委（局）进行了多次协商，基本上取得了一致意见后，财政部、林业部再次向国务院上报了关于《森林生态效益补偿基金征收管理暂行办法》有关问题协调情况的报告，认为目前国家建立森林生态效益补偿制度的条件已经基本成熟，希望国务院尽快批准《森林生态效益补偿基金征收管理暂行办法》颁布实施。

实施天然林保护工程 天然林资源是我国森林资源的重要组成部分，大体上分为三大块，一是处于基本保护状态的以自然保护区等形式存在的天然原始林，占全国天然林面积的28%；二是零星散布于全国各地的天然次生林，占全国天然林面积的39%；三是亟待保护且集中连片分布于大江大河源头、大型水利工程周围和重要山脉核心地带的国有林区天然林，占全国天然林面积的33%。从我国森林资源分布情况来看，国有林区天然林资源能否得到有效保护是全国天然林资源保护工作的关键。党中央、国务院针对我国天然林资源过度消耗引起的生态环境恶化状况，做出了切实保护好天然林资源，加大生态环境建设力度的重大决策。对此，林业部提出并决定实施天然林保护工程，实行以分类经营为主要内容的森工企业战略性结构调整，并在9个森林工业企业开展了试点工作，以点带面，通过开展森林复合经营和种植业、养殖业以及林区的多种资源开发、发展林区替代产业，全国共调减木材产量164万立方米，累计分流富余职工近30万人。试点企业在转产规划的制定、转产项目的选择、下岗人员培训及安置等方面摸索了一些成功的经验，这将为工程的全面实施发挥重要作用。力争到2000年完全停止生态公益林主伐，调减木材产量1000万立方米，转产项目安排基本就绪，分流富余人员85万人，安置离退休人员39万人，使现有的天然林资源初步得到保护和恢复，生态环境恶化趋势有所缓解。

颁布实施《林业部林业改革试验区近期改革与发

展规划纲要》(以下简称《纲要》) 林业改革试验区作为林业改革的试验基地，允许突破某些现行政策和体制，使试验区的改革具有一定的超前性。林业改革试验区围绕林业经济运行中亟待解决的问题，选择了一批与林业改革和建设密切相关的项目开展改革试验，随着改革的不断深化，改革试验由突破旧体制转向建立新体制；由单项改革转向综合配套改革；由重点突破转向总体推进；由政策调整转向法制规范，逐步形成了比较完善的试验体系，成为为林业改革发展探路子的试验基地和首先与国家宏观改革对接的前沿。在林业管理体制、组织形式、经营模式、市场建设、投资体制、山区综合开发和林业产业开发结构调整的配套政策措施、林政资源管理制度建设等方面为林业改革和发展探路子、出经验、做示范，做出了积极贡献。

林业改革试验区取得的成果主要体现在以下十五个方面：①福建省三明林业改革试验区第一个大规模全面推行林业股东会和林业股份合作经济；②三明的永安第一个建立了森林资源资产变现为主要股份的上市公司；③三明试验区第一个建立了以生物措施为主的防火体系；④三明尤溪县第一个实行食用菌社会化服务体系建设；⑤湖南省怀化林业改革试验区第一个总结出了“山上建基地，山下搞加工，山外找市场，科技创高效”的山区综合开发的经验；⑥怀化试验区第一个进行了大面积成片工程封山育林；⑦黑龙江省苇河林业改革试验区第一个开展“两论一化”试点，为国有林区的森林分类经营探索了路子；⑧四川省宜宾林业改革试验区第一个提出“大林业”概念，并在试验区进行了试验；⑨广东省韶关林业改革试验区始兴县第一个实现县内计算机联网管理森林资源；⑩韶关帽子峰林场第一个实现将森林资源变现为资本，组建翠屏实业股份有限公司。以公司＋基地＋农户的模式，发展林业产业，带动林农致富；⑪湖北省武汉第一个以花卉、旅游、特色水果为主要产业，发展城郊型林业；⑫河北省承德第一个把生态环境建设和林业改革发展相结合，进行生态环境建设试验示范；⑬内蒙古自治区赤峰的响水工程第一个实行法人治理责任制；⑭广西壮族自治区梧州第一个通过发展松香产业推动外向型林业全面发展；⑮河南省郑州林产品流通体制改革试验区第一个建立规范的林产品流通市场。

为了探索林业发展龙型经济的路子，林业部编制了《纲要》，在部林业改革试验区内先行试验和示范。《纲要》围绕实现两个根本性转变，把试验区的改革试验课题与产业建设项目结合起来，坚持各项林业投资向试验区重点项目倾斜的投资政策不变。根据各试验区的类型和有明显优势的特色经济，选择市场需求量大、产业关联度高、科技含量高、经济效益好、辐射面大、联动作用强的优势产业和名牌产品，作为试验区近期着力发展的龙型产业的龙头和骨干，旨在突出优势特色产业项目，优化资源配置，强化创新机制，加大改革试验力度，加快林业产业化进程。《纲要》提出了林业改革试验区近期试验的重点和改革的措施，指出：试验区要进行林业分类经营试验，要把林业分类经营改革的内容纳入当地经济和社会发展的总体规划，按照公益林业和商品林业不同的特点和规律，建立健全新的林业管理体制和运行机制，探索和完善有利于两类林业发展的组织形式和经营形式，调整和制定与其相适应的管理制度和经济政策；要调整和优化林业产业结构，构造林业产业经济高效运行的微观基础。

（周金锋）

林业产业经济

林 产 品 生 产

【木材生产】 1997年，国家继续对木材产量进行调减，全国木材产量在基本保持平衡的态势下略有下降，19个产材省（区）中除新疆、安徽、贵州、浙江、广东等省（区）产量略有上升外，其他省（区）木材产量均有所下降。

全国19个产材省（区）完成木材生产总量4163.22万立方米，完成年木材生产计划的84.98%，比1996年下降4.42个百分点。东北、内蒙古国有林区生产木材1762.92万立方米，完成年生产计划的102.22%，其中黑龙江、吉林和内蒙古均超额完成生产计划；西南、西北国有林区生产木材692.34万立方米，完成年生产计划的85.16%，比1996年减少2.84个百分点，其中云南、新疆分别比1996年增加8.21个百分点和35.83个百分点；南方集体林区全年木材总产量1707.96万立方米，完成年生产计划的72.32%，比1996年减少9.18个百分点，其中福建、贵州分别比1996年增加1.15个百分点和29.86个百分点。

第一季度全国完成木材生产量1354.33万立方米，占年计划的26.9%。其中：东北、内蒙古国有林区木材产量969.92万立方米，占年计划的51.2%；西南、西北国有林区和南方集体林区分别完成木材产量118.62万立方米和265.79万立方米，分别占年计划的14.7%和11.4%。

至第二季度末，全国累计生产木材2155.09万立方米，占年计划的42.9%，比1996年同期减少4.4个百分点。其中：东北、内蒙古国有林区完成1186.71万立方米，占年计划的62.6%；西南、西北国有林区完成303.99万立方米，占年计划的37.6%；南方集体林区完成664.39万立方米，占年计划的28.6%。

第三季度，北方国有林区进入雨季造林阶段，木材产量比1996年同期有所下降，南方集体林区木材生产状况好于1996年，截至三季度末，全国木材生产量2778.08万立方米，占年计划的55.2%，比1996年同期减少47.38万立方米，其中东北、内蒙古国有林区完成1314.14万立方米，占年计划的69.4%；西南、西北国有林区完成460.35万立方米，占年计划的57.0%；南方集体林区完成1003.59万立方米，占年计划的43.1%。

第四季度，东北、内蒙古国有林区进入木材生产的黄金季节，西南、西北国有林区和南方省（区）生产也比较正常，仅第四季度全国木材生产量就达1385.14万立方米，占年木材生产计划的28.27%。

（魏　宇）

【木材加工业】 1997年，全国木材加工业的几种主要产品产量是：锯材2012.35万立方米；人造板1648.48万立方米，其中：胶合板758.45万立方米，纤维板275.92万立方米，刨花板360.44万立方米。

1997年，东南亚地区暴发了严重的金融危机，波及世界各地，特别是由于印度尼西亚和马来西亚两国都是木材和木材加工产品的主要生产国和出口国，也是我国木材和人造板产品进口的主要供应国，因此对我国的木材加工业造成的影响更为严重。我国每年从这两个国家进口胶合板和单板大约200万立方米左右，由于金融危机，胶合板每立方米的到岸价由过去的400～440美元，下降到230～270美元。在进口胶合板低价冲击下国内胶合板的市场价下跌了30%～40%，造成国内生产胶合板企业严重亏损，不得不停产或转产。

由于实施天然林保护工程，木材采伐量要逐年减少，国内建筑业的发展对木材加工制品的需求不断提高，为了解决这一矛盾，中国林学会木材工业分会召开了中国人能否自己解决需要的木材问题研讨会，与会代表认为，这个问题的实质是中国人如何依靠国内木材资源，在下世纪初达到木材及其主要制品的供需平衡。要实现供需平衡，必须进一步改善林业发展的社会环境，加速资源保护和用材林培育，强化木材节约与木材代用，改进木材制品结构，完善木材和木材产品市场管理体系及进出口管理，加强对生产和消费的宏观调控力度，总之，达到木材及其主要产品供需基本平衡的过程；应是一个庞大的社会系统工程的有效运转过程。

（韩桐恩）

【林业造纸】

基本情况 1997年，全国造纸工业纸及纸板总产量为2643万吨，其中：纸产量为1570万吨，纸板产量为1080万吨，总产值为162亿元。进口纸及纸板552.43万吨、各类木浆154.16万吨、各类废纸161.82万吨，均比1996年有大幅度增加。由于受大量进口低价产品的冲击，1997年全国造纸工业亏损严重，全行业亏损面达40%。

1997年，全国林业造纸企业的生产产量维持在1996年的30万吨左右，企业亏损面较1996年有所增加，个别企业由于受市场疲软及企业亏损增大的影响停产。林业造纸企业的基本建设进展平稳，如：黑龙江省牡丹江木材综合加工厂纸浆分厂新增的漂白阔叶木浆生产线已经形成生产能力，黑龙江省金山屯林业局造纸厂的改扩建工程和四川省汶川五指山林业造纸厂建设工程的设备安装基本完毕，广西壮族自治区国发林业造纸有限责任公司的新增文化用纸生产线亦已形成生产能力。这些项目的建设，将为提高林业造纸的产量和产品档次发挥重要的作用。

湛江年产50万吨木浆项目

1月，王志宝副部长主持召开木浆造纸开发领导小组第六次会议，讨论了《年产50万吨湛江木浆项目调整工作方案》和《项目法人组建意见》。

2月，徐有芳部长主持木浆造纸开发领导小组第七次会议，原则通过《湛江年产50万吨项目建议书》；林业部组织湛江木浆项目技术考察组对芬兰、瑞典等国的制浆造纸技术进行了实地考察。

3月，林业部向国家计委上报湛江年产50万吨商品漂白木浆项目建议书；林业部组织湛江木浆项目管理考察组对芬兰、瑞典等国制浆造纸工业的管理进行了实地考察；林业部确定北京轻工设计院为湛江项目牵头设计院。

6月，林业部木浆造纸项目办公室在北京召开湛江木浆项目专家技术咨询会，就湛江木浆项目可研编制中的一些重大技术方案进行了咨询和座谈。

7月，国家计委以计机轻[1997]1130号文件对林业部报送的《关于报送湛江年产50万吨商品漂白木浆项目建议书的函》给予批复；林业部在北京召开湛江年产50万吨木浆项目可行性报告初审会议，对《湛江年产50万吨漂白商品木浆项目可行性报告》、《浆材原料供应及基地建设方案论证报告》和项目的环境评价报告的主要内容进行了审议，陈耀邦部长出席会议，会后，可行性研究报告经修改后正式上报国家计委。

8月，林业部木浆造纸项目办公室向国家环保局上报《湛江年产50万吨木浆项目环境影响报告书》。

10月，国家环保局召开湛江年产50万吨木浆项目环境影响报告书专家咨询会。

11月，中国国际工程咨询公司主持《湛江年产50万吨木浆项目可行性报告》评估会；国家环保局以环发[1997]754号文对林业部上报的《湛江年产50万吨木浆项目环境影响报告书》进行批复；李育才副部长率林业部工作组赴广东办理雷州林业局划转事宜。

12月，王志宝副部长传达国家计委领导关于湛江木浆项目先上基地，缓上工厂建设的意见，并布置下一步工作。

（杭 俊）

【木片生产】 1997年，全国木片生产经营工作努力克服国际纸浆价格直线下跌，外商减少木片进口数量，出口价格降低及铁路运价提高种种困难，取得了较好的成绩。全年共出口木片140万绝干吨，出口创汇1.4亿美元。其中：东北、内蒙古，华北，长江流域6省共出口木片45万绝干吨；海南省出口木片21万绝干吨；广东省出口木片55万绝干吨；广西壮族自治区出口木片19万绝干吨。

1997年，林业部相继召开了广东、海南、广西3省（区）木片出口价格协调会和长江流域木片生产经营座谈会；与国家工商行政管理局联合下发了《关于加强部委所属木片经营加工企业监督管理有关问题的函》对外经贸部和国内贸易部所属木片经营加工企业的经营活动进行了规范管理。

（赵晓琦）

新 兴 产 业

【林业多种经营】 1997年，林业多种经营战线广大干部职工，认真贯彻“以林为主、多种经营、立体开发、全面发展”的方针，进一步解放思想、转变观念、克服困难、真抓实干，充分发挥森林工业多种经营贷款的投资导向作用，以经济效益为中心，以市场为导向，以科技为依托，综合开发利用林业多种资源，使林业多种经营继续保持持续、快速、健康发展的良好势头。1997年，在资金紧张、市场不景气的困难形势下，林业多种经营仍取得了产值、效益同步增长的好成绩。

1997年，中国工商银行下达森林工业多种经营贷款计划指标5亿元，实际落实47 522万元，完成计划的95%，是历史上落实较好的年份之一。1997年是森林工业多种经营贷款落实难度最大的一年，工商银行实行商业性转轨之后，进一步加强了内部管理，对各种贷款项目的审查审批手续及贷款企业的信誉等级和资信状况都有严格的要求，而国有森林工业企业经营困难，亏损面有所增加也给贷款落实增加了难度。为了保证1997年贷款计划的落实到位，对贷款计划进行了必要的调整，调减贷款落实难度较大的省贷款计划指标，相应增加贷款落实好，资金到位率高的省（区）贷款计划指标，到年底共调增（减）计划指标3280万元。

为了进一步加强森林工业多种经营贷款使用管理，提供贷款资金的使用效率，确保贷款项目质量及经济效益，避免随机性和盲目性，1997年林业部组织各省（区、市）编制了“九五”后3年多种经营贷款项目规划。规划主要本着以下四条原则：①符合国家的产业政策和林业产业政策，体现以市场为导向，以经济效益为中心的原则。②与当地林业“九五”计划、2010年远景发展规划、林业产业发展规划、山区综合开发规划以及扶贫工作规划、林业改革试验区规划相衔接。③立足当地资源优势，突出重点，合理布局。④大型骨干项目与短平快项目向结合，优先发展林业的新兴产业如经济林、花卉、森林食品、药材生产与加工以及森林旅游业，集中资金重点支持辐射面广、带动力强、科技含量高的龙头企业和拳头产品以及国有森林工业企业转产分流项目。（雷　海　耿淑芬）

【花卉生产】 1997年，我国花卉产业继续保持快速发展趋势，截至1997年底，全国花卉种植面积达8.8万公顷，产值96亿元，出口创汇8亿元。林业花卉产业快速、稳步发展，在全国比较突出，到1997年底已在全国25个省（区、市），建立了110个花卉生产示范基地，上海、浙江、山东、湖北、福建等地还依托基地建立了花卉市场，实现了产、供、销一体化。1997年林业系统新立花卉科研项目3项，取得科研成果4项，推广应用2项。

1997年全国林业系统用于发展花卉的林业贴息贷款达9700万元。为使示范基地上规模、上档次，8月份，林业部召开了九省（区、市）花卉主管处长会议，研究全国花卉生产的合理布局及确定各地的优势产品，制定并颁布实施了《林业部花卉生产示范基地建设标准》，对达到《林业部花卉生产示范基地建设标准》的基地实行挂牌管理，并给予政策和资金扶持。1997年已对北京、上海、浙江、江苏、福建、山东、四川、河北、湖北、安徽等10个基地进行首批挂牌管理。

（吴秀丽）

【第四届中国花卉博览会暨首届中国花卉交易会】 由中国花卉协会、上海花卉协会主办的第四届中国花卉博览会暨首届中国花卉交易会，于4月11～20日在上海市举行。

花卉“两会”总面积达7万平方米。其中博览会面积5万平方米，设立了5个综合展区和“花与艺术”、“花与自然”、“花与生活”、“园林机械”4个专题馆。集中展示国内上万种、近百万件花卉及相关产品。展区内还布置了香石竹、牡丹、杜鹃、郁金香等主题花坛及反映祖国各地风景名胜的园林小景共56个。交易会面积2万平方米，交易摊位400多个，交易额超过2000万元。

国内外花卉界参会空前踊跃。国内有29个省（区、市）、5个部门和专业分会组团参展，14个国家和地区近100家单位和企业参展。参会人员达3000人，参观人数达110万人次。（姜伟贤）

【中国花卉协会第三届理事会议召开】 12月8～10日，中国花卉协会在北京召开第三届理事会议，全国各地近200名理事到会。会上审议并通过了何康会长作的协会工作报告，讨论修改并通过了新章程，选举产生了新一届理事会。中国花卉协会名誉会长陈慕华出席会议并讲话。有关部委及北京市的领导祝光耀、江泽慧、李延龄、佟志广、吴武封、孙广相、岳福洪、宋希有等出席会议。

会上选举通过陈慕华、何康连任中国花卉协会名誉会长和会长，林业部造林绿化和森林经营司司长刘玉祥兼任秘书长。（姜伟贤）

【组团参加1997年香港花卉展览】 应’97香港花卉展览委员会邀请，中国花卉协会组织北京、上海、天津、辽宁、四川、湖南、湖北、河南、江西、江苏、广东、广州等12个省（市），以及深圳、杭州两地共60人的代表团，于3月14～23日赴港参加在沙田公园举办的花卉展览。

本届花展主题为“世界花卉汇香江”，主题花为“兜兰”（也称拖鞋兰）。中国花协第十次组团参加香港花展，布置的主景获香港花展最佳贡献奖。

（张引潮）

【第二届全国花木企业家联谊会】 7月7～10日，中国花卉协会、中国林业报社和中国林业机械协会园林机械专业委员会在北京联合主办了第二届全国花木企业家联谊会。

参加本届联谊会的有25个省（区、市）近300人，美国、荷兰、以色列、澳大利亚等国家及我国台湾、香港地区的10多家花卉企业也应邀参加了会议。参加本届联谊会的有来自鲜切花、盆花、盆景、种子、种球、种苗、花肥、花药、花器、配套产品、绿化苗木、草籽、草坪、园林绿化、园林机械等15个专业的各类企业家。会议期间，举办了12个讲座，组织较大的专业贸易洽谈会6次，举行了园林机械现场观摩演示和参观部分北京花卉企业，展示和销售了各企业的花卉图片、图书。（钱振权）

【森林旅游业】 1997年是国家旅游局确定的中国旅游年，适逢香港回归和党的十五大召开，极大地推动了森林旅游业的发展。据不完全统计，全国仅548处森林公园、13处自然保护区旅游小区、2处狩猎场、11家森林旅行社（公司）及部分国有林业单位1997年就接待游客5211万人次，其中海外游客68万人次，旅游直接收入达8.19亿元。

为促进森林旅游业的健康发展，林业部办公厅于4月21日发出《关于建立森林旅游安全事故报告制度的通知》(厅场字［1997］24号)，要求各级林业主管部门和林业系统所辖及经营的森林公园、自然保护区、狩猎场、野生动物园、森林旅行社（公司）等各类森林旅游区和企事业单位切实加强对安全工作的领导，在以往强化安全事故防范和管理的基础上，着手建立快速、高效的安全事故报告制度，将事故隐患及可能产生的不良影响降至最低。各地认真贯彻通知精神，建立健全安全事故报告制度，并依据本省实际制订出具体落实措施。

森林旅行社(公司)在发展本地区森林旅游业中所起的龙头作用日益显著。北京森林国际旅行社协助各区（县）开发森林公园和森林旅游区15处，开通京郊及周边地区20条森林旅游基本线路，同时把其他省(市)的森林旅游景区组合起来，开发了35条国内森林旅游线路并推向市场；陕西森林旅游公司牵头组建森林旅游联合促销中心，加强省内各森林公园、自然保护区旅游小区间的协作互助，资源共享，优势互补，发挥集团效应，共同开拓旅游市场；甘肃森林沙漠旅行社成立伊始就立足森林旅游的市场营销，努力开发森林旅游产品，在兰州人民广场举办大型的专题活动，扩大森林公园影响。森林旅游在我国旅游业中的地位明显提高。例如经20万游客投票评选荣获浙江省十佳美景称号的景区中，森林公园占7处；河南白云山国家森林公园在争创全省十佳旅游观光好去处活动中名列第四位；上海东平国家森林公园亦成为上海市民最喜爱的旅游景点之一。

森林旅游业在带动地方经济发展中继续发挥重要作用。据不完全统计，1997年森林旅游业共提供社会就业机会147 393个，创经济收入28.97亿元。

（许　晶）

林 产 品 贸 易

【木材及林产品流通】 1997年，全国木材流通形势整体呈现销售总量略有下降，产品售价稳中有升，市场供求大体平衡的态势。

木材销售　19个重点产材省(区)共销售3933.64万立方米，其中：东北、内蒙古国有林区1852.1万立方米，西南、西北国有林区641.94万立方米，南方集体林区1439.6万立方米。与前几年相同，用于人造板加工、家具、装修装饰的树材种如水曲柳、柞木继续俏销、供不应求，建筑用材供需基本平衡，生产用材中的造纸材销售不畅、供大于求。南方广东、广西、湖南、湖北和四川等地，木材市场逐渐活跃，特别是松木及小径松杂木一年来持续旺销。

木材价格　1997年，全国木材平均售价为每立方米449元，比1996年增加16.56元，同比提高3.83个百分点。其中：国有林区平均售价为每立方米434元，比1996年增加17.3元，同比提高4.19个百分点；南方集体林区平均售价为每立方米502.36元，比1996年增加17.16元，同比提高3.62个百分点。这主要是各省(区)为防止木材价格下滑而普遍实行了一系列的价格控制政策，制约了生产单位之间的互相压价，将往年中间商获取的一部分利润留在生产企业，从而提高了产区的木材价格。

木材库存　19个重点产材省（区）木材库存741.93万立方米。其中：东北、内蒙古国有林区363.63万立方米，西南、西北国有林区121万立方米，南方集体林区257.3万立方米。

木材进口　1997年，全国各口岸共进口原木447万立方米，锯材132万立方米。进口地区主要是非洲、东南亚、俄罗斯，北美和欧洲也有部分进口，主要是红橡、白橡、枫木、樱桃木等珍贵树种。有效弥补了国内市场需要。

木材和林产品市场　1997年，国家决定从1998年起取消统配木材，对国家重点用材实行产销衔接计划。这是我国木材流通改革的重大突破，至此，由市场调节木材供需和价格的机制基本形成，市场在林业资源配置中的基础作用日益明显。1997年，全国木材和林产品市场建设在已有的基础上，不断完善，规范化、组织化程度不断提高，全国出现了几家年交易额10亿元以上的木材和林产品市场，数以万计的集贸型市场遍及全国，一个以国家木材交易市场为龙头、省区区域性市场为骨干，遍及全国的集贸型市场为基础的木材和林产品市场体系逐步形成，有力促进了林业事业的发展。

（贾　骞　刘树人）

【林产工业产品流通】 1997年，南方人造板销售数量大体与1996年同期持平，浙江、广西等省（区）人造板实际销售数量略少于1996年同期；北方人造板市场与1996年同期相比销量呈上升趋势，特别是纤维板和刨花板的实际销售数量，东北、内蒙古国有林区比1996年同期增加5.12%，但大部分木材加工企业亏损局面仍然没有多少缓解。胶合板市场销售较好的省（区）有内蒙古、福建、安徽。由于受国际市场及东南亚金融风波的影响，人造板市场特别是胶合板市场在南方沿海地区受到了不同程度的冲击，由于受进口和走私胶合板的影响，1997年下半年浙江、广西两省（区）合计比1996年同期少销售胶合板1231立方米。

库存与1996年同期相差不大，东北黑龙江、吉林、大兴安岭的锯材、胶合板库存量略有下降。南方安徽、江西、湖南、湖北等省的胶合板库存分别少于1996年同期。林化产品的松香由于市场销售好，库存减少。紫胶、栲胶库存上升，松节油实际库存量基本维持上年同期水平。

截至12月底，全国国有林区和南方重点林区，销售锯材167.56万立方米，库存锯材38.44万立方米；销售胶合板106.90万立方米，库存胶合板19.58万立方米；销售纤维板完成85.91万立方米，库存纤维板11.29万立方米；销售刨花板106.83万立方米，库存刨花板14.48万立方米；销售松香12.98万吨，库存松香1.67万吨；销售松节油1.32万吨，库存松节油3259吨；销售纸浆、纸、纸板24.23万吨，库存纸浆、纸、纸板2.53万吨；销售栲胶6450吨，库存栲胶252吨；销售紫胶753吨，库存紫胶107吨。 （胡元辉）

【木材铁路运输】 1997年铁路运力的瓶颈制约仍未根本改观。3月份东北、内蒙古国有林区总的车皮兑现率为68.8%。兑现率较好的吉林、大兴安岭分别为83.4%和89.5%，而黑龙江和内蒙古仅为57.9%和68.8%。6月份东北、内蒙古国有林区总车皮兑现率好于3月份，为75.9%，而黑龙江省森林工业系统车皮兑现率仍仅为67.5%，9月份东北、内蒙古国有林区受运送救灾物资的影响，车皮兑现率仅为67.2%，比1996年同期低2个百分点，比正常年份的1995年低16.2个百分点，受影响最大的黑龙江森工系统仅为45.8%、吉林受影响较少，仍为94.2%。12月份，东北内蒙古国有林区车皮兑现率78.03%，黑龙江省森林工业系统车皮兑现率仍较低，仅为63.5%。从全年车皮兑现情况来看，运距比较近的吉林省的车皮兑现情况最好，而黑龙江省森林工业系统车皮兑现情况仍然较差。 （魏　宇）

【1997年全国木材订货会】 由国内贸易部和林业部共同主办的1997年全国木材订货会于5月23～27日在湖南省张家界市召开。来自产区和用材单位大约1000人参加了会议。

根据国家计划，1997年的统配材上调任务为460万立方米，全部由东北、内蒙古国有林区的四大企业集团承担，由于在1996年11月的预拨订货会上已按460万立方米的60%上缴国家，因此此次订货会只安排余下的40%，计201.41万立方米，其中，原木186.39万立方米，锯材原料15.02万立方米。经过产需双方的努力，国家计划全部落实。 （李　达）

【1998年全国木材交易订货会】 由林业部和国内贸易部共同主办的1998年全国木材交易订货会于1997年11月4～8日在西安市召开。来自产区和用材单位大约1500人参加了会议。由于此前国家已经决定取消统配木材，因此对于国家重点用材，会议采取产需衔接的办法，帮助重点用户与生产企业联系、定货。

此次大会提供的资源共有2374.7万立方米，其中：原木2021万立方米，锯材108万立方米，人造板148万立方米。经过林业部门的努力，国家重点用材共签订了将近200万立方米的合同。经过5天交易，据不完全统计，成交各类林产品总计达457.7万立方米，其中：原木402.2万立方米，锯材41.8万立方米，人造板12.2万立方米，成交金额总计211 552万元。

（李　达）

企　业　管　理

【林业企业改革】

现代企业制度试点 中国福马林业机械集团有限公司是国家首批100家现代企业制度试点企业，该集团公司经过3年来的努力，初步确立了现代企业制度的框架。福马集团母公司完成了母公司由行政公司向经济实体的转变，理顺了母子公司职责，规范母子公司运作，确保了法人治理结构的正常运行；对子公司的股份制改造也比较顺利，完成了泰州林机厂的股份制改造（林海股份有限公司）和常林股份的配股工作。

福马集团1997年实现销售收入145 951万元，比1996年增加3.55%；利润11 853万元，比1996年增47.63%。

优化资本结构城市试点和林业综合改革试点 黑龙江省伊春市是全国111家试点城市之一，也是国家林业综合改革试点单位，1997年，伊春林区以学习推广铁力林业局经验为措施，以转产分流，减员增效为突破口，大力深化改革，强化管理，调整结构，全市经济和社会事业有了较快的发展。森林工业企业产值完成

26.77亿元，比1996年增长11.8%。森林工业企业亏损总额879.7万元，比1996年减亏41.94%。

3家国家重点联系企业情况　常州林机厂、福州人造板厂和吉林森林工业集团公司是国家集中抓的513家重点企业中的3家。常州林机厂在1996年成功地进行了股份制改造以后，1997年完成了常林股份的配股工作。福州人造板厂在产品市场受到金融风波严重影响的情况下，仍保持盈利势头。

国有林区准备进行战略转移　为贯彻落实朱镕基副总理对四川省川西森工问题的指示："少砍树，多种树"和"把森老虎请下山来"。林业部决定实施"重点国有林区天然林资源保护工程"，并上报国务院。

工程计划分两期实施，1998～2000年为一期，以调减天然林木材采伐量、分流和安置人员为主要内容。2001～2010年为二期，以建设转产项目、培育后备资源、提高木材供给能力和恢复林区经济为主要实施内容。

工程的主要目标为：到2000年完全停止生态公益林经营性采伐，调减木材产量1075万立方米，转产分流下岗富余人员77.7万人，安置23.4万人，转向营林建设25万人，39万离退休人员基本生活费用通过社会统筹解决。到2010年，实现木材生产向利用人工林方向的初步过渡，人工林木材产量占木材总产量的一半左右。到下世纪中叶，天然林资源得到根本恢复，基本实现木材生产向利用人工林方向的转变，人工林木材产量占总产量的70%以上。（宋劲松）

【森林工业企业经济运行】　1997年，全国森林工业企业经济效益总体上呈下滑趋势，继续全行业亏损，西南、西北国有林区和南方集体林区经济效益下滑幅度较大，但东北、内蒙古国有林区通过深化改革，加强管理，狠抓扭亏增盈工作，经济效益有明显好转。企业拖欠职工工资及离退休费数额继续上升。

在汇编的20个省（区）中，盈亏相抵后，除吉林、内蒙古、云南、福建、青海5省（区）有盈利外，其余15个省（区）全部亏损，总亏损额64 363万元，比1996年增加14 129万元，增加5.76个百分点，其中国有林区总亏损14 459万元。在汇编的1719家企业中，亏损1078家，亏损面达62.71%，比1996年增加4.51个百分点。

由于企业经济效益下滑和企业困难情况加重，汇编20个省（区）的森林工业企业拖欠职工工资及离退休费数额继续上升，至1997年末累计拖欠额已达24亿元，比1996年末上升18.39%，涉及人数达119万人，比1996年末上升9.33%。（魏　宇）

【国有森林工业企业扭亏增盈工作】　1997年，各省（区）林业主管部门和四大森林工业集团公司普遍加大了扭亏增盈的工作力度，层层落实扭亏增盈责任制，突出重点分类指导，狠抓了盈利大户的增盈与亏损大户的扭亏工作，真正坚持把扭亏增盈工作同企业改革、结构调整、加强管理、企业领导班子建设等工作结合起来。有的省（区）还筹措了扭亏增盈专项资金，重点支持当年扭亏有时望的企业。经过各省（区）主管部门和企业的积极进取和努力开拓，在各种减收增支因素增多、市场竞争激烈的情况下，国有森林工业企业的扭亏增盈工作取得了一定的进展。据1997年财务决算反映：森林工业行业仍是全行业亏损，且企业亏损面和亏损企业亏损额分别比上年增大。全国有8个省（区）、国有林区有5个单位通过努力，实现了亏损企业的扭亏和盈利企业的增盈。吉林省18家重点森林工业企业全部盈利，全省森林工业企业盈亏相抵，共实现利润总额4451万元，比1996年同期增利3250万元，增长270.61%；龙江森林工业集团公司亏损2811万元，比1996年减亏1529万元；内蒙古大兴安岭森林工业集团公司实现利润369万元，比1996年减亏增利3964万元；陕西省森林工业企业亏损425万元，比1996年减亏39万元；新疆维吾尔自治区森林工业企业实现利润55万元，比1996年减亏增利596万元。

（李凤波）

【林业机电产品进口工作】　1997年，共登记进口证明124份，进口金额1327万美元，其中按进口目的划分，自用606万美元；生产配套件505万美元；直接销售202万美元；其他14万美元。外汇来源主要是向银行直接购汇和调剂外汇，共计1263万美元，占总用汇额的95%。进口以日本、韩国、德国、美国、意大利为主。产品类型以工程机械配件、人造板设备配件、草坪机械等占主要地位。（李铁男）

【质量管理】　1997年，国有林业企业实施名牌战略，狠抓质量管理，学习武钢走质量效益型企业发展道路，深入开展用户满意活动，实施用户满意工程，并且作出了新成绩。常州林机股份有限公司在全国用户满意工程联合推进办公室组织的'97全国实施用户满意工程先进单位评选活动中获奖。

林海股份有限公司开发设计的国内唯一的超豪华林海座式摩托车被评为江苏省优质产品，公司还在中国质量管理协会等单位组织的评选中，荣获'97全国质量效益型先进单位。

1997年，评选出部级优秀QC（质量管理）小组53个，10个质量信得过班组。在评选部优秀QC小组的基础上，吉林省白石山林业局黄松甸贮制厂增收节支QC小组、广西壮族自治区昭平县造纸厂二抄车间QC小组、内蒙古森林工业集团莫尔道嘎林业局通达运修公司安全管理QC小组、黑龙江省东京城林业局双利木制品厂煮板QC小组、中国福马林业机械集团总公司常林股份有限公司铸钢车间造型班QC小组、黑龙江省齐齐哈尔猎枪有限责任公司唧筒成枪装配QC小

组、福建省林业厅刚竹毒蛾防治QC小组被评为国家级优秀小组。 (李 琰)

【首届全国资源节约综合利用成果展林业馆】 由国家经贸委主办的首届全国资源节约综合利用成果展11月7～11日在北京展览馆举办，全国29个省（区、市）和10个国务院有关部门组织参展。由林业部主办的林业馆由林业产业司牵头组织，中林林业设备调剂咨询服务中心承办。林业馆划分为林业科技、林产工业、林业机械、资源开发利用等4个部分，共组织120多个参展单位(其中林业科技7个，林产工业21个，林业机械4个，资源开发利用80多个)，参展展品达150多种，展品充分体现林业特色，得到观众的赞誉。经由专家组成的评委会评选，林业部获最佳组织奖，林业馆获最佳设计奖。 (袁卫国)

部直属公司

【部直属公司】 1997年，部直属公司主营业务收入21.17亿元，利润总额1.47亿元。在企业改革、制度创新、内部管理、两个文明建设等方面也取得了新进展。

①进一步深化以建立现代企业制度为主的企业改革。作为国家建立现代企业制度试点的福马集团完成了母公司由行政公司向经济实体的转变，理顺了母子公司职责，规范母子公司运作，确保了法人治理结构的正常运行；对子公司的股份制改革进展也比较顺利，完成了对泰州林机厂的股份制改造，7月林海股份正式上市，募集资金2.36亿元。常林股份有限公司8月以10配2.5股实施1997年度配股方案，共募集资金1.15亿元；在优化资产结构方面，常林股份有限公司向日本小松制作所转让其拥有的小松常林工程有限公司32%的股权，收回本金及利息720万美元，提高了常林公司的资产质量和经济效益。

②深化企业内部改革，强化管理。各公司把改革、改组、改造和企业管理有机地结合起来，切实抓好以财务管理为中心的企业管理和以资金管理为中心的财务管理，进一步加强经营管理者队伍建设，修订完善了各项管理制度，严格执行增收节支，奖惩兑现，极大地激发了广大职工的主动性、积极性和创造性，成效显著。1997年节约各项费用500多万元。

③不断拓展经营业务，为加快林业产业发展，发挥龙头和示范作用。各公司积极开拓国际国内两个市场，积极培育新的经济增长点，不断增强公司发展后劲，在林机制造、木片生产经营、松香进出口、森林旅游等产业，充分发挥龙头和辐射作用，壮大了产业规模，促进了产业升级，为形成林业产业群体打下了良好的基础。1997年部属公司出口创汇达8000多万美元。

(李 琰)

【中国林业物资供销总公司】 随着社会主义市场经济体制的建立和完善，国家对统配物资的指令性计划全面取消。1997年，物资流通的市场机制已初步形成，物资供应的条块体制彻底打破，林业系统的机关、企事业单位拥有了完全的物资采购自主权，林业物资流通企业全面走向市场，在激烈的市场竞争中求生存、求发展。

1997年是生产资料、生活资料市场全面由卖方市场向买方市场转变的一年。市场供大于求，甚至市场价格倒挂的现象普遍存在，物资进销差价进一步缩小，而各项费用却在不断上升，林业物资流通企业经营普遍比较困难。1997年，总公司新的领导班子成立以后，面对困难局面，总结了各项工作的经验和教训，提出了坚决收缩阵线，积极回收资金，努力调整资金结构，确保主营业务健康发展的指导思想，对已建和在建项目进行了全面的清理整顿。撤销了厦门、汕头、黑河分公司，哈尔滨一汽联销公司；停建了大连分公司；并对青岛、荣城分公司进行了以转换机制为重点的调整整顿，进一步优化了公司资产结构。下马了上海奉骏宇通管项目和天津津德复合地板块项目，避免了更大的经济损失。大部分经济纠纷也得到了妥善处理。

1997年，公司通过深化企业改革，一手抓经营，一手抓资产结构、资金结构调整，盘活固定资产，解决历史遗留问题，卸下了大部分历史包袱，大幅度减少了亏损，全年实现销售收入1.78亿元，亏损额由1996年的684万元减至338万元，减亏50%。

随着物资流通体制改革的深入，市场环境发生了根本性的转变。旧体制下的经营方式已被市场的发展所淘汰，林业物资企业走上了自我发展、自负盈亏的道路。大多数林业物资企业提出了立足林业，走向市场的口号。党的十五大召开以后，林业物资企业体制改革进一步深入，多种所有制形式开始出现，很多企业开始在减员增效、盘活资产上做文章。以中国林业物资供销哈尔滨公司为例，全年减员近60人。很多企业认识到，要在市场经济的大潮中求得生存和发展，必须对经营观念、经营体制和经营方式进行根本的变革，才能真正立足林业、走向市场，免遭市场淘汰。在激烈市场竞争中，林业物资企业的分化组合已经出现，预示着新的林业物资供应体系将在改革中建立、发展和完善。

(李 鹏)

【中国金龙松香集团公司】 1997年，公司完成销售收入27 245万元，出口创汇2242万美元，实现利润338万元。

1997年，公司主要抓了以下几项工作：

扩大销售，搞好经营

1. 克服困难，努力搞好松香内外销经营。1997年，松香经营环境发生了很大的变化，上半年出口无配额，下半年价格狂跌，给公司松香经营工作造成了前所未有的困难。面对暴涨狂跌的市场，公司认真分析形势，制定了扩大和稳定国际市场，开拓和强化国内市场，勤进快销、薄利多销、扩大规模，以数量保效益的经营策略。一是加强公司的集体领导和民主决策制度。对各个时期的市场变动、营销对策，公司领导都及时组织研究和讨论，最大限度地避免失误。针对市场骤升必有狂跌的规律，以最快的速度消化库存，在两个月内成功地将库存压缩到2000吨以内，减轻了经营压力，同时，找准时机，补充少量低价松香，快进快出，还设法寻找机会，果断签订一些外销合同，赢得了市场。二是建立市场跟踪制度。紧紧抓住市场这个关键，深入产区调查，密切注意市场动态，为决策提供依据。三是采取多方式多渠道寻找出口途径和强化深加工产品出口力度。针对公司无出口配额的现实，采取购入许可证，确保国外重点客户和老用户合同的执行，尽量满足外商的要求，还采取代理出口和在境外购货等方式，努力兑现已签合同，维护公司的信誉。四是加大内销经营力度，狠抓国内市场。面对国内用户面广、量小、分散、经营渠道乱的现状，努力把握好进货和销货的时机，并逐步寻求和探索建立地区总经销或总代理的经营模式，以期建立稳定渠道，实现规模效益。

2. 在极其不利的市场条件下巩固了木片贸易。1997年，木片市场一直在低谷徘徊，始终处于供大于求的局面，使出口工作面临巨大的困难。尤其是韩国出现严重金融危机，韩币大幅度贬值以后，更增加了木片出口的难度。对此，公司主要采取了三条措施，一是及时沟通和加强与外商的合作关系。及时组团派人前往韩国做用户的工作，协调各方面的关系，及时降低出口价格，并协助木片生产企业提高木片质量，取得了东海纸浆厂对公司的信任。二是密切与木片生产企业的合作关系，为长期经营木片打好基础。利用木片市场处于低谷这一时机，采取各种措施密切与生产企业的关系，促进了公司在湛江地区经营活动的开展。三是加强经营管理，降低经营费用。将港口业务由当地公司承包代理改为公司直接管理，既降低了费用开支，又密切了公司与海关、商检等部门的联系。

3. 积极开辟其他产品贸易渠道，努力寻找新的经济增长点。为了拓宽贸易渠道，公司进行了大量的市场调查，广泛与国内外客户和厂商联系，在一些经营领域有了一定的进展，胶合板、包装木板等产品的出口工作，收到了较好的效果，为今后这些产品的出口工作奠定了基础。

加强集团建设，强化内部管理

1. 以完善集团和集团公司基础建设为主要内容，加大产业和集团建设的力度。1997年，公司坚持项目建设“少而精、集中资金、重点建设”的原则，并体现原料生产与产品加工相结合的建设内容，全年上报批准林业贴息贷款项目4个（其中松脂林基地项目1个，技术改造项目1个，产品深加工项目2个）。对已建的控股、参股企业，一改过去普遍存在的重投轻管现象，区别情况，实现分类管理，强化集团日常管理工作，不断加强与成员企业之间的联系。1997年先后制定了《中国金龙松香集团公司管理办法》，修改了《中国金龙松香集团公司分公司、参控投企业管理办法》，为今后加强合营企业管理打下了基础。

2. 以开源节流为重点，强化财务管理。一是加强资金的筹集和运用，严把资金调度关。根据经营需要，保持适度贷款规模，降低财务费用，采取各种措施，杜绝资金的沉淀和流失；二是试行分部门核算，将费用进行细化，分解到各部门，加强费用的管理和监督；三是加强了对联合企业的财务管理，维护了公司的利益；四是加强了出口退税工作，减少了公司的资金占用。

（张　维）

【中国国营林场开发总公司】　1997年，总公司以“解放思想、深化改革、艰苦创业、真抓实干”为指导思想，围绕内部承包经营方案，进一步调整经营结构，狠抓重点项目，认真清理欠款，取得了一定成绩。

生产经营指标　全年实际销售收入599万元，基地投资回收1234万元，各种经营项目收益157万元。全年管理费用支出比1996年减少6%，财务费用支出比1996年增加20%。实现利润总额140万元。

经营管理情况　1997年，总公司内部继续实行经营承包，使各个分子公司、各部门明确全年经营任务和各项经济指标，并促使各承包单位严格控制开支。进一步精简总公司管理部门，把人员充实到生产经营第一线，在实践中提高干部业务素质。进一步完善各项规章制度，提高管理水平，为实现规范管理奠定基础。

抓好林业基地建设　1997年，总公司在回收部省联营的速生丰产林、商品材、中幼龄抚育三大基地的投资上做了大量工作，这部分资产已按国家现行政策可陆续转为林业部的资本金，总公司必须对林业部负责，使此资金保值增值。对还款差的省（区）经过努力，1997年回收基地资金1234万元，占合同规定全年应回收的60%。原料林基地建设是总公司发展林业产业的主要方向。与湛江50万吨浆厂相匹配的桉木原料林基地建设是总公司的重点。1997年做了大量前期准备工作，一是参与组织了21.3万公顷浆材基地建设可行性报告；二是探讨浆材基地的联营形式，经济关系和管理模式；三是组织专家摸清了我国桉树、相思树栽培现状和育种水平；四是为基地的生产建设的起步工作做好了准备。

办好实业　林源木业公司是总公司的重点产业项目，1997年4月份进行试生产，7月份正式投产，产品林牌家具已打入市场。1997年共计开发设计22个系列140多种常规家具产品种类，试产期间，累计生产各类产品4429件，完成产值587万元，实现销售收入454万元。为了盘活存量资产，林源木业公司与卡诺家具（中国）有限公司达成了合资组建实木分厂的协议，生产出口实木家具。江苏无锡绿宝天然添加剂实业公司，在开拓海外市场方面初见成效，1997年又推出3个规格的产品，基本满足了美国、日本客户的要求。

（刘永年）

对 外 开 放

【对外开放综述】 1997年，林业部派遣出国和接待来访共636批2240人次，比1996年增加8.2%，其中派出471批1570人次，接待165批670人次。

部长级互访 王志宝副部长率团访问泰国，探讨了同泰方开展制浆造纸合作的可能性。刘于鹤副部长率团访问伊朗，加强了与伊朗在小流域治理方面的合作，拓展了林业部同中亚地区国家的官方合作渠道。李育才副部长率团访问了芬兰、巴西，探讨了与两国林业合作的可能性。部党组成员、中国林业科学研究院院长江泽慧率团访问韩国，与韩国林业界就加强两国林业和科技的合作进行了广泛的接触。

芬兰农林部国务秘书乌洛宁率团访华，参加中芬合作庆林示范林场项目第四次协调委员会会议。

出席国际会议 林业部有选择地参加了20多个国际组织的100多次会议，其中比较重要的有：陈耀邦部长率团出席在土耳其召开的第十一届世界林业大会，王志宝副部长率团出席了在津巴布韦召开的濒危野生动植物种国际贸易公约第十届缔约国大会，祝光耀副部长率团出席了在意大利召开的联合国防治荒漠化公约第一届缔约方大会。此外，林业部还派员出席了联合国粮农组织第十三届林委会会议、联合国大会第十九届特别会议、联合国可持续发展委员会第五次会议及政府间森林问题工作组第四次会议、国际热带木材组织第二十二届和第二十三届理事会会议、国际林联第三十六届执委会会议等。在中国还成功举办了各种国际会议近40次。其中比较重要的有：5月在北京召开了亚洲防治荒漠化部长级会议，有19个国家的部长级代表团参加。会议期间，江泽民主席会见了各国代表，姜春云副总理出席了开幕式并致词。11月国际竹藤组织在北京成立，这是第一个将总部设在中国的政府间国际组织。李鹏总理和钱其琛副总理出席了签字仪式，姜春云副总理出席了成立大会并致词，宋健国务委员宴请了各国来宾。

对外科技交流 为学习国外先进技术和管理经验，林业部通过各种渠道派出217批643人次，分赴34个国家和地区进行了考察和交流。还通过国家外国专家局和有关渠道派遣出国进修、培训人员共100人次。林业部所属林业高等院校共邀请86批432人次来华讲学、合作研究及培训。

多边和双边经济合作 林业部正在执行的对外合作项目有33个。各项目单位严格按照项目实施计划，完成了年内预定的任务。其中，中日合作黑龙江省木材综合利用项目经10年的合作圆满结束。新西兰援助寿宁社会林项目终期评估总结大会在福建省寿宁县召开。德国技术合作公司派评估组对德援大兴安岭火烧迹地更新项目二期进行了评估。林业部与德国KfW银行就中德财政合作项目指南在北京进行了专题讨论并签署了会谈纪要。德国KfW银行先后两次派检查组来华，分别对云南、湖北、安徽、河北、山西、陕西、宁夏等7省(区)的中德财政合作生态造林项目的造林质量、财务支出、审计监测、设备购置、培训推广等进行了全面检查。联合国开发计划署资助的加强林业项目，经过5年的实施，已于1997年底结束。该项目在森林资源监测、森林病虫害防治等几个重要领域进行了专题研究，产生了良好的效果。中国和国际热带木材组织合作的海南省热带林分类经营永续利用示范项目，已初步进行了一些有益的尝试，受到国内外专家的一致好评。

争取外援工作 配合中国林业重点工作和十大生态林业工程建设，争取到11个无偿援助项目，受援总额2935.4万美元，其中包括德国援助四川省嘉陵江生态造林工程项目、湖南省长江中上游生态造林工程项目、江西省九江长江中上游生态造林工程项目、北京市密云水库水源涵养林项目和林业教育培训项目；全球环境基金援助中国湿地生物多样性保护与合理利用前期准备项目；联合国开发计划署援助森林可持续经营能力建设、研究与推广项目，湖北省西部村社林业扶贫项目和中国执行联合国防治荒漠化公约能力建设项目等。

(刘洪存)

重大外事往来

【部长级代表团出访】

4月22～27日 应伊朗伊斯兰共和国建设圣战部的邀请，刘于鹤副部长率领中国林业代表团一行5人访问了伊朗。这是林业部首次派部长级代表团访问伊朗。访问期间，刘于鹤副部长同伊朗建设圣战部领导举行了工作会谈，就加强两国林业领域，特别是流域和荒漠治理方面的互惠合作交换了意见；代表团还参观考察了伊朗林业建设、流域治理和荒漠化治理的情况。

11月23～30日 应韩国林业研究院的邀请，林业部党组成员、中国林业科学研究院院长江泽慧率领中国林业科学研究院代表团一行7人访问了韩国。访问期间，江泽慧同韩国林业研究院就进一步加强两国林业科技合作交换了意见；并分别拜会了韩国议会、农林水产省、韩国山林厅等有关单位的领导。

（鲁 德）

出席重要国际会议

【亚洲防治荒漠化部长级会议】 5月13～15日在北京召开，共有54个国家、18个国际组织和9个非政府组织的代表157人出席了此次会议。姜春云副总理出席开幕式并致词，江泽民主席会见了各国代表团团长。会议最终通过了《北京宣言》。会议的成功举办对宣传我国在防治荒漠化领域所付出的艰苦努力和取得的突出成绩起到了很好的作用，扩大了我国在国际防治荒漠化领域的影响，同时进一步拓展了合作渠道。

会议期间，徐有芳部长和王志宝副部长分别会见了尼泊尔、伊朗、约旦、土库曼斯坦、印度、柬埔寨、越南、孟加拉、加拿大、巴勒斯坦10国主管林业的部长或副部长以及国际农发基金助理总裁和联合国粮农组织驻华代表。通过会谈，促进了我国与上述各国和国际组织的友好合作关系。（郭瑜富）

【国际竹藤组织成立大会】

国际竹藤组织是由加拿大和中国政府共同发起的、第一个总部设在中国的政府间国际组织。1997年11月6日在北京人民大会堂举行了《成立国际竹藤组织的协定》签字仪式，李鹏总理、钱其琛副总理和有关部门的领导出席。孟加拉、加拿大、中国、印度尼西亚、缅甸、尼泊尔、菲律宾、秘鲁和坦桑尼亚等9国代表在协定上签字。11月7日，在北京召开了国际竹藤组织成立大会，宣告国际竹藤组织正式成立。

经国际竹藤组织理事会和董事会提名，分别选举王志宝副部长为国际竹藤组织第一届理事会主席，中国林业科学研究院院长江泽慧为第一届董事会联合主席。（刘 昕）

【联合国环境与发展特别大会】 联合国环境与发展特别大会（联合国大会第十九届特别会议）于6月23～27日在联合国总部美国纽约召开，会议旨在全面审评国际社会和各国政府执行1992年在巴西里约热内卢召开的联合国环境与发展大会通过的《里约热内卢宣言》和《21世纪议程》的情况，为1997年以后的跨世纪国际环境与发展合作"注入新的活力"，为环境与发展大会确立的目标采取进一步的行动。各国普遍重视此次会议，共有160多个国家的政府代表团与会并发言，出席者的规格也很高，美、日、英、德、法等53个国家的首脑及80多个国家的政府部长参加了会议，另有约70个政府间、非政府国际组织以观察员的身份参加了会议。国务委员宋健率包括林业部在内的中国代表团参加了会议并在第一天的大会上作了发言。

此次会议辩论的问题包括气候变化、森林、水源、资金和技术援助、消除贫困等，辩论的焦点是关于控制全球气候变化问题和森林保护问题，会议围绕维护还是改写《里约热内卢宣言》和《21世纪议程》展开了较为尖锐的斗争，并就资金、技术转让等跨领域问题进行了广泛的磋商，表现出发展中国家与发达国家在环境问题上既有共识的一面，又有立场和利益冲突的一面。

在森林保护问题上，围绕是否尽快开始就国际森林公约进行政府间的谈判，加拿大、印度尼西亚等国要求加快进度，美、日等则唱反调。会议最后确定将以政府间森林问题论坛的形式继续进行对话，并就建立具有法律约束力机制的可能性问题向1999年召开的联合国可持续发展委员会第八次大会提交报告。

（周国林）

【第十一届世界林业大会】 10月13～22日在土耳其安塔利亚市召开，陈耀邦部长率领中国林业代表团参加了会议。

大会的主题是"森林可持续发展：迈向21世纪"，它对于面向21世纪的林业发展具有非常重要的意义。有来自149个国家、地区和有关国际组织的4417位代表出席了本次会议，是历届林业大会规模最大的一次。会上各国代表普遍关心的重大议题是：森林的生产功能重新受到重视，森林的环境功能深入人心，森林可持续经营的国际和区域行动取得显著进展。

大会期间，中国代表团积极参与会议讨论，并通过电视专题片和出版物等形式宣传我国林业建设成就，受到了会议的高度重视和各国代表的普遍欢迎。

大会最后通过了《安塔利亚宣言》，呼吁各国努力实现森林的可持续经营。（谢敏华）

【濒危野生动植物种国际贸易公约第十次缔约国大会】 6月9～20日在津巴布韦首都哈拉雷召开，来自136个国家、146个非政府组织的代表及新闻记者近2000人出席了大会。以王志宝副部长为团长的中国代表团出席了大会。据统计，公约成员国已达到140个。

可持续利用是本次大会的主流，得到大多数国家支持，这与过去公约受某些西方国家和非政府组织操纵出现纯保护主义倾向相比是一大进步，也是各国长期努力和斗争的结果，特别是关于非洲象问题议题的通过标志着可持续利用的观点和原则取得了阶段性的胜利。

此次会议是公约历次缔约国大会中涉及中国议题最多的一次，中国代表团分别就传统医药、可持续利用、非洲象保护、虎、熊等问题发表了意见，阐述中国观点，维护了国家权益。中国提交的金花茶等5个物种提案获得了大会的通过。会议期间，王志宝副部长拜会了津巴布韦总统穆加贝，还分别会见了津巴布韦环境与旅游部部长，公约秘书长、副秘书长和英、美、德等国及一些国际组织的代表，就公约的执行、保护濒危物种等有关问题进行了广泛的交流。（郭瑜富）

【联合国防治荒漠化公约第一届缔约方会议】 9月29日至10月10日在联合国粮农组织总部意大利罗马召开。以祝光耀副部长为团长的中国代表团出席了会议。来自102个正式批约或加入公约的国家、42个未批约国家、巴勒斯坦、18个政府间机构、16个联合国机构以及64个非政府组织的代表共910人参加了会议。

会议由全体委员会、科学技术委员会和高级别会议三部分组成。祝光耀副部长在高级别会议上作了发言，介绍了中国荒漠化的现状，阐述了中国为此采取的措施和作出的巨大努力以及取得的成果，指出了全球防治荒漠化的四个途径。他的讲话获得与会代表的一致好评。会议还就十次谈判委员会悬而未决的议事规则、全球机制等重大问题进行了多方磋商，最后选择国际农发基金作为公约的全球机制容纳机构，并通过决定提请农发基金作为牵头单位与联合国开发计划署和世界银行进行通力合作。

会议选举了大会主席团和科学技术委员会主席团。中国科学院原副院长孙鸿烈院士当选为科技委副主席。另外，中国林业科学研究院鞠洪波当选科技委特设专家小组成员，并被指定为协调员。通过各国代表的秘密投票，会议最后确定德国波恩为公约常设秘书处的所在地，并决定下届大会在塞内加尔达喀尔举行。（郭瑜富）

【联合国可持续发展委员会第五次会议及政府间森林问题工作组第四次会议】 联合国可持续发展委员会第五次会议于4月4～25日在美国纽约举行，53个成员国及其他国家的代表出席了会议，有关国际组织及非政府组织的代表作为观察员列席了会议。以中国驻联合国代表团秦华孙大使为团长的中国代表团出席了会议。

联合国可持续发展委员会是根据1992年环境与发展大会有关决议和第四十七届联合国大会决定建立的，现已成为审议国际环境与发展事务最重要的综合性论坛。此次会议的主要目的是为于1997年6月召开的联合国大会第十九届特别会议作准备，会议充分审议了环境与发展大会以来《21世纪议程》的执行情况，主要议题包括资金和技术援助、消除贫困等跨领域性问题以及森林、气候变化、水源等领域性问题。

此次会议虽然在控制全球气候变化、森林保护等焦点问题上未能达成一致并决定将这些及其他悬而未决的问题交联合国大会第十九届特别会议审议，但会议反映了世界环境与发展领域的进展现状、所面临的实际困难及各国在推进环境与发展进程中的矛盾及分歧，说明各国在环境与发展问题上有各自不同的利益，同时全球可持续发展的共同利益又把各国联系在一起。

政府间森林问题工作组第四次会议于2月11～21日在美国纽约举行，53个成员国及其他国家的代表出席了会议，有关国际组织及部分非政府组织的代表作为观察员列席了会议。林业部国际合作司副司长曲桂林等有关人员出席了会议。

此次会议是工作组最后一次会议，会议就是否马上成立政府间森林公约谈判委员会还是保持类似现有工作组的形式继续对国际森林问题进行对话及对工作组第三次会议提出的建议展开了激烈的辩论。

本次会议通过了提交给联合国可持续发展委员会第五次大会的最终报告，报告包括两部分，一是经各方激烈辩论基本取得一致意见的150余条行动建议；二是就是否成立国际森林公约提出了两个供联合国可持续发展委员会第五次大会选择的方案。（周国林）

【东北亚湿地与水禽保护国际研讨会】 3月4～7日在北戴河召开。此次会议有来自日本、俄罗斯、韩国、蒙古、澳大利亚、中国等国的代表，湿地国际、日本野鸟协会、世界自然基金会、澳大利亚皇家野鸟协会、国际鹤类基金会、太平洋环境资源中心等国际非政府组织的代表和湿地公约、迁徙物种公约秘书处的代表等共 124 人参加，其中国外代表 40 人。

林业部野生动物和森林植物保护司司长甄仁德当选为大会主席，林业部国际合作司巡视员李禄康主持大会开幕式，林业部原副部长沈茂成到会并致开幕词。经过大会发言和分组讨论，会议最终通过了《北戴河宣言》，决定成立东北亚鹤类保护网络，并初步确定了东北亚湿地保护优先领域框架。（郭瑜富）

【林业部与世界自然基金会 1997 年合作项目年会】 7 月 9 日、10 日在泰国曼谷举行，这是双方举行的第十四届年会。以林业部国际合作司巡视员李禄康为团长的林业部代表团出席了年会，基金会方面出席年会的有基金会总部亚太区域项目部主任高德武和北京办事处代表伍岱民等 6 人。会上双方回顾了 1996、1997 年度合作项目的进展情况，并对过去几年备忘录中所遗留的项目进行了一次清理，在双方共同签署的第二个 5 年合作框架的基础上，讨论商定了 1997、1998 年度的合作项目，并签订了《中华人民共和国林业部与世界自然基金会 1997 年合作项目年会谅解备忘录》。会后，基金会安排林业部代表对泰国的国家公园和基金会在泰国的项目区进行考察。

双方决定于 1997、1998 年度，在大熊猫及其栖息地保护，国家及国际重要湿地的保护，生物多样性的保护和可持续利用，公众意识、能力建设和出版等四个领域开展 18 个项目的合作。通过上述合作项目的实施，林业部将在自然保护方面获得约 210 万元的财政和技术援助。（郭瑜富）

【世界森林与可持续发展委员会会议】 9 月 23～28 日在俄罗斯彼得堡举行，来自 23 个国家的 27 名委员出席了会议。林业部国际合作司巡视员李禄康出席了会议。

此次会议主要就林业可持续发展等有关问题进行了广泛的讨论。

会议倡议成立世界森林观察组织，以各种可能的手段向世界舆论曝光关于林业行业上存在的严重腐败行为。

会议建议召开 20 国森林高峰会议。其目的是选择 20 个国家（这些国家的森林面积和木材产量占世界的 80%以上）召开一次政府首脑林业会议，讨论并推动全球范围内的林业可持续发展。

会议还就国际森林公约问题、热带林保护问题、森林价值补偿问题等进行了讨论。（周国林）

【联合国粮食及农业组织第十三届林业委员会会议】 3 月 10～13 日在联合国粮农组织总部意大利罗马举行。参加会议的有来自委员会 98 个成员的代表，7 个其他成员国，联合国各机构的代表，以及 11 个政府间组织和国际非政府组织的观察员。林业部由国际合作司副司长曲桂林率中国代表团参加了会议。

大会将介绍世界林业形势主要特点的《概要》作为会议讨论的背景材料，会上讨论的主要林业政策问题包括：实现可持续森林管理及联合国环发会议后续活动的进展情况，包括政府间森林工作组的影响；林业委员会及区域林业委员会的作用；世界粮食首脑会议行动计划对林业的影响；森林遗传资源的保存和可持续利用。

大会还审议了联合国粮食及农业组织的正常计划和实地计划，包括委员会第十二届会议要求和建议的落实情况，并制定了中期前景（1998～2003 年）及 1998 年、1999 年工作计划和预算重点。（谢敏华）

【国际热带木材组织第二十二届、第二十三届理事会会议】 第二十二届理事会及其下属的 4 个委员会会议于 5 月 21～29 日在玻利维亚圣克鲁斯市召开，有 46 个国家和 29 个国际组织派员出席了会议。我国由外经贸部、林业部和驻玻利维亚使馆共同组团出席了会议。

会议审议的主要议题有：组织工作、基本文件的修订、2000 年目标、项目编制手册和执行指南的修订、项目的审批、知识产权等问题。

我国代表团在 2000 年目标问题上重申了我国的一贯立场，在工作语言问题上，为改善中文地位做了积极的努力。

第二十三届理事会及其下设的 4 个委员会于 12 月 1～6 日在日本横滨举行，共有 42 个国家和 20 个国际组织派员出席了会议。以林业部国际合作司巡视员李禄康为团长的中国代表团出席了会议。

会议的主要议题有：国际热带木材组织行动计划的修订、市场准入、热带天然林可持续经营标准指标、森林认证和标签、以及 2000 年目标、知识产权等问题。促进市场准入、并取消有关的贸易壁垒是本次会议争论最为激烈的一个问题。

本届会议期间，中国代表团经过多方努力，使我国向会议提交的建立海南热带天然林遥感监测和地理信息系统的项目建议书得到批准，并争取到瑞士、日本、韩国共同资助此项目 30 万美元。

此外，我国代表团还在会上重申了中国在森林可持续发展问题上的立场，并对我国林业所取得的成就进行了宣传。（刘　昕）

对外科技交流

【对外签署的重要协定和协议】 **3月21日** 林业部国际合作司司长杨禹畴同西班牙王国农渔食品部国家农业与食品技术研究局代表胡安莱尼亚在北京签署了《中华人民共和国林业部国际合作司同西班牙王国农渔食品部国家农业和食品技术研究局关于大熊猫繁殖合作研究谅解备忘录》。

10月14日 陈耀邦部长同土耳其林业部部长俄耳辛在土耳其签署了《中华人民共和国林业部和土耳其林业部关于林业合作备忘录》,开辟了新的部门间合作渠道，为中土两国林业合作奠定了基础。

11月10日 陈耀邦部长代表中国政府在北京同俄罗斯副外长卡拉辛签署了《中华人民共和国政府和俄罗斯联邦政府关于保护虎的议定书》。（鲁 德）

【组派专业考察组出国考察】 1997年，林业部共派出17个考察组赴12个国家进行专业考察。

1997年出国专业考察组

考察组名称	出访国家	日期（月）	人数	考察组名称	出访国家	日期（月）	人数
黄土区沟谷侵蚀及防治考察组	奥地利	3	3	森林防火手段考察组	俄罗斯	7	7
森林资源监督考察组	德国	4	7	杨树抗虫分子生物学特性专业组	吉尔吉斯	7	3
森林经营考察组	韩国	4	6	林区道路考察组	芬兰	10	6
木材加工设备考察组	荷兰、英国	5	6	森林防火考察组	韩国	10	5
花卉和园林技术考察组	德国	5	5	大熊猫繁殖合作研究考察组	法国	10	3
纸浆工艺设备考察组	芬兰	5	6	花卉新品种引进考察组	俄罗斯	11	4
林业职业教育考察组	加拿大	5	6	森林分类经营考察组	日本	12	7
林业教育交流组	瑞士	6	6	森林组合考察组	日本	12	3
飞播造林技术咨询组	俄罗斯	6	5				

（鲁 德）

【接待外国专业考察组】 1997年，林业部共接待来自5个国家的9个专业考察组。

1997年接待专业考察组

考察组名称	来访国家	日期（月）	人数	考察组名称	来访国家	日期（月）	人数
木材市场考察组	澳大利亚	4	4	私有林主考察组	韩国	9	10
林木基因考察组	美国	5	3	示范林网络考察组	加拿大	9	4
黑嘴鸥调查组	日本	6	7	华山松种源考察组	日本	10	3
林产品对华出口考察组	美国	8	3	林业管理考察组	韩国	11	5
林业技术交流组	日本	9	7				

（鲁 德）

【派遣人员出国进修和培训】 1997年，根据林业科研、教学和生产的实际需要，林业部共向美国、加拿大、日本、英国、德国、韩国等林业比较发达国家派出47人次参加培训班和进修，涉及自然保护、木材利用、林木遗传、森林经营等领域。（鲁 德）

【聘请外国专家来华讲学】 1997年，根据林业教学的需要，林业部聘请各类文教专家152人，其中2人为长期专家，这些专家主要来自美国、英国、日本、新西兰、澳大利亚、加拿大等发达国家。（鲁 德）

对外经济技术合作

【中国与日本合作项目】

黑龙江省木材综合利用研究计划完善项目 该项目1995年启动，于1997年9月25日结束。

湖北省林木育种项目 10月召开了第二次联合协调委员会，中日双方对项目的执行基本满意。从日本引进了日本落叶松种子和杨树穗条用于引种试验。项目基础设施基本到位，3000多平方米的研究试验楼已竣工并正式投入使用。1997年共派进修生3名。在双方的共同努力下，日方已原则同意在无偿提供5亿日元的基础上，追加约4000万日元（折合人民币约300万元）用于苗圃、试验林地的建设和种源试验。

（刘立军）

【中国与德国合作项目】

中德林业技术合作项目

大兴安岭火烧迹地更新项目 5月，德国技术合作公司派员对项目一期、二期实施情况进行了全面评估，认为项目对大兴安岭火烧迹地的恢复和更新作出了贡献；同时，在北京召开的中德政府经济合作混委会决定，该项目最后一期至1998年3月结束。

10月，大兴安岭林业集团公司派12人考察组赴德进行了营林考察。

沈阳森林病虫害生物防治中心项目 利用项目余款在国内采购一批设备，用于病虫害防治工作。森林病虫害防治产品的中国市场调研工作基本完成。同时，还进行了鼠害防治技术及其他专题技术的推广和应用。

山西杨树育种造林项目 项目已于1997年底全面结束。项目总援助金额为1072万德国马克。

该项目自1984年实施以来，取得了突出的经济效益、社会效益和生态效益。通过实施该项目，山西省利用收集到的种质资源材料，在省内建立了3个杨树基因库，项目二期期间扩大了种质资源收集范围，为林木改良和稳定林分的营造贮备了宝贵的后备资源。

项目实施过程中，进行了系统的杨树育种工作，主要包括杨树引种，杨树杂交育种，杨树无性系繁殖研究，杨树栽培实验，农田防护林体系及杨树丰产林经营和更新技术的研究。有些研究已经获得了成功，如杨树的一些优良品种已被引种到甘肃、宁夏、内蒙古、吉林、黑龙江等省（区）进行区域化栽培。

同时，对林木育种中心的设施建设和完善给予了高度重视。共建实验室、资料室等3000平方米，加上从德国引进的设备，一个拥有90年代国际先进水平设施装备的林木育种中心已初具规模。

在项目实施过程中，共派出进修生、访问学者30余名，专业考察团8个近50人次。

海南省热带林保护项目 德方项目长期专家组长冯函博士于12月初赴海南项目区工作，并与中方项目单位一道制定了至1998年6月的项目实施暂行计划。

云南省西双版纳热带林保护项目 德方项目长期专家组长马尤博士于7月赴云南项目区工作，并请进了两名短期专家，共同进行了目标群体调查。中方派出2人赴泰国参加了项目规划研讨会。

四川省大熊猫自然保护区建设项目 德方项目长期专家组长舒尔茨博士于年初赴四川项目区工作，并与中方项目人员一道，进行了项目规划的准备工作。中方还派1人赴泰国参加了项目规划研讨会。

中德林业财政合作项目

中德财政合作陕西、湖北、云南、安徽、山西、河北、宁夏7个省（区）正在执行的生态造林项目，至1997年已完成造林和封山育林135 761.1公顷。林种除用材林、防护林、经济林外还有经济型防护林、用材型防护林、防浪林、水源涵养林等。各项目已先后完成培训中心的建设，苗圃的修建和扩建，道路、瞭望塔的建设及为农户修建了部分沼气池和节柴灶。参加项目造林的农民都根据事先签订的造林合同得到了造林劳务补助金。

5月23日，中德两国政府批准了林业部申请的湖南洞庭湖、四川嘉陵江上游及江西九江地区3个生态造林工程项目，签署了3个项目的财政合作协议。德国政府共提供无偿援助3600万马克，中方3省配套资金共计10 633万元人民币，计划造林、封山育林92 000公顷。

8月，德国KfW银行派专家来华对林业部申请的云南生态造林项目二期和重庆长江上游生态造林及延安地区生态造林3个项目的可行性进行了调查。截至1997年，林业部正在执行、准备执行及将获得批准的中德财政合作生态造林项目已达13个。11月10～13日，林业部在安徽组织召开了中德财政合作生态造林项目管理座谈会。 （张春香 章红燕）

【中国与芬兰合作庆林示范林场项目】 1997年，项目进展顺利。在芬兰专家的指导和中方工作人员的努力下，完成了《鹤北林业局营林指南》、《鹤北林业局林木改良方案及10年工作计划》、《容器苗木培育规程》和1.1万公顷林地《森林经营方案》的编制工作。庆林示范林场的造林工作已于5月中旬全面结束，完成常规造林134公顷，丰产林44公顷，容器苗木造林34公顷。芬方提供的项目设备已全部抵达并投入运行。中方承担的项目基建工程也已完成。中芬双方于5月和11

月分别在黑龙江省鹤北林业局和芬兰赫尔辛基召开了项目第四次、第五次协调委员会，会议对项目取得的进展表示满意，并一致通过了项目进展报告和下阶段工作计划。（夏 军）

【中国与加拿大国际发展研究中心合作中国林业科学研究院退化地改造及其社会经济手段研究项目】 1997年，项目进入第二年度。在第一年度系统调查和对退化林地类型、成因、潜力和存在问题进行诊断分析的基础上，4个项目点对各研究点不同类型的退化林地提出了改造和利用的设计方案。项目还设立了研究退化林地改造政策、社会和经济问题的基金。基金设立了10个课题，具体研究工作已经展开。（夏 军）

【中国与新西兰合作福建寿宁社会林业项目】 该项目是中新双方合作的第一个林业项目，实施地点位于福建省寿宁县，自1992年开始实施，新方投资636.58万元，中方配套235.16万元，项目受益人自筹12.4万人民币。经过新方专家和中方项目实施单位等有关部门的共同努力，6年来共完成了包括速生丰产林、多种用途林和经济林营造、林区道路房屋建设、种子园建立等项目内容，为17个加工厂提供了扶持贷款，引进国外的技术开展了试验研究和科学示范活动，举办了三级培训班，受训人员近7000人次。通过项目实施取得了生态、社会、经济三方面的效益。据统计，全县有林地面积增加1310公顷，森林覆盖率提高0.9%。村民通过广泛参与项目活动增加了收入，也转变了陈旧的思想观念，促进了林业脱贫致富和发展的步伐。项目于1997年结束，在项目总结表彰大会上，与会代表对项目实施6年来所取得的成果给予了积极的评价，认为中新合作寿宁社会林项目达到了预期目的，取得了圆满成功。（夏 军）

【中国与澳大利亚国际农业发展研究中心合作项目】

澳大利亚相思树种在中国、越南和澳大利亚的持续利用项目 按项目计划，完成了试验林和人工林内调查害虫的发生种类、发生量、危害损失评估、害虫与天敌和寄主植物间的相互关系等调查研究。派出项目中方专家赴澳大利亚工作访问及出席在越南召开的国际会议。

桉树外生菌根研究项目 项目进展顺利，完成了40平方米固定温室的基建。分别在广东、云南省选点建立了菌根试验林，观测调查及推广工作已经展开。在云南省举办了菌根研讨会，项目在国际会议和有关杂志上发表论文5篇，还出版了专著《菌根研究与应用》。（夏 军）

【中国与联合国开发计划署合作项目】

加强林业项目 自1993年1月1日开始实施，项目有效期5年，于1997年12月31日结束。开发计划署援助资金总额为662.625万美元，国内分摊资金为173.75万美元。

项目的内容是根据林业的发展战略和“八五”计划的重点领域设计的。项目主要通过引进林业先进技术和设备，保护、发展和合理利用森林资源，从而达到既保护环境，又促进农村发展和提高林业计划、管理和协调能力的总体目标。

该项目实施5年来，进展十分顺利。8月，由联合国开发计划署主持了最终评价，认为项目执行非常成功。

鉴于项目实施良好，开发计划署在1992年签署项目文件时承诺提供638.325万美元的无偿援助资金的基础上，又于1997年追加援助资金24.3万美元，使总金额达到662.625万美元。

在12月10日召开的项目最后一次指导委员会会议上，联合国开发计划署和联合国粮食及农业组织以及中国国际经济技术交流中心都对项目的实施给予了高度评价，认为是联合国系统援华项目中实施最好的项目之一。

第四周期林业项目 项目共3个，1997年下半年获得开发计划署批准，开发计划署承诺为项目提供无偿援助资金总额272万美元，从1997年开始执行，有效期各3年。3个新项目的具体情况如下：

中国执行联合国防治荒漠化公约能力建设项目 项目总金额为150万美元，其中开发计划署提供无偿援助资金110万美元，中国政府分摊40万美元。项目实施有效期为1997年8月至2000年7月。该项目由林业部治沙办负责具体实施。项目将通过适当支持防治荒漠化主管政府部门，并培训管理人员、研究人员和骨干工作人员，帮助农民以及开展防治荒漠化具体措施等手段以达到有效防治荒漠化的目的；项目将致力于增强中国防治荒漠化办公室、中国防治荒漠化研究与发展中心和培训中心的管理能力，从而达到增强中国履行联合国防治荒漠化公约的能力。项目实施地点包括北京市大兴县、宁夏自治区中卫县、内蒙古自治区磴口县和伊金霍洛旗。

森林可持续经营能力建设、研究与推广项目 项目总金额为123万美元，其中开发计划署提供无偿援助资金90万美元，中国政府分摊33万美元。项目实施有效期为1997年7月至2000年6月。该项目由中国林业科学研究院负责具体实施。项目旨在帮助中国政府全面实施《中国21世纪议程林业行动计划》，为21世纪林业可持续发展打下良好基础。项目目标包括增强中国主要林区可持续发展技术、科研成果推广能力，提高高级管理人员的决策水平，制定和检验森林可持续经营的标准和指标体系，建立信息交流网络和提高林农森林资源可持续利用的实施能力。项目实施地点包括北京、江西、黑龙江和甘肃等省（市）。

湖北省西部村社林业扶贫项目 项目总金额为

82万美元，其中开发计划署提供无偿援助资金72万美元，中国政府分摊10万美元。项目实施有效期为1997年11月至2000年11月。该项目由湖北省林业厅和鹤峰县人民政府负责具体实施。项目将通过在湖北省鹤峰县发展村社林业脱贫致富途径，为广大中国中部类似地区提供经验和致富模式。项目内容主要包括营造用材林、经济林、高效农作物等经营模式。项目具体措施是培训林业管理人员以加强县政府关于村社林业发展的管理能力，帮助农民掌握林业和农业实际操作技能，增加收入，从而达到致富的目的。

（周国林）

【中国与世界自然基金会合作项目】

1. 大熊猫及其栖息地保护。包括：基金会和林业部与四川省林业厅和平武县政府合作，在平武县启动一个大型保护和发展综合项目；基金会和林业部进行大熊猫种群的多年调查和大熊猫栖息地评价；基金会继续支持在卧龙保护区进行熊猫种群小型监测活动；基金会提供资助，在卧龙举办有关人工繁殖大熊猫放归自然问题的研讨会；基金会和林业部共同确定大熊猫保护优先项目；林业部继续安排泰勒博士对大熊猫栖息地内的竹子及其与森林覆盖的关系进行研究；基金会支持四川绵阳师范学院进行保护意识教育项目；基金会支持加强王朗保护区建设。

2. 国家及国际重要湿地的保护。包括：基金会继续协助林业部准备《中国湿地保护行动计划》，并提供有关资助；基金会继续协助林业部寻求资金以实施《中国湿地保护行动计划》中的优先项目。

3. 生物多样性的保护和可持续利用。其中包括：基金会和林业部同意把云南白马雪山及其周边地区作为一个保护和发展综合项目的重点；基金会为加强中国负责控制野生动植物贸易的政府部门官员的能力建设提供资金和技术支持；基金会支持对中国华南虎进行种群数量调查和栖息地评价，基金会协助林业部举办生态旅游规划研讨班。

4. 公众意识、能力建设和出版。主要包括：基金会为林业部在香港米埔保护区举办5期有关湿地管理和环境教育计划的培训班；基金会从自然教育基金中拨出9600美元以支持白马雪山自然保护区的环境教育。

（郭瑜富）

【中国与湿地公约合作项目】 9月29日至10月3日举行的湿地公约常委会会议批准了我国申请的小型赠款基金项目海南省东寨港湿地保护区能力建设和管理规划，并获得4万瑞士法郎的资助。东寨港保护区是我国7个国际重要湿地之一，保护着目前全国面积最大的红树林。该项目的主要目标包括：对海南省林业局进行能力建设，促进对东寨港保护区的保护和合理利用；对保护区工作人员进行急需的管理规划培训和合理利用概念培训；根据拉姆萨管理规划指南帮助保护区制定一个5年管理计划；通过教育和提高公众意识促进当地社区参与合理利用和保护湿地；更新保护区的资料。这个项目是由湿地国际中国项目办公室申请的，并将由该办公室会同东寨港保护区共同执行。

（郭瑜富）

林产品对外贸易

【综　述】 随着改革的不断深入，我国林产品对外贸易在国民经济持续、快速、健康发展的基础上，继续保持着良好的增长态势。据海关统计（附表），1997年全国木材类林产品出口创汇达16.17亿美元，与1996年相比增加了14.6%；进口用汇达19.72亿美元，与1996年相比减少了26.5%。

1997年，林产化工产品的出口增幅较大，不仅松香出口创汇1.6亿美元，活性碳、松节油的出口创汇也分别达6234万美元和2338万美元，与1996年相比均有较大提高。但由于受东南亚金融危机的影响，木片出口售价在原来保本微利的基础上有较大幅度的降低，货款回收也不及时，使得企业难以出口。

1997年，外经贸部根据国务院办公厅的指示，对松香出口配额有偿招标进行了调整，参投企业数量由1996年的58家限定为21家。这21家企业包括原来参加松香定向招标的14家外贸公司和具有松香出口资格的7家松香生产企业，现7家生产企业已分别获得数量不等的松香出口配额，出口情况良好。

鉴于多数林业企业地处不发达地区、企业基础薄弱，再加上产品种类和质量还不能完全适应市场需求，出口以初级加工产品为主，不仅与其他行业在对外贸易方面仍有一些差距，林业行业内部各企业之间差距也很大。

1997 年全国林产品进出口统计表

商品名称	出口数量	创汇金额（万美元）	与1996年同期相比增减（%）		进口数量	用汇金额（万美元）	与1996年同期相比增减（%）	
			数量	金额			数量	金额
活性碳	22.04 万吨	6233.74	103.4	13.2	0.15	333.02	−17.3	−8.3
松节油	3.06 万吨	2337.98	41.1	26.1	0.09	50.92	1.0	10.3
松香	20.47 万吨	15 938.89	16.3	21.7	0.18	240.70	25.3	38.9
木制品类		161 747.92	—	14.6	—	197 249.30	—	26.5
木片	194.84 万吨	15 437.00	5.4	−5.2	0.21	102.91	−80.9	−25.4
其中：								
针叶木片	1.56 万吨	89.92	−14.4	−66.4	0.11	30.33	508.9	70.9
非针叶木片	193.28 万吨	15 347.08	5.5	−4.1	0.10	72.58	−11.4	−41.5
木炭	4.56 万吨	2700.87	39.5	47.7	0.10	37.51	73.7	197.6
原木	6.33 万立方米	2945.51	−1.3	0.5	447.07	67 778.77	40.3	48.0
枕木	0.18 万立方米	47.96	22.5	131.6	0.37	30.43	−32.3	−6.1
锯材	38.72 万立方米	19 304.88	1.1	−0.4	132.47	26 782.25	41.9	48.9
刨花板	1.47 万立方米	927.06	61.6	97.4	12.81	2848.43	37.4	42.6
纤维板	3.45 万立方米	914.62	−34.1	−17.4	43.20	10 593.71	36.0	51.2
胶合板	43.79 万立方米	15 153.63	147.6	143.2	148.85	60 549.83	−16.1	−5.9
木浆	1.64 万吨	864.80	39.0	8.4	152.90	74 100.00	4.9	−3.5
纸及纸板	26.91 万吨	26 925.02	—	—	552.43	282 701.16	—	—
废纸	0.35 万吨	31.13	−33.9	−32.2	161.83	17 575.03	17.9	−8.8
合计		214 079.48				572 275.10		

注：1. 表中引用海关统计数字。
2. 表中木制品类包括所有进出口的木制品，不仅限于表中所列的几种。
3. 纤维板、刨花板按 0.75 吨/立方米计算。

（郭红燕　罗　颖）

林业世界银行贷款项目

【综　述】

贫困地区林业发展项目　1997 年，贷款额为 2 亿美元的贫困地区林业发展项目通过了世界银行对项目的准备工作检查和预评估。

经过预评估，明确了项目的框架。这个框架主要包括：①项目宗旨为"发展林业，减轻贫困，改善环境"；②项目布局于河北等 12 个中西部省（区）的贫困地区；③项目内涵盖丰产林、经济林、竹林和劳动密集型的林产加工四个内容。

为确保项目既符合林业发展的要求，又能充分体现参与者的意愿，项目准备工作引进和采用社区林业评估这一新的方法，使项目从准备一开始就与国际接轨。体现了世界银行项目既引资又引先进技术和方法的宗旨。

在对大量材料进行分析和研究的基础上，编制了项目可行性研究报告及其有关专题材料，如各树种造林模型 35 个，科技推广与培训计划，苗木标准和苗圃管理技术规程，环境保护管理规程、实施监测方案等。为项目通过世界银行正式评估准备了基础材料。

森林资源发展和保护项目　1997 年，该项目进入了第三个实施年度，3 年来共完成造林 63 万公顷，提取信贷资金 8130 万美元，完成总额的 42%。这一年，重点围绕通过世界银行的中期评估，做了大量工作，归纳起来主要有：

增加造林科技含量，进一步提高造林质量。一方面进一步修改和完善了作业设计，把一些常规技术，特别是密度控制技术和环保措施（如沿等高线造林、品字形布穴、保留原生植被等）真正融入作业设计中，使其更具操作性。另一方面，在加强苗圃管理中，把重点放在优良种源和优良无性系的选用上，并全面推广了间苗、切根和分级、分档包装技术。

加强项目资金管理。针对前两年信贷资金下拨流转不畅，使造林单位不能按时得到资金的现象，以及配套资金到位不理想的问题，采取了信贷报账、信贷流转和配套资金到位“三连环”的管理措施，使该年度项目配套资金到位率达到了99.3%，信贷资金流转速度加快了15～30天。

通过工作，经世界银行和财政部同意，将项目待分配和物资采购余下的共计2400多万美元信贷，全部用于扩大造林面积，从而使项目造林规模由原计划的90万公顷增至101.5万公顷。并于11月中旬，完成了对项目信贷协定的相应修改。

国家造林项目　针对造林全面结束后，转入幼林的后期管理和还贷阶段的特点，一年来，狠抓了以下两项工作的落实。

全面推进了省级还贷机制的建立。16个项目省（区）均以省政府（或林业、财政两厅）的名义颁布了项目还贷文件。这些文件，不仅提出了还贷的具体措施和争取了省政府给予的优惠政策，而且确定如果项目单位暂无力偿还，由政府财政垫付的措施，为项目按时还贷提供了保证。

加强幼林的管护。全面完成了1995年制定的“保一、转二、抢三经营方案”的实施，使项目达到和超过部颁丰产林标准的一类林，由1995年的73.4%提高到1997年的84.5%。

自然保护区管理项目　着重抓了陕西省长青林业局转产工作的落实，推进了陕西项目实施的进度。具体工作有：完成了两个新建企业扩充设计和转贷协议的签定；基本结束了193人的带资转产工作，并与世界银行协商，停办了选项不合理的建材厂，将其资金用于新的带资转产工作，从而使长青林业局这个阻碍项目实施进度的难题得以基本解决，保证了项目的顺利开展。5月份世界银行对项目检查时，对实施工作给予了“十分满意”的评价。

项目外事接待和考察、培训工作　完成的外事接待工作主要有：世界银行森林资源发展和保护项目中期评估组、世界银行贫困地区林业发展项目准备工作检查组、世界银行贫困地区林业发展项目预评估组，以及11月世界银行高级官员福克斯对国家造林项目的考察。

此外，还完成了11个团组共计74人的国外林业技术和管理考察计划。同时，全年共组织国内各类培训班1000多期，培训人员达3万多人次。其中，林业部世界银行贷款项目管理中心单独举办的培训班就有6期，培训省、县级项目管理人员250人次。

项目物资采购　项目采购化肥9000吨，载重卡车44辆，拖拉机36台，育苗设备10套，办公设备115台（套）等，完成采购金额2400多万美元。

（江行勇　程　红）

【贫困地区林业发展项目通过世界银行预评估】　10月6～28日，以世界银行中国林业项目经理斯科比为首的预评估组来华对贫困地区林业发展项目进行了预评估。预评估组进一步对项目的框架和有关准备工作进行了审议，着重对项目社区林业评估方案进行了研究，并到贵州省荔波县和湖南省沅陵县进行了实地考察。通过会谈和实地考察，世界银行认为中方的项目准备工作达到了预期的目标，项目顺利地通过了预评估，并达成了如下一致意见：

1．项目总投资30.2亿元，其中世界银行贷款2亿美元（软贷款和硬贷款各1亿美元），约折合人民币16.6亿元，占总投资的55%，国内配套资金13.6亿元，占总投资的45%。

2．项目的主要目标是在我国的中西部经济欠发达地区发展林业和帮助当地群众脱贫致富。项目安排在河北、山西、辽宁、安徽、江西、河南、湖北、湖南、广西、四川、贵州和云南12个省（区）的国家级和省级贫困县，以及少数非贫困县中具有发展林业生产条件的较贫困的乡、村。

3．项目内容主要包括营造用材林、经济林和竹林，以及少量的乡镇企业建设等。

4．转贷条件，财政部同意软贷款按5年宽限期和15年贷款期，硬贷款按7年宽限期和16年贷款期转贷给各项目省（区）政府。综合年贷款利率约4%。

5．由于该项目带有扶贫的性质，进行乡、村社区林业评估，是使项目的设计尽可能地反映群众的意愿和符合实际的有效手段。

（刘　瑾）

【开展贫困地区林业发展项目社区林业评估】　为了充分地体现群众参与，合理确定项目地区、受益人、项目活动和经营方式，该项目采用了社会评估和社区参与的方法，即社区林业评估方法。林业部世界银行贷款项目管理中心根据项目的特点于1997年6月编制了《贫困地区林业发展项目乡、村社区林业评估工作手册》，作为该项目乡、村社区林业评估的操作指南。《手册》包括评估工作程序和工具包两部分，前者规定了评估工作应遵循的工作步骤，包括项目地区的选择、编制项目投资菜单、选择受益人和造林树种、造林设计、确定经营形式和合同，以及投资与效益分析等六个步骤。后者提出了评估工作的方法和手段，包括村级社区评估工作程序安排、二手资料收集清单、访问农户指南、项目投资供选菜单、项目宣传材料、农户申请表、造林调查和技术设计，以及投资概算8个工具包。

通过对省、县、乡评估人员进行培训，先后在贵州省荔波县、湖南省沅陵县、云南省屏边县和安徽省霍山县进行试点工作，并于1997年10月世界银行预评估组对项目试点工作检查认可后，各省（区）分三批全面

开展了各项目县的社区林业评估工作，计划1998年9月项目实施前全面完成该项工作。 （刘 瑾）

【贫困地区林业发展项目可行性研究报告编制】 1997年，贫困地区林业发展项目的主要任务是完成项目的可行性研究。在项目可行性研究中，除了同国家造林项目、森林资源发展和保护项目一样，从技术、经济、环境等多方面研究项目的可行性外，还特别强调了项目的社区林业评估，即充分听取林民的意见，采取了“自下而上”，“上下结合”的工作方法，使项目的设计更符合林农的意愿，更符合项目地区的实际情况。

该项目的宗旨是遵循“八七”扶贫攻坚计划、林业“九五”计划和2010年远景目标的要求和持续发展战略，在河北、山西、辽宁、安徽、江西、河南、湖北、湖南、广西、四川、贵州和云南12个省（区），通过人工造林，发展森林资源，以达到减轻贫困、增强林业经济实力和改善生态环境的目的。

在吸取国家造林项目和森林资源发展和保护项目实施经验的同时，根据各项目省（区）提供的众多造林模型，经综合分析后，选择出符合世界银行和中方建设项目经济指标的用材林模型20个、经济林模型14个。

依据这项模型和项目省（区）宜林地等情况，该项目计划从1999年到2005年营造集约经营用材林31.5万公顷，新造和垦复竹林11万公顷，营造经济林12万公顷。同时计划开展适度规模的以林副产品为原料的加工业。

项目的总投资为30.2亿人民币（折合3.64亿美元），项目建成后，预计林木蓄积将增加5362万立方米，累计生产木材4129万立方米、竹子998吨，生产经济林产品510万吨。项目总收入464亿元，其中纯收入210亿元。通过林业的发展将持续增加贫困地区农民的收入，使我国183个县的近200万贫困农民脱贫致富，并为贫困农户提供175万人的就业机会。同时，项目将改善贫困地区的生态环境和农业生产条件。项目投资回收期为11年，财务内部收益率达19.6%，净现值（贴现率12%）为24.2亿元，项目没有特别的技术或组织风险。 （王周绪）

【森林资源发展和保护项目资金与财务管理】 1997年，项目资金与财务管理重点围绕信贷资金流转滞缓、配套资金到位差开展了工作。

为了解决信贷资金流转滞缓的问题，林业部世界银行贷款项目管理中心分别对辽宁等5省的信贷资金流转情况进行了调查，并将调查结果和存在的问题及时反映给财政部，共同商议、寻求加快信贷资金流转的有效途径。经财政部的直接参与，各项目省（区）林业、财政两厅共同努力，缩短了信贷劳务用汇在省以下各级的流转时间，现在大部分省（区）的造林劳务信贷资金提款报账周期基本在60天以内，较前两年快了近一个月。特别是安徽、浙江、河南、山西、黑龙江等省在项目执行初期，就采取了适应信贷资金新的运转模式的相应措施，来保证森林资源发展和保护项目信贷资金的正常运转。这几个省的信贷资金劳务费报账一般只需要30天左右，其中有的省，信贷资金从省到造林单位仅用了18天。

在解决配套资金到位不及时的问题上，林业部世界银行贷款项目管理中心严格督促各项目省（区）按照1997年5月下发的《关于进一步严格森林资源发展和保护项目信贷报账手续的通知》行事。在每次办理信贷资金报账时，附有当年配套资金到位证明、银行入账单和信贷资金在各级流转时间的记录。从而，不仅进一步规范了报账手续，而且保证了配套资金及时足额到位、提高了信息反馈效率。据初步统计，1997年森林资源发展和保护项目各省（区）配套资金综合到位率达99.3%，其中省和县级配套资金到位率100%，地（市）级配套资金到位率在88%左右。 （刘新倩）

【森林资源发展和保护项目通过世界银行中期评估】 1997年度项目实施工作，主要是围绕做好中期评估工作来开展的。

1. 高质量完成项目造林15.26公顷，使项目造林总面积达到了56.71万公顷，占总规模的63%，其中集约经营人工林36.35万公顷，多功能防护林20.36万公顷。据检查验收，1997年度项目造林质量达到了规定的指标，造林面积核实率为100%，良种使用率为99%，一级苗使用率为95.6%，造林成活率为97.5%。

2. 为提高造林质量，尤其是湖北、四川、重庆多功能防护林的实施质量，在技术上狠抓了三方面的工作：一是修改了造林作业设计，使其对造林施工更具有指导性和操作性，并通过层层举办培训班，把新修定的作业设计应用到了项目造林之中。二是进一步推广了育苗实用技术，主要包括容器苗技术、大田裸根苗切根技术，利用正态分布方法进行间苗技术、杨树和杉木无性系造林技术等，有效地保证了造林质量的提高。三是强化了造林检查验收。为此，一方面规范了检查验收的程序和报告的内容，增强了各级检查验收的力度；另一方面全面实行计划、财务、质量三结合的报账方法，即在项目资金报账时，只有严格按计划行事，造林质量全部达到质量要求，财务手续齐全的，才能支付项目资金。

3. 组织各项目省（区）高质量地完成了部、省两级项目实施中期总结报告和相关的材料，为中期评估做好了充分的准备。

由于项目实施的成效，特别是造林质量和管理水平的提高，项目于1997年5月中旬顺利地通过了世界银行的中期评估。世界银行批准了林业部世界银行贷款项目管理中心提出的信贷类别调整、造林计划和树种调整的建议，使项目造林规模从原计划的90万公顷

增加到 101.5 万公顷。（刘新倩）

【森林资源发展和保护项目科研与推广】

科研活动 ①新建各类试验林。完成多功能防护林的试验林和示范林 49.9 公顷；营建日本落叶松家系（无性系）评比林 15 公顷，采穗圃 0.4 公顷；营建 0.2 公顷马尾松子代测定林；营建湿地松试验林 1.5 公顷。②优良种植材料开发和杂交育种研究。完成了 65 公顷尾叶桉母树林的改建，开发了 130 个新的桉树良种无性系，建立采穗圃 1.3 公顷；完成杉木无性系最后评价，筛选出 118 个优良无性系。提出了提高采穗圃繁殖系数的 6 项技术措施；加勒比松和杂交松扦插繁殖和采穗圃营建技术取得成功，半木质化插条和促萌技术在生产中得到了推广；对落叶松现有采穗圃进行修剪整形，使生产力提高 25%。③丰产林栽培技术研究取得阶段性进展。分别提出了《海南岛桉树速生丰产林优化栽培模式早期研究》、《杉木幼林不同抚育方法的效果评价》、《不同整地方式对杉木生长影响的研究》、《杨树插干造林技术》等研究报告。④各课题组继续对各类试验林、示范林、中试林，进行了调查和观测，并在分析研究的基础上，形成了《加勒比松及杂交松扦插繁殖和采穗圃营建技术的研究》、《杉木无性系繁殖技术体系的研究》、《速生用材林树种合理施肥技术的研究》等五篇研究报告或论文。⑤完成了《杉木、马尾松、湿地松、火炬松和落叶松密度试验报告》、《主要树种施肥试验报告》，完成了《环境监测评价报告》。

推广活动 ①编辑和印发推广技术文献按时提交给世界银行。编辑出版了世界银行贷款项目《速生丰产林培育研究报告选篇》第四集；编印《桉树速生丰产林培育技术》、《竹林丰产栽培技术》、《毛竹营造和竹林垦复丰产技术要点》、《截根菌根化育苗资料应用指南》、《PT 菌根剂的使用方法及用量》等，下发有关项目省（区）和项目县，用以指导项目造林。②举办技术培训班。各课题组主要针对技术人员和造林施工人员在截根菌根化育苗、PT 菌剂及截根菌根化技术、杨树天牛综合防治技术、杨树和落叶松良种栽培技术等方面存在的问题，学会和掌握新技术和新成果，共举办培训班 14 期，培训人员近 1000 人。③开展技术调研和咨询活动。课题组的科技人员深入项目县和造林现场，进行技术调研和咨询活动，有效地解决生产中棘手的问题，受到林农欢迎。（陈京华）

【国家造林项目还贷准备工作】 国家造林项目在为期 7 年的实施过程中，累计使用世界银行贷款折合 3.28 亿美元，是目前为止我国林业最大的利用外资项目。1997 年是各级项目单位开展还贷准备工作最关键的一年，林业部世界银行贷款项目管理中心除组织好有桉树造林的广东、广西、海南、云南 4 省（区）按照协议的规定在 8 月份进行了首次还款外，重点指导和督促所有项目省（区）为即将到来的 1998 年全面还款阶段而做好准备工作。

继续建立稳定的还贷机制 根据林业部与各项目省（区）签订的转贷协议，各项目省（区）政府作为该项目信贷的债务人，应负责按规定期限向林业部偿还项目的全部信贷本、息、费，再由林业部向财政部统还。至 1997 年底，各项目省（区）全部建立了以本级政府作为该项目信贷债务人的还贷机制，并就还贷资金的来源作出明确规定，包括在年度财政预算上统筹安排还贷计划；以现有成熟林抵押还贷的，优先安排还贷木材采伐专项指标，确保其收入用于还贷；多渠道筹措还贷准备金，确保项目前期还贷。

继续筹集还贷准备金 为克服林业生产周期长等带来的还贷困难，特别是满足项目前期还贷的需要，各级项目单位继续多方筹集还贷准备金，至年底，已筹集还贷准备金约 2.86 亿元人民币，基本上能够满足 1998 年的首期约 2 亿元人民币的还款任务。

（刘玉英）

【国家造林项目第二次幼林摸底调查】 为了掌握国家造林项目幼林的真实生长情况，正确评价项目实施的成效，林业部世界银行贷款项目管理中心于 1997 年对国家造林项目幼林进行了第二次摸底调查。

1. 第一次摸底调查时的二、三类林转化情况。1995 年对国家造林项目幼林进行第一次摸底调查后，各项目省（区）按照林业部世界银行贷款项目管理中心的部署，制定了以小班为单位的“一类林保护，二类林转化和三类林抢救”的经营方案。各地按照这一经营方案，从 1996 年开始，组织力量对二类林加强了抚育管理，采取了施肥、松土、修枝、除萌、除草等措施；对三类林采取了重造、补植、补造、施肥、割灌除草、扩穴、松土等措施。通过这些措施的实施，取得了良好的效果。据这次调查统计，二类林面积由 26.3 万公顷减少到 12.9 万公顷，有 13.4 万公顷转化成一类林。三类林面积由 5.6 万公顷减少到 2.6 万公顷，有 2.1 万公顷变成了二类林，有 0.9 万公顷变成了一类林。

这样，国家造林项目 1991～1994 年营造的 120.2 万公顷幼林，到 1997 年底时，一类林为 102.5 万公顷，占造林面积的 85.3%，提高了 11.9 个百分点；二类林为 15.1 万公顷，占 12.6%，下降了 9.3 个百分点；三类林面积为 2.6 万公顷，占 2.1%，下降了 2.6 个百分点。

2. 1995 年营造的幼林生长情况。1995 年 16 个项目省（区）共完成造林面积 18.3 万公顷。经过此次摸底，其幼林林分状况为一类林面积 14.6 万公顷，占 79.8%，二类林面积 2.7 万公顷，占 14.8%，三类林面积为 1.1 万公顷，占 6%。

3. 国家造林项目幼林林分整体质量。国家造林项目自 1991 年实施以来，至 1995 年项目造林结束，共营造了集约经营人工林 138.5 万公顷。根据两次摸底调查结果，一类林面积为117.1万公顷，占造林总面积的84.5%；二类林面积为17.8万公顷，占12.9%；三类林面积为3.6万公顷，占2.6%。　（杨柏权）

【自然保护区管理项目实施】　1997年，全球环境基金资助我国的自然保护区管理项目进入项目实施的第三年。在1996年工作的基础上，林业部进一步加强了项目管理工作，健全了项目实施质量的检查和报账提款的审核制度。全面开展了项目培训工作，共举办12类20期培训班，培训各类项目管理人员200多名。

世界银行于4月和9月分别派出检查组对项目的实施进行了检查，根据检查结果，给予了“十分满意”的高度评价。

1997年项目开展的活动主要包括：

1. 顺利完成了各自然保护区管理计划、云南省保护计划和神农架生物多样性景观区计划等项计划的初稿；加强了保护区野外保护体系建设，包括野外巡护制度的建立和记录表格的使用、界桩标牌的埋设工作；确定了社区共管的示范社区，编制了社区资源管理计划，对社区投资项目进行了研究论证；开展了社区推广和教育活动，举办了4期夏令营和冬令营、编写分发8000份各类宣传材料、举办10期社区教育推广培训班、3期保护知识竞赛；基本完成了社会经济本底调查和生物资源本底调查；建立了信息系统，编制了监测与评估指南，各保护区开展了监测活动。

2. 继1996年批准了14项小型科研基金研究课题后，1997年又批准了24项课题申请，同时批准了1998年将利用保护区科研费用开展的4个课题。

3. 长青林业局转产工作：完成了人员分流；长青自然保护区建立了机构，配齐了人员，完成了区界划定，开展了保护工作，大熊猫栖息地得到恢复；在11月对一揽子安置计划进行了跟踪调查，实施效果令人满意；完成了原定的193人带资转产计划；在建材厂决定停办以后，完成了项目资金类别的调整工作；两个由项目资助的新建企业基本完成了扩初设计，本着边建设边经营的指导思想，开展了多种创收活动，获得了一定的收入。

4. 全面完成了原定设备的采购工作，物资设备已投入使用，极大地改善了项目保护区和保护管理部门的野外保护条件和办公条件，提高了工作效率。

（宋士奎）

【对外联络】

接待世界银行项目检查组　由斯科比率领的世界银行项目检查组于4月24日至5月16日来华，对森林资源发展和保护项目进行了中期检查，并对国家造林项目、自然保护区管理项目的实施情况进行了检查。由沈苏珊率领的世界银行项目检查组于9月24日至10月3日来华，对自然保护区管理项目再次进行了检查。

接待世界银行贫困地区林业发展项目项目准备检查组和预评估组　由斯科比等8人组成的贫困地区林业发展项目项目准备检查组于4月24日至5月16日来华，与有关单位进行会谈并实地考察。10月6～28日，斯科比等5人组成的世界银行工作组检查了贫困地区林业发展项目的准备工作，项目通过了预评估。

自然保护区管理项目技术援助　根据项目设计及林业部和世界银行达成的协议，项目常驻咨询专家迈克米科、毕蔚林及法国圣卡公司（SECA）专家布斯凯、考克斯、德克尔等于3～12月间赴项目保护区为项目提供了咨询服务。

国外考察和国际咨询　林业部世界银行贷款项目管理中心组织派出了国家造林项目人工林营造和木材加工等6组计44人，分赴日本、德国、美国、英国、芬兰、法国考察，2人短期培训组赴美国培训；森林资源发展和保护项目杨树人工林等6组计30人，赴土耳其、德国、加拿大、美国、日本考察。世界银行专家瓦格纳于9月20日至10月1日来华，为项目科研推广提供咨询。

（王　宏）

林业科学技术

林业科技管理

【西北地区林业科技工作座谈会】 林业部科学技术司于1997年10月12～14日在兰州市召开了西北地区林业科技工作座谈会。陕西、甘肃、宁夏、内蒙古、青海、新疆六省（区）的林业（农林）厅科技处长及有关院校的专家共50余人参加了会议。刘于鹤副部长到会并作了讲话。

会议较系统地总结了西北各省(区)多年来在生态环境建设中的成功经验和做法，为下一步决策提供了科学依据；认真筛选了一批先进适用，效果好的科技成果，确定了良种及速生丰产林定向培育技术等六大系列的组装配套成果；深入分析了当前西北地区生态环境建设中的热点和难点问题，提出了一些应尽快组织攻关的课题；对西北地区林业高新技术的引进工作进行了认真探讨，确定了一些急需引进的新技术、新成果；就一些关键技术达成了共识，为依靠科技进步，治理水土流失，防治荒漠化提供了很好的思路。

（傅朝阳）

【林业引进国外智力工作】 1997年，林业部为进一步提高林业引进国外智力工作质量，规范管理，加强制度建设，先后制定了《出国培训团组财务管理暂行办法》和《聘请外国专家项目财务管理暂行办法》等，编制了《林业部1998年出国培训项目指南》并汇编出版了《林业部引进国外智力培训报告汇编》。

1997年，国家外国专家局批准林业部引进国外人才项目28项，批准聘请外国专家34人，资助经费人民币69.5万元。

1997年，经国家外国专家局批准，林业部共组派4个出国培训团组，参加培训人数78人，争取国家外国专家局资助经费60万元人民币。其中：山区经济技术开发培训团9月出访意大利培训30天，参加培训19人；花卉育种与栽培及经营管理培训团10月派往荷兰培训28天，参加培训16人；森林公园和公有林管理培训团10月赴加拿大培训28天，参加培训21人；林业分类经营管理培训团11月派往奥地利培训28天，参加培训22人。通过出国培训，开阔了眼界，拓宽了思路，学到了国外先进的科学技术和生产管理经营经验。

（李　青）

【部级重点实验室和工程中心建设】 部级重点实验室建设、运行两年多来，承担国家攻关课题115项，国家及省基金项目126项，省部级课题182项，国际合作项目60项，其他课题171项，共获得各种国家科技成果奖及林业部科技进步一等奖27项、二等奖39项、三等奖86项；出版学术专著47部，在各类学术期刊上发表论文或研究报告1920篇；共有879人到各重点实验室进行合作研究或客座研究，有25人被选为省部级以上的跨世纪学术带头人，共培养博士后10人、博士生80人、在读博士生135人、硕士生172人、在读硕士187人。林业部已向部级重点实验室投入资金600万元，各地方政府及部级重点实验室依托单位配套资金1000多万元，共购置各种科研仪器设备70多套（件）。各重点实验室真正实行了“联合、流动、开放”的运行机制，建立了实验室开放研究基金和开放研究课题。

国家林产化学工程技术研究中心1996年通过国家科委验收后，已开发生产精制焦性没食子酸、玻纤胶、糖精用专用活性炭3个新品种，建成一条年产80吨精制焦性没食子酸生产线。同时签订了9个技术转让合同，已有到账资金50多万元。

国家木材工业工程研究中心中试基地土建工程已进入尾声，基础实施建设已经完成，生产线实行边安装边生产的方式。中试基地共有人造板工程材料、胶粘剂和木材添加剂、木材加工和改性3个车间。

（周建仁）

【中国林业科学研究院科技体制改革】 1996年9月中国林业科学研究院经国家科委批准，列入全国大院大所改革试点单位。根据林业部和国家科委的部署，一年多来，科技体制改革取得重要进展。

确立科技体制改革的总体目标，实行稳放结合，以

稳促放的指导原则 该院在改革中首先确立总体目标：形成五个中心，即国家林业科学研究中心、科技成果转化中心、人才培养中心、科技决策咨询中心和国际科技合作与交流中心，初步建立起适应社会主义市场经济体制和林业科技自身发展规律的新型科技体制。在“九五”至2010年期间，真正把该院建成国际一流的林业科研机构。

根据国家“稳住一头，放开一片”的改革原则，针对林业科技工作的特点，该院确立了稳放结合，以稳促放的指导原则。具体分为三类科研活动，并确定不同的稳放比例，以基础性研究和国家及林业部科技攻关、重大的国际合作项目为主的科技活动，实行以稳为主，根据科研经费的多少，在全院稳住30%的科技人员；以技术推广和成果转化为主的科技活动，属于稳放结合的范畴，这部分人员占全院科技人员的50%；以科技开发和产业建设为主的科技活动，以国家工程中心和中试基地为依托，属于放开的范畴，这部分人员占全院科技人员的20%，形成3：5：2的人员结构。随着改革的深化和经济条件的改善逐步向稳放两个方向发展，最后的稳放比例达到5：5或6：4。

进行了院部机构改革 院部机构改革是科技体制改革的突破口，把院部19个行政和党群机构从19个减为14个，人员由198人减到130人。并把管理和服务的职能分离，既提高管理水平，又提高服务效率。从中层干部到一般干部都实行聘任制，和明确岗位职责，从而调整了分散、重复、低效的运行状况，逐步建立起一个精干、高效、有序的管理和服务体系。

对不同类型的科研机构进行分类指导 根据我院各研究所（中心）的性质和任务，分成四种类型，即以育林为主的科研机构、以中试为主的试验示范基地、以研究开发为主的科研机构、以林产工业为主的科研机构。并在四种类型的机构中选择了林业所、林化所、热林中心、桉树中心为试点单位，先行一步。林化所已初步完成科研结构和组织结构调整，先后出台了九项配套政策和管理措施，探索实行“一所两制”和股份合作制等改革工作。热林中心启动了8个示范样板的建设，通过精减机构，分流80余人充实生产第一线，经济效益明显增长。

科研工作与林业工程紧密结合 科技体制改革的目的是加快科技与经济的结合，把科技成果迅速转化为生产力，促进林业的发展。在这次改革中积极探索研究工作与林业工程相结合的路子，加速了科技经济一体化进程。1997年林业部为启动实施天然林资源保护工程，长江中上游林业生态工程和黄河中上游林业生态工程，该院积极为工程建设提供科技支撑，提出不少有益的建设性意见，为我国林业科技全面进入林业工程，提高科技工作的显示度和贡献率将起到积极作用，这是科技体制改革上的一项重大举措。

加强学科建设 为了承担国家关键性综合性的重大问题，1997年，该院组建了一批跨学科、跨部门的“中心”，如持续发展中心、荒漠化防治中心、山区林业科技服务中心、林业辐照中心、社会林业中心等，这些中心的建立对推进科技与经济的结合，培养高层次人才，加速与国际接轨等方面显示了强大的生命力。

加快科技产业的发展 积极办好科技产业是科技体制改革的重要环节。通过改革既要出高水平的科技成果，出一流的科技人才，又要出明显的经济效益，形成良性循环。科技产业是创造经济效益的关键，没有几个支柱产业，就不可能提高经济实力，没有效益就会影响科技队伍的稳定。为加速科技产业进程，该院12月在江苏无锡召开了院第三次产业工作会议，明确了发展产业的指导思想、任务、目标和措施，其目标是，到2000年全院总产值达2亿元，利润3000万元，出口创汇100万美元。同时建成两个超5000万元的科技企业，10个骨干企业以及30个左右的经济实体，把产业建设提高到一个新的水平。 （黄鹤羽）

【《全国荒漠化监测主要技术规定》审议论证会】 12月27日，林业部科学技术委员会召集在京部分委员并邀请了长期从事治沙、水保、地理、生态、草原、遥感和森林资源监测等方面的专家，对中国荒漠化监测中心编制的《全国荒漠化监测主要技术规定》进行审议论证，一致认为：《规定》中提出的我国荒漠化监测技术总体框架是科学的合理的，提出的监测内容、目标、技术和方法符合我国国情，并能与国际接轨；《规定》中提出的荒漠化分类体系、技术指标体系及采用的调查方法基本上可行，具有较强可操作性；与会专家认为《规定》基本可行，建议修改后报林业部颁布试行。

（李明琪）

【林业科技进步贡献率测算培训班】 11月11～15日，林业部科学技术司在中南林学院举办了林业科技进步贡献率测算培训班。培训的主要内容是：林业科技进步贡献率测算的基本原理及测算方法；林业科研院所绩效考核的指标体系，权重、当量、结构系数的确定及计算方法；林业科技统计注意事项；林业科技体制改革和林业新科技革命。中国林业科学研究院调研室主任黄鹤羽，高级工程师尹发权、林泽攀分别作了专题讲座。28个省（区、市）林业（农林）厅（局）科技处或省级林科院所主管科技进步贡献率测算、绩效考核及科技统计工作的负责同志或业务骨干共30余人参加了培训。 （傅朝阳）

【中国林业科学研究院科技成就】 到1998年10月，中国林业科学研究院已建院40周年。1958年建院以来，在党和政府的大力支持下，在全院职工的共同努力下，全院林业科学技术事业发展迅速，在基础研究、应用研究和开发推广领域取得了一大批水平高、效益好的科技成果。1958～1997年的40年间，全院共取得较大的科技成果1007项，获奖成果490项，获国家级科技进步奖成果41项，获部省科技进步和成果推广奖励的成果97项，其中一等奖31项，约占林业系统一等奖的50%。1996年，中国林业科学研究院首次获得国家科技进步特等奖1项。还有一批成果获得地方的奖励。一批成果填补了我国林业科学技术的空白，有的成果居于世界先进水平。四十年来先后出版专著、编著、译著200余部，发表论文4500多篇。

改革开放以来，该院的林业科技事业迎来了第二个大发展的时期，特别是“八五”和“九五”期间，取得了一大批重大成果。在基础研究领域，积极追踪世界林业科技发展的前沿，在生物技术、信息技术和木材材性研究等领域有所创新，成就突出；在应用研究领域，培育了一批优良树种，攻克了一批生产急需的森林培育、病虫害防治、森林防火等方面的技术难题；在技术开发和成果推广领域，一大批成果在生产中广泛地推广应用，王涛教授研制、开发、推广的ABT生根粉技术，获得了国家自然科学发明奖、科技进步特等奖和科技成果推广奖，技术覆盖全国20多个省区，经济效益显著。

基础研究领域科研成就

遗传育种　“中林46等12个杨树品种杂交育种研究”，选用新的亲本、组合与育种策略，在欧美杨及美洲黑杨等育种方面取得了重要突破，首次通过种内杂交实现了美洲黑杨的遗传改良，首次培育出一批适于华北暖温带的欧美杨新品种和适于“三北”温带地区的抗寒速生杨树新品种(黄东森等)。“沙棘遗传改良系统研究”(黄铨等)经过育种策略、表型结构、种群变异与类型划分、地理种源试验等研究，探明了中国沙棘的种群结构与种群变异规律，划分了生态地理群和种质资源类型，在全国选出了368个优良单株，经过配合选择，选出了60个优良家系与最佳单株，构成高世代育种的育种群体。在核桃品种选育研究方面(溪声珂等)，经过对现存资源的开发(实生选种)及杂交育种等途径，选育出了一批结果期早、丰产优质和适应性强的新品种，加快实现了核桃栽培品种化。

生理生化　杨树丰产栽培的生理基础研究获重大进展(王世绩等)，从田间群体、盆栽个体、细胞水平和分子水平四个方面，在国内首次采用活体叶绿素荧光诱导曲线测定、细胞各部分矿质元素的X光微区分析等分析测量手段，为杨树生物量生产、造林密度、合理灌溉与施肥找到了数量化的生理指标。

在杨树杂交胚胎学研究领域(李文钿等)，成功地揭示了杂交组合传粉—种子成熟的过程，为杂种取得了细胞胚胎学证明，首次将含未成熟杂种胚的胚珠离体培养技术应用于树木育种中并成功地获得了杂种试管植株，为杨树组间杂交克服杂种胚早期败育，克服杂种后代不育和快速繁殖有价值的杂种，提供了有效的生物技术。

在截根菌根化应用及其机理化研究方面(花晓梅等)，创造性地提出了“截根菌根侵染”新观点，揭示了截根菌根化对根分泌物、生理活性物质代谢和初生根生长速度的影响，首次发现典型外生菌根真菌(Pt)与专性外生菌根树种(松树)形成内外生菌根，从而增强了植株抗病、抗逆、成活和生长的能力。

木材材性研究　中国木材渗透性及其可控制原理和途径的研究(鲍甫成等)，通过首创独有的“木材显微渗透试验技术”和自行设计的“木材高压下液体渗透试验技术”，使我国木材渗透性的研究达到了一个新阶段，为国际木材渗透性研究领域提供了新论据、新结果、新论点，并首次提出了国产40种重要树种木材渗透性参数。中国主要树种木材物理力学性质的研究(李源哲等)，通过大量、全面、系统的试验，提供了我国主要树种木材物理力学性质的全方位信息。中国裸子植物木材超微结构的研究首次对我国裸子植物所有属的代表种提供了木材瘤状层、径列条、交叉场纹孔等六个方面的超微结构。

应用研究领域科研成就

良种选育　近10年来，中国林科院在泡桐、杨树、桉树、松树、杉木等主要用材树种的良种培育、引种栽培方面取得了一批高水平的成果。选育出了3个泡桐优良无性系(C020、C125和毛白33号)，并对这3个无性系的生长性状、干形性状、树冠结构、接干特性等20多个具体性状，进行了系统研究(熊耀国等)。作为国家“六五”、“七五”重点攻关专题“国内外重要造林树种引种驯化”的主要研究内容，完成了加勒比松、马占相思等8个树种的引种研究，提出了8个树种在我国的适生范围、发展的限制因子，并解决了大面积推广的关键技术措施(潘志刚等)。

桉属树种引种栽培的研究(白嘉雨等)亦取得重要进展，筛选出了适宜华南扩大栽培的14个优良树种、49个优良种源和89个优良单株。南方油桐新品种选育亦获得成功(庄瑞林等)，首次选育出我国经3轮选鉴的19个高产新品种。在薪材树种研究方面(高尚武等)，从国内外引种成功40个树种，从乡土树种中选出了60个最佳树种。国外杨树引种及区域化试验研究成绩显著(张绮纹等)，从17个杨树生产国引进了最新的331个黑杨派杨树无性系，首次在我国应用意大利黑杨派无性系育种筛选程序进行了大规模的引种和筛选。采用湿地松、火炬松原产地(美国)全分布区不同种源天然林和经改良的种子，在13个省(区)成功地进行了湿地松、火炬松的种源试验，确定了马尾松、湿地松、火炬松各自适应的种植区(潘志刚等)。此外，还完成了马尾松种源变异及种源区划的研究(陈建仁等)、浙皱—7号等3个千年桐无性系的选育及高产无性系示范推广(王劲风等)、海南岛热带尖峰岭树木园的研建(王德祯等)。

造林技术研究　由中国林业科学研究院主持完成

的“杉木人工林地力衰退及防治技术研究”取得重大成果，荣获1994年林业部科技进步一等奖，该研究系统地揭示了杉木林地力衰退的主要原因，证实了地力衰退是普遍存在的这一事实，提出了维护与恢复地力的可行技术。杉木造林优良种源选择及推广研究(洪菊生等)，首次系统地为杉木各栽培区（包括亚区)、14个省（区）及其主要立地类型选出了一批适生高产种源。选出了6个高产稳定种源和6个高产中稳定种源，在丰产、稳定种源中又选出一批抗旱、抗寒、抗病及材性优良种源。全面收集了杉木分布区的基因资源，建立了5个基因库，在优良种源推广中，提出了配套技术措施。杉木速生丰产标准研究（盛炜彤等)，制定了杉木丰产林标准、主要技术措施、适用范围、产区范围和丰产林的间伐表，这是我国完成的第一个树种丰产林标准。在杉木速生丰产林优化密度控制技术研究上(刘景芳等)，首次编制成功的杉木林优化密度控制模型达到国际先进水平，使我国的杉木林密度控制技术进入了一个新的阶段。此外，意大利214杨林地施肥效应系统研究(刘寿坡等)亦取得成果；确定了太行山人工水土保持林系列化造林技术（李昌哲等)；完成了竹林丰产及综合利用技术开发（萧江华等)；在棕榈藤的研究方面（许煌灿等)，建立了我国最完善的藤种标本库和世界上种类最多的基因搜集园，提出了藤材质量分类指标；成功地完成了农桐间作综合效能及优化模式的研究（竺肇华等)。

在立地分类、评价及适地适树研究领域亦取得重要进展。完成了对我国东部季风区从寒温带到北热带的14个重点用材林基地，9个造林树种的森林立地调查并建立了我国森林土地的分类、评价系统及应用技术系统(张万儒等)；对太行山12万平方公里的整体进行了立地类型分类、评价及适地适树技术研究，编制了《太行山立地类型表》和《不同比例尺的系列立地类型图》，首次编写出《太行山各地分布的经济植物资源》及《全区植物名录》(杨继镐等)。

资源管理研究 我院在以人工林为主的林业局(场)森林资源现代化经营管理理论、方法和技术方面的研究取得重大进展，将资源信息管理、林业用图管理、生产管理、生长收获模型和经营模型融为一体，实现了逐年数据更新的资源信息动态管理（唐守正等)。华北石质山风沙防护林区遥感综合调查研究（赵宪文等)，建立了调查区的地理信息系统，完成了从试验系统向实用系统的过渡。对国营林场资源经营管理辅助决策信息系统的研究亦取得进展(鞠洪波等)，为我国林业系统林场资源经营管理开发出了一套技术质量较高的实用软件。此外，我院针对多元统计分析方法在林业中应用的现状和可能的应用范围，成功地开发出一套实用的IBM—PC系列程序集（唐守正等)。

森林病虫害及火灾防治研究 “中国竹子主要害虫的研究”(徐天森等)，从生产实际出发，对48种竹子害虫种类、主要害虫的生物学特性、发生规律及防治方法进行了综合性的研究，为进一步研究竹子害虫打下了良好基础。对二、三代类型区马尾松毛虫综合管理技术的研究取得突出成就（陈昌洁等)，建立了松毛虫种群动态系统模型及综合管理系统模型及系统软件。对松毛虫细胞质多角体病毒杀虫剂中试的研究亦获得成功（陈昌洁等)。在林火防治研究领域（赵宪文等)，完成了西南林区等火灾的监测评价，确定了林火分类、分级依据并进行了全国林火灾害危险程度区分与评价，提出了一系列有关模型和算法，丰富了遥感在林火监测中的应用。

荒漠化治理 针对我国日渐加剧的荒漠化危害，通过对“大范围绿化工程对荒漠化环境质量作用的研究”(高尚武等)，建成了迄今为止国内外最大的荒漠化综合开发实验示范区，并首次研究了以林为主的大范围绿化工程在荒漠化土地资源开发中改善区域环境的数量化指标和所能获得的经济效益，为我国西北荒漠化土地资源开发提供了科学依据。对“盐渍化沙地适生树种选择抗逆性造林试验”的研究（周士威等)，横跨西北干旱区4个自然地理带，对60个沙生树种(型)进行了抗逆性、生物量等诸因子测试，提出了有较强针对性和适用性的造林技术措施，达到了国际先进水平。对毛乌素沙地立地分类评价和适地适树的研究亦取得了积极的成果（朱灵益等)。

林产化工研究 我院林化所的松香改性研究取得显著进展。以松香衍生物为单体制造高分子材料的研究取得成功(张跃冬等)，开发出了用于硬质聚氨酯泡沫塑料的松香聚酯多元醇及组合料，并实现了工业化生产。氢化松香脂类系列产品的研制和应用研究亦初获成果（宋湛谦等)，研究设计了新型酯化设备，将氢化松香与不同酯类酯化，得到了系列产品，产品质量达到了国外同类产品先进水平。在沙棘油提取新工艺扩试方面（陈友地等)，独创了节管式液态连续萃取及外循环式双溶剂平转型连续萃取新工艺，实现了连续化和自动化生产。沙棘果实的综合利用和加工系列产品技术亦取得进展（王守宗等)。

此外，在布达拉宫、塔尔寺、天安门古建维修工程中，使用新研制开发的建筑用材防腐新技术在古建筑上的应用获得成功(纪成操等)。由于三支点导向轴承和主轴的振态节点研究取得进展，使高离心雾化机的研制与应用获得成功(唐金鑫等)。林业化学除草技术研究历经7年，筛选出了在苗圃、幼林、造林地及防火线上适用的除草剂（陈国海等)。

资源昆虫研究 在改造利用野生倍林提高角倍产量技术的研究方面(赖永祺等)，摸清了角倍蚜各虫型的生活经历、生殖规律和生活习性，越冬蚜和干雌的数量变动规律，春季迁飞与主要气候因子的关系，倍蚜及其冬、夏寄生数量与倍子产量的关系，并开发出了系列的生产技术措施和方法。在紫胶原胶生产配套技术的

推广研究方面(侯开卫等),发现了近200种新寄主,筛选出了优良寄主13种,推广并完善了以紫胶虫胚胎发育期为主的采种期综合测报技术。

开发推广领域科研成就

由王涛院士主持完成的ABT生根粉系列的推广取得重大成果,获1994年林业部科技进步特等奖。ABT生根粉突破了国内外在植物生长调节剂的应用上,单纯从外界提供控制植物生长发育所需的植物激素的传统方式,它能在植物整个生育期内持续地调节植物内源素的合成比率,促进酚类化合物的合成,增加DNA含量,提高多种酶的活性,加速蛋白质叶绿素等生物大分子的合成,调节控制着植物生育期内多种互相关联的生理、生化过程,从而促进植物不定根的形态建成与地上部分的生长发育,提高育苗造林成活率与增加作物的产量。ABT生根粉系列的推广,突破了传统的科研、推广、经营的老框框,建立了科技成果推广带动应用技术、基础理论的研究与人才培养、研究开发、示范推广、生产经销、学术交流与国际合作的良性循环运行机制。并从理论上研究了ABT推广系统的资金效益、技术发展和人才动态3个侧面系统模型及其相互作用,将ABT推广经销模式提高到理论上进行分析与评估。仅仅4年,ABT已由1种型号开发形成5个系列,应用植物达1133种,推广覆盖面达全国79.6%的县(市),推广面积达0.1亿平方千米,育苗57.73亿株,获得58.68亿元的经济效益。

黄淮海平原中低产地区综合防护林体系配套技术及生态效益研究(宋兆民等)。针对黄淮海平原的自然特点,分别在盐渍土、砂土和砂姜土类型区建立了4个万亩综合防护林体系试验示范样板,总面积为3133.3平方千米,林带总长300公里,共营造林木111万株,优良乔灌品种达60余种,为我国平原农区首次建成各具特色的多树种、多林种、多层次、多效益的4个生态经济型综合防护林体系优化模式,林木覆盖率平均为20.4%,其防护效能比单一林种提高30%以上,农业产量平均增产8.7%,每年每公顷作物平均增产285千克,林业产值由过去占农业总产值的1%提高到10.7%,投产比为1∶10。

防风固沙林体系优化模式的适应与实验示范区的建设(刘健华等)。历时7年,在我国极端干旱的荒漠区、干旱荒漠区和干旱草原区等3个生态区的5个试点建立了总面积为279.44平方千米的固沙实验示范林。通过点面研究与风洞模拟实验相结合的方法,对防风固沙优良植物种,提出了相应的优化模式,在“三北”同类地区推广面积达12.7万平方千米,具有较高的学术水平,在同类研究中达国际先进水平。

林木菌根及应用技术研究(郭秀珍等)。根据菌根对植物的生长具有促进和保护作用,可以提高营林效益,全面系统地开展了自然区域、用材树种、菌根真菌及菌剂类型等研究,在全国17个省、自治区、直辖市范围内,进行了外生菌根真菌资源调查,共采集外生菌根真菌429种,分离培养了122种。通过系列优选程序,筛选出13株优良外生菌根真菌,2株VA菌根真菌。开发制备了4大类8种菌根菌剂,菌剂生产总量达2000余千克,并确定了工业液体发酵生产外生菌根菌剂的工艺流程。采用不同类型的菌剂以及不同的组合模式,共培育菌根化苗木30万株,营造菌根化苗木试验林60平方千米,推广示范林120平方千米。

软科学领域科研成就 中国林科院的软科学研究取得了一批高质量、高水平的成果,林业科学技术中长期发展纲要研究和中国林业发展道路的研究分别获1992和1993年度的林业部科技进步一等奖,中国林业产业政策及区域比较研究、世界林业研究以及科技进步对林业经济增长作用分析与定量测算研究分别获1993、1994和1996年度林业部科技进步二等奖。

(李智勇 张大华)

科学技术奖励

【科技成果鉴定】 按照国家科委《科学技术成果鉴定办法》和《科技成果鉴定规程》,1997年,林业部科学技术司共对51项科技成果组织了鉴定(附表)。在鉴定的成果中科技计划内项目45项(“八五”国家攻关16项,部重点24项,推广、中试等5项),计划外项目6项。按成果水平分:国际领先3项,国际先进22项,国内领先19项,国内先进7项;按专业分:营造林12项,林木育种9项,病虫害防治技术6项,资源管理5项,林产工业7项,林业机械3项,野生动物3项,森林防火3项,软科学3项;按鉴定形式分:会议鉴定46项,函审鉴定4项,检测鉴定1项。

有6项成果列入国家科委1997年全国重大科技成果选编,它们是:①中国主要人工树种木材性质;②四川盆地嘉陵江、涪江、沱江流域生态经济型防护林体系建设技术研究;③核桃成年品种微体嫁接技术的研究;④建立国家森林资源监测体系的研究;⑤柚木良种选育及配套技术研究;⑥平原农区农林复合生态系统结构与功能研究。

附表 1997年林业部鉴定科技成果项目

项目名称	完成单位
速生用材树种合理施肥技术研究	中国林业科学研究院林业研究所
杨树蚧壳虫等干部害虫综合防治技术研究	东北林业大学
CD-16型履带式小型多用林内作业机	林业部哈尔滨林业机械研究所
4号胶虫区域性试验	中国林业科学研究院资源昆虫研究所
防火材料及防火鞋的研制	黑龙江省森林保护研究所
南方地区杨树纸浆与胶合板材优化栽培模式研究	南京林业大学
重要针阔叶树种种质资源库保存技术	中国林业科学研究院林业研究所
核桃成年品种微体嫁接技术的研究	中国林业科学研究院林业研究所
林业投资项目社会评价研究	林业部经济发展研究中心
沿海防护林木麻黄病虫害综合控制技术研究	广东、福建省林业科学研究所
热带林生态系统结构、功能规律的研究	中国林业科学研究院热带林业研究所
建立国家森林资源监测体系研究	林业部资源司CRP/91/151项目办公室
云贵高原东部乌江流域生态经济型防护林体系建设技术研究	贵州省林业科学研究院
云贵高原西部金沙江流域生态经济型防护林体系建设技术研究	云南省林业科学研究院
四川盆地嘉陵江、涪江、沱江流域生态经济型防护林体系建设技术研究	四川省林业科学研究院
人造板后成型关键技术及设备	上海木材工业研究所
新疆昆仑山珍稀野生动物资源调查	新疆巴音郭楞蒙古自治州林业局
柳树造纸及矿柱用材优良无性系选育	江苏省林业科学研究所
稀土在北京市林果生产上的应用技术与推广	北京市林业局
河狸人工养殖试验研究	黑龙江省野生动物研究所
柳雷鸟、镰翅鸡的现状和人工饲养的研究	黑龙江省野生动物研究所
与海燕650B飞机配套喷洒和喷撒设备及监测技术的应用研究报告	中国林业科学研究院森林保护研究所
《中国小蠹虫寄生蜂》专著	中国林业科学研究院林业研究所
南方森林防火林带技术规范研究	中南林学院
森林火场区环境数据采集和流场研究	黑龙江省森林保护研究所
紫貂生态学研究	东北林业大学野生动物资源学院
抗松干蚧油松群体选种和利用的研究	辽宁省干旱地区造林研究所
扑救森林火灾泡沫灭火设备的研制	黑龙江省森林保护研究所
广东省云浮水泥厂运输石灰石架空索道病态工程的综合治理	中南林学院
刺槐建筑材、矿柱材优良无性系选育研究	山东省林业科学研究所
红树林主要树种造林经营技术研究	中国林业科学研究院热带林业研究所
樟子松球果象甲监测技术研究	东北林业大学
新型松香类表面活性剂系列产品的开发	中国林业科学研究院林产化学工业研究所
由松节油合成农药增效剂系列产品	中国林业科学研究院林产化学工业研究所
长江中上游典型流域防护林体系与水土流失、水文动态效益信息系统研究	北京林业大学
板栗抗虫良种选育、丰产及加工技术研究	辽宁省经济林研究所
提高倍蚜瘿外世代成活率的研究	中国林业科学研究院资源昆虫研究所
美洲黑杨基因资源收存及其遗传评价的研究	中国林业科学研究院林业研究所
杉木建筑材优化栽培模式研究	中国林业科学研究院林业研究所
杨桦林分类定向培育技术的研究	黑龙江省林业科学研究院林业研究所
东北林区林业局森林集约经营管理技术的研究	黑龙江省林业科学研究院林业研究所
金线莲组培苗商品化开发及保健品研制	浙江省林业科学研究所
中国森林灾害综合调查分析与对策研究	中国林业科学研究院森林保护所
北京永定河沿岸沙地综合开发试验示范区	北京市林业局

（续）

项　目　名　称	完　成　单　位
黄土高原径流林业合理配套技术措施的研究	北京林业大学
桉树纸浆材优化栽培模式研究	林业部桉树研究开发中心
草牧场防护林营建技术	东北林业大学
肉桂泡盾盲蝽发生规律及综合防治技术研究	广西壮族自治区林业科学研究院
南方主要造林树种耐旱、耐盐碱能力的研究	南京林业大学
新工艺生产莠去津原药	北京中环林业科技开发公司
年产 15000 立方米定向结构板成套技术	南京林业大学

（李明琪）

【1997 年度林业部科学技术进步奖项目】 经林业部科学技术进步奖评审委员会评审，共评出 1997 年度获林业部科学技术进步奖项目 98 项，其中一等奖 2 项，二等奖 17 项，三等奖 79 项；确定缓评项目 2 项。

一等奖

项目名称	主要完成单位	主要完成人	申报部门
五个相思树种纸浆材种源和家系选择研究	中国林业科学研究院热带林业研究所 广东省国营龙眼洞林场 中国林业科学研究院 亚热带林业研究所 广东省林业厅种苗站 广州市林业局科技推广站 福建省南平市林业委员会 广东省始兴县林业局 广州市林业科学研究所 广西壮族自治区林业科学研究院 中国林业科学研究院资源昆虫研究所	杨民权　张方秋 陈青度　孙　冰 曾育田　李伟雄 李纪元　林　新 陈祖旭　郑政明 詹夷生　曾松泉 张熙锦　何耀洪 李小梅	中国林业科学研究院
浅色松香松节油增粘树脂系列产品开发研究	中国林业科学研究院林产化学工业研究所	宋湛谦　王振洪 唐孝华　王　延 王文龙　李云霄 周永红　唐元达 梁志勤	中国林业科学研究院

二等奖

项目名称	主要完成单位	主要完成人	申报部门
长白落叶松开花结实规律及种子产量预测预报的研究	东北林业大学	刘桂丰　李国范 刘玉喜　敖　红 蔡宝明　齐立志 李希才　詹亚光 梁学顺	东北林业大学
山杨纸浆材良种选育的研究	黑龙江省林业科学研究所 黑龙江省森工总局营林局 黑龙江省迎春林业局 黑龙江省带岭林业实验局 吉林市林业科学研究所 承德市林果研究所 山西中德林业技术合作中心	刘培林　赵吉恭 李开隆　邢亚娟 王延生　周　彬 陈景岐　王秉术 李福强	黑龙江省森林工业总局

项目名称	主要完成单位	主要完成人	申报部门
太行山生态经济沟建设技术推广	河北省林业技术推广总站 石家庄市林业局 保定市林果技术推广站	孟春波　封志强 王　德　刘书岐 缑文慧　刘忠琴 李世忠　郭　伟 周麦生	河北省林业厅
长江中上游防护林体系生态经济效益评价技术研究	四川省林业科学研究院	杨玉坡　王金锡 慕长龙　黄礼隆 向成华　胡振宇 银承忠　史立新 彭培好	四川省林业厅
海岸带农林复合生态系统建立技术	广东省林业科学研究所 广东省新会市林业局 广东省汕头市林业科学技术研究推广中心 华南农业大学	陈远生　周　毅 甘先华　梁荣华 辛如如　黄梦涯 马庆贤　李纯城 古炎坤	广东省林业厅
长江中上游现有马尾松、柏木水保林经营模式与经营数表研究	中南林学院 四川省林业勘察设计研究院	成子纯　胡贵泉 曾思齐　杨洪国 佘济云　肖育檀 吕　勇　邓湘文 蔡　聪	中南林学院
纸浆竹林集约栽培模式研究	中国林业科学研究院亚热带林业研究所 四川农业大学 浙江林学院 江西省林业科学研究所 广西壮族自治区林业科学研究院 四川宜宾地区竹类研究所 南京林业学校	马乃训　江　心 石全太　马灵飞 顾小平　傅懋毅 张文燕　黄衍串 刘　云	中国林业科学研究院
GC 假山造景工程研究	北京林业大学 北京市园林局紫竹院公园管理处	毛培琳　姚　冈 史震宇　丁佑秋 程　炜　郭　华 陈秀加　朱志红 陈鸿冰	北京林业大学
余甘子加工利用技术研究	中国林业科学研究院资源昆虫研究所	刘凤书　侯开卫 李绍家　赵　虹 唐莉英　赵　苹 赖永祺　陈智勇 刘　娟	中国林业科学研究院

项目名称	主要完成单位	主要完成人	申报部门
地被菊杂交育种与区域试验的研究	北京林业大学园林学院 建设部城市建设研究院 中国医学科学院药用植物研究所	陈俊愉 王四清 王香春 李志亮 刘新民 陈明松 常 琪 张启翔 王圣平	北京林业大学
太行山现有刺槐、油松人工林经营技术研究	河北省林业科学研究所	赵志诚 毕 君 王洪涛 杨永明 王振亮 史继华 刘占朝 黄则舟 梁守伦	河北省林业厅
可变参数相对树高点线模型的研究	林业部中南林业调查规划设计院	骆期邦 曾伟生 彭长清 包拓华 周光辉	林业部调查规划设计院
湿地松、火炬松枯梢病综合防治技术研究	湖南省林业科学研究所 南京林业大学 福建省林业厅森防站、种苗站 湖南省林业高等专科学校	贺正兴 沈伯葵 周建良 刘利玲 薛梦澜 涂炳才 左玉香 魏初奖 万贤崇	湖南省林业厅
细菌(Bt)杀虫剂的研制及应用技术研究	中国林业科学研究院亚热带林业研究所 河南省开封制药厂 中国林业科学研究院林业研究所 浙江省森林病虫防治检疫站 深圳农业科学研究中心 扬州生物实验厂 湖南省微生物研究所	李玉萍 苏玉林 王学聘 毛超旭 费成煜 赵家骧 陈昌洁 叶 秦 戴莲韵	中国林业科学研究院
刨花板板坯热压传送带的研制与推广应用	林业部林产工业规划设计院 林业部林产工业规划设计院泰兴特种胶带厂 华东理工大学材料科学研究所	焦扬声 刘斯鑫 施中元 邱荣华 吉荣华 陈俊安 任 伟	林业部林产工业规划设计院
短周期工业材木材干燥技术	南京林业大学木材工业学院 中国林业科学研究院木材工业研究所 北京林业大学森林工业学院	顾炼百 滕通濂 张璧光 庄寿增 杜国兴 赵忠信 高瑞清 赵寿岳 高建民	南京林业大学
年产 3000m³ 中密度纤维板生产线成套设备	上海人造板机器厂	汪锦星 陆宝琪 张国宪 黄蔚起 李绍昆 苏幼成 顾卫松 商定柱 王宏华	上海市农林局

三等奖

项目名称	主要完成单位	主要完成人	申报部门
板栗良种基地营建技术	江苏省农林厅林业技术指导站 溧阳市龙潭林场 常州市林业站 溧阳市林业工作站	吕祥生 朱志祥 涂俊林 王济成 戴国钦	江苏省农林厅
舟山海岛引种驯化树木园营建技术及树木引种驯化试验研究	浙江省舟山市林科所普陀山园林管理处 舟山市林场	俞慈英 李修鹏 张铉杰 卢小根 宋孜光	浙江省林业厅
沙棘无性繁殖与沙棘园开发技术研究	青海省林业研究所 大通回族土族自治县实验林场	徐永昶 王 宁 童成金 张有生 张祥寅	青海省农林厅
黄山松良种选育与群体遗传规律的研究	浙江林学院 天台县华顶林场	范义荣 余其龙 毛迎春 刘世芳 奚鑫基	浙江省林业厅
黑银杏优良无性系选育	嵩县林业局 嵩县林果业开发集团公司 嵩县林业技术工作站 河南省林业厅 洛阳市林业科学研究所	黄智耀 李兆熔 王孝锋 韩维亚 汪秋耕	河南省林业厅
欧美杨胶合板材纸浆材新品种选育和遗传规律研究	中国林业科学研究院林业研究所 陕西省城固县林业局 黑龙江省绥化地区行政公署林业局 山西省桑干河杨树丰产林实验局	韩一凡 佟永昌 王克胜 淡克德 杨淑贞	中国林业科学研究院
杨树抗虫转基因植株培育技术	中国林业科学研究院林业研究所 中国科学院微生物研究所 中国林业科学研究院森林保护研究所	王学聘 韩一凡 田颖川 戴莲韵 李 玲	中国林业科学研究院
火炬松、湿地松建筑、纸浆材多性状综合选择的研究	中国林业科学研究院亚热带林业研究所 广东省林业科学研究所 中国林业科学研究院林业研究所 华南农业大学 湖南省林业科学研究所	刘昭息 李宪政 黄 铨 钟伟华 孙海菁	中国林业科学研究院
大青山石山树木园营建与林木引种驯化研究	中国林业科学研究院热带林业实验中心	李干善 黄培忠 汪炳根 黄镜光 王克建	中国林业科学研究院

项目名称	主要完成单位	主要完成人	申报部门
苗木全封闭及其造林技术的研究	黑龙江省林业科学研究所	邓琢人 张 森 黄宗文 刘 勇 刘石丁	黑龙江省森林工业总局
万县市油桐良种繁育技术研究	万县市林业局	杨乾洪 何光磊 吕 井 王家权 王顺祥	重庆市林业局
江西省常绿阔叶林研究	江西省林业科学研究所 南昌大学生物工程学院 江西农业大学林学院 上饶地区林业科学研究所 德兴市林业局	张水松 陈长发 黄兆祥 占有生 冯鹤股	江西省林业厅
南疆荒漠老绿洲生态经济型防护林体系建设模式的研究	新疆维吾尔自治区林业科学研究院 洛浦县林业站	刘钰华 文 华 孙万忠 刘 康 朱玉伟	新疆维吾尔自治区林业厅
汉江流域防护林体系建设技术及效益研究	陕西省林业科学研究所 陕西省林业厅防护林工作站	唐德瑞 陈 辉 李根前 何景峰 王迪海	陕西省林业厅
甘肃祁连山水源林生态系统结构与功能的研究	甘肃省张掖祁连山水源林研究所	车克钧 傅辉恩 王金叶 张学龙 张 虎	甘肃省林业厅
滕格里沙漠东缘飞播固沙造林地水分变化与植物群落关系的研究	阿拉善盟林业治沙研究所 阿拉善左旗林业工作站	田永祯 李埃新 李天棋 庞德胜 谢宗才	内蒙古自治区林业厅
综合型高效益沿海防护林体系营造技术研究	浙江省台州市椒江区农林局 浙江省玉环县大鹿山林场 浙江省台州市林业技术推广总站	许基全 牟德富 黄美富 杨成华 王冬米	浙江省林业厅
金沙江干热河谷树种选择及造林技术推广	四川省凉山彝族自治州林业科学研究所 宁南县林业局	刁阳光 林兴贵 刘庆刚 史景顺 沈正瑛	四川省林业厅
桂东南丘陵农区大面积多树种人工异龄松阔混交林技术综合开发	广西壮族自治区陆川县林业局 广西壮族自治区林业科学研究院	吴元坤 梁建平 蓝春义 丘小军 张振明	广西壮族自治区林业厅
三峡库区坡地植被研究	中国林业科学研究院林业研究所 湖北省秭归县水土保持试验站	黄雨霖 赵汉章 陈明珊 彭业轩 祁月清	中国林业科学研究院

项目名称	主要完成单位	主要完成人	申报部门
“三北”地区现有防护林合理经营与改造技术	中国科学院沈阳应用生态研究所 辽宁省固沙造林研究所 陕西省林业科学研究所	姜凤岐 朱教君 焦树仁 宋西德 范志平	中国科学院
东北农田林网区生态经济型防护林体系建设模式	黑龙江省防护林研究所 黑龙江省甘南县林业局 黑龙江省甘南县音河乡政府	李成烈 汪太振 赵凌泉 杨克杰 赵 岭	黑龙江省林业厅
沙地草牧场防护林体系利用和功能评价的研究	辽宁省固沙造林研究所 阜新市阿尔乡畜牧场 彰武县章古台畜牧站	周景荣 吴德东 于洪军 雷泽勇 王志海	辽宁省林业厅
鄂西山地长江上干流生态经济型防护林体系建设技术研究	湖北省林业科学研究院	杨大三 袁克侃 胡吉明 黄闰泉 史玉虎	湖北省林业厅
桦树汁液的开发利用	青海省农林科学院林业研究所 青海省大通回族土族自治县东峡林场 青海省大通回族土族自治县沙棘饮料厂	王金生 朱承忠 朱兴武 蔡文成 王青华	青海省农林厅
西藏熊类资源及利用现状研究	西藏自治区林业勘察研究所	刘务林 朴仁珠 尹秉高 何立志 刘旭棠	西藏自治区林业厅
魔芋栽培及魔芋精粉加工技术中间试验	陕西省林业科学研究所 岚皋县魔芋（集团）公司 陕西省林业技术推广站	吴万兴 冉立新 张忠良 吴廷新 邱 蓉	陕西省林业厅
板栗成树持续增产及幼树集约经营技术研究	唐山市林业局 迁西县林业局 遵化市林业局 河北省农林科学院昌黎果树研究所	丁宝堂 孔德军 刘希田 李海立 董志梅	河北省林业厅
金丝小枣篱壁形早果优质高产高效栽培技术研究	沧州市林业科学研究所 中国科学院石家庄农业现代化研究所	张秀梅 孙景玉 纪清巨 吴金祥 雷玉平	河北省林业厅
提高红富士苹果果实外观品质技术	河北省农林科学院石家庄果树研究所	杜纪壮 张建军 李云济 马继红 马希满	河北省林业厅
现代化果园建设与经营管理体系	河北农业大学 石家庄市郊区农业局	马宝焜 袁小乱 徐继忠 杨保富 孙建设	河北省林业厅

项目名称	主要完成单位	主要完成人	申报部门
黑龙江省露地栽培菊的选育与区域化试验	东北林业大学	张敦方 刘晓东 丁　冰 李　静 何　旭	东北林业大学
长瓣短柱茶种质异地保存、优选和早实丰产研究	中国林业科学研究院亚热带林业研究所 丽水市林场 丽水市林业技术推广站 龙游县林场	翁月霞 杨婉琴 肖　杰 洪顺山 董汝湘	浙江省林业厅
北京巢蜜的研究与开发	北京市蚕业蜂业管理站	刘进祖 张世英 周锋铭 郅景荣 吴忠高	北京市林业局
黑龙江省野生马鹿资源现状及其合理利用的研究	黑龙江省野生动物研究所	张明海 钟立成 关国生 朴春植 毕艳丽	黑龙江省林业厅
东北天然林区立体林业经营技术——黑龙江省带岭林区立体林业经营试验	中国林业科学研究院林业研究所 黑龙江省带岭林业科学研究所	蒋有绪 颜廷峰 兰再平 聂道平 方春予	中国林业科学研究院
优良农家品种——巴陵籽油茶丰产示范	湖南省林业科技推广总站 湖南省平江县林业局 湖南省林业科学研究所	林睦就 黄展鹏 方柱中 林刚石 苏贻铨	湖南省林业厅
百合种质资源及良种繁育、栽培技术系统研究	北京农学院	赵祥云 王树栋 陈新露 王聚瀛 刘建斌	中国花卉协会
仙客来优良种苗生产技术的研究	天津市园林绿化研究所	付新生 佡质慧 姜世平 卢李红 肖学斌	中国花卉协会
国有林区森林资源档案管理及生产经营辅助决策系统的研究	山西省管涔山森林经营局 北京林业大学资源学院 山西省国有林场管理局	续玉田 刘建国 郝大文 王　勇 杨枢平	山西省林业厅
祁连山水源涵养林综合培育技术的研究	甘肃祁连山国家级自然保护区管理局 甘肃农业大学林学院	曲永宁 郝玉福 白　星 宋秉明 刘建泉	甘肃省林业厅
太行山天然次生林经营技术研究	山西省林业科学研究所	侯　箕 毕　君 刘德章 王团荣 骈铁虎	山西省林业厅

项目名称	主要完成单位	主要完成人	申报部门
湖南主要野生果种质资源多样性与开发利用潜力的研究	湖南省森林植物园	张贻次 吴思政 彭春良 刘伟 陈升高	湖南省林业厅
风景林调查规划和合理经营的研究	南京林业大学森林资源与环境学院 南京中山陵园管理局	陆兆苏 赵仁寿 赵德海 吕忠义 李春干	南京林业大学
怒江自然保护区综合科学考察	云南省林业调查规划设计院	顾祥顺 邓佩文 徐志辉 杨宇明 李茂泉	云南省林业厅
广东省森林防火战略与战略规划研究	华南农业大学森林经理研究室 广东省森林防火指挥部办公室	颜文希 卢柏威 陈义刚 陈世清 袁水庆	广东省林业厅
群团抽样在森林调查中的估计效率研究	林业部中南林业调查规划设计院	曾伟生 骆期邦 彭长清 周光辉 林海广	林业部调查规划设计院
广西柳州地区应用航天遥感技术进行森林资源调查的研究	广西壮族自治区柳州地区行政公署林业局 林业部中南调查规划设计院 广西壮族自治区柳州地区林业勘测设计院	黎达勇 杨钦武 陈雪清 刘世东 谭宽祥	广西壮族自治区林业厅
航天遥感资料在森林二类调查中的应用研究	中国林业科学研究院资源信息研究所 内蒙古自治区第二林业勘察设计院	李全基 赵宪文 包盈智 陈玉山 袁凯先	中国林业科学研究院
中国竹类综合数据库	中国林业科学研究院林业科技信息研究所	李卫东 朱石麟 张新萍 王忠明	中国林业科学研究院
江津四面山亚热带常绿阔叶林区自然资源评价与合理利用方案研究	重庆市林学会 重庆市林业局 西南师范大学 西南农业大学 重庆市林业科学研究所	马良清 刘玉成 胡柏 李辉乾 张毓锐	重庆市林业局
刚竹毒蛾预测预报的研究	尤溪县林业委员会 福建林学院	欧兆胜 李友恭 陈顺立 张登强 蔡和谦	福建省林业厅
落叶松八齿小蠹系统控制技术的研究	吉林省林业科学研究院 黑龙江省森林保护研究所	高长启 张润生 陆文敏 迟金城 任晓光	吉林省林业厅

项目名称	主要完成单位	主要完成人	申报部门
浙江省百山祖自然保护区昆虫区系研究	浙江林学院 浙江省凤阳山——百山祖国家级自然保护区百山祖管理处 浙江省庆元县森林病虫害防治检疫站	吴　鸿　余久华 陈德良　麻益杰 徐一忠	浙江省林业厅
泡桐丛枝病脱毒和病原 MLO 检测技术的研究	中国林业科学研究院森林保护研究所 中国林业科学研究院林业研究所 中国林业科学研究院亚热带林业实验中心 江西省分宜县林业局 河南省西华县林业局	张锡津　田国忠 李江山　洪　炜 罗　飞	中国林业科学研究院
中国东北地区姬蜂种类的研究及应用评价	林业部森林病虫害防治总站	盛茂领　樊尚仁 李永城　张天栋 章　英	中国林学会
落叶松种实害虫防治技术研究	林业部森林病虫害防治总站 辽宁省清原县大孤家林场 沈阳市红旗林药厂 辽宁省西丰县德丰林场	高步衢　李兰珍 孙蕴贤　熊惠龙 闫　俊	中国林学会
一种病原细菌对竹蝗的防治试验研究	重庆市森林病虫防治检疫站 四川联合大学生物工程研究所	袁　兴　罗春勇 刘世贵　杨志荣 陈　杰	重庆市林业局
我国森林土壤中苏云金芽孢杆菌生态分布的研究	中国林业科学研究院林业研究所 中国林业科学研究院森林保护研究所	戴莲韵　杨光滢 王学聘　张万儒	中国林业科学研究院
两种抗生细菌应用技术研究	贵州省林业科学研究院 贵州省黔东南苗族侗族自治州林业局 中国林业科学研究院大青山实验局 贵州省生物药品厂	胡炳福　远香美 黄勤钦　张维耀 胡　勍	贵州省林业厅
PVC 浮雕制品成套设备的研制和推广应用	林业部林产工业规划设计院 林业部林产工业设计院临安化工制剂厂	王曙耀　童伟中 袁益群　徐能载 陈俊安	林业部林产工业规划设计院
LF-87 中密度纤维板用低毒脲醛树脂的研制和推广应用	中国林业科学研究院木材工业研究所	孙振鸢　吴书泓	中国林业科学研究院
《氢化松香》国家标准制定	中国林业科学研究院林产化学工业研究所	宋湛谦　李云霄 梁志勤	中国林业科学研究院
国家标准《木材工作胶粘剂用脲醛、酚醛、三聚氰胺甲醛树脂》的制定	中国林业科学研究院木材工业研究所 长春胶合板厂	李亚兰　陆嘉宾 牛丽平	中国林业科学研究院

项目名称	主要完成单位	主要完成人	申报部门
斜弯桥结构分析	东北林业大学	余诗泉 赵松岐 常传利 孙全胜 于保民	东北林业大学
林业苗圃新型喷灌(微灌)系统的研究	林业部哈尔滨林业机械研究所	汪志文 刘明刚 刘超英 周大元 彭伊光	中国福马林业机械集团有限公司
非称量蒸渗仪的研制与应用	甘肃省治沙研究所	郭志中 赵明 李爱德 王耀琳 张德魁	甘肃省林业厅
DD-1 型电导测量仪	东北林业大学	赵学增 苏平 祝亮 王伟杰 薛林彪	东北林业大学
BG23 系列转子式刨花干燥机的研制	苏州林业机械厂 北京林业机械研究所	吴佳南 孙儆先 杨志林 盛斌 吕庐山	中国福马林业机械集团有限公司
JLY6121S 型双层客车车内降噪的研究	南京林业大学机械工程学院	蒋本浩 李明才 闵永军 封维忠 许林云	南京林业大学
SL9200 快速贴面生产线的研制	苏州林业机械厂	汪强华 孙月华 吴佳南 盛斌 黄兴国	中国福马林业机械集团有限公司
LH90 摩托车的研制	中国林业机械总公司泰州林业机械厂	秦圣高 游立新 潘国庆 俞新农 孙海明	中国福马林业机械集团有限公司
图象处理技术在木材无损检测中的应用	东北林业大学	戚大伟 乔景渌 王德洪 戚秋藤 张杰	东北林业大学
常温沥青混合料及其养护的研究	东北林业大学	鲍明伟 常传利 吴保国 张海涛 卜小明	东北林业大学
江西省竹类资源及利用规划研究	江西农业大学林学院 江西省林业厅造林处 赣州地区林业局 九江市林业局 宜春地区林业局	黎祖尧 杨光耀 李又红 杜天真 郭绪恭	江西省林业厅

项目名称	主要完成单位	主要完成人	申报部门
广东省中山市城市林业总体规划	广东省林业勘测设计院 中山市林业局	叶渭贤 李茂深 刘孝彦 林俊钦 杜惠生	广东省林业厅
思茅林业行动计划	中国林业科学研究院科技信息研究所 云南省思茅地区林业科学研究所 云南省林业厅 云南省林业规划设计院	施昆山 李 炽 尚克文 潘家裕 刘 丹	中国林业科学研究院
中国森林资源价值核算研究	中国林业科学研究院科技信息研究所 林业部计划司 北京林业大学	侯元兆 张佩昌 王 琦 于 玲 张 颖	中国林业科学研究院
《森林资源资产评估技术规范》编制的研究	福建林学院 林业部财务司 福建省南平市林委 北京林业大学 中林资产评估事务所	陈平留 陈新兴 马 福 罗江滨 丁立新	中国林学会

缓评项目 2项

项目名称	推荐单位
巴山冷杉精油开发研究	西北林学院
CJ-1型测径靠尺研制与推广	吉林省林业厅

（林业部科学技术司）

林 业 科 研

【1997年林业部重点科学技术研究计划】 1997年，林业部重点科学技术研究计划的立项原则是：①进一步加强生态林业研究及森林资源保护（利用）技术研究，为我国生态环境建设和生态农业建设及林业可持续发展提供技术支撑；②增加经济林、花卉及山区资源开发利用研究比重，以适应我国林区（山区）资源综合开发利用；③强化开发研究，为林业办产业提供技术保障，促进科技成果商品化；④加强生物工程技术和高新技术在林业上的应用研究，以迎接林业新科技革命；⑤生产部门或生产管理部门急待解决的技术关键、技术难点；⑥适度开展为林业生产管理、决策服务的软科学研究。

1997年，林业部重点科学技术研究课题指南共受理318项课题申请。根据公平竞争、择优资助的原则，经同行专家评审，林业部科学技术司审核批准，共安排研究课题34项，投入总经费580万元。其中基础和高新技术研究4项，占总数的12%，应用、开发研究25项，占73%，软科学研究5项，占15%。

1997年12月12日，林业部以林科通字［1997］158号文下达了1997年林业部重点科学技术研究计划。

1997年林业部重点科学技术研究计划

课 题 名 称	起止时间	主要承担单位
利用RAPD和AFLP技术构建银杏、油茶优良品种指纹图谱的研究	1997～2000	南京林业大学
速生优质紫檀属树种选择及栽培技术研究	1997～2000	中国林业科学研究院热带林业研究所

（续）

课　题　名　称	起止时间	主要承担单位
马尾松飞播林、天然次生林抚育间伐技术研究	1997～2000	湖南省林业科学研究所
三尖杉属植物濒危原因及繁育技术研究	1997～2000	云南省林业科学研究院
濒危树种穗花杉林群落学及保护技术研究	1997～2000	中南林学院
杏新品种选育技术研究	1997～2000	北京市农林科学院林业果树研究所
锥栗优良类型和无性系选择研究	1997～2000	中国林业科学研究院亚热带林业研究所
辐射技术在板栗剪枝象、栗实象防治上的应用	1997～2000	安徽省林业科学技术推广站
新疆早实核桃品种遗传纯化及其世代选育技术研究	1997～2000	新疆维吾尔自治区林业科学研究院
酿造葡萄新品种选育及苗木组培技术研究	1997～2000	甘肃省武威地区林业科学研究所
板栗保鲜贮藏技术研究	1997～2000	陕西省林业科学研究所
板栗粉加工及新食品开发技术研究	1997～2000	北京林业大学
猕猴桃病害综合防治技术研究	1997～2000	中国林业科学研究院森林保护研究所
沙生麻黄无性扦插繁殖及工厂化育苗技术研究	1997～2000	宁夏回族自治区农林科学院林业科学研究所
高原野生花卉资源保护及利用技术研究	1997～2000	青海省林业科学研究所
热带、亚热带珍稀花卉资源开发利用研究	1997～2000	广东省林业科学研究院
牡丹、芍药杂交育种及其切花贮、运保鲜技术研究	1997～2000	北京林业大学
黄河三角洲重盐碱地植被恢复及造林技术研究	1997～2000	山东省林业科学研究所
黄土高原区集水节水造林技术研究	1997～2002	甘肃省林业科学研究所
便携式木材内腐探测仪的研制	1997～1999	吉林省林业科学研究院
丛生竹材性及加工利用技术研究	1997～2000	南京林业大学
杉木小径材制造单板层积材及应用的研究	1997～2000	南京林业大学
装饰用单板木束复合板工艺及设备研究	1997～2000	东北林业大学
陶磁体复合木材基体的机理和基本性能研究	1997～2000	中国林业科学研究院木材工业研究所
室外用高分子材料松香基环氧树脂开发研究	1997～1999	中国林业科学研究院林产化学工业研究所
低羧基含量乙酸乙烯共聚乳液胶粘剂开发研究	1997～2000	北京林业大学
东北虎人工饲养种群行为与野化技术研究	1997～2000	东北林业大学
东北华北防火树种的筛选及防火林带营建技术研究	1997～2000	中国林业科学研究院森林保护研究所
逃生器和防烟面罩的研究开发	1997～1999	黑龙江省林业科学研究院森林保护研究所
比较完备的林业生态体系结构及评价指标研究	1997～2000	林业部经济发展研究中心
森林案件现场伐根、伐痕及锯末形成时间检验方法的研究	1997～2000	林业部长春林业公安培训中心
中国林业企业科技进步问题研究	1997～2000	中国林业科学研究院调研室
加速林业科技与经济结合的体制、机制与政策研究	1997～1999	中国林业科学研究院林业研究所
中国林业新科技革命规划纲要研究	1997～1998	中国林业科学研究院等

（杨锋伟）

【推选国家林业中青年科技骨干】　1997年，根据国家科委《关于推荐500名中青年农业科技骨干的通知》精神，林业部科学技术司在全国林业系统中，经过组织推荐、初选、评审等程序，向国家科委推荐了36名林业中青年科技骨干，成为全国500名中青年农业科技骨干的一部分。这36名林业中青年科技骨干是：中国林业科学研究院张守攻、张建国、王贵禧、朱春全、苏晓华（女）、付峰、王正、蒋剑春、房桂干、储富祥、张方秋、徐大平、张星耀、杨忠歧、王彦辉、刘世荣、楼一平、陈晓鸣、张旭，北京林业大学赵广杰、孙保平、张志毅、张启翔，东北林业大学杨传平、刘一星、王立海，南京林业大学施季森、庄寿增、薛建辉，中南林学院何平、谭晓风，西北林学院赵忠，西南林学院段安安，黑龙江省林业科学研究院马建路，四川省林业科学研究院郭亨孝，陕西省林业科学研究所唐德瑞。

（杨锋伟）

【“九五”国家林业科技攻关项目管理】　“九五”期

间，林业部主持了生态林业工程技术研究与开发、优质工业用材林培育与高效利用技术、荒漠化治理技术研究与示范三个国家林业科技攻关项目。为加强对“九五”攻关项目的督促、检查，强化管理，科学技术司1997年有计划、有重点地组织专家赴14个省（区），对35个专题或子专题进行了现场检查；5～9月组织专家对沿海防护林的山东省胶南市、蓬莱市，长江防护林的湖南省衡阳县、贵州省织金县、云南省会泽县、四川省阆中市，“三北”防护林的辽宁省朝阳县、吉林省前郭尔罗斯蒙古族自治县，荒漠化干旱、半干旱类型的乌兰布、毛乌素沙地、榆林等试区进行了现场检查。通过检查，各专题均按合同开展了各项研究工作。

根据“九五”科技攻关管理办法的要求，为做好中期评估的准备工作，执行攻关计划的滚动管理，保证完成国家攻关任务，科学技术司于1997年底分别在广州、北京召开了生态林业工程技术研究与开发和荒漠化治理技术研究与示范项目、课题工作会议。由各专题负责人进行工作汇报，并组织专家进行评估打分。

（何力春）

【林业技术预测工作】 为迎接21世纪世界新科技革命的到来，为制定“十五”国家科技攻关计划提供科学依据，根据国家科委关于开展未来12年（至2010年）农业领域技术预测工作的统一部署，1997年，林业部提出了林业技术预测工作的具体安排。

通过征集科研项目、“德尔菲法”调查、专家论证、项目分类等阶段，向国家科委推荐了林业关键技术项目5项，即荒漠化防治可持续经营技术，林业生态工程构建及生态系统恢复技术，天然林保护及可持续经营技术，优质工业用材林定向培育及高效利用技术和经济林、花卉、竹藤良种栽培与加工利用技术。

推荐林业重点技术20项：即不同类型区荒漠化综合防治技术，荒漠化地区节水林业技术，长江、黄河等林业生态工程可持续营建技术，林业生态工程困难立地植被恢复与构建技术，抗逆性植物材料选育技术，生态工程效益监测、评价技术，天然林、天然次生林经营管理和保护技术，人工林生态稳定性及生产力长期维护技术，用材林林木新品种选育及产业化，工业用材林定向集约栽培技术，木材基复合材料和木质新材料开发及利用技术，木材材质材性及功能性改良技术，经济林良种选育及加工技术，竹藤良种选育、丰产栽培及利用技术，花卉基因资源保存、品种改良及利用技术，林产化工产品深加工技术，杨、松、桉等树种遗传图谱构建技术，林木种质资源保存、评价与利用技术，自然保护区濒危珍稀动植物保护技术。（李二波）

【编制林业新科技革命规划纲要】 根据国家科委的统一部署，林业部多次召开了由各领域专家参加的座谈会，并结合国内外林业科技发展现状和趋势，起草了《中国林业新科技革命规划纲要》。

《中国林业新科技革命规划纲要》包括林业新科技革命的基本内涵、必要性和紧迫性、目标和原则、战略重点与关键技术、主要任务和保障措施等六个方面。

林业新科技革命近期（2010年）以应用高新技术取得重要进展，中期（2030年）以应用高新技术取得重大突破，远期（2050年）使科技总体水平进入国际先进行列、基本实现林业现代化的要求为主要目标，要求在科学研究、科技推广、科技产业、企业科技进步上有新突破。（王 琦）

【引进国际先进林业科学技术项目】 1997年引进国际先进林业科学技术项目，围绕林业“两大”体系建设，遵循优先引进我国林业急需，品质优良，增产潜力大，经济效益高，见效快，覆盖面广，先进适用的原则，着重考虑引进林木优良种质资源及其培育技术、环境与荒漠化治理技术、山区综合开发与林业可持续发展技术、林业高新技术与前沿技术、重要林产品加工技术及林业建设中所急需解决的其他关键技术。要求项目不仅具有近期效益和远期效益，而且应有发展潜力，做到把发展新技术与提高林业生态效益和社会效益结合起来，为实现经济和社会的可持续发展提供技术支持和保障。

通过认真评选和专家论证，1997年安排了26个项目，涵盖了优良造林及花卉新品种、经济树种及经济作物新品种、森林经理及保护新技术、林产品加工及林业生产新技术、高新技术及前沿技术5个领域（详见下表）。

1997年引进国际先进林业科学技术项目

项目名称	起止年限	承担单位
落羽杉属优良种源、家系和无性系引进	1997～2000	南京林业大学
国外松杂种及其繁育技术引进	1997～2000	中国林业科学研究院林业研究所
栎树种质资源及培育技术引进	1997～2000	中国林业科学研究院林业研究所
黑樱桃用材优良品种及培育技术引进	1997～2000	河南省林业科学研究所
多倍体刺槐新品种及其繁殖技术引进	1997～2000	北京林业大学

（续）

项目名称	起止年限	承担单位
花卉新品种及抗衰老技术引进	1997～2000	中国林业科学研究院花卉中心 中国林业国际合作公司
草坪植物优良品种及其现代化建植管理技术引进	1997～2000	中国林业科学研究院花卉中心
润楠、桤木、香楠优良品种引进	1997～2000	西藏自治区农牧学院
国外精油玫瑰新品种及精加工技术引进	1997～2000	西北林学院
红山茶新品种及茶油精加工技术引进	1997～2000	广西壮族自治区林业科学研究院
日本优质梨新品种及其配方施肥技术引进	1997～2000	河北省林业科学研究院
苹果梨新品种及栽培技术引进	1997～2000	内蒙古自治区林业科学研究院
日本野漆树优良品种及加工技术引进	1997～2000	江西省林业科学研究所
国外马铃薯新品种及关键设备引进	1997～2000	大兴安岭农业科学研究所
食用菌优良新品种及栽培技术引进	1997～2000	辽宁省林业科学研究院
澳洲坚果优良品种资源及加工技术引进	1997～2000	四川省林业厅种苗站 四川省林业科学研究院
森林病虫害航空监测和防治技术引进	1997～2000	中国林业科学研究院森林保护研究所
赛加羚羊与扩大种群技术引进	1997～2000	林业部甘肃濒危动物研究中心
单宁酸系列产品精加工技术引进	1997～2000	中国林业科学研究院林产化学工业研究所
木工数控镂铣技术引进	1997～2000	林业部北京林业机械研究所
新型木工系列刀具技术引进	1997～2000	林业部天津林业机械厂
利用红豆杉提取紫杉醇技术引进	1997～2000	中林食品药材开发公司
阳离子分散松香施胶剂生产技术引进	1997～2000	中国金龙松香集团公司 南京林业大学
无色松香生产技术引进	1997～2000	中国金龙松香集团公司 中国林业科学研究院林产化学工业研究所
落叶松指接材配套技术引进	1997～2000	大兴安岭林业科学研究所 黑龙江省林产工业研究所
“三北”干旱地区灌木树种及选育技术引进	1997～2000	北京林业大学

（王　琦）

【国家计委部门专项（林业）项目】 1997年，国家计委首次安排给林业部两个专项项目经济林产品贮藏保鲜及加工技术和新型薄木装饰材料系列产品制造及应用技术，分别由中国林业科学研究院林业研究所和木材工业研究所承担。合同总体目标是提供板栗、枣和猕猴桃的贮藏保鲜技术和板栗、竹笋纤维新型食品的生产技术工艺，解决山区经济林产品的销路问题，变资源优势为经济优势，同时充分利用山区非耕地资源，向人们提供丰富的森林食品；研制开发薄木装饰材料系列产品，进行未利用树种材薄木制造、集成薄木制造、调色薄木制造、柔性装饰薄木制造及应用技术研究，为社会提供丰富多彩的新型装饰材料。（何力春）

【国家科委攀登计划林业项目】 1997年，中国林业科学研究院提出的人工林木材性质形成及其功能性改良机理的研究进入国家科委基础研究与高技术司的攀登计划预选项目。经专家委员会论证，一致认为，该项目主要通过对人工林木材功能性改良机理等三方面的深入研究，为人工林的定向培育，达到优质、高产、高效和人工林木材的优化加工、合理利用提供了科学依据。在改善人工林木材质量，提高人工林木材利用水平，缓解我国木材供求矛盾等方面具有重大意义。至此，国家攀登计划林业项目实现了零的突破。（何力春）

林业科技推广

【林业科技推广体系建设】 在“农业科技推广年”活动的推动下，1997年，林业部继续实行部省合建和地方自建“两条腿走路”的建站方针，林业科技推广体系建设取得了较大进展。全年累计安排基本建设投资2167万元，地方共配套7000万元，部省合建了185个林业技术推广机构，并改善了部分已建推广机构的仪器设备、交通工具等条件，使推广机构提供技术服务的能力和水平得到进一步提高。（龙三群）

【林业系统“农业科技推广年”工作】 1997年是国家确定的“农业科技推广年”。各级林业主管部门本着“任务分解，责任到位；条块结合，常抓不懈；突出重点，务求实效”的原则，组织科技骨干送技术下乡29万人次，举办技术培训班4万期，培训基层林业人员和林农52万多人次，印发技术资料53万多份，因地制宜地推广林业科技成果2283项，推广面积达560万公顷，完成了林业部下达的“农业科技推广年”各项任务。（龙三群）

【林业植物新品种保护】 1997年3月20日，国务院发布了《中华人民共和国植物新品种保护条例》。为切实履行《条例》赋予林业行政部门的职责，林业部分别于6月5日和9月25日召开了两次部长办公会议，决定成立林业部植物新品种保护领导小组，由主管部领导任组长。同时，成立林业部植物新品种保护办公室，统一负责林业植物新品种保护工作。（龙三群）

【1997年国家林业星火计划项目】 见下表。

项目名称	承担单位
新工艺生产莠去津原药	中国林业科学研究院　北京中环林业科技开发公司
大扁杏系列产品加工技术开发	辽宁省兴城市南关林场
唐菖蒲优质种球开发	上海花卉良种试验场
华仲1-5号杜仲优良无性系繁育推广	河南省林业技术推广站
林果膨化加工技术应用	湖北省林业科学研究院
板栗系列食品开发	湖北省罗田县林业局罗田县板栗速冻厂
武陵野生花卉树桩盆景根艺的开发	湖南湘西土家族苗族自治州林业科技推广站
肉桂综合技术开发	广西壮族自治区苍梧县林业局
天然森林药材-芦丁加工技术开发	四川省彭州市林业局 四川省彭州市木材总公司 四川省彭州市协力生化厂
苎麻丰产栽培及系列产品加工	四川省梓潼县林业局
植物稳态营养肥料生产与推广	四川省绵阳市林业科学研究所

（科学技术司成果推广处）

【1997年林业新技术新产品中间试验项目】 见下表。

项目名称	承担单位
杉木、松树、核桃良种及丰产栽培等技术在贫困地区的综合示范	中国林业科学研究院
长贮存期漂白胶及脱蜡漂白胶的加工工艺开发	中国林业科学研究院
石山（石灰岩）地区造林绿化优良速生树种栽培技术	中国林业科学研究院
BT细菌杀虫剂产业化	中国林业科学研究院
苗圃金龟子生物防治技术	林业部森林防治总站
P-1拒避剂防治森林害鼠技术	林业部森林防治总站
珍珠岩阻燃装饰天花板生产技术	东北林业大学
油茶、板栗良种及栽培技术和竹材、松香加工技术在扶贫地区的综合示范	中南林学院
柿树专用复配肥生产技术	北京市房山区林业科技中心
球面喷嘴高效多用喷枪与16型双缸高效节能泵	河北省永清县林业局
板栗化学疏雄技术	河北省林业技术推广总站
松灵IB片剂防除长绿针叶树幼林地杂草技术	吉林省白城市森林病虫防治检疫站
元蘑、香菇等8种产品加工技术	黑龙江省林副特产研究所
代用料栽培黑木耳技术	黑龙江省伊春林管局　黑龙江省林副特产研究所

（续）

项目名称	承担单位
木本花卉——长红檵木的开发	江西省萍乡市林业科学研究所
枣树良种及丰产栽培技术	山东省沂源县林业局
林下植物开发应用	湖南省张家界应用植物研究所
竹林低产林改造及笋竹两用林栽培技术	广西壮族自治区桂林地区林业局 中国林业科学研究院 广西壮族自治区融水苗族自治县林业局 广西壮族自治区榕江县林业局
蓝桉、直干桉组培苗繁育技术	云南保山地区林业局
猕猴桃良种——秦香猕猴桃中试	陕西省林业科学研究所　陕西省林业技术推广站
油松优良家系及造林示范	北京林业大学　甘肃省林业技术推广站
杨树、落叶松超短周期纸工业原料林的培育	乌鲁木齐市建峰林纸科学研究所 南京林业大学 新疆维吾尔自治区石河子造纸厂

（科学技术司成果推广处）

【1997年林业科技成果推广项目】 见下表。

项目名称	承担单位
美洲黑杨南抗1号、南抗2号新品种推广	河南省扶沟县林业局　中国林业科学研究院
鞍杂杨和抗虫转基因欧洲黑杨推广	吉林省四平市林业科学研究所　中国林业科学研究院
中嘉8号等9个杨树新品种及丰产技术推广	湖北省林业科技推广中心　湖北省监利县林业局
中黑防1，2号杨及丰产栽培技术推广	黑龙江省防护林研究所　黑龙江省呼兰县林业局
柚木良种和育苗技术	中国林业科学研究院　云南省红河哈尼族彝族自治州林业局
抗寒桉树丰产栽培和赤桉耐寒良种推广	湖南省资兴市林业局　中南林学院 湖南省林业科技推广站　湖南省永州市林业局
西藏柏木引种栽培技术	四川省彭州市林业局
松树增脂剂促生采脂新技术	中南调查规划设计院
松树截根菌根化育苗技术	安徽省太和县林业局
黄淮海平原兰考泡桐胶合板材林优化栽培模式	林业部泡桐研究开发中心
礼品1号、礼品2号核桃新品种推广	辽宁省林业技术推广站 辽宁省经济林研究所
乌兰沙林等6个沙棘优良品种	内蒙古自治区哲里木盟林业工作站 内蒙古自治区库仑旗林业工作站 内蒙古自治区赤峰市林业工作站 内蒙古自治区陈家洼子林业工作站 内蒙古自治区乌兰察布盟经济林站 甘肃省林业科技推广站 中国林业科学研究院
豫石榴1-3号优良品种及繁育技术推广	河南省林业技术推广站
冬雪蜜桃丰产栽培技术	山东省青州市林业局
干旱阳坡花椒园丰产栽培技术	山西省林业技术推广站
百合种球、鲜切花高产、优质栽培技术	上海市花卉良种试验场

（续）

项目名称	承担单位
锥栗优良无性系推广	福建省建瓯市林业科技中心 福建省南平市林业科技中心
早栗等板栗优良品种	四川省绵阳市林业局
核果类引种及栽培技术	宁夏回族自治区林业技术推广站
毛竹周年采伐及经营管理配套技术	浙江省临安市林业局 浙江省林业科学研究所
杂交竹良种及笋竹两用林综合配套技术	广西壮族自治区林业技术推广总站 广西壮族自治区博白县林业局推广站
云南甜竹引种及丰产技术	广东省林业科学技术推广总站 广东省广宁县林业局
毛竹笋材两用林丰产栽培技术	江西省靖安县林业局 江西省新余市林业局
麻竹丰产栽培技术	福建省林业科技试验中心
雷竹等优质笋用竹丰产栽培技术	福建省华安县林业局 中国林业科学研究院
新世纪番石榴丰产栽培技术	广东省林业科学技术推广总站
竹木复合汽车车厢底板生产技术	南京林业大学

（科学技术司推广处）

【1997年林业部推广100项科技成果项目】 见下表。

序号	项目名称	成果完成单位
一	林木良种及栽培技术	
1	杉木大、中径材培育技术	中国林业科学研究院
2	云南松无性系种子园优良种子	云南省林业科学研究院等
3	红松人工林复合经营技术	黑龙江省林业科学研究所
4	华北落叶松优良家系和优良无性系	河北省林业科学研究所等
5	长白落叶松纸浆材与建筑材栽培模式	黑龙江省林业科学研究所等
6	维持落叶松人工林长期生产力的技术	黑龙江省林业科学研究所等
7	火炬松优良家系	福建省龙岩地区林业科学研究所等
8	湿地松、火炬松优良种源	贵州省林业科学研究院
9	水曲柳、核桃楸、黄波罗、紫椴裂叶榆刺的经营管理技术	辽宁省林业科学研究院等
10	中嘉8号等9个杨树杂交新品种	湖北省林木种苗站等
11	南抗3、4号及林城1、2、3、4号杨树新品种	中国林业科学研究院等
12	杨树新品种——鞍杂杨	吉林省四平市林业科学研究所
13	柳树优良无性系	甘肃省平凉地区林业科学研究所
14	毛白杨优良无性系	甘肃农业大学林学院
15	柚木良种及育苗技术	中国林业科学研究院等
16	柚木培育技术	云南省红河哈尼族彝族自治州林业科学研究所等
17	史密斯桉纸浆材与桉叶油人工林营建技术	中国林业科学研究院等
18	赤桉耐寒良种	湖南省林业科技推广总站
19	三种热带相思优良种源和优良家系	中国林业科学研究院等
20	银河1、2号等6个杨树新品种	宁夏回族自治区农林科学院
21	平24—4等抗青枯病木麻黄优良无性系	福建省林业科学研究院等
22	陕桐3、4号泡桐良种	陕西省林业科学研究院等
23	黄淮海平原兰考泡桐胶合板用材林优化栽培模式	林业部泡桐研究开发中心等
24	高抗榆蓝叶甲白榆优良无性系	河南省林业科学研究所等
25	83002等刺槐优良无性系	河南省林业科学研究所
26	西藏柏木引种技术	四川省林业科学研究院等

（续）

序号	项 目 名 称	成果完成单位
27	福建柏种子园营建技术	福建省安溪半林国有林场等
28	石山（石灰岩）地区造林绿化优良速生树种栽培技术	中国林业科学研究院等
29	次生常绿阔叶林培育技术	江西省林业科学研究所等
30	螯合稀土钼在兴安落叶松育苗上应用	内蒙古大兴安岭林业管理局等
31	蓝桉、直干桉组培苗繁育技术	云南省保山师范高等专科学校等
二	防护林营造技术	
32	防风固沙林体系优化模式	中国林业科学研究院
33	沙拐枣用于活沙障栽植技术	甘肃省治沙研究所
34	农田防护林优化及现有防护林更新改造技术	东北林业大学等
35	沿海防护林体系气候、土壤及护堤效应技术	江苏省林业科学研究所等
36	中轻度水土流失区飞播营造水土保持林技术	中国民用航空总局第二研究所、江西省赣州地区林业局等
37	祁连山水源涵养林效益的研究技术	甘肃省张掖祁连山水源林研究所
三	经济林良种及丰产栽培技术	
38	油茶优良无性系及其配套技术	中国林业科学研究院
39	五油151等高油份高产量新品种	湖北省林业科学研究院
40	核果类引种及栽培技术	宁夏回族自治区农林科学院园艺研究所
41	礼品1、2号等核桃新品种	辽宁省经济林研究所等
42	板栗优质丰产栽培技术	湖北省罗田县林业局
43	早栗等板栗优良品种	四川省绵阳市林业科学研究所
44	板栗化学疏雄技术	河北省农业技术师范学院
45	锥栗优良无性系	福建省建瓯市林业委员会
46	枣树良种及丰产栽培技术	山东省沂源宁省县林业局、北京林业大学等
47	乌兰沙林等6个沙棘优良品种	中国林业科学研究院等
48	豫石榴1、2、3号优良品种及繁育技术	河南省开封市农林科学研究所
49	猕猴桃良种——秦香猕猴桃	陕西省户县林业技术中心、陕西省林业科学研究所
50	冬雪蜜桃丰产栽培技术	山东省青州市林业局
51	山苍子果用林丰产技术	广西壮族自治区林业科学研究院
52	林蘑立体经营及蘑精粉加工技术	陕西省林业科学研究所等
53	茅岩莓茶开发技术	湖南省张家界应用植物研究所
54	新世纪番石榴引种栽培	广东省潮州市意溪白塔岭优质果林场
55	柿树专用复配肥	北京市房山区林业局等
四	竹林丰产技术	
56	毛竹周年采伐及经营管理配套技术	浙江省林业科学研究所等
57	麻竹丰产栽培技术	福建省南靖县永丰国有林场
五	花卉生产及林副特产加工技术	
58	百合花种球、鲜花高产、优质栽培技术	上海市花卉良种试验场
59	木本花卉——长红檵木的开发	江西省萍乡市林业科学研究所
60	沙棘饮料等加工技术	中国林业科学研究院
61	猕猴桃中长期贮藏保鲜技术	中国林业科学研究院
62	黑木耳代用料栽培技术	黑龙江省林副特产所
63	元蘑、香菇、黑木耳等8种产品加工包装技术	黑龙江省林副特产所
六	森林病虫害防治技术	
64	拟青霉等真菌防治松毛虫技术	云南省昆明市森林病虫害防治站等
65	苗圃金龟子生物防治技术	林业部森林病虫害防治总站
66	P-1拒避剂及防治森林害鼠技术	吉林省汪清县林业局等
67	油茶食叶害虫综合治理技术	中南林学院等

（续）

序号	项 目 名 称	成果完成单位
68	银杏叶枯病防治技术	南京林业大学等
69	苹果树腐烂病综合防治技术	西南林学院等
70	竹子主要害虫防治技术	中国林业科学研究院
71	毛竹基腐病综合防治技术	南京林业大学等
72	泡桐丛枝病脱毒和病原 MLO 检测技术	中国林业科学研究院
73	防治苗木立枯病保苗剂	黑龙江省森林保护研究所
74	松灵 IB 号片剂及防除常绿针叶树幼林地杂草技术	吉林省白城市森林病虫害防治站
75	以枣红蜘蛛为主的枣树病虫无公害综合治理技术	河北省林业科学研究院
76	梳角窃蠹防治技术	甘肃省林业科学研究所
77	落叶松八齿小蠹系统控制技术	吉林省林业科学研究院
78	古建筑木结构防腐（虫）药剂和应用技术	中国林业科学研究院
七	木材加工技术	
79	国产化 OSB 生产线及生产技术	南京林业大学等
80	短周期工业材木材干燥技术	南京林业大学等
81	密闭式高温冷凝水回收技术在人造板行业的应用	内蒙古大兴安岭林业管理局等
82	单板干燥机单板含水率自动控制系统	东北林业大学
83	珍珠岩阻燃装饰天花板生产技术	东北林业大学
84	SL9200 快速贴面生产线	苏州林业机械厂等
八	林业机械及其他	
85	BSG2813 六砂架双面宽带砂光机	苏州林业机械厂
86	多功能数字温湿度仪表	黑龙江省林产工业研究所
87	球面喷嘴高效多用喷枪与 16 型高效节能泵	河北省永清县森林病虫害防治站等
88	STT—1 型微机控制圆锯片适张状态检测系统	北京林业大学
89	高效率竹篾制备及其整张化生产工艺和设备	南京林业大学等
90	JJX1—25 自行式绞盘机	林业部哈尔滨林业机械研究所等
91	木片压缩打包机	东北林业大学
92	长贮存期漂白胶的加工工艺和设备的开发技术	中国林业科学研究院
93	微型数显温、湿、风测量仪	黑龙江省森林保护研究所
94	专业扑火队员防护装备	黑龙江省森林保护研究所
95	森林防火通讯快速充电及供电设备 （TRR-1 型对讲机快速充电器）	黑龙江省森林保护研究所
96	经营型国有林场计算机管理应用技术	北京林业大学等

（科学技术司技术推广处）

【国家重点新产品计划林业项目】 国家重点新产品计划是国家利用财政和税收等优惠政策支持研究院所和企业新产品开发的一项计划，主要支持技术含量高、经济效益好，具有较好市场前景的新产品。经过推荐、初审和专家会审，林业部共有 6 项产品列入 1997 年度国家重点新产品计划（详见附表），其中 50%吲乙、萘可湿性粉剂列为重点项目，SL9200 快速贴面生产线列为贴息贷款项目，分别得到 50 万、20 万元财政补助。

附表　1997 年国家重点新产品计划林业项目

新产品名称及规格型号	承 担 单 位
SL9200 快速贴面生产线	苏州林业机械厂
WFR 阻燃中密度纤维板	中国林业科学研究院木材工业研究所
BPPB1225 型半自动拼板机	镇江林业机械厂
50%吲乙、萘可溶性粉剂(ABT 生根粉、艾比蒂生根粉)	北京艾比蒂研究开发中心(中国林业科学研究院)
BSG2813 六砂架双面宽带砂光机	苏州林业机械厂
DG2327、BG2323 转子式刨花干燥机	苏州林业机械厂

（龙三群）

【国家火炬计划林业项目】 国家级火炬计划属国家指导性计划。计划把培育高新技术产业、塑造高新技术大企业和改造提升现有大中型企业作为重点任务，通过实施一大批具有先进技术水平和国内外市场及经济效益好的高新技术产品开发项目，引导、推动科研院所、高校企业和广大科技人员以各种形式建立一大批具有国际竞争力的新型科技企业。

镇江林业机械厂承担的无卡轴旋切机生产作为机电一体化项目列入了1997年国家火炬计划。该项目通过增加投资1400万元(其中贷款1000万元，自筹400万元)，开发生产具有自主知识产权的无卡轴旋切机，将达到年新增产值5500万元，利税总额695万元。

(龙三群)

【全国科技推广表彰的林业先进单位和个人】 为贯彻落实中共中央、国务院《关于加速科学技术进步的决定》和全国科学技术大会精神，促进科技成果向现实生产力转化，国家科委1997年表彰了一批在科技成果推广工作中做出了突出贡献的先进集体和个人，林业系统有中国林业科学研究院ABT研究开发中心，东北林业大学长白落叶松、兴安落叶松、樟子松、红松种源试验研究课题组，北京林业大学良种繁育中心等3个集体，张齐生(南京林业大学)，杜柏珩(河北省林业厅)，刘大林(福建省林业厅)，程有龙(浙江省林业厅)，胡义应(湖南省林业厅)5名个人受到表彰。

(龙三群)

【国家科委贯彻实施《技术合同法》林业先进单位和个人】 1997年，根据国家科委《关于纪念〈中华人民共和国技术合同法〉实施十周年有关宣传活动的通知》要求，由林业部组织推荐，经国家科委评审决定，中国林业科学研究院木材工业研究所、中国林业科学研究院林产化学工业研究所呋喃化工研究设计组被评为贯彻实施《中华人民共和国技术合同法》先进单位；西北林学院的谢恩魁、中国林业科学研究院木材工业研究所的王槟被评为贯彻实施《中华人民共和国技术合同法》先进个人。

(何淑筠)

【林业知识产权保护工作】 为了认真贯彻国务院《关于进一步加强知识产权保护工作的决定》，1997年，林业部科学技术司发布了《关于加强林业知识产权保护工作的通知》，要求各单位提高贯彻执行知识产权法律和政策的自觉性，要结合本单位的实际，设立专职或兼职的管理机构，确定主管领导，配备相应的专职管理人员；要尽快摸清本单位知识产权保护现状，建立切实可行的工作机制，制定综合配套的知识产权保护规章制度；要积极开展知识产权保护的宣传培训活动，提高干部、职工知识产权保护素质。

(何淑筠)

【全国技术市场金桥奖】 根据国家科委《关于第四届全国技术市场金桥奖评审结果的通知》(国科发市字[1997]590号)，中国林业科学研究院ABT研究开发中心、东北林业大学科研处等2个集体，王涛(中国林业科学研究院ABT研究开发中心)、朱之悌(北京林业大学)等2名个人荣获第四届全国技术市场金桥奖。中国林业科学研究院木材工业研究所技术市场工作获国家科委表扬。

(龙三群)

林业标准化

【林业技术监督工作研讨会】 1月21～23日，林业部科学技术司在北京召开了林业技术监督工作研讨会，国家技术监督局有关领导，以及林业部12个部级产品质量监督检验中心(站)的负责人、林业各专业标准化技术委员会秘书处负责人和11个省区林业厅科技处分管技术监督工作的同志参加了会议。会议主要传达了第三次全国农业标准化工作会议和第四次全国技术监督工作会议的精神，重点讨论了《林业部关于加强林业技术监督工作的意见》和《林业标准化示范县实施方案》等文件，审定了《林业标准化管理办法》和《林业部部级质量监督检验机构管理办法》。刘于鹤副部长和刘效章司长到会并讲话。

(新　芳)

【林业行业技术监督工作】 6月26日，林业部印发了《关于进一步加强林业行业技术监督工作的通知》。《通知》要求各级林业主管部门要充分认识并重视技术监督在林业发展中的重要作用，切实加强林业行业技术监督统筹规划和组织领导工作，使技术监督工作更好地与林业生产实际结合，将提高林业工程、产品、服务质量，增加效益列入重要议事日程；不断加强标准化工作和计量工作，引导企业建立健全质量管理和质量保证体系，加快质量认证和环境认证步伐，加强质检机构建设，提高质量监督检验检测队伍的素质和技术水平；进一步强化监督力度，加大对林业重点工程、重要产品的标准实施和产品质量监督抽查力度。《通知》要求各省(区、市)要结合当地实际情况积极开展林业标准化示范县试点工作，对有代表性的大中型林业企业标准化工作状况进行重点调查和总结，并及时推广质量效益型企业在技术监督工作方面的经验。《通知》对开展国际标准化交流活动，增加经费投入，加强职业道德建设等方面也提出了相应的要求。

(新　芳)

【林木种苗质量监督工作】 为进一步提高林木种苗质量，杜绝假冒伪劣种苗危害国家利益，根据《中华人民共和国标准化法》、《中华人民共和国产品质量法》、《中华人民共和国种子管理条例》等有关法律、法规的规定，林业部和国家技术监督局决定进一步加大对林木种苗质量的监督抽查力度和后处理力度，于4月3日印发了《关于进一步加强林木种苗质量监督工作有关问题的通知》。《通知》对林木种苗质量监督的对象（机构和产品）、实施监督检验的依据等方面作出了明确的规定，即监督对象为从事林木种苗生产、经营、使用的单位和个人，监督检验的种子为《中华人民共和国种子管理条例 林木种子管理实施细则》所规定的种子，监督检验的苗木是造林绿化用的苗木；监督检验的依据是《GB 2772-81 林木种子检验方法》、《GB 7908-87 林木种子》、《LY/T 1000-91 容器育苗技术》和《GB 6000-85 主要造林树种苗木》等国家（行业）标准和有关规定，无国家标准和行业标准的，可执行地方标准。《通知》要求各级林业主管部门和有关单位要进一步强化林木种苗的质量意识，提高林木种苗的管理水平；各级林木种苗质量检验部门，要严格执行相关标准，把好质量关。《通知》要求各省（区、市）林业主管部门和技术监督部门要结合实际情况制定本地区林木种苗抽查计划，开展林木种苗产品质量监督抽查工作。

（新　芳）

【林业标准化示范县试点工作】 为落实第三次全国农业标准化工作会议关于大力开展农业标准化试验示范区建设的精神，充分发挥标准化在推广林业科学技术、提高林业生产管理水平和林产品质量方面的作用，林业部决定1997～2000年期间在全国范围内选择标准化工作基础好，有一定代表性的县（市）开展林业标准化示范县试点工作，并于4月8日印发了《关于开展林业标准化示范县试点工作的通知》，《通知》对试点范围、试点方式、试点任务及管理办法，申报程序，申报表格式等内容提出了具体要求。按照《通知》要求，试点工作采取两种方式进行，一种是在试点县的所有林业企事业单位全面开展林业标准化工作，另一种是试点县根据当地实际情况，有选择地围绕重点产品、重点技术或重点林业建设工程开展林业综合标准的实施示范工作；试点工作的主要任务是建立健全林业标准化机构和队伍，大力开展标准化宣传活动，建立和完善当地林业生产所急需的、具有地方特色的林业标准体系，并通过标准的实施加速推广新技术，加快山区综合开发，依靠科技进步促进林业生产，从而提高试点县林业生产的管理水平、产品质量和社会经济效益。《通知》下发后，共有21个县（市）申报。根据国家技术监督局《关于报送第二批全国高产优质高效农业标准化示范区的通知》要求和《农业标准化示范区管理办法（试行）》的规定，本着突出重点、合理布局的原则，林业部选报16个县申报国家技术监督局高产优质高效农业标准化示范区（林业标准化示范县）开展试点工作。

（新　芳）

【林业标准复审】 根据国家技术监督局《关于做好标准复审工作的通知》，1997年林业部科学技术司组织各专业标准化技术委员会、技术归口单位的委员和有关专家对1990年以前（含1990年）发布执行的现行林业国家标准和行业标准进行了复审，共复审国家标准304项，复审后101项继续有效，203项根据技术发展和生产水平提高等方面的需要将陆续安排于2000年前进行修订。复审行业标准271项，复审后131项继续有效，140项需要于2000年前进行修订。（新　芳）

【林业标准数据库】 为做好标准信息和标准文本的管理工作，根据1993年国家标准清理整顿结果和1996年行业标准清理整顿结果以及1997年国家标准、行业标准复审的结果，林业部科学技术司建立了林业标准数据库（目录）。该数据库录入现行林业国家标准和行业标准793项（国家标准368项，行业标准425项）。

（新　芳）

【1997年发布林业国家标准、行业标准】 1997年，共发布林业国家标准1项，行业标准9项：

推荐性国家标准1项：

GB/T 16734-1997 中国主要木材名称

强制性行业标准2项：

1. LY 1200-1997 机台木
2. LY 1201-1997 草坪割草机安全规程

推荐性行业标准7项：

1. LY/T 1202-1997 草坪割草机技术条件
2. LY/T 1203-1997 硬质木纤维瓦楞板
3. LY/T 1204-1997 浮雕纤维板
4. LY/T 1205-1997 薄型硬质纤维板
5. LY/T 1206-1997 木工用氯丁橡胶胶粘剂
6. LY/T 1207-1997 黑木耳块
7. LY/T 1208-1997 段木栽培黑木耳技术

（新　芳）

【国家技术监督局标准化科学技术进步奖林业获奖项目】 由林业部调查规划设计院顾云春、张广军负责起草的国家标准《集约经营用材林基地造林总体设计规程》（GB/T15782-1995）获1997年度国家技术监督局标准化科学技术进步三等奖。（新　芳）

【林业部部级产品质量监督检验机构管理】 根据国家有关法律、法规和规定，8月25日，林业部制定并印发了《林业部部级产品质量监督检验机构管理办法（试行）》，该办法共分五章二十一条，主要对部级质量监督检验机构的职责、认定、管理等方面作出了具体的规定。（新　芳）

【1997年第三季度产品质量（林业种苗）国家监督抽查结果】 1997年12月9日，国家技术监督局公布了

1997年第三季度产品质量(林业产品)国家监督抽查结果，承检单位为林业部北方林木种子检验中心，检测标准：涉及强制性标准GB 2772-81，GB 7908-87，GB 6000-85，GB 6001-85和推荐性标准LY 1000-91以及有关地方标准等，见下表。

生产企业	产品名称	商标	规格	型号	生产日期(批号)	按企业明示标准判定	有关强制性标准	有关推荐性标准	主要不合格(不符合)项目或主要问题
陕西省丹凤县林木种子公司	林木种子	油松			1996-10	合格	合格	/	
陕西省商洛地区林木种苗站	林木种子	油松			1996-10	合格	合格	/	
陕西省洛南县林木种苗工作管理站	林木种子	油松			1996-10	合格	合格	/	
陕西省商州市林木种子站	林木种子	油松			1996-10	合格	合格	/	
陕西省蓝田县林业局	林木种子	油松			1996-10	合格	合格	/	
陕西省横山县林木种苗工作站	林木种子	花棒			1996-11-19	合格	合格	/	
陕西省榆林市林木种子站	林木种子	踏榔			1996-11	合格	合格	/	
辽宁省朝阳县林木种子站	林木种子	油松			1996-09	合格	合格	/	
辽宁省朝阳县林业局	林木种子	油松			1996-10	合格	合格	/	
辽宁省喀喇沁左翼蒙古族自治县林业局	林木种子	油松			1996-10	合格	合格	/	
辽宁省凌源市林业局	林木种子	油松			1996-10	合格	合格	/	
辽宁省锦州市林业局	林木种子	油松			1996-11	合格	合格	/	
陕西省榆林地区林木种苗站	林木种子	紫穗槐			1995-10	不合格	不合格	/	净度
辽宁省义县林业果树局	林木种子	油松			1996-11	不合格	不合格	/	发芽率
辽宁省朝阳县林业局	林业苗木	鲁×山杨	1-0	截干苗	1997-04	合格	/	/	
辽宁省喀喇沁左翼蒙古族自治县林业局世界银行贷款造林项目办公室	林业苗木	鲁×山杨	1-0	截干苗	1997-04-09	合格	/	/	
辽宁省喀喇沁左翼蒙古族自治县官大海乡林业站	林业苗木	赤峰36杨	1-0	扦插苗	1997-04-09	合格	/	/	
辽宁省国营建平县黑水机械化林场	林业苗木	昭林6杨	1-0	扦插苗	1997-04-03	合格	/	/	
辽宁省建平县热水镇林业工作站	林业苗木	帝国杨51	1-0	实生苗	1997-04-02	合格	/	/	
辽宁省建平县向阳乡林业站	林业苗木	昭林6杨	1-0	实生苗	1997-04-04	合格	/	/	
辽宁省义县城关乡林业工作站	林业苗木	辽宁杨	1-0	截干苗	1996-11	合格	/	/	
辽宁省义县九道岭镇林业工作站	林业苗木	合作杨	1-0	截干苗	1996-11	合格	合格	/	
辽宁省国营北宁市苗圃	林业苗木	北镇小钻杨	1-0	截干苗	1997-04-04	合格	/	/	
辽宁省北宁市窟窿台镇林业工作站	林业苗木	北镇小钻杨	1-0	截干苗	1997-04-04	合格	/	/	
辽宁省北宁市沟帮子经济开发区林果工作站	林业苗木	小钻杨	1-0	截干苗	1997-04-07	合格	/	/	
陕西省丹凤县林特局	林业苗木	油松	1-0	容器苗	1997-03-12	合格	/	符合	
陕西省商州市大赵峪刘疙崂村	林业苗木	核桃	2-0	实生苗	1997-03-14	合格	/	/	
陕西省洛南县景村区林业工作站	林业苗木	核桃	2-0	实生苗	1997-03-10	合格	/	/	
陕西省户县大王镇人民政府	林业苗木	毛白杨	1-0	扦插苗	1997-03-12	合格	/	/	
陕西省户县蒋村镇人民政府	林业苗木	水杉	3-0	实生苗	1997-03-08	合格	/	/	
陕西省户县蒋村镇人民政府	林业苗木	日本落叶松	2-0	实生苗	1997-03-08	合格	/	/	
陕西省定边县城关镇草摊墩粮副基地	林业苗木	新疆杨	1(2)-0	截干苗	1997-03-18	合格	/	/	
陕西省横山县林木种苗工作站	林业苗木	樟子松	4-0	容器苗	1997-03-24	合格	/	/	
陕西省榆林市林业局	林业苗木	合作杨	3-0	扦插苗	1997-03-20	合格	/	/	
陕西省榆林市城郊林场	林业苗木	樟子松	3-0	容器苗	1997-03-16	合格	/	/	
陕西省佳县水利水保局	林业苗木	油松	2-0	容器苗	1997-04-10	合格	/	/	
陕西省子长县林业局	林业苗木	刺槐	1-0	实生苗	1996-10	合格	/	/	
陕西省延安国家森林公园	林业苗木	刺槐	1-0	实生苗	1997-03-11	合格	/	/	
陕西省延安市宝塔区林业局	林业苗木	小叶杨	2-0	实生苗	1997-03-15	合格	/	/	
陕西省延安市延河流域水土保持世界银行贷款项目办公室	林业苗木	刺槐	1-0	实生苗	1997-03-15	合格	/	/	
陕西省延长县延河流域世界银行贷款项目办公室	林业苗木	油松	3-0	实生苗	1997-03-12	合格	/	/	
陕西省宜川县林业局	林业苗木	刺槐	1-0	实生苗	1997-03-06	合格	/	/	
陕西省蓝田县林业局	林业苗木	刺槐	1-0	实生苗	1997-03-10	不合格	/	/	地径；苗高

(新　芳)

林 业 教 育

综　　合

【林业系统专门人才现状调查及需求预测工作】 林业教育要进一步深化改革，加强宏观管理，紧紧围绕林业经济建设主战场，为实现林业可持续发展提供一支相当数量、结构合理的高素质专门人才队伍，这就要求各级林业主管部门首先要切实做好林业系统专门人才现状调查及需求预测工作，通过科学的规划、预测和必要的政策引导，使林业教育与林业经济、社会协调发展。因此，林业部人事教育司于1997年4月部署各省（区、市）林业（农林）厅（局），内蒙古、吉林、龙江、大兴安岭森林工业（林业）集团公司组织开展林业系统专门人才现状调查及需求预测工作，并就有关事项做了具体要求。截至11月各地林业主管部门大部分如期完成了阶段性任务，在此基础上，林业部人事教育司组织召开了林业系统专门人才现状调查及需求预测研讨会，就开展这项工作中出现的主要问题进行了研讨，并提出了具体的措施、对策。林业部为了加强对该项工作进行有效的指导、协调，及时调整了林业部专门人才规划领导小组，刘于鹤副部长任组长。领导小组下设办公室，挂靠在东北林业大学。　（王尚慧）

林 业 高 等 教 育

【北京林业大学、北京林业管理干部学院实行紧密联合办学】 北京林业大学、北京林业管理干部学院在实行两校联合办学的基础上，进一步深化改革，提出紧密联合办学方案。1997年2月，林业部批复同意北京林业大学、北京林业管理干部学院实行紧密联合办学。两校在林业部提出的“联合办学，统一领导；统一政策，统筹办学；各有侧重，优势互补；条件共享，共同发展”的方针指导下，实现两校教育资源的优化配置，资源共享，优势互补。北京林业大学校园主要承担普通高等教育任务，北京林业管理干部学院校园主要承担成人教育和培训。保留两校校牌、机构和独立法人资格，保持两校原有投资、事业费渠道不变；对内实行两校发展、建设统筹规划，投资和经费统筹安排，避免重复建设，提高资金使用效益，提高办学质量。配备统一的党政领导班子，逐步实现内部机构和人员统一调配、统一管理。　（陈　建）

【北京林业大学与内蒙古林学院联合办学】 为加强校际合作，实施优势互补、资源共享，共同提高办学水平，1997年8月，北京林业大学、内蒙古林学院本着互利原则，经协商签订了联合办学协议。联合办学的主要内容是：联合培养研究生、互派教师进修、联合开展科学技术研究、互派学者讲学、交替举办学术会议、互换教学指导文件及专业资料、双方师生免费查阅对方图书资料。　（陈　建）

【西北林学院与西北林业调查规划设计院、陕西省林业科学研究所联办共建】 1997年3月，西北林学院与西北林业调查规划设计院、陕西省林业科学研究所签订了联办共建协议。联办共建的目的是发挥各自在人才、学科、设备及地缘等方面的优势，实行林科教、产学研结合，实现资源共享、优势互补、互相促进、共同发展。实行联办共建后，成立三方联办共建领导小组统一领导协调联办共建工作，联合组建学术委员会。联办共建的主要任务是采取各种形式，发挥各自优势，联合开展精神文明建设、学科建设、人才培养、科研攻关、科技服务、产业开发和学术交流。　（陈　建）

【《北京林业大学“211工程”建设项目可行性研究报告》通过专家组论证】 根据“211工程”部际协调小组办公室《关于进行“211工程”可行性研究报告论证和立项审核工作的通知》，林业部于1997年5月6日、7日组织专家对《北京林业大学“211工程”建设项目可行性研究报告》（以下简称《报告》）进行了论证和立项审核。专家组由11人组成，组长由中国工程院院士、南京林业大学王明庥教授担任，下分整体组和仪器设备组。

专家组听取了北京林业大学校长贺庆棠教授关于《报告》的说明，在实地考察建设项目的基础上，对学校提交的《报告》及其附件进行了认真审阅。经过论证和审核，专家组认为《报告》指导思想明确，建设项目实事求是，符合国家计委、国家教委和财政部《“211工程”总体建设规划》要求；“九五”建设目标定位准确，切实可行；建设任务明确，突出了以重点学科建设为核心；建设基础条件较好，体现了学校的学科特色和优势；加强了公共服务体系、基础设施的建设安排；拟购置的仪器设备符合重点学科建设项目的需要，配置基本合理；对预期效益的分析论据充分，客观具体。专家组一致通过《报告》的论证，建议国家计委尽快批准立项实施。考虑到林业是社会公益性行业，对人类生存环境和国民经济持续发展有着重要的作用，专家组还建议国家在部门投资的基础上，增加中央专项投资，以确保北京林业大学“九五”期间建设目标的顺利实现。

林业部非常重视北京林业大学的建设和发展，刘于鹤副部长参加了论证会。 （陈 建）

【东北林业大学“211工程”自筹资金重点建设项目通过专家审定】 根据《“211工程”部际协调小组第三次会议纪要》的精神，林业部按照国家教委关于“211工程”部门预审工作的原则和要求，于1997年1月对东北林业大学“211工程”自筹资金重点建设项目进行了审定。

专家组由来自中国科学院、林业部、地方林业和教育管理部门、高等学校、林业企业的15位专家组成，其中中国科学院、中国工程院院士10人。专家组组长由中国科学院副院长、中国科学院院士、研究员陈宜瑜担任。

专家组对东北林业大学“211工程”自筹资金重点建设项目的总体目标、建设重点和建设措施与步骤等进行了评审。通过审议，专家组原则通过了《东北林业大学“211工程”整体建设子项目论证报告》、《东北林业大学“211工程”重点学科建设子项目论证报告》、《东北林业大学“211工程”教学、科研、实验和生产基地建设子项目论证报告》、《东北林业大学“211工程”师资队伍建设子项目论证报告》和《东北林业大学“211工程”重点项目建设资金筹集子项目论证报告》，并对东北林业大学的各项准备工作给予了较高的评价。

专家组针对东北林业大学重点建设项目中学校整体建设总目标、学科发展建设、办学层次结构、教学改革、资金投入等主要方面，提出了改进意见和建议，并与学校领导进行了交流和探讨。专家组一致同意对东北林业大学重点建设项目予以通过，建议林业部和东北林业大学对建设中的一些具体问题进一步研究和明确，报送国家教委备案并申请立项；建议国家教委将东北林业大学纳入“211工程”建设规划。

林业部非常重视东北林业大学的建设和发展，刘于鹤副部长参加了评审会。 （陈 建）

【1997年林业部直属普通高等学校招生工作】 1997年，林业部直属普通高等学校本、专科招生计划5860人，实际录取5865人。其中：本科生4517人，占77%；专科生1348人，占23%（附表）。从分形式招生录取情况看，招收中学保送生78人，林校保送生174人，接收新疆民族预科班28人，招收西藏班24人，定向招生619人（其中贫困地区、三峡库区定向扶贫班145人），实践生120人，上述五部分共录取923人，占实际录取人数的15.7%。

1997年，林业部各研究生招生单位博士生国家招生计划91人，硕士生国家招生计划245人，博士生招生规模为109人。从录取情况看，部属各研究生招生单位实际录取博士生110人，硕士生303人（其中各有关单位单独考试录取33人，接收保送生47人）。

1997年，林业部直属6所普通高等学校本专科招生计划全面“并轨”，各校在招生宣传上加大力度，配套政策上出台一些行之有效的措施，使招生“并轨”改革进展较顺利，平稳过渡，收到良好效果。主要表现在：

1. 优化结构，提高办学效益。根据近几年毕业生就业情况分析，各校结合具体情况，以招生计划为导向，调整层次科类比例，实际录取人数与1996年相比，本科招生比例提高7.6%，招生计划与1996年相比，法学、理学、工学招生比例分别提高0.9%、0.3%、0.3%，经济学、农学、文学招生比例分别降低1.1%、0.7%、0.3%，实行按类招生的院校由1996年的2所增加到4所，本科专业点的平均招生规模由1996年的50人增加到59人。校均普通本专科在校生规模由1996年的2907人增加到3143人，净增235人。

2. 以教学改革促进生源质量的提高。学校加大教学改革力度，修订教学计划，优化课程结构，改造老专业，实行按类招生、分流培养吸引考生，提高生源质量。在招生计划全面“并轨”后，本科统招生第一志愿录取率达77.8%，比1996年提高9.8%，专科统招生第一志愿录取率达81.4%，比1996年提高9.2%。

3. 切实解决好特困生问题。林业高等学校农村生源占80%以上，特困生比例高达15%，实施招生计划并轨，收费制度改革，使特困生面临着上学难的窘境。

对此各校采取了一系列措施,减免学杂费,特殊困难补助,广辟勤工助学渠道,使1997年录取的新生未因经济困难而辍学。

附表 1997年林业部直属普通高等学校招生计划执行情况

	计划人数			实录人数						
	合计	本科	专科	合计	本科	专科	本科4年	本科2年	专科3年	专科2年
合　计	5830	4460	1370	5865	4517	1348	4488	29	631	717
北京林业大学	1040	825	215	1042	827	215	798	29	49	166
东北林业大学	1530	1230	300	1530	1249	281	1249		47	134
南京林业大学	1030	785	245	1060	809	251	809		222	29
中南林学院	900	780	120	903	795	108	795		108	
西南林学院	700	480	220	700	477	223	477		85	138
西北林学院	630	360	270	630	360	270	360		120	150

（黄桂荣）

【1997年林业部直属普通高等学校毕业生和毕业研究生就业工作】 1997年，林业部直属普通高等学校共有各类毕业生4716人，其中：本科生2613人，专科生1828人，研究生275人。截至6月初统计，4441名本专科生就业落实情况为：

从一次到位情况看，本专科生一次到位的有2716人，占本专科生总数的61%，比1996年降低14%，研究生的就业情况较好，就业一次到位率在95%以上。

从系统分布看：一次到位的本专科毕业生中，在林业系统内就业的有1393人，占51.3%；到林业系统外就业的有1323人，占48.7%。另外，在二次分配的毕业生中，也有一大部分被分配到林业系统内就业。

从地区分布看：本专科生中到中央国家机关及其直属单位就业的有250人，占毕业生总数的5.6%；到北京、天津和上海就业的有339人，占毕业生总数的7.6%；到东北地区就业的有849人，占毕业生总数的19%；到沿海地区就业的有1342人，占毕业生总数的30%；到西南地区就业的有513人，占毕业生总数的12%，到西北地区就业的有415人，占毕业生总数的9%；到西藏就业的有12人，其中内地省籍生源毕业生进藏的有6人。（戴栓友）

【林业部直属普通高等学校自愿赴西藏工作毕业生和毕业研究生表彰奖励工作】 为了支持西藏的林业建设，鼓励内地省籍生源毕业生和毕业研究生到西藏建功立业，林业部于1997年2月印发了《林业部关于对部属普通高等林业院校自愿赴西藏工作的内地省籍生源毕业生和毕业研究生进行表彰奖励的通知》，决定从1997年起，对服从国家需要，自愿到西藏工作的内地省籍生源应届毕业生和毕业研究生给予表彰奖励，颁发荣誉证书和奖金，奖金标准为专科生每人3000元，本科生每人4000元，研究生每人5000元。并要求各院校要对援藏的毕业生和毕业研究生进行定期跟踪调查，关心他们的工作、学习和生活，要加强毕业生和毕业研究生的思想教育工作，鼓励应届毕业生和研究生服从祖国需要，到林业建设最需要的地方发挥自己的聪明才智，以优异的工作业绩报答党和人民的培养。

《通知》下发后，在毕业生中产生了很大反响。一些毕业生纷纷向组织写申请，表决心，要求自愿到西藏工作。经部属各普通高校主管毕业生就业部门与西藏林业厅等部门协商，最后确定了北京林业大学赵德军，东北林业大学王元林、王喜，中南林学院熊艳阳（女），西南林学院曾安，西北林学院张虎成等6名同学分别到西藏农牧学院和西藏林业厅等单位工作。6月25日，林业部在北京林业大学召开了表彰奖励大会，刘于鹤副部长出席大会并讲话，他号召全体应届毕业生和毕业研究生向这些同学学习，学习他们服从祖国需要，自愿到林业建设最需要的地方建功立业。（戴栓友）

【林业部直属普通高等学校招生和毕业生就业制度改革工作研讨会】 为了深化招生和毕业生就业制度改革，提高生源质量和办学效益，保证林业科研、教学和生产单位特别是边远地区、重点林区和林业基层单位对毕业生的需要，林业部人事教育司于10月28日在大连市召开了部属普通高等学校招生和毕业生就业制度改革工作研讨会。会议总结了近年来各校招生和毕业生就业制度改革的经验，探索在新形势下招生、收费和毕业生就业制度改革的配套政策、措施及新思路。会议同时评选出部属普通高校招生和毕业生就业制度改革工作优秀论文5篇。（戴栓友）

【林业部直属普通高等学校教学机构设置工作】 为加大部属高校教学改革力度，同意院校教学机构进行调整、合并、重组和新建。批复北京林业大学成立生物学院、基础科学与信息工程学院；东北林业大学成立人文和社会科学学院；南京林业大学成立土木工程学院，中

南林学院成立森林资源与环境学院、工业学院、建筑工程学院、经济贸易学院。（吴秀平）

【国家级教学成果奖励工作】 1997年，国家教委开展了第三次普通高等学校国家级优秀教学成果奖评选工作，对1994～1997年以来在教书育人、教学改革、教学建设、教学管理等方面取得优秀教学成果的集体和个人进行了表彰奖励。从1997年开始国家级优秀教材奖励工作不再进行，与国家级教学成果奖"并轨"。1997年6所林业部直属普通高等学校获省级优秀教学成果奖29项，其中：一等奖6项，二等奖19项，三等奖4项；部级优秀教材奖19项，其中：一等奖5项，二等奖13项，中青年奖1项。在此基础上，国家教委组织评选了国家级优秀教学成果奖。林业部直属高等学校共有3项获奖，其中：北京林业大学宋新民、董乃钧、孟宪宇、周沛村、亢新刚的《森林经理学科建设和改造的三十年实践》获一等奖，南京林业大学孙达旺主编的《植物单宁化学》(教材)和东北林业大学郑焕能主编的《森林防火》(教材)获二等奖。（吴秀平）

【林业部直属普通高等学校专业设置工作】 部属普通高等学校本科专业经部属普通高等学校本科专业设置评议委员会审议，国家教委审批，1997～1998年度同意备案的本科专业7个，其中1个专业筹建。同意增设的专业均从1998年秋季开始招生（附表）。

附表 1997～1998年度经国家教委备案的林业部直属普通高等学校本科专业名单

学校名称	专业代码	专业名称	修业年限	学位授予门类
北京林业大学	080709	计算机及应用	4年	工学学士
东北林业大学	071401	环境学	4年	理学学士
	081206	工业分析	4年	工学学士
南京林业大学	080315	机械电子工程	4年	工学学士
	080803	建筑工程	4年	工学学士
西南林学院	090602	林业经济管理	4年	经济学学士
西北林学院	081307	食品科学与工程（筹建）		

（吴秀平）

【林业部"九五"普通高等林业教育国家级重点教材立项工作】 按照国家教委"九五"普通高等教育国家级重点教材立项以"抓重点，出精品"为核心，坚持教材一定要适应我国政治、经济、科技、教育的改革形势，一定要适应专业目录调整以后专业面拓宽以教学改革需要的原则，经国家教委审核批准，林业部"九五"普通高等林业教育国家级重点教材立项选题13项（附表）。

附表 林业部"九五"普通高等林业教育国家级重点教材立项选题

教材名称	交稿时间（年-月）	主编姓名	主编所在单位
森林培育学	1999-06	沈国舫	北京林业大学
森林环境学	1998-07	贺庆棠	北京林业大学
森林资源经营管理	1998-09	董乃钧	北京林业大学
荒漠化防治工程学	1997-12	孙保平	北京林业大学
林业经济学	1998-01	邱俊齐	北京林业大学
木材保护学	1999-10	李 坚	东北林业大学
野生动物保护生物学	1997-08	马建章	东北林业大学
野生动物传染病检疫学	1997-11	华育平	东北林业大学
木材生产技术与管理	1997-08	王立海	东北林业大学
林业机械现代设计学	1998-12	郑加强	南京林业大学
人造板工艺学	1999-05	华毓坤	南京林业大学
林产化学工艺学	1999-06	安鑫南	南京林业大学
工程索道	1998-06	单圣涤	中南林学院

（吴秀平）

【林科授予博士、硕士学位和培养研究生学科、专业目录修订工作】 根据国务院学位委员会第十四次会议和全国研究生工作座谈会精神，国务院学位委员会办公室和国家教委研究生工作办公室组织各有关管理部门和各方面专家对1990年10月颁布的《授予博士、硕士学位和培养研究生的学科、专业目录》进行了修订。在修订过程中，林业部人事教育司从改革和发展我国林科学位和研究生教育，培养面向21世纪的高层次人才的高度，按照科学、规范、拓宽的原则，理顺和规范一级学科，调整和拓宽二级学科，认真研究，提出了对林科授予博士、硕士学位和培养研究生的学科、专业目录的修订意见。修订后的林科授予博士、硕士学位和培养研究生的学科、专业目录（附表）共涉及5个学科门类，12个一级学科。

附表 林科授予博士、硕士学位和培养研究生学科、专业目录修订前后对照

调整后的代码及学科、专业名称	原代码及学科、专业名称
02 学科门类：经济学	
0202 一级学科：应用经济学	
020205 产业经济学	农业经济（含：林业经济）（部分）

（续）

调整后的代码及学科、专业名称	原代码及学科、专业名称
07 学科门类：理学	
0710 一级学科：生物学	
071001 植物学	071001 植物学
071012 生态学	071017 生态学
08 学科门类：工学	
0802 一级学科：机械工程	
080203 机械设计及理论	082505 林业与木工机械
0811 一级学科：控制科学与工程	
081101 控制理论与控制工程	082506 林业自动化
0813 一级学科：建筑学	
081303 城市规划与设计（含风景园林规划与设计）	081204 风景园林规划与设计
0822 一级学科：轻工技术与工程	
082201 制浆造纸工程	081801 制浆造纸工程
0823 一级学科：交通运输工程	
082301 道路与铁道工程	082504 林区道路与桥梁工程（部分）
082304 载运工具运用工程	081909 汽车运用工程
0829 一级学科：林业工程	
082901 森林工程	082501 森林采运工程
	082504 林区道路与桥梁工程（部分）
082902 木材科学与技术	082502 木材加工与人造板工艺
	082507 木材学
082903 林产化学加工工程	082503 林产化学加工
0830 一级学科：环境科学与工程	
080001 环境科学	071018 环境生物学
09 学科门类：农学	
0903 一级学科：农业资源利用	
090301 土壤学	090108 土壤学
0907 一级学科：林学	
090701 林木遗传育种	090401 林木遗传育种
090702 森林培育	090402 造林学
	090405 经济林
090703 森林保护学	090404 森林保护学
090704 森林经理学	090403 森林经理学
090705 野生动植物保护与利用	090408 野生动物
090706 园林植物与观赏园艺	090407 园林植物
090707 水土保持与荒漠化防治	090406 水土保持
12 学科门类：管理学	
1203 一级学科：农林经济管理	
120302 林业经济管理	090409 林业经济及管理

（戴栓友）

林业职业教育和成人教育

【全国重点普通林业中等专业学校工作座谈会】 11月21～24日在广州林业学校召开。21所省部级以上重点学校的领导55人参加了会议。

这次会议主要交流了近几年来重点普通林业中等专业学校改革和发展的经验，分析了林业中等教育工作的形势和任务，研究如何加快教育改革和发展的思路。与会代表对《关于加强重点普通林业中等专业学校建设的原则意见（讨论稿）》、《关于普通林业中等专业学校跨省招生的实施意见（讨论稿）》、《普通林业中等专业学校专业设置管理办法（讨论稿）》、《林业部专业教育质量评估体系》等5个文件进行了讨论，并提出修改意见。

会议在总结"八五"成绩、交流经验的基础上，就如何进一步深化改革和发展形成以下共识：①进一步解放思想、更新观念，抓住机遇，主动适应"两个转变"，为行业、为社会经济发展培养更多的应用性人才。②切实加强学校领导班子建设。③依法治教，加强常规管理，正确处理好质量、效益与规模的关系。④办出特色，发挥骨干示范作用。把学校办成人才培养基地、精神文明建设示范基地、林科教结合基地，办成山区、林区、沙区林农教育培训服务中心。⑤深化招生和就业制度改革。积极争取地方政府对艰苦行业、边远地区的保护措施，鼓励和支持学生到林区和边远艰苦地区去工作。⑥积极探讨发展林业高等职业教育的途径。做好调查研究工作，制定切实可行的方案，积极争取举办林业高等职业教育。⑦大力加强师资队伍建设。一是建立和完善教师进修制度，二是加快培养骨干教师和专业带头人，三是完善教师考核制度，四是推行教师双职称制和兼职教师制，五是加大青年教师的培养力度。

（董明江）

【评选普通林业中等专业学校优秀教材】 1997年，林业部开展了首届普通林业中等专业学校部级优秀教材评奖，评奖范围是从1978年至1994年底由部统一组织编写、正式出版的教材。经各林业中等专业学校和各专业类教材委员会推荐，全国普通林业中等专业学校部级优秀教材评审委员会审定，林业部审核批准，下发了《林业部办公厅关于公布首届全国普通林业中等专业学校部级优秀教材评奖结果的通知》获奖教材名单见附表。

附表 1978～1994年普通林业中等专业学校部级优秀教材

教材名称	获奖等级	主 编	主编单位	出版时间（年-月）	版次	出版单位	责任编辑
树木学	一等奖	姚庆渭	南京林业学校	1985-05	1	中国林业出版社	李金田 罗林 金旻
园林制图	二等奖	李桂琴	辽宁省林业学校	1992-03	1	中国林业出版社	沈登峰
森林昆虫学	二等奖	刘世儒	山东省林业学校	1992-03	2	中国林业出版社	温 晋
贮木场生产工艺与设备	二等奖	傅宝昌	牡丹江林业学校	1993-03	1	中国林业出版社	张 敏
花卉学	三等奖	许荣彦	南京林业学校	1993-03	1	中国林业出版社	沙人琪
林业推广学	三等奖	黄自治	陕西省林业学校	1994-04	1	中国林业出版社	牛玉莲
林业概论（上册）	三等奖	李贤超	宁波林业学校	1994-12	1	中国林业出版社	刘先银
森林生态学	三等奖	杨玉珙	南京林业学校	1994-04	2	中国林业出版社	刘先银
伐区生产工艺与设备	三等奖	巫儒俊	四川省林业学校	1993-02	1	中国林业出版社	王晓梅
汽车拖拉机结构原理	三等奖	唐秋平	牡丹江林业学校	1981-11	1	中国林业出版社	罗 林

（董明江）

【《林业行业干部岗位培训指导性教学大纲》编写出版】 1995年10月中旬，在林业部人事教育司南宁市召开了"《林业行业干部岗位培训指导性教学大纲》编写工作会议"。会后，以北京林业大学、南京林业大学，中南林学院和北京林业管理干部学院为牵头单位，组织专家、教授和有实践经验的工作者近160人开始了教学大纲的编写工作。

大纲以《林业行业干部岗位培训指导性教学计划》为编写依据，以提高林业行业干部队伍思想、政治素质和业务能力为出发点，坚持"少而精"、按需施教、学用结合、循序渐进的原则，注意突出新理论、新知识、新技术、新工艺的传授和实际能力的培养，尽量体现"干什么学什么，缺什么补什么"的岗位培训特色，努力做到理论联系实际。

《大纲》共编入131门课程的教学大纲，覆盖了林业绝大多数干部岗位，涉及了林业科学的主要学科，具有较广泛的代表性。

《大纲》于1997年7月正式出版发行。

（张俊玲）

【公布第一批林业行业关键岗位培训单位】 林业部于1997年2月12日公布了北京市林业局干部学校等52个单位（其中部属单位11个）为第一批林业行业关键岗位培训单位，这些单位具有承办林业行业关键岗位人员资格性岗位培训的资格。培训单位原隶属关系、经费来源渠道不变，业务上接受林业部指导。

林业部要求有关林业主管部门要加强对培训工作的领导，强化管理；有两个以上培训单位的省（区、市）要发挥培训单位的优势，搞好分工，明确任务，保证培训工作健康有序地开展。

（吴友苗）

【林业行业关键岗位持证上岗研讨会】 3月18～22日在北京举行，27个省（区、市）林业主管部门以及东北、内蒙古各国有森林工业（林业）集团有关负责同志等共56人参加了会议。会议学习了国家关于实行职业资格证书制度及实行林业行业关键岗位持证上岗制度的有关文件，交流了各地开展岗位培训的经验，并就有关问题达成了共识。

关于林业部与地方林业主管部门的培训工作分工等问题，会议认为，林业部主要负责组织层次较高或在岗人数较少、地方林业部门单独办班有困难的岗位人员培训。关于林业行业岗位培训合格证书和职业资格证书的管理，会议认为，应严格执行有关规定，并议定下面几种情况可作相应处理：

1. 关于某些关键岗位的职业资格证书林业部目前尚未印制如何开展持证上岗工作问题。林业部教育主管部门将密切与有关业务司（局）配合，尽快印制职业资格证书。在部里未印制职业资格证书之前，各地林业部门应按照有关文件规定，坚持岗位培训合格证书与职业资格证书两证分开的原则，积极开展持证上岗工作。

2. 1989年以来取得林业部印制的岗位培训证书者，其证书继续有效；1989～1996年凡取得省级以上林业部门统一组织的培训并获得培训证书者，各地可视实际情况给予认定，是否换发林业部统一印制的岗位培训合格证书，由省级林业主管部门自行作出规定，并将有关文件报林业部备案；1989年以来凡参加地、县级林业部门统一组织的培训并获得培训证书者，还应进行一周以上的适应性岗位培训，经考试合格后，由组织培训的部门核发林业部统一印制的岗位培训合格证书。

（吴友苗）

【《林业行业关键岗位上岗资格证管理暂行办法》印发】 该《办法》分别就林业行业关键岗位上岗资格证的适用范围及其印制、发放和管理等问题作出明确规定。同时，根据工作需要，林业部建立了关键岗位人员情况年报制度，每年年底以前由省级林业主管部门或部属单位将本省（本单位）《林业行业关键岗位人员情况汇总表》报林业部成人教育领导小组办公室。

（吴友苗）

【全国农科教结合示范区检查】 根据全国农科教结合协调领导小组的部署，由林业部人事教育司组织的全国农科教结合示范区第四检查小组采取听取汇报、现场考察、调研座谈等形式，于8月下旬至9月上旬分别对湖南怀化、广西桂林和福建三明的农科教结合示范区15个县、52个示范点农科教结合工作情况进行了检查（湖南怀化和福建三明两个示范区为林业部联系的示范区）。通过检查，总结了示范区工作的经验，了解了示范区工作中存在的问题，加强了全国农科教结合协调领导小组有关成员单位对其定点联系示范区的指导，促进了示范区的建设，推动了示范区所在省（区）的农科教结合工作，对参加检查组的有关省、地（市）也起到了学习交流作用，为今后进一步搞好全国农科教结合工作奠定了良好的基础。

检查组于10月向协调领导小组递交了《关于对湖南怀化、广西桂林、福建三明农科教结合示范区检查工作的总报告》。

（吴友苗）

【长江中上游水土保持及环境保护培训项目】 1990年11月，农林水部门合作培训协调委员会第二次会议提出与亚洲开发银行（以下简称亚行）合作开展长江中上游水土保持及环境保护培训的计划，并于1991年2月向中国人民银行提出申请，经中国人民银行同意后报亚行。

1994年8月23日，中国人民银行代表中国政府与亚行签署了《长江中上游水土保持及环境保护项目》协议书，由亚行向项目提供技术援助资金60万美元，用于培训长江中上游地区县级领导干部和有关部门的管理人员，提高各级政府官员管理国土整治和环境保护的能力，同时提高农林水部门合作培训协调委员会的管理水平和培训能力。

项目办公室设在林业部人事教育司。项目咨询公司是美国的择优发展公司。项目执行期计划18个月。

1994年12月12～15日，项目启动会在京召开，标志着项目正式启动。

项目的内容包括：①项目第一期县级领导研讨班于1995年6月2～24日在湖北省宜昌市和黑龙江省哈尔滨市东北林业大学举办，学员67人。②项目的两期技术人员培训班分别于1995年8月28日至9月15日、1996年4月1～19日在南京河海大学举办，共有学员61名。③提供了96人月的国外培训和考察。

项目历时20个月，于1996年8月完成所有任务。

（吴友苗）

【全国普通林业中等专业学校思想政治工作研讨会】 8月在江西省井岗山市召开，普通林业中等专业学校主管思想政治工作的领导共44人参加了会议，会议收到交流和研讨论文35篇。

14所学校的代表介绍了各自加强德育工作的经验。会议围绕如何针对新时期青年学生的心理、生理特点开展思想教育工作；如何加强学校教职工队伍思想建设，尤其是做好青年教师思想政治工作；在学校精神文明建设中如何发挥共青团、学生会的作用；如何通过思想政治工作促进学校学风、教风、校风建设；提高教学质量和办学效益等5个专题进行了讨论。

（董明江）

【林业部直属中等专业学校招生工作】 1997年，林业部直属3所中等专业学校安排招生计划为1380人，其中：南京人民警察学校360人（含西藏班40人），白城林业学校570人，宁波林业学校450人。据统计，各校完成计划情况为：南京人民警察学校370人，白城林业学校552人，宁波林业学校418人。完成计划比例分别为102%、97%和93%。

（王福东）

【林业部直属中等专业学校分配工作】 1997年，林业部直属3所中等专业学校共分配毕业生892人，其中：南京人民警察学校为252人，白城林业学校为353人，宁波林业学校为287人。

（王福东）

【林业部直属院校成人招生工作】 1997年，国家教委下达林业部招生计划为3580人，其中：高中起点本科生50人，高中起点专科生3459人，专科起点本科生71人。当年部属院校实际招生录取3660人，其中：高中起点本科生26人，高中起点专科生3560人，专科起点本科生74人。1997年度在校生达到了9033人，其中：高中起点本科生76人，高中起点专科生8630人，专科起点本科生327人（附表）。

附表 1997年林业部直属院校成人高等教育招生情况

	招生数			毕业生数			在校生数		
	合计	本科	专科	合计	本科	专科	合计	本科	专科
合　计	3676	105	3571	2506	34	2472	9033	403	8630
管理干部学院	240		240	283		283	531		531
北京林业管理干部学院	240		240	283		283	531		531
普通高等学校举办	3436	105	3331	2223	34	2189	8502	403	8099
函授部	2368	105	2263	1352	34	1318	6330	403	5927
夜大学	579		579	504		504	1010		1010
成人脱产班	489		489	367		367	1162		1162
北京林业大学	708	31	677	212	34	178	1799	141	1658
函授部	520	31	489	152	34	118	1314	141	1173
夜大学	175		175	60		60	430		430
成人脱产班	13		13				55		55
东北林业大学	688	74	614	423		423	2033	262	1771
函授部	661	74	587	318		318	1931	262	1669
夜大学	27		27	105		105	102		102
成人脱产班									
南京林业大学	757		757	659		659	1819		1819
函授部	418		418	401		401	1130		1130
夜大学	4		4				4		4
成人脱产班	335		335	258		258	685		685
中南林学院	752		752	692		692	1561		1561
函授部	255		255	267		267	665		665
夜大学	373		373	339		339	474		474

（续）

	招生数			毕业生数			在校生数		
	合计	本科	专科	合计	本科	专科	合计	本科	专科
成人脱产班	124		124	86		86	422		422
西南林学院	250		250	79		79	667		667
函授部	250		250	79		79	667		667
夜大学									
成人脱产班									
西北林学院	281		281	158		158	623		623
函授部	264		264	135		135	623		623
夜大学									
成人脱产班	17		17	23		23			

（王福东）

【1998年度林业部直属普通高等学校函授、夜大学成人脱产大专班增设专科专业】 根据国家教委《关于重新公布具有函授、夜大学资格的普通高等学校名单和恢复办学资格审批工作的通知》精神，1997年林业部人事教育司已开始恢复部属高校举办函授、夜大学、成人脱产大专班资格审批及专业备案工作。根据林业及社会改革和发展的需求，考虑到部属高校的办学特点，经研究，同意1998年度部属高校函授、夜大学、成人脱产大专班增设15个专科专业（附表），备案的15个专业均从1998年开始招生。

附表 1998年度林业部直属普通高等学校函授、夜大学成人脱产大专班增设专科专业备案名单

学校名称	序号	专业名称	学制	办学形式层次	招生对象	招生地区
北京林业大学	1	物业管理	3	夜大学专科	在职从业及待业人员	全国
	2	公共关系与市场营销	3	夜大学专科	在职从业及待业人员	全国
东北林业大学	3	野生动物保护与利用	3	函授专科	在职从业及待业人员	全国
	4	室内装饰	3	函授专科	在职从业及待业人员	全国
	5	保险	3	函授专科	在职从业及待业人员	全国
	6	安全工程	3	夜大学专科	在职从业及待业人员	全国
	7	安全工程	2	成人脱产大专班	在职从业及待业人员	全国
南京林业大学	8	林政法规	3	函授专科	在职从业及待业人员	全国
	9	装璜艺术设计（环境艺术）	2	成人脱产大专班	在职从业及待业人员	全国
	10	道路与桥梁工程	3	夜大学专科	在职从业及待业人员	全国
	11	制浆造纸工程	3	夜大学专科	在职从业及待业人员	全国
	12	应用电子技术	3	夜大学专科	在职从业及待业人员	全国
中南林学院	13	投资经济	3	函授专科	在职从业及待业人员	全国
	14	经济管理*	3	函授专科	在职从业及待业人员	全国
西南林学院	15	野生动物保护管理	3	函授专科	在职从业及待业人员	全国

注：由林业经济管理专业更名，招生对象为在职从业及待业人员，招生地区为全国。

（王福东）

【中国林业成人教育考察团】 为了学习和借鉴国外的先进经验，经过有关部门批准，林业部人事教育司、北京林业大学、东北林业大学、北京林业管理干部学院及浙江、广东省林业厅主管成人教育的领导组成了我国第一个林业成人教育考察团，于1997年12月10～26日对加拿大进行了考察学习。在为期半个月的考察学习中，考察团成员详细了解了加拿大成人教育的基本情况，包括林业成人教育的管理体制、方式、政策、法规等；加拿大林业职业资格证书制度，包括职业资格证书制度的建立、管理方式，培训、使用的有效机制，林业职业分类等；加拿大成人教育学校开展培训情况，包括管理方式、培训原则、方法、典型案例、校企联合办学经验等；加拿大职业培训情况，包括培训的做法、经验等。

（王福东）

林业教育信息统计

1997～1998学年初普通高、中等林业院校（系）基本情况　　单位：人

类别	学校数（所、个）	毕业生数	招生数	在校学生数	毕业班学生数	教职工数 计	教职工数 其中：专任教师
总计	69	25 600	37 952	113 309	29 172	20 051	8272
一、研究生	—	273	439	1141	314		
1. 高等林业院校	—	258	429	1116	307		
国家任务	—	227	348	939	268		
委托培养	—	17	37	99	26		
自费生	—	14	44	78	13		
2. 科研单位培养	—	15	10	25	7		
国家任务	—	15	10	25	7		
二、普通本专科	—	8533	10 160	32 924	8557		
1. 高等林业院校	10	6411	8113	26 054	6632	10 138	3822
国家任务	—	4626	7816	23 527	5188		
委托培养	—	1140	297	1612	870		
自费生	—	645	0	915	574		
2. 其他高等学校（林科）	(38)	2122	2047	6870	1925		
国家计划	—	1707	2009	6258	1485		
委托培养	—	262	0	206	169		
自费生	—	153	38	406	271		
三、林业中等专业学校	59	16 794	27 353	79 244	20 301	9913	4450
1. 中等林业学校	52	13 824	22 510	65 907	16 546	9169	4120
国家任务	—	7943	15 626	38 430	8262		
委托培养	—	5389	6157	24 427	7519		
自费生	—	492	727	3050	765		
2. 林业师范学校	4	590	930	2150	846	398	182
国家任务	—	316	590	1367	575		
委托培养	—	274	340	783	271		
3. 林业卫生学校	3	331	533	1358	368	346	148
国家任务	—	192	96	318	112		
委托培养	—	139	355	953	251		
自费生	—	0	82	87	5		
4. 其他中等专业学校（林科）	(82)	2049	3380	9829	2541	—	—
国家任务	—	1516	2650	7259	1820		
委托培养	—	420	451	1795	559		
自费生	—	113	279	775	162		

1997～1998 学年初普通高等林业院校研究生基本情况

单位:人

学 校 名 称	毕业生数	招生数	在校学生数	毕业班学生数
总 计	273	439	1141	314
一、博士生	70	114	337	107
1. 高等学校	64	104	313	101
北京林业大学	26	40	98	24
东北林业大学	20	30	100	38
南京林业大学	17	30	101	33
中南林学院	1	4	14	6
西南林学院	0	0	0	0
2. 科研单位	6	10	24	6
中国林业科学研究院	6	10	24	6
二、硕士生	203	325	804	207
1. 高等学校	194	325	803	206
北京林业大学	55	82	215	57
东北林业大学	47	88	207	50
南京林业大学	35	72	173	46
中南林学院	26	28	80	24
西南林学院	9	12	27	6
西北林学院	9	20	47	13
内蒙古林学院	3	7	22	6
福建林学院	10	16	32	4
2. 科研单位	9	0	1	1
中国林业科学研究院	9	0	1	1

1997～1998 学年初普通高等林业院校(系)分学校学生情况

单位:人

学校名称	毕业生数			招生数			在校学生数			毕业班学生数		
	合计	本科	专科	合计	本科	专科	合计	本科	专科	合计	本科	专科
总 计	8533	4592	3941	10 160	7269	2891	32 924	24 413	8511	8557	5009	3548
一、普通高等林业院校	6411	3620	2791	8113	5985	2128	26 054	20 080	5974	6632	4175	2457
北京林业大学	616	390	226	1013	798	215	3238	2719	519	842	538	304
东北林业大学	1369	1002	367	1530	1249	281	5175	4580	595	1275	1026	249
南京林业大学	770	441	329	1060	809	251	3370	2774	596	679	606	73
中南林学院	722	378	344	903	795	108	3066	2453	613	749	446	303
西南林学院	413	177	236	700	477	223	1968	1377	591	510	236	274
西北林学院	548	263	285	630	360	270	1887	1302	585	536	286	250
内蒙古林学院	392	286	106	426	326	100	1420	1165	255	385	257	128
吉林林学院	640	295	345	680	370	310	2251	1346	905	642	317	325
浙江林学院	340	113	227	370	210	160	1144	549	595	367	118	249
福建林学院	601	275	326	801	591	210	2535	1815	720	647	345	302
二、其他高等学校(林科)	2122	972	1150	2047	1284	763	6870	4333	2537	1925	834	1091

1997～1998学年初普通高等林业院校(系)分专业学生情况

单位:人

专业名称	毕业生数			招生数			在校学生数			毕业班学生数		
	合计	本科	专科	合计	本科	专科	合计	本科	专科	合计	本科	专科
总　　计	8533	4592	3941	10 160	7269	2891	32 924	24 413	8511	8557	5009	3548
林　　学	1564	1149	415	1500	1251	249	5141	4239	902	1307	928	379
森林保护	328	272	56	143	143	0	996	869	127	334	250	84
经济林	602	271	331	487	251	236	1631	1051	580	454	208	246
园　　林	269	152	117	431	367	64	1256	1040	216	327	215	112
风景园林	31	31	0	91	91	0	249	249	0	34	34	0
野生植物资源开发与利用	115	28	87	168	119	49	573	374	199	184	90	94
野生动物保护与利用	105	82	23	142	91	51	432	306	126	140	97	43
自然保护区资源管理	42	28	14	0	0	0	71	29	42	0	0	0
生物学	0	0	0	28	28	0	28	28	0	0	0	0
药用植物	0	0	0	30	30	0	55	55	0	0	0	0
沙漠治理	58	58	0	55	55	0	217	217	0	55	55	0
水土保持	97	97	0	129	129	0	511	511	0	109	109	0
森林工程	165	165	0	359	359	0	1154	1130	24	262	238	24
防火工程	56	0	56	56	0	56	88	0	88	0	0	0
木材加工	382	382	0	453	429	24	1768	1708	60	458	458	0
林业与木工机械	326	291	35	168	168	0	895	895	0	280	280	0
林产化工	235	169	66	153	118	35	672	541	131	166	142	24
制浆造纸工程	77	59	18	25	25	0	105	105	0	53	53	0
制浆造纸工艺	47	47	0	0	0	0	68	49	19	49	49	0
精细化工	32	0	32	0	0	0	35	35	0	35	35	0
化工工艺	0	0	0	39	39	0	39	39	0	0	0	0
化工工程	0	0	0	160	160	0	408	408	0	0	0	0
工业自动化	127	87	40	53	33	20	196	166	30	65	55	10
载运工具运用工程	199	127	72	199	150	49	699	606	93	154	129	25
汽车运用技术	0	0	0	23	0	23	77	0	77	27	0	27
计算机及应用	197	0	197	320	133	187	885	300	585	264	0	264
机械制造工艺与设备	28	0	28	20	0	20	44	0	44	0	0	0
电子工程	0	0	0	98	98	0	98	98	0	0	0	0
应用电子技术	51	0	51	25	0	25	190	143	47	22	0	22
机械电子工程	0	0	0	30	30	0	97	97	0	0	0	0

（续）

专业名称	毕业生数			招生数			在校学生数			毕业班学生数		
	合计	本科	专科	合计	本科	专科	合计	本科	专科	合计	本科	专科
林业信息管理	165	52	113	80	27	53	336	180	156	158	55	103
贸易经济	234	60	174	252	148	104	720	456	264	230	110	120
林业经济管理	296	191	105	451	397	54	1297	1188	109	212	157	55
经 济 法	30	0	30	0	0	0	23	0	23	23	0	23
法　　学	45	0	45	353	251	102	823	556	267	183	90	93
会 计 学	318	115	203	414	283	131	1718	1338	380	632	384	248
市场营销	45	0	45	44	0	44	199	80	119	71	40	31
统 计 学	27	27	0	82	60	22	178	156	22	22	22	0
广 告 学	0	0	0	30	0	30	51	0	51	0	0	0
美 术 学	19	0	19	0	0	0	0	0	0	0	0	0
室内与家具设计	443	135	308	464	288	176	1562	957	605	478	151	327
工艺美术学	20	0	20	20	0	20	64	0	64	20	0	20
装璜艺术设计	25	0	25	34	0	34	104	0	104	35	0	35
环境艺术设计	18	0	18	45	0	45	123	0	123	20	0	20
环境工程	29	0	29	25	0	25	50	0	50	25	0	25
观赏园艺	0	0	0	27	0	27	57	0	57	30	0	30
房地产经营管理	0	0	0	20	0	20	40	0	40	20	0	20
英　　语	40	40	0	119	93	26	414	345	69	72	51	21
应用物理学	31	31	0	28	28	0	97	97	0	20	20	0
应用数学	29	29	0	28	28	0	99	99	0	24	24	0
应用化学	32	32	0	30	30	0	115	115	0	26	26	0
行政管理学	31	31	0	27	27	0	125	125	0	28	28	0
食品工艺	5	0	5	0	0	0	2	0	2	2	0	2
食品科学与工程	32	32	0	24	24	0	141	141	0	58	58	0
旅游经济	39	29	10	89	60	29	410	329	81	79	59	20
水利工程	25	0	25	0	0	0	30	0	30	30	0	30
建筑工程	76	36	40	78	78	0	256	256	0	54	54	0
房屋建筑工程	73	0	73	29	0	29	99	0	99	35	0	35
建筑装饰技术	57	0	57	41	0	41	116	0	116	35	0	35
交通工程	0	0	0	40	40	0	72	72	0	0	0	0
交通土建工程	91	91	0	226	202	24	662	607	55	118	87	31
其他专业(专业类)	1125	166	959	1675	908	767	4263	2028	2235	1038	168	870

1997～1998 学年初普通高等林业院校分学校函授、夜大学成人脱产班学生情况

单位：人

学校名称	毕业生数			招生数			在校学生数			毕业班学生数		
	合计	本科	专科	合计	本科	专科	合计	本科	专科	合计	本科	专科
总　计	2612	71	2541	4296	100	4186	9712	426	9286	2700	174	2526
一、函授	1610	71	1539	3149	100	3049	7317	368	6949	1733	116	1617
北京林业大学	152	32	120	520	31	489	1137	61	1076	159	10	149
东北林业大学	318	0	318	684	69	615	1765	262	1503	505	97	408
南京林业大学	401	39	362	431	0	431	1110	36	1074	337	9	328
中南林学院	136	0	136	353	0	353	569	0	569	108	0	108
西南林学院	79	0	79	288	0	288	667	0	667	143	0	143
西北林学院	135	0	135	270	0	270	539	9	530	76	0	76
内蒙古林学院	47	0	47	2	0	2	21	0	21	19	0	19
吉林林学院	147	0	147	118	0	118	284	0	284	73	0	73
浙江林学院	43	0	43	176	0	176	490	0	490	140	0	140
福建林学院	152	0	152	307	0	307	735	0	735	173	0	173
二、夜大学	341	0	341	367	0	367	776	58	718	199	58	141
北京林业大学	50	0	50	196	0	196	423	58	365	120	58	62
东北林业大学	105	0	105	21	0	21	96	0	96	41	0	41
南京林业大学	0	0	0	4	0	4	4	0	4	0	0	0
中南林学院	186	0	186	146	0	146	253	0	253	38	0	38
三、成人脱产班	661	0	661	780	0	780	1619	0	1619	768	0	768
北京林业大学	0	0	0	13	0	13	47	0	47	34	0	34
南京林业大学	258	0	258	346	0	346	683	0	683	266	0	266
中南林学院	357	0	357	337	0	337	787	0	787	450	0	450
西北林学院	23	0	23	22	0	22	40	0	40	18	0	18
福建林学院	23	0	23	62	0	62	62	0	62	0	0	0

1997～1998 学年初普通高等林业院校教职工基本情况

单位：人

学校名称	总计	校本部教职工数										科研机构人员数	校办工厂、林场职工数	附设机构人员数
		计	专任教师						教辅人员	行政人员	工勤人员			
			计	教授	副教授	讲师	教员	助教						
总　计	10 138	7903	3822	422	1146	1377	778	99	1163	1582	1336	380	1049	806
一、部属院校	7433	5710	2856	362	884	991	552	67	862	1080	912	354	693	676
北京林业大学	1297	803	415	83	142	106	79	5	96	214	78	153	73	268
东北林业大学	2222	1661	761	120	223	274	121	23	399	209	292	59	405	97
南京林业大学	1541	1155	609	83	183	200	132	11	125	282	139	94	112	180
中南林学院	1091	968	468	41	170	135	122	0	109	168	223	48	65	10
西南林学院	645	574	300	20	98	124	44	14	81	109	84	0	0	71
西北林学院	637	549	303	15	68	152	54	14	52	98	96	0	38	50
二、省属院校	2705	2193	966	60	262	386	226	32	301	502	424	26	356	130
内蒙古林学院	720	656	276	17	87	116	45	11	116	164	100	11	23	30
吉林林学院	863	555	255	19	74	96	66	0	70	128	102	0	290	18
浙江林学院	450	411	175	5	36	83	40	11	51	77	108	8	20	11
福建林学院	672	571	260	19	65	91	75	10	64	133	114	7	23	71

1997～1998学年初普通林业中等专业学校分专业学生情况

单位：人

专业名称	毕业生数	招生数			在校生数	毕业班学生数
		计	招高中毕业生数	招初中毕业生数		
总　　计	16 794	27 353	2125	25 228	79 244	20301
林　　业	4093	4827	249	4578	13513	3418
森林保护	351	400	0	400	1134	249
经 济 林	1381	1938	35	1903	5762	1090
园　　林	1938	3833	317	3516	9870	2232
水土保持	159	372	0	372	1186	296
沙漠治理	0	80	0	80	242	0
森林防火	81	44	0	44	97	0
森林资源管理	153	765	77	688	1608	232
自然保护区资源管理	340	173	0	173	681	203
野生植物栽培与利用	112	122	0	122	454	80
林特产品加工	145	147	0	147	849	310
野生动物保护与饲养	0	35	0	35	59	24
野生动物产品开发利用	41	0	0	0	128	53
森林采运工程	118	84	0	84	297	121
木材加工	295	347	0	347	1271	265
林业机械	140	143	0	143	438	127
林产化工	97	152	0	152	490	90
林业财务会计	920	1131	58	1073	3629	994
林业计划与统计	77	30	0	30	139	41
林业经济管理	600	271	45	226	1349	483
林产品贸易	196	506	45	461	1580	434
森林旅游	107	465	0	465	1006	258
园林经济与管理	0	0	0	0	118	39
公安保卫	138	77	0	77	192	115
治安管理	0	160	0	160	554	73
林业公安	86	300	100	200	720	176
法　　律	0	414	98	316	784	213
农 作 物	0	0	0	0	28	28
植物保护	33	0	0	0	21	0

（续）

专业名称	毕业生数	招生数			在校生数	毕业班学生数
		计	招高中毕业生数	招初中毕业生数		
果　　树	80	271	74	197	960	213
果树与林业	15	191	0	191	231	0
草原与饲料	0	0	0	0	54	32
蚕　　业	0	40	0	40	122	43
多种经营	80	80	0	80	432	164
农村能源开发与利用	37	0	0	0	0	0
国有资产管理	0	44	0	44	88	0
保　　险	0	83	0	83	124	0
财务会计	949	785	210	575	3369	1371
涉外财务会计	34	0	0	0	87	42
审　　计	31	78	41	37	158	47
计划与统计	0	80	0	80	162	0
工业企业管理	0	50	0	50	315	107
企业物资管理	79	90	90	0	184	94
农业经济管理	40	20	0	20	153	85
市场营销	0	123	0	123	851	275
对外贸易业务	0	0	0	0	90	0
经贸外语	0	44	0	44	44	0
餐旅管理	0	0	0	0	51	0
土地管理	0	80	0	80	300	57
环境管理	0	70	0	70	161	0
文秘与档案	76	141	0	141	307	81
装璜设计	43	123	0	123	296	60
室内设计	32	59	0	59	216	63
发电厂及电力系统	0	0	0	0	25	25
机械制造	0	45	0	45	45	0
汽车拖拉机运用与维修	45	188	0	188	669	87
锅炉制造与维修	0	40	0	40	40	0
机械设备维修	0	0	0	0	39	39
电机与电器	47	109	0	109	330	125
机电设备维修	0	96	0	96	286	81

（续）

专业名称	毕业生数	招生数			在校生数	毕业班学生数
		计	招高中毕业生数	招初中毕业生数		
机电技术应用	24	87	0	87	158	0
电子技术应用	202	79	0	79	444	56
计算机及应用	708	1365	234	1131	4838	1659
自动控制技术	0	0	0	0	20	0
果蔬贮藏与加工	0	8	0	8	8	0
家用电器	0	45	0	45	45	0
家具设计与制造	0	78	0	78	258	49
电力机车	0	30	0	30	88	0
建筑装饰	50	222	90	132	466	181
城镇规划	38	164	0	164	526	89
工业与民用建筑	222	179	39	140	645	232
小型土木工程	238	154	0	154	886	352
市政工程施工	0	264	0	264	549	0
水利水电工程建筑	0	68	0	68	181	0
农田水利工程	30	0	0	0	74	74
工程测量	38	103	0	103	210	45
环境监测	0	40	0	40	172	42
普通师范	479	938	280	658	2336	826
体育	60	38	0	38	68	30
音乐	60	77	0	77	112	0
美术	35	81	0	81	168	0
外语	0	63	0	63	137	30
社区医学	80	150	0	150	412	166
护理	201	293	0	293	678	124
预防医学	0	0	0	0	50	0
妇幼卫生	0	0	0	0	28	28
病案管理	0	40	0	40	40	0
医学检验	0	50	0	50	50	0
卫生检验	0	0	0	0	50	0
其他专业(专业类)	1140	2991	43	2948	7159	1583

1997～1998学年初普通林业中等专业学校基本情况

单位:人

省(区、市)及学校名称	学校数(所)	毕业生数	招生数·计	招生数·招高中毕业生数	招生数·招初中毕业生数	在校学生数	毕业班学生数	教职工数·合计	校本部教职工·计	专任教师·计	专任教师·高级讲师	专任教师·讲师	专任教师·助理讲师	专任教师·教员	教辅人员	行政人员	工勤人员	校办厂(场)职工	附设机构人员	兼任教师(不计入教工数中)
总　计	59	16 794	27 353	2125	25 228	79 244	20 301	9913	9277	4450	791	1927	1605	127	922	1790	2115	432	204	54
一、林业学校	52	13824	22510	1559	20951	65907	16546	9169	8541	4120	736	1770	1491	123	860	1621	1940	432	196	54
北京市	1	191	139	0	139	537	108	92	92	36	4	26	3	3	12	26	18	0	0	0
北京市园林学校		191	139	0	139	537	108	92	92	36	4	26	3	3	12	26	18	0	0	0
天津市	1	302	512	25	487	1486	289	176	176	90	13	45	32	0	7	29	50	0	0	18
天津市园林学校		302	512	25	487	1486	289	176	176	90	13	45	32	0	7	29	50	0	0	18
河北省	1	214	236	0	236	1039	249	188	179	97	10	25	57	5	20	34	28	9	0	3
河北林业学校		214	236	0	236	1039	249	188	179	97	10	25	57	5	20	34	28	9	0	3
山西省	1	268	500	90	410	1433	323	195	170	83	10	34	39	0	20	40	27	25	0	0
山西林业学校		268	500	90	410	1433	323	195	170	83	10	34	39	0	20	40	27	25	0	0
内蒙古自治区	2	242	520	0	520	1307	225	338	338	150	23	59	66	2	17	69	102	0	0	0
牙克石林业学校		82	240	0	240	527	72	180	180	76	8	26	42	0	4	34	66	0	0	0
扎兰屯林业学校		160	280	0	280	780	153	158	158	74	15	33	24	2	13	35	36	0	0	0
辽宁省	1	230	314	0	314	1135	266	249	243	113	28	43	38	4	41	34	55	0	6	0
辽宁林业学校		230	314	0	314	1135	266	249	243	113	28	43	38	4	41	34	55	0	6	0
吉林省	3	851	1191	175	1016	3769	698	655	628	314	93	143	76	2	48	120	146	19	8	0
白城林业学校*		352	570	175	395	1434	362	270	243	122	35	70	15	2	23	42	56	19	8	0
吉林林业学校		279	227	0	227	1066	176	229	229	106	36	47	23	0	20	53	50	0	0	0
延边林业学校		220	394	0	394	1269	160	156	156	86	22	26	38	0	5	25	40	0	0	0
黑龙江省	6	1345	2610	335	2275	8192	2439	1391	1358	552	131	280	129	12	91	289	426	28	5	0
伊春林业学校		310	420	0	420	1433	287	199	177	73	9	45	19	0	12	51	41	22	0	0
牡丹江林业学校		441	800	270	530	2163	796	239	234	116	30	70	16	0	20	49	49	0	5	0
齐齐哈尔林业学校		331	510	35	475	1816	668	269	269	109	45	58	6	0	13	86	61	0	0	0
黑龙江农垦林业学校		143	520	30	490	1908	568	367	367	95	13	40	30	12	31	53	188	0	0	0

（续）

省(区、市)及学校名称	学校数(所)	毕业生数	招生数			在校学生数	毕业班学生数	教职工数												兼任教师(不计入教工数中)
			计	招高中毕业生数	招初中毕业生数			合计	校本部教职工									校办厂(场)职工	附设机构人员	
									计	专任教师					教辅人员	行政人员	工勤人员			
										计	高级讲师	讲师	助理讲师	教员						
大兴安岭林业学校		120	120	0	120	552	120	138	138	70	5	30	35	0	0	20	48	0	0	0
东京城林业机电学校		0	240	0	240	320	0	179	173	89	29	37	23	0	15	30	39	6	0	0
上海市	1	195	127	0	127	609	159	111	111	40	7	14	19	0	18	23	30	0	0	0
上海市园林学校		195	127	0	127	609	159	111	111	40	7	14	19	0	18	23	30	0	0	0
江苏省	1	284	360	0	360	1155	230	267	245	103	29	46	26	2	30	72	40	0	22	0
林业部南京人民警察学校*		284	360	0	360	1155	230	267	245	103	29	46	26	2	30	72	40	0	22	0
浙江省	2	862	1300	154	1146	3113	872	286	279	164	22	77	60	5	35	33	47	3	4	0
宁波林业学校*		251	411	154	257	1025	309	143	140	77	10	32	33	2	19	23	21	0	3	0
浙江林业学校		611	889	0	889	2088	563	143	139	87	12	45	27	3	16	10	26	3	1	0
安徽省	2	436	600	50	550	1486	403	234	227	123	13	57	53	0	19	45	40	0	7	0
合肥林业学校		240	300	50	250	710	210	134	129	70	7	32	31	0	12	24	23	0	5	0
黄山林业学校		196	300	0	300	776	193	100	98	53	6	25	22	0	7	21	17	0	2	0
福建省	2	404	1032	0	1032	2648	500	310	275	143	29	60	52	2	26	55	51	32	3	0
福建林业学校		230	672	0	672	1683	291	202	167	88	26	35	27	0	22	24	33	32	3	0
三明林业学校		174	360	0	360	965	209	108	108	55	3	25	25	2	4	31	18	0	0	0
江西省	2	721	1099	148	951	3878	1189	373	337	195	28	70	88	9	32	48	62	31	5	0
赣州林业学校		476	699	98	601	2459	829	204	168	101	15	33	52	1	16	18	33	31	5	0
南昌林业学校		245	400	50	350	1419	360	169	169	94	13	37	36	8	16	30	29	0	0	0
山东省	1	410	515	0	515	1347	369	385	303	113	28	56	29	0	37	76	77	38	44	0
山东林业学校		410	515	0	515	1347	369	385	303	113	28	56	29	0	37	76	77	38	44	0
河南省	3	470	1320	45	1275	3502	705	403	392	214	35	80	80	19	34	43	101	8	3	0
洛阳林业学校		228	520	45	475	1555	426	192	184	111	19	34	45	13	15	15	43	8	0	0
汝南园林学校		119	400	0	400	1015	157	102	102	48	9	24	9	6	8	10	36	0	0	0
信阳林业学校		123	400	0	400	932	122	109	106	55	7	22	26	0	11	18	22	0	3	0
湖北省	5	2608	3185	317	2868	9273	2988	718	592	333	42	126	151	14	75	92	92	104	22	0

（续）

省(区、市)及学校名称	学校数(所)	毕业生数	招生数 计	招生数 招高中毕业生数	招生数 招初中毕业生数	在校学生数	毕业班学生数	教职工数 合计	校本部教职工 计	专任教师 计	专任教师 高级讲师	专任教师 讲师	专任教师 助理讲师	专任教师 教员	教辅人员	行政人员	工勤人员	校办厂(场)职工	附设机构人员	兼任教师(不计入教工数中)
湖北林业学校		299	351	0	351	1205	460	168	154	69	15	30	24	0	22	23	40	4	10	0
宜昌林业学校		371	429	0	429	1204	392	154	111	64	9	31	20	4	11	23	13	43	0	0
咸宁林业学校		702	952	156	796	2580	788	155	152	106	3	28	65	10	7	18	21	0	3	0
黄冈林业学校		985	1050	161	889	3288	1105	184	118	61	11	22	28	0	30	15	12	57	9	0
恩施林业学校		251	403	0	403	996	243	57	57	33	4	15	14	0	5	13	6	0	0	0
湖南省	1	477	792	0	792	2138	648	220	220	110	32	48	27	3	17	37	56	0	0	0
湖南林业学校		477	792	0	792	2138	648	220	220	110	32	48	27	3	17	37	56	0	0	0
广东省	2	341	547	0	547	1617	484	218	193	88	15	42	28	3	35	38	32	0	25	5
广州林业学校		341	547	0	547	1574	441	213	188	83	14	39	27	3	35	38	32	0	25	5
广州园林学校		0	0	0	0	43	43	5	5	5	1	3	1	0	0	0	0	0	0	0
广西壮族自治区	3	567	1340	29	1311	4000	483	450	351	187	19	102	64	2	30	73	61	64	35	5
广西林业学校		316	725	0	725	2291	230	317	218	102	14	62	26	0	17	46	53	64	35	5
桂林林业学校		163	331	29	302	975	163	79	79	51	4	25	20	2	8	19	1	0	0	0
梧州林业学校		88	284	0	284	734	90	54	54	34	1	15	18	0	5	8	7	0	0	0
四川省	1	599	1106	40	1066	2839	800	344	288	121	30	61	30	0	31	82	54	56	0	0
四川林业学校		599	1106	40	1066	2839	800	344	288	121	30	61	30	0	31	82	54	56	0	0
贵州省	2	263	611	0	611	1854	410	304	294	176	15	61	99	1	21	59	38	6	4	23
贵州林业学校		176	411	0	411	1220	213	184	174	97	7	34	55	1	12	37	28	6	4	23
黔东南林业学校		87	200	0	200	634	197	120	120	79	8	27	44	0	9	22	10	0	0	0
云南省	2	387	632	78	554	2000	484	260	257	130	18	42	53	17	38	43	46	0	3	0
云南林业学校		252	482	78	404	1462	360	200	197	97	17	37	28	15	35	28	37	0	3	0
思茅林业学校		135	150	0	150	538	124	60	60	33	1	5	25	2	3	15	9	0	0	0
西藏自治区		50	0	0	0	96	53	0	0	0	0	0	0	0	0	0	0	0	0	0
西藏农牧学院中专班**		50	0	0	0	96	53	0	0	0	0	0	0	0	0	0	0	0	0	0
陕西省	3	458	1097	35	1062	3086	461	433	426	186	30	73	81	2	51	62	127	7	0	0

（续）

省(区、市)及学校名称	学校数(所)	毕业生数	招生数			在校学生数	毕业班学生数	教职工数										兼任教师(不计入教工数中)
			计	招高中毕业生数	招初中毕业生数			合计	校本部教职工								校办厂(场)职工	附设机构人员	
									计	专任教师					教辅人员	行政人员	工勤人员			
										计	高级讲师	讲师	助理讲师	教员						
陕西林业学校		317	685	0	685	1593	261	188	188	80	18	42	18	2	19	34	55	0	0	0
榆林林业学校		101	220	0	220	786	120	168	161	70	7	22	41	0	26	17	48	7	0	0
延安林业学校		40	192	35	157	707	80	77	77	36	5	9	22	0	6	11	24	0	0	0
甘肃省	2	466	495	0	495	1454	454	268	266	138	17	49	68	4	38	31	59	2	0	0
甘肃林业学校		361	360	0	360	1018	288	179	177	97	10	33	50	4	22	22	36	2	0	0
庆阳林业学校		105	135	0	135	436	166	89	89	41	7	16	18	0	16	9	23	0	0	0
宁夏回族自治区	1	55	130	0	130	330	40	80	80	30	5	21	4	0	15	13	22	0	0	0
宁夏林业学校		55	130	0	130	330	40	80	80	30	5	21	4	0	15	13	22	0	0	0
新疆维吾尔自治区	1	128	200	38	162	584	217	221	221	91	10	30	39	12	22	55	53	0	0	0
新疆林业学校		128	200	38	162	584	217	221	221	91	10	30	39	12	22	55	53	0	0	0
二、其他学校(林科)		2049	3380	286	3094	9829	2541	0	0	0	0	0	0	0	0	0	0	0	0	0
三、林业师范学校	4	590	930	280	650	2150	846	398	398	182	38	89	51	4	31	93	92	0	0	0
内蒙古自治区	1	80	120	0	120	330	80	133	133	52	9	24	19	0	15	28	38	0	0	0
牙克石林业师范学校		80	120	0	120	330	80	133	133	52	9	24	19	0	15	28	38	0	0	0
黑龙江省	3	510	810	280	530	1820	766	265	265	130	29	65	32	4	16	65	54	0	0	0
伊春林业师范学校		226	160	0	160	400	226	75	75	30	5	19	6	0	3	29	13	0	0	0
牡丹江林业师范学校		164	170	0	170	460	140	106	106	44	14	24	6	0	9	28	25	0	0	0
大兴安岭林业师范学校		120	480	280	200	960	400	84	84	56	10	22	20	4	4	8	16	0	0	0
四、林业卫生学校	3	331	533	0	533	1358	368	346	338	148	17	68	63	0	31	76	83	0	8	0
内蒙古自治区	1	56	163	0	163	307	57	121	113	52	3	24	25	0	7	29	25	0	8	0
牙克石林业卫生学校		56	163	0	163	307	57	121	113	52	3	24	25	0	7	29	25	0	8	0
黑龙江省	2	275	370	0	370	1051	311	225	225	96	14	44	38	0	24	47	58	0	0	0
省林业卫生学校		175	220	0	220	651	211	101	101	45	11	22	12	0	14	18	24	0	0	0
大兴安岭林业卫生学校		100	150	0	150	400	100	124	124	51	3	22	26	0	10	29	34	0	0	0

注:带“＊”号者为林业部直属院校,“＊＊”为国家教委统一口径。

（人事教育司综合处）

国有林场（苗圃）、林业工作站建设

国有林场、苗圃建设

【综　述】 1997年，各地认真贯彻落实林业部《关于国有林场深化改革加快发展若干问题的决定》和全国国有林场（苗圃）工作会议精神，加大工作力度，采取有效措施，推动了国有林场各项工作的开展。一年来，在优化外部环境、调整组织结构、加快"三项"制度改革、加强领导班子建设、强化内部管理等方面，都取得了积极进展。

1997年，国有林场工作的主要特点是：①各项改革不断深化。不少省区林业主管部门制定了国有林场改革方案，加强了具体指导，开展了分类经营、组织结构调整、"三项"制度改革等多方面的试点，创造了一些好的经验，并通过办培训班、组织现场考察学习等形式进行推广，加快了国有林场的改革步伐。大部分国有林场通过精简机构，压缩非生产人员，减少了开支，降低了成本，提高了工作效率；60%的国有林场不同程度地开展了人事、劳动、分配制度改革，转换内部经营机制成效显著；一些国有林场进行了股份制、股份合作制改革的尝试，并取得了初步的效果。②外部环境明显改善。财政部、国家税务总局发文明确了国有林场从事种植业、养殖业和农林产品初加工业取得的所得暂免征收企业所得税，边境贫困国有林场取得的生产经营所得和其他所得暂免征收企业所得税的优惠政策。不少省（区）加强了对国有林场工作的领导，积极主动做好有关方面的工作，争取对国有林场的重视和支持。③法规建设显著加强。山东省通过人大制定了《国有林场条例》，湖南、湖北两省通过省政府制定了《国有林场管理办法》，为规范国有林场管理，维护国有林场的合法权益提供了保障。④脱贫工作取得新进展。财政部首次安排4000万元专项资金扶持贫困林场脱贫，发挥了重要的导向作用，推动了林场脱贫工作的深入开展。各省区都在按照到2000年实现基本脱贫的要求，制定脱贫计划，提出具体目标和措施。据统计，1997年，有数百个贫困林场脱贫项目开始启动。

国有林场林业生产建设保持平稳发展。1997年，全国国有林场共完成荒山造林23.7万公顷，其中速生丰产林7.8万公顷；迹地更新19.3万公顷，其中人工更新15.6万公顷；低产林改造11.4万公顷；成林抚育71.3万公顷，其中中幼龄林抚育55.2万公顷。生产木材1162万立方米，比上年增加22.7%。

国有林场经济发展速度放缓。1997年，全国国有林场实现销售收入84.9亿元，比去年增长3.92%；其中木材收入40.1亿元，多种经营、综合利用收入44.8亿元，实现销售利润18.1亿元，比去年减少3.2%；交纳税金5.3亿元，与去年持平。　（张耀恒）

【贫困国有林场脱贫工作】 1997年，国有林场脱贫问题进一步引起社会的普遍重视，脱贫工作取得积极进展。在中央领导同志的关注下，国家加大了对贫困林场的扶持力度，财政部安排了4000万元专项资金用于补助贫困国有林场的脱贫项目，经过各级林业、财政主管部门的认真把关和筛选，共选出了28个省（区、市）的203个林场予以扶持。各级地方政府和林业主管部门也加大了对国有林场脱贫工作的力度。继辽宁、河北、湖南等省后，内蒙古自治区和新疆维吾尔自治区对国有林场制定了特殊的优惠政策；安徽省林业厅以主要领导同志分别抓点的形式，加强对林场脱贫工作的领导；山西、贵州等省确立了脱贫责任制，扶持资金与脱贫任务挂钩，并签定了脱贫责任状。目前，各省（区、市）正在编制国有林场脱贫计划，制定加快脱贫的具体措施。据不完全统计，1997年全国有数百个国有林场脱贫项目开始启动，100多个林场已实现基本脱贫，走上了良性的发展道路。　（郭青俊）

【全国国有林场十大标兵】 为鼓励先进，树立典型，进一步促进国有林场的改革与发展，林业部组织了全国国有林场标兵单位评选活动。在各省（区、市）林业主管部门推荐的基础上，林业部经过综合评审，评选出10个单位作为全国国有林场标兵单位，并在1997年7

月召开的全国国有场圃和种苗工作会上进行了表彰，颁发了荣誉证书和奖牌。全国国有林场十大标兵单位：

北京市西山试验林场
辽宁省本溪满族自治县国营林业总场
黑龙江省尚志国营林场公司
江苏省常熟市虞山林场
福建省华安金山国有林场
山东省荣城市国有槎山林场
湖北省国营崇阳县桂花林场
湖南省永州市金洞林场
广西壮族自治区国营高峰林场
甘肃省小陇山林业实验局

（李　焰）

【全国国有苗圃十大标兵】 为进一步推进国有苗圃深化改革、转换机制、提高效益，林业部于 1997 年 7 月评选出北京市温泉苗圃等 10 个国有苗圃为全国国有苗圃十大标兵单位，在全国国有场圃和种苗工作会议上进行了表彰，并颁发了证书。这 10 个苗圃在深化内部改革、转换经营机制，健全各项规章制度、加强经营管理，发展多种经营、振兴苗圃经济，依靠科技进步实行科技兴圃，扩大开放，加强外引内联及两个文明建设等方面都取得了很大的成绩。全国国有苗圃十大标兵单位名单：

北京市温泉苗圃
山西省朔州市朔城区第一苗圃
福建省漳州市林业中心苗圃
江西省永丰县森林苗圃
河南省郑州市苗木场
广东省南海市苗圃场
云南省西畴县国有苗圃
陕西省国营户县中心苗圃
甘肃省天水市四十里铺苗圃
新疆维吾尔自治区玛纳斯县中心苗圃

（赵　兵）

【国有场圃信息网络建设与《林业场圃报》】

国有场圃信息网络建设 10 月 8～11 日，林业部国有林场和林木种苗工作总站在湖南省张家界国家森林公园召开了全国国有场圃信息网络建设工作座谈会。部国营林场开发总公司、全国各省（区、市）林业厅主管场圃工作处长参加了会议。会议全面总结了网络从 1988 年创办以来近 10 年的工作经验，确定从 1998 年开始，全国所有的国有林场、苗圃、森林公园、独立核算的林木良种场（站）、各级林场和种苗主管部门，都要参加网络，都是网络成员。

1997 年底，在册网员总数为 1954 个，比 1996 年增加 11%，其中国有林场 1062 个，国有苗圃 892 个。但是各省的网员发展很不平衡，国有林场网员数尚未恢复到 1993 年的水平。

《林业场圃报》 ①坚持以服务为办报宗旨，坚持执行国家有关新闻政策；坚持准时发行；基本实现了“信息量大、适用性强、有特色”的内容要求；报纸质量有新的提高。②为进一步办好报纸，1997 年开展了广泛征求国有场圃信息网络网员、读者对报纸意见的调查活动，获得了支持和反响。全国有 23 个省（区、市）返回了意见，其中来自场圃及部、厅、局、科主管业务单位占返回调查表格的 77%。报纸得到认可占 98%。

（萧纪六）

林业工作站建设

【综　述】 1997 年，在党中央、国务院的正确领导下，林业部全面贯彻中央农村工作会议和中央各项指示精神，以邓小平理论为指导，加强全国基层林业工作站建设，认真抓了林业工作任务在基层的落实。

总结林业社会化服务工作经验 1997 年，林业工作站管理总站把总结全国林业站开展社会化服务体系建设工作的经验作为全年工作的重点。经过 9 个月的准备，于 8 月召开了会议，全国 29 个省、区、市的 29 个基层林业站和 7 个省林业厅总结了在开展林业社会化服务方面的经验，概括起来有 8 个方面：①领导重视、政策引导、多方扶持。②建立健全服务网络。③为林农提供产前、产中、产后系列化服务。④积极推广新技术，走科技兴林之路。⑤拓宽服务领域。⑥积极创办生产基地。⑦积极引导林农走股份合作，规模经营的道路。⑧开展横向联合，实现优势互补。

切实抓好林业站建设合格县工作 1996 年全国林业站工作会议提出到 2000 年实现全国 80%的县达到合格县的总目标。

1997 年共有 25 个省（区、市）和新疆生产建设兵团申报了 254 个县（市、师）。林业部林业工作站管理总站组织 12 个工作组进行了检查验收，确认 252 个县（市、师）为合格县，目前，全国建成合格县 849 个。其中：北京市除 5 个城区没有建站任务外，其余 13 个县（区）已全部完成合格县建设任务。辽宁省合格县已超过 80%。

强化林业站职能，加强林业站廉政建设 近几年林业部把全面、充分发挥林业站的职能作用作为抓好基层工作的重点，并列为合格县检查的主要内容。1997 年对强化林业站的职能作用提出了具体的目标和要求。同时，林业工作总站还组织修改了《区、乡（镇）

林业工作站管理办法》，修改后定名为《基层林业工作站管理办法》，已征求有关部委的意见，林业部正在按部门立法程序审批。修改后的《办法》更加具体地规定了林业站的各项职责。为加强林业站的廉政建设，林业部要求地方各级林业站主管部门切实抓好基层林业站的廉政建设和精神文明建设，规定在林业站建设合格县检查验收时，对廉政建设和精神文明建设抓得不力的实行一票否决制。为了认真贯彻执行《中共中央、国务院关于切实做好减轻农民负担工作的决定》，林业部制定了具体措施，要求基层站杜绝假借工作之便吃、拿、卡、要和乱收费、乱罚款等加重农民负担和不廉政的行为发生。

积极开展职工培训工作，提高职工队伍整体素质　为尽快提高林业站职工队伍的整体素质，从 1994 年起，林业部林业工作站管理总站与中央农业广播电视学校、林业部人事教育司联合组织基层站 45 岁以下具有初中文化程度的干部职工参加中等林业专业学习，到 2000 年达到中专毕业的学历。1997 年组织绝大部分符合条件的干部职工入学，做好 1998 年入学的各项准备工作，力争到 2000 年全部参加学历教育和岗位培训的“双证”学习。为搞好“双证”教育，林业部林业工作站管理总站完成了《林业法规常识》和《林业工作站管理》两本教材的出版工作。对部分省（区、市）开展林业站职工培训情况进行了调研，对林业站职工队伍的素质情况进行了调查统计。从调查统计情况看，林业站职工队伍的整体素质比 90 年代初有了较大提高。

积极推进林业股份合作制，促进集体林区林业产业发展　为充分发挥林业站在建立集体林区林业产业体系中的基础保证作用，根据中共中央《关于社会主义市场经济若干问题的决定》中就股份合作制的规定。1995 年以来，林业部把在集体林区推进林业股份合作制作为基层林业站的一项职责，要求各级林业站主管部门充分发挥林业站在乡村林业股份合作制中的管理、指导、协调和服务作用。直接参与林业股份合作组织的经营管理。广东、浙江、福建、湖北、湖南、江西等省(区)基层林业站在创办股份合作林场方面探索出了许多成功的经验，林业站以信贷方式承接林业项目资金，以股份形式投入集体或林业股份合作组织，并负责按期收回资金，形成资金运行的新机制，以经济关系为纽带，带动了集体和个体林业生产者对林业的投入，促进了集体林区林业生产的发展。

加强乡村护林员队伍管理　1995 年林业部把护林员管理工作交工作总站负责，总站用两年时间调查统计了集体林区护林员队伍情况，到 1996 年底，全国乡村护林员队伍 121 万人，其中专职护林员 51 万人，兼职护林员约 70 万人。另外国有林业护林员全国有 14 万人。为加强对乡村护林员队伍的管理，在两年调查的基础上，1997 年 3 月召开了 10 省（区、市）参加的护林员管理座谈会，研讨加强乡村护林员管理的措施和办法，起草了《乡村护林员队伍管理办法》，经多次征求各省（区、市）林业厅（局）和林业部有关司（局）的意见，现正在按部门立法程序审批。

近几年，林业部与地方各级林业主管部门，深入持久地在基层林业工作站开展社会主义精神文明建设，弘扬“勤、廉、严、实”的林业行业作风和“艰苦创业、无私奉献”的行业精神，把基层站建设成为林业法规、方针、政策的宣传站；林业行政执法、森林资源保护的管理站；组织指导林业生产技术的推广站；引导林农兴林致富达小康的服务站；农村双文明建设的模范站。

（徐　洪）

【林业工作站建设合格县工作】　为了加强林业工作站建设，实现林业部提出的到 2000 年全国基层林业工作站建设 80％的县达到合格县的目标，林业部林业工作站管理总站下发了《关于“九五”期间林业工作站建设合格县有关问题的通知》（林站建［1997］2 号），要求各地林业主管部门要继续把林业站建设合格县工作作为林业站巩固、完善、提高的一项重要工作来抓，对申报的合格县要严格坚持验收制度，确保合格县质量，提高基层林业站整体水平。

1997 年，全国有 25 个省（区、市）及新疆建设兵团向林业部申报了 1996 年建成的林业工作站建设合格县材料，部林业工作站管理总站派出检查验收小组，按部颁林业站建设标准，对 29 个县（市）进行了抽查。最后确认北京市昌平县等 252 个县为 1996 年全国林业工作站建设合格县（附件），林业部以《林业部关于公布 1996 年全国林业工作站建设合格县的通报》（林站通字［1997］164 号）文进行了通报。到 1996 年底全国林业站建设合格县的数量达到 849 个，占全国有规划建站任务县的 35％。

附件　1996 年全国林业工作站建设合格县

北京市

昌平县　延庆县　顺义县　大兴县　怀柔县　北京市丰台区　北京市门头沟区　北京市朝阳区　北京市房山区　北京市通州区

天津市

蓟县　天津市津南区

山西省

天镇县　灵丘县　阳高县　广灵县　浑源县　原平市　神池县　偏关县　宁武县　定襄县　岢岚县　离石市　孝义市　文水县　中阳县　兴县　汾阳市

临县　方山县　柳林县　岚县　交口县　石楼县　临汾市　侯马市　安泽县　浮山县　古县　翼城县　蒲县　大同市南郊区　大同市新荣区

内蒙古自治区

霍林郭勒市　奈曼旗　鄂托克前旗　五原县　突泉县　科尔沁右翼前旗

辽宁省

辽中县　康平县　瓦房店市　普兰店市　长海县　义县　兴城市　建昌县　盖州市　大洼县　辽阳县　阜新蒙古族自治县　灯塔市　铁法市　铁岭县　朝阳县　喀喇沁左翼蒙古族自治县　朝阳市龙城区　沈阳市东陵区　大连市经济技术开发区　鞍山市千山区　葫芦岛市龙港区　铁岭市银州区　铁岭市清河区

吉林省

蛟河市　磐石市　公主岭市　四平市铁东区　辉南县　长岭县　前郭尔罗斯蒙古族自治县　吉林市昌邑区　吉林市龙潭区　白山市八道江区

黑龙江省

克山县　克东县　宝清县　鸡东县　东宁县　桦南县　勃利县　五常市　鹤岗市东山区　佳木斯市郊区　黑河市爱辉区　七台河市新兴区　七台河市桃山区　七台河市茄子河区

江苏省

溧水县　丰县　宿豫县　无锡市马山区

安徽省

濉溪县　桐城市　广德县　贵池市　淮北市相山区　淮北市烈山区　淮南市八公山区　芜湖市马塘区　芜湖市鸠江区

福建省

闽侯县　闽清县　石狮市　惠安县　华安县　宁德市　福鼎市　周宁县　厦门市同安区　莆田市城厢区　漳州市芗城区

江西省

德安县　余江县　南丰县　永新县　新干县　泰和县　宁都县　寻乌县　定南县　全南县　萍乡市芦溪区　九江市庐山区

山东省

长清县　胶南市　即墨市　广饶县　龙口市　栖霞市　莱州市　文登市　兖州市　邹城市　金乡县　泗水县　新泰市　五莲县　平邑县　滨州市　无棣县　淄博市张店区　淄博市临淄区　枣庄市峄城区　威海市环翠区

河南省

通许县　宜阳县　沁阳市　封丘县　范县　许昌县　方城县　唐河县　夏邑县　柘城县　鹿邑县　扶沟县　泌阳县　固始县　郑州市管城回族区　洛阳市郊区　焦作市马村区　焦作市山阳区　鹤壁市郊区　安阳市郊区　南阳市卧龙区

湖北省

老河口市　石首市　武穴市　蕲春县　蒲圻市　恩施市　利川市　黄石市黄石港区　荆州市沙市区　荆州市荆州区　黄冈市龙感湖管理区

湖南省

隆回县　城步苗族自治县　汨罗市　湘阴县　宜章县　宁远县　江永县　芷江侗族自治县　郴州市北湖区

广东省

南雄市　曲江县　乳源瑶族自治县　丰顺县　五华县　博罗县　新会市　开平市　云安县　广州市白云区　韶关市北江区　河源市新丰江林业管理局

广西壮族自治区

扶绥县　上林县　宁明县　隆安县　田阳县　田东县　那坡县　河池市　巴马瑶族自治县　环江毛南族自治县　柳州市郊区　北海市银海区

海南省

海口市

贵州省

凤冈县　普定县　从江县　麻江县　台江县　剑河县

云南省

普洱哈尼族彝族自治县　景东彝族自治县　昌宁县　丽江纳西族自治县　中甸县

陕西省

户县　凤县　潼关县　西安市临潼区

甘肃省

嘉峪关市　定西县　渭源县　漳县　西峰市　合水县　正宁县　礼县　民勤县　金塔县　金昌市金川区

青海省

贵德县

宁夏回族自治区

贺兰县

新疆维吾尔自治区

巴楚县　沙湾县

新疆生产建设兵团

农八师

（张志刚）

【全国林业站社会化服务体系建设工作座谈会】 林业部林业工作站管理总站于8月12～16日在大连市召开了全国林业工作站社会化服务体系建设工作座谈会。各省（区、市）林业（农林）厅（局）主管基层林业站工作的处（站）长和32个基层林业工作站的代表共70余人出席了会议。29位基层林业工作站代表在会上介绍和交流了他们在开展林业社会化服务、发展多种经营、促进当地林业生产和经济发展方面的经验和成绩；7个省（区）林业厅总结了本省（区）加强林业社会化服务体系建设工作的经验和做法；会议还讨论修改了《林业部关于进一步加强林业社会化服务体系建设有关问题的通知（讨论稿）》、《乡村护林员管理办法（征求意见稿）》、《乡村护林员岗位规范（征求意见稿）》，参观了大连市金洲区的基层林业工作站。会议结束时，林业部林业工作总站徐洪总站长作了《加强林业社会化服务　兴林富民富行业》的总结讲话，总结了基层林业工作站在开展林业社会化服务方面的8条经验，一是领导重视、政策引导、多方扶持；二是建立健全服务网络；三是强化服务功能、为林农提供产前、产中、产后系列化服务；四是积极开展技术咨询和技术服务、推广林业新技术；五是大力发展第二、三产业等多种经营；六是积极创办生产基地；七是积极引导林农走股份合作、规模经营的林业发展道路；八是开展横向联合，实行优势互补。徐洪总站长在讲话中，要求各地今后在加强林业社会化服务体系建设工作时，要切实抓好八个方面的工作。

（伍步生）

【加强基层林业站社会化服务工作】　为促进林业社会化服务工作尽快实现规范化、系统化和科学化，使林业社会化服务更有针对性，更切合林业生产实际，1997年林业站把加强社会化服务作为重要工作，总结经验，提出新的措施，并于12月9日以林站通字[1997]157号发出通知，就基层林业站开展林业社会化服务工作中的有关问题提出具体要求。

根据过去的经验，在新形势下，林业社会化服务的原则是，开展林业社会化服务必须坚持依法管理和自愿相结合的原则。要根据当地的实际情况和林农的实际需要因地制宜设立服务项目，不断提高服务质量和服务效益。鉴于林业行业的特殊性，各级林业服务组织必须始终把发展和保护森林资源，充分发挥森林和林木的生态效益、经济效益和社会效益贯穿于林业社会化服务的全过程。

林业社会化服务的主要内容是，指导集体、林农和造林专业户做好造林调查规划设计，开展造林技术咨询，提供优质种苗；积极配合上级主管部门做好森林病虫害防治、森林防火、野生动植物资源保护工作，严格执行森林采伐限额；积极引导林农发展科技含量高、投资少、见效快、收入高的项目；协同当地的供销、外贸、金融等部门做好林产品的加工、储运、销售服务工作，及时向林农提供市场营销信息；加强对乡村林业经济组织和广大林农的政策指导；积极开展科技推广工作，普及推广先进技术和优良品种，提高林业生产的科技含量；积极配合财政、金融和上级主管部门以有偿投资、联营分利等形式，加大对林业的投入；做好培训和信息服务工作，提高林农科技水平。

为使林业社会化服务工作正常开展，各级政府和林业行政管理部门必须遵循7项保障措施：①进一步理顺林业站的管理体制。②认真做好林业工作站的定编和人员补充工作，保证林业工作站机构、人员和管理体制的稳定。③林业站人员的事业经费纳入当地的财政预算。④允许林业站按照“技物结合”的原则，做好林业生产资料的供应服务工作。⑤支持林业站开展多种经营，创办经济实体，增强自我发展能力。⑥积极支持林业站建立生产示范基地，促进林业科学技术的普及和推广。⑦加强对服务组织的领导与协调。

（周　戡）

【加强基地建设和多种经营】　近年来，各级林业主管部门高度重视基层林业站大力发展多种经营，采取政策引导、经济扶持、项目把关、技术指导等有力措施，为其开展多种经营创造良好的外部条件。基层林业站以本地资源为依托，以建立林业生产基地为突破口，以市场为导向，一、二、三产业同时发展，多种经营活动呈现出蓬勃发展的良好态势，取得了令人鼓舞的成绩。截至1997年底，全国已有20 132个林业站开展多种经营，占总站数的53.7%；共创产值39.7亿余元，利润达4.4亿元。江苏、北京、天津全部林业站开展了多种经营，山西、辽宁、新疆生产建设兵团、上海、浙江等省（市）搞多种经营的站超过80%。江苏、辽宁、浙江、湖北、河南、福建等省及新疆生产建设兵团林业站多种经营产值突破亿元。全国共建立林业生产基地80.9万公顷，并且通过基地的示范、辐射作用，加速了林业科技成果和先进实用技术的普及、推广和转化，促进集体林区产业化发展和兴林富民。

通过建立生产基地、开展多种经营、创办经济实体，壮大了林业站的经济实力，既弥补了事业经费的不足、改善了职工办公和生活条件，又增强了社会化服务能力，同时还为当地林业发展和社会公益事业作出了重要贡献，深得群众拥护和认可，进一步巩固了自己的地位，在群众中树立了良好的形象。江苏省扬中市新坝林业站共创办16个经济实体，生产的电缆、桥架、开关柜、硅橡胶、四氯制品等产品远销国内外，1997年实现产值1.6亿元，利润1800万元。该站先后从多种经营收入中拿出100多万元用于全镇的绿化和修桥筑路、发展教育等社会公益事业。广西北海市铁山港区南康林业站积极探索，大胆尝试，发挥自身优势，于1985年创办面积达1000公顷的股份制林场以及与之配套的年产苗百万株的中心苗圃，带动和促进了该镇的社会造林。他们还先后建立了年产值1000万元的木片厂、年产值200万元的砖厂以及林业机械工程公司和林业开发公司等经济实体，1997年全站创收160余万元。近五年来，林业站每年都要拿出近40万元支持中小学办学、抗震救灾、修堤筑坝、慰问军烈属、五保户和困难户等。

但从总体看，此项工作开展不平衡，总的趋势是东部比西部好，沿海较内地强。尤其西北贫困地区，经济基础薄弱，社会环境不理想，缺乏开展经营服务最起码的条件，客观上造成一定困难。但是，凡是有条件的基层林业站，应尽快适应社会主义市场经济的要求，更新观念，抓住机遇，勇于开拓，敢闯新路。充分发挥自身优势和资源优势，广辟多种经营门路，先易后难、由小到大、滚动发展。（许 绠）

【“双证”教育初见成效】 根据基层林业站基本情况统计，到1997年底，全国已累计完成站长岗位培训34 814人次，工作人员岗位培训91 640人次；1997年多渠道学历教育在校生共17 234人，其中：林业大专班在校生2093人占12.1%，林业中专班在校生为3010人，占17.5%，依托农广校，参加林业中专班和专业证书班学习的在校生为12 131人，占70.4%。本次统计显示，在基层林业站人员多渠道参加学历教育中，进入农广校学习的占2/3强，广东省已有178名农广校中等专业证书班毕业生获得中等专业证书并到部总站办理了验印。这既说明林人职字［1995］43号文件下发后各省区林业站主管部门做了大量工作，也证明了在基层林业站点多面广、人少事多、收入不高的情况下，农业广播电视教育这种形式较为适合。

从文化程度来看，全国37 518个基层林业站共有在编人员136 605人，其中：大专及以上学历的为11 710人，占8.57%，中专学历的为34 235人，占25.06%，高中学历的为37 402人，占27.38%，初中文化的为31 620人，占23.15%，其余为初中文化以下的约为21 638人，占15.84%。与88年统计资料相比，大专及以上学历、中专学历和高中文化的百分比分别提高了2和6.16个百分点，初中及以下文化者下降了8.57个百分点。

通过多年的岗位培训和学历教育，基层林业站职工的个人素质有了明显提高，也带动了基层林业站职工队伍整体素质的提高，特别是在政治、文化、业务和技术素质等方面有所提高，促进了林业站职能作用的发挥，也为林业行业关键岗位实施上岗资格证和实现林业经济增长方式的改变奠定了基础、储备了人才，推动了当地两个文明建设。（张晓辉）

林业计划统计

林业计划·基本建设

林 业 规 划

【全国生态环境建设规划（林业专题）】

指导思想 应用生态经济学原理，稳步实施林业分类经营战略，以保护和发展森林资源为中心，以长江、黄河流域和西北地区的生态环境治理为突破口，通过造林绿化，防治荒漠化，保护与恢复天然林及野生动植物资源，控制水土流失和土地荒漠化，保护生物多样性，从根本上解决长江水患、黄河断流和西北地区荒漠化迅速扩大问题，增强抗御自然灾害的能力，遏制和改善日趋恶化的生态环境状况。

基本构架

1. 大力推进全国造林绿化步伐，提高全国整体绿化水平。

2. 从林业在生态环境建设中的主体地位出发，从保护和治理两个方面入手，布局林业生态防护林体系建设工程9个、防治荒漠化工程、天然林保护工程、自然保护区建设工程、野生动植物保护工程、湿地保护工程、森林公园生态建设工程。

3. 把长江、黄河两大流域和主要荒漠化地区六个生态环境恶化区域（即三峡库区及嘉陵江流域、川西林区、云南金沙江流域、黄河中游水土流失区、黄土高原风沙区、青海黄河源头）作为治理重点，实施跨流域、跨省（区）、跨世纪的大型林业生态工程建设。

目标与建设任务

总体目标 到2050年，宜林地全部绿化，林种、树种结构合理，森林覆盖率稳定在26.2%，水土流失和荒漠化造成的生态环境问题基本得到控制，各类自然保护区的布局和面积总量达到合理水平，典型湿地生态系统和各种野生动植物得到有效保护，实现生态环境与国民经济协调发展。

建设任务 1998～2050年共计划营造林任务，17 315万公顷，其中人工造林10 601万公顷，飞播造林2226万公顷，封山育林4488万公顷。

1998～2010年完成7417万公顷，其中人工造林4350万公顷，飞播造林687万公顷，封山育林2380万公顷。

（王维亚）

【林业经济增长方式转变研究】

总体思路 从资源条件、技术水平、所处的经济发展阶段和现实林业经济基础出发，注意经济增长的渐进性和区域发展的差异性，以提高经济效益和经济增长的质量为中心，以市场需求为导向，大力发挥我国林业生产要素的整体优势和区域比较优势，充分挖掘潜力，加快开发和对外开放的步伐，提高资源配置效率，实现规模经营；依靠科技进步和提高劳动者素质，提高经济增长的科技含量，增强林业商品的市场竞争力和占有率；以改革为动力，通过不断深化改革，促进产业结构的优化升级和林业经济整体素质以及综合效益的提高，实现建设比较完备的林业生态体系和比较发达的林业产业体系的林业发展的总体目标。

基本目标 从偏重速度转移到以提高经济效益为中心的轨道上来；要从偏重依靠资源、资金、劳动力基本生产要素转移到依靠科技进步和提高劳动者素质的轨道上来；要从注重外延式、粗放经营转移到内涵式、集约经营的轨道上来。

转变林业经济增长方式应处理好的几个关系 一是处理好转变林业经济增长方式与林业经济体制改革的关系；二是处理好林业经济增长与环境建设的关系；三是处理好支柱产业与基础产业、新兴产业与传统产

业、资金技术密集型产业与劳动密集型产业间的关系；四是处理好内涵发展与外延扩张、立足现有基础与新建项目的关系；五是处理好科学布局和发展规模经济的关系；六是处理好转变林业经济增长方式与不同地区林业经济发展的关系；七是处理好政府扶持与面向市场的关系；八是处理好引进与自身挖潜的关系。

林业经济增长方式主要途径 ①调整林业产业结构，积极培育支柱产业，构建比较发达的林业产业体系，带动林业经济的全面发展和林业经济增长质量和效益的提高。②实施分类经营，建设各类基地，实行贸工林一体化，促进林业由粗放经营向集约经营转变；③强化科教兴林，加快技术进步和技术改造步伐，提高企业技术装备水平和科学管理水平；④推进现代化企业制度建设，转换企业经营机制，加大企业组织力度，实施大公司、大集团战略，发展规模经济，实现规模效益；⑤调整、优化投资结构，加大技术改造投资力度；⑥大力提高资源利用率，实施资源节约型发展战略。

（陈宏坤）

【长江、黄河流域生态环境林业重点治理工程实施规划】

建设范围 长江、黄河中上游流域的云南金沙江林区、川西林区、三峡库区及嘉陵江流域、青海黄河源头地区、黄河中游水土流失区、黄土高原风沙区等六个重点治理区，地跨11个省（区、市），共411个县（市、区、旗）。

指导思想 以《全国生态环境建设规划纲要》为指导，在十大林业生态工程总体布局下，对长江、黄河流域生态环境恶化的严重地区进行重点治理，以控制天然林采伐量、扩大和恢复林草植被为中心内容，以保护恢复天然林、控制水土流失和土地荒漠化为重点，遏制和改善长江、黄河流域日趋恶化的生态环境状况，提高抗御自然灾害能力。

建设目标 利用20年左右的时间，长江流域治理区森林覆盖率提高23.2个百分点；利用30年左右的时间，黄河流域治理区森林覆盖率提高17.0个百分点。

长江流域 到2010年，重点治理区新增森林面积867万公顷，森林覆盖率提高14.3个百分点，治理水土流失面积1150万公顷，治理荒漠化土地面积45万公顷，减少输入长江的泥沙量2.7亿吨/年。基本控制水土流失及荒漠化扩大趋势。

黄河流域 到2010年，重点治理区新增森林面积894万公顷，森林覆盖率提高12.4个百分点，治理水土流失面积1015万公顷，治理荒漠化土地面积350万公顷，减少输入黄河的泥沙量6.2亿吨/年。水土流失及荒漠化土地扩大趋势得到基本控制。

建设任务 第一阶段（1998～2010）的主要建设任务为营造林2431万公顷，其中：人工造林1701.7万公顷、封山育林486.1万公顷、飞播造林243.2万公顷；三峡库区及嘉陵江流域523.2万公顷，川西林区360.1万公顷，云南金沙江流域201.3万公顷，黄河中游水土流失区792.2万公顷，黄土高原风沙区369.8万公顷，青海黄河源头184.4万公顷。（王维亚）

【澜沧江—湄公河次区域经济合作林业规划】

指导思想 以加快澜沧江—湄公河次区域经济合作进程，促进该区域生态环境改善，坚持开发与保护并重，以林业资源为依托，以市场和社会需求为导向，以优势资源开发为重点，高起点、规模化、集约化、产业化经营，形成经济效益好、科技含量高、产业关联度强的林业对外开放的新格局。

建设目标 到2010年，基本建立比较完备的林业生态体系和比较发达的林业产业体系。建立和完善了生物多样性和自然保护网络；以防护林体系建设为主体的生态屏障的防灾减灾效益显著，生态环境得到根本改善；通过建立珍贵用材、名特优新经济林、珍稀花卉等基地，开发森林和旅游两大优势资源，形成经济效益好、科技含量高、产业关联度强、面向中国、东南亚、南亚三大市场的林业资源开发型群体支柱产业；构建生态、经济、社会三大效益相统一的可持续发展的林业对外开放的新格局，成为大西南乃至中国林业走向国际的重要桥梁和纽带。

主要指标 到2010年，森林覆盖率由38.3%提高到50%以上；治理水土流失面积160万公顷，治理风沙化土地面积4.4万公顷，水土流失面积比率由目前的28.7%下降到10%左右；新建珍贵速生用材树种培育基地7.8万公顷；新建名特优新经济林基地16.8万公顷；5个山茶花、杜鹃等珍稀花卉资源培育基地，每年组织繁殖珍贵花卉苗木500万株；森林旅游业成为林业六大支柱产业之一，年产值达30亿元，年接待海内外游客1000万人次；林产加工业年新增产值16亿元。

主要合作领域 ①生物多样性和野生动植物保护。加强5个国家级自然保护区基础设施建设，新建1个国家级自然保护区和11个省级自然保护区，新增保护区面积达27万公顷。②生态屏障建设。营造多功能防护林176万公顷。③林业资源开发利用与后续资源培育。合作开发以思茅林区为重点的澜沧江流域森林资源；积极参与缅甸等周边国家森林资源开发与林产品加工；建立国内外原材料基地，新增木材生产规模190万立方米；新建工业原料林基地31万公顷；新建珍贵速生用材树种培育基地7.8万公顷。④山区综合开发。新建名特优新经济林基地16.8万公顷；在大理、保山、思茅、景洪、丽江等5个市（县）建立山茶花、杜鹃等珍稀花卉资源培育基地。⑤森林旅游。建设滇中、滇西北、滇西、滇西南、滇东北、滇东南六大森林旅游区。⑥林业科研和基础设施建设。（王维亚）

林 业 计 划

【林业生产计划安排】 1997年，全国林业生产计划安排：①造林合格面积443.7万公顷，其中：人工造林核实合格面积334.94万公顷，飞播造林核实合格有效面积108.8万公顷。②封山育林核实新封面积364.22万公顷。③本年新育苗面积11.54万公顷。④中幼龄林抚育面积516.6万公顷。⑤全民义务植树205111万株。

在林业生产计划中，东北、内蒙古国有林区森林工业企业营林生产计划，人工造林核实合格面积9.27万公顷，采伐迹地人工更新合格面积9.75万公顷，育苗本年新育面积520公顷，中幼龄林抚育面积60.35万公顷。

1997年林业生产计划安排的特点：①加快造林绿化速度。按照全国造林绿化规划纲要的要求，全年造林合格面积计划增加34.87万公顷；②进一步调整造林方式。1997年，林业部调整造林方式，根据飞播造林成本低，见效快的特点，加大飞播造林的力度，重点增加西南、西北飞播造林任务。1997年飞播造林核实合格有效面积增加33.67万公顷；③种苗培育。按照林业分类经营的要求，采用先进的育种育苗实用科技成果，发展适合本地区的优良品种，满足造林绿化对种苗的需要。 （傅丽文）

【森林工业生产计划安排】 1997年，全国森林工业生产计划安排：①木材产量5726万立方米，其中：等内原木上调量460万立方米（含造纸材60万立方米）。②森林总采伐量22597.7万立方米，其中：商品材采伐量9418.04万立方米，商品材产量5726.6万立方米。③东北、内蒙古国有林区森林工业企业木材总产量1704.6万立方米。其中：主伐面积30.67万公顷，出材量1058.75万立方米；抚育间伐面积1025.83万立方米，出材量645.85万立方米。④人造板615.4万立方米。⑤松香40.6万吨。⑥木片258万实积立方米，其中：出口木片142.7万实积立方米。

森工生产计划安排的特点：①调整木材生产方式，进一步加大森林保护力度。一是调减国有林区木材产量，林业部从保护生态环境的大局出发，适时提出了木材生产要尽快从采伐天然林为主转到采伐人工林为主。1997年国有林区木材产量比1996年减少129万立方米，其中：东北、内蒙古国有林区减产59万立方米；西南国有林区减产70万立方米。二是调整采伐方式，东北、内蒙古国有林区加大抚育间伐比重。从采伐方式上严格限制主伐中皆伐面积，加大抚育间伐比重，1997年东北、内蒙古国有林区森工企业抚育间伐比重比1996年提高16个百分点。②加强木材生产计划管理，进一步维护计划的严肃性。根据“三总量”检查结果报告，林业部对1995年超总采伐量和木材生产计划指标的省区，采取调减1997年总采伐量和木材生产计划指标及扣减国家预算内基本建设投资的宏观调控。

（傅丽文）

【国有林区森林工业非经营性基本建设投资计划安排】 1997年，国有林区森林工业非经营性基本建设投资计划安排16 279万元。

1. 国有林区管理局以上森林工业非经营性基本建设投资计划安排4339万元。其中：住宅建设1867.5万元，医院建设223万元，学校建设1097.2万元，科研项目314万元，其他投资837.3万元。

2. 国有林区企业森林工业非经营性基本建设投资计划安排9690万元。其中：给水工程1749万元，医院建设2166万元，学校建设1806万元，油库搬迁295万元，危房改造2749万元，其他投资925万元。

3. 国有林区森林工业企业天然林保护工程试点单位投资计划安排2250万元。 （傅丽文）

【林业部直属单位基本建设计划执行情况】

林业部直属单位基本建设投资总量继续增长 1997年，林业部直属单位完成基本建设投资38 492万元，其中国家投入33 961万元，自筹建设资金4531万元。与1996年相比，国家预算内基本建设投资增加5161万元，增长幅度为18%，林业部直属单位的国家预算内基本建设投资在林业行业预算内投资中所占比重由1996年的32.7%提高到1997年的35.7%，提高2.9个百分点。

林业部直属单位基本建设投资规模过度膨胀和基本建设战线过长的势头得到遏制 针对部直属单位基本建设投资规模过度膨胀和基本建设战线过长的问题，实行“一压、二控、三保”原则：“一压”是指压缩基本建设战线。“二控”是指严格控制新批楼堂馆所项目，控制新开基本建设项目的资金投入。“三保”是指保重点、保在建、保收尾。

调整和优化投资结构，促进资金向科技教育和职工住宅倾斜 ①增加了林业科技投入，1997年共安排科技投资4977万元，比1996年增加1942万元，增长幅度为64%；②增加了林业教育投入，1997年安排教育投资6031万元，比1996年增加596万元，增长幅度为11%；③加大了林业部直属单位职工住宅建设力度，1997年，林业部直属单位职工住宅在建面积近10万平方米，完成投资9444万元，当年竣工面积4.26万平方米。

多渠道、多形式、多方位筹集建设资金 1997年，林业部直属单位加大创收力度，通过土地合理适度开发、争取国内外捐赠、职工集资等多种形式共筹集建设资金4531万元。

强化管理工作 一是按照1997年计划会议的要求，林业部直属各单位普遍加强了工程建设管理，对单项工程实行招投标制，加强了工程监理，提高了工程建设质量；二是对林业部直属各单位基本建设项目进行了开工前审计、建设项目决算审计等工作。三是开展了基本建设执法检查监督工作，强化了监督约束机制，促进了部直属单位建设项目的全过程规范化管理。

（杨旭东）

【中央级“拨改贷”资金本息余额转国家资本金或豁免情况】 1997年，林业部积极落实国家计委、财政部《关于中央级“拨改贷”资金本息余额转为国家资本金的实施办法》（计投字［1996］2801号）和国家国有资产管理局《关于积极配合做好中央级“拨改贷”资金本息余额转为国家资本金工作的通知》（国资统发［1997］1号文件精神），严格按照国家有关规定、程序和要求，审查核实每一个单位的材料，完成了1979～1988年中央级“拨改贷”转资本金的工作。

考虑到事业单位使用的中央级“拨改贷”资金主要用于种苗工程，“三北”、长江中上游、沿海地区防护林工程，森林防火，林业科技推广，林业教育，飞播造林，规划调查设计及林业工作站等营造林项目和基础建设，主要体现的是生态效益和社会效益，经济效益甚微，不具备还款能力，经国家同意后，这部分资金全部豁免。企业单位（包括企业化管理的事业单位）使用的中央级“拨改贷”本息余额转为国家资本金。到1997年底，林业全行业中央级“拨改贷”本息余额转国家资本金的工作结束，转为国家资本金的中央级“拨改贷”本息余额为26.39亿元（本金19.82亿元；利息6.57亿元），豁免的“拨改贷”本息余额为3.10亿元。

（金龙范）

【林业经济结构战略性调整】 1998年林业生产、建设计划安排体现了以下几个方面的调整：

调整生态环境战略布局 实施长江、黄河流域及黄土高原风沙区生态环境林业重点治理工程，实现重点突破。

调减国有林区木材产量 实施国有林区天然林资源保护工程，实现国有林区可持续发展。到本世纪末，国有林区天然公益林完全停止采伐，兼融林控制采伐量，逐步加大抚育伐，停止主伐。从1998年开始，国有林区3年减产1000万立方米，其中：1998年减产215万立方米；国有林区现有130万林业职工分别向营林、林产工业和林农复合经营等方面转移，3年计划分流110多万林区职工，其中1998年分流30万人。

调整林业产业经济结构 通过减产分流、改组改造，推动林业经济增长方式的转变。

林产工业项目调整 重点培植一批经济实力较强的大中型骨干企业，发展新产品和深度加工项目。

林业产品结构调整 重点发展新型人造板及其综合利用，提高松香、松节油的加工深度，发展经济林果的深加工。

以增量激活存量，带动和推进存量投资结构调整

调整“灭荒”省区投资结构 允许各省区按投资总量的20%调整投资投向，加大森林经营、森林保护、林业科技服务体系等项目投资力度。

调整生态工程投资投向 工程投资向工程重点县、示范县以及重点项目倾斜，用于重点项目的投资不低于工程总投资的75%。

科教投资结构调整 按照资金集中投放的原则，科教投资1998年集中向部直属单位倾斜。推广获得国家科技成果奖的科研成果，尽快促进这些科研成果转化为现实生产力。

种苗工程投资结构调整 集中保证林业部批复的全国21个区域性良种繁育中心建设需要。

森林防火投资结构调整 防火投资安排重点保证国有林区、国家级自然保护区和防火重点治理区建设的需要，集中部分资金抓一批重点建设项目，抓专业扑火队装备建设，抓应急装备储备库建设。

增量投资结构调整 重点保证实施六个重点生态治理区建设和重点保证实施国有林区天然林保护工程的投资需求。国家承担投资主体，实行严格的项目管理。

调整造林方式 加大飞播造林、封山育林力度，相应减少人工造林比重。

（闫　振）

林 业 基 本 建 设

【营造林和野生动植物保护】

1.1997年，林业部审批了4处国家级自然保护区可行性研究报告（续建工程2项）。批复总投资3007.8万元，其中：国家投资1373万元，地方配套1634.8万元。

2.审批了贵州黎平、四川成都和浙江衢县3个良种繁育中心建设项目的可行性研究报告，批复投资分别为260万元、363.4万元和271万元，其中：国家投资分别为140万元、109万元和122万元，地方配套为120万元、254.4万元和149万元。

3. 向国家计委上报了云南金沙江、重庆长江、陕西省二期中德合作生态造林工程项目建议书和山西北部中德合作生态造林工程可行性研究报告的初审意见。向国家计委上报了长江黄河流域生态环境林业重点治理工程内蒙古、山西、河南、湖北、重庆、四川、云南、陕西、宁夏、青海、甘肃11个省（区、市）14个项目可行性研究报告的初审意见。 （吕光辉）

【森林工业非经营性建设】 1997年，林业部审批非经营性建设项目13个，批复总投资7518.6万元，其中：国家投资4164.2万元，自筹3354.4万元。

1. 管理局以上行政事业单位非经营性基本建设项目8个。批复总投资4333.2万元，其中森林工业非经营性基本建设投资2572.2万元，自筹1761万元。

2. 森林工业企业社会性建设项目5个。批复总投资3185.4万元，其中森林工业非经营性基本建设投资1592.2万元，企业自筹1593.2万元。

3. 对国有林区在建林业局的建设项目进行方案调整。东北、内蒙古和西北国有林区森林工业采运项目进行调整概算优化设计；西南国有林区森林工业采运项目参照东北、内蒙古的办法调整建设方案。

（吕光辉）

【林产工业建设】

向国家计委报送初审意见项目 ①内蒙古莫尔道嘎林业局中密度纤维板厂可行性研究报告，建设规模为年产中密度纤维板10万立方米，项目总投资41 425.5万元（含外汇2170万美元）；②内蒙古满归林业局刨花板厂项目建议书，建设规模为年产刨花板7.5万立方米，项目总投资18 571.6万元（含外汇685万美元）；③广东省京广人造板有限公司中密度纤维板项目建议书，建设规模为年产中密度纤维板10万立方米，项目总投资58 687.8万元。

已批项目建议书项目 ①广东省湛江木浆厂，建设规模为年产漂白商品浆51万吨，配套建设原料林基地18万公顷，总投资84.9亿元（含外汇4.3亿美元），其中：浆厂投资77.9亿元，原料林基地建设投资7亿元；②山西省吕梁地区中密度纤维板厂，建设规模为年产中密度纤维板5万立方米，项目总投资30 104万元（含外汇1800万美元）。

已批可行性研究报告的项目 ①内蒙古自治区兴安盟五岔沟林业局刨花板厂，建设规模为年产刨花板5万立方米，贴面板180万平方米，项目总投资21 472万元（含外汇1254万美元）；②四川省宜宾制材厂中密度纤维板项目，建设规模为年产中密度纤维板5万立方米，项目总投资27 328万元。

新开工项目 ①广东省潮州市虫胶厂PU接着剂系列产品，项目总投资1550万元；②湖北省恩施土家族苗族自治州林产工业公司集成材项目，建设规模为年产集成材6000平方米，项目总投资1496万元；③湖北省林业勘察设计院复模胶项目，建设规模为年产复模胶3000吨，项目总投资1000万元；④湖北省襄樊市林业物资总公司木芯板项目，建设规模为年产木芯板1万立方米，项目总投资1268万元；⑤湖南省永州市木材公司指接材项目，建设规模为年产指接材6000立方米，项目总投资1500万元；⑥湖南省桃江县林业局复塑竹质复合板项目，建设规模为年产复塑竹质复合板5000立方米，项目总投资2089万元；⑦浙江省龙泉市林产工业公司造纸变性淀粉厂，建设规模为年产造纸变性淀粉1万吨，项目总投资2461万元；⑧安徽省潜山县浩川林业开发公司纸浆模塑餐具厂，建设规模为年产纸浆模塑餐具12 000万只，项目总投资2500万元；⑨安徽省南陵县刨花板厂，建设规模为年产刨花板3万立方米，项目总投资3280万元；⑩安徽省庐江县林业开发总公司装饰材料厂，建设规模为年产铝塑复合建筑装饰材料90万平方米，项目总投资3500万元。 （刘跃祥）

【林业部直属单位基本建设】

项目审批情况 1997年，共审批了10个项目的可行性研究报告，3个项目的初步设计，并对南京林业大学图书馆、东北林业大学动物学院教学楼、北京林业大学风雨操场、南京人民警察学校职工住宅等7个项目的设计概算进行了调整。

全年新批项目16个，总建筑面积4万平方米，总投资1.2亿元，其中国家预算内基本建设投资7647万元。主要项目有：①中国林业科学研究院职工住宅：5690平方米，总投资920万元。②中国林业辐照中心：建筑面积3000平方米，总投资2000万元。③北京林业大学6号学生宿舍拆建：7000平方米，总投资1120万元。④东北林业大学32号教职工住宅：6700平方米，总投资603万元。⑤南京林业大学“安居工程”：20 000平方米，总投资2200万元。

项目清理 1997年5月，全面清理部直属事业单位的基本建设项目，对西南林学院、中南林学院等单位的基本建设项目进行了调整，共核减投资900万元，用于新项目的建设，以达到优化投资结构、提高投资效益的目的。 （唐利军）

林业勘察设计行业管理

【林业工程勘察设计行业管理】 1997年，林业部综合计划司基建处主要参与行业管理工作：

1. 完成了跨行业风景园林专业资质证书审批工作：北京林业大学风景园林建筑设计院获甲级资质证书；林业部华东林业调查规划设计院获乙级资质证书。

2. 经交通部批准完成金杉监理公司（林业部昆明勘察设计院）交通监理乙级单位资格证书审批工作；林业系统有49名工程技术人员获交通监理工程师证书。

3. 完成了一级注册建筑师考核、培训、登记注册工作。经建设部、全国注册建筑师委员会批准，有10人获一级注册建筑师资格。

4. 按建设部统一部署完成了金杉监理公司、黑龙江省飞天监理公司单位甲级资质证书定级工作。

（赵莲桂）

【林业工程质量监督和造价管理】 根据林业部综合计划司《关于开展1997年度林业建设工程质量检查工作的通知》（林计基［1997］101号），林业部综合计划司组织有关专家分别对黑龙江省、吉林省、四川省进行林业工程质量抽查，发现以下主要问题：①施工、安装企业安全生产意识比较差；②由于资金不到位，施工企业滞资施工，出现严重质量问题不能及时返工处理。③个别工程质量问题较大。

检查组针对以上问题对建设单位提出整改措施和意见。

根据建设部《关于做好第二批造价工程师执业资格认定工作的通知》、《关于做好第二批甲级工程造价咨询单位资质申报工作的通知》精神，1997年开展了林业工程造价工程师和甲级工程造价咨询单位认证和资质申报工作 。 （康海军）

【林业工程建设标准化】 1997年，林业工程建设标准工作重点是为适应投资体制改革需要和围绕政府宏观决策，组织修订、制订了有关林业工程建设标准、规范和经济定额五项，其中标准、规范3项，定额2项。

（康海军）

林业技术改造与农业综合开发

【林业技术改造工作】

1.1997年，林业技术改造工作主要是对人造板、林产化工、林业机械、木浆造纸等企业进行了调整产品结构，提高产品质量和档次，增加新产品，促进规模经营等方面的技术改造工作。编报和下达了1997年技术改造专项贷款项目计划，共62项（包括“双加”限上项目1项）。技术改造投资总额为11.4亿元，其中：国家安排技术改造专项贷款7.32亿元（农业发展银行6.275亿元，中国建设银行0.34亿元，中国工商银行0.705亿元），比年初计划规模4亿元，增加了3.32万元，增幅83%。

1997年共完成技术改造项目51项，包括结转的竣工项目完成投资总规模13.9亿元；其中技术改造专项贷款9.25亿元，现汇贷款1400万美元。新增生产能力为：人造板34万立方米，二次加工1130万平方米等，新增产值30亿元。

2.“九五”技术进步试点企业和综合试点林业局规划项目实施。1997年，对试点企业改造项目作了优先安排，实施项目17项（其中新开工10项），安排当年投资3.4亿元，其中专项贷款2.07亿元，分别占全年总数的27.8%，30.34%，28.93%。到年末，41家试点企业已安排技术改造项目36个，投资10.67亿元，其中专项贷款6.47亿元。

3. 林业部表彰了“八五”期间全国林业技术改造优秀项目16个，先进工作者14人。

4. 做好技术改造项目的前期工作，审批了苏州林业机械厂等技术改造项目的项目建议书和可 行性研究报告10项。做好股票上市企业技术改造项目的审批工作，引导社会资金用于重点企业的技术改造。“双加”二期工程常林股份公司大型装载机制造项目开始启动实施并列入了1997年计划。 （胡迎端）

【全国山区综合开发】 1997年3月，山区综合开发处成立，核定编制8人，业务上受计划司领导。

山区综合开发处的主要职责：一是组织研究和拟定全国山区综合开发总体战略和重大政策、措施；二是负责对外联络和对内协调山区综合开发示范工作；三是组织制定山区综合开发示范县规划和实施方案，并监督检查执行情况；四是承担山区综合开发示范县项目审查、归口管理和行业指导工作；五是负责制定山区综合开发示范县年度项目和年度计划并监督检查执行情况；六是负责筹措山区综合开发示范资金以及资金使用协调工作；七是负责组织山区综合开发的对外宣传工作；八是负责组织山区综合开发示范的技术指导和人才培训；九是负责组织使用专项贷款项目的检查、验收工作；十是承办山区综合开发协调小组部际联席会；十一是完成全国山区综合开发协调小组交办的其它工作。

4月18日、19日，全国山区综合开发暨林业对口扶贫工作会议在贵阳市召开，国务委员陈俊生同志与会并作重要讲话，协调小组各成员单位也派主管领导参加了会议。会议共同研讨了如何搞好山区综合开发示范工作的总体思路，并全面总结了近年来全国山区综合开发示范工作的经验。

经国务院研究决定，全国山区综合开发示范县由原来的24个增加35个，总数达到59个，新增35个全国山区综合开发示范县是：北京市平谷县，天津市蓟县，河北省宽城县、迁西县、易县，山西省和顺县，内蒙古自治区赤峰市松山区、凉城县，黑龙江省伊春市南岔区、通河县，吉林省靖宇县，江苏省溧阳县，浙江省龙泉县，安徽省金寨县、广德县，福建省长泰县、泰宁县，江西省安远县，山东省五莲县，河南省洛宁县，湖北省房县、红安县，湖南省江永县、桃江县，广西壮族自治区贺县，四川省长宁县、沐川县，贵州省独山县，云南省凤庆县、德钦县，西藏自治区朗县，陕西省清涧县，青海省大通县，宁夏回族自治区彭阳县，新疆维吾尔自治区伊宁县。专项贷款由原来的3亿元增加4亿元，达到7亿元。新增的35个示范县已全部编制了山区综合开发“九五”规划并通过专家的评审论证。截至7月10日，7亿元专项资金已通过农业发展银行全部下达。共组织安排山区综合开发示范项目163个，其中：种养业项目105个，贷款规模占63%；水利水电项目10个，贷款规模占9%；加工业项目39个，贷款规模占23%。1997年中央财政贴息1893万元已于年前正式下达。 （曹 军）

【农业综合开发林业工作】 1997年，国家农业综合开发林业专项投资9100万元，较1996年增加1000万元，共新建、改造各类防护林、经济林58.1万公顷。其中长江中上游防护林41.2万公顷，投资3700万元；太行山绿化15.8万公顷，投资1500万元；名特优经济林、木本粮食0.8万公顷，投资2800万元；油茶低产林改造0.3万公顷，投资1000万元；林业花卉投资100万元，建设花卉基地3个。

1997年是国家实施大规模的农业综合开发工作第十个年头。据统计，10年农业综合开发累计完成各类防护林、用材林、经济林662万公顷。其中全国农业综合开发项目区10年累计营造农田防护林208.5万公顷，庇护农田1133万公顷；农业综合开发“长防林”工程从1989年启动，9年累计投入资金2.35亿元，完成营造林380.9万公顷；农业综合开发太行山绿化工程于1994年启动，4年累计投入资金4000万元，完成造林55.1万公顷。名优经济林、木本粮食等示范基地从1993年起开始立项建设，5年共投入资金1.06亿元，在全国24个省（区、市）的200多个县（市）共建设、改造各类名特优经济林基地5.5万公顷。油茶低产林改造从1990年开始列入国家农业综合开发项目，并在湘、赣、桂、浙、闽、鄂六省（区）的40个县实施。8年累计投入农业综合开发资金8500万元，改造低产油茶林12万公顷。林业花卉基地从1993年开始立项建设，5年共投入农业综合开发有偿资金500万元，在全国10个省（区、市）建设花卉基地13个。

（屠志方）

【农业综合开发10年成果展】 10月24～30日，由国家农业综合开发办公室主办的全国农业综合开发10年建设成果展在北京民族文化宫举行，全国31个省（区、市）和国务院农口有关部门参加了展览。林业部分主要从平原绿化、长江中上游防护林、太行山绿化、名特优经济林、花卉建设以及油茶低产林改造六个方面展示了10年来林业在改善农业生态环境，提高农业综合生产能力，为农牧业生产建立生态屏障等方面所取得的成就。经国家农业综合开发办公室组织的评委会评定，林业部的展览获得优秀组织奖和优秀设计奖两项大奖。

（屠志方）

【全国农业综合开发工作会议】 11月12～14日在杭州市召开。李鹏总理、姜春云副总理分别为大会发来了贺信，国务委员陈俊生同志出席了会议，并作了《再接再励，推动我国农业综合开发再上新台阶》的主题报告。国家农业综合开发联席会议成员单位负责同志，各省（区、市）、计划单列市农业综合开发领导小组（或联席会议）负责人、农业综合开发办公室主任、财政厅（局）长，农业发展银行主管行长，中央和国务院有关部门的负责同志参加了会议。在会上李育才副部长就10年来农业综合开发林业建设情况、林业在农业综合开发中的地位和作用以及下一步工作思路作了《充分发挥生态屏障作用，为农业综合开发再上新台阶作贡献》的发言；会上还有16个单位作了典型发言。会议代表参观了绍兴市农业综合开发项目区，大会还对农业综合开发先进单位、先进工作者和先进个人进行了表彰。

（屠志方）

【农业综合开发太行山绿化工程（1994～1996）通过国家验收】 5月，国家农业综合开发办公室组织由农业、林业、水利等部门参加的验收组对1994～1996年农业综合开发太行山绿化工程建设情况进行了验收，抽查了山西省的平陆和安泽两县。验收组对两县工程造林、资金使用、项目管理及档案管理情况进行了全面的检查验收。验收组认为太行山绿化工程已按计划完成了国家下达的造林任务，工程质量达到了国家标准，资金管理比较严格，工程管护责任落实，文档管理也比较规范，项目建设取得了较好的生态、经济和社会效益，一致建议通过国家验收。国家农业综合开发办公室根据验收组的意见，审查通过了对太行山绿化工程的验收，并颁发了验收合格证书。到1996年底，农业综合开发太行山绿化示范工程共完成营造林面积36万公顷，完成投资14 555万元，其中中央财政农业综合开发资金2500万元，中央林业基建投资1600万元。

（屠志方）

【三峡对口支援工作】 1997年，林业部继续加大三峡工程移民对口支援工作力度，全年共安排库区21个县各类资金9610万元，从以下几个方面支援三峡库区的移民工作：①以长江中上游防护林体系建设工程为重点，积极推进库区移民开发工作，全年投入中央资金947万元，营造林6.67万公顷；②大力扶持库区林业产业开发，促进库区区域经济发展，共安排三峡库区林业贴息贷款1140万元；③积极支持云阳、奉节、巫山3个县开展山区综合开发工作，共安排山区综合开发专项贴息贷款5000万元，并积极争取武隆县，秭归县列入新增山区综合开发示范县；④积极争取国外资金，加快林业建设步伐，争取世界银行贷款2523万元；⑤重视人才培养，在中南林学院举办了第三期三峡库区林业干部培训班，培训县（市、区）林业管理人才20人；⑥组织编制《三峡库区林业发展规划》；⑦组织部属公司赴三峡库区考察洽谈合作项目，共考察洽谈了20多个项目，部分项目达成意向性意见。

（于合军）

【三峡工程移民暨对口支援工作会议】 11月7～11日，国务院在湖北省宜昌市召开了三峡工程移民暨对口支援工作会议。李鹏总理出席了会议，并作了重要讲话，邹家华副总理作了会议主题报告。国务院有关部（委）及金融单位的负责同志，各省（区、市）三峡对口支援工作领导小组负责人、三峡对口支援办公室主任，库区21个县的政府负责人、移民局局长及新闻单位的记者共200多人出席了会议。陈耀邦部长、李育才副部长参加了会议。会议要求各省（区、市）、各行业、各部门进一步提高认识、加强领导、建立健全责任制，进一步加大对三峡库区的倾斜力度，发挥行业优势，继续深入持久地开展对口支援工作。会上，林业部再次被国务院三峡建设委员会授予三峡移民对口支援工作先进单位称号。

（于合军）

林业扶贫工作

【综　述】 为贯彻落实中央扶贫开发工作会议精神，林业主管部门积极配合地方党委、政府，采取有力措施，加大了对九万大山地区的帮扶力度，1997年重点做了以下几方面的工作：

1. 4月，林业部在贵阳市召开了全国山区综合开发示范暨林业对口扶贫工作会议。

2. 按照林业部统一要求，广西、贵州两省区五地（州）林业部门充实、完善了林业扶贫组织机构，加强了对林业扶贫工作的领导，做到机构健全，人员到位，职责落实。

3. 加大科教帮扶工作力度。①加强管理和技术培训工作。在西南林学院举办第二届社会林业培训班，为西南五省（区、市）部分贫困县培训主管县长近30人。并拨专项经费帮助培训多层次的林业扶贫开发带头人900名。②选派高级专家进行技术指导。4月，林业部科学技术司组织林业系统内的专家、学者赴九万大山地区开展送科技下乡活动，赠送技术资料和科技成果样品两万余份，培训技术骨干近一千人次。9月，林业部扶贫办公室组织林产工业与经济林专家组赴九万大山地区，现场咨询答疑，帮助解决技术疑难问题，写出了林产工业与经济林产业发展指导意见。③继续向黔桂九万大山地区的重点贫困乡镇赠送《农民日报》、《中国林业报》各200份，《林业技术通讯》4680份。④增派了19名干部到九万大山地区蹲点帮扶，林业部在该地区扶贫支教干部达29人。⑤继续面向贫困地区定向招收学制为3年的专业技术及管理人才170人。⑥投资50万元捐建了贵州独山本寨希望小学和三都羊福希望小学。

4. 继续为贫困地区办实事、办好事。①发动林业部在京机关和直属单位干部职工为九万大山贫困地区捐赠衣被1.6万件（其中新购军被1000条），计算机、放映机等仪器设备20多台，书籍1.8万册。②由龙江森工集团派出6名医护人员深入九万大山，共义诊义治患者2651人，无偿捐赠药品、药械价值约3.5万元。③募集“1+1”捐资助学款17万元，资助贵州从江、台江县和广西融水苗族自治县等县失学儿童和在校特困学生597名。

5. 多方筹集资金，加大对九万大山地区重点贫困乡村的帮扶力度。全年共投入各类扶贫资金9600多万元，较1996年的6600万元增加了3000多万元，提高了45.5%，其中：林业预算内扶贫资金1190万元，两项贴息贷款3730万元，世界银行贷款886万元，技术改造专项贷款2800万元，山区开发贷款1000万元。共新建、改造0.85万公顷经济林果基地，育苗88.07公顷。

6. 广泛宣传，扩大林业扶贫社会影响。①在中央电视台等新闻媒体上先后20多次报道了林业扶贫工作情况。②拍摄了《情系九万大山》林业扶贫专题片。③创办了《林业区域开发动态》，已出版6期。

（屠志方）

林 业 统 计

【林业经济统计综述】 1997年是“九五”计划的第二年，国民经济实现了“高增长、低通胀”。林业作为国民经济的重要组成部分，与国家大的宏观经济形势一样，生态环境建设稳步推进，林业经济总量增长平稳适度，林业投入力度进一步加大，林业基础设施得到进一步改善，林业经济效益有所好转。

造林绿化与营林生产 林业生态环境建设稳步推进。1997年虽然北方大部分地区遭受严重旱灾，但是由于国家加大了对林业建设的投入力度，积极推广应用林业实用技术，除造林面积比1996年有所减少以外，更新、封育、零星植树均比1996年有不同程度的增长。据统计，全年完成造林面积435.49万公顷，比1996年减少11.5%；迹地更新造林完成79.84万公顷，封山育林完成386.58万公顷，零星植树33.8亿株，分别比1996年增长0.5%、5.6%和3.3%。林业十大重点工程建设步伐加快，局部地区生态环境开始改善。在全国造林面积减少的情况下，十大林业生态工程造林面积完成284.35万公顷，占全部造林面积的65.3%，比1996年提高6个百分点。森林资源管护工作得到进一步加强。全年完成幼林、成林抚育面积1528.97万公顷，低产林改造面积118.94万公顷。

林产品产量有增有减。11种主要干果产量有4种减少，7种增产，增产幅度达到两位数以上的有5种。分别为油茶籽（23.2%）、松脂（21.1%）、竹笋干（18.7%）、板栗（11.1%）和油桐籽（10.6%）。下降幅度较大的产品有生漆、紫胶。林业系统鲜果产量达到2353.3万吨，比1996年增长7.4%，接近全国总量的一半。花卉种植面积达到42.8千公顷，生产切花5亿支，盆栽19.4亿盆。

森林工业 以国有林区134个木材采运企业（陕西长青林业局已转为事业单位）为主的森林工业企业改革步伐加快，天然林保护工程开始启动。鼓励兼并、规范破产、下岗分流、减员增效等一系列措施开始实施。由于启动了国有天然林保护工程，木材产量持续减少，但森林工业调整结构开始收到成效，工业总量保持平稳增长。全年完成工业增加值118.8亿元，按可比价格计算，比1996年增长7.8%。其中，国有林区完成65.5亿元，占全国林业工业增加值的56.1%。在全部工业增加值中，国有工业企业增加值101.8亿元，占85.7%。在国有独立核算工业增加值中，木材采运、木材加工、林产化学工业分别完成78.1亿元、10.0亿元和3.4亿元。分别占国有独立核算工业增加值的76.6%、9.8%和3.4%，三大传统林业工业占国有工业增加值的近90%。

产品结构有所调整，市场需求较旺的产品增长较快。全年生产木材6394.8万立方米，比1996年减少4.7%；人造板产量1648.5万立方米，比1996年增长37.0%，其中胶合板产量完成758.5万立方米，纤维板完成275.9万立方米，刨花板完成360.4万立方米，分别比1996年增长54.7%、34.3%和6.6%；竹材完成近4.5亿根，比1996年增长6.5%；松香完成67.6万吨、松节油完成8.5万吨，分别比1996年增长34.9%和23.0%；栲胶完成1.98万吨，紫胶完成579吨，分别比1996年减少16.6%和60.1%。

工业企业经济效益回升乏力。全国林业系统国有独立核算大中型工业企业经济效益综合指数为57.98%，低于全国平均水平（91.3%）33.32个百分点。在7项考核指标中，除工业产品销售率为96.1%，略高于全国标准值外，其余6项指标均低于全国标准值。与全国标准值差距较大的指标是成本费用利用率为−3.71，说明每百元成本费用反而亏损3.71元；资产负债率超过标准值10.9个百分点，仍在警戒线以上，比全国平均值也高出6.1个百分点；劳动生产率、总资产贡献率不及全国标准值的一半。

林业系统国有独立核算
大中型工业企业综合经济效益指数

全国平均	7项工业经济效益指标（%）	全国标准值	1997年	权数（100）	综合指数得分
	总资产贡献率	10.7	4.9	20	9.6
112.8	资本保值增值率	120	101.7	16	13.56
64.8	资产负债率	≤60%	70.9	12	8.73
	流动资产周转率（次）	1.52	1.0	15	9.87
	成本费用利用率	3.71	−0.4	14	−1.51
	劳动生产率	16 500	7 793	10	4.72
96.2	产品销售率	96.0	96.1	13	13.01
91.3	工业经济效益综合指数				57.98

工业经济运行中的主要问题是：相当一部分企业还不适应市场需求，产品积压问题仍比较突出。1997年，全国林业系统国有工业产成品占用资金37.2亿元，占存货的44.9%，即将近二分之一的存货被产成品占用。企业亏损问题仍然严重。全国林业系统工业企业亏损额比1996年减亏2.8亿元，但仍达5亿元。全年实现利税总额为16.5亿元，比1996年减少6.8%。

从业人员及劳动报酬 1997年，全国林业系统拥有各种经济类型单位52 420个，其中国有单位50 985个，集体单位1154个，其他经济类型单位281个，分别比1996年增加1132个、减少1620个和增加133个单位。

1997年末，林业系统从业人员达到285.2万人，比1996年减少14.8万人，减少了4.9%，按所有制分，国有、集体经济单位分别减少7.2万人和8.9万人。在全部职工人数中，合同制职工人数已达103.2万人，占全部职工总数的36.6%。

林业系统下岗职工人数占全部职工人数比重过大。据统计，1997年末林业系统下岗职工人数已达27.8万人，占全部职工总数的9.9%。即每十名职工即有一位下岗职工。在全部下岗职工人数中，木材及竹材采运业下岗职工最多达14.0万人，占50.4%，其次为木材加工及竹、藤、棕、草制品业为2.9万人，占10.4%。

离退休职工占在职职工的比重过大。1997年末，共有离退休职工64.9万人，与年末在职职工总人数相比高达1∶4.3。在东北、内蒙古国有林区，内蒙古自治区离退休职工6.3万人，吉林省为4.8万人，黑龙江省为19.7万人，大兴安岭3.0万人，与其年末在职职工总人数相比，比重分别为1∶4.3、1∶7.2、1∶3.8和1∶5.9。

劳动报酬总额较1996年减少，职工工资收入比1996年增幅下降，不同行业收入水平差距进一步拉大。1997年末，林业系统从业人员劳动报酬总额为106.9亿元，比1996年减少1.5亿元，下降1.35%，全年职工年均工资为3826元，比全国平均水平低1324元。按行业分，职工年平均工资比1996年增幅较大的行业有：房地产、地质勘查、水利管理、科学研究和综合技术服务及党政机关。比1996年有所下降的行业有交通运输、邮电、采掘、建筑。

全系统下岗职工年平均生活费615元，低于1997年全国下岗职工年平均生活费900元的水平。

安全生产 据统计，1997年林业系统职工伤亡人数3299人次，比1996年下降了12.86%，其中轻伤2889人次，重伤260人次，死亡150人，除轻伤人数比1996年上升1.6%外，重伤和死亡人次分别比1996年减少22.39%和26.47%。

固定资产投资 投资总量平稳增长。全年全社会固定资产投资完成74.2亿元，比1996年增长16.2%，增幅与1996年相比提高3个百分点（扣除价格因素，实际工作量增长14.2%）。其中基本建设投资完成60.0亿元，增长24.4%，更新改造投资完成8.9亿元，比1996年下降21.4%，森林工业其他固定资产投资完成5.3亿元，比1996年增长22.4%。

投资结构呈现出积极变化。分行业看，营林基础设施投资继续得到加强，比重逐渐上升。全年完成十大重点工程投资19.6亿元，比1996年增长31.9%，占全部营林固定资产投资的50%。其中，国家投资完成6.7亿元，比1996年增长48.9%，其中“三北”防护林三期工程投资仍居首位，其投资完成额占十大工程投资总量的41%。在十大工程建设中，群众投工投劳仍是工程建设的主体，折合资金达22.4亿元，相当于十大工程投资总量的1.1倍。

森工基本建设投资增势回落。森林工业基本建设投资完成21.6亿元，比1996年增长5.9%，占全部基本建设投资的比重由1996年的42.2%下降到35.9%，降低了6.3个百分点。

国内贷款和自筹资金已成为资金来源主体。1997年，财务拨款共计75.9亿元，比1996年增长17.1%，其中，国家预算内资金14.7亿元，比1996年下降14.3%，落差11.8个百分点，占全部拨贷款资金的19.3%。国内贷款和自筹资金共计47.0亿元，占全部拨贷款资金的62.0%，比国家预算内资金高出42.7个百分点。

投资效益指数有升有降。全国有4省9个木材采运企业单项工程竣工投产，新增木材生产能力16万立方米。新增固定资产39.8亿元，比1996年增长23.4%，固定资产交付使用率为53.6%，提高3.1个百分点。房屋竣工面积162.45万平方米，竣工率61.5%，比1996年降低1.8个百分点；房屋每平方米造价685元，比1996年下降2.7%。

林业固定资产投资的主要问题仍然是更新改造投资总量不足，备选项目较少，难以适应投资市场需求。

（林业部综合计划司统计信息处）

营 林 生 产

全国营林生产主要指标增减情况

主 要 指 标	单 位	1997年	1996年	1997年比1996年增减(%)
1.当年造林面积合计	千公顷	4354.93	4919.38	－11.5
其中工程造林	千公顷	2283.16	2143.58	6.5
在造林面积中:飞播造林	千公顷	617.18	604.42	2.1
造林面积中按林种用途分:				
用材林	千公顷	1465.05	1710.85	－14.4
经济林	千公顷	1371.31	1672.02	－18.0
防护林	千公顷	1366.23	1368.61	－0.2
薪炭林	千公顷	135.49	150.04	－9.7
特种用途林	千公顷	16.85	17.86	－5.7
2.迹地更新面积	千公顷	798.38	794.75	0.5
3.封山育林面积	千公顷	28 634.26	30 187.97	－5.1
4.零星(四旁)植树	万株	337 869	327 155	3.3
5.林木种子采集量	吨	56 851	44 251	28.5
6.育苗面积	千公顷	199.41	206.55	－3.5
7.幼林抚育实际面积	千公顷	8539.39	12 391.71	－31.1
8.成林抚育面积	千公顷	6750.32	7586.57	－11.0
9.低产林改造面积	千公顷	1189.39	918.06	29.6
10.主要林产品产量				
生 漆	吨	4415	7308	－39.6
油桐籽	吨	453 355	410 066	10.6
油茶籽	吨	856 868	695 733	23.2
乌桕籽	吨	40 912	42 306	－3.3
五倍子	吨	11 060	9879	12.0
棕 片	吨	58 158	58 549	－0.7
松 脂	吨	702 982	580 819	21.0
竹笋干(鲜笋折笋干)	吨	217 216	183 052	18.7
核 桃	吨	248 383	239 162	3.9
板 栗	吨	378 183	340 302	11.1
紫胶(原胶)	吨	2771	3019	－8.2

全国历年造林面积

单位:千公顷

年 别	造林面积	年 别	造林面积	年 别	造林面积	年 别	造林面积
1949～1952	1707.33	1967	3904.00	1982	4495.60	1997	4354.93
1953	1112.93	1968	3413.33	1983	6324.40	1949～1952	1707.33
1954	1166.20	1969	3479.33	1984	8253.67	1953～1957	14 068.00
1955	1710.53	1970	3884.00	1985	8336.80	1958～1962	18 332.33
1956	5723.27	1971	4525.13	1986	5274.00	1963～1965	7866.79
1957	4355.07	1972	4635.73	1987	5414.20	1966～1970	19 213.99
1958	6098.67	1973	4982.87	1988	5533.27	1971～1975	24 119.93
1959	5449.67	1974	5002.47	1989	5023.33	1976～1980	23 256.60
1960	4143.93	1975	4973.73	1990	5208.47	1981～1985	31 520.54
1961	1441.33	1976	4925.73	1991	5594.47	1986～1990	26 453.27
1962	1198.73	1977	4793.27	1992	6030.40	1991～1995	28 735.54
1963	1530.13	1978	4496.33	1993	5903.40	**1949～1997**	**204 548.63**
1964	2911.33	1979	4489.27	1994	5992.66		
1965	3425.33	1980	4552.00	1995	5214.61		
1966	4533.33	1981	4110.07	1996	4919.38		

全国历年迹地更新面积

单位：千公顷

年　别	迹地更新面　积	其中：人工更新	年　别	迹地更新面　积	其中：人工更新
1949～1952	22.53	22.47	1981	442.60	371.80
1953	16.53	16.07	1982	438.80	375.27
1954	38.80	30.07	1983	508.80	422.93
1955	39.20	31.87	1984	552.00	476.07
1956	94.13	48.47	1985	638.27	544.93
1957	55.80	44.07	1986	577.40	485.13
1958	391.13	193.67	1987	703.47	586.93
1959	560.33	342.13	1988	636.93	542.60
1960	483.73	301.93	1989	719.13	571.20
1961	157.07	103.53	1990	671.53	537.67
1962	106.33	86.00	1991	664.07	539.60
1963	183.00	146.87	1992	673.60	565.70
1964	206.53	170.20	1993	739.20	609.00
1965	238.93	210.87	1994	722.72	608.73
1966	321.00	227.00	1995	750.95	638.95
1967	303.00	278.27	1996	794.75	683.27
1968	240.00	209.73	1997	798.38	659.39
1969	233.00	200.00	1949～1952	22.53	22.47
1970	325.00	265.13	1953～1957	244.46	170.55
1971	307.53	253.00	1958～1962	1698.59	1027.26
1972	319.00	259.53	1963～1965	628.46	527.94
1973	356.73	293.40	1966～1970	1422.00	1180.13
1974	362.00	318.27	1971～1975	1767.26	1490.87
1975	422.00	366.67	1976～1980	2126.86	1859.59
1976	420.80	374.33	1981～1985	2580.47	2191.00
1977	416.40	369.53	1986～1990	3308.46	2723.53
1978	458.40	390.93	1991～1995	3550.54	2961.98
1979	409.33	355.27	**1949～1997**	**18 942.76**	**15 497.98**
1980	421.93	369.53			

各地区按林种分的造林面积　　单位:千公顷

地　区	当年造林面积					
	合计	用材林	经济林	防护林	薪炭林	特种用途林
全国合计	**4354.93**	**1465.05**	**1371.31**	**1366.23**	**135.49**	**16.85**
北　京	37.56	0.06	2.36	33.74	0.22	1.18
天　津	8.99	0.26	3.37	5.36	—	—
河　北	386.16	84.99	115.84	176.27	8.83	0.23
山　西	430.74	98.08	128.13	202.18	1.01	1.34
内蒙古	464.41	93.87	81.81	286.55	2.05	0.13
辽　宁	154.82	33.74	30.83	63.10	26.37	0.78
吉　林	62.87	22.73	19.37	19.70	1.06	0.01
黑龙江	278.00	169.21	21.74	65.97	15.20	5.88
上　海	2.08	—	1.91	0.17	—	—
江　苏	19.21	9.20	5.92	3.71	0.01	0.37
浙　江	37.15	11.81	21.87	2.31	0.56	0.60
安　徽	86.89	35.08	42.23	8.09	0.01	1.48
福　建	29.99	13.05	7.55	5.26	3.95	0.18
江　西	81.00	46.92	25.11	7.18	1.56	0.23
山　东	174.20	25.28	100.88	47.17	0.85	0.02
河　南	139.84	89.43	21.84	27.70	0.79	0.08
湖　北	223.61	90.79	112.66	14.14	5.80	0.22
湖　南	42.94	26.25	12.99	3.62	0.04	0.04
广　东	4.96	2.35	1.35	0.96	0.25	0.05
广　西	112.84	48.78	54.62	6.57	2.87	—
海　南	15.24	7.13	4.93	3.03	0.15	—
重　庆	108.98	28.24	48.68	28.66	3.40	—
四　川	281.50	105.43	95.72	76.39	3.19	0.77
贵　州	235.52	126.46	76.54	30.94	1.54	0.04
云　南	376.36	161.19	146.02	58.23	9.01	1.91
西　藏	13.00	12.00	—	1.00	—	—
陕　西	271.61	73.73	97.26	90.85	9.54	0.23
甘　肃	156.82	30.63	65.09	38.17	22.31	0.62
青　海	35.57	4.94	1.94	17.98	10.57	0.14
宁　夏	24.09	2.71	6.62	14.11	0.65	—
新　疆	50.51	3.24	16.13	27.12	3.70	0.32
大兴安岭	7.47	7.47	—	—	—	—
雷州林业局	—	—	—	—	—	—

注:大兴安岭系林业部直属企业单位,雷州林业局1997年以前为广东省林业厅的基层统计单位,现根据需要改由林业部国营林场开发公司负责管理,因此上述两单位均应列入单独统计汇总单位(下列各表同)。

各地区营林生产主要指标完成情况

单位：千公顷

地区	工程造林面积		迹地更新面积			育苗面积		幼林抚育	成林抚育面积	
	合计	其中：速生丰产林	合计	其中：用材林	其中：人工更新	合计	其中：本年新育	实际面积	合计	其中：中幼龄林抚育面积
全国合计	**2283.16**	**327.44**	**798.38**	**529.56**	**659.39**	**199.41**	**120.50**	**8539.39**	**6750.32**	**4320.44**
北京	3.66	—	0.23	0.01	0.23	4.35	1.10	23.08	12.79	9.04
天津	3.36	—	—	—	—	2.03	0.90	15.76	21.67	10.46
河北	233.75	12.52	23.76	8.59	19.19	18.46	11.28	426.85	381.71	381.71
山西	121.43	6.80	0.24	0.15	0.23	19.35	9.91	167.26	129.16	104.05
内蒙古	381.32	19.96	44.66	38.37	29.34	7.22	4.61	558.67	468.17	337.64
辽宁	89.39	10.16	18.92	13.96	15.06	9.25	6.54	186.84	57.61	57.61
吉林	20.39	6.66	39.60	27.94	24.32	2.24	1.04	418.58	229.61	223.63
黑龙江	138.77	34.73	99.29	92.32	86.10	15.49	6.00	956.58	389.96	202.24
上海	0.17	—	—	—	—	1.75	0.76	3.25	0.35	0.34
江苏	3.78	3.72	1.10	0.96	0.99	9.87	4.12	70.36	89.51	53.62
浙江	11.40	2.28	26.92	17.71	23.85	2.03	0.90	162.35	351.60	134.01
安徽	53.54	16.47	—	—	—	6.15	4.34	337.50	326.04	136.29
福建	11.32	2.46	62.80	47.69	60.33	0.38	0.33	256.22	201.29	111.43
江西	51.86	11.51	39.81	30.14	38.64	0.23	0.21	650.53	363.61	204.48
山东	91.26	13.72	14.78	14.78	14.06	22.84	15.74	645.78	740.36	648.92
河南	44.57	10.07	18.94	16.45	15.95	22.97	16.39	426.71	534.80	264.97
湖北	128.74	19.63	45.20	17.51	16.09	8.82	5.06	355.93	445.22	335.88
湖南	27.38	11.31	43.75	32.23	40.10	4.65	4.13	304.65	269.79	214.73
广东	2.27	1.19	87.74	66.79	84.12	2.94	1.77	310.51	312.96	181.41
广西	14.48	4.50	88.73	41.40	86.17	1.88	1.30	403.60	302.30	86.62
海南	7.93	3.85	7.57	3.06	7.52	0.41	0.31	10.92	2.02	1.31
重庆	82.31	8.95	3.22	1.10	3.17	1.36	1.36	75.83	26.42	22.21
四川	189.35	48.83	21.89	14.95	19.75	4.27	3.69	296.53	149.73	83.89
贵州	58.67	21.18	7.06	5.38	6.68	1.54	1.45	234.93	45.41	35.89
云南	253.99	39.37	29.27	3.88	18.95	2.03	1.66	224.08	94.84	71.08
西藏	13.00	—	1.00	—	1.00	—	—	—	—	—
陕西	103.19	5.25	18.50	11.98	14.50	9.50	7.18	323.46	264.00	132.46
甘肃	94.02	11.91	5.30	2.57	4.87	8.28	4.16	118.01	83.17	43.59
青海	16.38	0.04	0.40	0.32	0.23	2.80	0.50	83.21	3.65	2.86
宁夏	15.43	0.02	0.04	—	0.04	1.28	0.81	67.49	25.43	18.14
新疆	8.58	0.07	4.13	1.71	4.02	4.79	2.79	246.69	372.79	185.44
大兴安岭	7.47	0.28	38.84	12.92	19.20	0.13	0.06	163.39	54.07	24.21
雷州林业局	—	—	4.69	4.69	4.69	0.12	0.10	13.84	0.28	0.28

各地区森林病虫鼠害的情况

单位:千公顷

地区	病虫鼠害合计		森林病害		森林虫害		森林鼠害	
	发生面积	防治面积	发生面积	防治面积	发生面积	防治面积	发生面积	防治面积
全国合计	**8230.9**	**6067.8**	**1340.6**	**957.0**	**6161.1**	**4524.6**	**729.2**	**586.2**
北京	27.1	23.6	1.6	1.5	24.1	21.3	1.4	0.8
天津	8.4	7.7	0.8	0.7	7.5	7.0	0.1	—
河北	372.6	403.1	105.2	88.6	264.5	312.4	2.9	2.1
山西	215.4	158.3	16.9	12.7	161.9	120.8	36.6	24.8
内蒙古	398.0	352.0	32.3	23.3	322.7	278.5	43.0	50.2
辽宁	372.2	247.2	32.7	17.3	332.7	225.1	6.8	4.8
吉林	148.2	110.4	24.0	27.9	105.3	48.8	18.9	33.7
黑龙江	652.6	567.9	73.0	59.3	249.5	205.8	330.1	302.8
上海	5.0	5.0	4.3	4.3	0.7	0.7	—	—
江苏	25.3	21.2	8.5	8.3	16.8	12.9	—	—
浙江	76.7	56.7	33.1	16.5	41.7	39.9	1.9	0.3
安徽	190.8	177.9	33.1	25.9	157.7	152.0	—	—
福建	69.3	72.4	8.5	4.4	60.8	67.3	—	0.7
江西	55.1	48.3	9.6	5.2	45.5	43.1	—	—
山东	885.8	640.6	240.9	206.3	644.9	434.3	—	—
河南	806.3	536.3	121.7	75.8	682.6	459.5	2.0	1.0
湖北	481.8	408.2	20.5	13.6	459.6	392.9	1.7	1.7
湖南	565.0	187.7	10.1	5.8	554.9	181.9	—	—
广东	263.3	202.4	18.2	16.6	245.1	185.8	—	—
广西	57.4	105.3	0.9	6.5	56.5	98.8	—	—
海南	5.8	5.3	1.0	0.7	4.7	4.5	0.1	0.1
重庆	128.2	94.9	7.6	6.2	113.6	86.3	7.0	2.4
四川	624.0	526.0	80.2	58.4	520.2	458.2	23.6	9.4
贵州	25.6	22.8	8.1	7.3	16.1	14.2	1.4	1.3
云南	470.0	358.2	236.5	162.8	214.4	178.4	19.1	17.0
西藏	—	—	—	—	—	—	—	—
陕西	467.5	261.2	42.3	25.1	410.7	227.8	14.5	8.3
甘肃	417.4	247.5	94.4	49.4	247.9	156.9	75.1	41.2
青海	160.9	37.9	18.9	3.3	73.2	17.9	68.8	16.7
宁夏	76.6	50.3	—	—	63.3	50.0	13.3	0.3
新疆	113.9	56.5	48.4	16.6	53.9	32.4	11.6	7.5
大兴安岭	60.2	71.1	7.1	6.5	3.8	5.5	49.3	59.1
雷州林业局	4.5	3.9	0.2	0.2	4.3	3.7	—	—

各地区主要林产品产量

单位:吨

地区	生漆	油桐籽	油茶籽	乌桕籽	五倍子	棕片	松脂	竹笋干（鲜笋折笋干）	核桃	板栗	紫胶（原胶）
全国合计	**4415**	**453 355**	**856 868**	**40 912**	**11 060**	**58 158**	**702 982**	**217 216**	**248 383**	**378 183**	**2771**
北京	—	—	—	—	—	—	—	—	6440	8025	—
天津	—	—	—	—	—	—	—	—	198	472	—
河北	—	—	—	—	—	—	—	—	27 905	43 021	—
山西	—	—	—	—	—	—	—	—	37 376	68	—
内蒙古	—	—	—	—	—	—	—	—	—	—	—
辽宁	—	—	—	—	—	—	—	—	2277	16 887	—
吉林	—	—	—	—	—	—	—	—	505	200	—
黑龙江	—	—	—	—	—	—	—	—	—	—	—
上海	—	—	—	—	—	—	—	—	—	—	—
江苏	—	16	25	1	—	—	—	890	1	7980	—
浙江	25	1572	32 320	648	10	2231	8751	63 881	5873	17 904	—
安徽	130	2463	8402	1656	17	1181	9487	5634	117	28 294	—
福建	94	16 180	55 064	461	48	9970	98 808	85 596	48	9687	49
江西	—	13 046	221 622	4324	448	4529	40 475	13 256	16	12 311	24
山东	—	—	—	—	—	—	—	—	11 521	69 102	—
河南	169	54 400	7581	2466	327	—	1170	18	12 898	54 570	—
湖北	439	30 491	16 645	17 360	2162	3201	6526	2285	1741	45 208	—
湖南	41	50 107	340 433	1123	1560	7168	16 526	10 459	2265	14 038	12
广东	—	5858	30 706	84	—	375	155 735	9445	—	3740	285
广西	14	52 330	124 346	—	184	2448	292 922	12 327	260	16 003	9
海南	—	—	16	—	—	—	2019	141	—	—	—
重庆	390	59 289	1372	3737	793	2141	435	1088	1260	1817	—
四川	485	42 167	3903	3384	1184	7033	2266	5592	23 409	5222	140
贵州	954	88 979	8872	4427	1261	4798	6639	1887	4458	4618	10
云南	402	21 834	4806	1214	626	9958	59 396	4161	58 709	9540	1673
西藏	—	—	—	—	—	—	—	—	—	—	—
陕西	1222	14 265	755	26	2432	3078	28	548	26 222	8116	—
甘肃	50	358	—	1	8	47	—	8	17 669	1360	569
青海	—	—	—	—	—	—	—	—	53	—	—
宁夏	—	—	—	—	—	—	—	—	74	—	—
新疆	—	—	—	—	—	—	—	—	7088	—	—
大兴安岭	—	—	—	—	—	—	—	—	—	—	—
雷州林业局	—	—	—	—	—	—	1799	—	—	—	—

林业系统各地区产业总产值

（按现行价格计算）

单位：万元

地区	总　计	第一产业	第二产业	第三产业	地区	总　计	第一产业	第二产业	第三产业
全国合计	**19 182 411**	**13 769 613**	**4 441 165**	**971 633**	湖　南	829 053	653 298	122 834	52 921
北　京	153 244	130 394	10 111	12 739	广　东	1 322 227	1 045 978	207 783	68 466
天　津	11 152	10 177	—	975	广　西	1 091 131	822 921	238 417	29 793
河　北	1 106 776	1 046 463	29 146	31 167	海　南	44 972	18 406	25 365	1201
山　西	332 308	306 434	13 975	11 899	重　庆	132 682	115 948	9297	7437
内蒙古	524 305	207 218	279 882	37 205	四　川	808 211	513 610	229 908	64 693
辽　宁	524 209	319 295	152 808	52 106	贵　州	245 435	219 901	24 247	1287
吉　林	776 488	137 617	524 606	114 265	云　南	813 445	613 057	171 577	28 811
黑龙江	1 013 246	272 203	658 056	82 987	西　藏	21 220	8720	12 500	—
上　海	53 320	38 780	10 275	4265	陕　西	316 712	256 140	48 399	12 173
江　苏	397 461	296 191	85 828	15 442	甘　肃	368 251	319 419	39 961	8871
浙　江	847 193	689 375	106 256	51 562	青　海	14 808	10 358	3203	1247
安　徽	658 162	569 628	49 409	39 125	宁　夏	39 853	36 374	3077	402
福　建	1 293 736	822 828	434 513	36 395	新　疆	136 378	104 528	21 622	10 228
江　西	738 710	544 138	163 480	31 092	大兴安岭	315 833	36 065	237 614	42 154
山　东	2 349 390	2 179 324	152 283	17 783	福马集团	140 943	—	140 943	—
河　南	1 036 583	937 300	80 951	18 332	雷州林业局	27 673	6600	19 534	1539
湖　北	697 301	480 925	133 305	83 071					

各地区林业重点工程造林面积

单位:千公顷

地区	合计	"三北"防护林三期工程	治沙一期工程	黄河中游防护林工程	辽河流域防护林工程	长江中上游防护林一期工程	沿海防护林工程	淮河、太湖流域防护林工程	珠江流域防护林工程	太行山绿化工程	平原绿化工程	世界银行贷款速生丰产用材林基地工程
全国合计	**2843.45**	**1266.12**	**215.95**	**112.08**	**48.25**	**447.75**	**63.48**	**40.51**	**56.72**	**366.32**	**33.07**	**193.20**
北京	37.56	26.75	0.67	—	—	—	—	—	—	8.81	1.33	—
天津	8.99	8.70	—	—	—	—	0.29	—	—	—	—	—
河北	367.8	230.46	2.06	—	—	—	3.55	—	—	121.04	0.60	10.09
山西	430.05	126.09	8.71	53.63	—	—	—	—	—	227.01	7.49	7.12
内蒙古	435.4	350.05	51.63	0.49	33.23	—	—	—	—	—	—	—
辽宁	138.38	86.31	11.17	—	14.14	—	16.18	—	—	—	1.41	9.17
吉林	45.98	38.20	6.9	—	0.88	—	—	—	—	—	—	—
黑龙江	131.59	88.54	17.46	—	—	—	—	—	—	—	10.27	15.32
上海	0.39	—	—	—	—	—	0.16	0.01	—	—	0.22	—
江苏	9.99	—	—	—	—	—	5.21	4	—	—	0.78	—
浙江	14.75	—	1.11	—	—	—	4.12	0.54	—	—	2.66	6.32
安徽	20.59	—	1.03	—	—	4.47	—	3.35	—	—	0.29	11.45
福建	14.22	—	0.25	—	—	—	3.80	—	—	—	1.44	8.73
江西	46.20	—	2.09	—	—	23.12	—	—	—	—	1.74	19.25
山东	66.45	—	13.83	—	—	—	25.18	15.53	—	—	1.62	10.29
河南	79.30	—	2.80	32.05	—	14.29	—	13.92	—	9.46	0.19	6.59
湖北	126.5	—	5.13	—	—	91.73	—	3.16	—	—	—	26.48
湖南	24.81	—	—	—	—	11.59	—	—	—	—	0.12	13.10
广东	15.85	—	3.02	—	—	—	2.67	—	9.73	—	0.43	—
广西	43.63	—	0.57	—	—	—	0.81	—	23.54	—	—	18.71
海南	3.40	—	1.14	—	—	—	1.51	—	—	—	0.75	—
重庆	55.73	—	—	—	—	55.73	—	—	—	—	—	—
四川	121.39	—	42.20	—	—	66.86	—	—	—	—	0.16	12.17
贵州	48.02	—	—	—	—	26.59	—	—	14.24	—	—	7.19
云南	59.19	—	0.36	—	—	38.40	—	—	9.21	—	—	11.22
西藏	—	—	—	—	—	—	—	—	—	—	—	—
陕西	245.73	127.07	24.14	15.43	—	78.19	—	—	—	—	0.90	—
甘肃	151.41	101.62	5.18	7.64	—	36.30	—	—	—	—	0.67	—
青海	35.57	34.11	0.98	—	—	0.48	—	—	—	—	—	—
宁夏	24.09	11.45	9.80	2.84	—	—	—	—	—	—	—	—
新疆	40.49	36.77	3.72	—	—	—	—	—	—	—	—	—
大兴安岭	—	—	—	—	—	—	—	—	—	—	—	—

林业系统各地区营

地区	鲜果产量（吨）						
	合计	其中					
		苹果	柑桔	梨	葡萄	红枣	柿子
全国合计	**23 532 960**	**12 155 266**	**1 260 309**	**4 139 709**	**1 096 308**	**757 522**	**572 220**
北京	506 785	153 835	—	94 535	18 310	667	40 204
天津	—	—	—	—	—	—	—
河北	5 561 214	1 751 377	—	2 113 342	361 689	284 032	188 173
山西	97 698	21 004	—	3192	5448	14 538	1267
内蒙古	358 350	67 170	—	136 040	21 920	—	—
辽宁	172 824	105 847	—	21 725	9113	2242	—
吉林	29 324	6634	—	12 963	2395	—	—
黑龙江	43 694	22 662	—	655	2364	—	—
上海	91 827	—	44 298	3384	24 093	—	—
江苏	158 010	24 572	7058	30 106	21 842	170	7423
浙江	322 563	11	217 910	47 635	19 082	296	3605
安徽	48 188	17 121	783	16 586	2979	562	2286
福建	34 287	—	27 828	—	48	—	138
江西	41 693	22	34 475	3721	468	560	908
山东	9 587 391	6 831 669	—	943 794	292 414	231 461	147 330
河南	2 692 597	1 972 032	7944	148 144	120 367	128 822	109 712
湖北	226 162	233	95 153	59 716	5226	910	2618
湖南	386 620	7172	345 260	10 620	4572	2941	1399
广东	237 132	—	76 967	1372	1	—	7001
广西	156 290	—	93 306	1421	285	—	3918
海南	5207	—	—	—	—	—	—
重庆	143 278	150	98 442	15 824	471	61	339
四川	535 074	54 763	187 969	109 946	5757	984	8790
贵州	22 750	170	9257	5350	1121	132	1238
云南	44 492	17 357	6751	14 655	2238	204	1880
西藏	—	—	—	—	—	—	—
陕西	287 656	113 430	5952	11 013	14 373	63 848	34 884
甘肃	1 280 342	738 229	935	296 138	15 334	19 879	9107
青海	10 708	6921	—	3601	180	6	—
宁夏	162 349	140 363	—	7930	5243	2933	—
新疆	286 623	102 522	—	26 301	138 975	2274	—
大兴安岭	552	—	—	—	—	—	—
雷州林业局	1280	—	21	—	—	—	—

林产品生产情况

干果产量（吨）									
合计	食用坚果					非食用坚果			
	合计	其中：白果	榛子	杏核	松籽	合计	油棕果	沙棘果	文冠果
501 113	**380 634**	**7774**	**2319**	**100 704**	**5119**	**120 479**	**733**	**10 180**	**66**
19 054	19 054	—	—	3654	1	—	—	—	—
—	—	—	—	—	—	—	—	—	—
102 403	102 403	—	—	42 936	—	—	—	—	—
10 868	8837	—	—	1368	6	2031	—	2030	1
20 990	19 296	—	1740	17 480	76	1694	—	1694	—
23 149	14 556	—	108	130	357	8593	—	500	—
822	822	—	—	—	822	—	—	—	—
1512	1512	—	7	—	1505	—	—	—	—
—	—	—	—	—	—	—	—	—	—
3733	3733	518	—	—	—	—	—	—	—
4520	4511	157	240	—	10	9	—	—	—
5096	5096	46	—	—	—	—	—	—	—
1906	1707	—	6	—	—	199	—	—	—
13 729	4347	78	—	—	580	9382	—	—	—
107 571	107 571	2550	—	1353	—	—	—	—	—
1601	1581	654	—	833	44	20	—	20	—
4144	4079	2150	—	—	5	65	—	—	65
17 181	9809	745	—	306	56	7372	700	100	—
407	64	—	—	—	4	343	—	—	—
72	72	30	—	—	—	—	—	—	—
43	28	—	—	—	—	15	15	—	—
76 251	3880	575	—	2	20	72 371	—	—	—
17 945	8510	197	149	304	314	9435	18	13	—
43	43	38	—	—	5	—	—	—	—
1077	1077	2	—	226	839	—	—	—	—
—	—	—	—	—	—	—	—	—	—
11 860	9579	—	—	2611	125	2281	—	133	—
36 635	30 131	34	—	11 692	324	6504	—	5525	—
71	25	—	—	—	—	46	—	46	—
1110	991	—	—	983	8	119	—	119	—
17 233	17 233	—	—	16 826	—	—	—	—	—
87	87	—	69	—	18	—	—	—	—
—	—	—	—	—	—	—	—	—	—

地区	林产饮料产品(吨)				林产调料产品(吨)				食用菌及山野菜(吨)		花	
	合计	其中			合计	其中			合计	其中:食用菌	花卉种植面积(公顷)	切花(万支)
		毛茶	可可豆	咖啡豆		花椒	八角	桂皮				
全国合计	**74 573**	**63 602**	**—**	**306**	**55 716**	**52 045**	**1195**	**388**	**175 640**	**158 854**	**42 796**	**50 602**
北京	—	—	—	—	—	—	—	—	—	—	57	470
天津	—	—	—	—	—	—	—	—	—	—	—	—
河北	—	—	—	—	5891	5891	—	—	35 758	33 026	1322	638
山西	—	—	—	—	1433	430	—	—	33	33	52	6
内蒙古	5550	—	—	—	—	—	—	—	3109	1055	38	4
辽宁	—	—	—	—	—	—	—	—	20 176	14 229	60	153
吉林	—	—	—	—	—	—	—	—	721	132	25 151	40
黑龙江	—	—	—	—	—	—	—	—	4265	1708	—	—
上海	—	—	—	—	—	—	—	—	—	—	68	7284
江苏	7679	6371	—	—	31	31	—	—	6379	6359	412	102
浙江	15 533	15 527	—	—	90	18	9	18	227	167	3014	261
安徽	1332	1324	—	—	3	3	—	—	129	106	61	174
福建	993	877	—	—	—	—	—	—	25	25	—	147
江西	673	673	—	—	114	21	14	79	468	437	60	10
山东	1762	1762	—	—	23 045	23 045	—	—	50 671	50 671	5069	1448
河南	6776	6776	—	—	6915	6915	—	—	42 028	42 028	3682	16 865
湖北	3127	2972	—	—	40	40	—	—	1029	1010	106	5062
湖南	16 529	15 909	—	—	1812	1651	18	46	2044	619	356	40
广东	3409	3409	—	—	158	—	63	93	263	263	2720	1595
广西	580	580	—	—	983	—	850	128	295	135	63	421
海南	1	—	—	—	13	—	—	—	—	—	5	—
重庆	3742	3742	—	—	286	280	6	—	125	125	37	15
四川	1540	1238	—	—	5287	5212	12	24	2495	2245	2	15 299
贵州	791	791	—	—	1023	139	—	—	456	421	57	6
云南	1433	355	—	306	135	131	4	—	218	218	6	10
西藏	—	—	—	—	—	—	—	—	—	—	—	—
陕西	2835	1180	—	—	890	881	9	—	3753	3522	5	—
甘肃	259	116	—	—	7506	7296	210	—	504	294	215	548
青海	29	—	—	—	28	28	—	—	3	2	9	2
宁夏	—	—	—	—	33	33	—	—	264	23	153	—
新疆	—	—	—	—	—	—	—	—	—	—	16	2
大兴安岭	—	—	—	—	—	—	—	—	202	1	—	—
雷州林业局	—	—	—	—	—	—	—	—	—	—	—	—

（续）

卉			林木种籽产量（千克）	苗木产量（万株）		其　他　（千克）			
种　球（茎）（万头）	盆　栽（万盆）	草　坪（平方米）		合　计	其中：绿化苗木	鹿　茸	蚕茧产量	银杏叶（干）	植物药材
14 535	**193 626**	**8 124 547**	**46 439 715**	**1 070 100**	**166 737**	**7989**	**80 815 237**	**14 201 140**	**65 151 898**
120	60	378 460	700	1628	858	40	—	—	—
—	—	—	—	—	—	—	—	—	—
156	788	482 207	1 667 000	95 125	2328	—	856 500	—	—
2	32	44 409	32 501	19 494	1678	—	—	—	4
—	129	111 660	—	88 113	1584	1190	194 300	—	42 540 000
13	166 146	63 800	945 000	52 253	27 299	3882	43 614 000	1450	1 663 738
5	6	16 800	37 550	34 389	361	462	380	—	370 450
—	—	—	—	—	—	117	1000	—	276 015
200	188	79 400	—	469	268	—	—	—	—
100	648	2 003 375	37 078	13 142	2634	—	2 654 042	487 358	76 150
207	142	87 586	5929	4885	1654	—	275 000	40 845	3570
99	20	9650	223 900	15 674	4677	29	242 700	220 570	1 508 280
10	1342	16 620	—	36 832	410	—	—	—	971
7	130	161 232	155 870	17 715	2378	—	—	3057	85 063
1697	3478	984 166	21 201 000	88 909	9485	—	—	12 351 037	6 603 585
10 144	5863	2 356 200	16 882 851	153 332	45 119	1200	16 034 000	534 000	4 562 000
36	56	129 183	94 137	21 193	2771	—	7000	125 650	3000
12	105	526 516	75 170	45 989	3218	272	215 080	30 628	850 377
16	415	201 233	31 490	10 494	850	—	12 000	—	—
1	116	204 000	6	22 704	662	—	10 150	—	—
—	2	12 500	23 145	4657	186	78	—	—	—
2	408	1888	151 382	20 008	8 300	10	16 000	17 029	444 583
6	2345	129 412	1 846 920	100 027	22 185	13	3 581 247	317 510	1 546 008
5	118	127	34 286	25 448	701	—	1015	17 209	93 841
11	2	3816	619 131	45 774	15 204	40	4 700	400	—
—	—	—	—	—	—	—	—	—	—
1	10 009	53 267	1 340 528	27 383	8719	22	10 808 868	4200	653 381
1665	1043	60 080	800 684	65 650	1714	27	77 332	50 197	104 960
20	—	200	70 937	25 546	412	74	—	—	642
—	29	—	57 000	6422	412	3	194	—	2 577 000
—	6	6760	105 140	8458	665	530	2 164 329	—	1 185 280
—	—	—	—	16 551	5	—	—	—	3000
—	—	—	380	1836	—	—	45 400	—	—

森 工 生 产

全国历年木材、竹材、木材加工、林产化学产品产量

年 别	木材（万立方米）	锯材（万立方米）	竹材（万根）	胶合板（立方米）	纤维板（立方米）	刨花板（立方米）	松香（吨）	栲胶（吨）	紫胶（吨）
1949～1952	3229.0	1151.4	2710	44 539	—	—	78 056	88	180
1953	1753.9	664.0	2643	35 353	—	—	22 267	120	15
1954	2220.6	759.9	5021	46 542	—	—	45 905	157	105
1955	2093.3	678.2	5902	51 752	—	—	80 091	568	142
1956	2104.8	890.8	12 490	56 435	—	—	109 992	1275	154
1957	2786.9	824.1	9348	69 835	—	—	116 799	1633	143
1958	3579.4	1187.6	14 873	125 715	29	—	98 373	3679	245
1959	4517.7	1454.7	15 547	153 068	11 633	—	79 387	11 266	201
1960	4129.3	1622.9	8869	147 575	59 571	—	78 429	13 650	245
1961	2193.5	778.7	4993	74 337	21 506	—	39 227	6661	332
1962	2374.6	672.8	6076	74 211	15 541	5413	33 595	4800	241
1963	3250.2	826.4	6853	104 316	18 639	13 034	97 982	6078	180
1964	3800.0	1063.9	6726	119 542	27 951	21 389	162 914	9276	220
1965	3978.0	1160.1	7031	138 975	50 188	31 439	167 172	13 064	440
1966	4192.4	1117.8	6991	150 425	62 394	18 492	178 943	15 789	640
1967	3249.6	1157.4	7223	122 333	34 626	10 879	166 119	14 320	800
1968	2791.2	909.1	6603	105 850	25 854	9037	181 911	13 100	1400
1969	3283.3	1004.8	6619	146 663	41 792	12 095	204 158	18 969	1100
1970	3781.8	1100.3	6958	170 684	54 706	14 989	189 288	22 098	1800
1971	4067.3	1104.9	7542	172 129	87 257	18 690	200 411	23 209	1873
1972	4253.5	957.8	7629	182 441	108 152	26 780	240 074	21 850	1076
1973	4466.9	993.1	11 493	188 409	131 368	32 188	261 467	17 581	1302
1974	4607.1	1009.0	9954	176 166	133 448	30 291	289 287	18 085	1562
1975	4702.7	1069.1	9073	192 142	154 868	26 668	266 224	20 861	915
1976	4572.8	1001.1	10 439	184 416	170 164	26 473	237 773	19 066	807
1977	4967.2	1125.2	10 799	208 491	221 324	28 933	259 150	23 959	783
1978	5162.3	1105.5	11 181	252 154	328 781	43 569	282 027	30 130	1384
1979	5438.9	1271.4	10 507	292 402	429 321	52 855	297 034	33 831	2234
1980	5359.3	1368.7	9621	329 900	506 200	78 200	327 283	36 314	2134
1981	4942.3	1301.1	8656	351 100	568 300	76 700	406 214	40 159	1095
1982	5041.3	1360.9	10 183	394 100	669 900	102 700	400 784	36 000	1397
1983	5232.3	1394.5	9601	454 800	734 500	127 400	246 916	34 131	1045
1984	6384.8	1508.6	9117	489 700	735 900	164 800	307 993	36 523	1489
1985	6323.4	1590.8	5641	538 700	895 000	182 100	255 736	36 875	2102
1986	6502.4	1505.2	7716	610 800	1 027 000	210 300	293 500	42 059	1661
1987	6407.9	1471.9	11 855	776 300	1 206 500	377 800	395 692	50 306	1909
1988	6217.6	1468.4	26 211	826 900	1 484 100	483 100	376 482	41 862	1482
1989	5801.8	1393.3	15 238	727 800	1 442 700	442 000	409 463	26 411	833
1990	5571.0	1284.9	18 714	758 700	1 172 400	428 000	344 003	20 402	829
1991	5807.3	1141.5	29 173	1 054 000	1 174 300	613 800	343 300	19 516	876
1992	6173.6	1118.7	40 430	1 564 700	1 444 500	1 158 500	419 503	26 141	732

（续）

年　别	木材（万立方米）	锯材（万立方米）	竹材（万根）	胶合板（立方米）	纤维板（立方米）	刨花板（立方米）	松香（吨）	栲胶（吨）	紫胶（吨）
1993	6392.2	1401.3	43 356	2 124 500	1 809 700	1 571 300	503 681	26 176	931
1994	6615.1	1294.3	50 430	2 606 200	1 930 300	1 682 000	437 269	18 177	1001
1995	6766.9	4183.8	44 792	7 592 600	2 164 000	4 351 000	481 264	19 662	1393
1996	6710.27	2442.40	42 175	4 903 200	2 055 000	3 382 800	501 221	23 766	1450
1997	6394.79	2012.35	44 921	7 584 500	2 759 200	3 604 400	675 758	19 814	579
1949～1997	**210 192.46**	**57 904.65**	**659 923**	**37 475 400**	**25 968 613**	**19 460 114**	**11 590 127**	**919 457**	**43 457**

全国按时期木材、竹材、木材加工、林产化学产品产量

年　别	木材（万立方米）	锯材（万立方米）	竹材（万根）	胶合板（立方米）	纤维板（立方米）	刨花板（立方米）	松香（吨）	栲胶（吨）	紫胶（吨）
1949～1952	3229.0	1151.4	2710	44 539	—	—	78 056	88	180
1953～1957	10 959.5	3817.0	35 404	259 917	—	—	375 054	3753	559
1958～1962	16 794.5	5716.7	50 358	574 906	108 280	5413	329 011	40 056	1264
1963～1965	11 028.2	3050.4	20 610	362 833	96 778	65 862	428 068	28 418	840
1966～1970	17 298.3	5 289.4	34 394	695 955	219 372	65 492	920 419	84 276	5740
1971～1975	22 097.5	5133.9	45 691	911 287	615 093	134 617	1 257 463	101 586	6728
1976～1980	25 500.5	5 871.9	52 547	1 267 363	1 655 790	230 030	1 403 267	143 300	7342
1981～1985	27 924.1	7155.9	43 198	2 228 400	3 603 600	653 700	1 617 643	183 688	7128
1986～1990	30 500.7	7123.7	79 734	3 700 500	6 332 700	1 941 200	1 819 140	181 040	6714
1991～1995	31 755.1	9139.6	208 181	14 942 000	8 522 800	9 376 600	2 185 017	109 672	4933
1949～1997	**210 192.46**	**57 904.65**	**659 923**	**37 475 400**	**25 968 613**	**19 460 114**	**11 590 127**	**919 457**	**43 457**

全国工业生产 1997 年主要指标与 1996 年比较

主　要　指　标	单　位	1997 年	1996 年	1997 年比 1996 年增减(%)
全部木材产量	万立方米	6394.79	6710.27	－4.70
全部人造板产量	万立方米	1648.48	1203.26	37.00
其中:胶合板	万立方米	758.45	490.32	54.68
纤维板	万立方米	275.92	205.50	34.27
刨花板	万立方米	360.44	338.28	6.55
全部竹材产量	万 根	44 921.22	42 174.53	6.51
全部锯材产量	万立方米	2012.35	2442.4	－17.61
全部松香产量	吨	675 758	501 221	34.82
全部松节油产量	吨	84 412	68 767	22.75
全部栲胶产量	吨	19 814	23 766	－16.63
全部紫胶产量	吨	579	1450	－60.07
林业系统木材产量	万立方米	3625.64	3803.81	－4.68
原　木	万立方米	3485.56	3626.57	－3.89
薪　材	万立方米	140.08	177.24	－20.97
林业系统人造板产量	万立方米	322.55	265.24	21.61
其中:胶合板	万立方米	77.27	69.88	10.58
纤维板	万立方米	110.14	78.53	40.25
刨花板	万立方米	119.96	106.38	12.77
林业系统竹材产量	万 根	2341.49	5173.3	－54.74
林业系统锯材产量	万立方米	229.26	202.86	13.01
林业系统松香产量	吨	314 064	234 223	34.09
林业系统松节油产量	吨	45 882	34 959	31.25
林业系统栲胶产量	吨	12 255	12 794	－4.21
林业系统紫胶产量	吨	346	634	－45.43

各地区全部木材、竹材、木材加工、林产化学产品产量

地 区	木材（万立方米）	竹材（万根）	锯材（万立方米）	胶合板（万立方米）	纤维板（万立方米）	刨花板（万立方米）	松香（吨）	栲胶（吨）	紫胶（吨）
全国合计	**6394.79**	**44 921.22**	**2012.35**	**758.45**	**275.92**	**360.44**	**675 758**	**19 814**	**579**
北 京	6.12	—	5.83	0.63	2.46	1.45	—	—	—
天 津	—	—	5.10	8.74	3.01	3.66	—	—	—
河 北	55.76	—	51.09	107.12	35.99	12.49	—	513	—
山 西	32.43	—	6.37	0.36	1.13	10.69	65	—	—
内蒙古	524.15	—	44.76	2.33	3.25	12.72	—	5808	—
内蒙古集团	416.60	—	15.99	0.49	2.18	6.21	—	5808	—
辽 宁	163.16	—	188.06	5.89	8.36	20.17	—	—	—
吉 林	565.47	—	83.55	17.06	9.41	26.53	—	—	—
吉林集团	164.52	—	14.69	4.55	2.36	11.79	—	—	—
黑龙江	817.47	—	269.52	18.49	10.97	26.80	—	—	—
龙江集团	676.27	—	16.54	4.37	8.30	17.13	—	—	—
上 海	—	—	11.01	43.03	7.72	0.85	—	—	—
江 苏	73.93	688.29	91.22	167.22	11.21	9.00	73	—	—
浙 江	190.07	8512.60	125.50	25.05	22.48	4.10	6549	585	—
安 徽	269.51	171.39	98.87	22.49	8.93	11.80	6818	258	—
福 建	479.64	10 452.72	108.27	68.36	21.97	17.83	75 796	216	—
江 西	268.65	4103.37	42.28	16.37	7.81	9.90	32 276	—	—
山 东	167.11	—	127.81	52.20	10.10	70.82	1454	135	—
河 南	150.67	59.00	32.26	47.02	19.03	9.65	3060	500	—
湖 北	129.78	2340.14	68.24	16.23	13.46	9.06	2518	500	11
湖 南	331.27	4898.63	56.96	25.47	6.20	15.68	14 670	47	—
广 东	261.68	7756.61	141.52	43.75	34.69	27.48	137 540	—	52
广 西	365.86	1617.35	150.86	8.52	12.42	8.92	341 353	7189	—
海 南	49.38	—	20.06	4.76	—	2.78	1094	—	—
重 庆	39.80	155.50	2.93	0.75	—	0.96	49	—	—
四 川	403.14	346.83	78.76	27.88	8.59	19.74	2099	92	47
贵 州	63.71	126.33	4.18	0.98	0.36	0.58	4660	308	—
云 南	386.33	3136.70	88.60	17.08	6.35	19.26	44 092	1430	469
西 藏	25.00	—	9.42	—	—	—	—	—	—
陕 西	116.83	555.72	40.36	3.96	7.25	1.64	—	1550	—
甘 肃	43.86	0.04	7.83	6.26	0.12	1.48	—	—	—
青 海	7.40	—	0.29	0.01	0.41	—	—	—	—
宁 夏	14.51	—	4.56	—	0.32	1.48	—	—	—
新 疆	39.00	—	24.98	0.28	1.38	2.24	—	—	—
大兴安岭	337.30	—	21.30	0.16	0.54	0.68	—	—	—
福马集团	—	—	—	—	—	—	—	—	—
雷州林业局	15.80	—	—	—	—	—	1592	683	—

林业系统各地区工业总产值

（按 1990 年不变价格计算）　　单位：万元

地　区	总　计	在　总　计　中						独立核算工业企业		
		国有	集体	联营	股份制	外商投资	港、澳、台投资	合　计	木材及竹材采运企业	木材加工企业
全国合计	**3 352 872**	**2 763 184**	**287 472**	**33 823**	**106 377**	**41 967**	**48 372**	**2 470 163**	**1 280 805**	**625 699**
北　京	5722	5641	81	—	—	—	—	1266	—	93
天　津	—	—	—	—	—	—	—	—	—	—
河　北	28 857	22 861	1746	—	1250	—	3000	11 884	—	2790
山　西	10 967	10 967	—	—	—	—	—	1201	—	967
内蒙古	214 942	194 843	18 058	—	62	—	1784	177 997	155 481	13 227
内蒙古集团	180 969	165 073	14 050	—	62	—	1784	176 373	155 481	12 355
辽　宁	39 515	24 159	9909	2259	—	2030	1158	30 975	—	7748
吉　林	357 155	335 051	10 568	180	369	4679	6308	275 502	258 240	10 997
吉林集团	136 307	122 541	2779	—	—	4679	6308	136 307	121 086	10 872
黑龙江	542 603	432 179	92 974	12 156	535	1807	2952	483 722	410 451	50 608
龙江集团	478 499	378 112	84 012	11 640	170	1613	2952	477 830	410 451	46 981
上　海	8200	8200	—	—	—	—	—	—	—	—
江　苏	48 710	48 710	—	—	—	—	—	—	—	—
浙　江	100 971	65 615	15 229	1893	12 803	2594	2115	57 801	—	29 329
安　徽	28 018	18 720	1359	1697	6093	—	—	17 341	29	6791
福　建	323 916	221 506	34 636	4322	42 256	5705	9492	259 126	98 295	83 328
江　西	139 312	138 460	852	—	—	—	—	71 394	56 362	6864
山　东	130 229	126 179	—	1000	—	—	3050	127 228	—	116 801
河　南	64 475	20 181	12 085	—	105	—	—	54 877	1595	37 545
湖　北	115 305	60 261	2504	1275	21 181	22 776	4447	85 766	6495	65 694
湖　南	73 639	51 928	1260	—	—	718	—	41 378	15 115	19 358
广　东	173 387	109 398	44 155	8704	335	300	10 337	96 985	5087	80 843
广　西	159 694	156 210	2217	—	—	512	755	89 833	498	15 895
海　南	15 106	14 201	905	—	—	—	—	10 261	4483	5671
重　庆	8913	8702	98	—	—	—	—	2171	145	1955
四　川	180 189	154 774	5672	—	11 844	—	331	116 481	69 371	22 738
贵　州	18 531	18 334	197	—	—	—	—	13 813	10 803	1500
云　南	120 508	101 861	8527	49	7203	225	2643	90 365	36 939	41 321
西　藏	9500	9500	—	—	—	—	—	9500	9500	—
陕　西	38 114	35 506	234	288	247	—	—	15 920	9620	1522
甘　肃	17 923	13 403	4284	—	—	—	—	11 929	11 929	—
青　海	3144	2523	621	—	—	—	—	388	388	—
宁　夏	1424	1407	17	—	—	—	—	798	—	—
新　疆	13 212	12 211	74	—	306	621	—	11 034	8952	2069
大兴安岭	177 747	156 749	19 210	—	1788	—	—	156 749	111 027	45
福马集团	146 478	146 478	—	—	—	—	—	146 478	—	—
雷州林业局	36 466	36 466	—	—	—	—	—	—	—	—

（续）

地区	独立核算工业企业					非独立核算工业生产单位	按主要行业分	
							木材及竹材采运业	
	林产化学企业	机械制造及修理企业	建筑材料企业	电力工业企业	其他工业企业		合计	木材采运业
全国合计	**139 124**	**182 001**	**10 563**	**13 454**	**218 517**	**882 709**	**1 338 192**	**1 209 670**
北京	—	—	—	—	1173	4456	—	—
天津	—	—	—	—	—	—	—	—
河北	150	74	—	—	8870	16 973	8694	8694
山西	168	66	—	—	—	9766	6660	6660
内蒙古	1641	624	1130	2029	3865	36 945	148 698	148 698
内蒙古集团	1641	624	1072	2029	3171	4596	126 341	126 341
辽宁	—	1104	917	—	21 206	8540	—	—
吉林	4012	2253	—	—	—	81 653	190 943	190 943
吉林集团	4012	337	—	—	—	—	53 789	53 789
黑龙江	4430	2026	333	3671	12 203	58 881	261 564	261 564
龙江集团	4430	1596	—	3671	10 701	669	217 998	217 998
上海	—	—	—	—	—	8200	—	—
江苏	—	—	—	—	—	48 710	—	—
浙江	13 180	742	538	—	14 012	43 170	9763	6269
安徽	8355	30	1519	—	617	10 677	2118	2091
福建	33 850	11 002	485	51	32 115	64 790	137 907	134 313
江西	260	6515	—	—	1393	67 918	89 452	—
山东	85	—	10	—	10 332	3001	—	—
河南	40	—	219	—	15 478	9598	3853	2509
湖北	4930	102	387	231	7927	29 539	14 782	14 030
湖南	2856	—	325	—	3724	32 261	35 623	30 057
广东	6126	1142	23	456	3308	76 402	33 410	30 723
广西	49 289	816	853	—	22 482	69 861	65 061	65 061
海南	107	—	—	—	—	4845	7798	7020
重庆	71	—	—	—	—	6742	4776	1152
四川	850	1492	3501	4189	14 340	63 708	85 669	77 533
贵州	1022	—	—	—	488	4718	12 452	12 452
云南	6861	3973	—	—	1271	30 143	42 275	42 275
西藏	—	—	—	—	—	—	9500	9500
陕西	841	3562	130	—	245	22 194	28 503	20 981
甘肃	—	—	—	—	—	5994	13 143	11 929
青海	—	—	—	—	—	2756	1707	1707
宁夏	—	—	—	—	798	626	216	216
新疆	—	—	—	—	13	2178	10 998	10 666
大兴安岭	—	—	193	2827	42 657	20 998	111 027	111 027
福马集团	—	146 478	—	—	—	—	—	—
雷州林业局	—	—	—	—	—	36 466	1600	1600

（续）

地 区	按 主 要 行 业 分											
	木材加工及竹、藤、棕、草制品业					家具制造业	造纸及纸制品业	林产化学产品制造业	建筑材料制造业	机械制造及修理业	电力生产业	其他行业
	合 计	锯材、木片加工业	人造板制造业	木制品业	竹、藤、棕、草制造业							
合国合计	**1 070 563**	**240 711**	**581 822**	**227 707**	**20 323**	**27 931**	**57 782**	**167 321**	**29 981**	**198 521**	**18 632**	**443 949**
北 京	93	93	—	—	—	65	—	—	405	134	—	5025
天 津	—	—	—	—	—	—	—	—	—	—	—	—
河 北	11 249	9144	855	1250	—	840	2100	150	—	74	—	5750
山 西	1023	—	955	68	—	5	—	2053	—	166	—	1060
内蒙古	50 862	12 348	12 724	25 125	665	901	—	1627	1819	778	1993	8264
内蒙古集团	42 243	9689	10 059	22 495	—	603	—	1627	1562	778	1853	5962
辽 宁	14 955	10 050	1543	3362	—	839	—	—	917	1104	—	21 700
吉 林	60 863	7125	34 131	19 607	—	85	291	4114	2234	4675	102	93 848
吉林集团	60 738	7000	34 131	19 607	—	85	291	4114	2234	2759	102	12 195
黑龙江	200 657	41 726	62 899	96 032	—	7225	7553	3701	9517	7844	4188	40 354
龙江集团	184 356	29 676	61 148	93 532	—	7115	7492	3700	8956	7414	4188	37 280
上 海	4352	—	—	2544	1808	—	—	—	—	3261	—	587
江 苏	—	—	—	—	—	—	—	—	—	—	—	48710
浙 江	45 088	11 925	24 617	7838	708	850	1796	14 680	2207	931	50	25 606
安 徽	12 960	2300	10 462	173	25	32	—	8373	1629	30	—	2876
福 建	97 049	24 000	68 984	2155	1910	1780	12 130	34 698	923	11 213	177	28 039
江 西	19 393	1266	14 732	2762	633	139	—	1018	428	7623	—	21 259
山 东	113 339	12 439	100 889	—	11	3462	—	85	10	—	—	13 333
河 南	37 545	673	26 719	9717	436	405	—	40	219	—	—	22 413
湖 北	73 494	4860	57 170	10 620	844	1019	—	6706	2584	399	231	16 090
湖 南	25 212	800	23 086	612	714	354	1125	3063	325	160	768	7009
广 东	103 732	34 041	68 098	956	637	6611	442	18 070	68	1847	3544	5663
广 西	18 680	1826	16 814	—	40	580	22 091	49 289	853	888	—	2252
海 南	5993	5509	273	211	—	—	—	791	424	—	75	25
重 庆	2727	1212	1018	497	—	256	—	71	—	21	7	1055
四 川	45 414	13 020	22 533	2120	7741	837	8910	2103	4751	1874	4948	25 683
贵 州	1484	232	676	576	—	144	442	1439	—	—	—	2570
云 南	34 524	1546	29 640	3276	62	245	573	13 847	85	4114	10	24 835
西 藏	—	—	—	—	—	—	—	—	—	—	—	—
陕 西	3760	1293	762	1679	26	637	70	841	157	3561	—	585
甘 肃	4654	481	—	110	4063	—	—	—	—	—	—	126
青 海	102	102	—	—	—	74	—	—	—	—	—	1261
宁 夏	37	—	—	37	—	—	259	—	190	8	—	714
新 疆	1709	1088	621	—	—	492	—	—	—	—	—	13
大兴安岭	46 257	8256	1621	36 380	—	54	—	—	236	1187	2539	16 447
福马集团	—	—	—	—	—	—	—	—	—	146 478	—	—
雷州林业局	33 356	33 356	—	—	—	—	—	562	—	151	—	797

林业系统各地区工业总产值

（按现行价格计算）

单位：万元

地 区	总 计	在总计中						独立核算工业企业		
		国有	集体	联营	股份制	外商投资	港、澳、台投资	合 计	木材及竹材采运企业	木材加工企业
全国合计	**4 094 495**	**3 418 204**	**344 603**	**67 250**	**133 636**	**43 373**	**60 321**	**3 082 306**	**1 616 164**	**756 629**
北 京	7238	7103	135	—	—	—	—	1490	—	110
天 津	—	—	—	—	—	—	—	—	—	—
河 北	29 146	22 674	2202	—	1270	—	3000	12 027	—	3301
山 西	13 968	13 968	—	—	—	—	—	1037	—	803
内蒙古	258 905	236 056	20 036	—	103	—	2482	220 188	183 396	14 790
内蒙古集团	223 400	204 898	15 877	—	103	—	2482	218 128	183 396	13 749
辽 宁	73 832	32 677	26 580	10 062	—	2500	2013	61 666	—	28 667
吉 林	481 034	454 087	11 684	3296	450	5207	6310	382 238	364 404	11 524
吉林集团	198 001	183 484	3000	—	—	5207	6310	198 001	182 632	11 374
黑龙江	654 374	536 320	103 105	9730	534	1379	3306	590 427	490 912	63 455
龙江集团	583 715	478 574	91 331	9214	170	1120	3306	582 774	490 912	59 192
上 海	9608	9608	—	—	—	—	—	—	—	—
江 苏	49 753	49 753	—	—	—	—	—	—	—	—
浙 江	104 848	69 400	14 300	2283	13 680	2295	2103	55 259	—	28 922
安 徽	32 382	18 381	1463	2207	10 092	—	—	21 479	33	11 713
福 建	409 546	296 516	38 720	5114	52 032	6016	9717	331 774	137 409	93 010
江 西	158 661	157 743	918	—	—	—	—	82 167	66 019	8051
山 东	145 274	140 949	—	1120	—	—	3205	141 544	—	129 065
河 南	80 951	27 883	20 773	26 646	105	—	—	61 867	1970	41 925
湖 北	132 358	67 818	2861	1506	28 304	22 329	6194	97 825	9002	75 821
湖 南	92 259	88 133	1301	—	—	1249	—	54 058	18 969	26 396
广 东	204 789	131 834	48 974	4853	578	540	17 839	121 393	8704	96 538
广 西	237 544	232 458	3162	—	—	751	1173	142 614	635	20 111
海 南	25 400	24 341	1059	—	—	—	—	20 104	4744	15 270
重 庆	10 315	10 066	113	—	—	—	—	2497	195	2231
四 川	225 612	193 641	6608	—	14 791	—	340	150 041	89 689	23 942
贵 州	24 247	24 016	231	—	—	—	—	17 955	13 330	1769
云 南	159 335	133 015	13 780	66	9541	294	2639	119 926	47 737	53 952
西 藏	12 500	12 500	—	—	—	—	—	12 500	12 500	—
陕 西	45 594	41 171	632	367	249	—	—	21 433	13 756	1741
甘 肃	23 299	18 389	4667	—	—	—	—	16 833	16 833	—
青 海	4069	3310	759	—	—	—	—	504	504	—
宁 夏	2320	2299	21	—	—	—	—	1303	—	—
新 疆	19 034	17 565	93	—	563	813	—	15 161	11 654	3484
大兴安岭	209 668	187 898	20 426	—	1344	—	—	187 898	123 769	38
福马集团	137 098	137 098	—	—	—	—	—	137 098	—	—
雷州林业局	19 534	19 534	—	—	—	—	—	—	—	—

（续）

地　区	独立核算工业企业					非独立核算工业生产单位	按主要行业分	
							木材及竹材采运业	
	林产化学企业	机械制造及修理企业	建筑材料企业	电力工业企业	其他工业企业		合　计	木材采运业
全国合计	**208 391**	**177 749**	**15 313**	**47 900**	**260 160**	**1 012 189**	**1 703 214**	**1 556 940**
北　京	—	—	—	—	1380	5748	—	—
天　津	—	—	—	—	—	—	—	—
河　北	140	86	—	—	8500	17 119	6762	6762
山　西	168	66	—	—	—	12 931	8756	8756
内蒙古	2747	1062	1801	11 099	5293	38 717	175 386	175 386
内蒙古集团	2747	1062	1738	11 099	4337	5272	152 549	152 549
辽　宁	—	1204	1317	—	30 478	12 166	—	—
吉　林	3654	2656	—	—	—	98 796	274 632	274 632
吉林集团	3654	341	—	—	—	—	92 860	92 860
黑龙江	5732	2731	740	11 950	14 907	63 947	330 528	330 528
龙江集团	5732	2171	—	11 950	12 817	941	285 607	285 607
上　海	—	—	—	—	—	9608	—	—
江　苏	—	—	—	—	—	49 753	—	—
浙　江	12 039	749	540	—	13 009	49 589	11 811	7965
安　徽	6662	30	2353	—	688	10 903	2545	2493
福　建	52 921	10 575	681	143	37 035	77 772	187 458	183 363
江　西	260	6276	—	—	1561	76 494	102 348	—
山　东	66	—	4	—	12 409	3730	—	—
河　南	235	—	230	—	17 507	19 084	3134	3134
湖　北	3603	110	462	347	8480	34 533	16 611	15 873
湖　南	4023	74	293	—	4303	38 201	43 468	36 780
广　东	7308	1223	30	1459	6131	83 396	48 378	43 507
广　西	92 352	815	1273	—	27 428	94 930	88 155	88 155
海　南	90	—	—	—	—	5296	8490	8490
重　庆	71	—	—	—	—	7818	5470	1346
四　川	1706	2894	5097	7774	18 939	75 571	108 106	98 334
贵　州	2200	—	—	—	656	6292	15 420	15 420
云　南	11 410	5553	—	—	1274	39 409	55 585	55 585
西　藏	—	—	—	—	—	—	12500	12 500
陕　西	1004	4547	130	—	255	24 161	33 722	25 675
甘　肃	—	—	—	—	—	6466	17 995	16 833
青　海	—	—	—	—	—	3565	2278	2278
宁　夏	—	—	—	—	1303	1017	291	291
新　疆	—	—	—	—	23	3873	15 207	14 676
大兴安岭	—	—	362	15 128	48 601	21 770	123 769	123 769
福马集团	—	137 098	—	—	—	—	—	—
雷州林业局	—	—	—	—	—	19 534	4409	4409

（续）

地区	按主要行业分											
	木材加工及竹、藤、棕、草制品业					家具制造业	造纸及纸制品业	林产化学产品制造业	建筑材料制造业	机械制造及修理业	电力生产业	其他行业
	合计	锯材、木片加工业	人造板制造业	木制品业	竹、藤、棕、草制造业							
全国合计	**1 199 942**	**274 921**	**663 943**	**237 172**	**23 906**	**36 058**	**70 960**	**248 969**	**42 549**	**195 883**	**58 889**	**538 031**
北京	110	110	—	—	—	76	—	—	705	157	—	6190
天津	—	—	—	—	—	—	—	—	—	—	—	—
河北	13 313	10 770	1273	1270	—	1055	2500	140	—	86	—	5290
山西	859	—	788	71	—	5	—	2382	—	666	—	1300
内蒙古	55 039	13 145	14 211	27 454	229	1048	—	2659	2671	1201	10 581	10 320
内蒙古集团	46 092	9949	11 336	24 807	—	589	—	2659	2320	1201	10 410	7580
辽宁	37 754	23 195	10 336	4223	—	1930	—	—	1317	1214	—	31617
吉林	79 918	17 132	41 009	21 777	—	91	564	3795	3687	5100	492	112 755
吉林集团	79 768	16 982	41 009	21 777	—	91	564	3795	3687	2785	492	13 959
黑龙江	216 574	56 584	67 726	92 264	—	9145	9324	4155	13 974	8406	14 234	48 034
龙江集团	196 694	41 547	65 928	89 219	—	8117	9263	4154	12 772	7847	14 234	45 027
上海	5198	—	—	2675	2523	—	—	—	—	3743	—	667
江苏	—	—	—	—	—	—	—	—	—	—	—	49 753
浙江	45 993	11 558	25 480	8152	803	858	1592	14 017	2713	1300	119	26 445
安徽	17 700	2659	14 819	194	28	41	—	6729	2500	30	—	2837
福建	106 593	28 535	73 803	2362	1893	2154	15 645	54 163	1289	10 786	399	31 059
江西	23 537	1337	16 375	5239	586	160	—	1815	336	7376	—	23 089
山东	125 914	13 106	112 800	—	8	3151	—	66	4	—	—	16139
河南	43 028	5901	25 167	11523	437	430	—	253	230	—	—	33876
湖北	85 309	5577	65 028	13766	938	1301	—	5840	3654	466	347	18 830
湖南	32 095	1063	29 689	669	674	404	1263	4450	294	287	1216	8782
广东	106 171	20 455	82 563	1283	1870	10 029	779	21 321	120	2056	8574	7361
广西	24 018	2642	21 336	—	40	619	27 003	92 352	1273	887	—	3237
海南	15 653	15 150	292	211	—	—	—	960	160	—	102	35
重庆	2832	1232	1013	587	—	571	—	71	—	32	12	1327
四川	50 889	16 837	22 847	1927	9278	841	10 616	3143	6586	3296	9131	33 004
贵州	1754	239	616	899	—	144	561	2656	—	—	—	3712
云南	39 242	2065	33 392	3727	58	283	563	25 777	84	5694	13	32 094
西藏	—	—	—	—	—	—	—	—	—	—	—	—
陕西	4681	1947	772	1936	26	765	80	1004	163	4547	—	632
甘肃	5171	546	—	110	4515	—	—	—	—	—	—	133
青海	164	164	—	—	—	90	—	—	—	—	—	1537
宁夏	64	—	—	64	—	—	470	—	346	10	—	1139
新疆	2913	2100	813	—	—	792	—	—	—	99	—	23
大兴安岭	44 838	8254	1795	34 789	—	75	—	—	443	1184	13 669	25 690
福马集团	—	—	—	—	—	—	—	—	—	137 098	—	—
雷州林业局	12 618	12 618	—	—	—	—	—	1221	—	162	—	1124

林业系统各地区工业销售产值

（按现行价格计算） 单位：万元

地区	总计	在总计中						独立核算工业企业		
		国有	集体	联营	股份制	外商投资	港、澳、台投资	合计	木材及竹材采运企业	木材加工企业
全国合计	**3 850 086**	**3 246 096**	**305 169**	**34 741**	**120 306**	**36 680**	**53 027**	**2 926 200**	**1 579 945**	**711 676**
北京	6689	6554	135	—	—	—	—	1490	—	110
天津	—	—	—	—	—	—	—	—	—	—
河北	28 698	22 772	2176	—	750	—	3000	10 395	—	2235
山西	13 888	13 888	—	—	—	—	—	1044	—	850
内蒙古	273 117	251 504	19 502	—	365	—	1550	234 601	199 951	12 747
内蒙古集团	238 183	221 417	14 851	—	365	—	1550	233 009	199 951	12 174
辽宁	65 567	29 104	23 758	9464	—	2125	1116	55641	—	23 274
吉林	450 711	428 073	10 817	153	366	5564	5738	360 669	345 090	9492
吉林集团	183 964	169 832	2830	—	—	5564	5738	183 964	170 552	9475
黑龙江	616 461	511 901	91 615	8288	498	1052	3107	556 287	464 787	60 491
龙江集团	551 005	458 430	80235	8047	134	1052	3107	550 263	464 787	57 021
上海	9608	9608	—	—	—	—	—	—	—	—
江苏	46 414	46 414	—	—	—	—	—	—	—	—
浙江	97 958	66 110	11 956	2156	12 878	1628	2088	53 052	—	28 392
安徽	30 239	17 088	1245	1787	9974	—	—	20 168	31	11 327
福建	393 423	288 222	36 636	4545	49 169	3829	9374	316 292	137 803	90 698
江西	134 861	133 951	910	—	—	—	—	81 834	65 775	8467
山东	147 773	143 773	—	1050	—	—	2950	145 749	—	133 904
河南	67 893	20 780	12 635	634	82	—	—	58 005	1521	40 180
湖北	113 220	62 655	2535	1433	20 950	19 459	5437	81 335	8758	62 520
湖南	81 642	78 684	330	—	—	1048	—	46 323	14 405	24 037
广东	187 489	121 135	44 118	4850	551	400	16 274	108 301	8484	88 510
广西	213 386	207 759	3493	—	—	630	1504	121 019	866	17 876
海南	25 449	24 390	1059	—	—	—	—	20 269	4923	15 256
重庆	9296	9068	112	—	—	—	—	2466	187	2230
四川	209 472	177 625	6806	—	14 025	—	392	137 098	86 538	19 839
贵州	25 542	25 231	311	—	—	—	—	18 992	14 405	1698
云南	153 574	131 835	12 137	51	8730	324	497	114 509	45 207	53 269
西藏	11 000	11 000	—	—	—	—	—	11 000	11 000	—
陕西	38 622	34 161	102	330	237	—	—	19 510	12 355	1377
甘肃	214 81	18 167	3164	—	—	—	—	16 629	16 629	—
青海	3113	2631	482	—	—	—	—	388	388	—
宁夏	1554	1554	—	—	—	—	—	1150	—	—
新疆	17 887	16 779	67	—	420	621	—	14 226	11 391	2834
大兴安岭	211 098	190 719	19 068	—	1311	—	—	190 719	129 451	63
福马集团	127 039	127 039	—	—	—	—	—	127 039	—	—
雷州林业局	15 922	15 922	—	—	—	—	—	—	—	—

（续）

地　区	独立核算工业企业					非独立核算工业生产单位	按主要行业分	
							木材及竹材采运业	
	林产化学企业	机械制造及修理企业	建筑材料企业	电力工业企业	其他工业企业		合　计	木材采运业
全国合计	**169 261**	**165 596**	**14 369**	**45 567**	**239 786**	**923 886**	**1 670 878**	**1 545 525**
北　京	—	—	—	—	1380	5199	—	—
天　津	—	—	—	—	—	—	—	—
河　北	78	102	—	—	7980	18 303	4864	4864
山　西	161	33	—	—	—	12 844	9394	9394
内蒙古	2455	1268	1919	11 099	5162	38 516	192 988	192 988
内蒙古集团	2455	1268	1856	11 099	4206	5174	170 060	170 060
辽　宁	—	913	1179	—	30 275	9926	—	—
吉　林	3633	2454	—	—	—	90 042	264 203	263 196
吉林集团	3633	304	—	—	—	—	88 658	88 658
黑龙江	3162	2208	672	10 584	14 383	60 174	328 766	328 766
龙江集团	3162	2144	—	10 584	12 565	742	286 523	286 523
上　海	—	—	—	—	—	9608	—	—
江　苏	—	—	—	—	—	46 414	—	—
浙　江	10 891	715	520	—	12 534	44 906	11 826	8207
安　徽	5847	30	2215	—	718	10 071	2445	2433
福　建	45 703	10 109	660	143	31 176	77 131	187 799	183 226
江　西	110	5951	—	—	1531	53 027	80 379	—
山　东	78	—	5	—	11 762	2024	—	—
河　南	115	—	220	—	15 969	9888	3801	2234
湖　北	3319	120	388	364	5866	31 885	16 165	15 165
湖　南	3389	74	237	—	4181	35 319	38 076	31 730
广　东	3424	1181	—	1308	5394	79 188	47 104	42 240
广　西	72 761	1016	1268	—	27 232	92 367	85 915	85 915
海　南	90	—	—	—	—	5180	8772	8772
重　庆	49	—	—	—	—	6830	4882	1186
四　川	1482	2507	4688	6941	15 103	72 374	104 930	95 676
贵　州	1882	—	—	—	1007	6550	16 373	16 373
云　南	9651	5289	—	—	1093	39 065	54 393	54 393
西　藏	—	—	—	—	—	—	11 000	11 000
陕　西	981	4587	85	—	125	19 112	28 252	20 998
甘　肃	—	—	—	—	—	4852	17 880	16 629
青　海	—	—	—	—	—	2725	1971	1971
宁　夏	—	—	—	—	1150	404	—	—
新　疆	—	—	—	—	1	3661	14 849	14 318
大兴安岭	—	—	313	15 128	45 764	20 379	129 451	129 451
福马集团	—	127 039	—	—	—	—	—	—
雷州林业局	—	—	—	—	—	15 922	4400	4400

（续）

地 区	按主要行业分											
	木材加工及竹、藤、棕、草制品业					家具制造业	造纸及纸制品业	林产化学产品制造业	建筑材料制造业	机械制造及修理业	电力生产业	其他行业
	合 计	锯材、木片加工业	人造板制造业	木制品业	竹、藤、棕、草制造业							
全国合计	**1 119 311**	**291 177**	**592 986**	**213 776**	**21 372**	**30 277**	**68 208**	**209 774**	**37 147**	**181 284**	**56 643**	**476 564**
北 京	110	110	—	—	—	76	—	—	705	157	—	5641
天 津	—	—	—	—	—	—	—	—	—	—	—	—
河 北	15 364	13 676	938	750	—	762	2500	78	—	102	—	5028
山 西	932	—	865	67	—	5	—	2256	—	600	—	701
内蒙古	52 529	13 305	13 309	25 686	229	948	—	2249	2773	1215	10 555	9860
内蒙古集团	44 071	10 179	10 974	22 918	—	477	—	2249	2428	1215	10 384	7299
辽 宁	31 478	18 522	9770	3186	—	1086	—	—	1179	923	—	30 901
吉 林	70 930	16 346	34 710	19 874	—	119	547	3761	3921	4754	492	101 984
吉林集团	70 913	16 329	34 710	19874	—	119	547	3761	3921	2604	492	12 949
黑龙江	197 149	55 174	64 606	77 369	—	7272	9780	3115	10 354	7258	12 670	40 097
龙江集团	178 565	40 538	63 323	74 704	—	6803	9725	3115	9235	7194	12 670	37 175
上 海	5198	—	—	2675	2523	—	—	—	—	3743	—	667
江 苏	—	—	—	—	—	—	—	—	—	—	—	46 414
浙 江	43 309	10 864	25 021	6704	720	908	1571	12 919	2361	1255	119	23 690
安 徽	17 300	2777	14 329	167	27	35	—	5896	2354	30	—	2179
福 建	104 169	27 108	73 028	2252	1781	1925	13 793	46 977	1299	10 320	399	26 742
山 西	23 210	1198	13 126	8391	495	155	—	1361	315	7244	—	22 197
山 东	131 350	46 648	84 689	—	13	2554	—	78	5	—	—	13 786
河 南	40 180	647	29 034	10 094	405	416	—	115	220	—	—	23 161
湖 北	71 558	5268	52 787	12 520	983	1150	—	5313	3050	475	364	15 145
湖 南	28 857	1013	26 967	476	401	377	1461	3797	237	242	1215	7380
广 东	97 946	20 198	74 878	1042	1828	8838	752	16 830	90	1376	8822	5731
广 西	21 996	2805	19 156	—	35	600	26 750	72 761	1268	1088	—	3008
海 南	15 760	15 157	406	197	—	—	—	668	112	—	102	35
重 庆	2614	1209	1025	380	—	410	—	49	—	32	12	1297
四 川	46 583	16 684	19 275	1767	8857	664	9287	2706	6116	2887	8211	28 088
贵 州	1718	198	588	932	—	120	913	2488	—	—	—	3930
云 南	37 128	2063	31 796	3230	39	270	464	24 497	84	5415	13	31 310
西 藏	—	—	—	—	—	—	—	—	—	—	—	—
陕 西	3279	988	567	1698	26	854	65	981	95	4587	—	509
甘 肃	3451	441	—	—	3010	—	—	—	—	—	—	150
青 海	129	129	—	—	—	27	—	—	—	—	—	986
宁 夏	—	—	—	—	—	—	325	—	198	10	—	1021
新 疆	2347	1726	621	—	—	684	—	—	—	6	—	1
大兴安岭	43 082	7268	1495	34 319	—	22	—	—	411	456	13 669	24 007
福马集团	—	—	—	—	—	—	—	—	—	127 039	—	—
雷州林业局	9655	9655	—	—	—	—	—	879	—	70	—	918

林业系统独立核算工业企业增加值

（按生产法、现行价格计算）

单位：万元

指标名称	工业总产出				工业中间投入						本年应交增值税	工业增加值
	合计	生产成品价值	对外加工费收入	在产品、自制半成品期末期初差额价值	合计	直接材料费	制造费用中的中间投入	管理费用中的中间投入	销售费用中的中间投入	利息支出		
总计	**3 023 484**	**2 973 691**	**24 052**	**25 741**	**1 929 631**	**1 280 955**	**223 704**	**217 752**	**65 402**	**141 818**	**94 324**	**1 188 177**
其中：国有	2 525 767	2 488 666	18 895	18 206	1 587 381	1 020 714	189 834	195 675	53 920	127 238	79 955	1 018 341
在国有经济中按企业分												
（一）木材及竹材采运企业	1 529 131	1 519 115	8663	1353	780 838	404 883	128 282	147 883	31 488	68 302	33 146	781 439
（二）木材加工企业	486 509	469 257	4999	12 253	408 937	302 988	38 388	24 377	10 735	32 449	22 310	99 882
（三）林产化学企业	184 182	182 103	1082	997	158 504	133 282	6292	7270	3941	7719	7905	33 583
（四）机械制造及修理企业	175 320	170 135	2730	2455	131 693	110 047	3794	7857	5069	4926	5828	49 455
（五）建筑材料企业	12 063	11 765	233	65	8478	5339	1004	788	195	1152	601	4186
（六）电力工业企业	47 639	47 344	295	—	25 910	14 169	4473	2592	149	4527	5104	26 833
（七）其他工业企业	90 923	88 947	893	1083	73 021	50 006	7601	4908	2343	8163	5061	22 963

林业系统各地区独立核算工业企业增加值

（按生产法、现行价格计算）

单位：万元

地区	工业总产出				工业中间投入						本年应交增值税	工业增加值
	合计	生产成品价值	对外加工费收入	在产品、自制半成品期末期初差额价值	合计	直接材料费	制造费用中的中间投入	管理费用中的中间投入	销售费用中的中间投入	利息支出		
全国合计	**3 023 484**	**2 973 691**	**24 052**	**25 741**	**1 929 631**	**1 280 955**	**223 704**	**217 752**	**65 402**	**141 818**	**94 324**	**1 188 177**
北京	—	—	—	—	—	—	—	—	—	—	—	—
天津	—	—	—	—	—	—	—	—	—	—	—	—
河北	12 027	11 566	13	448	8455	5473	1143	611	588	640	472	4044
山西	1037	931	106	—	893	654	89	75	13	62	53	197
内蒙古	220 187	219 481	509	197	90 252	40 342	13 139	21 067	1523	14 181	6081	136 016
内蒙古集团	218 127	217 451	509	167	88 776	39 541	12 872	20 929	1493	13 941	5991	135 342
辽宁	—	—	—	—	—	—	—	—	—	—	—	—
吉林	382 238	377 573	4656	9	224 352	122 946	42 414	33 587	11 197	14 208	8727	166 613
吉林集团	198 001	194 778	3218	5	108 382	56 563	22 162	17 846	4231	7580	5919	95 538
黑龙江	590 838	585 007	2750	3081	302 266	183 964	36 365	50 329	6955	24 653	11 687	300 259
龙江集团	582 774	577 654	2078	3042	296 817	180 857	35 340	49 668	6751	24 201	11 145	297 102
上海	—	—	—	—	—	—	—	—	—	—	—	—
江苏	—	—	—	—	—	—	—	—	—	—	—	—
浙江	55 259	54 966	187	106	41 711	29 549	5729	2158	1718	2557	1846	15 394
安徽	21 480	20 987	27	466	15 963	11 573	1154	937	512	1787	1648	7165
福建	331 774	329 036	2415	323	225 613	173 951	15 296	18 968	7613	9785	15 155	121 316
江西	82 167	80 686	1262	219	63 262	36 549	8285	10 184	3325	4919	3282	22 187
山东	141 544	134 962	514	6068	133 122	113 264	10 880	2616	2043	4319	2709	11 131
河南	61 867	56 918	62	4887	47 019	37 339	2771	2329	1289	3291	940	15 788
湖北	97 825	88 292	4166	5367	85 769	69 832	6986	3350	2463	3138	3275	15 331
湖南	54 058	53 117	746	195	51 695	29 474	5652	5915	3042	7612	3074	5437
广东	121 393	119 239	1869	285	102 470	74 529	15 174	5523	1640	5604	5912	24 835
广西	142 614	141 390	922	302	127 636	101 860	7264	4997	2957	10 558	7659	22 637
海南	20 104	20 051	—	53	12 814	9678	189	1891	291	765	139	7429
重庆	2537	2510	3	24	2303	1508	229	157	8	401	93	327
四川	150 041	147 714	1362	965	87 628	44 273	16 841	13 339	5287	7888	4313	66 726
贵州	17 724	17 703	17	4	16 892	9076	2071	3549	1630	566	1646	2478
云南	119 926	119 214	505	207	72 720	47 681	7961	7354	4368	5356	5786	52 992
西藏	—	—	—	—	—	—	—	—	—	—	—	—
陕西	21 433	20 993	128	312	11 933	5258	1990	2988	582	1115	674	10 174
甘肃	16 738	16 494	211	33	7268	2062	2504	2016	245	441	418	9888
青海	504	504	—	—	228	44	31	51	108	−6	2	278
宁夏	1261	1261	—	—	926	714	63	44	37	68	92	427
新疆	15 161	15 112	49	—	9873	6399	626	2060	215	573	122	5410
大兴安岭	204 649	203 374	1275	—	85 673	35 342	17 261	16 153	1794	15 123	4166	123 142
福马集团	137 098	134 610	298	2190	100 895	87 621	1597	5504	3959	2214	4353	40 556
雷州林业局	—	—	—	—	—	—	—	—	—	—	—	—

林业系统各地区国有独立核算工业企业增加值

（按生产法、现行价格计算）

单位：万元

地区	工业总产出				工业中间投入						本年应交增值税	工业增加值
	合计	生产成品价值	对外加工费收入	在产品、自制半成品期末期初差额价值	合计	直接材料费	制造费用中的中间投入	管理费用中的中间投入	销售费用中的中间投入	利息支出		
全国合计	**2 525 767**	**2 488 666**	**18 895**	**18 206**	**1 587 381**	**1 020 714**	**189 834**	**195 675**	**53 920**	**127 238**	**79 955**	**1 018 341**
北京	—	—	—	—	—	—	—	—	—	—	—	—
天津	—	—	—	—	—	—	—	—	—	—	—	—
河北	6480	6233	13	234	4446	2684	581	381	352	448	382	2416
山西	1037	931	106	—	893	654	89	75	13	62	53	197
内蒙古	201 705	201 309	366	30	81 534	34 503	12 432	19 565	1081	13 953	5190	125 361
内蒙古集团	199 708	199 342	366	—	80 058	33 702	12 165	19 427	1051	13 713	5100	124 750
辽宁	—	—	—	—	—	—	—	—	—	—	—	—
吉林	367 721	363 056	4656	9	211 738	115 588	40 821	32 186	9387	13 756	8457	164 440
吉林集团	183 484	180 261	3218	5	95 768	49 205	20 569	16 445	2421	7128	5649	93 365
黑龙江	483 177	479 088	1963	2126	250 382	149 952	28 008	44 609	5436	22 377	9752	242 547
龙江集团	477 633	473 785	1761	2087	246 296	147 502	27 307	44 126	5383	21 978	9289	240 626
上海	—	—	—	—	—	—	—	—	—	—	—	—
江苏	—	—	—	—	—	—	—	—	—	—	—	—
浙江	31 230	30 999	185	46	23 714	15 947	4201	1087	520	1959	1078	8594
安徽	9678	9432	10	236	7624	6189	549	382	173	331	621	2675
福建	239 777	237 793	1750	234	163 488	126 051	11 084	13 745	5517	7091	12 259	88 548
江西	82 167	80 686	1262	219	63 262	36 549	8285	10 184	3325	4919	3282	22 187
山东	137 219	130 832	514	5873	129 117	109 848	10 730	2455	1913	4171	2699	10 801
河南	17 654	16 062	23	1569	13063	10 814	758	470	348	673	318	4909
湖北	37 524	31 662	2205	3657	30 327	18 344	4928	2782	1792	2481	1841	9038
湖南	51 650	50 723	734	193	50 660	28 628	5562	5863	3025	7582	2965	3955
广东	59 489	57 421	1845	223	52 132	34 706	8088	4025	807	4506	3032	10 389
广西	139 208	138 086	922	200	124 302	99 457	6851	4811	2887	10 296	7501	22 407
海南	19 665	19 612	—	53	12 535	9668	189	1622	291	765	139	7269
重庆	2537	2510	3	24	2303	1508	229	157	8	401	93	327
四川	136 020	133 919	1362	739	76 366	36 200	15 680	12 770	4855	6861	3654	63 308
贵州	17 724	17 703	17	4	16 892	9076	2071	3549	1630	566	1646	2478
云南	109 628	109 327	254	47	66 672	44 606	6416	6947	4106	4597	5307	48 263
西藏	—	—	—	—	—	—	—	—	—	—	—	—
陕西	20 480	20 087	126	267	11 095	4623	1911	2958	573	1030	652	10 037
甘肃	16 738	16 494	211	33	7268	2062	2504	2016	245	441	418	9888
青海	504	504	—	—	228	44	31	51	108	−6	2	278
宁夏	1261	1261	—	—	926	714	63	44	37	68	92	427
新疆	13 692	13 643	49	—	8722	5448	511	1986	204	573	83	5053
大兴安岭	184 704	184 683	21	—	76 797	29 230	15 665	15 451	1328	15 123	4086	111 993
福马集团	137 098	134 610	298	2190	100 895	87 621	1597	5504	3959	2214	4353	40 556
雷州林业局	—	—	—	—	—	—	—	—	—	—	—	—

林业系统主要工业产品产、销、存情况

主要工业产品	计算单位	主要工业产品实物量产销、存			
		年初库存量	本年生产量	本年销售量	年末库存量
木　材	万立方米	737.13	3625.64	3657.95	704.82
竹　材	万根	177.21	2686.49	2428.05	435.65
锯　材	万立方米	64.32	234.84	239.81	59.35
木　片	万立方米	31.04	351.94	314.43	68.55
人造板	万立方米	40.01	352.55	308.73	83.83
其中：胶合板	万立方米	16.28	77.27	72.80	20.75
纤维板	万立方米	9.10	110.14	107.01	12.23
其中：中密度纤维板	万立方米	3.68	67.63	65.12	6.19
刨花板	万立方米	13.21	119.96	118.12	15.05
松　香	吨	16 813	314 659	252 420	79 052
栲　胶	吨	1347	12 255	10 303	3299
紫　胶	吨	176	347	343	180
木地板块	万平方米	239.70	1485.87	1430.92	294.65

林业系统各地区主要工业产品生产能力

单位:万立方米、吨

地区	木材	锯材	胶合板	木质纤维板	刨花板	松香	栲胶	紫胶
全国合计	**2765**	**668.1**	**127.3**	**132.4**	**149.4**	**478 794**	**29 070**	**4460**
北京	—	—	—	—	—	—	—	—
天津	—	—	—	—	—	—	—	—
河北	—	—	—	—	—	—	—	—
山西	—	—	—	0.9	—	—	—	—
内蒙古	480	64.7	0.9	1.9	6.5	—	8000	—
内蒙古集团	480	64.7	0.9	1.9	6.5	—	8000	—
辽宁	—	—	—	—	—	—	—	—
吉林	426	121.7	12.6	8.9	20.7	—	—	—
吉林集团	187	62.7	8.4	3.4	14.2	—	—	—
黑龙江	693	249.2	15.3	13.3	28.4	—	—	—
龙江集团	693	249.2	15.3	13.3	28.4	—	—	—
上海	—	—	—	—	—	—	—	—
江苏	—	—	—	—	—	—	—	—
浙江	—	6.3	0.5	16.9	1.9	1840	1500	—
安徽	—	2.8	4.4	1.5	4.2	4300	1150	—
福建	68	41.6	23.9	20.9	8.8	95 679	1000	250
江西	53	6.8	11.1	7.2	6.8	2	—	—
山东	—	—	4.1	3.0	8.0	—	—	—
河南	—	1.4	2.2	1.0	3.2	—	—	—
湖北	10	13.1	12.5	4.9	8.0	4690	1200	—
湖南	—	8.2	10.7	10.4	10.1	7900	1200	10
广东	20	15.5	7.5	7.0	13.3	59 533	1000	600
广西	2	4.9	4.0	6.0	11.0	219 000	4000	—
海南	24	0.2	0.6	—	—	6000	—	—
重庆	—	10.0	—	—	3.0	—	—	—
四川	162	31.3	2.3	13.1	7.8	7500	—	100
贵州	—	2.0	0.6	0.7	0.5	13 200	—	—
云南	180	44.7	11.8	10.0	5.8	58 650	8820	3500
西藏	—	—	—	—	—	—	—	—
陕西	35	2.4	0.7	2.3	0.4	—	—	—
甘肃	34	6.3	0.1	0.3	—	—	—	—
青海	2	—	—	—	—	—	—	—
宁夏	—	—	—	—	—	—	—	—
新疆	32	21.0	—	—	1.0	—	—	—
大兴安岭	544	14.0	1.5	2.0	—	—	—	—
福马集团	—	—	—	—	—	—	—	—
雷州林业局	—	—	—	0.2	—	500	1200	—

劳 动 工 资

林业系统国有单位劳动工资1997年主要指标与1996年比较

主 要 指 标	计算单位	1997年	1996年	1997年比1996年增减(%)
一、企事业机关单位个数	个	50 985	49 853	2.27
其中：1.林业	个	41 581	40 337	3.08
2.工业	个	2612	2492	4.82
二、全部职工人数	人	2 494 882	2 562 224	−2.63
其中:1. 林业	人	829 659	822 504	0.87
其中：国有林场	人	518 483	528 513	−1.90
2. 工业	人	1 302 759	1 345 423	−3.17
其中:木材及竹材采运业	人	1 058 997	1 094 199	−3.22
木材加工及竹、藤、棕、草制品业	人	135 911	139 917	−2.86
林产化学产品制造业	人	24 943	26 267	−5.04
全部职工年末人数中:				
合同制职工	人	980 851	871 699	12.52
三、全部职工年工资总额	万元	988 116.9	1 002 333	−1.42
其中:1. 林业	万元	367 059.8	346 223	6.02
其中：国有林场	万元	219 418.5	216 478	1.36
2. 工业	万元	445 720.5	470 923	−5.35
其中:木材及竹材采运业	万元	351 778.9	365 852	−3.85
木材加工及竹、藤、棕、草制品业	万元	48 746.0	48 785	−0.08
林产化学产品制造业	万元	9720.8	9977	−2.57
四、全部职工年平均工资	元	4072	4070	0.05
其中:1. 林业	元	4516	4319	4.56
其中：国有林场	元	4324	4213	2.63
2. 工业	元	3545	3678	−3.62
其中:木材及竹材采运业	元	3440	3522	−2.33
木材加工及竹、藤、棕、草制品业	元	3732	3691	1.11
林产化学产品制造业	元	3971	3821	3.93
五、工业企业全员价值劳动生产率	元/人·年	17 963	16 440	9.26
(总产值(按1990年不变价计算))				
其中:木材采运企业	元/人·年	12 486	11 433	9.21
木材加工企业	元/人·年	39 268	34 825	12.76
林产化学企业	元/人·年	42 873	39 380	8.87
六、工业企业全员价值劳动生产率	元/人·年	9145	8927	2.44
(增加值(按现价计算))				
其中:木材采运企业	元/人·年	8595	7669	12.07
木材加工企业	元/人·年	8690	12 402	−29.93
林产化学企业	元/人·年	12 148	16 588	−26.77

林业系统各地区分企、

地区	各部门总计	一、国有经济				按国民经						
		合计	1. 企业	2. 事业	3. 机关	(一)农林牧渔业	(二)采掘业	(三)制造业	(四)电力、煤气及水的生产和供应业	(五)建筑业	(六)地质勘查业、水利管理业	(七)交通运输、仓储及邮电通信业
全国合计	**52 420**	**50 985**	**5168**	**42 982**	**2835**	**41 757**	**1690**	**903**	**19**	**127**	**105**	**144**
北京	122	122	6	101	15	94	—	5	—	1	—	—
天津	249	249	1	236	12	236	—	—	—	—	—	—
河北	1622	1609	81	1378	150	1351	—	29	—	—	—	—
山西	2873	2873	8	2742	123	2577	—	7	—	—	21	—
内蒙古	1835	1780	59	1617	104	1572	18	9	1	1	2	2
内蒙古集团	100	52	27	25	—	5	17	6	1	1	—	1
辽宁	2371	2159	132	1939	88	1825	—	41	—	—	28	—
吉林	1863	1813	391	1349	73	1628	18	8	—	4	—	1
吉林集团	36	25	22	3	—	—	8	5	—	1	—	—
黑龙江	2998	2744	222	2418	104	2188	40	64	2	59	8	31
龙江集团	364	249	152	76	21	10	40	26	2	55	6	2
上海	22	22	—	22	—	22	—	—	—	—	—	—
江苏	755	716	7	687	22	680	—	—	—	—	—	—
浙江	1781	1735	163	1505	67	1498	1	28	2	1	2	4
安徽	2176	2162	134	1916	112	1863	2	22	—	2	—	2
福建	2285	2054	564	1395	95	1332	318	125	—	9	—	14
江西	2210	2168	564	1453	151	1443	473	27	—	8	—	2
山东	3300	3298	98	3048	152	2988	—	51	—	2	4	—
河南	1419	1399	72	1189	138	1130	1	15	—	—	4	1
湖北	2542	2533	419	2012	102	1932	3	91	—	4	6	4
湖南	2801	2769	328	2313	128	2210	243	45	1	6	9	8
广东	2122	2066	373	1544	149	1473	24	78	7	2	—	25
广西	984	977	188	673	116	614	2	35	—	9	—	9
海南	466	466	48	398	20	365	19	1	—	—	—	—
重庆	888	886	39	808	39	807	1	10	—	1	—	—
四川	4111	4002	310	3460	232	3426	81	72	4	6	—	9
贵州	1996	1993	182	1716	95	1694	132	27	—	2	—	6
云南	2498	2456	240	2077	139	1992	46	43	—	1	—	19
西藏	121	121	6	83	32	70	6	—	—	—	—	—
陕西	1769	1764	104	1549	111	1507	7	29	—	1	7	2
甘肃	1495	1486	29	1359	98	1307	9	6	—	1	2	2
青海	356	352	1	309	42	304	1	—	—	—	—	—
宁夏	499	498	8	468	22	464	—	2	—	—	2	—
新疆	1312	1300	83	1117	100	1101	17	26	—	3	2	1
部直属	579	413	308	101	4	64	228	7	2	4	8	2
大兴安岭	473	307	279	25	3	48	228	2	2	2	2	2
福马集团	14	14	12	2	—	—	—	5	—	—	—	—

事业机关单位个数

单位:个

单　位　合　计								二、集体经济单位合计	三、其他各种经济单位合计
济　行　业　分									
(八)批发和零售贸易、餐饮业	(九)房地产业	(十)社会服务业	(十一)卫生、体育和社会福利业	(十二)教育、文化艺术和广播电影电视业	(十三)科学研究和综合技术服务业	(十四)国家机关、党政机关和社会团体	(十五)其　他		
1921	**18**	**597**	**36**	**174**	**503**	**2840**	**151**	**1154**	**281**
—	5	2	—	—	—	15	—	—	—
1	—	—	—	—	—	12	—	—	—
57	—	7	—	5	10	150	—	13	—
112	—	14	3	5	11	123	—	—	—
22	1	13	2	15	13	104	5	45	10
2	1	1	2	10	1	—	4	38	10
91	—	55	—	6	25	88	—	208	4
33	—	7	1	5	8	73	27	45	5
6	—	1	1	1	1	—	1	7	4
93	3	74	10	35	14	104	19	222	32
27	1	8	7	22	6	21	16	87	28
—	—	—	—	—	—	—	—	—	—
—	—	4	—	—	1	22	9	38	1
96	1	14	—	4	14	65	5	28	18
101	—	21	—	2	8	112	27	9	5
108	1	31	5	11	5	95	—	166	65
28	—	11	1	3	14	148	10	38	4
56	—	32	—	2	11	152	—	—	2
53	—	2	—	4	44	138	7	13	7
293	—	27	—	8	49	102	14	4	5
10	1	49	1	6	51	128	1	28	4
212	3	21	—	3	57	149	12	42	14
134	—	17	—	5	34	114	4	3	4
28	—	23	—	—	10	20	—	—	—
22	—	5	—	—	1	39	—	2	—
120	—	26	1	8	9	235	5	23	86
14	1	6	—	3	11	95	2	3	—
120	—	54	2	5	34	139	1	32	10
—	—	13	—	—	—	32	—	—	—
60	—	13	1	5	18	111	3	3	2
11	1	22	3	6	19	97	—	9	—
—	—	4	—	—	1	42	—	4	—
2	—	3	—	1	2	22	—	1	—
20	—	20	—	3	7	100	—	10	2
24	1	7	6	24	22	14	—	165	1
2	1	1	3	10	1	3	—	165	1
7	—	—	—	—	2	—	—	—	—

林业系统各地区按行业

地区	各部门总计	一、国有经济										
		合计	1. 企业	2. 事业	3. 机关	按国民经						
						(一)农林牧渔业	(二)采掘业	(三)制造业	(四)电力、煤气及水的生产和供应业	(五)建筑业	(六)地质勘查业、水利管理业	(七)交通运输、仓储及邮电通信业
全国合计	**2 820 539**	**2 494 882**	**1 528 653**	**874 785**	**91 444**	**842 683**	**1 077 530**	**212 428**	**12 801**	**53 453**	**7224**	**25 951**
北　京	6606	6606	291	5558	757	3841	—	146	—	748	—	—
天　津	1222	1222	21	991	210	991	—	—	—	—	—	—
河　北	27 425	27 125	3621	20 140	3364	19 064	—	2199	—	—	—	—
山　西	27 805	27 805	1214	23 941	2650	20 451	—	1125	—	—	419	—
内蒙古	272 835	233 375	155 862	75 089	2424	68 495	136 073	7549	3094	7896	729	189
内蒙古集团	202 927	163 615	154 453	9162	—	5019	135 746	7354	3094	7896	—	152
辽　宁	38 511	37 336	6710	29 397	1229	27 118	—	2860	—	—	456	—
吉　林	342 026	295 270	250 345	42 008	2917	76 088	196 780	8124	—	3817	—	23
吉林集团	115 271	101 582	100 778	804	—	—	94 876	4670	—	333	—	—
黑龙江	748 097	592 847	511 970	75 907	4970	61 699	427 735	57 073	4085	20 983	2461	1712
龙江集团	667 286	517 926	505 866	10 505	1555	233	427 735	51 579	4085	20 802	2229	438
上　海	1197	1197	—	1197	—	1197	—	—	—	—	—	—
江　苏	31 509	30 798	3917	26 658	223	29 775	—	—	—	—	—	—
浙　江	34 004	31 988	11 417	19 124	1447	19 221	100	5045	17	45	93	129
安　徽	42 533	41 462	12 507	27 200	1755	26 171	259	2556	—	885	—	571
福　建	101 106	86 730	55 535	26 277	4918	23 293	27 790	19 951	—	2489	—	1200
江　西	138 314	136 648	67 429	62 948	6271	62 802	55 044	7416	—	1141	—	148
山　东	40 892	39 683	10 728	26 593	2362	25 130	—	9527	—	73	78	—
河　南	31 906	31 437	4429	23 478	3530	22 064	500	1849	—	—	148	29
湖　北	67 824	66 119	26 919	35 972	3228	34 000	3125	7348	—	370	259	141
湖　南	113 376	112 164	40 768	63 929	7467	59 739	26 899	10 948	26	488	112	1331
广　东	73 928	71 079	24 870	39 355	6854	37 175	4006	9384	166	73	—	1826
广　西	85 572	84 707	23 741	53 228	7738	50 628	939	11 818	—	836	—	687
海　南	12 467	12 467	6624	5024	819	4235	4986	214	—	—	—	—
重　庆	16 094	16 068	4834	9578	1656	9617	590	3138	—	92	—	—
四　川	115 751	112 913	75 357	29 561	7995	27 492	34 310	15 339	521	2739	—	14 163
贵　州	31 685	31 414	11 098	17 636	2680	16 539	6721	2719	—	115	—	921
云　南	79 238	76 864	39 947	30 781	6136	26 690	19 518	11 918	—	2279	—	1879
西　藏	3178	3178	1800	470	908	370	1800	—	—	—	—	—
陕　西	43 889	43 694	16 276	25 290	2128	23 275	9625	4015	—	437	73	19
甘　肃	41 092	40 801	13 766	25 445	1590	23 768	11 845	475	—	135	196	33
青　海	5053	4951	287	4451	213	4342	287	—	—	—	—	—
宁　夏	10 490	10 479	635	9563	281	8952	—	225	—	—	51	—
新　疆	25 900	25 209	10 411	13 493	1305	14 850	4672	1453	—	659	313	575
部直属	209 014	161 246	135 324	24 503	1419	13 611	103 926	8014	4892	7153	1836	375
大兴安岭	179 166	131 398	127 869	2664	865	8115	103 926	2059	4892	6469	355	375
福马集团	6371	6371	6110	261	—	—	—	5955	—	—	—	—

分年末职工人数

单位:人

单　位　合　计									
济　行　业　分								二、集体经济单位合计	三、其他各种经济单位合计
(八)批发和零售贸易、餐饮业	(九)房地产　业	(十)社会服务业	(十一)卫生、体育和社会福利业	(十二)教育、文化艺术和广播电影电视业	(十三)科学研究和综合技术服务业	(十四)国家机关、党政机关和社会团体	(十五)其　他		
85 783	**1450**	**18 144**	**7124**	**24 768**	**26 022**	**91 754**	**7767**	**295 297**	**30 360**
—	924	190	—	—	—	757	—	—	—
21	—	—	—	—	—	210	—	—	—
1387	—	447	—	310	354	3364	—	300	—
1934	—	496	81	368	281	2650	—	—	—
1025	212	833	863	1451	1697	2424	845	37 887	1573
363	212	163	863	1009	904	—	840	37 739	1573
3850	—	672	—	270	881	1229	—	874	301
1531	—	927	189	1416	1205	2917	2253	43 619	3137
588	—	150	189	152	463	—	161	10 745	2944
2209	78	1370	3151	3202	1597	4970	522	145 907	9343
1270	70	351	3087	2663	1326	1555	503	140 241	9119
—	—	—	—	—	—	—	—	—	—
—	—	106	—	—	28	223	666	704	7
4715	7	517	—	177	345	1422	155	1122	894
7511	—	428	—	260	173	1755	893	313	758
4211	3	926	756	695	455	4961	—	8274	6102
1459	—	291	185	520	1065	6228	349	1337	329
1301	—	578	—	363	271	2362	—	—	1209
1457	—	13	—	446	1089	3530	312	327	142
13 876	—	837	—	828	1572	3228	535	535	1170
829	17	2074	34	589	1607	7467	4	917	295
8585	113	418	—	255	1784	6854	440	1724	1125
9499	—	680	—	547	1296	7617	160	160	705
1424	—	502	—	—	287	819	—	—	—
694	—	209	—	—	72	1656	—	26	—
7622	—	549	297	617	667	8228	369	1325	1513
472	16	245	—	320	532	2680	134	271	—
4006	—	1566	306	548	2018	6116	20	1588	786
—	—	100	—	—	—	908	—	—	—
1927	—	716	235	454	680	2128	110	90	105
280	13	764	295	557	857	1583	—	291	—
—	—	89	—	—	20	213	—	102	—
30	—	775	—	105	60	281	—	11	—
509	—	165	—	316	392	1305	—	437	254
3419	67	661	732	10 154	4737	1669	—	47 156	612
2555	67	67	659	958	36	865	—	47 156	612
155	—	—	—	—	261	—	—	—	—

林业系统各地区按行业分

地区	各部门总计	一、国有经济							
		合计	1. 企业	2. 事业	3. 机关	按国民经			
						(一)农林牧渔业	(二)采掘业	(三)制造业	(四)电力、煤气及水的生产和供应业
全国合计	**1 045 596.0**	**988 116.9**	**525 630.4**	**404 748.6**	**57 737.9**	**369 144.9**	**358 728.8**	**81 051.4**	**5940.3**
北　京	6250.4	6250.4	212.1	5177.1	861.2	3845.8	—	76.5	—
天　津	851.5	851.5	9.6	661.9	180.0	661.9	—	—	—
河　北	11 730.4	11 631.0	1178.0	8597.0	1856.0	7972.5	—	756.7	—
山　西	11 773.7	11 773.7	296.4	10 214.8	1262.5	8676.8	—	266.5	—
内蒙古	100 895.6	91 417.7	60 838.6	29 215.9	1363.2	25 218.3	54 108.6	2048.9	1730.4
内蒙古集团	73 721.9	64 294.4	60 373.8	3920.6	—	1360.3	53 988.6	1988.3	1730.4
辽　宁	16 987.0	16 549.8	1593.7	13 698.0	1258.1	12 021.3	—	902.5	—
吉　林	131 643.9	121 624.9	101 832.9	17 722.0	2070.0	28 950.6	82 165.8	2333.5	—
吉林集团	47 029.2	43 377.5	42 803.8	573.7	—	—	40 042.0	1509.5	—
黑龙江	162 171.9	147 111.7	114 056.7	29 960.6	3094.4	22 432.9	97 240.2	9557.4	1467.8
龙江集团	133 570.3	119 643.4	112 552.6	6075.8	1015.0	142.8	97 240.2	8358.1	1467.8
上　海	1483.6	1483.6	—	1483.6	—	1483.6	—	—	—
江　苏	16 840.8	16 515.6	1714.1	14 582.2	219.3	15 928.2	—	—	—
浙　江	21 587.9	20 190.4	5992.3	12 932.1	1266.0	12 584.4	47.0	2956.0	5.0
安　徽	18 885.7	18 330.5	4384.4	12 807.8	1138.3	12 217.8	113.7	1184.0	—
福　建	53 382.8	47 211.8	26 969.2	16 345.3	3897.3	14 526.5	13 637.9	10 046.7	—
江　西	44 254.0	43 928.5	19 768.9	20 724.4	3435.2	20 413.1	16 480.4	2104.4	—
山　东	22 630.4	22 284.0	5727.1	14 934.6	1622.3	14004.9	—	5280.9	—
河　南	13 611.4	13 494.5	1623.6	9997.5	1873.4	9199.8	239.0	655.9	—
湖　北	23 914.7	23 254.1	7656.9	13 732.8	1864.4	12 476.0	1162.5	2398.3	—
湖　南	42 142.4	41 760.2	12 571.5	24 700.0	4488.7	22 681.2	7568.8	3964.8	3.0
广　东	45 600.9	43 669.6	14 251.1	23 832.5	5586.0	21 979.5	2134.5	7109.8	106.3
广　西	39 193.4	38 828.7	10 850.8	24 363.3	3614.6	23 003.4	444.4	6052.8	—
海　南	4833.0	4833.0	1684.0	2450.0	699.0	2069.0	1006.0	111.0	—
重　庆	6004.1	5995.1	1397.8	3649.8	947.5	3630.4	195.6	815.3	—
四　川	52 132.8	50 841.7	33 633.2	12 569.5	4639.0	11 497.5	17 580.3	5696.5	393.0
贵　州	12 203.5	12 121.4	3369.8	7338.4	1413.2	6838.2	2137.8	813.0	—
云　南	41 541.1	40 427.2	18 782.4	17 366.0	4278.8	14 373.0	8013.3	6532.8	—
西　藏	1544.0	1544.0	864.0	135.0	545.0	99.0	864.0	—	—
陕　西	20 994.9	20 922.2	8672.1	11 223.1	1027.0	9982.8	6454.9	1349.3	—
甘　肃	19 386.5	19 296.9	5630.9	12 746.1	919.9	11 351.1	5031.2	123.9	—
青　海	2782.2	2735.4	196.0	2369.4	170.0	2290.5	196.0	—	—
宁　夏	3835.9	3831.5	186.8	3476.8	167.9	3090.8	—	76.2	—
新　疆	12 394.4	12 107.6	4498.9	6701.6	907.1	7228.8	2145.4	524.3	—
部直属	82 111.2	75 298.7	55 186.6	19 039.5	1072.6	6415.3	39 761.5	7313.5	2234.8
大兴安岭	55 809.0	48 996.5	46 540.0	1868.5	588.0	1507.8	39 761.5	357.4	2234.8
福马集团	7467.4	7467.4	7263.1	204.3	—	—	—	6956.1	—

全部职工年工资总额

单位:万元

单位合计											二、集体经济单位合计	三、其他各种经济单位合计
济行业分												
(五)建筑业	(六)地质勘查业、水利管理业	(七)交通运输、仓储及邮电通信业	(八)批发和零售贸易、餐饮业	(九)房地产业	(十)社会服务业	(十一)卫生、体育和社会福利业	(十二)教育、文化艺术和广播电影电视业	(十三)科学研究和综合技术服务业	(十四)国家机关、党政机关和社会团体	(十五)其他		
17 231.3	**5000.2**	**9671.4**	**31 680.3**	**1020.0**	**9661.7**	**4486.2**	**17 057.8**	**16 686.2**	**57 738.7**	**3017.7**	**44 910.4**	**12 568.7**
519.3	—	—	—	764.0	183.6	—	—	—	861.2	—	—	—
—	—	—	9.6	—	—	—	—	—	180.0	—	—	—
—	—	—	417.1	—	264.1	—	163.4	201.2	1856.0	—	99.4	—
—	252.7	—	669.7	—	235.7	37.9	225.3	146.6	1262.5	—	—	—
2390.3	504.0	89.9	470.9	91.5	355.5	591.3	968.3	946.6	1363.2	540.0	9029.7	448.2
2390.3	—	74.4	276.2	91.5	66.6	591.3	693.1	506.4	—	537.0	8979.3	448.2
—	376.4	—	691.2	—	251.3	—	216.8	832.2	1258.1	—	313.6	123.6
1516.0	—	14.0	838.0	—	650.0	101.0	1029.0	931.0	2070.0	1026.0	8460.0	1559.0
353.0	—	—	521.3	—	103.0	101.0	107.7	365.0	—	275.0	2129.8	1521.9
4752.9	1307.9	531.3	1005.2	35.8	541.9	2072.0	1904.2	989.7	3094.4	178.1	13 170.2	1890.0
4672.9	1168.8	148.5	656.1	34.2	165.2	2047.9	1555.3	802.8	1015.0	167.8	12 122.0	1804.9
—	—	—	—	—	—	—	—	—	—	—	—	—
—	—	—	—	—	75.8	—	—	16.8	219.8	275.0	322.7	2.5
12.7	78.9	42.0	2275.5	4.0	408.4	—	158.8	286.2	1242.4	89.1	671.2	726.3
57.2	—	213.6	2720.1	—	206.9	—	211.5	66.4	1138.3	201.0	117.0	438.2
930.7	—	227.4	2117.2	3.0	534.5	400.4	498.3	362.9	3926.3	—	2437.3	3733.7
327.3	—	32.9	386.1	—	94.8	71.4	309.7	455.1	3201.3	52.0	235.8	89.7
53.3	52.5	—	511.3	—	315.7	—	251.4	191.7	1622.3	—	—	346.4
—	128.9	2.9	431.9	—	4.5	—	292.0	537.2	1873.4	129.0	71.2	45.7
169.6	142.1	36.2	3438.5	—	313.3	—	584.7	574.8	1864.4	93.7	175.7	484.9
135.0	65.7	320.4	253.7	11.0	1082.5	10.0	453.5	719.9	4488.7	2.0	223.7	158.5
101.0	—	675.1	3774.1	57.0	280.3	—	323.4	1440.3	5586.0	102.3	1190.1	741.2
419.7	—	176.5	3764.3	—	317.0	—	329.6	695.6	3540.6	84.8	47.8	316.9
—	—	—	567.0	—	215.0	—	—	166.0	699.0	—	—	—
54.4	—	—	196.3	—	115.6	—	—	40.0	947.5	—	9.0	—
1298.5	—	5953.3	2379.8	—	216.9	176.0	393.8	403.3	4735.0	117.8	567.0	724.1
24.8	—	191.9	133.8	2.0	118.3	—	198.1	183.8	1413.2	66.5	82.1	—
949.3	—	788.9	2304.8	—	921.2	98.0	388.7	1789.8	4260.2	7.2	689.3	424.6
—	—	—	—	—	36.0	—	—	—	545.0	—	—	—
193.5	32.6	28.2	562.1	—	365.3	182.5	319.9	371.4	1026.5	53.2	28.7	44.0
92.1	116.8	23.0	104.2	7.3	412.6	221.1	352.3	545.0	916.3	—	89.6	—
—	—	—	—	—	61.7	—	—	17.2	170.0	—	46.8	—
—	27.0	—	13.8	—	386.0	—	48.0	21.8	167.9	—	4.4	—
121.0	222.0	130.0	240.7	—	115.6	—	228.3	244.4	907.1	—	159.3	127.5
3112.7	1692.7	193.9	1403.4	44.4	581.7	524.6	7208.8	3509.3	1302.1	—	6668.8	143.7
2466.8	244.7	193.9	341.9	44.4	18.1	454.5	759.3	23.4	588.0	—	6668.8	143.7
—	—	—	307.0	—	—	—	—	204.3	—	—	—	—

林业系统各地区按行业分

地区	各部门总计	一、国有经济										
						按国民经						
		合计	1. 企业	2. 事业	3. 机关	(一)农林牧渔业	(二)采掘业	(三)制造业	(四)电力、煤气及水的生产和供应业	(五)建筑业	(六)地质勘查业、水利管理业	(七)交通运输、仓储及邮电通信业
全国合计	**3836**	**4072**	**3559**	**4712**	**6365**	**4480**	**3454**	**3943**	**4481**	**3250**	**6887**	**3730**
北京	7984	7984	7629	7618	11 407	8527	—	5752	—	5536	—	—
天津	6974	6974	4800	6679	8571	6679	—	—	—	—	—	—
河北	4322	4332	3348	4306	5517	4212	—	3612	—	—	—	—
山西	4259	4259	2464	4294	4761	4274	—	2392	—	—	6075	—
内蒙古	3673	3938	3878	4012	5638	3806	3957	2666	5442	2988	6914	4587
内蒙古集团	3561	3905	3884	4264	—	2685	3957	2654	5442	2988	—	4927
辽宁	4440	4491	2467	4696	10 363	4483	—	3553	—	—	8254	—
吉林	4009	4235	4181	4350	7111	3924	4283	2873	—	4153	—	6087
吉林集团	4100	4401	4378	7290	—	—	4355	3260	—	10 633	—	—
黑龙江	2379	2675	2406	4223	6270	3931	2459	1833	3433	2365	5336	3232
龙江集团	2199	2490	2402	5848	6565	6209	2459	1767	3433	2346	5274	3390
上海	13 176	13 176	—	13 176	—	13 176	—	—	—	—	—	—
江苏	5293	5306	4213	5434	9834	5292	—	—	—	—	—	—
浙江	6339	6311	5276	6734	8853	6534	4476	5948	2941	2822	8134	3066
安徽	4464	4440	3544	4716	6501	4674	4390	4833	—	646	—	3912
福建	5291	5455	4881	6194	7942	6209	4889	5025	—	3816	—	2243
江西	3297	3314	3053	3364	5551	3316	3137	2800	—	2633	—	2223
山东	5576	5648	5392	5641	6883	5619	—	5561	—	7403	6818	—
河南	4301	4325	3765	4276	5340	4192	4780	3752	—	—	8263	1000
湖北	3678	3673	3039	3931	5867	3843	3763	3550	—	4659	5508	2763
湖南	3774	3780	3164	3902	6027	3831	2901	3665	1364	2711	5814	2398
广东	6235	6210	5769	6151	8126	6009	5416	7674	6404	9018	—	3655
广西	4622	4627	4645	4605	4715	4570	4591	5165	—	5169	—	2630
海南	4381	4381	3161	5015	8535	5046	2418	5187	—	—	—	—
重庆	3759	3762	2867	3875	5767	3840	3228	2576	—	5913	—	—
四川	4580	4581	4501	4408	5985	4289	5216	3895	7529	4588	—	4080
贵州	3949	3957	3171	4236	5265	4210	3238	2982	—	3647	—	2843
云南	5392	5411	4750	5963	7084	5744	4195	5450	—	4206	—	4165
西藏	4858	4858	4800	2872	6002	2676	4800	—	—	—	—	—
陕西	4720	4723	5112	4453	4828	4302	6041	3652	—	4790	4466	5640
甘肃	4789	4801	4160	5084	5793	4881	4280	2560	—	6822	5959	6970
青海	5567	5585	6622	5395	8095	5348	6622	—	—	—	—	—
宁夏	3687	3687	2919	3669	6061	3483	—	3313	—	—	5294	—
新疆	4836	4854	4378	5007	7081	4904	4726	3547	—	1820	7208	2222
部直属	3916	4633	4038	7784	7661	5378	3752	8736	4404	4193	9009	5143
大兴安岭	3103	3691	3602	6920	6983	2289	3752	1513	4404	3657	6148	5143
福马集团	11 615	11 615	11 774	7858	—	—	—	11 574	—	—	—	—

职工年平均工资

单位:元

单位合计								二、集体经济单位合计	三、其他各种经济单位合计
济行业分									
(八)批发和零售贸易、餐饮业	(九)房地产业	(十)社会服务业	(十一)卫生、体育和社会福利业	(十二)教育、文化艺术和广播电影电视业	(十三)科学研究和综合技术服务业	(十四)国家机关、党政机关和社会团体	(十五)其他		
3785	**5740**	**5434**	**6324**	**6905**	**6436**	**6347**	**4232**	**1657**	**4491**
—	5922	9044	—	—	—	11 407	—	—	—
4800	—	—	—	—	—	8571	—	—	—
3003	—	6085	—	5713	5684	5517	—	3428	—
3470	—	4705	4679	6089	5236	4761	—	—	—
4594	4816	4309	6860	6641	5558	5638	6406	2199	3002
7609	4816	4137	6860	6856	5528	—	6408	2196	3002
1763	—	3717	—	8030	8732	10 363	—	2833	4106
5807	—	7119	6235	7544	7903	7111	5634	2205	5618
9003	—	7574	6235	7086	7717	—	17 857	1581	5681
4733	4773	4159	6588	6045	6365	6270	3534	1059	2564
5325	5104	4788	6640	5889	6243	6565	3460	1013	2526
—	—	—	—	—	—	—	—	—	—
—	—	7151	—	—	6000	9857	4092	4753	3571
4799	5714	7794	—	8822	8224	8843	5786	5893	7835
3624	—	4926	—	8073	3883	6479	2261	4366	5796
5265	10 000	5803	5310	7098	7906	7932	—	3030	5919
3320	—	3139	3859	5956	4393	5210	2653	1782	2513
3915	—	5510	—	6704	7100	6883	—	—	3063
2946	—	3462	—	6651	4942	5340	4243	2327	3218
2566	—	3936	—	7192	3764	5867	1748	3303	4144
3046	7333	5694	2857	7752	4533	6027	5000	2442	5914
4417	5044	6642	—	13 419	8096	8126	2320	6984	6696
4093	—	4648	—	5896	5456	4695	5202	2988	4476
5950	—	4283	—	—	5866	8535	—	—	—
2824	—	5531	—	—	5405	5767	—	2500	—
3173	—	4002	5986	6281	5957	5976	3475	4299	4739
3209	5000	5077	—	6249	3455	5265	4963	3030	—
5784	—	5982	3245	7054	8817	7078	3600	4416	5536
—	—	3600	—	—	—	6002	—	—	—
2995	—	5102	7969	7046	5543	4828	4793	3189	4356
3775	5615	5450	7470	6269	6419	5796	—	3079	—
—	—	6933	—	—	8600	8095	—	4680	—
4600	—	5059	—	4404	3633	6061	—	4000	—
4922	—	7049	—	7157	6588	7081	—	3696	4923
4068	6627	8935	7004	7073	7357	7901	—	1431	2818
1314	6627	2701	6897	7934	6500	6983	—	1431	2818
19 308	—	—	—	—	7858	—	—	—	—

林业系统工业价值劳动生产率

国民经济行业	企业单位个数(个)	工业总产值(按1990年不变价计算)(万元)	工业增加值(按现价生产法计算)(万元)	平均人数(人)		劳动生产率(元/人·年)			
						按总产值计算		按增加值计算	
				全部职工	其中:生产工人	全员	生产工人	全员	生产工人
总计	**770**	**1 755 297**	**893 587**	**977 184**	**605 942**	**17 963**	**28 968**	**9145**	**14 747**
(一)木材及竹材采运企业	177	985 271	678 169	789 070	480 607	12 486	20 501	8595	14 111
(二)木材加工企业	263	392 894	86 946	100 055	66 866	39 268	58 758	8690	13 003
(三)林产化学企业	109	115 398	32 698	26 916	16 059	42 873	71 859	12 148	20 361
(四)机械制造及修理企业	54	179 315	49 236	25 216	16 689	71 112	107 445	19 526	29 502
(五)建筑材料企业	21	5425	2245	4626	3194	11 727	16 985	4853	7029
(六)电力工业企业	11	12 754	25 857	12 965	9069	9837	14 063	19 944	28 511
(七)其他工业企业	135	64 240	18 436	18 336	13 458	35 035	47 734	10 055	13 699

林业系统职工伤亡事故情况

国民经济行业	轻伤(人次)	重伤(人次)	死亡(人)
总计	**2889**	**260**	**150**
一、农林牧渔业	278	74	68
其中:国有林场	228	56	45
二、采掘业	2161	129	68
其中:木竹采运业	2127	123	61
三、制造业	401	47	6
1.木材加工及竹、藤、棕、草制品业	335	37	3
2.林产化学产品制造业	28	2	1
3.机械制造及修理业	27	5	1
4.建筑材料制造加工业	2	—	1
5.其他制造业	9	3	—
四、电力、煤气及水的生产和供应业	17	—	—
五、建筑业	30	10	8
六、地质勘查业、水利管理业	2	—	—

固定资产投资

林业系统历年基本建设投资完成额

单位:万元

年 别	合 计	其中:国家投资	营 林		森 林 工 业	
			计	其中:国家投资	计	其中:国家投资
1950	1009.7	1009.7	—	—	1009.7	1009.7
1951	1665.6	1665.6	—	—	1665.6	1665.6
1952	5523.9	5523.9	—	—	5523.9	5523.9
1953	13 873.6	13 873.6	512.3	512.3	13 361.3	13 361.3
1954	12 414.9	12 414.9	423.0	423.0	11 991.9	11 991.9
1955	11 482.8	11 482.8	725.2	725.2	10 757.6	10 757.6
1956	17 732.9	17 732.9	7507.1	7507.1	10 225.8	10 225.8
1957	21 393.2	21 393.2	3332.0	3332.0	18 061.2	18 061.2
1958	32 666.0	32 666.0	3787.0	3787.0	28 879.0	28 879.0
1959	61 239.8	51 647.5	9290.4	7765.1	51 949.4	43 882.4
1960	84 021.0	74 052.2	15 516.0	13 795.7	68 505.0	60 256.5
1961	34 396.3	31 284.1	7051.3	6460.1	27 345.0	24 824.0
1962	39 329.2	29 084.8	12 064.7	6989.6	27 264.5	22 095.2
1963	63 497.6	52 505.6	18 144.2	13 892.2	45 353.4	38 613.4
1964	81 208.6	68 758.8	23 769.5	19 278.3	57 439.1	49 480.5
1965	80 974.1	69 974.4	19 365.8	16 567.7	61 608.3	53 406.7
1966	79 469.0	62 657.3	18 654.3	13 557.5	60 814.7	49 099.8
1967	60 233.4	44 232.2	17 788.8	13 880.7	42 444.6	30 351.5
1968	47 492.1	34 054.3	15 174.8	11 742.2	32 317.3	22 312.1
1969	56 251.6	39 680.4	16 373.4	11 179.3	39 878.2	28 501.1
1970	62 234.5	42 977.1	15 587.9	9713.1	46 646.6	33 264.0
1971	76 122.5	50 339.0	20 033.7	9972.5	56 088.8	40 366.5
1972	89 978.2	58 054.9	25 347.8	12 982.7	64 630.4	45 072.2
1973	93 597.3	64 052.2	27 733.1	16 088.8	65 864.2	47 963.4
1974	99 316.7	63 436.2	29 138.7	16 325.3	70 178.0	47 110.9
1975	98 806.3	55 519.3	30 737.5	15 491.3	68 068.8	40 028.0
1976	68 668.9	49 658.7	30 723.0	15 086.7	37 945.9	34 572.0

（续）

年 别	合 计	其中:国家投资	营 林		森 林 工 业	
			计	其中:国家投资	计	其中:国家投资
1977	58 757.4	46 008.4	24 983.8	15 142.6	33 773.6	30 865.8
1978	85 175.0	65 368.8	31 248.8	15 691.9	53 926.2	49 676.9
1979	116 652.9	90 757.6	57 403.8	34 415.5	59 249.1	56 342.1
1980	138 573.3	68 480.7	57 302.7	28 797.2	81 270.6	39 683.5
1981	133 189.8	61 024.5	51 230.9	21 747.3	81 958.9	39 277.2
1982	118 845.8	68 432.1	54 403.4	22 528.5	64 442.4	45 903.6
1983	119 644.2	73 556.6	46 577.8	26 435.2	73 066.4	47 121.4
1984	132 163.4	81 782.4	53 300.4	30 891.4	78 863.0	50 891.0
1985	138 598.0	78 732.0	61 898.0	31 375.0	76 700.0	47 357.0
1986	138 053.0	81 753.0	59 191.0	29 510.0	78 862.0	52 243.0
1987	155 449.0	97 348.0	68 157.0	32 720.0	87 292.0	64 628.0
1988	161 162.0	91 504.0	81 559.0	36 758.0	79 603.0	54 746.0
1989	167 727.0	90 604.0	92 160.0	36 305.0	75 567.0	54 299.0
1990	184 990.0	107 246.0	100 024.0	46 327.0	84 966.0	60 919.0
1991	211 998.0	134 816.0	107 639.0	53 691.0	104 359.0	81 125.0
1992	258 160.0	138 679.0	137 411.0	55 936.0	120 749.0	82 743.0
1993	304 549.0	142 025.0	158 849.0	54 300.0	145 700.0	87 725.0
1994	363 461.0	141 198.0	189 541.0	59 283.0	173 920.0	81 915.0
1995	415 463.0	179 222.0	208 531.0	73 435.0	206 932.0	105 787.0
1996	482 531.0	176 439.0	278 722.0	90 844.0	203 809.0	85 595.0
1997	600 392.0	187 715.0	384 653.0	121 998.0	215 739.0	65 717.0
1950～1952	8199.2	8199.2	—	—	8199.2	8199.2
1953～1957	76 897.4	76 897.4	12 499.6	12 499.6	64 397.8	64 397.8
1958～1962	251 652.3	218 734.6	47 709.4	38 797.5	203 942.9	179 937.1
1963～1965	225 680.3	191 238.8	61 279.5	49 738.2	164 400.8	141 500.6
1966～1970	305 680.6	223 601.3	83 579.2	60 072.8	222 101.4	163 528.5
1971～1975	457 821.0	291 401.6	132 990.8	70 860.6	324 830.2	220 541.0
1976～1980	467 827.5	320 274.2	201 662.1	109 133.9	266 165.4	211 140.3
1981～1985	642 441.2	363 527.6	267 410.5	132 977.4	375 030.7	230 550.2
1986～1990	807 381.0	468 455.0	401 091.0	181 620.0	406 290.0	286 835.0
1991～1995	1 553 631.0	735 940.0	801 971.0	296 645.0	751 660.0	439 295.0
1950～1997	**5 880 134.5**	**3 262 423.7**	**2 673 568.1**	**1 165 187.0**	**3 206 566.4**	**2 097 236.7**

林业系统固定资产投资主要指标增减情况

主要指标	计算单位	1997年	1996年	1997年比1996年增减(%)
一、固定资产投资完成总额	万元	741 802	638 626	16.2
1. 基本建设投资完成额	万元	600 392	482 531	24.4
2. 更新改造投资完成额	万元	88 952	113 239	−21.4
3. 森工其它投资完成额	万元	52 458	42 856	22.4
(一)营林固定资产投资完成额	万元	392 904	295 283	33.1
1. 基本建设投资完成额	万元	384 653	278 722	38.0
2. 更新改造投资完成额	万元	8251	16 561	−50.2
(二)森工固定资产投资完成额	万元	348 898	343 343	1.6
1. 基本建设投资完成额	万元	215 739	203 809	5.9
2. 更新改造投资完成额	万元	80 701	96 678	−16.5
3. 森工其它投资完成额	万元	52 458	42 856	22.4
二、新增固定资产	万元	397 647	322 220	23.4
1. 基本建设投资	万元	268 853	239 519	12.2
2. 更新改造投资	万元	85 069	62 132	36.9
3. 森工其它投资	万元	43 725	20 569	112.6
三、营林基本建设投资按构成分:				
建筑工程	万元	80 085	81 906	−2.2
安装工程	万元	5224	3613	44.6
设备、工具、器具购置	万元	27 063	23 704	14.2
其它费用	万元	272 281	169 499	60.6
其中:造林费	万元	183 681	98 919	85.7
四、森工基本建设投资按构成分:				
建筑工程	万元	84 543	90 500	−6.6
安装工程	万元	17 392	12 717	36.8
设备、工具、器具购置	万元	86 899	73 018	19.0
其它费用	万元	26 905	27 574	−2.4
五、固定资产投资房屋建筑面积和价值				
施工面积	万平方米	264.31	258.70	2.2
其中:住宅	万平方米	111.36	111.73	−0.3
竣工面积	万平方米	162.45	163.76	−0.8
其中:住宅	万平方米	74.77	77.47	−3.5
竣工房屋价值	万元	111 333	115 292	−3.4
其中:住宅	万元	46 029	45 876	0.3
六、固定资产交付使用率	(%)	53.6	50.5	3.1
1. 基本建设	(%)	44.8	49.6	−4.8
2. 更新改造	(%)	95.6	54.9	40.7
3. 森工其它投资	(%)	83.4	48.0	35.4
七、房屋竣工率	(%)	61.5	63.3	−1.8
其中:住宅	(%)	67.1	69.3	−2.2

林业系统各地区固定资产投资完成总额

单位:万元

地区	合计	营林固定资产投资			森工固定资产投资			
		计	基本建设	更新改造	计	基本建设	更新改造	其他投资
全国合计	**741 802**	**392 904**	**384 653**	**8251**	**348 898**	**215 739**	**80 701**	**52 458**
北　京	13 388	13 388	12 958	430	—	—	—	—
天　津	3943	3943	3943	—	—	—	—	—
河　北	13 435	13 435	13 435	—	—	—	—	—
山　西	22 563	18 237	18 237	—	4326	4326	—	—
内蒙古	53 465	26 402	26 402	—	27 063	14 958	6115	5990
内蒙古集团	27 583	520	520	—	27 063	14 958	6115	5990
辽　宁	18 031	18 031	16 459	1572	—	—	—	—
吉　林	60 192	18 797	18 369	428	41 395	10 133	6592	24 670
吉林集团	20 570	—	—	—	20 570	2953	6592	11 025
黑龙江	56 389	14 086	14 086	—	42 303	37 967	1292	3044
龙江集团	42 493	190	190	—	42 303	37 967	1292	3044
上　海	1122	1122	1122	—	—	—	—	—
江　苏	3118	3118	3118	—	—	—	—	—
浙　江	20 674	15 917	15 817	100	4757	4078	679	—
安　徽	6419	6419	6419	—	—	—	—	—
福　建	18 871	9771	9771	—	9100	2389	936	5775
江　西	14 120	9728	8681	1047	4392	1122	—	3270
山　东	13 523	10 117	10 117	—	3406	—	3406	—
河　南	10 530	8779	6369	2410	1751	—	1751	—
湖　北	49 743	22 230	22 160	70	27 513	24 811	2445	257
湖　南	25 429	15 272	15 272	—	10 157	2390	7767	—
广　东	33 153	17 821	17 821	—	15 332	9220	6112	—
广　西	47 047	15 608	15 608	—	31 439	13 183	18 256	—
海　南	14 198	10 867	10 867	—	3331	2831	500	—
重　庆	3756	3756	3756	—	—	—	—	—
四　川	56 648	18 817	18 248	569	37 831	29 548	6442	1841
贵　州	10 645	5202	5202	—	5443	5352	91	—
云　南	52 125	24 543	23 180	1363	27 582	20 308	4391	2883
西　藏	613	613	613	—	—	—	—	—
陕　西	9626	6766	6510	256	2860	1112	1577	171
甘　肃	20 132	18 065	18 065	—	2067	678	256	1133
青　海	6770	6770	6770	—	—	—	—	—
宁　夏	3726	3726	3726	—	—	—	—	—
新　疆	23 286	14 005	13 999	6	9281	9110	125	46
部直属	55 122	17 553	17 553	—	37 569	22 223	11 968	3378
大兴安岭	21 836	70	70	—	21 766	10 654	7734	3378

林业系统各地区固定资产投资施工、竣工房屋建筑面积及竣工房屋价值和造价

地区	房屋施工面积（万平方米）		房屋竣工面积（万平方米）		房屋竣工价值（万元）		房屋竣工造价（元/平方米）	
	合计	其中：住宅	合计	其中：住宅	合计	其中：住宅	合计	其中：住宅
全国合计	**264.31**	**111.36**	**162.45**	**74.77**	**111 333**	**46 029**	**685**	**616**
北京	2.27	1.21	0.55	0.46	993	780	1805	1696
天津	—	—	—	—	—	—	—	—
河北	0.95	—	0.95	—	291	—	306	—
山西	4.08	0.79	2.69	0.79	1505	403	559	510
内蒙古	7.46	2.28	4.61	2.28	3645	1810	791	794
内蒙古集团	5.20	1.16	2.95	1.16	1990	612	675	528
辽宁	3.12	0.84	2.65	0.84	4580	840	1728	1000
吉林	14.23	5.59	13.34	5.13	4269	2270	320	442
吉林集团	4.87	2.23	4.30	1.79	2759	1300	642	726
黑龙江	25.32	13.60	14.92	5.90	6195	3161	415	536
龙江集团	23.30	11.90	12.90	4.20	4435	1556	344	370
上海	0.04	—	0.04	—	10	—	250	—
江苏	0.40	—	0.40	—	993	—	2483	—
浙江	8.77	0.48	3.70	0.17	3293	81	890	476
安徽	2.31	0.77	2.12	0.69	1015	301	479	436
福建	13.49	8.60	10.52	7.63	7013	4956	667	650
江西	11.00	6.64	9.38	4.72	3941	1109	420	235
山东	1.39	0.16	1.39	0.16	765	120	550	750
河南	3.12	0.87	1.16	—	620	—	534	—
湖北	8.48	2.97	6.65	1.98	1967	815	296	412
湖南	6.30	1.60	6.02	1.52	3978	1028	661	676
广东	33.90	7.87	9.43	3.99	6344	2731	673	684
广西	20.30	11.15	14.35	7.49	9107	3969	635	530
海南	1.47	1.26	1.42	1.25	1294	1164	911	931
重庆	1.19	0.73	0.83	0.37	1468	390	1769	1054
四川	14.25	7.19	10.23	5.02	8406	3370	822	671
贵州	4.43	1.23	1.94	1.01	814	491	420	486
云南	33.96	16.77	24.36	13.04	20 140	8941	827	686
西藏	0.07	0.07	0.07	0.07	80	80	1143	1143
陕西	3.72	3.24	2.38	2.20	1852	1435	778	652
甘肃	2.47	1.84	1.86	1.32	878	622	472	471
青海	0.69	0.33	0.54	0.33	323	200	598	606
宁夏	0.51	—	0.51	—	756	—	1482	—
新疆	5.86	2.20	1.93	0.96	2532	916	1312	954
部直属	28.76	11.08	11.51	5.45	12 266	4046	1066	742
大兴安岭	2.70	1.30	2.30	1.30	1765	1076	767	828

林业系统各地区按事业分的

地区	总计	造林				中、幼龄林抚育	低产林改造	林木良种			护林防火
		合计	在造林中					合计	其中		
			经济林	飞机播种	速生丰产林				母树林	种子园	
全国合计	**384 653**	**167 867**	**28 867**	**3192**	**25 386**	**13 858**	**6245**	**5532**	**846**	**1110**	**13 716**
北　京	12 958	8711	853	270	—	360	—	205	—	—	378
天　津	3943	2751	—	—	—	5	—	197	—	—	210
河　北	13 435	10 198	2190	363	1697	234	33	72	6	14	528
山　西	18 237	12 231	1872	285	111	706	299	59	15	20	89
内蒙古	26 402	14 169	2836	457	853	448	25	112	—	14	829
内蒙古集团	520	—	—	—	—	—	—	—	—	—	20
辽　宁	16 459	8116	430	21	951	310	173	194	15	126	454
吉　林	18 369	2977	152	45	45	481	196	168	34	74	693
吉林集团	—	—	—	—	—	—	—	—	—	—	—
黑龙江	14 086	12 452	104	—	4260	290	—	81	14	51	416
龙江集团	190	—	—	—	—	—	—	—	—	—	190
上　海	1122	593	361	—	—	86	—	50	—	—	90
江　苏	3118	825	136	—	—	600	—	190	—	—	330
浙　江	15 817	5485	1138	40	1839	1487	855	240	15	91	341
安　徽	6419	716	121	—	88	1115	—	1074	519	57	303
福　建	9771	4493	210	5	2978	341	55	322	25	68	1193
江　西	8681	902	301	30	130	55	12	114	4	47	147
山　东	10 117	4755	919	40	675	123	5	209	—	—	186
河　南	6369	1347	—	32	—	—	—	275	—	—	30
湖　北	22 160	13 132	4770	21	3288	2722	689	189	5	15	334
湖　南	15 272	10 667	867	115	1775	427	364	96	—	21	326
广　东	17 821	3067	625	—	1213	413	2480	523	—	213	837
广　西	15 608	2166	1635	88	289	689	415	109	—	32	267
海　南	10 867	3761	378	33	1156	571	173	204	132	4	178
重　庆	3756	2188	1382	—	39	41	2	31	18	—	125
四　川	18 248	8478	2469	446	2369	1014	277	195	9	37	653
贵　州	5202	1880	24	450	—	—	—	149	16	133	310
云　南	23 180	6235	1122	—	1157	486	—	147	6	72	2393
西　藏	613	60	—	—	—	—	—	—	—	—	188
陕　西	6510	3192	693	318	42	116	94	116	7	15	353
甘　肃	18 065	6617	1897	72	360	385	41	7	5	2	131
青　海	6770	2002	94	—	20	43	—	100	—	—	115
宁　夏	3726	2743	795	61	—	225	57	62	—	—	30
新　疆	13 999	10 958	493	—	51	85	—	42	1	4	66
部直属	17 553	—	—	—	—	—	—	—	—	—	1193
大兴安岭	70	—	—	—	—	—	—	—	—	—	70

营林基本建设投资完成额

单位:万元

森林病虫鼠害防治	林业工作站	林业公安	自然保护区	森林公园	国有天然林改造	林野调查、规划设计	文化、教育、卫生	科学实验研究与技术推广	营林机械制造与修理	林业水利设施	其他
7303	**5762**	**2715**	**4737**	**7034**	**709**	**1898**	**15 371**	**11 440**	**70**	**1538**	**118 858**
367	40	387	238	30	—	27	—	80	—	5	2130
173	120	—	—	—	—	—	—	247	—	—	240
154	123	37	140	10	—	10	64	50	—	10	1772
10	43	38	100	50	—	9	—	136	—	62	4405
187	91	19	62	10	500	47	107	157	—	291	9348
—	—	—	—	—	500	—	—	—	—	—	—
221	111	48	400	10	—	24	70	90	—	—	6238
179	179	56	90	920	80	2	7900	85	48	10	4305
—	—	—	—	—	—	—	—	—	—	—	—
40	42	35	70	15	—	—	60	24	10	5	546
—	—	—	—	—	—	—	—	—	—	—	—
8	40	—	—	—	—	—	—	32	—	—	223
178	300	58	60	20	—	—	—	320	—	—	237
255	133	56	135	849	—	39	22	381	1	236	5302
113	123	36	127	150	—	—	249	721	—	46	1646
335	528	229	34	—	—	64	—	282	—	—	1895
52	133	414	35	37	—	20	20	90	—	50	6600
160	109	45	90	10	—	10	15	172	—	37	4191
45	70	45	200	10	—	30	300	83	—	—	3934
200	109	106	185	366	—	34	385	48	—	117	3544
321	313	199	60	99	—	50	30	351	—	18	1951
991	287	95	80	63	—	90	208	207	—	23	8457
214	431	87	146	1626	7	50	217	105	—	—	9079
73	82	18	127	10	58	30	15	55	—	2	5510
92	46	70	8	162	—	8	5	42	—	2	934
411	627	90	861	441	—	61	202	600	11	69	4258
138	230	68	20	—	—	25	120	356	—	20	1886
1110	685	310	359	1718	11	255	439	729	—	29	8274
30	20	35	180	—	—	—	—	—	—	—	100
124	189	68	272	163	53	78	70	56	—	184	1382
138	84	2	48	134	—	2	—	542	—	24	9910
166	12	30	25	40	—	10	—	72	—	6	4149
60	40	20	50	56	—	10	20	—	—	246	107
708	422	14	35	35	—	184	102	—	—	46	1302
50	—	—	500	—	—	729	4751	5327	—	—	5003
—	—	—	—	—	—	—	—	—	—	—	—

林业系统各地区营林基本建设投资完成的实物工程量

地区	造林面积(千公顷) 合计	其中：经济林	中幼龄林抚育面积(千公顷)	低产林改造面积(千公顷)	林木良种(千公顷) 母树林	种子园	森林病虫害防治面积(千公顷)	林道(千米)	防火线(千米)	公路(千米)	通讯线路(千米)	输变电线路(千米)	瞭望台(台)
全国合计	**2471.9**	**679.5**	**1591.4**	**230.9**	**174.8**	**52.0**	**1545.3**	**4053.5**	**18 181.8**	**809.4**	**1399.6**	**288.2**	**191**
北京	37.6	2.4	9.0	0.2	—	—	22.8	—	1548.0	—	—	—	3
天津	9.0	—	10.5	—	—	—	7.7	—	6.0	—	—	—	—
河北	367.8	104.4	410.2	8.6	1.2	0.3	54.2	114.5	517.0	21.0	200.0	60.6	16
山西	430.1	127.9	104.0	23.9	0.1	0.1	133.5	129.0	—	12.0	—	—	10
内蒙古	274.7	45.3	131.8	7.2	0.7	0.8	138.6	—	3825.0	—	2.0	30.0	1
内蒙古集团	—	—	—	—	—	—	—	—	—	—	—	—	—
辽宁	93.8	20.9	9.1	15.2	—	0.1	8.6	5.5	3.0	43.0	10.0	—	1
吉林	49.4	17.2	72.9	11.0	2.5	2.0	34.4	323.9	50.0	15.0	—	7.2	6
吉林集团	—	—	—	—	—	—	—	—	—	—	—	—	—
黑龙江	108.0	9.2	9.5	0.4	4.8	1.6	5.0	5.0	292.0	—	8.0	66.0	—
龙江集团	—	—	—	—	—	—	—	3.0	—	—	4.0	31.0	—
上海	0.4	0.2	3.2	—	—	—	5.3	—	—	—	—	—	—
江苏	2.7	0.4	—	—	—	0.6	—	—	2.0	3.0	15.0	—	1
浙江	15.1	5.2	57.1	4.3	0.2	0.3	65.3	256.0	449.5	89.3	68.1	20.5	1
安徽	10.3	3.4	7.4	0.1	0.5	—	4.7	3.0	62.0	20.0	—	—	1
福建	12.3	0.4	26.1	2.8	—	0.1	0.7	132.0	2323.0	3.0	2.0	—	2
江西	18.7	7.8	39.6	12.1	0.1	0.4	6.0	60.2	300.0	—	5.0	0.7	53
山东	15.0	4.6	30.8	2.0	—	—	44.9	—	215.0	—	850.0	—	4
河南	52.3	4.3	—	—	—	—	0.5	—	82.0	—	10.0	1.0	1
湖北	123.2	56.7	161.1	40.0	0.7	0.1	94.0	257.0	263.0	68.5	42.5	16.0	23
湖南	15.3	2.7	44.5	18.9	0.1	1.1	27.0	370.0	2279.0	39.0	42.0	2.0	7
广东	17.3	2.0	25.3	18.4	—	0.2	10.6	87.0	682.3	19.0	10.0	14.0	7
广西	19.0	6.6	36.7	32.6	—	—	26.6	857.0	1194.0	162.0	102.0	12.0	7
海南	12.1	3.2	8.9	0.1	0.9	0.1	4.2	—	176.0	15.0	—	17.0	3
重庆	55.7	26.0	7.2	—	—	—	3.3	134.8	36.8	66.2	18.0	16.0	3
四川	129.8	40.1	90.4	8.2	1.9	1.7	130.2	245.9	1946.2	33.5	—	7.3	15
贵州	68.8	12.2	1.9	3.1	0.2	0.4	—	—	512.0	—	—	—	9
云南	114.5	27.9	60.1	1.7	0.2	0.1	135.0	113.7	810.0	15.9	15.0	16.0	12
西藏	—	—	—	—	—	—	—	—	—	—	—	—	—
陕西	196.7	71.4	114.2	9.9	159.3	41.9	320.3	499.0	229.0	55.0	—	—	3
甘肃	156.8	65.1	39.5	10.0	1.1	0.1	161.4	434.0	360.0	88.0	—	—	2
青海	5.4	—	1.6	—	0.2	—	16.0	2.0	—	11.0	—	2.5	—
宁夏	22.3	5.7	20.1	0.2	0.1	—	14.4	24.0	9.0	30.0	—	—	—
新疆	37.8	6.3	58.7	—	—	—	70.1	—	10.0	—	—	—	—
部直属	—	—	—	—	—	—	—	—	—	—	—	—	—
大兴安岭	—	—	—	—	—	—	—	—	—	—	—	—	—

各地区林业重点工程投资完成情况

单位:万元

地区	合计	"三北"防护林三期工程	治沙一期工程	黄河中游防护林工程	辽河流域防护林工程	长江中上游防护林一期工程	沿海防护林工程	淮河、太湖流域防护林工程	珠江流域防护林工程	太行山绿化工程	平原绿化工程	世界银行贷款速生丰产用材林基地工程
全国合计	**255 056**	**80 567**	**33 782**	**5127**	**928**	**21 095**	**12 653**	**4264**	**16 430**	**12 247**	**9332**	**58 631**
北京	10 935	4587	904	—	—	—	—	—	—	646	4798	—
天津	3943	3816	—	—	—	—	127	—	—	—	—	—
河北	11 779	5216	754	—	—	—	455	—	—	2695	208	2451
山西	17 779	5565	766	1824	—	—	—	—	—	8777	231	616
内蒙古	25 405	22 115	2882	61	347	—	—	—	—	—	—	—
辽宁	12 924	827	3187	—	540	—	5733	—	—	—	97	2540
吉林	4981	4324	616	—	41	—	—	—	—	—	—	—
黑龙江	13 930	4393	4534	—	—	—	—	—	—	—	87	4916
上海	593	—	—	—	—	—	192	40	—	—	361	—
江苏	806	—	—	—	—	—	550	200	—	—	56	—
浙江	8642	—	512	—	—	—	2518	163	—	—	817	4632
安徽	4252	—	270	—	—	720	—	305	—	—	1039	1918
福建	4292	—	42	—	—	—	858	—	—	—	673	2719
江西	8987	—	198	—	—	2282	—	—	—	—	10	6497
山东	6705	—	1197	—	—	—	1525	1727	—	—	421	1835
河南	6257	—	1298	1236	—	230	—	1585	—	129	52	1727
湖北	11 533	—	507	—	—	2559	—	244	—	—	—	8223
湖南	9452	—	—	—	—	1255	—	—	—	—	28	8169
广东	2489	—	662	—	—	—	330	—	1299	—	56	142
广西	20 054	—	204	—	—	—	167	—	14 231	—	—	5452
海南	543	—	278	—	—	—	198	—	—	—	67	—
重庆	2558	—	—	—	—	2558	—	—	—	—	—	—
四川	10 898	—	3893	—	—	3873	—	—	—	—	8	3124
贵州	2719	—	—	—	—	954	—	—	361	—	—	1404
云南	5868	—	726	—	—	2337	—	—	539	—	—	2266
西藏	—	—	—	—	—	—	—	—	—	—	—	—
陕西	6727	3471	213	1503	—	1217	—	—	—	—	323	—
甘肃	16 468	5832	7625	160	—	2851	—	—	—	—	—	—
青海	6770	5320	1191	—	—	259	—	—	—	—	—	—
宁夏	3726	2457	926	343	—	—	—	—	—	—	—	—
新疆	13 041	12 644	397	—	—	—	—	—	—	—	—	—

各地区林业重点工程国家投资完成情况

单位：万元

地　区	合　计	"三北"防护林三期工程	治沙一期工程	黄河中游防护林工程	辽河流域防护林工程	长江中上游防护林一期工程	沿海防护林工程	淮河、太湖流域防护林工程	珠江流域防护林工程	太行山绿化工程	平原绿化工程	世界银行贷款速生丰产用材林基地工程
全国合计	**71 557**	**34 704**	**12 247**	**1407**	**284**	**7196**	**2198**	**877**	**502**	**2853**	**5041**	**4248**
北　京	8462	3338	853	—	—	—	—	—	—	402	3869	—
天　津	939	889	—	—	—	—	50	—	—	—	—	—
河　北	7745	4085	278	—	—	—	74	—	—	1763	35	1510
山　西	1502	465	30	389	—	—	—	—	—	559	59	—
内蒙古	9999	8319	1504	61	115	—	—	—	—	—	—	—
辽　宁	1927	489	170	—	128	—	525	—	—	—	42	573
吉　林	1377	1219	117	—	41	—	—	—	—	—	—	—
黑龙江	1074	732	130	—	—	—	—	—	—	—	61	151
上　海	572	—	—	—	—	—	192	40	—	—	340	—
江　苏	238	—	—	—	—	—	110	100	—	—	28	—
浙　江	522	—	—	—	—	—	408	1	—	—	70	43
安　徽	468	—	—	—	—	240	—	150	—	—	17	61
福　建	379	—	10	—	—	—	297	—	—	—	41	31
江　西	502	—	7	—	—	447	—	—	—	—	1	47
山　东	2125	—	1040	—	—	—	305	80	—	—	295	405
河　南	1413	—	98	123	—	230	—	485	—	129	52	296
湖　北	1839	—	20	—	—	1160	—	21	—	—	—	638
湖　南	424	—	—	—	—	410	—	—	—	—	14	—
广　东	213	—	25	—	—	—	130	—	30	—	28	—
广　西	214	—	53	—	—	—	72	—	89	—	—	—
海　南	72	—	21	—	—	—	35	—	—	—	16	—
重　庆	1594	—	—	—	—	1594	—	—	—	—	—	—
四　川	1738	—	537	—	—	972	—	—	—	—	8	221
贵　州	1223	—	—	—	—	800	—	—	270	—	—	153
云　南	478	—	—	—	—	246	—	—	113	—	—	119
西　藏	—	—	—	—	—	—	—	—	—	—	—	—
陕　西	2535	1428	213	427	—	402	—	—	—	—	65	—
甘　肃	11 458	4709	6071	160	—	518	—	—	—	—	—	—
青　海	3052	2689	186	—	—	177	—	—	—	—	—	—
宁　夏	2226	1157	822	247	—	—	—	—	—	—	—	—
新　疆	5247	5185	62	—	—	—	—	—	—	—	—	—

林业系统职工基本情况(专项调查)

林业系统职工基本情况(专项调查)

国民经济行业	年末职工人数	按年龄分组				按文化程度分组						按技术职务分组		
		20及20岁以下	21～35岁	36～50岁	51岁以上	大专程度及以上	中专程度	技工程度	高中程度	初中程度	小学及以下	高级	中级	初级
各部门总计	**2 801 329**	**101 550**	**1 343 383**	**1 138 398**	**217 998**	**228 384**	**293 868**	**194 372**	**730 423**	**1 147 355**	**206 927**	**30 600**	**150 647**	**402 646**
一、国有经济单位	2 477 822	79 044	1 174 809	1 014 558	209 411	223 167	285 534	179 990	624 110	972 197	192 824	30 229	144 661	388 862
1. 企业	1 517 791	54 679	740 148	621 485	101 479	99 361	122 255	131 008	413 959	649 056	102 152	8564	65 610	215 725
2. 事业	870 132	23 756	401 855	352 384	92 137	93 245	137 488	46 377	193 347	311 142	88 533	19 182	67031	155 103
3. 机关	89 899	609	32 806	40 689	15 795	30 561	25 791	2605	16 804	11 999	2139	2483	12 020	18 034
(一)农林牧渔业	841 315	24 117	391 625	340 948	84 625	63 301	126 082	45 499	197 336	320 167	88 930	11 044	50 426	141 080
1. 农业	11 065	423	4384	5045	1213	458	545	117	1847	6505	1593	34	311	723
2. 林业	588 072	18 995	262 776	245 001	61 300	25 974	58 188	33 243	133 257	261 116	76 294	7060	27 629	75 879
(1)国有林场	518 207	17 173	230 262	216 136	54 636	21 416	50 172	28 976	115 998	231 765	69 880	6072	23 395	65 439
(2)苗圃	48 711	1116	20 859	21 382	5354	2682	5865	3160	11 119	20 425	5460	749	3228	7556
(3)其他	21 154	706	11 655	7483	1310	1876	2151	1107	6140	8926	954	239	1006	2884
3. 农林牧渔服务业	232 100	4557	119 096	87 169	21 278	36 237	66 093	11 627	58 676	48 876	10 591	3839	21 927	62 924
(1)林业工作站	136 164	3032	72 987	48 349	11 796	17 342	42 740	7094	34 482	27 973	6533	1350	10 057	41 248
(2)科技推广站	10 273	160	5341	3485	1287	2758	3167	507	1827	1632	382	444	1925	3220
(3)其他林业事业单位	85 663	1365	40 768	35 335	8195	16 137	20 186	4026	22 367	19 271	3676	2045	9945	18 456
4. 其他	10 078	142	5369	3733	834	632	1256	512	3556	3670	452	111	559	1554
(二)采掘业	1 066 407	40 856	527 595	433 112	64 844	71 331	88 339	97 086	291 782	448 678	69 191	5179	46 842	153 005
其中:木竹采运业	1 048 481	40 054	517 606	427 800	63 021	70 873	87 080	95 656	286 284	440 974	67 614	5162	46 523	150 566
(三)制造业	212 172	7780	95 566	91 287	17 539	14 640	14 901	20 825	59 597	86 074	16 135	1953	9310	33 418
1. 木材加工及竹、藤、棕、草制品业	135 792	5546	59 711	59 585	10 950	9193	9049	12 157	39 871	54 700	10 822	912	5479	22 940
2. 林产化学产品制造业	24 943	454	11 082	11 073	2334	1686	2116	2213	6182	10 654	2092	100	1054	3642
3. 机械制造及修理业	27 531	935	12 418	11 134	3044	2655	2128	3869	7581	9602	1696	864	1804	4668
4. 建筑材料制造加工业	5178	211	2358	2429	180	232	329	470	952	2875	320	9	102	427
5. 其他制造业	18 728	634	9997	7066	1031	874	1279	2116	5011	8243	1205	68	871	1741
(四)电力、煤气及水的生产和供应业	12 801	293	6813	5183	512	816	982	1078	3664	5588	673	57	559	1008
(五)建筑业	53 381	1447	30 351	18 363	3220	2634	3028	1882	7848	36 024	1965	486	2209	5824
(六)地质勘查业、水利管理业	7224	126	3675	2396	1027	3648	1501	621	714	674	66	1031	2297	2352
(七)交通运输、仓储及邮电通信业	24 484	457	10 592	9948	3487	1421	2103	2643	4966	9973	3378	87	994	3053
(八)批发和零售贸易、餐饮业	86 452	1765	36824	39 589	8274	6577	9555	4768	25 534	33 861	6157	730	4335	13 164
(九)房地产业	522	9	233	252	28	83	42	10	156	223	8	10	39	92
(十)社会服务业	17 889	415	9069	6896	1509	1994	2739	830	5056	5829	1441	326	1134	2634
其中:1. 自然保护区管理业	7315	125	3517	2934	739	868	1408	187	1527	2428	897	191	497	1245
2. 旅游业	3370	148	1923	1097	202	306	408	273	1099	1087	197	16	119	464
(十一)卫生、体育和社会福利业	7100	307	3320	2921	552	1911	2459	204	1203	1198	125	528	1832	2715
(十二)教育、文化艺术和广播电影电视业	24 179	314	10 852	9535	3478	13 950	2909	623	3034	3205	458	3598	7262	5735
(十三)科学研究和综合技术服务业	25 948	375	11 773	9984	3816	8897	4332	909	4110	6212	1488	2505	4811	5779
(十四)国家机关、政党机关和社会团体	90 219	610	33 020	40 939	15 650	30 695	25 822	2654	16 956	11 930	2162	2443	11 992	18 078
(十五)其他	7729	173	3501	3205	850	1269	740	358	2154	2561	647	252	619	925
二、集体经济单位合计	293 594	20 925	151 162	113 958	7549	3733	6539	11 540	96 557	162 633	12 592	149	5221	11 107
三、其他各种经济单位合计	29 913	1581	17 412	9882	1038	1484	1795	2842	9756	12 525	1511	222	765	2677

注:1. 由于该表西藏自治区缺报,以及一些单位对临时职工的情况掌握不全面,致使年末职工人数比年报中的年末职工人数少2万人,约占全部职工人数的0.7%。
2. 该表国有经济单位为企业、事业、机关三项之和,又等于(一)至(十五)项之和。

林业系统各地区按行业分

按年龄分组——20及20岁以下

地区	各部门总计	一、国有经济									
		合计	1. 企业	2. 事业	3. 机关	按国民					
						(一)农林牧渔业	(二)采掘业	(三)制造业	(四)电力、煤气及水的生产和供应业	(五)建筑业	(六)地质勘查业、水利管理业
全国合计	**101 550**	**79 044**	**54 679**	**23 756**	**609**	**24 117**	**40 856**	**7780**	**293**	**1447**	**126**
北京	121	121	33	86	2	71	—	18	—	—	—
天津	9	9	—	9	—	9	—	—	—	—	—
河北	290	287	74	206	7	202	—	46	—	—	—
山西	505	505	38	443	24	390	—	38	—	—	1
内蒙古	13 060	7124	4988	2131	5	2095	4580	125	3	268	—
内蒙古集团	10 933	5003	4949	54	—	33	4576	97	3	268	—
辽宁	526	497	140	357	—	305	—	75	—	—	1
吉林	6934	6013	4683	1281	49	2286	3349	209	—	33	—
吉林集团	1789	1568	1546	22	—	—	1400	138	—	—	—
黑龙江	33 683	23 710	21 055	2639	16	2126	19453	1472	58	6	112
龙江集团	31 232	21 372	20 859	512	1	—	19 453	1354	58	2	112
上海	3	3	—	3	—	3	—	—	—	—	—
江苏	1021	1008	140	868	—	985	—	—	—	—	—
浙江	498	439	194	241	4	242	—	97	—	—	—
安徽	1315	1296	430	862	4	603	3	62	—	106	—
福建	1100	846	559	273	14	207	313	205	—	17	—
江西	7042	7005	2456	4513	36	4489	1962	287	—	80	—
山东	2631	2612	1953	651	8	782	—	1760	—	—	—
河南	1110	1061	251	759	51	789	51	105	—	—	—
湖北	2108	1737	645	1068	24	1005	23	201	—	26	1
湖南	3429	3416	1339	2001	76	1944	752	483	—	8	4
广东	1431	1321	425	845	51	824	65	211	—	1	—
广西	1314	1303	417	824	62	789	48	229	—	3	—
海南	38	38	30	8	—	8	15	—	—	—	—
重庆	223	220	132	78	10	78	5	113	—	—	—
四川	3212	3126	2262	764	100	804	1275	466	4	75	—
贵州	420	411	164	244	3	234	136	24	—	3	—
云南	2610	2440	1568	829	43	655	423	952	—	30	—
西藏	—	—	—	—	—	—	—	—	—	—	—
陕西	1434	1429	1052	375	2	339	891	86	—	13	1
甘肃	883	883	292	578	13	641	190	7	—	—	—
青海	203	203	187	16	—	15	187	—	—	—	—
宁夏	205	205	34	170	1	167	—	33	—	—	—
新疆	415	373	140	229	4	279	78	9	—	—	—
部直属	13 777	9403	8998	405	—	751	7057	467	228	778	6
大兴安岭	12 966	8592	8568	24	—	438	7057	62	228	778	—
福马集团	406	406	406	—	—	—	—	405	—	—	—

职工人数

单位：人

单位合计									二、集体经济单位合计	三、其他各种经济单位合计
经济行业分										
(七)交通运输、仓储及邮电通信业	(八)批发和零售贸易、餐饮业	(九)房地产业	(十)社会服务业	(十一)卫生、体育和社会福利业	(十二)教育、文化艺术和广播电影电视业	(十三)科学研究和综合技术服务业	(十四)国家机关、党政机关和社会团体	(十五)其他		
457	**1765**	**9**	**415**	**307**	**314**	**375**	**610**	**173**	**20 925**	**1581**
—	13	—	17	—	—	—	2	—	—	—
—	—	—	—	—	—	—	—	—	—	—
—	28	—	3	—	—	1	7	—	3	—
—	48	—	3	1	—	—	24	—	—	—
—	12	2	10	5	9	10	5	—	5749	187
—	5	2	9	5	5	—	—	—	5743	187
—	65	—	49	—	—	2	—	—	25	4
—	13	—	16	—	26	20	49	12	822	99
—	7	—	1	—	2	20	—	—	142	79
29	28	3	23	231	83	70	16	—	9693	280
—	12	3	3	229	76	69	1	—	9598	262
—	—	—	—	—	—	—	—	—	—	—
—	—	—	3	—	—	—	—	20	13	—
—	88	—	6	—	2	—	4	—	19	40
54	336	—	11	—	13	—	4	104	6	13
2	34	—	15	34	3	2	14	—	51	203
1	54	—	6	20	10	46	36	14	37	—
—	26	—	36	—	—	—	8	—	—	19
—	42	—	—	—	—	23	51	—	42	7
4	369	—	28	—	5	44	24	7	3	368
79	7	2	28	—	7	26	76	—	6	7
23	106	2	17	—	3	18	51	—	41	69
3	120	—	17	—	1	28	61	4	1	10
—	15	—	—	—	—	—	—	—	—	—
—	10	—	4	—	—	—	10	—	3	—
231	128	—	22	5	—	—	104	12	67	19
—	1	—	3	—	—	7	3	—	9	—
21	127	—	39	2	122	26	43	—	106	64
—	—	—	—	—	—	—	—	—	—	—
1	52	—	15	5	—	24	2	—	4	1
9	9	—	7	—	3	6	11	—	—	—
—	—	—	—	—	—	1	—	—	—	—
—	1	—	3	—	—	—	1	—	—	—
—	1	—	—	—	—	2	4	—	39	3
—	32	—	34	4	27	19	—	—	4186	188
—	7	—	13	4	5	—	—	—	4186	188
—	1	—	—	—	—	—	—	—	—	—

按年龄分组——21～35 岁

地区	各部门总计	一、国有经济									
						按国民					
		合计	1. 企业	2. 事业	3. 机关	(一)农林牧渔业	(二)采掘业	(三)制造业	(四)电力、煤气及水的生产和供应业	(五)建筑业	(六)地质勘查业、水利管理业
全国合计	**1 343 383**	**1 174 809**	**740 148**	**401 855**	**32 806**	**391 625**	**527 595**	**95 566**	**6813**	**30351**	**3675**
北京	2669	2669	228	2132	309	1639	—	110	—	323	—
天津	406	406	16	333	57	333	—	—	—	—	—
河北	12 204	12 046	1857	8990	1199	8350	—	1143	—	—	—
山西	12 327	12 327	400	11 017	910	9238	—	381	—	—	203
内蒙古	149 227	125 644	87 375	37 392	877	34 201	78 548	3765	1696	2732	453
内蒙古集团	114 595	91097	86 493	4604	—	2550	78 268	3626	1696	2732	—
辽宁	15 330	14 725	2773	11 692	260	10 780	—	1159	—	—	193
吉林	169 340	149 629	129 201	19 828	600	37 419	102 320	3416	—	2244	—
吉林集团	61 447	55 751	55 378	373	—	—	52 849	1837	—	288	—
黑龙江	344 015	267 537	231 705	34 414	1418	28 413	192 258	20 939	1566	16 038	1231
龙江集团	307 079	233 739	229 050	4279	410	113	192 258	18 369	1566	15 945	1106
上海	364	364	—	364	—	364	—	—	—	—	—
江苏	12 332	11 930	1922	9950	58	11 529	—	—	—	—	—
浙江	14 038	13 086	4744	7868	474	7757	50	1972	10	22	32
安徽	22 713	22 069	7065	14 410	594	14 069	194	1505	—	634	—
福建	53 310	45 352	29 976	13 583	1793	12 093	16 228	10 524	—	1253	—
江西	62 360	61 298	31 248	27 740	2310	27 916	25 460	3128	—	516	—
山东	20 088	19 365	5547	13 110	708	12 582	—	4865	—	53	44
河南	15 616	15 347	2248	11 682	1417	10 972	195	1016	—	—	95
湖北	31 884	30 870	12 621	17 054	1195	16 106	1309	4141	—	189	87
湖南	59 626	59 139	21 936	34 037	3166	31 909	14 917	5614	16	246	67
广东	33 145	31 259	11 493	17 051	2715	16 008	2039	4317	99	16	—
广西	13 345	13 035	3402	8379	1254	8069	180	1811	—	97	—
海南	6166	6166	3301	2532	333	2191	2672	72	—	—	—
重庆	8380	8358	2223	5398	737	5420	312	1324	—	39	—
四川	57 726	56 311	37 834	14 834	3643	14 757	15 558	8968	435	1541	—
贵州	16 116	15 963	5934	8924	1105	8332	3715	1521	—	76	—
云南	41 084	39 660	19 413	17 159	3088	14 926	9312	6601	—	553	—
西藏	—	—	—	—	—	—	—	—	—	—	—
陕西	20 937	20 764	7261	12 718	785	11 640	3794	2086	—	226	40
甘肃	22 476	22 358	8368	13 428	562	12 827	7167	249	—	75	128
青海	3304	3230	57	3032	141	2967	57	—	—	—	—
宁夏	5170	5162	424	4659	79	4516	—	167	—	—	20
新疆	13 572	13 134	5646	7035	453	7901	2742	797	—	425	155
部直属	104 113	75 606	63 930	11 110	566	6401	48 568	3975	2991	3053	927
大兴安岭	90 650	62 143	60 520	1245	378	3887	48 568	1242	2991	2687	195
福马集团	2862	2862	2784	78	—	—	—	2733	—	—	—

（续）

单位合计									二、集体经济单位合计	三、其他各种经济单位合计
经济行业分										
(七)交通运输、仓储及邮电通信业	(八)批发和零售贸易、餐饮业	(九)房地产业	(十)社会服务业	(十一)卫生、体育和社会福利业	(十二)教育、文化艺术和广播电影电视业	(十三)科学研究和综合技术服务业	(十四)国家机关、党政机关和社会团体	(十五)其他		
10 592	**36 824**	**233**	**9069**	**3320**	**10 852**	**11 773**	**33 020**	**3501**	**151 162**	**17 412**
—	165	—	123	—	—	—	309	—	—	—
—	16	—	—	—	—	—	57	—	—	—
—	773	—	193	—	203	185	1199	—	158	—
—	878	—	319	50	231	117	910	—	—	—
105	496	102	373	479	736	684	877	397	22 482	1101
84	171	102	106	479	493	397	—	393	22 397	1101
—	1614	—	292	—	97	330	260	—	420	185
12	699	—	606	129	540	549	707	988	17 711	2000
—	238	—	138	129	43	201	—	28	3775	1921
582	969	17	650	1311	1291	767	1373	132	72 050	4428
107	601	16	148	1300	1110	605	365	130	69 037	4303
—	—	—	—	—	—	—	—	—	—	—
—	—	—	44	—	—	5	58	294	401	1
26	2179	6	276	—	95	141	466	54	452	500
180	3751	—	231	—	152	84	594	675	206	438
438	1602	2	549	351	322	188	1802	—	3969	3989
48	784	—	164	86	215	526	2310	145	791	271
—	649	—	211	—	143	110	708	—	—	723
10	795	—	5	—	241	477	1417	124	172	97
84	6092	—	403	—	391	634	1195	239	306	708
534	482	8	1075	31	256	827	3153	4	390	97
844	3818	58	188	—	166	801	2715	190	1088	798
39	1132	—	229	—	59	155	1239	25	20	290
—	557	—	216	—	—	125	333	—	—	—
—	352	—	136	—	—	38	737	—	22	—
6319	3873	—	305	136	266	317	3762	74	724	691
313	228	3	121	—	208	263	1105	78	153	—
823	1889	—	971	170	263	1056	3084	12	954	470
—	—	—	—	—	—	—	—	—	—	—
14	1011	—	425	76	239	368	775	70	79	94
14	163	7	283	156	268	465	556	—	118	—
—	—	—	57	—	—	8	141	—	74	—
—	17	—	266	—	59	38	79	—	8	—
—	261	—	55	—	129	216	453	—	255	183
207	1579	30	303	345	4282	2299	646	—	28 159	348
207	1235	30	14	301	372	36	378	—	28 159	348
—	51	—	—	—	—	78	—	—	—	—

按年龄分组——36～50 岁

地区	各部门总计	一、国有经济									
						按国民					
		合计	1. 企业	2. 事业	3. 机关	(一)农林牧渔业	(二)采掘业	(三)制造业	(四)电力、煤气及水的生产和供应业	(五)建筑业	(六)地质勘查业、水利管理业
全国合计	**1 138 398**	**1 014 558**	**621 485**	**352 384**	**40 689**	**340 948**	**433 112**	**91 287**	**5183**	**18 363**	**2396**
北京	3054	3054	30	2717	307	1638	—	18	—	400	—
天津	668	668	5	533	130	533	—	—	—	—	—
河北	11 591	11 469	1439	8465	1565	8151	—	870	—	—	—
山西	12 282	12 282	668	10 371	1243	8968	—	609	—	—	192
内蒙古	100 271	90 579	59 334	30 074	1171	27 347	49 122	3547	1313	4808	229
内蒙古集团	72 194	62 549	58 910	3639	—	1991	49 090	3525	1313	4808	—
辽宁	18 616	18 094	3238	14 262	594	13 249	—	1311	—	—	195
吉林	140 133	116 259	98 164	16 604	1491	31 845	74 792	3724	—	1285	—
吉林集团	46 604	38 987	38 704	283	—	—	36 067	2190	—	41	—
黑龙江	326 260	262 943	226 758	33 372	2813	26 988	190 261	29 107	2199	4278	852
龙江集团	290 159	229 408	223 794	4690	924	91	19 0261	26 523	2199	4211	761
上海	697	697	—	697	—	697	—	—	—	—	—
江苏	12 650	12 444	1236	11 110	98	11 970	—	—	—	—	—
浙江	15 400	14 512	5344	8527	641	8689	43	2479	7	15	45
安徽	13 543	13 245	4086	8404	755	8112	35	873	—	140	—
福建	36 073	30 504	19 498	8987	2019	7975	8776	7279	—	903	—
江西	50 722	50 207	25 466	22 232	2509	22 229	20 578	3415	—	323	—
山东	14 502	14 126	2947	10 032	1147	9128	—	2720	—	18	23
河南	11 605	11 470	1544	8454	1472	7908	188	621	—	—	36
湖北	25 208	24 920	10 515	13 057	1348	12 406	1145	2468	—	122	118
湖南	40 096	39 510	14 773	21 829	2908	20 427	9527	4116	10	184	23
广东	28 970	28 283	9977	15 510	2796	14 723	1494	3693	65	43	—
广西	63 175	62 643	17 584	39 502	5557	37 530	670	8612	—	628	—
海南	5097	5097	2531	2237	329	1890	1674	118	—	—	—
重庆	5798	5797	2125	3056	616	3066	230	1493	—	43	—
四川	37 728	36 919	24 408	9643	2868	9295	11 921	4599	62	553	—
贵州	11 706	11 599	3671	6782	1146	6395	1979	982	—	26	—
云南	29 194	28 549	16 022	10 264	2263	9118	8419	3652	—	1396	—
西藏	—	—	—	—	—	—	—	—	—	—	—
陕西	15 726	15 710	5689	9110	911	8445	3280	1441	—	178	23
甘肃	12 341	12 178	3800	7788	590	7094	3284	198	—	45	44
青海	1261	1241	23	1158	60	1125	23	—	—	—	—
宁夏	3981	3979	151	3694	134	3322	—	22	—	—	18
新疆	9904	9709	4092	4968	649	5308	1660	593	—	200	112
部直属	80 146	65 871	56 367	8945	559	5377	44 311	2727	1527	2775	486
大兴安岭	69 556	55 281	53 753	1153	375	3507	44 311	739	1527	2520	109
福马集团	2172	2172	2068	104	—	—	—	1988	—	—	—

（续）

单位合计									二、集体经济单位合计	三、其他各种经济单位合计
经济行业分										
(七)交通运输、仓储及邮电通信业	(八)批发和零售贸易、餐饮业	(九)房地产业	(十)社会服务业	(十一)卫生、体育和社会福利业	(十二)教育、文化艺术和广播电影电视业	(十三)科学研究和综合技术服务业	(十四)国家机关、党政机关和社会团体	(十五)其他		
9948	**39 589**	**252**	**6896**	**2921**	**9535**	**9984**	**40 939**	**3205**	**113 958**	**9882**
—	644	—	47	—	—	—	307	—	—	—
—	5	—	—	—	—	—	130	—	—	—
—	516	—	196	—	71	100	1565	—	122	—
—	857	—	148	27	106	132	1243	—	—	—
77	463	104	395	356	597	736	1171	314	9418	274
64	174	104	48	356	444	319	—	313	9371	274
—	1927	—	267	—	124	427	594	—	419	103
8	711	—	243	51	433	460	1584	1123	22 904	970
—	288	—	8	51	81	151	—	110	6735	882
1010	1029	53	642	1342	1439	531	2870	342	58 855	4462
306	549	46	190	1294	1205	464	981	327	56 358	4393
—	—	—	—	—	—	—	—	—	—	—
—	—	—	42	—	—	15	101	316	201	5
91	2015	1	209	—	66	133	628	91	587	301
248	2697	—	156	—	73	62	755	94	80	218
546	2012	1	242	291	266	162	2051	—	3942	1627
74	521	—	118	51	185	359	2509	145	472	43
—	536	—	271	—	172	111	1147	—	—	376
19	507	—	7	—	156	415	1472	141	103	32
46	5793	—	299	—	326	654	1348	195	201	87
521	297	2	781	3	164	560	2895	—	492	94
724	3591	49	189	—	50	677	2796	189	472	215
520	7311	—	388	—	430	972	5470	112	133	399
—	739	—	219	—	—	128	329	—	—	—
—	276	—	48	—	—	25	616	—	1	—
4022	2759	—	182	102	208	219	2934	63	497	312
441	202	2	91	—	92	204	1146	39	107	—
886	1594	—	485	119	117	509	2248	6	426	219
—	—	—	—	—	—	—	—	—	—	—
3	684	—	188	130	165	220	918	35	7	9
7	86	4	290	101	165	269	591	—	163	—
—	—	—	28	—	—	5	60	—	20	—
—	6	—	422	—	34	21	134	—	2	—
575	226	—	89	—	158	139	649	—	127	68
130	1585	36	214	348	3938	1739	678	—	14 207	68
130	1203	36	38	329	457	—	375	—	14 207	68
—	80	—	—	—	—	104	—	—	—	—

按年龄分组——51岁以上

地区	各部门总计	一、国有经济									
						按国民					
		合计	1. 企业	2. 事业	3. 机关	(一)农林牧渔业	(二)采掘业	(三)制造业	(四)电力、煤气及水的生产和供应业	(五)建筑业	(六)地质勘查业、水利管理业
全国合计	**217 998**	**209 411**	**101 479**	**92 137**	**15 795**	**84 625**	**64 844**	**17 539**	**512**	**3220**	**1027**
北京	762	762	—	623	139	493	—	—	—	25	—
天津	139	139	—	116	23	116	—	—	—	—	—
河北	3340	3323	251	2479	593	2361	—	140	—	—	—
山西	2691	2691	108	2110	473	1855	—	97	—	—	23
内蒙古	9727	9478	4165	4961	352	4332	3823	107	82	88	47
内蒙古集团	5205	4966	4101	865	—	445	3812	106	82	88	—
辽宁	4039	4020	559	3086	375	2784	—	315	—	—	67
吉林	17 550	17 003	11 994	4269	740	5320	9271	739	—	255	—
吉林集团	5431	5276	5150	126	—	—	4560	505	—	4	—
黑龙江	44 139	38 657	32 452	5482	723	4172	25 763	5555	262	661	266
龙江集团	38 816	33 407	32 163	1024	220	29	25 763	5333	262	644	250
上海	133	133	—	133	—	133	—	—	—	—	—
江苏	5506	5416	619	4730	67	5291	—	—	—	—	—
浙江	4068	3951	1135	2488	328	2533	7	497	—	8	16
安徽	4962	4852	926	3524	402	3387	27	116	—	5	—
福建	10 623	10 028	5502	3434	1092	3018	2473	1943	—	316	—
江西	16 091	16 039	6955	7831	1253	7813	5753	586	—	222	—
山东	3671	3580	281	2800	499	2638	—	182	—	2	11
河南	3575	3559	386	2583	590	2395	66	107	—	—	17
湖北	8624	8592	3138	4793	661	4483	648	538	—	33	53
湖南	10 028	9977	2779	5881	1317	5480	1684	744	—	50	18
广东	10 382	10 216	2975	5949	1292	5620	408	1163	2	13	—
广西	7738	7726	2338	4523	865	4240	41	1166	—	108	—
海南	1166	1166	762	247	157	146	625	24	—	—	—
重庆	1693	1693	354	1046	293	1053	43	208	—	10	—
四川	13 443	13 287	9345	2837	1105	2407	4891	1082	20	498	—
贵州	3443	3441	1329	1686	426	1578	891	192	—	10	—
云南	6350	6215	2944	2529	742	1991	1364	713	—	300	—
西藏	—	—	—	—	—	—	—	—	—	—	—
陕西	5792	5791	2274	3087	430	2851	1660	402	—	20	9
甘肃	4409	4399	1300	2759	340	2530	1204	21	—	15	24
青海	285	277	20	245	12	235	20	—	—	—	—
宁夏	1134	1133	26	1040	67	947	—	3	—	—	13
新疆	2009	1993	533	1261	199	1362	192	54	—	34	46
部直属	10 486	9874	6029	3605	240	1061	3990	845	146	547	417
大兴安岭	5994	5382	5028	242	112	283	3990	16	146	484	51
福马集团	931	931	852	79	—	—	—	829	—	—	—

（续）

单位合计 经济行业分 （七）交通运输、仓储及邮电通信业	（八）批发和零售贸易、餐饮业	（九）房地产业	（十）社会服务业	（十一）卫生、体育和社会福利业	（十二）教育、文化艺术和广播电影电视业	（十三）科学研究和综合技术服务业	（十四）国家机关、党政机关和社会团体	（十五）其他	二、集体经济单位合计	三、其他各种经济单位合计
3487	**8274**	**28**	**1509**	**552**	**3478**	**3816**	**15 650**	**850**	**7549**	**1038**
—	102	—	3	—	—	—	139	—	—	—
—	—	—	—	—	—	—	23	—	—	—
—	70	—	55	—	36	68	593	—	17	—
—	151	—	26	3	31	32	473	—	—	—
7	54	4	55	23	109	261	352	134	238	11
4	13	4	—	23	67	188	—	134	228	11
—	244	—	64	—	49	122	375	—	10	9
3	108	—	62	9	375	196	573	92	479	68
—	55	—	3	9	26	91	—	23	93	62
91	183	5	55	267	389	229	711	48	5309	173
25	108	5	10	264	272	188	208	46	5248	161
—	—	—	—	—	—	—	—	—	—	—
—	—	—	17	—	—	8	64	36	89	1
12	433	—	26	—	14	71	324	10	64	53
89	727	—	30	—	22	27	402	20	21	89
214	563	—	120	80	104	103	1094	—	312	283
25	67	—	3	28	110	134	1253	45	37	15
—	90	—	60	—	48	50	499	—	—	91
—	113	—	1	—	49	174	590	47	10	6
7	1622	—	107	—	106	240	661	94	25	7
197	39	1	190	—	118	142	1314	—	29	22
235	1070	4	24	—	36	288	1292	61	123	43
125	936	—	46	—	57	141	847	19	6	6
—	113	—	67	—	—	34	157	—	—	—
—	56	—	21	—	—	9	293	—	—	—
2124	644	—	40	30	90	129	1112	220	37	119
167	41	11	30	—	20	58	426	17	2	—
149	396	—	71	15	46	427	741	2	102	33
—	—	—	—	—	—	—	—	—	—	—
1	180	—	88	24	50	68	433	5	—	1
3	22	2	65	38	52	83	340	—	10	—
—	—	—	4	—	—	6	12	—	8	—
—	6	—	84	—	12	1	67	—	1	—
—	21	—	21	—	29	35	199	—	16	—
38	223	1	74	35	1526	680	291	—	604	8
38	110	1	2	25	124	—	112	—	604	8
—	23	—	—	—	—	79	—	—	—	—

按文化程度分组——大专程度及以上

地区	各部门总计	一、国有经济									
						按国民					
		合计	1. 企业	2. 事业	3. 机关	(一)农林牧渔业	(二)采掘业	(三)制造业	(四)电力、煤气及水的生产和供应业	(五)建筑业	(六)地质勘查业、水利管理业
全国合计	**228 384**	**223 167**	**99 361**	**93 245**	**30 561**	**63 301**	**71 331**	**14 640**	**816**	**2634**	**3648**
北　京	1043	1043	27	705	311	589	—	6	—	34	—
天　津	223	223	—	150	73	150	—	—	—	—	—
河　北	5040	5034	349	3252	1433	2863	—	114	—	—	—
山　西	3298	3298	106	2338	854	1705	—	94	—	—	160
内蒙古	16 997	16 543	8894	6888	761	4272	7712	623	113	251	301
内蒙古集团	11 469	11 015	8785	2230	—	502	7708	611	113	251	—
辽　宁	5181	5170	274	4120	776	3301	—	133	—	—	191
吉　林	27 567	26 739	21 176	4153	1410	3984	18 105	558	—	326	—
吉林集团	8245	8017	7650	367	—	—	6914	341	—	21	—
黑龙江	46 456	44 209	33 585	8197	2427	2921	28 366	4177	338	387	1082
龙江集团	41 199	39 090	33 386	4555	1149	82	28 366	4054	338	381	959
上　海	122	122	—	122	—	122	—	—	—	—	—
江　苏	1363	1320	208	1000	112	1168	—	—	—	—	—
浙　江	3492	3428	539	2187	702	1910	3	247	—	4	39
安　徽	3774	3685	540	2397	748	2139	4	159	—	24	—
福　建	8744	8297	3019	3596	1682	2657	969	1388	—	232	—
江　西	8374	8351	2251	3970	2130	3505	1710	381	—	45	—
山　东	6839	6812	369	5168	1275	4585	—	264	—	4	64
河　南	4819	4797	366	3127	1304	2488	6	198	—	—	112
湖　北	4731	4671	1117	2491	1063	1712	33	361	—	11	118
湖　南	9869	9827	2221	5123	2483	4253	1144	898	—	63	40
广　东	6487	6295	1602	2504	2189	1895	255	735	7	14	—
广　西	7616	7547	1871	4029	1647	3238	49	1010	—	258	—
海　南	569	569	184	206	179	116	166	11	—	—	—
重　庆	1390	1390	273	669	448	630	3	199	—	5	—
四　川	7582	7402	3045	2551	1806	1672	798	992	26	373	—
贵　州	3533	3531	703	1939	889	1462	396	155	—	14	—
云　南	5304	5207	1417	2663	1127	1295	532	371	—	118	—
西　藏	—	—	—	—	—	—	—	—	—	—	—
陕　西	4079	4064	1040	2376	648	1791	593	316	—	8	15
甘　肃	3194	3176	586	2225	365	1552	459	18	—	11	106
青　海	849	829	28	764	37	749	28	—	—	—	—
宁　夏	898	897	19	770	108	630	—	11	—	—	24
新　疆	5303	5258	1276	3278	704	2805	495	203	—	113	187
部直属	23 648	23 433	12 276	10 287	870	1142	9505	1018	332	339	1209
大兴安岭	12 368	12 153	10 726	988	439	557	9505	54	332	261	116
福马集团	1239	1239	1054	185	—	—	—	964	—	—	—

（续）

单位合计									二、集体经济单位合计	三、其他各种经济单位合计
经济行业分										
(七)交通运输、仓储及邮电通信业	(八)批发和零售贸易、餐饮业	(九)房地产业	(十)社会服务业	(十一)卫生、体育和社会福利业	(十二)教育、文化艺术和广播电影电视业	(十三)科学研究和综合技术服务业	(十四)国家机关、党政机关和社会团体	(十五)其他		
1421	**6577**	**83**	**1994**	**1911**	**13 950**	**8897**	**30 695**	**1269**	**3733**	**1484**
—	78	—	25	—	—	—	311	—	—	—
—	—	—	—	—	—	—	73	—	—	—
—	231	—	68	—	165	160	1433	—	6	—
—	130	—	54	10	173	118	854	—	—	—
35	151	19	70	280	834	618	761	503	429	25
33	102	19	21	280	604	270	—	501	429	25
—	141	—	66	—	156	406	776	—	6	5
5	390	—	147	25	810	624	1498	267	651	177
—	217	—	7	25	76	266	—	150	65	163
164	626	12	208	910	1674	719	2412	213	1899	348
102	496	10	68	902	1409	580	1134	209	1790	319
—	—	—	—	—	—	—	—	—	—	—
—	—	—	11	—	—	11	111	19	43	—
9	219	1	48	—	102	139	698	9	22	42
25	335	—	21	—	153	56	748	21	4	85
21	445	—	131	102	362	294	1696	—	121	326
3	34	—	13	46	260	176	2130	48	19	4
—	160	—	101	—	184	175	1275	—	—	27
1	141	—	2	—	247	279	1304	19	15	7
4	672	—	73	—	414	189	1063	21	16	44
50	68	7	163	6	331	331	2473	—	17	25
70	473	20	40	—	146	441	2189	10	147	45
28	690	—	68	—	270	282	1573	81	8	61
—	7	—	19	—	—	71	179	—	—	—
—	53	—	22	—	—	30	448	—	—	—
635	411	—	39	81	259	286	1812	18	8	172
54	33	13	56	—	207	214	889	38	2	—
73	279	—	137	94	235	959	1114	—	36	61
—	—	—	—	—	—	—	—	—	—	—
2	94	—	79	56	240	222	646	2	11	4
2	11	1	62	55	266	267	366	—	18	—
—	—	—	10	—	—	5	37	—	20	—
—	2	—	57	—	51	14	108	—	1	—
138	123	—	60	—	193	237	704	—	23	22
102	580	10	144	246	6218	1574	1014	—	211	4
102	76	10	7	234	445	15	439	—	211	4
—	90	—	—	—	—	185	—	—	—	—

按文化程度分组——中专文化程度

地区	各部门总计	一、国有经济									
		合计	1. 企业	2. 事业	3. 机关	按国民					
						(一)农林牧渔业	(二)采掘业	(三)制造业	(四)电力、煤气及水的生产和供应业	(五)建筑业	(六)地质勘查业、水利管理业
全国合计	**293 868**	**285 534**	**122 255**	**137 488**	**25 791**	**126 082**	**88 339**	**14 901**	**982**	**3028**	**1501**
北京	1121	1121	18	842	261	699	—	11	—	51	—
天津	470	470	3	355	112	355	—	—	—	—	—
河北	4892	4882	414	3432	1036	3275	—	240	—	—	—
山西	6282	6282	141	5211	930	4346	—	119	—	—	167
内蒙古	20 253	19 627	11 165	7879	583	6771	10 159	478	152	241	125
内蒙古集团	12 933	12 308	11 038	1270	—	567	10 144	464	152	241	—
辽宁	6752	6733	507	5916	310	5347	—	235	—	—	177
吉林	24 598	23 193	16 477	6156	560	8297	12 590	506	—	220	—
吉林集团	5786	5596	5463	133	—	—	5057	305	—	24	—
黑龙江	60 874	57 004	43 307	12 171	1526	9444	38 368	3830	256	465	488
龙江集团	48 561	45 131	42 866	2072	193	31	38 368	3460	256	451	437
上海	266	266	—	266	—	266	—	—	—	—	—
江苏	1996	1947	193	1682	72	1844	—	—	—	—	—
浙江	4072	3971	623	2959	389	2910	21	223	4	3	19
安徽	7690	7620	1113	5842	665	5616	6	201	—	37	—
福建	11 126	10 441	4359	4663	1419	3972	2143	1445	—	293	—
江西	10 856	10 832	3846	5524	1462	5138	3285	298	—	80	—
山东	9148	9107	748	7626	733	7407	—	499	—	8	13
河南	4625	4593	338	3273	982	3030	4	173	—	—	12
湖北	11 116	10 966	2716	7192	1058	6466	171	754	—	86	77
湖南	14 104	14 027	3116	8684	2227	8125	2110	757	2	64	48
广东	8705	8505	2357	4339	1809	3993	444	741	10	11	—
广西	12 004	11 891	2664	7234	1993	6767	109	1088	—	140	—
海南	1446	1446	710	531	205	461	558	18	—	—	—
重庆	1881	1881	214	1307	360	1286	7	141	—	10	—
四川	12 109	11 892	5261	4343	2288	3875	2227	1053	58	360	—
贵州	7027	7020	1829	4242	949	4018	1252	268	—	52	—
云南	11 078	10 959	2784	6240	1935	5513	1189	797	—	135	—
西藏	—	—	—	—	—	—	—	—	—	—	—
陕西	8861	8854	2061	6100	693	5515	1466	307	—	38	36
甘肃	5668	5652	1273	3929	450	3402	1114	38	—	12	50
青海	2963	2900	187	2591	122	2553	187	—	—	—	—
宁夏	1398	1396	52	1262	82	1106	—	15	—	—	6
新疆	4863	4828	949	3512	367	3445	449	109	—	77	76
部直属	15 624	15 228	12 830	2185	213	840	10 480	557	500	645	207
大兴安岭	13 400	13 004	12 272	534	198	392	10 480	116	500	621	83
福马集团	471	471	455	16	—	—	—	441	—	—	—

（续）

单位合计									二、集体经济单位合计	三、其他各种经济单位合计
经济行业分										
(七)交通运输、仓储及邮电通信业	(八)批发和零售贸易、餐饮业	(九)房地产业	(十)社会服务业	(十一)卫生、体育和社会福利业	(十二)教育、文化艺术和广播电影电视业	(十三)科学研究和综合技术服务业	(十四)国家机关、党政机关和社会团体	(十五)其他		
2103	**9555**	**42**	**2739**	**2459**	**2909**	**4332**	**25 822**	**740**	**6539**	**1795**
—	71	—	28	—	—	—	261	—	—	—
—	3	—	—	—	—	—	112	—	—	—
—	187	—	49	—	54	41	1036	—	10	—
—	412	—	130	25	70	83	930	—	—	—
23	110	6	78	303	181	301	583	116	588	38
21	37	6	15	303	103	140	—	115	587	38
—	272	—	120	—	54	218	310	—	9	10
6	195	—	216	24	111	293	585	150	1227	178
—	70	—	2	24	10	99	—	5	27	163
153	415	8	196	1173	360	211	1513	124	3528	342
34	181	7	24	1144	282	160	180	116	3107	323
—	—	—	—	—	—	—	—	—	—	—
—	—	—	10	—	—	4	75	14	46	3
5	276	1	46	—	16	51	378	18	30	71
80	830	—	59	—	28	39	665	59	13	57
65	410	3	183	273	156	74	1424	—	219	466
15	51	—	22	101	187	155	1462	38	20	4
—	262	—	93	—	55	37	733	—	—	41
—	120	—	1	—	51	180	982	40	22	10
18	1626	—	123	—	182	374	1058	31	46	104
68	89	3	225	18	47	253	2218	—	50	27
222	861	8	55	—	38	289	1809	24	126	74
63	1311	—	81	—	109	221	1972	30	7	106
—	134	—	26	—	—	44	205	—	—	—
—	34	—	38	—	—	5	360	—	—	—
940	642	—	85	71	87	135	2318	41	42	175
149	69	3	63	—	49	112	949	36	7	—
73	559	—	249	56	49	397	1940	2	57	62
—	—	—	—	—	—	—	—	—	—	—
3	232	—	125	96	99	225	695	17	5	2
4	35	2	105	120	88	232	450	—	16	—
—	—	—	34	—	—	4	122	—	63	—
—	4	—	157	—	19	7	82	—	2	—
138	59	—	28	—	35	45	367	—	19	16
78	286	8	114	199	784	302	228	—	387	9
78	191	8	3	194	140	—	198	—	387	9
—	14	—	—	—	—	16	—	—	—	—

按文化程度分组——技工文化程度

地区	各部门总计	一、国有经济									
						按国民					
		合计	1. 企业	2. 事业	3. 机关	(一)农林牧渔业	(二)采掘业	(三)制造业	(四)电力、煤气及水的生产和供应业	(五)建筑业	(六)地质勘查业、水利管理业
全国合计	**194 372**	**179 990**	**131 008**	**46 377**	**2605**	**45 499**	**97 086**	**20 825**	**1078**	**1882**	**621**
北京	208	208	49	144	15	41	—	14	—	95	—
天津	136	136	1	127	8	127	—	—	—	—	—
河北	1087	1079	203	797	79	753	—	107	—	—	—
山西	1057	1057	35	970	52	826	—	33	—	—	5
内蒙古	15 679	14 680	9634	5000	46	4698	8686	717	121	32	185
内蒙古集团	10 766	9772	9486	286	—	221	8673	650	121	32	—
辽宁	1815	1788	337	1436	15	1401	—	120	—	—	6
吉林	23 225	21 868	19 147	2656	65	4758	15 985	766	—	86	—
吉林集团	8988	8110	8090	20	—	—	7496	589	—	—	—
黑龙江	68 595	60 148	54 548	5413	187	4770	45 868	7934	83	388	296
龙江集团	62 689	54 396	53 797	551	48	23	45 868	7289	83	376	296
上海	58	58	—	58	—	58	—	—	—	—	—
江苏	1255	1237	36	1198	3	1151	—	—	—	—	—
浙江	1271	1168	313	827	28	819	—	159	—	3	12
安徽	3167	3056	835	2180	41	1927	5	235	—	37	—
福建	6701	5913	4211	1581	121	1420	1825	2038	—	83	—
江西	10 970	10 899	5928	4790	181	4844	4640	805	—	125	—
山东	1788	1599	601	976	22	927	—	477	—	10	—
河南	1525	1467	187	1190	90	1153	—	95	—	—	1
湖北	3625	3366	1727	1601	38	1466	30	492	—	136	14
湖南	6206	6161	2582	3332	247	3038	1495	1033	—	27	3
广东	3220	3010	982	1862	166	1729	164	463	8	3	—
广西	2082	1972	1085	639	248	601	13	623	—	10	—
海南	249	249	143	96	10	75	111	3	—	—	—
重庆	1219	1219	555	526	138	558	—	383	—	—	—
四川	11 219	10 971	8480	2124	367	1895	3942	1521	156	552	—
贵州	3330	3311	1924	1333	54	1308	1253	472	—	14	—
云南	4153	4004	2316	1445	243	1261	1166	650	—	90	—
西藏	—	—	—	—	—	—	—	—	—	—	—
陕西	3002	2989	1268	1673	48	1488	584	576	—	30	2
甘肃	1261	1259	300	911	48	779	266	17	—	—	28
青海	—	—	—	—	—	—	—	—	—	—	—
宁夏	113	113	4	106	3	101	—	4	—	—	—
新疆	2308	2256	1177	1058	21	1251	716	157	—	54	3
部直属	13 848	12 749	12 400	328	21	276	10 337	931	710	107	66
大兴安岭	12 701	11 602	11 435	146	21	253	10 337	56	710	52	50
福马集团	885	885	878	7	—	—	—	875	—	—	—

（续）

单位合计										
经济行业分									二、集体经济单位合计	三、其他各种经济单位合计
(七)交通运输、仓储及邮电通信业	(八)批发和零售贸易、餐饮业	(九)房地产业	(十)社会服务业	(十一)卫生、体育和社会福利业	(十二)教育、文化艺术和广播电影电视业	(十三)科学研究和综合技术服务业	(十四)国家机关、党政机关和社会团体	(十五)其他		
2643	**4768**	**10**	**830**	**204**	**623**	**909**	**2654**	**358**	**11 540**	**2842**
—	8	—	35	—	—	—	15	—	—	—
—	1	—	—	—	—	—	8	—	—	—
—	102	—	35	—	3	—	79	—	8	—
—	103	—	21	4	6	7	52	—	—	—
5	72	6	17	2	40	26	46	27	937	62
2	10	6	5	2	25	—	—	25	932	62
—	217	—	9	—	1	19	15	—	4	23
2	25	—	43	11	40	38	69	45	894	463
—	5	—	—	11	2	7	—	—	428	450
102	149	—	37	62	159	45	187	68	7969	478
20	66	—	19	59	153	32	48	64	7826	467
—	—	—	—	—	—	—	—	—	—	—
—	—	—	10	—	—	—	1	75	18	—
2	81	—	57	—	1	8	25	1	17	86
45	659	—	28	—	4	8	41	67	9	102
77	188	—	67	23	8	61	123	—	187	601
18	130	—	11	28	58	40	181	19	69	2
—	94	—	43	—	22	4	22	—	—	189
—	79	—	—	—	7	36	90	6	45	13
9	1036	—	41	—	19	66	38	19	21	238
136	18	1	93	—	12	58	247	—	30	15
92	234	3	12	—	9	122	166	5	23	187
16	404	—	27	—	6	23	248	1	40	70
—	29	—	20	—	—	1	10	—	—	—
—	130	—	10	—	—	—	138	—	—	—
1729	576	—	88	25	35	38	412	2	29	219
153	32	—	9	—	2	14	54	—	19	—
217	177	—	44	9	30	113	243	4	118	31
—	—	—	—	—	—	—	—	—	—	—
2	107	—	39	15	42	37	48	19	7	6
11	10	—	18	7	2	73	48	—	2	—
—	—	—	—	—	—	—	—	—	—	—
—	—	—	5	—	—	—	3	—	—	—
—	35	—	3	—	12	4	21	—	19	33
27	72	—	8	18	105	68	24	—	1075	24
27	37	—	4	14	20	21	21	—	1075	24
—	3	—	—	—	—	7	—	—	—	—

按文化程度分——高中文化程度

地区	各部门总计	一、国有经济				按国民					
		合计	1. 企业	2. 事业	3. 机关	(一)农林牧渔业	(二)采掘业	(三)制造业	(四)电力、煤气及水的生产和供应业	(五)建筑业	(六)地质勘查业、水利管理业
全国合计	**730 423**	**624 110**	**413 959**	**193 347**	**16 804**	**197 336**	**291 782**	**59 597**	**3664**	**7848**	**714**
北京	1363	1363	70	1170	123	688	—	33	—	253	—
天津	211	211	16	184	11	184	—	—	—	—	—
河北	5785	5721	1107	4076	538	3971	—	651	—	—	—
山西	6575	6575	200	5856	519	5032	—	170	—	—	42
内蒙古	64 616	54 812	36 545	17 604	663	16 682	33 189	1868	621	452	40
内蒙古集团	48 193	38 484	35 920	2564	—	1970	32 979	1801	621	452	—
辽宁	6986	6659	2121	4443	95	4174	—	795	—	—	31
吉林	118 566	98 125	86 495	11 088	542	25 039	66 290	2863	—	1509	—
吉林集团	42 072	35 314	35 265	49	—	—	33361	1657	—	87	—
黑龙江	229 477	174 475	153 058	20 844	573	17 616	128 919	18 806	1827	2630	376
龙江集团	206 005	153 357	151 284	1978	95	42	128 919	17 266	1827	2587	318
上海	235	235	—	235	—	235	—	—	—	—	—
江苏	6322	6168	654	5485	29	5952	—	—	—	—	—
浙江	8768	8125	3702	4227	196	4227	34	1847	9	33	13
安徽	7978	7792	2911	4719	162	4567	25	708	—	152	—
福建	23 037	19 626	13 278	5413	935	4829	5965	5130	—	675	—
江西	38 670	38 188	18 058	18 562	1568	19 156	13 350	2435	—	491	—
山东	7868	7157	2453	4509	195	4261	—	1884	—	33	—
河南	9796	9595	1651	7148	796	6758	125	728	—	—	15
湖北	19 969	19 283	8007	10 562	714	10 113	418	2554	—	40	15
湖南	25 760	25 367	10 226	13 647	1494	12 907	6316	2959	14	123	10
广东	20 131	19 019	8499	8971	1549	8597	1095	3551	30	17	—
广西	18 599	18 287	6456	10 096	1735	9710	190	3230	—	152	—
海南	5171	5171	2998	1808	365	1437	2109	128	—	—	—
重庆	2764	2760	526	1881	353	1904	34	212	—	33	—
四川	18 001	17 417	10 344	5892	1181	5985	3244	2771	170	151	—
贵州	5427	5322	1936	2993	393	2850	1046	478	—	6	—
云南	11 502	10 964	6094	3809	1061	3335	2515	2392	—	196	—
西藏	—	—	—	—	—	—	—	—	—	—	—
陕西	9325	9247	3415	5523	309	5153	1192	1266	—	111	10
甘肃	8210	8022	2333	5365	324	5327	1777	119	—	31	7
青海	657	648	29	589	30	557	29	—	—	—	—
宁夏	1995	1987	175	1770	42	1535	—	130	—	—	6
新疆	4536	4297	2332	1834	131	2510	729	394	—	117	33
部直属	42 123	31 492	28 270	3044	178	2045	23 191	1495	993	643	116
大兴安岭	38 199	27 568	27 001	415	152	1369	23 191	429	993	531	26
福马集团	1122	1122	1091	31	—	—	—	1066	—	—	—

（续）

单位合计 / 经济行业分：(七)交通运输、仓储及邮电通信业	(八)批发和零售贸易、餐饮业	(九)房地产业	(十)社会服务业	(十一)卫生、体育和社会福利业	(十二)教育、文化艺术和广播电影电视业	(十三)科学研究和综合技术服务业	(十四)国家机关、党政机关和社会团体	(十五)其他	二、集体经济单位合计	三、其他各种经济单位合计
4966	**25 534**	**156**	**5056**	**1203**	**3034**	**4110**	**16 956**	**2154**	**96 557**	**9756**
—	227	—	39	—	—	—	123	—	—	—
—	16	—	—	—	—	—	11	—	—	—
—	398	—	71	—	54	38	538	—	64	—
—	627	—	78	25	38	44	519	—	—	—
57	342	25	158	168	214	258	663	75	9306	498
38	67	25	24	168	138	126	—	75	9211	498
—	1326	—	138	—	25	75	95	—	277	50
5	458	—	206	21	141	105	582	906	19 617	824
—	87	—	67	21	18	10	—	6	6002	756
779	636	38	566	606	640	339	618	79	51 370	3632
210	359	33	177	597	507	296	140	79	49 085	3563
—	—	—	—	—	—	—	—	—	—	—
—	—	—	47	—	—	12	29	128	153	1
71	1383	4	200	—	7	56	188	53	276	367
161	1687	—	90	—	21	29	162	190	36	150
248	1277	—	328	129	72	16	957	—	1978	1433
46	645	—	93	10	15	257	1568	122	378	104
—	549	—	192	—	21	22	195	—	—	711
11	662	—	6	—	93	283	796	118	128	73
36	4442	—	287	—	101	383	714	180	134	552
306	189	1	686	6	66	297	1484	3	350	43
580	2890	50	165	—	28	296	1549	171	781	331
182	2609	—	207	—	38	226	1722	21	27	285
—	761	—	258	—	—	113	365	—	—	—
—	163	—	45	—	—	16	353	—	4	—
1740	1852	—	100	35	57	55	1214	43	358	226
272	88	—	49	—	26	68	393	46	105	—
213	696	—	258	66	24	204	1061	4	275	263
—	—	—	—	—	—	—	—	—	—	—
8	793	—	244	36	19	91	309	15	51	27
10	76	1	151	43	62	102	316	—	188	—
—	—	—	21	—	—	11	30	—	9	—
—	16	—	232	—	20	6	42	—	8	—
161	81	—	47	—	28	66	131	—	132	107
80	645	37	94	58	1224	642	229	—	10 552	79
80	531	37	14	33	182	—	152	—	10 552	79
—	25	—	—	—	—	31	—	—	—	—

按技术职务分组——高级技术职务

地区	各部门总计	一、国有经济				按国民					
		合计	1. 企业	2. 事业	3. 机关	(一)农林牧渔业	(二)采掘业	(三)制造业	(四)电力、煤气及水的生产和供应业	(五)建筑业	(六)地质勘查业、水利管理业
全国合计	**30 600**	**30 229**	**8564**	**19 182**	**2483**	**11 044**	**5179**	**1953**	**57**	**486**	**1031**
北京	90	90	1	38	51	35	—	—	—	—	—
天津	25	25	—	22	3	22	—	—	—	—	—
河北	650	650	16	549	85	434	—	5	—	—	—
山西	215	215	6	167	42	97	—	5	—	—	10
内蒙古	1987	1979	467	1471	41	1017	395	14	7	37	40
内蒙古集团	809	804	460	344	—	39	395	14	7	37	—
辽宁	595	595	5	576	14	401	—	3	—	—	49
吉林	2561	2540	1653	731	156	476	1277	82	—	49	—
吉林集团	1044	1033	962	71	—	—	775	53	—	17	—
黑龙江	5812	5681	2939	2334	408	774	2017	671	20	144	392
龙江集团	4646	4520	2920	1301	299	27	2017	652	20	112	329
上海	18	18	—	18	—	18	—	—	—	—	—
江苏	231	229	8	195	26	199	—	—	—	—	—
浙江	429	424	44	349	31	292	10	11	—	—	10
安徽	952	949	52	837	60	798	—	29	—	5	—
福建	752	745	144	527	74	356	32	74	—	10	—
江西	1131	1130	340	648	142	514	290	53	—	7	—
山东	778	778	28	714	36	592	—	16	—	—	17
河南	1934	1930	111	1699	120	1624	—	12	—	—	11
湖北	415	410	54	229	127	47	15	9	—	—	35
湖南	1233	1213	388	586	239	437	265	105	—	15	2
广东	506	474	86	298	90	191	2	27	—	1	—
广西	1250	1247	187	819	241	644	—	45	—	72	—
海南	17	17	9	8	—	5	6	—	—	—	—
重庆	174	174	20	102	52	91	—	13	—	—	—
四川	1112	1106	214	762	130	522	63	57	3	79	—
贵州	179	179	23	156	—	98	9	7	—	1	—
云南	714	596	84	459	53	188	36	16	—	5	—
西藏	—	—	—	—	—	—	—	—	—	—	—
陕西	805	805	114	643	48	450	58	46	—	4	—
甘肃	438	438	31	393	14	266	24	1	—	—	17
青海	17	17	4	10	3	9	4	—	—	—	—
宁夏	236	236	—	189	47	167	—	—	—	—	6
新疆	306	306	40	229	37	136	14	6	—	4	29
部直属	5038	5033	1496	3424	113	144	662	646	27	53	413
大兴安岭	1115	1110	741	256	113	54	662	3	27	27	24
福马集团	762	762	679	83	—	—	—	643	—	—	—

（续）

单位合计									二、集体经济单位合计	三、其他各种经济单位合计
经济行业分										
(七)交通运输、仓储及邮电通信业	(八)批发和零售贸易、餐饮业	(九)房地产业	(十)社会服务业	(十一)卫生、体育和社会福利业	(十二)教育、文化艺术和广播电影电视业	(十三)科学研究和综合技术服务业	(十四)国家机关、党政机关和社会团体	(十五)其他		
87	**730**	**10**	**326**	**528**	**3598**	**2505**	**2443**	**252**	**149**	**222**
—	3	—	1	—	—	—	51	—	—	—
—	—	—	—	—	—	—	3	—	—	—
—	9	—	64	—	22	31	85	—	—	—
—	5	—	1	—	25	30	42	—	—	—
5	11	2	—	38	148	130	41	94	8	—
5	7	2	—	38	111	55	—	94	5	—
—	2	—	11	—	21	94	14	—	—	—
1	102	—	19	3	187	140	121	83	10	11
—	45	—	1	3	7	61	—	71	—	11
10	102	4	33	348	458	277	387	44	96	35
7	77	—	10	346	374	221	284	44	95	31
—	—	—	—	—	—	—	—	—	—	—
—	—	—	—	—	—	1	26	3	2	—
—	3	—	17	—	13	37	31	—	1	4
2	24	—	4	—	18	6	60	3	3	—
1	30	—	11	23	53	78	77	—	2	5
1	4	—	21	18	26	52	142	2	1	—
—	12	—	5	—	42	58	36	—	—	—
—	13	—	—	—	39	110	120	1	2	2
—	31	—	5	—	91	50	127	—	—	5
1	3	—	12	—	64	70	239	—	17	3
2	53	—	1	—	19	88	90	—	—	32
2	133	—	14	—	24	72	223	18	—	3
—	3	—	—	—	—	3	—	—	—	—
—	3	—	14	—	—	3	50	—	—	—
56	29	—	3	11	77	72	134	—	1	5
—	—	2	4	—	23	31	—	4	—	—
3	23	—	5	14	23	242	41	—	2	116
—	—	—	—	—	—	—	—	—	—	—
—	15	—	40	19	46	79	48	—	—	—
—	5	—	11	11	32	59	12	—	—	—
—	—	—	1	—	—	—	3	—	—	—
—	—	—	5	—	11	—	47	—	—	—
—	4	—	7	—	24	45	37	—	—	—
3	108	2	17	43	2112	647	156	—	4	1
3	7	2	1	42	145	—	113	—	4	1
—	36	—	—	—	—	83	—	—	—	—

按技术职务分组——中级技术职务

地区	各部门总计	一、国有经济 合计	1. 企业	2. 事业	3. 机关	按国民 (一)农林牧渔业	(二)采掘业	(三)制造业	(四)电力、煤气及水的生产和供应业	(五)建筑业	(六)地质勘查业、水利管理业
全国合计	**150 647**	**144 661**	**65 610**	**67 031**	**12 020**	**50 426**	**46 842**	**9310**	**559**	**2209**	**2297**
北京	477	477	9	317	151	275	—	6	—	15	—
天津	147	147	—	138	9	138	—	—	—	—	—
河北	3108	3098	180	2223	695	2007	—	48	—	—	—
山西	2210	2210	69	1791	350	1427	—	55	—	—	106
内蒙古	9106	8973	4076	4636	261	3179	3363	273	85	228	202
内蒙古集团	5367	5245	3991	1254	—	291	3360	262	85	228	—
辽宁	2888	2877	147	2645	85	2147	—	72	—	—	143
吉林	15 392	15 166	11 552	2952	662	3117	9717	372	—	184	—
吉林集团	5157	5098	4923	175	—	—	4552	217	—	21	—
黑龙江	40 729	35 893	28 337	6345	1211	2829	23 599	3419	246	622	808
龙江集团	36 539	31 751	28 210	3013	528	46	23 599	3354	246	559	672
上海	150	150	—	150	—	150	—	—	—	—	—
江苏	1173	1153	128	952	73	1057	—	—	—	—	—
浙江	2115	2083	279	1585	219	1412	11	106	—	5	34
安徽	4307	4242	692	3296	254	3162	2	182	—	21	—
福建	5236	5090	1825	2395	870	1880	496	897	—	182	—
江西	5390	5371	1738	2911	722	2554	1267	244	—	45	—
山东	3554	3536	206	3161	169	2881	—	154	—	3	31
河南	4584	4576	312	3813	451	3538	1	94	—	—	50
湖北	3238	3214	730	1683	801	1070	173	142	—	7	99
湖南	6214	6068	1811	3252	1005	2729	1118	551	10	69	33
广东	2610	2533	791	1038	704	786	46	345	1	2	—
广西	5263	5245	1168	3061	1016	2544	15	456	—	176	—
海南	204	204	141	63	—	23	119	1	—	—	—
重庆	922	922	190	504	228	526	4	105	—	1	—
四川	5702	5628	2328	2393	907	1699	944	392	19	294	—
贵州	994	992	260	732	—	534	89	106	—	8	—
云南	2952	2870	769	1715	386	1123	360	200	—	64	—
西藏	—	—	—	—	—	—	—	—	—	—	—
陕西	3959	3958	807	2935	216	2489	433	301	—	21	17
甘肃	2138	2133	305	1715	113	1264	251	25	—	3	54
青海	136	136	7	122	7	118	7	—	—	—	—
宁夏	815	815	4	736	75	653	—	3	—	—	18
新疆	3290	3284	392	2701	191	2540	133	49	—	31	72
部直属	11 644	11 617	6357	5071	189	575	4694	712	198	228	630
大兴安岭	6304	6277	5395	693	189	312	4694	35	198	174	86
福马集团	798	798	701	97	—	—	—	677	—	—	—

（续）

单位合计 经济行业分 (七)交通运输、仓储及邮电通信业	(八)批发和零售贸易、餐饮业	(九)房地产业	(十)社会服务业	(十一)卫生、体育和社会福利业	(十二)教育、文化艺术和广播电影电视业	(十三)科学研究和综合技术服务业	(十四)国家机关、党政机关和社会团体	(十五)其他	二、集体经济单位合计	三、其他各种经济单位合计
994	**4335**	**39**	**1134**	**1832**	**7262**	**4811**	**11 992**	**619**	**5221**	**765**
—	23	—	7	—	—	—	151	—	—	—
—	—	—	—	—	—	—	9	—	—	—
—	129	—	39	—	106	77	692	—	10	—
—	91	—	20	5	72	84	350	—	—	—
17	82	5	28	219	435	334	261	262	125	8
17	56	5	4	219	308	150	—	260	114	8
—	75	—	75	—	57	223	85	—	1	10
4	302	—	70	22	319	309	629	121	174	52
—	92	—	2	22	17	136	—	39	11	48
117	356	8	126	1078	990	427	1202	66	4551	285
91	297	7	40	1069	845	343	519	64	4506	282
—	—	—	—	—	—	—	—	—	—	—
—	—	—	2	—	—	8	73	13	19	1
2	119	—	39	—	61	74	217	3	2	30
15	450	—	43	—	76	17	254	20	38	27
26	238	—	72	65	175	178	881	—	46	100
5	36	—	56	18	287	117	722	20	19	—
—	98	—	19	—	95	86	169	—	—	18
1	103	—	—	—	108	220	451	10	1	7
5	373	—	37	—	285	205	801	17	3	21
34	32	4	119	4	179	185	998	3	135	11
26	351	4	21	—	60	187	704	—	32	45
34	602	—	28	—	179	194	974	43	4	14
—	21	—	4	—	—	36	—	—	—	—
—	29	—	29	—	—	16	212	—	—	—
634	258	—	20	60	226	157	921	4	11	63
10	10	12	19	—	81	98	—	25	2	—
20	118	—	22	50	93	435	385	—	17	65
—	—	—	—	—	—	—	—	—	—	—
—	70	—	76	51	127	145	216	12	—	1
—	13	1	57	71	133	148	113	—	5	—
—	—	—	—	—	—	4	7	—	—	—
—	—	—	27	—	33	6	75	—	—	—
—	47	—	13	—	100	108	191	—	1	5
44	309	5	66	189	2985	733	249	—	25	2
44	79	5	3	181	276	1	189	—	25	2
—	24	—	—	—	—	97	—	—	—	—

按技术职务分组——初级技术职务

地区	各部门总计	一、国有经济									
		合计	1. 企业	2. 事业	3. 机关	按国民					
						(一)农林牧渔业	(二)采掘业	(三)制造业	(四)电力、煤气及水的生产和供应业	(五)建筑业	(六)地质勘查业、水利管理业
全国合计	**402 646**	**388 862**	**215 725**	**155 103**	**18 034**	**141 080**	**153 005**	**33 418**	**1008**	**5824**	**2352**
北京	1034	1034	23	796	215	648	—	9	—	50	—
天津	335	335	—	332	3	332	—	—	—	—	—
河北	5164	5158	511	3986	661	3726	—	232	—	—	—
山西	5835	5835	391	4870	574	4130	—	372	—	—	196
内蒙古	29 254	28 607	15 575	12 691	341	11 391	13 918	879	179	444	189
内蒙古集团	17 931	17 295	15 464	1831	—	952	13 894	858	179	444	—
辽宁	6807	6717	514	6130	73	5484	—	206	—	—	166
吉林	43 799	42 141	35 155	6516	470	9779	26 531	2745	—	1006	—
吉林集团	14 200	13 691	13 490	201	—	—	10 897	2429	—	7	—
黑龙江	116 240	107 539	94 769	11 438	1332	7340	77 561	15 247	331	1259	992
龙江集团	106 748	98 416	94 504	3576	336	79	77 561	15 027	331	1239	962
上海	317	317	—	317	—	317	—	—	—	—	—
江苏	3634	3528	330	3131	67	3406	—	—	—	—	—
浙江	6819	6717	1172	5199	346	5124	21	375	6	27	17
安徽	8472	8351	2324	5741	286	5513	18	340	—	12	—
福建	15 574	14 579	6509	6978	1092	5853	3337	2047	—	482	—
江西	16 693	16 543	6968	8548	1027	8560	5449	609	—	198	—
山东	9112	9065	875	8040	150	7843	—	625	—	12	23
河南	7907	7862	1106	6013	743	5608	9	839	—	—	46
湖北	9968	9863	2874	5812	1177	5111	362	668	—	49	59
湖南	15 028	14 936	4325	8976	1635	8255	2773	1291	16	107	49
广东	9610	9437	3071	4753	1613	4275	419	978	4	23	—
广西	13 692	13 593	3566	8137	1890	7598	210	1264	—	153	—
海南	522	522	325	197	—	166	247	16	—	—	—
重庆	3069	3069	622	1891	556	1889	8	353	—	13	—
四川	17 697	17 574	9488	6211	1875	5527	4638	1458	47	593	—
贵州	3735	3735	1280	2455	—	2130	954	157	—	34	—
云南	11 409	11 134	4479	5487	1168	4448	2204	1132	—	340	—
西藏	—	—	—	—	—	—	—	—	—	—	—
陕西	8891	8885	1861	6742	282	6058	1141	479	—	19	28
甘肃	5642	5624	1349	4149	126	3500	1169	68	—	20	92
青海	1183	1183	49	1124	10	1110	49	—	—	—	—
宁夏	1704	1702	42	1587	73	1478	—	5	—	—	14
新疆	4392	4354	1239	2966	149	2972	537	100	—	100	134
部直属	19 108	18 923	14 933	3890	100	1509	11 450	924	425	883	347
大兴安岭	14 919	14 734	13 952	682	100	902	11 450	193	425	796	74
福马集团	816	816	764	52	—	—	—	731	—	—	—

（续）

单位合计									二、集体经济单位合计	三、其他各种经济单位合计
经济行业分										
(七)交通运输、仓储及邮电通信业	(八)批发和零售贸易、餐饮业	(九)房地产业	(十)社会服务业	(十一)卫生、体育和社会福利业	(十二)教育、文化艺术和广播电影电视业	(十三)科学研究和综合技术服务业	(十四)国家机关、党政机关和社会团体	(十五)其他		
3053	**13 164**	**92**	**2634**	**2715**	**5735**	**5779**	**18 078**	**925**	**11 107**	**2677**
—	87	—	25	—	—	—	215	—	—	—
—	—	—	—	—	—	—	3	—	—	—
—	276	—	94	—	100	67	663	—	6	—
—	262	—	69	36	138	58	574	—	—	—
9	135	9	74	292	283	385	341	79	620	27
7	89	9	9	292	211	273	—	78	609	27
—	308	—	197	—	77	206	73	—	37	53
9	429	—	113	54	224	393	536	322	1418	240
—	142	—	3	54	13	134	—	12	283	226
343	528	36	188	994	708	647	1309	56	7671	1030
217	296	34	89	978	646	592	313	52	7311	1021
—	—	—	—	—	—	—	—	—	—	—
—	—	—	5	—	—	3	67	47	104	2
11	597	3	72	—	42	76	333	13	47	55
82	1818	—	52	—	120	27	286	83	40	81
73	605	2	165	417	368	110	1120	—	364	631
10	142	—	107	47	116	163	1027	115	141	9
—	186	—	99	—	59	68	150	—	—	47
—	139	—	—	—	181	262	743	35	31	14
18	1611	—	114	—	229	413	1177	52	22	83
69	45	2	289	30	108	284	1617	1	75	17
235	1342	33	51	—	62	392	1613	10	123	50
67	1940	—	53	—	179	232	1859	38	11	88
—	62	—	8	—	—	23	—	—	—	—
—	196	—	56	—	—	18	536	—	—	—
1812	1018	—	79	137	155	167	1912	31	32	91
74	22	2	52	—	170	103	—	37	—	—
196	543	—	237	144	141	580	1165	4	140	135
—	—	—	—	—	—	—	—	—	—	—
3	203	—	191	165	129	185	282	2	—	6
6	68	2	66	106	155	246	126	—	18	—
—	—	—	9	—	—	5	10	—	—	—
—	7	—	78	—	25	22	73	—	2	—
—	191	—	13	—	76	82	149	—	26	12
36	404	3	78	293	1890	562	119	—	179	6
36	237	3	3	289	226	—	100	—	179	6
—	33	—	—	—	—	52	—	—	—	—

（以上统计表由林业部综合计划司统计信息处提供）

林业财务和资产

【林业财务和资产综述】 1997年，各级林业财务部门积极拓宽工作领域，争取政策，争取资金，加强管理，扎扎实实做了大量积极有益的工作，推动了林业财会改革的进一步深化和财会管理工作的全面发展。

1. 参与林业重大经济改革的力度进一步加强。按照分类经营、事权划分的原则，从财务工作的角度出发，各级林业财务部门积极参与林业重大经济活动，为林业经济发展献计献策。

2. 林业发展继续得到国家税收政策的优惠和保护。财政部、国家税务总局联合发文，明确在“九五”期间对林业企事业单位从事种植业、养殖业和农林产品初加工业取得的收入暂免征收企业所得税，对林业从事工业、商业、交通、建筑的经营所得征收的所得税按比例返还，对边境贫困国有森工企业、林场免征所得税。农业特产税、增值税继续延续“八五”期末的优惠政策。体现了国家对林业的支持与保护。

3. 落实财政部事业财务会计制度改革工作稳健起步。对直属林业事业、科研、教育事业单位的近40名主管领导及近200名财会人员举办新财会制度培训班，为直属事业单位逐步实现财务收支统管，建立新型的预算管理体系，保证新旧制度的平稳过渡和新制度的顺利推行打下了基础。

4. 会计工作秩序整顿工作进一步深化。继1996年整顿工作取得初步成果的基础上，林业部进一步制定了会计基础工作规范化规划和《林业部直属单位会计基础工作规范化考核办法》及“评分细则”，并成立考核小组，负责部直属单位会计基础工作规范化的考核、确认、发证和复核等工作。计划到2000年以前，要建立健全直属单位内部会计管理制度，记账、算账和报账工作要符合统一会计制度要求，会计工作秩序规范有序。

5. 育林基金管理工作得到进一步加强。林业部发出通知，要求各级林业主管部门要高度重视育林基金的管理工作，制定加强育林基金管理的具体办法，建立健全育林基金的检查、监督制度。要将育林基金的收支纳入省、自治区森工企业主管部门和采运企业的财务计划和会计决算。各级林业（森工）财务主管部门必须对育林基金的提取、征收、使用实行统一管理，加强育林基金的会计核算，严格预决算制度，把育林基金切实管好用好，充分发挥资金的使用效益。同时，针对有的地方政府将育林基金平衡地方财政预算的问题，及时向财政部行文汇报，财政部复函给予了及时纠正，为育林基金专款专用提供了政策保证。

6. 林业投入又有较大幅度的增长，资金管理进一步走上制度化、规范化的轨道。新设立贫困国有林场扶持资金，基数为1000万元，1997年一次性追加3000万元；林木病虫害防治补助费由1996年的1300万元增加到2300万元，并一次性追加900万元；林业项目、治沙、山区综合开发贴息贷款规模分别由1996年的15亿元、4亿元、3亿元增加到19亿元、6亿元和7亿元；争取到财政硬贷款贴息资金5545万元；各项林业事业费、森林工业事业费及财政周转金也有了较大幅度的增长。出台《林业事业费管理办法》，并对林业专项资金的使用管理情况进行了普遍的调查，规范了资金的使用管理，有力地支持了林业企事业单位的发展。

7. 国有资产管理得到进一步加强。积极参与部属企业实行股份制、租赁、拍卖等多种形式的改革，做好国有资产的评估作价工作，较好地维护了国家利益，防止了国有资产的流失。在森林资源资产化管理方面，制定了《国有林区森林资源资产督查工作细则》，编写了《森林资源资产评估技术规范》培训教材，并完成《森林资源资产化管理主要规定汇编》的编印发行工作，有效地推动了森林资源资产管理进程。

8. 财会人员业务建设和精神文明建设取得积极进展，林业财会理论研究工作、会计学会工作、会计电算化事业迈上新台阶。评选出1994～1996年林业系统优秀财会人员313名，换发部机关、直属企事业财会人员会计证400多个，在京直属单位基本上实现了会计人员的持证上岗；成立了林业部会计系列高级职称评审委员会；中国会计学会林业分会召开第一届理事会第四次会议及林业分会国有林区、集体林区片会学术研讨会，为林业财会事业发展提供了许多有益的建议。组织编写《林业会计核算教程》，出刊《林业会计学会通讯》4期，对影响林业发展的重要经济政策、研究成果、学会动态向全国各地进行介绍和交流。会计电算化事业也有了新的发展，举办林业行业财会信息远程通讯培训班，实现了林业部与各地林业厅（局）财务部门的计算机联网。

（吕红频　段亮红）

财 务 管 理

【国家对林业继续实行税收优惠政策】 为了扶持林业的发展，1997年，国家对林业继续实行税收优惠政策。具体是：

农业特产税 对国有林区138个森工企业生产、销售的原木，生产环节与收购环节合并，减按10%的税率计算征收农业特产税。其中对东北、内蒙古国有林区森工企业生产的原木暂减按5%的税率征收，对小径材免征农业特产税，对生产销售薪材、次加工材发生亏损的，报经省（区）农业税收征收机关核准后，可免征农业特产税。

所得税 对国有林业企事业单位从事种植业、养殖业和农林产品初加工业的所得免征所得税。对边境贫困森工林业局、国有林场、国有苗圃的生产经营所得和其他所得免征所得税；对林业从事工业、商业、交通、建筑等非林生产经营活动所得缴纳的所得税超原包干基数部分按一定比例返还。

增值税 对国有森工企业以林区“三剩物”和次小薪材为原料生产加工的综合利用产品，实行增值税即征即退政策；对进口种子（苗）和非盈利性种用野生动植物种源免征进口环节增值税。 （王 刚）

【全国森工企业财务状况】

盈亏状况 1997年，全国森工企业财务报表汇总20个省（区），除吉林、内蒙古、云南、新疆、福建、青海6省（区）盈利外，其他14个省（区）全面亏损。汇编企业1673户，亏损企业1056户，亏损面达63.12%，与1996年亏损面58.20%相比，上升4.92%。其中汇编重点森工企业138户（含3户非林业局），亏损66户，亏损面为47.8%。全国森工企业盈亏相抵，全行业净亏损7.4亿元，比1996年同期增亏2.4亿元。其中，亏损企业亏损额为14.8亿元，比1996年同期增亏1.7亿元，增长12.8%。至1997年末，全国森工企业历年累计亏损挂账为43.3亿元。

东北、内蒙古四大森工企业集团盈亏相抵，净亏1.44亿元。其中，大兴安岭林业集团公司继1996年第一次全行业亏损之后，1997年亏损状况进一步加剧，盈亏相抵后的亏损额达1.6亿元，比1996年增亏0.88亿元，增亏幅度为114.48%。黑龙江、内蒙古两省（区）森工企业虽然有不同程度的减亏增利，但两省（区）都存在着不按规定提取林价（育林基金）的问题，致使成本下降，利润虚增。1997年，黑龙江、内蒙古两省（区）林价（育林基金）提取比例仅为22.35%和15.5%，如果按26%的规定比例提取，则黑龙江、内蒙古森工企业盈亏相抵后，亏损额将分别达到1.3亿元和1.7亿元。吉林省森工企业经营效益相对较好，18户重点森工企业全部盈利，无一亏损；全省森工企业盈亏相抵，共实现利润总额4451万元，比1996年同期增利3250万元，增长270.61%。

由于企业亏损额及亏损面进一步加大，企业职工生活更加困难。1997年，全国森工企业拖欠职工工资及离退休费22.5亿元，与1996年同期相比，增加2.17亿元，增长10.66%，涉及职工及离退休人员112万人，比1996年同期增加2.8万人，增长2.53%。全国森工企业现有职工人数132万人，全年工资总额为50.2亿元，职工月平均工资为316.8元，比全国月平均工资水平539.2元低222.4元。

社会性支出状况 1997年，全国森工企业承担社会性支出达33.3亿元。其中：劳动保险费22.6亿元，林区公、检、法、司经费2.3亿元，政府经费1.2亿元，教育机构经费4.3亿元，医疗卫生机构经费2.8亿元，武装森林警察经费50万元。

森工企业承担大量的社会性支出，大大加剧了森工企业的困难。

上交财政资金状况 1997年，全国森工企业主营业务收入234亿元，比1996年同期减收15.6亿元，降低6.26%。由于收入及利润下降，上交财政的各项资金都有所降低。1997年，全国森工企业上交财政各项资金23亿元，比1996年同期减少2.7亿元。其中交纳农业特产税8.6亿元，比1996年同期减少0.95亿元；交纳增值税9.4亿元，比1996年同期减少1.4亿元；上交所得税及包干利润2.3亿元，比1996年同期减少0.4亿元。利用林区“三剩物”和次、小、薪材为原料的综合利用产品交纳增值税2.02亿元，实际退还1.67亿元，退税比例为82.7%。

虽然税负总体水平比1996年有所下降，但森工企业税费负担重的问题依然存在。尤其是南方集体林区森工企业，按照税法规定，对收购林农的木材，在征收收购环节8%农业特产税的同时，往往还要代扣生产环节8%的农业特产税，对森工企业自产自销的木材要征收生产环节和收购环节共16%的农业特产税，加上1.6%的地方税附加，实际税率高达17.6%。同时，大部分省（区）还将育林基金、维简费等生产资金纳入计税基数，扩大了税基，致使税负大大上升。1997年，南方集体林区森工企业木材交纳农业特产税及附加占应税木材收入的比例达10.87%，比税改前6.22%增加4.65%，上升74.8%。从增值税来看，1997年，全国森工企业锯材交纳增值税0.6亿元，占锯材销售收入的10.6%。税费负担重，也是森工企业经营亏损的一个重要原因。

资本结构状况　1997年，年末全国森工企业共有资产695亿元，负债496亿元，资产负债率高达71.4%。企业负债中银行借款为211亿元，1997年共负担利息支出达13亿元。由于经济效益下滑，已有89.2亿元银行借款企业确认无法偿还，其中国有林区企业确认无法偿还的借款为76.7亿元。

主要产品生产及销售情况

木材　1997年木材销售收入为127亿元，占全部销售收入的48%，占主营业务收入的54%，比1996年减少11.5亿元，降低8.29%；生产量为2483万立方米，比1996年减少128万立方米；1997年，全国森工企业各省（区）木材销量普遍下降，销售量为2904万立方米，与1996年3196万立方米相比减销292万立方米；木材销售单价有所上升，1997年为436.38元/立方米，比1996年增加4.04元/立方米；销售利润为40.3亿元，比1996年减少1.36亿元。

锯材　1997年锯材实现销售收入5.9亿元，比1996年的6.8亿元减少0.9亿元，下降13.01%；生产量为74.6万立方米，比1996年减产8.2万立方米；销售量为82.7万立方米，比1996年减销16.9万立方米，下降16.97%；销售单价为717.53元/立方米，比1996年增加32.62元；销售利润为2728万元，比1996年减少126万元，下降4.41%。

胶合板　1997年胶合板实现销售收入6.8亿元，比1996年减少1.8亿元，下降20.95%；生产量为24.3万立方米，比1996年减少5.4万立方米，下降18.18%；销售量为27.3万立方米，比1996年减销5.9万立方米；销售单价为2501元/立方米，与1996年相比降低101元/立方米，下降3.87%。

“三剩物”及次小薪材综合利用产品（包括木竹纤维板、木竹刨花板、栲胶、松香、木竹片、地板块等）　1997年实现销售收入37亿元，占全部收入的14.2%；实现销售利润4.6亿元，占全部销售利润的8.01%。其中：①纤维板。1997年纤维板实现销售收入7.27亿元，占“三剩物”及次小薪材综合利用产品销售收入的19.7%，比1996年增加1.28亿元，增长21.44%；生产量为58.7万立方米，与1996年相比增产10.8万立方米，增长22.55%；销售量为58.7万立方米，与1996年相比增销10.1万立方米，增长20.78%；销售单价为1239元/立方米，与1996年相比每立方米增加6.73元；销售利润为9254万元，比1996年增加2297万元，增长33.02%。②刨花板。1997年刨花板实现销售收入9亿元，占“三剩物”及次小薪材综合利用产品销售收入的24.4%，比1996年减收4516万元；生产量为77.5万立方米，比1996年增产4.2万立方米；销售量为81万立方米，增销5.6万立方米；销售单价为1115.37元/立方米，比1996年减少142.73元，下降11.34%；实现销售利润9086万元，比1996年减少6350万元，下降41.14%。

营林情况　1997年，全国森工企业完成森林更新及造林面积174.9万公顷，抚育面积28.2万公顷，病虫害发生面积37.3万公顷，防治面积29.7万公顷。

营林资金收入23.4亿元，其中：林价及育林基金收入22.5亿元；营林总支出19亿元，其中：①营林生产支出7.12亿元（其中：森林更新及造林支出4.85亿元，森林抚育支出1.22亿元），占总支出的37.4%；②营林费用支出11.9亿元（其中：营林管理费5.2亿元，森林保护费2.34亿元，营林“三项费用”支出1.81亿元），占总支出的62.6%。

独立核算的木材加工厂情况　1997年，汇编独立核算的木材加工厂266户，其中亏损139户，亏损面52.26%。加工厂全行业亏损2.25亿元，比1996年增亏0.35亿元。销售收入20.54亿元，上交销售税金及附加3876万元，交纳增值税1.1亿元，交纳所得税及包干利润1505万元。现有资产总额83.3亿元，负债61.7亿元，资产负债率为74.16%。年末在职职工人数9.6万人，富余职工1.38万人。

国有资产保值增值考核有关情况　1997年，全国森工企业国有资产保值增值考核企业户数1237户，其中盈利企业458户，亏损企业779户。核定年初国家所有者权益为186亿元；年末国家所有者权益为185亿元，其中客观因素影响增加5.9亿元，剔除客观因素后的期末所有者权益179亿元，比期初减少7亿元。国家所有者权益保值增值率为96.35%。　（吕红频）

【全国国有林场、国有苗圃财务情况】

国有林场　1997年，全国国有林场汇总30个省（区），汇编林场户数4094户。其中亏损林场1807户，亏损面44.14%。国有林场经营总面积5172万公顷，其中有林地面积2617万公顷，年产值97.05亿元。职工总人数53.6万人，离退休人员12.7万人。

主要指标完成情况

1.资产及负债。1997年，全国国有林场资产总额174.31亿元（不含林木资产），其中流动资产76.44亿元，比1996年增加5.46亿元，占资产总额的43.85%，其中：货币资金11.27亿元，比1996年增加0.90亿元；应收账款11.65亿元，比1996年减少0.66亿元；其他应收款32.86亿元，比1996年增加3.64亿元。固定资产84.57亿元，比1996年增加9.99亿元，占资产总额的48.52%。

负债总额125.33亿元，比1996年增加16.26亿元，其中流动负债84.73亿元，比1996年增加9.60亿元，占负债总额的67.16%，其中：短期借款15.79亿元，比1996年增加2.79亿元；应付账款6.42亿元，比1996年增加0.57亿元。长期负债41.16亿元，比1996年增加6.67亿元。所有者权益总额302.93亿元，其中实收资本53.43亿元。

有28个省(区)对部分林木进行了林木资产核算,现已入账的林木资产总额253.95亿元。

2. 利润情况。1997年,全国国有林场盈亏相抵,亏损2.65亿元,与1996年相比,增亏7809万元,利润总额下降41.71%。销售利润率23.16%,成本费用利润率42.18%。分析如下:①增收因素:营业成本308 498万元,比1996年减少11 776万元;营业费用24 204万元,比1996年减少2667万元;营业税金及附加48 639万元,比1996年减少1716万元;育林基金及维简费79 148万元,比1996年减少2556万元;其他业务利润26 680万元,比1996年增加470万元;投资收益3707万元,比1996年增加268万元;承包户上交净收入28 885万元,比1996年增加5910万元;补贴收入8859万元,比1996年增加1273万元;营业外收入24 259万元,比1996年增加3260万元;营业外支出22 284万元,比1996年减少2012万元。合计增收31 908万元。②减收因素:营业收入614 860万元,比1996年减少26 946万元;管理费用217 861万元,比1996年增加10 240万元;财务费用30 008万元,比1996年增加1778万元;以前年度损益调整3147万元,比1996年增加753万元。合计减收39 717万元。

3. 上交国家税金情况。1997年,全国国有林场营业税金及附加5.25亿元,其中:农业特产税4.48亿元,与1996年基本持平;营业税3438万元,比1996年减少486万元。应交增值税7591万元,比1996年减少654万元。

4. 主要产品销售情况。①原木销售量1162万立方米,比1996年增加341万立方米;销售收入40.08亿元,比1996年减少3.90亿元;木材单价345元,比1996年降低191元。②锯材销售量26.44万立方米,比1996年增加5.20万立方米;销售收入1.68亿元,比1996年增加0.24亿元;销售单价633元,比1996年降低45元。③胶合板销售量1.63万立方米,比1996年减少0.65万立方米;销售收入0.51亿元,与1996年基本持平;销售单价2094元,比1996年降低133元。

5. 营林情况。1997年,全国国有林场营林资金投入13.93亿元,其中:育林基金5.21亿元,采伐回收资金1.46亿元。完成造林面积33.67万公顷,比1996年增加3.28万公顷,造林总成本4.54亿元,比1996年增加2434万元。每公顷造林成本584元,比1996年减少16元。①营林资金来源构成:国家投入2.76亿元(其中:林业事业费1.44亿元,专项拨款9617万元,基建拨款3573万元),占营林资金总额的19.78%。各种借款2.41亿元(其中:林业项目借款8219万元,治沙借款2754万元,世界银行借款5481万元),占17.29%;当年利润弥补营林资金不足8859万元,占6.36%;育林基金5.21亿元,占37.41%;自有资金1.20亿元,占8.64%;采伐回收资金1.46亿元,占10.51%。②营林支出构成:造林支出4.54亿元,比1996年增加2434万元,占营林支出总额的32.58%;抚育支出2.15亿元,比1996年减少2084万元,占营林支出总额的15.46%;森林管护支出6.06亿元,比1996年增加4410万元,占营林支出总额的43.48%;营林设施支出6400万元,比1996年减少421万元,占营林支出总额的4.59%。

存在的主要问题

1. 亏损面继续扩大,困难进一步加重。1997年,全国国有林场亏损户数为1807户,比1996年增加98户,亏损面44.14%,比1996年扩大2.04%。国有林场全行业亏损2.65亿元,其中亏损林场亏损额5.27亿元。

2. 资金紧张,后劲不足。全国国有林场资产负债率已达71.90%,负债总额125.33亿元,比1996年增加16.26元,其中:短期借款15.79亿元,比1996年增加2.79亿元;长期借款38.74亿元,比1996年增加6.43亿元;应付工资4.06亿元,比1996年增加0.25亿元。

3. 产品结构单一。1997年全国国有林场营业收入总额78.16亿元,其中初加工产品营业收入48.15亿元,占营业收入总额的61.60%;初加工产品中原木营业收入40.08亿元,占营业收入总额的51.27%;多种经营营业收入16.68亿元,占21.34%。表明国有林场目前仍主要依赖森林资源,从事木材生产。产业结构不合理,产品结构单一,在可采森林资源日益减少的情况下,国有林场调整产业结构,走多产业、多门类、多形式、多成分的道路势在必行。

4. 材质下降,木材价格偏低。除市场疲软造成木材价格回落外,由于长期过量采伐,材质明显下降,并成为影响营业收入的主要原因。以木材销售为例,1997年木材销量比上年增加341万立方米,而销售收入却减少3.90亿元,每立方米售价345元,比1996年降低191元。

5. 税负过重。国有林场承担两个8%的农业特产税,1997年全国国有林场农业特产税4.48亿元,税负过重,林场难以承受。

国有苗圃 1997年,全国国有苗圃汇总30个省(区),汇编苗圃户数1845户,亏损苗圃824户,亏损面44.66%。国有苗圃经营总面积12.33万公顷,其中育苗地面积7.79万公顷,有林地面积6.22万公顷,年产值4.71亿元。职工总人数4.82万人,离退休人员1.26万人。

主要指标完成情况

1. 资产及负债情况。1997年,全国国有苗圃资产总额14.73亿元(不含林木资产),其中流动资产7.48亿元,比1996年增加0.81亿元,占资产总额的50.79%,其中:货币资金1.08亿元,比1996年减少1453万元;应收账款8663万元,比1996年间数减少

150万元；其他应收款2.77亿元，比1996年增加3627万元。固定资产6.60亿元，比1996年增加8697万元，占资产总额的44.79%。

负债总额9.93亿元，比1996年增加1.27亿元，其中：流动负债6.28亿元，比1996年增加7065万元，占负债总额的63.24%，其中：短期借款1.24亿元，比1996年增加2086万元；应付账款4930万元，比1996年增加332万元。长期负债3.65亿元，比1996年增加5608万元。所有者权益6.38亿元，其中实收资本4.84亿元。

2. 利润情况。1997年，全国国有苗圃盈亏相抵，亏损2776万元，比1996年减亏228万元。分析如下：①增收因素：营业收入3.19亿元，比1996年增加2750万元；其他业务利润2065万元，比1996年增加60万元；补贴收入2038万元，比1996年增加417万元；营业外收入2938万元，比1996年增加554万元；以前年度损益调整221万元，比1996年增加55万元。合计增收3836万元。②减收因素：营业成本23 857万元，比1996年增加1102万元；营业费用2340万元，比1996年增加161万元；营业税金及附加673万元，比1996年增加100万元；育林及维简费318万元，比1996年增加89万元；管理费用13 335万元，比1996年增加1567万元；财务费用1884万元，比1996年增加146万元；投资收益259万元，比1996年减少6万元；承包户上交净收入2140万元，比1996年减少84万元；营业外支出2337万元，比上年增加3533万元。合计减少3608万元。

3. 上交国家税金情况。1997年，全国国有苗圃营业税金及附加922万元，比1996年增加137万元，其中：农业特产税502万元，比1996年增加79万元；营业税266万元，比1996年减少19万元；教育费附加11万元，比1996年增加9万元。应交增值税55万元。

存在的主要问题

1. 亏损加重。1997年全国国有苗圃亏损户数824户，比1996年增加30户，亏损面44.66%。国有苗圃全行业亏损2776万元，其中亏损苗圃亏损额4401万元。

2. 资金紧张，后劲不足。1997年全国国有苗圃资产负债率高达67.41%，偿债能力差。（阎春丽）

【地方林业事业费主要指标】

地方财政拨入林业经费情况 1997年，地方各级财政拨入林业经费总额40.7亿元，比1996年的34.8亿元增加5.9亿元，增长17%。其中：

1. 农村造林和林木保护补助费8.5亿元，比1996年减少0.2亿元。其中：省财政拨款2.2亿元，地（市）财政1.6亿元，县级财政4.7亿元。

2. 农业发展专项资金1.2亿元，比1996年减少0.1亿元。其中：省财政拨款1587万元，地（市）财政1615万元，县级财政9125万元。

3. 林业事业费27.6亿元，比1996年增加4.6亿元（主要原因：云南部分事业单位过去未汇入本决算，1997年汇入，这部分事业单位事业费约1亿元；福建贷款贴息从支援农村造林科目调整到林业事业费科目，约0.5亿元）。其中：省财政拨款7.5亿元，地（市）财政5亿元，县级财政15.1亿元。

4. 森林工业事业费8511万元，比1996年增加5358万元。其中：省财政拨款7821万元，地（市）财政399万元，县级财政291万元。

5. 支援经济不发达地区发展资金1亿元，比1996年增加0.8亿元。其中：省财政拨款589万元，地（市）财政809万元，县级财政9036万元。

地方造林及林业事业费支出情况 1. 1997年支援农村造林实际支出26.3亿元，与1996年持平。

支援农村造林资金来源构成：①财政拨款8.8亿元，占总支出的33.5%；②基建投资1.4亿元，占总支出的5.3%；③育林基金5.8亿元，占总支出的22%；④各种借款和贷款2.5亿元，占总支出的9.5%；⑤其他资金7.8亿元，占总支出的29.7%。

1997年完成造林面积337.4万公顷，比1996年的325.5万公顷增加11.9万公顷。

造林支出构成：①造林支出16.6亿元，占总支出的63.2%，其中：用材林支出6.6亿元，防护林支出5.1亿元，经济林支出4.8亿元，薪炭林支出0.1亿元。②育苗支出0.9亿元，占总支出的3.4%。③抚育支出1.8亿元，占总支出的6.8%。④其他支出7亿元，占总支出的26.6%。其中封山育林4856万元、“四旁”植树8670万元。

2. 1997年林业事业费支出38.7亿元，其中财政拨款27.4亿元，缺口11.3亿元，其中：用育林基金弥补7.8亿元，维简费弥补0.4亿元，林业保护建设费弥补0.6亿元。

地方林业事业单位机构人员情况

1. 1997年地方林业事业单位有39 159个，其中：全额预算单位24 205个，占61.8%；差额预算单位7560个，占19.3%；自收自支单位7394个，占18.9%。

林业事业单位具体构成情况是：营林机构31 639个，占80.8%；技术推广站774个，占2%；良种推广站85个，占0.2%；森林保护机构3811个，占9.7%；勘察设计机构339个，占0.9%；中等专业学校60个，占0.1%；干部培训机构41个，占0.1%；林业技工学校26个，占0.1%；其他机构2384个，占6.1%。

2. 1997年地方林业事业单位职工人数为730 756人，其中：在全额预算单位开支的236 225人；在差额单位开支276 948人；在自收自支单位开支217 583人。

3. 1997年地方林业事业单位年末离、退休人员为155 003人，其中：在差额单位开支70 956人；在自收自支单位开支39 652人。（沈瑾兰）

【全国育林基金收支情况】

1. 1997年全国育林基金（林价）总收入43.43亿元。其中：①提取育林基金（含林价）30.23亿元，占总收入的69.6%；②征收育林基金8.23亿元，占总收入的18.95%；③营林产品销售净收入转育林基金0.88亿元，占总收入的2.03%；④其他收入4.09亿元，占总收入的9.42%。

2. 1997年全国育林基金总支出42.37亿元。其中：①营林生产支出15.3亿元，占总支出的36.11%。其中：森林更新及造林支出10.69亿元；成林抚育支出2.05亿元。②营林费用支出21.03亿元，占总支出的49.63%。其中：营林管理费支出7.9亿元，占总支出的18.65%；森林保护费支出6.23亿元，占总支出的14.7%。其中护林防火支出4.11亿元，病虫害防治支出6786万元；营林“三项费用”（营林道路、设施、设备）支出2.8亿元，占总支出的6.61%。③其他支出6.04亿元，占总支出的14.26%。其中弥补机构经费不足1.33亿元。　（王　刚）

【林业部直属企业所得税集中汇缴】　“九五”期间国家对农业产业继续实行扶持政策，确定农口企事业单位上缴所得税超包干基数部分按逐年递减办法给予返还。为落实此项政策，财政部、国家税务总局《关于林业部直属企业征收企业所得税问题的通知》（财税字[1997]140号）决定，林业部直属企业1997年、1998年缴纳企业所得税，暂以总公司为纳税人，实行总公司统一汇总纳税。汇总纳税办法，一方面有利于企业缴纳所得税的统一规范，加快退税进程；另一方面总公司按所属企业盈亏相抵后计算应纳税所得额，增强了总公司的抗风险能力和资金调控能力。　（王　强）

【林业部直属事业单位财会制度改革】　1996年，财政部8号令颁布了《事业单位财务规则》，财政部还根据行业特点，相继制定了《农业事业单位财务制度》、《高等学校财务制度》和《科学事业单位财务制度》，这是国家继企业财务制度改革以来对事业财务改革的重大举措。《规则》对原制度进行了比较大的改革，涉及内容有四方面：一是改革了事业单位预算管理形式。取消了原制度规定的事业单位实行全额预算管理、差额预算管理和自收自支管理三种预算管理形式，规定事业单位统一实行“核定收支，定额或者定项补助，超支不补、结余留用”的预算管理办法。二是改革事业单位收入管理办法。将单位收入全部纳入单位预算，统一核算、统一管理，建立一个能全面反映事业单位各项收支和财务活动的新型财务管理体系。三是规范事业单位支出管理。实行内部成本核算办法，建立了以资产负债表、收支情况表以及有关附表为特征的具有统一性、通用性的新的事业单位财务报表体系。这次事业单位财务制度改革的核心内容是实行收支统管，改变长期以来事业单位收入管理与支出管理相分离，财务管理与资金管理相脱节的弊端。

1997年，财政部发布《事业单位会计准则（试行）》和《事业单位会计制度》，规定从1998年1月1日起执行，同时根据各行业特点制定了《农业事业单位会计制度》、《高等学校会计制度》、《科学事业单位会计制度》。这次事业单位会计制度改革从会计对象的实际情况出发，总结、继承多年来预算会计工作行之有效的核算和管理经验，吸取企业会计改革的成功经验，借鉴国际公共会计的惯例，逐步建立具有中国特色、科学规范的管理型会计模式和运行机制，使事业单位会计更好地为单位管理服务。这次事业单位会计制度改革的主要内容有：一是明确了会计主体，将事业单位会计核算从以前的预算资金为主体转移到以事业单位自身发生的各项经济业务为对象；二是参照企业会计和国际惯例首次规定了事业单位会计核算的十一条一般原则；三是首次明确提出事业单位会计要素分资产、负债、净资产、收入、支出五大类；四是建立了新的事业单位会计核算的平衡公式，即资产＝负债＋净资产；五是记账方法由原来的资金收付记账法改为统一的借贷记账法；六是按“大收大支、全收全支”的财务管理模式，预算内外资金统一核算，会计科目统一规范；七是改进了会计报表体系。

林业部财务司为保证部直属事业单位财会制度改革的顺利进行，进一步提高事业单位的会计工作质量和财会人员的业务素质水平，于1997年11月、12月先后举办了四期新财会制度培训班，对直属事业单位的财务负责人、主管会计近200人进行了培训，确保了新旧财会制度的平稳过渡。　（伍祖祎）

【国家对大兴安岭林业集团公司扶持政策】　截至1996年末，大兴安岭林业集团公司欠缴中央财政育林基金7300万元，财政部将公司直接上缴林业部的3060万元视同上缴中央财政转作支出准予抵扣后，则实际欠缴中央财政育林基金4240万元。鉴于当时要求上缴财政一部分育林基金，主要目的是为集中使用，增加调控能力，财税体制改革后，按照政企分开的原则，不宜在税收外再向企业征集收入。因此财政同意将大兴安岭林业集团公司欠缴中央财政育林基金4240万元全部减免，并且今后不再核定大兴安岭林业集团公司上缴中央财政育林基金。

1993～1995年财政部下达大兴安岭林业公司上缴木材调价收入600万元，在中央财政列收列支，用于解决武装森林警察经费不足。至1997年底公司欠中央财政木材调价收入400万元。考虑公司企业效益大滑坡，经济困难，并且公司欠缴木材调价收入都已用于武装森林警察经费支出，财政部同意减免大兴安岭林业集团公司欠缴木材调价收入400万元。　（王　强）

【中央级“拨改贷”资金本息余额转为国家资本金】 为减轻国有企业的债务负担，支持国有企业健康、快速的发展，继1995年国家在部分企业试点将中央级“拨改贷”资金本息余额转为国家资本金后，1996年底国家计委、财政部根据国务院的有关文件精神以特急件下发了《关于中央级“拨改贷”资金本息余额转为国家资本金的实施办法》，凡是1979～1988年由中央财政安排的“拨改贷”资金本息余额全部转为国家资本金；1997年11月国家计委和财政部根据“拨改贷”资金的安排使用情况以《国家计委　财政部关于中央级“拨改贷”资金本息余额转为国家资本金的实施办法的补充通知》决定将企业单位和企业化管理的事业单位使用的中央级“拨改贷”资金本息余额转为国家资本金，事业单位使用的中央级“拨改贷”资金本息余额转为国家拨款。林业部所属单位1979～1988年使用中央级“拨改贷”资金本息余额计11.42亿元，其中转为国家资本金8.32亿元，转为国家拨款3.10亿元。（郝雁翎）

【财政部出台林业事业费和开设边境森林防火隔离带补助费管理办法】 为了规范和加强林业事业费管理，管好、用好林业资金，促进林业事业的稳步发展，1997年林业部配合财政部制定了《林业事业费管理办法》和《开设边境森林防火隔离带补助费管理办法》。

《林业事业费管理办法》针对林业事业费来源渠道多，资金量大、涉及面广的特点，根据分税制财政体制的要求，按照林业事业的任务，对现有的林业事业费进行了分类，进一步明确了林业事业费的具体内容和使用范围，在预决算管理和项目管理等方面提出了具体要求。

《开设边境森林防火隔离带补助费管理办法》中明确了开设边境森林防火隔离带补助费的分配原则、使用范围、申报程序和检查监督等办法，有利于该项资金管理进一步规范化、制度化，是1994年设立该专项后颁发的一个比较正式的、系统的管理办法。

（沈瑾兰）

资　金　管　理

【国家设立贫困国有林场专项扶持资金】 我国现有贫困国有林场1692家，占林场总数的40.2%。贫困林场问题引起了社会有关方面的关注，并得到中央领导的高度重视，江泽民、李鹏、朱镕基等领导先后就此做了重要批示。为支持贫困国有林场的脱贫工作，1997年中央财政设立贫困国有林场扶持资金，当年安排专项资金4000万元，用于全国28个省（区、市）203个贫困林场的脱贫项目。（阎春丽）

【国家增加森林病虫害防治专项投人】 我国有森林病虫害8000多种，其中对森林危害严重的有200多种。建国以来，森林病虫害发生面积一直呈上升趋势，年发生面积由50年代末期的133.3万公顷上升到“八五”期间的年均836.6万公顷，相当于同期森林火灾面积的214倍。全国每年因森林病虫鼠害减少林木生长量1713万立方米，直接经济损失高达50亿元，已严重威胁着我国造林绿化成果的巩固与发展。为支持森林病虫害防治工作，控制森林病虫害的蔓延和扩散，调动地方政府和有关部门的积极性，中央财政从1997年起将林木病虫害防治补助费由每年的1300万元增加到2300万元，并一次性追加900万元，用于当年有重大病虫鼠害发生的省（区、市）的救灾工作。

（沈谨兰）

【山区综合开发贴息贷款】 1997年，中国人民银行安排山区综合开发贴息贷款总规模7亿元，比1996年增加233%，用于全国59个山区综合开发示范县发展项目162个，其中经济林76个，安排贷款32 650万元，占46.6%；种植、养殖项目17个，安排贷款7500万元，占10.7%；中低产田改造11个，安排贷款3550万元，占5%；加工项目30个，安排贷款11 900万元，占17%；水电项目9个，安排贷款7200万元，占10.3%；其他19个，安排贷款7220万元，占10.4%。经济林、种养加项目共占74.3%。

预计项目建成投产后，年产值将达到76亿元，年利税13亿元，山区的经济实力将得到壮大。大量经济林及种养加项目的发展，将有力促进山区人民脱贫致富和生态环境的改善，使社会效益、经济效益、生态效益能够有机结合起来。由林业部门负责的计划项目84个，贷款34 900万元，占年度总规模的49.8%，预计见效后年产值将达到47亿元，年利税达到4.4亿元。在山区综合开发工作中，林业部门的实力也将逐渐壮大。（胡应学）

【林业项目和治沙贴息贷款】 林业项目和治沙贴息贷款是国家为扶持林业发展分别于1986年和1991年设立的政策性贴息贷款，两项贴息贷款为促进我国林业和防治荒漠化工程建设作出了重要贡献。为使1997年两项贴息贷款规模继续增加，林业部于1996年10月分别向中国人民银行和中国农业发展银行递交了《林业部关于请求增加1997年林业项目和治沙贴息贷款规模的函》。人民银行批准1997年林业项目贴息贷款由1996年的15亿元增加到19亿元，治沙贴息贷款由1996年的4亿元增加到1997年的6亿元，两项贴息贷款分别比1996年增加了26.67%和50%。

（王晓岩）

【国家对开发银行硬贷款给予贴息】 1994年随着金融体制的改革，国有专业银行逐渐向商业银行过渡，政策性金融开始分离出来，为了体现国家对开发银行所承担的政策性贷款的扶持政策。国家财政对国家开发银行硬贷款安排的中央级在建项目给予贴息，林业项目的贴息率为3%，随着基建硬贷款余额的不断增加和贴息范围的不断扩大，1997年财政贴息余额为5545.15万元，除1994年的财政贴息由国家开发银行直接抵扣利息外，1995～1997年的财政贴息均由行业主管部门下拨给项目建设单位，基建硬贷款财政贴息有力地扶持了建设项目的发展，为建设单位减轻了债务负担。

（郝雁翎）

【林业部所属两家施工企业争取到技术装备费】 为适应社会主义市场经济的发展，支持国有施工企业提高技术装备水平，加强技术改造能力，提高经济效益，1997年财政部印发了《中央级国有施工企业技术装备费更新改造专项资金管理办法暂行》的通知，林业部为2家所属施工企业争取技术装备费117万元，有力地缓解了企业设备老化陈旧的局面，增强了企业实力。

（郝雁翎）

资　产　管　理

【现代企业制度试点单位】 中国福马林业机械集团有限公司是国务院确定的百家现代企业制度试点单位之一。3年来，公司在构建现代企业制度框架的过程中，首先从明晰产权这一关键问题入手，以资产为纽带，建立国有企业出资人制度，不仅成功构建了母子公司的企业集团，而且盘活了国有资产，实现经济发展速度和经济效益的同步发展。

公司组建3年来，销售收入由86 804万元增加到140 951万，年均增长21%，利税总额由10 976万元增加到15 210万元，年均增长12.9%，利润总额由6745万元增加到8029万元，年均增长6%。公司的主要做法是：①通过理顺产权关系建立国有出资人制度，明晰了产权；②总公司与所属企业同步进行公司制改造，建立母子公司体制；③通过建立董事会、监事会、党委书记、经理层等新的法人治理结构，从企业内外两个方面加强企业管理；④以资产关系为纽带组建成立企业集团，既增大了资产，又改善了负债结构。（徐信俭）

【雷州林业局财务关系划转林业部】 根据国家经济贸易委员会《关于将雷州林业局划归林业部管理的批复》（国经贸企［1997］554号）中有关计划、财务、国有资产管理关系等项指标从1997年1月1日起划转林业部的精神，财政部同意按广东省财政厅批复的1996年度雷州林业局财务决算数划转林业部。林业部决定该局由中国国营林场开发总公司直接管理，其1997年度财务决算已纳入林业部1997年度直属企业决算汇总。

（王　强）

精神文明建设

林业纪检监察

【综　述】 1997年，林业纪检监察部门坚持以邓小平理论和党的基本路线为指导，认真贯彻落实党的十四大和十五大会议及党中央、国务院关于加强党风廉政建设和深入开展反腐败斗争的指示精神，紧密结合林业改革和建设的实际，不断加大各项工作力度，全面认真地履行纪检监察两项职责，较好地完成了各项工作任务，取得了一定成绩。

学习和教育　重点抓了国务院第五次反腐败工作会议、中纪委八次、九次全会和两次全国纪检监察系统制止奢侈浪费电视电话会议精神以及关于加强党风廉政建设方面的党纪政纪条规的学习贯彻，并开展了党性党风党纪教育。全年共召开6次部党组会议、5次部务会议、3次纪检监察负责人会议和4次制止奢侈浪费协调小组会议进行学习贯彻。

1月30日至31日，在林业部召开的1997年机关党的建设和机关建设会议上，学习了江泽民总书记在中纪委八次全会上的讲话，由部党组成员、中纪委驻部纪检组组长李昌鉴传达了中央纪委八次全会精神，党组书记、部长徐有芳作了讲话。会上还印发了1997年党风廉政建设和反腐败工作要点。

2月13日，在林业部召开的部务会议上，由徐有芳部长传达了国务院第五次反腐败工作会议精神，学习了李鹏总理的讲话。

3月12日，在召开的在京各单位纪检监察负责人会议上，由李昌鉴同志传达了中纪委八次全会和国务院第五次反腐败工作会议精神，部署了1997年反腐败工作。会上印发了《林业部1997年党风廉政建设和反腐败工作安排意见》。

5月5日、6月10日和10月5日，中央纪委召开全国纪检监察系统制止奢侈浪费电视电话会议和查办案件电视电话会议后，林业部先后在林业部党组会议、部制止奢侈浪费协调小组会议和在京各单位纪检监察负责人会议上进行了传达贯彻。

为了深入学习领会全国人大、党中央和中央纪委、监察部颁发的关于加强党风廉政建设方面的法律法规，先后发出关于学习贯彻《中国共产党党员领导干部廉洁从政若干准则》、《中国共产党党员纪律处分条例》(试行)、《中华人民共和国行政监察法》等6个通知，提出贯彻执行要求。徐有芳部长还就贯彻落实各项党纪政纪条规问题，于5月17日为全体司局级干部和纪检监察部门负责人讲课，进行廉洁自律专题教育，纪检监察部门还举办了为期一周的法律法规培训班，有40名纪检监察干部参加了学习培训。各单位也在理论学习中进行了专题安排，并围绕学习开展了党性党风党纪教育。

反腐败三项重点工作

领导干部廉洁自律效果进一步提高　为加强领导干部廉洁自律工作，着重采取了三项措施：①抓紧了对处级以上领导干部特别是司局级以上领导干部的教育。部党组本着严格要求、严格管理的精神，明确要求各级领导干部要做遵纪守法的带头人，要带好队伍，管好自己的亲属。6月份，部党组对在京各单位全体司局级领导干部进行了一次以学习党纪条规为内容的廉洁自律专题教育。②对个别领导干部出现的违纪问题坚持及时谈话，及时提醒。③在召开领导干部廉洁自律民主生活会方面，坚持抓好三个关键环节的工作：一是会前进行调查摸底。上半年召开民主生活会前，纪检组、监察局会同部机关党委、纪委及人事教育司派出3个工作组，深入到7个机关司(局)及企事业单位了解情况，征求意见，并将意见及时反馈给这些单位的领导班子成员，随后发出通知，进行了专题部署。二是坚持在会中派人参加，及时掌握民主生活会进展情况。三是坚持会后进行督促整改。通过采取以上措施，领导干部廉洁自律工作得到了进一步加强。全年共召开两次民主生活会，参加民主生活会的处级以上党员领导干部占应参加人数的97%，因公出差、出国及其他原因未能参加民主生活会的同志都补交了书面发言材料。上半年共登记上交现金4700元，有8人次上交绿宝石、羊绒大衣等贵重礼品9件；有5个企业单位及时向职代会报告了上半年业务招待费使用情况。各企业单位上半年共支出业务招待费112.7万多元，比1996年同期下降了3.6%。同时出现了一些拒收礼品和礼金的典型事例。

查办案件的力度进一步加大　1997年共收到举报信件（含来访和电话举报）248件，其中转各省（区、市）林业部门和部属有关单位办理210件，由纪检组、监察局直接办理38件。对转办信件，纪检监察部门认真进行了督办。在自办案件中，已初核了结的有21件，其中立案1件，受到批评教育的处级以上党员领导干部6人，受到组织处理的1人，党纪处分的2人，同时为13名同志澄清了事实。有17件转下年度办理。

纠风工作进一步深入　根据1997年纠风工作任务，向全国林业系统印发了《关于贯彻落实国务院纠风办有关指示精神进一步做好1997年纠正林业行业不正之风工作的通知》，并与资源和林政管理司先后派出6个检查组，对6个省（区）林政资源管理和木材检查站执法情况进行了调查研究和执法检查。8月份在青海省召开全国资源林政管理工作会议，总结了全国资源林政管理和林业系统治理公路“三乱”工作，部署了下一阶段的工作任务。

执法监察工作　根据中央纪委、监察部的部署要求，结合林业工作实际和群众反映强烈的问题，林业部各有关业务部门进一步加大执法检查工作力度，积极开展了执法监察工作。政策法规和体制改革司配合全国人大《森林法》执法检查团，对江西、福建和云南等省贯彻实施《森林法》情况进行了执法检查；林业产业司对减轻企业负担情况进行了检查；纪检组、监察局会同综合计划司对19个单位的39个重点工程项目进行了抽查，对检查中发现的问题及时向部里提出了建议。纪检组、监察局还委托内蒙古、龙江和吉林三个森工集团，对育林基金收缴和使用管理情况进行了检查；委托福建、湖南和四川省林业厅纪检监察部门，对木材“三证”的使用管理情况进行了检查，并召开了两个座谈会，对6个单位的检查情况进行了汇总。对检查中发现的问题及时向部有关司局提出了建议。与此同时，还对木材流通领域存在的问题进行了调查研究，会同林业产业司草拟了《关于加强全国林业系统木材流通领域廉政建设的规定》。

党风廉政制度建设　1997年，根据中央新颁发的一系列党纪政纪条规，结合林业部实际，制定了关于加强和重申党内监督五项制度的实施办法、关于领导干部报告个人重大事项的实施意见、关于制止奢侈浪费行为规定的实施办法、关于部机关住宅公务电话管理办法、关于移动电话的管理办法、关于公务接待工作的暂行规定。12月份，组成4个检查组，对在京40多个单位贯彻落实各项规定情况进行了执纪检查。据统计，1997年有2个单位停止装修办公楼和办公室，节约资金34万元；部直属机关共减少各种会议18个，节约会议经费73万元；取消庆典活动2个，节约资金30万元；部里接待地方厅局级干部的费用支出共33 972元；部机关为司局级以上领导干部用公款安装的住宅公务电话全部过户到个人，实行限额补贴和超额自负的办法，每年可节约电话费17万元；各单位共压缩公费出国（境）团组5个35人，节约资金125万元；在更换和配备小汽车以及检查评比方面，没有违反规定和搞不必要的检查评比达标活动。　（刘双来）

林业思想政治工作与精神文明建设活动

【综　述】　1997年，林业行业精神文明建设和思想政治工作，认真贯彻落实党的十四届六中全会和十五大精神，按照部党组在1996年底召开的全国林业厅（局）长会议和中国林业职工思想政治工作研究会（以下简称林业政研会）第五次年会上的安排部署，狠抓了落实。与往年相比，领导的重视程度提高了，工作力度加大了，投入也有所增加，因而取得了显著成效。

狠抓党的十四届六中全会精神的贯彻落实　①抓工作规划的落实。年初《林业部关于贯彻〈中共中央关于加强社会主义精神文明建设若干重要问题的决议〉的实施意见》印发后，林业部思想政治工作办公室（以下简称林业部政工办）督促各地尽快制定精神文明建设规划或实施办法。据了解，全国绝大多数省（区、市）林业厅（局）和集团公司都制定了规划或实施办法，使精神文明建设开始走上了有章可循的轨道。②抓领导机构的落实。党的十四届六中全会后，林业部立即成立了精神文明建设指导小组，明确了办事机构，各省（区、市）林业厅（局）都按照部里的要求并参照部里的做法成立或调整了领导机构和办事机构，很多基层林业企事业单位也都成立了相应的领导机构和办事机构，初步形成了林业行业精神文明建设的领导体系。③根据党中央关于加强精神文明建设要从领导和领导机关抓起的要求，部、厅两级政工部门配合部、厅领导，认真抓好机关和直属单位的精神文明建设，通过开展“三优一满意”活动，带动基层，促进全行业精神文明建设的开展。同时，在全行业开展了创文明单位、文明岗位、做文明职工和树立行业新风的"三文明一树立"活动,上下共同行动,共建林业行业的社会主义精神文明。④抓精神文明建设资金投入的落实。吉林森林工业集团公司从职工标准工资总额中提 0.6%～1%作为精神文明建设经费。广东、安徽、北京、新疆、广西等省(区、市)林业厅按实际需要安排资金。

万里边疆文化长廊建设 年初,林业部印发了《全国边疆地区国有森工企业文化长廊建设规划》,各森工集团公司和 24 个文化长廊建设参建局以落实规划为重点,都制定了本局的规划,加强文化长廊建设。为支持困难企业的文化长廊建设,林业部给黑龙江省绥阳等 5 个林业局安排了专项补助经费,林业局本身也增加了投入,使他们文化活动场所的条件有所改善。在党的十五大闭幕后,林业部政工办立即召开了沿边沿海地区文化长廊建设座谈会。提出了沿边沿海省(区)林业系统文化长廊建设的工作思路和具体意见,指导各地工作的开展。

积极开展树典型、学先进活动 林业部首次组织了先进模范事迹报告团到东北、内蒙古国有林业区讲演。内蒙古、吉林森林工业集团公司,黑龙江、山东、湖北、贵州、四川等省林业厅都树立了本单位的先进典型,并通过讲演团、表彰奖励等多种形式,宣传他们的先进事迹。

同时,经林业部领导同意,林业部政工办推荐黑龙江省八面通林业局参加了由中宣部组织的振兴国企巡回报告团,推荐吉林省敦化林业局出席了全国思想政治研究会组织的转变思想观念与国企改革研讨会。

加强行业指导 年初,林业部印发了《关于贯彻〈中共中央关于加强社会主义精神文明建设若干重要问题的决议〉的实施意见》和《全国边疆地区国有森工企业文化长廊建设规划》两个文件,这是今后一个时期林业部指导行业精神文明建设和思想政治工作的重要文件。为把这两个文件贯彻落实好,林业部政工办确定了 1997 年行业精神文明建设要重点抓好的几项工作,并提出了具体的安排意见和要求。林业部精神文明建设指导小组成立后,又制定了下半年行业精神文明建设的工作计划。

加强职业道德建设,提高职工思想道德素质 林业部政工办大力支持部里有行业管理职能的几个单位,组织开展了创建文明窗口单位的活动,对推动行业职业道德建设发挥了重要作用。林业部资源和林政管理司开展了创建木材运输检查执法文明窗口示范单位活动,共评选出 50 个单位,并挂了牌。林业部国有林场和林木种苗工作总站开展了创建文明森林公园活动。林业部公安局在林业公安系统开展了评选文明执法单位和个人的活动,21 个基层单位被评为林业公安系统文明窗口单位,吉林省红石第一派出所等 3 个基层单位被评为全国青年文明号。

大力开展思想政治教育,努力提高干部职工的思想政治素质 为适应国有森林工业企业建立现代企业制度,实行改组、重建、合并、兼并和减人增效、实施再就业的需要,在林业政研会积极组织开展"解放思想、转变观念"课题研究的影响和带动下,各地都根据本地、本单位的实际情况,在干部职工中大力开展"解放思想、转变观念"的思想教育,帮助干部职工提高认识,使他们懂得实行减人增效和再就业工程是改革开放的必然结果,是发展经济和振兴林业的客观需要和正确选择。他们还大力宣讲再就业的途径、方法和先进典型,创造再就业的环境和氛围,这对保持林区的稳定和改革建设的顺利进行,发挥了很好的作用。

围绕林业改革建设中的热点、难点问题,大力开展调查研究 不少领导不仅在人力、物力上支持调研工作,而且亲自参加调研和研讨工作,如北京、新疆、河北、陕西、辽宁、山西、安徽、广东、广西等省(区、市)林业厅(局)和大兴安岭、龙江、吉林森林工业集团公司等,大兴安岭地委杜宇新书记和张振华副书记、安徽省林业厅周蜀生厅长还亲自写出研究论文,参加研讨。由于领导的重视,各地的研究工作既有声势,又有成果。林业政研会组织开展了全行业思想政治工作的论文评选,全行业共评选出优秀论文 28 篇。

(林万春)

【林业部制定《关于贯彻〈中共中央关于加强社会主义精神文明建设若干重要问题的决议〉的实施意见》】 1 月 1 日,林业部制定并印发了《关于贯彻〈中共中央关于加强社会主义精神文明建设若干重要问题的决议〉的实施意见》。这是林业部贯彻落实党的十四届六中全会精神重要步骤和具体措施,是林业部当前和今后一个时期指导行业精神文明建设重要文件。这个《实施意见》共分十个部分:一是 18 年来林业行业精神文明建设的实践经验;二是新形势新任务迫切要求加强精神文明建设;三是林业行业精神文明建设的指导思想和奋斗目标;四是有效地开展思想政治教育;五是大力弘扬艰苦创业、无私奉献的林业行业精神;六是深入持久地开展职业道德建设和法制教育;七是积极发展林业行业文化事业;八是广泛开展林业行业精神文明创建活动;九是坚持不懈地抓好党风廉政建设;十是切实加强对精神文明建设的领导。 (林万春)

【林业部精神文明建设指导小组成立】 为贯彻落实党的十四届六中全会精神,进一步加强对林业行业精神文明建设的指导,林业部于 5 月 29 日成立了精神文明建设指导小组。其主要职责是,指导林业行业精神文明工作,督促检查林业行业各部门、各单位贯彻落实党的十四届六中全会精神和林业部关于行业精神文明建设的一系列方针、政策、规章和措施的情况,协调解决行业精神文明建设中思想道德和文化建设方面的有关问题,总结交流各地的先进经验,推动林业行业精神文明建设的深入开展。其组成人员如下:

组　长：陈耀邦
副组长：李昌鉴
成　员：董启昌　施斌祥　蒋祖辉　王福兴
谢大发　王汉忠　刘效章　甄仁德
刘玉来　邝国斌　林万春　张祖芳
王　棋　徐　洪　黎祖交　江泽慧
王宏祥　冯　泰　张立明　侯淑珍

林业部精神文明建设指导小组下设精神文明建设办公室，作为指导小组的办事机构，负责办理精神文明建设具体工作事项。精神文明建设办公室设在林业部思想政治工作办公室，一套人马两块牌子，办公室主任李昌鉴，副主任黎祖交（常务）、董启昌、刘玉来、林万春、冯泰、王宏祥。

7月10日，林业部精神文明建设指导小组召开了第一次会议，布置了下半年的行业精神文明建设工作。

（汤天群）

【林业系统先进模范事迹报告团】 为了进一步贯彻落实党的十四届六中全会精神和推动全国林业行业“树典型、学先进”活动的开展，弘扬“艰苦创业、无私奉献”的行业精神，林业部组织了有中国林业科学研究院研究员，中国工程院院士王涛，北京市延庆县农民卫桂英，陕西省定边县荒沙治理责任有限公司总经理石光银等3名先进个人和吉林省湾沟林业局，黑龙江省尚志国有林场等2个先进单位的代表参加的全国林业系统两个文明建设先进模范事迹报告团，于5月11～20日，赴东北、内蒙古国有林区进行巡回讲演，共讲8场，直接听众近万人，收到了很好的宣传和教育的效果。

（林万春）

【满归、鹤北林业局获全国万里边疆文化长廊建设成绩显著奖】 在9月8～14日第六次全国万里边疆文化长廊建设现场会上，内蒙古自治区满归林业局、黑龙江省鹤北林业局获得全国万里边疆文化长廊建设成绩显著奖。他们的共同特点是，有比较齐全、能够满足职工群众文化生活需要的场所和设施，有一支由业余和专业文体骨干、管理人员和群众文化活动积极分子组成的、相对稳定的文化队伍，能经常开展健康向上、丰富多彩的文化活动，在林业系统文化长廊建设中走在前面。（林万春）

【全国林业行业思想政治工作特约研究员座谈会】 4月6～10日，林业部思想政治工作办公室在湖北省宜昌市召开了林业行业思想政治工作特约研究员座谈会。15名特约研究员从1996年开始，通过“解放思想、转变观念”课题研究基本上找出了影响林业职工“思想解放、观念更新”的根源和因素，议定了建设社会主义市场经济体制和现代企业制度需要树立的多种思想观念，并且提出了树立这些思想观念，一靠思想教育，二靠舆论引导，三靠环境影响，四靠机制推动的工作思路和方法。

（林万春）

【侯建华同志获《半月谈》思想政治工作创新奖】 内蒙古大兴安岭林业管理局党委宣传部副部长、林业党校校长侯建华1967年于中国人民大学国际政治系毕业后分配到内蒙古大兴安岭林区工作，扎根边疆，勤奋工作，无私奉献，在长期从事宣传教育、思想政治工作中为林区建设作出了显著成绩，受到林区干部职工的好评和尊敬。经林业部推荐，《半月谈》思想政治工作创新奖评委会评选，荣获1996年度《半月谈》思想政治工作创新奖。

（汤天群）

【评选全国林业行业思想政治工作优秀论文】 自1995年第一次开展全国林业行业思想政治工作优秀论文评选活动以来，林业行业思想政治工作研究有了新的进展，涌现出一批有价值的研究成果，在推动本地区和全行业思想政治工作的开展上发挥了很好的作用。为进一步推动林业行业思想政治工作研究的深入开展，多出指导性强、应用价值高的研究成果，更好地为林业改革和建设服务，中国林业职工思想政治工作研究会于1997年开展了第二次全国林业行业思想政治工作优秀论文评选活动，共评选出28篇优秀论文，其中，一等奖2篇，二等奖8篇，三等奖18篇。

（汤天群）

【中国林业职工思想政治工作研究会表彰优秀信息员】 为推动林业政工信息工作的开展，更好地为林业改革和建设服务，中国林业职工思想政治工作研究会于1997年12月评选表彰了1996～1997年度全国林业行业思想政治工作优秀信息员，其中：获一等奖3人，获二等奖5人，获三等奖13人。（汤天群）

林业行业宣传

【综　述】 1997年，林业宣传工作坚持以邓小平理论为指导，紧紧围绕林业改革与发展的中心任务，全力落实年初部宣传工作领导小组部署的各项宣传工作。利用“世界湿地日”、“植树节”、“世界防治荒漠化和干旱日”和“世界动物日”以及林业工作的重要会议进行宣传报道，形成了“绿化环境，美化生活”植树节主题宣传、纪念“世界防治荒漠化与干旱日”和宣传贯彻江泽民总书记、李鹏总理重要批示三个宣传高潮。

林业新闻报道质量稳步提高 全年在中央级新闻媒体发表林业新闻达1000多篇(条),首都各新闻单位发表林业专栏、专版、系列报道30多组。仅中央电视台在第一、第二、第四套主要节目播出新闻和专题节目440条(集),其中新闻联播78条。突出报道了亚洲防治荒漠化部长级会议、大兴安岭森林资源恢复建设10周年、林业系统哀悼小平同志、贯彻落实江总书记和李鹏总理重要批示、林业系统贯彻落实十五大精神以及中国林学会成立80周年、国际竹藤组织成立等重点内容,产生了较大的社会影响。在新闻报道中组织发表了一批高质量、影响大的报道,如:新华社播发、《人民日报》等十几家报纸在显著位置发表的《世纪之交看林业》,中央电视台新闻联播“姜春云谈绿化与减灾”、“防治森林病虫害刻不容缓”、“迎接十五大,展示新成就——林业两大体系全面推进”等,在社会上产生了良好的影响。

全力组织开展生态环境建设宣传 1997年8月江泽民总书记、李鹏总理对生态环境建设作出重要批示后,林业部抓住契机,积极开展了8项宣传活动,及时在人民日报发表了部领导谈贯彻落实江总书记重要批示的文章,在中央电视台播出了陕北地区大抓植树造林、绿化荒漠的典型经验,在新华社国内动态中反映了林业部贯彻落实江总书记重要批示精神的措施。对全国绿化委员会和中宣部联合举办的学习江总书记重要批示精神座谈会、林业部学习贯彻江总书记重要批示精神座谈会、林业专家座谈会进行了报道,仅中央人民广播电台新闻节目播发生态环境建设的林业新闻达90多条。

林业电视专题片制作有新突破 组织制作在中央电视台播出的林业电视专题片13集,并制作了《绿色永驻大兴安岭》、《远山在呼唤》、《防治荒漠化刻不容缓》、《森林警报》、《森林防火警钟长鸣》等10部专题片,分别用作向中央领导汇报和全国发行,宣传效果良好。

林业对外宣传进一步加强 中央电视台第一、第二、第四套节目播出的440多条林业新闻,基本上都在覆盖150多个国家和地区的国际频道作了转播。同时,完成了《向荒漠进军》、《绿染中华》两部英文版电视专题片。《向荒漠进军》在亚洲防治荒漠化部长级会议播出后,引起强烈反响,目前已有近100个国家拥有这部录像带。《绿染中华》在土耳其第十一届世界林业大会上播放后,已作为重要资料存放在公约秘书处。

林业文艺和史志宣传获得丰收 年初林业部举办了国家重点影片《杰桑·索南达杰》首映式,并授予该片和以造林英雄牛玉琴为原型的影片《一棵树》“森林文化奖”。全国绿化委员会和林业部联合举办植树节“魂系自然”大型综合文艺晚会得到了普遍好评。林业部参加了辉煌的五年——十四大以来经济建设和精神文明建设成就展、全国农业综合开发十年成就展、全国综合利用节约资源展,展示了林业建设的重大成就和中国人的精神风貌。编辑出版了《中国林业的开拓者——梁希》。

(封加平)

【党的十四大以来双文明建设成就展览】 9月3日至10月3日,为迎接党的十五大召开,辉煌的五年——十四大以来双文明建设成就展在北京展览馆举行,展览期间,江泽民、李鹏等党和国家领导人参观了展览。林业部参加了农林水气馆和可持续发展馆的展览。为使展览具有鲜明的林业特色,给人留下深刻印象,在宣传形式上,林业部运用电子灯箱、大屏幕彩电、触摸屏显示、不锈钢树造型等先进技术,将声音、图像等融为一体,使整个林业展区呈现出立体宣传构架,在有限的空间传达出极为丰富的信息。在宣传内容上,林业部从全民义务植树、林业行业精神文明建设、林业生态体系建设、林业产业体系建设、山区综合开发、防治荒漠化、林业“三防”体系建设、国有林区、野生动植物保护、林业科技教育、国际合作等11个方面对跨世纪的林业作了全面介绍。为丰富展览内容,林业部还编印了《绿染中华》、《中国向荒漠化宣战》等画册,展览期间广为散发,以弥补由于展览空间局限而不能传达的信息。

林业部此次参展获得优秀组织奖和优秀设计奖。

(许 韬)

【“绿化环境,美化生活”系列报道】 1997年2月初,林业部发出《关于加强植树节林业宣传工作的通知》,提出1997年植树节的宣传主题“绿化环境,美化生活”。围绕这一主题,林业部宣传办公室迅速与中央各大新闻媒体联系,制定了周密的宣传计划,狠抓落实,于植树节前后组织开展了系列报道活动。大力宣传各地造林绿化的成绩,宣传造林绿化对于改善城乡环境和推动社会主义精神文明建设的特殊贡献,宣传森林在环境建设中的主体地位,宣传林业十大重点生态工程的成效和新进展,宣传各地移风易俗种植纪念树、营造纪念林的社会新风尚。报道各地开展全民义务植树、春季造林、城市绿化活动的动态。新华每日电讯组织“绿化环境、美化生活”系列报道15次,编发各类报道48篇,《人民日报》、中央人民广播电台发表各类动态消息100多篇(条)。系列报道活动在植树节这一天形成了高潮,新华社、人民日报社、中央人民广播电台、农民日报社、科技日报社等中央10多家媒体编发了评论文章、述评和消息,《科技日报》、《法制日报》、《农民日报》、《经济参考报》以“绿化环境、美化生活”为主题组织了专版报道。

(周霄羽)

【林业行业电视宣传】 1997年,林业行业电视宣传仍然以面向社会宣传为重点,配合党和国家重大活动,宣传我国生态环境治理和林业建设的成就,研究探讨林业工作中的困难和问题。一年来,林业部宣传中心和中央电视台、各地林业厅(局)及各地方电视台紧密合作,在中央电视台第一、第二、第四套新闻节目中共播出林业新闻440条(其中新闻联播78条),组织播出焦点访谈5期,组织制作在中央电视台播出的林业电视专题片13集。

党的十五大召开期间,在中央电视台新闻联播"迎接十五大展示新成就"系列报道中播出了专辑"林业篇";在年初新闻联播"九五头年话改革"系列报道中播出了专辑"林业篇"。同时,中央电视台科技博览播出了"十年话林业"专题片。为了纪念1987年黑龙江省大兴安岭"五六"森林大火10周年,组织中央电视台评论部记者赴大兴安岭采访,就10年来大兴安岭恢复建设制作"回眸这片大森林"的焦点访谈一期、时空报道一期;中央电视台新闻30分记者也就这一事件的回顾做了新闻报道。6月17日是第三个"世界防治荒漠化和干旱日"纪念日,为配合宣传纪念日,组织中央电视台新闻联播、新闻30分、中国新闻、经济半小时等栏目记者分别对全国"防治荒漠化和干旱日"百万人签名活动做了报道,收效极大。年初的"3·12"植树活动除同往年一样在中央电视台做了常规报道外,还向全国各林业厅发了明传电报,要求各地配合当地电视台搞好林业宣传,并将重点的、与往常不同的、有创新的植树造林活动和项目及时送中央电视台播出,加强了中央电视台对林业宣传的力度。(张 炜)

【《世纪之交看林业》】 4月7日,新华社发表了记者李尚志、张建军、赵连庆采写的新闻报道《世纪之交看林业》,人民日报社、光明日报社、新华每日电讯等6家新闻单位进行了刊载。《世纪之交看林业》总结了建国以来我国林业改革与建设取得的巨大成就,回顾党和国家领导人毛泽东、邓小平、江泽民等对林业建设的高度重视和丰功伟绩,并从战略和全局高度论述了林业发展在国民经济建设和社会发展中的重要战略地位。

在文章写作过程中,江泽民、李鹏,朱镕基、姜春云、温家宝等党和国家领导人非常关注,并作出批示。

《世纪之交看林业》是我国林业宣传中涌现出的一篇重要作品,对我国林业改革与建设具有深远的历史意义和重要的指导意义。

《世纪之交看林业》发表后,林业部迅速发出通知,要求全国林业系统广泛组织学习《世纪之交看林业》,大力加强林业战略地位宣传,促进各级领导高度重视林业,动员全社会积极关注、支持、参与林业建设。

(梁成喜)

【大兴安岭森林资源植被恢复建设宣传】 1997年是大兴安岭特大森林火灾区恢复森林资源和生态环境建设10周年。6月6日,林业部在北京举行大兴安岭特大森林火灾区恢复森林资源和生态环境总结表彰大会,人民日报社、新华社、中央人民广播电台、中央电视台等30家新闻单位以大兴安岭特大森林火灾区森林资源已基本恢复为题发表了新闻报道。(梁成喜)

【"6·17"防治荒漠化与干旱日全国百万人签名活动】 "6·17"签名活动全称为"中华人民共和国1997年6月17日纪念世界防治荒漠化和干旱日百万人签名"活动。该活动是为配合1997年5月在北京召开的亚洲防治荒漠化部长级会议和宣传6月17日荒漠化日而举行的。

签名活动从5月17日开始,在全国除港澳台地区外的31个省(区、市)同时举行,持续了1个月,至6月17日掀起签名活动的高潮。签名活动涉及了部队、大中小学、厂矿企业、党政机关等一百多万群众,广泛地对社会宣传了植树造林、防治荒漠化的重要性。整个活动领导重视,组织严密,反响很大,取得了圆满的成功,掀起了植树节后第二个林业宣传高潮。

6月17日,林业部和北京市在长城举办了声势浩大的签名仪式。林业部领导徐有芳、李昌鉴,北京市副市长岳福洪,联合国官员管安东参加了签名活动。在长城游玩的各地游客、外国友人也踊跃签名,形成了当天长城上一道独特的风景。中央电视台新闻联播、午间30分、经济30分、晚间新闻等电视节目及人民日报社、新华社、中国青年报社等70余家国内新闻媒体作了报道。同日,各省(区、市)都在省会城市举办了大型签名活动。

这次签名活动,使荒漠化防治意识深入人心,进一步明确了防治荒漠化是林业工作的重要组成部分。我国政府和人民对防治荒漠化的重视和关注受到国际组织和世界人民的赞誉。(段兆刚)

【首届"森林文化奖"颁发】 为贯彻党的十四届六中全会精神,坚持文艺工作的"两为方向"、"双百方针",推动林业系统群众文化艺术工作,抓好两个文明建设,激发广大林业文艺工作者为深化林业改革、讴歌林业建设创作出更多的文艺艺术精品;为提高全社会的绿化意识,表彰在林业宣传和群众文化工作中创作出的优秀文学艺术作品,林业宣传、教育、文化艺术先进单位,林业部于1996年底特设立"森林文化奖"。"森林文化奖"是林业系统文化艺术的最高奖励。

首届"森林文化奖"颁给了由珠江电影公司拍摄的彩色故事片《杰桑·索南达杰》。该片描述了可可西里地区玉树州治多县县委书记杰桑·索南达杰为保护野生动物与犯罪分子英勇斗争而壮烈牺牲的故事。

该片颁奖仪式于1997年1月17日上午在北京中影公司进行,林业部领导徐有芳、王志宝、祝光耀、刘于鹤、李昌鉴、江泽慧,中宣部、广电部等单位领导参加了颁奖仪式,中央电视台、人民日报社等50多家新闻单位记者出席并做了报道。(段兆刚)

林 业 出 版

【中国林业出版社】 1997年，林业出版工作坚持“一手抓繁荣，一手抓管理”，以“多出好书，提高效益”为目标，抓选题、抓质量、抓管理、抓队伍，经过全体同志的共同努力，较好地完成了各项工作任务。

图书的出版和销售稳步发展 全年，共完成图书出版314种，其中新书185种，重印书129种。图书品种结构有了新的调整，重印书比例上升，重点图书《中国森林》(第一卷)《中国树木志》(第三卷)《中国果树志》(李卷、荔枝卷)《中国哺乳动物分布》等相继出版。围绕林业改革与发展的主题和林业部的中心工作及时安排出版了一批有影响的图书，如《世纪之交看林业》及《中国林业的开拓者——梁希》等。

一些重点书、精品书已在社会上受到重视，并有了一定影响。《中国森林》等4种（套）图书，在中央电视台第七套节目中陆续播出。《世界蝗虫及其近缘种类分布目录》(英文版）等3种图书在全国图书评奖中获得第八届全国优秀科技图书一、二等奖。在优秀教材评比中，《树木学》等10种中等教材分别获得首届全国普通林业中等专业学校部级优秀教材一、二、三等奖。《果树设施栽培》等4种图书在全国农村青年喜爱的科普读物评选活动中入选。有多种图书获省、部级科技进步奖。《实用养花技术手册》等被评为新华书店征订畅销书。

图书出版较好地完成了印制、校对和图书入库等各项工作，特别是春秋两季教材保质、保量按预订计划提前完成，两次受到新华书店总店北京发行所、中国印刷总公司的通报表扬。

图书销售仍然保持了良好的势头。完成的销售码洋是全年销售目标任务的141%，回款率为70.85%。无论是销售码洋还是回收款，均创出版社历史最高水平。

此外，出版社还有《中国主要人工林树种木材性质》等6种图书享受1997年度国家科技学术著作出版基金资助。

改革开放和管理有了新的突破 一是加快了对外合作的步伐。在1996年与加拿大大不列颠哥伦比亚大学出版社取得联系的基础上，进一步确立了合作伙伴关系。双方开展了互访活动，签署了在北美地区代理销售中国林业出版社图书的协议，讨论了林业学术图书的合作出版意向。

二是中林书店由发行部分离出来，从1997年7月起实行独立核算，自负盈亏，走承包经营、自我发展的路子，销售收入不断增加。

三是在财务管理方面实行一书一卡盈亏结算制度，逐步改变过去图书成本盈亏不实、利润不清的状况，实行企业化管理。

四是对连续两年对春秋两季教材的盈亏状况进行跟踪分析，为进一步加强教材的经营管理，提供了基本的决策依据。

认真抓好干部队伍建设 努力建设一支“政治强、业务精、作风正、纪律严”的干部队伍，对处以上干部进行了认真考察、考核，以中青年干部为主要对象，推荐处级后备干部；适当调整现有机构，明确各部门的职责任务，本着“减人增效”的原则，压缩二线人员的编制；按照出版社干部职工实行聘用制的暂行规定的要求，选拔聘任中层领导干部，并在全体干部职工中开展了新一轮的聘任工作；有计划地选送领导干部和职工进党校学习、参加新闻出版署组织的岗位培训以及其他各类专业培训，1997年还第一次选派了两名青年干部出国培训。 （王宏祥 张柏涛）

【中国林业出版社1997年大事记】

1.2月由国家新闻出版署制定并经中共中央宣传部批准的《1996～2000年国家重点图书出版规划》，中国林业出版社的《中国荒漠化防治》《中国森林生态系统》《林产化学工业全书（3卷）》《世界蝗虫及其近缘种类分布目录（英文版）》《中国兽类分布图集》《中国主要树种花粉电镜扫描图志》被列入规划。

2. 为落实《中华人民共和国工会法》的有关规定，4月中国林业出版社建立了职工代表大会制度，进一步完善民主化管理。

3.5～7月由国家新闻出版署主办、中国版协科技出版委员会协办的第八届全国优秀科技图书奖评选活动中，中国林业出版社出版的《世界蝗虫及其近缘种类分布目录（英文版）》获一等奖，《黄土高原径流林业》和《森林动态模拟——兼论红松林的优化经营》获二等奖。

4. 国家科技学术出版基金委员会公布的1997年度国家科技学术著作出版基金资助项目(62项)，中国林业出版社出版的科技著作占6项：王礼先等著的《山地防护林水土保持、水文生态效益》、陈心启等著《中国兰花全书》、贺近恪等著《林产化学工业全书（第一卷)》、鲍甫成、江泽慧等著《中国主要人工林树种木材性质》等6部专著。

5.9月，中央电视台“科技之光”栏目，对中国林业出版社出版的《中国森林》《中国果树志》《中国牡丹品种图志》和《中国哺乳动物分布》等4种（套）重点图书做了报道。

6. 为使林业版图书走向世界，中国林业出版社与加拿大 UBC 出版社建立了合作伙伴关系，签署了有关的合作协议。 （中国林业出版社总编室）

【《中国的鸟》】 张词祖等编。该书有中英文两个版本，是摄影家张词祖先生历时 12 年，不辞辛苦，爬山涉水，在青藏高原还冒着生命危险所拍摄到的大量精美鸟类生物镜头的汇集，其中有我国特有的、濒危的、珍贵的及常见的 430 种鸟的野外生态视像。

该书在编辑时，力求画面清晰，鸟姿生动，色彩逼真。积累的鸟类生态资料及生物学特性的文字近 25 万字，还包涵鸟类文化方面的内容。该书深得国内外读者的赏识。

该书图片大多摄自野外，文字汇编整理了自 50 年代以来，国内专家发表的资料兼编者历年的野外观察纪录，实为国内鸟类工作者共同的研究成果。为爱鸟护鸟、摄影欣赏、野外观赏、人文考据、博物科普提供了直观的览本。 （李　惟）

【《中国哺乳动物分布》】 张荣祖著。该书第一次将中国现已查明的兽类 500 多个种及亚种的分布情况，全部以地图和文字的形式表达出来。每一种动物都有其分布图及其对应的文字叙述（汉英对照），对学名、亚种名、分布范围、栖息环境以及国外的分布简况等，都做了全面的阐述。该书为兽类学的研究与应用提供了系统而切实的最基础的资料，对分析研究中国兽类分布规律，进一步探讨中国动物地理区划；从分布上检查和发现并解决动物分类学上的问题；跟踪和研究中国兽类分布与变迁；国家研究制定保护与利用兽类资源；有害动物的防治及自然疫源病的研究；古生物学及历史生物地理学的研究；国家生物多样性保护的政策与行动计划的制定等，都有极大的参考价值。

该书列入“九五”国家重点图书。 （李　惟）

【《中国林业的杰出开拓者——梁希》】 中华人民共和国林业部编。梁希先生是我国林业界德高望重的一代师表和杰出的林学家，是近代中国林业的奠基人之一。

该书系统地介绍了梁希先生“为人民服务，万死不辞”的敬业精神。特别介绍了他热爱中国共产党、热爱祖国和人民、热爱社会主义的政治思想品质；热爱林业、献身林业、宣传林业，为绿化祖国而奉献毕生精力的崇高理想和不屈精神；认真负责，实事求是，深入调研和艰苦奋斗的工作作风；还有大公无私，廉洁奉公，严于律己，关心他人的感人风范等等。

该书是林业行业加强社会主义精神文明建设的一本优秀读物。 （徐小英）

【《当代中国盆景艺术》】 苏本一、马文其主编。该书系以当代中国盆景艺术大师的作品为主，同时兼收老一代名家的代表作品和具有较高水平的年轻艺术家的作品 300 余幅制作而成的大型精美盆景艺术画集。

该画集前面部分以精炼的文字配以彩色图片和铅笔艺术插图的形式，介绍了盆景艺术的起源、盆景美学、中国盆景的风格流派，重点介绍了当代中国树木盆景、当代中国山水盆景和其他盆景形式，包括微型盆景、挂壁盆景、立屏盆景、云雾山水盆景、喷泉山水盆景、观赏石、中国盆景配盆及几座等。使读者容易理解、掌握论述的内容，一目了然。后面部分介绍了“千姿百态的树木盆景”、“缩地千里的山水盆景”、“小巧玲珑的微型盆景”、“妙趣横生的观赏奇石”4 种类型，以大量篇幅展示了各位大师和艺术家们的代表作品，并对大师及其作品做了介绍。可使您在盆景艺术精品的海洋中尽情感受盆景艺术撷大自然之精华、藉诗之真情立意、取画之神韵制景的震憾人心的艺术感染力，并在欣赏之余，模仿您最中意的作品亲手制作一盆。

该书在形式上称得上是我国目前盆景画册中之佼佼者，内容上则代表了我国当代盆景艺术发展的最新水平。具有欣赏、收藏及实用价值。 （陈英君）

【《中国牡丹品种图志》】 王莲英主编。该书是一部具有权威性的、高水平的牡丹专著。作者为我国牡丹研究方面的专家、教授和具有丰富实践经验的牡丹工作者。他们认真整理了我国目前的牡丹园艺品种，清理了品种命名中的同花异名和同名异花的混乱状况，并将主要的 400 多个品种逐一描述形态特征、主要特性，均配有彩色图片。

全书分为总论和各论两大部分。总论包括牡丹的野生资源及生态环境与分布，品种群及其栽培分布，栽培简史，品种分类系统，生态习性与生物学特性，繁殖与栽培，牡丹的应用，牡丹名园，品种形态记载标准，中国牡丹向国外的传播及其发展。各论部分将牡丹的 400 多个园艺品种分为 10 种花型分别登录，它们是单瓣型、荷花型、菊花型、蔷薇型、千层台阁型、托桂型、金环型、皇冠型、绣球型、楼子台阁型。书后附有品种的汉语拼音索引、中文笔画索引，便于读者查阅。

图志的各论部分为该书的重点。每个品种均描述了该花的花型，花蕾的形状，花色，花的大小，花瓣、花蕊的生长状况及颜色，花期等；株型大小，枝条、叶片生长特征，成花率，生长势等，并介绍了品种的来源。

该书无论总论还是各论部分，均采用图文并茂的形式，将精美的彩色图片与文字穿插一起，设计豪华、大方，充分体现出牡丹国色天香、雍容华贵的气质、风韵。全书采用铜版纸彩色印刷，封面精装，不但具有学术价值，也具有欣赏和收藏价值。 （陈英君）

【《中国竹工艺》】（画册）张齐生、程渭山主编。

中国竹子工艺是历代艺人工匠经过创造性劳动形成的一种独特的民间艺术。

该画册的作者均是我国著名的竹子研究专家，他们以精美的画面向世人再现了我国竹工艺的魅力和风采，从高档的竹编大型艺术品到竹枝竹节造型，从竹刻字画到竹根雕刻造型，从竹材建筑装潢到竹笋壳艺术，共收集了彩色照片520幅。作者将其按类整理，将竹编、竹刻、竹雕、竹材利用以及以竹为题材的绘画等内容归纳成竹篾天地、竹苑杂艺、竹材世界和翠竹清风四个部分，并配有系统而简要的文字叙述(汉英对照)，对其精品、珍品还作了简介，全面体现了竹子清雅朴实的材质美，给人以形象的启迪和美的享受。

该画册是我国第一部描述竹子工艺的大型画册，其绝妙之处在于“似与非似之间”，其艺术精华体现于真、善、美的高度统一，既展示了中国的竹制工艺品和艺术品的精华，又介绍了中国竹材工业化利用的最新研究成果，图文并茂，雅俗共赏，具有较强的知识性、趣味性和可读性。 (杨长峰)

林 业 报 刊

【中国林业报社综述】 1997年，是中国林业报社发展史上不平凡的一年，是在改革发展的道路上迈出坚实步伐的一年，报社主要抓了以下几件大事：

坚持正确的舆论导向，全面提高宣传报道的质量 一是紧紧围绕林业部的中心工作，紧扣全国林业厅(局)长会议的精神，宣传报道了我国林业建设的各项方针、政策和重大改革部署以及各类先进典型、先进人物。精心组织宣传报道了造林绿化，林业产业化建设，国有森林工业企业和国有场圃深化改革，山区综合开发和扶贫开发，森林资源的保护管理和林业行业精神文明建设以及林业法制建设，科教兴林等。同时，加大了我国生态环境建设与可持续发展战略的新闻宣传力度。二是结合林业行业的实际特点，“一报两刊”较好地完成了香港回归和党的十五大的宣传报道。三是拓宽报道领域，改善报道方法。编采人员增强策划意识和精品意识，在宣传报道的形式上力求创新，在版面设计、标题制作、图片运用、写作技巧、新闻语言运用等方面都有新的探索。同时开辟了一批富有时代特色的专栏，关注焦点、难点问题，搞好深度报道，增强了宣传报道的指导性、权威性、社会性、可读性，在贴近社会、贴近生活、贴近读者方面也作了不懈的努力。四是编采人员的质量意识和责任心进一步增强。出现了全员负责，人人把关的生动局面。继1995年10月，64家报纸参加的首届中央部(委)产业报综合质量抽查评比获总排名第四的好成绩后，1997年又获得68家报纸参加的第二届中央部(委)产业报质量抽查评比的第三名，在行业内外和新闻界产生了良好的影响。

深化劳动人事制度和内部管理体制的改革 1996年实行中层干部竟聘上岗的聘任制之后，1997年报社全面推行了职工全员聘用合同制，在严格核定编制的前提下，社内职工双向选择，部(室)领导择优录用，规定双方责权后签订了聘用合同。根据行政、编采、经营三大系统的工作性质，分别建立了相应考核和评价制度。这一改革举措的实施，进一步调动了干部职工的积极性，为解决长期存在的“能上不能下”、“干多干少一个样”、“干好干坏一个样”的问题进行了有益探索。

在内部管理方面，按照包死基数，超收分成，亏损自负，社内投入资产保值增值的原则，各部(室)在严格核定编制、人员、工作任务和开支标准基础上，实行了三项费用包干，确保了各项工作及办事程序的规范化。

采取得力措施，确保发行工作，报刊发行又上新台阶 在报刊发行市场竞争日趋激烈，全国报刊发行总体呈下滑趋势的1997年，报社积极争取部领导和有关部门的重视与支持，加强了对发行困难省份的分片包干工作，采取多种得力措施，通过努力，使1997年《中国林业报》的发行量首次突破了10万份，达到了历史最高水平，《中国林业》杂志的发行量达到3.3万份。《森林与人类》杂志由1996年的不足6000份，增加到了8000份。

调整经营政策，加大了广告、经营创收工作力度，经济效益创历史最高水平 为充分发挥广告在报社经营创收工作中的主渠道作用，年初，报社重新核定广告创收指标，完善了经营责任制，实行了新的一轮承包经营，经济效益明显提高，经济收入创历史最高水平。

做好《中国林业报》更名为《中国绿色时报》的筹办工作 为了更好地立足林业，面向社会，加大林业宣传力度，努力营造“全社会办林业，全民搞绿化”的良好舆论环境，以适应我国林业不断发展的需要，林业部决定并报新闻出版署批准，《中国林业报》自1998年1月1日起更名为《中国绿色时报》。刊期由周三刊改为日报(1998年暂为周四刊)，面向国内外公开发行。为了筹办好《中国绿色时报》，报社有关部门做了大量的调研、论证工作。先后召开了4个座谈会，广泛征求意见，取得了较好的效果。

1997年11月16日江泽民总书记欣然为《中国绿色时报》题写了报名，姜春云、陈俊生、钱正英、朱光亚、万国权等中央领导为报纸创刊题词予以勉励。人大常委会副委员长布赫，政协副主席万国权等参加了12月26日在人民大会堂香港厅召开的《中国绿色时报》创刊新闻发布会。布赫副委员长和部长陈耀邦在新闻发布会上讲了话。新华社、人民日报社、中央人民广播电台、中央电视台等中央各大新闻媒体对《中国绿色时报》的创刊做了充分的报道。中央电视台东方时空节目还对报纸的创刊号给予了突出报道。中央人民广播电台新闻和报纸摘要节目专门报道了创刊号上刊登的由中国科学院、中国工程院151名院士亲笔签名的《行动起来，拯救黄河》的联名倡议。

搞好《中国林业报》创刊10周年的庆祝活动

1997年7月1日是《中国林业报》创刊10周年纪念日。报社专门成立了活动领导小组，组织了一系列丰富多彩的活动。通过活动，回顾总结了10年来办报经验，规划展望报社的发展前景，增强了全社职工的凝聚力和向心力。（晓　园）

林 业 专 论

论我国森林生态网络系统工程

彭镇华 江泽慧

追溯数千年历史演变的过程，我国森林的变迁与世界文明古国一样，也经历了被恣意浪费、破坏和掠夺的历史阶段。历史上我国曾是多林国家，进入清代，由于人口迅速增加、土地减少，按人均占有量衡量，逐步成为世界上少林国家。中华人民共和国成立以后，随着经济建设的发展，木材供需矛盾十分突出，再加上居高不下的人口压力，致使我国本来就不多的林业用地和并不丰富的森林资源不断减少。应该清醒认识到，目前所面临的生态环境继续恶化的严峻形势，已制约了中国经济、社会的发展。

中国政府十分重视林业建设，明确了植树造林、绿化祖国是全社会和全体公民应尽的责任和义务，先后开展了“三北”、长江中上游、黄河中上游、珠江、淮河、太湖、辽河、沿海和太行山、平原绿化工程等十大重点林业生态工程建设，取得了明显的生态效益和社会效益。在目前世界森林资源总体呈下降趋势的情况下，我国的森林面积和蓄积量均呈逐年上升的势头，人工造林累积保存面积居世界第一位。但由于经济发展和人口压力，我国陆地生态环境的状况不容乐观。

中国森林生态网络系统工程的概念与基本框架

森林是陆地生态系统的主体，是实现国家经济社会可持续发展的生态屏障。随着我国经济持续稳定的发展，我们在大力宣传造林绿化辉煌成就的同时，必须树立全民对于国土环境的忧患意识，充分认识到我国仍是世界上生态环境最脆弱的国家之一，人口对于资源的压力日趋严重，生态环境继续恶化的趋势还没有得到有效遏制。水土流失、荒漠化蔓延、水资源短缺、野生动植物种群锐减、自然灾害加剧等环境问题，已经渗透到社会经济生活的各个领域，严重影响人类的生存空间与质量。而几乎所有的环境问题，无一不与森林植被的分布、数量和质量密切相关。

最近，林业部根据党中央、国务院和中央领导同志的指示精神，结合国情、林情及经济发展对环境的要求，进一步明确了建立比较完备的林业生态体系和比较发达的林业产业体系的战略目标，并把生态环境建设列为长期工作重点。而要实现这一目标，当务之急是尽快形成一个由林业部牵头，多部门、跨行业联手，全民、全社会共同参与的森林生态网络体系工程。

怎样建设既符合国情，又布局合理的森林生态网络体系？国内外一些生态环境专家曾经提出这样一个设想，即假如一个国家或地区森林覆盖率达到30%以上，并均匀分布，就能基本上实现国土保安。从我国林业发展的历史、现状和自然条件等综合因素分析，这一设想是难以达到的。据科学论证和《森林法实施细则》，我国目前林地利用率仅50%左右，森林覆盖率为13.92%，可能达到的奋斗目标为30%，客观上森林分布不均。因此，我们提出这样的概念，即我国森林生态网络体系工程建设是根据不同地域自然地理条件和经济社会状况，按照物质流、能量流、信息流相互联系与运行的规律，以林木为主体，乔、灌、草立体开发，点、线、面协调配套，集约式动态发展的复合森林生态网络系统。按照这个概念所形成的框架构想，在不同区域和不同土地条件下，进行适合于该区域经济与环境发展的林种、树种、技术、投入规模、经营目标等生产要素的优化组合，形成人与自然、森林与环境、环境与经济社会协调发展的格局。

在我国森林生态网络系统工程建设中，以林为主，因地制宜，实行乔、灌、草立体开发，是从微观的角度解决环境发展的时间与空间、技术与经济、质量与效益结合的问题；而点、线、面协调配套，则是从宏观发展战略的角度，以整个国土生态环境建设为全局，提出森林生态网络工程总体结构与布局的问题。

这个概念的提出，以其新的内涵构筑了我国森林生态网络系统工程的基本框架。为了便于学界同仁和关心我国生态环境的专家、学者与我们共同探讨提出的“点、线、面协调配套”的基本框架，我们谨做如下阐述：

这里所说的“点”是指以人口相对密集的中心城市为主体，辐射周围若干城镇所形成的具有一定规模的森林生态网络点状分布区。它包括城市森林公园、城市园林、城市绿地、城郊结合部以及远郊大环境绿化区(森林风景区、自然保护区等)。随着微观经济持续高速增长,我国城市化发展趋势加快,尤以经济比较发达的珠江三角洲、长江三角洲、胶东半岛以及京、津、唐地区已经形成城市走廊(或称城市群)的雏形。因此,以绿色植物为主体的城市生态环境建设已成为我国森林生态网络系统工程建设不可缺少的一个重要组成部分,引起全社会和有关部门的高度重视。根据国际城市森林的研究和我国有关专家的认识,现代城市的总体规划必须有相应规模的绿地比例为基础(国际上通常以城市居民人均绿地面积不少于10平方米作为最低的环境需求标准),同时国际城市的自然、地理、经济和社会状况以及城市规划、城市性质等应有确定的城市绿化指标体系,并制定城市"三废"(废气、废水、废渣)排放以及噪音、粉尘等综合治理措施和专项防护标准。近年来,林业部提出建设森林城、生态城,建设部提出建设园林城市以及全国爱委会提出建设文明卫生城市的评定标准中,均把绿化标准列为重要依据,充分说明我国城市建设正逐步进入法制化、标准化、规范化轨道。

"线"是指我国主要公路、铁路交通干线两侧,主要大江、大河两岸,海岸线以及平原农田生态防护林带(林网)为主体,按不同地区的等级、层次标准,以及防护目的和效益指标,在特定条件下,通过不同组合的乔、灌、草立体防护林带的作用,达到防风、防沙、防浪、护路、护岸、护堤、护田和抑螺防病等不同经营目的和防护指标,并形成一定建设规模的森林生态网络体系带状分布区。

"面"是指以我国林业区划的东北区、西北区、黄土高原区、华北区、南方区、西南区、热带区、青藏高原区等八大林区为主体,以大江、大河、流域或山脉为核心,根据不同自然状况所形成的森林生态网络系统的块状分布区。它包括西北森林草原生态区,各种类型的野生动植物自然保护区以及正在建设中的全国十大防护林体系工程建设区等,形成以涵养水源、水土保持、生物多样化、基因保护、防风固沙以及用材等为经营目的,集中连片的生态公益林网络体系。

我国森林生态网络体系工程点、线、面相结合,从总体布局上是一个相互依存、相互补充、共同发挥社会公益效益的有机整体。同时,由于点、线、面之间各自特定的地理位置,环境条件及多种功能效益上各有侧重,其分层目标及指标相对独立,自成体系。

综上所述,我们提出我国森林生态网络体系工程建设的基本框架与构想,其目的在于探索一个适合中国国情的、比较完备的林业生态体系的途径。

中国森林生态网络系统工程建设的迫切性与可能性 我国生态环境日趋恶化的现实,迫使人们必须重新认识林业,认识森林这个陆地生态系统的主体。森林不仅是自然界最完整的资源库,生物基因库(90%以上的种群起源存在于森林),水、碳、养分和能源储存库,而且对改善生态环境,维护生态平衡起着决定性作用。

因此,森林生态网络系统工程建设是改善环境、恢复土地生产力,保障农牧业稳产高产的需要,是保证铁路、公路、河道及水利设施长期发挥效能的需要,是改善城市集镇、工矿企业集中区生产、生活条件,优化人民生存环境的需要,是繁荣林区经济,积极消除贫困的需要,是履行国际公约、树立良好国际形象的需要。总之,是加强社会主义物质文明和精神文明建设的需要,必须毫不动摇地把这项造福当代,荫及子孙的事业建设好。

随着我国社会主义现代化建设的不断发展,国民总体素质的不断提高,人民的环境意识不断增强,在我国生态环境建设已取得明显成效的新起点上,加速森林生态网络系统工程建设既十分紧迫,又完全可行。

政策保证 我国政府历来十分重视生态环境建设。1997年8月,江泽民总书记、李鹏总理关于生态环境建设的重要批示以及党的十五大报告中,江总书记关于"人口增长、经济发展给资源和环境带来巨大的压力",要"加强对环境污染的治理,植树种草,搞好水土保持,防治沙漠化,改善生态环境"的重要论述,为我国森林生态网络体系工程建设指明了方向。我们必须抓住这个契机,一方面结合国家重大生态工程项目,争取中央和各级地方政府加大对生态环境建设的投入,充分发挥投资效益;另一方面认真贯彻执行国家有关发展林业的政策法规,包括开展全民义务植树运动的决议,森林法以及野生动植物保护法规和即将出台的森林生态价值补偿制度等,充分利用中央和地方政府给予林业生态环境建设的经济扶持和倾斜政策,依靠全民、全社会的力量,建设好森林生态网络体系工程。

组织保证 我国现有的各级政府林业行政职能部门和协调机构为森林生态网络系统工程建设提供了强有力的、完整的组织保证。从中央到地方各级绿化委员会、林业厅(局),一直到乡镇林业工作站,已形成了一整套从行政管理、行政执法到组织实施、资金政策的支持保障体系,加上计划、财政、铁路、交通、农业、水利、环保、矿业等多部门的全力支持与配合,把多方面的积极性充分调动起来,齐心协力,持之以恒地抓下去,一定会抓出成效。

技术保证 森林生态网络体系工程的实施,将为科技与经济的结合提供了大显身手的舞台。这种实践意义上的结合,既有利于各种资源的有效利用,确保工程的质量、速度与效益,又有利于促进自身的发展和综合实力的增强,使之尽快出成果、出人才、出效益。

中国森林生态网络系统工程的指导思想和基本原则 中国森林生态网络系统工程建设的指导思想是:以十五大精神为指导,认真贯彻落实江泽民总书记、李鹏总理、朱镕基副总理等中央领导同志关于大抓植树造林，改善生态环境的重要指示，根据我国国情、林情和国民经济发展的需要，以生态环境建设为重点，以抓好重点林业生态工程为契机，分类指导，分层推进，按照点、线、面结合的基本框架构想，全面推进我国林业生态工程建设。

中国森林生态网络系统工程的目标

战略目标　中国森林生态网络系统工程的总体战略目标是：以生态环境建设为中心，保护和发展森林资源，扩大森林植被覆盖率，提高森林的质量，以达到保护和扩大我国现有的森林资源，建立起比较完备的林业生态体系，使之长期保持和发挥森林多功能、多效益、多用途的整体作用，从而使我国大部分地区的水土流失、沙化、荒漠化得到有效控制和改善，减灾防灾，确保国土长治久安和重大水利工程的长期效能，改善和优化生态环境，实现我国资源、环境与经济社会的可持续发展，为全球的环境与发展作出中国应有的贡献。

分层目标　根据城镇、城市森林公园和近郊自然保护区的特点，确定生态建设的主要目标。以城镇为例，它既是人口高度密集区，又是区域经济文化中心。而且城市生态环境涉及面广、制约因素多，因此，城镇生态系统网络建设目标应是有效地保护和发展由树木、灌木和花草所组成的绿色实体，有效控制或减少各类危害环境的污染源，科学合理地规划和布局城市绿地、花草等园林设施和森林景观。总之，必须一切从实际出发，尽可能在林种的布局结构，树种的选择组合上满足城乡环境建设的特殊要求，突出个性与特色，使城镇绿化园林景点、城市森林公园和城市近郊自然保护区真正成为城镇居民休憩度假、陶冶情操的理想场所。

根据交通线、海岸带、江河两侧和沟渠两旁的自然状况和需要，按干线、支线，分层次、分地域、分地段确定工程建设质量标准和环境指标。同时结合国家或地区农田防护林带建设的要求，科学地进行林种、树种的配置。交通干线两侧要按照公路、铁路的特殊要求，以护路护坡，创造优良、舒适、安全的行驶环境为目标；海岸线防护林带既要考虑防风防浪、护岸护堤，也要兼顾国防建设的需要；江河两岸则要以固堤防浪、有利泄洪为主要目标。“线”的建设目标必须是具有一定地域空间标准的林带，从树种结构到林带的宽窄都应实行规范化、标准化管理，分别不同等级，确定具体的量化指标。在特殊地段可以形成由数十行乃至数百行不同树种组合的林带。同时，可以结合经济林的建设进行统一规划设计，使之有利于维护生物的多样性，适当兼顾经济效益。

以中国林业区划的八大林区为基础进行分区建设，以山系、流域作为一个整体，总体规划、分层实施。在“面”的建设中，必须与国家重点林业生态工程和山区综合开发紧密结合，大力提倡封山育林和飞播造林。我国自然保护区多集中在名山大川，那里集中了绚丽多姿的自然、人文景观和历史文化遗产，应结合开展科研、科普、探险、旅游等进行资源综合开发。

总之，建立我国比较完备的林业生态体系，必须贯彻综合治理与综合开发相结合的原则，做到治理中有开发项目，开发中有治理措施，在生态效益优先的前提下，注重复合效益，做到因地制宜，量力而行。同时，应用“三S”技术对我国森林生态网络体系工程进行动态监测管理，为国家生态环境建设提供决策依据。

各省、自治区、直辖市林业

北 京 市 林 业

【概　述】

发展与成就　1997年，北京郊区人工造林1.81万公顷，超计划20.7%；封山育林（灌）1.33万公顷；中幼林抚育2万公顷；飞播造林作业面积3.43万公顷。在人工造林中，荒山造林1.40万公顷；平原植树1233万株，超计划23.3%，其中县城、村镇及省市隔离片林1580公顷163万株，农田林网更新完善1266千米203万株，公路及河岸绿化369千米103万株。机关单位义务植树477万株，超计划19.3%。育苗0.44万公顷（新育0.1万公顷），容器育苗3120.7万个，出圃苗木良种率达到23%。发展果树0.91万公顷，果品总产5.22亿千克，比1996年增长1.7%；养蜂6万群，产蜜140万千克；养蚕1000张，产茧2.95万千克。在城区，植树180万株，超计划20%；铺草坪130万平方米，超计划30%；种宿根花卉100万株，建设绿地548公顷。全市林木覆盖率达到38.26%，城市绿化覆盖率达到33.4%。

改革与林政实施

突出规模造林，改善生态环境　按照党的十五大的精神和江泽民总书记、李鹏总理关于改善生态环境，建设生态农业的重要批示，狠抓了植树造林的宣传发动和组织领导，强化生态意识，在遇到严重干旱的情况下，全力抗旱造林保成活，首都绿化美化工作特色明显，成绩较好。一是加大了工程造林和管理力度。全市突出抓了10项120处重点工程，营造城市隔离片林26片451公顷，百亩以上连片造林面积共3680公顷，其中治沙造林1860公顷。完成水源保护林6893.33公顷、太行山水土保持林2786.67公顷、前山脸爆破造林282公顷。二是继续抓好全民义务植树。围绕迎香港回归祖国、迎党的十五大召开和让北京更绿更美等主题，造纪念林70多处，植纪念树10万多株，有2082个单位655万人次赴郊区参加义务植树和抚育管理幼树。三是林业科技推广年活动有声有色有实效。组织科技推广、科技示范和科技培训，一大批林业科技人员送技术下乡。四是林木种苗和良种繁育进一步加强。良种繁育体系初步形成，推出优质苗木75.5万株，出圃苗木良种率逐年提高。

突出资源管理，保护绿化成果　严格执行采伐限额管理，批准采伐林木14.8万立方米，占年采伐限额的81%；修订了林木采伐和占用征用林地等管理程序。护林防火工作落实了组织领导、宣传发动、预防措施、扑火队伍。开设防火道386万延长米，超计划65%；新建半专业扑火队32支，基本形成以专业扑火队为骨干、半专业扑火队为主体、群众业余扑火队为补充的林火扑救网络。本年度发生森林火警8起，一般森林火灾2起，均比1996年下降50%；受害林地面积7.69公顷，比1996年下降73%；受害树木5122株，比1996年减少78%。13个区（县）无火灾，10个区（县）既无火灾也无火警。强化了林果病虫害防治的目标管理，“四率”指标全部达到部颁标准。林木病虫害发生面积2.48万公顷，发生率4.76%；防治面积1.83万公顷，防治率达73.89%，林果监测覆盖面积41.67万公顷，监测率达80%；产地检疫面积0.33万公顷，产地检疫率达90%。加强了野生动物保护管理，扩大宣传，群众野生动物保护意识增强，在全市范围内开展野生动物资源调查，野生动物资源特别是候鸟种群增多。坚持依法治林，完善了林业行政执法和管理责任制，加强了乡（镇）林业工作站和木材检查站的建设和管理，全市林业行政执法人员通过了全国行政执法证资格考试，林业公安处被赋予刑事办案权，办案力度加大。全年共受理各类林业案件143起，查破127起，结案126起，处理违法单位53个、违法犯罪人员88人，行政罚款31.35万元，补种树木4.52万株。

突出林业产业化建设，促进农民致富　5月召开了全市林业产业化工作会议，确定林果、花卉、森林旅游和养蜂为主导产业，制定林业产业化“九五”规划。通过抓龙头、建基地、拓市场、搞开发，林业产业化建设整体推进。发展果树0.91万公顷，果树“双五十”工

程新发展果树已达3.73万公顷，更新改造1.63万公顷。开发经济沟125条，其中新建15条、续建110条，栽植果树等经济林3133.33公顷。已建果品批发市场29个、加工企业10家。全市现有果树承包户22万户，果树专业户64 882个、专业村403个、专业乡（镇）26个。郊区发展花卉基地420.93公顷，年产鲜切花3000多万支，宿根花卉1450万株，盆花648万盆，花灌木3538万株，草坪60万平方米。有林业花卉生产单位120多个，年销售额超亿元。成立了市林业花卉管理办公室和林业花卉集团。全市已建国家级森林公园4个、市级4个、县级1个，2个自然保护区，旅游区总面积2.87万公顷，还有7个国有林场不同程度地开展了旅游接待和服务业务，接待游人110万人次，创收突破5000万元。全年养蜂6万群，产值2500万元，连带1000多户农民，超万元的达200多户；抓了4个养蜂基地、2个蜂产品加工厂及养蜂服务体系的建设，北京巢蜜荣获国际金奖。全市林业系统发展多种经营项目已达200个，总收入5亿多元，利润在5000万元以上。

突出精神文明建设，保证林业健康发展　制定了《北京市林业系统社会主义精神文明建设“九五”规划》，在全市林业系统开展了“解放思想、深化改革”大讨论。全市林业系统涌现出首都绿化美化积极分子25名、先进单位4个，全国绿化奖章获得者2名。实施“五一八八”工程（围绕创优良秩序、优美环境、优质服务，建文明单位、文明队伍等五项近期目标，突出经济建设和为人民服务的中心，狠抓理论学习、道德教育、通讯报道、反腐倡廉、表彰先进、争创文明、办实事做好事和文体等八项活动，搞好黑板报、阅报栏、光荣榜、图书室、文明庭院、职工之家、职工宿舍和规章制度等八项设施建设），精神文明建设取得实效。

存在的主要问题　造林绿化重点工程需要调整，林业政策有待完善，林业投入特别是管护经费不足，经营管理水平亟待提高。（刘雄鹰）

【在京中央单位积极参加首都绿化】　中央直属机关各单位在京郊义务植树责任区设立造林站，加强管理，并采取专业队与突击劳动相结合的方式实施了植树造林和幼树抚育、野生树修抚的绿化工程，1996年、1997年共植树28万多株，超计划40%，造林成活率达到90%以上，1997年抚育幼树40多万株，修复野生树木4.5万多株。各单位还以创建花园式单位和垂直绿化为目标，实行绿化达标制度，推行绿化美化工作月历，大搞机关和庭院绿化美化，出现了一批市级花园式庭院和生活小区。

中央国家机关各部门在义务植树责任区内加强了绿化基地建设，有条件的已建成“三结合”（植树造林、副食生产、培训疗养相结合）绿化基地。目前，中央国家机关“三结合”绿化基地已达27个。许多单位在“三结合”基地建设上加大投入，完善设施，加强管理，扩大服务，提高效益。冶金部、电力部和轻工总会在原基地投资增建设施，拓宽服务领域，中国建设银行投资20多万元新建了13.33公顷绿化基地。（钟其华）

【薪炭林建设】　北京市在70年代开始发展薪炭林，在密云县兵马营、不老屯、北庄等地营造以刺槐为主的薪炭林600多公顷。80年代后，根据农村能源建设、森林资源发展和环境保护的需要，把薪炭林发展纳入林业生产计划，制定鼓励政策，在密云、怀柔、平谷、延庆4个县11个乡43个村进行了薪炭林基地建设试点，1987年制定了《北京市郊区薪炭林基地建设试行规范》，薪炭林建设有所扩大。到1997年全市郊区累计发展薪炭林5.07万公顷，其中已有4万公顷可以采薪利用，年产薪材约118.19万吨，折合标准煤61.1万吨，山区农民生活烧材紧张问题基本得到解决。

（王永安）

【科学治沙，综合开发】　近10年来，北京市按照高标准、高要求进行科学治沙防沙，实行综合治理，初步摸索出了一条首都城市型治沙路子。一是规划建设了以大兴县桑马坊村、南各庄和房山区窖上乡3个示范点为中心的永定河沿岸防沙治沙示范区，涉及大兴县和房山区的19个乡，总面积6.95万公顷，已治理开发沙荒0.47万公顷，建果园0.42万公顷。该项目1993年获北京市科技星火推广一等奖，1997年通过林业部的验收。二是在沙区推广应用了一大批先进适用科技，取得了一批科研成果，提高了治沙水平。重点开展了沙地改造、综合开发技术配套、低产果园改造、苗木培育等12项科研项目，推广了林果良种、节水灌溉、果树栽培、林果间作等10项科技成果。三是加大了技术培训力度，近6年在示范区培训农民上万人次。四是充分发挥首都林业科技优势，以中国林业科学研究院、北京林业大学、北京市农业学校等科研和教学单位作为北京郊区治沙的技术依托，全市各级技术推广和生产管理部门集中技术力量全力治沙。在五大风沙危害区累计造林4.67万公顷，据“八五”森林资源清查，这些地区有林地面积由1980年的2万公顷增加到3.7万公顷，林木覆盖率由12.6%提高到23.3%。1997年4月，联合国开发计划署官员考察北京市综合治沙，肯定了北京市的防沙治沙能力，并对其取得的成绩表示赞赏。

（杜建军）

【建立飞播造林集体林场提高造林成效】　自1996年以来，北京市在深山地区先后建立了房山区霞云岭乡三圈、昌平县高崖口、延庆县井庄乡果树园、密云县穆家裕镇上峪4个飞播造林集体林场，总面积5152.07公顷，其中飞播林1216.2公顷，正式职工23人。各林场在所管辖的播区周围设立封山碑，由护林员看护入区路口，禁止人畜进入播区，并对飞播林进行抚育、防火和病虫害防治等，还在无苗或少苗的播区内进行补植补造及人工撒播。现已补植补造 671.33 公顷，人工撒播 433.33 公顷，幼林抚育 133.33 公顷。各林场在造林护林的同时，利用场地种植经济林及其他农作物，开展多种经营，发展经济。（刘景山）

【'97 林业科技推广年】 该活动以科技与生产结合、为林业建设服务为主题，以送技术、搞培训、抓示范、搞服务等多种形式，全面推广林业科技，用科技，创高效。一是科技人员送技术进山下乡，全市共有 585 名科技人员下乡 64 350 天。二是加强技术培训和教育。市县两级组织各种短期技术培训班 206 期，培训 28 612 人次，乡村两级组织培训班和现场会 500 多期次，参加人员达 10 余万人次，8 个区（县）林果绿色证书培训林果农 2989 人，有 2119 人获得了绿色证书。印发各种技术资料 52 650 份。三是抓示范促推广。10 个市林业科技试验示范区达 0.67 万公顷，辐射推广 6.67 万公顷，各区（县）建立各类科技示范点（园）93 个，推广了 ABT 生根粉、根宝、果品套袋、容器育苗、生物防治病虫害等单项实用科技 90 项，推广覆盖面达 12 万多公顷，取得直接经济效益 5112.64 万元。（黄发吉）

【林政和资源管理的规范化和制度化加强】 自 1985 年《北京市农村林木资源保护管理条例》及其相关规定实施以来，北京市在林政和林木资源管理方面加强了法规配套制度的建设，基本做到有法可依、有章可循。现已制定 10 项政府规章、16 个规范性文件。为了保证这些法规和制度的执行，提高管理效率和水平，市林业局组织签订了责任书，每年都开展了巡查监督和考核评比，并采取具体措施进一步规范管理工作。育林基金坚持严收、严管、严用；征占用林地的审批要求权属、面积、手续、赔偿"四清"；林木采伐管理坚持"三严、三一、五公开"（严格执行限额、严格审批手续、严格检查监督，实行审批一支笔、采伐一张证、资金一处交，公开采伐的限额、政策、程序、奖惩和监督），林木更新采伐和验收做到"二书一证"（更新造林任务书、停止采伐通知书、验收合格证），1997 年又制定了《北京市森林、林木采伐管理程序》、《北京市占用、征用林地管理程序》，发至全市 270 多个乡 4100 个村。这两个程序分别规范了年森林采伐限额和年度采伐量计划的编制，林木采伐和移植的审批，许可证的发放管理，凭证采伐的实施和监督检查；征占用林地的申报、审核，使用林地许可证的发放、林地拨交、林权变更登记的步骤、方法、要求和标准等。（林权中）

【顺义县实现园林城镇建设目标】 地处北京东部的顺义县，自 1986 年以来，在大搞农村绿化的同时，狠抓园林式城镇绿化建设，坚持平面绿化和立体绿化相结合，以庭院居民区绿化为基础，公园绿化为景点，街道绿化为骨干，县城片林为屏障，构筑和完善城镇绿化体系。已在县城周围营造片林 116.47 公顷，形成完整的环城林带，相继建成卧龙公园、怡园和顺义公园，总面积 41 公顷。到目前，县城建成区面积达到 12.9 平方千米，绿化面积达到 449.83 公顷，现有树木 50 余种 100 多万株，绿化率 41.58%，人均公共绿地 17.7 平方米，基本上消灭了裸露面积，绿化层次分明，植物配置结构和布局合理，景观效果好，实现树成行，草成片，三季有花，四季常青。（刘雄鹰）

【野生动物保护执法检查】 1997 年，北京市召开了野生动物保护管理工作会，组织了野生动物资源调查及野生动物保护执法调研，对全市野生动物驯养繁殖、经营利用单位进行了调查和整顿，强化野生动物行业管理。全市林业、公安、工商、海关等部门联合开展野生动物保护执法检查，查处违法案件 40 起（重大案件 25 起），没收国家一级保护野生动物 11 只、二级保护动物 160 只和一批价值在 300 万元以上的国家重点保护野生动物的皮张、药材等，严厉打击了各种违法犯罪活动。（侯宝坤）

【果品生产求精品、创名牌、争市场、创高效】 近几年，北京市实施果品名牌战略，力抓精品，广拓市场，大大提高了果品的质量和效益。一是创出了 13 个品牌果品。品牌果品从法律程序上规范了果品采收、挑选、分级、包装、运输等各个环节的标准，确保了果品质量。通过认证，已有密云县黄土坎牌鸭梨、云岫牌苹果、绿湖牌苹果、玉皇牌李子、燕香牌板栗，昌平县新风牌苹果，平谷县豪宫牌红富士苹果，顺义县宝岛牌新世纪水梨，海淀区京香牌果品，南口、西山、十三陵、长阳等农场的燕山、龙泉、北阳、长益牌果品等 13 个果品注册了商标。1997 年这些品牌果品的上市量达 1778.3 万千克，占总产量的 3.4%，销售总收入 5999.3 万元。二是 14 个产地的果品获绿色食品称号。在郊区 7 个区（县），有 14 个产地的苹果、板栗等果品获得绿色食品标志使用权，占全市绿色食品总数的 16.5%，1997 年获绿色食品标志的果品产量达 5500 万千克，占果品总产的 10.5%。三是建市场促销售。全市已建成投入使用和正在建设的果品专业批发市场共 27 处，占地 63.6 公顷，其中已投入使用的 25 处 58.93 公顷，年果品交易量近 1.5 亿千克，初步形成了果品销售网络。四是抓出口创汇。1997 年全市果品及其加工产品出口 17 441吨，创汇 1810.85 万美元。出口规模较大、效益较好的有平谷的桃及果品加工品，怀柔、密云的板栗。（张　瑞）

【山区综合开发】 北京市总面积 1.68 万平方千米，山区面积占 62%。为了加快山区脱贫致富，北京市从 1991 年开始实施了边远山区乡村十年致富工程纲要和"四四"攻坚计划，加大了山区综合开发力度。坚持"改土、治水、植树、修路、办电"并重的十字方针，改善生产条件和生态环境，调整区域经济结构，发展林果种植业和特种养殖业，推行林粮、果粮间作，山区修建市县乡三级公路1139条6129.3千米（市级77条1618千米、县级150条1390.9千米），实现了村村通电，乡乡通程控电话、通柏油路。山区综合开发规模大、特色明显的平谷县、延庆县已被全国山区综合开发协调小组列入100个全国山区综合开发示范县，并加大了扶持，扩大推广。（张德成）

【全国造林绿化功臣碑上北京29位同志有名】　全国绿化委员会、林业部于1997年在北京西山为受到国务院、全国绿化委员会、林业部、人事部表彰的全国绿化劳动模范、先进工作者等建树了造林绿化功臣碑。北京有29位同志碑上有名，即：全国绿化劳动模范李祖祥、孙希昌、苏焕治、汪本正、王国英、李荣根、檀馨、李正本、刘玉藩、李富余、刘祥、田琦、谢玉明、麻承坤、梁克森、赵桂琴、邢凤云、于大源、张士耀、张仕俊、童锐荣、武义、王友民、归复、梅志奋、刘德春，全国治沙劳动模范杨旺祖，任省（区、市）林业厅局长10年以上、政绩突出者李永芳、单昭祥。（刘雄鹰）

【花卉业成为首都经济发展中的朝阳产业】　近几年来，花卉成为一种消费时尚，市场前景广阔。1997年，北京市加速了花卉产业的发展进程，成立了市林业花卉管理办公室，对全市花卉生产、销售实行行业管理，抓龙头、建基地，加大投入，提高科技含量，提高市场占有率。5个花卉产业项目被列入全市农业产业重点项目发展规划，全年累计发展花卉基地420.93公顷，年产鲜切花3000多万支，宿根花卉1450万株，盆花648万盆，花灌木3538万株。林业花卉生产单位增至120多个，年销售额超亿元，占据首都市场份额的38%。（张云飞）

【北京市成为乡（镇）林业工作站建设合格省（区、市）】　截至1997年底，北京市264个乡（镇）林业工作站人员已达1054人，各站编制均在3～5人，站长通过培训全部获得了林业部颁发的岗位培训合格证书；办公用房均得到落实（平原地区40平方米、山区80平方米），均配备了机动车、办公电话等必要的交通工具和通讯设备；建立健全了各项规章制度，图表全部上墙，档案资料规范、齐全。各站职能作用发挥较好，特别是在为果农提供产前、产中、产后服务方面作用明显。各站还广泛开展多种经营，积极创办基地，效益明显提高。1997年，经林业部对十项标准化建设指标检查验收，确认北京郊区13个区（县）全部为乡镇林业站建设合格县，北京市成为全国第一个乡镇林业站建设合格省（区、市）。（刘景海）

【强化林业信息和调研】　自1993年以来，全市林业系统通过抓制度、抓培训、抓网络建设，加强了林业信息工作。制定并完善了信息工作目标管理制度，实行信息通报制度和奖励制度，建立了以计算机联网、快速传递为目标的信息网络，有专职、兼职信息员60多名，各单位坚持每年培训信息员两次以上，全市林业系统每年编发各类林业信息刊物近400期，发布信息2000条左右。市林业局连续两年被评为市委系统信息工作优秀单位，连续三年被评为市政府系统信息工作优秀单位。在调查研究方面，1997年突出抓了专题调查和调研成果的转化。全市林业系统开展了100余项调查研究，在山区综合治理、林业产业化、林业经济发展等方面取得118项调研成果，召开各类以调研为主的交流会30余次，办好林业调研刊物，发刊34期，印发调研报告40余篇。全市林业系统实现了调研经常化和信息网络化，信息和调研已经成为林业系统各级领导决策和指导工作，各业务部门安排和落实工作、交流工作经验的重要手段。（张林菁）

【西山林场和温泉苗圃被命名为全国同行业十大标兵】

北京市西山试验林场属风景林场，1952年建场，现有职工300人，经营面积0.59万公顷，森林覆盖率87%，连续十几年无森林火灾和林木病虫害，年收入已达2000万元，利润280万元，职工人均收入在万元以上。1992年以来，该场先后被命名为全国国有林场500强、100佳、全国科技兴林示范林场。北京市温泉苗圃经营面积45.33公顷，建圃45年来，已生产苗木1亿多株，形成固定资产257.3万元，年收入已达339.1万元，利润102万元，职工人均收入连续3年达万元以上。1997年分别被林业部授予全国国有林场十大标兵单位和全国国有苗圃十大标兵单位的称号。

（梁成才）

天津市林业

【概　述】

发展与成就　1997年，全市完成人工造林8992公顷，其中营造用材林264公顷，经济林3368公顷，防护林5360公顷。“四旁”植树524.95万株。年末实有育苗面积2029.7公顷，其中当年新育906.8公顷。封山育林8137.4公顷。幼林抚育实际面积15 763公顷，成林抚育21 671公顷。年末实有果园44 934公顷，其中鲜果果园33 237公顷；果园中成果19 542公顷，其中鲜果成果16 237公顷；干鲜果品总产251 983吨，其中鲜果总产239 444吨。蓟县、津南区被林业部评为乡(镇)林业工作站建设合格县。

改革与林政实施

以科技为先导，以工程造林为重点，狠抓林木资源的增长

1. 重点工程造林质量好、标准高、规模大。全市完成市级重点造林工程5333公顷350万株。尤其狠抓了具有天津特色的四项市级重点工程：一是宁河县西关引河绿色屏障工程，长30千米，放射线38条，植树30.5万株。二是宝坻县津围公路二期绿化工程，长9千米，植树11万株。该工程全部采用大规格优质毛白杨，是天津市绿色通道工程中标准最高的样板工程。三是武清县京津塘高速公路绿色仪仗工程，长15千米，植树8.6万株。四是宝坻县中登、周良农田综合开发林网配套工程，有23条主副渠，渠两侧每侧4行树，植树18万株。各县(区)特色工程如津蓟铁路绿色通道工程、宝坻县宝三公路两侧绿化工程、静海县京福高速公路枣树林网工程、大港区太沙明渠林网工程等都体现了各县(区)造林工程的水平和特色。经联查，市级重点工程植树成活率85%以上，特色工程成活率90%以上。

2. 科技兴林取得新佳绩。继续实行造林良种化，引进推广了三倍体毛白杨、洋槐鲁刺系、苏柳等优良树种品种品系50万株，建立良种繁育基地166公顷。"红富士苹果、短枝红星苹果丰产栽培技术规范"被广泛推广，推广面积1万公顷。组织县(区)制定果品名牌战略规划，久负盛名的汉沽区茶淀玫瑰香葡萄、蓟县盘山磨盘柿子和天津板栗被市政府命名为天津市农业名牌产品。出版发行了《红富士苹果优质丰产栽培新技术》一书。薰蒸毒签药剂配方研究及在林果上的推广应用、红富士苹果栽培技术规范制定与推广应用、盐碱地果园缺绿病研究均获天津市科技进步三等奖。

狠抓森林资源的保护和管理

1. 全市林木病虫害发生12 080公顷，发生率13.4%；防治9700公顷，防治率80.3%；监测70 200公顷，监测率78%。重中之重的美国白蛾防治工作取得显著成绩。全市发生面积313公顷，比1996年下降了71%，发生范围由1996年的8个区(县)缩小到5个区，到10月份5个区中的大港、津南两区疫情已基本控制，剩余3个区的受害面积减少到91公顷，分布范围缩小到15个乡(镇)的37个村。查治中全市共出动人力8131人次，机动车1162车次，踏查林地40 100公顷(重复调查面积)，用药12.36吨，挖蛹2.11万头，人工剪除网幕3.7万片，防治总面积2504公顷。市林业局与有关交通运输部门联合下发了《关于进一步加强国内邮寄、托运森林植物及其产品检疫工作的联合通知》，使检疫工作顺利开展。

2. 12月7日，林业部批准蓟县九龙山森林公园由市级升级为国家级森林公园，定名为天津九龙山国家森林公园，当年接待游客2万人，收入23.5万元。

3. 严格森林资源各项管理。全市采伐林木17 469立方米，占限额34.9%。1997年虽遇到罕见大旱，但全市仅发生火警5起，实现了连续8年无森林火灾。森林资源连续清查第一次复查全面完成，完成了全市2819个固定样地的复查。全市木材运输管理平稳进行，全年审查过境木材近20万立方米，核发出省木材运输近2000份。全市发生乱砍滥伐林木案件38起，结案36起。林地管理继续实行审批和补偿制度，对东丽区安居工程、西青区华苑片依法办理了征占用林地手续。全市共办理征占用林地21.6公顷。

4. 野生动植物保护与管理全面展开。完成全市湿地调查工作。做好了野生动物普查准备工作。及时准确办理进出口证书447份。开展了以"普法执法，保护鸟类"为主题的第十六届"爱鸟周"活动。期间，由市林业局、公安局、工商局及新闻单位组成联合执法队，对野生动物的驯养、繁殖、猎捕、经营利用开展执法检查，并进行新闻曝光。全市参加人数1500余人次，动用汽车30余部，没收放生野鸟200余只。依据野生动物及其产品出市审批制度，严格实行《准运证》制度，全年签发《准运证》16份。严格执行《猎枪弹具管理办法》，全市销毁猎枪500余枝。 (张步峰)

【《天津市实施〈中华人民共和国森林法〉办法》颁布】 为全面发展天津市造林绿化事业，根据《中华人民共和国森林法》和其他有关法律、法规的规定，结合天津市实际，天津市林业局在大量调查研究论证的基础上，广泛征求意见，反复修改，起草了《天津市实施〈中华人民共和国森林法〉办法》(以下简称《办法》)。1997年1月8日天津市第十二届人民代表大会常务委员会第二十九次会议通过了《办法》，并以天津市人大常委会第六十四号公告公布施行。

《办法》设有总则、林地林权管理、植树造林、经营管理、森林保护、采伐管理、林业基金、法律责任、附则共九章四十九条。

《办法》在天津林业立法史上有重大突破：①进一步明确了森林、林木、林地权属和调处林权纠纷程序，指明林权证书是森林、林木、林地所有权或者使用权的法律凭证；②进一步规范林地管理，明确征占、使用林地审批程序，完善实行林地使用补偿制度；③强化森林采伐限额管理，严格执行凭证采伐制度，对现有森林资源实行全额管理、分类指导、分级审批等制度；④切实加强对木材运输和经营加工的管理，明确实行木材运输证制度和木材经营加工许可证制度；⑤建立健全林业基金制度，进一步完善了育林基金征收制度，建立森林生态效益补偿制度，明确了"对依托生态公益林获取收益的，由林业行政主管部门征收森林生态效益补偿费”；⑥对“法律责任”部分进行了充实，增强了可操作性和行政处罚力度。（张步峰）

【蓟县山区综合开发】 经中央农村工作领导小组3月24日批准，蓟县被列为全国山区综合开发示范县。5月22日林业部部长、全国山区综合开发协调小组组长徐有芳到蓟县考察，他提出蓟县开发要按照“高起点、高档次、高科技、高投入、高产出”的标准进行开发建设，以旅游业为大产业，在绿色食品上大做文章，坚持山、水、林、田、路、电综合开发，发挥整体优势，建成全国城郊型山区开发综合示范县。同一天，市委书记高德占在市委听取了市林业局负责同志和蓟县县委主要领导的汇报，他指出蓟县山区综合开发是天津城乡协调发展的全局问题，各部门都要全力以赴支持蓟县山区综合开发。

按照国家和市委要求，市政府成立了以朱连康副市长任组长的山区综合开发协调小组，召开了蓟县山区综合开发研讨会。蓟县同时成立了山区综合开发协调小组。7月份，市山区综合开发办公室主任、市林业局局长张宝恕在蓟县主持召开了蓟县山区综合开发“九五”规划评审论证会。规划确定了建设八个特色经济区、六大主导产业、实施八项重点工程的“八六八”工程基本框架。

1997年是蓟县山区综合开发示范县建设的第一年。一年来，市、县政府和同级山区综合开发协调小组、林业局高度重视，抓住机遇，积极运作。按照山区综合开发总体规划，圆满完成了当年“改土、治水、植树、修路、通电”各项任务。基础设施建设方面，完成公路大修101千米，增加变电站容量53 300千伏安，增加电话装机2.6万门，放号9728门，消灭了44个偏远山区电话空白村。林果开发项目中，改造低产果园1333公顷；小流域治理8.8平方千米，新修、改造沟渠42千米，疏通河道40.7千米，新增机井495眼；造林2133公顷，其中荒山造林333公顷，平原造林1000公顷，新建酒用葡萄基地800公顷。另外，林业部和中国农业发展银行还给蓟县安排了1300万元专项贴息贷款，用于天津天阳葡萄榨汁、正大肉鸡养殖、城关镇工厂化棚菜生产示范区建设。（张步峰）

【天津市林业局“四优”文明工程】 1996年5月6日天津市成立了林业局。为塑造好津门第一代林业人形象，市林业局党、政、工会领导班子决定从1997年1月起在局机关实施以“优美环境、优质服务、优秀岗位、优良秩序”为目标的“四优”文明工程。

为使“四优”文明工程真正见到实效，采取了三种做法：一是制定创建精神文明工程管理制度，以严谨的制度为管理技巧，形成一种持久的自我规范自我管理的运行机制。二是将精神文明与物质文明相结合，成立考评小组，平时及年底给每人按“四优”文明工程标准打分，分数与年终奖金挂钩，并要求统一着装、挂牌上岗。三是最大限度地关心和调动每个员工的积极性，并对原机构进行了大刀阔斧地调整和改革。改组建立了营林处、林政处（兼护林防火办公室）、计财处、科技站、资源站、森保站（兼森林植物检疫站）、野生动植物保护站（兼国家濒危物种进出口管理办公室天津办事处）、办公室（内设文秘科、政工科、行政科）、林业宣传中心等中层机构。同时，大胆提拔了一批青年干部。局内机构设置和个人岗位的科学定位从组织上保障了市林业局各项工作的整体推进。

开展“四优”文明工程以来，由于全体员工思想认识到位、工作力度到位、物质投入到位，使文明工程持续健康、蓬勃发展，机关作风焕然一新。一是办公效率与质量显著提高，如当天的文件、简报当天回复。二是各个岗位开展优质服务已蔚然成风，特别是林业行政执法准确快捷，服务周到，已被社会广泛信赖。三是到处呈现良好秩序。仅纪律一项，经局考勤小组多次明察暗访，全局没有无故迟到、早退、脱岗、串屋现象。四是到处呈现环境美，无论哪间办公室都是窗明地洁。五是全体员工统一着装，挂牌上岗，仪容整洁，展示了新时代机关工作人员的精神风貌。

（张步峰　吕树松　何淑华）

【天津市农业名牌产品——茶淀葡萄】 早在1981年汉沽区茶淀乡种植玫瑰香葡萄25.97公顷，年产291吨。到1997年茶淀乡玫瑰香葡萄达314.3公顷，占全乡果树面积63.9%，占全乡耕地34.98%；年产11 967吨，占全乡果品年产84.5%；年产值4068.8万元，占全乡农业总产值71.8%；当年全乡人均葡萄收入3900元，是1982年的12.5倍。

茶淀乡玫瑰香葡萄效益逐年递增，带动了全区玫瑰香葡萄生产。到1997年底全区茶淀牌玫瑰香葡萄共达911.1公顷，占全区果树面积的75.8%，占全区耕地面积的20.1%；结果面积平均每公顷产量45 000千克；年产量27 730吨，占全区果品总产量的90%；葡萄年获效益7000万元，人均葡萄收入1400元。在全区当年茶淀葡萄面积中，茶淀乡314.3公顷，后沽乡464.2公顷，杨家泊镇124.9公顷，大田镇4.4公顷，营城乡3.3公顷。

久负盛名的茶淀葡萄生产科技含量高。先后试验、示范、推广了配方施肥、叶面喷肥、疏花疏果等实用技术20多项，90%以上的果农熟练掌握了培植技术和管理，保持了玫瑰香葡萄的上乘质量和良好的市场信誉。其特点是：着色很好，肉质鲜美，风味独特，含糖量高，鲜食口感上佳。茶淀葡萄也是中法合营王朝葡萄酿酒有限公司的重要生产基地，每年都为该酒厂提供大量优质原料。茶淀葡萄还销往大连、南京、上海、广州和华北等地。茶淀葡萄在1994年全国农业博览会上，评为全国优质葡萄第一名，1995年全国农产品博览会上再获银奖，1997年茶淀葡萄注册于天津市商标事务所，同年又被天津市政府命名为农业名牌产品。茶淀葡萄有一定加工规模，天津汉王马葡萄酒厂（坐落茶淀乡）年生产干白、半干白、干红葡萄酒1000吨。桥沽榨汁厂（坐落后沽乡）年生产干白、半干白葡萄酒3200吨。 （张步峰）

【武清县果品生产】 武清县是天津市果品生产的重点县之一。1997年末全县实有果园5399公顷，占全市的12%，其中成果果园2698公顷；有零星果树50.48万株，产量9866吨；全县果品总产70 324吨，占全市的27.9%。在全县实有果园面积和产量中，其中苹果3776公顷33 484吨，梨362公顷6646吨，葡萄185公顷5963吨，柿子5公顷257吨，桃765公顷20 707吨，杏56公顷766吨，枣185公顷2098吨，红果23公顷271吨，其他42公顷132吨。1997年与1987年相比，全县实有果园、成果果园、果品产量分别是前10年的1.8倍、3.7倍和10.3倍。

全县千亩以上的果园有灰锅口、小营、南陈庄、小押虎寨、大押虎寨、丁辛庄、李各庄、于四、大范口和汉沽港镇一街、二街、三街、四街、二光、六道口共15个村的果园，面积1385公顷，果品产量29 939吨。两千亩以上的有聂庄子乡灰锅口村、汉沽港镇一街村的果园，面积和产量分别为160公顷1533吨、140公顷2584吨。千亩以上果园的特点是统一规划、统一管理、集约经营、科技含量高、效益显著。

武清石各庄、陈嘴、王庆坨、汉沽港4个乡（镇）属于天津市津西水果基地。1997年末实有果园1908公顷，其中成果912.5公顷；有零星果树5.80万株，产量1988吨；基地果品总产量23 370吨。主要果树树种是苹果、桃、梨、葡萄。

武清县果品生产科技程度较高。一是果树良种化程度高，如苹果中红富士、新红星面积占90%，桃、梨、葡萄等全部优种化。二是大面积果树实用新技术推广获部（省）奖的有十多项。近3年的果园管道化管理技术推广1750公顷，其中地面移动式管道推广1632公顷。好果率提高15%以上，每年每公顷纯增经济效益1500元以上。1990～1992年采用综合技术改造低质低产果园69个，面积1533公顷，3年累计增产40 000吨。连年的多效唑在果树上的应用，全县推广1333公顷，每公顷平均每年增收2100元。大李子优良品种引种及丰产栽培技术研究，共引进15个优良品种，从中选出盖县大李子、早红李、香蕉李、琥珀李、苹果李已在全县推广47公顷。果树常规实用技术如苹果丰产优质综合技术、果实套袋、施用生物钾肥、化学疏花疏果、ABT生根粉应用、果园覆草等均获得普遍增产增收。三是保护地果树有所发展。1997年全县有各类温室、大棚144个，占地13.3公顷，其中葡萄大棚132个，占地12公顷，其余是桃、李、樱桃棚，保护地果树较大田果园经济效益成倍增长。四是武清县承担市技术监督局的林果标准化示范县项目，积极开展林果技术标准化工作。1997年对全县2344公顷红富士、新红星苹果进行严格的标准化技术管理，果品总产量达13 361吨，总产量新增1360多吨，总产值新增299万元。

武清县果品生产有一定的贮藏加工、销售能力。汉沽港、徐官屯乡各有一座现代化350吨、300吨的保鲜库。长城罐头厂年加工桃罐头1000～1500吨，全部远销日本。 （张步峰 何建凤）

【造甲乡林业工作站】 宁河县造甲乡林业工作站不仅是天津市乡（镇）林业工作站的老先进，还是全市林业系统多种经营的首富企业。

造甲站积极注重搞好全乡林果主业。1997年底造甲乡有林地1400公顷，树木120多万株，其中经济林104公顷；经济林中有成果83公顷；经济林中苹果47公顷、桃40公顷，其余为葡萄、梨、枣，果品年均产量1000吨；林木覆盖率10.4%。造甲站在林业生产中始终发挥了骨干和示范作用，主要成绩：①抓好育苗。该站13.3公顷苗圃树种全部良种化，其中苏柳占60%，旱柳20%，中林系杨树10%，其余为花灌木。1995～1997年该站为全县提供成品苗木205万株，其中提供工程造林苗木150.5万株，3年苗木收入140万元，还无偿支援本乡苗木50万株。②抓好工程造林。该站3年工程造林30万株，其中县办工程造林15万株、乡办7万株、村办8万株，结合农田基本建设，使全乡初步实现大网格绿化。③抓好资源管护。组织8个村24人的专业管护队伍，定期到站，每村每年出管护费3000元，乡站每年每人贴资500元，实行定人员、定数量、定成活的三定制，年终考核评比，兑现护林员工资，使全乡树木资源得到有效保护。

造甲站在搞好以林为主的同时，多种经营创出大业绩。①养殖业：年均养蛋鸡10万只，年产商品蛋600吨，年均创纯利30万元。年均存栏基础母猪175头，年出售商品猪2000头，产值300万元，年均创纯利40万元。年均养鸭1万只，年产商品鸭蛋150吨，年产值120万元，年均创纯利30万元。②种植业：年均种植水稻6.7公顷，年收稻谷6吨多，年均获纯利十几万元。搞大棚菜3.3公顷，供市配菜中心包产包销。③小工业：建有印刷厂、机械加工厂各1个，年均纯收入8万元。④食品加工业：1996年该站引进粮食大县低息贷款80万元，自筹资金140万元，建造了一座1580平方米的现代化冷库，配备了厂房设施设备，聘请名师名技，建成了益林食品加工厂。以“五木香”牌为注册商标的食品有鸡肉分割小包装、速冻保鲜野菜、速冻食品加工、冷冻食品加工、蛋品腌制、蚂蚱及土特产品加工六大系列80余个品种，总产值450万元，年创纯利50万元。在销售中仅为日本独资企业提供货源，就收入30多万元。特别是“五木香”牌野味食品风靡津门市场。

据初步统计，近3年造甲站多种经营年均产值600万元，3年总产值1800万元，年均创纯利180万元，3年总创纯利540万元。

（张步峰　徐志君　齐胜利）

【天津经济技术开发区盐滩造林新技术】 1997年，天津经济技术开发区建成区绿地达190公顷，人均绿地19平方米，初步形成了具有开发区特色的环境景观，成为我国滨海地区造林典范。在这原为塘沽盐场卤化池的不毛滩涂上造林绿化之所以成功，主要经验就是该区能够打破常规，采用新技术，科学造林和管护。

1. 确定盐滩绿化新模式是以疏林草地为特色的现代园林，坚持通透、自然、开放的建设模式，强化园林工程的质量、样板效应和开发区特色。

2. 建立以工程监理为特色的管理机制，对投资额在50万元以上的项目进行招标，由建设单位全程监理，分步验收，分步拨款，最后总体验收，并由施工单位进行3年养管。同时，开发区在1997年进行ISO9001的认证试运行工作。这在我国林业、园林部门还是首家首次。通过认证，开发区绿化建设将更加规范化、科学化，并与国际管理接轨。

3. 绿化方式与技术上采取铺设塑料波纹、塑料盲管、降低水位、排水洗盐、抑制客土层次生盐渍化等综合技术措施。

4. 绿化的选材上，选用适合天津滨海地区的造林树种：白蜡、国槐、桧柏、栾树、黄杨、木槿、紫叶小檗、金银木、紫薇、柽柳等。

5. 绿化的研究课题与推广项目上，注重引进高新技术和高科技人才参与科技兴绿。90年代以来，获得科技进步奖、达到国际先进水平、国内领先水平并取得显著效益的主要有：盐滩绿化经济合理技术途径的探讨与研究、粉煤灰在盐滩绿化的应用研究、滨海地区土壤盐碱化的防治与研究。1997年开发区又踏上了“以废造绿，铺铸盐滩绿化可持续发展”之路，当年又开展了滨海地区新土源的探讨与研究课题。

6. 园林作业基础设施先进。先后引进了喷植机、碎枝机、剪草机、打孔机等一批先进园林机械设备，引进土壤渗透系统测定仪、原子吸收分光光度计、自动灌溉系统等先进科学仪器，引用多台计算机并联网，从而使全区绿化整体规划设计、养管质量及管理工效显著提高。

（张步峰）

河北省林业

【概　述】

发展与成就　1997年，在战胜严重干旱的情况下，全省完成造林面积36.51万公顷，是年计划的109.5%；新封山育林完成26.61万公顷，是年计划的133.1%；新育苗1.06万公顷，是年计划的106%；果品基地建设完成6.2万公顷，是年计划的116%，果品总产量达59亿千克，是年计划的106%，果树栽培面积，果品总产量均居全国第二位，梨、板栗、柿子、杏扁产量居全国第一位，优质果率和好果率均比1996年提高2个百分点，以苹果、梨和板栗为重点的改劣换优完成3.29万公顷，比1996年增加17.6%，并全面完成了3.53万公顷被洪水冲毁果园的修复；系统内加工企业创利税5137万元，是年计划的103%；共利用外资680万美元，完成了年度计划；塞罕坝人造板有限责任公司中密度纤维板厂完成投资5000万元，于9月1日投产，年生产能力达2万立方米，经国家人造板检测中心测试，质量符合国际标准特级品要求。

生态体系建设　突出太行山绿化，推进五大生态体系工程建设。明确提出太行山绿化工程要以提高蓄水防洪能力，建设木本粮油基地为目标，以提高质量、集中连片、扩大规模为重点，万亩以上片已达59个，共完成造林5.37万公顷，整地6.27万公顷，新封山育林6.8万公顷，飞播造林5.67万公顷；首都周围绿化工程进一步完善防护林体系建设和八大林果特基地建设，以沿路沿边沿坝形象工程为重点，全面完成了人工造林15.37万公顷、封山育林18万公顷、整地10.13万公顷的年度计划；沿海防护林基干林带已基本合拢，主要抓完善提高，重点抓好泥质海岸造林攻坚；省会周围绿化工程已全面铺开；平原绿化推广了衡水市实施重点乡镇高标准农田林网建设工程的经验。

发展林业产业　制定了《河北省“九五”林业“增、转、化”方案》，确定了5大主导产业、18条龙、64个重点工程项目，加强了对系统内12家重点企业的管理和对现有跨行业跨地区龙头企业的配套服务。

义务植树基地建设　对义务植树基地建设实行了严格的目标管理，落实了责任、考核、奖惩责任制，进一步健全了领导干部任期绿化目标责任制。全省共有3000多万人参加了义务植树活动，完成义务植树1.3亿株，已建义务植树基地3839个，面积14.27万公顷，其中年内完成9.07万公顷。

改革与林政实施

加大改革力度　一是国有林场改革，在搞好分类经营调查的基础上制定了发展规划，明确了发展目标和主攻方向，重点抓了塞罕坝机械林场、孟滦林管局两个厅属单位以及雾灵山自然保护区的改革，提高了经济效益。二是积极推行以股份合作制为主要内容的农

村产权制度改革，加快了乡村集体林改造，促进了集体林果业的发展。三是深化林业企业改革，为帮助系统内重点企业搞好内部经营机制转换，进行了产权制度改革试点，把小企业放开放活，通过出售、租赁、股份合作制改造，盘活了存量资产，提高了经济效益。

扩大对外开放 一是大力发展创汇林业，突出抓了林果产品出口基地建设。新发展外向型果品基地2.33万公顷，目前河北果品已远销到东南亚、欧洲、北美等30多个国家和港澳地区，林业系统出口木片5.1万吨，创汇595万美元。二是抓好间接利用外资工作。世界银行贷款二期工程引进外资207万美元，完成造林1.34万公顷，德援河北造林项目引进外资307.9万马克。三是直接利用外资。塞罕坝机械林场、孟滦林管局、围场县林业局共同引进德国政府间贷款470万美元联合开发复合地板块项目已签订合同；秦皇岛野生动物园与泰国华彬集团合资兴建二期工程项目，年内已收入2000万元；广平县引进北欧投资银行贷款380万美元生产复合地板块项目已竣工投产。四是引进国外的种质资源和先进技术，先后从日本、荷兰等国引进李子、榛子、油桃、甜柿、玫瑰、新铁炮百合等林果花新品种94个。

开展科技推广年活动 1997年作为“全省科技推广年”，提出了“围绕一个中心（提高林果质量和效益）、推进两个转变（由计划经济向市场经济转变、由粗放经营向集约经营转变）、抓好三个工程（良种工程、双千工程、人才工程）、实现四个提高（提高良种普及率、提高优质果品率、提高科技成果转化率、提高科技进步贡献率）”的工作目标，并采取措施加以实施。

林业产业结构调整 一是生态体系结构调整，加大了飞播造林、封山育林力度。二是果树基地结构调整，果树热得到控制，栽植面积比1996年减少5.37万公顷，发展重点从平原水果向山区干果转移，水果向新、稀、特品种调整。三是培育新的经济增长点，加大了花卉引进和市场建设力度，新发展花卉666公顷，全省栽培面积达到3200公顷；森林旅游业也取得长足发展，全省省级和国家级森林公园46处，总经营面积21.9万公顷，年接待游客500万人次，收入4000万元。

存在问题 ①生态体系建设和市场经济体制不相适应。②林业产品名牌少、规模小，影响了整体效益提高。③国有林场改革滞后，发展缓慢。

（河北省林业厅）

【《河北省人民政府关于加快太行山造林绿化的决定》颁布】 太行山是华北平原特别是河北平原的生态屏障，也是太行山山前河系的水源地。绿化太行山是解决河北水源匮乏，改善生态环境，加快太行山区经济发展，提高防洪保安能力的战略措施。为加快太行山绿化进程，按期完成2000年绿化太行山的任务，省政府于6月18日颁布了《河北省人民政府关于加快太行山造林绿化的决定》（以下简称《决定》）。《决定》提出“太行山区‘九五’期间完成人工造林33.3万公顷，飞播造林33.3万公顷，封山育林33.3万公顷，有林地增加50万公顷，平均每年增加10万公顷，森林覆盖率增加2.48个百分点。到2000年，太行山区有林地面积达到123.7万公顷，其中经济林面积47.7万公顷，实现山区农业人口人均0.07公顷经济林，基本完成灭荒任务。”《决定》在对完善各项林业政策，加强领导，提高科技含量，保护林果资源等方面做了明确规定的同时，对加大太行山绿化资金的投入也做了明确规定：“省财政1997年安排440万元，1998～2000年每年安排1440万元；1997～2000年，省计委每年安排预算内基建投资150万元，并适当安排以工代账资金；省林业厅商省有关部门每年从首都周围绿化资金中安排450万元；省财政厅商省山区建设办公室每年安排贴息资金400万元。”

《决定》颁布后，太行山区干部群众认真贯彻落实《决定》精神，提出太行山绿化要以提高蓄水防洪能力，建设木本粮油基地为目标，以提高质量、集中连片、扩大规模为重点，紧紧围绕绿太行、富太行目标，认真抓质量、抓进度、抓管护，保成活、保效益，推行“一把手工程”做法，进一步完善了领导干部任期绿化目标责任制，大大加快了太行山造林绿化速度。年内共完成造林5.37万公顷，整地6.27万公顷，新封山育林6.8万公顷，飞播造林5.67万公顷，圆满完成了年度造林计划。

（陈英洲）

【平原绿化】 1997年是省委书记程维高就平原绿化工作专门写信给有关市地党政主要领导的第二年。各地继续贯彻省委书记一封信的精神，以大框架和沿路、沿边、与相邻省市结合部等窗口绿化为重点，与小康建设、形象工程、农业综合开发和林业产业化相结合，掀起平原绿化高潮。为加快造林进度，提高绿化水平，省林业厅派出4个平原绿化督查小组深入到8市24县督促检查。并在衡水市召开了平原绿化现场观摩会，在全省推广了衡水市实施重点乡镇高标准农田林网建设工程的经验。各市县立足本地实际，确定了各自的重点绿化工程和造林主战场，实现了重点突破，取得了较好成绩。全省新增农田林网控制面积23.3万公顷，补植完善林网30万公顷，完成枣粮间作1.76万公顷；绿化河、渠、路26 260千米，其中大框架绿化1760千米。

（陈英洲）

【国有林场改革】 河北省现有国有林场128个，总经营面积65.2万公顷，有林地面积40万公顷，其中省属林场16个，总经营面积19.6万公顷，有林地面积14.2万公顷。这些林场大都是五六十年代建立起来的全民所有制事业单位。由于这些林场大多地处交通闭塞、信息不灵的老少边穷地区，职工整体素质低，开放意识不强，制约了林场经济的发展。4月7日，省政府批转了《省林业厅关于进一步加快国有林场改革与发展意见的报告》,要求进一步搞好以全面推进分类经营为基础，以抓大放小、减员增效、增资减债为目标，以搞好经营机制（劳、人、分）转换为内容的全面改革。在搞好分类经营调查的基础上，制定了国有林场发展规划,明确了发展目标和主攻方向,重点抓了塞罕坝机械林场和孟滦林管局两个林业厅直属单位的改革，使这两个单位的558名职工由事业工资改为企业工资，并在推行劳动用工合同制、干部管理聘任制、工资收入与效益挂钩等三方面取得阶段性成果，定岗、定编、定员工作基本落实到位；厅属雾灵山自然保护区通过实行聘任制和双向选择,压缩了管理人员,提高了经济效益，仅旅游服务公司就创收200多万元。

（河北省林业厅造林经营处）

【林业科技推广年活动】　省林业厅把1997年定为“全省林业科技推广年”，提出了“围绕一个中心（提高林果质量和效益)、推进两个转变（由计划经济向市场经济转变，由粗放经营向集约经营转变)、抓好三个工程（良种工程、双千工程、人才工程)、四个提高（提高良种普及率、提高优质果品率、提高科技成果转化率、提高科技进步贡献率)”的林业科技推广年指导思想。

为搞好林业科技推广年活动，省林业厅采取了一系列措施。一是实施“良种工程”、“双千工程（1000名科技人员技术承包1000个果园)”和重大林业科技成果推广计划。通过实施“良种工程”，调整树种、品种结构,省林业科学研究院引进花卉和果树新品种90多个，培育优良苗木133.5万株;引进辽优核桃完成室内嫁接23.7万株，出成苗18万株。1997年全省共引进推广毛白杨、苹果、梨、核桃、葡萄、杂果、花卉等良种300多个,新建林果基地普遍使用了良种。全省参加“双千工程”的专业技术人员达1458人,技术承包或指导一定规模的果园1839个,面积达3.53万公顷,占年计划的125%。同时认真落实了41项林业科技成果推广计划和30项组装配套林果科技成果推广,年内共推广林业科技成果430多项次，推广面积106.67万公顷,取得经济效益6亿多元。二是抓好林业科技推广体系建设,积极做好乡（镇)林业工作站定机构、定编制、定人员的“三定”工作，调整、完善、充实了基层技术推广机构和人员，全省乡（镇）林业工作站达到1425个,技术人员4575人。三是加强了科技示范体系建设,重点抓了唐山市、兴隆县、顺平县和塞罕坝机械林场4个部级科技示范区和全省200个示范点建设，调整充实了9个省级示范点，共完成示范面积8.47万公顷,辐射面积64万公顷。四是开展技术培训，全省共组织县以上科技人员送技术下乡4000多人次,印发技术资料15万份,培训技术骨干和农民技术员86万人次,其中绿色证书培训1.5万多人,新发证0.5万人,同时举办省级培训班10期，培训在职干部500多人次。

（陈英洲）

【塞罕坝中密度纤维板车间技改项目】　由塞罕坝机械林场和孟滦林管局共同出资，在原塞罕坝人造板厂基础上兴建了塞罕坝中密度纤维板车间技改项目，该企业也在原塞罕坝纤维板厂基础上改制为塞罕坝人造板有限公司。技改项目总投资4995万元，其中固定资产4477万元，流动资产518万元，新增建筑面积5679平方米，建设主车间、制胶车间、动力车间及35千伏变电站各一座。该项目1996年5月26日开工建设，到1997年9月1日建成投产，工期提前8个月。投产后达到了年产2万立方米的设计生产能力，产品经国家人造板检测中心鉴定符合国际标准特级品质量标准。

（河北省林业厅产业处）

【河北4县列人全国山区综合开发示范县】　继平山县之后，1997年又有宽城、易县、迁西3县列入了全国山区综合开发示范县，数量居全国各省（区、市）之首。1997年提供贴息贷款4900万元，4个县完成果品基地建设0.41万公顷，开发荒山0.33万公顷，修路100千米，平山县新建3座小水电站，增加发电容量1220千瓦，同时旅游业、养殖业也开始起步。　（陈英洲）

【森林旅游业】　1997年，河北省新建省级森林公园4个、国家级森林公园2个，全省森林公园达到46个（其中国家级森林公园8个）。森林公园总经营面积21.9万公顷，年接待中外游客500万人次，直接创收4000万元，社会旅游收入1.1亿元。采取的主要措施：一是加大投资力度。年内全省投入森林公园建设的资金达7600万元，其中省林业厅争取到贴息贷款1000万元。二是加强基础设施建设。森林公园大部分是在国有林场基础上兴建的，条件差，接待能力低，各地把招商引资和加强周边合作当作突破点，多方筹措资金。秦皇岛市海滨林场1995年以来共引资3000万元，搞了一期、二期工程，1997年旅游收入增到2150万元；承德市磬锤峰森林公园与当地乡（镇）合作投资600万元，新建了魁星楼、宝山等景点，1997年旅游收入389万元。三是抓新建森林公园总体规划。规定凡新建园必须搞好可行性研究，由省森林公园评审委员会实地考察、评审通过后方可报省林业厅审批。四是加强培训提高服务质量。省林业厅有计划地选派人员到外省和国外培训，各市通过请进来、送出去的办法学习和提高。五是在全省开展森林公园评选活动。　（陈英洲）

【林业系统先进事迹巡回报告团】　6月6～28日，省林业厅组织的全省林业系统先进事迹巡回报告团先后在厅机关、林业大专院校、科研机构、省属国有林场和部分市林业局作报告13场，行程3600千米。报告团由4名林业第一线的英模人物组成，他们是“保护人民利益，优秀森林卫士”——隆化县茅荆坝林区派出所所长陈爱群，“二十几年如一日，一心扑在林业事业上”的永清县林业局局长王恭祎，“建站10年做奉献，帮助群众共发展”的涿鹿县保岱镇林业工作站站长胥智根，“爱岗敬业，全心投入林业建设”的孟滦林管局桃山林场营林区主任杨秀英。在他们身上体现出的“艰苦创业，无私奉献”精神是林业行业精神的主体。

（陈英洲）

【河北展团获第四届中国花卉博览会团体最高奖】 在4月11～20日于上海举办的第四届中国花卉博览会暨中国花卉交易会上，河北省展出的根雕、赏石、山水盆景、树木盆景、金鱼、鲜切花等9大类66件作品，获金奖5项，银奖9项，铜奖17项，优秀作品奖17项，获奖面达72.7%，高出全国平均获奖面30%以上，改变了河北省在历届花卉博览会上的落后局面，进入全国前十名，并获得了团体最高奖——上海市长“白玉兰”杯。（河北省林业厅宣传办公室）

【在首届省农业博览会上林果桑花获奖】 在10月8～12日举办的首届河北省农业博览会上，省林业厅和省花卉协会（挂靠林业厅）联合组团参加了展出。参展的林果业产品种类齐全，主要有干鲜果品及其加工品、林产品及林副产品、桑蚕产品及加工品、花卉共计20多个大类1000多件展品。其中花卉为独立展馆，展出面积200多平方米，分鲜切花、盆花、插花、盆景、根雕、赏石、金鱼等9大类453种610件。省林业厅荣获特别组织奖和特别设计奖，林果桑花展品共获奖249项，占博览会设奖数的51.8%，其中认定名牌产品18项，占总数的45%；评审名优产品105项，占总数的33.3%；花卉评选名优作品126件，其中特等奖2件，一等奖21件，二等奖38件，三等奖65件。（陈英洲）

山西省林业

【概　述】

发展与成就

造林绿化　全年完成造林42.8万公顷，其中，人工造林27.8万公顷（经济林9.67万公顷），飞播造林15万公顷；“四旁”植树2亿株，其中义务植树8000万株；育苗2万公顷，其中新育1.2万公顷。西山防护林、太行山绿化、黄河中游防护林、防沙治沙四大重点生态工程造林20万公顷。围绕交通干线和旅游景点，建成一批绿色通道和绿色窗口工程。中德合作山西北部恢复生态环境项目造林0.5万公顷，世界银行贷款森林资源发展和保护项目造林0.71万公顷。

森林资源保护　加强森林病虫害防治，颁布了《山西省森林病虫害防治工程管理办法》，全年防治面积15万公顷，防治率64%。加强林政和资源管理，毁林案件查处率达到99%，森林蓄积消耗占年度限额的60%，林地征占补办手续400公顷，经林业部批准建立五寨县、和顺县、杨树林局和吕梁林局高天山4个狩猎场。加强森林防火，防火期未发生森林火灾，由于天干物燥，期外发生火灾17起，过火面积752公顷，受害森林326公顷。

林业产业建设　组织实施石膏刨花板、沙棘食品、三倍体毛白杨、花卉、干果市场、森林旅游6个产业龙头项目。石膏刨花板项目建成，并开始生产。沙棘食品项目成立山西新普生保健食品有限公司，并在太原市高新技术开发区建厂。三倍体毛白杨项目建苗木繁育圃66公顷，规划生产基地4600公顷。花卉开发项目，在大同、忻州、晋中等地级市建基地10处，建温室4500平方米。干果市场项目开始筹建经营面积2万平方米、交易吞吐量1亿千克场所。森林旅游项目完善配套设施，加强景点建设，实现收入1000万元。在举产业龙头的同时，新发展经济林11.67万公顷，经济林总面积达到100万公顷，干鲜果总产量达到21.5亿千克，比1996年增长20%。1997年，全省林业社会总产值达到50亿元。

科技兴林　完成各类科研课题18项，取得成果13项，其中部（省）科技进步二等奖4项、三等奖6项，太行山石灰岩区生态林业工程模式研究达到国际先进水平。科技示范县、示范乡、示范林场造林2.3万公顷。举办各类林业技术培训班100多次，培训科技人员1万人，培训农民30万人。10项经济林综合丰产技术和旱作造林技术得到广泛应用，根宝、生根粉蘸根造林技术得到普及。

林业改革　生态工程项目实行招标投标。省林业厅、省计委、省财政厅联合对“三北”防护林、黄河中游防护林实行项目招标。从工程涉及的75县中选择36县，按照招标条件，通过公开竞争、专家评审，确定30县承担总投资1746万元（县配套50%）、总面积4万公顷的造林任务。国有林区实行压限采伐、创办开发性农（牧）场。采伐限额压到了60%，人均0.07公顷经济林，1头大牲畜，每场1处农牧业生产基地。林业企业着手进行改制，按照“抓大放小”要求，省林业厅成立企业改制领导小组，并制定企业改制工作方案。股份合作制林业得到进一步推广，召开全省股份合作制林业现场会，颁布《关于深化林业投资体制改革，推进农村林业股份合作制向纵深发展的意见》，建成一批新型股份合作制林业实体。

存在问题　①基本绿化达标任务很重，部分县宜林荒山面积在几十万亩。②主要干线绿化、农田林网建设树种单一，结构老化，绿化效果差。③用材林速生树种及经济林优良品种引进、开发、推广不够。④国有场圃贫困面大，贫困场圃占国有场圃总数的48%。

（刘增光）

【飞播造林】 山西省飞播造林始于1964年，“文化大革命”期间中断，1979年恢复。多年来，根据适宜飞播的立地类型，全省在45县开展飞播造林，累计完成35万公顷，成效面积达到16万公顷，郁闭成林面积5万公顷。（刘增光）

【基本绿化达标县】 平陆县、右玉县、清徐县、介休市、晋城市郊区、长治市城区、长治市郊区、潞城市、长治县、屯留县、洪洞县、左云县、阳城县、万荣县、临猗县、陵川县、高平市、壶关县、大同县、大同市南郊区、应县、太原北郊、太原南郊、霍州市、翼城县、襄汾县、侯马市、曲沃县、阳高县、临汾市、娄烦县、定襄县、灵石县、永和县、吉县、隰县、天镇县、沁水县、泽州县、大同市新荣区、汾西县、文水县、汾阳县、孝义市、古县，共45县（区、市）。（刘增光）

【林业建设基金征收】 1997年，全省共征林业建设基金4464.8万元，比1996年增加683万元，占应征5500万元的81.1%。其中，地税部门代征1808.6万元，占应征2600万元的69.6%；林业部门自征1442.5万元，超任务1400万元的3%；省直属国有林场提取育林基金1213.7万元，占计划1500万元的80.9%。

（刘增光）

【山西省评出干果经济林名优产品】 10月26～30日，山西省举办首届干果经济林产品评奖展销会，评出山西十大名枣、五大名优核桃和五大名优杂果。十大名枣：稷山板枣、运城相枣、交城骏枣、太谷壶瓶枣、临猗梨枣、临县木枣、保德油枣、襄汾官滩枣、平陆屯屯枣、太谷郎枣。五大名优核桃：晋龙1号、晋龙2号、晋薄绵、晋薄香、辽香2号。五大名优杂果：大红袍花椒、桔密柿、龙王帽仁用杏、贾路1号板栗、泽州红山楂。（刘增光）

【林业对外开放】 1997年，山西林业对外开放取得可喜成绩：①9月，在'97山西国际经济贸易洽谈会上，洽谈林业项目11项，开口松、蜂窝状育苗容器等15种展品被评为最佳产品。②10月，在香港'97中国投资政策研讨及投资洽谈会上，洽谈林业项目10项，石膏刨花板、沙棘油、鲜枣、核桃、木炭、蘑菇、猕猴桃等产品受到港商青睐。③12月，在深圳'97山西名优土特新产品展销洽谈会上，山西红枣、核桃俏销东南沿海及港澳地区。④经国家计委批准，韩国政府为大同市石里河粉煤灰切块项目贷款270万美元立项；完成中德林业合作在使用土地和森林中贯彻农民的参与项目前期准备工作。⑤与日本大牟田市签订《关于加强野生动物保护合作交流意向书》。（刘增光）

【晋城市实现基本绿化】 晋城市位于山西省东南部，辖6县（区、市），总人口201万，总面积94.87万公顷。1997年，全市宜林地绿化率达到81.5%，有林地面积达到29.8万公顷，森林覆盖率38.4%，提前2年成为全省第一个基本绿化整体达标市（地）。主要做法：①兴办“一把手绿化达标工程”。1989年省委、省政府作出《关于加快造林步伐到本世纪末全省百分之八十的县实现基本绿化的决定》后，晋城市委、市政府即制定出台《关于加快绿化步伐，十年绿化泽州的决定》。市县乡三级领导通过建立任期绿化目标责任制、签订达标责任状，每年兴办“一把手绿化达标工程”20多个，起到了示范带动作用。②以乡（镇）为单位分期分批达标。按照达标规划，将任务分解落实到乡（镇），并制定《乡（镇）基本绿化达标检查验收及奖惩办法》。市委、市政府对提前或如期达标乡（镇）奖励100多万元。③依靠科技保证质量。大力推广造林适用技术，培育使用容器苗4亿袋，造林核实率和合格率超过90%。④增加投入确保达标。通过改革投资机制，增加引资融资力度，全市每年林业投入超过1000万元。

（刘增光）

【榆次市生态示范市建设】 为加强生态林业建设的样板带动作用，山西省政府于1996年决定榆次、忻州两市为全省生态建设示范市。榆次市抓住机遇，扎实工作，取得显著成效。一是立足实际，制定科学规划。全市总面积13.3万公顷，总人口49万，山、丘、川各占三分之一，森林覆盖率20.3%，林业基础较好。通过论证，规划到2000年森林覆盖率提高到27.3%，初步建立比较完备的森林生态系统，实现农田林网化、丘陵林果化、村镇园林化、城市公园化。二是筹措资金，建设生态系统工程。省里每年投资100万元，市里采取财政拨、乡（镇）企业补、乡村筹、部门征等多种办法，投入4000多万元，以村搞千亩工程，以乡建万亩基地，以县建设集中连片系统生态工程，山、田、路、村、镇全面绿化。三是依靠科技，加快绿化速度。大面积推广造林、育苗和经济林管理多项适用技术，在旱作造林、容器育苗和果树嫁接上取得新突破。建设生态示范市两年，全市宜林地绿化率达到80%以上，森林覆盖率达到22.1%，城市人均绿地3.5平方米。

（刘增光）

【绛县林业系统实体建设】 绛县是近几年山西省农村改革的先进县，在改革浪潮推动下，林业系统实体建设蓬勃发展，效益显著：①围绕基地建企业集团。该县位于山西南部，发挥气候温和和“七山二岭一分川”的地形优势，近几年发展山楂0.67万公顷。依托山楂资源，立足果、叶转化，林业局先后争取国家投资1980万元、职工缴股216万元，改造组建了绛县金甲药业股份制企业集团，开发研制出益心酮片、血复生口服液等治癌、抗癌新药，在太原、北京、石家庄、武汉等地各大医院临床应用中取得理想效果。②转变职能办优势项目。县林业局及早适应机构改革需要，改变作风，转变职能，把工作重点由机关转向基层，鼓励职工发挥优势，发展自己。局机关拨出8万元购100公顷荒山并全部栽植优种经济林；14个乡（镇）林业工作站分别办起小林场、小果园、小苗圃以及旅社、油站等增收项目；全体林业干部人人一坡、一沟、一园、一片，都有了经济收入新增长点。1997年，创办各类企业32个，总产值2000万元，利税400万元。（刘增光）

【左云县站场合一发展林业】 左云县位于山西省北部，隔古长城与内蒙古毗邻，自然条件较差。立足这一实际，该县坚持不懈植树造林，林地面积达到4万公顷，森林覆盖率达到31%。为加强森林资源保护管理，变资源优势为生态优势、经济优势，县委、县政府根据行政区域和林木资源分布，划定经营面积在2000公顷以上的林场10个，并将乡（镇）林业工作站迁入林场联合办公，实行以林为主，多种经营。林场、林业工作站合并后，享受造林重点工程优先和加工企业营业税免征等优惠政策。林场职工三分之一从事整地、造林、抚育，三分之一培育苗木、种植粮油，三分之一开展多种经营。（刘增光）

【管涔山森林经营局】 该局位于宁武县城，设12个林场、2个木材转运站及经济开发公司等27个基层单位，现有职工1450人。全局经营面积4.49万公顷，有林地面积3.22万公顷，活立木蓄积量523万立方米，森林覆盖率70%。华北落叶松和云杉为主要树种，林分质量较好，每公顷平均蓄积158.9立方米/公顷，最高达470立方米/公顷。林区动植物种类繁多，木本植物80余种，草本植物500余种，动物180余种，是世界珍禽褐马鸡故乡。（刘增光）

【庞泉沟国家级自然保护区】 该保护区位于交城县、方山县交界省属关帝山森林经营局范围，总面积1万公顷，林地面积7000公顷，森林覆盖率74%，活立木蓄积量100万立方米。区内动植物资源丰富，保存植物60余科500余种，其中木本植物27科100余种、中药材200余种；保存鸟类15目40科150种、兽类6目11科30种。国家一、二级保护动物金钱豹、褐马鸡、黑鹳、金雕、原麝、鸳鸯均有分布，褐马鸡种群数量达到1400余只。（刘增光）

【山西省1997年林业大事】

1．2月23日，霍州市沿山发生哄抢盗伐林木事件。肇事者殴打护林人员、扣留公安干警，省有关部门给予了严厉打击。

2．2月26～28日，全省林业局长会议在太原召开。会议传达全国林业厅（局）长会议精神，总结安排全省林业工作。与会代表列席全省农村工作会议。

3．4月30日，山西省“三北”防护林和黄河中游防护林招标项目揭标。此次招标，从工程范围的75县中选择36县投标，按照确定的招标条件，通过专家评审，有30县中标。招标工程总面积4万公顷，总投资1746万元，其中，部、省投资和县配套各半。

4．5月27日至6月17日，山西省林业厅在10地（市）巡回组织“六一七”世界防治荒漠化和干旱日百万人签名活动，3.2万人在60米长白绢上签名。

5．6月2～6日，半干旱地区造林成果及前景展望国际学术会议在大同市召开。中国、德国、比利时、约旦等10国林业和生态专家学者99人考察了山西省中德林业技术合作成果和应县、怀仁、大同、左云等县造林绿化工程。

6．6月15～25日，日本国际事业协力团官员和专家在吉县、大宁、永和、岚县、忻州等地考察黄土高原生态综合治理。

7．6月21日，沁水县固县乡发生森林火灾，过火面积475.9公顷，受害面积96公顷。

8．7月9日，山西省林业文学艺术工作者协会成立，并设摄影、书法、美术、文学4个工作委员会，有理事103人，常务理事59人。

9．9月26日，山西省林业厅与意大利FBR—ELPO公司在太原签署引进意大利政府贷款280万美元开发高纯度沙棘油超临界萃取和易拉罐设备合同。

10．10月26～30日，山西省首届干果经济林产品评奖展销会在太原举行。此次展评会共评出山西十大名枣、五大名优核桃、五大名优杂果以及10个金奖、20个银奖加工产品。省领导胡富国、孙文盛、郑社奎、王文学和林业部副部长祝光耀等到会。

11．11月20日，山西省林业厅成立山西省兴晋森林植物克隆技术开发有限公司，主要任务是推广三倍体毛白杨。

12．11月29日，山西森磊建业有限公司石膏刨花板项目投料试车。该项目总投资1.6亿元，年生产规模3万立方米，是山西省林业最大的工业项目。石膏刨花板是引进德国设备、技术，利用石膏和木材深加工产品，属防潮、防火、无污染新型建材。（刘增光）

内蒙古自治区林业

【概 述】

发展与成就

森林培育 共完成人工造林39.1万公顷，其中用材林9.4万公顷（速生丰产林2万公顷），经济林8.1万公顷，防护林28.7万公顷，薪炭林2050公顷，特种用途林130公顷。当年工程造林38.1万公顷，占人工造林总面积的97.4%。飞播造林7.3万公顷，当年封山（沙）育林7.4万公顷。全民义务植树5850万株，"四旁"植树6026万株。新育苗4610公顷，采集林木种子202.6万千克。完成迹地更新4.5万公顷，幼林抚育55.9万公顷，成林抚育46.8万公顷，低价林改造1.8万公顷，抚育改造出材84.7万立方米。

森林保护 全区共发生森林火灾11起，其中特大森林火灾1起，受害森林面积26 112公顷，森林火灾受害率为1.6/1000。受害森林面积比1996年下降78%。5月2日发生在绰尔林业局的特大森林火灾受害森林面积就达26 100公顷，占全区受害森林面积的99.95%。全区森林病虫鼠害发生面积50.8万公顷，发生率为2.81%；有效防治面积35.3万公顷，防治率为69.5%；森林病虫鼠害监测覆盖率为84.4%；种苗产地检疫率为95.6%。松毛虫发生面积已大幅度下降，光肩星天牛得到了有效控制。

资源管理 制定了《森林采伐限额管理办法》，认真组织实施了《灌木林采伐更新管理办法》，全区总体上没有超限额采伐。对旗（县）二类调查进行了清理整顿，共审查了15个旗（县）和5个国有林业局的二类调查成果和林业局森林经营方案，又有3个林业局、9个旗（县）开展了二类调查，面积1677.5万公顷。为贯彻落实国务院办公厅《关于加强森林资源保护管理的通知》，自治区人民政府办公厅发出了《关于检查森林资源保护管理工作的通知》，对森林采伐限额的执行情况、林木采伐许可证办理情况、林地管理情况等进行了专项检查。坚持一年一度的造林核查工作，完成了全区（不含大兴安岭林区）主要树种"三表"（立木材积表、材种出材量表和生长率表）的编制工作。

林政管理 全区共发生林业行政案2540起，损失林木蓄积1961立方米；查处2505起，查处率为98.6%。继续坚持征占用林地审批补偿制度和使用林地许可证制度。全区共审批征占林地项目79个，征占林地371.7公顷，其中有林地291.8公顷。按照国务院、林业部和自治区人民政府有关制止公路"三乱"的要求，设在国道、省道的木材检查站开展了达标建设工作，1997年共有河洛堡等20个木材检查站达标。

全区林业公安机关加大了对破坏森林资源案件的打击力度，全年共查处各类林业案件3079起，综合查处率达98.2%，打击处理违法人员4897人次，收缴木材620立方米，收缴各类属于国家重点保护野生动物1400多头（只），放飞百灵鸟400多只，挽回直接经济损失326万元。

林业产业 全区生产木材504万立方米，锯材21.5万立方米，人造板10.41万立方米。发展混农林业27.3万公顷，生产粮食3亿千克，收入1.9亿元。发展行列式造林3.3万公顷。全区生产果品3.8亿千克，中药材4255万千克，以及一些食用菌、蔬菜等。新建生态经济沟465条，面积6万公顷；建生物经济圈6541个，面积3.46万公顷。营建"五小林业"3.16万公顷，其中小林场2.59万公顷，小苗圃666.7公顷，小果园2867公顷，小药材园333公顷，小种植园1800公顷。全区实现林业总产值56.8亿元，为计划的123.5%，农牧民从林业人均增收达到74元。

林业科技 全区新上林业科研课题38项，其中林业部立项2项，自治区科委立项6项；有28项林业科研成果分获林业部、自治区和林业厅的奖励；以抗旱造林系列技术等9项指令性推广的林业适用技术为重点的林业科研成果和适用技术推广面积达24万公顷；科技推广覆盖面达到60%；林业厅举办了两期旗（县）林业局局长林业科技培训班，培训旗（县）林业局局长60人。全区多渠道、多层次举办各类林业技术培训班，培训农牧民80多万人次。

基层基础建设 全区乡级林业工作站达到1202个，比1996年增加209个，核定事业编制4686个，现有职工5596人，其中正式职工3114人，当年有7个旗（县）苏木（乡、镇）林业工作站达到林业部规定的合格县标准。全区已有31个旗（县）540个乡级林业工作站在合格县建设上通过自治区验收，有17个旗（县）258个乡级林业工作站通过林业部验收。全区林业工作站达到1298个。

重点生态工程建设 "三北"防护林体系三期、治沙一期、黄河中游防护林、辽河流域防护林等国家四大重点生态建设工程，1997年共完成人工造林36.2万公顷，飞播造林7.3万公顷。其中用材林6.4万公顷，经济林8.2万公顷，防护林28.6万公顷，薪炭林0.2万公顷，特种用途林130公顷。封山（沙）育林7.4万公顷，幼林抚育4.2万公顷。其中，"三北"防护林体系三期工程当年完成人工造林29.7万公顷，飞播造林5.3万公顷，封山（沙）育林5.6万公顷。治沙一期工程完成人工造林3.2万公顷，飞播造林2万公顷，封沙育林1.5万公顷；飞播种草0.4万公顷，人工种草1.8

万公顷，改良草场 0.8 万公顷，治沙造田 0.5 万公顷，改造低产田 0.7 万公顷，种植特种经济作物 0.9 万公顷，开发利用水面 0.1 万公顷。黄河中游防护林工程完成人工造林 0.5 万公顷，封山育林 0.1 万公顷。辽河流域防护林工程完成人工造林 3.3 万公顷，飞播造林 400 公顷，封山（沙）育林 0.1 万公顷。全面实施了京包—包兰铁路和 110 国道丰镇至磴口段绿色通道建设工程，启动了内蒙古自治区大青山林业生态建设工程。六大百万亩“三松”基地当年完成造林面积 4.5 万公顷，累计达到 29 万公顷。

存在问题 ①随着造林绿化事业的不断推进，造林的重点逐步转移到远山大山、远沙大沙，难度越来越大，所需投入越来越高。②造林绿化地区间发展不平衡，一些地区生态建设的步伐仍落后于生态恶化的速度。③资源保护、管理特别是森林防火工作还存在一些薄弱环节。④种苗基础薄弱的问题越来越突出，特别是飞播用种、柠条种子和农防林用苗严重不足。⑤林业经营管理粗放、效益低下的问题仍未得到较好的解决。

（夏玉田 郝永富）

【全区山区沙区生态建设现场会】 8 月 13～17 日，自治区党委、政府在赤峰市召开了全区山区沙区生态建设现场会，自治区党委书记刘明祖倡导、参加并主持了会议。各盟市主管领导和分管领导，63 个山区沙区（以下简称两区）旗（县）党政主管领导，各盟（市）林业局长、水利局长，自治区林业、水利及有关部门的负责同志参加了会议。会议传达贯彻了江泽民总书记、李鹏总理关于生态建设的重要批示和全国山区综合开发会议精神，参观学习了赤峰市两区生态建设不同类型的先进典型和先进经验，总结分析了内蒙古两区生态建设的成就、经验和存在问题，研究制定了今后一个时期全区两区生态建设的基本方针、政策和措施。会议确定“九五”期间全区两区生态建设的主要任务是：完成人工造林 133.3 万公顷，飞播造林 20 万公顷，封山（沙）育林 20 万公顷，人工种草及改良草场 33.3 万公顷，治沙造田及改造低产田 56.7 万公顷，开发利用水面 3.3 万公顷；水土保持新治理面积 270 万公顷，年治理速度 54 万公顷；通过两区综合治理开发，使两区农牧民实现稳定脱贫。

各盟（市）委书记、行政公署盟长、市长在会上作了发言，表示要加大力度，加快步伐，把本地区的生态建设推向新的高潮，走上新的台阶。

全国政协委员、林业部科技委主任、原林业部副部长蔡延松，水利部经济领导小组副组长綦连安到会指导，对赤峰市及内蒙古的生态建设给予了高度的评价。

（夏玉田 郝永富）

【自治区党委、政府关于加快沙区山区生态建设步伐的决定】 9 月 25 日，自治区党委、政府作出了《关于加快沙区山区生态建设步伐的决定》，确定从“九五”初到 2010 年，全区要完成沙区山区综合治理开发总面积 1466.7 万公顷。对沙区山区生态建设实行优惠政策，一是在税收上，对综合治理开发的项目，减免农业税、牧业税、农业特产税、所得税、营业税等 11 项税收；二是在投入上，要求各级财政每年安排用于生态建设的资金不得低于财政支出的 1%，其中新增农业税中，用于生态建设部分不得低于农牧业基础建设投入的 15%；三是在农牧民投工投劳上，明确指出凡是用于生态建设的积累工，不视为增加农民负担；四是建立健全生态效益补偿制度，对地方煤矿、原油、成品油、非金属矿石、黄金矿石、其他有色金属矿石开采以及在允许采集的沙区山区采集药材等野生植物征收生态效益补偿费；各级党政“一把手”是生态建设的第一责任人，各级林业主管部门负责综合规划、协调、检查、督促等工作。

（夏玉田 郝永富）

【全区国有林场工作会议】 9 月 16～18 日在呼和浩特市召开。会议传达贯彻了全国国有场圃和种苗工作会议精神，总结了自治区成立以来特别是党的十一届三中全会以来国有林场工作的成绩和经验，客观分析了国有林场工作面临的形势和存在的问题，研究部署了今后一个时期全区国有林场工作。哲里木盟林业局等 21 个单位在会上作了典型发言。

自治区副主席张廷武出席会议并作了讲话，他强调国有林场工作首先要抓好改革，以改革统揽全局，以改革促进发展。一是要转换机制，突破单一的全民所有制形式、国营独家经营模式和单一经营林业的格局，建立起既能适应社会主义市场经济体制要求又符合林场特点的新的运行机制。二是坚持以林为本，国家下达的林业生产任务必须完成；林场管理的森林必须管好；林业生产质量和效益必须不断提高。三是调整优化结构，在坚持以林为本的前提下，大刀阔斧地调整生产结构，大搞多种经营和综合利用，兴办林业产业，一业为主，多种经营，全面发展。

会议通过了内蒙古自治区国有林场脱贫致富“三五”规划（三年脱贫，五年初步致富），自治区林业厅和各盟（市）林业局签订了国有林场脱贫致富责任状。

各盟（市）林业局局长、重点旗（县）林业局局长和部分林场的负责人参加了会议，林业部国有林场和林木种苗管理总站代表应邀到会指导。

（夏玉田 郝永富）

【京包—包兰铁路和 110 国道两侧绿色通道建设工程】 京包—包兰铁路北京南口至内蒙古巴彦高勒镇两侧绿化工程是林业部确定的“三北”防护林体系三期工程重点项目。该工程在内蒙古境内建设范围包括东起丰镇市西至磴口县的 13 个旗（县、市、区），铁路长 702 千米，占总长度的 66.5%，大部分地段和 110 国道平行，建设任务 4.82 万公顷，占总任务的 55.8%。自治区政府决定把110国道两侧绿化纳入工程范围，建设绿色通道工程，作为"九五"期间内蒙古林业建设的重中之重，优先安排，高标准严要求，建成体现自治区形象和林业建设水平的窗口和示范工程。为加大工作力度，加快建设步伐，自治区人民政府召开了京包—包兰铁路和110国道两侧绿色通道工程建设会议，并与有关盟（市）签订了责任状，实行一票否决制。自治区林业厅设立了京包—包兰铁路和110国道两侧绿色通道工程办公室。据统计，1997年京包—包兰铁路和110国道两侧绿色通道工程完成人工造林合格面积1.14万公顷，为年度任务的132.2%；封山（沙）育林3267公顷，为年度任务的102%；完成"四旁"植树389.2万株；义务植树405.8万株，建立义务植树基地114处，面积1393万公顷。当年绿化乡（镇）30个，行政村282个，自然村340个，车站13个。经林业部"三北"防护林建设局检查验收，面积核实率为100%，成活率都在85%以上。（夏玉田 郝永富）

【大青山林业生态建设工程启动】 12月12日，自治区人民政府召开大青山林业生态工程建设工作会议，自治区副主席张廷武在会上宣布大青山林业生态工程建设正式启动。

大青山林业生态工程建设行政范围包括锡盟的太仆寺旗、多伦县，乌盟的四子王旗、察右后旗、察右中旗、商都县、化德县，呼和浩特市的郊区、土默特左旗、武川县，包头市的郊区、土默特右旗、固阳县、达茂旗，巴盟的乌拉特中旗。总土地面积980万公顷，占全区总面积的8.3%。

大青山林业生态工程建设分三期进行。第一期工程1997～2000年，第二期工程2001～2005年，第三期工程2005～2010年。

按照《大青山林业生态工程建设第一期工程规划》，第一期工程总任务量为16.3万公顷，其中人工造林14.3万公顷，封山育林2万公顷，"四旁"植树656万株。在布局上分为三个项目区，即大青山北部风蚀沙化综合治理区、大青山山地主体水土流失综合治理区、大青山南部土默川平原综合治理区。第一期工程总投资16 783万元，其中国家专项资金2000万元，自治区配套资金1100万元，盟（市）、旗（县）地方财政5035万元，群众投工投劳折合8648万元。

（夏玉田 郝永富）

【兴安盟加快再造兴安步伐】 兴安盟地处大兴安岭南麓，是大兴安岭山地向松嫩平原的过渡带，全盟总土地面积5.96万平方千米，山地和沙地占94%。山区、沙区的大部分地区植被覆盖度较低，水土流失严重，农牧业生产发展缓慢，经济发展相对滞后。全盟6个旗（县、市）中，有2个国家级贫困旗（县），2个自治区级贫困旗（县）。为改变恶劣的生态环境，1995年，兴安盟盟委、盟公署提出了"奋斗25年，林业再造兴安"的宏伟目标，即从1996年开始，到21世纪20年代，用25年时间新增森林面积106.7万公顷，全盟森林面积达到217.3万公顷，森林覆盖率达到36.6%。近几年全盟治山治沙、造林合格面积均以3.33万～4万公顷以上的速度向前发展，全盟林业建设在全区的位次快步前移，1995年以来连续3年受到自治区人民政府的表彰奖励。1997年，该盟按照江泽民总书记、李鹏总理的重要批示和自治区加快山区沙区生态建设步伐的总体部署，进一步修订完善了林业发展规划，提出力争提前5年实现"林业再造兴安"的目标；用10年时间使全盟流动沙丘得到基本治理；到下世纪初建设基本农田3.3万公顷，进一步改善沙区生产条件。

（夏玉田 郝永富）

【全区造林灭荒先进区——赤峰市红山区】 红山区位于赤峰市中南部，总土地面积159平方千米，总人口25.9万人。截至1996年底，红山区林业用地面积6597.7公顷，占总土地面积的41.5%。森林面积达到6235.8公顷，其中有林地5307.2公顷，灌木林地555.8公顷，"四旁"林网折算面积373公顷，森林覆盖率达到39.2%。1996年12月经自治区林业厅检查验收，全区宜林"三荒"面积34.2公顷，为规划"灭荒"面积的8.96%；2公顷以上集中连片宜林"三荒"面积17.9公顷，为规划"灭荒"面积的4.69%，均达到了国家规定的"灭荒"标准。1997年1月13日，自治区人民政府授予赤峰市红山区自治区造林灭荒先进区荣誉称号。（夏玉田 郝永富）

【松山区城子乡黄土丘陵草田林网】 城子乡位于赤峰市松山区半支箭川的中上游，是一个半山半川的黄土丘陵区。全乡总土地面积1.36万公顷，其中林业用地8000公顷，占58.8%。1970年，全乡森林覆盖率仅有2.9%，粮食总产量300万千克，人均收入不足百元。该乡从1970年开始，在平川区营造农田防护林，到1974年基本实现了农田林网化。1974～1980年，在丘陵山区营造起横山林带150条，顺山林带86条，构成507个网眼，形成小网宽带、针阔混交、乔灌草结合的草田林网，使1300多公顷农田和荒山实现了草田林网化。沟坡上挖水平沟357万个，植树100多万株。随后，又在河流两岸营造了15～30米宽的护岸林网，在山根营造了20～30米宽的围山林带，在村庄营造了5米宽的环村林带，在公路两侧营造了一面三行的护路林带。1997年，全乡森林覆盖率达到58.8%，实现了水不下山、土不出川，粮食总产量达到1100万千克，人均收入达到1200多元。（夏玉田 郝永富）

中国内蒙古森林工业集团

【概　述】

发展与成就　1997年，全林区共完成人工更新造林3.97万公顷，天然幼壮林抚育13.13万公顷，木材生产完成412万立方米，生产锯材16万立方米，各类人造板完成9万立方米，固定资产投资完成2.5亿元，其中经营性投资完成1.29亿元，全年销售主产品木材441.5万立方米，其他林副产品92.9万立方米，实现了年初确定的目标。

全年实现全部营业收入24.6亿元，其中，主产品木材销售收入16.3亿元。实现工业增加值13.7亿元，国有资产保值增值率为103.53%，缴纳税金及附加税1.66亿元，清回货款2亿多元，林木产品产销率达111%；全年实现利润369万元，比上年多实现3964万元。

林业改革　按照年初确定的"精干主体、减员增效；剥离辅助、放开搞活；综合配套、抓好再就业工程"的总体思路，经过一年的实践，林区改革取得了阶段性成果。

1."精干主体、减员增效"成效明显。据对所属23户企业统计，从主体产业下岗分流3万人，占职工总数的20.6%。这些企业普遍进行了局、场两级机关的机构改革。19个林业局的机关机构由改革前的587个，精简到366个，机关人员由改革前的7010人，减少到2963人。林场级管理人员由原来平均40人左右下降到15人左右。

2."剥离辅助，放开搞活"开始起步。各单位对从事流通业、服务业、加工业、建筑业、农牧业等小规模经营核算单位从主体产业中剥离出来，采取多种形式放开经营，推向市场，多数企业内部的试点单位已经开始按新机制运作。

3.在企业内部组织结构调整和活化资产方面进行了积极的探索。在企业组织结构调整方面，23户企业原有基层生产经营单位668个，通过改组、兼并，撤销了73个。在活化资产方面，有8个企业进行了存量资产盘活试点，把部分闲置的运材汽车、集材拖拉机、绞盘机及办公楼、厂房等有偿转让给个人或单位，共活化资金200余万元。

4.企业综合配套改革同步推进。住房制度改革进程加快，全林区1997年出售住房153万平方米，集中住房基金1.1亿元（包括抵欠工资部分）；医疗制度改革在"大病统筹、小病自养"的思路指导下有了新的进展，多数企业实行了大病统筹，加大了小病个人承担费用的比例，医疗费上涨的势头得到了有效控制；教育改革重点进行了教育布局的调整和对教师定员定编，林区原有中小学校189所，调整后为131所，减少58所，中小学教师由原来的6177人减少到4579人。

5.集体企业改革步伐进一步加快。林区集体经济784个生产网点已开始进行清理、整顿，部分开始转制。目前，实行承包经营的有598个，租赁的77个，股份制的8个，股份合作制的7个，其他经营形式的76个，关停并转的18个。

6.再就业工程同步启动。对于下岗分流人员，各单位本着"先开渠后放水"、"边开渠边放水"的原则，在减员的同时，启动再就业工程，开辟了营林生产、种植业、养殖业、服务业、采掘业等多种就业渠道，加上自谋职业，目前林区下岗的3万人已安置2.16万人。

林产工业重点建设项目　牙克石林业纸浆厂、莫尔道嘎中密度纤维板厂、根河刨花板厂二期工程项目的前期工作正在紧张进行。图里河3万立方米的中密度纤维板、库都尔1万立方米集成材、得耳布尔3万立方米的刨花板、乌尔旗汉1.5万立方米的集成材车间改扩建、金河局3万立方米改进型中密度纤维板等项目都已开工建设，有的在1998年可调试投产。

多种经营　1997年多种经营产值及收入达到8.3亿元，比1996年增长13.4%。按照林业部批准的复合经营规划，熟化土地1.4万公顷，耕种面积达3.12万公顷，共收获小麦、黄豆、油菜籽计0.6亿千克。山野菜采集加工、中草药采集加工、饮料、养殖业、采矿业等五大基地建设正在实施，现已投入5000万元，预计二三年内可逐步形成规模。

存在问题　①思想观念陈旧，经营策略、管理方式依然沿袭着计划经济那一套。②管理上的漏洞还很多，效益流失还比较严重。③对产业产品结构调整的认识还不到位，市场开拓不力。　（胡明华　徐凤全）

【内蒙古森林工业集团机关机构改革】　1997年，内蒙古森林工业集团推出了机关机构改革新举措，机关机构在原有的基础上压缩30.8%，机关人员在原编制的基础上压缩35%，机关干部及各部处部分副职的副处级岗位实行双向选择竞争上岗，今后机关每年都要划出10%的人员和岗位实行竞争上岗，实行优胜劣汰，动态管理。

这次机关机构改革是林区改革的一个重要组成部分和重要步骤，也是建立现代企业制度、振兴林区经济的需要。长期以来，机关庞大、人浮于事的问题比较突出，机关机构改革主要是为了精简机构，裁减冗员，目的在于提高人员素质，提高办事效率，形成新的经营管理机制。一是建立起适应现代企业制度需要的运转灵活、精简高效的机关机制；二是为适应市场经济的发展，要形成能者上、平者让、庸者下的公开、公正、公平、择优的竞争上岗、双向选择、动态管理的机制；三是为适应高效率、快节奏工作的需要，建立起奖优罚劣、责权利相适应的激励机制。（胡明华　徐凤金）

【内蒙古森林工业集团公司制改造】 内蒙古森林工业集团1997年在试点的基础上，又在所属14个企业中建立健全了公司制法人治理结构。至此，该集团所属子公司中已有17个建立起法人治理结构。

内蒙古森工集团从1995年12月份挂牌运行以来，不仅在以“精干主体、减员增效、剥离辅助、放开搞活，实施再就业工程”为主的改革上取得了突破性进展，而且在推进公司化改造工作上进行了不懈的努力和探索，法人治理结构的建立，使他们向现代企业制度迈进了一大步。

公司制法人治理结构的建立，涉及到新旧经济体制下领导机制的转换，涉及到权力、利益分配的重新调整。内蒙古森林工业集团结合林区的实际，在建立董事会、监事会、经理层等机构时，不苛求同一，并在任用干部时充分体现出“四化”（革命化、年轻化、组织化、专业化）的用人原则，同时规范了法人治理结构各领导层的责任、权力和义务及其运作程序，使之各负其责、各司其职。（胡明华　徐凤金）

【甘河森林工业公司放开经营辅助产业】 1997年，甘河公司作为林区深化改革、强化管理的试点单位，努力在“抓大放小”改革实践中摸索总结，确定了以下三种对辅助产业放开经营的新模式。

1. 实行全员风险经营的模式。将电讯处占有公司120万元的净资产，按4：6分成两部分，48万元做工龄风险分配，72万元做岗位风险分配。根据不同的工龄及岗位确定每一工龄年的风险值和岗位系数，将120万元资产全部量化到105名职工个人身上，既是收益的分配的基础，也是亏损补偿的基础。职工收入分成两部分，一部分为基础工资，每人每月150元；另一部分为风险收益，根据单位经营情况和个人所占风险资产分配。职工大会选举产生了管委会，聘任了经营者，管委会就电讯处经营情况向公司负责。第一年初步确定上缴2万元，以后根据实际运行递增。

2. 模拟股份合作制经营的模式。将养殖场占用企业净资产171 872元，全部作为模拟股份量化到职工身上，养殖场个人股份63 200元。模拟股份中，职工决策股202/人，分配股划定最低9500元，最高19 000元。每股定值50元，最低者拥有190股，最高者拥有380股。由于全员参股，工资暂定为每人每月150元，效益年末按股分红。单位亏损，按股补偿，无力补偿的，以工龄补偿，每工龄年值500元。小尾寒羊的效益取决于羊羔成活率，公司级差收益自成活率50%起，初定50%为0，51%～60%收取利润的5%，61%～80%收取利润的10%，81%～100%收取利润的20%。养殖场成立了模拟股东大会，选聘了经营者，股东大会就养殖经营向公司负责。

3. 实行租赁经营的模式。租赁经营分为个人租赁、合伙租赁和全员租赁。承租方拥有对租赁资产的使用权和经营管理权，实现所有权和经营权的分离。为了保证租赁期资产和商品完好无损，出租前必须缴纳租赁抵押金，抵押金可以是现金，也可以全民身份工龄做抵押，每一工龄年500元，抵押金一般不得低于租赁资产的10%。承租方按租赁的资产缴纳租赁费，租赁费标准按同行业资金利润率或银行规定的贷款利率计算。（胡明华　徐凤金）

【图里河森林工业公司扭转连续4年亏损局面】 图里河森林工业公司结合企业的实际，大刀阔斧地进行企业内部的改革、改组与改造，转换经营机制，靠改革求发展，向科学管理要效益，走自我解危、自我发展之路。1997年一举扭转了连续4年亏损的局面。他们的具体做法是：

1. 针对过去公司对基层单位只是采用下达成本、费用的管理方式，超支不补，节余留用，只要基层单位完成成本、费用计划就能兑现合同，就可发工资、拿奖金，而公司是否亏损、盈利跟基层没有任何关系，基层也感不到什么压力的实际。他们提出了生产单位效益化、费用单位企业化、事业单位工厂化的发展思路，把市场给企业带来的压力传导到基层和每个职工身上，形成千斤重担大家挑，人人肩上有指标的局面。

2. 通过企业内部组织结构的调整，使全公司基层单位由原来的38个减少到现在的25个，理顺了关系，精干了主体，提高了效益，企业管理费用比过去下降12%。

3. 从基层开始，对基层单位进行了严格的定岗定员定编，实行一人多职，一岗多能，使基层管理人员比例由过去的12.4%下降到7.4%，非生产人员比例由过去的11.2%下降到7.3%，社会性人员比例由过去的12.3%下降到9.5%；共减少管理人员461人，非生产人员355人，社会性人员243人；对机关科室由原来的32个减少到17个，裁减幅度为53.1%；机关工作人员由311人减少到148人，裁减幅度为44.4%。两级机关的机构改革，使企业管理人员的指数大幅度下降，仅占职工总数的8%，节约费用300万元。

4. 在用人上，实行了聘任制，打破了干部、工人的身份界限，打破了干部终身制，体现了干部能上能下的原则。在这次干部聘任当中，有52名科级干部落聘。在用工上，实行了全员劳动合同制，职工全部签订了上岗合同，实行了动态管理，做到了能进能出。在分配上，他们调整了岗位技能工资，每个职工平均每月增加收入71.59元，并向生产一线倾斜100万元，使一线工人在冬季生产期间平均每月增加收入 800 元。

5. 在深化集体企业改革上，对劳动服务公司所属 22 个厂（队）采取租赁、股份合作制、国有民营、资产风险承包、出售、兼并以及对经营管理不善的亏损企业坚决实行倒闭关停等形式，进行了彻底的改革、改组与改造，增强了集体经济活力。

6. 他们把属于企业长期闲置或得不到合理利用的厂房、房屋、闲置或在用的机械设备，对企业内部职工实行出售和有偿转让，盘活了部分资金，使部分闲置或没有得到有效利用的固定资产由实物形态向货币形态转化，防止了资金沉淀。

该公司在狠抓以上几项改革的同时，大力调整产业产品结构，转变经济增长方式，积极培育新的经济增长点，发展林产工业和多种经营。1997 年该公司生产综合板方材 2116 立方米，“三板”11 166 立方米，雪条棒 18.9 亿支，卫生筷子 9.5 万标箱，复合经营熟化土地 0.67 万公顷，播种小麦、油菜 0.32 万公顷。收获小麦、油菜 581.4 万千克。林产工业和复合经营的收益不仅是安置了大量企业的富余人员，也及时缓解了企业资金短缺的经营压力。（胡明华 徐凤金）

【首届“林海艺术节”】 6 月，内蒙古大兴安岭林区举办了历时 1 个月的首届“林海艺术节”。

这次“林海艺术节”的主旨是庆祝香港回归祖国、迎接党的十五大胜利召开和内蒙古自治区成立 50 周年。通过寓教于乐的形式，宣传党的“一国两制”方针，宣传党的民族区域政策，进行爱国主义教育和“热爱林区、建设林区”教育，提高各级领导和林区广大职工群众对邓小平理论和党的基本路线的认识，增强贯彻执行党的路线、方针、政策，投身两个文明建设的自觉性和积极性。

这次活动形式多样、内容丰富，参与人数之多、范围之广在林区尚属首次，达到了普天同庆、凝聚精神、振奋士气、活跃业余文化生活的目的。

（胡明华 徐凤金）

【自治区精神文明现场会】 近几年，莫尔道嘎森林工业公司狠抓该地区的精神文明建设，已成为林区乃至自治区远近闻名的边陲文明小镇。他们的主要经验和做法受到自治区领导的高度重视，1997 年 8 月初，自治区精神文明建设经验交流现场会在此召开。会议由自治区党委书记刘明祖主持。副书记乌云其木格，党委常委、宣传部长周德海，副主席张廷武，以及各盟（市）分管精神文明建设的书记和盟（市）长、宣传部长、精神文明办公室主任，大企业的宣传部长、精神文明办公室主任等参加了会议。（胡明华 徐凤金）

【内蒙古森林工业集团 1997 年林业大事】

1. 3 月 12 日至 4 月 12 日，集团公司要求各单位在全民义务植树和春季更新造林宣传月期间做好“绿化环境，美化生活”工作。

2. 4 月 28 日，林业部副部长祝光耀到内蒙古大兴安岭林区视察春防工作。

3. 5 月 2～11 日，绰尔林业局敖尼尔林场发生特大森林火灾。

4. 8 月 10～11 日，以全国政协副主席、民革中央主席何鲁丽为团长的全国政协委员森林防火考察团一行 28 人来林区考察。

5. 8 月 20 日，国家环保局、国家计委、财政部、农业部及中国环境报社等单位组成的国家级自然保护区调研组对汗马自然保护区进行实地考察和调研。

6. 10 月 14～18 日，林业部森林防火调研组到根河、得耳布尔实地考察并在根河召开林区防火座谈会。

7. 11 月 1 日至 1998 年 2 月 1 日，林业部驻自治区森林资源监督办事处、内蒙古大兴安岭林业管理局、内蒙古森林工业集团公司在全林区开展森林资源百日宣传活动。（内蒙古森林工业集团公司）

辽宁省林业

【概　述】

发展与成就

森林培育 完成造林合格面积 15.5 万公顷（其中飞播造林有效面积 2.9 万公顷），是计划的 105.5%；新封山育林 13 公顷，完成了计划；义务植树 1.48 亿株，是计划的 105.7%，尽责率达到 77.5%；林业育苗 0.9 万公顷，是计划的 119.1%；采集调运各类林木种子 130 万千克；森林透光抚育 2.8 万公顷、低产林改造 2 万公顷、主伐更新 0.8 万公顷，分别是计划的 107.5%、142.3%和 127%。

林业产业 新建续建了产业项目 76 个，总投资 1.4 亿元，其中投资百万元以上项目 34 个。名优品牌逐渐增多，仅国有林场生产的地板就有 5 家达到了国优标准。有 7 家企业与外商签约，其中合资项目 5 个。新植经济林 3.1 万公顷。全省林业总产值 81 亿元。

资源管理 没有突破下达的森林采伐限额指标，砍掉不符合条件的木材加工厂点近千家，取缔无证经营加工木片的厂点 13 处。省批征占林地 528.9 公顷，征占林地初审率达到 90%以上。

林业“三防” 全年共发生森林火灾 31 起（其中

火警 28 起)，占控制指标的 34%，森林受害面积 41.7 公顷，受害率为 0.01/1000，低于控制的指标，没有出现重大、特大森林火灾和人身伤亡事故。查处各类森林案件 2351 起，打击处理各类违法犯罪人员 3370 人，打掉毁林犯罪团伙 7 个 31 人；收缴木材 1304 立方米、收缴放飞国家级和省级保护的野生动物 12 435 只（头），为国家挽回直接经济损失 433 万元。森林病虫害发生率为 8.88%，低于国家控制的指标，防治率为 66.4%、苗木产地检疫率为 95%、病虫害监测覆盖率为 80%，均高于国家规定标准。

林业科技　落实国家、部、省、厅的科研项目 50 项，省抓新推广科技成果 7 项，新鉴定了一批科研成果，有 13 项科研成果获省厅科技进步奖，其中有 11 项获部省级科技进步奖。

改革与林政实施

抓宣传发动，增强了社会办林业的意识　3 月 12 日植树节这一天，辽宁日报、辽宁经济日报都发了宣传林业专版。省委常委、副省长徐文才在 3 月 17 日就植树造林、发展林业问题发表了电视讲话。省林业厅还组织省级新闻单位的记者到灭荒任务重的城市现场采访宣传报道。举行了纪念世界防治荒漠化和干旱日数万人签名活动，进一步增强了全民的生态环境意识，激发了全社会办林业的积极性。

抓造林绿化，加快了灭荒步伐　①层层签定了省市长、市县长、县乡长造林绿化责任状，省林业厅又落实了厅长包市、处长包县的灭荒责任制。②全省工程造林 16.3 万公顷，占造林面积 71%。③全省乡级以上领导共办点 2901 处，造林 5.7 万公顷。全省义务植树 1.48 亿株，尽责率达 77.5%。

抓结构调整，推动了林业产业化　①开展产业调度工作，有针对性地采取对策，开展了企业股份制试点工作。②省里重点抓了 3 个投资在 1500 万元以上的续建项目和 2 个投资在 1000 万元以上的新上的大项目。目前，林业骨干企业已达 70 多家，其中投资千万元的企业就有 8 家。③加大已列入示范县的桓仁县山区林业综合开发工作的力度，全县农业人均收入已达 2000 元，比 1995 年增长 43.9%，同时狠抓了山区多种经营工作。④全省林业系统有 7 家企业与外商签约，签约总额 22 888 万元，还在大连保税区组建了辽宁省林业国际贸易公司，已经开始运作。

抓资源管理，控制了森林资源消耗　①坚持和完善采伐限额监督检查制度，通过省林业厅组织检查，1996 年全省实际消耗占下达限额指标的 89.6%。②组织了对木材经营加工厂点进行清理整顿，丹东、抚顺等 7 个市已全面完成清理任务。已有 6 个市、8 个县成立了林政稽查队。③共查出 1992 年以来非法使用林地 1805 起 1336.7 公顷，已处理 1077 起 623.3 公顷，收缴各项费用 550 万元。④全省已办国家重点保护野生动物驯养繁殖许可证 541 个。

抓“三防”工作，减少资源损失　①进一步落实了各级行政首长的防火责任，加强了火源管理，从快从重打击纵火犯罪，加强了防火基础建设，已建起初具规模的扑火队 68 支，控制了森林火灾。②重点抓了松毛虫、美国白蛾、松干蚧、光肩星天牛四大害虫的防治。③查处了一批群众反映强烈的如桓仁县的“倒卖东北虎皮案”等大案要案，维护了林区秩序。

抓科研推广，提高了林业生产水平　①落实科研经费 300 万元，较 1996 年增加了 42.2%；落实推广项目费和开发项目费 121 万元，较 1996 年也有增加，市级财政也投入了配套资金。②全省共办培训班 100 多次、培训技术人员和林农 2.1 万人次，科技人员下乡送技术 5400 人次，印发技术资料 5.5 万份。③重点推广了山区资源开发十大系列技术和六大林业产业技术，建立了板栗高产示范园和示范林、木段香菇示范场、金丝枣高产示范园、银杏丰产示范园等。

抓基层基础建设，增强了发展后劲　在国有林场继续实施辽东国有林区森林经营工程；发展多种经营；实施贫困场圃脱贫计划，41 个贫困场圃中已有 30 个实现了脱贫，总产值达 8.7 亿元。在乡村林场中抓了重点林场的标准化建设，80%的乡村林场实现自给有余或基本自给。乡（镇）林业工作站又有 13 个县（区）完成建设合格县工作，至此，76 个县（市、区）已全部完成建设合格县任务，提前 3 年超额完成林业部提出的合格县达 70%的指标。

抓深化改革，促进了林业两大体系发展　①国有林业改革。一是继续深化干部聘任制、劳动用工合同制、收入与工效挂钩的弹性制改革。二是推广本溪县建立国有林业总场的经验。三是积极发展自营经济。②集体林改革。重点抓建股份制林场，全省股份制林场已发展到 370 处。③林业企业改革。分别采取“租赁、转让、拍卖、股份制或股份合作制”等方式进行改革。

存在问题　由于持续高温干旱，造林成活率下降，病虫害发生率增高；产业规模小、水平低、效益差；资源管理难度大，有法库、桓仁、凤城等 6 个县超采，占抽检县的 43%；改革的步子不大。　（张洪生）

【林业大发展，环境大改观】　建国以来，经过全省人民的不懈努力，森林面积已由建国初的 188 万公顷增加到 451 万公顷，森林覆盖率已由 12.9%增加到 30.95%，使辽宁的生态环境有所改善。

辽东山区有林面积发展到 200 万公顷，成为辽宁中部城市和辽河平原的绿色屏障和重要水源基地，每年为中部提供用水 70 亿立方米，占这一地区用水量的 80%。依靠东部山区水源，年发电量占全省发电量的一半，大伙房水库上游及库区周围受到森林的保护，成为全国泥沙淤积量最少的水库。

西北部地区“三北”防护林的建设，使有林地面积由 1978 年的 65.7 万公顷，增加到 159.8 万公顷，森林覆盖率由11.1%提高到27.4%，控制了水土流失面积200多万公顷，绝大部分山地土壤侵蚀模数由过去每年每平方千米2500～4500吨，下降到现在的1000～1500吨。建平县实施“三北”防护林工程以来，全县有林地面积增加到20万公顷，使80%的水土流失面积得到有效控制，经过以植树种草为主治理的小流域，24小时降雨量达到110毫米时，河道工程和河湾地仍免受洪水冲刷。

中部的平原和半平原地区，已营建农田防护林9万多公顷，在科尔沁沙地南缘初步形成了一道樟子松和杨树带片网结合的绿色屏障，有效地保护了173万多公顷耕地。昌图县1978年以前，农业生产和人民生活长期受科尔沁沙区风沙危害，生态环境十分恶劣，粮食产量徘徊不前。现在全县有林面积达8.4万公顷，其中农田防护林1.3万公顷，形成6112个农田防护林网眼，保护耕地23.3万公顷，全县粮食总产量已由过去的不足5亿千克增加到16.5亿千克。

南部沿海地区的沿海防护林已发展到106.6万公顷，减轻了海风海煞的危害。

城市的绿化，对改善城市热岛效应、净化空气、减少噪音等发挥了明显的作用，阜新市的大气降尘量已由每平方千米38吨下降到29吨。　（张洪生）

【辽宁省种苗工作】 辽宁省林业厅根据辽东、辽南、辽西北地区境内生态条件和林业基础差别大，对种苗的品种、档次的需求差别也很大的实际情况，采取了分类指导、分地区指导的办法，使种苗工作有了较快的发展，初步实现生产区域化、基地化、市场化。“八五”以来，生产各类林木种子1000万千克，油松、侧柏、刺槐、沙棘等主要树种产量稳定，基本满足需要，有些树种初步实现了造林良种化；累计育苗7.33万公顷，产成苗90亿株，一级、二级苗出圃率在90%以上，完成容器育苗7亿株，近年来，通过调整种苗生产结构，经济林苗木、绿化和花卉类苗木比例已提高到30%以上，为林业的可持续发展，奠定了坚实的基础。

辽东山区以营林工作为主，国有林业比较发达，对种苗的需求量不大，但质量要求较高。他们采取种苗生产基地依托于国有林场的方法，场圃合一，既解决了国有林场造林所需高质量种苗的来源，又使种苗生产基地有了赖以生存和发展的基础。如本溪清河城林场，近几年来，林场每年都投入大量的人力、物力和财力支持种子园的建设，年种子园生产良种5万千克，创造效益30万元，反过来又极大地支持了林场的经济发展。

辽宁中部、南部地区宜林荒山较少，林业工作以营造经济林和城市绿化为主，他们加大了把种苗推向市场的力度，积极调整产品结构，大力发展高档绿化苗木、花卉和经济林苗木。大连市金州林场投资400万元，从美国引进现代化可控温室设备，建一处6公顷较高水平的良种花卉繁育场；辽阳市的育苗个体户杨玉勇，自筹资金100万，建月季繁育中心2公顷，年产各种花卉300万株，年创产值200万元。

辽宁西部、北部地区是辽宁省造林的重点地区，对种苗的需求量很大，他们在加强宏观调控，层层下达指令性计划的同时，也加大了投入力度，每年投入的资金约占全省投入总量的80%，有力地促进了该地区种苗事业的迅速发展，为全省2000年实现基本绿化打下了坚实的种苗基础。

目前，全省的种苗生产已逐步走向集约化、规模化生产轨道，已形成几处有影响的种苗市场，如开原市靠山乡的绿化花卉市场，彰武县章古台樟子松种苗市场，岫岩县日本落叶松苗木市场等等，不但满足了本省的需要，还远销黑龙江、吉林、内蒙古、陕西、甘肃、山西、河南、河北、湖南、湖北、四川、新疆等省（区）。

（张洪生）

【辽宁省国有林业改革】 辽宁省有国有林场苗圃222个，经营面积73.3万公顷。党的十一届三中全会以来，由于对国有林业实行一系列改革，促进了国有林业的快速发展。有林地已发展到60万公顷，占全省的14%，森林蓄积达4000多万立方米，占全省23%，平均每公顷蓄积高于全省平均值30立方米。1997年场圃总产值6.7亿元，年产值超500万元的林场有50多个，有5个林场进入国家百佳林场。

成立国有林业总场，走集团化经营之路 本溪县在1987年以前，国有林场的管理体制是县林业局直接管理，具体职能由各部门分别承担，是一种职权分散、责任不清、办事效率不高的管理体制，制约了国有林场的发展。1988年2月，本溪县率先成立国有林业总场，实行政事分开，给总场充分的经营自主权、机构设置权、专项资金使用权、人事调配权、干部推荐奖惩建议权、国有林采伐指标调配使用权，促进了全县国有林业的发展。年产值已由1988年的598万元增加到1亿元；利税由120万元增加到1000万元。1995年，该县10个林场全部进入全省“50强”行列。

强化管理，进一步完善场长任期目标责任制 1987年，在全省的国有场圃广泛推行了场长任期目标管理责任制，“八五”期间继续完善了以场长负责制为主要内容的各项承包责任制，重点是下大力量选好场长，解决承包指标不合理的问题，使一批年富力强的同志充实到场长岗位，正确处理好国家、集体和个人三者利益。

1991年多数场圃在总结第一轮承包经验教训的基础上，改个人承包为集体承包，实行了目标管理；对较大的生产项目由“死包”改为“活包”；对季节性强和一些固定生产项目，多数实行小段包工、定额管理和计件工资。场长任期目标管理责任制的推行，改变了经营松散、缺乏责任心的现象，调动了广大职工的积极性。

狠练内功，深入开展“三项制度”改革 1992年，

在全省国有场圃全面实行了工人全员劳动合同制、干部实行聘任制、收入弹性制并与效益挂钩，并普遍建立了各项规章制度。清原城郊林场通过改革用工制度、分配制度，建立新的管理制度，1996年实现产值2622万元。税金200万元，利润31万元，与改革前的1995年比，产值增长13%，税金增长4.8%。（张洪生）

【辽宁省国有场圃精神文明建设】 多年来，辽宁省国有场圃一直坚持两手抓，加强精神文明建设，222个国有场圃中有72个被评为厅以上文明单位，有203人次被省林业厅评为优秀场长（主任），其中15人获国家和省“五一”劳动奖章或劳动模范称号，全体职工素质有了很大提高，促进了场圃的健康发展。

纳入日程，积极引导 省林业厅专门成立精神文明建设领导小组，厅长任组长，林场管理局设科专门负责，坚持每年具体部署精神文明建设任务。实际工作中坚持物质鼓励与精神鼓励相结合、解决思想问题和解决实际问题相结合、思想政治工作和各项业务相结合的原则。

建立健全各项规章制度，开展各种教育活动 各场圃都建立了各种岗位责任制度、政治学习制度、廉政建设制度，经营生产等工作都制定了相应的达标标准。普遍开展了遵纪守法、遵守场规场纪、爱场爱圃、热爱工作岗位的教育，受教育职工人数占职工总数的95%以上。

坚持创建文明单位和优秀场长（主任）、工会主席评比竞赛活动 从1986年开始，每年开展创建文明单位、优秀场长（主任）活动。先后进行了“文明单位”、“20强”和“50强”、创业杯竞赛，使文明单位、优秀场圃与日俱增。通过开展竞赛活动，极大地鼓舞了全省国有场圃职工建设林业的积极性。

抓典型，树样板，推动精神文明建设 在场圃中积极开展当“五好家庭”、“文明职工”等活动，大力推广清原县城郊林场、北三家林场充分发挥党组织和工会职能作用的经验。积极响应林业部、中国农林工会的号召，在全省大力开展提合理化建议和技术革新活动，涌现出一批先进典型，省实验林场工人马吉信，大胆提合理化建议，通过对热压机进行技术革新，每年增收节支12.4万元。几年来全省共收到合理化建议600多条，采纳200多条，收到经济效益150多万元；开展技术革新100多项，收到经济效益300多万元。（张洪生）

【辽宁省林业标准化】 辽宁省自1983年至1996年共制定、修订林业地方标准131项，其中制定100项，修订31项。这些标准共计印刷文本263 350册，建立了具有辽宁林业特色的标准体系。在100项标准中获省级、厅级科技进步奖的67项。1983年以来，辽宁省主持制定了红松丰产林、日本落叶松丰产林、段木栽培黑木耳技术等行业标准13项，参加制定了林木种子、丰产林、经济林方面的国家标准、行业标准20余项。各项标准都在有关生产部门中认真贯彻执行，收到明显效果。辽宁省制定的林业标准多数是由行政、事业管理部门根据生产实际需要与科研部门、生产单位配合制定的，这样既保证了标准技术要求的先进性又符合生产实际，因此很受广大林业工作者的欢迎。

（陈淮凤）

【乌兰白林业工作站狠抓科技服务】 凌源市乌兰白镇位于辽宁西部山区，全镇总面积0.8万公顷，其中林业用地0.4万公顷，有林面积0.35万公顷。近几年来，乌兰白镇林业工作站从实际出发，狠抓科技服务，取得了很大成绩，1992年和1994年分别被省林业厅授予先进林业工作站和全省综合实力百强站称号，1995年被省林业厅命名为省科技兴林示范镇。

兴办绿色产业，增强林业站服务实力 1990年开始，林业工作站开始兴建杨树速生丰产林基地。目前，有林地已发展到73.3公顷，林木蓄积5500立方米，每年抚育间伐、主伐收入15万元，可获利润5.5万元。林业工作站采用租地承包形式建站办大枣园一处，面积46公顷，现有1～7年生大枣54 000株，年产2.5万千克，收入4万元。为了促进全镇发展大枣、大扁杏、杨树速生丰产林，林业工作站先后建立了大枣苗圃2公顷、大扁杏苗圃2公顷、杨树育苗地1.3公顷，每年苗木产值15万元，获利润4万多元；还建立了大扁杏园4公顷，计7000株。此外，林业工作站还和村联办苗圃，每年苗木产值45.5万元，获利12.2万元。

搞好科技培训，提高农民素质 林业工作站在科技兴林工作中，首先注重抓好对农民的科技培训工作，每年都举办各种技术培训班6～8期，培训内容主要是大枣、大扁杏、杨树的育苗、嫁接、修剪、病虫害防治及生长管理技术，全镇已有1000多人受过系统培训，其中有200多人获得了合格证书。

开展技术服务，促进全镇经济发展 林业工作站成立多种技术服务队开展技术服务。一是成立嫁接服务队。组织技术人员120多人组成嫁接队，几年来共完成山枣接大枣29万株，成活率达90%以上，仅栽植费一项就节省29万元。嫁接队还嫁接其他经济林苗木750万株，创社会效益60多万元。二是成立修剪服务队。修剪服务队50多人，主要是修剪枣树和大扁杏。通过修剪仅大龄枣树一项就增产18万千克。三是成立大枣花期喷洒“九二〇”服务队。通过喷施“九二〇”，全镇大枣增产幅度达30%～80%，仅此一项，全镇增收人均100元。四是成立采伐队。对全镇林木进行统一采伐作业，不仅提高了出材率，而且节约资金30%～40%，同时杜绝了滥伐超采现象。

林业工作站狠抓科技服务，促进了全镇林业发展，现在全镇大枣面积已达446.7公顷，大扁杏35万株，杨树速生丰产林达500公顷。1995年以来，全镇林果业年总产值达到550元，人均420元，占总收入的

27%。（董明水 张洪生）

【大南沟村股份合作制林场】 桓仁满族自治县八里甸镇大南沟村，总土地面积3067公顷，共有5个村民组，328户，1304口人。

该村于1973年建立村办林场，1984年改制为股份合作制林场。目前，全村有林地面积2733.3公顷，森林总蓄积量27.0万立方米，森林覆盖率89.1%，分别比1973年增长了5.1%、26.8%和4.3个百分点。年生产木材2000多立方米，林业收入300多万元。其中，木材加工及多种经营收入200多万元。1997年，全村总收入达700多万元，人均收入3000多元。多次被评为省、市、县林业建设先进单位，在全国第一届乡村林场全面质量管理评比竞赛活动中，荣获全面质量管理奖。他们的主要做法：

大力保护和培育森林资源 建场后，他们坚持“以营林为基础”的林业建设方针，制定并实施了森林资源保护和发展规划。一是，健全林场领导班子，组建营林专业队伍，实行集约经营；二是，大力造林和封山育林，搞好后备森林资源的培育。截至1997年底，累计营林面积2200多公顷，更新、造林两率均达到90%以上。还修建林道33千米；三是，成立专业护林队伍，切实保护好森林资源的安全。

创办股份合作制林场 1984年，创办了全县第一个股份合作制林场。实行政企分开，民主管理，独立核算，自主经营，按劳分配，按股分红。

实行生产与科研相结合 从1974年开始，先后开展了落叶松等10个针叶树种造林效果对比等科学试验项目。1983年在全县率先推广应用天然次生林综合经营技术，后又引进了落叶松无性系繁育造林、落叶松无性系繁育子代苗造林等科研技术成果。现已形成以红松为主针阔混交的复层异龄林600公顷，单位面积蓄积比原林分提高62.5%；营造速生丰产林500多公顷，在相同年龄、同等立地条件下，单位面积蓄积比一般造林地高出20%左右。

坚持以林为主多种经营 先后投资12万元，购置了两台带锯和两台削片机，提高了木材综合利用率。1996年，又投资115万元，引进了一条拼板生产线和木材干燥设备，建成了年产值500万元、利润90万元的木制品厂，生产柞木拼板和马桶盖，由木材粗加工转向精深加工，产品销往国外市场。还搞山地育苗、建果园10公顷，种植人参、细辛等中药材24公顷；拦水灌溉农田，封沟养鱼、养林蛙；发展香菇、滑子蘑等30万盘。

兴林强村富民 他们在保证林业扩大再生产所需资金的前提下，大力发展公益事业，帮助和带动农民脱贫致富奔小康。先后投资54.7万元，修复小学校舍；修建村路、桥涵，搞美化建设；装修自来水、安装路灯和程控电话；购置卫星电视地面接收设备；为全村房屋投了保险；改造节柴节能炕360铺等。1984年以来，累计股东分红资金额达120万元；每年还为农民负担各种税费3.5万元，50%的农户成为万元以上的存款户。

（王 珏 张洪生）

【国有本溪县碱厂林场】 辽宁省国有本溪县碱厂林场，建于1958年5月，全场总经营面积8133.3公顷。场部下设7个职能部门，下属5个营林工区及木制品厂、人参药材厂等12个基层单位。职工总数209人，其中管理人员24人，各种专业技术人员49人。

1958年建场时，林场有天然次生林7146.7公顷，人工林653.3公顷，疏林地42.47公顷，未成林地535.7公顷，林木蓄积量106.4万立方米。建场后，林场把培育后备森林资源放在基础地位，加大抚育间伐和低产林改造力度，到目前累计造林2972.4公顷、抚育间伐3140.1公顷、低产林改造2339公顷，使森林龄组结构和树种结构趋于合理，可利用资源持续增加，改变了过去单纯经营天然次生林的局面。林场从1990年开始搞经营性采伐，累计经营采伐面积77.6公顷，生产木材22.6万立方米。目前更新林长势良好，为森林经营开拓了新路。

多年来，林场坚持“以林为本、合理开发、综合经营、全面发展”的办场方针，走多种经济共同发展的路子，使林场的经济收入连年递增，1997年实现销售收入1300万元、利税230万元。由于林场经济效益显著，于1994年、1995年分别步入全省国有林场“20”强、“50”强行列，1995年还被省政府授予省文明单位和省林业科技推广先进单位，1996年被林业部授予林业行业思想政治工作先进单位。

近年来，该场经济发展迅猛的主要原因，是在不断深化改革、转变内部经营机制的同时，摆脱了单一的搞林业生产的旧模式，面向市场求发展，根据自己的实力，形成了几大支柱产业。一是仍然把培育利用森林资源放在首位，每年实现更新造林70～140公顷，年生产木材1万立方米，年森林蓄积净增加达2.7万立方米。二是搞木材深加工，林场先后办起了两个木制品厂和一个木业公司，年加工能力5000多立方米，年销售收入300多万元，利税20多万元。三是搞以人参、西洋参为主的中药材栽培场，现有人参、西洋参6.7公顷，细辛8公顷，是辽宁省较大参业生产基地之一，西洋参种苗基地建设获省科技进步二等奖，获国家星火科技博览会优秀项目。四是搞以香菇、黑木耳菌种生产和栽培为主的食用菌，现有耳木130立方米、香菇木段60立方米、代料香菇1万盘。五是搞了种貉、林蛙养殖、商饮服务等小型项目。（刘晓芳 张洪生）

大连市林业

【概　述】 1997年，全市农村共完成造林面积1.64万公顷，比1996年增长10.8%；石质山区造林51.2万株，比1996年增长89%；“四旁”植树1569.3万株，比1996年增长2.4%；完成林业育苗面积434公顷，增长8%。此外，还新建园林式村庄103个，花园式单位504个，新建精品苗圃10处，精品花卉圃5处，创建精品园林式村庄优质工程15项。

同年，全市农村没有发生森林火灾，仅发生火警7起，焚毁树木1.8万株；森林病虫害发生面积1.78万公顷，比1996年减少1100公顷，实际防治了1.31万公顷，占发生面积的73.1%，比省定防治指标高5个百分点。一年来，为确保造林绿化任务的顺利完成，大连市政府及林业主管部门采取了以下几项措施：

强化组织领导　1997年，大连市政府把造林绿化作为全市重点抓的经济建设和人民生活的十几件大事之一，年初通过新闻媒介向全市人民公布城乡绿化任务，年底向全社会公布完成情况。不断充实了市绿化委员会成员力量，年初召开市绿化委员会全体（扩大）会议，统一安排部署城乡绿化工作。为了进一步强化政府行为，大连市把绿化工作列入各级党政一把手工程，作为检验一个地区领导班子政绩的重要内容，定期进行严格考核，实行绿化工作一票否决。绿化工作上不去，不能评为综合先进，并且要给主要领导黄牌警告，直至撤职。同时，在全市范围内开展“绿化杯”评比竞赛。年底，市政府对农村各县区的绿化工作给予表彰奖励。另外，还开展了争当“绿化书记”、“绿化区（市）县长”和“绿化乡镇长”活动，3年评一次，颁发绿化奖章。市委书记、市长亲自参加植树活动，并多次深入农村基层绿化现场，检查工作，提出要求。林业部门的干部和科技人员，坚持常年蹲点包片，帮助基层搞好规划设计，苗木调剂和技术指导。

全民广泛参与　3月12日，由市委书记亲自发表电视讲话，动员全市人民迅速投身到绿化热潮中去。为了不断提高全民义务植树尽责率，主要采取了以下措施：①调动城市义务植树力量向农村转移。由市绿化委员会调动城市部分大中型企业职工20万人支援农村造林绿化，创办绿化基地53个，为全市限期“灭荒”和提高农村整体绿化水平起到了推动作用。对因故不能完成每年义务植树任务的单位，按每人每年10元标准征收绿化费，以资代劳。②实行部门绿化工作责任制，把任务具体落实到铁路、公路、水利、乡镇、教育等部门。③狠抓大中型企业和乡镇企业的绿化，开展评选花园式企业活动；营造“绿色长廊”，搞好公路两翼绿化，围绕库区、河岸发展水土保持林和水源涵养林。群团组织、驻军部队发挥了主力军作用。1997年全市共有330多万人次参加了城乡义务植树活动，占应履行植树义务人数的92%以上。

建设精品工程　1997年，大连市农村造林绿化坚持高标准、高档次，将绿化与美化融为一体，拆旧建新，建设绿化精品工程。采用抓点、串线、连片的方法，做到点、线、片一起上。抓点，就是以城市园林绿化标准为基点，向区（市）县政府所在地卫星城、小城镇和农村辐射。串线，就是以境内铁路、高速公路、海岸线、市内交通主干线两翼绿化美化为重点，向全市所有的国道、县道乡村公路和河流两岸绿化延伸。连片，就是在抓点、串线的同时，注重连片开发，全面推进城乡高标准绿化美化。1997年，全市共创建园林式村庄等精品优质工程25项。

加强资源管护　扩大封山育林面积，在人畜活动频繁的林区边缘设立永久性封山育林和护林防火等明显标志，使全市封育面积累计达到12万公顷；严格征占用林地审批手续，实行限额采伐制度，全年实际消耗量仅占省下达指标的49.6%；加强木材市场管理，取缔非法经营活动，共清查处理非法经营、加工木材厂点28个；建立健全森林消防队伍，严格控制野外火源，全市现已组建17支专业和95支半专业森林消防队；加强森林病虫害防治工作，推广应用了赤眼蜂等生物防治措施，森林受害率为万分之0.0092，大大低于国家规定的万分之0.7的控制指标。1997年，在全市范围内首次开展了对新植幼林地的普查验收，目前外业工作已全部结束，基本达到验收标准。

加大资金投入　多年来，大连市农村已初步形成了一套较为完整的资金配套投入机制。据市财政，林业部门专项检查统计，1997年，市、县、乡三级财政共投入农村造林绿化资金10 407万元，其中：市本级投入1073万元，各区市县投入资金3367万元，各乡镇投入资金5967万元，是近几年来大连市农村投入绿化资金最多的一年。

（蔡星艳）

吉林省林业

【概　述】 1997年，吉林省林业较好地完成了各项工作任务：

造林绿化 义务植树6139.1万株，为年计划的155.7%；建义务植树基地663处，完成年计划的146.7%，其中大型基地44处，总面积达3979.2公顷；造林6.3万公顷，完成年计划的106.7%；低质低产林改造2.3万公顷，完成年计划的103.4%；城市、县城新增绿地492万平方米，完成年计划的126.2%；高标准绿化村（屯）2457个，完成年计划的326.3%。

森林防火 森林火灾发生率为每10万公顷0.36次，比前16年低77.5%；森林火灾受害率为0.03/1000，低于前16年0.01个千分点，实现连续17年无重大森林火灾。

资源管护 森林病虫害防治率达到94.2%，林业行政案件查处率达到92.9%，森林覆盖面积增长率达到0.1%。

产业经济 实现产业总产值77.6亿元，实现利润5332万元，职工人均收入4073元。

精神文明建设 公开6项社会承诺，实行9项廉洁从政措施，科技、教育事业有较大发展，林区政治安定、社会稳定。 （王志新）

【全国森林防火现场会推广吉林省经验】 经国务院批准的全国森林防火工作现场会议于3月16日、17日在吉林省白河林业局召开，学习推广吉林省连续16年无重大森林火灾的经验。会议将吉林省森林防火工作的经验概括为：①坚持各级政府负全责，强化各级领导的森林防火责任。通过建立健全森林防火组织指挥体系、实行森林防火负责制、建立森林防火责任区制度和完善齐抓共管工作机制、实行依法治火等办法，大力强化对森林防火工作的领导。②以宣传教育为本，提高全社会的森林防火意识。通过实行干部宣传教育制度化、宣传教育内容规范化、教育形式多样化、宣传设施固定化等方法，使全民的森林防火意识普遍增强，遵守森林防火法规制度已成为广大人民群众的自觉行动。③坚持“预防为主、积极消灭”的方针，全民搞预防，强化森林火灾的防范措施。通过加强“十户联防”、加强火情监测、加强入山管理、加强企业与群众联防等方法，使人为火源得到了较好的控制。④坚持扑救专业化，强化森林消防队伍建设。通过加强森林警察部队建设、加强专业森林消防队伍建设，做到了“打早、打小、打了”，基本实现了有火不成灾。⑤坚持多渠道筹资，强化森林防火基础设施建设。通过探索实行全方位、多渠道的森林防火投入机制，使森林防火投入不断增加，基础设施建设不断加强。 （王志新）

【森工企业集团隶属关系明确】 继1995年3月《吉林省人民政府关于由省林业厅代省政府全面行使国有森林资源资产管理权的批复》和1996年4月《吉林省人民政府关于吉林林业管理体制有关问题的通知》印发后，1997年12月17日又印发了《吉林省人民政府关于进一步明确森工企业集团隶属关系的通知》，进一步明确了森工企业集团的隶属关系：①吉林森工企业集团隶属于省林业厅领导。集团紧密层企业和独立事业单位的领导班子成员，由省林业厅党组考核任免。驻森工企业资源监督机构由省林业厅领导，其派驻专员由省林业厅党组任免。②省林业厅对集团的计划、财务及经营活动实施管理和监督。森工企业的育林基金由省林业厅按“林木生产商品化改革”的有关规定，直接对森工企业实行管理。根据上述文件精神，中共吉林省林业厅党组、吉林省林业厅于1997年12月30日作出决定：①林业厅对森工企业森林资源实行全面、直接管理。主要有：年森林采伐限额管理、林木采伐管理、林地林权管理、木材运输管理、木材检查站管理、木材经营加工单位管理、森林资源档案管理、林政管理等。具体管理工作按有关法律法规和工作程序办理。②林业厅党组协助省委组织部管理森工集团总公司领导班子。集团总公司领导班子后备干部由林业厅党组管理。森工企业和独立事业单位领导班子成员（相当职务人员）、森工企业政法部门主要负责人（含相当企业副职）等由林业厅人事处负责考核，征求集团总公司有关负责人意见，由林业厅党组任免。需履行法律程序的，按法律程序办理。森工集团的组织、人事工作由林业厅宏观管理，一个口对省委组织部、省人事厅。③驻厅纪检组、监察室对林业厅党组管理的干部实行监督检查、违纪案件调查处理和使用、奖惩提出建议。森工集团的纪检、监察工作由驻厅纪检组、监察室一个口对省纪委、省监察厅和驻林业部纪检组、监察局。④森工企业森林资源监督机构由林业厅派驻、领导，其派驻专员由林业厅党组任免。专员办事处的经费、办公设施设备、后勤服务、人事关系、党务关系等由所在单位统一管理。⑤属林业厅本级和上级领导机关审定的规划、计划、财务和建设项目，由林业厅综合、平衡、上报、下达，并一个口对林业部等国家机关和省政府各部门。森工企业育林基金由林业厅按照“林木生产商品化”的有关规定直接对森工企业实行管理。省政府规定集中使用的育林基金由林业厅直接对森工企业收缴。⑥省森林防火指挥部办公室是代表省政府负责森林防火的具体工作部门。国家下达的森林防火经费由林业厅统一安排使用。⑦凡涉及政府及其部门职能的文件、会议由林业厅对上承接、对下部署和决定参会事宜，对其直接发给集团公司的文件、会议通知转林业厅办公室运转；凡涉及企业自主经营内容的有关文件、会议由集团总公司决定办理。这一新的管理体制自1998年1月1日起实行。 （王志新）

【《信息参考》刊载吉林森工集团深化改革经验】 国务院办公厅秘书局《信息参考》第十八期（1997年3月6日）刊载了题为《吉林森工企业率先解困初显国有企业潜在活力》的经验文章。这篇文章是由吉林省人民政府办公厅撰写上报的。文章从三个方面介绍了吉林森工集团深化改革、转换机制的经验:①国有企业的改革没有固定模式,核心是做市场主体;②要让国有存量资产"动起来";③强化管理,调整结构,推动企业走向集约经营。(张玉岩)

【于若木等参观临江林业局】 4月初,在临江举行纪念著名的"四保临江"战役胜利50周年活动中,中国著名食品专家、陈云同志的夫人于若木同志,省委副书记陈玉杰、副省长魏敏学等领导同志下榻临江林业局宾馆,并先后参观了位于局机关院内的陈云同志旧居以及林业局的产品展室、木雕家具总公司、福临木业公司等。于若木和魏敏学欣然题词。于若木的题词是:"林业关系到生存环境,在宏观发展与微观深度加工相结合,前途十分广阔",魏敏学的题词是:"发展多种经营,振兴吉林林业"。(张玉岩)

【全国林业先进模范事迹报告团来吉林演讲】 1997年5月19日,全国林业系统两个文明建设先进模范事迹报告团在省宾馆礼堂为在长林业系统职工作了演讲。报告团由林业部党组成员、中纪委驻林业部纪检组组长李昌鉴带队。演讲的内容,既有林业科技攻关方面的,也有向改革要出路、靠改革求发展、使国有森工企业走出困境方面的,还有绿化荒山、改变家乡面貌以及治沙造林、治穷致富方面的。演讲人以生动的事例,介绍了我国不同地区林业两个文明建设所取得的成就,使大家深受鼓舞,坚定了为吉林省林业走向繁荣、再创辉煌而努力奋斗的信念。(李　也)

【吉林省举行防治荒漠化大型签名活动】 6月17日是世界防治荒漠化和干旱日。吉林省从6月5日开始在全省各市(州)巡回进行纪念世界防治荒漠化和干旱日大型签名活动。吉林省暨长春市签名活动6月17日在长春市隆重举行,省委、省人大、省政府、省政协、省军区和长春市委、市政府领导以及各界群众等1200多人参加了签名仪式。签名长卷共1997.617米,于9月份由中国代表团赠送世界防治荒漠化公约缔约国大会。(王志新)

【吉林省林木种苗事业】 截至1997年底,全省已建成种子园1700公顷,优良人工母树林8000公顷,天然母树林31 000公顷,濒危物种保存林200公顷,引种试验林1000公顷,红松基因库10公顷,长白落叶松优良种源采种林3000公顷,杨树原种圃、采穗圃50公顷。近10年来共提供初级良种74万千克、优良穗条7亿株,引进培育优良树种(品种)13个,全省造林良种化率达到40%。现有国有苗圃149处,其中大中型苗圃77处,标准化苗圃17处,可育苗面积2255公顷,年产苗量达10亿株,造林苗木合格率达95%以上,其中一级苗达70%以上。至此,吉林省已初步建立起集种质保护、基因收集、良种生产、后代测定、试验示范、引种驯化为一体的综合性良种繁育网络。(王志新)

【辽河流域防护林体系工程建设】 贯穿13个县(市、区)的辽河流域防护林体系工程于1997年启动,截至1997年年底,共完成人工造林1.5万公顷,占年计划的103.3%。其中,用材林2600公顷,防护林6200公顷,经济林5600公顷,薪炭林600公顷。(王志新)

【吉林省"三北"防护林三期工程建设】 继1995年圆满完成一、二期工程建设任务后,1996年三期工程启动,1997年继续保持良好发展态势,全年完成人工造林面积4.4万公顷,占年计划的103.2%,其中营造用材林1万公顷,防护林1.5万公顷,经济林1.8万公顷,其他林种0.1万公顷。至此,吉林省"三北"防护林工程建设有林地面积已达122万公顷,活立木总蓄积6322万立方米,森林覆盖率达到14.5%,农安、德惠、公主岭、梨树、长岭、扶余等相邻的13个县(市)农田林网建设基本达到连片成网,一个大型的、多功能的防护林体系框架基本形成。(王志新)

【吉林省荒漠化防治】 ①西部沙区农林牧复合经营取得实效。治理面积达21.5万公顷,其中治沙造林9.3万公顷,封沙育林育草3.8万公顷,飞播造林种草2.1万公顷,人工种草和改良草场3.8万公顷,开发利用水面2.5万公顷,1~2公顷小沙丘全部造林,3~5公顷中沙丘营造50米宽林带,6公顷以上大沙丘营造宽带林网,有效地保护了农田和草原,土壤肥力有所提高,风速降低30%,地表风蚀量下降25%,粮食产量由每公顷3000千克猛增到每公顷6750千克,全区年增产粮食7.5亿千克,人均收入由600元增加到800元。②中部沙区农田防护林开发扎实展开。治理面积为3.4万公顷,其中营造防护林1.8万公顷,发展各种经济林0.8万公顷,开发利用水面0.8万公顷,森林覆盖率达13.2%,全区农田防护林庇护面积达90%以上,粮食产量平均提高15%,农安、长岭、公主岭、梨树4县(市)粮食产量跃居全国产粮大县前十名。③沙区林业自我发展能力显著增强。立足林木、林地、沙地资源,大力发展以林粮、林果、林药、林草间作为主的森林复合经营,面积达2万公顷,安置国有林场职工0.5万余人,获经济效益1亿多元。(王志新)

【森林复合经营在吉林全面推行】 在总结1996年部分地方开展复合经营取得成功经验的基础上,吉林省林业厅于1997年3月召开专门会议,推行森林复合经营模式,并成立了管理机构,出台了管理办法和技术规定。1997年,全省共开展复合经营40.9万公顷,其中林粮间作4万公顷,林药间种2.5万公顷,林果间种

1.2万公顷，林参间种0.2万公顷，养殖林蛙32.5万公顷16.2亿只；实现复合经营产值2.8亿元；安置富余人员3.1万余人。 （王志新）

【吉林省林木种苗质量监督检测中心通过质量认证】 3月下旬，吉林省技术监督局组织有关专家对该中心进行了质量认证，认为已完全具备承担全省林木种苗质量监督检测任务的能力。其主要职责是：仲裁全省林木种苗产品质量的监督检验和质量争议；对进入吉林省的林木种苗产品的质量进行监督检验；在双方认可的情况下，对国际、省际间交流种苗的质量进行监督检验；对各市（州）报审的优良种苗进行质量检验；参与全省林木种苗质量监督检验的行业技术、业务指导和培训工作。 （王志新）

【实现连续17年无重大森林火灾】 截至12月1日，全省安全度过了第34个森林防火期，实现连续17年无重大森林火灾。全年共发生森林火灾28次，其中森林火警21次，一般森林火灾7次；火场总面积340公顷，其中受害森林面积234公顷；损失林木蓄积1.5万立方米、幼树5.8万株，包括扑火经费在内，共折合经济损失278.6万元。森林火灾发生率为每10万公顷0.36次，森林火灾受害率为0.03/1000。长春、吉林、松原、辽源市实现全年无森林火警。 （王志新）

【吉林省率先进人全国卫星林火监测信息网络】 吉林省及各市（州）筹措资金20余万元建设卫星林火监测站，至1997年1月，省本级、延边朝鲜族自治州、白山市、吉林市、通化市、四平市、辽源市、吉林森工集团、省森林警察部队等卫星林火监测站相继调试入网且运转正常，进一步加大了全省林火监测的科技含量。在全国68个建站单位中，吉林省第一个单机入网，第一批实现全省入网。 （王志新）

【吉林省出台森林病虫害防治硬性规定】 经省政府同意，吉林省政府办公厅于1月4日发出通知，就进一步加强森林病虫害防治工作作出硬性规定，即建立在各级政府直接领导和指挥下，由林业部门组织、其他部门配合、社会群众参与的森林病虫害防治管理体制和运行机制。①强化政府行为，实行各级政府负全责，将森林病虫害防治纳入政府工作内容，同森林防火、造林绿化等一并部署、一并检查、一并考核。②实行森林病虫害防治各级行政领导负责制，层层签订目标管理责任制，并根据防治任务完成情况实行奖惩。③明确防治主体，坚持“谁经营、谁防治”的原则，将森林病虫害防治指标完成情况与各森林经营单位采伐指标相挂钩。④坚持以林业自身投入为主、各级财政适当补助为辅的原则，逐步建立多元化投入机制。一般灾害，治理费用由森林经营单位负责投入，不足部分由所在县财政补助（非县属森林经营单位由其直接主管部门或单位补助）；严重灾害，治理费用超出育林基金规定支出比例的，超出部分由所在县财政（或直接主管部门、单位）、市级育林基金（或市财政）给予补助；重大灾害，治理费用超出县、市两级育林基金规定支出比例和财政补助能力的，由省级育林基金（或省财政）给予补助；特大灾害，治理费用超出本省承受能力的，申请国家财政给予专项经费补助。森林病虫害防治经费在育林基金支出中的比重，主要森林病虫害发生区不得低于本年度育林基金实际支出的3%，重点灾区应达到4%以上。⑤各级人民政府要把森林病虫害防治工作作为一项重要内容，纳入本地国民经济和社会发展规划及减灾计划，统筹安排部署，分级组织实施。（王志新）

【吉林省武装森林警察总队举行大型灭火表演】 3月16日，吉林省武装森林警察总队为参加全国森林防火工作现场会议的国务院、林业部等各级领导举行了大型灭火表演，姜春云副总理、徐有芳部长等观看了灭火表演。参加灭火表演的4个梯队先后采用风力灭火机、风水灭火机、灭火水枪、索状炸药爆破、装甲车灭火、消防车灭火、水泵灭火等多种灭火方式对模拟地表细小易燃物火、采伐剩余物火、灌木丛火、树冠火等实施灭火，在不到半小时的时间里，就将数十个熊熊燃烧的火堆彻底扑灭，姜春云副总理对灭火表演给予了高度评价，希望全体官兵加紧训练，提高素质，提高战斗力，做好精神准备，做到召之即来，来之能战，战之能胜，为战胜各种火灾，保卫祖国的森林资源，保卫人民生命财产安全作出新的更大的贡献。 （程晓波）

【吉林省森林病虫害防治】 1997年与1988年相比，森林病虫鼠害发生面积由47.1万公顷下降到6.5万公顷，发生率由7.6%下降到0.8%；防治率由35.5%提高到94.2%以上；森林病虫鼠情监测覆盖率由不足30%提高到84.3%；林木种苗产地检疫率由不足60%提高到96.7%以上。 （王志新）

【吉林省林业工作站建设】 到1996年底，全省已有804个林业工作站达标，占全省915个林业工作站的87.8%；合格县（市、区）已达52个，占全省60个县（市、区）的86.7%。1997年，吉林省涌现出12个先进县，362个百强站。至此，吉林省林业工作站建设已跻身全国前列。 （王志新）

【吉林省乡村林业】 ①乡村造林绿化取得丰硕成果。全省乡村完成造林合格面积61.3万公顷，抚育中幼龄林16.5万公顷，改造低质低产林2万公顷，分别占全省总数的71.6%、38.9%和31%；完成义务植树6.1亿株，绿化村（屯）3.2万个，绿化乡级公路1.4万千米，超额完成了“三北”二期防护林体系建设任务。全省有9个县（市）、6个乡（镇）、80个村跻身全国绿化先进行列。②乡村森林资源保护管理工作进一步加强。全省乡村专职护林员已发展到1.3万人，许多村干部都是兼职护林员，还有分布在全省乡村的上百个林业派出所和几百名干警，担负着林木管护、森林防火工作，较好地完成了任务。仅1996年，全省乡村就查处林政案件234起，关停非法无证经营的小木材加工厂138个，收缴盗伐木材1640立方米，处罚513人次。③乡村林场得到巩固发展。到1996年底，全省已有乡村林场1941个，其中乡办林场212个，村办林场818个，各种形式联办的林场96个，户办林场即家庭林场815个；乡村林场总经营面积达4.5万公顷，其中有林地面积为2.9万公顷。④乡村林业产业建设蓬勃兴起。乡村林业总收入4500万元，东部山区有些县林业收入占农业总收入的比例达到60%以上，许多村的公共积累主要来自林业。（王志新）

【吉林省对森工企业实行挂牌支持措施】 ①全心全意地支持企业发展。坚持以是否有利于企业深化改革、扩大开放，是否有利于企业的建设和发展，是否有利于提高企业经济增长的质量和效益，作为部门和单位工作的基本出发点和落脚点，尽心竭力支持企业发展经济、提高效益。凡出台涉及企业的有关政策性措施，要充分考虑企业的利益，并征求有关企业的意见。②积极主动地维护企业权益。对林业企业特别是挂牌企业发生的经济纠纷案件和行政执法冲突案件，各级林业主管部门要主动出面协调，积极提供法律依据和法律咨询，协助企业处理纠纷、化解冲突，保证企业生产经营活动的正常开展。③严格控制各类检查活动。到林业企业进行检查，事前须经省林业厅转报省经贸委同意，报省政府批准。未经批准到挂牌企业检查的，企业可以拒绝。对其他部门到挂牌企业检查的，企业有权查验省政府批准文书或按省林业厅通知接待。④严禁到企业乱收费、乱罚款、乱摊派和乱封、乱扣、乱抓。未经省政府或指定部门批准的收费，企业有权拒交；正常收费时，收费部门应填报收费卡，企业按规定交纳各项费用。对企业实行罚款，必须出示法律依据，有确凿的违法事实，否则，企业有权拒绝。对一些部门、单位到企业乱摊派和乱封、乱扣、乱抓的，企业应予拒绝，并及时上报上级主管部门协调解决。⑤定期对挂牌支持措施执行情况进行检查，发现有违规定的单位和个人，给予严肃处理。（王志新）

【吉林森工集团荣列中国大型企业集团第104位】 中国行业企业信息发布中心协同全国工业普查办公室，于3月10日和13日在国家统计局机关报《中国信息报》上发布了营业额逾9亿元的中国大型企业集团名单，中国吉林森工集团荣列第104位。这是继荣列中国的脊梁——国有企业500强第196位之后，又一次获得殊荣。（张玉岩）

【吉林森工集团再次被命名为吉林省最强企业】 继1995年之后，吉林森工集团于1997年再次被省政府命名为吉林省规模大、效益好、后劲足的最强企业。同时，吉林省福春木业有限公司被命名为吉林省规模大效益好的“三资”企业，泉阳林业局被命名为吉林省扭亏（减亏）变化最大的企业，白石山、红石、松江河、三岔子、露水河林业局被命名为省级“三好”企业。（张玉岩）

【吉林森工集团签定境外森林开发项目】 中国政府援外贴息优惠贷款巴布亚新几内亚森林开发项目贷款协议签字仪式，于6月12日在北京人民大会堂吉林厅举行。中国进出口银行行长雷祖华和中国吉林森林工业（集团）总公司总经理公丕兴分别在协议书上签字。巴布亚新几内亚森林开发项目贷款是吉林森工集团继1996年赤道几内亚森林开发项目以来使用的又一笔援外贷款。这一项目是由中国吉林森工集团的海外子公司——中国巴新福森有限公司承担的。（张玉岩）

【吉林林业’97科技年活动】 主题是科技成果转化，口号是第一把手抓第一生产力，内容是开展5项科技工程建设，即科技示范点建设工程、科技成果推广和产品开发工程、第一把手抓第一生产力工程、科研单位与企业对接工程和技术培训工程。至1997年底，全省林业共落实科技示范点161个，推广成果212项次，开发产品115个，建立“第一把手”工程125个，科研单位和企业对接项目253项次，组织技术人员下乡1.7万人次，培训技术人员8.1万人，印刷培训资料13.4万份。林业科技投入进一步加大，效益进一步提高。1997年全省林业科研投入1349万元，完成科技成果11项；推广投入2285万元，创直接效益2.8亿元；产品开发投入1.6亿元，创产值2.9亿元，创利税3704万元；技术引进改造投入1.3亿元，创产值1.5亿元，创利税2334万元。（王志新）

【吉林森工集团职工技术培训中心成立】 吉林森工集团职业技术培训中心成立大会暨首期培训班开学典礼于1997年8月26日在三岔子林业局职业教育中心举行。林业部人事教育司、省劳动厅、森工集团总公司等单位领导同志参加了会议。该中心为吉林森工企业工人技术培训提供了很好的场所，对增强森工企业发展后劲，实现两个根本性转变，促进吉林省森工企业持续发展将起到积极的推动作用。（于 彦）

【吉林省实施乡村林业产业化发展战略】 主要目标是：构建以林产品、山野菜、林下养殖、人参栽培、珍贵树种培育为主的五大产业开发系列，并且形成龙型经济，不断拓宽市场，加大经济实力，逐步提高农民生活水平，在乡村基本建成一个比较发达的林业产业化体系。主要措施是：①以自身优势为起点，抓龙头，建基地，立足资源搞开发，本地有什么资源就发展什么项目，本地适宜发展什么就开发什么，把基地化生产与龙头产业建设紧密结合起来。②以市场为导向，市场需要什么就发展什么，改变过去砍木头、卖原木的旧习，做到山上有基地、山下有工厂、山外有市场，通过贸工林一体化，公司办基地，基地联农户，引导林农进入市场，降低市场风险。③以立体综合开发为目标，实行山水林田路综合治理、农林牧副渔综合发展，多业并举，全方位开发，做到木材精深加工、林地复合经营、山坡种药栽果、沟岔养鱼养蛙，生态经济兼顾，立体综合开发，推进乡村林业产业化进程，带动农村经济快速发展。④以科技进步为支撑，不断加大科技投入，建立健全科技推广体系，积极应用高新技术和适用技术，努力提高科技成果的转化率和科技在乡村林业的贡献率。

（王志新）

【吉林省实行人参产业化生产】 具体措施是：①今后不再盲目扩大面积，或者严格控制面积，重点是应用科技提高单产，提高品质。②依靠科技解决后续参地问题，不能靠砍树种参。③在参业深加工上做文章，不能只卖原料，一定要上一批参业加工项目。④搞行业协会，如吉林参业协会，搞半官半民的组织，加强行业管理和指导，防止盲目发展和自相残杀。⑤争取人参出口权力，直接面向国际市场。（王志新）

【松江河林业局实行“四费合一”管理】 1996年以来，松江河林业局在局机关实行了差旅费、办公费、电话费、招待费“四费合一”管理办法，收到较好成效。主要做法是：年初一次性将四费总额核定到各处(室)，由处（室）自行掌握使用，在不超总额标准和进度计划的前提下，四项费用可以串用。局内部银行根据各处（室）四费的使用进度计划具体控制，各处（室）只准在四费余额内借款或核销，否则不予借款或核销。对公出返回后一周内不及时结清借款的，按月利率20/1000计收借款人利息。各处（室）公出需要派车时，一律先填行车命令单，批准使用后，出车费（120元/天）及司机住宿费用一律由用车处（室）承担，实际费用由内部银行依据行车命令单在处（室）费用中扣抵。局领导从自身做起，电话费用执行定额标准，不足部分自补；不配移动电话，不带寻呼机，带头节约支出；公出不住高档房间，随从人员不挂靠领导核销费用。招待来宾一律由对口处（室）负责接待，费用由处（室）承担。（张玉岩）

【泉阳林业局挖掘自身潜力上项目】 泉阳林业局立足企业实际，千方百计筹措资金上项目，先后建成了年产20万平方米无尘淋漆地板的富帮木业有限公司，年产15万千克牙签、4万箱雪条棒、1万箱卫生筷子的全新木业公司，年产5000立方米的细木工板厂，年产3000吨的长白山圣泉饮品厂，木片生产也实现了产业化和规模化。主要措施：一是向深化改革要资金。通过林地有偿使用、机电设备有偿转包、压缩机关管理人员等措施，回收和节约资金800多万元。二是向管理要资金。加大清欠力度，活化资金900多万元，降低成本费用节约300万元。三是实行带资入厂筹集资金。开发新产业时，新工人带资上岗，既解决了就业问题，也解决了项目资金不足问题。四是实行补偿贸易融通一部分资金。五是利用旧厂房进行改造，盘活存量资产，活化一部分资金。新上的几个项目都是利用现有厂房进行改造，走内涵扩大再生产的路子。（张玉岩）

【红石林业局清车工作】 红石林业局于5月对小汽车进行了一次专项清理。根据用车的职能和需要及有关配备和使用小汽车规定，全局重新定编为82台。在清理中调配小汽车28台，收缴超编小汽车50台，收缴车辆变现价值在100万元以上，并且每年可节约支出150万元以上。（张玉岩）

【三岔子林场实行场币制度】 1997年，三岔子林业局三岔子林场认真学习邯钢和湾林经验，结合本场实际，努力在控制材料和费用消耗上下功夫，实行了场币制度，取得显著效果。这个场根据全年材料费计划印制场币，由财务科统一管理。场用料单位或个人先到财务科领取场币，再到材料科购买材料，并记到购买人帐上。按照承包指标中核定生产任务时确定的材料费用，在月末由材料科、财务科与购买者三家汇总对帐，每月在场内公布一次。对材料费用超标的，按超出部分的5%从当月工资中扣除；对节余者，按节余的10%奖励，当月兑现。这个办法实行以后，材料管理在场内形成内部买卖关系，职工进一步增强了市场经济意识，有效地杜绝了跑、冒、滴、漏和白送礼、批条子及账物不符问题。

（宋　健）

【松江河实验小学获奖】 全国奥林匹克小学数学总决赛于8月11日在四川省绵阳市举行。参加总决赛一共有9个代表队，吉林森工集团松江河林业有限公司实验小学3名学生在单项决赛中每人各取得两项全国一等奖，在3个单项团体赛中夺得全国银奖，总成绩获得团体总分全国第四名，受到赛会的表彰。（李　也）

【《吉林省绿化条例》颁布施行】 吉林省八届人大常委会第三十一次会议于5月18日审议通过《吉林省绿化条例》，并于5月22日公布施行。这是迄今为止我国第一部具体规范城乡绿化工作的地方性法规，对绿化的总体要求、绿化规划、绿化建设、绿化资金、保护管理、法律责任等分别作了具体规定。（王志新）

【《吉林省禁止猎捕陆生野生动物管理若干规定》】 这

是继《吉林省人民代表大会常务委员会关于吉林省五年禁止猎捕陆生野生动物的决定》之后，由省政府制定并发布施行的五年禁止猎捕陆生野生动物的配套规章，对陆生野生动物保护主管部门及其职责、禁猎期陆生野生动物保护管理、违反规定处罚等作了明确具体的规定。该规定共31条，有效期自1997年8月15日起至2000年12月31日止。 （王志新）

【吉林省废止一批林业行政规章】 1997年12月24日吉林省人民政府第六十三次常务会议作出决定，废止一批政府规章，其中林业方面的有18个：《吉林省城镇园林绿化管理办法》、《关于野外地质勘探占用耕地、林地的暂行规定》、《吉林省全民义务植树运动奖惩办法（试行）》、《吉林省林木种子管理办法》、《吉林省森林防火实施办法》、《吉林省入山管理办法》、《吉林省国有林区解决群众自用材的几项规定》、《吉林省人民政府一九九六年森林防火命令》、《吉林省人民委员会关于加强护林和木材管理的几项规定》、《吉林省护林办法》、《吉林省木材运输管理办法》、《关于积极开展全民义务植树运动的布告》、《吉林省野外生产用火管理办法》、《吉林省地方木材生产、调拨管理暂行办法》、《吉林省人民委员会关于加强护林防火工作的布告》、《吉林省人民委员会关于发放林权执照的通知》、《吉林省清理林权试行办法》、《吉林省国有林区解决群众民需材的规定》。 （王志新）

【吉林省林业厅向社会推出公开承诺】 ①办理木材运输证、木材铁路运输车皮计划、林木种子运输证和森林植物检疫证，要件齐全、手续完备的，登记当日办理完毕。②办理野生动物驯养繁殖许可证，驯繁能力和条件具备、手续齐全的，自登记之日起3日内办理完毕。③办理野生动物进出口许可证，野生动物及产品来源合法、手续齐备的，自登记之日起一周内办理完毕。④办理征占林地手续，经审查符合规定的，自登记之日起一个月内办理完毕。⑤服务热情、主动、文明，严格执行收费标准，不借工作之便向客户索、拿、卡、要或接受吃请和礼物。⑥对违诺的责任者进行严肃处罚。 （王志新）

【莫莫格自然保护区晋级为国家级自然保护区】 莫莫格自然保护区以保护丹顶鹤等珍贵水禽为主，1981年经吉林省人民政府批准建立。根据12月8日《国务院关于发布芦芽山等国家级自然保护区名单的通知》精神，莫莫格自然保护区晋级为国家级自然保护区。至此，吉林省的国家级自然保护区已经发展到3个。 （王志新）

【图们江国家森林公园建立】 经林业部批准，图们江国家森林公园于12月7日建立。该国家森林公园的建设单位是珲春林业局警信林场，总经营面积3.3万公顷。至此，吉林省的森林公园已发展到22个，其中国家森林公园13个。 （王志新）

【吉林森工集团文联成立】 6月18日，中国吉林森工集团文学艺术工作者联合会在松江河林业局成立，当日召开了成立大会，组建了吉林森工集团文联领导机构，颁发了文联章程。林业部、中国林业文联及省内有关单位发来贺电，吉林日报等省内新闻单位应邀派记者出席大会并分别作了报道。会中，吉林森工集团还举办了迎回归、庆“七一”书法、绘画、摄影展。 （李　也）

【白山市林业】 1997年，白山市林业在结构调整、企业改革、资源培育、森林保护、经济发展等方面较好地完成了任务：①营林绿化工作。造林0.2万公顷，其中低改、疏改造林0.1万公顷，是责任目标的239%；完成经济林建设53.5公顷，是责任目标的107%。②森林资源管护。林业、公安、检察、法院密切配合，统一行动，依法从快、从严、从重打击各类破坏森林资源违法犯罪行为，在全市范围内没有发生重大毁林案件和捕杀国家重点保护野生动物案件，盗伐、偷运和私收乱购现象明显减少，基本遏制了乱砍盗伐等毁林势头。共查处林业行政案件1244起，收缴木材746立方米，挽回经济损失119万元。③木材检查站管理。全市16个木材检查站中有12个达到省级标准，其中抚松县大榆树、临江市临城两个木材检查站被评为省级先进站。在全市治理公路“三乱”大检查中，林业系统没有发现“三乱”现象，受到市政府的好评。④森林防火工作。坚持领导重视亲自抓，分级负责层层抓，广泛发动社会抓，两个管理严格抓，扑灭落实细致抓，实现全市连续18年无重大森林火灾。共发生森林火灾12起，其中一般森林火灾1起，森林火警11起；火烧总面积11.01公顷，其中有林地面积2.98公顷；森林受害率为0.0002/1000，火案查处率为100%；损失总价值为2.1万元。⑤林业经济建设。形成以木制品生产、工业加工、人参、山珍食品等资源转换型产业为主体的木材综合利用、多种经营支撑体系，构成多业开发的经济格局。实现产业总产值2.3亿元，比1996年增长2%，其中木材产值1.1亿元，综合利用产值7517万元，多种经营产值2102万元；实现利润913万元，上缴税金2072万元。 （赵永刚）

【吉林市林业】 1997年，吉林市林业努力实施两个根本转变，使各项工作都取得了可喜成果：①造林绿化工作。完成造林面积0.1万公顷，低改造林0.3万公顷。②森林管护工作。严格执行限额采伐，全年采伐控制在81.17万立方米以内，加大对毁林犯罪的打击力度和执法力度，实现连续18年无重大森林火灾。③产业建设工作。以资源优势为依托，以开发林产工业、种植业、养殖业、建材业和第三产业为重点，全面培育新的经济增长点，实现林产工业产值7500万元，复合经营面积达0.2万公顷。④林业改革工作。积极探索企业的经营方式和产权制度改革；事业单位实行经费年度包干、超支不补、节余留用、创收归己的改革；同时实施了公有住房的出售。⑤对外开放工作。已有曲线地板和石材矿等一批项目投产，吸引外资达491万元。⑥科教兴林工作。完成科研课题20项，其中4项分别获部、省、市科技进步奖，推广科技适用成果23项。⑦扭亏增盈工作。强化成本、资金、现场和质量管理，加大扭亏增盈力度，使所属企业效益有所提高，实现林业总产值2.84亿元，利税2700万元。⑧维护稳定工作。通过加强制度建设，保持了各级领导班子和职工队伍的稳定，为林业的快速健康发展营造了一个良好环境。

（樊　民）

【辽源市林业】 1997年，辽源市林业积极调整产业、产品结构，进一步提高造林绿化水平，加快林业生态体系和经济体系建设，继续保持了持续、快速、健康发展势头。①以造林绿化为重点的生态林业建设有了新突破。筹措造林绿化资金274万元，完成迹地更新造林968公顷，荒山造林133公顷，速生丰产林971公顷，经济林393公顷，绿化乡村路53千米，绿化河岸11千米，绿化村（屯）114个。到1997年末，全市有林地面积达19.5万公顷，活立木总蓄积1050万立方米，森林覆盖率达到41.9%。②以森林防火为重点的森林资源管护有了新提高。坚持依法治火，取得了建国以来从未发生重大森林火灾和保持连续13年无森林火灾的好成绩；除治日本松干蚧面积471.1公顷，做到了有虫不成灾；查处各类林业行政案件1447起，罚款20.7万元，收缴林木损失费50.5万元。到1997年底，全市共建立自然保护区5处，面积2.9万公顷；划定禁猎区2处，面积0.8万公顷。③以多种经营为重点的林业经济有了新发展。实现产业总产值3122万元，完成计划的100.4%；实现销售利润748万元，比1996年增长13.5%；新上多种经营项目23个，安排职工就业513人，实现多种经营利润189万元，比1996年增长13.9%。

（赵东升）

【延边朝鲜族自治州林业】 1997年，全州林业实现产业总产值31亿元，比1996年增加7亿元；实现工业总产值14亿元，比1996年增加近2亿元；实现连续17年无重大森林火灾，较好地完成了森林病虫害防治年度管理目标：①转换机制工作。全州林业企业有250个基层单位初步实行了剥离经营，机关干部由原来的4010人减到1960人，减幅51.1%；组织富余人员向沟系开发、第三产业分流，共分流富余人员达1.8万人。②企业管理工作。以营销管理为龙头，以成本管理为中心，以资金管理为重点，把压缩成本贯穿于生产经营的全过程，消化了工资提高、能源涨价等成本攀升的因素，多数企业的木材生产成本比1996年有不同程度的降低。全州林业实现利润1578.4万元，被州政府列为效益攻坚战成绩突出单位。③资源开发工作。确立1500个沟系开发项目，沟系竞价承包由点到面推进，签订合同2814份，承包总面积117.8万公顷，收取承包金868.8万元；开发沟系1100条，复合经营林地近2万公顷，放养林蛙15亿只；家庭经济生产门路拓宽，万元达标户占职工总户数的比重达到26%。④林产工业建设。新建项目和技改项目18个，累计投资2.2亿元，大部分项目已经建成投产；企业局对生产同类和相似产品的小厂进行了合并，优化了生产要素的配置，强化了企业参与市场竞争的能力；积极开拓国内外销售市场，使林业产品在国外市场占有一席之地。⑤精神文明建设。全州林区开展打击毁林犯罪统一行动和打暴扫丑促防范战役，提高了控制林区社会治安的能力，与1996年相比，刑事案件下降23.1%，治安案件下降29.6%，森林案件下降60.3%；认真落实精神文明建设五年规划，加快了"三爱一建"工程、企业文化工程、企业环境工程建设步伐，涌现出了很多文明小区、文明家庭和标兵。

（范树芬　尹　岚）

【白城市林业】 1997年，白城市林业加快生态体系和经济体系建设，取得较好效果：①造林绿化工作。造林2.2万公顷，完成年计划的100.8%；义务植树538万株，完成年计划的120.8%；城镇新增绿地32.1万平方米，完成年计划的101.6%。②森林防火工作。实现连续19年无重大森林火灾。③科技兴林工作。建设生态经济林业发展模式和高效沙棘、良种仁用杏、优质果树基地以及杨树旱作丰产林、沙地杨树钻孔造林等10个试验示范点，面积达0.6万公顷；完成科研生产对接项目29个，推广新技术、新成果15项。全市营造杨树旱作丰产林0.2万公顷，沙棘、仁用杏、果树经济林1.1万公顷，两项造林占全年造林任务的58.2%。④产业结构调整。全市已有11个国有林场建起了木材加工厂。国有苗圃、林场共开展林粮、林烟、林药复合经营1.1万公顷，产值1720万元，安排职工人数4800余人。全市林业实现产业总产值9000万元，其中有1个林场创利达100万元，1个林场创利达50万元，15个场圃实现创利10万元以上。⑤林业改革工作。总结推广了洮南市对荒山实行"包、租、卖、给"的经验，对土质较好、易于造林的荒山，采取承包和租赁的形式分山到户；对土质虽差但具备造林条件的荒山，采取出卖的方式卖山到户；对零星、僻远、土质差且造林难度大的荒山，采取无偿使用的形式给山到户。全市拍卖成交荒山3267公顷，已封山933公顷。

（冯忠毅　肖凤祥）

【通化市林业】 1997年，通化市林业较好地完成了各项工作任务：①造林绿化工作。坚持以"增绿量、出精品、上水平"和完善村（屯）、乡路绿化为重点，以发展林业用地复合经营为突破口，圆满完成了13项任务指标。低质低产林改造1.4万公顷，营造经济林0.3万公顷，建设生态村139个，实行复合经营1670公顷，生产粮食2000多吨，效益600多万元。辉南县代表省“两率”检查和林业站达标县验收，分别取得“两率”双百分和达标县的好成绩。②森林防火工作。实现全年无火灾，至此实现连续43年无重大森林火灾和连续9年无一般火灾。③森林病虫鼠害防治工作。实现病虫鼠害发生率、防治率、调查覆盖率和种苗产地检疫率“一降三提高”的目标。④资源林政管理工作。查处各类案件494起，其中大要案4起；惩处576人，其中逮捕6人；收缴木材68立方米，挽回经济损失31.8万元。⑤林业经济工作。投资1078万元，新上了水电站、养鹿等6个项目。全市实现产业总产值1.8亿元，比1996年提高15.3%。全市国有场圃有43个盈利，盈利金额692万元，其中盈利100万元以上企业2户，50万元以上企业1户。⑥精神文明建设。坚持两手抓、两手硬，在全省5个市（州）行风测评中获第一名；获全省治理公路“三乱”先进单位；涌现出柳河县林业局、辉南森林经营局、集安市双岔林场和柳河凉水林场等市级先进党委和基层党组织。全系统涌现出省、市、县先进单位37个，先进个人107人。　（秦玉宽）

【四平市林业】　1997年，四平市林业不断探索改革与发展的新思路，取得较好效果：①造林绿化。造林1651.8公顷，迹地更新660公顷，全民义务植树550万株，城市新增绿地24.5公顷，森林活立木总蓄积净增长71万立方米。②产业建设。建养鹿基地4处，存栏600多头；养牛基地2处，年出栏1000多头；果树基地2处，面积达230公顷；实现产业总产值7317万元，利润104万元。③林政管理。采取“正面教育、反面切入、预防为主、打防并举”等措施，开展了管护资源专项斗争，打击处理499人，收缴罚没款和林木赔偿费65万元，收回林地2819公顷，收缴非法粘鸟网130片，放生益鸟1500多只。④病虫防治。坚持“谁拥有、谁防治”原则，“四率”均达到省里规定的指标。⑤场站建设。有16个基层林业工作站达到省级建设标准，有18个国有场圃跨入市级先进行列。　（王世君）

【吉林省1997年林业大事】

1．1月10日，吉林省人民政府决定，任命张鲁风为吉林省林业厅副厅长，宣德义为吉林省监察厅驻吉林省林业厅监察专员。

2．1月20日，全省野生动物保护工作电视会议召开，杨庆才副省长作了讲话。

3．3月16日，全国森林防火工作现场会在吉林省白河林业局召开。

4．4月7日，全省林业工作座谈会召开，杨庆才副省长就进一步做好全省森林防火、造林绿化和林业企业深化改革等工作发表了意见。

5．4月8日，省林业厅召开全省林业经济工作座谈会，李世学厅长代表厅党组就推进全省林业经济效益根本好转问题发表了讲话。

6．4月10～12日，省委书记张德江，省委常委、省委秘书长尹成杰及省林业厅厅长李世学，省委办公厅负责同志在双辽市红旗镇勃山村和通榆县向海乡创业村参加植树活动。在植树劳动中，张德江强调指出，没有吉林省西部的林业，就没有吉林省西部的农业。

7．4月15～18日，环保世纪行森林防火采访团，对吉林省森林防火工作进行了实地采访。采访团对吉林省强化政府负全责、强化火源管理、强化专业森林消防队伍建设等给予了充分肯定。

8．5月5日，省林业厅副厅长张世友、省武装森林警察总队参谋长侯绪广、省森林防火指挥部办公室副主任朱占东在延边森林火灾现场指挥灭火后，于返回长春途中发生车祸，张世友和朱占东同志因公殉职。

9．5月18日，省八届人大常委会第三十一次会议审议通过《吉林省绿化条例》。

10．6月12日，省人大常委会副主任任俊杰就《吉林省绿化条例》的施行向全省发表了电视讲话。

11．10月31日，中共吉林省委决定，任命宋文和为省林业厅党组书记。

12．11月13日，吉林省政府决定，任命魏连生为省林业厅巡视员。

13．12月16日，中共吉林省委决定，任命公丕兴为省林业厅党组成员。

14．12月16日，中共吉林省委决定，任命宋文和兼中国吉林森林工业集团总公司党委书记。

15．12月30日，吉林省人民政府决定，任命公丕兴为省林业厅副厅长（兼，列刘延春前）。

长春市林业

1997年，长春市林业狠抓“三北”农田防护林更新改造和造林绿化成果巩固工作，取得成绩：①以增绿量、上档次、出精品为目标，巩固造林绿化成果。人工造林5587.4公顷，超计划11.9%；“四旁”植树600万株，超计划20%；绿化村（屯）1196个，超计划194%；绿化江河堤防446千米，超计划197%；绿化公路乡路500千米，超计划233%；营造经济林2005.1公顷，超计划100%。②以提高林业综合效益为目标，推进农田防护林更新改造。本着先行试点、梯次推开原则，更新改造农田防护林1188.2公顷。林业部“三北”防护林建设局召开现场会，推广了经验。③以建设优美生态环境为目标，规划环城绿化带工程。经市委、市政府研究，决定建设沿环城高速公路内外两侧长86千米、宽550米、总面积1200多公顷的环城绿化带，自1998年启动

实施。 （魏运秀）

黑龙江省林业

【概　述】

发展与成就

植树造林　1997年，全省完成造林27.47万公顷，是计划的125.8%。其中，国有造林7.25万公顷，是计划的109%；群众造林14.41万公顷，是计划的199%。育苗1.04万公顷，是计划的142%。全民义务植树8500万株，人均4株。"三北"防护林建设三期工程完成造林9.27万公顷，是年度计划的198%。到1997年，累计造林保存面积260万公顷，抚育天然次生林167万公顷，全省森林覆盖率提高到41.9%；利用首批世界银行林业发展项目，建成的尚志等6个商品林基地县，累计营造商品林6.53万公顷，速生丰产林2.07万公顷；利用世界银行森林发展和保护项目，在全省19个县（市）、141处国有林场，建设19片商品林基地，已造林5.6万公顷，是计划的80%。全省地方林业的森林蓄积4.05亿立方米，其中，可采蓄积8438万立方米。

林产工业　到1997年，林产工业已形成了年加工利用原木及次小薪材50万立方米、"三剩"（采伐、加工、造材剩余物）10万立方米、年产"三板"（胶合板、纤维板和刨花板）8000立方米、地板块8000立方米、牙签1200吨、木片1万吨、锯材30万立方米、卫生筷子25万箱、各类木制品30万件的生产能力。1997年，实现林业总产值19亿元，生产经营活动实现利税8000万元。

森林保护　1997年10月1日和12月1日，相继实施了《黑龙江省林木种子管理条例》、《黑龙江省森林病虫害防治实施办法》，与国家林业法律法规相配套的地方林业法规逐步完善，为依法治林，强化森林资源的保护与管理提供了依据。全省共发生森林火警火灾56起，受害面积207.5公顷，受害率0.0048/1000，森林火灾发生率每10万公顷3.1次，取得了继1987年大兴安岭大火后连续10年没有发生特大森林火灾的好成绩。全省共查处各类森林案件5896起，查处率和结案率均在95%以上，共处罚10 930人次，收缴木材2104立方米、野生动物近13万只，为国家挽回直接经济损失578万元，清理回收林地近1.33万公顷。全省病虫鼠害发生面积28万公顷，发生率4.45%，防治面积20.17万公顷，防治率71.98%；产地检疫苗木12亿株，检疫率98%，监测覆盖率93%，收取检疫费102万元。

森林旅游业　到1997年，已建立国家级和省级森林公园43处，总面积30.67万公顷，开辟了哈尔滨至牡丹江山体天然林、哈尔滨至同江江河风景林、哈尔滨至齐齐哈尔防护林等3条森林旅游热线。1997年，接待游人100万人次，实现利润300多万元。

林业科技　全系统现有科技人员9021人，其中，高级职称的352人，中级职称的2087人，初级职称的6582人。1997年，获林业部科技进步三等奖的项目有东北农田林网区生态经济型防护林体系建设模式和黑龙江省野生马鹿资源现状与合理利用的研究两项；获黑龙江省科技进步三等奖的有人工落叶松纯林连栽对地力影响及林木生长的研究和柳树良种——旱布329柳、垂爆109柳选育技术的研究两项；获黑龙江省林业科学技术进步奖的13项，其中一等奖4项，二等奖6项，三等奖3项。

精神文明建设　1997年，结合"讲文明、树新风"活动，全系统广泛开展了"三个主义"（爱国主义、集体主义、社会主义）、"三德"（职业道德、社会公德、家庭美德）及"三观"（人生观、价值观、世界观）教育，实现以道德修养、科教水平、民主法制观念为主要内容，以积极健康、丰富多彩、服务人民为主要要求，以实现社会风气、公共秩序、生活环境为主要标志的精神文明"三个"提高，把干部职工的思想统一到党的十五大精神上来。全系统已有570个单位晋升为县级以上文明单位，占基层独立核算单位总数的75.3%。其中，省级文明单位标兵3个，省级文明单位已达到23个。

改革与林政措施　1997年，针对系统改革的实际，全省林业行业提出了在思想认识上的七个转变：一要从高度集中的计划经济观念向市场经济观念转变；二要从以原材料生产为主的简单再生产观念向不断培育市场体系，用市场引导资源配置、取得最佳效益的观念转变；三要从片面强调林业自身特点、封闭发展的观念，向从自身特点出发，主动适应市场、求生存、促发展观念转变；四要从单纯靠国家投入发展林业的观念，向政策吸引、利益驱动、多渠道开辟财源、全社会办林业的观念转变；五要从单一靠国有经济求发展的观念向以国有经济为主体、多种经济成分并存、共同发展的观念转变；六要从单一的林业经济观念，向以林为主、多种经营、多业互补、综合发展的观念转变；七要从只重视物质文明建设观念向两手抓、两手都要硬的观念转变。要求全行业思想观念必须与新的发展形势相适应，实现全行业思想再解放。

全省林业按照国家《林业经济体制改革总体纲要》要求，制定了分类经营改革试点方案，选择有代表性的大庆、牡丹江市进行了林业生态体系建设和产业体系建设改革试点。根据国家《国有企业单位转换经营机制条例》和黑龙江省制定的实施细则，在搞好宏观调控，严格采伐限额管理，执行森林经营方案的前提下，加快了林业企业单位转换经营机制的力度。对资源匮乏的生态型林场，在保证生态环境不受破坏的同时，实行了放开经营。对经济效益好、资源丰富的林场，进一步完善承包经营机制。对全省79个国有苗圃推行了租赁经营和承包经营，对其他国有林业企业单位，开始进行产权改造和股份制改造。全省乡（镇）林业工作站已有895个兴办了经济实体，占林业站总数的77.2%，年产值3539.5万元，利润661.7万元。

在宜林“两荒”造林上，按照所有权与经营权分离的原则，继续大力推行了拍卖、租赁、承包、联合经营等多种形式，实行林农联手，合力治荒。对农业交错或交通不便、经营难度大的地方，大力兴办家庭林场。到1997年底，全省家庭林场已达41 384个，经营总面积17.1万公顷。全省群众造林完成面积中，通过拍卖、租赁、承包、联合联营、股份合作等形式完成造林面积的就占80%。

存在问题　资源基础薄弱，可采资源危机，过量采伐，环境破坏比较严重；林业生产建设投入不足；乱砍滥伐、乱侵滥占，毁林开荒，乱捕滥猎现象严重，查办力度不够；产品结构调整不到位，产品比较单一，市场竞争能力弱；经营管理粗放，科技含量低，生产与市场脱节，经济效益不高。（吴梅芳）

【林业厅直属单位实行财务包干】　1997年初，林业厅在转变职能过程中，为了抓好林业厅直属单位的改革和发展，更好地培植财源，减少经济压力，缓解资金紧张，促进事业单位逐步走自我发展之路，决定对直属各企事业单位实行新的财务包干办法。其指导思想是以发展和振兴经济为目的，加强宏观调控，适度从紧开支，完善约束机制，以深化改革和强化管理促进提高经济效益，保全局、保稳定，开创良好的经济工作局面。主要措施，一是加强管理，深化改革，增强造血功能，在增加收入上大做文章。二是健全规章制度，压缩支出，认真抓好节流。三是建立健全奖励和竞争机制，调动全体职工的积极性。

由财务处牵头与各单位认真算账，反复协商，确定了“划分收支、确定基数、超支短收不补”的包干原则，在此基础上还确定了实施“目标管理”、“兑现奖惩”的目标责任制，又逐项分解落实了各项财务收支指标，把财务包干指标分解落实到每个基层单位。经过一年的运作，经济效益稳中攀升，事业费支出指标也完成比较好，突破较小。共完成上交指标270万元，事业费创收指标307.7万元，也全部完成。按照《黑龙江省林业厅直属单位财务包干办法》有关奖励的规定，对在财务包干中取得突出成绩并创造良好效益的林政资源处、平山林药厂各奖励3万元，对野生动物资源管理处、林产品经销局、森林病虫防治检疫站和绿海宾馆各奖励1万元。实行财务包干使林业厅直属单位经济步入了良性发展的轨道。（吴梅芳）

【呼兰县推进林业四项工程建设】　呼兰县自1982年纳入“三北”防护林工程建设重点县以来，全面完成了造林绿化任务。全县有林地面积已达3.46万公顷，森林覆盖率达到了13.6%，实现了百里堤防万亩林，78.5%的村（屯）达到了国家绿化标准，有13.33万公顷的农田得到了防护林的保护。先后被评为全国平原绿化达标县、“三北”防护林建设先进县、义务植树先进县、全国林业工作站建设先进县，有6个村被评为全国千佳村。1996年，这个县代表黑龙江省接受国家对“三北”防护林建设二期工程巩固情况的检查，得到“思想认识不滑坡，造林力度不减轻，林木管护不放松”的高度评价，被评为全省造林绿化先进县。1997年，这个县又突出抓了林业四项重点工程建设：

1. 农田防护林完善、更新、改造工程。共计改造更新防护效益低下、病腐严重、品种不良的林带300条，使农田林网的结构日趋合理，防护效益日渐提高。

2. 渠系造林工程。绿化排水干渠220条，封沟治坡10处，控制和治理了水土流失，保护了水利设施，起到了林护渠、渠养林的双重作用。

3. 经济林建设工程。结合罐头加工企业的发展思路和文明村建设战略部署，全县营造果树一条街372条，建果园128处，初步形成产、加、销一条龙格局。

4. 义务植树基地建设工程。县直属8个系统和各乡（镇）、村都建立了自己的义务植树基地，并采取各系统统一集资，林业局统一购苗，栽后按系统统一立碑负责到底，基地设专人常年管护，保成活成林的办法，使义务植树工作实现了基地化、制度化、法制化、规范化、科学化。全县村级义务植树基地已达380处，植树100万株。（吴梅芳）

【庆安县开展林业专项严打斗争】　庆安县公安局林业派出所，从1996年11月至1997年6月，集中开展了严厉打击破坏森林资源以及影响林区治安稳定的违法犯罪斗争。期间，与当地政府密切合作，采取分片治理，逐场净化的办法，共查处各类案件65起，其中，盗伐林木案48起，毁林开荒案11起，治安案件3起，非法狩猎案1起，殴打护林人员案2起。处理违法案件105人次，其中，刑事拘留3人，行政拘留7人，判刑2人。收缴林木赔损费、变价款、治安罚款等合计97 474元，收缴非法枪支4支。这个派出所1995年、1996年连续两年被林业部授予全国严厉打击破坏森林资源违法犯罪专项斗争先进单位称号，1997年被公安部政治部、林业部林业公安局授予全国林业公安基层建设先进单位称号；被林业部林业公安局评为全国林业公安系统

"窗口"示范单位。他们的主要做法是：

周密部署，明确任务 成立了严打领导小组，划定责任区，实行责任到人，指标到人，层层包干，一包到底。重点打击盗伐盗卖林木、严重毁林开荒、猎捕、猎杀野生动物的犯罪行为。打现行、破积案、抓逃犯，把林区内部的各类不安定因素挖深挖透，彻底整治林区的治安秩序。

广泛发动，深入调查 把全体民警分为两个组，每组负责4个林场，并与林场的经济警察队员、治保会、治安联防员等深入到周围的村（屯），广泛发动，鼓励群众检举揭发不法行为。在此基础上，进行调查摸底，明查暗访，为突破大案奠定了基础。

强化管理，严打严防 做到四结合，即：一是所队结合，全面布防。控制重点部位，掌握重点人和重点户；二是上下结合，全面出击。从山上到山下，从林场到村（屯），坚持经常性检查，发现问题及时出击；三是专群结合，全面发动。发挥内部职能作用，通过群众找案源，查线索，以案带案；四是内外结合，全面配合。与地方派出所取得联系，齐抓共管。

从速从快，攻坚克难 采取包、带、查的办法，落实定案件、定人员、定时间、定奖惩的责任制。在打击盗砍乱伐的同时，还依法对乱捕滥猎的行为进行打击，做好野生动物的保护工作。

综合治理，共创文明 在办理案件时，坚持文明办案，以法办案，严格法律程序，确保办案质量。

（吴梅芳）

【山河林场熊类实验场】 哈尔滨市山河林场熊类实验场，建场12年。到1997年，有黑熊、棕熊60头，土型熊舍、熊运动场、游泳场、繁殖室、饲养室、手术室、消毒室等占地2600平方米。一系列科研成果的成功及开发的熊胆粉系列产品，吸引着众多国内外野生动物保护专家、医药专家和游客们。

从1988年起，这个场重点人工繁殖熊。近10年来，累计繁殖52只，成活44只，有2胎3仔的，3胎7仔的，6胎10仔的，成活率87.5%，在全国处于领先地位。1992年，这个实验场又开始研究国际尚无先例的人工繁殖子二代棕熊，并取得了成功。同时，人工造瘘引流活体取胆这一项科研成果获全国科技成果展览会金奖。这是一项既能间接保护熊类动物，又能采集熊身上的药源的技术。1只成熊日均取胆150毫克，年可烘干胆粉1.5～2.0千克，相当于捕杀60只熊获取胆粉的总和。国内价每千克3.5万元，国外7万元左右。多年来累计有120只熊产过胆粉，年产胆粉50千克，年创产值100万元。按1只熊可产胆5年计算，最低产值就是20万元，而且它还能繁殖幼熊。

这个场不仅在烘干胆粉上做文章，几年来，经过有关专家指导，又开发出系列产品。其中腾龙牌熊胆粉获1992年全国科技成果金奖；熊胆补酒、熊胆汁营养口服液1994年分别获得林业名特优新产品博览会金奖、银奖，获全国农业博览会银奖。国内各大医药集团公司主动经营该产品，并且这些产品远销美国、新加坡、韩国。

（吴梅芳）

【泰来县治沙有方】 泰来县是黑龙江省唯一的防沙活动重点县，境内有6条大沙带，总长达27千米，全县33万人口，有88%生活在这6条大沙带上。全县有63%的面积具有沙漠化的形态。昔日，缺林少树，生态失衡，道路、耕地被沙吞没。县政府采取一定优惠政策，大力开展了造林固沙活动，通过9年时间栽植了600多公顷樟子松片林，锁住了黄沙。到1997年，全县人工林面积已达5.6万公顷，森林覆盖率由过去的不足3%提高到17.1%，其中固沙造林达5万公顷，生态环境有了明显改善。他们的主要做法是：

采取"庄园模式"造林固沙 所谓"庄园模式"就是政府负责通电、打井、修路，给予一定的优惠政策，鼓励农民造林治沙。全县153户治沙开发户，把家都搬到了承包的沙地里，并按规划要求建造了庄园式房舍，在沙地里建造以林网为主，网、带、片结合的治沙林。在网格里植草、种田，形成林、草、田相结合，畜、菜、果齐发展的生态体系，年人均收入2 700多元。

采取"宁姜模式"造林固沙 这个县宁姜乡宁姜村，在1 200公顷的面积中，有600多公顷风蚀地，几百公顷的荒山上，只有几棵老榆树。十几年来，这个村结合小区域综合治理，大搞封山植树，480公顷林地将村庄、道路、农田、牧场紧紧围绕在其中，森林覆盖率达到了40%，林木价值已达200多万元，成为沙地上的一片绿洲。

采取千亩以上成片造林固沙 在总体规划的基础上，一改过去零星造林的办法，从1992年起，每年都规划几个或十几个千亩以上的片林。同时，坚持封一座山，建一处林场，到1997年，全县已有小林场50多处。

（吴梅芳）

【野生动物资源调查工作】 黑龙江省首次野生动物资源调查工作于1996年12月启动。省政府成立了领导小组，由主管省长任组长，组建了由科研单位和大专院校技术人员35人参加的5个调查分队，制定了《调查方案》和《技术细则》，落实专项配套经费245万元。全省分5个副总体，它们是大兴安岭森林景观，小兴安岭森林景观，东部山区森林景观，三江平原湿地、农田景观，松嫩平原湿地、农田景观。依据《技术规程》，在地形图上布设了10千米长的调查样线4 497条，确定了主要调查对象包括兽类、鸟类、爬行类和两栖类野生动物种类103种，专项调查12项。到1997年，外业调查工作已完成的地（市）有大庆、双鸭山、鹤岗、七台河、牡丹江、齐齐哈尔、佳木斯、鸡西，完成样线总量为2 700多条。计划到2000年完成这次调查工作。

（吴梅芳）

【桦南县营造经济林】 1994～1997年，桦南县造林

12 407公顷，1996年跨入全国造林绿化先进县行列。这个县地处半山区，全县有荒山面积3.13万公顷，林业用地8.65万公顷，具有优越的造林条件。他们在造林绿化工作中把营造经济林作为发展林业的龙头产业来抓。县政府为调动全县广大农户营造经济林的积极性，出台了发展经济林的5条优惠政策：①拍卖五荒优先卖给承包经济林的大户；②完成栽植3.33公顷以上的果园允许在果园建一栋房；③超过6.67公顷的大户县里扶持打一眼机井；④超过33.3公顷以上的村为村绿色企业；⑤果农间种收益归承包户并免收农业税和征购粮。这个县还紧紧抓住了国家以工代赈扶持林业发展的有利契机，在资金苗木和技术力量等方面对营造经济林进行了重点投放，使全县经济林每年以666.7公顷的速度递增。到1997年，全县已有25处百亩以上的果园，38处3.33公顷以上的果园，5个超千亩乡，20个超百亩村。

在营造经济林过程中，这个县林业部门充分发挥了职能作用，严格执行造林技术规程，严把苗木关，指导农民适地适树，积极引进新品种。（吴梅芳）

【大庆市狠抓绿色生态工程】 大庆市地处松嫩平原中部，属黑龙江省西部干旱、盐碱、风沙、平原地区。全市总土地面积5500平方公里，但可利用土地面积较少。历史自然形成明泡、暗碱、潜伏沼泽地类，生长着碱草、蒿草、芦苇，甚至还有白花花、碱巴拉明碱不毛之地。

1978年，大庆市被纳入国家“三北”防护林体系建设工程以后，森林覆盖率由建国初期的不足1%提高到8.9%。但由于长期坚持地上服从地下，造林绿化工作仍很滞后。为了从根本上改变大庆市植被退化、缺林少树、自然灾害频繁、环境质量差的状况，大庆市委、市政府决定投资2.5亿元，在大庆市开展绿色生态工程建设，并成立了专门的规划办公室进行了全面系统的规划，规划用6年（1996～2001）时间，在保护好现有森林、草原和环境的同时，植树造林9.93万公顷，恢复已破坏植被的30%以上，森林覆盖率由8.9%提高到14.3%。重点突出以主干公路林带为骨架连接卫星城环城绿化工程等十大工程，初步形成具有大庆特色的绿色生态体系。

这个市对造林绿化实行统一规划，制定政策，包栽包绿，一包到底，并调动各方力量，抓好绿化。他们提出新结婚的栽一棵“终生林”象征爱情专一，白头到老；生小孩的栽一棵“成长林”希望不断进步；新调入大庆市的栽一棵“大庆林”；所有干部栽一棵“公仆林”。建立严格的领导干部任期绿色生态工程建设目标责任制、检查验收通报奖惩制度和人事变动交接制度，把绿色工程建设的好坏作为干部政绩考核的重要内容之一，一年一检查，一年一兑现。市委、市政府明确规定各级政府每年都要以财力支出的1%用于造林、抚育和护林防火，各企事业单位也每年拿出一定资金用于绿化。1997年仅市财政和石油管理局就投入1亿元。

大庆市还为绿化大庆作出贡献的大庆市原林业局局长甄云升、红旗林场原场长罗井方树立了造林功臣碑，并颁发了奖金，这在全市引起了很大的震动。加大造林绿化的力度在干部群众中形成共识，经过1996年、1997年两年的建设，该市已造林2.67万公顷，绿色生态工程在稳步实施。（吴梅芳）

【绥化地区正确处理条块关系】 1996年，黑龙江省林业体制进行了改革，林业由原林业系统条条管理为主改为下放到地方政府以块块管理为主。作为地区林业主管部门在工作指导上如何适应这个转变，通过一年来的运作，绥化地区行署林业局做了一些探索，并收到了较好的效果。

1. 善于把上级主管部门的意图同本地实际结合起来，纳入地方经济发展的总体框架之中。这个地区林业局把培植资源、保护森林资源、建设林业生态体系和产业体系放在首位，作为发展林业的出发点和落脚点，并纳入发展区域经济的总体框架中。由于他们的积极工作，有3个浅山区县（市）政府，一改过去只注重森林防火，不大过问管理等倾向，变为主动地抓，并经常深入公司、场（站）帮助研究、解决一些实际问题。使这3个县（市）的木材主业生产和林产工业以及多种经营工作逐步成为县域经济的一大支柱产业。

2. 从全区林业的具体状况出发，制定符合林业发展规律的工作思路，为当地政府领导决策提供可靠依据。经过20多年的努力，绥化地区的造林绿化工作取得了一定成绩，曾多次受到省和国家的表彰。但近年来，有的县（市）重采轻造、重用轻管，更新脱节，有的虚报造林上报数字。林业局党组建议地委、行署召开会议，研究和部署今后3年乃至一个时期林业发展目标和思路。地委、行署及时采纳了他们的建议，于1997年9月，召开了县（市）长参加的林业工作会议。会议确定了到本世纪末造林绿化的指导思想、主攻重点和发展思路。制定了1998～2000年造林绿化发展规划，决定到2000年再造林百万亩，使全区森林覆盖率达15%。

3. 坚持转变职能，服务基层，积极为发展县域经济出力、献计，赢得当地政府的信任和支持。绥化地区林业局主要采取：一是大下基层。局领导经常深入各县（市）同地方党政主要领导取得联系，沟通情况，自觉地置于地方领导之下，求得地方领导的理解和支持。二是形成联系工作制度。局领导实行包片，与各县（市）主管领导建立了比较固定的联系制度。三是派驻联络员。林业局每年都向各县（市）派驻联络员，承上启下，沟通情况，检查指导，协助县（市）开展工作。四是每年年末，林业局将各县（市）的林业工作进行全面综合总结评比，排出名次，进行通报，以引起当地党委和政府（市）领导的重视。

4. 强化对下指导功能，使林业部门的工作能摆上位置。林业体制改革后，财权和人权下放到地方政府。这个局认为林业的权利不是主要的，对下的行业管理才是重要的，他们丝毫没有放松对下的指导。一方面，对于原农区的地方政府当好参谋，履行职责，使造林绿化、森林资源管理等工作正常运行；另一方面，加强了山区县（市）的行业指导，发挥行业的指导功能。

由于绥化地区林业局的主动工作，正确处理了林业主管部门与地方政府的条块关系，使绥化地区林业工作在各级政府部门中摆上了位置，在新机制下为林业的发展注入了新的活力。（吴梅芳）

【通河县提前完成荒山荒坡绿化任务】 通河县山区面积占全县总面积的70%，荒山资源丰富。过去由于受旧体制的束缚，荒山资源开发进程缓慢。1994年以来，这个县贯彻省委、省政府关于“统一规划，划区管理，承包经营，综合发展”的指示，从引入新机制入手，全面推行荒山、荒坡承包、兴办家庭林场。4年来共造林10 076公顷，农村人均拥有林地0.15公顷。提前完成了全县荒山、荒坡绿化任务。1996年被评为全国造林绿化百佳县及黑龙江省绿化竞赛先进县。

这个县1982～1993年靠国家、集体投资，造林绿化荒山8000公顷。到1994年，全县还有宜林荒地7667公顷，如果继续沿用旧的体制造林，不仅灭荒时间延长，而且还需投资2000万元。对此，县委、县政府决定改革造林机制，加大消灭“两荒”力度，出台了鼓励城乡个人承包造林的政策。主要是：面向社会，跨县、跨乡、跨村公开承包；实行谁造谁有、谁造谁投资、谁造谁管；对残次的天然林实行有偿拍卖；对造林户发放林权证，林地使用权50年不变；承包者对林木有继承、转让、采伐、出卖权；对当年不造林的限期收回重新发包等等。政策出台后，1994年当年全县造林2867公顷，造林投资全部由造林户自筹。到1997年，全县出现了以农民承包荒山为主体的家庭林场2462个。其中，66.6公顷以上规模的11个，33.3公顷以上的46个。拍卖承包村屯集体经营的幼龄林5473公顷，使县属人工林全部实现了私有化。

为使群众对政策托底，在发动广大群众造林、护林的基础上，这个县还实施干部带头、大户牵动的战略。一是领导示范。全县县乡两级干部中，有256人承包了荒山，造林457.7公顷；二是大户带动。县里利用多种形式广泛宣传，坚持用身边的人讲身边的事，用身边的事教育身边的人，激发群众造林的积极性；三是外引能人。依靠优惠政策，吸引外地能人，大力发展经济林。全县仅果树生产，就从宾县等县（市）引进大户47户，营造经济林446.7公顷，全县果树总面积发展到3000公顷。还发动造林户大搞林粮、林瓜兼作，发展山场经济，全县靠发展山场经济的非林收入，每年就可达3000多万元，户均收入1.2万元。（吴梅芳）

【齐齐哈尔市加强防护林体系管理】 齐齐哈尔市自1978年被纳入国家“三北”防护林建设以来，把防护林建设作为林业建设的主题来抓，成果显著。全市有林地面积到1997年，已达38.1万公顷，森林覆盖率由建设前的4%提高到10.4%，森林活立木蓄积达1336.9万立方米，比1977年前提高了45%。全市农田林网已达55 978个，庇护农田133.3万公顷，占耕地面积的85%以上。但是，有的地方农田防护林、护路林等抚育间伐出现伐好留劣，挨株砍伐，甚至个别地方出现了乘间伐之机滥伐林木，破坏农田防护林结构的问题。为此，市政府颁布了《关于加强全市农田防护林抚育间伐管理的通知》和《齐齐哈尔市关于农田防护林抚育间伐、更新改造管理办法》，对农田防护林抚育间伐和更新改造原则、办法及措施作出明确规定，从制度上规范和强化农田防护林体系管理，具体做到了“五统一”：①农田防护林、护路林、护村林（以下简称“三林”）抚育间伐、更新改造工作由市林业局统一管理，实行上管一级。②各县（市）区本着抚育、改造、利用相结合的原则，根据“三林”抚育间伐、更新改造总体规划，每年统一编制实施方案和作业设计，上报市林业局批准，没有实施方案和作业设计的，不准实施“三北”抚育间伐或更新改造作业。③市林业局根据各地上报的“三林”抚育间伐和更新改造方案，组织资源、造林、林政等科室到现场统一审批，严格把关。④“三林”抚育间伐、更新改造作业统一由各乡（镇）林业工作站负责，其他任何单位或个人不得实施。⑤抚育间伐、更新改造期间，各级林业部门做到严格监督，不失控。每年市林业局对抚育间伐和更新改造林带统一进行检查验收，发现问题，及时纠正。

齐齐哈尔市“三林”抚育间伐、更新改造，由于完善了规章制度，强化了管理措施，做到了科学间伐、合理利用，从而使之步入了科学管理轨道，确保了全市农田防护林体系常在、永续利用、功能不减、效益递增。

（刘光友　高作文　吴梅芳）

哈尔滨市林业

【概　述】 哈尔滨市位于东经125°42′～130°10′、北纬44°04′～46°40′，地处我国东北北部地区，黑龙江省南部。东南临张广才岭支脉丘陵，北部为小兴安岭山区，松花江从中部贯穿全境，山势不高，河流纵横，平原辽阔。全市辖7个区和阿城、双城、五常、尚志、宾县、呼兰、巴彦、依兰、方正、木兰、通河、延寿12个县

(市)，总面积5.3万平方千米。

哈尔滨市林业局是全市林业行业主管部门，所辖县(市)均设有林业局，7区设有农林局。全市共有80个国有林场及356个基层林业工作单位。已初步形成业务门类齐全，服务网络配套，岗位职责清晰的行业管理体系。

哈尔滨市森林主要分布在张广才岭西北麓和小兴安岭南坡。全市林业现有经营面积148.3万公顷，其中有林地面积106.9万公顷，占林业用地的72%，森林覆盖率41.92%。在有林地面积中，天然林67.3万公顷，占有林地面积的63%；人工林39.6万公顷，占有林地面积的37%。活立木蓄积7643万立方米，其中天然林蓄积占77%，人工林蓄积占23%。按林木用途分，用材林面积占85%，防护林占8%，特种用途林占1%，薪炭林占4%，经济林占2%。主要树种有红松、落叶松、樟子松、水曲柳、黄波罗、胡桃楸以及柞、椴、榆、杨、桦等。有人工培育的延寿桃、黄太平、大秋果、苹果、葡萄等温带经济林以及特种经济林、黑豆果等。野生果树资源有9科27种。山野菜和药材品种也很丰富，其中有木耳、猴头蘑、圆蘑、榆黄蘑、榛蘑、刺老芽、山蕨菜和山参、黄柏、地龙、苦参、狼毒、黄芪、五味子、刺五加、党参、茯苓、满山红等。主要野生动物资源有：东北虎、黑熊、梅花鹿、黑琴鸡、飞龙、灰鹤等。哈尔滨市年造林3.3万公顷；年均抚育采伐森林1.65万公顷，出材41.7万立方米。年总产值达5.55亿元，年上缴利税6626万元。全市已连续12年未发生重大、特大森林火灾，林地面积和森林蓄积连续多年实现双增长。目前，全市林业的支柱产业为木材生产、林产工业和多种经营。其中林木生产年产值1.46亿元，利税6042万元，林产工业骨干项目主要有人造板，年生产能力1.1万立方米；板方材，年生产能力9万立方米；卫生筷，年产40万箱；地板块，年产5500立方米；铅笔板，年产4800立方米；装饰门，年产3万扇；家具，年产3.5万件；单板，年产800立方米；木片，年产1.85万吨；小指接木、贴面板、木旋、木炭、包装箱板等。年产值已达1.458亿元，利税463万元。多种经营项目涉及种植、养殖、采掘、林副产品加工、饮食服务、运输、森林旅游七大方面，年产值达1.28亿元，上缴税金121万元。

哈尔滨林业经济优势主要表现为：①位置优越，哈尔滨市是东北重要的交通枢纽，铁路、公路网络密集，作为经济政治中心，是全省最大的木材和木制品消费市场。②资源基础雄厚，哈尔滨市森林面积和蓄积位居全国35个重点城市第一位，人工林面积和蓄积居全省第一位，是黑龙江省面积最大、质量最好的后备森林资源基地。同时还具有丰富的林地资源、林果林药资源、野生动物资源、矿业资源和森林旅游资源。③林业经济多元化发展，目前全市木材生产、林产工业、多种经营年产值比例为3∶3∶2.6，产业结构日趋合理，增加了林业经济增长点。

(哈尔滨市林业局)

黑龙江省森林工业

【概　述】

全面完成各项指标　全年完成产业总产值87.27亿元；木材生产完成668万立方米，产值31.8亿元；人造板完成25.7万立方米，木片完成280万层积立方米，林产工业产值18亿元；熟化速生丰产林用地5.04万公顷，粮豆播种面积14.08万公顷，产量达到34 870万千克，多种经营产值及收入31亿元。完成了省政府下达的扭亏增盈指标，全行业亏损3218万元，比1996年减亏918万元，减亏幅度为22.2%。

改革又有新进展　重点巩固和完善了土地分户承包经营、委托经营、搞活林场、机构改革，在此基础上，又有新进展。一是以发展林农复合经营为重点，转移分流人员。加上1995年和1996年熟化的6.20万公顷，3年熟化速生丰产林用地11.24万公顷，提前1年实现耕地面积达到20万公顷的目标。把这些土地按每户2～3公顷承包给职工经营，转岗分流了41 610名职工。通北林业局通过实施以农养林，以地养人，安置富余职工3650人，收获粮豆2000万千克，新开荒453.3公顷，呈现出粮丰局稳的好势头。双丰林业局开荒0.34万公顷，粮豆总产量1400万千克，农业产值达2282万元。桦南林业局速生丰产林整地面积达1.42万公顷，原煤产量达30万吨，“两黑”产值和利润分别占全局社会总产值和销售利润的50%以上，从业人员占全局劳力总数50%以上。亚布力林业局在4个林场发展18栋高效日光节能温室，每栋温室年可创效益2万元以上。全系统实施再就业工程，形成了发展农业、第三产业、个体经济、养殖业、精深加工业、建材业、畜牧业、庭院经济、劳务输出、资源培育等10条分流渠道，累计分流安置122 500人，年可节约工资性支出29 400万元。二是以产权制度改革为重点，积极探索公有制多种实现形式。党的十五大之后，下发了《黑龙江省森林工业总局企事业产权制度改革试行方案》。对于效益较好、业绩突出、市场竞争能力较强的朗乡、汤旺河、兴隆、沾河4个林业局拟改制为国有控股有限公司，改制方案已报林业部及省证管办审批。对长期亏损、负债严重的木材加工厂、林化、林机等企业进行股份制改造或兼并、破产。运作了原中法合资家具公司依法破产和万力木业有限公司重组工作，万力木业公司

1997 年实现利润 680 万元。对林业局（厂）所属工厂（车间）视经营状况实行股、租、包、并、卖等多种形式放开搞活。穆棱、鹤立、亚布力林业局对林产工业和多种经营小厂实施“关、合、包、租、股、卖、联”改革，取得了较好效果。迎春局对 8 家小企业经过资产重组合，并为 4 家，年可节约管理费 100 万元。绥阳、迎春、绥棱、海林、鹤立、山河屯、林口林业局对闲置的设备和厂房进行拍卖和资产重组。三是优化资本结构。正阳河木材厂、八面通林业局被列为享受优化资本结构试点城市优惠政策单位，分别减息 550 万元、373 万元。四是抓了以场自立，以户自立。全系统有 320 个林场（所）实现基本自立，257 个林场（所）实现完全自立，减少车间制造费用、子弟校经费、劳保经营支出 1.3 亿元。从事家庭经济的职工 23.9 万户，总产值 27.5 亿元，纯收入 8.85 亿元，有 4.9 万户贫困职工通过发展家庭经济脱贫。

进一步加强各项管理工作　一是狠抓主财源，在强化木材生产和销售管理上下功夫。全行业木材每立方米售价比 1996 年提高 29.46 元，增收 1.9 亿元。二是走内部节约挖潜之路，狠抓各个环节的管理。各企业对照清河林业局找差距，制定管理制度，管理水平普遍有所提高，当年全行业管理费支出比 1996 年同口径减少 4700 万元。清河林业局 1995 年实现利润 541.8 万元，1996 年实现利润 598.9 万元，1997 年实现利润 688 万元，三年迈出三大步，成为全省森工系统抓管理、增效益的典型。东京城林业局收缴机动车辆 94 台，51 台投入冬运生产，其余的全部拍卖。全系统共清理、撤销基层银行账户 579 个，清理小金库 1514 个，收回资金 2100 万元；全年完成审计 1368 项，共查出违纪、违规资金 13 808 万元，促进增收节支 926 万元。三是加大扭亏增盈工作力度。紧紧抓住盈利和亏损超 500 万元大户不放，建立明确的目标责任制，推动了扭亏增盈工作的开展。亏损企业亏损额比 1996 年减少 2841 万元，盈利大户和增盈 200 万元以上的企业有汤旺河、朗乡、鹤北、东方红林业局；减亏 200 万元以上的企业有铁力、桦南林业局，铁力干馏厂，伊春电厂。朗乡林业局深入改革、强化管理、调整结构、五业并举，比 1996 年增盈 1595 万元。伊春林业管理局比 1996 年减产 1242.7 万元，减亏 57.98%。

强化森林资源培育、保护与监督　人工更新造林 13.42 万公顷，其中营造丰产林 3.1 万公顷，累计人工更新造林有效面积达 275 万公顷，实现百万亩人工林的林业局 22 个，十万亩人工林的林场（所）78 个，森林覆被率达 74%。加强了森林资源管理，实行森林采伐消耗量全额控制制度，严格控制“三总量”，健全了领导干部任期森林资源消长目标责任制。严厉打击乱砍滥伐林木的违法犯罪行为，共查处森林案件 3659 起，行政处罚 2935 人，收缴木材 5723 立方米，挽回经济损失 511 万元。亚布力林业局查处盗伐偷运木材案件 226 起，处罚 194 人；56 名失职林政检查人员被清出林政队伍；对私卖木材的 17 名林场（所）干部给予免职、降职、撤职处理；依法清理回收国有林地 0.233 万公顷。加强了森林防火、病虫害防治工作，有效地保护了森林资源。

存在问题　经济运行质量不高，企业生产经营困难；流动资金短缺，严重制约企业生产经营；闲置资产和不良资产较多，部分企业处于停产半停产状态；企业富余人员增加，就业压力加大，大量拖欠工资，部分职工生活困难，存在着不稳定因素等等。　（王文操）

【清河林业局深化改革强化管理求效益】　1997 年，清河林业局计划上缴 1032 万元，实际完成 1070 万元，并预交 1998 年上缴款 480 余万元，还清了历史全部欠帐和银行贷款，补发了全部拖欠工资。做到了不欠上缴、不欠工资、不欠税金、不欠外债，使企业步入了良性循环轨道。精神文明建设也取得了较好的成果。按照把“清河建成张家港式森工企业”的奋斗目标，发动职工义务劳动修水泥路面 3 万平方米，种植花草 6000 多平方米，达到局址建设城市化、花园化。医疗卫生、教育事业也有了较大的发展，社会治安成效显著，犯罪率比 1993 年下降 80.4%。全局上下出现政治稳定、社会安定、经济发展的新气象。

深化改革求发展　在不断完善其它改革的基础上，又做了以下三方面的改革：一是改革了公安工作。精简了机关机构，机关由原来的 11 科 1 办改为现在的 7 科 1 办，人员由原来的 68 人减到 16 人。改革了人事制度。对干警实行业务考试考核，竞争上岗，签订责任状，改革了勤务制度。充分发挥警务区、探组、中队的基层作战能力和三长（警长、探长、中队长）的中坚骨干作用，建立联勤共管的工作机制，有力地打击了各类违法犯罪活动。公安局被评为全国林业基层建设先进单位，清河地区派出所被评为全国林区基层建设标兵单位。二是对教育实行了改革。在用人上，引入竞争机制，对教师实行考试考核，通过考试，录用了社会人员 4 人，调离不合格教师 9 人。在工资分配上，实行工资等级制，极大地调动了教师的积极性，教学质量明显提高。在机构改革上，合并了中小学校，年节约教育经费 30 万元。三是对医院实行了改革。在职工医疗制度上，坚持企业与职工共同承担医疗费的原则，按一定比例享受医疗待遇。在工资分配上，除执行现有工资外，实行了管理综合目标考核办法，调动了医护人员工作积极性。改医院专为内部职工服务型，为向外周边村屯镇服务创收增效型，取得了经济与社会双重效益。医院经费由 1994 年的 200 万元，降低到现在的 100 万元。

强化管理求效益　通过加强木材生产管理，从 1994 年至今累计节约成本 2600 多万元。生产时间缩短了一半，提前两个月占领市场，平均售价提高三四十元，每年可增收 500 万元。资源损失浪费降低到历史最

低水平，全局各林场没有木材困山的，没有设加工点的。1997年的平均售价496.06元，较1995年、1996年两年的平均售价提高了40.37元。通过加强财务管理，精打细算，从各个渠道开源节流，每年增收节支近千万元。通过加强劳资管理，杜绝了套取冒领工资，变相提高单价、泡病号、提前退休，不上班也开支等漏洞。清河林业局年产木材15万立方米，全年销售收入不足8000万元，去掉生产生活的支出，能还清所有的欠帐，补上全部拖欠工资，再挤出钱来搞环境建设，并增加固定资产2000多万元，就是实实在在加强管理的结果。

调整结构求后劲　做法有三点：一是不搞参观项目，不做虚盈实亏的假文章。林业局的林产工业厂家规模都很小，但所有的厂子都不亏损，对林产工业利润多盈部分局给予奖励。二是面向市场，以销定产。对有市场的产品，迅速组织生产。三是立足长远，做好"黑土地"这篇大文章。从1995年开始，动员全局职工自费开荒，谁开谁种，3年不收任何费用，到现在全局耕地发展到2666.6公顷，1997年新开1333公顷，其中春开春种680公顷。　　（总局办公室）

【铁力林业局实施企业资产重组】　几年来，该局围绕产权制度改革，调整组织机构，把基层分块搞活，撤销了4个公司，公司所辖单位独立经营，还解体了汽车运输处、招待所等长期亏损单位，撤销了21个职能弱化，经不起市场冲击的部门和单位。为盘活资产，提高资产效能，实行了多种形式的资产重组改造。一是租壳卖瓤。商业公司解体后，所辖店点的商品全部卖掉，然后店房租给个人实行国有民营，一些小的店点卖给个人实行民有民营。这不但卸掉了林业局长期积压商品包袱，也使商业经营扭亏为盈，1995～1997年林业局每年收缴租金20万元。二是出售公有住房。职工用现金或拖欠工资购买住房，不但缓解了拖欠职工工资问题，也使企业实现了增收，每年还节约26万元的大修费。三是设备出租。汽车运输处解体后，汽车分到山上单位，再租给职工个人，承租人除交纳租金外，还承担维修费、材料费、养路费，年节约246万元。一些小型的生产工具如犁、油锯等，折旧后也卖给职工个人。四是盘活闲置房屋，租给下岗职工再就业，收取少量房租。目前，全局闲置的厂房和临街房屋已全部出租，达5万平方米，每年收租金40余万元。　　（总局办公室）

【东方红林业局加强管理】

狠抓资源林政管理　变被动为主动，加大执法力度，扭转了"偷拉、私加、乱卖、盗伐"的混乱局面。

狠抓财务管理　变压力为动力，加大资金管理力度，扭转了资金长期高度紧张的困难局面。针对各基层单位长期大量占用资金，建立起严格的缴拨款制度，对基层上缴资金和局下拨资金编制计划，分解到月，按月考核，并实行货币资金收支情况月计划、日报表、月通报制度，每月召开两次催缴款会议，迅速扭转了被动局面，活化了资金。

狠抓计划和合同管理　变软约束为硬纪律，加大控制力度，扭转了乱上项目、乱购设备、乱扯资金、乱签合同、乱担保的"五乱"局面。针对1996年计划外建设资金高达651万元的严重失控问题，1997年初，林业局明确规定，计划外项目"不准动一锹土、添一块砖、购一台设备"谁违犯就免谁的职，从而有效地维护了经济秩序。

狠抓销售管理　变坐商为行商，加大经销力度，扭转了滞销材长期压库的被动局面。采取的主要措施：①对销售总量、总额、平均售价、回款总额等指标，进行核定，并在年初一次性包死；②严格实行销售价格集体研究决定，扩大销售工作的透明度；③实施了产销联席会制度和走访用户制度；④整顿驻外经销机构，该撤的撤，该停的停；⑤强化外销各环节管理，先后撤换经销及检验人员19名。

狠抓劳动工资管理　变单审为联审，加大了现场检验和验收力度，扭转了一些单位长期冒领、套取不合理工资的虚假局面。工资实行月报制，局长亲自审批，发现弄虚作假行为严肃处理。1997年撤换违纪人员3名，拒付不合理工资45万元。

狠抓审计管理　变事后为全程，加大内审工作的延伸尺度，扭转了审计面偏窄，监督乏力的不利局面。对于已离任的干部，凡是给企业造成损失的，一律实行罚款、限期清欠、停发工资等措施。共查出违纪资金854.7万元，换回损失640万元，处罚个人1.3万元。

（总局办公室）

【八面通林业局以场自立以副致富】

以场自立　该局要求基层场所因地制宜上项目，宜林则林，宜农则农，宜牧则牧，切实从实际出发。在规模上、在特色上下功夫，确立了场抓大、户抓小、场抓规模、户抓特色的指导思想，实行渐进式滚动发展。为了解决投入不足的问题，林业局号召基层自力更生，一靠老项目增效增收上项目；二靠义务劳动、节省开支上项目；三靠改革筹资方式，实行合资、合作上项目。全局重点实施四大生产基地建设和15个系列产品开发，即综合利用基地，开发木片、木炭、小木旋切3个系列产品；山副产品基地，开发药材、食用菌和以刺嫩芽为主的经济林3个系列产品；畜牧业生产基地，开发牛、羊、猪、禽、鱼、蛙6个系列产品；矿业生产基地，开发石材等系列产品。浅山区、柞矮林资源丰富的场所养殖柞蚕。同时，发挥邻城近镇的地域优势和交通优势，大力发展高效农业，抢占城镇蔬菜市场；深山区饲养牛羊，形成场办牧场，抢占城镇肉类市场，切实因地制宜，各有侧重上项目，靠开发项目保自立，靠分场搞活基层，最终实现企业整体解困。

以户自立　一是建立包扶制度。局领导包片，基层干部包户，一包到底，见效为止；二是合理布局。落实

了“东牧西农”的产业布局，利用西部场所土地面积多、气候条件好的优势发展种植业，挖掘东部场所草原、水源丰富的潜力发展养殖业；三是科学组织。鼓励联户经营，实现一人承包，多人就业，促进劳力、资金、技术、设备有效组合，优化生产要素，形成优势互补，逐步实现共同富裕。目前，全局山上2515户总收入达2038万元，其中副业收入占63%。户均收入8100元，人均收入万元以上的冒尖户占0.6%，人均收入4000元以上的富裕户占11.4%，人均收入1500元以上的温饱户占74.9%，人均收入不足1500元的贫困户占12.5%。

（总局办公室）

【兴隆林业局经济出现活力】

适应市场，产品紧销 一是销售上突出一个“实”字；二是管理上突出一个“严”字；三是面向市场突出一个“活”字，9月份以后，每月收到货款1900万元以上。四是面向客户，突出一个“信”字，明确“谁勒卡用户就罚谁的钱，谁出卖企业利益就罢谁的官”。成立了路林协作组，保证运输车皮计划的承兑。1997年处理陈旧材3.5万立方米，比1996年多销了2万立方米。

严抓细管，成本紧压，费用紧缩 他们把成本紧压，费用紧缩作为提高经济效益的中心环节。①实现了9个场（所）全部自立，9个场（所）基本自立，为1998年全部自立奠定了基础。总成本比年初核定的分别压缩15%和10%，自行解决三项费用664.24万元。②在1996年的基础上木材每立方米售价提高20元，对贮木场等生产单位成本压缩10%，对公检法等21个事业单位的费用压缩10%，一增一压一缩全局节支1325万元。③提高机电能源管理水平，限电量在1996年的基础上压缩20%，线损控在17%之内，所收电费一律上缴局财务科，入帐管理。④加强专项资金管理，专项资金专款专用，不允许乱挤乱摊成本。

艰苦奋斗，过紧日子 适时向职工讲局情，讲场情，增强自我加压的能力。①开展双增双节，修旧利废活动。贮木场进行造材台等5项改造，小到按扭刀闸，大到电机滑车，能补就补，能修就修，全年节省资金198.7万元。②降低物质材料消耗，森铁处设计制造碰头杆，改制车门子530多个，改造旧轴箱等节省资金100万元。③凤山、元宝山林场减、转、增、压，一律创收解决。④该节省的就节省，局机关重新核定了电话费，办公费按机关人数减掉一半，合并削减会议4次，节省费用9.6万元。

由于紧缩支出，加强管理，企业经济出现了活力。1997年，在没增加银行一分钱贷款的情况下，实现了上不欠缴，提前两个月上缴利费1907万元，下不欠资，还上了1996年以前的陈欠帐1000万元，全局增收节支4622万元。

（总局办公室）

【穆棱林业局产权制度改革】

抓好超前性准备工作，为产权制度改革奠定坚实基础 清产核资，摸清底数。局抽调专业人员组成工作组，对局属各工厂进行全面清查，主要是摸清“五个底数”。即摸清固定资产底数，做到原值和净值准确，看帐物是否相符，流失的要坚决追回；摸清债务底数，清理潜亏，查明应收款和应付款数，看工厂是盈利还是亏损，对应收款落实到责任人，限期清回；摸清库存产品底数，该封存的封存，防止转制期间突出销售，造成企业效益流失；摸清原料底数，禁止外卖；摸清职工底数，对在岗、编外、公伤、离退休、下海、请长假等人员分门别类统计，并弄清男女比例和年龄结构，为转制做好充分的准备。

抓好实质性的运转工作，保证产权制度改革的顺利进行 本着因厂制宜，一厂一策，实事求是的原则，在认真调查研究的基础上，对林产工业战线进行了“三关、二合、四卖、三股、一租、一分”等形式的改革。

“三关”，关停了长期亏损、扭亏无望的万米胶合板厂；产品优势不突出、市场前景渺茫的万米轻质刨花板厂；设备陈旧老化、启动艰难的宏发青年纤维板厂。

“二合”，林产工业公司下属的一车间兼并了三车间和细木工板车间，提高了加工生产能力，将剩余物吃干榨尽。二车间兼并了宏发青年纤维板厂的加工车间，优势互补，参与市场竞争。

“四卖”，将固定资产净值不足百万元的宏利、宏盈等4家企业出售给本厂职工，全员买断，股份经营。局从买断资金中拿出一部分资金，为劳保、公伤、抚恤救济人员参加保险统筹。为了积极稳妥，他们先确定宏利为试点，现工作已经启动。

“三股”，对固定资产净值超200万元以上的宏宇牙签厂等3家企业，实行内部股份合作制。股份分为企业股、公积金股、职工股三部分。企业股不超过总股份的30%，公积金股留给工厂，由工厂承担本单位“三金”、公伤、债务等项支出。

“一租”，对设备陈旧的林产工业公司下属纤维板车间实行本厂职工集体租赁，股份合作制经营，租赁期为5年，租赁期间职工的医疗保险、劳保统筹、福利待遇，统由工厂自己解决。

“一分”，将原贮木场附属的天削筷子车间从母体中分离出来，变成独立的企业，实行全员买断，股份合作制经营。

各种类型的转制模式确定后，分别制定了转制方案及股份制实施章程，分头组织实施。一是解聘原班子。由局党委下文，组织部门宣布，原班子成员领导职务免除，原身份装入档案。二是等额入股。不管哪种形式的股份制，都要入股。凡是原在岗职工，在自愿的情况下，等额入股，根据各工厂情况，确定各厂的入股额。三是公开选举。召开股东大会，选举董事会和监事会成员。两会成立后，分别选出董事长，再由董事长逐级聘任经理及其它行政管理人员，他们规定，200人以下的工厂，董事长和总经理可以兼任，也可以董事长兼任书记，另聘总经理；200人以上的工厂董事长和总经理不准兼任。四是按比例配股。董事长、董事、监事及经理和行政管理人员、车间主任等人员按岗位配股，在原等额入股的基础上增加股份，拉开档次。五是各工厂进行法人登记，按公司法和股份制有关规定运作。

抓好解决难点问题的收尾工作，保证产权制度改革的成果不流产 一是明确职工身份问题。职工入股者，按股份分红和按劳分配。不入股者，仅是工厂职工或雇员，不参与选举和分红。在不违反劳动纪律的前提下，工厂对不入股的职工不准随意辞退和虐待，与股东一视同仁。工厂需裁员时，先裁职工后裁股东。所有股东、职工重新签订劳动合同，按转制后的企业性质确定期限，原身份作为档案保存。二是积极稳妥探索职工养老保险问题。采取分两步走的办法。第一步，与林业局对接。继续参加系统内统筹，按工资总额的24%向局劳动服务公司缴纳养老保险金（其中20%由工厂承担，4%个人承担）。第二步，与社会对接。由林业局负责，按照上级有关规定，将系统内积累逐步转移到社会保险部门，建立与股份制经营相适应的社会保障体制。三是实事求是解决富余人员分流问题。把在册不在岗的445名职工工作关系拿到局劳动服务公司，建立劳动力市场，对下岗的581名职工，除科级干部局统筹安排外，打破干部、工人界限，本着先易后难的原则，先把女职工优先分流到山下其他林产工业工厂，使305名下岗女工都得到妥善安置。男职工一律分流到山上，开发山区多种资源，实现再就业。 （总局办公室）

【鹤北林业局狠抓主财源提高企业经济效益】 1997年，鹤北林业局实现利润1611.1万元，比计划增加456万元。木材平均售价458.62元/立方米，比1996年木材平均售价提高80.76元/立方米；木材销售总量303 088立方米，比1996年少销售木材9901立方米，实现木材销售收入13 900.3万元，比1996年同期增收2073.8万元；全局实现销售总额16 625.5万元，比1996年同期增加2147.2万元；木材实现利润5585.5万元，比1996年同期增加利润1046.6万元；木材单利实现184.30元/立方米，比1996年同期提高39.27元/立方米，较好地完成了上级下达的各项经济指标，实现了不欠上缴、不欠工资、不欠税费的奋斗目标。主要做法是：

杜绝运输外委，防止企业效益流失 为了解决木材运输外委弊端多、管理难、效益流失严重等问题，在资金异常紧张的情况下，投入121万元购置15辆运材车和1辆生产指挥车，加强了运输力量和组织协调，同时严禁外委运材，只用林业局汽运处车队运材。车队实行单车费用承包管理办法，工效与司机收入挂钩核定运材费用，节约奖励，超支全罚，引入风险和激励机制，调动了司机的积极性。在木材运输总量相同的情况下，1997年冬运取消运材外委车90台，减少资金外流200多万元，按可比口径计算1997年木材运输成本节支96.2万元。

突出产品质量，变资源优势为经济优势 一是对山上有原木生产任务的单位，林业局组建73人的专业造材队，负责合理造材。二是林业局出台了《山中楞管理办法》、《合理造材管理办法》，大力提倡生产与市场对接、适销畅销的特选材，凡是造出特选材者，每增加1延长米增加1元奖金，当月随工资兑现。三是贮木场对林场直到原木个别造材不合理的产品进行二次改锯，提质增效。四是提高量材员待遇，实行效益工资，充分调动其积极性。1997年度山中楞管理平均分数为96分，比1996年提高0.3分；长材比例为46.1%，比1996年提高0.3个百分点；伐区造材合格率为95.6%，比1996年提高0.4个百分点，原木等径级合格率取得了97.5分的好成绩。高质量的产品获得了丰厚的经济回报，木材售价创历史最高纪录。经济形势明显好于往年，保证了职工工资正常发放，并发了职工高寒补贴。

突出商品化管理，实现产品与市场对接 林业局把过去的检验队分成验收、支拨、内业3个相对独立的队，相互制约、相互监督，从根本上遏制了木材流通领域中的不正之风。一是实行挂牌进场持证上岗，全员挂牌服务。二是公安干警及森警进驻贮木场，维护贮木场生产秩序，杜绝了少检多装、买次装好的现象。三是严禁木材客户进入装车现场，防止在木材调拨过程中挑、占、选等不良现象发生。四是清选清归，加强质量管理。五是内涵挖潜，促销增效。优质材全部设在绞盘机两侧，优质材不地拨。六是将胶合材的径级标准由原来的26厘米降到24厘米，防止了胶合材混入般材。七是将三等材按材长、材种单设楞、单订价，杜绝了一等、二等、三等材混设楞而影响销售的状况。

（总局办公室）

【鹤立林业局节支挖潜增效益竭尽全力保工资】 为保工资、保稳定，鹤立林业局连续几年加大扭亏力度，1995年较1994年减亏100万元，1996年较1995年减亏100万元，1997年较1996年减亏30万元，3年减亏230万元。截至年末，全局为职工发放工资14个月，即1997年职工工资已经全额发放到位，并补发了以前年度欠发的2个月工资，其中老干部和全局教师的工资完全不欠。

采取强硬手段，紧缩一切支出 在企业管理上，采取三条硬性措施：一是封车节油。目前，全局39个基层单位只有12台小汽车，全年共封存变卖小汽车18台，每年可节支40万元。二是严格控制旅差费，年初一次性下达计划，超支自负，节余留用。三是严禁到饭店就餐，凡需要接待的客商客户或外来人员，一律到局招待所就餐，并严格控制陪餐人数。山上工作人员下山

公出需要食宿的，一律到局招待所食宿。

实施“高压紧逼”战略，把各项成本降到极限 一是通过“双千分”大赛，在1996年基础上，将木材成本下调6%，1997年全局木材平均成本较1996年降低14.41元，仅此一项较1996年节支36万元。二是锯材成本较1996年下降了3%，全年节约成本5.4万元。三是营林生产成本下降2%，全年节约成本2.8万元。通过严格控制成本，全局年节约成本总额44.5万元。

搞活基层林场（所），全力推进两自立 搞活基层林场（所），强调两个重点：一是自立，二是基本自立。自立单位自己解决制造费、劳保工资、子弟校经费。基本自立单位自己解决制造费。山上9个林场（所），有3个实现自立，6个实现基本自立。山下20个生产经营单位有11个实现自立，4个实现基本自立。全局自立额达到900万元。在以场自立的同时，还在全局开展了以户自立活动。全局家庭经济总收入达到2123万元，占全局社会总产值的33%。 *（总局办公室）*

【双丰林业局建设林农复合型新林区】 双丰林业局1932年开发，1953年正式建局。由于林相差，材质次，又长期过量采伐，70年代初就陷入“两危”，1985年被上级认定为“小老穷”林业局。近几年，他们将农业开发作为调整结构的突破口，1997年开荒0.344万公顷，使农田总面积达到0.733万公顷，改造低产田0.1万公顷，产粮豆1.4万吨，平均每公顷产量2760千克，实现农业产值2282万元。

统筹规划，合理布局，夯实农业产业化经营基础 一是抓好资源普查，搞好经营规划。年初，对全局1.533万公顷“五荒”资源进行了全面普查，在摸清底数，分类建档立卡的基础上，按照“深山有林、浅山有田、山下有加工”的产业发展布局，对各类资源进行了统筹规划，并根据山上12个场（所）资源分布情况实行了划类经营确保林农兼顾，协调开发。二是建设农业开发小区。在5个宜农场（所）规划了3个农业开发区，总设计面积为10 000公顷，并按照“田成方、路成网、林成荫、渠相通”的小区建设目标，对渠、桥、涵等基础设施建设和田边、路边、渠边绿化工作进行了系统规划，为实施农业产业化经营夯实了基础。三是注重生态保护，搞好全面规划。对不宜开发利用的沙、石、沼泽等资源，规划为生态保护区，予以重点管护。

规模开发，协调推进，落实农业产业化经营措施 ①倾全力，确保规模化开发。成立了局党政“一把手”负总责，主管局长专职抓，班子成员包片抓的农业综合开发指挥部，基层单位也相应地成立了专门的组织机构负责抓好开荒工作。将开荒工作作为一项否决指标，纳入了各级领导干部政绩考核和基层单位经济工作的考核体系。对超额完成开荒任务的单位及领导按规定给予重奖；反之，给予重罚。在资金管理上，农业开发资金设专人管理，专款专用。②重技术，实施科学化管理。先后引进“水稻旱育稀植”、“大豆浸泡垄三栽培”等农田耕作技术。为加速新技术的推广，创办了中国农业函授大学双丰分校，培养农业人才。还聘请附近农业县（市）的种田能手和技术人员深入各场（所）巡回讲授四大作物栽培技术。各场（所）也纷纷办起了各种形式的农业协会，广泛传播、指导科学种田，建立良种培育基地。林业局与齐齐哈尔市德丰绿色农业科研所联合创办了双丰局农业科学研究所，引进培育了四大作物32个品系，试验示范成功17个品系。还在柳河农场划出200公顷耕地作为良种基地，选育的5个品种全部获得成功，对提高农业产出效益起到重要作用。积极搞好农田基本建设，在大力开荒的同时，注意搞好农田基本建设，总工程量达416.8万元。同时还改造了0.1万公顷的中低产田，为实现粮豆产量的稳定增长提供了有利条件。③建机构，搞好社会化服务。注重搞好与农业发展相配套的社会化服务体系建设，成立了农业综合开发指挥部，增设了土地管理科、农业科，统一安排部署农业开发工作，提供产前、产中、产后服务。组建了种子公司、农机公司、生产资料供应站、畜牧兽医站、粮食购销站，为农业综合开发提供系列化服务。

（总局办公室）

【朗乡林业局五业并举】 近几年来，朗乡林业局通过调整结构、五业并举，实现了兴企富民、持续发展的目标。到1997年底从事“五业”人员达到11 500余人，年创效益12 000余万元。

1. 以林产工业为龙头，促进人造板产业发展。学习邯钢，实行成本倒算法，人造板生产从市场售价开始，一步一步确定出产品的成本和利润。1997年刨花板成本由每张35元降为30元。胶合五合板成本由每张15元降为13元，并且将结余的资金全部用于发展本项目。1997年投资6500余万元，对刨花板厂进行了由3万立方米到8万立方米生产线的改造。同时又对胶合板生产线进行了改造，使产品在原有的基础上生产出大幅面胶合板。企业自筹资金300余万元，上马了指接淋漆地板块生产线、木拼集成板生产线、PVC塑雕门生产线和麻面三聚胺贴面刨花板及多层板。

2. 以香菇为龙头，促进食用菌产业发展。先后从外局和福建请了技师，并举办香菇生产技术培训班6期，培训800余人。1995年先由实验中心制菌试种，总结经验。1996年全局试种30万袋，当年成功。1997年又试种100万袋，生产香菇250余吨，产值94万元，创效益60余万元。

3. 以饲养牛羊为龙头，促进林冠下养殖业发展。通过举办科普班，普及和培养示范户，并组织有关部门定期为牛羊防疫治病，出现了许多百头牛、千只羊的林场（所）和养殖大户。截至1997年末，牛羊存栏量分别达8200余头和11 000余只。

4. 以木珠系列产品为龙头，促进小木制品加工业发展。设立了木珠总厂，有木珠机20余台，从生产木珠到编织成品样样工序俱全，又利用山下交通信息便利条件加大销售力度。这样，以总场为龙头，山下又发展20余户个体木珠加工厂，形成了辐射面，山上山下各分厂加工素珠，总厂进行素珠收购，然后再进行二次加工。目前，产品已远销日本、新加坡等国家和香港地区。

5. 以栽培果树、开垦熟化丰产林用地、采集山野菜等为龙头，促进山野菜、果脯、粮豆、肉制品等加工业发展。目前，果树已达70 000余株，山上林场种植果树并形成一定规模有10户，产值达96万余元。为发展家庭经济，搞好山野菜采集，林业局先后建立年加工300吨和500吨山野菜加工厂两个。同时，结合实际开始研究建立小型水果保鲜和果脯加工业，目前山上已有7个场所试制成初级产品。几年来，土地开垦使用面积已达0.233万公顷，除种植各种蔬菜外，绝大部分种植粮豆或饲料，还在山上山下定点建立了油粮小加工厂和烧酒小作坊。 （总局办公室）

【桦南林业局发展替代产业】 桦南林业局发挥施业区内“两黑”（黑土地和煤炭资源）多的优势，发展特色经济，使企业经济呈现出复苏的良好势头。1997年全局速生丰产林熟化整地面积已达14 241.6公顷，原煤产量达30万吨，“两黑”的产值和利润分别达到5675万元和580万元，占全局社会总产值和销售利润的50%以上，从事“两黑”产业的劳力也占全局劳力总数的50%以上。主要做法：

加强领导，真抓实干 他们将熟化速生丰产林用地和发展煤炭生产作为林业局的“龙头”产业来抓，成立了农业开发委员会和煤炭开发领导小组，定期例会研究解决“两黑”开发问题，并将“两黑”开发纳入委托经营合同，明确目标，列入日程来抓。

加强基地建设，形成规模经营 在“两黑”开发中注重基地建设，实现规模效益。农业重点开发单位密林、红霞、岚峰3个场（所）丰产林熟化整地面积分别为1722.2公顷、2764.6公顷、1092.4公顷，仅土地承包费一项收入即分别达77.75万元、74.87万元、52.81万元。1997年规划设计了杨木岗农业开发区，总面积0.293万公顷，已争取到省农业开发基金150万元，规划两年建成。迄今已建成红光、密林、岚峰3个煤炭生产基地，产量分别为18万吨、6万吨和6万吨。

大胆改革，强化管理 在建立经营管理体系方面，成立了农牧公司和煤炭公司，实行专业化、产业化管理。农业借鉴农村联产承包责任制，把全局土地收费标准分为三类，实行先交钱后种地。各场（所）在局农牧公司的指导下，成立经销公司经营油脂燃料和化肥农药，进行产前产后服务。煤炭生产实行产、运、销一条龙管理，严禁各产煤单位私自外销原煤，由局煤炭公司统一销售，防止效益流失。在完善体系方面，从上到下，形成层层承包，项项承包，建立风险抵押承包机制。

加强资源管理，突出经济效益 一是严格土地和煤炭开发审批手续，年初由资源、林政、营林、农牧、煤炭等部门联合现场办公审批，年末进行严格检查验收，以防止毁林开荒、乱采滥掘、破坏林地资源和煤炭资源的行为发生。二是加强基础建设，建立局、公司、场（所）三级土地经营档案和煤炭资源档案，合理开发和利用资源。三是土地收费和煤炭生产全部纳入企业生产、财务和销售计划。 （总局办公室）

大兴安岭林业集团公司

【概　述】

发展与成就 1997年，全公司的林业企业总产值（1990年价）完成218 269万元，其中工业总产值完成177 748万元，完成计划的112.4%，农业总产值完成23 649万元，完成计划的129.2%。在林业企业总产值中，木材采运产值115 476万元，林产工业产值38 402万元，多种经营产值54 448万元，营林产值9943万元。木材产量完成337.3万立方米，生产锯材21.36万立方米，生产原煤87.45万吨，比1996年同期增长13.8%，生产黄金13.56万两，比1996年同期增长149.4%。固定资产完成29 180.5万元，1997年新增固定资产21 094.7万元。全年完成造林面积7476公顷，迹地更新面积38 844公顷，幼林抚育作业面积243 903公顷，成林抚育面积54 075公顷，成苗产量16 551株。完成义务植树120.55万株，完成“四旁”植树26万株。始终把防火工作作为一件大事来抓，保持了连续10年无重大、特大森林火灾的好成绩。

改革与林政实施

以改革总揽全局，努力搞好国有企业 按照“抓大放小、分层启动、整体推进、重点突破”的改革思路，集团公司从理顺母子公司关系入手，实施以资本有偿占用为特征的财务管理体制改革，进一步明晰了集团内部母子公司之间的产权关系和利益分配关系；推行委托、租赁、拍卖、股份制等多种形式的产权制度改革，实施资产重组，促进了生产要素的合理流动和优化组合。10个林业局共对72户生产性企业实行了“断奶”，对50个林场，在管理体制、运行机制和发展模式上以模拟法人的形式，进行了较大改革。国有中小企业到年末，实行承包经营的110户，委托经营的32户，租赁经营的33户，合资经营的3户，进行股份制改造的34

户。全林区共分流人员6386人，减轻了企业负担。

充分利用各类资源，积极调整产业结构 各地按照林工、林农、林矿、林副结合的思路，坚持一业为主，多种经营，综合开发，大力培育新的经济增长点。林木加工业持续发展，新上了一批加工企业，同时筛选24户重点企业扶优扶强，使这些企业达产率比1996年提高11.54个百分点。农业开发同企业转产、职工分流相结合，农业播种面积达到7.53万公顷，同比增长61.1%；粮豆薯总产量达到16.7万吨，增长94.5%；农业实现产值67 100万元，增长23%，农业生产创历史最高水平，林区人民实现了粮食总量自给。矿业、山野资源开发步伐加快，黄金产量首次超过10万两，以北芪、红豆为代表的野生浆果开发向系列化方向发展。非国有经济继续保持旺盛的增长势头，职工自营经济取得突破性进展，完成产值2.5亿元，纯收入9800万元，累计安置企业富余人员9100人。招商引资工作力度加大，引资实际到位额达3234万元，其中，国外资金217万元（人民币）。在国内生产总值中，第二产业所占比重已由1996年末的54.3%下降到51.5%，第一产业和第二产业所占比重上升到48.9%，产业结构逐步趋于合理。

大练"内功"，提高企业科学管理水平 深入开展"学邯钢、抓管理、练内功、增效益"活动，结合整章建制把邯钢经验引入到资源保护、森林经营、伐区生产、木材销售等各个生产与经营环节中，使企业效益明显提高。强化"清欠"工作力度，实行责任人离职停薪等多种"清欠"方式，共清回资金30 134万元，完成年度计划的159.2%，有效地缓解了资金紧张的局面。

建立健全限额采伐制度，从采、运、贮、销等木材生产和流通环节实行全方位的管理与监督 深入开展木材"专打"斗争，共查处木材案件54起，没收违法木材1142立方米，行政处罚23人，另有10起违法案件移交司法机关处理。

坚持物质文明、精神文明两手抓、两手硬，促进精神文明建设和社会事业发展 以"讲文明树新风"为龙头，群众性精神文明创建活动广泛深入开展。在以建设"场兴民富、环境优美、安居乐业"为主要内容的"双文明林场"创建活动中，集团公司评选出双文明样板林场10个、双文明林场16个。全林区涌现出省级文明单位32个、标兵11个，文明城镇建设先进县2个、标兵2个。塔河县鄂族乡与解放军81689部队被中宣部、解放军总政治部授予军警民共建社会主义精神文明先进单位。社会治安综合治理不断加强，治安形势保持平稳。教育基础不断巩固，"双基"（基本普及九年义务教育、基本扫除文盲）覆盖率达90.6%，位于黑龙江省第三；科技兴区的森林资源培育、保护，林产工业，现代化农业，多种资源开发，跨世纪人才五大系统工程实施初见成效，科技成果转化步伐加快；文化体育、交通、通讯等林区社会各项事业都有了一定的发展。

存在问题 管理粗放，缺乏严格的约束和激励机制；产业和产品结构不适应林区经济发展，产品质量低，市场竞争力差；在改革中思想还比较僵化；铁路运能、运力、产量下调，可采资源减少，材质下降等问题，造成企业效益下滑，经济运行整体质量不高。

（安　丽　刘庚正）

【全区经济工作会议】 1月21～24日，集团公司在加格达奇召开党委常委（扩大）会议暨全区经济工作会议。

会议传达贯彻了省委七届六次全会、全国林业厅（局）长会议、全省扶贫开发工作会议精神。

会议在认真总结过去一年工作的基础上，深入分析了当前全区的政治、经济形势，全面安排部署了1997年工作。

会议确定集团公司全年工作总任务是：认真贯彻党的十四届五中、六中全会和省委全会精神，继续贯彻党委经济发展总体思路，把握大局，再接再厉，同心同德，开拓前进，加快改革步伐，加大调整力度，加快国民经济发展，加强精神文明建设，朝着争取提前翻两番、奔小康，把大兴安岭地区早日建设成全省最富裕、最文明地区之一的奋斗目标迈出更加坚实的一步。指导思想是：以改革总揽全局，以调整结构为重点，以提高经济效益为中心，加强营林的基础地位，着力发展优势产业、特色经济，招商引资、扩大对外开放，开发非林非木产品，发展第三产业，启动安居工程，切实为人民群众办实事。

会议讨论通过了《大兴安岭精神教育暨全地区精神文明建设的实施意见》、《大兴安岭地区1997年计划工作方案》、《大兴安岭林业集团公司以森林资源、国有资产为纽带企业财务管理体制改革方案》等9个重点工作方案和实施意见。（安　丽　刘庚正）

【春季防火工作"五坚持"】 1997年，全区春防工作采取了"五坚持"的措施，没有发生森林火灾和人员伤亡事故。

1. 坚持第一把手总负责制度。加强了对春季防火工作的领导，有力地保证了全区春防工作各项措施的落实。

2. 坚持加大防火经费投入。在林区经济条件困难的情况下，集团公司决定在留给各林业企业40%育林基金中，保证其中18%用于森林防火工作的支出。将各林业局上缴集团公司60%育林资金中，砍出一块作为全区共同设施、设备建设专用资金。春季防火各地到位的防火经费达400多万元。

3. 坚持科学筹划，把森林防火的投入与全区的经济发展有机地结合起来。通过加强航空护林管理节约飞机使用费、防火力量以专业扑火队为主、实事求是地确定森林防火戒严期时间等措施，使春防经费支出，比近3年同期的平均支出节约了475万元。

4. 坚持重点地区重点布防，全面做好扑火的各项准备工作。除常规的扑火准备工作抓早抓前外，还在重点防火区设立了分指挥部，在高火险时期成立了临时机降点。全区各地共组织快速扑火人员3890人。

5. 坚持依法治火，严格火源控制措施，有效地遏制了人为火的发生。各地针对“三清”（清林、清河、清沟系）对象潜在着很大的野外用火的火险隐患，集中力量进行清理，加大了防火执纪执法力度。共清除违法入山人员1682人，处罚576人，处罚金额8392元。戒严期内，全区各地共封山306万公顷，封路468条，封沟170条，有效地控制和减少了人为火的发生次数。

春防期间，全区仅发生火警10起，累计过火面积395.92公顷，其中有林地面积122.62公顷（含漠河县由内蒙古林区过境火烧的120公顷林地面积），荒山草地273.3公顷，林地过火率为0.021/1000。

（安　丽　刘庚正）

【大兴安岭特大火灾区恢复森林资源和生态环境表彰总结大会】 6月6日，林业部在北京召开大会，隆重表彰10年来在大兴安岭火灾区恢复森林资源工作中作出突出贡献的单位和个人，全面总结大兴安岭林区“五六”特大森林火灾区恢复森林资源和生态环境建设10年来的成绩和经验，研究部署全面恢复大兴安岭火灾区森林资源和生态环境二期工程任务。徐有芳部长在会上作了《总结经验、提高认识、再接再厉，进一步开创大兴安岭火灾区森林资源恢复工作的新局面》的讲话。

大兴安岭林业集团公司11个单位、88名个人受到表彰。（安　丽　刘庚正）

【发展职工自营经济】 1997年，集团公司职工自营经济基本形成“六业并举”（种、养、采、加、服、运）的局面，完成产值2.5亿元，纯收入完成9800万元，累计安置企业富余人员9100人，累计脱贫数1万多户，从业人员7万人，完成年初所定增长4个20%（自营经济产值、职工收入、安置下岗富余职工人数、扶持困难职工脱贫分别增长20%）的指标，取得了突破性进展。

加大了宣传力度 全区各地通过林业局局情分析会、形势报告会、典型引路等各种行之有效的方法，使广大职工转变了思想观念，认识到自营经济是林区经济的有机组成部分，是摆脱贫困，再次就业的最佳选择。增强了危机感和发展自营经济的紧迫感。

加大了配套服务机制的建立力度 全区已建立发展自营经济领导小组15个，县级办事机构20个，科（场）级办事机构55个。全区已有15家县级单位制定了发展职工自营经济规划和职工自营经济优惠政策。建立了地、县、场（镇）三级职工自营经济档案，实行动态管理，跟踪服务；各级领导亲自带队深入基层，引导职工发展自营经济；在信息服务上，开展了技术服务，为职工再就业提供机会；在销售服务上，坚持主动做好协调促销服务。

加大了资金扶持力度 全区已建立县级扶贫解困基金会10个，累计以无息或低息贷款形式发放职工自营经济资金160万元，使自营经济户所上项目所需资金及时到位，有效地发挥了自营经济资金的注入效能。

召开全区第三次自营经济现场会 授予5个县级工会为发展职工自营经济模范单位，10个林场为发展职工自营经济样板林场，50名个人为发展职工自营经济示范户。

9月25日，林业部林业产业司、中国农林工会于福建召开的国有林区发展职工自营经济经验交流会上，全区有4个集体、21名个人受到表彰，集团公司党委副书记张振华在会上介绍了经验。

（安　丽　刘庚正）

【两项科技项目列入林业部“948”科技计划】 由大兴安岭林业集团公司农业科学研究所承担的引进国外马铃薯脱毒生产关键技术设备及新品种和呼中林业局承担的落叶松指接材技术设备配套项目，被林业部列为1997年“948”重点科技计划，下拨科技经费的数额在“948”科技项目中分别排列第一位、第三位，为325万元和220万元，共计545万元，占总经费的16.75%。

（安　丽　刘庚正）

【林场改革】 1997年，集团公司以跨所有制、盘活资产存量、搞活经营机制为特点的林场改革进一步深化，取得明显成效。

“双轨制”运行普遍启动 鉴于林场难于一步到位地成为法人实体的实际，多数林场试行了“双轨制”的过渡办法，林场兼公司，一套人马，两块牌子。林场既继续承担林业局下达的各项生产任务和经济指标，又能以公司的身份进入市场，发展区域经济。已先后有40多个林场组建了有限责任公司，占林场总数的2/3。实行“双轨制”后，塔河林业局瓦拉干林场组建了兴业实业有限责任公司，截至8月末，实现销售收入559.5万元，利税48.7万元，分别比1996年同期增长22%和51%。

减人增效，精干主体 林场进入市场后，第一个行动就是撤并机构，精减人员。截至6月底，全区林场的管理和半管理机构由1054个减到627个，精减人员2562人。

努力重组资产，盘活存量 在全面总结新林林业局宏图林场卫生筷子厂委托经营，一年的时间就使亏损百万元的企业充满生机的经验基础上，各林业局纷纷推出委托经营方案，进行资产重组，改革效应立竿见影。各林业局还先后创办股份制企业26个，主要采取国有固定资产折股、吸收职工集资和外来资金的办法，使林场的闲置资产通过跨所有制的组合活了起来，经营效果十分明显。另外，还积极采取租赁、拍卖等盘活资产、实现增值的有效途径，1997年各林场共盘活资

产1340万元。

坚持"改组改造" 面向市场，组建了一些行业公司，实行集团化经营，引进技术，改造设备，使各林场搏击市场的能力大大提高。

积极招商引资，借助外力，焕发企业活力 扩大招商，利用区外资金、技术在各林业局、场创办独资、合资企业，"借鸡下蛋"，缓解了自身发展资金的不足。

不断强化管理，实行成本否决 通过"学邯钢、促管理、练内功、增效益"活动，使各林场结合各自的实际，把邯钢经验引入到木材生产成本管理、经费管理、资源管理中，创造出一整套科学管理新方法，降低了成本，提高了效率。 （安 丽 刘庚正）

【农林复合经营的社会化服务体系】 集团公司在农林复合经营中，重点为岭南农林复合经营开发区注入了以信息、技术和资金组合的"生长素"，加快了开发区的规模与速度的同步发展。

1997年，集团公司认真总结了岭南农林复合经营社会化服务体系建设的经验，进一步巩固和完善了设在生产一线的农机用油、化肥、种子、农机修理等配套服务站和"庄稼医院"。在银行、财政部门的支持下建立的岭南合作基金会，1996年筹资570万元后，1997年又筹资720万元用于农业生产。开发区的社会化服务体系，有效地促进了科技的发展，先后为开发区农户建立起农业技术推广站、繁育良种基地、科技试验田。1997年，大兴安岭岭南农林复合经营开发区播种面积3.33万公顷，粮豆薯总产8000万千克，占全区粮食总产量的50%。 （安 丽 刘庚正）

【日全食、彗星同现漠河上空】 3月9日，中国20世纪最后一次的日全食，与2400年回归一次的海尔-波普彗星相遇，这一罕见的宇宙壮景，引起了中外科学家和天文爱好者的极大兴趣，有3000多人赶到最佳观测地——漠河县。北京天文台、紫金山天文台和南京大学等十余家专业单位，分别在漠河县城、北极村设立观测点。在8时2分34秒日食初亏，到10时19分45秒复原的过程中，科学工作者们用光学、无线电等手段收到大量珍贵的科研数据和资料。

在日全食和海尔-波普彗星观测活动中，中国科学院、国家自然科学基金委员会组织邀请100余名中外天文学家和专业工作者在漠河举行了太阳与人类环境国际科学讨论会。有33名中外天文学家在讨论会上宣读了有重要价值的学术报告。

大兴安岭地区行政公署、大兴安岭林业集团公司抓住日全食观测活动的机遇，大力宣传和介绍大兴安岭得天独厚的资源优势与投资开发环境及优惠政策。在召开的经贸洽谈新闻发布会上，公布了大兴安岭地区招商引资优惠政策。国内外40多名客商参加经贸洽谈，大兴安岭林区30多个厂家展出了包括木制品类、矿产类、山野产品类等16个类别、220余种富有林区特色的产品。 （安 丽 刘庚正）

【林木产品销售"五统一"】 1997年，集团公司党委制定和出台了《大兴安岭地区林木产品经销调运管理试行办法》，对全区林木产品经销调运实行统一销售、统一提报运输计划、统一请配车、统一价格和统一结算的"五统一"管理，遏制了各林业局攀比降价、不正当竞争现象，减少了效益流失。

根据木材市场行情的变化，公司4次上调部分非统配原木产品出厂价格，并加大对最低限价的监督检查力度，使木材售价从4月份开始逐月增长，出现1993年木材售价持续下滑以来，首次回升局面。7月份，全区造纸材实行统销后，每立方米售价比上半年提高75元。

重新修订了原木产品企业标准，提高了经济材比重，进一步提高了售价。同时，对陈旧材采取降价处理的办法，减少损失。

加强了贮木管理。认真抓好车皮质量，单车综合平均载量同比提高2.35立方米，节约了车皮。通过举办原木产品新标准培训班，实行检验员持证上岗。开展了"十佳贮木场"竞赛评比活动，有效地提高了贮木科学管理水平，促进了木材销售。

采取两种模式，进行开拓市场，引导销售的试验。一种是集团公司自购自销，直接进入市场，整车批发，以沈阳为中心，辐射周围地区，并开展中转南下业务，已销售17车，获净利5万元。另一种是与中间商合作，实行委托代理销售。集团公司在促销中，注入资金100万元，天津杨柳青木材经营部用50万元抵押，委托其代理销售，运行效果良好。

截至年末，全公司林木产品销售完成5 066 944立方米，其中木材销售3 440 693立方米。

（安 丽 刘庚正）

【十八站林业局对木材加工企业全部实行剥离经营】 1997年初，十八站林业局在深化企业改革中，将全局20家木材精深加工企业，从林产工业公司（原属二层机构）中剥离出来，分灶吃饭。使各企业自谋生路，自我激励。

初步剥离后，加工企业整体经济运行质量不高，供给原料、委任经营等还存在弊端。林业局在11月份，本着资源有效配置，资产有偿使用的原则，在坚持管党政第一把手，管国有资产保值增值，管原料来源，要投资效益的前提下，加大剥离经营改革的力度，进行经济"断奶"，促使木材加工企业增强市场竞争能力。彻底改变局厂之间原有的"供养"关系，探索出一种新型的经济关系，实行契约剥离的经济关系。

全部完成契约剥离改革后，各加工厂自主经营、自负盈亏、自我约束、自我发展。根据林业局确定的生产经营目标，自行建立了适合本厂实际的经营机制，制定了本单位年度生产经营计划和其他生产经营决策，在机构设置、人员任用、工资、奖金分配等方面拥有了自主权。各种产品销售在必须执行林业局制定的最低出厂价基础上，自行定价、自行销售。但在原料供应问题上，林业局分配各企业抚育伐生产任务，各企业必须按照三总量的要求，把抚育伐生产木材定额缴库后，才有权按林业局制定的统一价格购买生产所需原料，并且必须依照边缴边购的时序进度，将原材料及时进厂。

剥离改革后，林业局对加工企业的主要职能转为实行监督和服务的宏观经济调控上。新的经营机制，激发了木材加工企业的活力。各企业都分别出台了符合本企业特点的内部改革措施，企业经营素质、生产能力和经济效益都明显提高。各木材加工企业积极捕捉林木产品市场信息，本着适销对路的原则，先后在原有地板块、指接拼板、拖盘等传统产品基础上开发出墙壁板、刨光板等 10 余种新产品，取得了比上年同期增加销售收入的成效，创产值 3500 万元，同时还先后安置 2400 多人就业。 （安　丽　刘庚正）

【木材生产作业方式改革】 大兴安岭林区由于多年来始终坚持渐伐方式，现已无成片的可采林木资源。伐区形成分散、坡度变大、集材和运材距离变远、林木径级和材积变小、作业点变动频繁的特点。木材主伐生产趋向“摘山帽”。单一机械化采伐已不适宜于现有采伐作业条件，而且机械化采伐对森林资源的破坏严重，大坡度伐区使机械集材受阻，集材作业效率低下，成本增高。

自 1995 年以来，各林业局在主伐和抚育伐生产作业中，因地制宜地采用畜力（一马一车为一个套子）集材生产。畜力集材灵活、简便，大幅度地降低了集材成本，缩短了伐期，不需要伐后更新。畜力集材运输，使木材生产常年流水作业，既使商品材供应淡季不淡，及时补充库存，又减少了旺季因库存积压，促进了以销定产，经济效益明显提高。畜力集材还使集材工人的收入，比机械化生产工人高 30%以上。而且，在保护中幼树，促进天然更新，提高伐区的单位木材产量，促进畜牧业和农业的发展，增加就业机会方面，都显出了长足优势。

1997 年，集团公司进一步总结和推广畜力集材生产，其中主伐生产使用马套子 210 副，仅呼中雄关林场主伐就使用马套子 140 副，节约成本百万余元。

（安　丽　刘庚正）

【抚育伐生产质量好于往年】 1997 年，集团公司所属的 10 个林业局强化了抚育伐生产力度。年内完成抚育伐任务 54 075 公顷，作业质量好于往年。为抓好抚育伐生产，公司主要采取了 3 条措施：

1. 把森林抚育伐合格率和作业面积纳入了集团公司与各林业局年度经营承包盘子，作为必保指标进行考核，促进了各林业局完成抚育伐生产的积极性。

2. 加强了技术培训和技术指导工作。在抚育伐生产作业前，各林业局、林场对生产作业人员、工程技术管理人员普遍进行了岗前技术培训和示伐标准地工作。在抚育伐生产主要时节，各林业局、林场还把技术人员派驻到作业现场，跟班作业，发现问题，及时纠正，有效地防止了违反技术操作规程及单纯取材的行为。

3. 认真执行三级检查验收制度。林场对抚育伐生产坚持全面自检、自验的基础上，由林业局进行检查验收后，再上报集团公司进行抽查验收。在生产作业程序上做到了拨交一块，生产一块，验收一块，保证了抚育伐质量。 （安　丽　刘庚正）

【雄关林场组织职工采集山产品】 1997 年秋收季节，呼中林业局雄关林场适时组织职工采集山产品，展开“小秋收”，兴场富家。其中仅高山偃松籽一项就收益 43 万元，人均收入增加 400 多元。

全场有 90%的职工参与了秋收，有 14 户职工采集松籽收入在万元以上，最多的达 1.6 万元。林场几个经常要救济的困难户在林场的动员和组织下，采集偃松籽和红豆果，每户收入都在 3000 元以上。职工不仅增加了收入，而且放假期间林场还节省工资开销 9 万元。

集团公司在全林区推广了雄关林场采集山产品的经验。 （安　丽　刘庚正）

【旅游资源开发确定基本思路】 1997 年，地区行政公署、集团公司把旅游业作为全区新的支柱产业和新的经济增长点，结合大兴安岭的具体特点，对大兴安岭旅游资源的开发制定了科学的规划，提出以“两区一江”为龙头，带动“金木水火土”五条线，“发展一大片”的基本思路。“两区一江”，即漠河旅游区、呼中自然保护区、中俄界江旅游；“金木水火土五条线”，即“金线”——胭脂沟金矿、古驿道黄金之路游，“木线”——木材采集运、林木产品展销游，“水线”——江河湖泊观光、漂流、探险、垂钓游，“火线”——大兴安岭“五六”特大森林火灾起火点、火灾纪念馆、火烧迹地更新成就游，“土线”——农业科研、农牧业开发成就游等专项游，“发展一大片”，即发展边境游、度假游、跨国游、商务游、生态游、民俗风情游、文物古迹游和森林文化游等为主导的大众旅游产品和历史文化旅游产品。在开发大众产品和历史文化产品中，逐步建设好黑龙江源头洛古河景区、北极村景区、北极北乌苏里景区、中华北陲第一峰大白山景区、塔河县十八站和呼玛县白银纳鄂伦春民俗村、十八站古人类遗址、黑龙江“小三峡”、塔河县塔林西水库景区、呼玛河自然保护区、大子扬山（古迹、狩猎、垂钓、漂流、农牧业开发、万亩人工林、火山熔岩迹地）综合景区、加格达奇兴安湖度假村等。

由于旅游开发的基本思路符合区情实际，重点突出，加之措施得力，使林区旅游开发趋向产业化。年内全区旅游企业共接待各类旅游人次比1996年增长39.5%，实现旅游创收比1996年增长29.2%。

（安 丽 刘庚正）

【鄂伦春族桦树皮手工艺品走出山林】 9月，大兴安岭地区塔河县鄂伦春民族乡的桦树皮制品走出山林，在大连市星海会展中心举行的'97首届国际华夏艺术博览会上展出。博览会期间，鄂伦春族人精心制作的桦皮箱、桦皮盒、桦皮篓、桦皮船模型等桦树皮制品独具特色，格外引人注目。这些手工艺制品既表现出原始文化艺术内涵，又有现代图案文化艺术，具有工艺和商品双重性，深受消费者和收藏者欢迎，被誉为"高品味的艺术作品"。展出的200多件制品被争相购买，显示出产品的市场潜力。桦树皮产品的走俏，为今后大兴安岭鄂伦春族桦树制品的开发及打入国内外市场，扩大少数民族人民就业门路，发展鄂伦春族乡村民族旅游业，振兴民族区域经济，打下了良好的基础，也提高了鄂伦春民族的知名度。

（安 丽 刘庚正）

【双文明林场和十强林场】 7月，大兴安岭地区行政公署和大兴安岭林业集团公司有关部门，根据各林业局填报的经济数据，以及双文明林场创建活动实际，确定了1996年全区双文明样板林场、双文明林场、经济综合实力十强林场、人均贡献十强林场、人均收入十强林场的排行榜。

双文明样板林场 松岭林业局壮志林场、新林林业局宏图林场、新林林业局翠岗林场、图强林业局壮林林场、塔河林业局瓦拉干林场、呼中林业局雄关林场、十八站林业局白银纳林场、呼中林业局苍山林场、阿木尔林业局长山林场、图强林业局二十八站林场。

双文明林场 图强林业局卧龙河林场、图强林业局潮河林场、西林吉林业局前哨林场、松岭林业局古源林场、十八站林业局小根河林场、新林林业局塔源林场、图强林业局育英林场、西林吉林业局古莲林场、新林林业局塔尔根林场、塔河林业局盘古林场、塔河林业局沿江林场、呼中林业局宏伟林场、阿木尔林业局青松林场、阿木尔林业局红旗林场、韩家园林业局主伐林场、松岭林业局大扬气林场。

经济综合实力十强林场 新林林业局新林林场、新林林业局翠岗林场、松岭林业局壮志林场、新林林业局塔源林场、呼中林业局碧水林场、西林吉林业局前哨林场、西林吉林业局金沟林场、阿木尔林业局青松林场、呼中林业局苍山林场、阿木尔林业局红旗林场。

人均贡献十强林场 塔河林业局沿江林场、塔河林业局瓦拉干林场、塔河林业局盘古林场、新林林业局新林林场、新林林业局翠岗林场、塔河县二十二站林场、新林林业局宏图林场、呼中林业局苍山林场、新林林业局塔源林场、新林林业局塔尔根林场。

人均收入十强林场 图强林业局卧龙河林场、阿木尔林业局青松林场、西林吉林业局金沟林场、图强林业局壮林林场、图强林业局潮河林场、阿木尔林业局长山林场、塔河林业局盘中林场、塔河县二十二站林场、西林吉林业局古莲林场、阿木尔林业局红旗林场。

（安 丽 刘庚正）

【木材专项打击取得阶段性成效】 针对大兴安岭林区冬季木材运输经营面积大，生产作业点分散、偏远，公路、铁路站点多，木材管理难度大，木材容易流失的问题，1997年冬运开始以后，集团公司加大整顿木材流通秩序的力度，实行标本兼治，综合治理，堵住了效益流失的"黑洞"。

加强了对治理整顿工作的领导。行署专员、集团公司总经理杨喜军、木材专项打击斗争领导小组组长张振华，以及各林业局行政第一把手亲自抓以木材稽查为主要手段的整顿工作，亲自部署，亲自检查。

采取有效措施，严抓严管，注重整顿的打击实效。各林业局认真查找管理不足，总结经验与教训，针对暴露出的问题，加强木材流通领域的管理。在生产环节上，禁止雇佣外委自流人员作业，统一组织专业队伍生产，严格伐区管理，层层落实责任，严格控制木材流失"源头"。在运输环节上，严格证件检查，凡不符合运输规定要求的一律扣留，对铁路、公路运输实行监控。在销售环节上，实行销售统一归口，认真审核车皮计划、货物品种、规格等，有效地控制了木材流失的漏洞，协调公安、林政、资源、营林、纪检监察等有关部门步调一致地开展工作，取得良好效果。

12月5日，召开了全区第七次木材专项打击斗争电话会议，确定专项打击的重点是：滥伐林木，盗伐林木，盗窃木材，非法运输木材，诈骗、倒卖、伪造木材运输证明，猎杀、倒卖、走私国家重点保护野生动物，私自销售木材。

电话会议后，各有关部门积极行动，木材专项打击取得阶段性成效。5～31日，共破获森林案件44起，收缴木材593立方米，挽回经济损失50多万元。

（安 丽 刘庚正）

【大兴安岭林业集团公司1997年林业大事】

1．1月21～24日，集团公司党委常委（扩大）会议暨全区经济工作会议在加格达奇召开。会议总结了1996年工作，研究和部署1997年工作。

2．3月7日，中国科学院、国家自然科学基金委员会组织邀请100余名中外天文学家和专业工作者在漠河县举行了太阳与人类环境国际科学讨论会。

3．4月1日，加格达奇—北京302次旅客列车通车。地区主要领导和各届代表参加了通车仪式。

4．6月，全区统计执法大检查全面展开，严厉打击虚报、瞒报、伪造篡改和提供虚假或不真实的统计资料行为以及拒绝接受统计查询、检查和行政登记的统计违法行为。

5．6月6日，林业部在北京召开大兴安岭特大火灾区恢复森林资源和生态环境总结表彰大会，大兴安岭林业集团公司 11 个单位、88 名个人受到表彰。

6. 7 月 8 日，全区综合开发使用林地规划设计工作会议在加格达奇召开，会上部署了全区综合开发使用林地规划设计工作，使林地占用管理工作纳入了规范化、制度化、法制化轨道。

7. 7 月 14 日，以全国人大常委、民族委员会副主任伍精华为组长的全国人大民族委员会调查组一行 8 人抵达加格达奇，调查森林资源和民族发展关系，征求修改《森林法》意见，调查发展边境贸易和少数民族发展的关系。

8. 8 月，全区最后一套磁石交换机在呼玛县金山乡政府被撤掉，标志着大兴安岭林区进入交换程控化、传输数字化网络。

9. 8 月 12 日，以全国政协副主席何鲁丽为团长的全国政协森林防火考察团抵达加格达奇。考察团听取了有关森林防火工作的情况汇报。

10. 8 月中旬，大兴安岭林区首家马铃薯精加工大型现代化企业——大兴安岭丽雪精淀粉公司建设工程正式破土动工。预计 1998 年 4 月建成投产，建成后，每年加工用马铃薯 6.3 万吨，加工精淀粉 1 万吨。

11. 9 月 14 日，在韩家园林业局境内，首次发现古猛犸遗骨，对研究大兴安岭地形、地貌、气候的形成有十分重要的作用。

12. 10 月 1 日，大兴安岭岭南粮食处理中心开机烘粮一次试车成功并开仓储粮。

13. 10 月 27 日，全区冬运木材生产暨资源林政管理工作会议在加格达奇召开。会议确定了近期及长远的中心工作任务。

14. 10 月 29 日，大兴安岭“五六”特大火灾区森林资源和生态环境优化更新工程，通过了地区有关部门专家审定。工程规划期为 10 年，1998 年开始。工程育林总面积 53.2 万公顷，其中宜林地造林 14.4 万公顷，次生林改培 38.8 万公顷。

15. 11 月 13 日，全区领导干部大会在加格达奇召开，省委工作组宣布了省委对地区领导班子调整的决定。集团公司党委书记杜宇新，集团公司党委副书记、行署专员、集团公司经理杨喜军就当前工作分别提出具体要求。

16. 11 月 25 日，集团公司在图强林业局召开全区木材检查站现场会，同时举行了被林业部授予全国木材检查站文明执法示范单位称号的图强林业局 7 千米检查站揭牌仪式。

17. 12 月 18 日，全区木材销售工作会议在加格达奇召开。会议确定了 1998 年全区林木产品经销调运工作总的指导思想和任务。（安　丽　刘庚正）

上 海 市 林 业

【概　述】

发展与成就

林业生产　1997 年，上海郊区根据市委书记黄菊提出的“点上绿化成景，线上绿化成荫，面上绿化成林，环上绿化成带”，使上海绿化状况有明显改观的总体要求，继续加快推进了“四个一”绿化形象工程建设，实际完成“四旁”植树 947 万株，比市计划下达任务增加 35%；营造沿海防护林 160 公顷，比计划任务增加 20%；完成中幼林抚育面积 2000 公顷；骨干道路绿化长度 743 千米，植树 207 万株；实施市、县（区）、乡（镇）农业示范区绿化配套工程 141 个，植树 59 万株；新建农田林网化村 347 个，扩大林网控制面积 2.7 万公顷；新增经济林 347 公顷，年末实有经济林面积 1 万余公顷。

国有场圃　全年销售总收入近亿元，两个国家级森林公园加强了基础设施建设，新建了森林滑道、森林百鸟园、森林小木屋等旅游景点，开辟了旅游专线。全年游客人数 75 万人次，旅游收入 736.9 万元，创利 84 万余元。

林政资源管理　①加强了防火设施建设和火源管理，清山 15.3 公顷，连续 9 年未发生森林火灾。②县（区）林政执法人员通过了“三法一条例”的公共法律法规培训。坚持实行“两证”制度，核发林地许可证 3 份，面积 22.7 公顷。林地初审率达到 100%。③全市共办理植物检疫证、木材出省运输证分别为 13 250 份和 12 250 份，其中木材、胶合板等木制品出省检疫分别为 5.20 万立方米、14.16 万件；鲜花、盆（景）花、种（球）苗、苗木和草皮检疫分别为 87.49 万支、3.73 万盆、43.09 万株、0.2 万株和 11.845 吨；果品检疫 2626 吨。

野生动物保护管理　①开展了野生动物资源调查，共对全市 10 个区（县）布设 141 条调查样带，首次发现国家二级保护鸟类——黄嘴白鹭约 40 多只。②制订崇明东滩鸟类自然保护区建区方案报市政府，并根据市政府要求着手开展调查、编制建区论证报告。③会同工商等部门对 96 年核发的驯养繁殖、经营利用许可证进行清理整顿，清理单位达到 60 多家，重新核发证书 17 家。④全年共审核办理野生动植物及其产品进出口申报件 70 多份，核发进口、出口、再出口许可证 500 多份。

存在问题　绿化发展的水平与国际化大都市的实际需要不相适应，落后于农村经济、农业的发展水平；

造林成活率、保存率不高的顽症并未得到较好解决，如期实现平原绿化存在一定难度；法制不健全，有法不依，执法不严的现象依然存在。（许东新）

【上海市农业局更名为上海市农林局】 为进一步理顺关系，加强行业管理，经上海市机构编制委员会批准，上海市农业局更名为上海市农林局。更名后的上海市农林局是上海市人民政府主管全市种植业、林业工作的职能部门，在工作职能上将实现四个转变：从对种植业、林业的微观管理转向宏观管理；从以行政管理为主转向以经济手段、法律手段和必要的行政手段对种植业和林业进行管理；从单一的生产指导与管理转向以市场为导向对产加销、贸工农一体化的指导、管理与服务；从产业管理转向行业管理。（许东新）

【九亭花卉良种基地得到拓展】 为进一步拓展局属花卉良种试验场九亭市级花卉良种示范基地的功能，增强其种苗、种球在国内市场的竞争力，上海市农林局制定了九亭花卉良种基地发展规划，在原有6.67公顷基地面积的基础上，再向外征租土地6.67公顷。加强了生产设施的建设，在把原有的单栋大棚替换成连栋大棚的基础上，引进了法国Richel公司制造的先进温室设施10 800平方米，提高了花卉生产基地的整体形象。

本着边建设、边生产的原则，克服台风等灾害影响，全年生产以香石竹为主的优良种苗近400万株，大大提高了市场占有率。在此基础上，积极开展科技攻关，提高科技含量，并把科技成果迅速转化为生产力。加强与北京农业大学、北京林业大学科研合作，收获唐菖蒲种球200万只。实施的两个科研项目分获市星火和科技兴农二等奖。在继香石竹优质高产栽培技术、满天星优质种苗繁育及周年供应生产栽培技术被国家科委列为技术依托单位外，百合花种球、鲜花高产优质栽培技术项目又被列为国家级技术依托单位。选送的花卉展品在第四届花卉博览会上获得了10个奖项，其中香石竹种苗获得金奖，提高了社会知名度。

（许东新）

【云南郁金香花展】 由云南省人民政府和上海市人民政府主办，云南省农业厅和上海市农业局承办的'97云南郁金香花展于1月24日至2月2日在上海展览中心展出。它是两省市政府之间的友好合作项目，也是实施党中央、国务院东西部合作发展战略的一个重要举措。云南省省长和志强、上海市市长徐匡迪分别为花展题写了前言和祝词。

郁金香花展按照“反映云南特色，体现上海水平”的要求，围绕“神奇的土地，天然的花园”这一花展主题，经过精心设计和制作，把来自云南的迪庆高原的数万枝郁金香、蝴蝶兰等名贵花卉装点成园景花坛、艺术插花，加上富有云南民族特色的歌舞表演，吸引了数以万计的中外观众。花展中由于种种原因，原定由云南提供的4.8万支郁金香只有1.9万支，上海市农业局花卉良种试验场把自己培育的原定春节供应上海市场的数万支郁金香，采用催花技术，提供给花展，保证了花展正常开展。上海市有关部门积极参与、支持、资助本次花展，充分体现了上海人民支持云南发展的深情厚意。（许东新）

【划定沿海国家特殊保护林带】 上海市海岸线总长471.7千米，其中大陆海岸线长168.9千米，海岛海岸线长302.8千米，据1994年清查，沿海防护林总面积1733公顷，加上近3年新植幼林，总面积达到1933公顷。

针对上海市沿海县（区）营造于一线、二线、三线海塘和外沿围圩上的林带宽度较窄的实际，原则上将上列面积均划入特殊保护范围。经各县（区）人民政府审定和上海市农林局复核，划入沿海国家特殊保护林带的范围共1933公顷，其中有林地1267公顷，宜林地667公顷；划入沿海国家特殊保护林带范围内基干长度768.9千米，其中有林地基干林带618.5千米，宜林地基干长度150.4千米。同时在特殊保护林带的重要路口、堤段，竖立263块特殊保护标志牌。

（许东新）

江 苏 省 林 业

【概　述】

发展与成就

造林绿化　1997年，江苏各地认真贯彻了全国林业厅（局）长会议和全省造林绿化工作会议的精神，围绕林业生态公益林、商品林两个体系建设，致力巩固造林成果，提高绿化水平，深入开展了造林绿化活动，全面完成了造林绿化任务。全省完成成片造林2.2万公顷，新建、完善农田林网20.4万公顷，“四旁”植树1.23亿株，培育林苗1万公顷。1997年城镇新增绿地的数量，超过了责任状规定的任务。南京市被命名为国家级园林城市，扬州、无锡市以及昆山、常熟、江阴等县级市首批获省级园林城市称号。交通部门把创建绿色通道摆上议事日程，制定了《江苏省公路绿化标准》，编制了公路绿化规划，增加资金投入，全年干线公路新增绿化带1245千米，更新补植5470千米。省教委将创建花园校园活动从高校扩展到了中等专业学校，各级共青团组织实施“青少年三百绿化工程”135个，植树1834万株。妇联把建设“三八”绿色工程作为“双学双比”活动的主要内容之一，已建成一批市、县、乡“三八”绿色工程基地。

高标准农田林网建设　1997年全省根据《江苏省高标准农田林网县、乡建设标准》，广泛开展了达标竞赛活动。省农林厅对符合标准的徐州市所属的县、乡进行了验收，6个县的31个乡（镇）和新沂市、铜山县达到了标准。与此同时，对全省12个县（市、区）的平原绿化进行了跟踪复查，有力地推动了平原造林绿化工作。

城乡一体现代林业示范区　江苏省农林厅在1994年确定的张家港、江阴、常熟3个县级市为首批绿色示范县的基础上，1996年又根据林业部“示范区建设必须在较大范围内整体推进”的批示，编报了《苏锡地区城乡一体现代林业示范区建设总体规划纲要》（以下简称《纲要》），林业部组织专家对《纲要》进行了评议，并邀请8名专家、学者对示范区进行实地考察论证，修订了《纲要》，1997年已开始组织实施。

淮河、太湖流域综合治理林业工程　1997年吴江、锡山、溧阳、吴县、金湖、宝应、铜山、盱眙等8个试点县（市），紧紧围绕太湖、淮河两流域工程建设总体规划，精心组织、认真实施，加快了两个流域造林绿化工程。完成丘陵山区水土保持绿化面积406平方千米，更新改造流域性河道堤防次生林265千米，其中植树造林1.9万公顷。盱眙县地处淮河流域丘陵山区，把综合治理作为脱贫致富的支柱产业之一来抓，发扬“水冲港艰苦奋斗”的精神，1997年植树造林667公顷，其中：板栗园234公顷、用材林177公顷、生态林256公顷。溧阳市地处太湖流域丘陵山区，1997年编制了综合治理“九五”总体规划，列为全国山区开发示范县，按照区域化、规范化、特色化、一体化的思路，拓宽投入渠道，引入企业管理机制，一年开发治理面积1678公顷，其中：板栗园179公顷、茶园200公顷、早园竹216公顷、用材林540公顷、其他经济林543公顷。全县已形成3.6万公顷林业生产格局，其中：板栗园4667公顷、用材林15 333公顷、茶园3733公顷、竹园6000公顷、桑园3333公顷、水果2000公顷、银杏667公顷。综合治理优化了山区农村经济结构，增加了农民收入，培育了林业经济新的增长点，摸索出一条“以山养山、滚动发展”、“依靠林业、发展工业、促进三产”的经济发展新路子。

资源保护　在森林病虫害防治方面，加大了以松材线虫病、日本松干蚧、杨树病虫为重点的防治工作力度。全省森林病虫害发生面积4.03万公顷，防治面积3.1万公顷，防治率77.3%，比1996年提高2%。实施松材线虫病防治面积9200公顷，清理病死树37.2万株，更新改造外围松材林及孤立疫点326.7公顷，消灭9个乡（镇）疫点，基本消灭苏州疫区。连云港市政府成立了日本松干蚧防治工作领导小组，财政、林业拨出专项经费，组织大规模的化学防治和病死树清理工作，病死树清理率达98%，有效遏制了松干蚧蔓延趋势。在森林防火方面，各地进一步加强了值班和报警制度，与1996年度相比，森林火警火灾发生次数下降59.60%，受害面积下降48.9%，森林火灾受害率下降0.15/1000。特别是林区散葬坟墓实行定点集中管理的做法，在连云港、徐州、苏州等市逐步推广，减少了火灾的隐患。在湿地生物多样性保护方面，1997年省农林厅派员参加了林业部召开的湿地生物多样性保护与可持续利用全球环境基金项目启动会，并根据国家项目指导委员会要求，成立了该项目领导小组，协调项目实施工作。8月中旬，湿地国际专家组一行5人考察了江苏省东台、大丰、射阳县（市）沿海滩涂湿地资源。根据专家组要求及考察实际情况，上报了8个项目待批实施。

改革与林政实施　7月31日，江苏省第八届人民代表大会常务委员会第二十九次会议根据《行政处罚法》的决定，通过了关于修改《江苏省实施〈森林法〉办法》的决定，即日起公布施行。修改的条款和内容是：①删除第三十五条；②第三十八条修改为“伪造或倒卖林木采伐许可证、木材运输证、森林植物检疫证书的，分别依照《中华人民共和国森林法实施细则》和《植物检疫条例》的规定处罚”，“伪造、倒卖、转让陆生野生动物特许猎捕证、允许进出口证书、狩猎证、驯养繁殖证的，依照国家《陆生野生动物保护实施条例》第三十八条规定处罚”；③第三十九条修改为“违反森林法律、法规和本办法规定，开垦、采掘、取土、砍柴、采种、采脂、采叶、放牧和其他行为，致使森林、林木遭受损失的，责令赔偿损失，补种毁林株数一至三倍的树木”；④因第三十五条删除，自后有关条文的顺序作相应的调整。原共四十七条现改为四十六条。

1997年11月27日省人民政府根据《江苏省实施〈中华人民共和国森林法〉办法》第二十七条二款“保护陆生动物名录除国务院公布的国家一级、二级名单外，地方重点保护陆生野生动物名录由省林业主管部门制定，报省人民政府批准公布”的规定，下发了关于公布《江苏省重点保护陆生野生动物名录》的通知，公布了兽纲、鸟纲、爬行纲、两栖纲等4纲的44种省重点保护陆生野生动物名录。

1997年，江苏各地认真贯彻执行了《江苏省全民义务植树条例》，各级党政领导认真宣传贯彻、率先垂范，以实际行动继承邓小平同志“绿化祖国、造福万代”的遗愿。带领广大人民群众踊跃参加“绿化祖国、美化家园”的活动，全年参加义务植树近3000万人次。

各地继续抓了义务植树基地建设，省级机关在南京市浦口区顶山镇新建了65公顷的义务植树基地，东台市在沿海滩涂新建了650公顷的义务植树基地。盱眙县把义务植树与山区综合治理、治穷致富结合起来。许多部门和单位开展了多种形式的营造纪念林、友谊林活动，取得了较好的成效。

为贯彻林业部政策法规和体制改革司关于印发《申领、发放〈林业行政执法证〉实施方案》和《林业行政执法人员资格考试大纲》的通知，省农林厅认真进行了组织实施工作：①厅成立了林业行政执法证件发放工作指导小组，分管法制工作的副厅长任组长，林业局、政策法规处负责人为成员，市级林业行政主管部门也相应成立了组织，明确机构，抓此项工作；②明确发证范围及对象。包括县级以上林业主管部门及其所属全民林业事业单位的国家公务员和国家正式工作人员中的林政、林业公安、野生动物、野生植物、森林防火、病虫害防治、森林植物检疫、林木种子管理机构的执法人员；③组织林业行政执法人员认真填写《江苏省林业行政执法考试资格确认及证件申领表》，逐级把住考试报名和政审关，确保执法人员的政治素质；④组织专人编写符合江苏实际的《林业行政执法资格考试复习辅导教材》，除以县级为单位组织自学外，厅派员分片集中培训辅导；⑤以市为单位集中考试，厅派员直接监督考试，以保证执法人员的业务素质。全省林业行政执法人员报名1124人，政审合格人数983人，考试及格人数979人。自1998年1月1日起林业行政及执法人员将持林业部核发的《林业行政执法证》上岗，依法行政和执法。

存在问题 ①农田林网总体水平和标准不高，从1997年12个县(市)平原绿化跟踪复查情况看，一级、二级林网比重偏小，缺株断垄现象还较普遍。其中有5个县（市）农田林网控制率与部颁标准存在不同的差距。尤其是苏南地区农田林网相对薄弱，与较为发达的地区经济很不协调。一些城镇在绿化中不是坚持植树为主，乔、灌、草合理配置原则，以提高林木覆盖率为主要目标，而是不切实际地注重草坪，忽视树木，甚至以草代树，效果不好。②山丘岗地造林绿化仍有不少死角，1996年虽然基本消灭了宜林荒山，但这仅完成“八五”期间规划任务，一些有林山地树木稀少、杂草丛生，林木蓄积量很少。③村庄绿化相对薄弱，突出表现在苏南新居住区绿化率较低与居住环境极不协调。苏北地区村庄绿化率虽高，但树种结构单一，密度大，栽植结构不合理，美化档次不高。④森林防火的基础设施落后，预防和扑救的综合实力不强，尚不具备扑救较大森林火灾的能力，火案查处缺乏必要的手段和方法，力度不大，查处率不高。⑤防治森林病虫害任务艰巨，松材线虫病经多年不懈努力，消灭了一些疫点，因病死树清理和病材处理不够彻底，同时又缺少有效的流通监控手段，时有新疫点发生。因资金不足，杨树病虫害、松毛虫防治效果不佳。⑥局部地区存有超年森林采伐限额的现象，盗伐、滥伐林木和其他毁林行为不断发生，少数县（市、区）查处不能到位。（郦振平）

【江苏省森林旅行社】 如今世界旅游业的热点正由城市逐渐转向大自然，森林旅游变得越来越富有吸引力。江苏省森林旅游资源丰富，旅游环境优越，经济繁荣，生活富庶，发展旅游业具有广阔的前景。

4月23日，省农林厅召开了专题会议，讨论江苏省森林旅行社筹建事宜，确定由江苏省林业勘察设计院成立森林旅行社筹建小组。7月18日，省旅游事业管理局正式批准成立江苏省森林旅行社。8月20日，经省工商行政管理局审核，发给了“营业执照”。

（陈厚照）

【濮家村股份制绿色企业】 江苏溧阳市周城镇濮家村地处苏皖交界的丘陵山区，有9个自然村，343户，1352人，土地总面积710公顷，其中丘陵山地占61%。长期以来，因地理位置偏僻，交通不便，信息闭塞，自然资源得不到充分开发利用，1987年人均收入仅481元。1988年综合开发以来，累计开发363公顷，占丘陵山地总面积的77%，总投资300多万元，形成6个商品生产基地，兴办6个股份制绿色企业。1996年总收入685万元，人均纯收入3400元，比1987年增长6倍。该村主要做法是：

1. 立体开发。1987年该村邀请科技人员现场察看，确立了“连片开发、立体种植、专业承包、规模经营、企业管理”的思路，分别建立了林场、茶场、板栗场、食用菌场、养殖场等绿色企业，形成了363公顷商品生产基地，其中用材林133公顷，板栗67公顷，茶园37公顷，桑园67公顷，果园16公顷，药材10公顷，水产养殖33公顷。在林间套种西瓜、山芋、大豆等经济作物，立体开发，以短养长。

2. 股份合作。该村在土地统一评估的前提下，有偿转让承包经营权，村组户多元投资，明晰产权关系，优化要素配置，调整利益分配，实行股份合作制，形成规模经营。在股份合作方面，坚持“入股自愿，股权平等，利益共享，风险共担，实行按劳分配与按股分红相结合”的原则，入股形式包括土地、资金、资产、劳力等。例如开发的37公顷茶园，各种投股形式，入股总本金为55万元，折137.5股（每股4000元），其中土地49.5股，资金64股，劳力24股。制定了股份制章程，设立了企业董事会、监事会，相互监督，规范运作。每年由董事长主持召开两次股东会，先审计，后分配，财务公开，按股分红。“绿色企业”内部由法人与各专业承包组签订全奖全赔合同。

3. 行政管理。村民委员会对绿色企业把好行政管理关：一是经营决策关。对企业的规划、经营方针的决策，主动参与，反复论证；二是监督考核关。派村干部驻企业对经营管理、财务进行监督，对目标责任制进行考核、兑现；三是分配兑现关。村委会对各企业实行财务年审，负责审批按劳分配、按股分红方案，将村提留资金解交到位。（郦振平 崔晓）

【江苏省银杏采叶圃统计】 见下表。

江苏省银杏采叶圃统计表

单位	面积（公顷）	干叶产量（千克）	产值（万元）
全省合计	6153	10 600 000	13 780
重点县小计	6081	10 400 000	13 545
邳州市	4667	7 000 000	9100
如皋市	667	2 000 000	2600
泰兴市	167	500 000	700
姜堰市	133	500 000	600
东台市	380	250 000	350
高港区	67	150 000	195

注：银杏干叶用于加工提炼银杏黄酮苦内酯干浸膏。

（陈志银）

【江宁杜仲茶】 江苏省江宁县林业部门科研人员研制的江宁杜仲茶，是国家级星火计划项目，1996年由南京市科委组织鉴定，1997年被国家科委评为“金奖”，并经江苏省卫生厅批准由南京秦淮保健茶有限公司批量生产投放市场。

杜仲茶是利用杜仲叶、茶叶及野柿叶等纯自然原料配置加工而成的一种新型饮料，含有咖啡酸、绿原酸、山茶酸、茶氨酸、精氨酸、咖啡因、茶碱、可可豆碱、无色花青甙、紫云英甙、山茶甙、金丝桃甙等主要营养成分，对补肾、壮阳、降血压、降糖、消炎均有明显的效果。（刘小腊）

【江苏省森林公园】 江苏省从1987年开始建立森林公园，截至1997年底共建森林公园23个，经营面积33 604公顷。其中：国家级森林公园13个，经营面积25 242公顷；省级森林公园9个，经营面积7082公顷；市级森林公园1个，经营面积1280公顷。23个森林公园均由江苏省林业勘察设计院等单位编制了总体规划，并由森林公园管理单位组织实施（见下表）。

江苏省森林公园统计表

公园名称	级别	经营面积（公顷）	批准时间	公园名称	级别	经营面积（公顷）	批准时间
常熟虞山国家森林公园	国家级	1 500	1987.7	吴县太湖西山国家森林公园	国家级	8 000	1997.12
江阴要塞国家森林公园	国家级	273	1987.7	溧阳西郊森林公园	省级	107	1995.8
苏州上方山国家森林公园	国家级	500	1992.7	溧阳龙潭森林公园	省级	153	1995.8
苏州东吴国家森林公园	国家级	1 200	1993.5	金坛茅东森林公园	省级	1 892	1995.8
无锡惠山国家森林公园	国家级	936	1993.5	句容东进森林公园	省级	1 507	1995.8
宜兴国家森林公园	国家级	3 400	1992.11	南京牛首山森林公园	省级	667	1995.8
南京老山国家森林公园	国家级	2 000	1991.8	新沂马陵山森林公园	省级	950	1995.8
盱眙第一山国家森林公园	国家级	1 400	1993.5	连云港锦屏森林公园	省级	1 281	1995.8
徐州环城国家森林公园	国家级	1 333	1992.11	仪征铜山森林公园	省级	141	1996.2
连云港云台山国家森林公园	国家级	2 000	1993.5	宿迁嶂山森林公园	省级	384	1997.5
镇江南山国家森林公园	国家级	1 000	1995.11	溧水无想寺森林公园	市级	1 280	1992.10
句容宝华山国家森林公园	国家级	1 700	1996.8	合计		33 604	

（吕忠义）

南京市林业

【概　述】 南京市辖五县四郊六城区，总面积6516平方千米，低山丘陵占64.5%，是江苏省丘陵面积最大的市之一。林业用地面积8.20万公顷，有林地面积7.59万公顷。森林覆盖率13.9%，公路、村庄绿化率分别达89%、41%，农田林网面积占宜建面积的80.3%。林木生长率10.3%，活立木蓄积量320万立方米。农村平原绿化和消灭荒山通过部级验收，城区绿化水平较高，是国家级园林城市。

1997年，南京市农林部门围绕市政府“抓住新机遇，争创新优势，赢得新发展”的总体要求，瞄准生态高效林业建设目标，围绕资源抓开发，发挥优势办产业，办好产业促林业，林业生产、自身建设取得明显成绩。

林业生态工程建设　1997年，全市以巩固配套、提高“灭荒”和平原绿化成果为重点，以林业重点工程建设为突破口，以公路、江河沿线绿化为网络，以村

(屯)"四旁"绿化为依托,加速推进林业生态体系建设。全市完成成片造林2160公顷,是省农林厅下达任务的167%;新建、完善农田林网3.43万公顷,是省农林厅下达任务的114%;"四旁"植树492万株。沪宁高速公路南京段两侧绿化,完成18千米长的护路林带;禄口国际机场高速公路绿化,按照省政府领导"体现江苏水平,展示江南风貌"的要求,完成竹林大道一期工程建设,栽植竹林67公顷;在95千米长的长江两岸,加快生态林建设,规划至2000年,4000公顷宜林滩地全部绿化,建成以意杨为主体的绿色风光带,1997年,连片栽植意杨400公顷。

富山工程建设　自1987年以来,全市有计划地组织丘陵资源开发,林果规模逐年扩大。1997年,市、县加大力度,层层召开经济林果开发的动员会、现场会,"念好山水经、走出致富路"。1997年,全市开发经济林果2447公顷,茶叶、板栗、杜仲、果梅、早园竹五大品种面积占90%以上。10个开发重点乡(镇)完成开发1060公顷。全市经济林果面积达到1.61万公顷。1997年,桑茶果产值1.42亿元,较1996年增26%。其中4000公顷投产茶园产干茶150万千克,雨花茶、碧螺春达21.4万千克,茶叶总产值0.96亿元,较1996年增17.4%。

服务体系建设　全市117个农业乡(镇)建林业工作站87个,市、县、乡三级林业工作站总数达94个,建筑面积超过1万平方米。1997年,市里为20名乡林业技术员办理了"农转非",解决了他们的后顾之忧。溧水、高淳两县从财政中挤出资金,落实基层林业技术人员的工资。溧水县乡级林业技术员的工资,县乡各承担一半。高淳县财政,每年为每名林业技术员解决3000元工资。市农林局与南京林业大学合作,举办了林业大专班,参训50多人,同时,还选派10多名乡林业技术员参加省农林厅培训班。1997年,全市经济林果开发标准、成活率较往年有大的提高,与乡林业工作站发挥的作用密不可分。

林业产业工程建设　1997年,南京市按照部省要求,发挥区位优势、资源优势、技术优势,积极发展林业产业。①抓森林旅游产业化。充分利用市郊林区人文景观资源底蕴深厚的特点,开发旅游市场,组建了南京森林旅行社,开发老山森林公园、珍珠泉、汤山、牛首山旅游度假风景区,江心洲万亩观光果园,盘活死资源,形成林业经济新的增长点。②抓服务产业化。在江宁县东善桥林场、溧水县晶桥乡建立两个市级育苗基地,集优质特色苗木的引进、试验示范、生产、销售于一体。总面积7公顷,项目总投资135万元。③抓经济林果开发产业化。南京市雨花茶年产量10万千克。1997年底,市农林局以市农林实业总公司园艺特产公司、高淳县青山茶场、溧水县茶叶实验场、江宁县茶叶实验场为核心层,以江宁县淳化茶场等8家为紧密层,着手组建南京雨花茶集团,负责全市雨花茶生产、加工、技术推广和生产管理,实行统一商标、统一质量、统一包装、统一技术指导、统一市场经营。

(吴昌根　储　健)

浙江省林业

【概　述】

发展与成就

绿化造林　1997年,全省共完成人工造林37 147公顷,是年度计划的156.3%,其中竹林面积6343公顷;按林种用途分,用材林11 808公顷、经济林21 867公顷、防护林2313公顷、薪炭林562公顷、特种用途林597公顷。完成迹地更新25 720公顷,是年度计划的182.7%,其中用材林16 513公顷。低产林改造力度加大,全年完成改造面积40 651公顷,比1996年增加10 328公顷。封山育林达到749 550公顷,其中当年新封106 057公顷。完成幼林抚育162 345公顷,成林抚育351 602公顷。新育苗896公顷,是计划的256.9%。"四旁"植树3382万株,是计划的161%。完成平原绿化工程造林2654公顷,规划本年度实现平原绿化达标的台州市路桥区,温州市龙湾区、瓯海区,舟山市普陀区、义乌市、奉化市等6市(区)如期全面完成平原绿化任务,跨入了全国平原绿化达标县行列。完成世界银行贷款项目造林6315公顷,沿海防护林工程造林4122公顷,治沙一期工程造林1114公顷。淮河太湖流域防护林工程试点进展顺利,全年完成造林540公顷。

城镇绿化和义务植树运动步伐加快。全年共铺设草坪299.1万平方米,种植绿篱220万米。又有34个镇跨入全省"绿色小城镇"行列,比1996年增加12个,全省累计76个镇获此荣誉称号。全省参加义务植树人数为1837.5万人,比1996年增加100万人,义务植树尽责率70.5%,比1996年提高了3.4个百分点,共植树4951.8万株,人均1.9株,造林成活率90%以上。义务植树基地达到5724个,其中新办835个;基地面积20 733公顷,其中新建4133公顷。农村义务投工用于造林390.1万工。全年收缴绿化费822.8万元,比1996年增加26.2%。已有37个市、县实行全民义务植树登记卡制度,全民义务植树已逐步走上规范化、基地化、科学化、制度化的轨道。

山区综合开发　全省林业系统全面贯彻落实1996年省委、省政府全省山区开发暨扶贫工作会议精神，以发展名特优新经济林和具浙江特色的竹林为重点，以市场需求为导向，完善综合开发规划，进一步调整林种树种结构，加大扶持力度，掀起了综合开发热潮。全省新造经济林 21 867 公顷、竹林 6343 公顷，分别占全年人工造林总面积的 58.9%和 17.1%，比 1996 年分别提高 6.2 和 6.9 个百分点。省定经济林、竹林“四个一百万”工程的年度造林计划超额完成，其中发展名特优经济林 17 733 公顷，是省下达计划的 149.2%；建设毛竹丰产林 12 800 公顷，是计划的 104.2%；建设笋竹两用林 16 867 公顷，是计划的 147.1%；改造毛竹低产林 15 733 公顷，是计划的 130.1%。丽水地区是山区综合开发的重点地区，地委、行署提出了“要在山上再造一个丽水”的开发目标，把菇木林、笋用林、名特优经济林、药用林和工业原料林作为开发重点，1997 年完成造林 9733 公顷，是计划的 121.6%。开化县规划万亩干鲜果生产基地，村、乡、县联合开发；龙游县把竹产业列为全县第一产业来抓；两个全国山区综合开发示范县——淳安县、龙泉市，争取林业部安排山区综合开发贴息贷款 2900 万元，落实 14 个项目，规划新造无核柿、板栗、笋竹林基地 734 公顷，毛竹、茶园低产林改造 2134 公顷，新建 50 万头生猪生产基地 1 个，新建 2500 千瓦、1200 千瓦小水电站各 1 座，新建水库、引水工程各 1 座。各地在开发中，进一步注重良种壮苗，依靠科技，这已成为共识。林业基地建设全部使用优质苗。广大干部、林农的市场风险意识也大为增强。

林业经济　1997 年，全省林业系统实现产业总产值 847 193 万元（不包括山区、丘陵县茶、桑、果产值 446 475 万元），比上年增长 12.7%。其中，第一产业产值 689 375 万元，占 81.4%；第二产业产值 106 256 万元，占 12.5%；第三产业产值 51 562 万元，占 6.1%。

全省木材产量减少，毛竹产量略有上升，主要林产工业产品增产，但效益下降。全年共生产木材 189.93 万立方米，毛竹 7953.4 万根，毛篙竹 559.4 万根，锯材 125.50 万立方米，木片 7.26 万立方米；生产胶合板 25.05 万立方米，纤维板 22.48 万立方米，刨花板 4.10 万立方米，木地板块 53.34 万平方米，人造板二次装饰加工板 1462.3 万平方米，热固性树脂装饰层压板 104.3 万平方米，刨切单板 0.44 万平方米；生产松香 6549 吨，松节油 919 吨，冰片 28 吨，栲胶 585 吨，活性炭 9573 吨。

主要林副产品普遍增产，效益增加。全省生产竹笋干（鲜笋折笋干）63 881 吨，板栗 17 904 吨，核桃 5873 吨，油桐籽 1572 吨，油茶籽 32 320 吨，乌桕籽 648 吨，棕片 2231 吨，松脂 8751 吨。与 1996 年相比，竹笋干、板栗、核桃、油桐籽、油茶籽、棕片、松脂分别增产 23.2%、8%、86.1%、9%、28%、10%、50.5%，乌桕籽减产 26.5%。

新建省级森林公园 2 处。至此，全省共有森林公园 47 处，经营面积 23.2 万公顷，其中国家级森林公园 12 处，经营面积 12 万公顷。全省森林公园接待国内外游客 811 万人次，其中境外游客 10.79 万人次，旅游经营收入 8636 万元。

森林资源保护管理　针对近年来古柳杉等古树名木大量遭受滥伐的实际情况，严格古树名木的采伐审批制度，基本制止了破坏古树名木的歪风。在全省推广开化县资源林政“源头”管理的试点经验，切实控制林木采伐消耗，收到了明显的效果。开展非农业建设用地清查和整顿工作，进一步完善了使用林地审核和补偿制度。制订了浙江省沿海国家特殊保护基干林带管理规定，已由省政府办公厅发文各地组织实施。加强木炭生产运输管理，严禁利用阔叶林资源烧炭，全省共清理炸毁炭窑 800 余只，停产整顿 50 余只，控制了阔叶林过量消耗的趋势。全省木检员和木材运输证签证员开始实行持证上岗制度，全省 1250 名木检员和 707 名签证员已全部经省林业厅培训合格，持证上岗。全省共调处山林纠纷 641 起，为计划的 214%，其中省际纠纷 35 起，市地际纠纷 529 起，落实争议面积 9.09 万公顷，台州市已率先成为无县（市）际山林纠纷积案的市。恢复了浙闽省际山林纠纷商谈制度。全省各地制止因山林纠纷引起的群众性械斗事件 18 起，促进了社会的稳定。森林防火坚持重在预防，做到预防、扑救两手抓，认真总结推广建德市森林防火综合治理试点经验，有 12 个县列入首期综合治理工程。全年全省共发生森林火灾 233 起，受害森林面积 1048 公顷，没有发生重大、特大森林火灾，森林火灾发生率为每 10 万公顷 4.41 次，森林火灾受害率为 0.186/1000，远低于省政府所要求的指标限额，森林防火工作取得了 10 年来的最好成绩。成立了浙江省重大森林案件督查领导小组，加大对大案、要案查处的督查力度，督办的案件 17 起，使大案要案发生数得到了有效控制。全省林业公安机关全年共受理各类森林案件 3797 起，查破 3745 起，查破率达到 98.6%，查处各类违法犯罪分子 5427 人，收缴木材 6563 立方米，挽回直接经济损失 793 万元。全省森林病虫害发生面积 64 133 公顷，发生率 1.21%，其中主要害虫马尾松毛虫发生面积降到历史最低点；防治面积 48 573 公顷，防治率达到 75.7%，其中生物防治面积比重明显上升，占防治面积的 21.06%；森林病虫害监测面积 1 934 993 公顷，监测覆盖率 93.6%；种苗产地检疫率 95.2%。森林病虫害防治工作“四率”指标超过林业部和省政府下达的目标要求。1997 年经省政府批准，又增设了 13 个临时检疫检查点，强化松材线虫病的检疫检查。组织开展全省森林资源二类调查，制订了《浙江省平原农区林带、“四旁”树木调查方法》、《浙江省森林资源规划设计调查技术操作细则》，1997 年安排的 24 个县（市）已全面铺开，大部分县已完成外业调查。第一次开展了湿地和沿海野生动物资

源调查，已发现浙江省新记录动物10种，并调查到将列为国家一级保护动物的黑嘴鸥2900多只。

林业改革 一是推进森林资源资产化管理。在总结试点经验的基础上，制订了《浙江省森林资源资产产权变动有关问题的实施意见（试行）》和《浙江省国有林场林木资产会计核算办法（试行）》，促进了资源资产化管理规范化。二是探索建立灵活的山地使用权流转机制，吸引社会各界投资林业搞开发，进一步拓展了多元化投资的渠道。省林业厅专门组织调查组进行调查研究，针对问题，提出对策，推动山地使用权合理流转。三是国有林场改革。根据林业部《关于国有林场深化改革和发展若干问题的决定》，结合浙江实际，提出贯彻意见，全面推进国有林场改革。对国有林场实行分类经营，部分林场确实以生态效益为主，不具备发展商品林的，划定为生态型林场，按事业性质管理；对非生态型林场，全面实行企业化管理。8月底又召开全省国有林场改革工作会议，进一步研究部署国有林场改革工作。6月份，省林业厅与省财政厅、农业厅、水产局联合召开全省农业企业和事业场财务工作会议，深化财务改革，改进和加强财务管理。通过深化改革和加强管理，不少林场已实现了减亏增盈的目标，增强了林场发展能力。全省109个国有林场亏损总额大幅度减少，由1996年的1047万元下降到1997年的560万元。四是林业企业改革。重点抓好省林业厅属企业的改革，与林业厅属企业签订新一轮减亏增盈责任状，建立每月一次的通报制度。省木材公司列入了省建立现代企业制度试点，已完成试点方案的编制工作，进入实施阶段。对条件较好的4家企业进行股份合作制改造，已有1家企业完成改造。对一些小企业则实行租赁经营。

科教兴林 全省林业系统认真开展“农业科技推广年”活动，送技术下乡；组织了林业专业人才现状及需求情况调查，为今后林业发展提供第一手材料；狠抓森林工业企业技术改造，共申报技改项目20个，总投资25 295万元，促进了森林工业企业产品结构调整和技术档次的提高；争取林业部安排森林工业多种经营贴息贷款2100万元，落实项目21个；贯彻落实《质量振兴纲要》，抓好林产品质量的监督管理，强化省林产品质量检验站质量监督作用，全省共质检441批次，比1996年增加164%，临安市列入省标准化示范县，雷竹笋、桃形李等林业标准化已通过审定；组织拍摄了科技兴林电视片2部，其中1部荣获该届电视片评比一等奖；取得了一批林业科技成果，有8个林业项目列入国家、林业部和省科研（推广）计划，有8项林业科技成果获林业部科技进步奖，13项获省科技进步奖。

精神文明建设 年初，在全省林业局局长会议上，专题研究部署了林业行业精神文明建设，提出了《浙江省林业行业精神建设意见》。对精神文明建设实行“第一把手”亲自抓、负总责和“一岗双责三同步”的责任制。省林业厅成立了林业行业精神文明建设指导小组，指导全省林业系统精神文明建设，并在调查研究的基础上，进一步提出当前林业行业精神文明建设要抓好“五大工程”（思想解放工程、职业道德修养工程、文明创建工程、智力开发工程、党风廉政建设工程）的要求，受到省级机关党委好评。继续深入开展公路“三乱”治理工作，防止“三乱”回潮。对全省木材检查站作了两次调整，现有木材检查站168个，布局进一步合理。对木材检查站、森林派出所等执法单位开展争创“文明窗口”活动，严格规范执法。

存在问题 一是绿化水平不高，平原绿化、城乡绿化仍然是浙江省林业的薄弱环节。二是森林资源保护难度大，乱砍滥伐林木、乱捕滥猎野生动物、乱批滥占林地现象时有发生，在个别地方还很严重；对松材线虫病的除治，在人力、物力、财力已尽最大努力，局部地方取得了较好除治效果，但从全省来看，发病面积和新疫点仍有蔓延扩大和增多之势，发病面积从上年的1.73万公顷增加到1997年的2.6万公顷，已成为浙江省林业的心腹之患。三是林业经营粗放，林地生产力和产业化水平低，单位面积蓄积量低，低产林面积很大，林产品深加工、多次加工增值还不够。受市场结构性疲软等因素影响，全省国有森工企业经济效益普遍滑坡，尤其是老森工企业，负担重，生产经营步履艰难。全省85家预算内国有林业（森林工业）企业亏损增加，达到2680万元，比1996年增亏1429万元。四是部分领导和群众法制观念和绿化意识、环境意识还比较淡薄。五是各地林业发展水平不平衡。特别是浙江省林业持续、稳定、协调发展的机制尚未形成，影响了可持续发展。

（卢苗海 吴三民）

【浙江省飞播造林】 浙江省飞播造林始于60年代初，涉及7个市（地）25个县（市）。37年来，全省已累计完成飞播造林有效作业面积24万公顷，成林面积15.51万公顷，占64%，取得了显著的生态效益、社会效益和经济效益。一是加快了荒山绿化步伐，通过飞播造林累计绿化荒山13.34万公顷，不仅节约了大量的人力、财力和物力，而且有力地促进了“灭荒”任务的完成，使浙江省于1994年顺利完成“灭荒”任务。二是治理了水土流失，改善了播区的生态环境。播区荒山面积大，普遍水土流失严重，飞播造林促进了水土保持，改变了水土流失严重状况。三是促进了山区经济发展，飞播区大部分属于贫困山区，农民收入低，集体积累微薄，有些几乎为零。通过飞播造林建立了大批薪材两用林和用材林，不但解决了农民群众的烧柴问题，而且促进了山区综合开发，增加了集体积累，使山区农民逐渐走上致富的道路。

总结飞播造林的经验，主要有4点：①严把播区设计关，提高作业成效。对播区设计做到因地制宜、科学合理，并以有效面积的比重为主要依据。②强化种子管理，确保种子质量。在采集收购、入库保管上制订了一套完整的措施，保证种子的质量。③落实管护措施，提高飞播成效。飞播当年即将播区列入省重点封山育林计划，并享受封山育林的优惠扶持政策，省与县、县与乡逐级签订封山育林合同，对管护的面积、时间、标准及要求都有明确的规定，做到管护机构及人员双到位。④多方筹措资金，保证必要的投入。全省已累计投入资金 2613.61 万元，其中中央投资 560.5 万，地方筹措 978.91 万元，群众集筹 1074.2 万元，使飞播造林顺利进行得到了强有力的保证。（卢苗海　吴三民）

【"农业科技推广年"活动】　1997 年是党中央、国务院确定的"农业科技推广年"。浙江省林业系统广泛发动，积极响应。全省林业系统共组织科技人员送技术下乡 15 956 人次，印发科技资料 227 050 份，培训人员 99 400 人次，分别为林业部下达浙江省计划的 4 倍、7.6 倍和 5 倍，全面超额完成任务，取得了良好的社会效益和经济效益。主要做法是：

1. 把开展"农业科技推广年"活动作为全年林业工作重点来抓。

2. 找准切入点，使活动与林业生产实际紧密结合。

3. 建立健全示范基地，发挥示范和辐射作用。全省已兴办各级领导科技兴林示范点 956 处，面积 14 667公顷，有力地促进了科技的推广。

4. 加大技术培训力度。培训方式灵活多样，有课堂上课、现场传授、专家讲座、广播专题培训、电视教学等等；培训内容根据各自不同的阶段特点、工作重点、生产难点、林农疑点、群众热点等来确定，深受农民群众的欢迎。

5. 做好宣传工作，营造"农业科技推广年"活动的舆论氛围。省林业厅除召开会议、印发文件进行宣传发动外，还利用报刊、简报信息等形式宣传报导全省"农业科技推广年"活动情况，并拍摄了 2 部科教片在省电视台播出，效果良好，其中 1 部被省评为一等奖。各市县充分利用各种宣传工具，以张贴标语、出黑板报、广播讲座、挂横幅、出动宣传车等形式进行大力宣传。（卢苗海　吴三民）

【浙江省花卉业】　浙江省花卉苗木产值以每年 20% 的速度递增，1997 年产值超 10 亿元，出口创汇 200 多万美元，花卉种植面积 9604 公顷。鲜切花生产从无到有，迅速发展，已有鲜切花生产基地 100 多个，面积 120 公顷，年产鲜切花 4500 多万支。1997 年全省鲜切花需求量达 2.1 亿支，比 1996 年增加 35%，其中 20% 产自本省，80%来自南方各省或进口。据杭州机场统计，空运抵杭的鲜花一年就达 320 吨。全省园林绿化苗木产量居全国首位，年产苗木 13 440 万株，出省苗木占全国苗木出省总量的 32%。浙派盆景全国闻名，已广泛进入群众家庭，年出口盆景达到 10 万多盆，销往欧美、日本、东南亚等数十个国家和地区。全省花卉流通网络已具规模，现有花卉营销企业 2216 家，其中花卉市场 86 家、花店 1990 家，从业人员近万人。花卉业作为一项朝阳产业日益显示出它诱人的前景。

近年来，浙江省林业部门把花卉业作为新的经济增长点，列为林业的支柱产业之一。1997 年，省林业厅在杭州建立了华东地区最大的室内花卉市场——浙江花卉市场，投资 1500 万元，占地面积 1.3 万平方米。同时，兴建浙江省花卉生产中心基地，目前投资 450 万元、面积 4 公顷的一期工程已投入生产和销售，并被列为全省首批农业龙头企业和林业部花卉生产示范基地。1997 年 11 月，省林业厅还与有关部门联合举办了第一届华东花卉博览会，有 13 个省（市）130 多家企业参展，花卉产品成交额 1000 多万元，参观人数达到 10 多万人次，有力地促进了浙江花卉业发展。

（卢苗海　吴三民）

【第 11 号台风使浙江省林业受损严重】　1997 年第 11 号台风于 8 月 18 日晚正面袭击浙江省。这次台风范围广、强度大、风力大、雨量大、水位高、潮位高，风、雨、潮三碰头，台风登陆时的 10 级风圈半径、中心气压、最大风力超过有记录以来的 1956 年在象山县登陆的"八一"特大台风。全省有 75 个县（市、区）受灾，受灾人口 2167 万人，直接经济损失 193 亿元。

第 11 号台风给浙江省林业造成的损失十分惨重。据统计，全省直接林业经济损失 16.95 亿元，其中国有林业企事业单位损失 2.5 亿元。多年来苦心经营、营造的沿海防护林基干林带被冲毁 297 千米，平原农田林带（林网）倒伏、折断、水淹 840 公顷，水毁苗圃 301 公顷、林木良种基地 290 公顷，冲毁山林 72 520 公顷，风倒毛竹 650 万株。国有林业企事业单位被台风刮倒房屋 1073 间 23 280 平方米，水毁公路 347 千米、防洪堤坝 130 米，码头 4 个，毁坏输电、通讯线路 218 千米，山体滑坡 500 多处，还有大量机器设备、基础设施、物资受淹、冲毁、冲失。

台风过后，在各级党委、政府的领导下，全省林业系统迅速行动起来投入抗灾救灾工作。省林业厅立即组织了 3 个救灾工作组分赴受灾地区指导恢复林业生产。（卢苗海　吴三民）

【温州市六大绿色工程】　为进一步推进绿化工作，1997 年温州市市委、市政府决定建设六大绿色工程：一是国道绿色长廊工程。继续治理"青山白化"现象，狠抓坟山绿化；搞好国道、省道、县道的公路绿化，大幅度提高交通干线绿化率。二是沿海绿色长城工程。健全完善农田林网体系，沿海防护林基干林带全线合拢。三是城镇绿色形象工程。按照建设现代生态城市的标准，加快城区绿化和建制镇绿化，老城区绿化覆盖率达到 25%，新城区达到 30%。四是山区绿色致富工程。开发山地资源，发展山区经济林和竹林，充分发展森林食品作物。五是庭园绿色美化工程。各单位、住宅区、庭院通过植树、栽绿篱、铺草坪、种花木来实现绿化、美化、香化的目的。六是森林绿色旅游工程。以建设森林公园为重点，开发森林旅游资源，丰富群众生活休闲，提高群众生活素质。

六大绿色工程建设进展顺利。1997年度新造各类经济林基地6220公顷，完成国道两侧坟山绿化150多公顷；公路干线都已种上树；营造海防林和农田林网长1198千米，计425公顷，沿海防护林基干林带已基本合拢；铺设草坪69.52万平方米，栽绿篱16.62万米，栽花37万盆，植树551.3万株；1997年有11个镇加入到“省级绿色小城镇”行列，占全省年度总数的三分之一，是温州市历年总数的220%。 （林文华）

【台州市加强林地管理】 1997年，台州市林地管理工作取得了积极进展，全市9个县（市、区）齐头并进，成绩可喜。共办理征占用林地审核手续406起，面积122.3公顷。其中永久68起，面积69公顷；临时338起，面积53.3公顷。收缴森林植被恢复费55万元，征占用林地资源保护费19万元。征占用林地审核率达96.6%，规费收缴率达98.6%。林地管理工作开始走上法制化、正常化的轨道。主要做法是：

1. 建立网络，健全队伍。从市到县（市、区）都确定了林地专管人员，多数乡（镇）林业工作站也有林地专管员或兼管员。全市从事林地管理工作人员有120余人。

2. 多方配合，齐抓共管。积极与土地管理、公安、水利、民政、矿山管理等部门联系和沟通，取得支持和配合。

3. 抓重点、攻难点。一是抓规模大、影响广的重点工程。采取多向政府领导汇报，反复向工程指挥部宣传并做好思想工作的方法，达到共识，使全市的重点工程项目顺利办理了审批手续。同时，对不及时办理征占用林地手续的单位和个人，采取发限期办理通知书的形式，对逾期拒不办理手续的“钉子户”，依法予以严肃处理。二是抓后进。对工作落后的地方，重点进行指导、督促、检查，帮助协调处理具体问题，促进了全市林地管理工作平衡发展。

1997年，台州市玉环县和黄岩区人大常委会还组织了林地管理执法大检查，有力地促进了林地管理工作。 （台州市林业局）

【东阳市山区综合开发】 东阳市是浙江省48个林区县（市）之一，全市林业用地面积达12.31万公顷，占土地总面积的70.6%。进入“九五”时期以来，积极抓好山区综合开发，1997年一年全市就完成开发造林635公顷，其中营造银杏、食用笋竹、板栗等名特优新经济果木林320公顷，有力地促进了山区经济发展。主要做法是：

1. 深入调研，明确思路。在深入山区乡村认真搞调查研究、掌握山区资源状况、总结经验教训的基础上，1997年2月，市委、市政府下发了《关于加快山区综合开发的若干意见》，提出了山区综合开发的指导思想和“九五”期间的开发目标。9月，市委办公室又制订了《关于加强扶贫工作和加快山区开发的若干意见》，把扶贫与山区开发紧密结合起来，发动全社会力量支援山区开发，组织开展“百家扶百村”活动，在全市挑选了100家经济实力较强的企事业单位和机关与100家山区贫困村结对帮扶脱贫开发，不脱贫不脱钩。

2. 建立组织，加强领导。从市里到各镇（乡）都设立了山区综合开发领导小组和实施小组，具体研究、解决、指导山区综合开发中的各种问题，加强领导，使山区综合开发工作稳步健康发展。

3. 政策优惠，加大投入。市政府规定，“九五”期间，全市集中300多万元资金用于山区综合开发。市财政和市农发基金每年各划拨30万元资金，重点补助山区综合开发示范基地建设；每年各划拨10万元资金专项用于山区综合开发农业龙头企业贷款的贴息。市财政每年还划拨15万元资金，专门用于补贴全市251个山区村党支部书记和村主任的误工报酬。100家扶贫单位每年无偿出资2万元以上，帮助结对贫困村搞好山区开发项目建设。

4. 形式多种，不拘一格。积极鼓励多种经济成分参与开发。主要开发形式有农户连片联户开发、大户承包开发、企事业单位租赁山场开发、技术入股开发等等。

5. 因地制宜，科学规划。通过详实的调查、规划论证，确定香榧、毛竹、食用笋竹、银杏、猕猴桃等为山区综合开发的主栽品种，每个山区镇（乡）确定2个主栽品种，在“九五”期间使山区综合开发项目形成生产基地化、经营集约化、管理科学化的格局。

6. 普及科技，示范引路。紧紧依靠科技进步，普及推广林业实用技术，提高经营管理水平，使山区综合开发走高起点、高标准、高效益的路子。一是在浙江林学院举办东阳林业大专函授班，使绝大多数林业技术人员普遍达到大专以上文化程度。二是编印林业技术资料，广泛开展林业科学宣传。三是进山办班，培训农民技术骨干。四是建立领导科技示范基地，1997年共建立各级领导科技示范基地12个，面积89公顷，起到很好的示范和辐射作用。

7. 抽查考核，严格奖惩。建立了山区综合开发考核评比制度，把扶贫和山区开发列为考核山区镇（乡）工作及领导政绩的主要依据，把结对扶贫开发列为部门和企事业单位评比先进的一项重要内容。

（东阳市林业局）

【上虞市优高农业专业（示范）村】 1997年，上虞市认真贯彻落实全省山区开发暨扶贫工作会议精神，根据本地资源优势，在全市开发建设50个优高农业专业

（示范）村。经过一年的努力，已完成开发面积850公顷，其中连片种养面积为828公顷，占总数的98%。初步形成了区域化布局，专业化生产，一体化经营的格局，促进了优高农业生产经营责任制的规范落实，实现了强村富民。全市50个专业（示范）村中有3个村建立了股份合作制林场，面积46公顷；6个村实行村户联营，面积84.3公顷；14个村集体经营，面积258公顷；27个村实行专业承包经营，面积462公顷。

主要做法是：

1. 加强领导。上虞市市委、市政府把抓好优高农业专业村建设作为培育农村经济新增长点 的重要措施来抓，专门成立了优高农业专业（示范）村建设领导小组，下设办公室，落实工作人员，具体负责此项工作。建立了市九套领导班子挂钩联系专业村制度，每位领导联系2个专业村。市级35个部门也落实了挂钩联系专业村，各乡（镇）也都建立了组织。

2. 加大宣传力度。各新闻单位采取多种形式，广泛宣传、跟踪报道专业（示范）村的建设动态。通过宣传，进一步统一干部群众的思想认识，变“要我开发”为“我要开发”，改“两手向上要钱”为“向内挖掘潜力，自力更生搞开发”。

3. 制定优惠政策。为了切实建设好专业（示范）村，市委连续发了两个文件，对专业（示范）村必备条件、建设标准、技术要求、加强领导、扶持政策、责任制等都作了明确规定。市政府安排500万元资金，市农业银行、农业发展银行、市信用联社安排总额500万元信贷资金，专项用于专业（示范）村建设。市级35个部门实行对口扶持，跟踪服务，并落实帮扶责任制，累计扶持资金102万元。作为建设主体的乡（镇）、村、农户累计投入资金达400余万元，投工达10万工。

（方少华）

【'97中国竹文化节】 由林业部、浙江省人民政府联合主办的'97中国竹文化节于9月8～10日在中国竹乡——安吉县隆重举行。这次竹文化紧紧围绕“隆重、节约、安全、实效”的原则，突出“弘扬竹文化、开发竹产业、发展竹经济、提高知名度，让中国竹乡走向世界”这一主题。林业部副部长祝光耀，林业部党组成员、中国林业科学研究院院长江泽慧，浙江省委常委、副省长刘锡荣，省政协副主席汪希萱，省林业厅厅长程渭山等领导出席了开幕式；国务院副总理姜春云、全国人大常委会副委员长陈慕华、林业部部长陈耀邦、浙江省省委书记李泽民分别为文化节题词祝贺。600多位国内外专家、学者、企业家、知名人士、新闻界朋友参加了竹文化节活动，数万名群众参与参观了竹文化节的盛况。

以举办竹文化节为契机，广泛开展经贸和招商引资活动。安排洽谈项目68个，涉及建筑材料、医药用品、房地产开发、旅游开发等多个门类，共签订合资合作项目8项，总投资9163万元；签订贸易合同8项，贸易成交额2070万元。

竹文化节期间，围绕竹资源的开发利用，举办了大型的竹产品成果展；围绕宣传竹文化，举办了大型书画展、摄影展，先后征集到国内外知名书画家作品60幅、摄影作品373幅；编辑出版了《吴昌硕故里书画作品集》；发行了'97毛竹小型张邮票图案金银箔邮品珍藏册。同时，还分别召开了国际竹子开发利用研讨会、全国竹子现场经验交流会、10个竹子之乡联谊会和全国竹协二次会议。

（卢苗海　吴三民）

【江山市山地使用权流转机制】 江山市是浙江省48个林区县（市）之一。近年来，随着山区综合开发的发展，江山市从现实生产力出发，在稳定林业生产责任制的基础上，遵循市场经济规律，积极探索，不断完善，推进山地使用权流转机制改革，取得明显的成效。全市已有26个乡（镇）189个行政村的1320公顷山地实行了流转。其中1997年冬季就有64个企事业单位和部门参与投资开发，面积278公顷。通过山地使用权流转，不仅壮大了农村集体经济，而且推动了多元化投资林业开发的趋势，促进了林业开发规模经营、集约经营。

主要的体会和做法是：

1. 面向全社会搞活山地使用权流转机制。参与山地开发的对象，不受行政区域、行业、身份、国籍的限制，均可依法取得山地使用权并一视同仁享受有关优惠政策；在使用期限内，允许经营者选择各种不同形式流转使用权，并保障其合法的经营活动和正当收益。为了让开发者有长期行为，山地使用权期限一般在20年以上，最长可达50年。

2. 坚持群众自愿，尊重农民的自主选择；坚持家庭联产承包责任制和林业生产责任制不动摇，以保持党在农村基本政策的稳定性和连续性。

3. 按照所有权与使用权相分离的原则，逐步形成了拍卖、承包、租赁、联合开发、股份合作等5种流转形式。①拍卖。集体所有的疏林山、荒山荒地，其山地使用权均可拍卖。期限30年以上，一般统一规划定项目，大的配套设施如机耕路、主水渠、电力线路等由集体负责。②承包。一般适用于立地条件好、管理方便的山地或林地。承包这种经营形式特别适宜于经济实力不强的农户或经济总量不大的工商户，主要原因是承包方式较灵活，措施较优惠，偿付承包金时间长，且在承包起始期（最初3～5年）可免交或少交承包金，有些承包者还可依约以所产实物抵作承包金。③租赁。租期一般都在20年以上，租赁经营者大多为机关、企事业单位人员及外地人，因为批租者与承租者的责权利较为明确，后顾之忧较少。④联合开发。既有村与村、户与户的联合开发，又有单位与集体、单位与个人的联合开发。⑤股份合作。实行土地、劳力、资金、技术等量化入股，按股分红。股份合作多为村集体以统管山的使用权入股开发，也有村民以责任山、自留山作股投入开发的。

4. 加强山地使用权流转的管理和服务。坚持从实际出发，条件成熟的，不失时机搞活流转，条件不成熟不硬性发展。不管实施哪种流转形式，也不管在流转的哪个阶段，都注意做好管理和服务，使其转而有序，活而不乱。（卢苗海　吴三民）

【衢州木材工业总公司】 衢州木材工业总公司是浙西地区最大的国有人造板生产经营企业，现有职工1200余人，资产总额9460万元，下属20个厂（公司）。近年来，总公司紧紧依靠科技进步，加快产品结构调整，狠抓内部管理，取得了较好的经济效益。1997年实现工业总产值5260万元（1990年不变价）、销售收入6455万元、税利480万元，与1995年相比分别增长了134.04%、107.41%、198.51%，企业步入了良性循环发展轨道，使原来的特困企业一跃成为衢州市的先进企业。1995年荣获浙江省技术进步优秀企业称号；1996年被林业部确定为“九五”期间林业产业建设与技术进步先进单位，并荣获衢州市人民政府四个“市长特别奖”；1997年荣获浙江省“重合同、守信用”企业。

狠抓技术改造 总公司在经过慎重的市场调研后，果断决定进行技术改造，调整产品结构，转变经济增长方式。于1995年投资1800万元新上一条1.5万立方米中密度纤维板生产线。在项目整个建设过程中，不等不靠不要，依靠职工群众艰苦创业，在资金筹措、项目审批、设备引进、安装调试等各方面超常规办事，严格按经济规律运作，终于使按计划要3年才能完成的项目，仅用10个月就建成投产，实现了“当年投入当年产出”的目标。在此基础上，1997年10月人造板二次加工技改项目一期工程——4′×8′装饰生产线又竣工投产，该项目仅用4个月时间。

实施“抓大放小”策略 “抓大”也就是根据企业的发展战略和市场竞争的要求，抓住“四板”即：中密度纤维板、纤维板、装饰板和模板，在资金、技术、人力上予以扶持，使之发展壮大成为企业的创税利大户。“放小”即把规模小、市场风险大、效益差、占用资金多、市场前景暗淡的木材公司、煤球厂等6家纯流通、辅助性经营经济实体，采用风险抵押承包、经济责任承包等形式进行改组、改造，彻底放开搞活。“抓大放小”的实施，改变了企业固有的“大而全”、“小而全”的顽疾，改变了资源配置方式，优化了经营结构。

推进成本管理 学习推广应用邯钢经验，全面引入市场竞争机制，对胶、原料柴、化工五金原料、汽等全部实行买卖方式，促使各厂（公司）自己去适应市场，把市场的要求换算成为自己的目标。

坚持以质取胜 从原料到产成品，实施全过程质量监督控制。各厂（公司）成立了以厂长、技术人员、质管人员、生产骨干为主的全面质量管理小组，利用副班会、质量分析会、劳动竞赛等开展全面质量管理教育，提高全员质量意识。同时，加强现场管理，建立较完善的岗位原始记录，针对影响质量的难点进行技术攻关。

重视营销管理 一方面坚持面向市场，坚决贯彻落实“以销定产、产销平衡”方针，经营目标由重生产转向重营销、追求效益，产销率达99.25%。另一方面，强化经营业务谁主管、谁经营、谁负责的债权制度。同时，加强销售队伍建设，对销售人员进行经济合同法培训、业务技能培训等，建立起了一支较高素质的销售队伍。

强化财务管理 对资金进行集中管理、调度，企业内部模拟银行资金管理手段实行资金统一结算、调度；严格财务审批制度，实行一支笔签字；总公司计财科集中统一管理全公司的主办会计，每月召开一次会计报表互审例会，杜绝各种违反财务制度现象；建立废旧物资回收公司，集中统一管理全公司的废旧物资；成立核价小组，变传统生产过程的财务控制为向两头延伸到采购、销售进行系统的控制，把住原料进口关、产品销售关，堵住财务资金使用过程中的漏洞。

（衢州市木材工业总公司）

【安吉县天荒坪镇林业工作站】 安吉县天荒坪镇林业工作站成立于1988年9月。几年来，该站坚持科技进步，强化社会化服务，立足竹林生产，积极发展第二、第三产业，促进了全镇林业产业化、规模化进程。1995年被省林业厅授予标准化先进林业工作站称号。

该站坚持“科技是第一生产力”的方针，积极推广应用科技成果和适用技术。先后和中国林科院亚林所、省林科所等科研单位协作，在改造毛竹低产林中推广竹伐桩施肥先进方法，获得国家科委科技成果奖，列入1991年国家科委科技成果公报；还实施了天荒镇毛竹资源综合开发星火计划项目，建立示范林107公顷，通过6年努力毛竹蓄积量从740万株增加到980万株，该课题获省科技进步二等奖、湖州市星火集体奖和技术推广奖。在该站的示范指导下，6年间全镇共培育毛竹丰产笋用、笋竹两用林634公顷，产值净增200多万元。

该站在认真为林农搞活服务的同时，积极发展多种经营，壮大自身实力。先后创办了10家经营实体，其中：林场5个，林产品经销部2个，茶种园1个，白茶基地1个，招待所1个。5个林场以经营毛竹林为主，先后承包竹农低产毛竹林420.6公顷，涉及到10个行政村20多个生产组800多户农户，承包期为20年。承包后的毛竹林经过培育、改造，毛竹立竹数由原来的每公顷2160支，增加到现在的每公顷3600支，平均眉围由原来的23厘米增加到27厘米，毛竹产量增加50万千克，毛笋增加20万千克，总产值由原来的140万元提高到280万元。经销部积极帮助农户拓宽竹木及茶叶、笋叶等土特产的销售渠道，不仅带动了地方经济的发展，给山区农民带来了实惠，同时创造良好的经济效益。

该站现拥有固定资产120万元，房产面积2000平方米，有固定职工37名，1997年实现利税近百万元，职工人均年收入上万元，成为全省闻名的富裕站。

（杨永年）

【浙江省1997年林业大事】

1. 1月17～21日，全省林业局局长会议召开，首次系统研究了林业产业发展问题，并部署1997年林业工作。

2. 1月19日，林业部授予海宁、余杭、平湖、海盐、玉环、宁波镇海等6县（市、区）全国沿海防护林体系建设先进单位称号。

3. 2月21日，林业部授予余姚、温岭、临海、宁波江北等4市（区）全国平原绿化先进单位称号。

4. 由省林业厅、团省委等4家单位发起的金温铁路青年绿化工程全面启动，当年完成第一期工程。

5. 3月13日，雁荡山、双龙洞、溪口、九龙山、天童6个森林公园升格为国家级森林公园，其隶属关系和经营范围不变。

6. 5月14日，省林业厅、公安厅、监察厅、人民检察院和省高级人民法院联合成立了浙江省重大森林案件督查领导小组，加大督查力度。

7. 6月18日，省政府办公厅转发了省林业厅《关于开展高标准平原绿化建设意见》，全面推进高标准平原绿化。

8. 8月29日、30日，省政府召开全省国有农林渔场改革工作会议，并印发了《关于加快国有农林渔场改革与发展若干政策意见的通知》。

9. 10月18日，浙江华东木材市场在东阳市开业，林业部部长陈耀邦为市场题写匾额，省林业厅厅长程渭山出席开业仪式并致词。

10. 10月31日，省政府召开首次全省森林防火、森林病虫害防治和山林纠纷调处工作电视电话会议。省委常委、副省长刘锡荣作了工作报告。

（浙江省林业厅）

安徽省林业

【概　述】

发展与成就

营林生产　1997年，全省完成人工造林8.69万公顷，是计划的130.4%。其中用材林3.51万公顷，经济林4.22万公顷，防护林8090公顷，特种用途林1480公顷。林业重点工程建设中，完成国家项目造林1.15万公顷，“长防林”工程造林4470公顷，淮河防护林工程造林3350公顷，治沙工程造林1030公顷。全省“四旁”植树2.21亿株；迹地更新4169.3公顷；低产林改造1.69万公顷；幼林抚育33.75万公顷，作业面积71.75万公顷次；成林抚育32.60万公顷；封山育林33.51万公顷，其中当年新封3.59万公顷；还完成育苗6150公顷（其中当年新育4340公顷），容器育苗1108.6袋，采集林木种子50.58万千克，主要造林树种种子合格率90%以上，高于国家平均水平8个百分点；1997年经济林育苗比重占52%，比1996年提高6.4个百分点，并注重突出银杏育苗416公顷，建立百亩以上银杏育苗基地7处（六安二十铺、舒城干镇、明光泊岗、五河八叉、长丰曹菴、阜南城郊、濉溪朱集）。当年秋季，省林业厅组织40余名技术人员对16个地（市）、85个县（市、区）171个乡（镇）351个行政村的1690个小班核查：全省人工造林面积核实率达99.6%，有13个地（市）达100%；人工造林面积合格率99.8%，有13个地（市）达100%；人工造林平均成活率93.4%；全省新造幼林抚育率97.4%，有12个地（市）幼林抚育率超过全省平均水平。另外，现有林培育间伐完成41.98万公顷，占计划的122.3%，培育间伐合格率达99.9%。

1997年，平原绿化又有合肥、滁州、巢湖3个地（市）和肥东、肥西、长丰、定远、凤阳、明光、含山、和县、巢湖9县（市）通过省级验收上报国家批准，至此，全省共有14个地（市）65个县（市、区）全部实现部颁平原绿化标准。

森林工业　1997年，全省生产木材269.51万立方米，森林采伐面积3.67万公顷，其中国有林场生产木材30.53万立方米，采伐面积3471公顷，乡村林场生产木材20.15万立方米。木材生产中，低产林改造出材27.84万立方米，中幼林抚育出材29.99万立方米。全省生产毛竹2768.9万根，篙竹1124.7万根。森林工业系统全年收购木材32.48万立方米，完成销售32.90万立方米，收购竹材152万根，销售149.6万根。生产锯材3.93万立方米。生产木片6700立方米。生产人造板10.06万立方米，其中，胶合板1.11万立方米，上升24.7%；纤维板4.52万立方米，上升4倍多；刨花板4.43万立方米，上升32.6%。生产松香2272吨，松节油135吨，均大幅度上升。还生产地板块4.26万立方米，二次加工装饰板198.44万平方米。

林副产品产量　1997年，全省林副产品成倍增加的是油茶籽8402吨，近2倍；松脂9487吨，超过2.5倍；山核桃3868吨，超过2.8倍；条类529 358吨，超过2.6倍。其余油桐籽2643吨，上升31.4%；乌桕籽1656吨，上升32.6%；板栗28 294吨，上升66.6%；

棕片1181吨，上升60.9%；栓皮281吨，上升4.1%；核桃117吨，上升20.60%；元杂竹127 947吨，上升38.2%；杂木棍22 486万根，上升39.7%；香菇1505吨，上升15.5%；木耳934吨，上升0.6%；五倍子17吨，上升70.0%；生漆130吨，上升75.7%；香榧136吨，上升51.1%；搪材67 711吨，上升22.6%；木本燃料6 303 834吨，银杏519吨，上升7.5%。产量下降的是青檀皮3578吨，下降2.3%；竹笋干6534吨，下降6.4%；香椿头2359吨，下降61.8%。

林业产值 1997年，全省林业社会总产值按现价计算56.28亿元，其中营林产值12.30亿元，林产品产值27.20亿元，林木采伐产值16.78亿元。林业系统实现总产值11.09亿元，增62.8%，其中农业产值2.24亿元，增长19.8%，工业产值4.94亿元，增长28.3%，商业产值3.91亿元，增长7倍。林业系统内的森林旅游业收入达到1780万元，是1996年的3倍多。

林业资金 1997年，林业建设资金实际投入21 191万元，资金到位率96.8%，其中预算内资金835万元，银行贷款5335万元；利用外资2562万元，自筹资金3707万元，事业费6536万元，农业综合开发、以工代赈资金等1256万元，扶贫和其他资金960万元。

森林保护 1997年，全年发生森林火灾16次，受害森林面积173公顷，烧死幼树25.11万株，损失成林蓄积506立方米，森林火灾受害率0.039/1000，分别比1996年下降80.3%、76.4%、55.2%、97.4%和84%。全年参加森林扑火人数17 825人，无伤亡，全年投入森林防火资金3.12万元。

在防治森林病虫害方面，全省森林病虫害发生面积31.05万公顷，发生率10.1%，比1996年下降0.33个百分点；其中虫害发生面积23.84万公顷，病害发生面积7.21万公顷，防治面积20.61万公顷，防治率66.4%，比1996年提高0.6个百分点；病虫害监测覆盖率66.5%，比1996年提高0.5个百分点；全年检疫种子320吨，苗木3410万株，苗木产地检疫率89%，比1996年提高1个百分点，还检疫木材410万立方米，竹材2100万根。1997年，危险性病害松材线虫害在1996年大力除治基础上，继续不放松治理，收到明显效果：一是调查测报，先后2次抽调950人次，采集样品1200份，普查松林133.33万公顷，基本掌握松材线虫病疫情范围。二是实施封锁除治计划，皆伐发病松林922.67公顷，超前皆伐松林898.6公顷，清理病死树1.16万公顷次，烧毁病死树29 882株，除害处理病材11 105立方米，烧毁、药物处理伐根97.56万个。三是疫情得到控制，扑灭2个疫情发生区、4个疫情发生点，发病面积降到3680公顷，比1996年减少466.67公顷，病死树降到8.3万株，比1996年减少5万株，未出现新的疫情发生区。

在防止乱砍滥伐林木保护森林资源方面，全年开展了三次严打整治行动，集中打击破坏森林和野生动植物资源的犯罪分子。全年受理各类森林案件3238起，查处3183起，查处率98.3%，其中破获刑事案件62起，查处治安案件384起，林业行政案件2737起；共处罚各类人员5652人，其中逮捕58人，劳教8人，治安拘留253人，警告93人，治安罚款343人，林业行政罚款3313人，其他处罚1584人，还收缴木材4540立方米，收缴放归自然野生动物4.14万只(头)，为国家挽回直接经济损失445.1万元。

林业公安在保护森林资源的严打斗争中立功受奖，有1名获全国优秀人民警察称号，1名获全国林业公安系统优秀人民警察称号，1名立个人一等功，5名立个人二等功，4名立个人三等功，2个单位荣获集体二等功，4个单位荣获集体三等功，32个单位受到嘉奖。

林业科技 1997年是全省“农业科技推广年”，在全省较大范围推广10项林业适用技术。大力开展科技推广与林业生产相结合，围绕林业七亿元工程、银杏育苗示范工程、世界银行造林工程、“长防林”项目工程等增加科技含量，采用种条、截根、芽苗移栽等育苗造林实用技术，使重点项目工程良种使用率达到95%以上，造林质量提高，平均成活率在98%以上。1997年，全省科研推广承担课题22项，其中国家攻关课题1项，部（省）课题16项；13篇林业行业论文，有9篇获安徽省自然科学优秀论文奖，省林学会荣获“明星学会”称号。

改革与林政实施

绿化达标大决战 1997年是“八年绿化安徽”最后一年，全省采取多项措施，确保实现安徽全面绿化的庄严承诺兑现。一是领导带动：年初省级领导纷纷上示范点调研、指导工作，以点带面，推动全盘；省、地、县三级六大班子领导纷纷组织和参加绿化攻坚活动，先后召开绿化达标决战动员电视电话会，造林绿化现场会、林业局长会、督查验收会、分工负责带动绿化达标顺利开展。二是舆论发动：围绕绿化达标决战，全省各级新闻单位运用报刊、电视、广播组织宣传，仅安徽日报、省电视台、省广播电台在植树节期间播发林业绿化新闻即达200多条。省地县全年宣传林业的新闻逾15 000篇（条幅），形成决战声势。三是重点推动：集中人财物力向江淮丘陵区和部门绿化的薄弱环节倾斜，突出绿化达标的重点和难点，推动13个丘陵县（市、区）和12条高等级公路、铁路沿线的绿化，并组织追踪检查推动。四是举报促动：制定《安徽省绿化举报办法》，向全省公布，并印发5000份在城乡张贴，把绿化达标置于全省人民监督之下。1997年，全省林业用地绿化率96%，道路绿化率91.9%，省辖市城区绿化覆盖率30.7%，县城区绿化覆盖率26.4%，村庄绿化覆盖率49.9%，江河渠道绿化覆盖率91.5%，农田林网建网率85%。和8年前相比，林业用地绿化率提高33.3个百分点，农田林网建网率提高31.2个百分

点，公路绿化覆盖率提高23.4个百分点，江河渠道绿化覆盖率提高25.3个百分点，省辖市城区、县城区绿化覆盖率也分别提高4.7和8.2个百分点，村庄绿化覆盖率提高4.9个百分点，安徽人民终于圆了绿化梦。

采伐监督检查　1997年，抽查了灵璧、涡阳、五河、明光、霍山、舒城、和县、桐城、潜山、南陵、青阳、泾县、宣州、黟县和黄山15个县（市、区）的45个乡（镇）、30个乡村林场、12个国有林场、135个行政村、1350个农户及城镇居民、饮食服务单位，结果表明：林木凭证采伐率提高，林木消耗总量下降，限额消耗占年森林采伐限额的92.5%。

林地管理　重点督查六安、霍邱、萧县、含山、东至等县（市）5起违法占用林地事件，涉及被占林地364.9公顷，挽回经济损失400多万元，仅东至县拓宽国道征占用林地协议补偿经费151万元。对违法征占用林地的处理促进了全省林地管理工作，全省办理征占用林地审核起数显著增加，一些县审核率已达100%，违法占用林地势头得到遏制。

林业法规　1997年，先后修订、制定和颁发了《安徽省绿化达标奖惩办法》及其补充规定、《安徽省人民政府关于加强狩猎管理的通告》、《安徽省林木采伐管理情况检查办法》、《安徽省木竹运输管理监督办法》、《安徽省林木良种审定暂行办法》、《安徽省森林防火考核奖励暂行办法》、《安徽省"兴林灭螺"造林管理暂行办法》、《安徽省林业新闻宣传奖励办法》、《安徽省标准化木竹检查站验收办法》、《安徽省绿化举报办法》、《安徽省林业公安派出所实施规范化建设意见》等10多部林业规章。

经济林建设评选活动　为确保到2000年建成100万公顷经济林基地目标的实现，1997年全省推出经济林基地建设先进单位评选活动。评选以林业二次创业中有经济林基地建设任务的乡（镇）及国有林场、苗圃为单位，符合三项条件即可参加角逐：基地面积大、造林质量好、经营水平高、树种经济价值高、起到示范作用；经济林成为乡（镇）经济支柱，其产品和开发收入占乡（镇）农民人均纯收入30%以上；国有林场近2年经济发展面积不低于30%、林产品收入占职工人均年收入20%以上，苗圃近2年经济林苗木培育在10公顷以上，收入占职工年收入30%以上。

创建文明森林公园　1997年起，在全省开展创建文明森林公园活动。创建内容包括贯彻执行林业方针政策、加强职工教育、健全规章制度和经营管理、环境设施建设等，对不重视森林公园建设的，令其限期改正，否则，降级、撤园，确保森林公园建设质量和良好形象。

扬子鳄研究开发　1997年，采取引进自动温控系统，增加饲料品种和组织技术干部充实生产第一线等措施，使扬子鳄产蛋量和幼鳄成活率明显提高，全年产蛋135窝共3629枚（其中受精卵2849枚），孵出幼鳄2405条，比1996年翻了一番，目前，扬子鳄总数已达7000条，具备年产2500条鳄的繁育能力，种群初具规模。与此同时，野生鳄的保护也取得成效，1997年野生鳄产蛋2窝60枚，孵出幼鳄25条，野生鳄总数已达700条。扬子鳄开发利用又出现新突破：鳄皮制革试验获得成功，鳄肉干小批量试销，肉、骨、脂肪的药用价值初步研究，还开展国内有偿调拨扬子鳄42条，收入24.5万元，向国外出口25条，收入1.06万美元，向北京爱犬乐园出租50条，收入3万元。

存在问题　营林中较突出的是一些地方重造轻管，新造林抚育不及时，有4个地（市）没有完成任务，还有的地方经济林种苗质量差，造林品种单一。资源保护管理虽然加强，但仍发生盗伐林木案件27起，其中特别重大案件1起。此外，森林公园和自然保护区权益也不断受到侵害。（安徽省林业厅）

【省委、省政府表彰造林绿化先进】　安徽省"五年消灭荒山、八年绿化安徽"的"五八"造林绿化规划自1990年起实施，到1997年顺利完成，省委、省政府作出决定，对造林绿化中作出显著成绩的先进单位、先进个人和"十佳标兵"给予表彰。

"五八"造林绿化先进集体（100个）　合肥市郊区大圩乡人民政府、肥东县石圹镇人民政府、长丰县三和乡人民政府、肥西县严店乡人民政府，芜湖市园林管理处、繁昌县林业局、南陵县人民政府、芜湖县林业局，蚌埠市农林局、市园林管理处、五河县人民政府、固镇县人民政府，淮南市园林管理处、市煤电总公司、矿务局农工商公司，马鞍山钢铁总公司厂容绿化公司、向山区人民政府、市公路管理局、当涂县人民政府，淮北市农林局、杜集区农林水利局、皖北矿务局刘桥一矿、濉溪县人民政府，铜陵市建设委员会、郊区人民政府、铜陵县林业局，安庆市人民政府机关大院、市林业局、市园林管理处、市第二中学、市公路局、石油化工总厂、市郊区长江河道管理局、潜山县人民政府、岳西县主薄镇余畈村、太湖县寺前镇人民政府，黄山市园林管理处、市公路管理局、中共黄山区委办公室、市徽州区富溪乡人民政府、黟县公路站、祁门县林业局、歙县妇女联合会、岔口镇人民政府、休宁县南圹乡林业工作站，滁州市建设委员会、市林业局、南谯区人民政府、天长市人民政府、全椒县人民政府、来安县人民政府，阜阳市林业局、市师范学校、阜南县人民政府、亳州市人民政府、颍上县人民政府、利辛县人民政府、涡阳县人民政府、太和县人民政府、蒙城县人民政府，宿州市人民政府、蚌埠铁路分局宿县工务段、灵璧县朝阳镇人民政府、砀山县薛楼苗圃、泗县林业局、萧县永堌镇人民政府、共青团砀山县委员会，六安市西河口乡人民政府、霍山县诸佛庵镇人民政府、金寨县林业局、霍邱县孙岗乡人民政府、舒城县城冲乡人民政府、寿县林业局，宣州市林业局、宣城地区林业局、宁国市林业局、广德县暂节镇人民政府、泾县童疃乡林业工作站、绩溪县林业局、旌德县庙首镇人民政府，巢湖市园林管理处、庐江县人民政府、含山县铜闸镇人民政府、无为县鹤毛乡人民政府，贵池市林业局、青阳县人民政府、东至县林业局、石台县贡溪乡高宝村，省水利厅水管处，省经贸委办公室，省建设厅办公室，安徽农业大学，省大圹圩农场，安徽城市建设学校，武警安徽省总队第五支队，稻香楼宾馆，安徽日报经济部，省驷马山引江工程管理处，省委宣传部社会宣传处，省军区民兵装备仓库。

“五八”造林绿化先进个人（99名） 辛开群、刘光品、梁之本、桂治富、黄金水、王根木、周时林、王长新、葛继国、马纪忠、陈玉古、刘绍权、张吾威、范明、张厚亮、陶华虎、李艾军、宋义生、张保平、李祥忠、牛传仪、阮德金、周璋根、孙云林、王其林、桂家友、陈志先、章坤美、杨代忠、祝思民、谢自山、孙武、黄达有、吴汝姣、张家洪、胡在坤、吴洪明、金世雄、汪宗衿、程金美、曹宽、董献民、李忠业、朱家舜、陈力生、陈肇业、何有祥、王安庆、韩福义、汤玲、徐立尧、孟凡义、张赞鹏、陈相明、刘峰、郭振华、吕金鼎、张利军、吴汝麒、付振英、刘惠民、刘庆彬、吴信英、余茂林、班勇、王新林、江玉芝、朱读胜、陈露、唐玉龙、蒋双玖、管正涛、夏严、林德利、李永辉、陈世跃、余苏谷、章毓忠、夏明荣、奚太平、黄敬飞、高思强、叶太应、郭世贵、章霞升、潘孝纯、殷将来、钱树森、闫映宏、邹桂武、焦山斌、张廷凯、钟业才、刘宗新、后传荣、金溯、高峰、王光显、侯宏卫。

“十佳”标兵 李家方、马如兴、徐立虎、姚友林、胡中海、龚明、王颖、孙士英、钟承祥、谢昭庆。

（薛胜平）

【裕溪口贮木场扭亏增盈】 省林业厅直属单位安徽省裕溪口贮木场，位于芜湖市长江北岸，占地面积30万平方米，是安徽省最大的木材仓储企业。现有在职职工392人，离退休职工241人，职工遗属89人，大、小集体职工和待业青年200余人。随着国家指令性计划取消，出现了连年亏损的局面，至1992年底累计亏损790万元，陷入困境。近几年，该场跳出林业求发展，逐年减亏。到1997年，中转木材23.5万立方米，进入市场交易材达13.06万立方米，中转水泥、化肥、粮食等其他物资5万吨，仓储交易额达1.2亿元，市场综合管理收入102.6万元，创劳务及其他收入700万元，上缴国家税收37万元，实现了收支平衡，扭亏为盈。职工人均年收入达6000～7000元，不仅解决了全场职工的就业问题，而且还解决了系统内一些特困企业职工的就业，保证了全场生产、生活秩序的稳定。主要做法：

分析形势，理清思路 省林业厅领导把贮木场扭亏增盈摆在重要位置，数次到场指导、扶持，场领导和群众也逐渐抛弃“等、靠、要”的旧观念，大胆改革，提出了“以贮运求生存，以市场图发展，开展多种经营，努力提高经济效益”的企业发展思路。采取了精减机构、定岗、定编、定责，划小核算单位等措施。场中层机构由原来的15个，减少到12个，减少了20%，岗位职数由原来的392个，减少到324个；全场实行工效挂钩，职工基本工资下浮50%，并按生产效益计发效益工资，效益工资向生产第一线倾斜。

建立市场，搞活经济 利用裕溪口是水陆交通枢纽的有利条件，寻求新的经济增长点，建立安徽省芜湖裕溪口林产品综合贸易市场。在市场内建立了工商、税务、林政、公安、铁路、航运联合办公的一体化管理和运输、金融、通讯、后勤一条龙服务体系，增加了市场的吸引力，省内外客户纷纷进入市场，市场年成交额12 000万元。不仅盘活了国有资产存量，使近千人的生活基本有了保障，而且还解决了一些破产企业职工、社会无业人员100多人就业，还为饮食服务业、小商品零售业带来活力，显示出办一个市场，活一方经济的综合效益。

横向联合，拓展业务 场跳出过去只中转木材的单一经营模式，承接包括木材、钢材、水泥、黄沙、化肥、粮食、油料等各种物资的运输业务，在投资建立740平方米的室内仓库和电子地磅后，又与航运局联合投资500万元扩建了码头等硬件设施，本着互惠互利的原则，疏通了铁路、航运进出渠道，设立联合办公地点，简化手续，方便客户，中转量从每月不足10车皮，猛增到200多车皮，现在月均超过300车皮，年中转木材达23.5万立方米，粮食等其他物资8万～10万吨，年业务额550万元。

加强监督，民主决策 裕溪口贮木场凡重要规章制度、业务费用开支都提交职工代表大会或职代会联席会议审议，《转换经营机制初步方案》、《用人用工办法》、《工资分配办法》、《医疗费用管理办法》等，都是民主决策的产物。职工还对场级干部进行民主评议，并将评议扩大到中层干部。

扶贫济困，关心职工 场建立7间小商品门面房，安排年老体弱的特困职工和家庭，鼓励和扶持他们经营小百货，目前已有小商品经营13户，饮食业3户，车、船运输8户，木材经营3户，减轻了企业压力，增加了职工家庭收入。场还对特殊困难者，不定期补助，组织“献爱心、送温暖”扶贫济困活动。（赵学诗）

【祁门县创办第一家社会集资股份合作林场】 金字牌镇金辉股份林场是祁门县林业局组织社会力量集资兴办的第一个社会集资股份合作林场。该场总规模100公顷，按山股0.07公顷一股共1500股，资金股按150元一股，每造0.07公顷林投资350元，共折资金股3500股，向社会公开认购资金股，总计投资52.5万元。在年初的第一次股东大会后，不到一个月的时间里，就有870股资金被认购，集资13.05万元。1997年，金辉股份林场用集资经费完成毛竹栽植25.33公顷，发展板栗2公顷，林场收益将按股分成。

（薛胜平）

【武警安徽总队五支队造林绿化】 担任省城武装巡逻、跨省增援作战和协助解放军防卫作战的武警安徽总队五支队自1990年4月成立以来，始终把造林绿化当作部队建设的一件大事来抓，把地方“五八”造林绿化规划与营区美化绿化相结合，推动部队建设，在连续被评为《军队基层建设纲要》先进单位、全国抗旱抗洪先进单位和“文明卫生营院”后，又被省委、省政府授予安徽省造林绿化先进单位称号。主要做法：

领导重视，常抓不懈 成立了支队长任组长的植树绿化工作领导小组，落实责任制，做到党委定期听取植树绿化汇报、定期检查营区绿化美化工作、定期分析植树绿化形势，并划出5公顷荒地作为林业二次创业示范点，植树5000株。

思想教育，持之以恒 每年新兵入伍时，要求每人种下一棵奉献树；老兵退伍时，每人栽下一棵纪念树，每年植树节组织数百名官兵参加义务植树活动。支队成立8年来，先后出动3.8万人次5600辆车次参与省城重点工程的绿化。

明确责任，规范环境 植树绿化实行分级管理，支队与各大队间、大队与基层中队间分别签定绿化管理责任书，责任到班排、到官兵。8年来，全支队新建营房21 848平方米，平整场地2.5万平方米，铺设草坪4800平方米，筑花坛8个，栽种绿化树苗6700株，种植绿化带2800米，营区绿化覆盖率由原来的25.8%上升到现在的96%，全支队人均公共绿地22.5平方米。

强化管护，增加投入 营区绿化实行包栽、包活、包管，坚持统管结合，坚持规划上统、协调上统、投入上统，做到年年有奋斗目标，每季有工作计划，每月有具体安排。近3年，支队投入花草树木经费超10万元，1997年为改变二大队营区分散绿化相对滞后的矛盾，支队一次性投入15万元，建绿化带150米。支队还从生产收益中，每年拿出1万元用于基层绿化奖励，把绿化与晋职、晋级、立功等有机结合。

（英福生 黄存忠）

【泾县宣纸原料林青檀基地建设】 宣纸独产于泾县，距今已有1200余年历史。青檀树皮是宣纸的主要原料。建国前，全县仅有青檀树75万株，折合面积333公顷。建国后，特别是80年代以来，泾县开展大面积青檀造林，定向建设宣纸原料林基地，到1997年底，全县青檀基地面积发展到4666.7公顷，檀皮产量达到1853吨，比1949年增长30倍，宣纸产量也由1949年的32吨增加到1500吨，年产值超过1亿元。主要做法：

加强规划，重点开发 从80年代开始，泾县把发展宣纸生产作为支柱产业来抓，同时把青檀造林列为全县农业十大基地建设之首位，1990年、1991年县政府连续两年把发展青檀作为政府办实事内容，两年营建基地1334公顷。县林业部门对其加强规划指导，在立地条件好的地块优先营造青檀林。

广筹资金，加大投入 ①林纸结合建设青檀基地。泾县宣纸厂等多家企业投资建设青檀原料基地，累计建成面积1089公顷。②政府安排扶贫贷款、贴息贷款用于青檀造林，待林农有收益时归还贷款。③县林业部门除对青檀造林给予财政补助外，并从檀皮销售收取的育林基金中安排50%资金补助青檀造林，此项每年无偿投入约达8万元。

科学营林，做好服务 县林业部门组织技术人员长期对青檀的生态特性和丰产栽培技术进行科研攻关，解决了青檀采种育苗、种子低温贮存、硬枝扦插等技术难题，普遍推广种子育苗、实生苗造林、矮化密植等丰产技术。林业部门除做好资金、技术、种苗方面的扶持服务外，还建立了檀皮销售服务体系，组织统一收购，直接销售，减少中间环节，保护了群众利益。

（余遵本）

【石台县育林基金征收管理】 石台县森林覆盖率76.03%，森林蓄积量378.4万立方米，以木竹为原料的加工企业占企业总数的70%，全县财政收入近三分之一来源于林业。长期以来，县林业局采取措施，加强林业基金的征收管理，每年育林基金征收在135万元左右。

主要做法：①党政领导重视，不断研究对策。全县有关育林基金工作的规范性文件、通知已达5份。1997年，基于木材市场疲软、商贩、企业乱收乱购、偷运、超运木材，直接影响林业基金的征收等问题，该县主要领导多次召开专门会议，以县政府名义出台了文件，适当下调林业基金征收基价，规范木材公司进销差价，严禁各类搭车收费，保证了林业基金的征收。②强化源头管理，堵塞征收漏洞。县政府明确规定，严禁无证采伐，有证的要按规定的数量、地点和期限进行采伐；加强商品材林木采伐许可证在木材收购和流通环节的管理，坚持由木材公司一家进山凭证收购；运输证办证点在收回采伐证的同时建立台账。每年收回漏征资金都在10万元左右。③加大执法力度，稳定林区秩序。依法行政是基金征收的后盾，全县建立了100余人的林业行政执法队伍，各林业派出所在各辖区内开展警民共建活动，林政管理和林业公安在维护林区秩序和精神文明建设方面相互协作、相互督促，为林业基金征管提供了有利条件。1997年，全县受理查处森林案件300多起，林业行政处罚罚款6.7万元，补征林业基金及没收非法偷运木材处理变价款109.2万元。④加强企业年审，规范合法经营。管好县内木竹加工企业，是育林基金征管工作的难点。该县克服困难，对全县75家木竹加工企业进行了年审，签订了责任书。⑤制订征收计划，实行目标管理。县根据下达的年度采伐限额计划，测定各基层林业工作站年度林业基金征收任务，实行目标管理，进行考核及奖惩，全县15个林业工作站每年都足额完成征收工作。⑥坚持内审监督，规范收支行为。对票据及育林基金管理不停审计，对育林基金使用开展效益审计，坚持正确的使用方向，非生产性开支过大的，停止返还原规定20%育林基金，从1997年起，又对有关财务开支项目下达核定指标，以致育林基金工作行为规范，受到监督，全县多年来未发生一起代征单位或征收人员贪污、挪用和不及时上交育林基金现象。（李巍伟　叶兴发）

【黟县林业专项治理】 黟县渔亭地区与祁门、休宁交界，皖赣铁路横贯其间，林政管理一直比较混乱，加之铁路与地方条块管理协调不顺，导致木材非法交易猖獗。1996年4月11日，县委书记接到群众举报一起无证偷运木材60余立方米的案件。县委、县政府决定以此为突破口，成立了领导小组和专案组，全面、彻底地整顿渔亭地区林政管理秩序混乱的局面。

历时9个月零18天，专案组共查证自1995年11月以来，由渔亭站发往外地无证外运木材162个车皮，折合原材1.9万立方米。侦破了伪造印章、倒卖要车计划表、倒卖火车皮运输计划、非法收购贩卖木材等系列刑事案件5起，查处林业行政案件23起，逮捕3人，直接移送起诉2人，林业行政处罚25人，追回赃款8.4万元，补交税款6.6万元，有力地打击了破坏森林资源的违法犯罪活动，稳定了黟县及周边地区林区秩序，森林案件发案数明显下降。（吴　荣）

【安徽省1997年林业大事】

1. 1月6日，省政府转发省林业厅《关于进一步加强森林资源保护管理工作的意见》，同日，政府办公厅发出《关于加强合宁、合芜、合铜高等级公路沿线绿化工作的通知》明传电报。

2. 1月9日，省政府成立安徽省山区综合开发领导小组，领导小组办公室设在省林业厅。省政府副秘书长张锋生任组长，省林业厅副厅长张玉良任副组长。

3. 1月20日，省委、省政府召开全省绿化达标决战动员电视电话会，号召全省人民紧急行动，打好绿化安徽的攻坚战，省委书记卢荣景、省长回良玉到会讲话，省委副书记方兆祥主持会议，省委常委、副省长王昭耀部署绿化决战。

4. 1月30日、31日，全省地（市）林业局长和部分县林业局长会议在合肥市召开，省林业厅长周蜀生、副厅长王文在会上讲话，号召全省林业系统职工为绿化安徽再作贡献。

5. 3月2日，省委、省政府作出《实施农业产业化战略的决定》，关于林业上的总体要求是，“九五”期间，建设经济林、用材林各100万公顷。

6. 3月3日，省委、省政府在全椒县召开全省造林绿化现场会，省委副书记方兆祥发表讲话，省委常委、副省长王昭耀主持会议，会议要求各地抓住时机，决战决胜，确保实现全省绿化达标。

7. 3月25日、26日，全省森林资源林政管理工作会议在合肥市召开，林业部资源和林政管理司司长施斌祥到会讲话，王文副厅长作了报告。

8. 4月14日，为确保1997年实现全省绿化，省委、省政府颁发《安徽省绿化达标奖惩办法》。

9. 4月17日，省政府作出《关于切实加强环境保护工作的决定》。

10. 5月31日，《人民日报》头版头条刊登记者王启明、刘杰文章《安徽：绿化跃入先进行列》，并作为“省市得意之笔”载入共和国史册。

11. 6月5～17日，安徽省在沙区和省城开展世界防治荒漠化和干旱日大签名活动，杨多良副省长和省政府副秘书长张锋生、省林业厅负责同志率厅机关干部职工踊跃参加签名，全省签名者超过3.5万人。

12. 7月30日，全省世界银行贷款森林资源发展和保护项目工作会议在合肥市召开，省委常委、副省长王昭耀到会作讲话，省政府副秘书长张锋生主持会议，省林业厅周蜀生厅长、张玉良副厅长、省财政厅沈卫国副厅长分别在会上宣读项目建设表彰决定和实施情况报告。

13. 9月15～18日，林业部在亳州市召开京九绿色长廊工程建设现场会，祝光耀副部长、张锋生副秘书长、周蜀生厅长出席会议并讲话。

14. 10月24日，省护林防火指挥部举办首次森林消防实战演练，来自黄山、宣城、池州、六安、安庆和滁州6个地（市）的近百名森林消防队员参加了林火扑救演习。

15. 11月4日，省委、省政府召开《安徽省基本实现全面绿化新闻发布会》，省委副书记方兆祥主持会议，省委常委、副省长王昭耀宣布：安徽省如期完成“五年消灭荒山、八年绿化安徽”任务，全面绿化安徽大地目标基本实现。

16. 12月25日，回良玉省长签发安徽省人民政府令，发布《安徽省人民政府关于修改〈安徽省森林植物检疫实施办法〉等规章的决定》，自1998年1月1日起施行。（安徽省林业厅）

福建省林业

【概　述】

发展与成就

森林培育　1997年，全省共完成造林更新总面积9.28万公顷，是年计划的115.9%。其中荒山造林3万公顷，迹地更新6.28万公顷。完成幼林抚育实际面积25.62万公顷，成林抚育面积20.13万公顷。完成抚育间伐面积11.41万公顷。全省实有封山育林面积123.67万公顷，其中当年新封面积13.09万公顷。完成大田育苗面积378公顷，容器育苗3866万株。突出特点：

1. 竹林、经济林、阔叶林造林比重大幅度上升。全年新造竹林1.01万公顷，垦复竹林12.59万公顷。全省有29个县（市、区）建立毛竹丰产示范基地，竹业总产值可达40亿元，其中南平市达18亿元。用材林的比重比1996年下降6.4%，经济林比重提高7.6%。在新造用材林面积中，阔叶树种面积比1996年增长42.2%。三明市杉、松、阔的造林比例达到1∶3∶4。

2. 造林质量进一步提高。1997年工程造林面积达5.23万公顷，比1996年增长4%。其中二期世界银行项目造林0.9万公顷，速生丰产林基地造林2.93万公顷，沿海防护林体系重点骨干造林0.59万公顷。经核查，1993年人工造林质量和1996年保存率位居全国第一。

3. 城乡造林绿化成绩显著。全省义务植树人数达1801.81万人次，植树6620.9万株。完成工日2007.32万个，是任务的111.8%。城市新增建成区园林绿地382公顷。城市建成区绿化覆盖率提高到29.8%，人均公共绿地达6.1平方米。分别跃居全国第七位和第十位。厦门市于1997年8月份获国家园林城市称号。全省完成公路绿化里程1484千米。省人大常委会确定榕树为省树，水仙花为省花。

林业产业　全年完成木材总产量479.64万立方米，比1996年略有下降。其中林业部门木材产量383.08万立方米。林业部门木材销售量408.55万立方米。林产工业积极调整产品品种结构，开展"管理年"活动，生产情况稳中有升。全省林业系统完成人造板产量37.35万立方米，比1996年增长16.99%。其中胶合板产量11.71万立方米，纤维板18.99万立方米，刨花板4.92万立方米。林业系统完成锯材产量18.51万立方米，松香6.43万吨，纸浆1807吨。继福人牌中密度纤维板后，武平林化厂平川牌脂松香又被省政府授予省名牌产品称号。福州人造板厂中密度纤维板产量超过10万立方米，全年实现利润3381万元，经济效益继续保持全国同行业第一。永安林业集团实现利润3060万元，比1996年增长83%。

省林业厅成立了经济林协会花卉专业委员会，建立了12个花卉生产示范点。漳州市初步建成50千米花卉走廊，其中精品路段达10千米。全省已批建森林公园12个，自然保护区在保护的前提下开展森林旅游。全省年森林旅游人数达百万人次，福州国家森林公园被评为全国十大标兵森林公园。

全省林业系统产业总产值达129.37亿元，其中第一产业82.28亿元，第二产业43.45亿元，第三产业3.64亿元。林业企业实现利税3.21亿元。

资源管护　1997年，全省推行"五统一"、"双持证"、"两把尺"，以控制森林资源消耗。即对农民自用材和培殖业用材实行统一申请、统一设计、统一审批、统一采伐、统一供应；对伐区调查设计要求单位和人员"双持证"上岗；对生产的木材实行林政和销售两道检尺。超限额采伐消耗量降至150万立方米左右。

全年查处林业行政案件5.6万起，受理森林刑事案件1101起。省人大常委会通过实施《福建省森林资源转让条例》。全省共发生森林火灾162起，为历年来最少的一年。受害森林面积0.18万公顷，成灾森林面积0.14万公顷。过火率0.25/1000，受害率0.23/1000，有25个县（市、区）实现了全年无森林火灾。全省共营造生物防火林带1.6万千米，总长度已达7.8万千米。森林病虫鼠害发生面积6.93万公顷，实际防治面积7.25万公顷。共调处山林纠纷473起。林地保护管理以对大中型项目征占用林地和沿海防护林、国有林地的被征占用为重点。三明市林地征占用审批率达100%，收取四项费用969万元。省人大常委会通过实施《福州市绿化保护带若干规定》。

全省新建25个省级以下自然保护区，总面积7.67万公顷；2880个自然保护小区，总面积达35.33万公顷。保护面积占全省土地总面积的4.27%，比1995年增加近4倍。全省完成名木古树登记造册和挂牌保护13 798株。划定沿海国家特殊保护林带5.27万公顷。武夷山自然保护区全球环境基金项目进展顺利，龙栖山晋升为国家级自然保护区已通过评审。

改革与林政措施

广开筹资渠道　实行沿海5地（市）（漳州、福州、莆田、泉州、厦门）每年财政总支出划出1%比例投入林业的政策，共到位3143.60万元，占财政支出的0.29%。省级财政、计划部门对林业的投入，比1996年增长30%。争取各种贴息贷款逾亿元。共签订合同、协议和意向书45个，总投资1.12亿美元，其中利用外资9186.86万美元。

加大科技含量 开展农业科技推广年活动，省林业厅成立了领导小组，拟定了实施意见。全省组织科技人员下乡1万多人次，印发技术资料10万多份，培训人员2万人次。建阳、寿宁、南靖、安溪、泰宁和武平被列为省第二批科技兴林示范县（市）。漳州林业中心苗圃和洋口林场良种基地分别被评为全国十大标兵苗圃和良种基地。全省新建良种基地40公顷，基地树种增加到43个。全省共有25项林业科研成果获省科技进步二、三等奖。组织制定了《造林技术规程》等8项省地方标准，其中发布实施5项。

深化林业改革 永安林业集团股份有限公司成功地兼并了三明人造板有限公司。省林业投资发展公司完成注册设立工作。三明市林委所属企业改制面达57.1%。南平市林业系统有51家企业参加改制，占总数的25.6%。集体林经营体制改革以明晰产权为重点，完善各种林业生产责任制。南平市参与林权明晰化改革试点村达130个，面积9.49万公顷，涉及2.7万户11.6万人。龙岩市因地制宜完善11种林业生产责任制，特别是办好股份合作制林场。扩大对外交流与合作，共有14批56人次国外林业专家来闽讲学、培训，开展技术交流。新西兰援助寿宁社会林项目全面完成，世界银行造林和中日合作林业技术开发项目继续开展。

存在问题 社会办林业机制未建立，而且还贷任务加重，林业发展举步维艰；林农耕山有权、管理有责、分配无利、税费负担过重等问题尚无有效的措施予以解决，严重影响了营林、护林的积极性；部分国有林业企业经营困难，亏损面大，下岗职工已占职工总数的17.6%。（福建省林业厅）

【世界银行贷款国家造林项目竣工】 福建省世界银行贷款国家造林项目主要分布在南平、三明、龙岩、宁德、福州5地（市）的24个县（市、区）和6个国有林场。项目于1991年正式启动实施。共营造速生丰产用材林12.3万公顷，是原协议规模的143%。总投资3.66亿元，其中世界银行信贷2.03亿元，省内各级配套资金1.63亿元。项目造林质量连续6年居全国前列，综合达标率从1991年的35.7%上升到98.5%，各项生长指标均超过部颁、省颁标准。全省7年生杉木林，平均树高达650厘米，平均胸径8.2厘米，每公顷蓄积量59.3立方米。邵武市6年生杉木林每公顷蓄积量可达150立方米。

世界银行贷款造林项目突出的特点：实行报账制，即先用配套资金施工，经质量检查合格后，再报账提取使用世界银行信贷，把质量效益与资金使用挂起钩来；在造林营林中推广环保技术，把人工造林与环境保护结合起来，项目造林的整个过程均认真贯彻项目的环境保护规程和实施细则；大量吸收和实行国外林业的先进管理办法，扩大全面质量管理，形成一套科学化的造林技术，集约化的经营方法，标准化的培育要求，规范化的管理办法，促进了林业的对外开放与合作。

世界银行贷款造林项目的实施，促进了经济、社会、生态三大效益的协调发展。项目营造的速生丰产林面积占全省速生丰产林总面积的20.7%，项目区的森林覆盖率增加了2.1%。通过项目的实施，增加林区农民的就业机会，7年共安排10.8万个村劳动力就业，人均年纯收入达1057元。

（福建省林业厅世界银行贷款项目管理办公室）

【新西兰援助寿宁县社会林项目建设完成】 1997年，新西兰援助寿宁县社会林项目建设全面完成。该项目于1992年4月正式确定，是中新两国政府建交以来开展的第一个林业建设项目。

项目内容 本着“扶贫、均衡、推广”的宗旨，由新西兰政府无偿援助资金，派项目顾问和林业、社会学、农村经济发展等方面的专家，为寿宁县山区发展社会林。整个项目包括：营造速生丰产林200公顷，多种用途林1000公顷，板栗110公顷，绿竹49.1公顷，风景林20万株；改造毛竹低产林219.5公顷，油茶267公顷；建立黄山松种子园10公顷；新开林区公路10千米，房建700平方米，扶持17个林产品综合加工厂。项目实际总投资884.14万元人民币，其中新西兰政府无偿援助636.58万元，国内配套235.16万元，项目受益者自筹12.4万元。项目分布全县14个乡（镇）、2个国有苗圃和2个林场。

项目管理与实施 省、地、县联合成立项目领导小组，下设办公室。各乡（镇）也相应成立项目办公室。制定了《社会林项目管理办法》，使项目实施过程中的计划、技术、劳动和资金管理有章可循。结合项目实施，开展了20多项科技示范和试验，举办各类培训班226期，受训6910人次。引进6个阔叶树种、1个针叶树种，建成林业科技推广中心大楼。

项目实施成果 全县有林地面积增加1310公顷，森林覆盖率提高0.9%。总投工45.05万工日，解决劳动就业2290人。林业职工生产、生活条件得到改善。林业走上科学管理、集约经营和提高效益的轨道。14个乡（镇）累计获得资金635.26万元，平均每人95.36元，板栗、毛竹和油茶低产林改造，以及17家木竹加工厂投产，使全县年产值增加340万元。

（寿宁县林业局）

【永安市试行源头征收毛竹、笋税费】 1997年，永安市试行源头征收毛竹林笋、竹农业特产税和育林费。

主要内容

1. 依法纳税，按率计征。农业特产税、育林费均按省政府和省物价委员会、省财政厅等有关文件确定的税费项目和计征率计算计征基价。

2. 合理确定计征税费的产量。按立地条件、交通状况划分为三种类型竹林。一类林，核定每年每公顷平均生产原竹75根、鲜笋1200千克；二类林每年每公顷平均生产原竹67.5根、鲜笋900千克；三类林每年每公顷平均生产原竹60根、鲜笋600千克。按面积计征产量6年不变。

3.确定计征面积和地类。责任山毛竹林面积按经营承包合同确定的面积为准；自留山以实际调查面积为准。毛竹的地类确定，由个人自报，经所在乡（镇）财政所和林业工作站审定，报市财政局和林业局批准。

4.以村（场）为单位征收税费。村（场）汇总全村（场）的应征金额，与乡（镇）财政所、林业工作站签订代征税费的协议书或确认书，核发“代征证书”和有关票据。每年可按面积，在产品进入流通环节计征税费。

实行源头征收税费的好处

1.减少收费，减轻林农负担。按标准，一类竹林每年每公顷只需缴纳税费195元，占年竹林产值的8.2%；二类竹林缴纳150元，占每年产值的6.3%；三类竹林缴纳120元，占5.1%。林农的直接收益或间接分配都占总收入的90%以上，而且在6年经营期内增产不增赋。

2.促进竹业生产开发。源头计征税费，全市每年可增收农业特产税和育林费近300万元。可返利于竹，实行低产改造，发展竹业生产，促进竹业开发。

3.简化手续，搞活流通。取消检尺员进山检尺，竹农在经营毛竹期间，可以凭证采伐，当面敲定数量和质量，凭源头征收税费的协议书或确认书到当地林业工作站换取正式码单，凭证运输。（永安市林业局）

【武夷山市胶合板厂转换机制】 武夷山市胶合板厂是市林委于1990年组建的国有林业加工企业。原有职工180人。以大口径松原木为原料生产单一产品，年设备生产能力为5000立方米。改制前，由于管理不善、人浮于事等原因，企业连年亏损，利润亏损额达42.88万元。1997年，该厂转换机制，实行股份合作制，取得良好效益。企业销售收入达615.6万元，比1996年增长23.3%；实现税收87.34万元，增长47.51%，扭亏为盈，并减少林委补贴150万元。职工年收入增至7392元，增长105.3%。

改制工作分三个阶段进行。第一阶段是宣传发动。组织干部职工学习有关法律政策知识，讨论分析林业系统的现状。半年内召开各种会议70多场次，使大家能自觉参与改革，接受改制。第二阶段是评估资产。由市国有资产管理局指定资产评估事务所对企业资产进行评估，协调有关部门审核批准。第三阶段是实施改制。一是对职工实行优化组合，通过下岗分流68人，调出8人，留下的104人均参加改制的丹山胶合板有限公司。二是由市政府将该厂净资产出售给104名在职职工，每人出资4000元，市林委持股14.4万元。依法共同拥有1250万元资产并负担1194万元债务。三是按《公司法》召开股东大会，选举产生董事会和监事会，聘任总经理，组成新的领导班子。

改制成效：

1.明晰产权，理顺了关系。产权的到位产生了崭新的契约关系，员工与企业真正合为一体，一荣俱荣，一损俱损。对实行新体制的企业，林委只依法进行行业管理、政策扶持，经济上割断了“父子”关系，不再干预企业的经营活动，也不再对其负无限责任。

2.调动了职工的积极性。政企分开后，企业有了自主权，人财物、产供销一切由董事会说了算。企业真正成为自主经营、自负盈亏的市场主体。董事会成员由股东民主选举产生，较好地体现了职工的意愿。董事下车间抓生产管理，实行成本承包、销售承包。改制后，职工既是劳动者又是出资者，积极性得到充分发挥。在企业决策上，职工由“局外人”变成“局内人”；劳动态度由“要我干”变成“我要干”。目前，厂库存积压产品销售一空，资金回笼率达100%。产品成本大幅度下降，产品质量明显提高。

3.分流了富余人员，使企业减轻负担，加强管理。（李祖贻　郑盛文）

【福州国家森林公园经济效益显著】 福州国家森林公园位于福州市北郊，原为福州树木园。1997年，公园以争创全国文明公园为目标，积极拓展森林旅游事业。全年入园旅游人数达65万人次，旅游经营总收入达1520万元，分别比1996年增长145%和214%。被林业部评为全国森林公园十大标兵单位，获省级文明单位、省直文明单位等称号。主要经验：

1.做好公园总体规划。聘请华东林业调查设计院专家到园开展调查研究，确定公园性质为“以丰富多彩的森林景观为特色，以森林休闲、森林康乐为主，并兼有科教、度假、观光、游乐等多功能的城郊型公园”，将全园859.3公顷用地规划为6个功能区，以此规范公园各项建设。

2.加强基础设施建设。全年共投入资金530万元，新建旅游干线5千米，配合省市各部门完成市区通往公园的公路干线改造及绿化，兴建停车场3000平方米，完成电力增容200千瓦。改造苏铁园、竹类观赏园、榕树景观区等景区景点。开通了每日定时的旅游专线车。

3.扩大招商引资力度。公园坚持引进符合森林环境的特色项目，建筑施工采取公开招标的方式，吸引了众多商家前来投资。兴建了鸟语林、森林旱地雪橇，开发有动物表演场、漂流探奇、滑行龙等娱乐项目。

4.加大宣传促销力度。（徐锦心）

【大田县济阳乡砚坑村创办股份合作林场】 大田县济阳乡砚坑村土地总面积445.33公顷，其中山地338.73公顷。有农户73个，共349人。1997年初，该村经过充分协商讨论，由村委领导牵头，成立股份林场筹建小组。采取林木资产评估折价，林农投资买股入场的办法，创办了村级股份制合作林场。解决了林业贷款的还本付息和近期经营的投资问题，盘活了林业的有限资金。同时明确了森林产权，调动了林农营林、护林的积极性。

1. 林场规划。将全村山林（扣除自留山及房前屋后林地）纳入股份林场经营。

2. 集资入股。先对现有山林进行资产评估。由于林龄小，林分质量低，立木蓄积量按50%计算出材量；以1995年林价为计价基础，按同类林价的70%计算立木价值。扣除林业贷款本息，净值按10%折算为集体林木资产入股。其次发动村民集资入股。拟计划集资20股，每股为5000元，每个股权至少500元。全村共有70户投资入股，集资总额达11.8万元。其中最多的一户集资2.1万元。

3. 制定章程。根据林场生产经营实际，制定了《砚坑股份林场章程》。规定股东会为林场的最高权力机关，董事会为林场的经营决策机构。董事长是股份林场法人代表，场长是生产经营的执行者。

4. 林权过拨。将山林权属于集体所有的林权作价两股过拨给股份林场经营。将村民承包贷款造林的林权，中止承包合同，收回承包权及债权债务，过拨给股份林场经营。股份林场向村委会签订承包经营合同：承包经营期限为35年，并承担村民造林贷款的本息；木竹采伐时，村集体除按两股参予分红外，收取木材每立方米5元、竹每根0.2元、笋每千克0.10元的山地租用费。并办理合同公证。（大田县林业局）

【漳州市国有林场深化改革】 漳州市现有国有林场20个，职工总数2325人。1997年，林场深化改革，加强内部管理，全面开展新一轮创业，超额完成了各项生产任务。全年总收入9362万元，是计划的124.8%；营业利润865万元，是计划的173%；上缴税金785万元。

在改革中，他们狠抓管理，先后出台了林场管理办法、林场生产建设经营管理考核实施细则、多种经营项目管理若干规定和实施公开招标投标的若干规定等规章制度，逐步规范管理行为。实行股份制、承包经营、山地租赁等多种形式发展多种经营。山地综合开发实行果竹药一起上，全年共发展果竹568公顷，以肉桂为主的药用经济林60.07公顷，营造速生丰产用材林和工业用料林315 .07公顷。拓宽木材销售市场，在巩固原有19家木材加工厂的基础上，新增5家，年加工木材1.94万立方米。开发笋制品等绿色产品，畅销国内外市场。创办林场职工股份制电厂3家，年发电量700万千瓦小时。利用林区矿产资源，开发生产玻璃砂和森林旅游等。引进外资，开发垂钓水面6.67公顷，种植反季节西瓜、黄瓜、哈密瓜，以及发展水产养殖和湖区养牛等。全市多种经营总产值达4018万元，实现利润582万元。定岗定员，分流富余人员。根据林场的实际，核定林场内设股室和人员编制，减少后勤人员123名，减少21.7%。以地养人，以业养人，分流富余人员760人。如林下林场，利用现有产业分流劳力41人，以山地开发为主分流167人，年节约工资费用100万元，增收60多万元。下蔡林场每户承包0.13公顷土地种植芦笋，年均每户增收1万元，林场还推行新的工资分配方案，优先保证退休人员工资、护林防火经费，在职职工按60%工资额发放基本工资，增强职工的自我发展意识。（漳州市林场处）

【厦门市建成国家园林城市】 1997年，厦门市被建设部评为国家园林城市。

厦门市地处东南海滨，是经济特区，计划单列。总面积1516平方千米，人口121.3万。目前，全市拥有园林绿地总面积2239.95公顷，公共绿地总面积471.24公顷。其中城建区的绿化覆盖率达35.2%，绿地率32.7%，人均公共绿地9.42平方米。分别比1980年提高22.2%，21.5%和7.63平方米。曾被全国绿化委员会和建设部评为全国义务植树先进单位、全国造林绿化先进单位和全国园林绿化先进城市。

厦门市园林绿地建设基本形成点、线、面结合，布局合理，功能齐全的城市绿化体系：①道路绿化建设上档次。全市城市道路121条，总长159.5公里，已完成绿化154.4公里，绿化率达97%。主次干道绿化带多为二板三带、三板四带、四板五带，且层次分明，乔、灌、花、草巧组合。重点部位精雕细刻，艺术感强。②公共绿化建设上水平。全市现有各类公园29座，公园绿化面积占84.62%。尤其突出植物造园造景手法。③庭院绿化建设上台阶。广泛开展创绿化达标单位、花园式单位等活动。全市363个有独立庭院的单位，达标率达54%。园林部门对新建单位“提早介入，帮助规划，指导建设”，督促其绿化建设一步到位。④居住区绿化建设迈大步。全市有成规模的40个居住区、别墅区，已进行绿化。其中1993年以来新建的居住小区，平均绿地率30.8%，最高的可达40%以上。绿化与小区建设同步规划、同步建设、同步验收。⑤风景林建设起步快。在保护山体的前提下，对鼓浪屿——万石山国家级风景区等20多座山头逐步开发利用，拟建成以山林野趣为特色的山地公园。对名木古树进行调查、鉴定、挂牌，建立了完整档案。

具体做法与体会：

提高思想认识 1994年，市委、市政府提出园林绿化分三步走的发展战略，即1994年实现全国园林绿化先进城市；1997年创建国家园林城市；下世纪初建成国家水平的园林城市。成立了创建园林城市办公室。1995年，提出建设公路干道绿色走廊工程。1996年下发了《进一步加快创建国家园林城市步伐的意见》，严禁把规划绿地改作他用，不搞临时建筑。

高标准严要求 参照国内外先进城市标准，园林

绿化规划起点高、标准严。依据厦门市山海相依、山城相间、城景交融的特点，以及丰富的植物资源和历史文化资源，突出风景特点，体现多元文化景观，见缝插绿，处处造景。

广开资金渠道　市级财政逐年加大投资比例，区级财政每年投入一定资金，市政、路桥等开发单位投资，社会集资和引进外资。

完善法规制度　1996年，市人大颁布实施《厦门市城市园林绿化管理条例》，并配合制定了实施细则，以及《移地绿化补偿收费标准》、《绿化工程质量监督管理办法》等配套规章。成立园林绿化和风景资源保护管理监察大队，成立质量监督站，配备现代化的交通、通讯工具。　（厦门市绿化委员会办公室）

【福建省1997年林业大事】

1.4月7～17日，全国人大常委会副委员长布赫率执法检查组来福建，进行《森林法》贯彻实施情况检查。

2.5月中旬，泰宁和长泰两县被列入全国山区综合开发示范县，通过了山区综合开发"九五"规划专家评审论证。1997年度国家安排两县专项贴息贷款各600万元。

3.6月9～10日，省林业厅召开全省野生动植物保护暨资源调查工作会议，贯彻落实省政府办公厅《关于开展全省野生动植物资源调查工作的通知》。调查组织准备工作已于当年第三季度完成。

4.8月下旬，福建省人大常委会圆满结束对省林业厅的评议工作。

5.11月21日，经福州市人大常委会通过，福建省人大常委会批准，《福州市绿化保护带若干规定》正式颁布实施。该规定共22条，对绿化保护带的定义和地域性、绿化保护带专业规划与城市总体规划的关系、绿化保护带的自留山和责任山的造林、林木采伐的审批权、征占用林地的审批、森林植被恢复费的征收以及法律责任等方面问题，作了具体阐述和规定。

6.11月25日，全国人大常委会委员长乔石在省委书记陈明义、省长贺国强的陪同下，视察了福州国家森林公园。

7.截至12月22日，福州人造板厂提前全面完成年生产任务。主要经济指标比1996年均有所增长，其中中密度纤维板生产和销售增长17%和24.8%，实现利税增长1.6%，货款回笼100%。经济效益继续名列全国同行业第一位。

8.1997年底，福建省委调整了林业厅领导班子。免去包应森省林业厅党组书记、副厅长职务，任命刘德章为党组书记；张宗辉任省林业厅巡视员，不再担任党组成员、副厅长职务；任命吕月良为副厅长，陈家东为党组成员、副厅长。　（福建省林业厅）

江西省林业

【概　述】

发展与成就

营林生产　1997年，全省共完成造林8.1万公顷，其中人工造林6.86万公顷。飞播造林12.4万公顷。按林种分，用材林4.692万公顷，占57.9%；经济林2.511万公顷，占31%；防护林0.718万公顷，占8.9%；薪炭林0.156万公顷，占1.9%；特种用途林0.023万公顷，占0.3%。完成迹地更新3.98万公顷，新增封山育林19.8万公顷，幼林抚育65.05万公顷，成林抚育36.36万公顷，低产林改造24.6万公顷，育苗230公顷，四旁植树9929万株。

林业重点工程建设　世界银行贷款速生丰产用材林基地工程、长江中上游防护林一期工程、治沙一期工程、平原绿化工程共完成投资8987万元，其中：国家预算内投资741万元，国内贷款1347万元，利用外资3307万元，自筹资金2516万元，其他渠道资金1076万元。群众参与重点工程建设投工投劳折合资金31 264万元。四项工程共完成造林4.62万公顷，其中世界银行贷款造林1.925万公顷，长江中上游防护林工程造林2.312万公顷，治沙造林0.209万公顷，平原绿化造林0.174万公顷。完成育苗390公顷，幼林抚育20.42万公顷，新增封山育林9.502万公顷。兴国、瑞金、南康、进贤、广丰、横峰6个县（市）通过了国家长江中上游防护林建设达标验收，南昌、丰城等11个县（市）通过了国家平原绿化达标验收。

林产工业　全省共生产木材268.65万立方米，比1996年减少7.83万立方米。其中：系统内国有企事业单位生产木材100.7万立方米，占37.5%；系统外企事业单位生产木材18.37万立方米，占6.8%；乡及乡以下各级经济组织和农民生产木材149.58万立方米，占55.7%。生产竹材4103.37万根，比1996年增产489.53万根。生产锯材3.29万立方米，胶合板18.71万立方米（其中竹胶合板1.12万立方米），纤维板6.24万立方米，刨花板7.99万立方米，其他人造板0.27万立方米，木片2500立方米，均比1996年有所增长。全年生产松香22 547吨，松节油2612吨，樟脑88吨，活性炭4551吨。全省林业系统工业总产值15.866亿元，销售产值13.486亿元，工业产品增加2.219亿元，分别比1996年下降18.8%、32.7%和19.0%。工业企业全员劳动生产率为20 147元/人·

年，资产保值增值率为84.8%，资产负债率为66.1%，总资产贡献率为4.2%。

主要林产品产量　全省共生产油茶籽22.16万吨，油桐籽1.3万吨，乌桕籽4324吨，五倍籽448吨，棕片4529吨，松脂40 475吨，竹笋干13 256吨，板栗12 311吨。上述产品产量均比1996年有较大幅度增长。林业系统水果产量4.17万吨，干果产量1.37万吨。

林业基本建设投资　1997年，全省林业建设资金到位56 083万元，比1996年减少5042万元，减幅8.2%。其中：国家预算内资金到位1344万元，国内贷款14 959万元，利用外资4013万元，专项资金5383万元，事业费2613万元，建设单位自筹资金15 702万元，其他渠道资金12 069万元。在资金总额中，计划用于固定资产建设的投资11 055万元，实际完成固定资产投资14 120万元。其中：营林固定资产投资完成9728万元，占68.9%；森林工业固定资产投资完成4392万元；占31.1%。与1996年相比，营林固定资产投资增加2507万元，增长34.7%；森林工业固定资产投资减少2574万元，减少37.0%。

林业产值　全省林业系统实现社会总产值738 710万元，比1996年增长3.3%。其中，第一产业产值544 138万元，占73.7%；第二产业产值163 480万元，占22.1%；第三产业产值31 092万元，占4.2%。

劳动工资　全省林业系统国有经济单位2168个，集体经济单位38个，其他经济单位4个。年末从业人员140 617人，其中，长期职工133 526人，临时职工4788人，其他从业人员2303人。下岗职工21 796人，占全部职工总数的15.5%。从业人员劳动报酬46 409.1万元，其中，职工工资44 254.0万元，人均年工资额3200元。

改革与林政实施

国有林场挂钩扶贫　3月，省林业厅在吉安地区召开全省贫困国有林场脱贫工作现场经验交流会，会后下发了《关于开展国有林场挂钩扶贫工作的通知》，并由省林业厅带头，组织厅机关各处室和部分厅属单位，从全省各地选择了26个条件较差的贫困国有林场，开展“一对一”挂钩帮扶活动。干部轮流派驻林场，每季度或半年一换，既帮助林场建章立制，抓好管理，又协助进行生产规划，开拓生产门路，发展林场经济。同时，也使驻场干部自身得到了锻炼。1997年，省林业厅共安排挂钩林场扶贫资金150万元，帮助其发展生产。在省林业厅的带动下，吉安、赣州、萍乡等地（市）纷纷效仿，开展机关挂场扶贫工作，全省已有100多个国有贫困林场成为省、地（市）、县林业主管部门的挂钩帮扶点。

林业科技推广　1997年是“农业科技推广年”，省林业厅组织筛选了竹类丰产栽培、阔叶次生林改造、花卉开发、林木组织培养工厂化育苗、果品气调保鲜等一批林业科技成果，列入1997年重点推广项目，编制了“富山计划”50项推广项目指南。省、地（市）、县层层召开“农业科技推广年”活动动员大会，印发技术资料，举办培训班。十大林业科技推广项目完成推广面积7.54万公顷。

林业三防　1997年，全省共发生森林案件8000起，查处7937起，查处率99.2%。其中：森林刑事案件发生136起，查处129起；治安案件573起，查处568起；林业行政案件7291起，查处7240起。处理各类违法犯罪人员12 841人，收缴木材4848立方米，为国家挽回直接经济损失1190.6万元。

全省发生森林火灾120次，受害森林面积658公顷，火灾受害率为0.077/1000。

森林病虫害发生面积17.93万公顷，发生率为2.11%，成灾率0.18%，病虫害监测覆盖率80.49%，种苗产地检疫率96%。全省39个苗圃达到无检疫对象苗圃标准。

存在问题　①森林资源保护和管理工作难度增大。超限额采伐林木、非法侵占林地、无证运输木材等现象屡禁不止，有的地方甚至愈演愈烈，查处难度大；②林业负担沉重，投入严重不足。全省林业单位累计负债达23亿多元，许多单位经济危困，生存维艰；③林业改革相对滞后，国有林场、苗圃和林业企业所有制结构单一，经营机制还没有完全放活；④科技含量不高。全省直接从事林业科研和推广工作的专业技术人员只有1500人，平均每7000公顷林业用地仅1人。

（严　成）

【江西省林业利用外资工作】　截至1997年底，仅省林业厅直接管理的林业利用外资项目就达15个，利用外资总额达10 183.26万美元（见下页表）。

省林业厅直接管理的利用外资项目一览

单位：个，万美元

项目总数	15		利用外资总额		10 183.26	
按实施进度分	已实施完成的		正在实施的		即将实施的	
	项目数	利用外资额	项目数	利用外资额	项目数	利用外资额
	9	4756.98	4	2466.28	2	2960.00
按外资来源分	世界银行		外国政府及国际组织		外商	
	项目数	利用外资额	项目数	利用外资额	项目数	利用外资额
	3	6340.98	4	1068.8	8	2773.48
按外资性质分	贷款		赠款		参股	
	项目数	利用外资额	项目数	利用外资额	项目数	利用外资额
	3	6340.98	4	1068.8	8	2773.48
按建设内容分	营林		林产加工		其他	
	项目数	利用外资额	项目数	利用外资额	项目数	利用外资额
	6	8309.28	7	1773.28	2	100.7

（严　成）

【江西省发展林果业基地】 1995年全省实施“在山上再造一个江西”工程以来，林果业开发迅猛发展。截至1997年底，全省果业基地面积达40.98万公顷，与1994年相比，增长47.4%。其中：柑橘类16.57万公顷，占40.4%；板栗5.96万公顷，占14.5%；脐橙4.78万公顷，占11.7%；其他果类13.67万公顷，占33.4%（见下表）。

江西省果树基地面积一览

品种	面积（万公顷）	面积超过2000公顷的县
柑橘	16.57	南丰、寻乌、南城、上高、信丰、于都、全南、南昌、上犹、崇仁、樟树、波阳、德兴、临川、武宁、定南、莲花、万载
板栗	5.96	乐平、资溪、修水、宜黄、弋阳、武宁、波阳
脐橙	4.78	于都、信丰、赣县、安远、瑞金、兴国、宁都、寻乌、会昌、大余
李	3.44	于都、南康
桃	2.38	
梨	2.18	贵溪
柚	1.71	南康
其他果类	3.96	

（严　成）

【江西省建设京九沿线绿化带】 江西省京九沿线绿化带建设工程是1993年启动的，截至1997年底，累计建成绿化带17万公顷，其中完成山地造林16.27万公顷，已有9.97万公顷达到了绿化标准，主要做法是：

领导重视，真抓实干　该工程由省政府分管林业工作的领导亲自抓，每年召开一次京九沿线地市县党政领导会议，专题研究部署绿化带造林，年底开展检查评比。沿线各地市县乡都成立了相应的组织协调机构，主要领导挂帅，分片包干，任务落实，责任到人。

兴办基地，强化管理 除路、渠两旁的行道树外，其余植树均采取相对集中连片的办法，建设用材林、经济果木林、景观林等基地，配备专门人员管护和经营，从而提高了绿化带的建设成效。

加强宣传，社会共建 直接参与京九绿化带建设的，除了沿线各地市县的广大林业职工和农民群众外，还有机关、企事业单位、部队、学校，以及交通、铁路、城建、园林、农垦、水利等职能部门。团省委组织开展的“翠竹工程”、赣州地区组织的“百里京九万蔸竹，我为京九添秀色”青年志愿者活动等，充分体现了“全社会办林业，全民搞绿化”的方针。

多方筹资，增加投入 4年来，全省共筹集投入京九绿化带建设的专项资金达6000多万元。南昌、九江等地每年都从地方财政中拨出专款用于绿化带建设。

注重科技，提高效益 在规划设计、种苗、整地、造林、管护每一个环节上，都严格按照工程造林的方法进行施工、管理和监督，有效地提高了造林成活率和绿化带的建设质量，实现了生态、经济、社会三大效益的同步发展。 （江西省绿化委员会办公室）

【铜鼓县发展山区经济】 该县是我国南方重点林业县，近几年县域经济发展较快，山区资源开发已由过去的简单粗加工、消耗性开发，初步走上了规模化、系列化深加工，良性循环的发展道路。1993～1997年，该县国内生产总值年均递增17.2%，高于全省2.4个百分点；财政收入年均递增37.6%，高于全省22.3个百分点。1997年，全县实现国内生产总值6亿元，比1996年增长21.9%，财政收入6400万元，农民人均纯收入2120元，全县活立木蓄积量由1992年的802万立方米提高到846万立方米，活立竹达到6000万根，森林覆盖率由82.7%提高到84%。由于实现了资源和经济的良性循环，该县先后被列为全国山区综合开发示范县、全国科技兴林示范县、林业可持续发展试验示范区和全国农业产业化综合改革试点单位。该县的主要做法是：

认准优势和潜力，选好发展道路 90年代初，县委、县政府即提出走“林业强县、工业富县、科技兴县”的路子。到1997年底，全县已建成各种林业基地4万公顷，发展竹木加工企业30余家，一批高加工度、高附加值的林产品已在国内外市场拥有较高知名度和市场份额，全县有75%的工农业产值和72%的财政收入来自林业。

选准主导产业，培育优势企业 该县把发展高级竹木建材、绿色食品、林产化工和医药产品作为主导产业，按照贸工林一体化的产业化思路，先后组建了一个拥有8600万元固定资产、2.1亿元资源资产、年产80万平方米高级竹木地板的江欧集团，一个拥有6000多万元固定资产、年产6万立方米建筑模板、中密度纤维板等产品的阳岭集团，一个年产1万吨笋罐头和方便笋系列产品的江佳集团，并扶持发展了永宁化工厂、二源化工厂、天然保健品厂，以及制药行业的一批骨干企业。1997年，仅竹木制品、绿色食品和化工医药三大支柱产业的产值就达4.81亿元，占全县工业总产值的82.1%；实现利税2560万元，占全县财政总收入的40%。

以资产和市场为纽带，走“龙”式开发路子 即以市场为导向，以加工企业为龙头，公司联基地，基地连农户，贸工林一体化。全县已有80%的竹区农户、2万多人口直接纳入了毛竹开发公司的经营利益体系之中，涉及竹林面积1.34万公顷，农户人均年受益619元。

狠抓“科技兴林”，促进产业不断升级 一是引进和培养人才。如引进人造板高级工程师，聘请中国林业科学研究院等单位的专家学者担任山区和林业开发技术顾问，兴办林业中学，输送优秀青年到大专院校进修、培训等，培养了一大批林业技术骨干和农民林业技术能手。二是重视技术推广。县有推广中心，乡有推广站，村有推广夜校。近3年累计推广林业适用技术70多项，推广优良品种80多个，组织了500户科技推广示范户。三是抓新产品开发。在竹木加工和森林食品的开发中，几乎每年都有新产品问世并投放市场，促进了产业的不断升级。

敞开山门，积极引进外资和技术 县政府制发了《铜鼓县招商引资优惠办法》，并先后在国内多个中心城市成功地举办了中国竹木建材之乡——铜鼓信息发布会和招商引资洽谈会，近几年实际利用外资每年都达100万～200万美元，全县兴办“三资”企业9个，1996年产值2481万元，占当年全县工业总产值的7.5%。江欧集团、阳岭集团、天然色素厂、二源化工厂、镍氢电池厂等企业的主导产品，都是引进国外境外技术或智力开发成功的。

（江西省政府发展研究中心）

【安远县发展林业庄园经济】 该县是全国山区综合开发示范县和森林复合经营示范县。近几年，在山区资源的综合开发利用上，探索出了一条符合南方集体林区林业生产特点的、以短养长、立体开发、集约经营的林业发展新路子。至1997年，该县已兴办林业庄园5659个，经营山地11.7万公顷，林木蓄积量310万立方米，开发水面184.27万公顷，养殖牛、羊、猪31.8万头。个体私营林业经济得到了快速发展，1996年，该县林业庄园创产值2.55亿元，利润5700万元。其主要做法是：

制定标准 县委、县政府在对已有林业庄园雏形的农民个体经营户进行调查研究后，及时制定下发了《关于大力发展林业庄园的决定》，统一规定林业庄园的标准为：山上有林，面积6.7公顷以上；山中有园（果园、竹园、药园、茶园、花园），面积1.33公顷以

上；山下有水面（养鱼、鸭、鹅等），面积0.33公顷以上；园内有养殖场（饲养野生动物、家畜、家禽），规模在100平方米以上；年产值2万元以上；须办理工商执照，有牌子，有管理场房。符合上述六条标准，即可定为林业庄园。

宣传启动 利用报刊、广播、电视、板报、标语、宣传单等形式，广泛深入宣传林业庄园的优越性和高效益，宣传县委、县政府对发展林业庄园的扶持政策，从而调动农民群众创办林业庄园的积极性。

服务引动 县里成立了由多个部门组成的庄园经济建设办公室，每年从县直机关抽调300名干部下乡指导，提供技术服务，帮助解决实际问题。

典型带动 重点扶持一批基础好、积极性高的农户，在资金投入、科技指导、项目安排、政策优惠等方面给予倾斜。

政策推动 主要是用活用好世界银行贷款资金、赣中南开发资金、老建扶贫资金、以工代赈资金以及其他农业开发资金，加大对林业庄园建设的投入。

林业庄园的兴起，使林业生产由单一的“木头型”转变为综合开发山区资源的“多业型”，由分散经营、粗放经营转变为规模经营、集约经营；林业管理由“行政化”转变为“群众化”，由被动开发转变为主动开发；林农思想由消极的“靠山吃山”转变为积极的“靠山养山”，从而带动了整个山区经济的发展。全县投入山地开发的劳力比例由1990年的72.3%提高到87.4%，每公顷山地产值由679.5元提高到1027.5元，全县山地总产值达3.23亿元。（安远县林业局）

【永丰县林办工商企业改革】 永丰县林业局针对该县林业系统大多数工商企业经济效益滑坡、债务越背越重、经营机制不活的状况，于1997年成立深化企业改革领导小组，并抽调17名同志组成5个改制工作小组进驻企业，在调查研究的基础上，因企施策，开展了一系列改革。主要的改革形式有：一是股份合作制改造。对经营不善但尚有一定净资产的企业，在清产核资的基础上，将生产经营性资产一次性全部出售给本企业职工，并承担相应的债权债务，然后由职工重新组建股份合作制企业。实行这种改制形式的有县人造板厂和江西绿海油脂有限公司。二是裂变分立，租股结合。主要在资产等于或小于债务、所有者权益为负数的企业中进行，企业裂变分立后，债务挂在原企业，分离出来的部分通过募股或购股组成新企业，新企业用租金和企业所得税帮助老企业偿还债务。实行这种改制形式的有县纤维板厂。三是向社会公开招标，租赁经营。实行这种改制形式的有县林业大厦。四是买断经营。即将企业全部资产一次性出售给个体经营。实行这种改制形式的有县沪赣公司。上述改制工作全部到位后，通过竞争上岗，裁减下来的富余人员采取“三个一”的办法安置解决，即：内退一些（离正常退休年龄差5岁以内的职工办理内退），分流一些（开辟新的生产门路安置），照顾一些（对特困户职工由新企业作适当的内部安置，保障其正常生活来源）。

改革一年来，该县林办工商企业焕发了生机和活力，主要表现在：一是职工主人翁意识明显增强。改制后，企业职工由过去的单纯劳动者变为既是劳动者又是资产所有者，直接参与企业决策，成为企业真正的主人。二是企业管理得到强化。改制后的企业普遍建立了民主管理和民主监督机制，抓质量管理、市场营销、效益核算的意识大大增强。三是一些停产、半停产企业开始走出困境。如亏损大户永丰县人造板厂，1996年亏损110万元，1997年1～5月又亏损60多万元，6月份改制后立即恢复生产，至年底实现产值385万元，实现利税48万元，扭转了长期以来的亏损局面。

（聂永清）

【东乡县甘坑林场改革经营机制】 该场成立于1962年，现有在职职工872人，退休职工104人，经营山林3533公顷（其中1330公顷已由县实验林场营造了湿地松林），耕地80公顷。1995年全场职工人均年收入仅为600元，是全省有名的贫困国有林场。1995年下半年至1997年，该场新班子上任后，进行了一系列大胆的改革：

承包经营 将14.33公顷稀疏油茶林以每公顷720元的价格承包给职工经营，承包期5年；将2060株板栗树分别以每株每年11～38元的价格承包给职工经营，承包期6～30年不等。

租赁经营 将62.1公顷低产杉木林采伐迹地以前10年每年每公顷60～300元、后20年租金加倍的价格，招标租赁给38户职工经营，租赁期30年；将161.53公顷薪炭林以每年每公顷60元的租金，招标租赁给18户职工经营，租赁期6年。

股份合作经营 由林场将山地划块后，与81户职工进行股份合作经营。对已经抚育了2～4年，目前长势较好的20公顷杉木萌芽林，由林场出山、职工出资投劳经营，木材收入2∶8分成；对尚未抚育，目前长势较差的66.67公顷杉木萌芽林，由林场每年每公顷投资150元，连投3年，职工投劳抚育和管护，木材收入3∶7分成。两种形式均为林场得小头，职工得大头。

拍卖 将确定采伐的山场拍卖给职工采伐、销售；将55.33公顷杉木残次林和采伐迹地以每公顷750～2310元的价格，招标拍卖给54户职工经营，经营期30年；将20公顷12年生的杉木林以每公顷1.59万元的价格，招标拍卖给本场职工经营，经营期20年。

上述四种形式的改革已经取得了明显的成效：把全场职工的思想搅动起来了，破除了职工吃林场“大锅饭”的思想；盘活了林场的存量资产，有利于发展高效林业。林场通过此举已收取职工的承包金、租赁金、拍卖金共计100多万元，主要投向了高标准的果业基地开发；打破了林场的单一所有制结构，形成了林场、职工个体和股份制多元经济发展格局；强化了森林资源管理，职工保护资源的自觉性大大增强；实现了节支增效，并消除了一些生产经营环节的不正之风。

（骆贻颛）

【江西省1997年林业大事】

1. 1月21日，省政府以赣府厅发［1997］4号文件批转省林业厅《关于加强阔叶林资源保护管理的报告》，明确规定对全省的古树、名木、母树、风景树要登记造册，建立档案，珍贵的要挂牌保护，严禁采伐，严禁烧木炭和砍伐阔叶树生产木片。

2. 4月7～18日，全国人大常委会副委员长王丙乾率《森林法》检查组到江西省检查《森林法》执法情况，先后视察了南昌、九江、吉安、赣州4个地、市，并听取了孙用和副省长的工作汇报，与省委、省人大、省政府的领导进行了座谈。

3. 4月19日，省政府发布第五十一号省长令，公布实施《江西省森林病虫害防治办法》。

4. 5月25日至6月17日，省绿化委员会组织全省7个沙区开展纪念“6·17”世界防治荒漠化和干旱日万人签名活动，省委、省人大、省政府、省政协领导、机关干部和社会各界群众共5万人参加了签名。

5. 8月11～13日，省委、省政府召开全省“山上再造”第三次工作会议，省委书记舒惠国、省委常委和农工委书记彭昆生、副省长孙用和出席会议并讲话。

6. 8月15日，省八届人大常委会第二十九次会议审议通过《江西省公民义务植树条例》，使该省的义务植树运动步入法制化轨道。

7. 9月，林业部林业公安局授予江西省乐安县林业公安分局“全国林业公安基层建设标兵单位”称号，授予崇义县林业公安分局、安福县林业公安分局、婺源县林业公安分局和永丰县林业公安分局官山派出所等5个单位全国林业公安基层建设先进单位称号，并给江西省林业公安局记集体二等功。（严　成）

山东省林业

【概　述】

发展与成就

造林绿化　1997年，全省完成成片造林17万公顷，是计划的105%；农林间作14万公顷，是计划的123%；新建农田林网38万公顷，是计划的114%。全省参加义务植树的人数达到3600万人，植树1.85亿株，义务植树尽责率达到80%，收缴绿化费780万元。城市绿化人均公共绿地达到5.7平方米。沂蒙山区防护林、沿海防护林、淮河太湖流域防护林、沿黄河防护林及治沙造林、平原绿化、济南保泉绿化、京九铁路绿色长廊建设八大生态防护林工程完成造林11万公顷，其中沂蒙山区综合防护林体系一期建设工程提前一年完成造林任务，并通过国家验收。平原地区重点抓了21个高标准平原绿化试点县建设。

种苗生产　1997年，全省推行基地化、专业化育苗，基地育苗占总面积的80%以上，良种率达到85%。全省新育苗面积1.5万公顷，是计划的115%。培育各类苗木15亿株，形成了用材树种、经济树种、园林绿化和花卉四大苗木系列。《山东省林业种子苗木管理条例》由省人大常委会发布实施。

科技工作　1997年，林业科技工作通过调整科研方向，突出了重点，加大了投入，增大了科技推广力度。经济林是山东省林业的优势产业，花卉是新兴产业，在1996年、1997年的科研选题和申报中把与经济林、花卉、生态环境建设有关的课题作为重点，适当加大投资力度，1997年林业部、省科委投资到位资金465万元，取得了一批重要科技成果，其中11项获省科技进步奖，17项被评为省林业厅科技进步奖。科技成果推广应用率达到40%。

森林资源保护　1997年，全省连续10年未超过采伐限额。全省发生各类林业案件6246起，比1996年下降24%，其中查处5888起，查处率达到94%。完善了防火基础设施，建立了4处卫星地面林火监测终端，提高了森林火灾的发现和扑救能力。1997年，全省共发生森林火灾、火警49起，受害林地面积189公顷，森林火灾受害率0.067/1000，低于全国控制指标。发生各种林木病虫害62万公顷，防治38万公顷，防治率达62%。

林业产业　1997年，全省大力实施林业产业化战略，初步形成了木材加工、干鲜果品、木本药材、花卉盆景、珍禽饲养和森林旅游六大主导产业。全省各类林产品生产加工企业达到1.1万家，年产值达到530亿元。1997年，新增花卉面积2666公顷，全省种植花卉面积9333公顷，新建了一批花卉生产基地和交易市场，生产经营单位1100多家，实现产值28亿元，花卉已成为农林新的经济增长点。1997年4月在上海市举办的第四届中国花卉博览会上，山东省参展展品获得金牌、奖牌总数和总分三个第一名。经济林面积发展到167万公顷，果品年产量达到115亿千克，面积和产量保持全国首位。

国有场圃　1997年，全省国有场圃经营项目1000多个，全年总收入2.3亿元，较1996年增长8%，又有20个贫困场圃脱贫。

存在问题　苗木结构不合理，林网、“四旁”绿化

和上山苗木缺口较大，影响了造林进度；林业投资少，到位不及时。（谢桂英）

青岛市林业

【概　述】 1997年，全市共完成造林4200公顷，占年计划的126%；完善农田林网4.9万公顷，占年计划的148%；“四旁”植树570万株，占年计划的126%；林粮间作1.05万公顷，占年计划的132%；育苗800公顷，占年计划的120%。各级领导参加义务植树，层层兴办绿化点、育苗点、经济林示范园。全市确定了十大林业重点工程：三城路48.7千米林带建设工程、环胶州湾高速公路两侧滩涂绿化试验工程、迎宾路市郊绿化补植工程、胶州市胶平路和朱诸路两侧路域开发工程、平度市白埠镇1330公顷杜仲间作工程、平度市祝沟镇667公顷经济林开发工程、胶南市横寨岭2000公顷地堰开发工程、莱西市南墅镇名特优新经济林开发工程、城阳区李王路林带建设工程、即墨市大沽河流域绿化工程。市林业局、市园林环卫管理局联合承办了第四届中国花卉博览会的参展工作，获一等奖3项、二等奖1项、三等奖6项、优秀奖7项。年内完成了万亩良种板栗开发及早期丰产综合技术研究、高效林果宝试验推广研究、名特优新经济林试验等课题，获得市林业科技进步二等奖1项、三等奖3项，莱西板栗、霜红蜜桃获得省林业厅金奖。

抗旱救灾　1997年，青岛市遭受了百年不遇的特大旱灾。市林业局及时掌握灾情，在全市大力推广地膜覆盖、截干抹芽、覆草等抗旱节水措施，组织指导行业抗旱救灾工作。

全民义务植树　全市有263.3万人参加了义务植树，共植树892.73万株，造林1450公顷。社会各部门、群众团体积极参与造林绿化事业，营建“纪念林”、“军民共建林”、“青年林”、“三八林”、“夕阳红林”，开展“我当一天护林员”等活动，全民植绿护绿活动蔚然成风。崂山区和市林业局投资30万元，扩建“中日民间友好林”，形成一农民游园，成为中日两国民间友好的绿色象征。

林业产业　根据“立足第一产业，强化第二产业，开拓第三产业”的林业产业发展思路，全市确定了八大林业产业项目，争取国家林业贴息贷款2700万元。①以市场为导向，大力发展高产优质高效林业。围绕大枣、银杏、杜仲、板栗、茶叶、速生丰产林七大开发工程，全市新发展商品林基地3950公顷，其中面积在200公顷以上的有7处。花卉业蓬勃发展，全市确立了平度市马戈庄镇球茎花卉生产基地、黄岛区薛家岛苗圃康乃馨和玫瑰花生产基地等十大花卉生产基地，全市花卉栽培面积达200多公顷，年产鲜切花300多万枝，出圃花木300余万株，出口花种800多千克。市林业局新世纪林产开发中心投资1500万元建起青岛天桥花卉交易市场，总面积近4000平方米，经营花鸟鱼及其相关产品，成为山东省目前最大的室内花卉交易市场。②野生动物驯养繁殖。全市有驯养繁育特种野生动物单位（户）1000余个，其中养鹿、鸵鸟、狐狸、珍稀鸟类等大型养殖场已达20余家，存栏鸵鸟3000余只，鹿2000余只，全年出口外运虎皮鹦鹉120多万只。李沧区楼山乡十梅庵村投资800万元建起禽鸣园，对禽鸟实行巨网笼罩自然生态养殖，有各类珍禽50余种、4000只，成为一处独具特色的集旅游、观光、科普于一体的新景点。在大力发展野生动物养殖及观光业的同时，加强了野生动物保护执法和规范管理，共检查集贸市场25处、酒店720家，对200多家违法单位依法进行了处罚。③组建林产加工业，搞好资源综合利用。依托丰富的大枣、银杏、杜仲资源，平度市建起了大枣、银杏两处综合加工厂，其中同丰红枣综合加工厂一期工程年加工鲜枣2000吨、烘干蚕茧800吨、金银花60吨、杜仲叶300吨，实现了当年立项、当年投资、当年施工、当年收益80多万元。城阳区东铁村建立杜仲园，实现了种植加工一体化，开发的杜仲茶获得国家专利，1997年产叶3万千克，生产杜仲茶3000千克。

林木资源保护与管理　1997年，对全市354名林业行政执法人员进行了培训和考试，并按照林业部要求发放《林业行政执法证》。全年共发生火灾（警）18起，过火面积41.87公顷，烧死、烧伤树木52 128株，分别比1996年下降50%、42.3%和43.3%。受气候异常影响，全市2660多公顷松林以及平度市主要枣树生产区相继发生严重病虫害，各级林业部门组织技术人员加强虫情预测预报，适时组织防治。对全市非法占用林地情况进行了清理清查，立案查处8起非法占用林地案件，依法查处毁林案件14起。根据林业部部署，对沿海基干林带现状进行了调查，建立了档案，界定了后续规划保护区。第五次森林资源清查工作历时3个月，调查样地683个，经林业部和省林业厅验收全部合格。春秋两季开展了鸟类环志工作，首次在胶州湾西岸开展鸟类环志工作。（青岛市林业局）

河南省林业

【概　述】

发展与成就

山区造林　全省山区各地在开展10年造林绿化规划实施情况普查的基础上，及时调整规划任务，坚持以造林灭荒为突破口，重点推广了卢氏县“全党动员，全民动手，全社会搞林业，大抓山区造林灭荒”的经验，抢抓春季造林的有利时机，开展了大规模的造林灭荒攻坚战。1997年，全省山区共完成造林26.64万公顷，其中：飞播造林5.97万公顷，封山育林6.67万公顷，又有一市三县实现了基本绿化宜林荒山的目标。

平原绿化　1997年，广大平原地区继续以完善平原绿化为重点，推广驻马店地区“分两步走，实施平原绿化规划”和武陟县“县乡村齐抓共管，平原绿化一步到位”的经验。全省平原绿化已从一县一市向数十个县市千万亩连片绿化发展，平原绿化树种、林种结构从单一乔木向乔灌草花立体结构转变，从单纯防护林向多林种科学配置转变，从单纯追求生态效益向生态、社会、经济三大效益并举转变。全省新建和完善林网93.33万公顷，四旁植树2.1亿株，形成了继80年代之后又一次平原绿化高潮。

林业育苗　全省实行育苗一票否决制，形成了“一把手抓育苗，超前抓育苗”的良好局面。不少地方根据造林灭荒工作的实际需要，及时调整育苗计划，使全省的容器育苗数量由6.6亿袋增加到10亿袋，扭转了苗木不足的被动局面。1997年，全省共完成大田育苗2.09万公顷，容器育苗10.6亿株。

改革与林政实施

认真执行全额管理、限额采伐制度　坚持森林采伐限额全额控制，分类管理，实行商品林采伐林木蓄积和木材产量双向控制的办法，狠抓了凭证采伐的落实工作。全省山区凭证采伐率达60%以上，平原达30%以上。全年纳入采伐限额的林木蓄积消费为726.9万立方米，实现了稳中有降。

强化林地管理，严格控制有林地逆转　1997年，各地全面推行林地使用许可证制度，加强对征占用林地的审核，依法查处破坏和非法占用林地案件，解决林木、林地纠纷，进一步完善集体林发证工作。全省共调处林地、林木权属争议37起，面积达1133.33万公顷，补发集体林权证4万多份，面积达10万多公顷。

森林资源保护　森林防火工作认真执行“预防为主，积极消灭”的方针，狠抓生物防火工程和森林消防队伍建设，全年共发生森林火警7起，受害森林面积0.93公顷，森林受害率不足0.001/1000。林木病虫害防治工作实现了“一降三提高”的总体目标。各级林业部门认真落实森防工作目标责任制，采取人工、化学和飞防等综合措施，共防治各种林木病虫害53.33万公顷，使松毛虫、大袋蛾、泡桐叶甲等主要林木病虫害得到了及时有效的控制。

发展林业产业　实施《河南省林业系统林业产业和多种经营发展“九五”计划和到2010年长远规划》，继续坚持以“种、养、加为突破口，工、商、建、运、服全面发展”的方针，狠抓“3116”工程的实施工作。通过抓大放小，改组嫁接等形式，积极引导林业企业走技术进步和技术改造的道路，强化林业企业的管理，壮大企业队伍，加快产品更新换代，提高了企业整体水平，增强了林产工业的发展后劲。1997年，全省林业系统林产工业和多种经营销售收入达15.3亿元，利税达1.6亿元。

科教兴林工作　1997年，按照“坚持、巩固、完善、提高、扩大、延续”的方针，继续开展“211”科教兴林示范工程建设。结合开展“农业科技推广年”活动，制定并组织实施了河南省林业厅关于开展“农业科技推广年”活动的行动计划和河南省林业富山计划。全省共组织县及县以上林业单位的科技人员送科技下乡6300人次，举办各类培训班1350期，印发技术资料38.9万份，培训林业技术骨干和农民33.7万人次，建科技示范林2518处4.27万公顷。推广林木优良新品种70个，推广先进适用技术30项。

林业教育　为扩大全省中等林业学校的办学规模和社会服务面，更好地服务林业建设，大力调整专业结构，增强竞争力。洛阳林校、信阳林校、汝南园林学校新增设多种经营、法律、林业财会、园林和经济法律事务5个专业，总招生人数达到1200人。同时，为解决河南省林业基层专业人才分不进、留不住的现状，结合林业实际，恢复招收林业实践生。1997年洛阳林校、汝南园林学校分别招收林业和果树专业实践生80名，为全省林业建设培养、储备了人才。同时，各级林业部门积极开展职工岗位培训、技术培训，培训各类职工300多人次。林业教育工作的广泛开展，提高了林业干部职工和广大林农的技术素质，培养了一大批具有一定科学文化素质的林业大军，为促进林业事业的发展奠定了坚实的基础。

存在问题　平原地区有60多万公顷农田没有形成林网，27个县（市）的农田林网控制率仍低于85%的部颁标准。

（刘宇新）

【京九绿色长廊工程河南段启动】　京九绿色长廊工程是沿京九线连接北京至香港的绿色纽带，也是我国造林绿化的一项重点工程。工程计划用4年时间在2536千米的铁路沿线建成一个绿色通道，实现铁路两侧与站台、城镇与村屯、山和大江大河沿岸绿化。京九铁路纵贯全省东部边沿地区。北由山东省阳谷县进入，南至湖北省麻城市。全省境内线路总长230.53千米。河南京九绿色长廊工程是沿铁路两侧山区各1千米，平原地区各3千米营造绿色通道，需要完成荒山造林1.83万公顷，低产林改造660多公顷，林网完善4.06万公顷，全段营造工作于1997年春正式启动。

（刘宇新）

【湿地保护区建设】　河南省地处中原，为北亚热带向暖温带过渡地带，境内有四大水系流经，大中型水库多，湿地类型及湿地生物资源相当丰富。许多水禽，特别是南北迁徙的候鸟大多数种类都要路经河南省停息、越冬或繁殖，其中近百种为中国受重点保护鸟类或为中日、中澳两国政府间保护的候鸟。但是，由于多种原因引起了全省气候变化、水源污染以及对湿地的盲目开发，致使许多珍贵的湿地环境和湿地生物资源受到严重破坏。为切实保护好湿地资源，从1993年起，全省在开展湿地资源调查的基础上，先后建立了7处湿地保护区，大多集中在黄河流域和豫西地区，其中1处为国家级保护区，3处以保护水产资源为主，4处以保护水禽为主。　（刘宇新）

【陆生野生动物资源调查】　为切实保护好野生动物资源，1997年，全省开展了陆生野生动物资源调查。年初成立了河南省陆生野生动物资源调查办公室和河南省陆生野生动物资源调查专家顾问组，组织编写了《河南省陆生野生动物资源调查与监测实施细则》，按照山区和平原不同的抽样强度，共布设样带2368条，配置专用地图1585份；举办了15期主管调查工作的负责人及技术骨干参加的培训班，培训人员900多人次，有效地提高了调查质量。截至12月底，已有郑州、鹤壁、焦作、平顶山4个市地全部完成了调查任务。

（刘宇新）

【林业科技】

林业科技体系　全省现已建立省、市（地）、县林业科研机构64个，职工1539人，其中科技人员500多人，占职工总数的33%；县级以上林业科技推广服务机构163个（其中部省合建县级以上重点林业技术推广中心30个），专业技术人员2124人；乡级林业技术服务机构2097个。

科技推广　在100多项获奖科研成果中，约有35%得到推广应用。各地也根据本地实际，结合林业生产的实际需要，重点推广了一批先进技术成果。例如，温床催芽、地膜覆盖等育苗技术，保证了平原用材林当年育苗、当年出圃，加快了平原绿化完善步伐；容器育苗技术、干旱石质山区造林技术的推广，保证了荒山造林的需要，加速了造林灭荒步伐。经济林丰产栽培、加工利用技术的推广应用，加速了科技成果的转化和大面积扩散，大幅度提高了全省林业生产水平。

科教兴林示范工程建设　全省共建立科教兴林示范县2个、示范乡17个、示范村120个，建立5个树种的综合示范基地，建立各类科教兴林（点）2518处，约4.27万公顷，引进推广林果优良品种300个、约6公顷多，推广林业新技术、新成果150多项、约13万公顷，基本实现了造林良种化、管理科学化。科技进步加速了林业建设步伐，示范工程区造林成活率和保存率达90%以上，工程区内林业产值由建设前的1.23亿元增长到5.33亿元。　（刘宇新）

【木材检查站建设】　为规范木材运输签证和检查执法行为，河南省研究制订了《关于木材运输签证和检查若干具体规定》，改版印刷了新的省内运输证，要求各地本着“宜宽则宽、宜严则严、宽严结合”的原则，区分责任，把握尺度，努力做到执法公正。同时，在全省开展了木材检查站规范化建设，提出了“基础建设标准化、执法行为规范化、内部管理军事化”的要求。经检查，全省100个木材检查站中，有30个站达到了林业部和省建站标准，为合格站（一类）；有46个站为基本合格站（二类）；有18个站为可以开展工作站（三类）；有6个站为暂不宜开展工作站（四类）。全省合格站及基本合格站占检查站总数的比例达到76%。据92个木材检查站统计，共检查木材运输车辆12万辆（次），过境木材37.5万立方米，其中违章运输车辆3.4万辆（次），立案查处6150辆，没收木材4945立方米。

（刘宇新）

【林业公安】　1997年，全省林业公安机关紧紧围绕维护社会治安稳定、巩固造林绿化成果这个中心任务，坚持“服务大局，求实创新，重点突破，整体推进”和“抓班子，带队伍，促工作，保平安”的总体思路，以提高队伍整体素质和战斗力为目标，以深入开展严打专项斗争为突破口，以强化基层工作和装备达标为重点，全面推进林业公安建设。全省林业公安机关年内共侦破各种森林案件4873起，其中刑事案件929起，治安案件1254起，林业行政案件2690起，打击处理违法犯罪分子6775人，追缴木材9752立方米，查获野生动物67 052只（头），挽回经济损失462万元。

强化基层基础工作，建立和完善林区治安防范新机制。1997年，全省把加强基层基础建设作为推进林业公安工作的一个重点，明确提出了林区治安工作要以加强林业公安派出所建设为龙头，以实行警民联防为依托，以推行“两巡制”为重点，建立健全与形势发展相适应的林业公安勤务制度，落实“一区一警”责任制，重视加强巡警队伍建设，提高了动态环境下对林区治安的控制能力。　（刘宇新）

【森林病虫害防治】　1997年，全省共发生各类森林病虫害80.8万公顷，其中中度以上发生49.3万公顷；全年计划防治53.3万公顷，实际防治53.4万公顷。其中：马尾松毛虫发生3万公顷，防治1.53万公顷；泡桐叶甲发生13.8万公顷，防治9.3万公顷；大袋蛾发生8.27万公顷，防治3.4万公顷；杨树食叶害虫发生11.8万公顷，防治7.93万公顷；栎食叶害虫发生7.47万公顷，防治5.3万公顷；经济林及其他病虫害发生36.53万公顷，防治25.87万公顷。由于措施得力，防治效果都在85%以上，主要林木病虫害得到了及时有效的控制。

全省建立完善基层测报站点1400个，中心测报站点90个。全年发布病虫情测报420期，其中省森防站发布16期，省联系测报站发布30期，测报准确率达80%以上，为各级领导正确决策提供了依据。

全省全年调运检疫苗木41 500万株，花卉4500万株，林木种子680吨，木材260万立方米，果品3.8万吨，药材5500千克。产地检疫林木种子750吨，果品3.25万吨，花卉2250万株，药材5800千克，苗木1.48公顷。建立无检疫对象苗圃1100个，面积1433.3公顷。 （刘宇新）

【经济林生产】 全省已建成十大经济林示范基地16.8万公顷，全省经济林总面积达110.67万公顷，经济林产品年总产量达到25.5亿千克，年产值达35亿元（不含加工增值），年出口创汇1000多万美元。

规模化、基地化发展经济林是全省经济林建设的一大特点。全省重点规划了豫西山区以苹果为主的干鲜果基地，豫北太行山区的干鲜果和花椒基地，豫南山区以板栗、银杏、茶叶为主的木本粮油、木本药材基地，豫西伏牛山区、桐柏山区干鲜果、特用经济林、木本药材基地，黄河故道沙区大枣生产基地，城市周围绕菜篮子工程建设适龄、名优小杂果基地。 （刘宇新）

【林业工作站建设】

建立健全机构 全省2138个乡（镇）已有2099个建立了林业工作站，未建站的乡（镇）也都设立了专兼职林业员。全省乡（镇）林业工作站现有职工总数8068人，其中正式职工5976人，临时工2092人。在正式职工中，中专以上学历的有2069人，占总数的34.6%；高中文化程度的2621人，占总数的43.9%。

基础设施建设 全省累计完成乡站建设投资4626.78万元，共有办公用房3878间，有机动交通工具的站达到1099个，有通讯设备的站达到1468个，有70个县（市、区）为“标准化林业工作站建设合格县”，占有建站任务县（市、区）总数的50%。

开展多种经营 全省乡（镇）林业工作站系统共办林场、苗圃等生产基地1.05万公顷，潜在经济效益十分可观；共开展多种经营项目1166个，年创产值1.21亿元，利润1516.6万元。 （刘宇新）

【林业生态工程建设】 为切实改善生态环境，河南省相继启动了平原绿化工程、防沙治沙工程、太行山绿化工程、长江中上游防护林工程、淮河太湖流域防护林工程、黄河中游防护林工程，林业生态工程建设。

1991年10月，河南省94个平原、半平原和部分平原县全部达到林业部颁发的平原绿化标准。1992年，林业部确定鹿邑县、息县、商水县、睢县为全国高标准平原绿化试点县。1994年，全省新建完善林网166.67万公顷，在全省形成了点、片、网、带相结合农田防护林体系。省委、省政府把防沙治沙工作作为全省的一项基本建设项目，投入资金1000多万元，按照“因地制宜，因害设防，全面规划，综合治理”的原则，制定了总体规划和分年度施工方案，新造两条豫北黄河故道防护林带，完善提高豫东黄河故道防护林带，造林面积4.72万公顷，新造农田林网13.45万公顷，农林间作19.79万公顷。位于太行山南麓和东坡的河南省太行山绿化工程，是全国林业建设重点工程之一，地跨安阳市、鹤壁市、焦作市、新乡市，涉及19个县（市、区），工程规划区面积96.93万公顷，其中林业用地42.67万公顷。截至1997年，全省太行山区共完成造林面积32.55万公顷，其中重点工程造林面积6.35万公顷，森林覆盖率达40%。多年来，工程建设采用直播造林营造的油松、栓皮栎林已大面积形成，石质低山丘陵区营造的侧柏、刺槐林获得成功；植被恢复，初步起到保持水土的作用。由于林木的增加，植被的提高，除招引大批鸟类外，目前已发现有狼和猕猴出现，成了野生动物的栖身之地。林业部于1995年在河南省召开了全国太行山绿化现场会，对河南省太行山绿化工程建设取得的成绩给予高度评价。

长江防护林工程建设涉及河南省18个县（市、区）。1991年，淅川、西峡、内乡、镇平、南召、方城6个县列入了第一期长江防护林工程建设计划。1991～1997年，全省长防林工程已完成人工造林20.95万公顷，总投资1600多万元。

淮河发源于河南省桐柏县，在河南境内长约340千米，占全长的34%，流域面积8.8万平方千米。桐柏县、新县、信阳县、商城县、光山县、罗山县、固始县、泌阳县、鲁山县、登封市10个县（市）于1995年11月被正式列为国家淮河太湖流域防护林体系工程建设试点县，投资190万元，安排造林任务6666.67公顷。截至1997年，全省淮河流域各县完成造林面积4.87万公顷，其中试点县（市）造林7800公顷，大田育苗1533.3公顷，容器育苗96.2万袋。

黄河中游防护林工程涉及三门峡、洛阳等5个市（地）的26个县（市、区）。1995年，该项目得到林业部三北局批准正式实施，灵宝等5个县被列为重点县。1997年重点县增至10个。3年来共完成造林1.3万多公顷。

重点林业生态工程推动了全省造林绿化事业的发

展，加快了消灭宜林荒山的进程，实现了有林地面积、森林蓄积量和林木覆盖率的同步增长，全省有林地面积由157万公顷增加到175万公顷，活立木蓄积量由9151万立方米增加到11 748.6万立方米，林木覆盖率由14.8%上升到16.35%。（刘宇新）

【全民义务植树】 1997年，全省参加义务植树人数达3500多万人次，义务植树1.18亿株；全省义务植树建卡率达85%；新建义务植树基地60个，完成造林1.12万公顷；全省乡以上领导干部办绿化点109个，完成造林8.03万公顷，义务植树规范化、基地化、科学化、制度化水平进一步提高。

各部门、各系统进一步加强了对造林绿化工作的领导，解放军、铁路、交通、煤炭、轻工、水利、农业、石油、教育等部门和系统，根据部门造林绿化负责制的要求，积极完成本部门的造林绿化任务。铁路、公路新增绿化长度135千米和2254千米；煤炭部门当年完成造林223.93公顷；省妇联、团省委组织开展的“三八”林、青年林活动，全省新建“三八”绿色工程10个，新建青年林工程210个，造林7000公顷；水利、石化、轻工、教育等部门也都较好地完成了年度造林绿化任务；广大驻豫官兵努力抓好营区绿化，积极投身地方造林绿化。

各城市认真贯彻《城市绿化条例》，坚持绿化、美化与旧城改造、城市建设和创建文明城市同步发展，全省城市完成植树284万株，种草坪155万立方米；全省新增城市绿化面积121.6公顷，新建广场、街头绿地61处，人均公共绿地达到3.88平方米，城市绿化覆盖率达到23.07%，在促进城市经济和社会发展中发挥了重要作用。（刘宇新）

【利用外资造林】 1997年，全省坚持“创造良好环境、积极引进外资、认真消化吸收、服务林业经济”的原则，创造性地开展各项工作，全年完成项目造林6500公顷，抚育1.67万公顷，完成投资1800万元，其中信贷资金1000万元；引进世界银行项目2个，争取到资金3.787亿元人民币，其中贫困地区林业发展项目2.9亿元，世界银行灌溉农业（二期）林业0.887亿元。

国家造林项目于1996年已完成造林任务，1997年进入后期管理和还贷准备阶段。在后期管理方面，重点制订了项目的后期管理措施，按项目实施方案，及时抚育、间伐、防治病虫害，保护现有成果，增强还贷能力。同时，开展了项目竣工验收准备工作，对国家造林项目实施以来的营林、新技术应用、资金使用进行总结，并制定了验收方案。各项目单位还积极开展了还贷准备工作，目前全省已筹集还贷准备资金2500万元。

继续认真实施森林资源发展和保护项目，严把设计关、造林关、报账关，严格实行世界银行财务管理办法。由于措施得力，项目造林成活率达90%以上，良种使用率、一级苗使用率均达到世行要求。（刘宇新）

【河南省林业富山计划】 根据林业部富山计划和省委《关于制定全省国民经济和社会发展“九五”计划和2010年远景目标的建议》，省林业厅制订了河南省林业富山计划。

河南省林业富山计划本着“以山区资源综合开发为基础，以林业生态体系和产业体系建设为主体，以科学技术为先导，以可持续发展为目标，全面推动山区经济和生态环境建设，促进山区人民脱贫致富”的指导思想，提出了“到2010年，大力推广林业科技成果，加强人才培训，加速发展森林资源，提高森林资源的质量，搞好森林资源的综合开发利用；办好科技先导型企业，初步形成山区林业生态体系和林业产业体系的基本框架，逐步实现林业的两个根本性转变，使山区经济持续稳步增长，达到脱贫致富的目的”的总体目标。其主要内容是，围绕山区资源培育和开发，大力推广十大系列技术；依托资源优势，建立山区十大林业产业；抓好科技示范基地建设，建立一批兴林富山样板；发展一批科技先导型龙头企业；建立健全山区林产品流通体系，建设和培育一批林产品市场；针对山区林业生产难点，加强科技攻关，增强技术储备。该计划自1998年开始实施。（刘宇新）

湖北省林业

【概　述】

发展与成就

造林绿化　全省完成人工造林面积21.6万公顷，占年计划的134.8%，占省政府与各地签订“绿色致富工程”责任状中计划的112.05%。其中经济林12.2万公顷，占造林总面积的56.5%；重点工程造林11.57万公顷，占53.6%。重点工程项目中，“长防林”工程造林6.1万公顷，“淮防林”工程造林0.6万公顷，外资项目造林4.88万公顷。新增林业育苗0.49万公顷，占年计划的103.7%。新增封山育林面积37.3万公顷，其中林业工程封山育林5.67万公顷。全省有2586.8万人参加义务植树，占应履行义务植树人数的88.7%，完成植树1.48亿株，占年计划的148%。经省检查验收，新增30个绿化达标合格县（市、区），使全省实现绿化达标县（市、区）达49个。

林业产业　全省木材总产量216.8万立方米，其中木材公司系统76.8万立方米，加工企业直购45万立方米，站（场、所）及其他公司30万立方米，系统外经营65万立方米。全年人造板生产28.9万立方米，其中胶合板4.6万立方米，中密度纤维板2.5万立方米，刨花板6.3万立方米，细木工板10.5万立方米，松香完成3000吨，单宁酸系列产品650吨，木片1.5万吨，木地板26万立方米。

全省森林工业企业实现销售收入17.8亿元，其中木片销售5.8亿元，林产工业8.5亿元，林业多种经营3.5亿元。实现利税11 550万元，其中实现利润2550万元，税金9000万元。

全省林业系统创产值67.97亿元，其中第一产业产值41.37亿元，占60.8%；第二产业18.24亿元，占26.8%；第三产业8.36亿元，占12.4%。全省170个国有林场年销售收入达3.9亿元，职工自营经济收入人均达2300元，森林旅游创收1755万元。

森林保护 全省林业公安机关共发现和受理各类森林案件5268起，查处5149起，综合查处率97.7%；处理各类违法犯罪人员6542人，其中逮捕49人，劳教4人，治安拘留275人；破获森林犯罪团伙22个，成员103人，收缴木材4674立方米，野生动物15 560头（只），为国家挽回经济损失514.48万元。全省共发生森林火警火灾69起，其中火警47起，火灾22起，受害森林面积194.5公顷，损失林木蓄积894.8立方米，损失幼树608万株。全省森林病虫害发生面积20.8万公顷，其中松毛虫发生面积17.56万公顷，占84.4%；总防治面积15万公顷，防治率72.1%。

改革与林政实施 五抓五促：抓造林绿化，促林业“绿色致富工程”实施；抓产业发展，促经济活力增强；抓森林管护，促森林资源增长；抓科技兴林，促经济增长方式转变；抓精神文明建设，促职工队伍素质提高。

林业产业化 经省政府、省体改委和各地政府批准成立的企业集团有5家：湖北木业集团、湖北长江花卉集团、咸宁地区竹业集团、五峰县山山集团和远安县远林集团。产值1000万元以上的龙头企业18家，亿元产值企业3家。

林政管理 对1995年以来违法使用林地行为，进行了一次全面的清理，同时查处了一批大案、要案，使征占用林地初审率达到45%，补偿率达63.4%。加大了对木材经营、加工市场清理整顿的力度，取缔了一批无证经营、加工木材的单位和个人，使凭证采伐率和运输率分别达到81.2%和90%。

科技兴林 重点推广了兴林灭螺、良种选择和快繁速生丰产等20多项林业“绿色致富工程”实用技术；共成立近200个科技小分队，组织4000多科技人员下乡，举办各类培训班1000多期，培训林业行业关键岗位人员243人次、科技骨干近1000人、农村科技致富带头人3000多人、林农6万多人，编印实用技术资料近100万份，兴办科技示范点300多个，面积近1333公顷。

花卉产业发展 精选226件作品在全国花卉博览会上参展，80件作品获奖、综合评比名列全国第六并荣获“部长杯”。

存在问题 春季植树造林中，种苗管理不规范，地区间不平衡，品种不太配套，致使上山苗木良莠不齐；企业亏损仍很严重，在统计的305家林业企业中，亏损企业90家，虽比1996年同期减少，但亏损面仍达29.5%；乱砍滥伐有所抬头，追求规模、毁林造林和急功近利、伐树筹资现象突出；林产品加工与生产不配套，部分林产品销售不畅，产品精深加工没有跟上。

（陈遵发　李　飚）

【湖北木业集团】 湖北木业集团是省政府决定组建的省级林业产业化龙头企业，也是省级“六大集团”之一。湖北木业集团的核心企业是湖北木业集团总公司，紧密层企业有湖北福汉木业有限公司、湖北福洪木业有限公司、湖北省林业经济贸易公司、湖北省造林经营公司、湖北省木材总公司和深圳市鄂深贸易有限公司，松散层有湖北省林工商公司等28家企事业单位。集团涉及造林、森工、轻工、化工、医药、外贸、军贸、旅游等多种行业产业。集团总资产为13.6亿元，年营销额21.4亿元。集团总公司拥有先进的生产设备和雄厚的技术力量，拥有与之相配套的长江专用码头和5千米长的铁路专用线及覆盖26.67公顷厂区的大型桥吊等设施。主要生产的产品有胶合板、装饰板、木地板、刨花板、细木工板、中密度纤维板、指接材、家具、轻型建筑材料、林果食品等10多个产品系列。商业关系连接日本，非洲、北美、欧洲、南亚等地区，以及我国国内有20多个省市设有办事处或产品直销站（公司）。

湖北木业集团于1997年12月18日在武汉挂牌成立。

（闵凤鸣）

【湖北长江花卉产业有限公司】 湖北长江花卉产业有限公司，经省工商局注册，由省政府授牌，成立于1997年11月。

长江花卉公司地处武汉市东湖新技术开发区，注册资金5000万元，现有员工200多人，其中高中级技术人员70多人。下辖中南地区最大的集贮、供、销一体的最大花市——武汉花卉市场和应城玉女花卉有限公司。拥有以色列双层保温棚、滴灌技术在中国的代理权；拥有建筑面积8900平方米的交易大厅、保鲜冷库及公寓、餐厅、温室、停车场、仓库及专用车辆等配套设施；建有蔡甸球根花和云南呈贡切花、观叶植物三大生产基地；主要经营鲜切花和观叶植物工厂化无土栽培与生产，园林绿化工程的设计与施工，家庭室内绿化装饰和鲜花的租赁，园林工具及相关器皿的销售，以及旅游观光、生物制品的研究与开发、狩猎、生态农业等项目。

（闵凤鸣）

【修建京九、汉宜绿色长廊】 京九铁路湖北段北从麻城西张店乡入境，南到黄梅小池九江长江大桥出口，铁路线总长348.48千米，其中正线长252.93千米，麻武联络线54.65千米，合九线40.9千米，占京九全线长的十分之一强。铁路穿越麻城、新洲、红安、黄陂、团风、黄州、浠水、蕲春、武穴、黄梅、龙感湖11个县（市、区）。1997年湖北省绿化委员会办公室在京九长廊建设中主要做了以下几项工作：一是配合全国绿化委员会、共青团中央、全国妇联、铁道部、林业部在京九沿线站内开展爱绿、护绿、植绿活动。湖北省境内22个区间站有1200余人参加植树，共植树59.33公顷，18.4万株。二是抓规划，明确任务目标。从1997年4月开始，历时半年，组织80多人次的技术骨干对沿线的绿化现状进行了实地踏查，确定了工程建设的任务和目标，并完成了“京九绿色长廊”湖北段建设总体规划。三是抓机遇，抢季节，保证了工程全面启动和实施。京九沿线各县（市）把“林业绿色致富工程”和“绿色长廊工程”结合起来，在工程区范围内利用农闲采取集中会战等形式大规模治山整地，3个月共完成近1.3万公顷。

汉宜高速公路是连接武汉至宜昌的纽带，建设“汉宜绿色长廊”是实施湖北生态环境建设的一项重点绿化工程。工程的总体目标：到2000年，在汉宜高速公路沿线两侧3～5千米视野范围内，包括农田林网、荒坡荒滩、沟渠路堤、城镇、村庄全面实现高标准绿化，即农田林网控制率达到100%，林网最大控制面积不超过20公顷，林业用地绿化率达到100%，村庄绿化率达到30%以上，林木覆盖率平原在16%以上，丘陵山区在40%以上。1997年9月省政府在潜江市召开了实施“汉宜绿色长廊”工程现场动员会。（郭成华）

【计算机监测森林火灾】 湖北省无霜期长，秋冬季干旱，一年有6个月的防火期；森林资源丰富，森林火灾较为频繁，由于科技手段的落后，发现火情主要是依靠地面巡护、瞭望塔观察和群众报警，森林火灾难以做到发现早，扑救快，特别是高山、远山的森林火灾更是难以早发现，错过扑救时机，使一般火灾酿成重大火灾。1993～1997年，湖北省利用美国人造极轨气象卫星遥感信息源通过计算机编辑检验、定位等信息处理，获得林火信息显示的气象云图图像，实施对森林火灾的监测效果好。一是接收信息多。4年来共收气象云图241幅，其中发现火情热点图像41幅。二是发现火情早。1995年3月6日下午，从卫星图像监测到随州市境内有2个像素点的热点，立即通知该市，半小时内就组织百名人员上山扑救，把火灾损失降低到最低限度。三是监测林火准。计算机监测林火可以确定火场位置、面积，分析出林火蔓延的方向。通过对26个热点的验证核查，监测林火的准确率近100%，热点经纬度与火场位置误差极小。应用计算机监测森林火灾后，发现早，扑救快，损失小。1996年、1997年分别发生151起、69起森林火灾，特别是过火森林面积，受害森林资源以及扑火经费均呈大幅度下降趋势。现已入全国监测信息网终端。（鲁水清）

【荆门市马河林业工作站开展林业社会化服务】 马河林业工作站立足本镇山情、民情、林情，按照“立足服务搞好经营，创办实体促进服务”的指导思想，坚持“依托科技开展服务，围绕服务滚动发展”的方略，遵循“公司＋基地＋农户”的一体化经营模式，融生产、科技、流通于一体，在林业生产上开展了产前、产中、产后的林业社会化全程服务，逐步构筑起全镇林工贸一体化，产供销一条龙，带动了全镇林业经济大跨越。1997年，全镇林业产业完成产值3100万元，创利税978万元。他们的主要做法：一是加大开发力度，狠抓基地开发和服务。全镇现有林业基地27个，总面积达6666.67公顷。二是依托资源优势，建立龙头企业。现已建立年产5000立方米的纤维板厂和与港商合资兴办年产500吨的香菇脱水厂两个加工龙头企业。三是积极推广新技术，走科技兴林之路。该站在开展林业社会化服务时采取推广优良品种、培训技术人员、印发科技资料、开展技术承包等方式普及实用技术，促进农民增产增收。四是在服务中壮大林业工作站经济。林业工作站在实现兴林富民的同时，自身经济实力也不断增强。1997年实现产值735万元、利税98万元。

（石志军）

【国有荆门市十里牌林场发展第三产业】 国有荆门市十里牌林场建于1956年，经营总面积3346.67公顷，其中林业用地2442.73公顷，活立木蓄积10.8万立方米。在1992年全面实现绿化达标和脱贫的基础上，该场及时转移工作重点，确立“内引外联、合股经营、突破性发展第三产业”的发展思路，充分发挥城郊型林场的区位优势，初步实现了由单纯林业经营型向综合经营型的转变。先后组建了劳动服务公司、装卸队、停车场等第三产业经营实体，建成了千佛洞森林公园和温泉旅馆，筹资500多万元建设十里牌农贸市场、林业一条街，共计经营门店220家，经营面积1.4万平方米。在大力发展集体经济的同时，林场还积极鼓励和引导职工开辟汽车运输、修理、餐饮、商业等新的第三产业项目，使全场形成了以林业为基础、以建材业为龙头、以商贸业为桥梁，多种形式并举，林工贸一体化全面发展的新格局。1997年，林场销售总收入2000万元。其中第三产业收入780万元，占总收入的39%，实现利润39万元，上交税收50万元。职工年平均收入达到7000元以上。（涂定卓）

【石首市林业科学研究所科研、推广与产业同步发展】 石首市林业科学研究所创建于1958年。现有职工58人（其中高级职称1人，中级职称4人），固定资产

350万元，经营场圃160公顷，科技藏书8000多册。近年来，该所依靠科技、面向市场、锐意改革，闯出了一条科研、推广与产业同步发展的成功之路。围绕优质杨树工业原料林基地建设，先后在良种繁育、丰产栽培、病虫害防治等方面，开展科研攻关，共取得部（省）科技进步奖5项，建立南方型杨树良种种质基因库6.67公顷，收集杨树不同无性系43个；推广林业实用技术28项，试验示范面积4000多公顷；大力开展科技培训，仅1997年就培训林农3.8万人次；自办苗圃23.33公顷，累计为社会提供优质苗木950万株，创产值1600万元，仅1997年就生产意杨合格苗木75万株，创收70多万元；与此同时，利用地处市区的优势，发展第三产业，在城区兴建商业铺面50个，经营面积6100平方米，年创收70多万元，并解决了18名分流职工的就业问题。（郑 进）

【宜昌市发展花卉产业】 宜昌市是三峡工程所在地，为充分发挥宜昌区位优势、自然资源优势、交通优势和技术人才优势，市政府将花卉产业作为全市农业产业化六大支柱产业来抓，以宜昌长江三峡花卉基地为重点，抓住林业部批复的第一批花卉生产示范基地的机遇，加快花卉产业的发展。规划到2000年，全市花卉种植面积达到300公顷，年生产各类花卉苗木2000万株，年产鲜切花1000万株，花木盆景2万盆，三峡石3万个，根艺3万件，年销售达到5000万元，发展速度递增25%，形成包括鲜切花、盆花、盆景、根艺、奇石艺术、露地草花、种子种球、种苗以及干花、草坪等多个品种的花卉产业体系。（宜昌市林业局）

【兴建三峡植物园】 为引种、收集、保存三峡地区经济植物资源，示范、推广、普及植物科学知识，优化、美化、香化城市生态环境，为市民提供现代化的绿色观赏、旅游、度假胜地，经中国科学院批复同意兴建中国科学院三峡植物园。该园位于宜昌市金银岗省级森林公园内，由中国科学院武汉植物研究所和宜昌市人民政府共同筹建，规划总面积160公顷，分设10个功能园区，总投资3000万元，自1997年4月批复同意到年底，已完成了省计委立项批复，通过了总体规划设计方案，并完成了第一批20余种珍稀濒危植物的引种、移植。（宜昌市林业局）

【安陆市发展银杏产业】 9月15日，安陆市隆重举办了首届银杏节，参加人员有包括港、澳、台在内的全国各地客商、知名人士、专家、教授、学者等共800余人。银杏节期间招商引资签订正式合同32个，投资总额达7.2亿元，签订意向协议19个，意向引进外资6000万美元。

安陆市是全国银杏主产区之一，境内有中原最大的古银杏群落，现已建成银杏基地1万多公顷，银杏采叶园800公顷，共栽植银杏3200万株，人均50株。1997年，全市产白果15万千克，采银杏叶1000余吨，出圃苗木3000万株，开发出银杏黄酮、银杏酒、银杏茶、银杏香枕、银杏饮料和银杏成药等系列产品，银杏产加销一条龙产值达2.61亿元，利税7450万元。主要做法：

建立领导责任制 市委、市政府把银杏产业化作为领导工程来抓，市和乡（镇）都成立了领导小组，党政一把手亲自抓，市领导包乡（镇），乡（镇）领导包村组，层层签订责任书，建立奖惩机制，严格兑现，强化了领导责任。

发动全民齐动手 实施“三大工程”建基地，即市直单位和乡（镇）办万亩银杏基地作为机关财源建设工程，村办百亩银杏园作为村级组织凝聚工程，户建1亩银杏园作为奔小康主体工程，形成了村村户户和所有的市、乡（镇）机关单位大办银杏基地的局面。

组建龙头加工企业 以安陆银杏实业股份公司为总龙头，网络各加工厂，引进外资和私营业主办企业，形成了银杏加工集团，生产银杏系列产品。

注重科技推广应用 完成了银杏矮密早丰技术研究等课题，银杏育苗、嫁接、人工授粉、白果的采、收、贮藏等技术已全面普及，在栽培技术上探索出了具有安陆特色的八大模式。编写出版了《银杏栽培实用技术》、《全国首届银杏学术研讨会论文集》等专著，市、乡、村建成了三级银杏研究推广网络。

（孝感市林业局）

【荆州市农田林网建设】 荆州市地处湖北省中南部，江汉平原腹地，国土面积14 367平方千米。在全市8个县（市、区）全部实现绿化达标的基础上，市委、市政府又把荆州平原绿化向高标准目标推进，闯出了一条以农田林网为主体的平原绿化的路子。至1997年底，全市已建成农田林网33.33万公顷，占宜建农田林网的85%以上，绿化美化了荆州大地，改善了农民的耕作环境，减轻了农业自然灾害，起到了有效的绿色屏障作用。农田林网建设的主要经验：一是实行工程造林，把农田防护林建设与农业综合开发结合起来，实行农业综合开发农田防护林工程造林，科学规划，精心施工。根据不同的立地条件和农作物种类，确定网络面积大小（20～33.33公顷），选择水杉、池杉、意杨等适生速生林网树种，并把农田林网与田间沟、渠、路相结合，形成纵横交错的农田林网体系。在造林施工中，严把苗木关和造林技术关，有效地提高了造林成活率。二是加强林网管护。农田承包户负责所承包农田林网的抚育管理，公用沟、渠、路、林木由集体统一指定专人管护，实行定人员、定地段、定株数、定成活率、定报酬、定奖赔的“六定”责任制，保证成林成网。三是稳定投入渠道。按照国家、集体、农户各拿一点的办法，保证农田林网建设投入。全市每年投入农田林网建设资金近200万元，投入劳力近80万个。

（荆州市林业局）

【神农架古人类高山洞穴遗址景点建成】 1997年6月18日，神农架古人类高山洞穴遗址景点建成并正式对外开放。改变了神农架旅游无文化古迹、无洞穴的历史。

该景点于1995年12月发现，1996年11月，中国科学院和国家文物管理局下达批准书，由我国著名考古专家王善才教授任领队正式考古发掘。通过发掘，发现距今15万年前的远古人类旧石器100余件、2000余件南方大熊猫——剑齿象动物群化石。

神农架国家森林公园根据这一重大发现，筹集资金113万元，铺设环形道路2千米，开辟亭、桥、洞、峰、台景点10个，铺设电缆线500余米，建立古生物化石陈列馆150平方米。建成集自然风光、文物古迹、珍稀动植物、探险猎奇于一体的旅游景点。

该景点位于神农架国家森林公园红坪景区，东距松柏镇60千米，南距神农架国家级自然保护区24千米，209国道纵贯其间，海拔1800米，年平均气温7℃，位居长江三峡—神农架—武当山国内旅游热线上。

（神农架林区林业管理局）

【襄樊市拍卖“三荒”经营权】 襄樊市改革林地使用制度，本着“明码标价、公开拍卖、限期绿化、法律公正”的原则，把荒山、荒滩、荒地推向市场，引导社会各界和广大群众向林业投入，大搞造林建基地。1997年，全市拍卖“三荒”建林业基地的面积达6600余公顷，占当年建基地总面积的25%，全市拍卖“三荒”建林业基地的面积，累计达2.73万公顷。

拍卖“三荒”建林业基地面积最大的是南漳县，面积2万公顷，占全县林业用地面积的8%。老河口市不仅拍卖汉江岸边的沙洲用于造林，而且将难以造林的公路和渠道绿化实行拍卖经营。该市1997年拍卖经营的路、渠有50多千米，栽植树木50多万株。南漳县有15个乡（镇）林业工作站积极购买荒山荒滩建林果场20个、面积1300多公顷。该县东巩镇林业工作站投资18万元，购买122.47公顷荒山办了2个林场，巡检镇林业工作站共投资40万元，购买500公顷荒山，建了6个林场和1个果园场。老河口、谷城、保康等县（市）林业部门都积极参与了购买“三荒”经营权，建林业基地的活动，从而推动全市20多个部门加入购“三荒”、建基地的行列。谷城县有76个单位上山下滩建设绿色致富工程基地，达到了“买一块、建一块、成一块”的目的。（襄樊市林业局）

【湖北省1997年林业大事】

1. 1月8日，省政府办公厅批转省绿化委员会、省交通厅《关于进一步加强全省公路绿化工作的意见》。

2. 1月17日，省林业厅批准成立咸宁地区凤池山、鄂州市沼山森林公园。

3. 1月20日，省林木种苗质量检验监督站经省林业厅批准挂牌成立。

4. 2月21日，省政府批准红安县永佳河等18个木材检查站更改站名站址。

5. 2月26日，省委、省政府在钟祥市举行湖北省造林功臣周兴仁命名表彰大会，1300余人参加了大会。会上，省委副书记邓国政代表省委、省政府向周兴仁同志颁发荣誉证书和奖金，周兴仁同志以“用生命塑造绿色”为题作了先进事迹报告。会后，与会领导和代表100多人前往钟祥市磷矿镇周兴仁林场参观，并与周兴仁全家一起栽植了大片湿地松。

6. 2月28日，省委、省人大、省政府、省政协、省军区和武汉市委、市政府的领导以及当地干部群众7000多人到江夏区灵山千亩胡柚基地造林现场参加义务植树活动，共栽植胡柚树苗1万多株。

7. 3月17日，省林业厅批准黄冈市毕升森林公园成立。

8. 3月24日，房县、红安县被林业部纳入全国山区综合开发试点示范县。

9. 3月26日，省林业厅召开全省林业种苗工作紧急会议，研究解决全省种苗生产的突出问题。

10. 4月8～19日，省人大常委会副主任徐晓春、郝国道分别率领人大检查组到恩施州、十堰市、荆门市检查林业法律、法规的执行情况，以及实施林业绿色致富工程和开展全民义务植树的情况。

11. 4月28～29日，全省首次林业信息工作会议在潜江市召开，省委办公厅、省政府办公厅信息处的领导专程到会指导。

12. 5月12日，省林业厅印发《湖北省林业绿色致富工程基地建设检查验收办法（试行）》。

13. 5月21日，省林业厅和省财政厅联合印发《湖北省世界银行贷款国家造林项目还贷办法（试行）》。

14. 5月16日，以安井正美为团长的日本援助湖北汉江上游水土保持林器材装备项目事前调查团来项目区进行为期20天的实地调查。

15. 8月5日，省八届人大常委会第二十九次会议审议通过《湖北省林地管理条例》。

16. 8月18日，《湖北省经济林基地建设标准》通过专家审定。

17. 10月1日，华中南花卉交易会暨武汉花卉市场开业典礼在武汉市隆重开幕，自此，武汉花卉市场正式挂牌营业。

18. 10月5日，林业部批准成立湖北省林业行业特有工种职业技能鉴定站。

19. 10月10日至12月10日，经省组织检查验收，有30个县（市、区）达到绿化标准。至此，全省实现绿化达标的县（市、区）共达49个。

20. 10月11～13日，川陕鄂渝巴山地区护林联防委员会第40届会议暨联委成立40周年庆祝大会在竹山县召开，副省长王生铁、省长助理江泓到会祝贺。会议审议通过了修改《联委章程》和《会歌》的决议，表彰了22个先进集体和22名先进个人。与会代表还以省、地、县为单位栽植了40棵纪念树。

21. 10月17日，咸宁地区殷家嘴木材检查站荣获全国木材检查站文明执法示范单位称号。

22. 10月28日，联合国无偿援助我国第一个乡村林业扶贫项目在鹤峰县太平乡启动实施。

23. 10月29日，省政府召开全省森林防火电视电话会议，省护林防火指挥部副指挥长、省长助理江泓突出强调落实护林防火工作的八条措施。

24. 12月29日，经林业部检查验收，老河口市等11个市（县、区）荣获全国林业工作站建设合格县称号。

（白　勤）

武汉市林业

【概　述】 武汉市1992年被林业部确立为全国城市林业建设试验区，坚持林业发展生态、社会和经济效益并举，走城市林业改革发展之路，林业建设驶入快车道。到1997年，全市有林地面积达到10.2万公顷，活立木蓄积量达300万立方米，森林覆盖率13.5%，果品产量6.7万吨，茶叶产量1100吨，林业总产值3.5亿元。

改善城市生态环境 武汉市现已初步形成环城“三圈”绿色屏障，一是在武汉中心城区20千米外围城乡结合部位，包括长江、汉江、河湖、堤防、道路绿化带和防浪防污林带建设以及花卉业与草本水果的发展；二是内圈外延25千米的圈域，包括建设的农田防护林、经济林、速生丰产用材林以及森林公园；三是中圈外延到县区边界地域，包括干果、茶叶和用材林，以及森林度假区的建设。绿色屏障的形成使生态与社会效益同时得到体现，“内圈改善环境，中圈保护农田，外圈保持水土”。全市林业用地绿化率达93%，以“点、片、线、网”相结合的农田林网控制面积达9.33万公顷，控制率达68%，道路绿化4000多千米，绿化率达75%；渠、堤、河绿化3000多千米，绿化率达83%。在原国有林场的基础上，建成了木兰山、青龙山、嵩阳山、九真山、将军山、素山寺6个森林公园，木兰湖、道观河和沉湖湿地3个自然保护区也初见雏形。1997年底，武汉市九次党代会和十届人代会提出要创建山水园林城市，并开始付诸实施。林业的生态特色作用更加明显。

全民植树造林 武汉市把林业放在实现城市经济、社会可持续发展中“优化环境与促进发展”的基础和主体地位。近年来，武汉市林业生产以每年人工造林6666.67公顷，“四旁”植树800万株的速度发展，是全省消灭宜林荒山第一市和全国平原绿化先进城市。国家重点工程造林项目长江中下游防护林体系建设，实施5年来累计投资2200万元，共完成重点工程造林2.27万公顷，包括人工植苗1.13万公顷，低产林改造5333.33公顷，封山育林6000公顷。利用世界银行贷款的国家造林项目，在黄陂、新洲、江夏、蔡甸实施森林资源发展和保护项目，总投入2000万元。实行定向培育，高标准、高质量营造集约经营人工林，发展和保护森林资源，共营造速生丰产林5333.33公顷。同时，武汉大力推行高标准“灭荒”和高标准平原绿化“两高”达标，1997年江夏区、黄陂县森林覆盖率达25%～30%；林业用地绿化率68%～94%；农田林网控制率达70%～72%；率先通过“两高”绿化达标。

森林资源保护 加强执法宣传和立法工作，武汉市先后颁布了《武汉市森林资源管理办法》、《武汉市野生动物保护规定》、《武汉市城市绿化条例》等法规和规章，市政府还下发了一系列加强森林保护、发展林业的重要文件，保证了林业的健康发展。

为了巩固绿化成果，加强森林保护，武汉市一是严格控制森林采伐，编制采伐限额计划，依法实行采伐许可证制度和审批程序，平均年采伐量控制在占生长量的20%～30%；二是严格控制林地流失和有林地逆转，认真执行使用林地许可证制度，加强林权林地管理，完成了国有山林林权发证工作；三是林政管理和林业公安队伍建设全面加强，林业行政执法人员260人，林业公安民警60余人，近5年全市共依法查处毁林案件386起，毁林面积15公顷，森林案件查处率达90%以上；四是狠抓护林防火工作，近5年来，全市发生森林火灾次数和面积呈明显下降趋势。

改革林业经营机制 通过租赁、拍卖、股份合作等多种经营形式，加速了林地、荒山使用权的有偿流转，林业产权制度和经营体制改革逐步深入。1997年，市委、市政府以及一些区（县）政府都制定了有关“四荒”拍卖，加快林地和山水资源开发的政策意见。按“先发展、后完善、逐步规范的原则”，鼓励农民、集体经济组织、国有企业、私营企业、外资和社会力量投资林业，开发山水资源，农村林果业庄园发展迅速。到1997年底，全市拍卖非耕地资源达1万多公顷。郊区各区（县）吸引国内外客商投资农业及山水资源开发，引资金额已达8亿多元，庄园经济已成为武汉市林业发展的又一个新经济增长点。

（吴　旻）

湖南省林业

【概　述】

发展与成就　1997年，林业总产值82.9亿元，比1996年增长6.69%；森林面积增加11万公顷，活立木蓄积量增加1380万立方米，森林覆盖率提高0.31个百分点；全省提前一年半实现全面绿化。

造林绿化　全年人工造林、更新86.69千公顷，其中重点工程造林24.81千公顷；低产林改造99.41千公顷；幼林抚育实际面积304.65千公顷；新增封山育林面积179.54千公顷；育苗4.13千公顷。全民义务植树1.4亿株，尽责率87.6%。新增公路绿化里程3292千米，新增河渠绿化里程3490千米，城镇新增绿地面积837.8万平方米，新增花园式单位996个，最后一批绿化达标单位在“七一”前夕通过检查验收，圆满实现了省委、省政府1989年提出的“五年消灭宜林荒山，十年绿化湖南”目标。到1997年底，全省有林地面积达916万公顷，活立木蓄积量2.648亿立方米。造林质量稳步提高，据林业部对湖南省1996年人工造林、更新实绩核查，面积核实率99.1%，质量合格率100%，抚育率99.5%，管护率99.5%，作业设计率、资源建档率、检查验收率均达100%，造林质量综合评分居全国第三。

林政管理　全年仅发生火警火灾108次，受害森林面积395.6公顷，受害率仅0.043/1000。森林病虫害发生面积564.95千公顷，防治187.6千公顷，防治率33.21%。新出台了《湖南省国有林场管理办法》，修订了《湖南省野生动植物资源保护管理条例》。在林业部的指导下首次开展了林业行政执法资格培训考试，对全省1.1万余名考试合格的林业行政执法人员颁发了《林业行政执法证》。

全年共发现和受理各类森林案件12 167起，破获查处12 113起，破获查处率为99.6%，比1996年提高0.3个百分点；处罚和打击各类违法犯罪人员15 819名，其中：逮捕318名，劳教90名，治安拘留458名；挽回经济损失1611万元，其中：收缴木材14 514立方米，野生动物3321头（只）。全年森林案件发现受理数在连续两年下降的基础上，比1996年减少23.9%，其中刑事案件788起，减少39.2%，重特大案件46起，减少43.9%。

林产工业　生产木材331.29万立方米，竹材4898.63万根，人造板47.54万立方米，饰面板207.19万平方米，木地板17.54万平方米，松脂16 526吨，松香14 775吨。年内完成了会同县1.5万立方米、怀化地区3万立方米、衡阳市木材厂1.5万立方米中密度纤维板和桃江县0.5万立方米竹复合板、溆浦县1万立方米细木工板、靖州刨花板厂40万平方米贴面板及浸渍纸生产线等6个技改项目。洪江市联合竹胶合板厂、湖南人造板厂、衡阳木材厂、湘南罐头食品厂列入全省农业产业化20家龙头企业。

林业科教　组织科研院所围绕林业产业化经营，对林木良种培育和林产品加工等科研课题进行攻关，着重推广了ABT生根粉等12项先进、成熟、实用的科研成果，建立了各种类型的示范样板基地，全省主要造林树种良种造林率达91.8%。林业科技推广体系建设进一步完善，部省投资和地县配套480万元新建了10个地县推广站。根据市场需求，调整了林业大中专学校的专业结构，师资队伍和基础设施建设不断加强。

对外开放　先后与芬兰、德国、美国、日本等国家和世界银行建立了友好合作关系，拓宽了对外合作渠道。中德合作湖南省洞庭湖生态造林项目经多方努力5月正式签定协议，德国政府援助1200万马克。对外科技交流日趋活跃，全省共选派38人次出国从事行业考察、专业培训和学术交流，充分利用了世界自然基金、欧洲自然与国家公园联盟、芬兰特皮奥林业发展中心等国际组织和机构提供的培训机会，学习了国外的先进技术和管理经验，有的已运用到实际工作中。

存在问题　一是林业生态环境建设任务重，局部地区水土流失严重；二是林业结构不合理，经济效益偏低；三是林业投入不足，资金缺口较大；四是森林工业企业亏损严重。

（宋自力）

【落实退耕还林粮补贴政策】　退耕还林粮是湖南省解决山区林农退耕还林后的粮食困难，支持发展林业生产的一项财政补贴政策，始于1979年，至1992年因粮价全面放开而停止。此后，群众反映强烈，许多人大代表和政协委员纷纷提出建议和提案，要求恢复该项政策。1997年6月5日，省政府161次常务会议议定：“解决民族地区林农缺粮的问题要与全省林区缺粮的问题统一考虑，具体以省林业厅为主会同省财政厅研究制定方案”。省林业厅、财政厅通过对重点林业县和少数民族地区缺粮林农摸底调查，提出了具体补贴方案，经省政府同意，于12月29日，联合下发了《关于下达退耕还林林农补贴指标的通知》，规定“从1996年到2000年，继续对退耕还林的民族地区（包括非民族县市的民族乡）和省重点林区的缺粮林农给予补贴，补贴标准为每50千克稻谷补贴8.50元。”全省共对11个地（州、市）所属的49个县（市、区）安排稻谷指标8245.93万千克（其中少数民族5372万千克），省拨差价款1402万元，要求退耕还林补贴款的50%与其他有关资金捆在一起，用于缺粮地区农田开发建设，另50%用于缺粮农户的购粮补助。补贴用于农田开发建设项目部分，由县财政局、林业局考察论证，提出具体意见，报县政府批准下达执行；用于林农购粮补贴部分，必须由乡、镇财政所、林业工作站造具补贴到户花名册，直接发放到林农手中，年终凭林农签收的清册到县报账。（刘溅根）

【首次使用卫星导航系统防治松毛虫】 1997年5月，省林业厅森保局首次使用卫星导航系统在绥宁、会同、靖州、通道等4县大面积防治松毛虫获成功。此次飞机防治较以往有五方面突破：一是实行了跨地区多县市联防联治，控制松毛虫灾情；二是从根本上解决了山区飞机防治因地形复杂、地面信号难于设置等问题；三是全部使用生物农药和仿生制剂农药。1997年，全省防治面积2.9万多公顷，共飞行191个架次，使用白僵菌高孢粉、病毒、灭幼脲、BT乳剂、贝林克等生物农药近10吨，既有效控制了灾害，又保护了天敌，减少了环境污染；四是在靖州县投资30多万元，改建了原有简易机场，现建有一条400米×50米的水泥跑道及农药仓库、指挥台、药池等，此机场在全国林业系统属领先水平；五是飞机防治区防治效果好，成本低。经调查，防治率均在60%以上，成本每公顷36元，比地面防治节约成本56%，较以往降低66%。

（黄向东）

【马尾松脱脂保色研究】 湖南省是马尾松主产区，资源丰富，蓄积量大。但由于马尾松松脂含量高、易变色、不耐腐蚀等缺陷，使其用途受到限制。为了克服马尾松的材性缺限，提高其利用价值，省科委拿出研究经费30万元，会同县金裕竹木制品有限公司拿出设备费70万元，决定在会同县进行马尾松脱脂保色研究。该项目由省科委面向社会公开招标。中国林科院木材研究所、省林业工业研究所等单位参与投标。1997年8月27日经有关专家审查评定，省林业工业研究所揭标。由省科委和企业共同出资进行招标，在湖南省还是第一次，副省长潘贵玉出席了项目评标会并高度评价了这次招标工作。（姚贤清）

【省级林木无性系育种技术重点实验室】 1996年11月经省科委批准，在省林业科学研究所建立了林业无性系育种技术重点实验室。这是湖南省林业系统第一个省级重点实验室，省科委、林业厅共同投资200万元进行建设。实验室由无性系规模繁殖苗圃、人工气候室、光照培养室、数据库、分析制备室、材性测定室、生理生化分析室等分析、研究专业室组成。实验室的研究方向是：以市场为导向，以选育、扩大优质品种为重点，以提高林业综合效益为中心，努力跟踪世界林业发展的前沿科学，利用现代化林木无性系育种基础和无性系繁殖技术优势，对省内以杉木为主的建筑材，以马尾松、国外松、杨树为主的工业原料用材和以板栗、油茶为主的木本粮油树种的经济性状和抗性等进行遗传改良。重点在育种策略、经济与抗逆性改良、规模化繁殖技术等方面取得突破。（姚贤清）

【林业优质种苗工程】 为了适应全省林业结构调整和高效林业发展需要，省委、省政府决定从1997年起，把林业优质种苗工程纳入省优质种苗工程的建设内容。"九五"期间，全省林业优质种苗工程建设的重点是工业原料林、珍稀用材林、名特优新经济林的良种基地建设，其规模为2656.67公顷，其中新建种子园、采穗圃926.67公顷，续建546.67公顷；子代测定林、良种示范林396.67公顷；各种良种培养基地786.66公顷。

（张才学）

【松脂产量创纪录】 1997年，全省松脂产量16 526吨，创1982年以来的最高纪录。松脂增产的主要原因是，各级领导高度重视、林化企业积极参与和推广运用科学的采脂技术。近几年来，省林业厅一直把大力发展松脂松香生产作为全省林业产业开发的一项重要内容来抓，动员各地大力采割松脂，充分利用松林资源，同时还制定了一系列激励政策和管理办法，大力推广了科学采脂技术——松树促生增脂剂技术，增脂率达到20%～30%，使采脂生产量大大提高。（向德庚）

【张家界国家森林公园黄狮寨客运索道建成】 黄狮寨客运索道是张家界国家森林公园管理处与台湾证吉兴业有限公司张瑞田先生合资兴建的。客运索道分上、中、下三站，占地1280平方米，总造价4000万元，工程投入、设备筹集、项目建设、经营管理全部由张瑞田先生负责，张家界国家森林公园以山林土地入股，收入分配按合同执行。项目于1993年9月26日正式签约，1995年5月18日动工兴建。索道施工实行总承包，钢结构和支架项目由法国波马（POMA）公司设计，土建部分（站房、办公用房、污水处理等）由北京有色冶金设计研究院设计。1997年7月26日开始铺放承载索、牵引索、挂吊厢等工作，8月底完成安装工作，进入调试阶段，年内已运客见效。（贺平球）

【永定区天门山国家森林公园开发天门山】 天门山旅游资源丰富，自然景观奇特，历史文化悠久，极有开发价值，1992年建立国家森林公园。1996年4月18日，与北京红绿蓝影视广告中心正式签定了合作开发天门山合同，并经天门山国家森林公园天门山景区（控制性）详细规划后获省林业厅批复。该景区分为天门山游乐区和天门山游览区两大部分，工程分两期完成，总投资3.6亿元人民币，共有大小项目103个。第一期工程1.2亿元，2年内完成，第二期工程2.4亿元，3年内完成。年内9月项目开工。为了给投资方创造良好的环境，永定区政府筹资完成了西峡至天门山脚3.56千米

公路的勘探设计，并筹资100万元建成了西峡至岩门口1千米的入园公路。（贺平球）

【湖南省农业龙头企业】 1997年，经省政府批准，洪江市联合竹胶合板厂、湖南人造板厂、衡阳木材厂、湘南罐头食品厂列入全省农业产业化20家龙头企业。洪江市联合竹胶合板厂是洪江市贮木场与广州铁路集团怀化铁路总公司、湖南省林工商企业集团总公司联营的集科研、开发、加工楠竹于一体的新型林工企业，现有3条竹胶合板生产线和1条钢框模板生产线，年产雄溪牌竹胶合板1.5万立方米，占全国竹胶合板总量的九分之一，产品覆盖除西藏外的全国各省(区和市)，远销日本、泰国、马来西亚、比利时等国家，初步形成了"市场牵龙头、龙头带基地、基地联农户"的竹产业化经营格局，近3年实现利税2200万元。衡阳木材厂是一个中型木材加工企业，现有固定资产净值3174万元，主要产品有木质胶合板、竹帘胶合板、中密度纤维板和细木工板四大系列，年设计人造板生产能力3.1万立方米，主要原料是原木、楠竹和松杂枝桠材，年需原木2.5万立方米、松杂枝桠材3万吨、竹帘和竹席(半成品)180万床。近7年实现利税1429.5万元，其中上交税金1099.3万元。湖南人造板厂是林业部中国林产工业公司与湖南省联营的大型一类企业，企业总资产7.18亿元，拥有5万立方米胶合板、5万立方米刨花板、220万平方米双贴面刨花板、3万立方米中密度纤维板、3万吨树脂胶生产线，年设计总产值4.66亿元。每年耗小径级间伐材10余万立方米，为长沙市周边农民增收3000多万元。湘南罐头食品厂暨中外合资湖南泛亚罐头食品有限公司，系全省规模最大和拥有自营进出口权的罐头食品厂。该厂固定资产3150万元，年产罐头食品饮料综合能力1万吨、马口铁高频焊空罐1亿套。生产的20多个品种70多个规格的产品70%外销，远销欧美、加拿大、日本等地。主要获奖产品有清水小竹笋、糖水蜜桔、甜酸荞头等罐头，沙棘饮料，高频焊空罐。（向德庚）

【湖南省林业分类经营改革】 1997年是湖南省林业分类经营改革正式启动的第一年。省林业厅成立了由厅党组副书记、副厅长葛汉栋任组长的林业经济体制改革领导小组，下设办公室，确定专人抓，安排经费10万元。全省14个地（州、市）和18个县（市、区）成立了相应办事机构，配备了专职人员50多人。由省体改委、林业厅联合颁发了《湖南省林业经济体制改革方案》，省林业厅颁发了《湖南省森林资源规划设计调查技术规定》，明确了林业分类的技术标准。资兴市和靖州县被确定为省试点单位后，成立了由市长、县长任组长，副市长、副县长任副组长，相关委（局）为成员的领导小组，真正做到有班子、有牌子、有专项经费、有专职队伍。资兴市和靖州县投入分类经营的资金分别达30多万元和10多万元。同时，均抽调20余人开展了林业分类经营总体规划，到11月已全面完成。省林业厅组织怀化、郴州、张家界、益阳4个地（市）和靖州、资兴、桃江3个县（市）共计12人，到河北、辽宁两省学习、考察林业分类经营改革经验。组织地、市、县18人参加林业部举办的国有林业改革与发展高级研讨班、林业企业改制培训班、林业分类经营培训班。召开了全省林业分类经营工作会议，全面部署林业分类经营改革工作。省林业厅先后6次组织人员到怀化林业改革试验区和靖州、资兴两个分类经营试点单位进行调查研究，组织了资兴市东江库区的森林资源资产评估，为林业分类经营改革奠定了良好的基础。

（廖亚杰）

【邵阳市实行国有林场经营管理体制改革】 1997年，邵阳市对33个国有林场经营管理体制进行五个方面的改革：

精减内部管理机构和人员 按照"精简、高效、协调"的原则，林场经营面积在1333.3公顷以下、1333.3～3333.3公顷、3333.3公顷以上，在职职工人数在150人以下、151～300人、301人以上的，每场最多设3个、4个、5个股（室），管理人员人数控制在在职工人人数的6%、4%、3%。

实行管理人员聘用制和全员劳动合同制 打破干部与工人、不同所有制职工的身份界限，建立平等竞争、择优上岗、能上能下、合理流动的用人新机制，通过政治考核和工作考评，采取民主推荐、场部审核聘用的方式，择优选用管理人员。所聘用的人员一般任期为2～3年，工作优秀者，可以连续聘用。对富余人员，通过岗位培训，兴办第二、第三产业，发展职工家庭自营经济等多种形式予以适当安置，鼓励富余人员自谋职业。对在职职工人均经营面积（水源涵养等生态林、非宜林地等除外）在13.3公顷以下，或者有富余人员的林场，近几年内不得招收职工。对在林场连续工作5年以上的退休职工，可按"退一补一"的原则，每个退休职工可有一名子女在本场就业。

实行多种分配形式 ①"三结合"工资形式。对在岗管理人员采用岗位工资、效能工资和基本工资相结合的办法。②资产保值增值工资形式。对护林员按护林的面积、难度和效果确定工资报酬，对营林工按其生产数量、质量和效果确定工资报酬。③定额工资形式。根据职工所完成的劳动生产量及其质量，按照定额给予相应的工资。④效益工资形式。即联系职工从事经营活动所带来的经济效益予以发放工资。⑤工龄补贴。⑥其他形式。对退休老工人退休费的发放，按全场在岗职工工资总额和档案工资总额的比重予以兑现。

推行两级核算制 核算的形式可分为三种：①场部和工区（分场）为两级自负盈亏的经济核算单位。工区（分场）向场部交纳一定比例的管理费。对产出为主的工区（分场），要向场部交定额或按比例交纳提留费；

对以投入为主的工区(分场),由场部给予定额补贴。②场属厂矿企业成为独立的经济核算单位，在定额或按比例上交管理费和提留款的前提下,自负盈亏。③有的林场还试行两级核算、两级法人，使分场（工区）或场属厂矿企业成为能够独立承担法律责任的经济实体。

在坚持以公有制经济为主体的同时，积极引导个体、私营、股份合作等多种经济成分的发展。林场零星分散、不便经营的小片经济林、常耕田以及荒山荒地，采取租赁或转让给林场职工经营，林场所属的多种经营项目，通过股份合作、合资、联合、承包、租赁、转让、拍卖等多种形式，进行优化配置；林场通过吸引外资、外商兴办股份合作、独资或合资企业来盘活厂房、机械、设备等存量资产；林场以森林资产为资本控股、参股，与企事业单位、乡村、林农等组建股份制企业(林场)；经济规模小、效益差、难以维持的非生态公益型林场，采取在产权关系不变的前提下，实行承包、租赁、联营或以股份合作等方式经营。

（邵阳市林业局）

【中芬开展自然保护合作】 1987年，中芬两国签订了科技合作协议，湖南省林业厅申报实施湖南省野生动植物资源调查保护技术合作项目；1990年以芬兰国家森林和公园局保护局长马迪·荷米伦为团长的芬兰代表团考察了湖南的自然保护区；1991年，省林业厅派出代表团回访芬兰，签订了合作备忘录；1995年，以省林业厅副厅长葛汉栋为团长的生物多样性保护考察团访问芬兰，考察了芬兰10多个自然保护区，与芬兰国家森林和公园局、欧洲自然和国家公园联盟(以下简称欧盟)有关人士进行会谈协商，签订了《中国湖南省林业厅与芬兰国家森林和公园局自然保护协议》和《1995～1998年工作计划》。欧盟确认上述协议所建立的伙伴关系和交流合作项目，承诺承担协议书涉及的合作项目所需经费。同时成立了由芬兰国家森林和公园局、欧盟和湖南省林业厅代表组成的合作委员会；1996年1月，芬兰湿地和鸟类保护专家阿瑞克·维洛莱恩和安蒂·贝洛来湖南省进行湿地保护项目考察，拟定湿地科研和保护计划草案。3月，以芬兰国家森林和公园局保护局长罗诺·瓦沙尼为团长的代表团来湖南省参加中芬合作委员会第一次会议。会议就自然保护项目的具体实施进行探讨，进一步明确合作的优先领域为湖南省生物多样性保护合作项目；环境教育合作项目;亚热带山地森林合作项目;洞庭湖湿地合作项目；培训合作项目；生态旅游合作项目，并对合作项目中的各自职责、资金等分别作了承诺。当年5月，省林业厅派出3名专业技术人员到芬兰培训鸟类保护技术；6月，以省林业厅厅长刘永寿为团长的代表团赴芬兰考察生物多样性保护项目；11月，省林业厅派出2名专业技术人员参加欧盟在英国召开的旅游研讨会；1997年4月，芬兰和欧盟派专家参加在长沙市召开的湖南森林和湿地生物多样性保护国际研讨会，重点讨论湖南省生物多样性保护行动计划框架。

（张　健　陈良昌　桂小杰）

【靖州县实施林业分类经营】 靖州苗族侗族自治县是湖南省林业分类经营试点县，1997年通过努力，完成了分类经营试点的基础工作，制定了《总体规划》。主要特点：①认识高，决心大。层层召开会议，讨论林业分类经营在全县经济发展中的作用，领会林业分类经营的现实性；认真学习有关林业分类经营的文件，增强林业分类经营的现实性；派县领导和业务骨干参加培训和考察，认识林业分类经营的可行性。县成立林业分类经营领导小组，县长任组长，分管林业、财政、体改的副县长为副组长，有关各局领导为成员，分管林业的县长具体抓，成立办公室，并安排了启动资金，还抽调10多人开展2个月的调查，将区划落实到小班。县政府召开常务会讨论通过了全县林业分类经营总体规划。②突出重点，分步到位。即一次划定分类总体，不划兼用林，动态调整，分步实施，逐步建立公益林和商品林格局。把速生丰产用材林、短周期工业原料林、名特优新经济林基地建设作一类商品林，一般用材林和一般经济林作二类商品林；把急需保护的国防林、种子园、母树林、水源涵养林、古树名木和典型生态群落划作一类公益林，其余作二类公益林。全县共划分公益林44 602公顷，占林地25.8%；商品林128 526公顷，占林地74.2%。③探索林业分类经营的模式。以股份合作林场作为分类经营组织基础，统一管理，一管到底。所有林业用地和森林资源，由林业部门统一管理，公益林也不例外，各级对公益林的补偿可由财政、税务等部门代收，但只能通过林业部门去落实，发放到权属单位。坚持三权（发证、流通经营执法、费用征收）不变，对公益林和商品林重新建立小班档案，登记发证。公益林的更新、监测、评估、经营管理措施的制定和实施，仍由林业部门负责。公益林的非商品性采伐，仍由林业局进行伐区作业设计，限额单列，监督执行。

（廖亚杰）

【湖南省实现全面绿化】 湖南省1993年实现了消灭宜林荒山。1994年省委、省政府又作出“加速全面绿化，建设高效林业”的决定。1997年6月，经各县（市、区）自查、地区复查，省绿化委员会组织抽查验收，全省14个地（市、州）的122个县（市、区）和2个大型国有林场，基本实现全面绿化。

山地绿化　1989～1996年，完成人工造林166万公顷，飞播造林38.1万公顷，封山育林335万公顷，未成林造林地保存率95%，疏林地改造率90.9%，林业用地绿化率98.2%，矿山复垦率81.7%，难利用地绿化率84%，使全省有林地面积达到905万公顷，森林覆盖率达到51.1%，活立木蓄积量达到2.51亿立方米，分别比1989年增加了210万公顷、14.4个百分点、5704万立方米。实现了有林地面积、森林覆盖率和活立木蓄积量“三增长”。

城镇绿化　地级城市绿地率32.5%，绿化覆盖率36.9%，人均公共绿地5.73平方米，城市主干道绿化率99.5%，次干道绿化率98.5%；县城绿化率28.4%，绿化覆盖率33.5%，人均公共绿地3.9平方米；建制镇绿化覆盖率29.9%。村庄绿化覆盖率29.9%。庭院绿地率36.3%，绿化覆盖率40%。

道路绿化　铁路绿化率91.6%，公路国道、省道绿化率93.4%，四级以上县、乡道绿化率85.6%。

水域绿化　河、湖沿岸绿化率92.9%，大型、中型水库绿化率95.8%，干渠绿化率90.4%。

森林资源保护　近5年平均森林火灾发生率0.19/1000，森林病虫害发生率为1.9%，森林病虫害防治率78%。

各级绿化委员会机构基本健全，全民义务植树尽责率80%。对照省标准局颁布的《山区、丘陵、平原县绿化标准》和省政府与各地（市、州）、各部门分别签订的《湖南省全面绿化目标管理责任状》、《湖南省部门造林绿化目标管理责任状》，上述各项指标均已达到或超过绿化标准，基本实现了全面绿化。（廖亚杰）

【湖南省1997年林业大事】

1. 3月29日至4月3日，全省首届林业花展在省森林植物园举行。这次花展由省林业厅、省林业花协主办，省林木种苗站与省森林植物园联合承办，全省林业系统22个单位参展。省委副书记胡彪、副省长庞道沐、省政协副主席陈彰嘉、省军区副司令员肖求如、长沙市副市长胡越等领导为花展开幕式剪彩。花展展地面积6000平方米，展位43个，展出各类盆景、盆花、根雕、奇石、插花等1700多盆、件。

2. 4月15～17日，中国湖南森林和湿地生物多样性保护国际研讨会在长沙市召开，芬兰森林与公园管理局的专家、林业部的领导和省内外专家、学者共80余人参加了会议。欧洲公园与自然联盟发来贺电。研讨会共收到部门报告14篇，国内外专家、学者的研究论文40篇，会上交流19篇，会议就湖南森林和湿地生物多样性保护的现状、解决问题的对策、发展前景及《湖南省生物多样性保护行动计划》初稿进行了认真研讨。

3. 5月23日，中德两国政府代表在德国波恩正式签字达成财政协议，中德合作湖南省洞庭湖生态造林项目正式启动实施。该项目由德国政府赠款1200万德国马克（约人民币6000万元），中方配套3433万元，概算总投资9433万元人民币，安排在岳阳、临湘、云溪、华容、南县、安乡、澧县、津市等8县（市、区），营造林3万公顷，实施期为5年。主要在湖区大堤外洲营造防浪护堤林和环湖丘岗山地营造水土保持林，以改善洞庭湖区的生态环境和当地人民的生产生活条件。

4. 7月14日，经省政府批准建立益阳南洞庭湖湿地水禽省级自然保护区，保护区总面积12万公顷。管理机构隶属益阳市林业局。南洞庭湖湿地是全国乃至亚洲重要的珍稀水禽候鸟越冬栖息地，保存着完整的淡水江湖复合型湿地生态系统。区内有维管束植物159科1033种，鸟类164种，鱼类114种，其中列入国家一级保护的6种，二级保护的26种，省级重点保护鸟类30多种，而且大多数是长途迁徙鸟类。

5. 8月下旬，省林业厅举办了林业行政执法资格培训考试。至11月上旬，全省14个地（州、市）、122个县（市、区）全面完成了会考工作，参考人数达1.36万人，其中闭卷考试10 865人，开卷考试2735人，考试及格率98.5%。对考试及格或符合免考条件的，颁发了《林业行政执法证》。

6. 9月26日，由省政府82号省长令颁布实施《湖南省国有林场管理办法》。这是湖南省国有林场建设史上第一部省级法规，也是全国第二个有该类法规的省。《办法》共7章44条，内容包括国有林场的管理体制、国有林场的建立与变更、森林资源培育与保护、经营管理、权益维护、法律责任6个方面。为配合《办法》的实施，省政府办公厅行文对现有国有林场给予重新认定并对其名称进行规范，省林业厅配套制定了国有林场的森林经营方案调整、国有森林资产产权变动、防护林抚育更新采伐、行政委托执法等6个政府和部门的行政规章。

7. 9月28日至10月3日，湖南省首届林业名特优新产品博览会在长沙市举办。博览会期间，各展团与港、台及外省行业客商共签订合同93个，合同金额4.3479亿元；52个展销摊位现场销售50多万元。评选出金奖产品105个，银奖产品80个，优良产品30个。全省14个地州市林业局、省林业科教系统和省林工商企业集团总公司共16个展团参加了博览会。

（湖南省林业厅）

广东省林业

【概　述】

发展与成就　1997年，全省林业用地1083.3万公顷，有林地面积918.8万公顷，森林活立木蓄积量29 144万立方米，林木总生长量1704万立方米，森林采伐总消耗量803.3万立方米，森林覆盖率56.6%。与1996年相比，全省森林资源出现“三增长”，即有林地面积增加5.2万公顷，活立木蓄积量增加912万立方米，森林覆盖率增加0.3个百分点。全省林业行业总产值为226.09亿元（1990年不变价，下同），比1996年增加15.4%，其中：营林总产值34.65亿元，森林工业总产值126.1亿元，山区茶桑果总产值65.34亿元。

森林资源培育 全省完成林中空地造林4933.33公顷，迹地更新8.77万公顷，分别比1996年减少1.04万公顷和1.42万公顷，低产林改造12.57万公顷，比1996年增加1.9万公顷，高标准营造工程林6.81万公顷，其中：速生丰产林3.31万公顷。幼林抚育31.05万公顷，比1996年减少3.24万公顷，减少的主要原因是荒山造林面积大幅度减少，以及前几年的新造林已逐步成林。成林抚育31.29万公顷，比1996年增加2.9万公顷，其中：中龄林抚育18.14万公顷。全民义务植树6272万株，成片造林1.33万公顷。

生态公益林体系建设 组织编制了《东江流域林业发展规划建议》和东江、西江、北江、韩江流域生态公益林体系总体规划，并组织了论证和评审。编制了沿海防护林、平原绿化和珠江流域防护林"九五"实施规划，并正式启动珠江流域防护林建设。完成沿海防护林、治沙、珠江流域防护林工程造林共15 840公顷，抚育2.99万公顷，封山育林2226.67公顷。组织制定了《广东省城市林业规划暂行办法》，除中山市已完成城市林业规划外，广州、珠海和东莞等珠江三角洲地区的城市也开展了城市林业规划工作。积极开展全国造林绿化百佳县、百佳乡（镇）、千佳村、十佳城市和部门400佳单位的创建活动，全省有龙门、信宜、封开、仁化、始兴、连州和连山7个县（市）获百佳县称号，中山小榄、东莞常平、雷州客村、云浮腰古和梅县雁洋5个镇获百佳乡（镇）称号，广州市白云区潭岗村等31个村获千佳村称号，广东省军区司令部和台山市第一中学等14个单位获400佳单位称号。龙门县林业局局长刘冠洪等20位同志被授予全国绿化奖章。

林政管理与林业"三防"工作 完成了1996年度党政领导发展和保护森林资源责任制执行情况检查和评审工作。省政府对落实执行情况好的韶关、佛山市予以通报表扬，并与各市续签了省市领导"九五"期间森林资源保护和发展目标责任制。组织开展了全省森林资源连续清查第四次复查工作。加强全省野生动物的保护、执法和管理，开展了3次全省性野生动物执法大检查，并根据国际候鸟保护条约，取缔了三水等市的禾花雀市场和禾花雀美食节。积极推广梅州市生物防火林带工程建设的经验，全省没有发生重大山火和人员伤亡事故，发生森林火灾181次，受害森林面积为1061公顷，分别比1996年下降69.3%和79.5%。1997年，全省发生森林病虫害26.33万公顷，比1996年增长14%，实际防治面积为20.24万公顷。全年共查处各类林业案件7195起，查处率为98.3%，收缴木材2.24万立方米，野生动物1.9万只（头），收回非法占用林地300公顷，为国家挽回直接经济损失2019.9万元。

森林工业生产 1997年，全省生产木材261.67万立方米，其中：原木241.38万立方米，薪材20.29万立方米。全省竹材产量为7756.61万根，比1996年下降17%，其中：毛竹2537.89万根，簕竹5218.72万根。全省人造板产量108.63万立方米，比1996年增长29%，其中：胶合板产量43.75万立方米，纤维板产量34.69万立方米，刨花板27.47万立方米，其他板2.72万立方米，分别比1996年增长38.3%、13.6%、34.7%和66.9%。全省生产木片132.32万立方米，出口42万绝干吨，创汇4200万美元。全省松香类产品产量为16.28万吨，比1996年增长51.7%，其中：松香产量13.75万吨。

投资造林 到1997年止，全省有泰国顺和成、新加坡亚洲浆纸业有限公司，香港嘉汉等企业，在惠州、江门、汕尾、河源、肇庆、韶关等地投资造林种果，合同利用投资2.83亿美元，造林面积为21.73万公顷，种果2266.67公顷，目前，实际完成投资9408万美元，完成造林3.53万公顷。

林业科技 筛选出省重点林业科技推广和技术示范项目8个，以及组织开展重点林业科技攻关项目39个，其中：云南甜竹引种及高产技术和新世纪番石榴丰产栽培技术被列为1997年度林业部科技推广项目。继续抓好高要、增城两市的科技兴林示范市建设，在高要市开展了马尾松生态公益林更新改造研究与示范，桉树无性系丰产示范和互叶白千层引种及桂油开发技术的推广，并制定了肉桂及桉树速生丰产栽培技术标准。在增城市开展了木材干燥技术推广，制定了南洋楹、马占相思丰产技术标准化造林规划等。此外，为配合广东木片生产东移的战略，做好相思、桉树6个树种15个种源30个家系2个杂交种2个无性系木片专用林良种引种试验的组织规划工作。全省有4项林业科技成果获1997年度林业部科技进步奖，其中：二等奖1项，三等奖3项；有4项林业科技成果获1997年度广东省科技进步奖，其中：二等奖1项，三等奖3项；有6项林业科技成果获广东省林业厅科技进步奖；有10项林业科技成果获1997年广东省农业技术推广奖，其中：二等奖1项，三等奖9项。

存在问题 受宏观调控及市场的影响，林业企业亏损面大，经济效益不高；林种结构单一，森林群体不稳定，森林生态体系脆弱，森林火灾和森林病虫害势态严重；林业发展资金缺乏；全省林业工作发展不平衡，有些地方造林绿化工作停滞不前，甚至出现滑坡。

（曹仁福）

【博罗县加强缓坡林地开发管理】 1997年，为使缓坡林地的开发健康而有序地进行，该县政府作出四点规定：①各镇、场要严格按县农林部门的统一规划进行缓坡地的开发，实行宜林则林、宜果则果，合理、有效综合开发，不能随意毁林种果，要做到因地制宜，合理安排种类、品种。②把好种植质量和种苗质量关。为确保种苗的质量，各镇、场及有关单位要统一到县林业局或县水果办苗圃场提取种苗。③组织服务体系，加强科学管理。由县林业局果树股、镇林业工作站、管理区农技员三级技术队伍组成技术服务网，县定期培训镇技术员，镇定期组织培训管理区农技员和果场技术员，普及基本知识，总结新经验，推广新技术，及时解决生产中的实际问题。④严格各项审批手续。各镇、场凡要进行缓坡林地开发的，一律要到县林业局办理有关手续。属世界银行贷款造林和林业部门与集体(个人)联营造林的，要与县林业局商定互利关系和办理合同终止手续；有木材(包括木柴)砍伐的林地，要按程序办理木材砍伐审批手续；对于不是用于营造用材林的缓坡林地开发，经营者要按每公顷补偿木材育林费和木材损失费1500元给县林业行政部门作育林金，林业部门收取的育林金，要做到取之于林，用之于林。到1997年止，全县开发缓坡林地5.73万公顷，其中：营造速生丰产林4.46万公顷，种果6780公顷。 (曹仁福)

【广东省珠江防护林体系工程建设】 珠江是广东省最大的河系，流域面积占全省土地总面积的62.5%，人口占全省总人口数的72.6%。1992年，根据林业部的要求，完成了《广东省珠江中上游防护林体系建设工程规划》，有42个县(市、区)纳入林业部珠江防护林体系建设范围，计划到2000年，完成人工造林3.87万公顷，其中：防护林1.8万公顷，用材林8000公顷，经济林8000公顷，薪炭林4700公顷；完成低残林改造6.67万公顷。1996年，选择了高要、博罗、始兴、怀集、封开、龙门、从化、清新、德庆和仁化10个县(市)作为试点县，正式启动实施珠江防护林体系工程。两年来，按照林业部“高起点、高质量、高速度、高水平、高效益”的要求，10个试点县(市)共完成人工造林1.71万公顷，封山育林5466.67公顷，低残林改造1.87万公顷。 (曹仁福)

【广东省取缔禾花雀美食节】 黄胸鹀(俗名禾花雀)是《中华人民共和国政府和日本国政府保护候鸟及其栖息环境协定》规定保护的候鸟，在非狩猎期内，应全面禁止猎捕该鸟。但是，近年来，广东省部分地区未经林业行政主管部门的批准，举办禾花雀美食节，设立专门的禾花雀市场，大量收购和捕食黄胸鹀，致使黄胸鹀资源遭受严重破坏，也对其他形态相近的鸟类构成极大的威胁。为此，经省人民政府同意，广东省林业厅决定取缔禾花雀美食节和禾花雀专业市场，并对猎捕黄胸鹀实行狩猎证制度和年度猎捕量限额管理。各地按照保护资源、永续利用的原则，提出猎捕黄胸鹀的年度猎捕量限额，报省林业厅批准后，由县级以上林业行政主管部门核发狩猎证，并有计划地组织猎捕。持有黄胸鹀狩猎证的单位和个人需要出售依法获得的黄胸鹀的，应当按照狩猎证规定的数量向经工商部门核准登记的单位和个人出售，或者在当地人民政府林业行政主管部门指定的集贸市场出售。 (曹仁福)

【化州市加强松脂生产管理】 ①全市松脂生产业务统一归口市林业局管理，各镇(区)设立松脂生产管理机构，加强对松脂生产管理工作的领导。②加强松脂采割管理。采割松脂必须经市林业局批准，脂农的培训和考核由市林业局负责。严禁乱砍滥伐、无证采伐松树，保护松树资源，确保松脂生产的原料供应。③实行凭证制度。对松脂生产实行“凭证采脂、凭证上岗采割、凭证运输”制度，采脂证、上岗证、运输证由市林业局或授权其林业工作站核发。未经批准而无证采割、收购、贩运、加工松脂的，由市林业局及其有关部门依法处理。④严禁非法经营活动。凡加工经营松脂的建设项目，必须按国家规定的基本建设程序和审批权限办理，任何单位和个人都不得为无证经营者提供收购、运输、加工松脂的场所、运输工具或服务。⑤严格奖罚制度。对检举揭发非法采割、收购、贩运、加工松脂的有功人员，从处理罚款中给予适当的奖励；对阻挠、干扰、围攻、殴打执行公务者，由有关部门依照《中华人民共和国治安管理条例》给予行政处罚，构成犯罪的，依法追究刑事责任。 (曹仁福)

【番禺市建立鸟类自然保护区】 番禺市在绿化达标以后，于1994年建立起生态公益林保护区。地处沙湾镇滴水岩的生态公益林，处于半封闭状态，森林资源保护较好，其中栖息有鹭鸟、山鹰和山鸡等珍稀野生动物，尤以鹭鸟多，约有2000多只，具有较高的生态价值和科研价值。该市于1997年建立沙湾滴水岩鸟类自然保护区，面积142公顷，其中：水面面积8.67公顷，在保护区内禁止乱采伐林木、非法占用林业用地、捕猎野生动物、采石、取土、修坟及开垦活动等。 (曹仁福)

【清远市调处山林纠纷】 清远市地处粤、湘、桂3省(区)边界的粤北林区，同时所辖有两个少数民族县。由于历史遗留下来的山林权属纷争问题多，省际、县际边界线长，山林纠纷案发率高，调处难度大。清远市各级政府运用行政手段和法律手段相结合的办法，采取了一系列有效措施开展山林纠纷的调处工作。1990～1997年，全市调处山林纠纷案达2007宗，面积3.89万公顷，其中：省际纠纷6宗，面积2726.67公顷，市际纠纷14宗，面积2386.67公顷，调处率达97.7%，没有因山林纠纷而引发恶性事件。他们的主要做法：①在实践中总结出一套“协商解决为主，裁决解决为辅”的工作方法。每宗山林纠纷案件，在经过调查取证和摸清当事人思想动态的基础上，先转变群众思想，求大同存小异，促使双方协商解决，避免了“官了民不了”的情况发生。②分级调处，建立了各级政府调处工作责任制，使山林纠纷在基层得到解决。1997年，该市的乡镇政府一级调处山林纠纷255宗，面积1448公顷，占全市调处宗数的67%，调处面积的63%。③开展县（市）内无山林权属纠纷积案活动。英德、连州、阳山3个县（市）在1996年和1997年连续两年做到当年立案的山林纠纷，当年调处结案，1997年，连山、连南两县也成了无山林纠纷积案县。（曹仁福）

【广东省林业职工思想政治工作研究会成立】 简称政研会。1997年成立，已发展团体会员51个。政研会第一届理事会理事51个，常务理事17人。厅党组书记、厅长梁星权任名誉会长，厅党组成员、纪检组组长、直属机关党委书记黄泮谦任会长。

政研会的主要任务是围绕党的中心工作和林业工作重点，研究制定和组织实施林业行业思想政治工作重点课题，调查研究新时期林业行业思想政治工作的特点和规律，建立和完善林业行业思想政治工作的理论体系和工作体系，推动全省林业行业思想政治工作研究的开展。1997年，政研会组织了一次思想政治工作课题研究活动，收到研究论文41篇，并推荐了5篇优秀研究论文参加10月份在广州市召开的西南中南地区第二次林业行业思想政治工作研讨会，其中有2篇获优秀论文一等奖，3篇获三等奖。（曹仁福）

【广东省1997年林业大事】

1. 1月1日，经广东省政府同意，国家经贸委批准，广东省雷州林业局成建制划转林业部管理。

2. 1月2日，广东省政府同意在105国道新丰县华溪路段恢复设立新丰县华溪木材检查站，同时，撤销1911线新丰县回龙木材检查站。

3. 1月22日，广东省林业科学研究所更名为广东省林业科学研究院。

4. 3月9日，“迎香港回归”京九植绿护绿活动启动仪式在深圳市仙湖植物园举行。

5. 4月2日，广东南岭国家自然保护区管理办公室挂牌，为广东省林业厅直属副处级事业单位，下辖乳阳、大顶山、龙潭角、称架、大东山5个管理站。

6. 4月18日、19日，广东省林业厅在肇庆市首次召开全省林业法制工作会议。

7. 4月21日，海关总署广东分署与广东省林业厅正式签署联合打击胶合板走私违法活动备忘录。

8. 4月22日，广东省林业厅直属机关第八次党代会在广州市召开，选举产生了第八届直属机关党委会，厅党组成员黄泮谦当选为党委书记。

9. 4月30日，广东省政府同意将清远市珠坑木材检查站迁移到107国道清新县太和镇周田路段，并更名为清远市周田木材检查站。

10. 7月28日，经省机构编制委员会批准成立广东省林木种子质量监督检验中心。

11. 8月1日，广东省政府颁布《广东省外商投资造林管理办法》，从9月1日起在全省范围实施。

12. 9～11月，广东省林业厅分期分批组织全省林业系统行政执法人员进行执法资格考试。全省有8500名林业行政执法人员通过考试，取得执法资格。

13. 10月6日，广东省政府通报了1996年度广东省森林资源保护和发展目标责任制考核结果，并对考核评为第一名的韶关市和评为第二名的佛山市予以表扬奖励。

14. 10月28日，香港粤林有限公司与广东省连州市人造板企业公司合作经营粤海连州刨花板企业有限公司签字仪式在连州市举行。

15. 11月5日，广东省林业厅与广州市林业局在广州市新源野生动物市场召开广州市打击处理非法经营国家重点保护野生动物行为处理大会，宣布对9名非法经营、倒卖国家重点保护野生动物的犯罪分子作出劳教和逮捕的处理决定。

16. 11月18日，香港冠兆国际有限公司租地2000公顷营造速生丰产林的合同在阳江市正式签订。

17. 12月8日，国务院批准建立广东湛江红树林国家级自然保护区。

18. 12月10～12日，经国务院港澳办批准，香港特别行政区政府渔农处首次派出以黎清惠高级主任为团长的4人代表团对广东林业进行考察。

（广东省林业厅）

广州市林业

【概　述】 1997年，广州市林业按照分类经营的思路，围绕林业两个根本性转变开展工作。

环城绿色屏障建设

植树造林　1997年，全市共完成造林作业面积5900公顷，是计划的106%，其中疏残林改造3200公顷、迹地更新2400公顷、补植300公顷；新种农田林网10.3万株，新增林网控制面积900公顷；路、沟、渠植树绿化37.9万株，绿化长度423.6千米；村庄绿化植树10.4万株，义务植树91万株，“四旁”植树196.6万株；容器育苗58.03公顷；幼林抚育3400公顷；封山育林7100公顷。

生态公益林体系规划建设　在1996年全面完成《广州市生态公益林体系规划》的基础上，1997年狠抓了规划的分步实施工作。①边规划边实施，有条件的地方先行一步，番禺市率先制定了《关于建立生态公益林保护区的若干规定》；②先易后难，分步实施，1997年

全市共建小景点14个，面积1300公顷；③重点突破，以流溪河水源涵养林建设为突破口，制定了《广州市流溪河水源涵养林保护管理规定》。

"三高"林业产业基地建设 增城市南洋楹商品林基地，完成高标准造林1.07万公顷；花都市尾叶桉商品林基地，完成造林2000公顷；从化市松杉商品林基地，完成低产林改造5300公顷；流溪河国家森林公园开创了森林旅游新局面，被林业部评为全国森林公园十大标兵单位。

林政管理 ①严格森林限额采伐审批手续，保证森林资源的良性循环；②严格把好征占用林地初审关；③强化木材运输、经营和加工管理。1997年，共核发、年审木材加工、经营许可证800多个，签发木材运输证3.2万份；④抓好森林防火工作。1997年，全市仅发生火灾3宗，受害森林面积10.63公顷，大大低于省下达的双控指标；⑤抓好森林病虫害防治、检疫工作。1997年，森林病虫害发生面积比1996年减少800公顷，发生率下降了85%；⑥加强林业公安工作，全年共查处各类林业案件188起，通过办案查处56人；⑦继续加强野生动物保护管理工作，仅在11月份全省第七届"野生动物宣传月"活动中，就发出宣传资料8100份，查处有违法经营国家重点保护动物行为的酒店11间。

（黄杰辉）

广西壮族自治区林业

【概 述】

林业生产完成情况 1997年，完成人工造林11.28万公顷，其中飞播造林5386公顷。新增封山育林面积28.9万公顷，其中石山封山育林6万公顷。城乡居民点四旁植树3766.55万株。迹地更新造林8.87万公顷，育苗1879公顷；成林抚育30.23万公顷，中幼林抚育40.36万公顷。至年底，全自治区有林地面积1066.67万公顷（含新造林），森林覆盖率39.26%。木材产量365.86万立方米，销售木材233.46万立方米，其中规格材164.88万立方米。生产毛竹420.5万根。全年完成林业社会总产值109.11亿元。

1994年广西提前一年实现灭荒达标后，自治区各级人民政府及时把林业工作重点转移到绿化达标上，至1997年底有造林绿化达标任务的93个县（自治县、市、区）实现县县绿化达标。据自治区绿化委员会、林业厅检查验收统计，1994～1997年，广西绿化率为94.11%，国、省、县道路宜绿化地段的绿化率为97.34%，主要河流两岸宜绿化地段的绿化率为97.23%，城乡居民点周围宜绿化面积的绿化率为97.53%，林木覆盖率为21.93%，沿海岸宜绿化面积的绿化率为98.09%。

防治荒漠化工程 1997年，完成防治荒漠化工程造林面积2333.33公顷，比1996年增加38.34%，是实施防治荒漠化工程造林面积最多的一年。其中：营造速生丰产林1333.33公顷、防风固沙林200公顷，名特优经济果木林800公顷；营造各种防护林带5.2千米；综合开发利用水面200公顷。总投资2486万元，其中：林业部工程建设专项经费27万元和贴息贷款400万元，自治区林业厅配套50万元，沙区各地、市、县（区）人民政府及林业主管部门自筹200万元，其他部门和群众投入1009万元，银行贷款800万元。重点抓好连片0.2公顷以上的沙漠、风口和盐碱沙土的整治，以营造速生丰产林、经济林为主，多林种、多树种造林，形成点、面、网混交林，提高防风固沙效能，减少水土流失和风沙流动。自治区林业厅于6月和12月，分别两次组织工程技术人员到造林现场检查、指导及交叉检查验收，保证了造林质量，造林成活率达85%以上。

沿海防护林建设 1997年，营造沿海防护林1.11万公顷，其中，防浪护堤林（红树林）800公顷，加宽和改造疏残林带16.5千米，折合面积253.33公顷，改造低产林、残次林、营造速生丰产林5000公顷，名特优经济林3666.67公顷，水土保持林1413.33公顷。造林投资6162万元，其中：国家财政和林业部拨款180万元，自治区财政和自治区林业厅配套265万元，沿海各市、县（区）、乡自筹3058万元，银行贷款2659万元。沿海各市、县（区）在营造沿海防护林时，突出抓好长5米以上、宽10米以上的宜林沙荒、风口造林以及特殊林带的加宽；狠抓低产林、残次林分的改造，营造高产、优质林分，年内营造速生丰产林、名特优经济果木林8666.67公顷；引进良种壮苗造林，提高工程建设质量。合浦县从广东引进桉树优良树种造林。经测定，1年生桉树平均树高4.8米，当年造林当年郁闭成林。1997年底，经自治区林业厅组织交叉检查验收，沿海防护林造林成活率达95%以上。

林业科技 1997年，有28项林业科技成果获奖。其中：桂东南丘陵农区大面积多树种人工异龄松阔混交林技术综合开发和柳州地区应用航天遥感技术进行森林资源调查的研究2项成果获林业部科技进步三等奖。7项成果获广西科技进步奖，其中：良种桉短周期工业用材林综合技术开发获广西科技进步二等奖，毛竹主要害虫综合治理技术的研究等6项成果获广西科技进步三等奖。15项成果获广西林业科技进步奖，其中：一等奖6项，二等奖5项，三等奖4项。4项成果获1997年度广西重奖研制推广科技成果有功人员（农

业)奖，其中：恭城县农村家用沼气综合利用技术研究与推广获一等奖，良种桉短周期工业用材林综合技术开发获二等奖，马尾松采脂技术综合开发和撑篙竹×大绿竹杂交育种的研究推广获三等奖。经林业部、自治区科委和林业厅组织鉴定的林业科技成果共12项，其中：马尾松毛虫综合治理技术推广居国际同类研究先进水平，广西桂平马尾松工程林环境监测研究等6项成果达国内同类研究领先水平。年内，还组织28项林业科技成果参加国家科委举办的1997年全国通讯式技术成果转让交易会。1997年是广西农业科技推广年。自治区林业厅成立了开展农业科技推广年活动领导小组。全年共组织4275人次的科技骨干上山下乡，培训基层林业技术能手、林业职工和林农4.15万人次，印发林业技术资料17.6万份。同时，林业部送技术上山下乡工作团分别到柳州、桂林两地区开展培训活动，共培训280人次，赠送林业技术资料及科技成果样品约1万份。

年内，林业技术监督工作也取得新进展。自治区林业厅组织人员编写了《广西木材检验工作手册》，并印发全区执行。共举办了40期木材新标准培训班，培训木检人员2750人次，并全部颁发了广西木材检验技术证。1997年还是农业科普年，全年共举办技术培训班150期，培训技术人员2万多人次，发送林业技术资料3万多份，捐书1100多册，举办林业科普夏令营2次，参营人数150多人次。

林业教育　1997年，林业教育取得较好成绩。一是认真贯彻《中华人民共和国教师法》、《广西壮族自治区教师资格过渡实施办法》，735名教师经自治区教委审核批准，领取教师资格证书。二是认真贯彻落实中共中央《1996～2000年全国干部教育培训规划》、自治区党委组织部、经贸委、人事厅《关于“九五”期间广西企业管理人员培训工作意见》、林业部《林业行业干部岗位规范》的规定，自治区林业厅制定了《全区国有林场场长岗位培训方案》、《全区林业工作站站长培训方案》等培训规划和年度计划。共举办林场场长、厂长、经理、站长等培训班12期，培训各类人员1035人；干部职工培训1.87万人次。三是按照自治区教委、计委的招生计划，共招收14个林业专业新生1421人，同时，按国家有关规定，有16名林校应届毕业生被保送到林业高校深造。

森林防火　1997年，全自治区发生森林火灾148起，其中森林火警70起，一般森林火灾78起，受伤2人，死亡3人，无重大、特大森林火灾。火场总面积2475公顷，受害森林面积599公顷，森林火灾受害率0.07/1000，连续6年低于全国受害率水平。森林火灾烧毁成林蓄积7394立方米，烧毁幼林105万株，造成经济损失104万元。

森林病虫害防治　1997年，全自治区森林病虫害发生面积16万公顷，防治面积13.42万公顷，其中马尾松毛虫防治面积13.05万公顷。年内，全自治区生产白僵菌原粉26.13万千克，用白僵菌粉防治面积12.08万公顷，占马尾松毛虫防治面积的92.6%。其中在宾阳、横县、隆安、扶绥、崇左、大新、马山、武鸣、邕宁、上思县以及国有高峰、七坡林场的马尾松虫发生区，使用运五型飞机喷撒白僵菌粉防治作业132架次，防治面积3.52万公顷，防治效果达70%。

（罗基明　潘生武　李巧玉
黎　所　龙菁湘　薛振南）

【国有林场】　1997年，广西有国有林场153个（含中国林业科学研究院热带林中心），职工41 358人，经营面积115万公顷，有林面积75.6万公顷，活立木蓄积量5259万立方米。年末固定资产原值10.76亿元，净值6.61亿元；全年实现工农业总产值10.75亿元（现行价），其中，营林产值1.16亿元，木材产值6.38亿元。营业收入9.16亿元，缴纳税金9318万元，上交林业基金5532万元。有116个林场亏损，亏损面达76%，亏损额9317万元，盈亏平衡后，净亏8762万元。

营林生产　1997年，完成荒山造林2255公顷，人工迹地更新2.19万公顷，低产林改造6126公顷，其中营造速生丰产林7845公顷，占国有林场当年造林更新面积的25.88%；营造经济果木林8279公顷。至年底，全自治区国有林场营造经济果木林3.76万公顷，平均每个职工拥有0.9公顷经济果木林。幼林抚育作业面积10.2万公顷，实际面积6.1万公顷；育苗227公顷，其中，年内新育194公顷。

林产品生产　1997年，生产木材163.57万立方米，比1996年减少16万立方米，减少9%。销售木材166万立方米，比1996年减少11万立方米，减少6%。年末库存木材33.6万立方米，比1996年减少8%。全年生产松香7685吨，纤维板1.58万立方米，刨花板5000立方米，胶合板754立方米，机制纸4688吨。完成木片出口11万绝干吨，占全自治区木片出口总量的65%，创汇1144万美元。

林区基本建设　1997年实有林区正规公路2196千米，简易公路7719千米、林道16 027千米，防火线14 522千米，瞭望台331座，汽车1034辆。

森林保护　1997年，各国有林场发生火灾（含火警）24起，比1996年减少48起，森林受害面积27公顷，受害率0.3/1000，没有发生重大火灾。森林病虫害发生面积1.65万公顷，发生率为2.2%，防治率85%，年内被乱砍滥伐面积42.5公顷，损失木材1162立方米。

科技兴林　1997年，国有林场有6项科技成果获奖。其中，七坡林场的湿地松用材林经营周期密度管理试验研究获广西林业科技进步二等奖，东门林场与其他单位合作的良种桉短周期工业用材林综合技术开发，高峰、七坡、派阳山、六万林场与其他单位合作的优良珍贵用材树种混交模式优化及其效益的研究，金

田、维都、铁帽山林场与其他单位合作的广西主要用材树种施肥技术研究获广西林业科技进步一等奖。

多种经营 1997年，国有林场多种经营收入3.26亿元，占营业收入36%。第二产业稳步发展，场办工业由中小型向大中型企业转变，年内高峰林场年产5万立方米的中密度纤维板厂建成投产。以森林旅游、商业服务、运输为主体的第三产业发展迅速，年内服务业营业收入1.36亿元，其中，25个森林公园森林旅游收入2152万元，接待游客97万人次。

林场改革 全自治区国有林场在派阳山林场改革经验的带动下，掀起了贯彻落实《林业部关于国有林场深化改革加快发展若干问题的决定》，推行以转换林场经营机制，实行人事、劳动、分配三项制度改革为主要内容的改革浪潮。年内有73个林场已出台或推行以转换经营机制和“三项制度”改革为主要内容的改革方案。一个以高峰林场为龙头和骨干，七坡等23个林场和企业共同组成的广西高峰集团的各项筹备工作已基本完成。国有林场职工自营经济发展迅速。一个以公有制为主体，多种经济成分共同发展的林场经营新格局已基本形成。年内，林场职工自营经济总收入1.27亿元，纯收入5325万元，林场职工自营经济收入已成为林场经济的重要组成部分。年内，高峰林场被林业部评为全国十大标兵林场。

存在问题 林场经济体制改革发展不平衡；生产资金短缺，营林投入跟不上；由于林产品市场疲软，价格下跌，林场经济效益滑坡，利润减少，亏损面大，全自治区尚有职工年均纯收入低于3500元的贫困林场37个，占林场总数的24%；国有林场林地被占严重，一些地方向林场乱摊派、乱收费等侵权行为仍时有发生，严重影响了林场正常的生产和经营。 （苏　丽）

【乡村林场】 1997年，广西有乡村林场5966个，比1996年减少1641个。其中，乡办672个、村办3359个、联办1935个。经营面积88万公顷，有林面积78万公顷，活立木蓄积量2131万立方米。全年完成人工造林面积2万公顷，木材产量20万立方米，总收入1.05亿元（其中多种经营收入2611万元），比1996年减少5000万元。

广西的乡村林场用材林面积占乡村林场有林面积的90%以上，用材林面积偏大，林场的巩固发展大多依赖木材生产。而当前木材市场不景气，需求量大减，林场经济效益差，自身发展后劲不足。加之一些林场管理人员素质低，管理不善，乡村林场呈逐年减少之势。针对这种情况，林业部和自治区林业厅在昭平县进行乡村林场股份制试点，摸索股份合作办场，多渠道投资，多种经营，完善经济管理、股份分红制度，提高林场经济效益的经验。经过一年的试点，昭平县乡村林场建设得以巩固和发展。 （廖宏俊）

【森林工业】 1997年，广西有森林工业企业125家，其中自治区直属企业30家，地、市、县属企业95家。年末职工总数1.07万人，拥有固定资产5.12亿元。企业以木材购销和人造板生产为主，辅以营林及多种经营，全年完成销售收入3.46亿元。受木材市场和企业负担过重等多种因素影响，木材主业经营萎缩，多种经营未能产生有效收益，全年亏损5745万元。

木材购销 1997年，受国家宏观调控、固定资产投资增幅减缓和国外纸张、纸浆大量低价冲击国内市场的影响，各大纸厂经营困难，产品积压，制约国内木材市场需求，造纸用材需求锐减；占全区木材生产较大比重的杉木类木材，销路更为狭窄，且售价降幅在15%以上。在困境中，各企业密切注意市场动态，研究销售难点，多方搞活，让利不让市场，采取走出去、请进来和组团、设点销售方式，提高服务质量，全年完成木材购进73万立方米，销售75万立方米，分别比1996年减少12.8%和5.8%。

人造板生产 1997年，广西森林工业企业完成人造板生产8.52万立方米，销售8.18万立方米。产量的增加得益于投入的增加，1997年完成技术改造投资1.15亿元，新增固定资产1.19亿元，年内三条中密度纤维板生产线相继建成。梧州木材厂于1996年9月破土动工、1997年8月竣工投产的中密度纤维板生产线，设计能力年产5万立方米，年内已生产1.42万立方米，实现达产达标；广西高峰人造板有限公司投资2.5亿元，从德国引进全套设备的年产5万立方米中密度纤维板生产线建成投产，年内试产1万立方米，质量稳定，走俏市场；昭平县中密度纤维板厂也于年内建成。各人造板厂走科技兴厂之路，产品质量稳步提高，综合合格率97.1%，比1996年提高2.4个百分点。梧州木材厂、贺州微粒板厂的木质刨花板达到A类优等品标准，高峰人造板有限公司、梧州木材厂的中密度纤维板质量达到国家标准特级品和一级品要求，南宁木材厂以国际标准要求生产，生产的产品质量好，全年出口纤维板创汇196万元。

基地建设 1997年，广西森林工业基地建设的重点是加强对基地林木的抚育管护和合理开发。到年底，广西森林工业企业建成基地林场363个，有林地6.5万公顷，活立木蓄积量300万立方米。融水、贺州、鹿寨、罗城、金秀等县木材公司吸收社会资金入股，明确产权关系，将基地林场改制为有限责任公司，实施现代企业管理制度，增强了发展活力。融水县木材公司完成了基地资源普查和采伐限额编制工作，在基地林场基础上改制而成的融水振兴林业有限责任公司，坚持以“营造为基础、采育结合、多种经营”的方针，3年累计投资回报率达101%；河池市木材公司在基地内种木薯、甜茶、药材等133.33公顷，收入60多万元。罗城县、贺州市木材公司基地林场规模大、效果好，荣获全国森林工业系统营林先进单位，宁业伟、杨宏青两同

志被授予全国森林工业系统营林功臣。

多种经营 1997年，广西森林工业企业走以“木材经营保生存，多种经营求发展”之路，拓宽多种经营渠道，开展多品种经营，发展第三产业。钦州市钦北区木材公司在原贮木场场地上建设农贸市场、灵山县木材公司建设阀门厂，两项目多种经营产值165万元，实现利税14万元，安排富余职工73人。阳朔、来宾县木材公司盘活现有资产存量，场地、房租收入占企业总收入的75%以上；宜州市木材公司经营总收入270万元，其中：石油液化气销售额就占200万元，占总收入的74%；合浦县、防城区木材公司利用沿海的地缘优势，生产1.35万绝干吨木片出口日本，营业收入960万元。

企业管理 1997年，广西森林工业企业把改革、改组、改造与加强企业管理相结合，强化内部设备、质量管理，采取下岗分流、减员增效等措施，苦练内功，挖掘潜力，寻找扭亏增盈新路子。梧州木材厂强化资金、成本管理，节能降耗显著，1997年，仅木材原料一项每立方米刨花板产品成本降低80.88元，全年降低成本达408万元，全年实现利润437万元。靖西县木材公司大胆使用社会人才，聘请具有丰富实践经验的能人为公司开发边贸木材生意，一年销售边贸材1300多立方米，上交公司管理费2.3万余元。金秀县木材公司压缩一半管理人员，全年管理费用开支减少20多万元，企业效益由上年亏损25万元转为盈利17万元。

企业改革 1997年，广西森林工业企业加快现代企业制度建设和大集团筹建步伐。以梧州木材厂及其所属厂(公司)改制而成的广西三威集团有限责任公司作为核心层，以梧州木材厂投资控股的梧州威宏有限责任公司(合资)、梧州威达有限责任公司、梧州威龙家具装饰材料厂(合作)、梧州林产化工厂作为紧密层，联合自治区直属大桂山、博白、六万林场作为松散层而组建的广西三威集团的改革方案已通过自治区有关部门论证评审，并被自治区人民政府列为支柱产业行列和实施大集团战略的19个集团之一，列为2000年全自治区形成4个集团群的第四个集团群成员。玉林贮木场的股份合作制改造已完成清产核资、资产评估、产权界定工作。柳州木材厂通过租赁、联营，划块经营，切块搞活，将胶合板车间租赁给深圳光大木业有限公司，年收入超100万元，又与上海展望饲料集团合作生产饲料，两个项目解决了300多名富余职工再就业，减轻了企业负担。那坡县木材公司完成了产权制度改革，改制为那坡县森工实业有限责任公司，已于年底正式挂牌运转。 (方长富)

【林化工业】 1997年，广西有林化工业企业85家，其中松香企业75家，栲胶企业3家，造纸企业6家，紫胶企业1家。年末职工总人数1.28万人，生产林化产品20多种。全年生产松脂33.47万吨，松香25.71万吨，松节油3.25万吨，松香、松节油深加工产品2.42万吨，栲胶0.63万吨，纸产品10.46万吨。全年共销松香19.31万吨，松节油2.8万吨，松香、松节油深加工产品2.17万吨，栲胶0.54万吨，纸产品10.2万吨。全年共完成工业总产值(现行价)19.41亿元，销售收入14.98亿元，实现税利0.86亿元。其中，广西国发林业造纸有限责任公司实现利润202万元，梧州松脂厂实现利润165万元，宁明松香股份有限公司实现利润430万元，武鸣栲胶厂实现利润158万元。

行业管理和企业改制 自治区林业厅和自治区林化工业公司加强林化行业管理，多次召开林化会议，研究、分析和部署林化产品生产、经营工作；下达松香、松节油、栲胶、林纸产品生产、销售指导性计划和松脂收购指导价，控制盲目生产和盲目抬价抢购松脂；多次下发松脂、松香生产、经营指导性意见和编印12期《松香动态分析》，及时通报松香、松节油及深加工产品产销信息，分析市场变化情况，为企业决策提供参考，得到松香厂的好评。根据国家有关规定，自治区林业厅、自治区林化工业公司积极做好松香生产许可证换发证申报和审核工作，全年共有84个松香生产企业向林业部申请换、发松香生产许可证，其中，65个松香企业通过林业部工业产品生产许可证办公室组织的检查评审组的抽检和考核。自治区林业厅、自治区林化工业公司和各松香厂积极推广应用高效率脂刀、增产灵-2号刺激剂、“9205”松树低温采脂生物调节剂、松树增脂剂、丰脂灵营养液、塑料杯受脂器等松脂增产综合技术，建立采脂增产综合技术推广应用示范点近30个，面积413.33公顷，累计推广使用成果面积1.33万公顷。

为了进一步完善林化企业的生产、经营机制，各企业积极进行企业改革、资产重组工作，增强企业活力，适应市场竞争。继广西国发林业造纸有限责任公司，宁明松香股份有限公司完成企业改革外，年内，灵山县松香厂、田东县松香厂、浦北县松香厂、荔浦造纸厂等企业进行了体制改革，改为股份公司、股份合作公司，改革后企业取得了较好的经济效益。

林化企业质量管理 1997年，各林化企业加强内部管理，积极开展质量管理，建立和完善企业各级、各类人员的质量责任制、质量保证体系，林化产品质量有了进一步提高。同时，积极开展创名牌、优质产品和QC(质量管理)小组活动，努力降低物耗和成本，增强产品竞争能力。年内，梧州松脂厂桂花牌脂松香、苍梧县松脂厂龙舟牌脂松香荣获自治区名牌产品奖；玉林松脂厂玉石牌脂松香、玉石牌103粉状强化造纸施胶剂、梧州松脂厂花灯牌松节油、藤县太平松脂厂三环牌脂松香和苍梧县松脂厂龙船牌松节油荣获广西优质产品奖。宁明松香股份有限公司生产技术部QC小组、广西国发林业造纸有限责任公司第一抄纸车间QC小组、第二抄纸车间QC小组、昭平县造纸厂厂部QC小

组、工艺质量科QC小组、梧州松脂厂炼脂车间节能QC小组、歧化车间QC小组荣获广西优秀QC小组称号。苍梧县松脂厂铁桶车间QC小组、广西国发林业造纸有限责任公司碱回收燃烧QC小组、生产工艺处办公室QC小组、荔浦造纸厂四车间QC小组、碱回收车间QC小组、昭平县造纸厂二抄车间QC小组、藤县太平松脂厂萜烯树脂QC小组、昭平县松脂厂炼脂车间（1）QC小组、炼脂车间（2）QC小组、制桶车间QC小组、质检计量科QC小组、锅炉车间QC小组、藤县松脂厂炼脂车间QC小组、梧州松脂厂06车间加氢QC小组、锅炉车间安全QC小组、蒙山县松脂厂铁桶车间QC小组荣获广西先进QC小组称号。

林化企业技术改造与产品开发　1997年，梧州松脂厂芳樟醇项目、苍梧县松脂厂高度氢化松香项目、梧州市郊区林化厂技术改造项目竣工投产，共完成投资7600多万元。（黎　毅）

【经济林发展】　1997年，广西新造经济林9.16万公顷，比1996年减少15.48%。至年底，经济林保存面积达162.49万公顷。主要经济林产量：油桐籽5.23万吨，油茶籽12.43万吨，八角2.52万吨，桂皮1.67万吨，木本水果250万吨。经济果木林初级产品产值达52亿元。

年内，被列为国家农业综合开发经济林项目的罗城、荔浦、三江县（自治县）的油茶低产林改造，北海市，融水、灵川县（自治县）的名特优经济林，百色、恭城县（市）干果项目建设已按期完成任务，3个项目共完成1390.67公顷，占任务的104.3%，累计总投资805.85万元，占计划的119.4%。年内，经林业部报国务院农业综合开发办公室批准，实施国家农业综合开发经济林项目的凭祥市（龙眼）、灵川县（夏橙）、玉州区（龙眼）、陆川县（荔枝），项目任务333.33公顷，项目总投资480万元，其中中央农发基金160万元，资金全部到位，项目任务如期完成。

经过多年的努力，广西名优特经济果木林已经形成规模。现有面积达3.33万公顷以上的经济果木林有油茶、油桐、八角、玉桂、板栗、柿子、龙眼、荔枝、芒果、柑橙、柚子11种。经济林面积超2.67万公顷的县（自治县、市、区）有13个，其中北流市经济林面积达8.8万公顷，名列广西第一。经济林单一树种超6666.67公顷的县（自治县、市、区）有57个，其中油茶有18个；三江侗族自治县油茶面积最多，达3.94万公顷。油桐面积超6666.67公顷的县（自治县、市、区）有7个，田林县油桐面积2.8万公顷，列广西首位。八角林面积超6666.67公顷的县（自治县、市、区）有8个，防城区为八角林面积之首，达2.33万公顷。玉桂面积超6666.67公顷的县（自治县、市、区）有7个，防城区玉桂面积最大，达2.8万公顷。银杏面积超6666.67公顷的只有兴安县，达1万公顷。龙眼面积超6666.67公顷的县（市、区）有5个，灵山县龙眼面积为广西首位，达2.47万公顷。荔枝面积超6666.67公顷的县（市、区）有8个，北流市荔枝面积为广西之最，达4.13万公顷。芒果面积超6666.67公顷的有田阳、田东县和百色市，田东县面积最多，达8000公顷。东兰县板栗面积也超6666.67公顷，达1.33万公顷，为广西之最。

油茶生产　1997年，广西营造油茶林6539公顷。至年底，广西油茶林保存面积39.6万公顷。年内完成油茶林抚育面积1.89万公顷，油茶籽产量12.43万吨。油茶籽产量超4000吨的有10个县（自治县、市）。其中，三江（1.13万吨）、融安（6870吨）、龙胜（6189吨）、百色（6159吨）、贺州（5872吨）、昭平（5729吨）、荔浦（4708吨）、巴马（4643吨）、凤山（4362吨）、融水（4149吨）。实施国家农业综合开发油茶低产林改造项目后，除三江侗族自治县的油茶籽产量与1996年持平，巴马县减产外，其余的融安、昭平、凤山、龙胜县（自治县）增产较大，凤山县增产最多，增1691吨。

油桐生产　1997年，广西营造油桐林1.07万公顷。至年底，广西油桐林保存面积22.67万公顷。年内，油桐重点县共营造油桐林6123公顷，占总营造面积的57.72%。油桐籽产量5.24万吨，其中，百色地区产油桐籽2.13万吨，河池地区1.86万吨。两地区产量占总产量的76.15%。油桐籽产量超2000吨的有6个县（自治县、市）：天峨（7377吨）、田林（7124吨）、西林（3750吨）、东兰（3100吨）、南丹（2608吨）、百色（2436吨）。

玉桂生产　1997年，广西营造玉桂林8926公顷。至年末，广西玉桂林保存面积12.65万公顷，桂皮产量1.67万吨。桂皮产量超1000吨的有4个县（区）：岑溪（5924吨）、防城（3509吨）、藤县（2425吨）、容县（1436吨）。桂油产量725.5吨。桂油产量30吨以上县（市、区）：岑溪（344吨）、藤县（112吨）、平南（85吨）、防城（68吨）、桂平（33吨）。

八角生产　1997年，广西营造八角林1.73万公顷。至年末，广西八角林保存面积19.33万公顷，居全国首位。八角产量2.52万吨。八角主产区的防城区产八角3875吨、宁明县2162吨、藤县2340吨、浦北县1632吨、龙州县1558吨、百色市1477吨、容县1298吨、岑溪市1157吨、凌云县1003吨。茴油产量1485吨。岑溪市茴油产量达834吨，为广西之首；依次是德保县289吨、那坡县120吨、天等县65吨、靖西县50吨。（林　钢）

【林政管理加强】　1997年，广西继续加强木材检查站标准化建设，取得较好成绩，经自治区林业厅检查验收，申报林业部批准，钦北区桅杆坳、柳城县上雷、全州县黄沙河、镰刀湾、石塘、山口、兴安县斧子口、百里、马口岭、永福县枫木坳、江岩、龙胜各族自治县思梅（水陆）、和平、江底、芙蓉、平果县四塘、田阳县三雷、融水苗族自治县涨江、大桥、永乐、麻石、大化县大化、苍梧县大坡、龙圩、旺甫、大漓口、木双、恭城瑶族自治县虾里洞、三江、龙虎、平乐县源头、沙子、荔浦县修仁、自治区直属桂林、梧州水（陆）木材检查站共35个站为标准化木材检查站。各地木材检查站认真贯彻落实林业部《关于创建木材运输检查执法文明窗口示范单位活动的通知》精神，内增素质，外树形象。钦北区桅杆坳木材检查站制订了文明执法八条规范，自治区直属梧州水（陆）木材检查站文明执法，双双被林业部批准为木材运输检查执法文明窗口示范单位，并授予牌匾。此外，在治理公路“三乱”中，经自治区人民政府批准，广西重新调整设置木材检查站235个，比以前减少3个。

年内，各地还进一步加强林政执法以及林政执法人员培训，自治区林业厅举办了3期培训班，培训林政执法人员281人次。全年共查处林业行政案件1.43万起，挽回经济损失428万元。（黄展正）

【野生动物保护管理】 1997年，广西着重抓好野生动物保护宣传教育工作。自治区林业厅同广西电视台“生存空间”专栏合作进行保护环境和爱鸟专题宣传。自治区林业厅、自治区野生动物保护协会和南宁市野生动物保护协会举办“爱鸟周”和“保护野生动物宣传月”活动，组织6所中小学校学生120多人开展制作鸟巢，到青秀山风景区、良凤江、石门森林公园挂巢招引鸟类；还组织28所中小学校出版28块板报在朝阳广场开展鸟类知识展出宣传。梧州、桂林两市也同时开展“爱鸟周”宣传活动。

年内，野生动物养殖得到长足发展，野生动物经营利用的管理工作得到加强。全自治区批准核发野生动物驯养繁殖许可证180个，批准核发野生动物经营利用许可证410个。平南雄森、玉林洪峰、北海涠洲岛、扶绥保护区等6个灵长类动物养殖场，共饲养食蟹猴、猕猴等灵长类动物8000多只。还积极组织灵长类实验动物向欧美、日本等国家和地区出口，出口猕猴、食蟹猴共1500多只。总投资2.5亿元的桂林雄虎山庄于年底对游人开放，山庄占地40万平方米，饲养有东北虎、孟加拉虎共70只，黑熊200余只。

根据林业部的部署，自治区成立了以政府领导为组长、林业厅、财政厅、环保局、科委等领导为成员的广西陆生野生动物资源调查领导小组。制订广西陆生野生动物资源调查方案，筹集资金，并向下发出通知，要求各地采取措施，配合开展陆生野生动物资源调查工作。为使调查工作得以顺利进行，自治区林业厅于10～11月，在金秀瑶族自治县开展全区陆生野生动物资源调查专业队员培训班，有40多名调查队员接受培训。培训后，在金秀瑶族自治县开展陆生野生动物资源调查试点工作，取得经验后，调查工作将陆续展开。（邹　异）

【水源林和自然保护区】 1997年，广西有水源林和各种类型自然保护区64处，其中林业部门管理的62处，自治区科委、环保部门管理的各1处，管理机构54处，经营面积182.8万公顷，其中国有林面积和集体林面积分别占48.4%和51.6%，有林面积108.1万公顷。经营面积和有林面积分别占全自治区土地总面积的7.7%和4.6%。

年内，自治区林业厅实施抓大放小，集中经费，重点扶持的方法，投入经费200多万元，重点扶持国家级花坪、弄岗和自治区重点的大明山、猫儿山、大瑶山、木论、大平山等保护区开展森林旅游、种植、养殖项目。还通过各种渠道筹集资金30多万元，用于解决花坪、大平山等保护区发展项目。各保护区在保护好资源的前提下，因地制宜的开展了种植、养殖、旅游资源开发等项目，全年种植用材林138公顷，经济果木林149公顷，“三木”（杜仲、黄柏、厚朴）药材18公顷，办养殖场3个。保护区充分利用旅游资源开展旅游活动，共接待游客40多万人次，收入600多万元。此外，自治区拨出800多万元专款，用于跨地市保护区内及周边林农口粮价差补助，解决一部分林农生活困难。

为完成林业部下达的野生植物资源调查工作，自治区林业厅两次召开25名有关专家座谈会和研讨会，确定了广西重点野生植物调查名录88种，并做好了调查的前期准备工作。年内还完成了木论自然保护区报批国家级自然保护区的材料申报工作，通过了国家环保局评审。（李兴平）

【广西壮族自治区1997年林业大事】

1．2月24日，在自治区林业工作会议上，自治区政府领导与99个县（市、区）政府领导签订了《县级领导干部任期森林资源消长目标责任状》，把保护发展森林资源重任压到县人民政府领导肩上。责任状一定5年，即1996～2000年。责任状共分森林面积、森林采伐限额、林地管理和森林防火四大目标12个子目标。自治区政府主席成克杰、自治区党委副书记丁廷模就如何实施森林资源消长目标责任状等问题分别作了书面发言和讲话。

2．6月17日，世界防治荒漠化和干旱日纪念日。自治区林业厅根据林业部的部署专门发出了通知。自治区绿化委员会、自治区林业厅在南宁、北海、钦州、防城港市的23个县（市、区）、346个乡（镇）组织了防治荒漠化和干旱日纪念万人签名活动。

3．8月15日，自治区政府下发了《关于坚决制止乱侵滥占林地的通知》，要求对1992年下半年以来侵占林地进行一次清理和查处毁林案件。

4．10月17～25日，以全国政协副主席何鲁丽为团长的全国政协委员考察团一行13人，视察广西森林防火工作。

5．12月底，自治区人民政府办公厅向全区发出《关于1996年度执行县级领导干部任期森林资源消长目标责任状抽查结果的通报》，其中，浦北县、银海区、环江毛南族自治县、富川瑶族自治县为优秀县；阳朔、宾阳、平南、大新、融安、兴安、平乐、平果、邕宁、容县、岑溪市、防城区、巴马瑶族自治县、隆林各族自治县为合格县；武宣、柳城县因森林火灾受害率严重超标，被评为不合格县。

（广西壮族自治区林业厅）

海南省林业

【概　述】

造林绿化　1997年，全省完成造林2.33万公顷，造林的重点是沿海防护林和低产林改造。定安县实现了平原绿化达标，使全省完成平原绿化达标任务，并向林业部申报实现平原绿化省称号。全省新增封山育林2.13万公顷，超额完成2万公顷的新增封育任务。全年参加义务植树人数达238万人次，义务植树1001万株，分别比1996年增加13%和21%。

林政管理　1997年，全省加强了森林采伐限额管理和木材流通管理。全省消耗森林资源212.7万立方米，低于225.7万立方米的采伐限额。一是加强了林木采伐限额管理，做到伐前有规划设计，伐中有检查，伐后有验收，确保采伐量不突破限额；二是继续推广普及改燃节柴技术，实行凭证烧材制度，又有一大批农户用上了节柴灶，一批工副业单位实行了改燃；三是强化了木材流通管理，以查处非法运输和非法加工木材为重点，清理整顿了326家木材经营加工单位，取缔44家非法经营加工单位；四是切实加强林地管理。全面清查近年来各市、县征占用林地的情况，查处了一批非法征占用林地并且造成乱砍滥伐的单位和个人。如严厉查处了海南洋鑫公司在通什非法占用林地，破坏森林的严重违法案件，从而使全省森林资源得到了有效保护。

林业“三防”　贯彻“预防为主，防治结合”的方针和继续执行森林防火责任制。全年仅发生森林火灾21次，受害面积42公顷，分别比1996年下降77%和85%，是建国以来森林火灾次数最少、受害率最低的一年。野生动植物保护工作则以开展执法大检查和全省野生动物资源清查为重点，共检查野生动物经营单位1428家，处罚违法经营单位232家，没收野生动物4262条（只）。同时，对尖峰、坝王、五指山等重点林区的野生动物资源进行了调查，掌握了资源信息。森林病虫害则重点抓了各项防治措施的落实，全年森林病虫害防治率78%，高于部颁60%的标准，森林病虫害发生率0.26%，低于部颁3%的规定指标。

森林工业转向　面对省政府3年财政补贴到期，各森林工业企业艰苦创业，加快了发展替代产业步伐。尖峰岭林业局加大了开采花岗岩的力度，同时多方筹措资金，进一步开发建设天池旅游资源，天池湖、避暑山庄等一批新的旅游设施相继建成，尖峰岭旅游产业的发展初具规模。坝王岭林业局则进一步挖掘小水电建设潜力，1997年又在南叉河建立一座900千瓦水电站，使该局水电站群的装机容量达到4200千瓦，年总收入在300万元以上。吊罗山林业局也立足本局优势，建设一座500千瓦的水电站，开发建设了新安度假村。黎母山林业公司则从自身实际出发，发展养殖业和种植业，建成竹笋加工厂一个。通过广大林区干部职工的不懈努力，全省森林工业转向工作正逐步从困境中走出。

林业改革和发展　1997年，林业分类经营在全省逐步铺开，三亚、文昌两市及尖峰岭林业局于上半年完成试点，下半年便在琼山、通什、白沙、东方、临高、坝王岭等地逐渐开展，且基本完成了外业调查。为落实江泽民总书记和李鹏总理对防治荒漠化、建设生态环境作出的重要批示，省林业局制定了《海南省建设防护林、防治荒漠化规划》和《海南省热带林保护与发展规划纲要》，规划用10～15年时间，把海南建成沙化得到全面治理，没有水土流失，山川秀美的新海南。

国际合作与交流　1997年，国务院正式批准海南省60万吨浆纸厂项目，标志着该项目进入实质性实施阶段。同年，省林业局已与新加坡亚洲浆纸业有限公司合作造林6666.67公顷。中德合作的海南热带天然林保护与恢复项目正式启动，德方长期专家已到省林业局开展工作。国际热带木材组织项目进展顺利，项目的执行情况获得国际热带木材组织官员的好评，项目第三期的计划也已经通过专家组评估。　（吴银华）

重庆市林业

【概　述】 1997年3月重庆成立直辖市。全市林业用地面积由原来的37.67万公顷扩大为300.8万公顷；有林地面积由31.47万公顷扩大为168.67万公顷；活立木蓄积量由1229万立方米扩大为7183万立方米；森林覆盖率达到20.98%。全市拥有99个国有林场，34个国有苗圃，39个森林公园，1150个基层林业工作站，1283个乡村林场。

植树造林　全市完成营造林任务14.33万公顷，其中，完成重点工程造林8.15万公顷，“四旁”植树1.27亿株。在植树造林中，把发展经济林作为调整林种结构、兴林富民活行业的突破口，坚持以国有林场和乡村林场为依托，采取合股、租赁等多种形式，积极发展经济林基地。1997年，新造经济林4.27万公顷，占工程造林面积的52.4%。经林业部组织的造林实绩核查评分，重庆市名列全国28个受检查的省（区、市）榜首。

森林资源保护管理　全年森林采伐限额实际执行指标为271万立方米，比控制指标280万立方米少采9万立方米，低于控制指标的3.2%；森林火灾损失率为0.15/1000，比市政府下达的火灾损失率控制目标减少17.5%；刹住了群众性的乱砍滥伐和集团性盗伐林木的事件，各种毁林案件查处率达95%以上。

科技兴林　林业科技贡献率达31.4%，高于林业部公布的全国林业科技贡献率(21.2%)林业科技成果推广应用率达40%，为年度责任目标的114.28%，提高了林业生产的质量和效益。

国有林场综合效益　全市国有林场坚持“以林为本、合理开发、综合经营、全面发展”的方针，大力发展多种经营和综合利用，全市国有林场总收入达到9710万元，在1996年的基础上增长了11.8%，为目标任务的118.75%，增强了国有林场的自我发展能力。

森林旅游业　全市森林公园达到39个，其中，1997年新建3个，新建旅游服务设施45项，设置旅游景点75处，接待游客280万人（次），旅游收入达到7535万元，比1996年增长了37%。

林业发展“九五”计划和2010年远景目标纲要　1997年，市林业部门组织力量编制了《重庆市林业发展“九五”计划和2010年远景目标纲要》，其目标任务是：以绿山富民活行业为目标，实现基本绿化和全面绿化，不断增加森林资源，协调发展林业一二三产业，提高林业综合效益，建立起比较完备的林业生态体系和比较发达的林业产业体系。“九五”期间，新增森林面积38.3万公顷，全市森林覆盖率达到25.1%，实现基本绿化；实现水土流失生物治理面积45万公顷；新增活立木蓄积1500万立方米，全市林木总蓄积达到8625万立方米；木材总产量达30万立方米；林业总产值达到152亿元以上，年递增率9.3%；贫困国有林场基本脱贫，一般的林场能致富，较好的林场奔小康；山区农民从林业综合开发中增加收入比“八五”期末翻一番。2010年发展目标：新增森林面积45.2万公顷，森林覆盖率达30.6%；水土流失生物治理面积50万公顷；新增林木蓄积3000万立方米，期末蓄积总量达到11 625万立方米；实现用材林生长量大于蓄积消耗量，到2010年木材年产量达到70万立方米；林业产业总产值达到35亿元以上，年递增9.87%。

森林病虫害防治　1997年是重庆市森林病虫害发生较为严重的一年，发生面积达13.97万公顷，涉及37个区市县。市委书记张德邻，市长浦海清、副市长甘宇平、陈光国多次过问森林病虫害发生防治情况，市政府专题向各区（市、县）人民政府发出了《关于切实抓好森林病虫害防治工作的紧急通知》，并派出了由副秘书长带队的有关部门的领导和专家，亲临现场考察，研究防治措施，并向云阳、涪陵两个重灾区及时调拨救灾经费60余万元。市林业局也分别多次派出领导和技术人员到各区（市、县）检查、督促、指导森林病虫害防治工作。通过各级政府和林业部门的努力，实现监测率66.7%，防治率74.9%，成灾率仅0.05%，有效保护了森林资源。　（周尚前　陈思明）

【长江流域三峡库区及嘉陵江流域生态环境林业重点治理工程（重庆部分）可行性研究报告】 遵照江泽民总书记、李鹏总理关于治理水土流失，改善生态环境的有关指示精神和林业部编制的《长江、黄河流域生态林业重点治理工程实施规划》，为了恢复和扩大三峡库区森林植被，提高森林覆盖率，改善生态环境，维护生态平衡，保障三峡水利水电工程正常安全运行，在林业部调查规划设计院的指导下，市林业局组织专家和技术人员对17个库区县及4个嘉陵江流域县的生态林建设情况进行了广泛深入地调查、分析、论证，编写了《长江流域三峡库区及嘉陵江流域生态环境林业重点治理工程（重庆部分）可行性研究报告》，规划到2010年，营造林面积226.9万公顷，森林覆盖率提高到46.07%，治理水土流失面积156.42万公顷，减少输入长江的泥沙量1.21亿吨/年，基本控制水土流失及荒漠化扩大趋势。可行性研究报告已上报国家计委和林业部立项。　（周尚前　陈思明）

【森林资源连续清查工作】 重庆市森林资源连续清查

复查工作是林业部根据1997年3月14日八届全国人大第五次会议决定设立重庆直辖市补充安排的一项国家指令性任务。该工作技术要求高、工作难度大、时间紧、任务重。在市政府的领导下，在林业部及西北林业勘察设计院的指导下，市林业局和市连续清查复查领导小组精心组织、精心安排，73个复查小组、397名专业技术人员历时近6个月时间，圆满地完成了1674个固定样地的外业生产、质量检查和材料验收等各项工作，为全国第五次森林资源连续清查复查工作作出了应有贡献，受到林业部的好评。（周尚前　陈思明）

【重庆市1997年林业大事】

1. 1月28日、29日，重庆市林业局长会议召开，传达全国林业厅（局）长会议精神，部署1997年全市林业工作，副市长周建中出席了会议并作了讲话。

2. 4月26日至5月2日，世界银行专家组来渝，对重庆世界银行贷款森林资源发展和保护项目多功能防护林工程建设情况进行中期评估，通过对铜梁县、綦江县的检查，认为项目执行情况良好，中期评估顺利通过。

3. 5月21日至6月17日，在重庆渝中区、北碚区、沙坪坝区以及西南农业大学、西南师范大学等地开展纪念"6·17"世界防治荒漠化和干旱日签名活动，整个活动印发宣传资料3万多份，悬挂标语横幅近100条，直接参与签名活动者在10万人以上。

4. 5月26日，国家计委关于利用德国政府赠款建设长江上游重庆段生态林工程项目建设书的批复确定重庆德援造林项目正式立项。

5. 6月1～5日，林业部党组成员，中国林业科学研究院院长江泽慧在重庆市缙云山自然保护区管理处主持召开林业部科技进步奖评审会。

6. 7月21日，林业部党组书记陈耀邦到重庆市林业局机关看望全体职工，并在接见局机关中层以上干部时作了讲话。

7. 8月18～20日，德国政府复兴信贷银行派官员来重庆考察德援造林项目前期准备工作。

8. 10月8日、9日，召开全市林业局长会议，学习贯彻党的十五大精神，安排部署林业工作。市委常委、市农工委书记税正宽，市人大常委会副主任章必果，副市长陈光国出席了会议，并作了讲话。

9. 11月3～8日，林业部副部长祝光耀视察重庆（梁平县、开县、天城区）长江中上游防护林建设工程。

（周尚前　陈思明）

四 川 省 林 业

【概　述】

发展与成就

营林生产　全省完成成片造林面积28.15万公顷，是计划的117.3%，其中"长防林"重点工程造林7.6万公顷，飞机播种造林5.1万公顷，人工迹地更新2.2万公顷。参加义务植树3500万人次，植树1.3亿株。

林业产业　木材生产完成384.11万立方米。主要林产品完成情况：锯材34.22万立方米；人造板17.1万立方米，其中：胶合板0.5万立方米，纤维板5.58万立方米，刨花板8.92万立方米；五种林化产品2422吨；林纸2.84万吨。主要林副林特产品产量：油桐籽4.21万吨、油茶籽3903吨、核桃2.34万吨、板栗5222吨、松脂2266吨。

基本建设　全部林业固定资产计划64 439万元，完成56 648万元，其中：营林投资18 817万元，森工基建投资37 831万元。森工基建主要实物工程量，新增木材生产能力1.5万立方米，公路97.8千米，竣工房屋建筑面积4.39万平方米，其中：住宅0.16万平方米。

林业产值　全省林业系统产业总产值81.55亿元，其中：第一产业51.36亿元，第二产业23.72亿元，第三产业6.47亿元。

多种经营和技术改造　落实多种经营贷款25 812万元，其中：农业银行贷款8400万元，工商银行贷款3100万元。完成更新改造投资9198万元，其中：专项贷款2650万元。

森林保护　全省发生山火267次，其中：森林火警246次，一般森林火灾20次，重大森林火灾1次，烧林面积374公顷，森林火灾损失率为0.04/1000；森林病虫害防治率为88.46%，超过65%的年度目标。

改革与林政实施

加快绿化全川的步伐　坚持以工程造林为重点，带动面上绿化，加大"长防林"、世界银行贷款造林、飞播造林等造林力度，使工程造林占成片造林60%以上。巩固盆中和盆周造林成果，加强西部造林，推进干热干旱河谷地带绿化，先后在宁南县、茂县召开干热干旱河谷地区造林绿化攻坚现场会，省政府发出了《关于在四川省西部开展造林绿化攻坚的通知》，对沿江、沿路、沿集镇的61个县采取以奖代补的形式，每县营造示范林66.67公顷。各地针对本地道路、水系、城镇和荒山绿化的薄弱环节，组织群众和林业科技人员攻坚，使山、水、田、林、路得到有效治理。按照全省阶段绿化目标要求，盆中90个县有40个县实现全面绿化，盆

周36个县有14个县实现基本绿化。

兴林建园调结构 在山区林业综合开发中，把兴林建园与调整林种树种结构结合起来，大力实施"三个一工程"(每户一个小林果园、每个场站一个创收项目、每县一个林业骨干项目)，推动林业产业开发。随着人造板、林纸和松香、工业原料林、名特优干鲜果类及木本药材、木质装饰材料、银杏、花卉和森林旅游八大产业的全面启动，川北的干果、木本药材，川中的大枣、良种柚等小水果，川南的工业原料林，成都、攀西地区的花卉等正逐步成为当地的优势产业和农村经济新的增长点。在发展经济林中，成片开发与千家万户建设家庭经济林园结合，全省现有220多万户建起了经济林园，一些山区县户均林果收入超过1000元。全省组织5000多名林业科技人员，深入到4100多个乡(镇)，开展技术咨询和技术服务，培训9万多人次，印发技术资料18.8万册，推广成果25项，实施面积2万多公顷，取得经济效益3000多万元。

依法保护森林资源 经省人大常委会审议通过颁布了《四川省木材运输条例》、《四川省植物检疫条例》、修订了《四川省绿化条例》，实行了林业行政执法部门责任制。全省普遍实行了森林资源保护管理目标责任制，坚持了采伐限额执行情况监督检查制度，对采伐林木蓄积量和木材产量双项控制，基本控制住森林资源过量消耗。全省林业公安受理乱砍滥伐、乱捕滥猎案件5077件，依法查处违法犯罪分子7431人次，为国家挽回直接经济损失665.5万元。强化护林防火领导责任制、片区负责制和岗位责任制，使森林火灾损失率连续9年控制在0.1/1000以下。加强野生动植物保护管理，新建省级保护区6个，完成2个国家级自然保护区的总体规划设计和11个县野生动植物资源调查。开展大熊猫工程建设，抢救大熊猫2只，人工繁殖大熊猫5胎8只，成活3只。

深化林业改革 各地根据省制定的林木和宜林荒山转让暂行办法，制定鼓励社会各个方面开发非耕地资源和转让宜林荒山荒地的优惠政策，仅巴中地区党政机关、企事业单位就租赁、承包荒山荒地3780公顷，增加林业资金投入500多万元。积极推行股份合作制，新建乡村股份合作制林场1200多个，使乡村林场总数增加到5132个，经营面积由35.13万公顷，扩大到62.33万公顷。

扩大对外合作与交流 1997年，协议引进5774万美元，实际到位2900万美元。引资主要项目是：中德合作四川嘉陵江上游造林工程项目，造林3.2万公顷，投资9400万人民币，德方无偿援助1200万马克，合6000万人民币；中德合作四川自然资源保护项目，德国政府技术援助大熊猫自然保护区430万马克，合2150万人民币；长江木业总公司与新加坡客商合资新建年产50万扇空腹门厂，总投资850万美元，外商投资650万美元。

推进国有场圃改革 省林业厅进一步总结了国有场圃出现职工自营、国社联营、承包经营、林场加农户等多种改制的形式，全省有11个国有场圃实现脱贫。1997年国有场圃总收入2.5亿元，比1996年增长10%。 (魏寿才)

【多种经营专项贷款利用】 多种经营贴息贷款是国家解决国有森工企业困难，扶持企业利用林区资源、发展多种经营给予的一项优惠政策。10年来，国家下达四川省的贷款计划19 250万元，落实17 869万元，共建多种 经营项目115个，建成102个，涉及种养业、采掘业、加工业和第三产业等，项目产品达十几种，有些产品达到省优、部优，有的产品出口创汇，至1996年底，林业系统多种经营总产值6.75亿元，占全省林业系统工业总产值的29.9%，年利润4300万元，年税金8663万元，从事多种经营职工1.6万人。

全省森工企业利用贴息贷款，发展多种经营项目，其主要做法：①提高认识，转变观念，增强了有偿扶持意识，大多数森工企业把发展多种经营，作为调整企业产业结构的重要手段。②加强领导，分工负责。森工贴息贷款的发放，涉及到银行、财政、林业部门，各部门领导极为重视，做到有领导分管，部门负责，专人经办。每年由省林业部门会商银行、财政，采取从下而上，先立项后安排贷款计划的办法，各负其责，林业部门负责贷款项目的立项，计划衔接，项目落实；银行部门负责贷款项目终审，筹集资金，适时发放贷款；财政部门负责项目贷款贴息的申报，贴息资金的划拨。同时，三家还定期到贷款单位调查，对重点项目进行跟踪管理，发现问题，及时解决。③加强项目前期管理，严把项目质量关。在选择贷款项目上，银行、财政、林业部门互相配合指导企业选择项目，对所建项目的原材料供应、产品市场状况、技术可行性、经济效益等方面严格把关。在项目计划编制上，遵循保证有规模、有市场、有效益的重点项目，先续建后新建，充分体现项目的经济效益，确保贷款的安全回收。④建立贷款信息反馈制度和项目档案，加强贷款后期管理。 (四川省林业厅)

【宜宾市开发宜林"四荒"】 宜宾市自1990年建立大林业开发试验区以来，明确了"大林业开发主要向荒山荒坡进军，尽量开发利用四旁隙地、田坎、土台"的思路，加大宜林"四荒"的开发力度。①消灭了大面积的宜林"四荒"地。1990年，全市有宜林"四荒"地10万公顷，其中：成片荒山荒地5.33万公顷。几年来，通过实施以木、竹、茶、果、桑、樟、药等林业基地开展，到1996年全市成片荒山荒地已基本灭荒。②资源持续增长。通过灭荒，人工造林10.4万公顷，"四旁"植树3亿多株，绿化公路、干渠、河道4000多千米，绿化库区6666.67公顷。全市10县(区)均已完成绿化栽植任务，有7个县(区)实现基本绿化。森林面积由

1990年的22.67万公顷增加到32.67万公顷，活立木蓄积量由889万立方米增加到1393万立方米，森林覆盖率由22%上升到28.6%。③促进了农村经济的发展。长宁县狠抓竹、柑橘和蚕桑为主的开发，开发“四荒”面积6000多万公顷，新增产值上亿元，仅竹类一项，农民人均增收超过120元。翠屏区农民何洪富，1994年投资1000多元在自家荒坡上种日本沙梨约0.13公顷，1997年产量3吨，收入近2万元。

宜宾市开发“四荒”采取大面积荒山造林，实行股份制、承包制、租赁、企业自建原料林基地等形式。①坚持稳定和完善家庭联产承包责任制的基本政策。对非耕地的开发只要签订承包合同，保持相对稳定，不轻易变动。对承包到户的荒山荒坡，坚持谁开发谁受益，谁种谁有，长期不变，允许继承，允许转让。②坚持全社会办林业。组织发动各级党政机关、企事业单位投资、投物、投技术参与开发，实行多种形式的承包和联合，不视为经商办企业。全市各级党政机关投资400多万元，兴办林竹茶桑药园上万亩，鼓励以林产品为原料的加工、流通企业投资建原料基地。鼓励科技人员脱产或利用业余时间，组织或承包开发项目和提供技术服务，允许获取经济收入和合理的服务报酬。③实行税费优惠政策。开发宜林“四荒”的产品投产后3～5年免征农业特产税。通过贷款进行开发的企事业单位，允许税前还贷。主伐和抚育间伐的剩余物不纳入产品税计征，“两金”由20%调减为定额征收。④多渠道筹集资金。选择论证好项目，争取国家立项，制定优惠政策，吸引单位和个人投资办绿色企业。各级财政每年从支农资金中划出20%投入开发，把扶贫、以工代赈、水土保持、农业综合开发等方面资金打捆使用。⑤实行有偿转让。出台了《宜宾地区林木有偿转让管理试行办法》，促进林木和林地资产有序流转。

（四川省林业厅）

【达川地区实施科技推广应用】 全区重点推广林业科技项目14项，实现转化产值1.87亿元。在实施科技推广重点项目中，突出地方特色，与林业生态工程、林业产业建设工程紧密结合。大竹县实施白夹竹退笋综合控制工程6000多公顷，实现转化产值2300万元。万源市实施“银杏、杜仲天然药材基地建设及技术开发”，认真解决名特优新品种种苗培育和栽植管理技术，从山东省引进优良银杏穗条新品种8个，优质核桃品种3个，并开发蜡梅盆景，全市营造经济林面积2666.67公顷。达川市的优质水果、达县的南抗杨、宣汉的马尾松、开江的银杏基地建设，都增大了科技含量。地县两级林业部门普遍采取科技赶场、科技下乡，即送林业科普资料等方式开展科技咨询培训服务。全区林业部门，通过各种方式培训林农10万余人次，林业干部参加省级培训152人次，地、县对林业技术骨干培训10次1000余人次。为了加快科技成果转化步伐，该地区采取多渠道、多层次、多形式加大对林业科技的投入，1997年，全区林业科技总投入5686.2万元，其中：财政投入1965.3万元，贷款1006.7万元，单位和群众自筹2714.2万元。

（四川省林业厅）

【南充市加强林地管理】 南充市地处四川盆地丘陵区，集体林地占现有林地面积的98.96%。近几年来，该市认真贯彻《林地管理暂行办法》，依法管护林地，推行使用林地许可证制度，林地征、占用初审率达95%以上。

该市在林地管理中，坚持强化管理基础，协调配合有关部门，采取专项治理手段，使林地走上法制化的轨道。其主要做法：①加大法律宣传力度，增强全社会保护林地法制观念。广泛开展林业政策法规宣传教育，做到“三个结合”，即结合“三五”普法抓宣传教育，结合乱征乱占专项治理抓建制，结合公开处理大案要案抓典型。②加大管理力度，强化内部职能。随着农村民营经济的发展，森林资源保护管理出现了许多新情况，适时提出“三个转移”（由过去突出造转变到造管结合，由过去注重对林木的管理转到林木林地两管并重）由过去把林地作为资源管理转到资产管理）。突出政府的职能，明确各级政府各部门任期目标责任制，确定林地转化为非林地的控制指标；突出林业部门的管理职能，市、（县、区）两级主管部门确定林地专管人员；突出基层林业工作站对林地的管理职能，把林地管理纳入乡（镇）林业工作站的工作目标考核。③加强部门配合，各司其职。从政策入手，理顺关系，主动做好国土、公路、交通、城建等单位的协调工作，采取每半年召开一次协调会，通报情况，大型林业工作会议邀请有关部门领导参加，出台有关林地政策文件，抄送有关部门或联合制发规范性文件等方式，求得支持。如南充飞机场工程项目征占用林地，市国土局主动与林业部门共同研究占用林地的方案和补偿协议。④加大专项打击力度，依法管好林地。针对各地任意占用林地的事件不断发生的问题，采取“两统”（清理工作统一部署、统一行动）、“两集中”（集中时间、集中人员）、“一抓”（抓好国土、公安、法院的配合）、“一举”（对举报非法占用林地者给奖）的方式，开展专项清理，使非法占用林地的比例大幅度下降。（四川省林业厅）

【隆昌县木材市场管理】 隆昌县地处四川盆地中部，川滇国道公路起点，成渝高速公路、隆纳高速公路贯通。重庆成为直辖市后，该县成为川东重镇。该县森林资源贫乏，按照县委、县政府“兴市场，搞大商贸、大流通”的发展思路，林业部门积极与工商、税务、乡（镇）政府密切配合，建立和开放县内规范的木材市场8个，发放木材经营许可证105个，年经营木材2.2万立方米，提供税费120万元。

隆昌县以建立社会主义市场经济体制为目标，从推动隆昌经济发展和有利于形成大生产、大流通、大市场的格局出发，有计划、有步骤地建设木材市场网络。在市场建设中，县政府、乡（镇）政府把市场建设作为建立社会主义市场经济体制的关键，纳入经济建设和社会发展总体规划；以城市和交通沿线为重点，合理布局；多渠道筹集资金，多元化建设木材市场；充分论证，讲求实效，建一个，活一个，重视基础设施建设的同时，切实加强规范服务和管理。

为了强化木材市场管理，打击非法经营，保护经营者合法权益，自1990年以来，每年组织林业、工商、公安等部门参加的木材市场整顿，查处违法经营，处理违法人员57人，吊销证、照12个，挽回经济损失10多万元。同时，还规范木材市场运作：凡经营林业部门年初签发的木材经营许可证的个体工商户和零售单位，必须进入指定的木材市场进行交易活动，挂牌亮证经营；购回木材须及时将木材运输证交到市场管理办公室、登记存档，以备检查和作为收费依据；木材进入市场后，按工商和市场业主划定地点堆放，严格执行市场管理和木材交易相关规定；木材市场出现的各种问题，及时由市场管理办公室出面解决。林政、林业公安积极参与市场治安管理，维护市场经营秩序。

（四川省林业厅）

【合江县福宝林场】 合江县福宝林场认真贯彻落实“以林为本，合理开发，综合经营，全面发展”的建场方针，以培育森林资源为重点，提高综合经济效益为中心，积极发展多种经营。1997年，完成工业总产值500万元，总收入752万元，改建综合楼550平方米，新建福林大厦9000平方米，连续5年保持省级重合同、守信用和特级信用企业称号，被评为省、市先进国有林场。

该场1997年重点抓了几项工作：①加强森林资源培育、保护和管理。全垦造林43.33公顷，辅助更新造林43.33公顷，楠竹成片造林36公顷，示范林32.07公顷，低产林改造124公顷，幼林抚育1400公顷，中幼林抚育188.33公顷。为保护森林资源，将经营性木材采伐年计划由1.9万立方米减到1.5万立方米，实际采伐1.4万立方米，降低总采伐量25%；楠竹采伐年计划由9万根减到5.8万根，降低总采伐量30%以上。同时，采取有力措施，加强巡山护林，与毗邻村社签订护林防火协议书54份，盗砍滥伐林木比1996年同期下降90%，连续20年无森林火灾。②狠抓木材促销。场领导带领销售人员走出“家门”，主动上门推销，销售木材1.7万立方米、楠竹5.9万根，销售收入680万元，促进了资金回笼。③开拓新的生产门路。利用当地资源优势，发展商业、服务、运输、加工和森林旅游，促进多种经营全面发展，第二、第三产业总收入72万元。

（四川省林业厅）

【四川省1997年林业大事】

1. 1月23日，省人大常委会办公厅、省政府办公厅联合发出《关于贯彻实施〈四川省农业技术推广实施办法〉的通知》，将3月定为宣传活动月，要求农业、林业部门宣传好实施办法。

2. 7月31日，由省委副书记、常务副省长张中伟主持召开森工会议，形成了《省委、省政府森工会议纪要》，会议强调明确责任，实行目标管理，切实加强对森工企业的领导和管理，继续落实对重点森工的经济扶持政策，采取措施，抓好当前森工的稳定工作。

3. 8月，中德两国政府代表正式签署四川嘉陵江上游造林工程项目财务协议，德国无偿援助1200万马克。

4. 8月19日，四川省第八届人民代表大会常务委员会第二十八次会议，审议通过《四川省植物检疫条例》。

5. 10月17日，四川省第八届人民代表大会常务委员会第二十九次会议，审议通过了《四川省木材运输管理条例》，审议通过修定《四川省绿化条例》。

6. 12月29日，在全省林业工作会议上，省委副书记、常务副省长张中伟作了《全民动手，奋力攻坚，努力实现绿化全川的战略目标》的报告，副省长敬正书作了《总结经验，开拓前进，积极推进四川省林业持续健康发展》的报告。

（魏寿才）

贵 州 省 林 业

【概　述】

发展与成就

营林生产　1997年，全省完成造林面积23.55万公顷，是计划的118%，其中：人工造林20.86万公顷，是计划的127.7%；飞播造林2.69万公顷，是计划的73.4%。人工造林面积核实率113%，合格率92.6%。人工造林中林业重点工程4.8万公顷，是计划的111%，其中：“长防林”2.659万公顷，是计划的97%，“珠防林”1.424万公顷，是计划的153%，世界银行贷款项目0.719万公顷，是计划的107%。完成封山育林新封面积21.2万公顷，是计划的106%，面积核实率109.8%，合格率99.7%。完成育苗1454公顷，是计划的106%，“四旁”（含零星）植树5114万株，是计划的130%，完成采种296吨，幼林抚育实际面积

23.49万公顷，迹地更新7060公顷。

森林工业 1997年，全省生产木材63.71万立方米，其中：国有林场生产木材16.2万立方米；生产楠竹126.33万根；生产人造板1.49万立方米，其中：胶合板0.63万立方米，刨花板0.46万立方米，纤维板0.4万立方米；生产锯材4.18万立方米。森林工业企业全年实现销售收入25 542万元，全省国有林场实现销售收入7200万元。

林副产品 1997年，全省生产生漆954吨，比1996年增加17.3%；油桐籽88 979吨，比1996年增加13.3%；油茶籽8872吨，比1996年增加7.2%；乌桕籽4427吨，比1996年减少17.4%；五倍子1261吨，比1996年减少6.5%；棕片4798吨，比1996年增加18.4%；松脂6639吨，比1996年增加102.9%；竹笋干1887吨，比1996年增加14.5%；核桃4458吨，比1996年增加15.7%；板栗4618吨，比1996年增加17.1%。

林业投资 1997年，全省完成森林工业固定资产投资5443万元，营林基本建设投资5202万元。主要实物工程量：造林6.88万公顷、中幼林抚育0.19万公顷、低产林改造0.31万公顷、防火线512千米、林木良种基地600公顷，房屋施工面积4.43万平方米、竣工面积1.94万平方米，施工项目158个，其中：新开工项目71个。

森林保护 1997年，全省发生森林火灾262起，其中重大火灾1起，森林受害面积1625公顷，森林火灾受害率0.44/1000。全年发生森林病虫害面积25 600公顷，防治面积22 800公顷，防治率89.1%，防治经费142万元。

林业产值 1997年，全省实现林业总产值24.54亿元，比1996年增加3.9%，其中：第一产业产值21.99亿元，比1996年增加5.46%；第二产业产值2.42亿元，比1996年减少6.2%；第三产业产值0.13亿元，比1996年减少27.8%。

改革与林政实施

达标攻坚 省政府在1月全省造林绿化表彰会上明确要求，要打好造林绿化达标攻坚战，确保完成造林20万公顷、封山育林20万公顷的任务，并纳入了省级业务目标管理进行考核。1997年，全省又有12个县（市）实现了造林达标，有20个县（市）被评为1997年度造林绿化先进单位，受到省政府表彰奖励。

林政资源管理 组织了全省林业行政执法人员培训考试，统一换发了6300多人的林业行政执法证。严格执行森林采伐限额，建立健全林木采伐许可证台账制度，加强源头管理。统一换发了木材经营加工许可证，取缔了一批不符合条件的木材经营加工户。全省林业公安共受理各类森林案件2514起，查处2483起，查处率98.8%，为国家和集体挽回经济损失769.56万元，其中收缴木材7227立方米，折合款101.1万元，收缴野生动物1400余头（只）。全省森林病虫害防治比1996年提高3.8个百分点。为搞好野生动植物资源保护，还完成了全省湿地资源调查，全省野生动物资源四分之一样带调查和全省野生动物养殖场基本情况调查，启动了全省野生植物调查试点工作。全省有19个木材检查站和6个林业工作站标准化建设合格县通过了林业部验收。

科技推广 以“农业科技推广年”为契机，全省共组织科技人员1万余人次开展送技术下乡活动，发放技术资料1.2万份，培训技术骨干和林农4万余人次，组织实施部、省推广项目91项，建立科技示范点112个，示范面积12.3万公顷。

产业建设 组织编制了《贵州省“九五”及2010年林业产业发展规划》。总投资3.5亿元的5个重点林产工业和多种经营项目建设进展顺利，贵州木业总公司宏森人造板厂3.5万立方米刨花板和凯里木材厂1.5万立方米中密度纤维板生产线于12月正式开工。林业扶贫力度加大，仅投入九万大山贫困县的资金就达2175万元，实施林业项目17个，其中经济林项目10个，覆盖农户11 050户。3个全国山区综合开发示范县共落实山区综合开发贴息贷款3712万元，实施项目16个。

存在问题 林业产业发展缓慢，行业经济基础薄弱；造林绿化发展不平衡，全省还有9个县（市）未实现造林达标，个别县按期达标还有相当难度；征占用林地审批程序不规范，越权审批现象严重，对林地所有权、使用权的转让、出租、入股等经济行为缺乏科学、系统、规范管理。 （杨胜德）

【林业扶贫在贵州】 林业部从1987年开始将贵州省黔东南苗族侗族自治州的从江、榕江、雷山、剑河、台江、黄平、丹寨和黔南布依族苗族自治州的独山、荔波、三都10个贫困县列为九万大山地区对口帮扶县。

10年来，林业部坚持“以经济开发为主，为贫困地区办实事”的部门扶贫开发方针和“发展森林资源，调整产业结构，发挥山区优势，大办绿色产业，建立以林果业为主的区域支柱产业”的扶贫开发指导思想，重点实施“规划先行，项目扶贫，投资倾斜，开发智力”四项主要扶贫措施。10年累计投入扶贫开发资金1.3亿元，其中扶贫专项无偿投资3749万元。帮助建立林业中等专业学校、林业技术培训中心、希望小学各一所，为贫困山区培训了大批实用技术人才；同时还安排林业贴息贷款和森林工业多种经营贴息贷款，扶持兴建了一批富民富县的重点骨干项目，着力培植贫困地区新的经济增长点。

10年来，林业部先后派出70多名各级干部到10县挂职开展扶贫工作；部级有关领导每年亲自带队深入九万大山访贫问苦，开展“送温暖，献爱心”活动。部机关和部直属单位的干部先后捐款60多万元，捐衣物等物品5万余件；派出了医疗队义诊义治8000多人次；组织专家学者深入贫困山区开展调查研究和技术咨询，为扶贫开发献计献策。

10年来，10个县国内生产总值由1987年的9亿元增加到28.12亿元；县级财政收入由0.8亿元增加到2.29亿元；人均粮食由190千克增加到318千克；农民人均纯收入由250元增加到989元；贫困人口由173万减少到44.7万，有128.3万人越过温饱线，1996年已有独山、荔波两县成为贵州省的首批脱贫县。实现了帮扶10县国内生产总值大幅度上升，县级财政收入翻番，人均占有粮食稳步上升，农民人均纯收入逐年增加，贫困人口明显减少，造林绿化10县提前达标的扶贫开发目标。 （唐贵芳）

【贵州省湿地资源】 贵州省于1995年12月至1996年11月组织省内动植物、水文地质等方面的有关专业技术人员对全省湿地资源进行了较全面的调查。

湿地资源 贵州省有天然、人工两大类型的湿地，总面积176.65万公顷。在天然湿地中，10千米以上的河流共984条，河网密度为每平方千米17.1千米；常年性湖泊和季节性湖泊共76个，总面积3374.4公顷；岩溶地下水资源丰富，枯季流量大于10升/秒岩溶泉1710个，枯季总流量1188万米/天；温泉84处，热水钻孔5处，日流量6.5万～7万吨，水温25～54℃；湿草甸、灌丛湿地、森林湿地零星分布，面积较小。在人工湿地中，水库，包括水库与拦水坝区共1898个，其中大型3座、中型25座、小（一）型352座、小（二）型1518座，总面积3万公顷；水稻为贵州主要粮食作物，稻田面积较大，共有154.99万公顷；其他包括鱼塘、池塘和小蓄水池、烧砖取土水坑和沟渠等。

湿地鸟类资源 贵州省湿地鸟类共128种11亚种，分属13目24科，其中：候鸟63个种和亚种，占总数的49.2%；夏候鸟19个种和亚种，占总数的14.8%；留鸟35种，占总数的27.3%；旅鸟18种和亚种，占总数的14.1%。在湿地鸟类中，国家一级保护鸟类：白鹳、黑鹳、中华秋沙鸭、白肩雕、白尾海雕、金雕、黑颈鹤、白头鹤。国家二级保护鸟类：白琵鹭、黑脸琵鹭、鸳鸯、草原雕、白尾鹞、雀鹞、松鹰、苍鹰、白腹山雕、凤头鹰、红隼、灰背隼、燕隼、游隼、灰鹤、棕背田鸡、红角鸮、雕鸮、斑头鸺鹠、短耳鸮、毛角鱼鸮。省级保护鸟类有：灰雁、斑头雁。 （李明晶）

【1996年度贵州省森林资源消耗】 1996年，森林资源消耗总量为1018.6万立方米，其中：商品材消耗237.9万立方米，占23.4%；农民自用材消耗299.6万立方米，占29.4%；培植业用材消耗14.1万立方米，占1.4%；烧材消耗443.0万立方米，占43.4%；灾害性消耗24.0万立方米，占2.4%。与1995年比较，1996年度农民自用材、烧材、灾害性消耗都有不同程度的增加，培植业用材、商品材消耗有所减少。根据贵州省1995年森林资源连续清查第三次复查结果，全省年平均林木总消耗量为1019.2万立方米，年平均林木净生长量为1473.5万立方米，1996年全省林木总消耗量小于年均林木总消耗量0.6万立方米，小于年均林木净生长量454.9万立方米。 （夏中胜）

【贵州省贯彻《森林法》执行情况】 1997年，贵州省人大环资委组织开展了以“珍惜资源，永续利用”为主题的《森林法》执行检查。

主要成效 7年来，贵州省重点加强了对森林资源的培育、管护和改造，坚持限额控制消耗，加强木材流通管理，逐步加大林业行政执法力度。7年共完成造林193.33万公顷、封山育林166.67万公顷。森林面积由1990年的260.27万公顷增加到367.27万公顷；森林覆盖率由14.8%上升到20.85%；森林蓄积由1.38亿立方米增加到1.7亿立方米。森林资源平均生长量由“七五”时期的1110万立方米增至1497万立方米，总消耗量由1148万立方米降至1042万立方米。平均森林火灾受害率0.029/1000，低于全国平均水平。7年来，省人大和省政府先后出台了《贵州省林木种子经营管理办法》、《贵州省林地管理办法》、《贵州省木材流通管理办法》等8个地方林业法规和林业规章。各级建立了林业公安、林政、野生动植物保护、森林防火、森林病虫害防治、森林植物检疫的执法队伍，全省林业行政执法人员6310人，初步形成了一个较完备的林业执法体系和森林保护网络。1992～1997年，仅全省各级林业公安就查处各类森林案件18 561起，为国家和集体挽回经济损失1735.9万元。

存在问题 ①育林基金、维简费、森林资源补偿费拖欠现象极为普遍。②国有林场为其他行业基本建设作贷款担保极为严重。黔东南苗族侗族自治州、黔南布依族苗族自治州28个国有林场在政府干预下，为其他行业提供担保的林场有17个，达60%，担保总金额2.41亿元，17个林场用于担保的有林地面积达5066.67公顷，活立木蓄积达43.5万立方米，分别占总面积和蓄积的18%和18.7%，一些地方还出现了多次担保、超额担保现象。③侵占林地和山林纠纷严重。1991～1996年，全省征用、占用林业用地7000公顷；1991～1994年，全省毁林开荒、蚕食林地5866.67公顷；1990年林权纠纷为380起，1995年为2100起。一山多证、一证多山、同地不同证现象严重。④乡（镇）林业工作站管理体制不顺。全省1408个乡（镇）林业工作站80%已由条条管理变为块块管理，林业工作站人员经常被乡政府抽派抓中心、搞突击，本职工作无法顾及，影响了《森林法》的贯彻执行。 （杨从明）

【普定县实施生态重建与发展工程】 为治理水土流失，防止土地石漠化，为西南石炭岩地区生态重建探索出一条“以开放带开发，以开发促发展”的路子。1997年，中国国土经济学研究会决定将普定县作为中国西南石灰岩地区生态重建与发展工程的试点县，省政府将普定县列为贵州省生态重建与发展工程试点县。以此为契机，县委、县政府成立了专门的生态办公室，与北京宏基兴业技术发展公司，北京乐天经济技术发展公司共同组建了贵州省普定县生态建设投资有限公司，启动了3333.33公顷生态重建与发展先导工程。

工程实施　采用“政府＋专家＋企业投资者＋农户”的运作方式，以项目区组建农村股份合作制项目公司为运作实体，农民以土地、劳力、农家肥入股，生态建设投资有限公司以现金入股，地方政府以苗木和基础设施的投资入股，在统一规划、统一培训、统一技术服务、连片开发、规模经营的基础上，分户种植，分户管理，土地与地上物归项目公司所有，公司负责产品的深加工与市场营销和资产运作，政府负责发动、组织农民对项目的实施并负责基础设施和配套工程的建设，专家负责提供方案设计及运作机制的设定，并对各方利益的获取在时空上进行了锁定，即保农民的利益，保公司利益，保区域经济的发展和农民的脱贫致富。

利益分配　工程对农户采用保底分红的办法，即项目公司在开发期间1公顷地每年补助农民6900元，使农户现有生活水平不致下降；收益期农户对地上物按比例分成，使农民收入水平稳步提高。公司对农户实行量化管理，把6900元量化为1 500分，每分4.6元，再按整个生产管理的工艺流程给出定量的分数和标准，并按此标准和预先与农户签订的合同进行监控管理。农户既是股东，又是产业工人，一方面其股权又可以流转，使农户与公司共命运。　（杨从明）

【黎平县开发松脂资源】　黎平县是全国28个重点集体林区县之一。由于长期大量采伐，可采资源尤其是大径级木材资源出现断层。从90年代起，该县把工作重点转移到发展林产工业上，相继投入资金1000多万元开发利用该县优势松脂资源。松脂产量已由1994年的651吨发展到1997年的2700吨，产值从141万元上升到896万元，利税从18万元上升到150万元。

主要做法：①成立专门机构。在普遍宣传动员的基础上，成立了县政府松脂生产领导小组及其办公室，从林业等部门抽调得力干部到办公室工作，专门负责松脂生产的宣传发动，指挥协调，科技开发。②制定政策，加强管理。规定所有松树必须先采脂后采伐；胸径20厘米以上的松树都要投入采脂；农户责任山的松树不愿采脂的，采脂权收归村民委员会。③以树定产，以产定税。可采脂松树按每株年产3千克计算产量，每株农特税定为1元，已采脂的，由收购单位代交农特税，不采脂的由松树所有者补交农特税。④合理确定利益分配。坚持“农民得大头、国家得中头、企业得小头”的原则，调动脂农的积极性。1997年生产松脂的利益比例是：农民得71%，国家得22%、企业得7%。⑤推广采脂新技术。全面推行使用新式刀具浅割薄修及“9205”低温采脂生物调节新技术，提高了松脂产量。⑥加强基地建设。1995～1997年已建基地1.57万公顷，今后将按每年营林计划30%～40%的比例营造马尾松林。　（杨胜德）

【独山县国有林场强化内部管理】　独山县国有林场是一个以经营马尾松飞播林为主的事业林场。全场有职工265人，经营面积1.87万公顷，有林地1万公顷，林木蓄积72万立方米。计划经济年代，林场生产经营计划等上级下达，经费等上级下拨，工作等上级安排，全场200多名职工守着林子过穷日子，成了独山县有名的“穷、差、散”单位。

进入90年代以来，林场转换经营机制，强化内部管理，闯出了一条振兴之路。主要做法：①抓改革，改革人事制度，打破工人、干部界线，能者为先，唯才是举；改革劳动制度，职工优化组合，以劳计酬，工资向苦、累、脏工种倾斜 。②抓管理，推行目标管理，实行“包基数、保收入、严考核、保上交”的经济承包责任制。③抓调整，优化产业结构，实行长短结合，优势互补，大力发展多种经营和综合利用，兴建了林化厂、木片厂、木材加工厂、果园、宾馆等多种经营项目。林场经济收入从1990年的99.3万元上升到1997年的760万元，职工人均年利润由1990年446元增加到1995年1252元，实现了翻一番的目标。修建了职工住宅，安装了程控电话，购置了交通车等，林场的基础设施明显加强，职工的生产、生活条件有了较大改善。1996年，被国家计委、财政部、林业部授予全国飞播造林先进集体称号。　（杨从明）

【凯里市区风景林爆发云南松毛虫害】　1997年6月上旬，凯里市区侧柏风景林遭受历史罕见的爆发性云南松毛虫害，面积达240多公顷，其中造成严重危害的118.67公顷。虫害爆发中心虫株率为100%，虫口密度200～500条/株，多的达数千条。

虫害爆发后，黔东南苗族侗族自治州州委、州政府、州林业局有关领导多次上山调查，了解灾情，研究除虫方案，采取人工捕捉、有偿收购、就地深埋的除虫措施。当地财政和林业部门共筹集资金16万元作为收虫经费。新闻媒体及时、连续报道虫害情况，广大农民、工人、教师、学生、机关干部纷纷上山捉虫，累计达13万余人次。6月14～26日，累计摘除幼虫67.9吨，遏制了虫害蔓延。

此次云南松毛虫爆发的主要原因是风景林区属白云质砂石山，林内生态条件差，不利松毛虫的天敌生息和繁衍；人为枪弹因素影响松毛虫的天敌存在；预测预报工作做得不够好。　（唐贵芳）

【贵州省林业先进单位和先进个人】

贵州省提前完成造林十年规划指标先进单位　修文县、务川县、镇宁县、安顺市、惠水县、钟山区、大方县、赫章县、毕节县、普安县、安龙县、台江县。

贵州省1997年度造林绿化先进单位　盘县特区、普定县、石阡县、德江县、清镇县、息烽县、织金县、黔西县、册亨县、兴义市、从江县、剑河县、施秉县、镇远县、绥阳县、凤冈县、赤水市、独山县、福泉县、瓮安县。

中国野生动物保护协会先进集体　贵州省野生动物保护协会。

中国林学会先进单位　贵州省林业厅。

中国林学会工作奖　贵州省林学会办公室。

全国林业公安先进派出所　黎平县公安局林业派出所、遵义县公安局林业派出所、息烽县公安局林业派出所。

中国林学会优秀秘书长　贵州省林业厅刘礼发。

全国科技优秀工作者　贵州省林业科学研究院余光英。

全国林业审计先进个人　贵州省林业厅莫宇红。

（唐贵芳）

【贵州省1997年林业大事】

1. 1月17日，省政府召开全省造林绿化广播电视表彰会，对提前完成造林10年规划指标的遵义等42个县（市）和1996年度造林绿化成绩突出的24个县（市）进行表彰。

2. 1月17～19日，全省林业工作会议在贵阳市召开。杨铁厅长、彭远森副厅长分别讲话。王森副厅长通报了全省森林资源连续清查成果和利用世界银行贷款国家造林项目完成情况。

3. 4月18～19日，全国山区综合开发示范暨林业对口扶贫工作会议在贵阳市召开。会议主题：贯彻落实中央农村工作会议和扶贫开发工作会议精神，研究部署全国山区综合开发示范县和林业扶贫工作。国务委员陈俊生到会作了重要讲话。

4. 6月24日，省计委、财政厅、林业厅、民航贵州省局、空军贵阳场站在贵阳市联合召开全省飞播造林总结表彰会。总结全省飞播造林37年的成就，部署“九五”后期到2010年全省飞播造林任务，表彰全省飞播造林11个先进单位和42名先进个人。

5. 8月23日至9月1日，南方林业厅（局）长协作会议在贵阳市召开。会议对如何进一步搞好林业分类经营、发展林业产业、建设长江和珠江防护林体系等全局性的工作进行了研究探讨。

6. 8月24日，省林业厅及厅直8个单位计277名林业行政执法人员参加全省首批执法资格考试；9月14日，各地（州）、县（市）林业行政执法人员6382人参加了全省第二批执法资格考试。

7. 9月27～29日，英国林学专家伍德先生到贵阳市举办防护林讲座，并对长防林县进行考察。

8. 10月19～23日，南方飞播造林协作组第十二次年会在贵阳市召开。交流南方各省（区）在飞播造林工作中推广应用新技术、搞好飞播区经营管理等方面的做法和经验。

9. 11月19～21日，全省竹业工作经验交流暨学术研讨会在赤水市召开。

10. 11月24～26日，全省国有林场工作会议在独山县召开。各地（州、市）林业局负责人及92个林场场长参加会议。杨铁厅长和王森副厅长作了讲话，会议明确了全省国有林场发展奋斗目标。

11. 12月17日，贵州省人民政府发布令《贵州省植物检疫办法》正式施行。

（贵州省林业厅）

云南省林业

【概　述】

发展与成就

造林绿化　1997年，全省共完成造林37.93万公顷，是计划的113.8%，其中：人工造林32.58万公顷，是计划的116.4%，飞播造林5.35万公顷，是计划的100%；“四旁”植树14 302.37万株，是计划的119.2%；义务植树15 454.08万株，是计划的139.2%；迹地更新2.55万公顷；预整地27.56万公顷；封山育林38.66万公顷，是计划的116%。

长防、珠防、治沙等工程为骨干的防护林建设，实造率、保存率、合格率稳定提高；商品林基地建设和扶贫绿色工程的规范化、制度化、科学化管理得到加强，重点开展了种苗技术、病虫害防治技术培训，提高了商品林基地建设和扶贫绿色工程的科技含量，飞播造林引进了先进的卫星导航系统，提高落种质量，节约了经费。

森林工业　1997年，针对森工企业实际，采用一局一策、一厂一策解决森工企业困难问题；引导企业深化内部改革和转换经营机制，开展了系统内外的企业兼并，推动企业组织结构的调整和资本结构的优化；鼓励企业职工开展多种经营，大力发展职工家庭自营经济，开展生产自救。1997年，全省生产木材240.3万立方米，锯材21.8万立方米，胶合板9.9万立方米，纤维板3.6万立方米，刨花板4.7万立方米，松香3.4万吨，橡胶1339吨，紫胶159吨。全省林业社会部门总产值达83.08亿元。

资源清查 1997年，全省开展了森林资源连续清查第三次复查，1993～1997年，全省有林地覆盖率达到33.64%，加上灌木林，覆盖率达到44.29%。

林业投入 1997年，全省林业投入总额为40 798万元，比1996年增加了4907万元，增幅为13.67%。多渠道、多形式、多层次的林业投入机制正在形成。

资源保护 1997年，开展了森林资源消耗结构和林地动态变化的典型调查，加强了对采伐许可证的管理；《云南省林地管理办法》颁布实施，加大了对毁林开垦和非法占用林地案件的查处力度；严格执行木材凭证运输、凭证经营和凭证加工制度，对木材经营、加工环节作了初步清理整顿。全省林业公安坚持不懈地开展严厉打击破坏森林资源和野生动物资源的违法犯罪活动，维持了林区社会治安稳定；乱砍滥伐、毁林开垦、木材流通领域秩序混乱状况有所好转，破坏珍稀野生动植物的违法犯罪活动得到遏制。全省林业系统认真贯彻《云南省珍贵树种保护条件》、《云南省陆生野生动物保护条例》，野生动植物保护工作和自然保护区建设得到加强。生物多样性保护国际合作项目进展顺利。森林病虫害防治和农村能源建设取得一定成绩。

科教兴林 1997年，成立了云南省林业技术推广总站，扶持两个地（州）10个县建立了林业技术推广机构。实现地级建站率58.8%，县级建站率22.6%。加强了林业教育，在校中专生已达1992人，技校生1270人。林业科技工作围绕林木良种繁育、丰产栽培技术、森林病虫害防治、林产品开发与加工利用、森林生态与环境保护等学科领域开展应用技术研究与推广。一年来，共承担各类科研项目46项（其中部、省级攻关项目17项），获部科技进步二等奖1项、三等奖1项，获省科技进步二等奖1项、三等奖5项。

林业立法执法 1997年，省政府颁布了《云南省林地管理办法》、省人大颁布了《云南省森林消防条例》，进一步加强了全省林业地方立法建设，为依法治林、依法兴林提供了法律保障。全年共培训林业执法人员10 351人，占应培训人员的80%。对13 000多人的林业执法资格分级进行了审核确认，颁发证件8000多份。加强了对林业行政执法程序的规范化工作，进一步提高了林业执法质量。

存在问题 林业投入严重不足；林地管理难度大，毁林开荒现象在一些地方屡禁不止，林地流失严重；森林资源的过量消耗、低价值消耗尚未根本扭转；林产工业资源浪费严重，林业主管部门管理职能弱；科技水平低、经营管理粗放；国有森工企业亏损的状况没有得到根本扭转，转产解危举步维艰等。 （王世能）

【云南省生物多样性保护】 云南省是世界上生物多样性最为复杂和丰富的地区之一。全省总面积仅为全国的4%，却容纳了占全国半数以上的动物、植物种类和丰富的森林植被类型。全省有高等植物1.7万多种，占全国总数的62.9%，其中木本植物4000多种，森林乔木树种800多种，珍贵树种的种数居全国之首。脊椎动物有1737种，占全国总数的54.9%，境内的国家保护野生动物多达162种，占全国的48.6%，其中亚洲象、野牛、绿孔雀、白颊长臂猿等23种重点保护的野生动物仅分布于云南省。

党的十一届三中全会以后，特别是1992年联合国环境与发展大会以来，全省野生动植物资源保护管理工作正在实现三个转变：保护宣传向形式多样、内涵丰富、注重效益转变；保护管理向依法管理、规范管理转变；国际合作向多项目、多区域、全方位合作转变。

自然保护区建设 从1980年起，全省各级政府都把自然保护区的业务经费纳入地方财政预算。到1996年底，全省自然保护区基础设施投入累计已达5348万元。1997年，省政府又决定每年再安排3000万元作为专项基金，专门用于对自然保护区和其他环保项目的投入。全省共建立自然保护区108个（国家级6个、省级47个、地县级55个），保护区总面积已达210多万公顷，自然保护区的数量居全国第一，形成了多类型、多级别、多层次的自然保护区网络。滇东北黑颈鹤由1990年的800余只增加到1200多只，景东无量山保护区的黑长臂猿增加到300多头，白马雪山自然保护区的滇金丝猴增加到600余只，西双版纳的亚洲象种群数量发展到250头左右。

生物多样性的异地、迁地保护 1991年在国家环保局支持下，建立了云南省珍稀濒危植物引种繁育中心，引种栽培珍稀植物180余种、1万多株珍稀植物，成为国内珍稀植物较为集中、保护较好的专业性基地之一。1995年，省政府召开了全省珍稀濒危植物保护工作会议，并在全国率先成立了省级生物多样性保护委员会。1997年，全省珍稀植物迁地保护面积已达130多公顷。

法制建设 云南省先后制定和颁布了《云南省珍贵树种保护条例》、《云南省陆生野生动物保护条例》、《云南省珍稀、濒危保护动物名录》、《云南省重点保护植物名录》、《云南省珍稀濒危植物管理办法》，各地（州）、县（市）还结合实际制定了具体的保护法规和规章。

国际交流合作 从80年代开始，多个国际组织在自然保护区建设和生物多样性保护方面与云南省进行了合作交流。自然保护区开始成为云南省对外合作交流的重要窗口。先后启动了中荷合作云南省森林保护及社区发展项目、中德合作云南省造林项目、中德合作云南省西双版纳热带雨林保护与恢复项目、世界自然基金会赞助的自然保护区管理项目、中新（新西兰）合作云南省西北综合农业发展项目等项目。

保护与合理开发利用 云南省遵照国家“加强资

源保护，积极驯养繁殖，合理开发利用”的方针，结合云南省地处西南边疆，与缅甸、老挝、越南接壤，边境线长达4000多千米，边境野生动物管理有特殊性和复杂性的实际，近几年来，全省各地共建立野生动物收容拯救站（中心）10家。1997年底统计，共收容、拯救野生动物1.6万头（只），并对伤残及体弱动物实施救护，共放生国家重点保护野生动物3000余只（条），其他野生动物1万余只（条）。全省先后建立100多家野生动物驯养繁殖场，人工饲养野生动物。（王世能）

【高黎贡山野生动物保护】 高黎贡山是世界同纬度地区保存最完好的自然综合体之一，其生物多样性资源异常丰富。高黎贡山的动物，在区系上属古北界和东洋界动物交替带，保护区内有动物500余种，鸟类340余种。属国家重点保护的野生动物有82种。高黎贡山珍禽异兽为国际社会所羡慕，早在19世纪，英、法等国科学家就来此进行过科学考察和采集标本。近年来又有美、英、日、荷等10多个国家的近百名专家来此进行科学考察。

建国以来，特别是党的十一届三中全会以来，高黎贡山野生动物保护事业有了长足的发展。1994年，验收并通过了保护区总体设计规划，并于1994～1996年投资332.5万元实施了第一期建设工程。保护区行政区划上涉及保山、腾冲、泸水县（市），周围有69个行政村，近30万各族群众。为此，保护区管理处、所、站利用各种形式宣传《森林法》、《野生动物保护法》等法律、法规，使群众受教育面达100%，在地（州）、县（市）交界处还成立了联防委员会，及时查处盗猎案件，清理盲流人员。此外，成立了高黎贡山农民生物多样性保护协会（全国第一家），在东坡的白花岭行政村和西坡的曲石乡，建立了推进周边农村社区经济发展的混农林生态系统示范点。

保护区管理处、所设置了科技科，从地市抽调了一批科技骨干，建立健全了处、所、站三级结合的科研体系。与美、英、日、荷等国及北京、上海等教学科研机构建立了良好的合作关系，先后完成了鸟类、兽类、两栖爬行类、鱼类、昆虫、水文、气候等的专题考察报告。经过多方努力，保护区已被列为中荷合作的森林保护与社区发展项目援助地区，中美自然保护区议定书项目实施单位，美国麦克阿瑟基金会资助的高黎贡山森林资源管理与生物多样性保护项目。此外，向昆明动物研究所、西南林学院等科研单位申报立项了羚牛生态环境观察研究、白尾梢虹雉繁殖生态研究等科研课题，也取得了阶段性研究成果。（赵晓东）

【英国人参与保护大围山原始森林】 1997年末，英国海外志愿服务社，与屏边苗族自治县大围山原始森林自然保护区管理所达成共同保护协议。

地处北回归线以南的屏边大围山原始森林，面积达1.53万公顷，海拔600～2500米，是我国南方最完整的自然保护区之一。这里高等植物有170科1060多种，其中国家珍稀濒危一级保护植物树蕨、秃杉等20种，二级保护植物长蕊木兰等27种，三级保护植物40多种。在这个古木参天、藤蔓如织的森林中，还生长和繁衍着众多具有科研和经济价值的9目41科116种动物，其中国家保护的珍稀动物就有20多种。

英国海外志愿服务社专家菲利浦·尼德海姆、保罗·特纳和罗伊·卡梅受省林业厅的引荐，专程到屏边大围山原始森林实地考察，就有关大围山原始森林的保护工作达成项目合作协议。从1998年1月开始，英国海外志愿服务社派遣有关专家长驻屏边大围山原始森林保护区管理所，帮助保护区开展森林保护培训、制定有关项目并向国际组织或团体申报保护项目资助。项目实施内容主要是大围山自然保护区植物资源管理与利用情况调查；固定农用耕地，提高单产；山地耕作技术与水土流失控制；增加农户林业经济收益措施以及自然保护区管理模式探讨行动等。

（云南省林业厅史志办公室）

【云南省森林火灾连续下降】 1997年春防期内全省共发生森林火灾221次，其中一般火灾43次，火警178次，无重大火灾；受害森林面积350公顷，受害率0.033/1000。与1996年同期相比，一般森林火灾下降10%，森林受害面积下降19.3%，受害率下降0.007个千分点，各项指标均在控制之内，全省127个县（市）中有85个未发生森林火灾。与1996年相比，森林防火工作有以下突出特点：①政府第一把手亲自抓防火。和志强省长曾三次对森林防火作出指示，黄炳生副省长深入防火一线检查工作。②各种形式的森林防火责任制进一步落实。在强化各级政府行政领导森林防火责任制的同时，推广了曲靖、楚雄、安宁等州、市建立健全部门责任制和驻林区单位和人员责任制的经验。③各种形式的森林消防专业队在防火、灭火中发挥了重要作用。目前全省已建立长年森林消防专业队、季节性专业队、半专业队近千支2.9万余人。④防火投入增加。春防期，全省共投入森林防火资金4000多万元，比1996年同期增加655万元。⑤人工降雨增湿、卫星热点监测、超短波通信网络和省地远程终端通信网络等现代科技手段的运用，在森林火灾预防和扑救中发挥了重要作用。⑥一些新的森林防火措施出台。如保山地区施甸、昌宁两县推行大户承包森林防火，为森林消防工作闯出一条治本新路。⑦法制建设得到加强。《云南省森林消防条例》经省人大立法、出台；全省森林消防专业执法队伍清理、培训工作已完成；各级林业公安部门加强了森林火灾案件的侦破查处。

（云南省林业厅史志办公室）

【云南省发现一猴类新种】 此物种已被定名为“中华蜂猴”。屏边苗族自治县原始森林中发现的中华蜂猴共8只。据我国著名猿猴专家、云南大学生物系教授何晓瑞鉴定，这种猴子属于灵长目懒猴科蜂猴属，在国内外尚属首次发现。云南灵长类中心、中国医学科学院医学生物学有关专家也参加了新种研究。目前，几只猴子已在昆明市由人工饲养，有的母猴还生下了小猴。这一物种体型极小、形体漂亮，行为奇特。平均个体重为283.6克，平均个体长为211.8毫米。在猿猴种类上，全世界200多种，中国20余种。至此，云南省已增加为16种。新物种与其他蜂猴一样，脚上的第二趾还有尖锐的爪，但全部手指及另外其他脚趾仍具有与人一样的扁平指甲，这是一种较原始的表现。从猿猴的演化看，此种蜂猴是猴类中由低等到高等的过渡类型。

（云南省林业厅史志办公室）

【大理森林生长量大于消耗量】 从“八五”期间开始，大理白族自治州开展绿化造林、封山育林和制止乱砍滥伐，林业生产出现新面貌。据林业部中南林业调查规划院、省林业调查规划院1995～1997年的调查资料：“赤字”30多年的大理州森林资源消耗已得到控制，3年年生长量已略高于120万立方米的消耗量。

1992～1997年，大理州共完成造林面积33.22万公顷，其中人工造林18.68万公顷，飞播造林14.54万公顷。用材林21.26万公顷，经济林7.45万公顷。每年新增经济林1.33万公顷，龙眼、黄果、砀山梨等经济林木在大理各地得到广泛种植。仅1997年，林业部以及省、州、县、乡及农户自筹或贷款投入到大理全州的营林生产资金达到2857.05万元。电能、太阳能、煤炭、沼气等多种能源的推广，也使木材消耗得到有效遏制。

（云南省林业厅史志办公室）

【红河有偿出让荒山荒坡】 1997年，红河哈尼族彝族自治州已有3.4万多公顷荒山荒坡的使用权出让给行政、企事业单位和有实力、善经营的农民及经济能人、城镇个体工商户生产经营，开垦种植了经济林木、经济作物和热带亚热带水果。

该自治州为充分利用和开发荒山荒坡，发展山区民族经济。在深入调查研究的基础上，结合当地实际情况，制定和出台了有关国有、集体荒山荒坡有偿出让的政策和措施，鼓励具有开发能力的农民、职工、干部、城镇居民、机关、团体、企事业单位承包、租赁荒山荒坡，兴办“绿色企业”。同时，各级加大扶持力度，省、州、县三级财政对荒山荒坡开发和水果生产资金的扶持费近千万元，并派出农技人员对开发“两荒”的生产经营者作技术指导，一批农户靠种经济林果开始摆脱贫困。一个以农户为主体，社会各方面参与“两荒”开发的局面正在红河州形成。

（孙梅凝）

【楚雄森林防火继续实施计划烧除】 林下计划烧除是指在人为控制下，在适宜的林分、时间、地形和气候条件下，以低强度火烧除林缘、林下的部分可燃物，减少火灾损失的一项新措施。楚雄彝族自治州于1993年首先在永仁县召开护林防火会，举办计划烧除现场培训，当年便在全州7个县推广，面积达2万多公顷，并总结出了计划烧除是减少林下可燃物的最有效手段。1997年冬春，各县（市）在林业部门的严密组织和控制下又计划烧除了5.87万公顷。

计划烧除与森林火灾或农民烧地有本质的区别，它是在进入森林防火期以前，按提前作出的规划设计方案，报经县（市）护林指挥部批准，省、州指挥部备案，在有严格的扑救措施和严密组织下才能进行。一是防止群众误以为发生森林火灾，二是防止跑火引起延烧计划外山林；三是让卫星准确监控。这一措施的实施把过去被动防火变成了主动防火。

（董光荣）

【昌宁县建成世界最大人工秃杉林基地】 作为世界稀有珍贵树种之一的秃杉，在昌宁县已有400多年的人工栽培历史，但由于砍伐多、栽培少，曾一度面临灭绝境地。昌宁县根据该县适宜于秃杉生长和繁衍的得天独厚的气候和土壤条件，于1985年开始有计划分步骤地营造秃杉丰产林，经过科技推广，世界最大的人工秃杉林基地已在该县建成。目前，4333.33公顷人工秃杉林长势喜人，最高的已达8米多。该县还取得了秃杉嫁接成活率达85%以上的无性繁殖技术的新突破，使秃杉开花结籽的时间由30年缩短为8～10年，并应用这一技术建成了具有国内先进水平的20公顷秃杉无性系种子园。

（张伏全）

【凤庆县加速泡核桃产业发展】 被列为云南省干果基地县之一的凤庆县，以优惠政策扶持鼓励种植泡核桃，并采取以乡、村、社连户连片种植和县级有关部门、单位与乡村联营开发等多种形式扩大生产，使泡核桃产业成为继茶叶之后的又一个新的支柱产业，并实现了农工贸一体化。

历史上，凤庆泡核桃以果大、壳薄、肉厚、色白而著称，党的十一届三中全会以来，凤庆县把泡核桃作为创亿元的支柱产业来抓，在采取多层次开发的基础上，加大了资金、科技投入，使全县近五分之一的农民掌握了嫁接技术，加快了泡核桃产业的发展。全县泡核桃累计面积达8400公顷，零星种植达164万多株，总产量达2072吨，实现产值1450万元。随着泡核桃产业的发展，1994年12月投资235万元，建成了年产1000吨核桃乳生产线，成立了元保果仁饮品公司。1996年该公司兼并了长期处于亏损的化纤建材公司，形成了集团化经营。1997年底，元保果仁工业集团公司就加工销售核桃650吨，核桃仁1250吨，实现产值3260万元，创利税2000万元。开发出了脱衣核桃、琥珀核桃等一大批新产品投放市场。一些新产品还被评为全国消费者信得过产品，并出口到东欧、东南亚市场。

（云南省林业厅史志办公室）

【禄丰县推广沼气】 禄丰县大力推广沼气的使用和综

合开发应用，建立生态农业示范点，把沼气技术应用于农业生产和养殖中去。1995年以来，全县累计投入沼气建设的专项资金242.72万元，新建曲流布料沼气池2006眼，建池成功率达到99%，使用率达99.5%。据测定，单池年产气量平均为506立方米。每眼沼气池每年可以节约薪柴1800千克，每年可在全县节约薪柴3616.8吨。此外，他们还把沼气技术应用于农业生产和养殖业上，进行综合试验、示范，两年累计使用沼液泡种3529.36公顷，其中，水稻2855.4公顷，玉米570.49公顷，平均每公顷增产粮食546千克，全县共增产粮食131.51万千克，增加经济收入289.05万元。1997年全县建立12个沼气示范村。

（云南省林业厅史志办公室）

【姚安县推进林业产业化建设】 姚安县是缺材少林县，全县有森林面积5.13万公顷，活立木蓄积量220万立方米。该县一直把林业作为县域经济的一项大产业来抓，林业产业化建设走四个结合路子，即实行治山与治水改土相结合，开展了以植树造林为主的生物治理；耕地资源开发与非耕地资源开发结合，合理利用好全县各种土地资源，使林业很快成为全县干部群众齐抓共管的产业；林业资源开发与市场开发结合，生产适销对路的林特产品；经济效益与生态效益结合，加强全县林业资源开发保护。在林业生产的布局上，合理安排了五大基地，即在海拔1860～2000米建优质梨基地1333.33公顷；在海拔1900～2200米建立核桃、板栗基地1333.33公顷；按远山高山造用材林，近山面山造薪炭林，山冲“四旁”栽经济林的原则建立速生丰产林基地6666.67公顷；用材林基地4666.67公顷；改造老果园1333.33公顷，封山育林3万公顷。以国家林业重点项目为主，建设六大工程，即长江中上游防护林工程，以工代赈林业项目，绿色扶贫工程 、干果基地项目、三峰山水源林工程、社会林业项目。并采取六条措施抓林业产业化发展，即加强领导、统一规划、明确任务；增加投入抓基础建设，改善林业生产条件；优化结构突出林业支柱产业地位；抓六大工程、五大基地建设、培育林业资源；开发绿色食品，生产天然饮品、食品，推动山区开发；依法治林，把山区开发纳入法制轨道。

（董光荣）

【永仁县把林业建成可持续发展产业】 永仁县是一个集山区、少数民族和贫困为一体的农业县。该县着力解决了三个长期阻碍林业发展的问题：一是更新观念、重新认识永仁县的山情林情，确立林业在永仁县经济发展中的支柱地位。二是走山区林业综合开发的路子，把资源优势变为经济优势，打破了闭关自守的格局，实行了户与户、村与村、单位与农村，国家、集体、个人一齐发展经济林果，多种所有制经济并存。林烟、林豆、林油（料）、林薯（类）、林药、林肥间种、套种的多种经营方式，以短养长、以副促林。三是依靠科技兴林，县林业局经过认真研究探索，总结出一套板栗速生早实的栽培技术，加快了板栗的收益期。经过几年的努力，全县已种植经济林果6836.8公顷，建果品储藏库2座，建立了一个年产3000吨产品的板栗加工厂，1997年全面建成刨花板、胶合板厂，按期实现基本消灭宜林荒山、森林面积已从6.05万公顷增加到7.53万公顷，活立木蓄积由348万立方米增加到710万立方米，森林覆盖率由28.16%上升到35.19%，林产工业产值实现2160万元，林业成为该县可持续发展的产业。

（董光荣）

【云南省山区综合开发示范县——双柏县】 双柏县于1997年5月被省政府确定为山区综合开发项目示范县。全县有森林面积32.87万公顷，占全县总面积的43.7%，活立木蓄积量920万立方米。该县人均拥有2.67公顷林地，超过全省人均0.67公顷水平；还有草山33.67万公顷，是全省商品牛羊基地县；有水能资源34.5万千瓦，被国务院列为全国第三批农村初级电气化县；全县有经济林5200公顷，年产干鲜果3352吨，是云南省干果基地县。“八五”以来，该县把林业作为全县支柱产业来抓，加大了山区综合开发力度，念好“山”字经，在林业综合开发上狠下功夫。1997年，林业产值5744万元，全县投资近亿元建成了中密度纤维板厂、胶合板厂、刨花板厂、松香厂、栓皮厂、地板条厂等林产工业骨干项目，为利用山区林业资源开阔了前景。1997年初为加快山区综合开发，帮助农民脱贫致富，在省林业厅帮助指导下，县林业局完成了《云南省双柏县山区综合开发项目“九五”规划》。该项目计划投资15 756.08万元，涉及山、水、林、田、路、电、科技等多方面开发建设，重点为林产工业原料林基地建设，经济林果基地建设和林产品深、精加工，森林旅游、野生动植物资源开发。整个项目建设1997～2000年完成，项目建成后，林业将成为双柏县名符其实的支柱产业，林业产值每年可达1.4亿元。 （董光荣）

【石屏县发现大面积原始森林】 这片原始森林位于红河哈尼族彝族自治州石屏县宝秀镇立新、新寨大队、祭牛山以及小官山大队、大窝铺下下寨、白衣寨一带。面积约6660多公顷，海拔1112～2329米，距县城仅30多千米。据云南省林业勘察设计院的专家初步勘察，林中除生存着硬阔叶林树种外，还有木荷、川梨、杜鹃、山茶、金丝梅、南烛、余甘子、地盘松、珍珠花、野牡丹、大叶黄连、红椆、厚皮香等植物。另外，还有孔雀、白鹇、猴子、野猪、岩羊、穿山甲、眼镜蛇等珍稀动物及禽鸟。由于这一带山区不通公路，自然村落少，人迹罕至，所以一直未被发现，而使原始森林比较完好地保存下来。目前，石屏县正在积极收集资料准备申报省级自然保护区以保护这片原始森林。 （孙梅凝）

【耿马县注重保护生态环境】 耿马傣族佤族自治县境内有珍贵的铁力木、云南古梓等树种；有野生动物60多种，列为国家重点保护的珍稀动物有孟加拉虎、金钱豹等；鸟类340多种，列为国家重点保护的珍稀鸟类有黑颈长尾雉、双角犀鸟等。长期以来，人们从中肆意索取，乱砍滥伐、乱捕乱猎的现象非常惊人，使野生动植物资源受到严重破坏。结果，生态系统失去平衡，带来水土流失、农业欠收、燃料困难等一系列社会经济问题。对此，该县高度重视保护生态环境，出台了《耿马傣族佤族自治县森林保护和管理条例》，坚持国家"以营林为基础，造管并举，采育结合，综合利用"的林业生产方针，采取了"靠山吃山，吃山养山，积极开展多种经营"的措施，健全了林业执法机构，壮大了护林队伍，增加了投入，依法加强了林地、林木、野生动植物资源的管理工作，并及时查处乱占用林地，盗伐、滥伐林木，乱捕野生动物等案件。该县还十分重视植树造林工作。40年来，耿马县共完成人工造林2.93万公顷，飞播造林9920公顷，"四旁"植树653.9万株，封山育林1.98万公顷，使森林覆盖率从1978年的12%，提高到1996年的27%，全县生态环境得到了较好的改善。

（刘安国）

【云南省1997年林业大事】

1. 元月30日，省林业厅成立了专家技术咨询委员会。该委员会由20多名专家组成，其主要任务是：对林业生产规划、林业建设重点项目进行技术经济论证；对综合性林业技术法规、技术经济政策进行审议；对林业科技发展规划、重点科技项目、重大引进项目进行可行性论证；对林业厅科技兴林奖及申报省、部、国家级重大科学技术奖励项目进行审议推荐；对全省林业生产、管理、科技、教育工作进行综合性或专项调查研究，提出可行性方案、意见和建议；省林业厅委托的其他咨询事项。

2. 12月28日，省委、省政府在昆明市召开了全省林业工作会议。和志强、赵淑敏、梁公卿、黄炳生等省政府领导及来自全省地（州）、县（市）和省级有关部门的领导出席了会议。和志强省长作了讲话。

（王世能　张伏全）

西藏自治区林业

【概　述】

绿化造林　1997年，全区植树造林首次突破1.33万公顷大关，造林1.34万公顷。其中：工程造林8570公顷。"四旁"植树711.96万株，农田林网77.4公顷，种植经济林木241 693株，育苗112.55公顷，封山育林2.51万公顷，人工迹地更新1621.3公顷。

防沙治沙工作开始起步，自治区林业厅和中国科学院兰州沙漠研究所联合完成了《西藏自治区沙漠化防治规划》，并在曲水县和扎朗县开展了治沙试点工作。

资源管护　坚持"全额控制，分类管理"的原则，对全区森林资源严格实行限额管理。继续完善和加强对"三证"的管理，杜绝了多头管理、乱发证等问题，对木材加工厂（点）进行不定期检查，坚决取缔无证厂（点）。首次实行了《出省木材检疫证书》制度。

1997年，全区发生一般森林火灾3起，森林火警6起。过火面积185.4公顷，受害森林面积58.37公顷。

1997年2月底和4～6月，全区开展了两次严打斗争，把打击、治乱、管理、防范、教育和建设有机结合起来，对各类破坏森林和野生动物资源的违法犯罪活动进行了严厉打击。共受理案件253起，处理248起，处罚384人（次），收缴财物折款600万元。

自治区林业厅与联合国开发计划署共同合作，对珠穆朗玛峰自然保护区进行了规划设计，制定了《珠穆朗玛峰自然保护区生态旅游总体规划》。按林业部的要求，制定了全区野生动物普查方案和各项技术规程，先后组织6批调研组深入那曲、日喀则等地进行调研。同时与国外动物学家合作，进行了羌塘保护区野生动物调查和珠穆朗玛峰保护区岗金索嘎区域基本调查。

林业产业　全区林业总产值1.9亿元。生产木材22万立方米。为充分发挥全区森林资源优势，使林业真正成为西藏的支柱产业之一，培育新的经济增长点，大力提高木材综合利用率，开展精深细加工，相继组建了生产中高档家具、无节材、林副产品开发、营林等实业公司，林业产业蓬勃发展。

林业法制　为给林业经济体制改革，加快生态环境建设、实现林业两个体系的建设提供法律依据，在坚持依法治林上加大力度，制定了《西藏自治区木材运输检查办法》等11个地方性法规，形成了以森林法为基础，地方林业法规相配套的地方林业法规体系，为坚持依法治林，提供了法规保障。

林业援藏　1997年8月1～22日，全国12个省（区、市）、林业部属院校分别组成2个援藏工作考察组，分批进藏，对拉萨、日喀则、林芝、山南、那曲等地（市）林业工作进行了全面考察。

（西藏自治区林业厅）

陕西省林业

【概　述】 1997年，林业系统产业总产值较1996年增长4.01%，1997年全省实现林业系统产业总产值31.50亿元，其中：林业产值为25.35亿元，比1996年增长10.55%。

发展与成就

造林“灭荒” 1997年进入实现全省“灭荒”目标的倒计时阶段。全年共完成人工及飞播造林27.16万公顷，封山育林17.83万公顷，迹地更新0.66万公顷，“四旁”植树1.13亿株，育苗0.67万公顷。1997年,陕西省各级林业部门进一步加大“灭荒”工作力度,采取多项措施，①重点加大了飞播造林力度，1997年飞播造林比往年增加了3.33万公顷。为了保证飞播任务的完成，春播前商洛、榆林、铜川3地（市）及时维修了4个飞播专用机场。同时推广了鼠鸟忌避剂拌种、卫星导航系统等多项技术，既有效地节省了人力、物力，又提高了飞播造林质量。②在全省扩大推行“四荒地”拍卖、租赁、入股联营和大户承包经营。③层层落实“灭荒”责任制，省林业厅各处（室、站）在分别抓好不同的试验示范点的同时，对“灭荒”难度最大的延安市北6县和榆林地区南6县实行包人负责、定点联系。各地（市）、县、乡各级领导班子继续坚持抓联系点、责任点、示范点。一些地（市）把“灭荒”纳入地（市）重点工程建设之中，作为领导政绩考评和提拔任用干部的重要依据。④抓好各大重点防护林工程，以工程带动“灭荒”。⑤把“灭荒”与山（沙）区群众脱贫，山（沙）区综合开发、发展区域经济、推动产业化体系建设紧密结合。陕南一些地市按照“户建致富工程、村建减负工程、乡建财政扭补工程 、企事业单位建增收工程”的思路，实施山地综合开发。⑥抓科技配套服务，以科技兴林，科技促“灭荒”。

森林资源保护 继续严格控制采伐限额，下达全省1997年采伐量指标计划620万立方米。为了加强林政执法力度，组建了陕西省林业厅资源林政稽察队，同时指导地（市）、县各级组建稽察队30多支。进一步修订完善了《陕西省森林管理条例》和《陕西省森林采伐限额管理办法》，并对全省林业行业行政执法单位负责人和执法骨干进行了执法培训，经培训考核，给3850个考核合格者颁发了《林业行政执法证》。1997年，共破获各类案件3140起，受处罚人数5457人次，收缴木材5380立方米，收缴野生动物1699只（头），共挽回经济损失447.8万元。

在自然保护区和野生动物保护工作中，长青林业局转产工作有了突破性进展，长青大熊猫保护区机构建设、人员安置已基本到位。牛背梁自然保护区机构编制、领导班子已得到落实。国家一级保护动物朱鹮已由发现时7只发展到100多只，提前3年实现了拯救工程的奋斗目标。1997年还先后在黄龙、宁陕、洋县、户县和宝鸡等地成功地抢救了豹、羚牛、鬣羚、天鹅等国家重点保护动物10余头（只）。

1997年，全省森林病虫害发生面积40.35万公顷，发生率为6.8%。有效防治面积22万公顷，防治率为54.5%；实施监测面积239.33万公顷，监测覆盖率65.3%；实施种苗产地检疫0.71万公顷，检疫种苗6.4亿株，种子1415吨，木材66万立方米，果品12万吨，中药材6420千克，产地检疫率达到77.4%。

林业产业体系建设 1997年，陕西省在抓好全球环境基金项目和德援陕西西部造林项目实施的同时，继续做好德援延安生态造林项目和比利时援助陕西贫困地区社会经济综合发展项目的前期准备工作。1997年共争取到各项贷款1.36亿元。同时积极盘活存量、优化增量，健全山区综合开发贴息贷款管理制度。1997年，全省森林旅游产值达到1789万元，比1996年增长近48.97%。

存在问题 ①5月份以后持续干旱、高温，对全省造林灭荒造成很大损失，尤其是飞播、撒播造林损失更大。经陕西省林业勘察设计院核查，上半年人工造林合格率只有39%，飞播造林几乎全部不合格。②森林火灾发生频繁。1997年，共发生森林火灾76次，受害面积770公顷，与1996年相比，森林火灾发生次数增加2.5倍，受灾森林面积增加4.3倍。③森林资源保护方面仍存在较严重的法人违法现象，有些借旅游开发，违法毁林；有些借荒山承包、拍卖等形式无证或超限额采伐森林。

（周灵国）

【生态工程规划】 8月，江泽民总书记、李鹏总理在姜春云副总理陕北调查报告上作了重要批示，指出了要大抓植树造林，治理水土流失，建设生态农业，再造一个山川秀美的西北地区。随后，国务院在陕北召开了全国治理水土流失、建设生态农业现场经验交流会。为了落实江总书记、李鹏总理的重要批示，国家决定新上长江、黄河流域生态环境林业重点治理工程。

陕西省的黄土高原水土流失区和榆林风沙区被列入工程建设范围。工程包括了秦岭以北榆林长城沿线以南的8个地市的75个县（市、区）及榆林风沙区的7个县（市），要求1998～2010年共完成工程造林349万公顷。根据李鹏总理“十五年初见成效，三十年大见成效”的构想，陕西省提出了全省生态建设的目标任务及建设重点。

目标任务　近期目标：1998～2010年，基本遏制生态环境恶化趋势，控制住人为造成的水土流失，新增森林面积265.9万公顷，森林覆盖率提高到41.6%。中期目标：2010～2030年，在遏制住生态环境恶化的基础上，查漏补缺，进一步扩大森林植被覆盖面积，森林覆盖率达到42.7%，使生态环境开始走上良性循环的轨道。远期目标：2031～2050年，通过林地改造，建立起适应国民经济可持续发展的稳定的良性生态循环系统，实现青山常在，永续利用。

建设重点　以道路为骨架，以流域为单元，按水系、按山脉，重点突破，层层推进。省上重点是以西安为中心，沿国道、省道形成的"米"字型绿色生态工程，要求在沿国道、省道两侧各3～5千米范围建造防护林带。地、县两级也要确定各自的重点工程。工程分三步实施：第一步，完成"米"字型工程任务，形成支撑全省生态工程的基本骨架。第二步，在"米"字型工程基础上，以黄河、长江一二级以下支流流域为单元，集中成块，综合治理，向纵深推进，初步遏制水土流失恶化的趋势。第三步，全面铺开，实施查漏补缺的造林绿化，逐步覆盖全省。（周灵国）

【山区综合开发】　自1995年以来陕西省把山区综合开发作为山区脱贫致富和经济振兴的突破口来抓，林特基地产业化雏形基本形成。

商洛地区现已发展板栗5.2万公顷，板栗总产量已达419.9万千克；核桃3.6万公顷，总产量1164.3万千克；食用菌基地乡56个，总产量2495吨，产值9130万元。另外，还建立核桃、板栗采穗圃49.33公顷，建食用菌种厂30个，建菌筒厂251个，建氨化池5752立方米。还建与优势产业相配套的龙头企业170多个，使优势产业加工产值达到2亿元。

安康地区所属10个县(市)，虽然都不是全国山区综合开发示范县，没有国家专项贷款，但是他们不等不靠，主动筹集资金采取一系列得力措施，取得了较好的成效。

西安市绿山富民工程是列入市政府为群众办十件事之一。根据各地实际，确定各县（区）的主导产业，诸如临潼县和灞桥区的石榴，蓝田和长安县的板栗、核桃，阎良区和高陵县的梨枣，周至和户县的猕猴桃、香椿、柿子等，都已初具规模。

延安市继续抓好区域性经济林基地建设，1997年新建仁用杏、红枣、花椒、核桃、板栗1.08万公顷，积极稳步发展银杏产业，培育速生丰产林，同时大力开展多种经营，加强森林旅游资源开发。（周灵国）

【"农业科技推广年"活动】　1997年是我国"农业科技推广年"。省林业厅及时出台了《陕西省林业厅送科技下乡活动方案》、《陕西省林业厅科技兴林"4151"工程技术推广项目管理实施细则》等，共组织科技下乡服务队259个，参加送科技下乡活动的科技人员达15 504人次，举办各类技术培训班和技术讲座3572期，印发各种技术资料和科普读物52.51万份(册)；推广先进实用技术成果50余项，完成示范推广面积16.69万公顷。全面超额完成了林业部下达的"农业科技推广年"的活动任务。省林业厅把送科技下乡活动和实施科教兴林"4151"工程有机地结合在一起，继续推行"四位一体"促成果转化的运行机制，实行项目化管理。成立了省、地、县三级组织协调领导机构和推广网络。推广了10项组装配套新技术，其中：林木繁育新技术、ABT生根粉等植物生长促进剂应用技术、节水林业及抗旱造林技术、速生丰产林营造技术、低产经济林改造技术、榆林毛乌素沙区飞播造林种草及放牧利用技术、森林病虫害防治及森林防火技术等。狠抓了有资源优势和利用前景的10项经济林基地建设及林产品的开发利用：百万亩红枣基地及产业化、百万亩杏基地建设及产业化、百万亩核桃基地建设及产业化、百万亩板栗基地建设及产业化、百万亩地埂花椒基地建设及产业化、百万亩沙棘基地及产业化、百万亩蚕桑和茶叶基地建设及产业化、百万亩油桐和漆树基地建设及产业化、百万亩杜仲等木本中药材基地建设及产业化、百万亩五倍子和魔芋等基地建设及产业化。1997年，共完成各类经济林基地建设4万多公顷，建示范点400余处。（周灵国）

【全球环境基金项目】　1997年是全球环境基金项目实施的关键一年，长青林业局转产安置中的主要问题得到初步解决，省政府承诺安置的150人已全部得到安置，世界银行资助的193人带资调动已落实164人。转产所需的1000万元周转金和所需的450万元人员安置费已基本落实。长青保护区按原编制189人已全部分流到位。牛背梁保护区久拖不决的机构编制问题，已于5月5日正式得到省机构编制委员会的批准，确定为县级全额拨款事业单位，编制90人。秦岭保护区群项目的5个保护区（佛坪、太白山、牛背梁、周至、长青）的管理计划（意见稿）已上报林业部。

（周灵国）

西安市林业

【概　述】　1997年，西安市林业总产值实现1.5亿元，为年目标的107.1%，产值增幅达到24%。

造林绿化　全市农村完成造林作业面积1.53万公顷，为年目标任务的114.8%，其中：飞播作业面积8266.67公顷，人工造林作业面积7046.67公顷；被列入市政府为群众办的十件事项目的绿山富民工程共完成扶持山区5877户群众建经济林园2042.27公顷，分别为年计划的117.5%和153.2%，渭河防护林工程造林180公顷。新育苗305.6公顷，完成了年计划的114%。

资源林政管理 严格"三总量"控制制度，树立全额管理意识，年森林总采伐量控制在19.09万立方米，没有超出省下达的年森林总采伐量消耗23.5万立方米的计划；抚育间伐实际生产木材3.3万立方米，控制在3.5万立方米的计划限额之内。狠抓林政管理工作，确保林政管理依法行政。开展一级木材检查站达标建设活动，加强文明执勤公正执法等工作。长安县沣峪口检查站通过了林业部50家"文明窗口"单位挂牌验收。

森林资源保护 抓好森林防火工作，森林火灾受害率0.17/1000，控制在0.2/1000目标以内；狠抓林业案件查处，适时开展严打斗争和专项治理，查处林业案件205起，案件综合查处率达98%；加强野生动物管理工作，加快建立健全管理体系和执法队伍的步伐，4个林区县积极组建了野生动物管理站，强化野生动物保护法律、法规的宣传，加大查处力度，乱捕滥猎野生动物案件的发案势头得到有效遏制；加强森林病虫害防治，全市森林病虫害发生面积控制到了1.63万公顷，病虫害发生率下降到5.05%，各类病虫害有效防治面积9653.33公顷，防治率提高到59%，分别较年控制目标下降了1.15%和提高了6%。

林业科技推广 积极开展科技下乡、科教兴林活动，加快林业科技推广步伐，全市共完成板栗低产园改造233.33公顷，猕猴桃丰产园管理2000公顷，ABT生根粉、根宝、吸水剂等植物生长促进剂应用造林800公顷，塑料棚、容器袋、全光雾技术繁育林木良种73.33公顷；引进4个树种10多个品种，进行驯化繁育，完成新建示范园200公顷，新增经济林基地近1334公顷；美国白蛾防治技术推广获市科技进步一等奖。

（陈小利）

甘肃省林业

【概　述】

发展与成就

主要经济指标 1997年，全省共完成造林15.68万公顷，是计划的117.61%，经济林6.49万公顷，是计划的97.35%；完成义务植树7136.35万株，是计划的104.5%；完成育苗0.56万公顷，是计划的105%。全省经济林干鲜果品年产量达145.01万吨，比1996年同期增加42.82万吨，增长41.9%；林业总产值36.74亿元，农民人均林业收入已达300元。全省木材产量完成54.73万立方米，其中白龙江森工企业完成26.39万立方米，小陇山林业局完成12.35万立方米。

林业生态建设 河西地区，南部祁连山保护工程上报中央列项，中部绿洲以农业综合开发为导向，以绿化为重点，实行统一规划，高标准起步，一次到位。张掖地区1997年仅开发区造林就达713.33公顷，占全区防护林总任务的26.7%，实现国道绿化128.5千米，县、乡公路196.9千米。临泽县一年投入治沙资金44万元，投工投劳10万多个，开挖植树沟28条54千米，栽植各类树木75万株。中部干旱地区，以集雨节灌，大力发展庭院经济为着力点，山上与山下并重，经济林、防护林统筹安排，推动生态林业建设持续协调发展。定西地区1997年共完成集雨节灌面积0.14万公顷，有21 639户农民建设庭院经济林0.14万公顷，全区共发展经济林0.34万公顷，超年度目标任务69.7%。陇东、陇南地区，以实施宜林荒山绿化工程为契机，加大规模工程造林，加快宜林荒山拍卖、租赁，吸纳社会资金，兴办各种类型林果园。庆阳地区1997年全区造林工程在33.33公顷以上的就有33处，66.67公顷以上的108处，333.33公顷以上的12处。平凉地区一年租赁，拍卖荒山达0.37万公顷，天水市北道区通过"四荒"拍卖、租赁，1997年收回资金10多万元，兴办家庭林场409户，完成造林500公顷。

林业产业建设 1997年初确定组建的全省林果、森工和林型企业等3个集团公司，都按计划完成了可行性论证工作，分别上报待批；酒泉、张掖等地经行署批准，也建立了一批地区级林业集团公司。西峰、天水、泾川等3处林果批发市场均已全面建成，投入使用。全省又有国有庆阳盘克林场等28个国有林场和国有玉门市下东号苗圃等18个国有苗圃实现脱贫。

森林资源保护 1997年，全省木材产量占年计划采伐限额的71.78%，其中白龙江、小陇山两大林区木材消耗量占年计划采伐限额的70.1%。流通环节以继续清理整顿木材市场、强化木材运输管理为重点，组织进行了全省首次木材运输年度审核，限期关闭了迭部县旺藏木材加工厂等216家非法木材加工企业，打击了黑料市场经营、无证运输、超量销售等非法活动。林地管理以调处张华、甘川、甘陕等林权纠纷，查处民乐滨河酒厂非法侵占林地，以及白水江保护区非法采金等案件为重点，在全省普遍推行了林地使用许可证制度，遏制了非法侵占林地势头。1997年，全省仅发生森林火警12次，一般火灾1次，受害森林面积21.21公顷，森林火灾次数和受害率均在目标责任书确定的控制指标以内。全省共发生各类森林病虫害面积26.45万公顷，完成防治面积11.67万公顷，防治率达

44.1%，实施产地检疫面积0.14万公顷，种苗产地检疫率达76.62%。全省各级林业公安机关共侦破各类森林案件854起，打击处理违法犯罪分子1054人，为国家挽回经济损失167万元。各级林业勘察设计队伍通过资格考评、认证。

林业科技　1997年，全省各级共举办林果技术培训班3000多场次，受训林农10万多人；赴生产一线从事技术指导和技术承包的科技人员达2000多人，技术承包面积10万公顷。林业科研和推广工作，进一步向适用技术发展，进一步靠近林农，靠近生产第一线。特别是科技贡献率已达到20.9%，科技成果转化率已达33%；1997年，新上利用壁蜂授粉提高果品产量和质量技术、苹果气调贮藏技术等7项科技推广项目，获直接经济效益近亿元。特别象杨树蛀干天牛新疫区扑灭技术推广项目，范围涉及18个县（市、区）79个乡（镇），1997年实施面积0.71万公顷，获经济效益6675万元。

存在问题　一是全行业思想认识滞后，特别是各级领导班子思想解放的层次低，面对新形势对林业发展提出的新要求，缺乏开拓创新精神。二是在处理林业生态和林业产业建设的关系上，仍然存在着对眼前利益看得比较重，对长远发展思考得比较少；对经济林果业热情较高，对林产工业重视不够。三是整个林业改革缺乏力度，有些单位至今尚未把改革摆到总揽全局的位置，习惯沿用老办法抓生产、搞经营，与市场经济的要求差距较大，拉大了林业与其他行业在发展水平上的差异。　　（王作谊）

【兰州市大砂沟绿化工程】　兰州市大砂沟绿化工程是一项省列跨世纪工程。位于市区黄河以北，南起城关区大砂坪公路桥，北至中川高速公路立交桥，东西分别跨越主梁至山脚为界。东西最宽为4.2千米，南北长为17千米，总土地面积为4373.3公顷，绿化单位承包面积为3472.8公顷，占总面积的79.4%。该工程一年起步，三年完成，五年初见成效。1997年春，大砂沟绿化工程一期工程全面启动。在“三通一平”（电通、水通、路通，地平）的基础上，大砂沟绿化指挥部应用兰州南北两山搞绿化的成功经验，在1997年中，对62家承包大砂沟荒山绿化的单位，采取“四定”措施：定任务、定人员、定标准、定进度，加快造林绿化步伐。经过春秋两季全民义务植树142.99万株，大砂沟绿化总面积已达668公顷。

大砂沟绿化工程是继兰州南北两山后，又一全社会办林业、全民搞绿化的新建示范工程。1997年先后召开五次动员会，孙英省长多次亲临现场办公，检查指导绿化工作。该工程之所以头一年起步快、效果好，主要做法和经验：一是领导重视，真抓实干。省、市各级领导把江泽民总书记关于大抓植树造林，绿化荒漠的重要批示精神落实在行动上。二是单位承包荒山，建立绿化基地。三是千方百计，多渠道筹集绿化资金。四是用优惠政策，调动全社会搞绿化的积极性。五是贯彻“综合开发，以绿为主”的方针。六是加强管护、以法治林。七是推行科技造林，提高质量。　（孔令鹏）

【甘肃省莲花山森林公园】　甘肃省莲花山森林公园位于甘肃南部，洮河上游，地处康乐、临潭、卓尼、渭源四县交汇处；在省道311线中段，距兰州市165千米，是1993年经甘肃省林业厅批准，在甘肃省莲花山风景林自然保护区建立的省级森林公园，隶属省林业厅。总面积12 551公顷，森林覆盖率47.2%。

莲花山，古称西崆洞。因其自然形状呈鳞片状断层，酷似一朵出水芙蓉莲花。主峰海拔3578米。早在明初，这里就辟为佛道教名山，原有景点30余处，保存完整的吴家奄石窟，内有石雕佛像28尊，至今栩栩如生。园内动植物资源丰富，植物290余种、动物60余种。有珍贵的高山杜鹃4种，有属国家一类保护的珍禽斑尾榛鸡、雉鹑等。已有英国、法国、挪威等国家的动物专家多次前来考察研究；中国科学院动物研究所的学者设点作长期研究。

莲花山不仅风光秀丽，而且民俗风情独特，是“洮岷花儿”的故乡。每年农历六月初一至初六，来自四面八方的汉、回、藏、东乡等各族青年男女头顶花伞，手拿彩扇，穿梭于林间小道，即兴作词对唱，形成了独具特色，声势空前的莲花山花儿会。届时参与的人多达4万人次，至今已有400多年历史。

莲花山森林公园建设已初具规模，能满足游客吃、住、行、游、购、娱的全方位服务。近年来，以甘肃省森林沙漠旅行社为龙头，开展兰州—莲花山二日游活动以来，年接待游客达6万人次以上。

（甘肃省莲花山自然保护区管理局）

【甘肃省“三北”地区林业生态工程建设】　甘肃省“三北”地区辖12个地（州、市）69个县（市、区），总面积38.4万平方千米，占全省总面积的84.6%。“三北”、治沙和黄河中游防护林三大林业生态建设工程至1996年底，累计完成造林保存面积136万公顷，完成封育66万公顷。“三北”地区的森林覆盖率由建设初期的2.58%提高到6.02%。1997年，三大工程共计完成造林11.89万公顷，是年度计划的103%。其中“三北”防护林建设工程完成10.84万公顷，防沙治沙完成0.34万公顷，黄河中游防护林完成0.71万公顷。完成封育25.85万公顷，其中沙生植被封护18.34万公顷，封山育林7.51万公顷。完成义务植树6142.97万株。同时，省林业厅及时组织科技人员编制了以建设生态林业为主的《甘肃省治理水土流失建设生态农业总体规划》、《甘肃风沙区控制沙化加快治理进度提高治理成效规划》及《甘肃省黄河中游水土流失重点治理区工程建设可行性研究报告》。　　（洪　涛）

【天水市北道区发展家庭小林场】 天水市北道区地处秦岭山地向黄土高原的过渡地带。总面积3453平方千米，总人口53万多人。年均降雨量560毫米，山地面积4.42万公顷，占全区总面积的87.7%，农民人均年纯收入不到900元。1997年4月，区委、区政府在认真落实“谁造谁有谁受益，长期不变，可以继承转让”等林业政策的基础上，就进一步加快家庭小林场建设召开了现场会，出台了更具操作性的优惠政策，提出“一年起步、两年突破、三年大发展”的工作目标。在建设形式上，打破村、组分界线，既可单独承包，亦可入股合作或联户经营。鼓励和支持党政机关、群众团体、厂矿企事业单位和个人，带资金、技术、设备承包、租赁荒山荒地，实行跨行业、跨地区经营。1997年，兴建家庭小林场262个，造林366.2公顷。截至1997年底，累计发展409个，造林667公顷。 （洪 涛）

【秦王川农田防护林建设】 兰州市引大入秦灌区生态经济型防护工程是引大水利工程建成后，为保障水利工程效益的发挥，促进灌区5.7万公顷耕地稳产高产而新上的一项林业配套工程。该项目规划造林1.45万公顷，实施年限为1996～2005年，林业部“三北”防护林建设局已正式批复立项，作为部列“三北”防护林建设三期工程建设的重点项目。省、市两级政府对此工程非常重视，列为省长工程，作为兰州市精神文明建设的“窗口”来抓。1997年是该工程全面启动建设的第一年，规模大，起点高。春季造林前，兰州市林业局组织有关技术人员深入现场，严格按作业设计划线打点，与县、乡进行多次衔接，落实苗木和资金。春季造林时，省、市四大班子领导及兰州军区首长亲临造林现场，带领4000余官兵和广大干部群众，参加义务植树，一年完成造林653万公顷，其中农田林网460公顷，经济林193公顷，建设主干林带71千米，支渠、毛渠林网379千米。 （洪 涛）

【花卉产业】 全省以兰州市为中心，以天水、陇南、河西为重点，已初步建起牡丹、芍药、鲜切花、种球种苗、盆景、花灌木和野生花卉驯化及干花开发等六大花卉基地。现全省各类花卉栽培面积867公顷，年产鲜切花1000多万支，产商品种球400万个，销售收入达2000万元。鲜切花和盆景花卉的开发把省内传统名花和引进优良品种相结合，已培育出一批具有甘肃特色的名优拳头产品。其中，紫斑牡丹在供游人观赏的同时，向社会提供鲜切花和优良种球，效益可观。花大瓣厚、味香色艳的兰州市市花玫瑰，在国际市场享有盛誉。用我国传统玫瑰和欧洲蔷薇反复杂交而成的月季鲜切花栽培盛行，省内有集中栽培的月季鲜切花基地百余处，月季切花已成为省内鲜切花市场的主要品种，也是北花南调、外销创汇的主要花卉之一。由于省内气候土壤条件适宜，河西走廊等被国家确定为全国球根花卉种植基地，生产的唐菖蒲、观赏百合、郁金香、大丽花等球根花卉名扬全国，成为全国优质鲜切花供应基地之一。

随着花卉业的发展和花卉交流的增多，外来新品种——发财树、巴西木、棕榈、苏铁、凤梨、红掌、兰花等一些南国名贵花木，在全省得到广泛引种栽培，使地方传统名花和外来优良品种有机结合相得益彰。

在发展鲜切花和盆栽花卉的同时，具有浓郁甘肃地方特色的盆景、根艺根雕、观赏奇石等得到迅速发展。甘肃省盆景古朴苍劲、造型雅致，独具北国风格；以天水、陇南、兰州为主的根艺根雕，技艺精湛、形态传神，其代表作品“路在何方”、“古瓶”、“双瓶”等在第四届全国花卉博览会上获奖；甘肃观赏石艺术更具特色，黄河石、庞公石、祁连石等，集奇、秀、险、幽于一身，具有很高的观赏价值和经济价值。庞公石质地细腻、色彩斑斓、纹理特殊，唯甘肃清水独有；祁连石玲珑剔透、千奇百怪，融湖光山色于一体；特别是兰州黄河奇石，经大自然千年洗炼而成，天然造化，画面丰富，神奇奥妙，意境深远，堪称一绝，具有很高的收藏和观赏价值。

花卉业的发展，也带动了相关产业发展。花卉经销业活跃，仅兰州就有各类花卉专卖铺200多家，从业人数逾千人，并有自发形成的花卉早市。花卉租赁服务、花肥、花具配套生产等应运而生。省内花卉产业呈现勃勃生机，并保持其强劲的发展势头。 （连雪斌）

【插管灌根庭院经济模式】 1997年，甘肃省林业科学研究所和省林业技术推广总站雨水集流庭院经济试验示范项目课题组深入典型的干旱山区、贫穷偏僻的会宁县新庄乡杜砚村，创造出插管灌根果树栽植技术，与良种壮苗、丰产坑、丰产沟、地膜覆盖、整形修剪及早花早果、间作套种、复合经营、病虫害防治、ABT生根粉、奥普尔液肥、抗旱保水剂等技术组装配套，形成了较为完整的插管灌根庭院经济模式。

插管灌根技术是在雨水集蓄基础上，应用滴灌、渗灌技术原理创造出的节省投资、简单易行、提高水分利用率的有效形式，即在每定植1棵果树时，同时在树穴里预埋3根普通塑料管注水，一端露出地表、定期向塑料管注水，向根系活动层进行补灌和施用液肥。以每棵树3根塑料管1.2元计，每公顷投资在1500元以下，适合贫困地区农民的承受能力，而且不受劳动力制约。采用这一技术定植13个月的果树，最大地径达2.96厘米，冠幅达170厘米，发枝数19个，其生长水平与灌溉果园持平。截至1997年，杜砚村的3个自然村已有58家农户成为重点示范户，村民成立了杜砚村雨水集流庭院经济科技协会，经常组织科技培训、科普宣传和现场观摩活动。1997年定植的苹果，保存率达96%以上，经早花早果试验，约四分之一的树可在第三年见花见果。 （赵岷阳）

【杨树伐根嫁接毛白杨新技术】　为寻求更新改造天牛虫源林的有效途径，白银市于1995年开始杨树伐根嫁接毛白杨试验研究。两年时间共完成嫁接苗6万余株，平均成活率达到85.5%。在此基础上，该市开始大面积推广这一技术。截至1997年，全市共完成伐根嫁接52万株，平均成活率达到82%，当年平均苗高达4.6米，平均地径4.2厘米。同时，建立试验示范点20余处，采穗圃6处5.33公顷。

研究推广结果表明，杨树伐根嫁接毛白杨是杨树蛀干天牛源地树种改造和农田防护林更新改造的一种经济有效的方法。不同的杨派品种对嫁接亲合力的敏感程度不同。敏感性最弱的是河北毛白杨，其嫁接在白杨派伐根和黑杨派伐根上成活率和生长量差异不明显。选用生长健壮的种条作接穗，伐根生长旺盛，直径在10厘米以上，边平茬边接穗，可以达到很高的成活率。

这一成果对于甘肃以杨树为主的农田防护林更新改造有重要意义，也适用广大"三北"地区。为此，林业部"三北"防护林建设局于8月在白银市靖远县主持召开了杨树伐根嫁接毛白杨技术推广现场会，内蒙古、宁夏、陕西、青海、甘肃5省（区）的代表参加了会议。

（惠晓萍）

【区（乡）林业工作站建设】　1997年，全省区（乡）林业工作站基本建设林业部投资30万元，共完成了12个林业工作站的建设任务。全省共建站813个，利用部省投资1283万元；完成614个林业工作站的基本建设投资任务；培训站长、站员1751人次；完成林业工作站合格县建设共26个县（市、区）。通过对全省697个林业工作站的调整，有多种经营基地的站281个，基地总面积1300公顷，产值达565.08万元，纯利润149.14万元，其他多种经营项目年产值7416万元，纯利润146.78万元。

（甘肃省林业厅区（乡）林业工作站管理站）

【全省4000名林政人员持证上岗】　根据《行政处罚法》持证执法的原则，林业部明确提出"持证上岗，凭证执法"的具体要求，并就申领发放《林业行政执法证》工作做了全面部署和安排。为此，甘肃省林业厅从3月份开始，按照林业部的统一部署，抽调专门力量，编制实施方案，加大领导力度，狠抓学习培训、资格考试、严格政审、申领发证等各个环节工作的落实，经过10个多月时间的艰苦努力，于年底前已圆满完成了各项任务。全省共颁发《林业行政执法证》4092人，其中省级970人，地（州）级以下3122人。从1998年1月1日起，将实行全员持证上岗，亮证执法。

（王全德）

【甘肃省1997年林业大事】

1．4月18日，酒泉地区林工商集团公司挂牌后，以营建运作千吨级果库为中心，以强化基地建设和开展技术服务为基础，促进全区林果产供销一条龙经营，截至1997年底，已创利30多万元。

2．6月，甘肃省林业厅成立了甘肃省林政稽查总队，总队长由主管林政资源的副厅长担任，总队下设甘肃省林政稽查总队办公室，与林业厅资源处合署办公，不增加编制。同时，成立了甘肃省小陇山林政稽查大队、甘肃省白龙江林政稽查大队、甘肃省祁连山林政稽查大队，为省林政稽查总队派出机构，业务上受总队的领导，人员编制、领导职数和经费分别由所在单位内部调剂解决，全面负责相关林区林政稽查工作。

3．8月，在庆阳地区西峰市召开了全省林业财务管理工作会议，讨论提出了一系列新制度、新办法，进一步规范了各项资金管理，保证了投资效益。

4．9月29日，甘肃省第八届人民代表大会常务委员会第二十九次会议终审通过了《甘肃祁连山国家级自然保护区管理条例》。该《条例》共三十八条。其中第一条至第九条，为制定《条例》的目的、原则、保护区范围及条例适用范围、保护区与省林业行政主管部门的关系以及各级政府、林业部门及保护区的职责；第十条至第二十五条，为保护区各项管理规定；第二十六条至第三十八条，为奖励与处罚条款。

5．10月11～13日，省委、省政府在兰州市召开了全省林业工作会议。各地（州、市）行署（政府）、林业处、各县（市、区）政府、省直有关部门和全省造林绿化"双先"单位代表以及厅直部分单位领导约220人参加了会议。省委、省人大、省政府、省政协领导和林业部刘于鹤副部长出席了会议。大会进行了表彰奖励活动，授予西峰市、成县政府实现宜林荒山绿化县称号，颁发了铜牌，各奖励人民币5万元；授予北道、秦安、西峰、合水、泾川、镇原、临泽、康县、正宁、酒泉市（县）政府全省林果支柱产业十强县称号，颁发了铜牌；授予庆阳地区行政公署等152个单位全省造林绿化先进单位称号，颁发了铜牌；授予潘象尧等99名同志全省造林绿化先进个人称号，颁发了荣誉证书。会议期间，省委书记阎海旺、省长孙英、副省长贠小苏和刘于鹤副部长发表了讲话。

6．10月12～16日，省财政厅、省林业厅在兰州体育馆联合举办了甘肃省首届林果产品展览交易会。全省14个地（州、市）、省级有关部门及厅直各单位组派33个参展团参加了展交会。本届展交会展出的产品涉及林果、林木、矿产、食品加工、药材、花卉、盆景及森林旅游等共15大类，近千个品种，推出招商引资项目近百个。观众达5万多人，成交总额达2.14亿元。其中，商品零售总额达61万元，签订订货合同41个，合同金额1395.5万元，签订开发性建设项目2个，开发资金2320万元，签订开发性意向协议4个，意向投资额5510万元。

7．11月，省政府行政处罚实施机构第三号公告，确认并公布了甘肃省林政稽查总队（含所属白龙江、小陇山、祁连山林政稽查大队，腊子口等14个木材检查

站）的行政处罚主体资格。（甘肃省林业厅）

青海省林业

【概　述】

发展与成就　1997年，全省完成人工造林面积3.56万公顷；封山育林4.27万公顷；"四旁"植树2029万株，其中农田林网植树399.45万株。参加义务植树人数242.8万人次，尽责率84％，植树971.2万株，造林质量有了较大的提高，造林合格面积较上年提高12个百分点。累计建立义务植树基地1065处，面积1.07万公顷；造林绿化事业继续保持了健康发展的好势头，全民义务植树活动深入开展，各级领导累计办绿化点907个，造林1.95万公顷。多数地区把领导办绿化点和建立义务植树基地相结合，做到了领导、造林地块、苗木、作业设计的"四落实"，逐步走向制度化、规范化。各级领导率先垂范，植树节期间省五大班子领导和西宁市委、市政府的领导参加了西宁地区植树造林活动，省委书记田成平亲自抓西宁南北山绿化工程。各级妇联动员和组织农村妇女营造"三八"林基地。西宁市政府和绿化委员会组织开展了"'97迎香港回归纪念林"活动。海北藏族自治州西海镇在植树季节，由主管州长亲自负责，组织3000多名机关干部、部队官兵和学校师生，冒雨雪抢墒造林，完成造林60余公顷，植树6万余株，绿化公路3.2千米，人均植树200株，保质保量超额完成了任务。贵南、都兰等地的义务植树活动开展的扎实有效，参加人数和造林规模均超过往年，有力地推动了造林绿化工作的开展。

1997年，全省林业系统采取联办、合办、股份制等多种经济形式，先后组建和创办了三野科贸有限公司、青林花木有限公司等，开发山野菜、花卉、森林旅游等各项林业资源。成功地组织参加了第四届全国花卉博览会，郁金香、唐昌蒲、康乃馨等球根类花卉深受国内外客商好评，花卉业的发展有望成为林业经济的一个新的增长点。海西蒙古族藏族自治州开发白刺、枸杞资源取得新的突破。国际狩猎加强对外宣传，新创办了黄河源国际狩猎场，试猎取得成功。各林场、苗圃生产单位大胆引进资金，发展产业项目，以林特产品加工业、花卉业、国际狩猎业、森林旅游业为主体的林业"四支柱"产业逐步兴起，带动了全省林业产业的发展，1997年多种经营收入已突破2000万元大关。林业产业收入的增加，又为造林绿化事业的发展提供了新的经济来源。

改革与林政实施

资源保护管理　各级人民政府和林业主管部门，认真贯彻实施《青海省实施〈中华人民共和国森林法〉办法》。林业部门狠抓以限额采伐为核心的森林资源管理工作。严格控制资源消耗，实施凭证采伐和采伐作业设计集中审批制度，把限额管理的各项措施落到实处。认真进行采伐审批和检查验收，全年批准采伐7.05万立方米，实际采伐6.02万立方米。充实和加强基层林业管理和执法体系建设，认真开展乡（镇）林业工作站、林业公安派出所和木材检查站达标建设。森林防火工作取得好成绩，已连续11年未发生大的森林火灾。在加强森林资源管理的同时，各地林业公安坚持"打防并举"的方针，有针对性地开展了专项整治和"严打"行动。查处各类破坏森林的案件509起，收缴木材585万立方米，挽回经济损失83万元。1997年全国森林资源和林政管理工作会议首次在青海省召开，并为获全国文明执法示范窗口单位的民和享堂木材检查站挂牌，有力地支持了林业工作。青海省是全国野生动物重点分布省（区）之一。针对可可西里地区偷猎、走私藏羚羊问题十分突出的情况，以抓大案、追逃犯、打团伙为重点，加大对破坏野生动物资源大案要案的督查督办力度。公安局、检察院、法院协同作战，严肃查处了一批重大案件，遏制了大案、要案上升的势头；野生动物资源普查工作进展顺利；青海湖和可可西里自然保护区已被批准为国家级自然保护区，野生动植物保护管理工作得到进一步加强。

加强了林业基础地位　主要表现在：一是各级领导抓林业的劲头日益增强。春季造林季节，省政府及时召集各州（地、市）的领导召开造林现场会，总结推广经验。各级领导的重视和支持，有力地推动了造林工作。二是全民绿化意识不断提高，社会参与林业建设的范围正在逐步扩大。三是林业机构建设得到加强。1997年，省编委决定将省林业局升格为二级局，进一步加强了对林业工作的领导，全省的基层林业工作站，进行了"三定"工作，充实了力量，稳定了职工队伍。四是对林业扶持力度加大。通过山区综合开发，对改善生态环境，增加农民收入起到了积极作用。同时林业部组织，经过调查研究，规划了青海黄河上游生态治理工程和玛可河天然林保护工程，上报国务院，在林业资金和项目建设上得到大力扶持。五是改革了造林补助费管理办法，省财政厅下发了青海省造林补助费管理办法，按照择优扶持原则，提高了造林补助标准。

科技兴林　各地以推广抗旱造林技术为中心，大力推广汇集径流整地、生根粉、吸水剂、容器苗造林以及沙地青杨深栽造林等技术。将各项适用技术组装配套运用到生产中去，提高了造林的科技含量，对干旱山区和沙地的抗旱造林起到了带动和示范作用。贵德、互

助、平安、化隆、乐都等县建起了千亩以上的汇集径流整地造林示范样板工程。针对林业生产中出现的突出问题，开展科研攻关，组织省内有关专家，对防治黄斑星天牛虫害进行专题研讨，采取加强预报、严格灭治、强化检疫的综合防治措施，有效地控制了天牛虫害点增多、面积增大的危害。引进杨树伐根嫁接毛白杨抗虫更新造林技术试验获得成功。

林业宣传　积极与新闻单位联合开展宣传活动，与青海日报社联合开办了“青海林业好新闻”评选活动，在青海人民广播电台开辟了“林业新貌”专栏节目，创办了《青海林业》杂志。在加强新闻宣传工作的同时，开展了社会宣传活动，如举办全国青少年夏令营活动，来自全国十几个省市的青少年参加了首届走进大自然夏令营活动。增进了交流，宣传了青海。

存在问题　①造林质量不高，仍未摆脱粗放经营的传统经营模式，并且地区间发展不平衡。②造林的整体性较差，部分地区造林地块零星分散，没有达到集中连片治理的目的。③管护工作跟不上，重造轻管的现象尚未得到根本改变。一些地方植被破坏严重，偷砍、滥伐林木的现象时有发生，一些地方保护主义思想严重，对易地作案、破坏林木案件打击不力。特别是乡村集体林破坏严重。④野生动物资源破坏十分严重，藏羚羊资源遭到严重破坏。

（李　文）

【全国山区综合开发示范县——大通县】　1997年，青海省大通回族土族自治县被林业部批准列为全国山区综合开发示范县。

该县是青海省较为典型的山区县，地处黄土高原西界，是黄土高原向青藏高原的过渡地带，境内山脉纵横，主要为祁连山系南支达坂山脉，全县总面积3090平方千米，山地面积占土地面积的95.5%。1978年被确定为全国“三北”防护林体系工程建设重点县后，至1997年全县培育森林面积达7万多公顷，森林覆盖率达到26%，森林蓄积量达93万立方米。1995年被评为全国造林绿化百佳县。

该县山区综合开发示范县建设，按照山区综合开发主要以森林资源培育和开发利用建设为主体，开展以“改土、治水、植树、修路、通电”为内容的综合整治工作，从根本上改善生态环境和生产条件，并把综合治理与综合开发相结合，加快山区资源的开发利用，实现富民富山富县。编制完成了“九五”山区综合开发规划，筛选了20个示范项目。1997年，林木良种繁育基地建设、坡改梯农田基本建设、民亨皮毛加工和制革、天然植物饮料生产线扩建4个示范项目建设开始实施，落实林业贴息贷款800万元，完成坡改梯1466.67公顷，扩建了制革加工车间3000平方米，形成年加工10万张服装革和年加工3000件高档皮衣的生产能力，天然植物饮料生产线进行了技改和扩建，生产能力达到年产332万听饮料。加速山区综合开发示范县的建设，为带动青海省山区脱贫致富开辟了一条新途径。

（李　文）

【东部地区实施重点工程造林】　1997年，全省在造林绿化工作中，突出重点，狠抓薄弱环节，集中物力、财力、人力在东部“三北”防护林建设区认真组织实施了重点工程造林项目。各地按照集中连片、规模治理、以一个乡或一个山系、流域为单元，一山一弯的绿化，治理一片，见效一片，力争3～5年内建成局部防护林体系的工作思路，在东部地区安排落实78处重点造林工程。在资金、技术、劳力上采取择优扶持的办法，年内共完成重点工程造林1.14万公顷，占造林面积的37.9%，达到了规划高标准、实施高质量的要求。大通、平安、乐都等县大面积配套推广使用系列抗旱造林适用技术，建起了333.33公顷的汇集径流整地示范样板工程，为全省重点工程造林的开展起到了较好的示范引导和带动作用。实施重点工程造林后，较好地解决了以往造林面积分散、整体效益不高、且难以巩固的缺陷，为今后青海大面积的荒山治理，探索了适宜的造林组织和管理模式。全年林业生产好于往年，均完成或超额完成了生产任务，造林质量有了较大幅度的提高。据核实，造林成活率70%以上的合格面积2.84万公顷，较1996年提高12个百分点。

（李　文）

【造林绿化千佳村——湟源县小高陵村】　湟源县和平乡小高陵村位于日月山下，海拔2760～3100米，属半浅山半脑山地区，全村380户人家，2100人，全村总面积1320公顷，分布在5条沟、5道梁、12面坡上，耕地面积376公顷。

该村的干部和群众从50年代开始，首先在全县第一个办起了乡村林场，采取群众突击造林和专业队常年从事林业生产相结合，工程措施和生物措施相结合，人工造林和封山育林相结合的办法，实行山、水、林、田、路综合治理，坚持不懈地治山治水，兴修梯田，植树造林，绿化荒山。经过40多年的艰苦创业，全村已有人工造林和封山育林面积516.67公顷，人均占有林地0.25公顷；“四旁”植树28万株，15万株已经成材，价值100多万元。每年林业收入5万元，森林覆盖率达到39.2%；生态环境有了很大改善。如今的小高陵村人变、地变、面貌变，条条梯田绕山转，山山岭岭一片绿，路旁村边树遮天。粮食产量由70年代的35万千克增长到现在的125万千克，使原来山穷、地穷、人更穷的落后贫困山村变成为山青水秀、林茂粮丰、六畜兴旺的社会主义新农村。在山区建设上为全县乃至全省树立了榜样，多次受到省、地、县的表彰奖励，曾得到国务院的嘉奖，被林业部授予造林绿化、水土保持先进单位称号，村办林场1989年被林业部授予全国先进乡村林场称号，1995年荣获全国绿化委员会造林绿化千佳村的称号。

（李　文）

【青海湖自然保护区】 该保护区是我国高原内陆湖区鸟禽集中繁殖、栖息场所，是国家重点保护区之一。包括青海湖、湖中岛屿和环湖湿地及候鸟营巢、栖息地段，总面积约495 200公顷。保护区内有鸟类160多种，10万余只。闻名中外的青海湖鸟岛是保护区的核心，也是国际重要保护湿地。这里是斑头雁、棕头鸥、鸬鹚等水禽的主要繁殖地，每年有数万只鸟在此生育繁衍。

该保护区成立于1975年，并设立专门机构进行保护管理，1984年又成立鸟岛管理处。1985年省政府颁布了《关于加强青海湖自然保护区鸟岛管护工作的布告》，以加强保护区管理。据统计，鸟类种群数量较1990年增加了近40%。同时，保护区内土壤沙化、草场退化、生境恶化的态势，得到一定遏止。

在切实保护鸟类资源的同时，自然保护区坚持贯彻“加强资源保护，积极驯养繁殖，合理开发利用”的方针，充分利用鸟岛旅游资源，积极发展以观鸟为主的旅游服务事业。目前已发展到拥有近百张床位，可同时接待150人用餐的涉外宾馆一座、观鸟游船数艘等服务设施，初步形成集观、游、吃、住于一体，较为完备的旅游服务体系，为观光旅游提供了方便。每年4～7月是观鸟的最佳时节，数以万计的中外游客到这里观鸟旅游。

1997年，青海湖自然保护区正式被批准为国家级自然保护区。 （李 文）

【全国先进木材检查站——青海民和享堂木材检查站】 该站建于1988年，位于甘青两省交界109国道1848千米处，是过往运输木材车辆必经之地，现有工作人员7人。

该站工作人员积极开展文明执法检查站建设，严格依法行政，秉公办事，强化林政管理，积极主动地向木材运输车辆的货主和司助人员宣讲党的林业政策、法律法规及保护森林资源的重要性，文明执法、礼貌待客，努力做到检查一车、教育一人的目的。1995年、1996年共检查过往车辆3.7万余辆。其中运输木材车辆3559车次，木材流量达3.79万立方米。

该站1992年被林业部授予全国先进木材检查站称号，1997年被授予全国木材检查站文明执法示范单位。 （李 文）

【青海省编制黄河源头生态治理工程项目规划】 青海是黄河、长江的发源地，黄河发源于青海省境内的各姿各雅山，黄河干流在省内长1962千米，是省内的第一大河。青海省境内黄河流域面积14.76万平方千米，年均径流量285.2亿立方米，占黄河流量的49.2%，水土流失面积7.54万平方千米，占黄河流域水土流失面积的17.53%。因此，青海是黄河流域最大的水源涵养区，也是重点水土流失区之一，省内黄河流域年均输沙量8814万吨。1988～1996年，源头地年均来水量减少23.2%，加剧了黄河断流。为此，按照林业部以长江、黄河流域和重点风沙区治理的重点规划大型的、综合跨流域、跨省（区）、跨世纪的“三跨”林业生态工程；确定包括青海黄河源头生态治理在内的六大重点治理工程，编制了青海省黄河（长江）源头生态治理工程规划。在编制该规划的过程中，8月份林业部派出工作组来青赴源头地区进行了考察和调研工作，就编制该规划的遵循原则、指导思想和治理重点提出了建设性意见。规划主要目标是在省境内黄河流域的隆务河、大通河、湟水河流域、黄河上段、黄河下段、龙羊峡库区以及省境长江流域7个区域，以营造水土保持林、防风固沙林和水源涵养林为重点。人工造林184.4万公顷，森林覆盖率由现在4.87%基础上提高5.65个百分点，到2010年达到10.42%；湟水流域严重水土流失区基本得到治理，水土流失减少10%；龙羊峡库区入沙量减少60%；基础设施建设基本完善，逐步满足下个世纪的需要。 （李 文）

【可可西里国家级自然保护区】 可可西里，蒙古语意为“美丽少女”，是国家一级保护动物藏羚羊分布的重要区域。藏羚羊在省内主要分布于西部、西南部海拔4500～5000米的可可西里、昆仑山等高寒地区，分布面积达9万多平方千米。12月8日经国务院批准，可可西里自然保护区晋升为国家级保护区。

可可西里国家级保护区位于青海省玉树藏族自治州境内，范围为东至青藏公路、西至青海省界、北至昆仑山脉的博卡雷克塔克山，南到格尔木市唐古拉山乡与治多县界，总面积约4.5万平方千米，是目前全省建成的面积最大的自然保护区。该保护区平均海拔4600米以上，系独特的高寒自然环境和高寒生态区，其生物群落为青藏高原所特有。该区有多种多样的自然类型和原始的生态环境。高寒草原不仅是亚洲中部高寒环境中典型自然生态系统之一，而且在世界高寒地区中亦有代表性。其特有生物种类为我国的珍稀物种，也为世界所瞩目。现已查明的区内哺乳动物有16种，其中11种为青藏高原特有种；鸟类约30种，其中7种为青藏高原特有种。国家重点保护的藏羚羊、野牦牛、藏野驴等资源总体数量可达3万～4万头（只），是我国野生动物数量最大的地区之一。区内高等植物102属202种，其中青藏高原特有种84种。 （何玉邦）

【贵德县被评为全国乡（镇）林业工作站合格县】 1997年，对贵德县乡（镇）林业工作站进行达标建设，其内容主要从林业工作站隶属关系、人员及素质建设、职能发挥程度、办公设施、交通通讯设施、档案、图表、各项规章制度、站办基地等方面进一步补充、完善、健全。同时，对林业工作站21名职工进行了岗位培训，采取自学、函授和集中面授相结合的方式，共学习了六门专业课和管理课，通过考试、考核后颁发了《岗位培训合格证书》，持证上岗，经省林业主管部门检查验收后报林业部，申请验收认定。9月7～12日，林业部林业工作站管理总站检查验收了贵德县7个乡(镇)林业工作站达标工作。12月29日，林业部授予贵德县全国乡(镇)林业工作站建设合格县称号。（徐生旺）

【野生动物资源普查】 1997年，全省开展了陆生野生动物资源普查工作，在海西、海南、海北、黄南、玉树、果洛6个自治州的外业调查工作，从5月上旬开始到10月底陆续结束。共完成样带858条，调查生境涉及森林灌丛、荒漠、湿地、草原、草甸5个类型。调查中发现鸟类70多种、兽类30多种。其中重点调查的鸟类有近30种，兽类21种；样带内统计各种动物数量约2.8万多只。1997年外业工作基本完成。（何玉邦）

【青海省1997年林业大事】

1. 1月14日，省政府办公厅发出《关于做好黄斑星天牛虫害防治工作的通知》，成立了以刘光和副省长为组长的黄斑星天牛防治工作领导小组。《通知》要求各级政府要明确职责，搞好统一规划，实行承包，专人负责；虫源所在地政府要按照“拔点除源，治点保面”的原则，迅速采取封锁扑灭措施，尽快控制虫害，防止继续传播。

2. 3月8日，互助县北山林场巴扎营林区发生森林火灾，至24日扑灭明火。火灾过火面积19.92公顷，其中森林面积11.24公顷；过火林木蓄积1761.5立方米。参加扑火人员达8800余人次，扑火费用31.6万元。

3. 3月10日，青海省绿化委员会全体会议在西宁市召开。副省长、绿化委员会主任刘光和强调指出，1997年要以改革总揽造林绿化全局，一手抓资源管护，一手抓资源培育。要改分散造林为集中连片治理，提高造林绿化质量；不但要种树，还要种草，乔、灌、草一起上；城市各单位要切实抓好庭院绿化。会议还对各绿化委员进行了分工，明确和落实了责任。

4. 3月11日，全省林业工作会议在西宁市召开。刘光和副省长作了题为《认清形势，真抓实干，保质保量地完成全年的林业任务》的讲话。省农林厅代表省政府与各州(地、市)签订了1997年林业生产承包合同。会议对全面完成1996年林业生产任务的海东行署、西宁市和海南藏族自治州进行了表彰奖励。

3月11日，经青海省编制委员批准，青海省农林厅野生动物管理办公室更名为青海省野生动植物和自然保护区管理局。

5. 4月15～25日，省人大农牧环保委、省野生动植物和自然保护区管理局、省林业公安处和西宁市农牧局、工商局等单位组成执法检查组，对西宁、大通、湟中地区的餐饮业、集贸市场等流通领域违法经营野生动物及其产品的情况进行了专项执法检查，共抽查餐饮店28家，集贸市场3个。现场查获违法经营的雪鸡37.5只、蓝马鸡2只、环颈雉17只、熊掌3只、石鸡30只，对16家餐饮店的违法经营业主进行了行政处罚。

6. 6月5日，省财政厅以青财农[1997]第441号文件，印发了《青海省农村造林补助费管理暂行办法》。

7. 6月17日，省绿化委员会、农林厅在西宁市体育馆广场举行了中华人民共和国‘6.17’世界防治荒漠化和干旱日百万人签名活动的签字仪式。

8. 8月14～18日，全国资源林政管理工作会议在西宁市召开。林业部副部长刘于鹤，青海省副省长王汉民、刘光和，省政协副主席马元彪出席了会议。

9. 8月16日，青海黄河源国际狩猎场在玛多黑海点正式成立并开始对外营业，首次接待了意大利狩猎团，试猎获得成功。

10. 10月14日，由林业部综合计划司主持，部有关部门的领导和专家通过了《青海省黄河(长江)源头生态环境林业重点治理可行性研究报告》的评审。

11. 10月31日，省委、省政府召开加快治理水土流失，建设生态农业动员大会。省委常委洛桑、省人大副主任高尼、副省长刘光和、省政协副主席马元彪及省有关委(办、厅、局)的负责同志，各州(地、市)负责同志共160多人参加会议。

12. 11月25日，在省政法委、省人大农牧环保委、省公安厅、省农林厅的协同领导下，省林业公安处、省公安厅九处与西宁、海西、海东三地的林业公安机关组成了10.31特大非法捕杀、倒卖藏羚羊案件的专案组，经过一个多月的侦破工作，在西宁、格尔木两地抓获4名犯罪嫌疑人，缴获赃车3辆、藏羚羊角1支及一些赃款，经审查犯罪嫌疑人冶林虎、谭万明、韩海买、马学军4人组成两个犯罪团伙自1996年2月到1997年6月间在可可西里、唐古拉山和新疆鲸鱼湖地区用小口径步枪共捕杀、倒卖国家一级保护动物500多只，获赃款十几万元。12月8日，经青海省人民检察院批准，4名犯罪嫌疑人已被逮捕。

13. 12月11日，由青海省计划委员会主持，省内有关方面领导和专家组成审定委员会，对《青海省生态环境建设规划(林业部分)》进行了审定。

14. 12月15日，青海省机构编制委员会批复同意将省林业局升格为二级局(副厅级)，内设办公室、计财处、造林经营处、产业处、资源林政处、林业公安局、野生动植物和自然保护区管理局7个处(室、局)。

（李 文）

宁夏回族自治区林业

【概 述】

发展与成就 1997年，全年完成人工造林成活率达85%以上的面积17 880公顷；飞播造林6210公顷；新育苗810公顷，零星植树1496万株，义务植树1200万株。幼林抚育实际面积67 490公顷，成林抚育面积25 430公顷；新封山育林8410公顷。以苹果为主的果品产量1.63亿千克，比1996年增长19.8%。核桃产量74吨；花椒产量33吨，比1996年增加22.5%；生产木材（含病虫木）29.85万立方米。

改革与林政实施

重点林业生态工程 按照川、山、沙三大块分类指导的原则，川区12个县（市）重点抓了以干渠、干沟、干路为主的骨干林带的营造，共植树725.4万株，超计划2%完成了任务，林网大骨架基本形成。山区林业生态工程，通过调整结构和强化管理，造林合格面积达1.4万公顷；为启动黄河中上游防护林工程，高标准整地5400公顷。沙区林业生态工程建设，以盐池县北6乡沙漠化土地整治，柳杨堡治沙示范区和全国治沙重点县中卫县为重点，治沙造林与建立体草场，开发利用沙区资源相结合，完成治沙造林6000公顷，承包治沙开发面积3400公顷。

资源林政管理 ①以法治林。自治区林业厅下发了《关于切实加强林木采伐监督检查工作的通知》，召开全区林政资源管理工作会议。全区林木正常采伐消耗已控制在2.09万立方米，为国家规定限额的四分之一。六盘山沿川木材检查站被林业部评为全国文明执法示范单位。全年侦破和查处各类林业刑事、治安案件177起，受理林业行政案件129起。②森林病虫害防治。全区森林病虫鼠害发生面积7.66万公顷，发生率20.8%，完成有效防治面积5万公顷，防治率65%，其中完成天牛防治面积23 300公顷；种苗产地检疫率80%，监测覆盖率62%。截至1997年，清理天牛虫木8000万株。③自然保护区建设。顺利实施了林业部批准的六盘山自然保护区总体规划年度建设项目和贺兰山自然保护区资源监测工作，向林业部报建了罗山国家级自然保护区和灵光寺自然保护区规划，继续进行全区陆生野生动物调查。

林业产业和山区综合开发 ①突出抓了经济林工程和六盘山及其外围针叶树用材林基地建设，新发展面积分别为7300公顷和4860公顷。还发展以红枣、核桃、花椒等为主的经济林713公顷，促进了经济林品种结构的调整。灌区扩大了兴果富民工程的规模和内容，带动全区新发展名特优新品种经济林7.07千公顷，改造低产低质果园2000公顷；与财政厅联合启动了宁夏优质名牌枸杞基地建设项目，新发展面积386.7公顷。沙区以沙产业开发为重点，大力栽种麻黄、甘草等沙地药材。②加快了森林旅游业建设步伐，六盘山重点风景区已经专家论证，正在抓紧立项，并开辟了凉殿峡风景旅游景点；贺兰山森林公园制定了建设规划，完成了松涛山庄的改建工程。游客比1996年增加了一倍多。

实施"科教兴林"战略 抓了林业科技成果和实用技术的推广应用，重点推广了低产低质果园改造、无病毒苹果栽培、节水灌溉、抗天牛树种选育、隔带水平沟整地造林等10多项实用技术；抓了县、乡、村三级林业技术骨干和林农的培训；增加了对林业科技的投入；抓了林业社会化服务体系建设，地、市、县、乡服务网络进一步巩固，全区已有95%的乡（镇）建立了林业工作站，有5个县（市）基本上达到现阶段的建站要求，配备了必要的设施，改善了工作条件。

林业对外交流与合作 中日专项技术合作宁夏森林保护研究计划项目，新实施了4处试验示范林，总面积8.03公顷；中德合作贺兰山东麓生态防护林工程项目完成人工造林1150公顷，封山育林3万公顷，水利工程基本完工，建成1处培训中心和2处推广中心，车辆等物资也已采购到位。全年共接待来宁进行林业考察、技术交流的国家和地区团组24个215人次。

存在问题 造林和管护的难度都越来越大，造林成本也在逐年加大，而林业投资又严重不足；一些县造林绿化步子慢、效果差、科技含量不高；林业产业化起点低，项目少、规模小；林业体制改革和结构调整力度不够大，大部分国有场圃经济危困、自身发展的后劲不足，活力不强。（朱永元）

【宁夏兴果富民一期工程建设】 3年来，新发展果园面积成活率在85%以上的为2951.3公顷，占总任务的79.8%，其中苹果1671.4公顷，梨430.6公顷，枣752.5公顷；良种化率达88%；无毒化面积1493公顷。完成更新高接71.45万株，占总任务的99.9%。完成示范园建设1793.6公顷，占总任务的119%。实现良种化推广率达88%，使引黄灌区果树良种化程度由工程前的49%提高到1997年的55%。先后从国内外直接引进苹果、梨、葡萄、桃、杏等果树优新品种71个。主要做法：①突出抓优新品种、新技术的推广应用。先后建成了两处集良种、矮化、无毒、规范化管理于一体的优质果树种苗繁育基地。苹果重点发展红富士及其优系、北海道9号、新世界、新乔纳金和嘎啦系；梨重点以早酥、酥梨、锦丰为主；枣以灵武长枣、中宁小枣、赞皇大枣、梨枣为主。普遍推广了大穴培肥、无毒苗木、覆膜套袋等新技术。②突出抓科技培训，提高生产经营者素质。自治区举办高级研修班12期，培训骨干技术人员1560人次，各市、县培训果农9.76万人次。发放科普读物、果园作业历等技术资料2万余份。涌现出高效示范果农3500余户。③突出抓低产低质果园的更新改造。推广了用小枝龄多接点一次性高接换头更新改造低产低质果园3333.3公顷，使果农经济效益提高近1.5倍。④突出抓以提高果品质量为中心的新技术组装配套推广工作。一是推广了“组合纺锤体”整形修剪技术、授粉和疏花疏果及果树配方施肥等三大适用技术，覆盖面占苹果总面积的50%，增幅17.4%；二是编制技术规程，规范果园管理。⑤突出抓树种、品种结构的调整。不断加大枣、梨及其他杂果类树种、品种结构的调整力度，优化宁夏果树品种结构，以适应全国果品生产的发展态势。（朱永元）

【宁南山区扶贫开发工程】 宁南山区“两杏一果”扶贫开发工程是自治区财政厅、林业厅共同投资的以生态经济林为主体的扶贫开发工程，该工程总规模3.3万余公顷，总投资1.159亿元。自治区财政厅、林业厅补助性投资750万元，其余资金靠受益者投工投劳和银行贷款解决。该工程为期5年，在彭阳、隆德、固原、西吉、海原、同心和盐池等南部山区7个县72个乡（镇）634个行政村，选择适宜栽植区和乡土树种，建设1.3万余公顷山杏基地，1.2万公顷仁用杏基地，3个666.7公顷枣基地，3个666.7公顷核桃基地，3个666.7公顷梨基地，1个666.7公顷花椒基地，改造低产低质苹果园666.7公顷，建666.7公顷优质苹果、桃、李、杏基地。以发挥多树种优势，建立山区扶贫支柱产业。1996年启动以来，截至1997年，共完成营造经济林合格面积9716.2公顷，其中：山杏7055公顷，仁用杏1454公顷，苹果548.2公顷，梨174.6公顷，枣195.7公顷，核桃40.6公顷，花椒16.03公顷，桃、李、杏23公顷。同时，建立了高标准示范园44处，总面积1401公顷。完成育苗129公顷。（朱永元）

【宁夏枸杞基地建设】 该项目是自治区财政厅、林业厅为建立规模化、产业化枸杞支柱产业，促进引（扬）黄灌区农村经济发展，共同开发的一项大型经济林建设工程。为期4年，在中宁、固原、陶乐、惠农县和银川市郊区基地建设总规模1666.7公顷。1997年启动一年来，共完成基地建设面积386.4公顷，是年度任务的109.4%；育苗14.2公顷，出圃苗木165.1万株，分别是年计划的78%和100.7%；建立5处示范园104公顷，大部分示范园当年有产量，达到了规划要求。（朱永元）

【盐池县柳杨堡乡林业工作站】 柳杨堡乡位于盐池县城北11千米处，地处毛乌素沙漠南缘，也是干旱草原向荒漠草原过渡带。年降雨量仅280毫米左右。全乡辖7个行政村，39个自然村。总土地面积4.5万公顷，其中可利用草原面积2.3万余公顷，耕地3600公顷（水浇地614.5公顷），有林面积1.58万公顷，林木覆盖率35.2%。1984年建立乡林业工作站，到1997年，全站有专职人员6人，其中大专以上学历4人。建起了经营面积达649公顷的苹果、育苗、麻黄采种等基地和3个村级林场，还建起了年育肥出栏150只羊的育肥基地和年繁育50只绒山羊良种繁育基地，目前共存栏羊265只，固定资产达67.8万元。13年来，该站治理了2.33万公顷沙化土地，营造以灌木为主的护牧饲料林1万公顷，还为全县提供苗木300多万株，整地5333.4公顷，共创收30.7万元。1985年以来，先后多次受到盐池县和自治区林业厅的表彰奖励。1996年被林业部授予全国先进林业工作站称号。（朱永元）

【中卫县林业公安派出所】 该所现有干警5人，负责全县2.8万公顷森林资源的安全保卫工作。1992～1996年，该所4次被评为县“两个文明”先进集体，1994年被自治区林业、公安厅授予“创先达标”派出所，荣立集体三等功1次；1996年被林业部林业公安局授予“严打”整治行动先进单位称号，同时被评为自治区公安系统“严打”整治先进集体，荣立集体三等功1次。1997年被公安部政治部和林业部林业公安局授予全国林业公安基层基础建设先进集体。

主要做法：①狠抓教育培训，提出了“素质工程”实施方案。实现了向素质要警力，要效益。②强化制度建设，完善基层管理体系。建立了12项规章制度，实现了量化管理。③布局防范网络，建立群防群治体系。将县内5个国有林场作为“点”，建立了保卫科、股，选配了专职保卫干部26人，专业护林员48名，配发制服和治安器械，对重点保卫对象、重点人员帮教，使5个林场全部获得县政府“创安达标单位”称号。④加强法治宣传，严格依法办事。1996年县人大执法检查评议为“林业派出所法律条文使用得当，文书规范”。（朱永元）

【六盘山国有林业局沿川木材检查站】 固原地区六盘山国有林业局秋千架林场的沿川木材检查站，设在甘、宁交界的泾平路（西连宁夏泾源，东通甘肃平凉，穿过六盘山及崆峒山林区，为312国道分支）上，是林区内木材及其制品集散的主要运输线。日均车流量近300辆次，其中需检查的车在40辆以上。多年来，该站担负着对过境木材、竹材及制品，野生动物运输实施检查检疫和监督的任务，同时作为林场的主要站点，守护山林，依法行政。在运用法律、行政手段，对无证运输和危害国有林木的违法犯罪活动给予有力打击；在贯彻落实治理公路“三乱”工作中，该站加强行业精神文明建设，强化服务意识，坚持依法监督文明检查。1992年被林业部授予全国先进木材检查站称号。1997年被林业部确定为全国木材检查站文明执法示范单位。

主要做法：①加强自身建设，不断提高检查人员的思想、业务素质。该站检查人员在充分认识木材运输检查、检疫和依法打击犯罪的重要性基础上，认真学好《森林法》、《木材运输检查监督办法》、《木材检查站管理办法》等有关法规，牢固树立依法行政，文明检查的行业意识。进一步规范了公路手令操作，促进验证、查货、开据等程序化建设，提高业务水平，实现果断及时、公正准确的标准化操作。②着装、持证上岗，树立执法新形象。全站3名检查人员从着装、仪表到实施检查中的言行举止，均从高标准、严要求出发，做到案件查处有理有据，宣传法规耐心细致，态度平和。还整顿站容站貌，绿化环境，设立便民服务项目，为过往车辆提供服务，利用一切机会宣传林政法规。③狠抓廉政建设，端正行业作风。先后制定了一系列关于站长、检查人员的廉政要求。从1992年以来，全站共拒贿达4万余元。

（朱永元）

【宁夏回族自治区1997年林业大事】

1．1月7日，自治区林业厅发出《关于奖励1996年林业工作先进单位的决定》，对1996年林业工作先进单位：盐池县林业局、中宁县林业局、泾源县林业局、彭阳县林业局、中卫县林业局、平罗县林业局、六盘山林业局各奖励3000元（其中奖励林业局长500元）。

2．1月16～18日，全区林业处（局）长会议在银川市召开。自治区林业厅厅长孙长春作了《振奋精神，狠抓落实，把宁夏林业建设更好地推向前进》的工作报告；惠农、中宁、盐池、彭阳县政府分别介绍了深化改革，开展造林绿化工作的经验。

3．2月4日，自治区党委决定：郭玉堂任自治区林业厅纪检组组长、党组成员。

4．2月20日，宁夏花卉协会第二届会员代表大会在银川市召开。讨论并通过了宁夏花协章程和“九五”计划；选举产生了宁夏花卉协会第二届理事会，由35名理事组成。

5．2月27日，自治区政府副主席周生贤，在永宁县主持召开了中德合作宁夏防护林工程项目领导小组扩大会。会议原则同意并批准项目工程1997年建设计划。

6．3月19日，自治区党委书记黄璜，视察了中德合作宁夏贺兰山东麓生态防护林工程。自治区林业厅厅长孙长春汇报了工程启动和进展情况。

7．3月24日，自治区绿化委员会第十六次全体（扩大）会议在银川市召开。自治区领导黄璜、张立志、周生贤、吴尚贤和宁夏军区副政委张开礼出席了会议。自治区政府副主席周生贤代表自治区绿化委员会与11个部门签定了1997～2000年造林绿化责任状。会议决定，从1997年起在全国范围内开展争创园林化城镇活动。

8．3月25～27日，以史蒂文斯先生为组长的联合国开发计划署防治荒漠化项目立项评估组一行3人，来宁参观、考察了兰州沙漠所中卫治沙站、中卫铁路固沙林场、碱碱湖沙区、县林场和盐池县治沙造林情况。

9．4月1日，自治区绿化委员会、团委等举行了宁夏青年志愿者营造河东机场青年志愿林誓师大会。参加的有自治区领导及有关部门负责人、银川地区1500名青年志愿者。自治区党委书记黄璜亲笔题写了“青年志愿林”碑名。会后，自治区领导和青年志愿者为新建的银川河东机场义务植树。

10．5月16日，自治区党委、人民政府授予彭阳县全区林业先进县称号，奖励20万元。

11．5月20～21日，自治区党委、自治区政府在彭阳县召开全区林业现场会议。自治区党委书记黄璜、常委马锡广、人大副主任汪愚参加会议并讲了话。政府副主席周生贤作了《大力推进两个转变，努力开创宁夏林业工作新局面》的讲话。

12．6月5～7日，应林业部邀请，比利时驻华大使克莱尔·古尚尔女士及联合国粮农组织驻华代表库瑞希先生一行4人，在林业部国际合作司巡视员李禄康的陪同下，来宁考察“三北”防护林体系建设。6日，政府副主席周生贤会见了他（她）们。

13．6月14～16日，由日中友好议员联盟代表、岛根县议会议员仓井毅先生为团长的日中友好国际协力活动岛根县民交团一行115人，来宁进行友好交流。14日下午，他们同自治区人大常委会副主任文力，自治区政府副主席周生贤、秘书长师梦雄等领导出席了植树仪式。植树后，该团为宁夏沙漠化整治和治沙造林捐赠了80万日元的造林基金。

14．7月17～18日，自治区林业厅召开灌区二代林网建设现场会。自治区林业厅厅长孙长春、副厅长康满堂、李赞成、刘荣光、厅纪检组长郭玉堂、助理巡视员张恩光参加了现场会。

15．7月30日至8月2日，应自治区外事办的邀请，日本国岛根县农林水产部部长菊地弘美先生一行4人，来宁夏进行访问考察。30日下午，自治区林业厅厅长孙长春与菊地弘美先生分别在宁夏—岛根友好林协议书上签字。自治区政府副主席周生贤出席了签字仪式。

16．8月21日，宁夏回族自治区第七届人民代表大会常务委员会第二十六次会议通过《宁夏回族自治区城市绿化管理条例》，该《条例》共五章四十五条，自1997年10月1日起施行。

17．9月30日至10月5日，受德国复兴银行委派，由希波尔先生和沃格特先生组成的检查组来宁，对中德合作宁夏贺兰山东麓生态防护林工程项目造林执行情况进行检查。

18．10月13日，自治区林业厅发出《关于表彰奖励全区资源林政管理、林木管护先进单位和先进个人的决定》。对贺兰县林业局等4个资源林政管理先进单位、灵武市新华桥镇林业工作站等4个林木管护先进单位和田玉山等23名先进个人给予表彰奖励。先进单位分别各奖励现金3000元、1500元；先进个人奖励现金500元。

19. 11月3～7日，德国复兴银行东亚及太平洋地区三部副总裁温泽尔先生等一行4人，来宁对中德合作宁夏造林项目进行检查。4日，自治区政府副主席刘仲会见了检查团一行。经过双方共同讨论，形成了《中德合作宁夏项目会谈纪要》。

20. 11月25～27日，在银川市举办了全区第二届兴果杯果品评优选优会，有24个单位的52个样品参加了评优。会议聘请13位果树专家和送样单位代表24人进行评选，共有7个苹果品种的15个样品和2个梨样品被评为优质果品奖。

（宁夏回族自治区林业厅）

新疆维吾尔自治区林业

【概　述】

发展与成就

森林培育　平原造林64 940公顷（其中兵团15 650公顷，地方49 290公顷），完成计划的118.3%。其中：用材林3640公顷，经济林20 730公顷，防护林36 090公顷（农田防护林28 900公顷），薪炭林4230公顷，其他林250公顷。义务植树6000万株，参加义务植树735万人次。零星植树4191.63万株。育苗完成5300公顷，其中新育3030公顷。封育平原天然林13.83万公顷，引洪灌溉天然林7.3万公顷，改造残次天然林400公顷。山区人工更新造林合格面积1951.1公顷，天然更新3375.5公顷；平均成活率91.5%，更新造林作业质量评分95.4分，达到优秀标准。山区育苗83.6公顷（其中新育2公顷）。幼林抚育1.3万公顷，幼林管护2.36万公顷，实现当年围栏长度35.2万米。完成治沙造林1.25万公顷，封沙育林育草13.33万公顷，治沙造田及改造低产田6700公顷，种植药材及经济作物1333公顷。和田县的绿洲综合防护林体系已列为全国防沙治沙工程先进典型模式。1997年，尼勒克、库尔勒、新和、拜城、阿克陶、疏勒、于田7个县（市）通过了自治区平原绿化达标验收。

森林工业生产　木材产量29.26万立方米，累计销售原木29.54万立方米，锯材生产4.05万立方米，销售3.8万立方米，刨花板生产8059立方米，销售6152立方米，木制品（细木家具）完成总产值871.4万元。运输企业完成货运量130 927吨，货物周转量43 044千吨。1997年，森林工业企业完成工农业总产值12 417万元（按1990年不变价计算），工农业增加值6253万元。林业厅预算内企业亏损8家，企业净利润为盈利55万元，较1996年减亏增利894万元，总体上实现扭亏为盈。

林业多种经营　以农业综合开发，实行林农牧、种养加为主攻方向，全面开发林区地上地下资源。1997年，实现产值及收入2.5亿元，实现利润1274万元，其中森林工业企业实现产值及收入1亿元，实现利润710万元。

林业科技和教育　1997年，林业科技工作坚持科技面向生产，加强了名特优干果丰产栽培技术的研究，突出支持了阿月浑子、巴旦杏研究和山区逆温带果树栽培研究项目，同时在荒漠化治理技术、荒漠适生树种选育、节水造林等技术研究方面加大力度，以解决荒漠化治理的关键技术性问题。1997年，有4项科技成果、2项技术推广成果获自治区科技进步三等奖；2项科技成果获四等奖；4项技术推广项目分别获自治区农业适用技术成果优秀推广二、三等奖。林业科技成果推广率已达30%。1997年，批准了4个引智项目。

林业教育以基础教育、系统成人继续教育、林业中等教育、干部培训为重点，推进林业教育工作。林业厅与新疆农业大学联合编撰了《新疆林业技术人员继续教育教程》，完成部属成人院校招生95名，林业干部学校招生100名。培养跨世纪林业学术和技术带头人，在新疆农业大学委培了在职研究生。

森林保护　1997年，全区共发生林火36次，其中森林火警19次，一般火灾17次，总过火面积593公顷，其中受害森林及灌木林地256.17公顷，林火发生率为0.8次（平均每10万公顷森林），森林受害率为0.09/1000。自治区、各地、各单位共投入扑救林火经费440余万元。全区森林病虫害发生面积17.3万公顷，防治面积10.73万公顷，防治率达62%；监测面积达125.9万公顷，监测覆盖率达70%；森林植物产地检疫面积3800公顷，检疫覆盖率达91%。结合平原林二类资源调查，重点抓了南疆、东疆8个地（州、市）平原人工林和北疆平原天然林的虫情调查和黄斑星天牛疫情调查。继续进行了陆生野生动物资源调查，完成了3个景观类型476个调查样带，调查区域面积400 126.2平方千米。组织完成了自治区国家重点保护野生植物调查技术操作细则的编制工作，并经林业部批准。基本完成了林业系统民用枪支清理登记工作。开展了对外狩猎工作，为国家创汇15万美元。到1997年底，全自治区共建立13个野生动物救护中心，其中自治区级1个。全区共发生各类林业案件1644起，查破1556起，查处率94.65%，打击处理违法犯罪人员

2002人，为国家挽回经济损失402.7万元。

改革与林政实施

资源林政管理 1996年，全疆林木资源消耗总量为244.5万立方米，比年限额少消耗55.5万立方米。对自治区1996年度人工造林、更新实绩、征占用林地情况进行了检查。1996年全区人工造林、更新面积核实率为101%，核实合格率为88.9%，全区征占用林地720.69公顷，未经林业主管部门审核的面积77.67公顷。1997年经自治区政府批准，在南疆又设立6个木材检查站。检查站执法人员已达260人，举办2期林政执法骨干培训班、2期中东部林场执法培训班，共培训林政执法人员200人，全疆林政执法人员已基本培训完毕。

农田防护林建设 全疆已有4个地（州）、60个县（市）基本实现了农田林网化，全疆有267万公顷耕地得到了农田防护林的保护。但发展很不平衡，至今全疆还有24个县（市）没有实现农田林网化。为确保自治区本世纪末基本实现农田林网化及高标准农田林网化目标的实现，提出了农田林网化建设两步走战略。①未实现农田林网化的县(市)，务必于2000年前基本实现农田林网化，实现自治区农田林网化建设第一步战略目标。②在巩固完善已取得农田林网化成果的基础上，进一步提高农田林网化建设水平，到2010年，实现自治区农田林网化建设第二步战略目标。

人工造林实绩核查 1997年，各地（州、市）组织了由林业、计委、财政、统计等有关部门组成的联合验收小组，依据自治区林业厅制定的《平原人工林、人工更新实绩核查办法》，对1997年的人工造林实绩进行了验收核实。结果：全区地方上报造林面积5.17万公顷，核实面积4.93万公顷，核实率95.3%；当年人工造林合格面积及成活率大于85%的面积为4.05万公顷，合格率为82.2%。

存在问题 ①各地林业发展不平衡，原定1997年实现农田林网化的县(市)没有按期实现。②部分地区不能正确处理环境保护和开发利用的关系，只重近期效益，在农业综合开发中征占用林地、毁林开垦仍严重，新开发土地林网配套速度缓慢。 （陈 梦）

【实施科技兴林战略】 1995年以来，全区林业科技人员承担国家“九五”重点攻关项目1个，部（省）级林业重点研究项目5个，重点推广项目4个，厅管科研项目70个，推广项目15个。科研、推广项目经费538万元，林业厅投入科技经费85万元。3年中，有21项林业科技成果通过鉴定，获国家、林业部、自治区科技进步奖的成果共19项，其中国家级三等奖1项，自治区级二等奖2项，部（省）级三等奖14项，省级四等奖2项，有8个林业科技推广项目分获林业部和农业部科技推广奖，有4项林业推广项目获自治区优秀农业适用技术推广奖。比较显著的成果如和田混农林业研究具有新疆荒漠区的特点，研究水平居全国前列，经大范围推广应用，3年建立和改造混农林业5万公顷，改造庭院经济1.2万户，年效益达9100万元，对稳定绿洲生态及贫困农村的脱贫致富起到了重要作用；荒漠林恢复与发展综合技术推广项目在南疆推广面积达17.74万公顷，成林面积13.59万公顷，喀什地区大力推广荒漠柽柳引洪灌溉技术，仅伽师县增加荒漠林面积达5万公顷，土壤次生盐渍化减轻，使1.33万公顷土地得到复耕，项目实施改善了绿洲外围的生态环境，扩大了荒漠林资源；以坚果为主的低产经济林改造技术的推广项目实施以来，用优良品种改造核桃13万株，杏100万株，核桃单产由原来的300千克/公顷提高到现在的2400千克/公顷；瘤大球坚蚧是南疆经济林木的主要害虫，经科技人员努力，研究出一套简便易行的综合防治技术，3年累计有效防治面积6660多公顷，防治效果达95%以上，挽回直接经济损失3486万元。

在实施科教兴林工作中，紧紧抓住了林木良种这个核心问题，几年来优选出核桃、巴旦杏优良品种30个，杨树、榆树等优良防护用材林树种21个，建立了落叶松和云杉种子园；在生产中容器育苗、组培工厂化育苗良种使用率达95%，造林良种率达30%以上；全区建立林业科技试验示范区（点）10个，其中全国林业科技示范县1个，林业科学研究院（所）和推广站也有自己的试验示范基地，占地面积400余公顷，阿克苏地区林业科学研究所建立的66.67公顷经济林示范基地，汇集经济林优良品种10类54个品系，通过试验示范，将适应性强、产量高的品种推向市场，起到了示范和技术辐射作用；在林业生产中，组织科技人员总结生产中的经验和科研成果，制定了83项地方林业标准和杨树防护林体系建设、杨树十大病虫害综合防治2个综合系列标准；科教兴林，人才是关键，3年来，面向基层广大林农和林业骨干举办适用技术培训班134期，培训人员约6700余人次，印发各类技术资料8000余册，开展的林业岗位技术培训，共培训各类林业岗位技工2182人次，发放合格等级证书1106人；为加速跨世纪林业科技人才培养，先后派出11名优秀科技人员，分别到美国、比利时、意大利、澳大利亚等国学习。

（张华亭）

【阿尔泰山林业局调整产业结构】 阿尔泰山林业局把全局企业发展的着眼点转向木材精深细加工、野生动物资源开发、土地资源开发、森林旅游、林区地上地下资源和其他资源的全面开发、综合利用上来。目前已建成地板块、集成材、马鹿场、森林旅游点、宾馆、落叶松脱脂改性、牛羊育肥、科技公司等资源综合利用企业、项目十几个，多业并举，多点支撑的多元化林区经济格局初步形成。全局经营状况日渐好转，1995年利润总额为负27万元，1996年扭亏为盈，实现利润总额101万元，1997年实现利润总额321万元，林产工业、多种经营产值占工业总产值比重已达36%，企业整体实力不断提高。

1996年9月选择了利用阿尔泰山优势树种落叶松为原料的地板块项目，投资与台湾佳晖工业有限公司合资创办了新疆泰晖木业有限公司，生产各种规格的金山牌金丝木地板块、墙面板，生产规模年产20万平方米。已生产3万平方米，产值达420万元。1997年5月，与台湾佳晖公司续建了投资740万元的年产1万立方米的集成材生产线，9月6日建成试车，已与新加坡客商签订400多万美元的供货合同。该局又与自治区林业科学研究院合作，对落叶松脱脂改性进行科技攻关，获得成功。经脱脂改性的落叶松板材产值提高了50%。同时，对全局6个锯材车间（厂）进行了技术改造，总投资280余万元。

大力发展多种经营，积极开发林区多种资源和非林非木替代产业，实现以短养长和经济替代。一是以开发农业为重点，充分利用阿勒泰地区丰富的水土资源，落实土地666.67公顷，已开垦种植133.33公顷；二是发展养殖育肥业，建鹿场2座，马鹿存栏230头，牛羊12 000头（只）；三是森林旅游业开始起步，阿勒泰林场小东沟森林公园，青河林场东布克哈林度假村已具雏形，喀纳斯、贾登玉、温泉等旅游项目也列入开发计划；四是宾馆服务业方兴未艾。多种经营的格局初步形成。

1997年，该局完善了承包经营合同，对经营者实行目标责任和年薪工资制，对全局职工实行全员风险抵押，局机关实行承诺服务制等。

在资产管理方面坚持以资产经营为核心的企业内部管理，紧紧抓住木材产、运、销三个关键环节，加强了山场生产、调拨、木材站、检查站、护林站及计财科的管理，结合纠正行业不正之风，建立健全各项规章制度。对企业现有资产进行清查盘库，盘活资产，使资产保值增值。在财务管理方面，实行成本否决制，加强各生产环节的费用管理，降低生产成本，切实整顿财务工作秩序，严肃财经纪律。

切实加强项目管理。搞好可行性研究，该局以市场为导向，对每一个项目，认真搞好市场预测，坚持统一规划，合理布局，坚持高标准，大规模，打破体制格局，实行项目负责制。（陈　梦）

【巴音郭楞蒙古自治州林业建设】 该州国土总面积482 351平方千米，沙漠和荒漠化土地面积275 208平方千米，占国土面积的57.1%，森林覆盖率仅1.2%。自1989年全州基本实现农田林网化之后，又有4个县实现了平原绿化，城市绿地覆盖率由“七五”期间的7%上升到19%，全州有林地面积达58.87万公顷，80%的农田得到了林网的有效保护。1997年9月，州党委、州政府召开了全州林业工作会议，制定出台了贯彻落实《自治区党委、人民政府关于加快林业改革和发展的决定》的具体措施（29条），明确规定：分级建立森林生态效益补偿基金；增加财政对林业的投入，以1996年州、县、市财政收入为基数，按每年财政收入增加额的0.5%增加对林业的投入；重点生态林业工程建设列入基建计划管理，野生动物保护经费和护林防火经费纳入财政预算；从农业发展基金、以棉补水资金、棉花保险理赔和农林特产税林果收入部分提取一定比例用于林业发展；防沙治沙、营造公益林免收土地使用费，营造商品林8年免收土地使用费；林业灌溉用水纳入计划给予保证，防沙治沙、生态公益林造林用水免征水资源费；城镇绿化按当地最低价收取水费、按农业灌溉用电征收电费；国有森林工业企业的农业综合开发纳入计划，由当地政府无偿划拨宜农荒地；郁闭度0.1以上的乔木林地和覆盖率30%以上的灌木林地划为荒漠林基本保护区等。在抓好3.33万公顷优质库尔勒香梨基地工程建设的同时，集中力量抓好十一大林业生态建设工程，即塔里木盆地天然林封育工程、粮棉基地县市高标准农田防护林建设工程、沙漠公路绿化工程、州内各城镇环城绿化工程、州内铁路与公路绿化工程、和静莫合察汗林草基地建设工程、若且地区绿洲外围防沙治沙工程、开都河流域绿化工程、塔里木油田生产与生活区绿化工程、库塔干渠防护林工程和尉犁县北部防护林工程。并确定把农田防护林建设作为今后3年内生态林业建设的中心和主攻方向，到2000年全州95%的农田实现高标准林网化，全州8县1市实现平原绿化，且末县建成生态经济效益双优县，库尔勒市及且末、轮台县的城市绿化覆盖率达到30%以上。到2010年全州森林总面积增加到84.87万公顷，森林覆盖率达到1.76%。该州还建立了发展林业的激励机制，把林业建设作为党政第一把手工程，自治州设立了林业奖，开展了天鹅杯城镇园林绿化竞赛活动，掀起了城乡造林绿化热潮。（赵炳武）

【新疆维吾尔自治区1997年林业大事】

1. 1月16日，自治区党委副书记张文岳、副主席达列力汗·玛米汗和经贸委、银行等有关部门的领导到自治区特困林业企业——自治区木材运输公司现场办公。

2. 1月22日，自治区第八届人民代表大会常务委员会第25次会议审议通过了《关于修正〈新疆维吾尔自治区实施中华人民共和国野生动物保护法办法〉的决定》，自公布之日起施行。

3. 4月24日，在哈密市发现国内森林植物检疫对象杨树毁灭性蛀干害虫黄斑星天牛老熟幼虫4条。这在新疆尚属首次发现。自治区人民政府及时下发了文件，对有效防止黄斑星天牛在新疆蔓延进行了工作部署。

4. 5月，自治区政府办公厅批准同意在南疆设立6个木材检查站。至此，全区共有91个木材检查站。

5. 5月13日，自治区党委副书记张文岳主持书记办公会，专题研究国有林场问题。

6. 6月10日、11日，由自治区党委、政府主持在乌鲁木齐市召开全区林业工作会议。林业部副部长祝光耀也参加了会议。

自治区党委书记王乐泉作了《提高思想认识，全社会大办林业，开创林业发展新局面》的讲话，阿不来提·阿不都热西提主席作了题为《围绕两大体系建设，推进我区林业实现两个根本性转变》的讲话。

7. 6月17日，哈纳斯森林因打雷击燃一棵落叶松引起森林大火，26日基本扑灭林火。火灾过火面积81.67公顷，其中有林地面积63公顷，疏林地面积18.67公顷，受害林木蓄积12 978立方米，烧毁林木占52%，烧死林木占48%，林木资源损失6748立方米。直接林木经济损失243万元。

8. 6月，自治区政府对"八五"期间造林绿化和林业建设工作取得显著成绩的单位和个人进行表彰。授予4个地区（兵团师局）为造林绿化先进地区、兵团师（局），授予8个市（区）为城市绿化先进市（区），授予18个县（市）为造林绿化先进县（市），授予5个山区林场为先进山区林场，授予5个平原林场为先进平原林场，授予10个苗圃为先进苗圃，授予21个单位（部门）为先进单位（部门），授予46个个人为先进个人。

9. 7月，林业部批准了巴音布鲁克国家级自然保护区总体规划，总投资规模755万元，建设项目分两期完成。

10. 7月，由新疆野生动物保护协会、自治区林业厅、乌鲁木齐市教委、科协报组织了新疆首届青少年野生动物保护夏令营活动，旨在普及野生动物知识及保护知识，了解野生动物保护法规，培育青少年的保护野生动物的意识。

11. 8月，在乌鲁木齐市成立了西北卫星林火监控分中心，林火终端接收设备安装调试完成，并投入运行。

（新疆维吾尔自治区林业厅）

新疆生产建设兵团林业

【概　述】

发展与成就

造林绿化　1997年，完成造林建园15 646.7公顷，是计划的117.2%，其中：防护林8426.7公顷，经济林2866.7公顷，其他林4353.3公顷。育苗567公顷，其中新育433公顷，生产各种苗木5464万株。新封荒漠灌木林3333.3公顷。造林建园成活率85%以上（含85%）的保存面积11 416.7公顷，比1996年增加680.7公顷，增长5.8%。全兵团参加义务植树98.34万人次，尽责率85.5%，植树2248.22万株。各级领导办绿化点578个，植树1260公顷。

森林保护　1997年，全兵团没有发生森林火灾；森林病虫害发生面积6.03万公顷，防治面积3.96万公顷，防治率达65.7%，比1996年提高5.3%；发生林政案件359起，查处347起，查处率96.6%，处罚363人，没收违法所得2.98万元，木材589.38立方米，赔偿损失6.14万元，罚款13.73万元。

林业科技　1997年，推广了"沙生灌木造林技术"和"一沟两行"节水造林技术，根据不同立地条件选择不同种类沙生植物造林、节水造林面积2812.4公顷；推广ABT生根粉应用于造林266.7公顷，用于育苗80公顷；推广防啃剂应用面积5333.3公顷；保水剂在造林上应用面积1000公顷。

经济林建设　以名特新优质果品——香梨、贡梨、无核葡萄为主，1997年新建优质果品园面积2266.7公顷，占新建经济林面积的79.1%。

改革与林政实施

林业宣传　在宣传内容上，大力宣传造林绿化可改善生态环境，促进国民经济发展；在宣传对象上，面向广大干部群众，面向全社会；在宣传形式上，生动活泼、丰富多彩，充分发挥广播、电视、报刊等宣传形式。

资源林政管理　1997年，全兵团采伐林木5.15万立方米，为年采伐限额的22.9%，为年木材生产计划的51.5%；全兵团征、占用林地32.9公顷，经林业主管部门审核的林地31.9公顷，占征、占用林地面积的96.9%；全兵团共培训林政员223名。

林业管理机构　1997年，农一师成立了师森林病虫害防治管理站，全兵团师（局）森林病虫害防治站达到6个；又有3个团场成立了林业工作站，团场建林业工作站总数达到152个；经林业部林业工作站管理总站检查验收，农八师林业工作站建设达到合格县（师）标准，截至1997年底，全兵团建成合格县（师）总数达到3个；有7个团场林业工作站建设达到合格站标准，团场合格站总数达到122个，占已建站总数的80.3%。

（晏安清）

【果树"两高一优"丰产攻关】　1997年，兵团果树生产认真实施科技兴林战略，以强化管理、增加投入为手段，以提高果品质量、增加经济效益为目的，大范围、全方位、深层次开展果树"两高一优"丰产攻关活动。全兵团完成果品总产20.43万吨，比年计划多0.43万吨。果品平均单产13.66吨/公顷。完成丰产攻关面积

6666.7公顷，总产15.1万吨，平均单产22.65吨/公顷，分别比1996年增长14.2%、34.8%和18.1%。全兵团丰产攻关面积占结果面积的44.6%，而丰产攻关总产占果品总产的73.9%，丰产果园一级果率达87%。采取的主要政策和措施：

完善果园承包责任制 1997年，各单位改变年年定产的短期合同，实行“产量按比例递增、费用自理、核算到人、超产归已”的承包办法。

建立健全丰产攻关管理体系 各师(局)、团场、连队都成立了丰产攻关领导小组，主管领导亲自挂帅指挥，师（局）林业局负责组织协调，团场、连队具体实施，形成一级抓一级、件件工作有人做的丰产攻关体系。制定相应的申报、检查验收及奖惩办法，使丰产攻关活动做到有始有终，各项工作落实到了实处。

加强技术培训 各师(局)组织了形式多样的技术培训，如果树栽培管理学习班、经验交流会、观摩检查等。全面开展科技先导示范活动。全兵团共建有各类示范园近667公顷。做到团场有示范园，连有示范户，技术人员有示范树，各项新技术和先进措施得到很好的应用。

强化适用技术推广应用 加强冬季、夏季修剪，规范果树修剪技术；加大肥水投入；应用防霜冻、人工授粉、疏花疏果技术，提高果品的商品率；加强病虫害防治工作；推行果园机械化管理，提高作业质量和劳动效率。（赖 煜）

【农八师林政管理工作】 农八师林业局设专人负责林政管理工作，所辖18个团场18个林业工作站，有专职林政管理人员88名，并有一支970人的护林员队伍，基本形成了“上下结合、管理有序”的林政管理体系。主要做法是：

加强林政执法队伍建设和管理 为贯彻林业部在全国范围内进行林业行政执法人员培训换证工作精神，举办了两期林业行政执法人员培训班，每期7天，受训人员87人。该师统一给林业行政执法人员配发了林政执法工作服，经过培训取得了执法证，做到值勤着装整齐，持证上岗。

加强木材采伐、流通管理 ①抓林木采伐管理，制止乱砍滥伐。②抓木材运输管理，依法查处违法运输木材行为。该师1992～1997年累计查处违法运输木材案件62起，查获非法运输木材170立方米。③抓木材经营加工管理，坚持木材凭证经营加工运输制度。针对木材市场比较混乱的情况，主动与工商行政管理部门配合，对木材经营加工单位进行清理整顿，仅1997年依法取缔经营加工单位4个，净化了木材市场；④抓林业行政执法，打击违法犯罪活动。1992～1997年，累计查处林业行政案件427起，结案401起，结案率93.9%，其中判刑6人，刑事拘留3人。（贯海涛）

【花卉产业】 新疆生产建设兵团是中国西部地区最大的农垦企业集团，所属师（局）、农牧团场分布在新疆维吾尔自治区的14个地（州）63个县（市）境内，有着独特的自然条件和丰富的花卉物种资源优势，从1996年开始发展花卉产业。①1997年10月份成立了兵团花卉协会。其宗旨是面向社会、宏观调控、行政推动，正确引导花卉生产向生产规模化、管理科学化、产品系列化、服务社会化方向发展，实现花卉的资源优势向产品优势—市场优势—经济优势的转变。②建成了初具规模的3个花卉生产基地：乌管局鲜切花生产基地、石河子总场观赏盆花及绿化苗木生产基地、石河子大学园林系干燥花研制中心及组培快繁基地。现有花卉生产面积13.3公顷，约190个品种，年产各类鲜切花、观赏盆花、盆景约50万盆（支），绿化苗木35万余株。③1997年4月份组织参加了在上海举办的中国第四届花卉博览会暨首届花卉交易会，参展作品100件，售出70余件。（邵 燕）

【农八师石河子总场林业工作站花卉生产】 该站位于石河子市郊。自1993年起，该站累计投入资金260余万元，建起了占地8公顷的园林花卉生产基地，1座1000平方米集办公、多种经营为一体的综合楼，3座为1263平方米的温室，7座占地2321平方米的钢架大棚，1座144平方米的遮棚，各类盆花达到80余种3.2万盆，宿根花卉达30个品种20万株，花灌木4.7公顷41个品种23万株，生产基地道路、灌溉设施、育苗设施、生产运输工具等全面配套。在经营上，对外承揽园林绿化工程，开展花卉租赁，代养盆花，花卉批零兼营，设立种子经销部和花卉礼品店。1997年，经营产值达80余万元，利润20余万元，花卉生产逐步向产、销、科研一体化，经营产业化方向发展。（贯海涛）

【农七师126团林业工作站】 该站于1990年成立，现有管理人员15人，职工22人，1991年新建砖混结构办公室180平方米。团场对林业工作站实行独立核算，并在团场结算中心设立了财务帐户，林业工作集管理经营于一体。

126团地处偏远，是农七师最下游团场，水源缺乏，但该站走节水抗旱造林之路，造林建园保存面积由1989年的547公顷提高到1997年的1149公顷，建成了较完善的农田防护林体系。从建站以来，团场共为林业生产提供资金345万元，确保了林业生产的发展。

为使林园生产管理制度化、规范化，制定和完善了林园生产管理办法，制定了站长、书记、林政员、会计、统计及档案员岗位责任制，林园、苗圃生产管理办法，护林员考核指标及计分办法，档案管理制度等，保证工作的有条不紊地进行。

林业工作站积极开展多种经营，创办经济实体，站办项目发展6个，厂房280平方米，拥有固定资产192

万元，1997年林业工作站多种经营创产值189万元，创利24万元，上交利润14万元，实现了自给有余。

由于该站工作业绩突出，1995年被兵团评为合格林业工作站；1997年被农七师评为绿化先进单位，被兵团授予林业行业思想政治工作优秀单位称号，站长张俊杰被兵团授予林业行业思想政治工作优秀工作者称号。（付 强）

【农二师焉耆垦区防治杨毒蛾】 农二师焉耆垦区下辖8个团场，耕地2.67万公顷，有林地面积6666.7万公顷，农田防护林体系较为完善，用材林集中连片，是农二师商品材生产基地。自1994年以来，杨毒蛾在垦区大面积发生。累计发生面积4333.3公顷，累计防治面积13 333.3公顷次，投入防治经费160万元，到1997年完全消除了杨毒蛾的危害和蔓延，实现了防治目标。主要做法是：

领导重视常抓不懈 ①农二师与巴音郭楞蒙古自治州政府共同成立杨毒蛾联合防治指挥部，统一步调，同防同治；②师成立杨毒蛾防治指挥部，副师长李清吾任总指挥。各团场成立杨毒蛾防治领导小组，主管团领导任组长，组织实施防治工作；③领导干部变动，防治工作目标不变、任务不变，保证了防治工作的连续性。

实行群防群治 垦区每年调集药械、机力400余台次，投入劳动力1.5万余工日，组织动员中小学生3000人次参与防治工作。

实行目标管理 师统一制定了防治目标，主要指标：监测覆盖率98%以上、防治率100%、有效防治率90%以上。目标责任分解下达到团场，师主管领导与团场主管领导签订年度森林病虫害防治目标责任状。师制定统一的防治措施和奖惩办法，定期进行测报和防治例会制度，责任到人，定期检查，奖惩兑现。

适时综合防治 1994和1995年，垦区团场筹集资金80余万元，购进防治器械32台，总数达80台(架)，购置牵引拖拉机22台，贮备防治所需农药、油料等，做好防治前的准备工作。在最佳防治时期内采取药剂防治、灯光诱杀和人工捕捉等综合防治措施，效果显著。（贾寿珍）

【新疆生产建设兵团1997年林业大事】

1. 3月12日，兵团司令员、绿化委员会主任金云辉在新疆军垦报上发表了题为《真抓实干、力争兵团造林绿化再上台阶》的文章。

2. 3月19日、20日，在哈管局召开了兵团植树造林现场会。参加会议的有各师（局）林业局副局长、主管业务及典型团场的代表共50余人。兵团副秘书长李志荣到会并作了《振奋精神，扎实工作，全面完成1997年造林绿化任务》的报告，林业局副局长韦兴南主持了会议。

3. 4月5～7日，在农七师召开了兵团春耕春播现场会，会上兵团副司令员、绿化委员会副主任胡兆璋强调：植树造林是硬任务，面积上坚决不留缺口。对植树造林工作提出了5个标准化要求，即标准苗圃、标准苗木、标准林床、标准栽植、标准管理。

4. 5月21日，兵团林业局与兵团电视中心联合在乌鲁木齐市举办了兵团首届林政执法知识竞赛。参赛的11个师（局）代表队，由林业局副局长带队参加竞赛。农七师代表队获第一名，农六师，乌管局代表队并列第二名，农五师、农八师、农十师代表队并列第三名。

5. 8月10日、11日，在农八师石河子召开了兵团植树造林检查评比会议。会前，兵团组织了检查组，对14个师（局）、2个兵直团场的造林及管护情况进行了抽查评分，经过综合评比，评选出11个造林绿化优胜单位，兵团绿化委员会通报表彰。

6. 新疆维吾尔自治区人民政府以新政发［1997］58号文，表彰“八五”期间造林绿化单位5个、先进个人4名。

7. 兵团林业局表彰奖励了1997年度林业行业思想政治工作优秀单位12个、优秀工作者9名。

8. 兵团林业局表彰奖励了在林业工作站建设和职能发挥工作中作出了突出成绩的单位和个人，分别授予农一师13团林业工作站等19个单位先进林业工作站称号和彭大德等17名个人林业工作站先进工作者称号。（晏安清）

创 业 人 物

卫桂英 女，汉族，出生于1937年8月，是北京市延庆县井家庄乡三司村一名普通农家妇女，1958年任村妇女主任，1962年加入中国共产党，同年任村党支部委员至1987年。1984年她积极响应党和政府关于保护森林发展林业的号召，冲破重重阻力率先在本村承包村南333.33公顷荒山，成为北京市第一个妇女造林专业户。15年来，她带领全家奋战在荒山绿化第一线。1987年完成承包任务，4年植树百万多株；1988年以后补植补造60多公顷，并开展幼林抚育和护林。1995年又承包了本村30多公顷荒山，相继栽种杏、苹果等经济林。多年来，她扎根山头，埋头苦干，执着地追求着她的绿色之梦。一是动员全家搞绿化。她不仅自己坚

持十几年如一日投身荒山绿化，还发动全家老少十几人上山造林、护林，特别是劝回了丈夫和两个儿子辞去公职上山专门造林，把全家人连窝端上了山，在光秃秃的山上苦干了十多年；二是倾注家资搞绿化。除动用了全家的积蓄之外，还变卖了家里的猪、羊和毛驴，节衣缩食，多方借贷，筹资进行荒山造林和抚育。她家所剩的是几间顶棚糊着报纸的寒碜老屋和几件歪歪扭扭的破旧家具，还有满屋子的奖状，几件奖品。为了节约开支，她自己摸索着育苗，先腾出房子在房前屋后育苗，后占用自留地、口粮田育苗。三是不辞辛苦、坚决执着搞绿化。为了尽快绿化荒山，她舍家顾山，为造林、护林四处奔波，风雨无阻，除联系苗木、雇用人工、协调关系外，还带头整地、造林，开展抚育和护林。

她先后多次被评为优秀共产党员、"三八"红旗手、首都绿化美化积极分子、双学双比女状元，市、县劳动模范，1991年被授予市"三八"绿化奖章，并被全国妇联、林业部授予全国"三八"绿化奖章。她多次受到市、部领导的接见和慰问；1997年参加了全国林业系统两个文明建设先进模范事迹巡回报告团，她的事迹引起社会广泛关注。（北京市林业局）

曲宪忠 男，汉族，1945年7月生，河北定州人。1968年毕业于河北农业大学园艺系，中共党员，中央党校研究生。历任乡党委副书记、书记，迁西县林业局副局长、局长，唐山市农工部副部长，唐山市委林业局局长等职。现任河北省林业厅副厅长。他在唐山市林业局工作期间，在全市山区推广"围山转"造林和平原绿化达标工作中作出了很大贡献。1991年调入河北省林业厅，先后主管果树、造林、花卉、产业等多项工作。在果树管理工作中，他一手抓发展，一手抓管理，河北省果树生产连创历史最高纪录，目前全省果树面积、产量居全国第二位，其中梨、板栗、柿子、杏扁产量居全国第一位。他创造性工作，把全省花卉业的管理职能由农业厅争取到林业厅。在1997年春季上海花卉博览会上，河北省荣获了白玉兰杯奖，进入了全国前十名。秋季又参加了首届河北省农业博览会，荣获特别组织奖和特别设计奖，是唯一获双奖的单位。在对外开放和招商引资工作中，锐意进取，百折不挠，成功地争取到了中德合作造林项目，总投资11 400万元。其中德国无偿援助资金1300万德国马克（折7150万元人民币）。在林业产业化管理工作中，开拓了全省林产工业和多种经营的新局面。1997年，系统内企业完成产值6.5亿元，利税5000万元。全省人造板产量达到170万立方米，比1991年增长了20.5倍，跃居全国第二位。木片出口居北方各省第二位。1991年被省绿化委员会、林业厅、人事厅授予全省林业劳动模范称号，1983年以来，连任河北省六、七、八三届人大代表。

（河北省林业厅）

刘亚民 男，汉族，1936年10月生，河北沙河人，1963年8月毕业于北京林学院林业气象专业，中共党员，现为河北省林业科学研究院高级工程师。参加工作以来，一直从事林业科研工作，先后参加造林技术、平原绿化及农田防护林等科研项目。承担的黄淮海平原综合防护林体系配置和结构研究项目，1989年获国家级科技进步二等奖；主持的黄淮海平原饶阳综合防护林体系及近滨海农用林业配套技术和生态经济效益研究项目，1990年获河北省科技进步一等奖；承担的黄淮海平原综合防护林体系配套技术及生态经济效益的研究项目，1992年获林业部科技进步一等奖；主持的黄淮海平原饶阳试区农林复合生态系统结构与功能的研究项目，1996年获河北省林业科技进步一等奖。1978年以来，在省级以上刊物发表研究报告、论文等40余篇。由于在科研工作中作出了重要贡献，1986年由河北省政府颁发河北省黑龙港地区"六五"农业科技攻关先进工作者奖状；1990年获河北省有突出贡献的中青年专家荣誉称号；1992年被河北省委、省政府授予首批河北省省管优秀专家称号，同年被国务院批准为享受政府特殊津贴专家。

（河北省林业厅）

焦树仁 男，1934年3月生，1959年毕业于东北林业大学，现任辽宁省固沙造林研究所荒漠化研究室主任，高级工程师。长期从事治沙和荒漠化土地开发治理研究和试验林营造与中试推广基点建设工作。先后主持完成了章古台固沙造林生态系统结构、功能与营建技术的研究等科研课题15项，研究成果获辽宁省林业厅科技进步一、二、三等奖各1项，辽宁省科委二等奖1项，林业部科技进步一、二等奖各1项，三等奖2项；国家科技进步二等奖1项；二委一部国家科技攻关奖1项和多项其他奖励。发表科研论文50余篇，撰写《章古台固沙林生态系统的结构与功能》、《科尔沁沙地荒漠化发生与治理研究》专著两部。"九五"期

间参加亚湿润退化土地治理技术研究与示范专题的研究工作。先后受辽宁省林业厅、阜新市政府、中国林学会表彰6次，分别于1984年和1993年两次被辽宁省政府授予先进工作者称号，1995年享受政府特殊津贴。 （辽宁省固沙造林研究所 辽宁省林业厅）

赵向东 男，汉族，黑龙江庆安人，1968年毕业于哈尔滨师范大学物理系，中共党员，高级政工师。历任大兴安岭地区大杨树区组织部副部长，地委组织部科长，教育局局长，中共大兴安岭地委（林业部大兴安岭林管局党委）副书记、书记。现任黑龙江省林业厅厅长。

1992年担任地委（林管局党委）主要领导后，确定了再次创业、加快发展的总体思路。在搞好森林工业企业的同时，大搞林产品加工和非林非木资源开发利用，培育了多个新的经济增长点，使地区各项工作取得了突破性进展。

1995年调入省林业厅工作后，他提出从抓党建和领导班子建设入手，一手抓行业，一手抓厅直，一手抓改革，一手抓整顿。围绕“林业两大体系建设”和实现“两个根本性转变”，深化改革，解放思想。

多年来，撰写了大量学术论文和理论文章，发表在黑龙江日报等报刊上，并被收进一些论文集中。其中《协调政府、企业与工青妇的关系，为群团组织开展工作创造良好的外部环境》获省委优秀文稿三等奖，《关于改进和加强思想政治工作的几点思考》被省委评为领导干部优秀论文奖。 （黑龙江省林业厅）

徐　纯 男，汉族，1946年9月生，1970年8月毕业于东北林学院，1996年2月任大庆市林业局局长、党组书记。大庆市地处松嫩平原中部，是黑龙江省“三北”地区造林难度最大的地方。为了从根本上改善大庆市风沙、干旱、盐碱严重的实际，他对全市的环境进行了深入、全面的分析，综合乡村造林、城市绿化、油田工业区植被恢复和现有植被保护利用，提出了在大庆市开展绿色生态工程建设的发展思路，并着手进行了大庆市绿色生态工程建设规划（1996～2001）。特别是把工作重点放在工程建设的组织实施上，努力调动方方面面的积极性，大力开展植树造林工作，在他的组织发动、具体指导和全市人民的共同努力下，大庆市的造林速度以每年40%的幅度递增，1996年、1997年两年造林2.67万公顷，为实施大庆市绿色生态工程、改善大庆市的生态环境奠定了基础，使大庆市首次被评为全省造林绿化先进单位。1996年，他被全国绿化委员会授予全国绿化奖章。 （黑龙江省林业厅）

李耀民 男，汉族，1955年9月生，黑龙江尚志人，中共党员，高级林业工程师，硕士研究生。1972年参加工作，现任尚志国有林场公司经理、党委书记。1992年6月，他任尚志国有林场公司经理时，正是这个单位经济危困最严重的时期，基层单位有8个亏损，自有资金赤字、费用挂帐、待处理损失1760万元，帐面只有5.7万元，6个单位拖欠职工工资达五六个月。面对这种局面，他在国有林场全面推行了承包经营责任制。一手抓改革，一手抓管理，从机关开始“精兵简政”，把机关的14个股站合并为8个部办站，机关干部精减60多人；基层领导班子和管理人员压缩50%。从1993年开始在全公司开展了以清理纠正行业不正之风、清理赊欠款、清理财产设备、清理回收林地为内容的“四清”工作，处理各种违纪人员120人，回收林地4666.67公顷。针对企业实际，他先后主持制定了“干部任免”、“行政处分”、“财务管理”等涉及各方面的管理规则32个，并全面整顿了劳动工资、木材经营秩序、科技队伍和营林队伍。在他的带动和积极努力下，这个公司1994～1997年，实现利润均突破1000万元，所属8个国有林场全部跨入全国500强林场行列，11个基层单位和机关全部进入地（市）级文明单位标兵以上行列。公司于1997年被林业部命名为“全国林业系统十大标兵单位”。 （黑龙江省林业厅）

潘世珍 女，安吉县安城镇兴田村人，现年62岁，中共党员。1989年，她拿出了全部积蓄5000元，毅然与丈夫方长余到离家10多千米的溪龙乡后河村承包了2.2公顷荒山，造上了杉木林。后又先后三批承包了安城村的荒山疏林17.3公顷，营造杉木、松树、毛竹。从1989年开始，她没有休息日、没有节假日，有7个除夕夜是在山上度过的，大年初一就上山劳作。她被评为县、市绿化女能手，荣获省绿化女状元称号，1996年又被评为省优秀共产党员。

（浙江省林业厅）

金　涛 男，现年56岁，1958年8月毕业于浙江交通学校，1986年任台州市公路管理处副处长，1994年任处长至今。十多年来，他带领全市公路部门的广大干

部、职工坚持不懈地抓好公路绿化工作。把绿化工作列入公路管理的重要内容，坚持每年召开公路绿化工作会议，签订绿化责任状，建立健全绿化制度措施，严格奖惩，绿化经费稳步增加，配备绿化管理员和护林员。通过努力，台州市已有1380千米公路披上了绿装，国、省道干线的绿化率达98.1%，提前4年实现省政府提出的"干线公路绿化率达到95%以上"的目标。已建成花园式公路站房20座，居全省各市、地之首。台州市公路管理处先后荣获省绿化委员会、省交通厅公路局、市政府授予的绿化先进单位称号。他于1991～1994年4次被评为省、市绿化先进个人，1997年又被省绿化委员会授予绿化先进个人称号，1993年荣获全国绿化奖章。　　　　（浙江省林业厅）

李家方　男，1946年11月生，安徽宿州人，1965年10月参加工作，中共党员。历任大队书记、总支书记、乡党委书记、区委书记、农委主任。现任宿州市林业局局长。他不论是在基层或机关，不论是工作变动或职务升迁，都是到一处绿一处、林业兴一处、绿化先进典型出一处。他连任两届林业局局长时，更是全身心投入林业、奉献林业，从没有星期天，在实施浍解新河绿化工程中，吃住在工地长达8个月，和群众一起建成长16.5千米、宽60米、植树7万株的高标准生态林，工程受到赞扬。他在消灭宜林荒山的关键时刻，抱病工作，大力组织职工容器育苗，用较短的时间，栽植3万多株林果，实现了安徽北大门诸庄的3个山头的绿化。他自力更生，不向政府伸手，发展经济林，先后建起多处银杏带的万亩银杏工程，建成一个培育6万株苗，集采叶、采穗、采果、采种一体化的银杏示范园。在深化林业改革中，他制订并经县批准出台了"承包、租赁、拍卖荒山、荒坡、荒滩、荒水"发展林业的新政策、新办法，调动了全市人民造林绿化积极性，也引发了周边地区拍卖发包发展林业的热情。他研究新时期资源管理的新情况，努力完善林业资源管理体系，先后组建了农村资源管理站、城市资源管理站、对矿资源管理站、安徽北大门资源管理站、野生动物保护及林业资源管理站，不仅使宿州资源管理出现良性循环，而且从管理中获得年均百万元的收入。他还抓住机遇，内联外引，与加拿大林氏集团合资兴办年产7000立方米的人造板厂。他在任期内，领导并参与绿化植树几百万株，创建了几十个优质绿化工程，为宿州赢来了全国绿化先进单位、全国造林绿化百佳县、全省资源林政管理先进单位、安徽省"五·八"造林绿化先进集体等称号，他自己也多次被评为省、地、市级绿化先进个人，1995年被省委、省政府授予省林业劳动模范，1998年1月省委、省政府授予他安徽省"五·八"造林绿化"十佳"标兵称号。　　　　（安徽省林业厅）

武少斌　男，1956年2月生，安徽灵璧人，1971年1月参加工作，中共党员，现任灵璧县公安局林业派出所所长。

在1990年林业派出所成立并担任所长以来，他先后制定政治学习、执法执纪、廉政勤政等8项规章，并从自身做起，不仅对被查处者暗送金钱财物的，一律拒收，而且对亲友说情的，也六亲不认。在他廉洁自律的影响下，全所办案无一人违法违纪，经办的案件无一起上诉，仅1996年，全所拒收贿赂30人次，拒吃宴请28人次，现金及实物折款7000余元。破获各类林业案件96起，处罚违法人员360人次，收缴木材120立方米，为国家挽回经济损失30万元。他重视基础建设，把一个无窝、无桌、无设备的"三无所"建设成拥有警车、摩托车各1辆、移动和程控电话各1部、电台1组、对讲机3部、BP机人手1台、办公用房5间300平方米和各种警用器械齐全的规范化派出所，全所档案软件也荣获省档案二级管理标准证书。他在平凡的岗位上兢兢业业，曾荣立个人三等功一次，在他的率领下，5名干警3名加入中国共产党，2名参加入党积极分子培训班，全所年年被评为先进派出所，受到地、县级表彰，成为全地区合格的规范化派出所。1997年，经林业部公安局审核，公安部批准他为全国优秀人民警察。　　　　（安徽省林业厅）

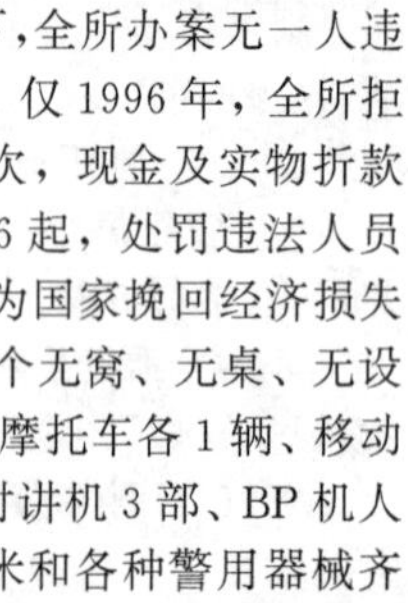

张灿明　男，1963年生，湖南长沙人，1984年毕业于湖南林业学校林学专业。现任湖南省林业科学研究所森林植物生态室副研究员，主要从事森林植物分类和生态研究。他主持的"七五"中国科学院重大项目子专题——武陵山区蕨类植物的研究，1994年获湖南省科技进步二等奖，该成果核心部分约15万字，编入由著名植物学家、中国科学院院士王文采教授主编的《武陵山区维管植物检索表》一书。他主持的"八五"国家攻关子专题——中亚热带生态经济林树种防护林特性及选择技术研究，1996年获省科技进步二等奖，该研究从生产实际出发，解决了湖南乃至同一生态背景下长防林建设急待解决的技术难题，在湖南18个长江中上游防护林工程县推广示范，仅水土流失地造林保存率一项指标由原来的70%提高到91.7%，收到了显著的社会、生态和经济效益。他参加工作13年来，先

后主持和参与国家、部、省重大科研项目10项，其中主持5项、参与5项，在各类学报、期刊发表论文18篇，专著合著3部，已获部省科技进步奖5项，1996年获得第五届中国青年科技奖和第四届中国林业青年科技奖。（湖南省林业厅）

曾繁耀 男，1941年2月生，广东普宁人，中共党员。1964年7月从中南林学院毕业后，分配在广东省新丰江林管局工作。1984年4月至1996年3月，先后任广东省普宁市委副书记、书记，1996年4月调任省林业厅党组副书记、副厅长。他非常重视林业工作，坚持“为官一任，绿化一片，致富一方”。1985年以来，积极响应省委、省政府“十年绿化广东”的号召，大力组织广大干部群众大规模地开展荒山造林种果，经过8年的持续奋战，普宁市于1992年提前实现了绿化达标。

在部署荒山造林绿化的过程中，他较早注意生态效益、社会效益和经济效益一起抓，探索出“五化四结合创三高”的林业发展思路，即布局区域化、生产基地化、品种优良化、种养科学化、服务社会化，林果结合、种养结合、林科工贸结合、林业与相关产业（旅游、狩猎等）结合，创高产、高质、高值，大力推广“山顶水源涵养林戴帽，山腰林果混交，山脚创办立体种植果园，林果树下养鸡，山塘水库养鱼养鸭”的山地立体经营模式，取得明显成效。到1996年，普宁市已建成8666.67公顷青梅、5333.33公顷青榄、4000公顷油柑、2133.33公顷荔枝等水果基地，666.67公顷优质茶叶基地，333.33公顷花卉基地，以及建成333.33公顷以上林果基地23个，立体式果园6000公顷，家庭式“小五园”4.5万个共1万公顷。同时，充分发挥本地森林资源的优势，积极组织吸纳社会游资和引进外资，兴办了一批林产加工企业，加工增值，拓展国内外市场，实行林工贸一体化经营，做到生产有基地、加工有企业、销售有市场，走出了一条具有地方特色的林业产业化发展的路子。1997年，全市山地产值（仅种植业部分，2340元/公顷，是全省平均水平的2.7倍。林、果制品除畅销国内市场外，还远销日本、韩国以及东南亚等国家和我国台湾、香港地区，年创汇2000多万美元。普宁市先后被国务院有关部门授予全国经济林建设先进市、中国蕉柑之乡、中国青梅之乡、中国青榄之乡和全国农业科技推广先进单位称号。

1996年他调省林业厅工作后，分管林业产业、国有林场和外经外事工作。1997年经过试点，全省全面推开国有林场的人事、劳动、工资三项制度改革，打破了“铁饭碗”、“铁交椅”，引入竞争机制，把国有林场搞活。同时，积极抓好省属林业企业扭亏增盈工作，认真组织贯彻落实《广东省外商投资造林管理规定》，积极引进外资发展林业，逐步规范外商投资造林种果的行为，为发展广东林业作出了积极的贡献。

（广东省林业厅）

宋小军 男，汉族，1945年生，河北安国人，1968年毕业于北京林业大学林业经济专业，高级工程师，中共党员。现任平罗县林业局局长、绿化办公室主任、石嘴山市政协委员。1968年到平罗县园林场工作，历任技术员、副场长、场长，18年来，他和职工一起改良土壤，培育苗木，植树造林，发展果树。累计育苗67公顷，营造成片林1330公顷，新发展以苹果为主的经济林100多公顷，果品年产量50万千克，职工由30余人发展到100多人，全场经费自给有余。1985年调任县林业局局长后，他带领技术干部深入全县17个乡（镇）进行调查研究，利用本县的土地优势，倡导发展果树，亲自搞规划，举办果树学习班，搞果树丰产园试点，为全县果树发展起到了示范推广作用，5年新发展果树670多公顷，果品年产量300万千克。1995年以来，他为了全县的二代林网建设，常年带病坚持工作。1996年被评为石嘴山市先进工作者、全国林业工作站先进工作者；1997年荣获全国绿化奖章。

（宁夏回族自治区林业厅）

姬学仁 男，汉族，1950年7月生，宁夏盐池人，1975年毕业于宁夏农学院，高级畜牧师，中共党员。现任盐池县副县长。1966年在该县参加工作。历任乡党委秘书、县农工部副部长、科委主任、县委常委、副县长。自1988年任县科委主任以来，亲自主持了科研课题的研究和一批治理项目的实施。“八五”期间，全县新增有林地面积4.13万公顷，截至1997年底，全县人工林保存面积11.96万公顷，以灌木为主的林木覆盖率由1990年的10.5%提高到17.8%，改良培育草原8万公顷，使全县13.4万公顷沙化土地得到了一定治理，3.3万多公顷流动沙丘基本固定，20多万公顷沙化退化草场恢复了植被。1991年，该县被全国绿化委员会、林业部、人事部评为全国治沙先进单位，获林业部绿色长城奖，在“三北”防护林一二期工程建设中被评为先进单位。1996年被自治区政府授予“八五”造林绿化责任状完成先进单位。1990年以来，他先后被评为县先进工作者、银南地区先进工作者和自治区农业战线先进个人。他参加的盐池县两项沙漠化土地综合

整治试验研究，分别获1992年和1996年自治区科技进步二等奖，1997年荣获全国绿化奖章。

（宁夏回族自治区林业厅）

王　毅　男，汉族，1955年6月生，宁夏彭阳人。中共党员。现任彭阳县林业局局长、绿化办公室主任。1980年底以来，历任乡武装干事、副乡长、乡长、乡党委书记。1980年，他带领新集乡民兵和群众，经过3年的艰苦奋斗，造林2373公顷，使该乡的宜林荒山、荒沟基本绿化。1989年，他任沟口乡副乡长时，又带领群众治理河滩，造林80公顷。1991年，他任石岔乡党委书记时，领着6名乡村干部，带着铺盖、干粮在深山沟1个多月，栽植新疆杨、刺槐120余公顷。1992～1993年，他任古城乡党委书记期间，又带领乡村干部、群众在河滩上搬石头改河岸，填土栽树67公顷，为乡政府建林场6.7公顷。1994年任县林业局局长后，在他的组织协调下，引进优良品种，建立高标准示范园，加大科技含量，实行项目管理，工程营造，3年内育苗240公顷，建立示范园13个，计666.7公顷，完成造林绿化工程1.3万公顷，使全县森林保存面积达到4.7万公顷，森林覆盖率提高到12%。1997年自治区党委、政府授予彭阳县"全区林业先进县"称号。1997年荣获全国绿化奖章。　（宁夏回族自治区林业厅）

邵立山　男，满族，1939年9月生，河北遵化人，1962年毕业于北京林学院，中共党员，现任新疆维吾尔自治区林业厅副厅长。他任副厅长以来，一直主管林业政策法规和体制改革、资源林政管理、野生动植物保护管理、山区森林工业生产等工作。他带头学法、用法，依法行政，依法管理。他狠抓立法工作，自1990年以来，制定出台了一批地方法规、政府规章，自治区先后颁布了《新疆维吾尔自治区实施〈森林防火条例〉办法》、《自治区实施〈森林病虫害防治条例〉办法》、《自治区实施〈中华人民共和国野生动物保护法〉办法（修正案）》、《自治区公民义务植树条例》、自治区林业厅还制定了《森林采伐资源消耗全额管理办法》、《采伐许可证管理办法》、《森林采伐更新管理办法》、《限额采伐执行情况检查办法》等规范性文件。他狠抓林政资源管理。"八五"期间国家下达自治区年采伐限额240万立方米，实际每年仅消耗180万立方米。他坚持"以营林为基础"的方针，指导、指挥山区营林生产，使自治区历年采伐迹地更新欠账基本还清。1997年6月，自治区党委、人民政府召开林业工作会议，他负责牵头组织会前政策调研工作，他带领大家深入平原、山区，历时一年，掌握了大量第一手资料，为自治区党委、人民政府《关于加快林业改革与发展的决定》提供了科学依据，提出了许多建设性意见被采纳。1996年被林业部授予"二五"普法先进个人称号。

（新疆维吾尔自治区林业厅）

张永建　男，60岁，1960年毕业于新疆八一农学院林学系，现任自治区林业厅林业产业处调研员。毕业后，从事平原民营造林及种苗工作，自70年代以来，他一直负责全疆山区更新造林等营林生产业务工作。几十年来，他走遍了南疆大部分农村和全疆所有的43个山区林场。在强化营林管理方面，他积极组织调查和安排还清全疆山区国有林区迹地更新欠帐面积，加快更新造林进度，使更新跟上采伐，恢复和扩大森林资源，坚持做好作业质量检查验收，提高作业质量，节约投资经费，将生产与科研相结合，把山区林业生产纳入科学化、规范化管理作出了突出贡献，使新疆山区营林生产得到了稳定持续的发展。1991年荣获全疆林业系统先进工作者称号。1997年被林业部授予育林功臣。　（新疆维吾尔自治区林业厅）

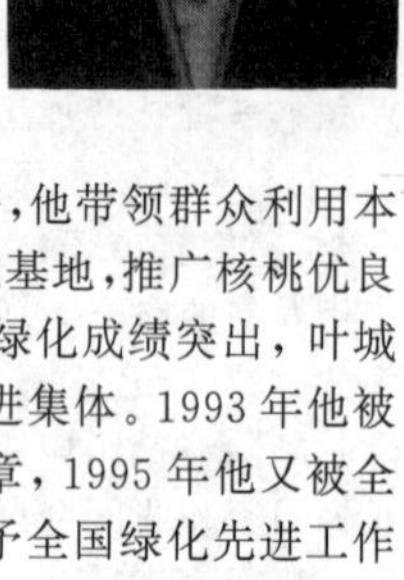

玉素音·司迪克　男，维吾尔族，1942年5月生，中共党员，现任叶城县林业局局长。担任局长12年来叶城县的绿洲上到处都留下了他的脚印。尤其在"三北"防护林二期工程建设中，他带领专业技术人员和广大群众，超额完成上级下达的造林指标，使叶城县的"三北"防护林二期工程建设计划顺利完成，并通过国家级验收。为发展叶城县的经济，他带领群众利用本县丰富的核桃资源优势，建立核桃基地，推广核桃优良品种。从1985年至今，由于造林绿化成绩突出，叶城县林业局年年被评为地区林业先进集体。1993年他被全国绿化委员会授予全国绿化奖章，1995年他又被全国绿化委员会、林业部、人事部授予全国绿化先进工作者称号。　（新疆维吾尔自治区林业厅）

李书长　男，汉族，1940年11月生，河南唐河人，1965年毕业于河南农学院园艺系，中共党员，现任新疆生产建设兵团农十师林业局副局长，高级农艺师。他毕业后来到兵团农十师，曾任农十师政干校教员、186团生产科参谋、农科所书记、生产科副科长，师农科所书记、

兵团农垦开发公司驻农十师特派员、师农业处主任科员。在团场、师机关，他始终致力于农田防护林体系、水果生产建设以及瓜菜等新技术推广应用和优质高产栽培技术的研究。

在他主管农十师林业工作以来，造林年终累计保存面积由1989年的3516公顷发展到1997年的6488公顷，增长84.5%；实现林网化的团场由1个增加到8个，增长8倍；耕地覆盖率由7.1%发展到12.1%，增长5个百分点。从1990年开始，他狠抓团场林业工作站建设，到1997年，有8个团场林业工作站达到合格站标准。在果树生产上，认真推广应用丰产栽培技术，使果品产量由1989年的1016吨发展到1997年的3500吨，增长244.5%。

他结合生产实际撰写了《苹果高产优质栽培技术》、《高寒地区苹果葡萄栽培技术规范》和《农田防护林营造技术规范》等著作。他撰写的《北屯垦区大白菜亩产10吨栽培技术》已收入《中国科学技术文库》一书，由于该师林业工作成绩突出，1990年、1993年荣获兵团果树丰产攻关第三名称号，1995年、1997年荣获兵团造林绿化先进单位称号。1995年他被兵团绿化委员会授予造林绿化先进工作者称号。

（农十师林业局）

段世鹏 男，汉族，57岁，江西永新人，中共党员，农艺师，新疆园艺学会理事。1959年毕业于江西省南昌林业学校，同年分配到新疆生产建设兵团农四师72团工作，先后担任72团连队技术员、团生产科林园参谋、科长等职，现任农四师林业局副局长。自参加工作以来，他一直从事林园管理和技术工作。他在团场工作期间，建立中心苗圃，解决了造林种苗问题，还对外提供树苗315万株。该团耕地盐碱重，他提出“开沟沟底栽植造林技术”获得成功。1984年调农四师农业处主管林园工作，他根据农四师自然条件，提出大力营造农田防护林和经济林的建议并得以实施，十几年来累计造林建园保存面积13 322公顷，其中：防护林9713公顷，建果园3609公顷；封沙育林23 333公顷，还营造了一条长42千米539公顷的边境林。16个团场实现了农田林网化。他主持组织实施的葡萄防病丰产栽培技术，获兵团科技进步三等奖。在他主持下，从1987年开始，在逆温带地区，建成3个优质果品生产基地，面积1533公顷，已开始结果，果品被鉴定为绿色食品。1996年和1997年该师被兵团评为植树造林第三名。他先后8次荣获师、团先进工作者称号，2次被授予优秀党员称号。

（农四师林业局）

何永安 男，汉族，1942年生，四川南充人，中共党员。历任新疆生产建设兵团农二师223团连长、政治指导员、农机公司书记、生产科长、林园科长（林业工作站站长）、主管林园工作的副团长等职。223团开荒造田以前是“炎炎荒漠绝飞鸟”的戈壁瀚海。到80年代中期，该团防护林面积只有121.6公顷，经济林面积73.9公顷，耕地林木覆盖率11.6%。在他任林园科长12年间，按照团党委提出的“重点发展园林业”的思路，深入实际，调查研究，因地制宜营造农田防护林和发展经济林，使近万亩戈壁滩变为绿洲，1989年实现了农田林网化。近年来，在他的带领下，团场为林园建设共动用义务工17.3万个，拉运回填客土6.6万立方米。截至1997年，该团有农田防护林340公顷，经济林1013公顷，耕地林木覆盖率达77.7%，果品产量由1987年的100吨、占农业产值的1.8%提高到1997年的500吨、占农业产值的51%，取得明显的经济效益和生态效益。他连续10年被评为师、团先进工作者和造林绿化先进工作者，1996年被林业部授予“三北”防护林体系二期工程建设先进工作者称号。

（农二师223团）

人事劳动

林业部领导成员

部长、党组书记： 徐有芳（1997年7月免去党组书记职务，1997年8月免去部长职务）
陈耀邦（1997年7月任党组书记，1997年8月任部长）

副部长、党组成员： 王志宝　祝光耀　刘于鹤　李育才

中纪委驻林业部纪检组组长、党组成员： 李昌鉴

党组成员： 江泽慧（副部长级）　邝国斌

（许　鹏）

新任林业部部长、党组书记

陈耀邦　男，1935年12月出生，汉族，广东番禺人。教授级高级农艺师。1982年3月加入中国共产党。1950年入广东仲恺农校大田作物专业学习。1957年毕业于华中农学院植保系植物保护专业，同年8月留校任教。1966年，华中农学院植物病理、农用抗菌素专业研究生毕业。曾任农业部植物检疫实验所技术员，农林部、农业部、农牧渔业部农业局副处长、副局长，江苏省无锡市市委副书记（挂职锻炼）等职务。1986年1月起任中华人民共和国农牧渔业部、农业部副部长、党组成员。1993年4月任国家计委副主任、党组成员。1997年7月任中华人民共和国林业部党组书记，8月任中华人民共和国林业部部长。中国共产党第十五届中央委员会委员。（许　鹏）

林业部机关各司局负责人

办公厅

主　任：董启昌

副主任：卓榕生　王忠仁

巡视员：卓榕生（1997年7月兼任）

助理巡视员：侯文治

政策法规和体制改革司

司　长：陈根长

副司长：潘少成（1997年12月退休）　汪　绚

助理巡视员：王洪杰

资源和林政管理司

司　长：施斌祥（1997年10月免职，12月退休）
寇文正（1997年10月任职）

副司长：翁宜民（1997年2月退休）王祝雄

巡视员：杨耀先

助理巡视员：满家正（1997年12月任职）

造林绿化和森林经营司

司　长：朱俊凤（1997年3月免职）
刘玉祥（1997年3月任职，兼任全国绿化委员会办公室综合组组长）

副司长：缪荣兴（正司局级，1997年3月免职）
承正女　张志达
魏殿生（1997年4月任职，兼任全国绿化委员会办公室综合组副组长）
沙拜次力（1997年5月任职，挂职期限半年）

林业产业司

司　长：蒋祖辉

副司长：杭锡勤　张佩昌（1997年10月任职）
张森林（1997年11月免职）　石玉峰（1997年5月任职，挂职期限半年）

助理巡视员：温继贤（1997年12月任职）

野生动物和森林植物保护司

司　长：甄仁德（1997年7月免职）
王福兴（1997年7月任职）

副司长：刘永范　陈建伟

巡视员：陈人杰（1997年3月退休）

副司局级干部：陈克林

公安局

局　长：谢大发

副局长：关松林　肖兴威

助理巡视员：田志景

森林防火办公室

主　任：王汉忠

副主任：李志同（1997年12月免职）
毕忠镇（1997年12月退休）
杜永胜（1997年12月任职）

巡视员：李志同（1997年12月任职）

助理巡视员：广呈祥（1997年10月退休）
徐天荣（1997年10月任职）

综合计划司

司　长：雷加富

副司长：姚昌恬　孙　建（1997年10月任职）

巡视员：宋会川

助理巡视员：张佩昌（1997年10月免职）

财务司

司　长：马　福

副司长：罗江滨　单吉儒（1997年3月任职）

助理巡视员：单吉儒（1997年3月免职）
曹效军（1997年3月免职）

科学技术司

司　长：刘效章

副司长：寇文正（1997年10月免职）　黎云昆

巡视员：马驹如

助理巡视员：祝列克

国际合作司

司　长：杨禹畴（1997年7月退休）

副司长：曲桂林（1997年7月主持工作）
吴　斌（1997年8月任职）

巡视员：李禄康

助理巡视员：刘洪存（1997年12月任职）

人事教育司

司　长：邝国斌（1997年7月免职）
甄仁德（1997年7月任职）

副司长：朱堃元（1997年5月退休）　李东升
王志荣　李葆珍（1997年5月任职）

助理巡视员：黄小文　王洪飞（1997年5月去世）
马安全

直属机关党委

书　记：李昌鉴（副部长级，兼）

常务副书记：杨继平（正司局级，1997年9月免职）

常务副书记、纪委书记：刘玉来（正司局级，1997年9月由副书记改任常务副书记）

党委副书记：张希武（副司局级，1997年9月任职）

纪委副书记：杨建新（副司局级）

副司局级纪检员：牛增发（1997年6月退休）
许致林（1997年7月退休）

助理巡视员：赵兴华（1997年11月退休）

离退休干部局

局长、党委书记：温雅成（1997年5月离休）
邝国斌（1997年5月任职）

副局长：程庆礼（1997年11月退休）　刘雪平

党委副书记：林海涛（副司局级）

机关服务局

局长、党委书记：张祖芳（1997年7月任局长，11月任党委书记）

副局长：韩国祥　张祖芳（1997年7月免职）
蒋瑞符　孙传玉

党委副书记：蒋章元（副司局级）

林业部直属机关工会联合会

主　席：丁凤歧（正司局级，1997年12月换届改选不再担任主席职务）
张希武（副司局级，1997年12月换届改选担任主席职务）

副主席：侯淑珍（副司局级，1997年12月换届改选继续担任副主席职务）
李玉华（副司局级，1997年12月换届改选担任副主席职务）

林业部思想政治工作办公室

主　任：林万春（副司局级）

（许　鹏）

中纪委、监察部驻林业部纪检组、监察局负责人

组　长：李昌鉴（副部长级）
副组长、局长：阎锡明（1997 年 8 月退休）
　　杨继平（1997 年 8 月任职）
副局长、正局级纪检员：蔡光华（1997 年 11 月退休）
副局长、副局级纪检员：刘双来（1997 年 11 月任职）
监察专员、副局级纪检员：牛国华
办公室主任：刘双来（副司局级）
一室主任：阎建平（1997 年 5 月明确为副司局级）
二室主任：刘品芳（副司局级）（许　鹏）

审计署驻林业部审计局负责人

局　长：缪荣兴（1997 年 2 月任职）
副局长：帅宗和（许　鹏）

林业部直属单位负责人

林业部驻吉林省森林资源监督专员办事处
专员、党组书记：黄庆昌
副专员、党组成员：隋景海　李忠平
党组成员：及瑞华

林业部驻黑龙江省森林资源监督专员办事处
专员、党组书记：孙丕文
副专员、党组副书记：荆家良
副专员、党组成员：李远畴
　　赵恩举（1997 年 11 月任副专员）
党组成员：齐兴武（1997 年 11 月任职）

林业部驻内蒙古自治区森林资源监督专员办事处
专员、党组书记：金永洪
副专员、党组成员：姬　金　周广德

林业部驻大兴安岭林业集团公司森林资源监督专员办事处
专员、党组书记：陈秀才（1997 年 11 月退休）
副专员、党组成员：程焕章（1997 年 11 月主持工作）　韩学吉

林业部驻福建省森林资源监督专员办事处
专　员：周华永

林业部驻云南省森林资源监督专员办事处
专　员：凌　鹤（1997 年 3 月任职）

林业部濒危物种进出口管理中心
主　任：王志宝（副部长级，兼）
副主任：甄仁德（正司局级，1997 年 11 月免职）
　　王福兴（正司局级，1997 年 11 月兼任）
　　卿建华（正司局级）

林业部林业工作站管理总站
总站长：徐　洪
副总站长：张泽洲　米海生

林业部国有林场和林木种苗工作总站
总站长：王　棋（1997 年 11 月退休）
　　周建铭（1997 年 11 月任职）
副总站长：赵明光　王维正　周建铭（1997 年 11 月免职）　赵良平（1997 年 12 月任职）
总工程师：游应天

林业部林业基金管理总站
总站长：高玉英（副司局级）

林业部世界银行贷款项目管理中心
主　任：孙书晋（1997 年 11 月退休）
　　江行勇（1997 年 11 月任职）
副主任：江行勇（1997 年 11 月免职）
　　宋士奎

林业部宣传中心
主　任：贾自和（1997 年 8 月去世）
　　黎祖交（1997 年 9 月任职）
副主任：封加平
　　庄义国（1997 年 10 月退休）

汤升享（1997年11月任职）

北京木材交易中心

总 裁：李满盈（1997年12月免职）

副总裁：张世维（1997年12月主持工作）

刘宝玉

林业部经济发展研究中心

主 任：陈根长（1997年5月免职）

副主任、党委副书记：王成祖（1997年5月主持工作） 张 蕾

副主任：金锡洙 孔 明 王前进

中国林业科学研究院

院长、分党组书记：江泽慧（副部长级）

常务副院长、分党组副书记：张久荣（正司局级）

京区党委书记、分党组成员：罗 湘（1997年5月退休）

宋 闯（1997年5月任京区党委书记）

副院长、分党组成员：洪菊生（1997年5月免职）

宋 闯（1997年5月免去副院长职务）

熊耀国

张守攻（1997年5月任职）

李向阳（1997年5月任职）

副院长：慈龙骏

林业部调查规划设计院

院长、党委副书记：林 进

党委书记、副院长：程志民

副院长、总工程师：徐孝庆（1997年10月免职）

副院长：王庆杰 刘国强（1997年7月任职）

赵中南（1997年10月任职）

林业部林产工业规划设计院

院长、党委书记：刘永龙

副院长：吴继昌 刘镇邦 刘 君

总工程师：陈坤霖

中国林业报社

社长、党委书记：黎祖交

常务副社长、总编辑：冯 泰（1997年4月明确为正司局级）

副社长、总经理：丁付林

副总编辑：李树明 赵圣铁

中国林业出版社

党委书记、副社长：王宏祥

社长、党委副书记：张柏涛

副社长：刘胜德（1997年10月退休） 马广仁

副总编辑：陈 利 贾蕴英

中国林学会

秘书长：甄仁德（1997年6月免职）

施斌祥（1997年6月任职）

副秘书长：李葆珍（1997年5月免职）

宋长义（1997年5月任职）

程美瑾（1997年5月任职）

中国野生动物保护协会

秘书长：甄仁德（1997年12月免职）

王福兴（1997年12月任职）

副秘书长：陈润生 李玉铭 耿 成（正处级）

全国绿化基金会

秘书长：马全民

中国花卉协会

秘书长：朱俊凤（1997年2月任职）

副秘书长：姜伟贤（正处级）

中国福马林业机械集团有限公司

董事长、总经理、党委书记：戈 成

副总经理：孔罗元（1997年12月明确为副司局级）

赖国康（1997年12月任职）

党委副书记：曹万金（1997年12月任职）

总经济师：李洙一

中国林业物资供销总公司

副总经理：肖予白（主持工作）

徐基明 焦德发（1997年12月任职）

中国林产工业公司

总经理：潘祉贤

副总经理：朱元鼎（正司局级）

李泽兴（1997年6月退休）

张森林（1997年11月任职）

张鸿文

曹效军（1997年12月任职）

中国金龙松香集团公司

总经理：高庆有（1997年12月退休）

李满盈（1997年12月任职）

副总经理：张承旭（1997年6月退休）

李祖明 杨树林（1997年7月任职）

宋力丰（正处级，1997年7月任职）

中国林产品经销公司

总经理：潘真生（1997年3月任职）

副总经理：潘真生（1997年3月免职）

高秀贞 马双彪

朱继东（1997年3月任职）

中国国营林场开发总公司

总经理：陈新华

副总经理：谢荣禄 修贵金（1997年7月任职）

中国林木种子公司

总经理：袁有德

副总经理：朱伟成 郑卫华（1997年8月任职）

中国林业国际合作集团公司

董事长、总经理：李满盈（1997年12月免职）

张樟德（1997年12月任职）

副总经理：张樟德（1997年12月免职）

王永淦
陈绪和（1997年1月免职）
朱继东（1997年7月免职）
李贵和（1997年3月退休）
刘世勤（1997年12月免职）
曹效军（1997年12月免职）
杨湘洪（1997年7月任职）
总工程师：黄树敏
总会计师：蔡巽伟（1997年7月任职）

北京中林食品药材开发公司

副总经理：孙继和（1997年12月免职）
刘世勤（1997年12月任职，主持工作）
徐向一（1997年7月明确为副司局级）
陈斯忠（1997年7月任职） 熊 炼（正处级）

森林国际旅行社

副总经理：刘孟龙（主持工作）
王士魁（1997年12月任职）
吴劲松（正处级，1997年12月任职）

北京林业大学

党委书记、副校长：胡汉斌
校长、党委常委：贺庆棠
党委副书记、副校长：吕焕卿
党委副书记：段柏芳
党委副书记、纪委书记：张清泉
副校长、党委常委：朱延福 尹伟伦 朱金兆
副校长：陈 森 郑卫华（1997年8月免职）
陈天全（1997年12月任职）
工会主席：张振民（副司局级）
副校级调研员：张泽民 张泉如
党委常委：周 景

东北林业大学

党委书记：李希明
校长、党委常委：李 坚
党委副书记、工会主席：任世忠
党委副书记、副校长：陈文斌
副校长、党委常委：霍建宇 梁洪志
副校长：杨传平
纪委书记、党委常委：刘宝林
副校级调研员、党委常委：吴殿枫

南京林业大学

党委书记：程志文
校长：赵奇僧（1997年11月调离）
余世袁（1997年11月任职）
党委副书记、纪委书记：马钰琦（1997年11月免职）
党委副书记、副校长：陈景欢
副校长：吴涤荣 洪启清 施季森
余世袁（1997年11月免职）
正校级调研员：马钰琦（1997年11月任职）
副校级调研员：吴增才

中南林学院

党委书记：肖子来（1997年12月任职）
党委书记、院长：粟显才（1997年12月免去党委书记职务）
党委副书记：肖子来（1997年12月免职）
党委副书记、纪委书记：杨必贵（1997年2月退休）
副院长：李去惑 吴晓芙 姚东和

西南林学院

党委书记：刘万堂（1997年11月免职）
陈宝昆（1997年11月任职）
院 长：杨福成
党委副书记：陈宝昆（1997年11月免职）
党委副书记、纪委书记：李品贵
副院长：刘惠民 杨宇明（1997年11月任职）

西北林学院

党委书记：刘万堂（1997年11月任职）
院 长：李广毅（1997年11月免职）
陈存根（1997年11月任职）
党委副书记：王学全
副院长：陈存根（1997年11月免职）
彭有冬

北京林业管理干部学院

院 长：刘于鹤（副部长级，兼）
党委书记、副院长：胡汉斌
党委副书记、纪委书记：段柏芳
副院长：朱延福 陈 森

林业部南京人民警察学校

党委书记、校长：侯文权（副司局级）
党委副书记、副校长：莫泽升（副司局级）
副校长：杨玉珙（1997年5月明确为正处级）
张治平（副处级） 张南群（副处级）

林业部宁波林业学校

党委书记、校长：吴马可
党委副书记：朱国增（正处级）
副校长：冯祖祥 杨木铎
正处级调研员：宋崇高
副处级调研员：吴孟迁

林业部白城林业学校

党委书记：纪德荣
校 长：亢平信
纪委书记：刘艳宁（1997年12月免职）
副校长：宁有敏 孟庆江
正处级调研员：袁克斌（1997年1月退休）

林业部西北华北东北防护林建设局

局长、党组书记：张建龙
副局长、党组成员：郭 涛

刘裕春（1997 年 4 月任职）
魏殿生（1997 年 4 月调出）
副局长、总工程师、党组成员：刘与立
纪检组组长、党组成员：曹之治（1997 年 4 月任职）

林业部森林病虫害防治总站

党委书记、副总站长：刘　拓（副司局级）
党委副书记、副总站长：赵明光（正处级）
副总站长：于长义（正处级，1997 年 11 月退休）
潘宏阳（正处级）
副司局级调研员：初振忠

林业部东北航空护林中心

党委书记、副主任：徐天荣（副司局级，1997 年 10 月免职）
主任、党委副书记：郑林玉（副司局级）
党委副书记、纪委书记：李炳泉（正处级）
副主任：任国祥（正处级）　李世奇（正处级）

林业部西南航空护林总站

党委书记、总站长：陈国祥（副司局级）
副总站长：刘洪诺（正处级）　和　宏（正处级）
副处级调研员：向重军　饶美醒

林业部华东林业调查规划设计院

院长、党委书记：傅宾领
副院长：黄文秋　江一平
党委副书记：周　琪
正处级调研员：钱雅弟（1997 年 1 月退休）

林业部中南林业调查规划设计院

院长、党委书记：包拓华
副院长：周光辉
党委副书记：尹友轩

林业部西北林业调查规划设计院

院　长：郭天相
党委副书记：康晓达（主持党委工作）
副院长：王金昌　彭长清
总工程师：李立球

林业部昆明勘察设计院

院长、党委书记：杨开才
副院长、党委副书记：刘文德
副院长、总工程师：思安悦
副院长：张贤才、李玉印

中国林业机械电力设备安装公司

经　理：马焕明
党委书记：刘忠域
副经理：李建博（1997 年 8 月结束挂职锻炼）
副经理、总经济师：杨国勤
党委副书记：于景和
纪委书记：王福德
总工程师：王永科
总会计师：胡树肃
工会主席：张守禄

（万　杰）

各省、自治区、直辖市林业（农林、农业）厅（局）负责人

北京市林业局

局长、党组书记：李永芳
党组副书记：杨德宏
副局长、党组成员：姜永洲　于志民
康德铭　赵根武
副局长：张　皎（1997 年 7 月任职）
纪检组组长、党组成员：李振瑜
总工程师、党组成员：周冰冰
党组成员：艾爱华

天津市农林局

党委书记：赵万明
局　长：赵万里
党委副书记：常洪友（1997 年 11 月任职）
蒋凡凡
副局长：魏丕明　仁锡骏　张　杰
纪委书记：王　树

河北省林业厅

厅长、党组书记：李兴源（1997 年 12 月免党组书记）
王庭玖（1997 年 12 月任党组书记）
副厅长、党组副书记：张彦斌
副厅长、党组成员：曲宪忠　白顺江
总工程师、党组成员：刘海山
纪检组组长、党组成员：张振宇
巡视员：宋墨禄

山西省林业厅

厅长、党组书记：曹振声
副厅长、党组成员：王银娥
吕赞韶（1997 年 1 月免职）
杨保庆　霍转业
马双杜（1997 年 1 月任职）
纪检组组长、党组成员：赵贺贤
助理巡视员：周　洪（1997 年 10 月任职）

内蒙古自治区林业厅

厅长、党组书记：王家祥

副厅长、党组成员：张纯良　高锡林　邹立杰　敖斯尔

辽宁省林业厅

厅长、党组书记：陈天民

副厅长、党组副书记：舒兴第

副厅长、党组成员：刘　镇　金连成

纪检组组长、党组成员：李元和

巡视员：杨　波（1997年3月免职）

助理巡视员：吴兆忠（1997年3月任职）

吉林省林业厅

党组书记：李世学（1997年10月免职）

宋文和（1997年10月任职）

厅　长：李世学

副厅长、党组成员：公丕兴（1997年12月任职）

刘延春

张世友（1997年5月去世）

段敏达

张鲁风（1997年1月任职）

纪检组组长、监察专员、党组成员：宣德义（1997年1月任职）

巡视员：魏连生（1997年11月任职）

助理巡视员：关清康

黑龙江省林业厅

厅长、党组书记：赵向东

副厅长、党组副书记：丁　珂

副厅长、党组成员：林永凯　王英忱　刘亚文

杨克杰（1997年11月任职，兼省绿委副主任）

纪检组组长、党组成员：任耀文

省绿化委员会副主任、党组成员：沈积坤（1997年11月退休）

省森林防火指挥部专职副指挥：陈贵荣

上海市农林局

党委书记：朱颂华

局长、党委副书记：陈文泉

党委副书记：范陈杰

副局长：周国祺　巫开梁　沈兰全

纪委书记：庄福纯

江苏省农林厅

厅长、党组书记：张九汉（1997年4月免职）

冯惟珠（1997年4月任职）

副厅长、党组成员：徐希珍（1997年7月明确为正厅级）　张留芳

冯惟珠（1997年4月免职）

陆乃勇　刘立仁　王春喜

纪检组组长、党组成员：史遗秀（1997年4月任职）

浙江省林业厅

厅长、党组书记：程渭山

副厅长、党组成员：徐培金（1997年11月明确为正厅级）

沈　璇

副厅长、纪检组组长、党组成员：李　斌

副厅长、党组成员：赵利民（1997年3月免职）

陈国富（1997年3月任职）

安徽省林业厅

厅长、党组书记：周蜀生

副厅长、党组成员：张玉良　王　文

纪检组组长、党组成员：程　鹏（1997年4月任职）

总工程师：吕锡德

助理巡视员、党组成员：余绍荣（1997年11月退休）

福建林业厅

党组书记、副厅长：包应森（1997年8月退休）

厅长、党组书记：刘德章（1997年8月任党组书记）

副厅长、党组成员：张宗辉（1997年12月免职）

吴炳清　陈则生

吕月良（1997年12月任职）

陈家东（1997年12月任职）

纪检组组长、党组成员：柴喜堂

巡视员：张宗辉（1997年12月任职）

江西省林业厅

厅长、党组书记：吴志清

副厅长、党组成员：许青龙　严金亮　陈金生

总工程师：潘恩起（1997年11月退休）

纪检组组长：龙远飞

助理巡视员：吴少华（1997年11月退休）

罗昌庆

山东省林业厅

厅长、党组书记：辛云岩

副厅长、党组成员：李生瑞　孙庆传　张俊杰　石效贵

纪检组组长、党组成员：赵清省（1997年12月退休）

孔庆荣（1997年12月任职）

党组成员：包树凯

河南省林业厅

厅长、党组书记：马新高

副厅长、党组成员：李德臣　张守印　余学友

纪检组组长、党组成员：李建庭

助理巡视员：王镇兴（1997年7月任职）

湖北省林业厅

厅长、党组书记：韩　永

副厅长、党组成员：黄春发　肖吉棠　石　山
纪检组组长、党组成员：姚振华
助理巡视员：王启林

湖南省林业厅

厅长、党组书记：刘永寿
副厅长、党组副书记：葛汉栋
副厅长、党组成员：李遨夫（1997年9月免职）
刘炳树　赵爱群
总工程师、党组成员：李定一
纪检组组长、党组成员：全邦湖
巡视员：李遨夫（1997年9月任职）
助理巡视员：刘礼芳

广东省林业厅

厅长、党组书记：梁星权
副厅长、党组副书记：曾繁耀
副厅长、党组成员：李祖耀　陈俊勤
纪检组组长、党组成员：黄泮谦

广西壮族自治区林业厅

厅长、党组书记：彭祖意（1997年3月免职）
管炳六（1997年3月任职）
副厅长、党组成员：张　锁
廖培来（1997年3月任职）
罗永魁（1997年3月任职）
纪检组组长、党组成员：黄明升
总工程师：曾广云（1997年5月免职）

海南省林业局

局长、党组书记：蒋厚镇
副局长、党组成员：吴华盛　秦忠文

重庆市林业局

局长、党组书记：周克勤（1997年7月任职）
副局长、党组成员：马克清（1997年8月任职）
郑文鼎（1997年8月任职）

四川省林业厅

厅长、党组书记：曹正其
副厅长、党组副书记：赵洪银
副厅长、党组成员：杨传邦　彭晁时　杨冬生
副厅长：张　涵
纪检组组长、党组成员：彭武明
党组成员：唐洪均

贵州省林业厅

厅长、党组书记：杨　铁
副厅长、党组副书记：彭远森
副厅长、党组成员：王　森　范华钊　张礼安
伊世炎
纪检组组长、党组成员：沈徐逵
省绿化委员会专职副主任：彭百登

云南省林业厅

厅长、党组书记：陈继海
副厅长、党组成员：徐光凡　陈德照
凌　鹤（1997年4月免职）
史记武
纪检组组长、党组成员：赵克清
助理巡视员：李志远　周宝康（1997年3月退休）

西藏自治区林业厅

党组书记、副厅长：徐　强
厅长、党组副书记：白马才旺（1997年12月免职）
副厅长、党组成员：本　宗　祝列克　扎　西

陕西省林业厅

厅长、党组书记：钟高适
副厅长、党组成员：何发理　赵秉正　陈东升
郝福才（1997年5月任职）
纪检组组长、党组成员：杨蔚中
党组成员：王子全

甘肃省林业厅

厅长、党组书记：郭继芳
副厅长、党组成员：张志全　李卫芳　陈耀仁
史本成　张生贤
纪检组组长、党组成员：田志勇
助理巡视员：李立长　林依明

青海省农林厅

厅长、党委书记：谢承志
副厅长、党委委员：柴全柱（正厅级，1997年2月任职）
多吉才让（正厅级）
达仁钦（1997年6月免职）
唐明鑫　陆文正
纪委书记、党委委员：吴　珉
助理巡视员：刘德文

宁夏回族自治区林业厅

厅长、党组书记：孙长春
副厅长、党组成员：康满堂（1997年2月免职）
李赞成　刘荣光
纪检组组长、党组成员：周锦章（1997年2月免职）
郭玉堂（1997年2月任职）
巡视员：康满堂（1997年12月任职）
助理巡视员：张恩光（1997年6月任职）

新疆维吾尔自治区林业厅

党委书记、副厅长：赵光寿
厅长、党委副书记：买合木提·买买提（1998年1月免职）
买买提·阿不都拉（1998年1月任职）
党委副书记、纪委书记：严效寿
副厅长：邵立山　刘仰嵩　朱马什·夏克尔提
助理巡视员：阿不都·克依木

区绿化委员会副主任：买买提江
艾买尔哈孜

林业工会主席：阿德里·苏英都克

（万　杰）

新当选中国工程院院士

陈俊愉　男，1917年9月21日出生，中国共产党党员，中国民主同盟成员，安徽省安庆人，1940年1月获金陵大学园艺专业农学士，1943年7月获金陵大学果树专业农硕士，1947年8月至1950年6月就读于丹麦哥本哈根皇家农业大学，获花卉专业科学硕士。曾任第二届中国风景园林学会副理事长。现为北京林业大学教授、博士生导师，兼任中国园艺学会副理事长、中国花卉协会常务理事和梅花蜡梅分会会长。1990年享受政府特殊津贴，1997年11月当选为中国工程院院士。

陈俊愉长期从事园林植物、观赏园艺学的教学和科研工作，是我国著名的园林植物学家，观赏园艺学的开拓者。他创造了花卉抗性育种新途径——野化育种；提出园林植物引种驯化"十六字经"、百分制计分评选法和模糊数学模型综合评价法，并总结出一系列综合配套技术；主持建立了广西金花茶基因库和武汉中国梅花品种资源圃；先后培育出12个梅花新品种、50余个地被菊新品种和12个金花茶新品种，在梅、菊等名花起源研究方面取得了突破性进展；创立并倡导花卉品种二元分类法，形成独树一帜的中国学派。曾获国家科技进步二等奖一项、三等奖一项、林业部科技进步一等奖二项、二等奖四项。主编出版了《中国梅花品种图志》、《中国梅花》、《中国花经》、《中国花卉分类学》、《中国农业百科全书·观赏园艺卷》等著作，发表论文约130篇。

（文世峰）

张齐生　男，1939年1月18日出生，中国共产党党员，浙江淳安人，1960年12月毕业于南京林学院木材加工专业，毕业后留校工作至今。现为南京林业大学教授、博士生导师，林业部竹材工程技术研究开发中心主任。是林业部科学技术委员会第三、第四届委员，中国林产工业协会竹材加工委员会主任委员，中国林学会竹子分会常务理事。1986年度国家有突出贡献的中青年专家，1991年享受政府特殊津贴，1996年全国科技推广先进个人。1997年11月当选为中国工程院院士。

张齐生长期从事木材加工和人造板工艺的教学和科研工作，是我国竹材加工利用研究领域的开拓者。主持的铅笔板新工艺研究，对我国铅笔工业的铅笔板生产工艺进行了重大改革；主持的竹材胶合板的研究与推广，提出将竹材高温软化展平制成竹片后再制成竹材胶合板的新工艺，成功解决了半圆形竹筒高温软化、展平的技术难关，先后开发成功竹材胶合板、高强覆膜竹材胶合模板、竹材碎料板、竹木复合集装箱底板和竹木复合层积材等系列产品；提出了竹木复合结构和等强度破坏理论的新观点，为竹材科学、高效利用提供了理论依据。曾获国家发明三等奖、3项发明专利、5项实用新型专利和国家科技进步二等奖一项、林业部科技进步一等奖一项；改进的竹材胶合板制造方法发明专利，1995年获中国专利局和世界知识产权组织同时颁发的发明专利创造金奖。发表论文40多篇，出版《中国竹材工业化利用》、《胶合板生产技术问答》等专（译）著。

（文世峰）

1997年国务院批准享受政府特殊津贴人员

傅懋毅　白嘉雨　黄　铨　施昆山　杨民胜
徐德应　张守攻　储富祥　续九如　张壁光
苏新琴　王莲英　罗晓芳　赵雨森　景松岩

刘景全　沈文英　周世锷　罗汝英　周定国
金重为　刘煊章　胡景初　余清珠　杨茂生
陈建文　肖绍琼　张宏健　林　进　蔡时钧

邱尧荣　李万杰　李百航　思安悦　戎恭华　张景春　潘宏阳　（文世峰）

英　模　人　物

杨桂茹　女，中共党员，38岁，二级警督，黑龙江省穆棱林业地区公安局政委。她从警十几年来，一直工作在基层林业公安政治工作第一线，是一名优秀政治工作者。在社会主义市场经济条件下摸索出了一套新时期思想政治工作规律，把全心全意为人民服务的宗旨和艰苦奋斗的传统融于新时代教育中，培养出新的集体观念，增强了全局民警的凝聚力。她虽然身患多种疾病，动了大手术，但仍像男同志一样深入林区，打击毁林犯罪，同罪犯进行英勇斗争，成为全局同志们敬佩的政治委员。她连续4年被黑龙江省公安厅授予优秀政工干部；1996年被林业部公安局授予林警女杰称号，记个人二等功；1997年4月17日，被人事部、公安部授予全国特级优秀人民警察称号。（罗葆文）

范继卿　男，中共党员，38岁，一级警督，内蒙古自治区赤峰市公安局林业公安分局局长。他患多种疾病，不辞辛苦，在组建分局机构、增编扩员，狠抓队伍建设和基层基础工作中，发挥了一个共产党员的先锋模范作用。由于他以身作则、率先垂范，带出了一支纪律严、作风硬的林业公安队伍。在保护森林和野生动物资源的斗争中，同时重点抓好林区的治理整顿工作，加强防范体系。年发案保持在10起左右，连续2年没有发生特大案件。在他领导下，分局2次荣记集体三等功，个人2次荣记三等功。1997年4月17日，被人事部、公安部授予全国特级优秀人民警察称号。（罗葆文）

吴　燕　女，27岁，中国共产党党员，1990年8月参加工作，内蒙古自治区莫尔道嘎林业局贮木场木材检验员。

吴燕参加工作以来，在实践中练就出一手过硬本领。她掌握了不同树种在不同生长环境、不同立地条件、不同树龄材性变化及各种木材缺陷变化规律；总结出木材腐朽类型和延伸程度关系，木材树种、长级、径级和等级之间的差价；摸索出一套产品鉴定和科学用材的独特方式。几年来，她亲手检验木材46.1万多根，实现了材种区分准确率99.9%，号印清晰同一率100%，非漏检率100%，为林区多创产值1844多万元。1992年以来，先后被授予内蒙古大兴安岭林区第十七届劳动模范、内蒙古自治区优秀青年等称号。1997年11月被全国总工会评为全国十大能工巧匠。

（王常青）

田翠英　女，36岁，1980年参加工作，黑龙江省亚布力林业局贮木场木材检验员。

田翠英从事木材检验工作17年如一日，凭着一股钻劲、韧劲和百折不挠的实干劲，刻苦钻研业务，严把木材检验质量关。经过刻苦地练眼、练手、练脑，她能熟练背诵木材材积表、木材检验标准和各种木材售价，木材材长、径级、材积的目测准确率达到99%以上，工作效率大大提高，为企业挽回了大量损失。1983年以来，她多次参加林业局、林管局木材检验业务比赛，并获得第一名的好成绩。1997年8月，参加黑龙江省团委举办的全省十行业百工种青年岗位能手大赛木材检验比赛并摘取了“头名状元”的桂冠，1997年12月被劳动部评为全国技术能手。（王常青）

新　设　机　构

【防治荒漠化管理中心成立】　为加强荒漠化防治工作，11月25日，中央机构编制委员会办公室中编办字[1997] 138号文批复，在林业部成立防治荒漠化管理中心，核定事业编制20人。（敖安强）

【中林审计事务所成立】　6月3日，中央机构编制委员会办公室中编办字[1997] 85号文批复同意成立中林审计事务所。该事务所为林业部直属事业单位，定编20人，经费自理，业务工作由国家审计署驻林业部审计局归口管理。（敖安强）

【林业部GEF湿地项目办公室成立】　为做好全球环境基金(GEF)中国湿地生物多样性与合理利用项目管理工作，11月12日经林业部研究，成立林业部GEF湿地项目办公室，设在林业部调查规划设计院。

（敖安强）

【特有工种职业技能鉴定站成立】　为贯彻《职业教育法》和《职业技能鉴定规定》，提高劳动者素质，做好林业行业特有工种职业技能鉴定工作，经劳动部批复同意，10月，林业部在北京、江苏、福建等10个省(区、市)首批授牌成立了21个林业行业特有工种职业技能鉴定站，这标志着林业行业特有工种职业技能鉴定工作进入了全面实施阶段，将原来由单位内部开展的林业工人职业技能培训、考核工作纳入社会化管理范畴，为建立和完善社会劳动力市场迈出了新的一步。

（王常青）

人事劳动工作

【林业部干部人事工作座谈会】 4月13日、14日，林业部在北京召开林业部干部人事工作座谈会。会议认真贯彻落实全国组织部长会议和全国人事厅(局)长会议精神，总结了1996年林业部机关和直属单位的干部人事工作，交流了干部人事工作经验，布置了1997年的工作任务。会议提出，1997年，林业部干部人事工作，要深入贯彻落实党的十四届五中、六中全会精神和江泽民同志“七一”讲话精神，大力加强各级领导班子的思想政治建设和组织建设，总结经验，稳中求进，进一步深化干部人事制度改革，为建立充满生机与活力的新的干部制度和用人机制创造条件；努力提高干部人事工作为全局工作和中心工作服务的意识和工作水平，切实提高干部人事工作的实效；大力加强组织人事部门的自身建设，努力造就一支高素质的干部人事工作队伍。 （敖安强）

【林业部机关培养选拔优秀年轻干部工作座谈会】 为了进一步贯彻落实党的十四届四中、五中、六中全会精神以及江泽民总书记关于努力建设高素质干部队伍的讲话精神，5月4日，部党组召开了培养选拔优秀年轻干部工作座谈会。徐有芳部长出席会议并作了讲话。会议在总结近几年部机关培养选拔优秀年轻干部工作的基础上，认真分析了当前面临的形势和任务，提出了今后一个时期培养选拔优秀年轻干部、优化领导班子年龄结构的具体目标和措施。会议要求，各级领导一定要解放思想，开阔视野，加大力度，狠抓落实，努力开创培养选拔优秀年轻干部工作新局面。部分司（局）和年轻干部还在会上交流了经验和体会。 （许　鹏）

【林业部机关首次从高校应届毕业生中考试录用公务员】 1997年，林业部首次参加了人事部统一组织的从高校应届毕业生中公开招考公务员工作。按照公开、平等、竞争、择优的原则，经过笔试、面试、考核、体检等程序，从报考林业部的近百名应届毕业生中择优录用了1名研究生、6名大学生到部机关工作。

（李晓清）

【年轻干部挂职锻炼】 1997年，林业部年轻干部挂职锻炼工作，在认真总结以往经验的基础上，紧密结合部的中心工作，统筹安排，精心组织，进一步加大工作力度，使这项工作在原有基础上又有新的进展。

这次挂职锻炼工作主要有以下几个特点：一是锻炼目的明确。重点向对口扶贫地区、山区综合开发示范县、中西部地区、林业改革试验区及国有森工企业改革试点单位选派干部，把挂职锻炼工作与国家经济发展和林业的中心工作结合起来，使干部在艰苦环境中经受锻炼和考验。二是选派人数较多，选派干部的总体素质较高。全年共向上述地区和单位选派干部24人，是挂职锻炼工作开展以来选派人数最多的一年。选派干部大多是所在司（局）和单位的业务骨干，特别是选派了一批年轻的、有发展潜力的司（局）级后备干部参加挂职锻炼，为今后司(局)级班子建设提供了人才保证。三是领导重视，工作规范。挂职锻炼工作的全过程都是在部党组直接领导下，在各个司（局）和单位的密切配合下，由人事部门根据干部的德才表现情况和选派工作的需要，统一研究提出名单，协调落实具体下派事宜，从而保证了这项工作的顺利进行。 （高红电）

【跨世纪学术和技术带头人重点培养对象】 根据《林业部关于培养跨世纪学术和技术带头人规划》及其《实施办法》要求，经过各省（区、市）林业（农林）厅（局）和部直属单位推荐、专家评审委员会评审、林业部跨世纪人才培养工作领导小组审定，林业部于1997年11月确定了第三批林业部跨世纪学术和技术带头人重点培养对象23名，并将对他们进行重点培养。

（文世峰）

【林业部明确中国科学院院士、中国工程院院士有关待遇】 为了进一步调动中国科学院院士、中国工程院院士的积极性，充分发挥他们在林业改革和发展中的作用，1997年林业部办公厅专门就中国科学院院士和中国工程院院士有关待遇问题发出通知，要求林业部和院士所在单位在制定关系林业改革发展等有关重大决策前，应采取适当方式，认真听取院士意见，充分发挥两院院士参与决策的作用。通知还就院士的住房、公务用车、配备助手、专项经费等方面都做了明确规定。

（文世峰）

【林业部直属普通高校教师岗位设置工作研讨会】 为启动我部完善专业技术职务聘任制度工作，林业部职称改革办公室于11月12～15日在南京林业大学组织召开了林业部直属普通高校教师岗位设置工作研讨会。部直属6所普通高校的人事处长参加了会议。

与会人员围绕岗位设置工作，总结了以往工作的成败得失，分析了当前职称工作特别是岗位设置工作面临的形势和任务，研究探讨了高校设岗工作特别是教师岗位设置工作的宗旨、原则、依据与标准、方法和步骤及相关问题。并就有关问题形成了共识：①完善岗位设置工作是完善专业技术职务聘任制度的基础和前提，直接关系到专业技术职务聘任制度的完善进程和落实程度；②完善岗位设置的条件已基本具备，高级岗位的设置正逢有利时机；③岗位设置工作要以有利于事业发展、有利于工作完成、有利于人才资源合理配置、有利于专业技术人员队伍建设、有利于调动专业技术人员积极性为宗旨，切实体现以事为中心、以工作需要为根本和科学合理的指导思想；④岗位应根据工作需要和职位分类的原理，按照因事设岗、按需设岗和精简高效的原则，科学合理地设置。 （路永斌）

【林业部会计系列高级专业技术职务评审委员会组建】 经林业部职称改革工作领导小组批准，于1997年2月组建了林业部会计系列高级专业技术职务评审委员会，负责部直属单位高级会计师职务的评审工作。评委会已于9月完成了首次评审工作。截至目前，已组建了林业部工程系列高级，出版系列高级，会计系列高级，工程系列中级，图书、资料、档案系列中级，翻译系列中级专业技术职务评审委员会和中等林业学校教师职务评审委员会等7个评委会，负责对不具备评审条件的直属单位相应专业技术职务的评审工作。

（路永斌）

【林业行业五个试点工种《国家职业技能鉴定规范》颁布实施】 为进一步完善我国职业技能标准体系，促进职业技能鉴定社会化管理工作的开展，劳动部、林业部共同组织制定了林木种苗工、抚育采伐工、造林更新工、集材拖拉机司机和油锯工的《国家职业技能鉴定规范（考核大纲）》，并于1997年5月颁布试行。

《国家职业技能鉴定规范》是规范鉴定行为、指导鉴定实践和保证鉴定工作科学准确、客观公正的法规性文件，是职业技能鉴定题库命题工作的技术依据。它分初、中、高三个等级，每个等级都包括鉴定要求、鉴定内容和试题样例；针对林业行业特有工种特点，对每一鉴定范围都给予确定的比重值，以便考核命题时操作，对职业技能培训教材编写工作有重要的指导作用。

（王常青）

社 会 团 体

中 国 林 学 会

【党和国家领导人为中国林学会成立 80 周年题词】 中共中央总书记江泽民的题词“发挥纽带桥梁作用，促进林业科技进步。”国务院总理李鹏的题词：“林业科技工作者之家。”国务院副总理姜春云的题词：“依靠科技进步，加快林业发展。”中共中央书记处书记温家宝的题词：“发展林业科学技术，推进林业现代化建设。”国务委员宋健的题词：“发展林业科技，绿化祖国河山。”国务委员陈俊生的题词：“发挥纽带桥梁作用，促进林业科技发展。”全国政协副主席朱光亚的题词：“改革创新，任重道远，开拓进取，再创辉煌。” （李岩泉）

【中国林学会成立 80 周年纪念大会】 6 月 16 日，中国林学会成立 80 周年纪念大会在北京中国科技会堂隆重召开。

中共中央政治局委员、国务院副总理姜春云出席纪念大会并作重要讲话，他对学会 76 722 名会员和广大林业科技工作者长期以来对林业的贡献给予充分的肯定。希望中国林学会认真贯彻江泽民总书记和李鹏总理的重要指示，进一步发挥好纽带和桥梁作用，把林学会真正办成林业科技工作者之家。

出席这次会议的还有全国政协副主席、中国科协名誉主席朱光亚，中国科协副主席、书记处第一书记张玉台，林业部部长徐有芳，林业部副部长刘于鹤、中国林学会理事长沈国舫等和各兄弟学会代表以及日本、加拿大、美国、澳大利亚、瑞典等国林业界的代表，其中张玉台、徐有芳、沈国舫等人为祝贺林学会 80 华诞分别讲话致词。

会上颁发了中国林学会第三届梁希奖和第四届中国林业青年科技奖。 （官秀玲）

【中国林学会第九次全国会员代表大会】 6 月 17～19 日在北京怀柔县召开，林业部副部长、八届常务副理事长刘于鹤致开幕词；八届理事长沈国舫代表八届理事会作工作报告；组织工作委员会副主任于志民作关于修改会章的说明；评奖工作委员会主任周昌祥作评奖表彰及基金使用情况的说明；大会分组讨论了八届理事会工作汇报、会章及今后学会工作，通过了修改会章的决议草案，颁发了第三届陈嵘奖、第二届优秀秘书长奖，并向从事林业 50 年以上的科技工作者颁发了荣誉证书；大会选举产生了第九届理事会，刘于鹤副部长当选为九届理事会理事长。 （官秀玲）

【中国林学会第九届理事会组成名单】

常务理事名单（按姓氏笔画为序）

于志民　马　福　王长福　王庆礼　尹伟伦
刘于鹤　刘永龙　朱元鼎　何发理　陈继海
宋长义　张久荣　张宗辉　张柏涛　李世学
李葆珍　李满盈　李　坚　林　进　施季森
施斌祥　祝列克　赵爱群　寇文正　程美瑾

理 事 长：刘于鹤
副理事长：施斌祥（常务）　张久荣　寇文正　尹伟伦
秘 书 长：施斌祥（兼） （李岩泉）

【中国林学会第九届理事会各工作委员会组成名单】

学术工作委员会
主 任 委 员：刘于鹤
副主任委员：刘效章　寇文正　黄鹤羽　李　坚　朱金兆　施季森　宋长义　孙肇凤

科普工作委员会
主 任 委 员：张久荣
副主任委员：张柏涛　祝列克　封加平　吕焕卿　程美瑾　邱守华

组织工作委员会
主 任 委 员：施斌祥
副主任委员：刘永龙　林　进　于志民　胡汉斌　熊耀国　何　捷

评奖工作委员会
主 任 委 员：尹伟伦
副主任委员：林 进 黎云昆 王 琰 程美瑾 李岩泉
咨询开发工作委员会
主 任 委 员：马 福
副主任委员：李满盈 朱元鼎 姚昌恬 刘合胜
外事工作委员会
主 任 委 员：刘于鹤
副主任委员：刘效章 曲桂林 程美瑾 李小平
继续教育工作委员会
主任委员：李葆珍
副主任委员：尹伟伦 王志荣 宋长义
《森林与人类》编委会
主 任：寇文正 黎祖交
副主任：宋长义 万以诚
编 委：李葆珍 何淑筠 宋朝枢 黄传惕
《林业科学》编委会
主 编：沈国舫
副主编：（按姓氏笔画为序）
王 恺 刘于鹤 申宗圻 肖刚柔
陈统爱 郑槐明 洪菊生（常务）
顾正平 唐守正（常务） 蒋有绪

（李岩泉）

【中国林学会第三届梁希奖授奖项目名单】 中国林学会第三届梁希奖评审工作于1997年5月8日结束，并经5月26日中国林学会常务理事会审议通过。评奖结果如下：

项目名称	主要完成人	申报单位
毛竹林养分循环规律及其应用的研究	傅懋毅 方敏瑜 谢锦忠 刘仲君 李岱一 李龙有 曹群根 胡正坚 李旭明	中国林学会竹子分会
黄土高原抗旱造林技术	王斌瑞 王百田 杨维西 何孝超 张府娥 丁学儒 余清珠 邹厚远 郭孝明	北京林业大学
引进花角蚜小蜂防治松突圆蚧的研究与应用	潘务耀 谢国林 唐子颖 丁德诚 连俊和 邱鸿铮 翁锦泗 梁承丰 邹德靖	广东省林学会

（李岩泉）

【中国林学会第三届陈嵘奖授奖项目名单】 中国林学会第三届陈嵘奖各奖项评审工作于1997年5月份结束，并经5月26日中国林学会常务理事会审议通过，评奖结果如下：

学术类

项目名称	主要完成人	申报单位
《中国林业科学技术史》	熊大桐 李 霆 黄 枢 徐国忠 李继书 沈守恩	中国林学会林业史分会
四川盆地主要土壤类型抗侵蚀能力研究	张立恭	四川省林学会
《中国主要竹材微观构造》	腰希申 梁景森 马乃训 麻左力 徐 红	中国林学会木材科学分会

建议类

项目名称	主要完成人	申报单位
关于保留森林经理二级学科、专业目录的建议	森林经理分会	中国林学会森林经理分会
关于建立南岭国家级自然保护区和开展南岭科学研究的建议	林 密 张宏达 徐燕千 曾天勋 庞雄飞 梁启燊	广东省林学会
将特别干旱瘠薄荒山辟为封山育草地的建议	刘炳英 贾福功 周长瑞	山东林学会

科普类

项目名称	主要完成人	申报单位
大森林的未来——21世纪的林业	宋朝枢 张清华 赵宝瑄 黄鹤羽	中国林学会林业科技管理专业委员会
云南名木古树	李乡旺 庞金虎 冯志舟 朱宝华 郭仕钦 刘德隅	云南省林学会
高效吸水生根增肥剂的研究及其应用	冯晓光 王明光 刘清玉 胡长群 李凤鸣 隋 颖	吉林省林学会

学会工作类

省级学会办事机构 ①河北省林学会办公室；②辽宁省林学会办公室；③吉林省林学会秘书处；④黑龙江省林学会办公室；⑤浙江省林学会办公室；⑥江西省林学会办公室；⑦山东林学会办公室；⑧贵州省林学会办公室；⑨云南省林学会甘斯祜。

二级分会 ①森林经理分会秘书组；②森林病理分会秘书组；③林产化学化工分会秘书组；④木材工业

分会秘书处；⑤造林分会秘书组；⑥经济林分会秘书组。

中国林学会办事机构 李葆珍 科普部

（李岩泉）

【学术活动】 1997年，中国林学会及分会围绕林业学科发展与林业建设的热点共开展活动19项，交流论文547篇，参加人次1171人，其中：面向21世纪的林业国际学术讨论会、1998年病虫害防治分析研讨会、木材工业分会二届一次理事会暨学术研讨会、森林昆虫分会换届选举暨学术讨论会、全国第八次林木引种驯化学术研讨会、育种分会第四次全国代表大会暨第七次学术讨论会为中国林学会1997年度重点学术活动。森林保护专家提出的1998年森林病虫害发生趋势分析及防治对策已纳入中国科协主编的《1998年病虫害防治绿皮书》。（孙肇凤）

【科普活动】 1997年，中国林学会科普活动以“科教兴林”和对公众（特别是青少年）的生态环境意识教育为工作重点。举办了枣、核桃新技术和化学除草培训班；参加了中国科协举办的地球日、中国科协青少年部的“珍惜生命与水”等宣传活动。

中国林学会与中国野生动物保护协会和青海省农林厅在青海联合主办了“走进大自然”夏令营活动，以对青少年进行科技教育、保护生态环境教育为主，考察了青海湖鸟岛、互助北山林场等地，该活动融知识性、趣味性一体，共有来自北京、山东、云南、贵州、青海等5省（市）的106名营员参加。

暑期，中国林学会在北京举办了“我爱首都北京”林学夏令营两期，来自广西、山西、山东、陕西4省（区）的200名中学生参加了夏令营。（秦向华）

【国际活动】 1997年，中国林学会举办了面向21世纪的林业国际学术研讨会，会议就林业发展战略、方针、政策；林业可持续发展思想、理论、指标体系；林业教育及林业科学研究等林业科学技术的全方位问题进行了交流。协助中国科协举办了中国与西伯利亚科技合作研讨暨展示会之农林业组研讨会。接待了日本林学会和越南林业科技协会来访团。派团参加了加拿大全球探讨——森林可持续经营年会和越南社区参与自然保护区管理国际学术研讨会；组织森林公园及国有林管理培训团赴加拿大就加拿大国有林管理、国家森林公园管理理论及自然资源的保护与利用进行了为期一个月的考察培训。（冯彩云）

中国野生动物保护协会

【中国野生动物保护协会内部清理整顿】 根据中共中央办公厅《关于加强社团和民办非企业单位管理工作的通知》和《国务院办公厅转发民政部关于清理整顿社团意见的通知》的文件精神，中国野生动物保护协会于6～8月进行了内部清理整顿工作。

清理整顿的内容有：政治上，积极贯彻国家有关野生动物保护的法规、政策，积极配合野生动物行政主管部门做好野生动物管理、科研、驯养繁殖等方面的工作，并为主管部门的行政决策提供建议和科学依据；业务上，积极开展野生动物保护的宣传教育和科学研究工作，并积极开展国际交流活动，以扩大协会的影响。协会设有基金管理委员会专门管理国内外捐款的使用，每年拨出专款用于野生动物的科研工作，并对野生动物和自然保护区的管理给予资助。1997年经过神州会计事务所审计，协会财物管理情况和总的账目处理符合国家事业单位财物管理的有关规定。（王 宁）

【大学生绿色营赴西藏林区考察】 为保护藏东南地区的原始森林及其生物多样性，宣传保护生态环境的重要性，中国野生动物保护协会和陕西华信实业公司于7月、8月间共同组织了主题为“尊重传统、认识自然”的大学生绿色营赴西藏考察活动。

大学生绿色营赴西藏考察活动是以大学生为主的环境教育及生态考察活动，其成员由来自北京、哈尔滨、上海和昆明4城市的12所大学的学生以及记者等30人左右组成。绿色营在1个月左右的时间内，重点考察了藏东南林芝地区的原始森林和野生动物以及生态环境保护状况。

野外考察结束后，于12月14～19日在北京图书馆举办了雪域高原行——大学生绿色营藏东南生态考察摄影展，共展出照片70余幅。（尹 峰）

中国水土保持学会

【综　述】 1997年，中国水土保持学会全面贯彻落实江泽民总书记、李鹏总理关于大抓植树造林，治理水土流失，建设生态农业的重要批示精神，开展了各项工作。①统一认识。组织常务理事学习批示，领会精神，向全体会员发出贯彻批示精神，开创水土保持新局面倡议书。②学术交流。组织召开了山区可持续发展学术讨论会，“治理水土流失，建设生态农业”技术研讨会，发展沙棘，保持水土，建设生态农业现场考察研讨活动等；拍摄电视系列片《水土保持与可持续发展》。③科学普及。组织大型《水土保持法》宣传咨询日活动；开展了以科技殿堂迎接青少年为主题的“五四”科技传播活动；参与了“珍惜生命之水”全国青少年行动日。④对外交流。完成组团赴美考察活动，选派中青年骨干教师参加在尼泊尔举办的流域管理短期研讨培训。⑤组织工作。召开了二届二次组织工作会议，表彰奖励第二届中国水土保持学会青年科技奖获奖人员；完成了社团整顿自查、上报等清理工作；学会推荐的甘肃省定西地区水保所张富获第五届中国青年科技奖，林业部“三北”防护林建设局营林处张文明获中国科协全国优秀科技工作者称号。　（黄　元）

【山区可持续发展学术讨论会】 由中国水土保持学会、国际泥沙研究培训中心和国际沙棘研究培训中心共同举办的山区可持续发展学术讨论会暨全国第三届水土保持青年学术讨论会于11月29日至12月1日在北京召开。16个省（区、市）的60名水保青年科技工作者出席了会议。会议围绕当前水土保持和山区可持续发展的热点问题进行了交流，代表们听取了中国21世纪议程与可持续发展战略，山区综合开发与可持续发展，沙棘资源培育、开发与水土保持，国土侵蚀、泥沙研究现状与未来和水土保持科学研究现状与发展趋势5个专题报告。　（黄　元）

中国林业经济学会

【综　述】 1997年，中国林业经济学会的工作有几个显著特点：首次有组织地对当前的热点、难点问题进行调研；首次有组织有分工地进行专题调研；首次将杂志联合起来搞征文活动；首次将项目培训与青年林业经济学者论坛结合起来。

东北国有林区调查　8月，中国林业经济学会组织了林业部经济发展研究中心、北京林业大学、东北林业大学的会员，先后对黑龙江省亚布力、苇河、通北、绥棱、铁力、友好、乌马河、五营等8个林业局以农养林、熟化速生丰产林用地情况进行了比较深入的调查，最后形成了《以农养林是振兴东北国有林区经济的突破口》的调查报告。这个报告得到了林业部领导的高度重视，祝光耀副部长专门做了重要批示。

林业分类经营学术研讨会　11月，中国林业经济学会与广西壮族自治区林业厅在南宁市共同举办了林业分类经营学术研讨会。与会者对林业分类经营的概念，当前分类经营改革试点中存在的问题以及下一步如何搞得更好，提出了许多建议，并出版了论文集。

青年林业经济学者论坛　12月，中国林业经济学会在北京举办了第三届青年林业经济学者论坛。这届论坛的参加者主要是各高等林业院校的青年林业经济学者。围绕着目前我国林业经济研究的热点与焦点问题进行了研讨。

举办联合征文活动　中国林业经济学会将《林业经济》、《林业财务与会计》、《世界林业研究》、《中国林业企业》、《林业经济问题》、《林业经济研究》、《林区经济》、《森工研究》等几家杂志联合起来，通过《中国林业报》向全国发出了《我看林业分类经营》征文启事。这一活动收到40多篇水平比较高的论文；同时加强了林业界几家林业经济刊物的联系，并进行了优秀论文的评奖活动。　（中国林业经济学会秘书处）

中国林产工业协会

【综 述】

开展国内外合作和技术交流 ①接待了来自德国、奥地利、芬兰、加拿大、美国等国的企业家代表团和3个日本代表团，交流了木材加工和人造板二次加工、国内外木业动态和合作意向。②组织部分协会会员企业分赴德国参观国际木工机械展，赴美国考察林产工业。③接受《中国日报》、《人民日报》、《中国物资报》、中央电视台的采访，对木筷生产和人造板生产进行了介绍。

参与、协助有关单位筹备、组织展览会 ①协助香港雅式展览公司举办了上海春季国际木工机械展览会，有几十个协会成员企业参加展览。②协助并参加11月7日在北京举办的首届全国资源节约综合利用成果展的工作，30多个会员企业参展。③协助香港展览公司和英国蒙哥马利展览公司于1997年11月11日在上海举办的国际木工机械展，并与中国国际广告公司签定了长期合作的意向协议。

为企业提供咨询，帮助企业解决困难 ①通过协会牵线搭桥，光大集团领导会见了林业部领导，探讨进口木材降低关税的问题，并取得了一致的意见。②及时与林业部有关司（局）、省林业厅（局）林政部门联系，解决个别木材检查站乱收费的问题。

调查研究，探讨企业发展趋势 ①考察了光大木业公司、广州星辰木业公司、华光木业公司、天津福津木业公司、福海木业公司、河北左各庄胶合板厂、浙江湖州南浔胶合板市场等，对在市场经济条件下如何发展“三板”产业有了进一步认识。②将人造刨切薄木产品生产专利技术介绍给广州星辰木业公司，促进其投入大批量生产，使企业在遭受东南亚金融危机严重冲击的情况下，开拓新产品，满足市场需求，并取得良好经济效益。

打击胶合板走私违法活动 配合海关总署打击胶合板走私违法活动，通报情况，取得了一定的成效。

关于打击假冒、保护名优活动 与国家技术监督局、中国质量检验协会共同研究开展关于促进企业加强质量管理和开展打击假冒、保护名优工作活动，并达成意向协议。 （王立清）

中国林业体育协会

【综 述】

全民健身工作 ①为进一步推动《全民健身计划纲要》在林业系统的贯彻实施，中国林业体育协会于6月10日在南宁市举办全国林业第五届“产业杯”乒乓球赛期间，召开了秘书长年会，共有17个省（区）的代表参加了会议。会议就如何进一步开展《全民健身计划纲要》的实施工作进行了部署。会议指出，各级林业体育协会应加强交流和合作，加大宣传力度，争取领导的重视、群众的支持。会议商定了1998年林业体协的主要工作。②为加大学校体育工作的力度，中国林业体育协会协助林业部人事教育司于6月21～23日在中南林学院举办了全国普通高等林业院校第二届大学生运动会。

参加第八届全运会 中国林业体育协会报名参加的3个运动项目均进入了决赛，完成了组团进上海的任务（国家体委规定行业体协如没有项目进入决赛则不能组团进主会场），使林业体协的旗帜飘扬在八运会主会场上，达到了宣传林业，增强行业凝聚力、向心力的目的。此外，还组织了八运会林业观摩团。

参加全国竞赛 中国林业体育协会1997年除参加全运会的预决赛外，还参加了5次全国性比赛。林业体育协会射箭队在中朝射箭比赛上，获女子淘汰赛第四名。由四川、山西省林业厅联合组队代表中国林业体育协会参加了全国象棋团体赛和个人赛，在团体赛上，获乙组第三名，晋升甲组。大兴安岭林业集团公司代表中国林业体育协会参加全国速滑冠军赛也取得了较好成绩。

经中国林业体育协会推荐，南京林业大学成裕阳和中南林学院刘佳二人通过了国家体委田径国家级裁判员的考试，被批准为国家级裁判员。至此，中国林业体育协会已培养出7名田径国家级裁判员。

（伊尧正）

【中国林业体育协会参加全国第八届运动会】 本世纪最后一次全国综合运动会——第八届运动会于10月12～24日在上海举行，林业体协会有11名运动员参加了本届运动会的速度滑冰、射箭、马术3个项目的比赛，经预赛有10名运动员进入决赛。

在全国第八届运动会期间，国家体委举行了全国群众体育先进表彰活动。林业系统获得全国群众体育先进奖的单位：福建林业体育协会、南京林业大学、临江林业局第一中学、伊春市友好区第四小学、大兴安岭地区碧水中学；先进个人：李继唐（四川省林业体育协会）、沙鸥（吉林省林业体育协会）。（郑 飞）

【1997年中国林业体协举办的比赛】

名称	时间	地点	承办单位	参加单位	成绩
全国林业第五届“产业杯”乒乓球赛	6月10～14日	南宁	广西壮族自治区林业厅	吉林、福建、广东、广西、海南省（区）林业厅（局），中国林业体育协会	男子团体：广西壮族自治区林业厅、吉林省林业厅、福建省林业厅 男子单打：李建辉（桂）、陈宇军（桂）、郑裕平（闽） 女子团体：广西壮族自治区林业厅、吉林省林业厅 女子单打：李建平（闽）、李琴（闽）、董建华（吉） 体育道德风尚奖：海南省林业局、吉林省林业厅
全国普通高等林业院校第二届大学生运动会	6月21～23日	株洲	中南林学院	北京林业大学、南京林业大学、西北林学院、西南林学院、内蒙古林学院、吉林林学院、福建林学院、中南林学院	团体：北京林业大学、中南林学院、西北林学院

（郑 飞）

【1997年中国林业体育协会参加的全国比赛】

名称	时间	地点	组队单位	成绩
全国速滑冠军赛	3月15～18日	哈尔滨	大兴安岭林业集团公司	张晶明男子短全能500米第九名
八运会速滑决赛	3月30日至4月2日	哈尔滨	大兴安岭林业集团公司	张晶明男子短全能500米第九名
全国射箭锦标赛	4月10～15日	武鸣	中国林业体育协会	李学琼第三十名 刘钰第三十三名
八运会射箭预赛	5月15～20日	西安	中国林业体育协会	李学琼、刘钰取得决赛资格
中朝射箭赛	7月15～18日	北京	中国林业体育协会	刘钰第四名
全国象棋团体赛	5月6～15日	上海	四川、山西省林业厅	乙组第三名
全国象棋个人赛	10月6～21日	漳州	山西省林业厅	赵利琴（山西）甲组第二十名 曾启泉（四川）乙组第八名
八运会马术决赛	10月10～16日	上海	中国林业体育协会	团体第九名
八运会射箭决赛	10月13～16日	上海	中国林业体育协会	李学琼第三十二名

（郑 飞）

大事记与重要会议

1997年中国林业大事记

1月

1日 林业部以［1997］1号文件印发《林业部关于贯彻〈中共中央关于加强社会主义精神文明建设若干重要问题的决议〉的实施意见》，要求各级林业部门和各企事业单位，结合本地区本单位实际，认真组织实施。

18日 林业部发出紧急通知，要求各级林业主管部门和森林工业企业采取切实有效措施，安排好困难企业、场圃职工的生活，确保林区社会稳定。

20～23日 全国林业计划会议在北京召开。会议结合贯彻中央经济工作会议、中央农村工作会议和全国计划会议精神，具体落实全国林业厅（局）长会议确定的任务，总结交流各地计划管理工作的经验，研究部署1997年的林业计划工作。徐有芳部长出席会议并讲话。

30日 国务院第137次总理办公会议原则批准由林业部起草，经国家科委、外交部、财政部会签的《关于参与发起筹建国际竹藤网络并在我国设立该组织总部的请示》。

30日、31日 林业部机关党的建设和机关建设工作会议在北京召开。会议结合贯彻中纪委八次全体会议和中央国家机关第十一次党的工作会议精神，总结过去一年的工作，部署1997年机关党的建设和机关建设工作，交流坚持“两手抓”和实行“一岗双责”的经验，并对开展“三优一满意”精神文明创建活动作了安排。

2月

27日 全国绿化委员会第十六次全体会议在北京召开。中共中央政治局委员、国务院副总理、全国绿化委员会主任姜春云主持会议并讲话。会议的中心任务是总结交流过去一年造林绿化工作的经验，表彰先进，部署任务，以全面加快我国造林绿化步伐。

3月

6日 中共中央政治局常委、国务院总理李鹏对森林防火工作作出重要指示：“森林防火事关重大，各级政府和林业部门务必抓紧抓好，并实行管区责任制，哪里发生重大森林灾情，又不及时扑灭，造成重大损失的，有关领导人要承担责任。要坚持‘预防为主，积极消灭’的方针，严格森林防火管理和监视制度，进一步采用行之有效的先进适用灭火技术，提高消防人员的业务水平和政治素质，实行专业和群防相结合，把火灾消灭在萌芽状态，确保消灭特大火灾，把一般火灾的损失降低到最低限度，为保护森林资源和人民生命财产安全作出新的贡献。”

16日、17日 全国森林防火工作现场会在吉林省白河林业局召开。国务院副秘书长刘济民传达了中共中央政治局常委、国务院总理李鹏对森林防火工作的重要指示，中共中央政治局委员、国务院副总理姜春云到会并讲话。会议总结了近年来森林防火工作的成绩和经验，分析了当前森林防火工作中存在的问题，部署了1997年和今后一个时期的森林防火工作。会议要求各级党政领导结合本地实际，认真贯彻党中央、国务院关于森林防火工作的重要指示精神，严密部署，严格检查，严格要求，严格奖罚，切实把各项春防措施落到实处。

4月

5日 党和国家领导人江泽民、李鹏、李瑞环、朱镕基、刘华清、胡锦涛等到北京天坛公园参加首都全民义务植树，并对林业工作作重要指示。江泽民指出，植树造林、绿化祖国是一件利国利民的大好事，要全民动手，继续坚持下去。李鹏指出，作为首都，北京市应该搞得更干净些、更漂亮些。李瑞环指出，植树是件大好事，我国人均绿化面积非常少，要发动全社会所有的人都来参加绿化工作，树种得再多也不过分。

6日 全国人大常委会组织执法检查组，由副委员长王丙乾、布赫，环境与资源保护委员会主任委员曲格平、副主任委员杨振怀，财经委员会副主任委员黄毅诚分别带队，对江西、福建、云南三省《森林法》实施情况进行检查。

8日 林业部举行中国荒漠化状况新闻发布会，公布全国荒漠化普查结果：我国荒漠化土地面积为262.2万平方千米，占国土面积的27.3%；全国沙漠、戈壁及沙化土地面积为168.9万平方千米，占国土面积的17.6%。

11～20日 中国第四届花卉博览会暨首届中国花卉交易会在上海举行。中共中央政治局委员、国务院副总理姜春云，中共中央政治局委员、上海市委书记黄菊，全国人大常委会副委员长陈慕华，林业部部长徐有芳，对外贸易和经济合作部部长吴仪，上海市市长徐匡迪，中国花卉协会会长何康等分别题词或致贺词。

17日 中共中央政治局委员、国务院副总理姜春云在中南海主持召开科教兴林专家座谈会。会议集中研讨了如何进一步加大科教兴林力度，提高造林质量，加快造林速度，推动我国林业事业持续、快速、健康发展等问题，强调要把科教兴林摆上更加重要的位置。

18日、19日 全国山区综合开发示范暨林业对口扶贫工作会议在贵阳市召开。陈俊生国务委员在讲话中强调，山区综合开发和林业扶贫开发是事关经济发展和社会稳定的重大问题，各级党委和政府一定要提高认识，切实把山区综合开发工作作为强国富民、实现可持续发展的根本大计，摆到重要的工作日程上，花大气力，坚持不懈地抓下去，走出一条符合我国山区实际的经济开发新路子。

22～24日 全国林业审计工作会议在北京召开。会议的主要任务是贯彻全国审计工作会议精神，总结近两年来的林业审计工作，表彰先进集体和个人，安排部署1997年的林业审计工作。徐有芳部长到会并讲话。

5月

11～20日 首次全国林业系统两个文明建设先进事迹报告团深入东北、内蒙古国有林区作巡回报告。

13～15日 中国政府和联合国防治荒漠化公约临时秘书处联合举办的亚洲防治荒漠化部长级会议在北京召开。来自44个国家、19个国际组织和非政府组织的157名代表出席了会议。中共中央政治局委员、国务院副总理姜春云和联合国防治荒漠化临时秘书处执行秘书迪亚罗分别在开幕式上致词。会议通过了《北京宣言》和亚洲防治荒漠化区域行动框架及有关文件。会议期间，中国国家主席江泽民会见了与会代表。

28～31日 全国森林病虫害防治工作会议在杭州市召开。中共中央政治局委员、国务院副总理姜春云致信祝贺，徐有芳部长作题为《认清形势，明确任务，强化措施，把我国森林病虫害防治工作推向一个新阶段》的报告。会议的主要任务是，贯彻落实经国务院批准、林业部发布的《关于进一步加强森林病虫害防治工作的决定》和姜春云副总理的重要指示精神，总结交流经验，研究部署今后一个时期的森林病虫害防治工作。

6月

3日 中央机构编制委员会办公室以中编办字［1997］85号文批准林业部成立中林审计师事务所。

6日 林业部在北京召开大兴安岭火灾区恢复森林资源总结表彰大会，总结成绩与经验，表彰在资源恢复工作中作出突出贡献的先进单位和个人，部署启动火灾区恢复更新森林资源和生态环境的优化更新工程（二期工程）。会议强调，要在过去工作的基础上，进一步开拓恢复森林资源和生态环境工作的新局面，经过努力，完成14.4万公顷人工更新任务，改造培育38.8万公顷杨桦低价林分，以全面恢复火灾区的森林资源和生态环境，实现大兴安岭林区的可持续发展。

9～20日 王志宝副部长率中国政府代表团赴津巴布韦出席濒危野生动植物种国际贸易公约第十次缔约国大会。

16日 中国林学会成立80周年纪念大会在京召开。中共中央总书记江泽民，国务院总理李鹏，国务院副总理姜春云，中央书记处书记温家宝，国务委员宋健、陈俊生，全国政协副主席朱光亚等分别为大会题词。

17日 全国绿化委员会、林业部和北京市政府联合在八达岭长城举行纪念世界防治荒漠化与干旱日百万人签名活动长城签名仪式，纪念第三个世界防治荒漠化与干旱日。

7月

4日 中共中央决定，徐有芳同志任黑龙江省委委员、常委、书记，不再担任林业部党组书记职务；陈耀邦同志任林业部党组书记。

10～14日 全国国有场圃和种苗工作会议在辽宁省本溪市召开。会议总结交流了近几年来国有场圃和种苗工作深化改革、加快发展的经验，研究部署了今后一个时期的工作。

16日 由全球环境基金资助的中国湿地生物多样性保护与可持续利用前期项目启动。

8月

3～10日 林业部党组在北戴河召开党组扩大会议，学习江泽民同志5月29日在中央党校省部级干部进修班毕业典礼上的重要讲话，结合林业工作实际，全面总结近年来林业工作经验，研究讨论面向21世纪的林业建设方针、指导思想、目标任务、政策措施和当前要着力做好的重点工作。中共中央政治局委员、国务院副总理姜春云到会并作重要指示，林业部党组书记陈耀邦主持会议并作总结讲话。会议指出：要用江泽民总书记重要讲话精神统帅林业工作全局，使我国林业在现有基础上有个新的更大的发展。

5日　中共中央总书记江泽民在国务院副总理姜春云《关于陕北地区治理水土流失建设生态农业的调查报告》上作重要批示，强调要大抓植树造林，绿化荒漠，治理水土流失，再造山川秀美的西北地区。

12日　中共中央政治局常委、国务院总理李鹏在国务院副总理姜春云《关于陕北地区治理水土流失建设生态农业的调查报告》上作重要批示，强调要切实加强植树种草，治理水土流失，并争取十五年初见成效，三十年大见成效。

14～18日　全国资源林政管理工作会议在西宁市召开。会议强调，一定要采取有力措施，加强资源林政管理工作，加大执法力度，进一步贯彻落实国务院办公厅颁发的《关于加强森林资源保护管理工作的通知》。

29日　全国人民代表大会常务委员会第二十七次会议决定，任命陈耀邦同志为林业部部长，免去徐有芳同志林业部部长职务。

9月

3日　全国林业公安基层建设工作会议在福州市召开。会议总结了1990年以来林业公安基层基础建设工作的经验，表彰了在组织及实施基层建设工作方面成绩突出的先进单位，部署了今后一个时期林业公安基层建设工作的措施和办法。

4日　中共中央宣传部、全国绿化委员会在北京人民大会堂联合召开座谈会，学习贯彻江泽民总书记和李鹏总理关于生态环境建设的重要批示，深化对生态环境建设在实现经济社会可持续发展中重要地位和作用的认识。财政部、农业部、林业部、中国人民解放军总后勤部、共青团中央、全国妇联、国家科委、新华社等部门的领导和有关专家出席。会议强调，要加强对现有森林资源的保护管理，搞好大型林业生态工程建设，以全民义务植树运动为龙头，大抓植树造林和国土绿化，全面推进我国生态环境建设。

11日　林业部发出《关于认真学习贯彻江泽民总书记、李鹏总理关于生态环境建设重要批示精神，落实国务院陕北会议要求，进一步做好生态环境建设工作的通知》。

12～19日　李育才副部长出席、陈耀邦部长列席中国共产党第十五次全国代表大会。陈耀邦当选为中国共产党第十五届中央委员。

23日　中国林业科学研究院研究员、中国工程院院士王涛荣获香港何梁何利基金之科学与技术进步奖农学奖。

24～29日　林业部党组在北京召开党组扩大会议，学习贯彻党的十五大精神，并结合林业实际，研究部署加快林业改革与发展、加强机关党的建设和机关建设工作。党组书记、部长陈耀邦主持会议并讲话。会议强调，要用十五大精神统一思想，转变观念，把我国的林业改革和发展全面推向21世纪。

29日　全国绿化委员会、林业部在北京西山林场举行造林绿化功臣碑奠基仪式，拟为全国900多名为造林绿化事业作出杰出贡献者树碑。

29日～10月10日　祝光耀副部长率中国政府代表团赴意大利罗马出席联合国防治荒漠化公约第一届缔约方大会。

10月

6～28日　世界银行对我国世界银行贷款贫困地区林业发展项目进行预评估，并予以通过。

9日　“中国林业十杰”评选活动在北京揭晓，石光银、杰桑·索南达杰、王涛、牛玉琴、孙俊福、马永顺、格日乐、徐凤翔、卫桂英、胡俊生当选。

13～22日　陈耀邦部长率中国代表团赴土耳其安塔利亚市出席第十一届世界林业大会。会议期间，陈耀邦部长同土耳其林业部部长艾森·塔兰格鲁签署了《中土林业合作谅解备忘录》。

11月

6日　《成立国际竹藤组织的协定》在北京举行签字仪式。林业部王志宝副部长主持签字仪式，李鹏总理、钱其琛副总理和有关部门领导出席。孟加拉国、加拿大、中国、印度尼西亚、缅甸、尼泊尔、菲律宾、秘鲁、坦桑尼亚等9个发起国的政府代表在《协定》上签字。荷兰、意大利、日本、韩国、巴基斯坦、泰国等6个观察员国家代表及国际竹藤组织首届理事会成员、董事会成员和国际农发基金会、加拿大国际发展研究中心官员等出席签字仪式。

7日　国际竹藤组织在北京举行成立大会，宣告该组织正式成立。国务院副总理姜春云出席大会并代表中国政府致辞，全国人大副委员长雷洁琼、全国政协副主席万国权出席成立大会。国家主席江泽民为国际竹藤组织题匾。国务院总理李鹏，副总理钱其琛、姜春云，全国人大常委会副委员长雷洁琼、王光英、布赫，国务委员宋健、陈俊生等为成立大会题词。该组织由中国和加拿大两国率先发起，是第一个总部设在中国的政府间国际组织。王志宝副部长当选为国际竹藤组织理事会主席，中国林业科学研究院院长江泽慧当选为国际竹藤组织董事会联合主席。

10日　中华人民共和国林业部部长陈耀邦和俄罗斯联邦外交部第一副部长卡拉辛分别代表本国政府

在北京签署《中华人民共和国和俄罗斯联邦政府关于保护虎的议定书》。

同日，林业部驻云南省森林资源监督专员办事处成立。

12月

10日 林业部植物新品种保护领导小组和林业部植物新品种保护办公室同时成立。

26日 《中国绿色时报》创刊新闻发布会在北京举行。中共中央总书记、国家主席江泽民题写报名。全国人大常委会副委员长布赫出席新闻发布会并讲话。该报的办报宗旨是：面向社会，面向世界，面向21世纪，为推进我国生态环境建设创造良好的舆论环境。

28～30日 林业部召开第六次部务会议暨林业部机关党的建设和机关建设工作会议，传达中央经济工作会议、全国金融工作会议、全国计划会议、中央国家机关党工委第十二次工作会议和纪工委第十次纪检工作会议精神，总结1997年的林业改革与发展工作，部署机关党的建设和机关建设工作，研究1998年的工作。

（林业部办公厅）

重 要 会 议

【全国森林防火工作现场会】 3月16日、17日，国务院在吉林省白河林业局召开了全国森林防火工作现场会。国务院副秘书长刘济民传达了李鹏总理对森林防火工作的重要批示。姜春云副总理到会并作了重要讲话。徐有芳部长部署了1997年的森林防火工作。

刘济民副秘书长主持会议。吉林省省委书记张德江、省长王云坤、省委副书记苏荣、副省长杨庆才，内蒙古自治区副主席张廷武，黑龙江省副省长孙魁文，广西壮族自治区副主席陆兵，四川省副省长敬正书，贵州省副省长袁荣贵，云南省副省长黄炳生，西藏自治区副主席泽仁桑珠及有关部门领导出席了会议。各省（区、市）森林防火办公室主任参加了会议。

姜春云副总理作了题为《深化认识强化管理切实做好森林防火工作》的讲话。姜春云副总理在讲话中认为，我国的森林防火工作从1987年以来经过10年的不懈努力，全民防火意识有所增强，防火组织体系逐步完善，森林防火基础设施建设有所加强，森林防火工作已由过去单靠林业部门抓，开始转变为在各级政府统一领导下，各有关部门齐抓共管、全社会共同负责的局面，由过去大规模发动群众被动扑火，转变为坚持“预防为主，积极消灭”的方针，实行主动式防火扑火，由单纯依靠行政管理，转变为行政手段、经济手段、法律手段相结合的综合治理，森林火灾发生次数和发生率、森林火灾受害面积和火灾受害率、森林火灾伤亡人数均有大幅度下降。就如何做好1997年和今后一个时期的森林防火工作，姜春云副总理从六个方面提出了要求：一是要从政治的高度和改革、发展、稳定的大局出发，充分认识搞好森林防火工作的重要性；二是坚决贯彻“预防为主，积极消灭”的方针，狠抓各项预防措施的落实；三是动员和依靠全社会力量，群策群力搞好森林防火工作；四是完善法规，严明法纪，坚持依法治火；五是加大投入力度，强化森林防火基础设施建设和队伍建设；六是切实加强领导，严格实行森林防火工作行政首长负责制。

徐有芳部长从三个方面部署了1997年工作：一是认真学习，深刻领会，把思想认识切实统一到李鹏总理和姜春云副总理的重要指示上来；二是认真学习吉林省经验，推动全国森林防火工作进一步向前发展；三是认真贯彻落实两位领导同志的重要指示精神，全力以赴抓好春防工作。

（黄家运）

【全国森林病虫害防治工作会议】 5月28～31日，林业部在杭州市召开了全国第三次森林病虫害防治工作会议。国务院副总理姜春云为大会发了贺信，徐有芳部长作了题为《认清形势，明确任务，强化措施，把我国森林病虫害防治工作推向新阶段》的报告，王志宝副部长在大会上作了总结讲话。会前经国务院批准，林业部印发了《关于进一步加强森林病虫害防治工作的决定》。

姜春云副总理在贺信中指出，森林病虫害是“不冒烟的森林火灾”，是林业的大敌。要动员组织全社会的力量，采取有力措施，坚决扭转森林病虫害严重发生的势头，确保林业的健康发展。各级政府要切实加强领导，落实目标责任制。各有关部门要给予大力支持。各级林业部门要坚持一手抓资源发展，一手抓资源保护，大力推广先进技术，提高防治水平。

徐有芳部长提出，今后几年是我国林业发展的关键时期，全国森林病虫害防治工作的目标是：到2005年，把森林病虫害发生率控制在6%以下，从根本上扭转森林病虫害严重发生的局面。防治工作的总体思路是：坚持“预防为主，综合治理”的方针，以提高控灾减灾能力为中心，进一步完善目标管理，加强体系建设，实施工程治理，实现防治工作由被动减灾向主动控灾转变。当前和今后一个时期，要切实抓好以下几方面的工作：一是明确责任，切实加强对森林病虫害防治工作的领导；二是突出重点，对主要森林病虫害实施工程治理；三是抓好源头，建立森林病虫害协同御灾机制；四是进一步完善法规，坚持依法防治；五是依靠科技，提高森林病虫害防治水平；六是广筹资金，增加对森林病虫害防治工作的投入；七是健全机构，稳定森林病虫害防治专业队伍。

王志宝副部长在总结中强调，要贯彻落实好这次会议精神，一要在林业厅（局）领导班子中进行传达贯彻；二要突出解决好对森林病虫害防治工作的认识问题；三要提出一个好的思路；四要写出一个好报告，向省（区、市）政府报告；五要编制一个好的规划，明确目标、任务和具体措施；六要开好一个动员会，请主管政府领导讲话，把各项任务落实下去。

来自全国各省（区、市）林业厅（局），森工（林业）集团公司的主管领导、森防站长等120多名代表参加了会议。（蔡炳城）

【全国国有场圃和种苗工作会议】 7月10～14日，全国国有场圃和种苗工作会议在辽宁省本溪县召开。来自全国31个省（区、市）林业厅主管副厅长、主管国有林场和林木种苗工作的站（处、局）长，5个计划单列市林业局局长，林业部有关司局的领导同志，以及新华社、中央广播电台、中央电视台、中国林业报社等新闻单位的记者，共120多人参加了会议。

会议全面总结了近几年来国有场圃和林木种苗工作情况，分析研究了当前面临的主要困难和问题，提出了今后一个时期国有场圃和林木种苗工作的指导思想、奋斗目标、主要任务和具体措施。辽宁省副省长徐文才代表省委、省政府致词，祝贺会议的召开。祝光耀副部长代表部党组先后作了题为《深化改革、强化管理、努力开创国有场圃工作新局面》和《转变观念、开拓进取、真抓实干、把林木种苗工作推向一个新的发展阶段》两个报告；林业部财务司单吉儒副司长介绍了国家对国有场圃财税方面的优惠政策；会上还表彰了全国国有林场、国有苗圃、森林公园、林木良种基地四个方面各十大标兵单位，并颁发了奖牌和证书。

会议确定今后一个时期全国国有场圃的主要发展目标是：①加大力度，加快造林绿化进程，力争在2005年前全面完成666.7万公顷荒山造林任务。②国有林场森林年生长量力争达到6%以上，年净增蓄积量6000万立方米以上。③场圃产业结构趋于合理，有条件的地区，职工人均经济林果力争达到0.2～0.3公顷，丰产用材林、竹林等商品林人均达0.67～1.33公顷，初步形成一场一品；二、三产业有长足发展，努力实现一场（一县）一业。多种经营收入占营业总收入55%以上。国有场圃营业总收入年均增长10%，年均利税增长12%。④到2000年，应有70%场圃达到小康水平，贫困场圃基本脱贫。场圃职工年均工资总收入由1996年的4498元增加到6000元，条件较好的林场力争达到8000～10000元。

林木种苗工作今后一个时期的基本任务和目标是：①建设30个良种繁育中心，50个示范苗圃，1000个无检疫对象种苗基地，31个种苗质量监督检测站。②选育、引进、推广经济林、工业原料林、绿化观赏树种和花卉新品种、新品系、优良无性系、优良家系1000个。其中板栗、核桃、枣、仁用杏、银杏、油茶等经济林树种新品种（品系）150个；以生产纸浆、用材、松脂为对象的针、阔树种优良无性系和家系750个；绿化观赏树种和花卉品种、品系、无性系100个。

（吴丽萍）

【全国林业公安基层建设工作会议】 为进一步加强林业公安的基层建设工作，全面推动林业公安基层单位的队伍建设、业务建设、法制建设和装备建设，贯彻落实全国林业厅（局）长会议、公安厅（局）长会议以及全国派出所工作会议和刑侦工作会议的精神，林业部公安局于9月3～6日，在福州市召开了全国林业公安基层建设工作会议。陈耀邦部长专门给会议写了信，对如何开好这次会议和今后的林业公安工作提出了要求。祝光耀副部长和公安部部长助理杨焕宁参加了会议并作了讲话。林业部公安局谢大发局长作了题为《进一步加强林业公安基层建设工作，全面开创林业公安工作新局面》的工作报告。福建、湖南、河南、内蒙古、青海等5省（区）的林业厅、公安厅领导同志作了典型发言。福建、广东、湖南、江西4省的林业公安处（局）和福建省建瓯市公安局迪口林业派出所等13个单位介绍了开展基层建设工作的经验和体会。会议代表还参观了徐墩林业派出所和武夷山市公安局林业分局。会议还对10个开展基层建设工作标兵单位和91个先进单位进行了记功和表彰。会议结束时，林业部公安局副局长关松林对会议进行总结，并就林业公安下一段的工作任务做了部署。出席这次会议的有两部领导和各省林业公安处（局）长、先进单位的代表，共130多人。福建省委副书记习近平，省委常委、省政法委书记黄松禄及10多个省的林业厅（局）长也参加了会议。这是近年来林业公安的一次高规格、规模较大的会议。

（陈介平）

国际林业信息

【世界花卉产业】 花卉即由种子植物生殖器官的“花”和草的总称的“卉”发展为今天的具有观花、观叶、观芽、观茎、观果和观根等观赏价值，并采取科学技术和艺术方法进行栽培和养护的观赏植物。包括木本、草本、藤本、多肉、蕨类等五大类植物。花卉产业构成条件包含：①有丰富的花卉资源；②具规模的而且现代化的生产基地；③高质量的合格的花卉产品；④高效快捷的运输系统；⑤现代化的市场交易体系；⑥花卉已成为居民生活中不可缺少的用品等，这些构成了花卉产业。花卉产业是非常有发展前途的新兴产业。

世界花卉资源 花卉（观赏植物）资源十分丰富，据报道，全球有30多万种植物，其中有花植物27万种。尽管花卉的概念发展，观赏范围扩大，但是花卉最具魅力的还是植物的花，特别是花的颜色，为此，科学家们对4197种植物的花色进行了统计，结果是：白色1193种，黄色951种，红色923种，蓝色594种，紫色307种，绿色153种，橙色50种，茶色18种，黑色18种。无论是有花、无花，还是什么颜色，花卉都具有观赏价值，都可以形成产业，只待人类进一步认识和开发。从目前开发利用的情况看，形成产业的种类并不多，仅占花卉总数的很少一部分，主要有：郁金香、康乃馨、菊花、玫瑰、月季、唐菖蒲、百合、鸢尾、仙客来、孔雀草、满天星、火鹤、红掌，以及各种常绿花卉和各种花卉盆景等。

花卉种植 第二次世界大战后，近半个世纪的和平，为花卉产业创造了良好条件，花卉种植有了长足的发展，据不完全统计，全世界种植面积已经达到22.3万公顷，其中，亚太地区花卉栽培面积最大达到13.4万公顷，欧洲4.5万公顷，美洲4万公顷。以栽培面积多少而排在前10位的国家是中国、印度、日本、美国、荷兰、意大利、泰国、英国、法国和墨西哥。

花卉产值 花卉产值年年增加，据1996年世界35个国家统计，花卉产值为208.91亿美元，其中，欧洲116.96亿美元，亚太地区42.77亿美元，北美37.19亿美元，中美和南美7.18亿美元，中东和非洲4.81亿美元。以产值的多少排在前10位的国家是日本37.36亿美元，荷兰35.88亿美元，美国32.7亿美元，意大利26.9亿美元，德国16.52亿美元，法国11.02亿美元，西班牙4.87亿美元，哥伦比亚4.76亿美元，英国4.71亿美元，加拿大4.49亿美元。这10个国家的花卉产值为179.21亿美元，占全球35个国家花卉总产值208.91亿美元的85.78%。

花卉消费 世界花卉市场消费总额1996年已经达到1000亿美元，预计到本世纪末可达到2000亿美元。世界花卉贸易总额达到680亿美元（1995年）。国际花卉消费市场结构以欧共体、美国和日本形成三个消费中心。全世界人均消费花卉的水平差异很大，就鲜切花而言，荷兰每年人均消费达到150支，德国80支，英国50支，美国30支，我国城镇人均不足1支。每年人均用在购买鲜切花的钱，意大利58美元，德国51美元，荷兰45美元，比利时41美元，丹麦37美元，法国35美元，英国23美元，西班牙17美元。

花卉出口 花卉出口包括鲜切花、盆栽花卉和切叶花卉三个方面。鲜切花出口，荷兰占世界鲜切花出口总量的57%，哥伦比亚占14%，以色列占4%，肯尼亚和厄瓜多尔各占3%，意大利和泰国各占2%，其他国家占15%。世界主要盆栽花卉出口国荷兰占世界该项贸易总额的49%，丹麦占9%，比利时占8%，德国、意大利和美国各占4%，其他国家占23%。世界切叶花卉贸易中美国占21%，哥斯达黎加占14%，意大利占12%，荷兰占9%，加拿大占8%，丹麦占5%，危地马拉占3%，中国占2%，其他国家占26%。鲜切花、盆栽和切叶贸易之间的比例大约是6：4：1。

花卉销售市场和销售网络 花卉销售是花卉产业的重要组成部分，全世界各国都非常重视，各具特色。它包括集中的拍卖市场和分布各国每个城市的各个角落的花店及街头花卉销售点（摊）等三个部分。花卉销售市场以荷兰为最早和最完善。全荷兰共有41个花卉拍卖市场，其中最早的是成立于1911年的阿尔斯梅尔花卉拍卖市场，占地面积100万平方米，主体建筑占地50万平方米，每年有来自5000个花圃的30亿株鲜花，3亿盆盆花在这里成交，每年的交易额为15亿荷兰盾。花卉销售网络是很有发展前途的花卉销售方式。这方面日本走在前头。1953年4月，日本成立鲜花速递协会，1968年8月正式注册，目前有正式会员2700个，其中国际会员388个，非正式会员1500多个，网络点遍布日本，并登记注册了230个分局。每年处理的鲜花传递业务将近300万件，经营额突破200亿日元。

1993年，这个协会发展为日本鲜花传递基金会，形成日本花卉销售网络。这个网络已与世界上142个国家和地区进行联网，是国际鲜花传递中心在日本的分支机构，有会员55000多个。网络的特点：一是网络面广。可以为99%的日本人提供服务，并与142个国家和地区联络；二是花卉传递速度快捷。利用传真、电话、电报、计算机等电子系统，及时发往各地，传达到用户手中；三是手续简便。用户只要在当地花店订货并付款，或直接利用优惠卡向花店说明订货要求即可；四是服务到位，花店接到用户订单后，中心和各花店必须在规定时间内完成工作，按规定送到目的地；五是信誉保证，即按时、保质、保量。

花卉生产技术

高科技在花卉产业中的应用 ①计算机技术的应用。这项技术已经应用多年，日臻成熟，主要用于花卉生产管理和拍卖市场。在花卉生产管理方面，用电子计算机控制花卉生产温室或大棚内的温度、湿度、光照和肥力等。在花卉拍卖市场方面，全世界以荷兰拍卖市场最为完善。花卉生产者按照拍卖市场的规定将生产者姓名、产品名称、数量、质量、来源、价格等资料和数据，输入计算机，拍卖钟即可显示出来，供购买者选择。拍卖钟从最高价位向低价位移动，买者认为合适时，即按一下电钮，交易成功。②通讯网络技术在花卉上的应用。1976年以来，通讯网络技术得到快速发展，传真已进入人们的日常生活和工作领域。通讯网络技术在花卉上应用，日本表现的比较突出，它通过传真、电话、电报获取花卉信息，利用传真传送订货单，为城市居民购买花卉带来了方便。目前日本已有99.8%的城镇获益。③生物工程技术在花卉上的应用。目前，主要表现在快速培育新品种和鲜花保鲜上。如现代植物营养繁殖技术以及植物组织培养不少成果已应用到花卉、果树和园林苗木等生产领域。由一芽或一叶，通过试管培养，在短短的一年之内，繁殖数万株乃至数十万株，培育出来的新品种，再通过营养繁殖可以迅速而大量地形成商品。再如，基因工程在新品种培育上的应用可培育出延长鲜花自身的保鲜能力的新品种。美国科学家研究证明，鲜花自身的乙烯是促进鲜花催熟短命的原因，如果能使鲜花无法产生正常的乙烯受体，鲜花就可以延长寿命。他们发现在一种草中具有无法产生乙烯受体的特殊基因，并将其移入矮牵牛花植株内，该植株花朵的寿命延长3倍，达到8天。美国和法国科学家，分别将矮牵牛花植物分离出编码蓝色基因转入矮牵牛花细胞中和将玉米色素的一个还原基因酶转入玫瑰细胞中，奇迹般地创造了“砖红色牵牛花”和“蓝玫瑰”。

盆栽花卉新技术 盆栽花卉是花卉产业的重要组成部分。它遍及各国的公共场所、机关门厅、居室和阳台等，应用新技术改变传统的生产模式，培养出大量盆栽花卉，促进了花卉产业的发展。新技术在盆栽花卉中的应用非常广泛，主要有：合理配制盆土，巧施呋喃丹防治虫害，选用不同型号的生根粉进行催根，科学浇水和根外追肥，以及用多效唑或B9等生长调节剂矮化盆栽花卉等。

切花保鲜技术 目前该技术在国际上应用比较广泛，取得了较好的效果。例如，切花采切期和采切方法，商品切花适宜的采切阶段因花卉品种、季节、距市场远近和用户的要求而定，有些花卉如康乃馨、唐菖蒲、鸢尾和金鱼草等可在花蕾阶段采切。有些如兰花、大丽花和雏菊等必须在花朵充分开放后采切。有些花随季节不同而异，夏季宜早些，冬季宜晚些，而大部分切花宜在上午。再如切花方法，切口呈45°斜面且光滑、木质化适度的基部为好；切花分级包装，分级是保证切花品质的质量控制过程，帮助栽培者和经销商使产品更符合市场的需要，保证切花质量的统一性，保证了生产者的利益。

切花标准，目前国际上广泛采用的欧洲经济委员会（ECE）标准和美国花卉栽培协会（SAF）标准，前者适用于欧洲，在国际花卉贸易中具有代表性。切花分为特级、一级和二级等三个等级。切花包装多以10、12或15枝或更多枝捆扎为束。捆扎不宜太紧，以防损伤和滋生病虫害。切花束以湿纸、卫生纸或塑料套等材料为好，再分层小心装入纤维板或纸箱内，以便运输。还有切花保鲜剂的研制、生产和应用。国际花卉研制和生产出各种花卉保鲜剂，广泛应用在花卉生产上。这是一项成本低、效益显著的保鲜技术措施，可在采后各个环节使用。其主要有糖类、杀菌剂、乙烯控制剂和生长调节剂等。

世界花卉生产的特点 主要是：①由高成本的发达国家转向低成本的发展中国家。90年代以前，世界花卉生产主要集中在欧美和日本，如今转移到气候条件优越、土地和劳动力成本低又受到一定产业政策扶持的地区——美洲的哥伦比亚、厄瓜多尔，非洲的津巴布韦、肯尼亚，亚洲的东南亚国家和地区。②花卉生产或花卉企业由独立经营向合作经营发展。世界花卉企业为了最大限度地减少生产风险，为垄断和扩展市场，不断转向合作经营或联合经营。如荷兰的CMA和IBC等合作组织，高额投资购置大型设备。③以切花为主，向切花、盆景、切叶、种球种苗和园林绿化苗木多样性发展。本世纪50年代至80年代初，切花生产占主要地位，80年代后期，在发展切花的同时发展盆花。根据1995年不完全统计，鲜切花贸易额为37亿美元，盆花25亿美元，切花6亿美元，种球种苗和园林绿化苗木销售良好。④由传统花卉向新优品种和种类的多样化发展。切花以郁金香、康乃馨、唐菖蒲、孔雀草、百合、月季、玫瑰、菊花、大花蕙兰等为主要种类，盆栽花卉以球根海棠、叶子花、印度胶榕、凤梨、发财树、绿宝石、红宝石、绿萝、龙血树、杜鹃、万年青、一品红、巴西木等为畅销种类。近年来，花卉市场一些新种类和新品种倍受欢迎，如荷兰的大花飞燕草、乌头属，蓍属（Achilea）、风铃草属、羽衣草属、石竹属、丁香属等非常受欢迎；⑤专业化、工厂化生产将继续扩大。国外花卉生产不搞大而全、小而全生产基地，而是强调专业化、单品种或少品种、大批量生产，如荷兰的康普公司100多年来一直从事菊花生产，丹诺公司从事玫瑰生产。最近两家康乃馨公司合并，扩大产品产量；⑥花卉生产从播种、收获、包装都实现自动化和半自动化；温度、湿度、光照、水、肥等实现计算机化。

（王义文）

【德国森林资源监督管理】

德国林业的有关情况

森林资源 德意志联邦共和国位于欧洲中部，由16个州组成，面积35.65万平方公里，人口8000多万。德国的森林多分布在中部和南部阿尔卑斯山一带。森林覆盖率30%。森林总蓄积量27亿多立方米。按面积比，针叶树占70%，阔叶树占30%；按所有制划分，国有林（包括联邦林及州有林）占30%，公有林（包括法人所有的市有林、社团林、教会林等）占24%，私有林占46%。主要树种为云杉、冷杉、山毛榉、松树、橡树、白桦、杨树等。德国天然林很少，多为人工林，多为近成过熟林、中龄林。森林年生长量6000多万立方米，年采伐量约4000万立方米，年木材需求量7000多万立方米，不足部分靠进口。也有木材及其产品出口，主要是品种调剂和产品销售。

林业立法 德国是法制健全的国家，人们的法律意识普遍很强。德国的林业法制十分健全，无论立法还是执法，都卓有成效。在德国的林业立法上充分体现了林业的重要地位。在执法方面，德国很认真，也很严厉。德国最重要的林业法规是联邦森林法和各州的森林法。联邦森林法共48条，1975年制定，1984年修改。第二次世界大战后，联邦德国各州有自己的独立性，各州有自己的法律。联邦政府制定的法规只是原则性、框架式的，具体的由各州制定。各州制定的法必须符合联邦政府法的框架。林业在德国占有重要地位，森林已成为人们越来越珍惜的生存环境。

森林发展历史及自然林理论与实践 德国古代时期，森林资源十分丰富，森林覆盖率达70%。由于无节制的开发利用，到100多年前天然林已基本砍完。后来大力营造人工林，但树种比较单一，出现了不少弊端。现在人们总结经验教训，一些人提出了搞自然林，使人工林逐步恢复到自然状态的主张。即在现有人工林基础上，进行尽量少的人为活动，使森林中的多种植被自然生长，森林采伐采取择伐方式，尽量减少植被破坏，使之逐渐形成多树种、多世代、多层次的类似原始天然林的森林状态，即按照森林本身固有的森林演替规律进行生长、进行科学合理的经营利用。现在德国有些地方有意识的往这方面做。这种自然林理论与实践是一种新的概念，是在森林永续利用和可持续发展思想基础上，对森林经营与林业发展的一种新的尝试，值得研究。

林业机构设置及其职能 德国联邦政府农林食品部林务局是全德林业主管部门，主要负责林业的总体方针、政策；林业纲领性法律的制定和监督实施；答复有关林业行政管理方面的事宜；联邦对林业的经济资助；协调各州林业部门的工作；林业的总体统计；国际林业交往等。德国林业的管理层次分为：联邦政府农林食品部林务局—州农林食品部林务局—林业管理局—林业局—林场（工区）五级。在管理职能上以州为主。林管局以上（包括林管局）为行政管理单位。林业局基本上是生产经营单位，但也有一定行政管理职能。林场是直接生产单位。关于州的管理职能，现以巴登—符腾堡州的三级林业管理系统为例：

第一级州林务局，是全州的林业主管部门。局机关有六个部门，主要职能是负责计划、财务；制定州的林业法律、政策和长远规划并监督检查执行情况；直接监督国有林的经营管理；组织、人事；木材市场及销售；对外交流等。州林务局下属四个林管局和一个林业研究院。

第二级林管局，归州林务局领导。该州林务局管辖的四个林管局，共管辖190个林业局。林管局的主要职责是执行本州的林业法律规定；监督管理国有林林业局的工作并为其做好产前、产中、产后的服务。有的林管局还从生产管理上兼管公有林林业局。

第三级林业局，对上是生产经营单位，对林场又是管理单位，并且有一定行政管理职能。一个林业局管辖的森林面积为0.5万～1.5万公顷，平均约7000公顷。每个林业局下设七八个林场，每个林场约管辖1000公顷森林。国有林林业局的主要职责是直接经营管理国有林，从育种、造林直到采伐、销售，并为公有林、私有林提供咨询、服务。

以上三级管理机构的人员编制分别为38人、294.5人、2059人。另外，在190个林业局还有2800多常年干活的工人。

森林资源监督管理的主要做法和特点 德国对森林资源的监督管理，分别不同所有制，采取了不同的监督管理模式。

德国的国有林主要是州有林，联邦政府所有的森林只占总数的2%。对这部分森林，在州农林食品部林务局领导下，通过林管局、林业局的管理系统进行垂直管理。根据联邦政府森林法和州森林法的规定，国有林要定期进行森林调查，由专业队伍完成，并在调查基础上每十年编制一次森林经营方案，根据采伐量小于生长量的原则，确定采伐总量，分年度安排，并制定一系列营造林等项措施，报上级批准后，按年度计划实施。每年采伐量可根据市场需求进行调剂，但10年总采伐量不能超过森林经营方案的规定。在德国森林经营方案是严格执行的，基层生产单位如要变动，须报上级主管部门批准，否则属于违法行为，要追究责任。森林法规定，对国有林实行收支两条线的财务管理制度。即林业局组织生产国有林的木材等项收入全部上交州财政；为其服务的林务官等管理人员的工资和其他各项投入支出进入州政府财政预算由州财政拨给，亦即林业局所得盈利全部上交，如有亏损由州财政给予补贴。这种收支两条线的财务管理制度，保证了森林经营方案的严格执行，不会产生以超量采伐来弥补经济亏损，保证了国有林的保值增值。但有的州由于经济不景气，一方面对亏损的林业补贴减少，甚至不给，让自己挣；另方面，拟在今后几年逐渐精简机构，压缩人员，减少开支，严格核定亏损。如巴伐利亚州有的林业局，由于木材价格低，生产成本高，工资增长快，造成亏损。州财政以往每年给全州160个林业局补贴4000万马克，1997年拟不给了，让自己解决。对此，州林业局已经作出了压缩6个林业局人员编制、合并一部分林业局及裁减一半工人的初步方案。

德国公有林的管理有两种情况：一种是公有林所有者自己经营管理；另一种是委托当地的林业局管理。由自己经营管理的，通过协会进行监督，所制定的经营、生产、财务等计划要经过这个协会同意；工人、管理人员及其他生产费用均由公有林所有者负担。委托林业局管理的，每采伐1立方米木材付给林业局12马克作为管理费，如每公顷采伐超过8立方米，也按8立方米付酬。有的社区公有林，为了满足森林旅游等需求，需要额外增加投入，造成经济亏损，这种为满足公益需求造成的亏损，由所在的市财政给予补贴。州财政只负责给管理国有林的林业局予以林业亏损补贴。负责管理公有林的林业局(如弗赖堡林管局所管辖56个林业局中有2个是管理公有林的林业局）的亏损由市财政补贴。根据规定，德国的公有林也实行森林经营方案制度，控制采伐量，按照经营方案要求进行经营、保护和采伐利用，由自己组成的协会和林务官进行监督。

德国的私有林占46%，2/3属于农民。由于私有林所占比重很大，所以政府对私有林很重视。私有林以生产木材为主，同时，对保护环境、森林旅游等也发挥着重要作用。私有林由私有林主自主经营。政府对私有林的管理模式及所采取的政策、措施与国有林和公有林不同。对私有林不要求编制森林经营方案，不按照采伐量小于生长量的原则控制采伐量，年采伐量在符合有关规定的情况下，随行就市。如要求采伐后能及时更新，每次皆伐不超过1公顷，择伐强度不超过50%等。德国认为，现阶段对私有林不适宜强求一致的实行经营方案制度。对面积超过500公顷的大私有林主，如愿意编制森林经营方案，并按照森林经营方案要求执行，政府予以减税，从经济政策上予以鼓励，不强求。私有林如林主自己组织搞调查，国家给予补助。私有林的面积较准，蓄积量一般只是估计，主要搞准采伐量、出材量、销售量。政府对私有林的监督管理，一是指导关系，二是经济扶持，三是技术推广服务，达到帮助私有林主科学经营、实现可持续发展的目的。政府对私有林的指导，主要通过法律、法规来制约。经济扶持方面，一是当市场上木材难卖时，宁肯少采伐国有林的木材，也要让私有林主有收入，能赚钱；二是通过税收，对私有林主减税，实行优惠；三是对私有林主提供培训、咨询，帮助选择优良树种造林，帮助研究解决技术难题；四是根据私有林主的申请和社会需要资助项目经费。据了解，1991年德国支持私有林主1亿马克。如巴伐利亚州，每年给私有林主经济扶持3500万马克。欧共体每年资助1500万马克。对私有林主的各项服务费用，包括为其服务的林务官的工资，政府间接支付1850万马克。还有直接给林农补偿的，如农地转为林地的，按农业产值补偿；政府让其发展针阔混交林，收入低于针叶林的，以及将森林用于人们休养、旅游的等，都给予经济补偿。以上经济政策，有力的鼓励、调动了私有林主经营森林的积极性。德国私有林之所以经营不错，其主要原因：一是私有林有悠久的经营历史，有传统的良好经营习惯，一代代传下来并不断改进、完善；二是私有林主绝大多数还有别的收入，不单纯依赖森林收入，如大多数林农夏季搞农业，冬季搞林业，相得益彰。三是国家对私有林采取了一系列正确的政策、措施，使私有林不断恢复、发展。但是，私有林也存在一些问题，如父母将私有林财产传给子女时，一代传一代，象切西瓜一样，越分面积越小，越分地块越分散，有的私有林主只有0.5公顷森林，甚至几株树，有的私有林主甚至找不到自己的林子，经营起来很麻烦。现在有些地方已有规定，不让这样越分越小，要求相对集中。

由于德国对其不同所制的森林分别采取了一系列有效的监督管理办法，使森林越经营越好，真正实现了“青山长在，永续利用”的目标，目前德国森林平均每公顷蓄积量约300立方米。

建议 德国是一个林业发达的国家，其林业的经营思想、立法和监督管理等方面都有许多经验值得我们中国学习和借鉴。

政府对林业实行宏观调控，充分发挥林业行业的监督管理职能 德国是个法制健全的国家，《联邦基本法》以及一系列有关林业的法律，把林业生产经营的各个方面都纳入了法制轨道。联邦政府对具有公共效益的林业，只是根据有关法规实行宏观调控，不干预林业的内部管理。在巴登—符腾堡州，林业与教育、财政一样，均实行垂直管理，州、区、县、村各级行政机构，不管也不干预林业事务。林业的各层机构，按联邦和州森林法规定，各施其政、各尽其责的进行监督管理和实施生产经营计划。由于联邦政府重视林业的发展，赋予林业行业很大的经营管理自主权，使林业迈入了较高发展阶段。目前全德林木总生长量大于消耗量，国家利用国有林采伐调节木材市场，鼓励私有林多采木材，在考虑市场需求的前提下，积极保护发展森林资源，最大限度地发挥森林的多种功能、多种效益，使德国林业已

进入生态经济林业阶段。德国政府对林业实行宏观调控，充分发挥其监督、管理职能的作法值得我们学习和借鉴。

林业自成体系，实行垂直领导 德国是集监督、管理为一体的林业管理体制。林业从上到下是个独立的垂直领导关系，自成体系，有很大的自主权。联邦农林食品部林务局主要负责林业的总体方针、政策，林业纲领性法律的制定和监督实施。各州林务局负责组织实施州的林业法律、法规以及林业的长远规划，监督和检查下属各机构工作等。林业管理局主要执行本州的林业法律规定，监督管理基层林业局的工作。基层林业局直接经营管理国有林并为私有林和公有林提供咨询与服务。从德国各级林业机构的任务可以看出，其上层机构主要是负责方针、政策、法律的制定和监督实施，只有基层林业局才是直接经营管理单位，并有独立自主权，不受地方政府干预，只接受林业内部的监督检查。目前，中国的林业管理体制分两种情况：一是在东北、内蒙古国有林区和福建、云南等重点林业省（区）建立了森林资源监督机构，形成监督与管理两大体系；二是其他省（区）只有森林资源管理体系。

经过9年的实践证明，中国在国有和重点林业省（区）实行监督与管理两条线的体制是可行的，监督系统在保护和合理利用森林资源，维系林业的可持续发展方面起到了积极作用。这是因为中国林业企业职工的工资、福利、奖金都直接与木材生产挂钩，企业领导为了经济利益，为了保上交、保税收、保工资等，容易产生短期行为，超采木材、采卖价高的木材。有个监督机构来制约，情况就会好些；其次，中国林业企业婆婆多，地方政府向林业索取多，有时严重影响了企业的经营管理，有个监督机构就可制止一些外部的不法行为，帮助维护企业利益；再次，中国经济还不够发达，国有林时常遭到偷砍盗伐等破坏，林地被非法占用的现象也时有发生，在这种情况下，监督机构可帮助协调、制止一些破坏森林资源的不法行为。但是森林资源监督系统要想真正发挥应有的监督作用，必须赋予它一定的制约权力，使监督系统从上到下形成垂直领导管理的体系，同时还要解决好监督人员的工资、福利及开展业务工作的经费，不能与被监督单位合灶吃饭。

严格执行森林经营方案 德国也是10年制定一次森林经营方案，5年评价、修正一次。德国执行森林经营方案是严肃认真的。林业的年度生产经营计划是按森林经营方案来制定的，基层林业局必须认真执行，如有完不成计划的，必须向上级报告，上级来人检查后，认为所提的问题是合理的，经批准后方可改变计划。我国按《森林法》第十三条规定，国营林业企业事业单位和自然保护区都应制定森林经营方案，而且大多数都已制定，并经林业部组织专家论证后，批准实施。但从实际情况看，许多单位没有认真实施经营方案的规定，甚至随意确定采伐地块、采伐量，使森林经营方案失去了权威性，而主管部门对此并未认真追究，这是很不严肃的。为了科学地保护、经营、利用森林资源，实现"青山长在，永续利用"的目标，应很好地学习德国的做法，认真解决森林经营方案贯彻不力的问题。

实行林务官制度 德国的林务官是政府部门从事林业管理工作的终身公务员。国家对林务官的选择是严格的，担任林业局局长以上职务的林务官必须是大学本科毕业，且有两年以上实际工作经验，通过考试合格后才能担任相应职务的林务官。基层林场的林务官也要是中专以上学历，经考试合格后才能任职。林务官具有很高的地位，纳入国家军队、警察、消防、林务等四种特种行业管理，统一着装并佩戴标志。林务官的经费纳入各州财政预算，由州财政统一划拨。近百年来，德国林业之所以能在衰败的基础上得到恢复和发展，并走在了世界的前列，除了国家和社会的重视外，与其有一支高素质的林务官队伍紧密相关。建国后，中国的林业教育得到了长足的发展，但是与林业发展的实际需要相比，无论在人才培养和分配使用等方面，都存在一些不尽合理、不如人意的地方，尤其是基层林业管理部门和企业领导，普遍素质较低，不具备应有的专业知识和管理能力。这方面，我们应该向德国学习。

（杨跃先　凌　鹤　周广德　隋景海
李远畴　陈振杰　薛有祝　林若樱）

索　　引

A

阿尔泰山林业局　395
安徽省　326，328，329
　创建文明森林公园　328
　“五八”造林绿化　328
　扬子鳄研究开发　328
　1997年林业大事　329
　裕溪口贮木场　329
安陆市　349
安远县　339

B

巴音郭楞蒙古自治州　396
白城市林业　295
北京林业大学、北京林业管理干部学院实行紧密联合办学　135
北京林业大学与内蒙古林学院联合办学　135
北京林业大学“211工程”建设项目可行性研究报告　136
北京市成为乡（镇）林业工作站建设合格省（区、市）　268
北京市　265，268
　西山林场和温泉苗圃　268
边境森林防火隔离带补助费管理办法　250
编制林业新科技革命规划纲要　125
濒危野生动植物种国际贸易公约　14，96
拨改贷资金　250
博罗县　357
部级重点实验室　147
部门绿化　49

C

采伐限额管理　66
插管灌根庭院经济模式　385
昌宁县　378
长春市林业　296
长江、黄河流域生态环境林业重点治理工程　163
长江流域三峡库区及嘉陵江流域生态环境林业重点治理工程　367
长江中上游防护林工程　41
长江中上游水土保持及环境保护培训项目　141
陈耀邦　406
重庆市林业　367
楚雄彝族自治州　378

D

达川地区　370
大理白族自治州　378
大连市林业　288
大田县济阳乡砚坑村　334
大通县　388
大兴安岭林业集团公司　249，308，311，313
　农林复合经营　311
　十八站林业局　311
　双文明林场和十强林场　313
　1997年林业大事　313
大兴安岭森林资源　257
大熊猫　53，55
大学生绿色营　420
当代中国盆景艺术　259
德国森林资源监督管理　431
地方林业事业单位机构　248
地方林业事业费　248
第一家社会集资股份合作林场　329
第一批林业行业关键岗位培训单位　141
段世鹏　405
调查规划设计　62
东北亚湿地与水禽保护国际研讨会　96
东北林业大学　136
东乡县甘坑林场　340
独山县　374
对外开放　94
多种经营　160

F

防护林建设　39
飞播造林　38
非洲观赏动物　56
丰林自然保护区　55
封山育林　38
凤庆县　378
福建省　332，333，334，336
　股份合作林场　334
　世界银行贷款国家造林项目　333
　新西兰援助社会林项目　333
　1997年林业大事　336
福州国家森林公园　334

G

甘肃省　383，384，385，386
　花卉产业　385
　莲花山森林公园　384

"三北"地区林业生态工程建设 384
1997年林业大事 386
高黎贡山野生动物保护 377
各地区按林种分的造林面积（表） 174
各地区林业重点工程国家投资完成情况（表） 220
各地区林业重点工程投资完成情况（表） 219
各地区林业重点工程造林面积（表） 179
各地区全部木材、竹材、木材加工、林产化学产品产量（表） 186
各地区森林病虫鼠害的情况（表） 176
各地区营林生产主要指标完成情况（表） 175
各地区主要林产品产量（表） 177
各省、自治区、直辖市林业（农林、农业）厅（局）负责人 411
关键岗位上岗资格证管理 31
关于加强森林病虫害预测预报工作的通知 53
广东省 356，357，358，359
生态公益林体系建设 357
1997年林业大事 359
珠江防护林体系工程建设 358
广东省林业职工思想政治工作研究会 359
广西壮族自治区林业 360
广州市林业 359
贵德县 389
贵州省 371，372，373，375
林业扶贫 372
湿地资源 373
1997年林业大事 375
国际热带木材组织理事会议 97
国际生物圈保护区网络 55
国际竹藤组织 95
国家火炬计划林业项目 137
国家级教学成果奖励工作 138
国家级重点教材立项工作 138
国家计委部门专项（林业）项目 126
国家技术监督局标准化科学技术进步奖 133
国家开发银行 251
国家科委攀登计划林业项目 126
国家林产化学工程技术研究中心 107
国有林区森林工业非经营性基本建设投资计划 164
国家木材工业工程研究中心 107
国家造林项目 105
国家职业技能鉴定 417
国家重点新产品计划林业项目 131
国家资本金 250
国内森林植物检疫收费办法 54
国有苗圃 156，247
国有林场 156，246
国有林业企业质量管理 90
国有林业资产管理 244
国有森林工业企业扭亏增盈 90

H

哈尔滨市林业 301
海南省林业 366
汉宜绿色长廊 348
航空护林 61
河北省 272，273，274，275
第四届中国花卉博览会 275
林业系统先进事迹巡回报告团 274
塞罕坝中密度纤维板车间技改项目 274
首届农业博览会 275
太行山造林绿化的决定 273
禾花雀美食节 358
合江县福宝林场 371
河南省 343，344，346
京九绿色长廊工程 343
林业富山计划 346
陆生野生动物资源 344
湿地保护区建设 344
何永安 405
黑龙江林业 297，298，299，300，301
财务包干 298
大庆市 300
呼兰县 298
桦南县 299
齐齐哈尔市 301
庆安县 298
山河林场 299
绥化地区 300
泰来县 299
通河县 301
黑龙江省森林工业 303，304，305，306，307，308
八面通林业局 304
东方红林业局 304
鹤北林业局 306
鹤立林业局 306
桦南林业局 308
朗乡林业局 307
穆棱林业局 305
清河林业局 303
双丰林业局 307
铁力林业局 304
兴隆林业局 305
侯建华 255
红河哈尼族彝族自治州 378
湖北长江花卉产业有限公司 347
湖北木业集团 347
湖北省 346，348，350
计算机监测森林火灾 348
1997年林业大事 350
湖南省 352，353，354，356
林木无性系育种技术重点实验室 353
落实退耕还林粮补贴政策 352
农业龙头企业 354
使用卫星导航系统 353
1997年林业大事 356
花卉生产 87，430
化州市 358
淮太防护林工程 42
环境保护 50
荒漠化防治 49
湟源县小高陵村 388

J

吉林省禁止猎捕陆生野生动物管理若干规定 293
吉林省绿化条例 293
吉林市林业 294
集约经营用材林基地造林总体设计规程 133
技术合同法 132
姬学仁 403
姜春云 2
江苏省 315，317，318
江宁杜仲茶 318

濮家村股份制绿色企业 317
江泽慧 262
江泽民 1
经济林建设 37
精神文明建设 254
泾县 330
江西省 336，337，338，341
发展林果业基地 338
京九沿线绿化带 338
利用外资 337
1997 年林业大事 341
江西省果树基地面积一览（表） 338
江西省林业厅直接管理的利用外资项目一览（表） 338
京九绿色长廊 348
荆门市 348
马河林业工作站 348
十里牌林场 348
荆州市 349
靖州县 355
焦树仁 400
“九五”国家林业科技攻关项目管理 124
九寨沟自然保护区 55

K

凯里市 374
科技成果鉴定 111
1997 年林业部鉴定科技成果项目 112
科技推广先进表彰 132
可可西里国家级自然保护区 389

L

兰州市大砂沟绿化工程 384
澜沧江—湄公河次区域经济合作林业规划 163
雷州林业局 251
黎平县 374
李家方 402
李鹏 2
李书长 404
李耀民 401
联合国防治荒漠化公约第一届缔约方会议 96
联合国环境与发展特别大会 95
联合国可持续发展委员会第五次会议及政府间森林问题工作组第四次会议 96
联合国粮食及农业组织第十三届林业委员会会议 97
梁希 259，419
辽宁省 283
本溪县碱厂林场 287
国有场圃精神文明建设 286
国有林场改革 285
乌兰白林业工作站 286
种苗工作 285
辽源市林业 295
林办工商企业 340
林产工业产品流通 88
林产工业建设 166
林产品对外贸易 101
林地林木权属争议 71
林地林权管理 69
林科授予博士、硕士学位和培养研究生学科、专业目录修订工作 138
林木采伐管理 67
林木良种繁育中心建设 35
林木良种审定委员会 36
林木良种推广使用管理办法 16
林木种苗生产 34
林木种苗质量监督工作 132
林业部部长级代表团出访 95
林业标准 133
复审 133
数据库 133
林业标准化示范县试点工作 133
林业部部级产品质量监督检验机构管理 133
林业部出国专业考察 98
林业部防治荒漠化中心 415
林业部干部人事工作座谈会 416
林业部公安局督查特大案件 76
林业部公务员录用 416
林业部机关各司局负责人 406
林业部跨世纪学术和技术带头人重点培养对象 416
林业部会计系列高级专业技术职务评审委员会 417
林业部林业改革试验区改革与发展规划纲要 84
林业部领导成员 406
林业部年轻干部挂职锻炼 416
林业部年轻优秀干部选拔工作座谈会 416
林业部特有工种职业技能鉴定站 415
林业部与世界自然基金会 1997 年合作项目年会 97
林业部直属单位基本建设 166
林业部直属单位基本建设计划执行情况 164
林业部直属公司 91
林业部直属普通高等学校毕业生和毕业研究生就业工作 137
林业部直属普通高等学校教学机构设置工作 137
林业部直属普通高等学校招生工作 136
林业部直属普通高等学校招生和毕业生就业制度改革工作研讨会 137
林业部直属普通高等学校专业设置工作 138
林业部直属普通高等学校自愿赴西藏工作毕业生和毕业研究生表彰奖励工作 137
林业部直属普通高校教师岗位设置工作 416
林业部直属院校成人招生工作 142
林业部直属中等专业学校 142
分配工作 142
招生工作 142
林业部中林审计事务所 415
林业部重点科学技术研究计划 123
林业部 GEF 湿地项目办公室 415
林业财务 244
林业测绘工作 63
林业大事记 424
林业多种经营 86
林业对外签署的重要协定和协议 98
林业法院工作 78
林业法制建设 80
林业分类经营试点 83
林业扶贫工作 169
林业工程建设标准化 167
林业工程勘察设计行业管理 167
林业工程质量监督和造价管理

167
林业工作站建设 157
林业工作站建设合格县 158
林业公安反腐倡廉及纪检工作 75
林业公安机构 75
林业公安基层建设 77
林业公安基层建设工作会议 428
林业公安教育培训 75
林业公安警衔评授 75
林业公安科技工作 77
林业公安廉政爱民 75
林业公安信访 77
林业股份合作制 158
林业行业电视宣传 256
林业行业干部岗位培训指导性教学大纲 140
林业行业关键岗位持证上岗研讨会 141
林业行业关键岗位代码 32
林业行业关键岗位上岗资格证管理暂行办法 141
林业行业技术监督 28
林业行业技术监督工作 132
林业行业宣传 255
林业机电产品进口 90
林业纪检监察 252
林业技术改造工作 167
林业技术监督工作研讨会 132
林业技术预测工作 125
推荐林业关键技术项目 125
推荐林业重点技术 125
林业检察工作 78
林业教育信息设计 144
林业教育 135
林业经济结构战略性调整 165
林业经济统计 170
林业经济增长方式转变研究 162
林业科技进步贡献率测算培训班 108
林业科技推广 126
林业企业改革 89
林业人员出国进修和培训 98
林业“三五”普法 82
林业社会化服务体系建设 159
林业生产计划 164
林业世界银行贷款项目 102
林业思想政治工作与精神文明建设活动 253
林业体制改革 83
林业系统独立核算工业企业增加值（表） 196
林业系统各地区按行业分年末职工人数（表） 205
林业系统各地区按行业分全部职工年工资总额（表） 206
林业系统各地区按行业分职工年平均工资（表） 208
林业系统各地区按行业分职工人数（表） 222
林业系统各地区按事业分的营林基本建设投资完成额（表） 217
林业系统各地区产业总产值（表） 178
林业系统各地区分企、事业机关单位个数（表） 203
林业系统各地区独立核算工业企业增加值（表） 197，198
林业系统各地区工业销售产值（表） 193
林业系统各地区工业总产值（表） 187，190
林业系统各地区固定资产投资施工、竣工房屋建筑面积及竣工房屋价值和造价（表） 215
林业系统各地区固定资产投资完成总额（表） 214
林业系统各地区营林基本建设投资完成的实物工程量（表） 218
林业系统各地区营林生产情况（表） 181
林业系统各地区主要工业产品生产能力（表） 200
林业系统工业价值劳动生产率（表） 210
林业系统固定资产投资主要指标增减情况（表） 213
林业系统国有单位劳动工资 1997 年主要指标与 1996 年比较（表） 201
林业系统国有独立核算大中型工业企业综合经济效益指数（表） 170
林业系统历年基本建设投资完成额（表） 211
林业系统先进模范事迹报告团 255
林业系统职工伤亡事故情况（表） 210
林业系统主要工业产品产、销、存情况（表） 199
林业项目贷款 250
林业行政执法 73，82
林业造纸 86
林业知识产权保护工作 132
林业直属单位负责人 408
林业植物新品种保护 127
林业灾害情况 52
林业重要会议 427
林业庄园经济 339
刘亚民 400
六盘山国有林业局沿川木材检查站 392
隆昌县 370
芦芽山 14
禄丰县 378
“绿化环境，美化生活”系列报道 256

M

马尾松脱脂保色研究 353
美国白蛾预测预报办法 54
苗木生产、经营（使用）许可证制度 36
木材及林产品流通 88
木材加工业 85
木材价格 88
木材进口 88
木材库存 88
木材流通 68
木材生产 85
木材铁路运输 89
木材销售 88
木片生产 86
南充市 370
南京市林业 318
内蒙古自治区 279，280
赤峰市红山区 280
大青山林业生态建设工程 280
京包—包兰铁路和 110 国道两侧绿色通道建设工程 279
山区沙区生态建设现场会 279
宁南山区扶贫开发工程 392
宁夏回族自治区 391，392，393
枸杞基地建设 392
兴果富民工程 391

1997 年林业大事 393
农八师 398
石河子总场林业工作站 398
农二师焉耆垦区 399
农七师 126 团林业工作站 398
“农业科技推广年”工作 127
农业特产税 245
农业综合开发 168
林业工作 168
太行山绿化工程 168
10 年成果展 168

P

番禺市 358
潘世珍 401
贫困地区林业发展项目 103，104
贫困国有林场专项扶持资金 250
评选普通林业中等专业学校优秀教材 140
评选全国林业行业思想政治工作优秀论文 255
平原绿化工程 41
平原绿化巩固情况 64
普定县 373

Q

祁门县 329
切花 430
秦王川农田防护林 385
青岛市林业 343
青海湖自然保护区 388
青海民和享堂木材 389
青海省 387，389，390
黄河源头生态治理工程项目规划 389
1997 年林业大事 390
清远市 358
全国按时期木材、竹材、木材加工、林产化学产品产量（表） 185
全国第八届运动会 422
全国工业生产 1997 年主要指标与 1996 年比较（表） 185
全国国有场圃和种苗工作会议 428
全国国有苗圃十大标兵 157
《全国荒漠化监测主要技术规定》审议论证会 108
全国技术能手 415
全国技术市场金桥奖 132
全国历年迹地更新面积（表） 173
全国历年木材、竹材、木材加工、林产化学产品产量（表） 184
全国历年造林面积（表） 172
全国林产品 1997 年进出口统计表 102
全国林木良种基地十大标兵 36
全国林区治安形势 76
全国林业公安装备“百县”建设 77
全国林业行业思想政治工作特约研究员座谈会 255
全国林业检查工作座谈会 78
全国绿化奖章获得者 47
全国木材订货会 89
全国木材交易订货会 89
全国木材检查站标准化 68
全国农科教结合示范区检查 141
全国普通林业中等专业学校思想政治工作研讨会 142
全国特级优秀人民警察 414
全国森林病虫害防治工作会议 427
全国森林公园十大标兵 46
全国森林和野生动物案件 76
全国山区综合开发 167
全国生态环境建设规划 162
全国十大林业生态工程建设 39
全国十大能工巧匠 415
全国万里边疆文化长廊建设成绩显著奖 255
全国营林生产主要指标增减情况（表） 172
全国征、占用林地情况 70
全国重点普通林业中等专业学校工作座谈会 140
全国资源节约综合利用成果展林业馆 91
全民义务植树 46
衢州木材工业总公司 325
曲宪忠 400

R

人工秃杉林基地 378
日本樱花树苗 54
三峡对口支援工作 169
三峡工程移民暨对口支援工作会议 169
森林采伐限额管理 27
森林病虫害防治 23
森林病虫害工程治理 55
森林工业非经营性建设 166
森林工业企业财务状况 245
森林工业企业经济运行 90
森林工业生产计划 164
森林公园建设 45
森林法 80
森林法修正案 80
森林法执法检查 81
森林防火 57
森林防火工作现场会 427
森林复合经营管理 25
森林经营 43
森林旅游业 88
森林培育与生态环境建设 34
森林生态系统研究 51
森林生态效益补偿金 83
森林植物检疫 54
森林资源保护 53
森林资源发展和保护项目 104，105
森林资源监测体系项目 63
森林资源监督 72
森林资源监督员培训 72
森林资源连续清查 63
森林资源与林政管理 62
山东省林业 341
山区可持续发展学术讨论会 421
山区综合开发 19，250
山西省 275
对外开放 276
飞播造林 276
锋县 276
干果经济林 276
管涔山森林经营局 277
基本绿化达标县 276
晋城市 276
林业大事 277
林业建设基金 276
庞泉沟国家级自然保护区 277
榆次市 276
左六县 277
陕西省 381，382
全球环境基金项目 382
生态工程规划 381

上海市 314
邵立山 404
邵阳市 354
审计署驻林业部审计局负责人 408
神农架古人类高山洞穴遗址 350
石屏县 379
石首市林业科学研究所 348
石台县 330
世纪之交看林业 257
世界花卉产业 429
世界林业大会 95
世界森林与可持续发展委员会会议 97
事业单位财会制度改革 249
首届“森林文化奖” 257
寿宁县 333
双柏县 379
双文明建设成就展览 256
“双证”教育 161
四川省 368，369，371
  多种经营专项贷款 369
  1997 年林业大事 371
四平市林业 296
宋小军 403
所得税 245

T

太行山绿化工程 42
特辑 1
天津市 268，270，271，272
  蓟县山区综合开发 270
  经济技术开发区盐滩造林新技术 272
  农业名牌产品——茶淀葡萄 270
  天津市林业局“四优”文明工程 270
  天津市实施《中华人民共和国森林法》办法 268
  武清县果品生产 271
  造甲乡林业工作站 271
天然林保护工程 83
天水市 385
贴息贷款 19
通化市林业 295
铜鼓县 339
推选国家林业中青年科技骨干 124

W

外国林业考察组 98
外国专家来华讲学 98
王毅 404
卫桂英 399
武汉市林业 351
武警安徽总队五支队 330
武少斌 402
武夷山市胶合板厂 334
武装森林警察 61

X

厦门市 335
现代企业制度试点 89，251
乡村林业建设 45
襄樊市 350
香港花卉展览 87
香港米埔湿地自然保护区 55
西安市林业 382
西北地区林业科技工作座谈会 107
西北林学院与西北林业调查规划设计院、陕西省林业科学研究所联办共建 135
西藏自治区 380
新疆生产建设兵团 397，398
  果树生产 397
  1997 年林业大事 399
新疆维吾尔自治区 394，395，396
  科技兴林战略 395
  1997 年林业大事 396
薪炭林建设 38
行政案件统计及分析 73
徐纯 401
宣纸原材料 330

Y

亚洲防治荒漠化部长级会议 95
延边朝鲜族自治州林业 295
盐池县柳杨堡乡林业工作站 392
沿海防护林工程 41
杨树伐根嫁接技术 39，385
姚安县 379
宜宾市 369
宜昌市 349
黟县 331
野生动植物保护 165
野生动植物进出口管理 56
引进国际先进林业科学技术项目 125
引进国外智力工作 107
英国人参与保护大围山原始森林 377
营造林保护 165
用材林建设 37
永安市 333
永定区天门山国家森林公园 353
永丰县 340
永仁县 379
优化更新工程 44
育林基金 26，249
玉素音·司迪克 404
源头征收毛竹、笋税费 333
云南省 375，376，377，380
  生物多样性保护 376
  发现一猴类新种 377
  1997 年林业大事 380

Z

造林实绩核查 65
曾繁耀 403
增值税 245
张灿明 402
张家界国家森林公园 353
张永建 404
漳州市 335
赵向东 401
浙江省 319
  安吉县天荒坪镇林业工作站 325
  第 11 号台风 322
  东阳市山区综合开发 323
  飞播造林 319
  花卉业 322
  江山市山地使用权流转机制 324
  上虞市优高农业专业（示范）村 323
  台州市 323
  温州市六大绿色工程 322
植物检疫 15
植物新品种保护条例 11

治理公路“三乱”工作 68
治沙贴息贷款 250
中德林业财政合作项目 99
中德林业技术合作项目 99
中俄森林防火联防 60
中芬自然合作项目 355
中国的鸟 259
中国福马林业机械集团 251
中国工程院院士 414
中国国际重要湿地 56
中国国营林场开发总公司 92
中国花卉博览会 87
中国花卉交易会 87
中国花卉协会 87
中国金龙松香集团公司 91
中国科学院三峡植物园 349
中国林产工业协会 422
中国林学会 420
　国际活动 420
　科普活动 420
　学术活动 420
中国林学会成立 80 周年 418
中国林学会第九次全国会员代表大会 418
　第九届理事会各工作委员会组成名单 418
　第九届理事会组成名单 418
中国林业报社 260
中国林业成人教育考察团 143
中国林业出版社 258
中国林业概述 9
中国林业经济学会 421
中国林业职工政治思想工作研究会 255
中国林业科学研究院 107，108
　科技体制改革 107
　科研工作与林业工程 108
中国林业体育协会 422，423
中国林业物资供销总公司 91
中国牡丹品种图志 259
中国内蒙古森林工业集团 281
中国哺乳动物分布 259
中国“三北”009 项目 40
中国森林生态网络工程 262
中国水土保持学会 421
中国野生动物保护协会 420
中国与澳大利亚合作项目 100
中国与德国合作项目 99
中国与芬兰合作项目 99
中国与加拿大国际发展研究中心合作项目 100
中国与联合国开发计划署合作项目 100
中国与日本合作项目 99
中国与湿地公约合作项目 101
中国与世界自然基金会合作项目 101
中国与新西兰合作项目 100
中国竹工艺 259
中纪委、监察部驻林业部纪检组、监察局负责人 408
中卫县林业公安派出所 392
重要林业法律法规 11
朱鹮 56
珠江防护林工程 42
竹林培育 38
自然保护区管理项目 106

’97 中国竹文化节 324
“6·17”防治荒漠化与干旱日全国百万人签名活动 257
1997 年春季森林防火形势 60
1997 年的中国林业 9
1997 年第三季度产品质量国家监督抽查结果 133
1997 年度林业部科学技术进步奖项目 113
1997 年发布林业国家标准、行业标准 133
1997 年国家林业星火计划项目 127
1997 年林业部推广 100 项科技成果项目 129
1997 年林业科技成果推广项目 128
1997 年林业新技术新产品中间试验项目 127
1997 年全国森林火灾 58
1997 年享受政府特殊津贴人员 414
1997 年中国林业体协举办的比赛（表） 423
1998 年度林业部直属普通高等学校函授、夜大学成人脱产大专班 143

先进单位光荣榜

1. 全国造林绿化先进省——安徽
2. 发展中的黑龙江林业
3. 实行“天然林保护工程”的先锋军——大兴安岭林业集团(林管局)
4. 前进中的天津市林业局
5. 全国造林绿化400佳单位——天津市于桥水库管理处
6. 全国部门造林绿化400佳单位——天津市西青区水利局河道管理所
7. 全国部门造林绿化400佳单位——云南澜沧铅矿
8. 全国绿化先进单位——广东省化州市
9. 全国绿化先进单位——武警广州指挥学校
10. 全国造林绿化先进县——河北省沽源县
11. 全国造林绿化百佳市——广东省开平市
12. 全国平原绿化先进单位——河北省献县
13. 全国经济林建设先进市(县)——广东省普宁市
14. 全国资源林政管理先进单位——广东省始兴县林业局
15. 中国行业50家最佳效益工业企业——黑龙江省柴河林业局
16. 全国野生动物保护协会先进单位——陕西省野生动物保护协会
17. 全国国有林场十大标兵单位——黑龙江省尚志国有林场公司
18. 全国太行山绿化工程重点市(县)——河北省武安市
19. 全国经济林建设先进县——云南省漾濞彝族自治县
20. 全国造林绿化百佳县——安徽省金寨县
21. 全国森林公园十大标兵单位——福州国家森林公园
22. 全国林业系统思想政治工作先进单位——新疆木垒林场
23. 全国“五一”劳动奖状荣获者——新疆维吾尔自治区奇台林场
24. 林业部大兴安岭“5·6”特大森林火灾区森林资源恢复工作先进单位——阿木尔林业局
25. 林业部大兴安岭“5·6”特大森林火灾区森林资源恢复工作先进单位——图强林业局
26. 省级绿化先进单位——驻昆解放军化肥厂
27. 省级绿化先进单位——云南大姚铜矿
28. 省级文明单位——广东省广州林业学校
29. 河北省绿化先进单位——石油地球物理勘探局研究院
30. 湖北省绿化达标先进市——钟祥市
31. 黑龙江省政府第八届劳模会先进单位——汤旺河林业局
32. 黑龙江省精神文明建设先进单位——兴隆林业局
33. 河北省首都周围绿化工程金杯奖竞赛先进单位——抚宁县林业局
34. 新疆维吾尔自治区造林绿化先进单位——农一师13团场
35. 自治区造林绿化先进单位——新疆林业厅呼图壁林场
36. 山西省经济林建设先进市——原平市
37. 山西省生态建设示范市——榆次市
38. 山西省太行山绿化先进县——平定县
39. 山西省林业产业化经营先进县——绛县
40. 内蒙古自治区先进企业——莫尔道嘎森林工业有限公司
41. 甘肃省民族团结进步先进单位——莲花山风景林自然保护区管理局
42. 国家大一型企业——朗乡林业局
43. 小兴安岭上的一颗明珠——鹤北林业局
44. 改革开放中的广东省天井山林场
45. 改革开放中崛起的广东省龙眼洞林场
46. 前进中的广东省石龙木材厂
47. 迅速崛起的吉林林产工业——和龙林业局
48. 迅速崛起的吉林林产工业——上营森林经营局
49. 迅速崛起的吉林林产工业——桦甸市苏密沟林场
50. 美人松的故乡——吉林省白河林业局
51. 甘肃白水江国家级自然保护区
52. 河北省石榴生产基地——元氏县
53. 西江上的一颗明珠——广东省郁南县
54. 沙漠中的绿色长城——喀什地区
55. 北京市森林旅游开发公司
56. 全国野生动物保护协会先进单位——福建省野生动物保护协会

省委副书记方兆祥（左）、副省长王昭耀（右）在绿化示范点植树

省林业厅厅长周蜀生（左）、副厅长王文（右）在绿化示范点上植树

全国造林绿化先进省——安徽

20世纪90年代，安徽省先后实施"五年消灭荒山、八年绿化安徽"和"林业建业第二次创业"的可持续发展战略，掀起了江淮大地空前规模的造林绿化运动，形成了全党全民行动、全社会办林业的生动局面，迎来了共和国成立之后，安徽省林业最好最快的发展时期。安徽省被党中央国务院授予"实现荒山造林绿化规划省"称号，获得"造林绿化先进省"殊荣。8年来完成造林绿化131.7万公顷，林业用地绿化率达96%，道路、村庄等绿化覆盖率均达到或超过《安徽省绿化标准》规定的指标。目前，全省有林地已扩大到323.3万公顷，森林蓄积量上升到1.04亿立方米，森林覆盖率提高到28.9%，林业步入健康发展轨道，展示了前所未有的辉煌。

茫茫竹海

奋战荒山

沙区硕果累累

公路绿色长廊

撰稿　薛胜平

摄影　薛胜平
　　　姚家宁
　　　余遵本

林网纵横

发展中的黑龙

厅长赵向东

黑龙江省林业厅系统下辖360个国有林场、79个国有苗圃、1160个乡镇林业工作站。活立木蓄积3.69亿立方米。年生产木材150万~180万立方米，年总产值19亿元。近几年来，大力推行了以国有林场为依托的股份造林、合作造林等新机制，年造林能力突破26.7万公顷，全省森林覆盖率已达41.9%。利用首批世界银行林业发展项目，初步建成了尚志等6个商品林基地县，累计营造商品林6.53万公顷，速生丰产林2.07万公顷。在生态体系建设上，相继启动了"三北"防护林工程、防沙治沙工程、平原绿化工程、农业综合开发林业配套工程、商品林基地工程和封山育林工程等，实现了有林地面积和活立木蓄积双增长。林产工业也具备了一定实

林业多种经营——采摘黑木耳

贮木场

江林业

力，已有加工厂点200余家，初步形成了以锯材、胶合板、纤维板、细木工板、家具、木制品和林产化工五大类十几个系列150多个品种的林产工业体系。多种经营正在崛起，现已发展为养、种、采、加、掘、工、商、运、建、服等十几个行业。食用菌、山野菜、大豆、杂粮、柳编等都是出口创汇产品。森林旅游方兴未艾，已建有国家级和省级森林公园43个，总面积30.67万公顷，开辟了哈尔滨至牡丹江山体天然林、哈尔滨至同江江河风景林、哈尔滨至齐齐哈尔防护林等三条旅游热线，以其独特的风格吸引着国内外游客。

摄影：牟景君

“三北”防护林

哈尔滨国家级森林公园——省森林植物园

刨切单板

实行"天然林

——大兴

十五届中共中央候补委员、地委书记、林管局党委书记杜宇新

九届人大代表、行署专员、林管局局长杨喜军

大兴安岭林业集团(林管局)新一届领导
子,率领全区54万人,在资源危机和经济危
中风雪兼程,进行以保护森林资源为基础、以
济结构调整为战略、以脱危解困为目标的"第
次创业"。在艰难的再次创业中,全区人民发
体现林业行业艰苦创业、顽强拼搏的"大兴安
精神",以改革总揽全局,以资源、资产联结为
带,大力调整产业和产品结构,加快资源培育
度,加快多种经营和林产工业发展步伐,以"
商引资"优惠政策吸引资金、技术和人才,以
代企业制度的尝试和市场经济的经营机制刺
企业经济效益的内分泌,取得了"所有制根本
变和经济增长方式根本转变"的成效。

1997年,林业企业实现总产值21.83亿
其中:多种经营产值5.44亿元;林产工业产
3.84亿元;营林产值0.99亿元。实现连续9年
重大森林火灾。在全国林业率先推出的"营林
品化管理改革"的成果进一步巩固和发展。提
一年胜利完成了"5·6"特大森林火灾区森林

"5·6"火灾后迹地更新一期工程

为"天然林保护工程"启动准备

保护工程”的先锋军

安岭林业集团(林管局)

恢复一期工程任务，森林覆盖率提高到75.18%。二期保护工程规划和前期工作已就绪。严格执行了森
艮额采伐，森林资源得到有效保护。

1997年，集团公司积极筹备“天然林保护工程”的实施。采取了各种宣传方式，强化全民保护意识。成
了以行署专员、林管局局长杨喜军为组长，副局长王忠林、戴万春、王森业为副组长的领导小组，设立了
门办事机构。地委书记、党委书记杜宇新和杨喜军局长多次主持会议研究讨论，制定了工程规划和实施
案及有关管理制度，部署了试点工作。1998年正式对119万公顷重点生态林实施了封山育林；进行了
垦林的清查工作，退耕还林；1998年木材减产28.8万立方米；成立了转产分流人员再就业服务中心，安
下岗职工。

“天然林保护工程”启动后，发展替代产业

职工自营经济

新造林苗木

“天然林保护工程”中生态林抚育后封山育林

前进中的天津市林业

市农林局党委书记赵万明

市林业局局长、高级工程师张宝恕

张宝恕局长与王宜民副局长（左）、李森阳副局长（右）在研究工作

1996年5月组建的天津市林业局，全方位、高标准、深层次开展林业两大体系建设。通过科技兴林，严格依法治林，使植树造林绿化津门的社会氛围和天津市林业局的社会知名度与日俱增。山区1995年实现“灭荒”；平原形成了网、带、片、点相互交融的大框架绿化。全市已连续8年无森林火灾。以京津塘高速公路和津围公路绿化带为代表的条条通道工程成为津沽大地亮丽风景线。枣粮间作、稻区林网、园林式村庄成为天津林业的新特色。农业名牌产品茶淀牌玫瑰香葡萄、盘山磨盘柿、天津板栗誉满津门。津西、蓟宝等果树基地规模宏大，果品产量丰厚。八仙山国家级森林生态自然保护区生

京塘高速公路绿化带

局

意：张步峰
影：郑兆欣
姚小芩
韩峻峰

港北森林公园

物物种繁多，森林植被茂密，团泊市级鸟类自然保护区已成为鸟类家园。九龙山国家森林公园、国家级重点名胜区——盘山、港北、杨柳青、官港森林公园森林壮阔秀美，各显千秋，旅游兴旺。到1997年底，天津市有林地达98 455公顷，其中：经济林44 934公顷，干鲜果品产量251 983吨。1997年1月颁布的《天津市实施〈中华人民共和国森林法〉办法》，以及市林业局实施的“四优”文明工程，使天津市各项林业建设在跨世纪征程中更加科学化、规范化、法制化。

蓟县山区综合开发区葡萄基地

九龙山国家森林公园

全国造林绿化400佳单位
——天津市于桥水库管理处

管理处党委成员正在研究绿化方案

于桥水库(又名翠屏湖)是天津市唯一的一座大型山区水库，以防洪、农灌和城市供水为主，兼顾发电和水产养殖，已成为天津市经济发展的重要生命线。近40年来，于桥水库管理处的建设者们在搞好安全输水的同时，不断拓荒辟野，栽种草木，绿化美化水环境，水域周边生态环境良好。该辖区内现有绿地32公顷、各类树木6万余株，年果品产量92吨。1996、1997年在天津市水利系统行业目标管理考核评比中夺得第一名。同时被评为全国造林绿化400佳单位。

摄影　温志国　周长全　撰稿　刘宝金

管理处机关楼掩映在花团苍翠中

杨津庄闸所绿化景观

荒山荒地开垦成连片果园

全国部门造林绿化400佳单位

——天津市西青区水利局河道管理所

该所管辖的独流碱河左堤、子牙河右堤、中亭堤三条一级河道。河道共长77.8千米。宜绿化长度73千米。近10年，该所坚持种管并重，强化管理，堤防绿化覆盖率达95%。基本上实现了堤防林带化，形成了河在绿中、堤在林中、房在树中的美好景观。该所1986年被评为天津市绿化先进单位，1996年被评为天津市绿化百佳单位，被国家绿化委员会评为全国部门造林绿化400佳单位。

中亭堤迎河坡植树防浪，背坡栽植乔木绿化

土质坚硬的独流碱河大堤披绿装

子牙河左堤林带化

林带密集的子牙河大堤

全国部门造林绿化 400 佳单位

——云南澜沧铅矿

云南澜沧铅矿地处祖国西南边陲，系采、选、冶为一体的拥有电解铅、含银阳板泥、褐煤等诸多可销售产品的国家二级企业，现有职工 2300 人，拥有固定资产 1.18 亿元。

全矿总面积 9 049 663 平方米，可绿化面积 2 262 416 平方米，已绿化面积达 1 809 625 平方米，除多次被上级部门授予“绿化先进单位”“清洁矿山”等称号外，还被林业部评为 1997 年度“全国部门造林绿化 400 佳”单位。

该矿“爱国卫生绿化委员会”负责全矿的绿化管理工作并配备了 16 名专职人员，矿属各二级单位的安全环保员兼任本单位的绿化管理员，负责本单位辖区内的绿化管理工作。该矿制订并逐步完善了《澜沧铅矿环境卫生及绿化管理制度》，自 80 年代初期始该矿始终有一名副矿长主管绿化工作。仅在“八五”期间，矿部所提供的绿化经费累计达 10 万余元，共植树 37 642 株，成活率为 85%；建苗圃 9868 平方米，自育苗 28 586 株以及花苗 10 万余株，并因地制宜引进花木品种 12 个，草坪草种 22 个。云南澜沧铅矿年自产苗木 8000 株，鲜花 1.2 万株。为了巩固绿化成果，该矿对所属各单位和各家各户实行了责任制、承包制，使林木保育率在 100%的基础上，连续 5 年增植 5%，林木完好率达到 96%，工人村绿化面积达到 100%。

1. 矿长戴德文参加植树活动
2. 职工门前普遍种植了果树
3. 职工住宅区绿树成荫
4. 每一可绿化处都披上了绿装
5. 住宅区主干道四季如春
6. 职工在厂区内植树
7. 职工在厂区内植树

撰稿　摄影　李益东

全国绿化先进单位——广东

①

化州市位于广东省西南部，全市辖 19 个镇 5 个区，336 个管理区，13 个国有农林场(所)，人口
多万人，土地面积 2354.36 平方千米，其中林业用地面积 11.98 万公顷。该市各级党政历来十分重
林绿化工作，特别是在“十年绿化广东”期间，开展大规模的群众造林种果，于 1991 年实现了绿
标。之后，市委、市政府提出“巩固百万亩林，发展万亩果”的林业发展战略，作出“人均种植一亩
决定，大力调整林种结构、提高林地效益，涌现出一大批造林种果专业户，并开创了招商集资创办
庄园经济先河，先后成立了广东龙汇庄园有限公司、广东民昌果业有限公司等十家庄园公司，形
“化州庄园经济”模式，初步建成 2 万公顷速生丰产林基地和 3.3 万公顷龙眼水果基地。到 1997
全市营造速生丰产林 0.6 万公顷，种植优质水果 6.26 万公顷，宜林山地栽植率 99.5%，绿化率 91
林覆盖率 41.8%，活立木蓄积量 218 万立方米，林果年总产值 7 亿元，先后被评为绿化广东突出
单位和全国绿化先进单位。

⑤

省化州市

2

3

1. 省林业厅厅长梁星权(右三)在茂名市委书记王兆林(左三)陪同下检查化州市林业工作
2. 市林业局领导班子,右三为姚正民局长
3. 速生丰产林一角
4. 化州桉树切片厂
5. 龙汇庄园开发一角
6. 民昌果业果园一角
7. 化州庄园经济开发一角

4

7

6

全国绿化先进单位

——武警广州指挥学校

该校位于广州市北郊，占地面积105 050平方米，1984年由广东省内卫、边防、消防三警教导队改为指挥学校，被誉为“南粤警官摇篮”。学校历任领导都很重视校园的绿化、美化工作，广泛发动群众，积极参加义务植树、美化校园等活动，学校已种有乔木、灌木13 900多棵，盆栽1000多盆、种草36 000平方米。校园绿化布局合理、层次分明，树木花草竞相辉映，达到了“春有花，夏有荫，秋有果，冬有绿”园林式营院的要求。1992年、1995年和1997年被广州市绿化委员会评为绿化先进单位；1993年被国家绿化委员会评为全国部门造林绿化300佳单位；1996年被国家绿化委员会、林业部授予全国绿化先进单位称号。

①校门
②教学楼
③整齐划一的校道绿街
④办公楼
⑤训练场一角
⑥干训队营区
⑦学员宿舍楼

全国造林绿

——沽

县长李怀有

副县长王克成

沽源县地处河北省北部坝上高原，平均海拔1536米，气温低、降雨少、风沙大，环境恶劣。为从根本上改善沽源生态环境，加快脱贫致富，县委、县政府把林业作为突破口来抓，自“三北”防护林一期工程、特别是首都周围绿化工程实施以来，全县造林绿化取得了长足发展。到1997年底，共完成工程造林4.98万公顷，全县有林地面积达5.7万公顷，林木覆盖率由1985年的4.5%提高到16.9%，初步形成了“南北两条带，中间一片网”，多林种、多树种，乔灌草、网带片相结合的综合防护林体系，发挥了巨大的生态、经济和社会效益。沽源县

农田林网美如画

工程造林，满山披绿

化先进县
北省沽源县

先后荣获全国造林绿化先进县、"三北"防护林二期工程建设先进单位、河北省首都周围绿化工程竞赛第一名等荣誉称号。

县委书记李万福

县林业局副局长程文秀

县林业局局长孙德富

林茂粮丰

全国造林绿化百

——广东

市委黄广汉书记参加义务植树活动

关均溢市长检查林业工作

全国著名侨乡——开平市位于广东珠江三角洲，土地面积1658平方千米，林业用地7.6万公顷，人口68万人。全市有70万的华侨及港澳台同胞，遍布于世界58个国家和地区。该市于1990年实现绿化，成为全省第二个绿化达标县(市)。之后，开平市委、市政府又及时作出《关于提高绿化水平的决定》，把森林资源保护与发展列为考核各级领导政绩的重要内容，大力营造经济林、阔叶林和速生丰产林，改造低产林1.3万公顷，有效地提高了林分的质量，同时，大力开

侨乡一景

开平涤纶企业集

佳市
省开平市

展平原绿化和全民义务植树，全市营造干部林、青年林、妇女林、学生林、脱贫林、致富林等各种形式的义务植树基地3500公顷，积极开展全国造林绿化“四佳”争创活动，取得明显成效。目前，开平市森林覆盖率40.5%，城区绿化覆盖率38.9%，村庄绿化覆盖率35.8%，公路绿化率93%，河旁绿化率90%，人均绿化面积6.2平方米，实现了面积、蓄积、效益同步增长，生态环境步入良性循环。先后被评为全省义务植树先进市，全国平原绿化先进单位和全国造林绿化百佳市。

市委副书记、市绿化委员会主任张汝韶（左）在关汉栋局长陪同下检查林业生产

市林业局领导班子

化一角

加勒比松基地

全国平原绿化先进

河北

县委书记李树耀

县长田永利

献县位于河北平原中部的黑龙港流域，一个平原农业大县。辖17个乡(镇)，500个行村，总人口53万，总面积11.6万公顷，林业占面积3.3万公顷，林木覆盖率23.1%，多次受国家和省市表彰。

金丝小枣是献县农村经济的特色产业。革开放20多年来，县委、县政府把枣粮间作为兴县富民的战略措施来抓，规划发展面积万公顷。全县枣粮间作面积已达2.73万公顷，中1.2万公顷进入果期。红枣年产量5000余千克，总产值2.2亿元。从1997年开始，全县加快名优新品种冬枣基地的建设步伐，现有枣334公顷，计划到2000年发展到3400公顷

基地建设推动了红枣加工业的发展，全加工网点300多家，产品有三大系列30多个种，年加工能力800万千克，年产值6400万元尚庄中国北方红枣批发市场年运销能力20万千克，全县获国家外贸直接出口权，产品销美国、澳大利亚等5个国家和地区。献县红枣业被命名为农业龙型经济集团。

枣粮间作栽培模式

单位
首献县

撰稿 孔祥柱
摄影 张奎占

主管副县长杨思咏（中）和林业局局长孔祥柱（左二）、书记刘铁赞（右二）、副局长张奎占（左一）、林业工作站站长王洪旗（左一）

献县金丝小枣

金丝小枣喜获丰收

林业局开发培育的优质冬枣苗圃

全国经济林建设先进

——广

省纪委书记王宗春在省林业厅曾繁耀副厅长陪同下检查普宁市林业工作

普宁市丁伟斌书记检查林业工作

普宁市位于广东省南部的潮汕平原
市土地面积 162 000 公顷，其中林业用
96 522.1 公顷，人口 160 万人，森林覆盖
为 63.3%。1985 年以来，该市各级领导、各
门争办造林绿化点，全市层层落实造林绿
责任制，掀起大规模群众性造林种果热
并于 1992 年提前一年实现绿化达标。之
围绕“保绿、搞活、求富”，认真分析区位
势、商贸优势和资源优势，制订了林业建
发展总体规划，坚持以市场为导向、基地
依托、效益为中心，探索出“布局区域化
产基地化、品种优良化，种养结合、林科工
结合、林业与亲缘产业结合，创高产、高
高值”的林业发展路子。通过办点示范，建
基地，实行规模经营和集约经营，已形成
“山顶水源涵养林戴帽，山腰林果混交，山
创办立体果园，林果下养鸡，山塘水库养
养鸭”的山地立体经营模式，被省誉为“普
模式”在全省范围内推广。目前，全市经济
面积 2.6 万多公顷，已建成 0.87 万公顷
梅、0.67 万公顷青榄、0.53 万公顷油柑、0
万公顷荔枝、0.07 万公顷优质茶叶、333
公顷花卉等生产基地，建成 33.33 公顷以

优质龙眼基地

青梅山园

市(县)
东省普宁市

果基地23个，立体式果园1.27万公顷，家式"小五园"4.5万个1万公顷。同时，创办一批以林副产品为原料的胶合板、家具、艺加工企业和水果加工企业200多家，并流河、里湖、洪阳等地设立了木材、茶叶、材和水果等专业市场，搞好林产品流通。后被评为全国经济林建设先进市(县)。

林业局刘邦新局长(左一)深入林区调研

优质大粒粉梅

优质青榄——冬节丸

荒山绿化

局长陈锋

局领导班子在商量工作

罗坝林业工作站

全国资源林政

——广东省

始兴县林业局下设14个乡(镇)林业工作站,18个直属林场,14个公司、厂。全局职工总人数1929人,其中离退休人员420人,各类专业技术人员367人,大中专生454人。全局固定资产总值超过1亿元,森工企业年产值6000万元,年上缴国家税利700多万元。

1968年以来,始兴县林业局坚持林业、森工一体化的体制,集行政、事业、企业于一身,担负着全县的森林资源林政管理、造林绿化、木材生产工作。

在培育、发展森林资源的同时,大力兴办实业,不断增强自身的后劲。目前,该局已办

毛竹丰产林

管理先进单位
始兴县林业局

起自己的林场 18 个，经营面积 3 万公顷，在职职工人均 20 公顷。他们的目标是在 2000 年实现林场面积 5 万公顷，人均 33 公顷。此外，该局还办起了刨花板、家具、地板、单板、木材干燥等一批木、竹加工企业。

近年来，始兴县林业局分别被评为全国资源林政管理先进单位、全国林业宣传工作先进单位、广东省林业教育先进单位、广东省“八五”期间普法先进单位、广东省群众体育工作先进单位、广东省社会治安综合治理先进单位。

林业部领导视察始兴林业

庭院绿化

车八岭自然博物馆

层林尽染

中国行业50家最佳效益

——黑龙江省

局长陈贵权

局党委书记闵俊

柴河林业局位于长白山系张广才岭东坡。1947年建局以来，共为国家生产商品材2176万立方米，实现工业总产值19.56亿元，上缴利税4.39亿元。经营总面积34.5万公顷，总人口63 334人，职工16 187人，固定资产原值1.45亿元，森林总蓄积2456万立方米，野生动植物、矿产、旅游等资源极为丰富。在施业区有全国面积最大的威虎山国家森林公园，三峡五湾六大岛屿三十八景点和133平方千米的莲花湖。经过50年的建设和发展，柴河林业局已建成林农工商贸全面发展，牧副渔各业并举，兼有文教卫生、旅游服务等行业齐全的综合性国有大型森工企业。1995年被国家经贸委、林业部确定为“九五”期间综合技术改造试点企业，并先后被国家评为中国行业50家最佳效益工业企业，连续三年被林业部和中国农林工会授予合理化建议技术革新先进企业等10余项荣誉称号。

工业企业
柴河林业局

3

2

1

①资源丰富
②设备先进
③木材滚滚
④景色宜人
⑤秋染鹰嘴峰

4

全国野生动物保护协会

——陕西省野生动

陕西省野生动物保护协会秘书长、省野生动物管理站站长曹永汉正在看护大熊猫

位于秦岭中段的陕西省，素有"生物多样性的天然宝库"之称，仅野生脊椎动物就有725种，其中属国家级保护动物80种。大熊猫、朱鹮、金丝猴、羚牛是陕西省的"四大国宝"，享誉国内外。

陕西省野生动物保护协会成立于1984年11月，现有个人会员890人，团体会员13个，理事56人。协会成立以来，在野生动物的保护宣传、科学研究和对外交流等方面作了大量的工作，特别是在拯救珍稀动物方面，先后与世界野生生物基金会、日本鸟类保护联盟等国外团体进行合作与交流，充分利用国际捐款和国外先进技术设备，加强了珍稀野生动物和栖息地的保护与建设工作。1997年12月被中国野生动物保护协会授予先进集体光荣称号。

褐马鸡

大熊猫

朱

先进单位
动物保护协会

红腹锦鸡

金丝猴

血　雉

羚　牛

全国国有林场
尚志国有林

公司党委书记、经理李耀民

证书

授予 黑龙江省尚志国营林场公司

全国国有林场

十大标兵单位

中华人民共和国林业部

一九九七年七月

荣誉证书

尚志国有林场公司位于黑龙江省东部山区的尚志市境内，建于1992年6月职工4000人，总面积18.87万公顷，森林蓄积1075万立方米，以森林经营为主，多种经营和木材综合利用为辅，固定资产6428.3万元。

公司成立以来，一手抓改革，一手抓管理；一手抓经济效益，一手抓文明单位建设。1992~1997年，累计实现产值56 091万元，利润4894.3万元，为国家和企业积累资金11 651万元。处理历史包袱1860万元，到1996年底，提足世界银行贷款还款金1900万元。1994~1997年，连续四年实现利润均超过1000万元。

全公司年生产木材8万立方米，造林2000公顷，开发以胶合板、地板块为重点的8个林产工业项目和以农田为主的12个多种经营项目，形成了造林营林、木材生产、综合利用、多种经营四根支柱并重

苗圃喷灌

十大标兵单位——黑龙江省
场公司

的格局。

全公司8个国有林场全部跨入全国“500强”行列；11个基层单位和机关全部进入地（市）级文明单位标兵以上行列。1997年，公司被林业部命名为全国国有林场十大标兵单位。

公司领导班子

拳头产品——“尚林”牌卫生筷子

黑龙宫林场环境

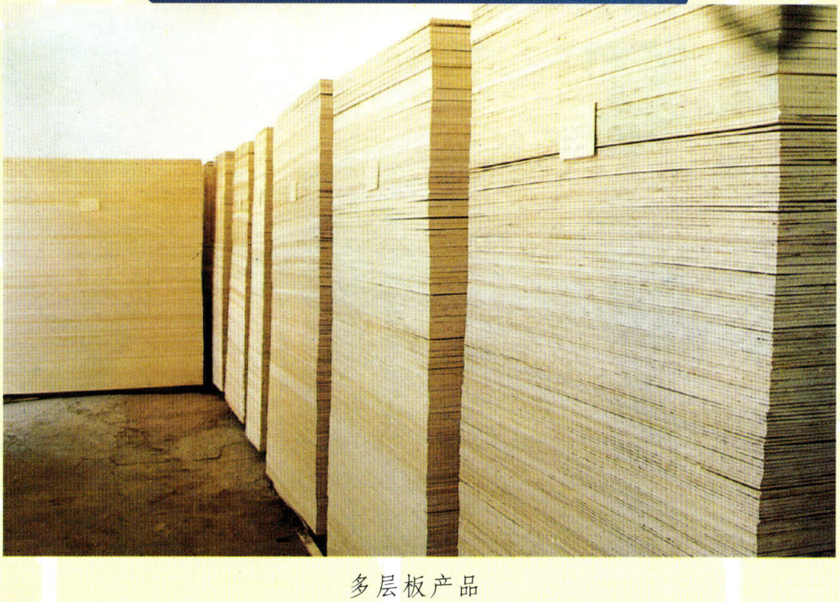

多层板产品

全国太行山绿化工程重点市（县）
——河北省武安市

市长彭学增（右）与林业局局长陈书兴（左）一起商讨林业产业基地建设问题

武安市总面积180 667公顷，山区丘陵面积占72%。多年来，市委、市政府始终立足山区，飞、封、造齐上，造管并重，生态、经济、社会三大效益兼顾，大力发展林业，尤其是1994年被确定为国家林业部太行山绿化工程重点市（县）后，抢抓机遇，全民动员，全社会办林业，依靠科技，坚持走生态、产业、高效林业开发之路。1997年底，全市有林地面积达4万公顷，“四旁”树保存株数1500万株。还建成以板栗、核桃、花椒、鲜果为主的四大产业基地和以西部山区为主的2万余公顷生态防护林体系。全市实现青山碧水、持续发展。

高标准整地造林的太行山绿化重点示范工程

市森林旅游景区——京娘湖

西部山区郁郁葱葱的防护林

全国经济林建设先进县
——云南省漾濞彝族自治县

漾濞县是一个集山区、民族、贫困为一体的农业县，1912年建县，1985年成立彝族自治县，是国务院和省政府重点扶持的贫困县之一。总人口9.7万多人，总面积1867.82平方千米中林业用地占77.7%。到1997年底，全县森林总覆盖率67.2%，森林蓄积量500多万立方米。得天独厚的自然条件，孕育了久负盛名的漾濞大泡核桃优良品种。据考证，早在3600多年前就有核桃分布，800多年前就有栽培历史，以其果大、壳薄、仁白、味香、出油率高、营养丰富而久享盛名的漾濞大泡核桃早在1979年全国科学技术协作会上评定为全国质量第一。

大理州省列干果基地建设工作会议在漾濞县召开。左1为州林业局局长吕维贵，左2为大理州人民政府副州长杨信全，左3为漾濞县县委书记赵新光

改革开放以来，县委、县政府确立核桃发展的主导产业地位，立足当地自然优势搞开发，治山兴林建基地。面向市场办企业，带动了千家万户，走出了一条林果产业一体化经营的成功之路，使泡核桃为主的经济林果业成为“富民富县”的支柱产业。到1997年末，全县累计泡核桃发展到1.49万公顷200多万株（比1979年的21.6万株增加9.35倍），占经济林果总面积的62.5%，产量达400多万千克（比1979年的130万千克增加3.1倍），占经济林果总产量的73.8%，产值达4000多万元。现已开发出漾宝牌核桃乳、琥珀核桃、蜜香核桃等系列产品。

由于基地建设、核桃系列产品开发取得了成就，1994年9月漾濞县被林业部授予“全国经济林建设先进县”的光荣称号。1995年1月姜春云副总理到漾濞县视察林果基地时赞扬综合开发的路子走对了！脱贫致富大有希望。同年5月国务院发展研究中心确定漾濞县为“中国核桃之乡”，载入《中华之最荣誉大典》。

定植两年生的漾濞泡核桃树

挂果2万余个的泡核桃树“王”

全国造林绿化百佳县
——安徽省金寨县

金寨县是安徽省以林为主的山区大县，长期以来坚持治山除穷兴林，林业建设出现了消灭宜林荒山、实现绿化达标和开展林业二次创业的三大高潮。大力度的植树造林、封山育林及强化林政管理，使林业步入良性循环轨道，全县有林地由 80 年代末期的 20.73 万公顷扩大到现在的 23.4 万公顷，森林蓄积量提高到 879 万立方米，森林覆盖率上升到 65.7%。先后荣获全国造林绿化先进单位、全国造林绿化百佳县、全国经济林建设先进县、全国森林防火先进单位、全国森林资源管理先进单位、全省造林绿化先进县、安徽省“五八”造林绿化先进集体等荣誉称号。

撰稿　摄影　李自金　薛胜平

杉木丰产林基地

封山育林

省委常委、副省长王昭耀栗茶混交林示范

全国森林公园十大标兵单位
——福州国家森林公园

福州国家森林公园是在福州树木园的基础上建立起来福州树木园创建于1959年，1988年经林业部批准为州森林公园，1993年又批准为福州国家森林公园，同经省编制委员会批准组建福建省园林绿化中心。

公园位于福建省福州市北郊，总面积859.3公顷，园林壑纵横，环境优美。几年来，先后建成树木观赏园、稀植物园、苏铁园等专类园区；引进和自建了鸟语林、地雪橇、烧烤大王等娱乐项目；投资建设了森林小屋、宾餐厅等服务设施。此外，正在兴建的福建森林博物馆、建兰花圃等也备受瞩目。

1997年，公园积极开发森林旅游，对外拓展园林绿化务。同时，还大力加强精神文明建设，各项事业取得长发展。入园旅游人数从1993年的8万人次增加到65万次，旅游总收入达1500多万元。朱镕基等十几位党和国领导人先后来园参观指导工作。1997年7月，被林业部为全国森林公园十大标兵单位。还荣获省委、省政府授省级文明单位等十几项荣誉称号。

党总支书记兰思仁

竹类观赏园

鸟语林

千年古榕

全国林业系统思想政治工作先进单位

——新疆木垒林场

场长张新民

木垒林场位于天山东部，辖区面积10万公顷，其中林业用地3万公顷，活立木蓄积量为267万立方米，现有在职职工102人，离退休人员73人。

近年来，木垒林场在全行业面临“两危”的现实面前，坚持两个文明一起抓，以护林、养林为主，逐步走出困境。自1991年至今，企业实现利润累计180万元，现有资金总额为756万元，职工年平均工资达7100元，并取得连续7年无安全事故和连续25年无森林火灾的好成绩，累计完成造林面积533.33公顷，企业荣获自治区级精神文明单位和全国林业系统政治思想工作先进单位、昌吉州模范治安单位等荣誉称号；林场的森工班荣获开发建设先进班组称号；木垒林场现已成为新疆林业行业的标兵单位。

1996年开始林场兴建了农场和鹿场，走出一条以林、种、养、游、加工为主的富民富县富行业的新路子，迈出了从森工采伐到开荒造林的第一步。目前已初具规模，实现了从山上向山下转移的战略性一步。木垒林场在以农养林，大力发展多种经营的林业发展道路上扬起前进的风帆。

林场新建的商业一条街

林场公园一角

昔日荒滩　今日良

全国“五一”劳动奖状荣获者
——新疆维吾尔自治区奇台林场

奇台林场是新疆林业厅直属森工企业，地处天山东部北坡。经营区总面积 110 887 公顷，有林面积 2.79 万公顷，森林蓄积量 5 116 281 立方米，建场 42 年来，累计生产木材 1 001 055 立方米，上交利税 2554.9 万元，育林基金 676.2 万元。“八五”期间，林业多种经营快速发展，现已拥有马鹿场（存栏 250 多头）、农场（种植经济林及各种农作物 250 多公顷）、奶牛场（牛存栏 120 头）、宾馆、木材加工等多项产业。1995 年荣获自治区思想政治工作优秀企业。1996 年荣获全国“五一”劳动奖状、自治区先进基层党组织、职业道德建设“十佳企业”、“八五”期间林业多种经营先进集体。1997 年荣获自治区“八五”期间造林绿化先进单位。

撰稿　姚天才

林场党委书记仲健

林场场长马明奎

国有林区更新林区

大东沟苗圃

林业局局长李树铭

党委书记侯力

林业部大兴安岭“5·6”特大森林火灾区森林资源恢复工作先进单位
——阿木尔林业局

阿木尔林业局，是大兴安岭林业集团下属一户大型森工企业。1970 年建局，1973 年投产。施业区总面积 532 247 公顷，9 个林场，现有职工 1.2 万人，拥有固定资产原值 2.51 亿元，净值 1.83 亿元，投产 24 年来，累计完成商品材 570 万立方米，实现工业总产值 14.47 亿元，上缴利税 3.32 亿元。

1987 年“5·6”火灾后，森林资源遭到严重破坏，年木材产量由 1986 年的 45 万立方米下降到 1997 年的 26 万立方米。

党委书记侯力、局长李树铭和常务副局长蒋文来（左）分析春季防火形势

蒋文来副局长（左）在多种经营公司养殖场了解鸵鸟养殖情况

面对森林资源锐减、经济滑坡的局面，林业局深化内部机制改革，调整产业结构，狠抓森林资源恢复工作。在灾后的10年中共投资24 521.2万元，完成森林更新75 603公顷，占火烧迹地的116.18%。当年成活率为95%，3年后为87%，林业部授予其恢复森林资源先进单位光荣称号。

在深化改革和调整产业结构中，该局以搞活林场、放活职工为主，大力发展林产工业和多种经营，以采集黄金、种、养、加、服等40个替代产业，变林业经济为林区经济。1997年工业总产值18.963万元，实现利润702.2万元，连续4年完成各项经济技术指标。1996年和1997年被大兴安岭林业集团公司授予先进企业光荣称号。

①党政班子成员一起共商企业发展大计
②体壮膘肥的农业五场绒山羊群
③木雕画

3

2

局长潘禄

局党委书记李树然

林业部大兴安岭"5·6"特大森林火灾区森林资源恢复工作先进单位
——图强林业局

图强林业局施业区位于黑龙江省漠河县境内,大兴安岭北麓。现有职工 12 768 人,总经营面积 504 609 公顷,森林覆盖率为 66.6%,林木总蓄积量 3448 万立方米。

1997 年是图强林业局建局 20 周年。全局林业企业总产值 18 692 万元,利润 1374 万元,上缴 1900.2 万元,实现当年不欠税金,并缴纳上年陈税 150 万元;全年实现木材采运产值 10 762万元,生产木材 308 000 立方米,销售木材 536 820 立方米;全年林产工业产值 2484.3 万元,多种经营产值 3809.8 万元,职工自营经济产值 2600 万元;全年完成人工更新造林 5334 公顷,当年人工更新造林成活率为 92.2%,3 年保存率达到 86%,林业局被林业部评为恢复森

党政班子

林资源先进单位。依法加强资源林政管理工作，严厉打击破坏森林资源违法犯罪活动，被林管局评为木材生产流通领域专项打击工作先进单位。林业局7公里木材检查站被林业部授予大兴安岭地区唯一的“全国木材检查站文明执法示范单位”光荣称号。

摄影　张维林　撰稿　庞凤霞　顾翠华

①一期工程样地(人工更新)　②养鸡厂　③矿泉水车间　④人造板车间　⑤地板块生产线

省级绿化先

——驻昆解

厂党委书记陈伟（左）与绿化委员会干部在布置义务植树造林工作

厂主要领导在植树，从左至右为厂长申守民、副厂长郭明和王磊、工会主席戴景福

驻昆解放军化肥厂是1958年经中央军委批准，由中国人民解放军第三步兵预备学校全体官兵集体转业集资筹建的云贵高原第一座中型氮肥企业。现已成为一个销售收入每年增加一个亿，盈利连年翻番的国家大一型企业。先后荣获“全国化工优秀企业”金球奖、全国化工思想政治工作先进单位、云南省优胜企业、省级绿化先进单位、开远市义务植树造林先进单位、开远市“园林式、花园式”单位、红河州风景园林协会先进单位等光荣称号。

该厂党委始终把环境建设和部门绿化造林作为企业发展的根本战略任务之一来抓，实行厂长负责制，厂长申守民亲自担任厂绿化委员会主任。企业在认真贯彻执行《城市绿化条例》和国家有关园林绿化法规的基础上，建立了一套科学、实际、完整的绿化造林和管理的规章制度，使企业的生产发展建设严格遵循了社会、经济、环境三个效益的和谐统一。

生活区主干道迎宾路主体绿化区域

进单位
政军化肥厂

干部职工在植树造林

在1997年义务植树造林中，完成车桑子造林20公顷。企业绿化面积已达455 498平方米，树木263 567棵（株），花卉达100多个品种。绿化面积占全厂总占地面积的36.10%，全厂干部、职工、家属人均拥有绿化面积38.95平方米。公路干道规划整齐的林荫系统15个，绿化区内乔、灌木、花草立体绿化配置得当。全厂生产区和生活区还建有小游园、小花园或小公园23个；以植物造型为主，兼设有花坛、草坪、喷水池、彩灯、雕塑、亭桥、廊37个。

撰稿　赵　明
摄影　张翠华　段一龙

青年突击队为总体改造项目配套绿化工程回填土方

职工住宅小区绿化美化

生产区园林绿化景点

省级绿化先进单位

——云南

矿山概貌

云南大姚铜矿位于楚雄州大姚县境内，1976年正式投产。经过十多年的精心经营，目前，全矿共植树40多万棵，修建花园7个，兴建果园3个，栽各种果树1.2万棵，先后共投入经费80多万元，绿化面积达240万平方米，占应

青山环绕的尾矿库

绿树丛中的矿机关大楼

大姚铜矿

矿领导为绿化矿山又添一抹新绿

绿化面积的98.7％。

1995年大姚铜矿荣获省级“文明矿山”光荣称号；1996年又荣获原有色金属总公司命名的“清洁矿山”光荣称号；1987年、1988年连续两年荣获云南省“环境优美矿山”称号；1992年荣获楚雄州“七五”期间环境保护先进单位称号；1992～1994年被省绿化委员会授予省级绿化先进单位称号。

撰稿　李　砚
摄影　杨忠林
　　　张继勇

植树造林

绿色长廊

花园一角

省级文明单位
——广东省广州林业学校

该校创办于1953年，位于广州市北部，现已发展成为一个集中专、林校、干部培训于一体，大专、本科、研究生班函授兼容的综合性职业教育基地，立足行业面向社会，开设了林业、园林、林政、园艺、机电、财会、建筑、经贸、工程测量、计算机10个专业，拥有25个实验室，图书馆藏书16万册。现有在校生1900多人，教职工200多人，其中：高级讲师19人，讲师63人，每年培训各类人员2000多人次。该校还拥有一个可容纳5000多观众的标准田径运动场，先后承办和协办过三次规模盛大的广州地区和广东省中专田径运动会及全省中专学生健美操比赛。该校园内绿化面积41公顷，植物种类多达600多种。该校45年来为国家培养人才13 000多人，为广东林业发展作出了积极贡献。先后被评为文明校园、广州市花园式单位，省（部）级重点中专学校和省级文明单位。

运动场

电脑室

河北省绿化先进单位——石油地球物理勘探局研究院

管忠院长带领有关领导在现场研究院区规划方案

研究院1995年被国务院发展研究中心以“中国最大的地震数据处理中心”列入《中华之最荣誉大典》

中国石油天然气集团公司石油地球物理勘探局研究院（简称GRI）创建于1978年。20年来，该院始终坚持在抓好物质文明建设的同时，狠抓精神文明建设，为充分调动科技人员的积极性创造了优美的生活环境和良好的工作条件。先后被国务院评为全国先进企业、总公司全面质量管理金牌、文明基地、河北省绿化先进单位，1988年被评为全国模范职工之家，一直保持至今。目前，该院已成为集地震资料处理、地质综合解释、物探方法研究、计算机软件开发和信息服务于一体的综合物探研究基地。该院为跟踪世界物探科技的发展，与20多个国家保持着广泛地国际交流与合作，先后获得国家科技进步奖14项，总公司（部）科技进步奖28项，在国际国内用户中享有很高的声誉。

院区一角

湖北省绿化达标先进市
——钟祥市

钟祥市地处汉江中游，江汉平原北部，下辖22个乡镇、3个国营农（牧场）、3个大中型水库，总人口103万人。全市林业用地13.53万公顷，占国土总面积的30.2%。1994年10月，全市基本消灭宜林荒山荒地，被湖北省委、省政府授予“造林灭荒先进单位”称号。1996年10月钟祥市通过省绿化达标检查验收，被湖北省绿化委员会、林业厅授予“湖北省绿化达标先进市”称号。与此同时，全市林业“绿色致富工程”、林业产业化建设也取得了可喜成绩。截至1997年底，全市有林地面积达11.53万公顷，其中：速生丰产用材林和工业原料林4万多公顷，经济林基地2万多公顷。活立木蓄积量378万立方米，居全省县（市）级第8位，森林覆盖率32.59%。人造板、林化、森林旅游、家具制造、林果、林木花卉、食用菌等产业均已初具规模，贸工林一体化、产加销一条龙的产业化格局初步形成。

撰稿　李国荣

摄影　赵云福　李昌亭

荆门市委副书记温遂和(左)，钟祥市委副书记、市长汪联舫(中)和湖北省“造林功臣”、全国绿化奖章获得者、党的十五大代表周兴仁一起植树

1. 钟祥市林业局党委一班人（右四为局党委书记、局长王治清）
2. 大口国家森林公园门楼
3. 大口国家森林公园群山披绿
4. 国有盘石岭林场池杉速生丰产林
5. 大口国家森林公园鹰子洞瀑布

省级农业产业化龙头企业——湖北金林木业有限公司生产车间一角

局党委书记刘德超

局长陶延孝

黑龙江省政府第八届劳模会先进单位
——汤旺河林业局

汤旺河林业局位于伊春市东北部，小兴安岭顶峰，施业区面积215 351公顷，是一个年产26万立方米优质原木、5万立方米刨花板、1万立方米胶合板、年利润超千万元的国家大型森工企业。几年来，局党政班子认真坚持“两手抓，两手都要硬”的方针，推进两个文明建设的健康协调发展。1997年，全局全面提高职工队伍的思想道德和科学文化素质，企业凝聚力明显增强，企业经济效益稳步增长，国内生产总值实现22 490万元，实现利润2318.6万元，林业局先后荣获省政府第八届劳模会先进单位，省森工系统双文明先进单位荣誉称号。

区（局）政府办公楼

第一中学电教楼

胶合板产品

地板块产品

国家“八五”重点项目——汤旺河刨花板厂

黑龙江省精神

——兴隆

局长牛凤玉

长势良好的水稻

兴隆林业局位于小兴安岭南麓，松花江中下游北岸，总经营面积301 819公顷，林木蓄积2408万立方米，职工16 238人，总人口5万余人。

该企业在局长牛凤玉、党委书记曲来兴的带领下，全局上下紧紧围绕“产品紧销、成本紧压、费用紧缩、日子紧过，全面加强企业管理”的思路，全面加强企业生产和经营工作，使得企业的管理、改革、生产、销售、防火、安全、精神文明建设工作发生明显变化。1997年完成工业总产值14 623万元，更新造林5401.07

生长茂盛的红松人工林

建设先进单位

林业局

公顷，人工林抚育5702.07公顷，熟化速生丰产林用地3385.8公顷，年上缴利费1907万元，全年销售收入16 133.7万元，木材售价达456.57元/立方米，实现利润974.1万元，增收节支1000万元，对上不欠缴各种税费，对下不拖欠职工工资，银行贷款没有增加，成为黑龙江省森工系统上缴大户。1997年荣获黑龙江省精神文明建设先进单位称号。

撰稿　韩春林

党委书记曲来兴

万只鸡场

等装待发的水曲柳出口材

林产工业主产品——高档地板块

河北省首都周围绿化工程金杯

先进单位——抚

县委书记田永生（中）、县长邢留建（右）和县林业局局长郭权海（左）现场指导热杂果基地建设

主管副县长赵宝义考察长城沿线生态林建设

抚宁县地处河北省东北部，南临渤海、北倚燕山，环绕秦皇岛市区和北戴河旅游区，总面积1645.8平方千米，地形特点北高南低，呈山地、丘陵、平原阶梯状分布，全县耕地面积4.53万公顷，海岸线长17千米。

由于县委、县政府领导的重视和支持，林业局职工干部、专业技术人员发挥行业技术优势，以科技兴林为先导，狠抓荒山绿化开发，经过全县人民的共同奋斗，到1997年底全县有林地面积达64 927.6公顷,林木覆盖率达39.45%。“四旁”植树200万株,村庄林木覆盖率达35.4%。

为了适应开放县和旅游的需要，林业局狠抓了以中部丘陵为主的经济林基地建设：建成了以黄宝峪水蜜桃为代表的优质桃基地、以酒葡萄为主的热杂果基地、以“两红”苹果为主的优质苹果基地和1333.33公顷优质板栗基地工程。1997年果品产量达114 354吨，林果业总产值达1.7亿元，占农业总产值的10.56%。

该县先后荣获：河北省首都周围绿化工程金杯奖竞赛先进单位，河北省果树质量竞赛先进单位，大深港、黄宝峪两个村被评为全国造林绿化千佳

小流域治理

果竞赛

宁县林业局

黄宝峪水蜜桃及县内红富士苹果被
市政府评为优质农产品。全县的造
绿化成果达到了河北省半山区县小康
设的绿化标准。

撰稿　范广信　摄影　张郑国

县委、县政府院内美如花园

火爆的鲜桃市场

密植早果早丰板栗

荒山披绿装

新疆维吾尔自治区造林绿化

——农一师

团长李新慧(中)、政委李家安(右)、主管林业的副团长李成功(左)在研究林业发展规划

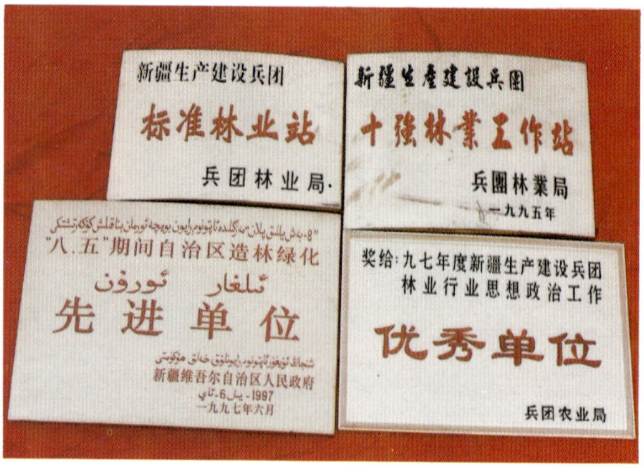

该团场位于塔里木河上游南岸，与南疆重镇阿克苏相距155千米，交通十分方便。现有面积6667公顷，还有可开垦荒地3333公顷，总人口1.3万人。该团场从1958年建场，经过40年广大干部职工艰苦奋斗，坚持植树造林，美化家园，使昔日的戈壁沙漠变成一派林茂粮丰的喜人景象。1990年经兵团验收，实现了农田林网化，以后不断加强防护林体系建设。到1997年底，全团林园面积达1690公顷，其中农田防护林1036公顷，总长1036千米，经济林388公顷。

由于农田防护林体系的完善和其他农业技术措施的实施，该团棉花单产、总产分别由1986年的38.02千克和1192.8吨提高到

农田林网庇护下茁壮生长的棉花

先进单位

3团场

1997年的112.8千克和7649.2吨，工农业总产值由1986年的2249万元提高到1997年的21 820万元，职工人均收入由1986年的1326.17元提高到1997年的7350.17元。取得了显著的生态效益和经济效益。

鉴于该团场造林绿化工作取得的突出成绩，1997年被自治区绿化委员会授予“八五”期间造林绿化先进单位光荣称号。该团场林业工作站1995年被兵团绿化委员会评为造林绿化先进单位，1997年被兵团林业局评为林业行业思想政治工作先进单位。

撰稿　韩金宝

摄影　李向文

绿化、美化连队一角

幸福城人喜摘丰收果

环境优美的林业工作站

团场内部林荫道路

自治区造林绿化先进单

林业厅呼

场长崔卫东

呼图壁林场是新疆山区林业建场较早的企业，有46年的森工、营林经历。1981年改为经营性林场。施业区面积100 914公顷，其中有林地40 245公顷，森林总蓄积560万立方米，年总生长量12.2万立方米，年采伐蓄积8500立方米。

企业拥有流动资产583万元，固定资产584万元，职工428人（含离退休152人）；在职专业技术管理人员46人，人口1020多人。

林场改为经营性林场后，坚持“以林为

林场办公楼

长势喜人的速生丰产

林场概貌

立——新疆
图壁林场

林场书记苏积忠

主，多种经营”的方针，依托资源优势，大力开展多种经营，开发了农业种植、养殖，细木器、金属门窗加工营销，交通运输，森林旅游，煤矿、石灰石矿采掘、商饮服务等项目，取得较好的经济效益。

该场先后荣获“七五”期间更新造林成效显著单位、“八五”期间自治区造林绿化先进单位、全国森工系统营林先进单位、全国林业系统“二五”普法先进单位、县级民族团结先进单位、精神文明先进单位。

森林旅游景点——石屋山庄

林场棉田

山西省经济林建设先进市

——原平市

林业局局长侯秋生(右)

原平市地处山西省北中部忻定盆地，总面积25.6万公顷，总人口45.5万人，年均气温8.3℃，海拔800～2400米，境内河流交错，交通便利，自然条件优越，非常适宜发展各类经济林。1992年以来，围绕省委、省政府建设经济林大省的战略目标，该市从当地实际出发，积极探索林果富民的路子，大力发展以苹果、酥梨、红枣、核桃为主的名优新品种经济林，收到了增加农村经济增长点，提高农民生活的效果。1997年，经济林发展到1.67万公顷，建成3733.33公顷高标准果园，实施梨树高接换优达到6.6万株，核桃去雄达到2.3万株，经济林总产量达到1.5万吨，逐步走出了一条规模大、标准高、品种优、效益好的经济林发展的新路子。

田间道路

股份合作制三倍体毛白杨苗圃

千亩酥梨基地

山西省生态建设示范市

——榆次市

林业局局长柳洲

该市位于山西省中部、晋中盆地东北侧，是省会太原的南大门和卫星城，总面积13.3万公顷，总人口40万，森林覆盖率20.3%。1996年，省人民政府决定榆次市为生态建设示范市。两年来，这个市在省有关部门的大力支持下，加强领导，加大投入，依靠科技，充分发动群众，大规模地开展林业生态建设，全市宜林地绿化率达到80%以上，森林覆盖率提高到22.1%，城市人均绿地3.5平方米，初步实现了农田林网化、丘陵林果化、村镇园林化、城市公园化，被省政府命名为生态建设红旗县。

生态园林村

北田镇豆腐庄千亩果园

封山育林

山西省太行山绿化先进县

——平定县

林业局局长李丁子

平定县地处太行山中段西麓，是山西省的东大门。全县有19个乡镇，323个行政村，总人口32万人，总面积13.94万公顷，以煤炭、硫铁矿、铝钒土等矿藏资源丰富而著称。在改革开放和经济建设中，县委、县政府实施采掘“黑色宝藏”，建设“绿色宝库”的开发战略，培育后续资源，增强发展后劲，促进全县经济持续、快速、健康发展。1994年以来，该县抓住国家太行山绿化示范工程全面启动的机遇，抓工程，树样板，发扬艰苦奋斗的优良传统，坚持科技兴林，年均造林面积达到7600公顷，到1997年有林地达到2.33万公顷，森林覆盖率提高到16.7%，被评为太行山绿化工程建设先进县。

太(原)旧(关)高速公路景点绿化

冶西村农民公园

太行山绿化示范工程

山西省林业产业化经营先进县
——绛县

绛县位于山西省南部，气候温和，适宜多种树木生长，是山西省40个林区县之一，总面积9.93万公顷，森林覆盖率28.9%。近几年，该县发挥自然优势，大力加强林业产业化建设，经济林面积发展到9066.67公顷，成为全国山楂基地县。依托丰富的山楂原料，该县建立了绛县金甲药业股份制企业集团，研制开发出益心酮生、血复生口服液等抗癌新药。全县创办林业企业13个，总产值4500万元。

林业局局长王朝晖

省林业厅领导视察山楂加工企业

山楂基地

经济林工程建设

内蒙古自治区先进企业——莫尔

道嘎森林工业有限公司

公司董事长孙瑞

总经理曹克山

贮木场

莫尔道嘎森林工业有限公司是由原莫尔道嘎林业局制而成的大型森工企业，隶属于内蒙古森工集团公司辖，属国有独资子公司。现经营总面积 5800 平方千米林木总蓄积 6000 万立方米。固定资产 3.6 亿元，现有民职工 8200 人，集体职工 5500 人，其中各类工程技术员 1200 人；年生产商品材 38 万立方米，年实现工业总值（现价）1.8 亿元，年利税及林价等各项上缴 6500 万元，是内蒙古大兴安岭林区经济效益最好的企业之一各项经济技术指标均达到国内同行业领先水平。企业连 8 年被内蒙古自治区政府评为经济效益先进企业，先后升为自治区先进企业、国家二级企业、自治区文明企业并获全国“五一”劳动奖状。近 10 年共获得各项荣誉号 160 多个。

办公大楼

甘肃省民族团结进步先进单位
——莲花山风景林自然保护区管理局

莲花山风景林自然保护区管理局成立于1983年9月，位于甘肃省南部山区，地跨康东、临潭、卓尼三县，总面积12 551公顷。区内有紫果云杉等乔灌木植物74科，191属，290余种。有斑尾榛鸡、雉鹑、蓝马鸡、苏门羚等鸟（兽）类动物60余种。人文景观历史悠久、自然景观优美奇特。一年一度的莲花山“花儿”会，场面宏大，风趣别致，享誉国内外。

自然保护区成立以来，加强森林资源管护，累计造林2037.2公顷，育苗36.57公顷，出圃苗木447.478万株，幼林抚育2000公顷，封山育林2533.33公顷，森林覆盖率由建局初的24％提高到47.2％。连续14年无森林火灾。1992年被甘肃省人民政府评为甘肃省民族团结进步先进单位，1993年被人事部、林业部评为1990～1992年无森林火灾先进单位。

撰稿　杨　沛　摄　影　靳增华

局长张占奎和书记季志荣在林区商谈工作

公安干警巡山查林

莲花山植被景观

党委书记梁振英

国家大一

——

朗乡林业局始建于 1951 年。现有森林总蓄积 2117 万立方米。1997 年木材产量 29.5 万立方米。实现利润 2135.2 万元。

几年来，全局积极探索租赁经营和股份制，使产权制度改革迈出新步伐。从严治企，强化管理，企业管理工作登上新台阶。坚持以人造板为龙头，林产工业创造了规模效益；以香菇为龙头，大力发展食用菌产业；以饲养牛羊为龙

刨花板生产线

BISON 砂光机正在工

型企业

乡林业局

头，大力发展林冠下饲养业；以木珠系列产品为龙头，促进小木制品业的发展；以山特产品加工业为龙头，促进绿色食品加工业发展。形成了“五业并举，兴企富民”的新格局。到本世纪末，朗乡林业局产品产业结构调整将使木材生产、林产工业、多种经营各占其一，使朗乡成为人造板之乡、香菇之乡、木珠之乡、绿色食品之乡。人民生活富裕，企业持续发展。

局长徐忠泰

产品检验

小兴安岭上的一颗明珠——

党委书记邓恩元

鹤北林业局是国有大型森工企业，国家二级企业，位居全国 500 家大型企业行列。1987 年建局，形成了年生产木材 40 万立方米，锯材 2.4 万立方米，更新造林 6666.67 公顷的生产能力。

鹤北林业局地处黑龙江省东北部，小兴安岭东南麓，施业区总面积 38.2 万公顷，活立木总蓄积 2724 万立方米，优势树种为红松、柞木和白桦。森林覆盖率 77.5%，林木年平均增长率 2.7%，年生长量 71.8 万立方米。除森林资源外，施业区内还有丰富的矿产资源和野生动植物资源。

大棚温室容器育苗

人工林

局贮木场

鹤北林业局

鹤北林业局坚持实施“以林为主、综合开发、
体经营、富企富民”的经济战略，积极调整产业
品结构，形成了营林生产、木材生产、林产工
、多种经营等多种产业，并且有较强的竞争能
。全局拥有固定资产 1.7 亿元。1997 年经济效
位居黑龙江省森工系统第一名。

鹤北林业局坚持物质文明建设与精神文明建设
步发展，精神文明建设硕果累累，林业局先后被
予全省文明单位和省级文明单位标兵荣誉称号。

撰稿　王洪涛

合江林区分公司副经理兼鹤北林业局局长李国军

天然白桦林

街心花园

改革开放中

党委书记兼场长曾妙良

天井山林场位于广东省乳源瑶族自治县境内，是广东省9个省属林场（局）之一。全场经营面积22 755公顷，其中有林地20 518公顷，活立木蓄积量86万立方米，森林覆盖率89%。

改革开放以来，林场坚持“以营林为基础”的方针，在致力发展营林、森工生产和木材加工的同时，发挥自身水力资源丰富的优势，把开发小水电作为创立优势产业、振兴林区经济的突破口，探索出一条“以林蓄水，以水发电，以电养林，林电并举”的良性循环发展路子。现已建成小水电站9座，总装机容量为17 310千瓦，以及一座连结省电网的40 000千伏安、110千伏变电站。全场年收入超过2500万元，其中仅售电收入就超过2000万元。

场党政领导班子在研究工作

自1958年建场至今，林场共更新造林14 593万公顷，抚育25 028.67万公顷次；森工生产共采伐木材42.6万立方米，其中杉木17.5万立方米，松、杂木等25.1万立方米，

场办公大楼外景

的广东省天井山林场

向国家提供了大量的绿色钢材。

40 年来，林场的各项事业得到全面发展：1997 年职工人均收入近万元；职工住房基本实现楼房化；程控通讯，移动电话直拨世界各地；建有学校、幼儿园、卫生所、邮电所、银行营业所、商店、市场、影剧院、有线电视等社会服务性设施和场所，另有环卫、绿化、燃气供应等社会服务性行业。经国务院批准，1996 年，林场下设的大顶山省级自然保护区升格为南岭国家级自然保护区大顶山管理站，使林场集森林经营、自然保护、生态科研于一体，逐步发展成为一个充满现代气息的小山城。

苗圃一角

宽敞、洁净的电站厂房

装机容量为 5000 千瓦的深洞电站

连结省电网的变电站

改革开放中崛起的广东省

经过林区的公路两旁绿化

该场位于广州市北郊，是省直属林场之一。该场建于1952年，现有干部职工241人，其中离休职工106人，经营面积1800公顷，其中有林地面积1467公顷，森林蓄积量4.1万立方米。

几年来，该场坚持以市场为导向，房地产开发为龙头，“三高”林业为依托，二三产业为重点，走林工商全面发展的道路，目前，该场已建成600公顷短轮伐期马占相思林基地，465公顷红锥家具用材林基地，以及10公顷的笋竹基地，并先后兴办龙林房地产公司、天龙鞋厂、林副

场办银湖工业区

环境优雅的职工住宅小区

乇眼洞林场

现任场长杨胜强

产品加工厂、园林绿化公司，同时，充分发挥地理优势，抓住机遇，兴建了2个工业区，吸引了20个客商投资办厂，全场经济收入约800万元。此外，还兴建了场办公楼和园林式职工住宅小区，职工安居乐业。

该场一贯坚持科技兴林，在相思类树种引种、科研等方面成绩显著，相思类树种大面积栽培曾获省农业技术推广二等奖，相思类科研课题获1997年林业部科技进步一等奖。在应用化学除草剂抚育方面，也取得显著成效，为绿化美化广州作出了积极贡献。

场领导班子研究工作

休闲好去处——筲箕窝

前进中的

石

厂长朱始文

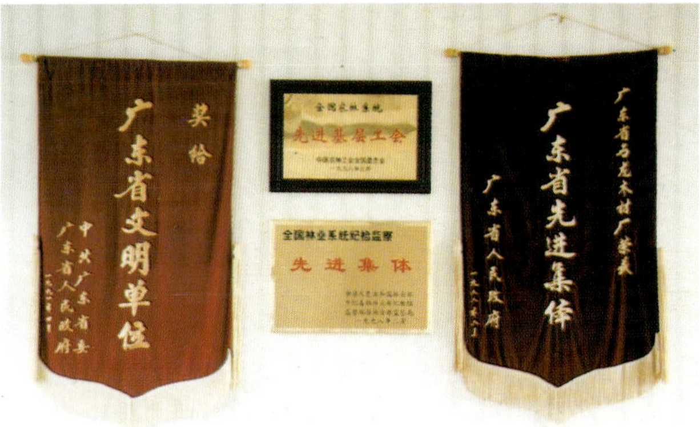

先进称号

石龙木材厂创建于 1952 年，位于珠江三角洲的东莞市石龙镇，系省属木材综合加工企业。现有职工 1000 多名，下设装饰板分厂、木器车间、家具分厂、机修车间、木制品分厂、木材经营部 6 个分厂（车间），供销公司和石花工业公司 2 家贸易公司，美华装饰公司；中外合资企业粤龙木业发展公司、广东昌隆装饰材料有限公司、深圳华丽装修家具企业公司及联营企业东莞市华盛包装材料有限公司。主要产品有：薄木贴面装饰板、胶合板、铝塑复合板、木地板、板式拆装家具、纸塑复合包装材料、装饰木线和板枋锯材等。

厂办公大楼

东省

木材厂

在生产经营过程中，该厂建立了较为完善的质量保证体系，使产品得到广大用户的好评和认可。1988 年该厂生产的“石花牌”装饰板和“兴龙牌”胶合板被广东省确认为“替代进口”产品；保丽板和板式拆装家具获“广东省优质产品”称号；1991 年“石花牌”保丽板被林业部评为部优产品；在 1994 年全国林业名特优新产品博览会上，贴面装饰板和拆装办公台获得银奖。产品销往日本、加拿大等国家和香港地区。

改革开放以来，该厂通过开展企业升级活动，全面加强企业管理，逐步提高了企业素质和效益。1997 年完成工业总产值 7000 多万元，比 1990 年翻一番。先后被授予“广东省先进集体”和“广东省文明单位”称号，并被评为广东省职业道德优秀集体和全国农林系统先进基层工会。

厂领导班子

贮木场

高级家具

铝塑复合板车间

迅速崛起的
工业——

局长刘建民

党委书记、企业管理委员会主任、法人代表廉云铉

和龙林业局是集森林培育、木材生产、林产工业、多种经营于一体的综合性林业企业。现有职工 1.3 万人，固定资产 2.76 亿元，经营面积 17 万公顷，森林总蓄积 2548 万立方米，年产商品材 21 万立方米。全局有 13 个林场和贮木场、木材综合加工厂、集成材厂、胶合板厂、

木雕钟表系列产品

吉林林产
和龙林业局

纤维板厂、木雕木器厂等48家所属基层单位。生产经营的主要产品有木材、锯材、集成材、胶合板、刨切单板、中密度纤维板、木雕、木制钟表壳、地板块、卫生筷子、矿泉水、浮石、山野菜等主副产品71种。

摄影　耿道华
撰稿　刘树森

现代化的锯材生产车间

中密度纤维板生产车间

胶合板生产线

“天池”牌长白山天然矿泉水

刨切单板生产线

迅速崛起的吉林林产工业

——上营森林经营局

局长卢亚斌

上营森林经营局是一个集森林抚育、木材生产、林产工业、多种经营为一体的地方林业企业，全局总经营面积11.5万公顷，现有职工4800人，年产值7000万元，利税近千万元。

这里资源丰富，年可生产8.5万立方米优质商品材，山野菜、中药材的开发有着巨大的潜力优势，林蛙养殖形成规模，年可产成品林蛙50余万只。

林产工业不断发展壮大，现已开发40余种林工产品，以客房家具、办公家具、民用家具为主的日式家具深得用户青睐，微薄木、饰面板市场前景广阔，另外木片、锯材、刨光材、卫生筷等有较大生产能力。上述产品质量优良，其中：日式家具、微薄木、饰面板荣获吉林省人民政府颁发的优秀新产品奖。

撰稿　唐文涛

摄影　赵泽辉

微薄木生产线

办公家具

客房家具

苏密沟林场

林场场长秦四运

苏密沟林场位于桦甸市东南部，距桦甸市40千米，与靖宇、辉南、磐石相毗邻，经营总面积15 149公顷，其中有林地面积12 392公顷，森林覆盖率81.8%，林木总蓄积量1 931 275立方米，年采伐木材10 500立方米，现有职工183人，拥有固定资产340万元，年销售收入655万元，其中：林产工业218万元，多种经营27万元，年实现利润102万元，缴纳税金54万元。先后被林业部授予全国先进国营林场和全国百佳企业，连续十年被桦甸市委、吉林市委授予先进单位、文明单位、先进基层党组织等光荣称号。

苏密沟林场围绕发展经济这个中心，以营林为基础、以市场为导向、以林产工业为龙头，种植、养殖等多方位发展。通过招商引资新上地板块产品，年产3万平方米，新型坐椅（牛头椅）年产2000件，总计林产工业销售收入可达320万元，在多种经营方面，人参存留面积1.2万平方米，养鱼3000尾，养猪100头，林粮间作25公顷，农作物面积14公顷，酿酒年产1万千克，形成了玉米酿酒、酒糟喂猪、猪粪上地的良好循环，年实现增收节支8万元。

参棚

获国家优质产品奖的学生桌椅

林场办公楼

美人松的故乡
——吉林省白河林业局

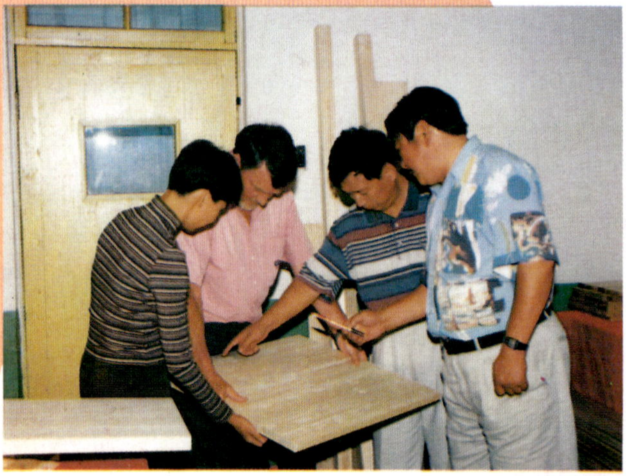

丹麦客商在与该局集成材加工企业洽谈生意

始建于70年代初的吉林省白河林业局，地处世界名山——长白山腹地。南与朝鲜接壤，西与长白山国家级自然保护区相邻。森林总经营面积19万公顷，森林覆盖率88.2％，是吉林省森林资源最丰富的林业局。拥有固定资产4.6亿元，职工15 000人，专业技术人员3400人。

目前，白河林业局已建设形成了以营林生产为“鸟头”，木材生产为“鸟身”，林产工业、多种经营为“两翼”，多业并举、综合发展的“飞鸟”型战略格局；具备了年产30万立方米木材、5万立方米锯材、5万立方米刨花板、1万立方米胶合板，以及其他林产品等十余个系列，300多个品种的生产能力；已发展成为具有雄厚经济实力的大型综合性林业企业。被国务院授予“行业50家最佳效益企业”、“中国采运利税百强企业”，并在全国森工企业中首家进入“国家二级企业”行列，获“全国‘五一’劳动奖状”殊荣。1995年被吉林省委、省政府命名为“文明单位标兵”。

锯材生产线

刨花板生产车间引进德国设备——铺装机

主体办公大楼

甘肃白水江国家级自然保护区

白水江自然保护区建于1978年，是保护以大熊猫等为主的珍稀动物及其森林生态系统的国家级自然保护区。

保护区管理局领导深入野外规划林地建设

保护区位于甘肃省东南部，属岷山东端北坡。总面积213 750公顷，其中：核心区97 329公顷，实验区116 421公顷。辖文县、武都县的15个乡（镇）157个行政村21 900多户近10万人，有汉、藏、回3个民族。

保护区动植物资源丰富，有兽类动物77种，其中：大熊猫、金丝猴、羚牛等国家一级保护动物5种，二级保护动物16种。鸟类275种，鱼类68种，两栖类28种，爬行类37种，昆虫2128种。植物2160种，其中：国家一级保护的珙桐等6种，二级10种，三级25种。真菌植物294种，其中94种大型真菌为甘肃省首次报道。有竹子15种，其中大熊猫主食的缺苞箭竹等5种。保护区活立木蓄积1400多万立方米。

20年来在动植物保护、护林防火、植树造林、促进区内群众脱贫致富等项工作中作出了一定成绩。区内两次因竹子开花枯死给大熊猫生存造成威胁，在上级重视大力支持，全局职工努力工作下没有造成大的损失，资源得到了有效保护。

保护区内的国家一级保护动物——羚牛

白水江自然保护区是我国大熊猫的主要栖息地之一

保护区内森林景观

河北省石榴生产基地

县委书记高友林

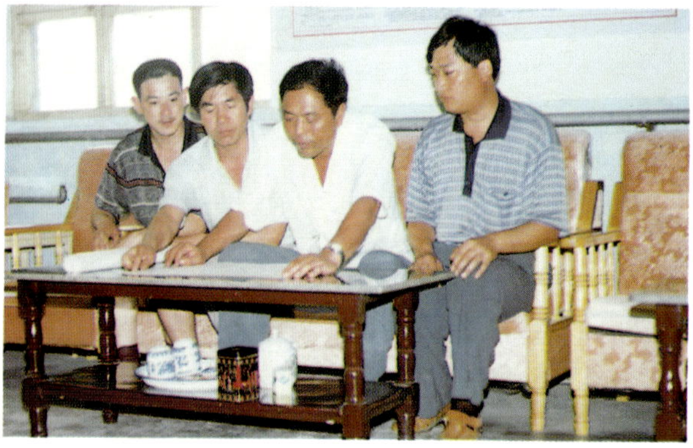

县林业局局长王建美（右二）和领导班子研究林业发展规划

河北省元氏县位于太行山东麓中段，山区占总面积的42％，近年来，县委、县政府下大力量采取有力措施抓造林绿化，使全县有林地达 0.93 万公顷，果品总产量达1800 万千克，林业总产值达 1650 万元，森林覆盖率达 13.8％，多次受到省、市表彰。

元氏县是暖温带树种适生区，栽植石榴已有400年历史，南紫沟村还存有1万余株百年生石榴树。1994年，县委、县政府决定把石榴做为山区果品发展的拳头树种，发展 0.67 万公顷，建成华北最大石榴基地。为此，该县推广了北正村庄园式荒山开发的经验，通过拍卖荒山使用权进行石榴栽植。目前，全县已有20 多户在荒山上建庄园开发荒山，全县新发展石榴 2000 多公顷，年产量达 25 万千克。面积和产量居河北之首，在华北居第二位。“满天红”甜石榴，“大红皮”酸石榴远销北京、天津和南方许多城市。

平原林网

元氏县

北正村山上庄园

正在生长的石榴树

县林场开发的双壁工艺品

撰稿
摄影　王兴芬

县林场培育的石榴苗木

县委书记黄英潮同志谈林业

林国辉局长

西江上的一颗明珠
——广东省郁南县

郁南县地处广东省西部，西江横贯境内，水陆交通十分方便。全县林业用地面积 13.1 万公顷，是重点林业县之一。目前，全县有林地面积增至 11.97 万公顷，活立木蓄积量达 380 万立方米，森林覆盖率达 65.6 %。

全县 1992 年实现绿化达标后，充分发挥本地优势，积极调整林种树种结构，大力发展经济林和速生丰产林，抓好林业资源综合开发，建立起比较完善的林业生态公益林体系和比较发达的林业产业体系，初步形成了木材、松脂、肉桂、水果、笋竹五大林产品的生产基地及加工基地，商品林基地总面积达 11.6 万公顷。1997 年，全县山地年总产值达到 4.49 亿元，每1/15 公顷达到 229 元。林业总产值占农业总产值的 4 成多。目前，郁南县正全力开展林业第二次创业。鼓励多元投入，加快山区林业综合开发，计划到 2005 年，使全县经济林基地增加到 7.7 万公顷，基本建成 3.7 万公顷生态公益林体系。同时抓好资源的加工增值，实现产、供、销一条龙，林、工、贸一体化，把林业办成富山富民行业的支柱产业。

生物防火林带建设

林业局领导班子

公路绿化

优质水果——无核黄皮

贮木场

松树基地一角

林海莽莽

沙漠中的绿色长城

——喀什地区

喀什地区林业局局长刘殿臣

新疆南部的喀什地区位于塔克拉玛干大沙漠边缘，全区沙漠戈壁面积占总面积的 76.5%，经过“三北”防护林体系一、二、三期工程的实施，198[illegible]年全地区实现了农田林网化，1997 年底 9 个县（市）实现了平原绿化达标，有效地改善了生态环境。90年代以来，为保持林业的可持续发展，喀什地区相继建立了巴旦姆、核桃、红枣、酸梅名特优经济林商品基地，经济林正在成为该地区的支柱产业。喀什地区连续五年荣获全疆林业生产先进地区，1996 年地区林业局荣获部、厅“二五”普法先进单位，并被命名为自治区级文明单位。

喀什地区林业局党组书记托乎提玉素甫·阿巴拜克热

巴旦姆

防风固沙林

北京市森林旅游开发公司

总经理蒋雨波

大森林酒店夜景

北京市森林旅游开发公司是北京市林业系统调整林业产业结构，实施“绿富”战略应运而生的一家综合国有涉外企业。经营指导思想为：充分利用全市森林自然景观和森林资源、贯彻森林保护与开发森林旅游资源并举的方针，开办森林旅游景点，建设森林别墅，组织森林旅游度假，建立旅游食品、工艺品、贸易等行业，开发为森林旅游服务配套的交通运输、宾馆、酒楼、购物中心等服务实体。

目前，公司已拥有北京大森林酒店及蓟门桥、同福楼两家分店，北京森林国际旅行社，北京市森林出租汽车公司，北京市森林新型建筑材料股份有限公司，黑森林物资贸易中心，沟崖自然风景区，北京大森林建筑装饰工程公司 7 个企业，初步形成了以旅游和开发为两翼的游、住、行、吃、购、娱一条龙配套服务格局。

客房标准间

森林公园

省市领导参加爱鸟周宣传活动

开展学术交流活动

全国野生动物保护协会先进单位
——福建省野生动物保护协会

组织大学生宣传咨询

组织专家对拟建养殖场进行考察、讨论

福建省野生动物保护协会，在历届理事会的导下，紧密围绕宗旨，在团结组织社会各方面力量积极宣传《野生动物保护法》，贯彻“加强资源保护积极驯养繁殖、合理开发利用”方针，普及野生动知识，为拯救濒危珍稀野生动物等方面取得突出绩。

采取多种形式，围绕每年一次的“爱鸟周”“保护野生动物宣传月”，重点开展宣传活动，努力高全社会保护意识，群众自发保护野生动物的意大大增强。

积极协助主管部门制止和打击乱捕滥猎、倒倒卖和走私珍稀野生动物等各种破坏野生动物源的违法犯罪活动。

发挥专家、学者优势，开展培训，提高管理人素质。配合主管部门加强对野生动物保护管理人及野生动物经营利用单位人员的培训，加强对野动物养殖业的管理。

组织会员参加科学考察与学术交流活动，开科学研究工作，加强同国内外野生动物保护部门联系。

加强协会管理和组织建设。全省 9 个地(市)已建立了地(市)级野生动物保护协会，有 37 个级野生动物保护协会，拥有会员 3000 多人。